OBRAS *escogidas*
de
AGUSTÍN DE HIPONA

Tomo III

OBRAS *escogidas*
de
AGUSTÍN DE HIPONA

Tomo III

· LA CIUDAD DE DIOS ·

EDITOR:

Alfonso Ropero

editorial clie

EDITORIAL CLIE
Ferrocarril, 8
08232 VILADECAVALLS
(Barcelona) ESPAÑA
E-mail: clie@clie.es
www.clie.es

Editado por: Alfonso Ropero Berzosa

OBRAS ESCOGIDAS DE AGUSTÍN DE HIPONA TOMO 3
ISBN: 978-84-945561-3-5
Depósito Legal: B 16828-2016
Teología cristiana
Historia
Referencia: 224613

CONTENIDO

PRÓLOGO

Propósito y argumento de la presente obra

La gloriosísima ciudad de Dios, que en el presente correr de los tiempos se encuentra peregrina entre los impíos "viviendo de la fe" (Hab. 2:4; 2ª Cor. 5:7), y "espera ya ahora con paciencia" (Ro. 8:25) la patria definitiva y eterna hasta que haya "un juicio con auténtica justicia" (Sal. 94:15), conseguirá entonces por premio de su virtud la victoria final y una paz completa. Pues bien, mi querido hijo Marcelino[1], en la presente obra, emprendida a instancias tuyas, y que te debo por promesa personal mía, me he propuesto defender esta ciudad en contra de aquellos que anteponen los propios dioses a su Divino Fundador. Larga y pesada tarea, pero Dios es nuestra ayuda.

Soy consciente de la fuerza que necesito para convencer a los soberbios del gran poder de la humildad. Ella es la que logra que su propia excelencia, conseguida no por la humana arrogancia, sino por ser don gratuito de la divina gracia, trascienda todas las eminencias pasajeras y vacilantes de la tierra. El monarca y fundador de esta ciudad, de la que me he propuesto hablar, declaró en las Escrituras dirigidas su pueblo el sentido de aquel divino oráculo que dice: "Dios resiste a los soberbios, y da su gracia a los humildes" (Stg. 4:6; 1ª Pd. 5:5). Y con todo, este atributo que es privilegio exclusivo de Dios, pretende apropiárselo para sí el espíritu del alma soberbia, y le gusta que le digan para alabarle:

"Perdonar al vencido y abatir al soberbio"[2].

---

1. Marcelino, tribuno militar y cuestor perteneciente a una familia aristocrática, amigo de Agustín, a quien le había prestado grandes servicios en sus luchas con los donatistas. Envuelto falsamente en la rebelión de Heraclio contra Roma, fue asesinado el 12 de septiembre del 413, después que Agustín, valiéndose de poderosos amigos intentara vanamente salvarlo. "Qué rectitud había en su conducta, qué fidelidad en su amistad, qué celo por la cultura, qué sinceridad en los sentimientos religiosos, qué mesura en sus juicios! °Qué paciencia tuvo con los enemigos, qué afabilidad para con los amigos, qué humildad para con los santos, qué caridad para todos, qué facilidad para hacer favores, qué cautela para pedirlos, qué estima de lo bueno, qué arrepentimiento de las faltas!" (Agustín, *Epist* 151, 6: PL 33, 649). La Iglesia católica le venera como santo y le da culto de mártir.
2. Virgilio, *Eneida* 6, 853.

Tampoco hemos de pasar por alto la ciudad terrena; en su afán de ser dueña del mundo, y, aún cuando los pueblos se le rinden, ella misma se ve esclava de su propia ambición de dominio. De ello hablaré según lo pide el plan de la presente obra y mis posibilidades lo permitan.

Introducción

Historia de dos amores

La historia del hombre sobre la tierra es horrenda, basta mirar las páginas que nos han dejado sus cronistas para estremecernos ante la visión de su constante flujo y reflujo de codicia y muerte, de muerte y codicia, de unos pueblos lanzados al asalto y exterminio de otros para conseguir sus tierras y sus bienes. Estados e individuos por igual rivalizan en actos de piratería y bandidaje. El genocidio corre parejo a las invasiones. A los pueblos pacíficos no se les permite vivir en paz. El progreso avanza mediante la barbarie, se inventan más armas para matar y mutilar al contrario que para trabajar y cultivar la tierra. Los castillos, las murallas, los campamentos militares preceden a las ciudades. Y todo parece condenado a repetirse cíclicamente. No hay concepto del progreso en la antigüedad sino de repetición situaciones en diferentes escenarios. La historia humana parece obedecer a un espiral de violencia sin solución. Por eso la vida del hombre es drama y tragedia, condenado por los hilos del destino a escenificar una obra de la que se siente marioneta; presa de fuerzas cósmicas contra las que no cabe la rebelión.

A este pesimismo del hombre clásico el hombre cristiano responderá que el hombre es libre y por tanto responsable; que la vida no está regida por el destino sino por la voluntad de un Dios personal; que la historia no es caos sino orden: pues, pareja a la historia del hombre empeñado en dominar a sus semejantes corre la historia del hombre que ama al prójimo por amor a Dios. Esta es la visión cristiana de la historia y la aportación particular de Agustín a la misma.

Dos sociedades, la terrena y celestial, regidas por un mismo principio de acción: el amor. No hay dualismo en la psicología social de Agustín. El sentimiento y la voluntad de amar son propios del ser humano, justo e injusto. Nada de maniqueísmo que atribuye al otro todos los odios y a sí mismos todos los amores. Lo que diferencia el amor de unos y otros es su finalidad. "Todos viven de su amor, hacia el bien o hacia el mal", dice Agustín. Uno es egoísta, y sólo piensa en sus propios intereses, otro generoso y busca la utilidad común; uno se encauza por el arrogante deseo de dominar, otro está sometido a todos por amor a Dios; "el uno tranquilo, el otro alborotado; el uno pacífico, el otro sedicioso; el uno que prefiere la verdad a la alabanza de los que yerran, el otro que está ávido de cualquier clase de honores; el uno caritativo, el otro envidioso; el uno que desea para el prójimo lo que quiere para sí, el otro que ansía someter al prójimo a sí, el uno que gobierna al prójimo para utilidad del mismo prójimo, el otro que gobierna para su propio provecho"[1].

Estos dos distintos amores fundaron dos ciudades, y cada una cultiva la manera de amar que le es propia. "Dos amores fundaron dos ciudades: el amor de sí mismo hasta el desprecio de Dios, la terrena; y el amor de Dios hasta el desprecio de sí, la celestial. La primera se gloría en sí misma; la segunda se gloría en el Señor. Aquélla solicita de los hombres la gloria; la mayor gloria de ésta se cifra en tener a Dios como testigo de su conciencia. Aquélla se engríe en su gloria; ésta dice a su Dios: *Gloria mía, tú mantienes en alto mi cabeza* (Sal. 3:4). La primera está dominada por la ambición de dominio en sus príncipes o en las naciones que somete; en la segunda se sirven mutuamente en la caridad los superiores mandando y los súbditos obedeciendo. Aquélla ama su propia fuerza en los potentados; ésta le dice a su Dios: *Yo te amo, Señor; tú eres mi fortaleza* (Sal. 18:2)"[2].

Una al lado de otra, "andan temporalmente entremezcladas"[3], pues así en el mundo como en la Iglesia el trigo y la cizaña crecen juntos, sin que sea posible separarlos hasta el último día del juicio.

Y ocurre que la verdadera historia se da allí donde el hombre es consciente de su libertad y su responsabilidad en orden a una salvación que no se funda en sí misma —pues la historia humana desnuda de la gracia es tragedia—, sino que es fundada por Dios, "nuestro último bien por el que deben desearse todos los demás bienes, y él por sí mismo"[4]. Por eso, el sentido de la historia del hombre "ha de buscarse en el proceso de iluminación y salvación que aporta a la naturaleza humana la liberación y restablece su libertad espiritual"[5]. Rechaza los dioses, dice Agustín, desprécialos, y "de un salto valeroso conquista la verdadera libertad"[6].

No es vana pretensión afirmar que "el lugar donde se hace la historia es el lugar del encuentro entre Dios y el hombre, donde la palabra de

---

1. Agustín, *Del Génesis a la letra*, XI,15,20.
2. Agustín, *Civitate Dei*, XIV,28.
3. Agustín, *Del Génesis a la letra*, XI,15,20.
4. Agustín, *Civ. Dei*, XIX,1.
5. Christopher Dawson, *Dinámica de la historia universal*, p. 240. Rialp, Madrid 1961.
6. Agustín, *Civ. Dei*, II,29,2

Dios es escuchada y el hombre responde con su obediencia"[7]. No otra cosa quiere significarse mediante la imagen del fuego y el infierno donde están destinadas a perecer las obras del amor egoísta y ególatra, mientras que las obras del amor a Dios "siguen" a los que las ejecutaron desinteresadamente. "Y oí una voz del cielo que decía: Escribe: Bienaventurados los muertos que de aquí en adelante mueren en el Señor. Sí, dice el Espíritu, para que descansen de sus arduos trabajos; pues sus obras les seguirán" (Ap. 14:13).

Obra de toda una vida

"Roma, habiendo sido asaltada y destruida por los godos bajo Alarico su rey. Los adoradores de dioses falsos, o paganos, como comúnmente los llamamos, hicieron una tentativa de atribuir esta calamidad a la religión cristiana, y comenzaron a blasfemar del verdadero Dios con mayor amargura y mordacidad de lo habitual. Fue esto lo que encendió mi celo para la casa de Dios, y me incitó a emprender la defensa de la Ciudad de Dios contra los errores y las blasfemias de sus atacantes. Este trabajo me tuvo ocupado durante varios años, debido a las interrupciones ocasionadas por muchos otros asuntos que reclamaban mi atención, y que yo no podía aplazar. Sin embargo, esta gran empresa por fin ha sido completada en veintidós libros. De éstos, los cinco primeros refutan a los que se imaginan que el culto politeísta es necesario para asegurar la prosperidad de las empresas humanas, y que todas estas calamidades aplastantes nos han acontecido a consecuencia de su prohibición.

"En los siguientes cinco libros me dirijo a los que admiten que tales calamidades nunca han faltado en ningún tiempo pasado, ni faltarán en el que está por venir, y que constantemente se repiten en formas más o menos desastrosas, variando sólo las escenas, la ocasión, y las personas sobre quienes se ciernen; pero, mientras admiten esto, mantienen a la vez que el culto a los dioses es ventajoso para la vida que nos aguarda. En estos diez libros, entonces, refuto estas dos opiniones, que son tan infundadas como ellos antagonistas a la religión cristiana.

"A fin de que nadie tenga ocasión reprocharme que aunque yo hubiera refutado los principios ajenos, había omitido exponer mi juicio propio, dedico a este objeto la segunda parte de esta obra, que comprende doce libros, aunque yo no haya vacilado, cuando la ocasión lo requería, en

---

7. C.H. Dood, *La Biblia y el hombre de hoy*, p. 163. Cristiandad, Madrid 1973.

afirmar mis propias opiniones en los diez primeros libros, así como en los doce posteriores ataco las contrarias.

"De estos doce libros, los cuatro primeros tocan el origen de dos ciudades, la ciudad de Dios, y la ciudad de este mundo. Los cuatro siguientes tratan de su historia o desarrollo; los cuatro últimos hablan del destino merecido por cada una. Y aunque estos veintidós libros se refieran a ambas ciudades, yo los he denominado por de la mejor ciudad, y los he llamado la *Ciudad de Dios*"[8].

Así expone el mismo Agustín el tiempo, causa y división de su gran obra. Pero además de esta información explícita, aprendemos de su correspondencia que *La Ciudad de Dios* llegó a materializarse gracias a la importunidad de su amigo Marcelino, que reclamaba de parte de su obispo una defensa del cristianismo como sólo él podía hacerla. Flavio Marcelino era tribuno de África, enviado por emperador Honorio para mediar en la controversia católica-donatista, celebrada en Cartago en junio del año 411. Esto le puso en contacto no Agustín, pero también con Volusiano, cónsul de Cartago, perteneciente a una antigua y noble familia romana leal a sus antiguas creencias paganas, que veía con tristeza natural la decadencia del Imperio. Volusiano tenía el raro don de una inteligencia preclara y cándida. Se sentía atraído por el cristianismo, pero objetaba al misterio central de la fe, la Encarnación de Dios, que le parecía incomprensible y paradójica. También la moral del Sermón del Monte la consideraba como incompatible con el ideal romano. Con la mansedumbre evangélica, hubiera sido imposible levantar el imperio de que tanto se enorgullecían. Marcelino puso en con contacto epistolar a Volusiano con Agustín, "rogando que escribiese sobre estas materias, porque sería de gran provecho para la Iglesia en este tiempo"[9]. Agustín respondió con cortesía, ofreciendo una respuesta inteligente a las dificultades y objeciones paganas al cristianismo. Las dificultades de Volusiano eran de corte político, histórico, y social. No podía ver cómo la aceptación de la regla de vida cristiana era compatible con los intereses de Roma, así que Agustín le animó a adoptar una perspectiva diferente, conforme a la dialéctica de la dos ciudades, la de Dios y la del mundo, sus amores e intereses respectivos.

Agustín comenzó a escribir los tres primeros libros de *La Ciudad de Dios* el mismo año de la muerte de su amigo Marcelino, el 413, a quien se la dedica. El cuarto y el quinto se publicaron en el 415 y el sexto hasta el undécimo en el 417. Otros le siguieron en el 420, los XII-XVII; el 425, el XVIII y los

8. Agustín, *Retractaciones*, II, 63,1-2.
9. Agustín, *Epist.* 136,3.

últimos en el 426. Nosotros podemos leer hoy de un tirón lo que a Agustín le costó componer doce años redondos, que fueron los años más maduros de su vida, de los cincuenta y nueve a los setenta y dos.

Lo que Agustín tiene que decir en esencia es que aunque el viejo sistema social basado en la conquista se derrumba en todos los lugares geográficos, en su lugar aparece el surgimiento de una sociedad cristiana basada en el amor y el servicio. Aunque Agustín privase al Estado de su aura de divinidad, insistió al mismo tiempo en el valor de la libre personalidad humana y de la responsabilidad moral, incluso contra el Estado, de modo que en ese aspecto "hizo posible el ideal de un orden social que descanse en la libre personalidad y en un esfuerzo común hacia fines morales" (C. Dawson).

Agustín ve que la historia humana y el destino humano no son totalmente idénticos con la historia de ningún poder terrenal, ni siquiera con el cosmopolita Imperio romano. Agustín dirige la atención de los hombres al hecho que hay otro reino sobre la tierra, una ciudad cuyo fundamento y constructor es Dios. Enseña a hombres adoptar perspectivas más profundas de historia, y les muestra cómo desde el principio la ciudad de Dios, o la comunidad del pueblo de Dios, ha vivido al lado y en medio de los reinos de este mundo y su gloria, y silenciosamente ha aumentado. Demuestra que la superior moralidad, la verdadera doctrina, el origen divino de esta ciudad, le asegura el éxito; y contra esto, él representa las teorías inadecuadas y contradictorias de los filósofos paganos, y la baja moralidad del pueblo.

El antagonismo entre la ciudad de Dios y la ciudad del hombre se remonta a los orígenes de la creación de seres inteligentes y se extiende hasta la consumación de todas las cosas o juicio final. La obra de Agustín es el primer esfuerzo verdadero de una filosofía de historia. Expone los acontecimientos históricos en conexión con sus verdaderas causas. El efecto producido por este gran trabajo es imposible de determinar con la exactitud. Su popularidad ha sido muy grande a lo largo de los siglos, y ha sido colocada entre la lista exclusiva de los libros más importantes de todos los tiempos.

"Las líneas fundamentales de la teología agustiniana son expuestas en una forma comprensiva e interesante. Nunca ha sido expresado en lengua tan popular un pensamiento tan abstracto. Agustín expone problemas metafísicos con la facilidad desenvuelta de Platón y con la exactitud y agudeza de Cicerón. Nunca está nunca más en su propio ambiente que exponiendo la incompetencia de neoplatonismo, o demostrando la armonía de doctrina cristiana y la verdadera filosofía. Y aunque en la *Ciudad de Dios*, como en todos los libros antiguos, hay cosas que nos parecen infantiles y estériles, hay también las anticipaciones más sorprendentes de la especulación moderna. Hay un comprensión firme de aquellos problemas que continuamente reaparecen en la historia, porque son la base de la relación del hombre con Dios y con el mundo espiritual, problemas que son peculiares a todo siglo"[10].

Influencia de *La Ciudad de Dios*

Giovanni Papini llamó a *La Ciudad de Dios* un *libro-floresta*, o sea, árbol de generosa sombra y abundantes frutos, donde cada cual, según su interés particular, puede sacar lecciones de historia, de filosofía, de antropología, de exégesis bíblica, de profecía, de demonología, de psicología, de derecho, de crítica social. Se asemeja a un organismo viviente porque vive y crece con los siglos, impulsando, iluminando y actuando en la cultura[11].

Después de casi dieciséis siglos Agustín sigue inspirando a teólogos y literatos por igual. Prueba de ella la reciente novela de Edgar L. Doctorow, titulada precisamente *La ciudad de Dios*[12], en busca de una clave metaliteraria que dé cuenta de la raza humana, tomando así el testigo que dejara Agustín.

No que *La Ciudad de Dios* sea un libro infalible, ni mucho menos, antes bien, "tiene sus faltas; pero nos introduce con eficacia al más influyente de los teólogos, al más popular de los maestros; a un genio que no deja de sorprender; a uno cuya dialéctica es más formidable, más penetrante y el crítica que la de Sócrates o Aquino; a uno cuyo sentimiento ardiente y piedad de santo genuino se desborda en la argumentación más severa; a un hombre cuya bondad e ingenio, simpatía universal y amplitud de miras, prestan a la mayor parte de la disertación abstracta un sabor fuerte y vital"[13].

Estamos plenamente de acuerdo en que "hoy tendría que escribirse nuevamente la portentosa obra de San Agustín, pues la historia va creciendo, nuestro horizonte científico y teológico se ensancha, se refinan nuestros métodos"[14], pero téngase en cuenta que Agustín no estaba interesado en desempeñar el papel de historiador en el sentido ordinario,

10. Marcus Dods, Prefacio a la traducción inglesa. Edimburgo 1871.
11. Eugenio d´Ors, *La ciencia de la cultura*. Rialp, Madrid 1964.
12. E. L. Doctorow, *La ciudad de Dios*. Muchnick, Madrid 2002.
13. Marcus Dods, *op. cit.*
14. Antal Schütz, *Dios en la historia*, p. 183. Stvdivm, Madrid 1949.

sino de discernir la significación espiritual y moral de los fenómenos y acontecimientos históricos con vistas a la dispensación evangélica, frente a los impugnadores paganos del cristianismo. Por eso, aunque Agustín no fue un historiador cristiano, como Eusebio, por ejemplo, "su trabajo produjo efectos mucho más revolucionarios en el mundo occidental. En primer lugar inculcó a los historiadores cristianos su concepto de la historia, es decir, el proceso dinámico en que se realiza el propósito divino. Después explicó a los hombres las razones de que la personalidad individual sea la fuente y el eje del proceso dinámico. Finalmente, logró que la iglesia occidental tuviera plena conciencia de su misión histórica y llegara a los siglos subsiguientes a constituirse en el principio activo de la cultura occidental"[15].

Agustín es ante todo un pastor, su mira está puesta en la cura de almas. De ahí algunas digresiones que pueden molestar al historiador profesional, como, por ejemplo cuando dedica varios capítulos a consolar le desgracia de las mujeres violadas y a defender su honor. "Me he detenido algo, principalmente para consolar a las santas mujeres que practicaban una piadosa castidad, víctimas de violencia y ultraje"[16].

Pero buscando responder a los contradictores y consolar a los sufrientes, Agustín puso en manos del pueblo cristiano la primera y única filosofía de la historia conocida en Europa durante la Edad Media. Carlomagno solía dormir con un ejemplar de la obra debajo de su almohada. *Filosofía* de la historia entendiendo la palabra "filosofía" en un sentido amplio y moral, como "sabiduría cristiana"[17] que discierne la intención de Dios en la historia del género humano.

El esquema de Agustín fue adoptado y reproducido en sus características esenciales por Bossuet, Ozanam, Frederick Schlegel, y otros escritores e historiadores católicos modernos como Christopher Dawson; Henri-Irénée Marrou[18]; Antel Schütz[19]; Jacques Martiain[20]; Etienne Gilson[21]; Josef Pieper[22]. León XIII publicó una carta encíclica sobre la *Constitución Cristiana de los Estados*, donde el papa dice que Agustín en su *Civitate Dei*, "expuso claramente y con eficacia la sabiduría cristiana y el modo de su relación con el bienestar de las naciones, que parece haber

---

15. C. Dawson, *op. cit.*, pp. 183.-184.
16. Agustín, *Civ. Dei*, II,2.
17. Cf. F. Copleston, *Historia de la filosofía*, vol. 2, p. 91. Ariel, Barcelona 2000, 4ª ed.
18. Henri-Irénée Marrou, *Teología de la historia*, Rialp, Madrid 1978.
19. Antel Schütz, *Dios en la historia*. Stvdivm, Madrid 1949.
20. Jacques Martiain, *Filosofía de la historia*. Ediciones Troquel, Buenos Aires 1960.
21. Etienne Gilson, *Las metamorfosis de la Ciudad de Dios*. Troquel / Rialp, Madrid 1968.
22. Josef Pieper, *El fin del tiempo*. Herder, Barcelona 1984.

defendido la causa de los cristianos de su propio tiempo no solamente, sino también refutar victoriosamente para siempre las acusaciones faltas contra el cristianismo"[23].

Por eso, a la larga nómina de teólogos, filósofos e historiadores católicos, hay que sumar la de protestantes como Waterland, Milman, Neander, Bindemann, Pressensé, Robert Flint[24] y A.M. Fairbairn[25].

"Lo que fue Orígenes para la ciencia teológica de los siglos III y IV, ha sido Agustín, aunque de un modo más puro y eficaz, para toda la vida de la Iglesia universal a través de los siglos hasta nuestros días. Su influencia se ha dejado sentir no sólo en la filosofía, teología, moral y mística, sino también en la vida social, en la política eclesiástica, en el derecho civil; en una palabra, fue el gran artífice de la cultura occidental del Medioevo"[26].

Causas de la caída de Roma

San Agustín deja mucho que desear como historiador, pues es que él nunca pretendió serlo. Como bien dice el profesor Shotwell, "Agustín utilizaba la historia, no la escribía"[27]. Escribió su *Ciudad de Dios* como respuesta a los que afirmaban que la caída de Roma en poder de los godos eran debidos a la falta de respeto a los dioses de Roma. Para ello echó mano del saber arqueológico de Varrón, el examen de religión y filosofía hecho por Cicerón, el epítome de Tito Livio para el ascenso de Roma y el sombrío relato de Salustio acerca de una sociedad romana decadente. De este arsenal saca sus argumentos, no tanto sobre lo que los hombres han hecho como lo que habían creído, en virtud de lo cual les habían ocurrido las cosas. Como ya dijimos, la obra de Agustín es propiamente una filosofía de la historia ricamente ilustrada. Recorre la literatura buscando el episodio que necesitaba para el momento, de igual modo que un orador enriquece su discurso con ilustraciones o refuerza las pruebas mediante testimonios.

Agustín acomete la magna empresa de *La Ciudad de Dios* para callar la boca de los últimos paganos que acusan a los cristianos de ser los causantes de la ruina del imperio por su obstinada negación a rendir culto a los dioses ancestrales que hicieron grande a Roma. Una vieja acu-

---

23. Leon XIII, *Immortale Dei*, Nov. 1, 1885.
24. Robert Flint, *The Philosophy of History*. T & T Clark, Edinburgo 1874.
25. A.M. Fairbairn, *The City of God*. Hodder and Stoughton, Londres 1902, 7ª ed.
26. B. Altaner, *Patrología*, p. 400. Madrid 1962, 5ª ed.
27. James S. Shotwell, *Historia de la historia en le mundo antiguo*, p. 390. FCE, México 1982, 2ª ed.

sación contra la nueva fe a menudo se había saldado con la persecución de los cristianos. El proverbio vulgar decía: "No llueve, la culpa es de los cristianos", y mientras el cristianismo fue una religión ilícita, era fácil convertirlo en chivo expiatorio de todas las desgracias. Pero desde el momento que la Iglesia salió de las catacumbas y se hizo presente en el foro de la discusión pública, el debate se desenvolvió entre iguales sin verse obligados a guardar silencio. Antes de Agustín, el obispo Ambrosio de Milán dice irónicamente dirigiéndose a sus contradictores: "Decís que los dioses han salvado a Roma de Aníbal y de los galos, pero fueron los gansos los que, con sus graznidos, despertaron a los guardias del Capitolio, y ¿por qué se entretuvieron tanto los dioses en las guerras púnicas? Si se hubiesen decidido a salvar a Roma antes de la batalla de Cannas, ¡cuántas víctimas no se hubieran ahorrado!".

Cansado Agustín con las quejas y lamentos de los acusadores del cristianismo no descansó en ofrecerles una respuesta exhaustiva, que es a la vez una magistral lección de historia, psicología, política, denuncia social, lógica, ironía, humor y refutación de todo lo que los paganos decadentes tenían por encomiable, el culto a los dioses, el teatro y los juegos escénicos, los augurios, la astrología.

Como en los viejos tiempos, en esta ocasión también los cristianos fueron acusados de las calamidades que sobrevinieron al Imperio. Historiadores recientes han hecho ver el problema económico de base, la complacencia con un sistema productivo basado en la actividad de los esclavos, con la consiguiente división de clases antagónicas. El aumento de la esclavitud mediante frecuentes guerras determinó que no se liberaran nuevas fuerzas productivas a un nivel suficiente para una transformación radical de la sociedad. Los extremos de riqueza y de pobreza se hicieron más marcados, el mercado doméstico se debilitó, y la sociedad antigua sufrió una disminución de la producción, del comercio y de la población. Con abundancia de mano de obra barata, esclavos principalmente, pero también campesinos oprimidos o incluso reducidos a la servidumbre, la innovación técnica se paralizó "En estos fenómenos y, lo que es igualmente importante, en el clima mental que crearon, es donde debemos buscar las causas primarias de la decadencia y la caída del Imperio romano"[28]. Muchos campesinos acogieron a veces con alivio la llegada de invasores bárbaros, que los liberaban de la tremenda presión social y económica del declinante sistema imperial[29].

---

28. F.W. Walbank, *La pavorosa revolución. La decadencia del Imperio romano en Occidente*, p. 138. Alianza Editorial, Madrid 1978.
29. Cf. Chester G. Starr, *Historia del mundo antiguo*, p. 758. Akal, Madrid 1974.

Es a lo que apunta Agustín implícitamente a lo largo de su escrito.
Basta una muestra el texto que cita del historiador Salustio: "Empezaron
entonces los patricios a someter a servidumbre al pueblo, a disponer tiránicamente de sus vidas, a cargar sus espaldas, a arrojarlos de sus campos, a acaparar todo el poder ellos solos, con exclusión de los demás"[30].
Esto es suficiente para que el obispo africano viera con ojos escépticos
los tiempos gloriosos de la antigua república romana. Y como los males
sociales se agravaron en lugar de aligerarse, la inteligencia cristiana de
Agustín no puede extrañarse de la caída de una sociedad fundada sobre
la injusticia y la opresión de unos pocos sobre muchos.

A lo que habría que añadir que el Imperio romano no perdió su vitalidad por culpa de la fe cristiana, sino que cuando el cristianismo se hizo
cargo de él llevaba siglos herido de muerte, y está por ver lo que hubiera
sido de él de haber aceptado la fe cristiana en momento que todavía ser
salvo. "Sus propios escritores no vacilaron lo más mínimo en decir y en
consignar por escrito que el Estado romano, a causa del grado sumo de
corrupción moral de la sociedad, había sucumbido y nada quedaba de
él antes de la venida de nuestro Señor Jesucristo. Ésta enorme pérdida
no se la imputan a sus dioses quienes, en cambio, sí la achacan a nuestro
Cristo"[31].

La ciudad de Roma, concretamente, cayó por las intrigas palaciegas.
Sabiendo Alarico de la muerte, el asesinato mejor dicho, del general
Estilicón, a quien temía por las derrotas que le había infligido, se atrevió
a sitiar la ciudad con vistas a saquearla. La Roma eterna parecía inexpug-
nable debido a su perímetro amurallado de treinta y cinco kilómetros y
su población de más de un millón de habitantes, ante un contingente de
setenta mil guerreros godos, a los que se habían ido uniendo esclavos de
raza teutónica y alanos. No disponiendo de medios suficientes para tomarla al asalto, Alarico se contentó con aislarla del mundo exterior. Ante
el hambre que amenazaba a la población el Senado optó por negociar con
el enemigo y aquí se presentó la ocasión de los paganos para levantar
cabeza y pedir la vuelta del culto a dioses. El prefecto solicitó del papa
Inocencio I permiso para ofrecer sacrificios paganos con objeto de tran-
quilar a las masas. El débil sucesor de Dámaso consintió, a condición de
que las ceremonias se celebrasen a escondidas, lo que las despojaba de
todo valor propagandístico[32] . Finalmente, las autoridades municipales
senatoriales, sin noticias del emperador, resolvieron capitular. El Senado

---

30. Agustín, *Civ. Dei*, II, 18,1; III,17,1.
31. Agustín, *Civ. Dei*, II,25,2.
32. Alexandre de Saint-Phalle, *De San Pablo a Mahoma*, p. 171. Ediciones Castilla,
Madrid 1962.

se componía casi exclusivamente de un centenar de familias patricias que poseían una cuarte parte del suelo italiano, además de bancas, navíos y bienes en el mundo entero. Después los acontecimientos se precipitaron confusamente y las tropas godas se precipitaron por la puerta Salaria sellando el destino de la ciudad.

Despojada de sus riquezas, asesinados, humillados y esclavizados sus prohombres, todo fue a parar a manos de una banda de saqueadores. "Para un bárbaro estas mieses?" (*Barbarus, has segetes?*), se pregunta Claudiano desesperado. Parecía cumplirse el vaticinio del ángel del Apocalipsis: "Caída es, caída es la grande Babilonia; y es hecha habitación de demonios, cobijo de todo espíritu inmundo y manida de toda suerte de aves sucias y aborrecibles" (Ap. 18:7).

Durante tres días Roma fue testigo de un saqueo sistemático, acompañamiento abominable a lo largo de la historia de toda guerra de conquista. Los godos eran cristianos —por decir algo— de confesión arriana, pero para el caso se comportaron según los bárbaros usos y costumbres de la guerra, semejantes a los practicados por los mismos romanos con otras poblaciones, como Agustín se encarga de señalar. Roma estaba sufriendo en sus carnes lo que había hecho sufrir en otras carnes. Por ese cierto sentido y temor cristiano los hombres de Alarico respetaron algunas iglesias consideras lugar sagrado, en especial las que llevaban el nombre de los grandes apóstoles, como las basílicas de Pedro y Pablo. Alarico dio la orden de mostrar clemencia a cualquier romano que se refugiase en lugares consagrados a Cristo.

Los desgraciados habitantes romanos que lograron escapar a otras regiones no corrieron mejor suerte. Nadie respeto su dolor ni su desdicha. Pese a sus andrajos fueron forzados a entregar todo lo que tuvieran de valor, y como lo que tenían era poco, familias enteras fueron separadas por tratantes de esclavos sin escrúpulos que escogían lo más florido de la juventud de las viejas familias patricias para los inmundos burdeles de Oriente. Algunos de los más ilustres nombres de Roma fueron sacados a subasta y ofrecidos a mejor postor en los mercados de Cartago, en el norte de Africa, donde Agustín era obispo.

En Belén, donde nació Cristo y Jerónimo había levantado un convento, hallaron refugio y consuelo los desterrados hijos de Roma. Fueron vendadas sus heridas, cubiertos sus cuerpos, alimentados con miel suave, pan, frutas secas y agua fresca y consolados en su desesperanza. Se puede decir que al abrigo de Belén vivió una nueva Roma, aquella hermanada por los lazos de la fe en Cristo.

"Profunda verdad —dice Jerónimo— entraña la sentencia: Todas las cosas nacidas mueren; y envejecen todos los seres que tuvieron crecimiento. ¿Quién iba a creer que Roma, construida y engrandecida sobre las victorias del universo mundo, se derrumbase y despeñase, y que ella, que fue madre de sus pueblos, fuera también su sepulcro? ¿Quién iba a decir que, día tras día, la santa Belén acogería como mendigos a grandes y personajes de uno y otro sexo, que antes chorreaban riquezas? Nosotros, por nuestra parte, ya que no nos es posible darles a todos socorro, tomamos buena parte de su duelo y mezclamos nuestras lágrimas con sus lágrimas"[33].

Menos teatral que Jerónimo en la expresión de su sentimiento, Agustín fue igualmente explícito en la lamentación por la caída de Roma como una gran calamidad: y mientras no vacila en atribuir su desgracia a los modales libertinos, la codicia, y el orgullo de sus ciudadanos, a Agustín no le abandona la esperanza que mediante una vuelta al modo simple, robusto, y honorable de vida que caracterizaron a los tempranos romanos, Roma todavía podía ser restaurada a su prosperidad anterior. Cuando Agustín contempla las ruinas de la grandeza de la Roma, siente en común con el resto del mundo, la inestabilidad de los imperios, de lo cual la historia ofrece testimonio abundante. Pero va más lejos que sus contemporáneos y contempla cómo se cierne sobre estas ruinas la visión espléndida de la *Ciudad de Dios*, "bajada del cielo, adornada como una novia para su esposo".

El saco de Roma impresionó más a la literatura que a la política militar. En el orden religioso fue el foco de la polémica pagano-cristiana sobre el papel de los dioses en el destino de las naciones. La caída y ruina de Roma se atribuyo a los cristianos y a su Dios, que se había mostrado impotente para defender la ciudad y sus moradores. "Las gentes de aquel siglo —escribe Lorenzo Riber—, hechas a juzgar de la verdad de una creencia por sus provechos materiales, se hallaron con el problema de las dos religiones; que se disputaban en la abatida Roma, no ya la hegemonía, sino la exclusividad"[34]. Para los paganos era claro que "Roma pereció bajo el imperio de los cristianos, luego esta catástrofe no puede ser imputada sino a Cristo".

El desenlace brutal de los acontecimientos no dejaba lugar para huidas metafísicas. Alarico había borrado prácticamente a Roma de la faz de la tierra. En la catástrofe anduvieron envueltos por igual paganos y cristianos; éstos no fueron tratados por el invasor, de fe cristiana también, con mayor comedimiento que los idólatras. Con excepción de los cristianos

---

33. Jerónimo, *In Ezech*. lib. III.
34. Lorenzo Riber, "Introducción" a *La ciudad de Dios*, de San Agustín, Ed. Alma Mater, Barcelona 1953.

que se habían cobijado al amparo de las basílicas de San Pedro y San Pablo, y de los paganos que habían entrado en ellas, todos indistintamente sufrieron despojos, violaciones, torturas y muertes; los templos de los unos y las iglesias de los otros se entregaron al poder destructor de las llamas; y los ministros y sacerdotes de una y de otra religión fueron llevados a la cautividad.

La visión y el consuelo del pastor

Agustín, obispo de la pequeña diócesis rural de Hipona, casi ignorada en la gran colonia africana, fue sin embargo, por la capacidad de su intelecto y la bondad de su corazón para hacer el bien a todos, el solicitado por todos para aquietar las espíritus confusos por los terribles acontecimientos que se habían abatido sobre ellos. Agustín se propuso mostrar a todos la miseria de la vida presente, con todos sus logros y gozos —siempre más para unos que para otros, o lo que es lo mismo, de unos pocos a costa de muchos—, y les alentó a poner los ojos en la verdadera ciudad eterna, la ciudad de Dios, la Jerusalén celestial.

Hoy, gracias a su ingente obra teológica y espiritual, Agustín e Hipona parecen llenar todo el escenario cristiano, como si no hubiera existido en su tiempo y en su área más obispo que Agustín y más diócesis que Hipona. Pero lo cierto es que en aquellos días se contaban más de quinientos obispos, entre donatistas y católicos. Si Agustín los superó a todos fue por la nobleza de su carácter moldeado en la escuela de Cristo, lo que, lamentablemente, no se puede decir del resto, según el testimonio de muchos autores. No siempre la profesión de fe en Cristo a ido acompañada del debido seguimiento de una vida generosa en los frutos del Espíritu de Cristo.

La obra de Agustín, como la de los grandes héroes de la fe, queda no así la ciudad a la que va asociada su nombre, Hipona la Real, como se llamaba en sus días. Le sucedió la actual Bona, situada a media legua del emplazamiento de la vieja ciudad episcopal. Son los hombres los que hacen grandes y dignos los lugares. Pequeña en importancia, la iglesia de Agustín, cátedra y sede su magisterio y servicio a los fieles, era llamada Basílica de la Paz, por la naturaleza que su pastor imprimió a la misma. Bien dice la Escritura, que los buenos pastores son un don del cielo.

A aquél rincón llegaron las amargas noticias de la destrucción de Roma, gloria de la civilización y sede de una de las grandes iglesias de la cristiandad. La fe vacilante, acuciada por la crítica mordaz de los pa-

ganos, tropezaba una y otra vez en aquella enorme piedra de escándalo. Para salir al paso de la perplejidad de su pueblo, Agustín predicó su
famosísimo sermón *De Urbis excidio* (De la destrucción de la ciudad de
Roma) germen de su obra maestra, *La ciudad de Dios*. En él decía, resu-
miendo las objeciones de los detractores de la fe:

"Leemos en Génesis que Abraham pregunta al Señor si, en el caso de
que hallare en Sodoma cincuenta justos, perdonará la ciudad por causa de ellos, o si la perderá envolviéndolos a todos en común perdición;
y si hallare cuarenta, treinta, o veinte, o incluso no más de diez [...] La
objeción que se nos impone es esta: ¿Pues qué, no había en toda Roma
siquiera cincuenta justos? ¿En tan grande número de fieles cristianos,
en número tan grande de mujeres religiosas, de varones continentes, en
tan grande número de siervos y de siervas de Dios no pudieron hallarse
cincuenta justos, ni cuarenta, ni treinta, ni veinte, ni diez? ¡Es increíble!"

Dios, responde Agustín, cuenta los justos con aritmética divina, no
con aritmética humana. Cierto, Dios no intervino a favor de la ciudad
de Roma, pero ésta no pereció al modo de Sodoma. A Sodoma no la perdonó; a Sodoma la perdió; el fuego acabó por completo con Sodoma. De
Sodoma no se evadió nadie; no quedó hombre; no quedó bestia, no quedó en Sodoma pared ninguna de pie; el fuego toda la consumió. De la
ciudad de Roma muchos salieron y muchos volverán; muchos quedaron
en la ciudad y fueron salvos; muchos se acogieron en lugares santos y no
pereció un cabello de su cabeza.

Pero también muchos fueron conducidos a cautividad, continúa el ob-
jetor. A lo que responde Agustín: También Daniel fue llevado cautivo, no
para suplicio suyo, sino para consuelo de los que fueron con él. Muchos
murieron, sí, como mueren los profetas y los justos desde el principio del
mundo.

"Yo quisiera, hermanos míos, que vuestra caridad entendiera bien lo
que digo. Ojalá pudiésemos contemplar con nuestros ojos las almas de
los santos que en esta guerra gótica encontraron la muerte. Entonces vie-
rais cómo Dios perdonó la ciudad. Millares y millares de santos están en
lugar de refrigerio; millares y millares se regocijan y dicen: Gracias a Ti,
Dios nuestro, porque nos eximiste de las molestias de la carne. Gracias
a Ti, porque ya no tememos ni a los bárbaros ni al infierno; no tememos en la tierra hambre, no tememos granizo, no tememos enemigo, no
tememos lictor, no tememos opresor, fallecimos en la tierra, pero en tu
acatamiento no somos ya fallecedores; en salvo estamos en tu reino, por
dádiva tuya, no por mérito nuestro.

"Sí, Dios perdonó a la ciudad, la ciudad está en los moradores, no en
las paredes materiales. Dios perdonó a la ciudad, porque la ciudad ha-

bía emigrado de sí misma y había esquivado los daños de aquel fuego. Emigraron quienes se evadieron; emigraron los que salieron de su cuerpo; muchos que en la ciudad estaban se mantuvieron escondidos; otros muchos, en lugares santos, salvaron la vida. Corrección ha sido de la mano de Dios y no perdición. Ni más ni menos que el esclavo que conoce la voluntad de su dueño, si hace cosas merecedoras de castigo, recibirá un buen golpe de azotes.

"Por todos lados se oye decir: Roma fue destruida en tiempos cristianos; ha perecido en plena práctica del culto de Cristo. Y Troya, de quien Roma ha salido, ¿no pereció también, como Roma ahora, en medio de llamas y en pleno culto de los dioses falsos? Roma ha sido incendiada en días cristianos. Sí; pero lo fue más veces en los días del paganismo. Los galos la prendieron fuego y acamparon todo un año encima de sus cenizas. Un desgraciado azar hizo que Roma ardiese el año 700 de su fundación. Y Nerón le pegó fuego por solazarse con ver el bárbaro triunfo de las llamas. ¿La religión cristiana es responsable también de esta conflagración neroniana?

"¿Qué fue lo que ardió en el incendio de Roma? Piedras, maderas, edificios, murallas, cosas, en fin, combustibles y perecederas. Unos hombres habían colocado en orden piedras sobre piedras; otros hombres las han derribado. ¿Qué se colige de esta eventualidad? La que ardió, pues, era una Roma postiza, material, perecedera, como toda obra humana. La verdadera y auténtica Roma está en la colectividad moral de los romanos; y ésta vive y seguirá viviendo, si los romanos no blasfeman de Dios vivo y no ponen su confianza en divinidades de madero o de mármol.

"No cesan las lamentaciones por las crueldades de los godos. Pero, ¿acaso no fue Alarico el más clemente de los invasores? Respetó a las iglesias; libró a los romanos empavorecidos y apiñados en la tumba de los mártires. ¿Cuándo se había visto cosa semejante? Alarico mató, sí; pero fuera del ámbito de las basílicas. Ser instrumento y azote de la ira de Dios fue su indeclinable misión providencial.

"No faltan entre nosotros quienes dicen: Los cuerpos de san Pedro, de san Pablo, de san Lorenzo y de tantos otros mártires están enterrados en Roma; y Roma ha sido profanada y devastada. Quienes dicen tal cosa, ¿son cristianos? Si son cristianos, debieran decir: El Señor lo quiso. Reconoce, cristiano, tu dignidad; no fuiste creado para ocupar la tierra, sino para ganar el cielo.

"Muchos de los nuestros se han visto envueltos en calamidades. Pero es que estos menguados cristianos no supieron decir: Bendeciré al Señor en todo tiempo. Si en medio de sus tribulaciones no blasfemaron, salieron del horno y del crisol, purificados y labrados como vasos escogidos, colmados de las bendiciones del cielo. Por lo que toca a quienes blasfemaron y que no respiran sino por cosas terrenales, una vez que las han perdido, ¿qué les queda? Nada por fuera, nada por dentro. Se quedan con los puños llenos de aire, y más llena de aire sus almas.

"Vosotros os quejáis de vuestras tribulaciones y de vuestras amarguras, os decís: ¡Ved cómo todo perece bajo el poder del cristianismo! ¿Qué sentimiento inspira esas lamentaciones¿ Dios no prometió que todo esto no perecería; eterno como es, prometió cosas eternas. Bendecirle por el bien, y por el mal blasfemarle, es hacer como el alacrán que muerde por la cola. Si ha perecido la ciudad que nos engendró carnalmente, la que nos engendró en espíritu subsiste; y ésta es aquella cuya sola existencia importa y cumple para quienes profesan el cristianismo.

"Y decidme. ¿No fue por reverencia a Jesucristo que los bárbaros perdonaron a estos romanos, ahora hostiles al nombre de Jesucristo? Escogieron las basílicas más capaces para poner más gente a buen recaudo. Rómulo, el propio fundador de Roma, fundó no más que un angosto asilo; Alarico señaló dos; en ellas se pusieron a salvo los romanos, que luego habían de reedificar a Roma.

"Pero ¿y las matronas cristianas, deshonradas? ¿Y las vírgenes veladas que sufrieron el más vil de los ultrajes? ¿no tuvo Dios cuidado de los suyos? ¡La entereza de sus esposas fue atropellada por la brutalidad de los bárbaros! Fue así, pero yo os digo en verdad, estas mujeres quedaron puras a los ojos de Dios, malogrando los atentados de los hombres; y quienes sufrieron violencia, no incurrieron en la culpa de Lucrecia; porque a la desgracia que les afligió, no unieron el crimen del suicidio. Y ahora vengan a agruparse en derredor de este púlpito, todos los que sienten el amor del Paraíso, lugar de reposo, lugar de seguridad, lugar de perpetua felicidad, donde el bárbaro ya no es de temer"[35].

El paganismo agonizante

Agustín hace constante referencia a sus adversarios, los interlocutores literarios de su obra. ¿Quiénes son? Indudablemente los representantes del paganismo decadente, que habían pasado de perseguidores a perseguidos, de protegidos del Estado, a desposeídos por el mismo.

La conversión de Constantino marcó el principio del fin del culto pagano, ya desacreditado. Sólo la breve reacción de Juliano, llamado el

---

35. Agustín, *Sermo de prsecutione barbarica*, 7, 9.

Apóstata (361-363), pareció devolver el espíritu de vida a sus huesos secos. Empresa fútil, muerta con la muerte de su protagonista y mecenas. A partir de Juliano los emperadores fueron consolidando el cristianismo hasta declararlo religión oficial del Imperio. Teodosio el Grande (379-395), tradujo en términos legales el combate al paganismo a finales del siglo IV, prohibiendo enérgicamente en el año 392 los ritos paganos y la destrucción de santuarios venerados por los paganos, como el de Serapis de Alejandría y el de Celeste de Cartago, dando lugar a verdaderos actos de intolerancia religiosa por parte de los cristianos. También se dieron enfrentamientos como el del año 399, cuando los cristianos derribaron la estatua de Hércules que se encontraba en la plaza de una colonia norteafricana, los paganos reaccionaron acorralando a los cristianos en el estadio y asesinando sesenta de ellos. Se prohibieron también los sacrificios públicos y privados y la práctica de la *haruspicina* o adivinación. Sin embargo, sólo hasta el largo reinado de Justiniano (527-565), podemos hablar de una verdadera desaparición del paganismo.

Los sacerdotes y fieles de los cultos paganos no se replegaron fácilmente, aunque el temor a las represalias imperiales les llevó a jugar el papel de eternos descontentos, acechando cualquier circunstancia favorable para culpar a los cristianos de los males del Imperio. Tal fue el caso de la toma de la ciudad de Roma por Alarico en el año 410.

Pero los sacerdotes paganos se equivocan. Sus dioses son impotentes ahora y lo han sido siempre. En realidad, lo que ellos consideran dioses son demonios, "espíritus inmundos, que con el nombre de dioses engañan a la gente"[36]. La religión cristiana, dice, "es la única y verdadera que ha puesto en claro que los dioses de los gentiles no son sino demonios impuros"[37]. Rechaza los dioses, dice, desprécialos, y "de un salto valeroso conquista la verdadera libertad"[38].

Otro sector enemigo del cristianismo era el de los *mathematici*, o astrólogos. La astrología fue desde el principio combatida por los apologistas cristianas, que veían en ella negación a lo que había de más digno en el hombre: su libertad y responsabilidad. Bajo Valentiniano (364-375), los astrólogos fueron reprimidos con graves penas, incluida la pena capital. Este sector, además, estaba relacionado con los adivinos, supersticiosos y encantadores, a quienes Agustín fustiga en *De divinatione daemonum* (406-408), aparte de en sus habituales sermones y labores pastorales. Para Agustín el individuo depende de la gracia de Dios y actúa por libre

---

36. Agustín, *Civ. Dei*, II,4.
37. Agustín, *Civ. Dei*, VII, 33
38. Agustín, *Civ. Dei*, II,29,2

voluntad, pertenece a un orden completamente diverso del de la naturaleza física regida por astros o cualquier otro tipo de determinismos.

En las páginas de *La Ciudad de Dios* también aparece otro grupo contradictor del cristianismo: el de los amantes de las representaciones teatrales, celebrados en honor de los dioses. Agustín utiliza toda la dialéctica de la que es capaz para demostrar que en lugar de ser una honra a los dioses que homenajean, es una verdadera revelación de su deshonor y naturaleza demoníaca.

Cristo, viene a concluir Agustín, promete la vida eterna y por ello el mundo acude a Él y cree en Él, lo que es motivo de indignación para los paganos; pero también admiración y estupor, ¿por qué, pues, no bajan las armas, y se rinden a Cristo para su libertad?[39]

Agustín es consciente que la lucha contra el paganismo es ardua y difícil, pues se libra en el interior de cada cual y no gana con la destrucción de los símbolos visibles del culto idolátrico. Entre los años 408 y 410, se dirige a los habitantes de Madaura (Numidia) y confiesa: "Con gran dolor conozco el supersticioso culto que tributáis a los ídolos. Habéis cerrado sus templos con más facilidad que los corazones, o mejor dicho, sé que tenéis los ídolos en el corazón más que en los templos"[40]. Por eso la persistencia del culto pagano sobrevivió a la simple destrucción de ídolos a través de un proceso de asimilación, en donde la superstición y la devoción a los santos empezó a jugar un papel especial característico del catolicismo popular, presente en los días de Agustín como honra a la memoria de los santos. Los paganos, sin embargo, lo veían de otra manera, y lo creían muy similar a su culto a los dioses. Agustín clarifica: "Ellos [los paganas] construyeron a tales dioses templos, dispusieron aras, instituyeron sacerdotes, ofrecieron sacrificios, y nosotros ni construimos templos a nuestros mártires como si fueran dioses, sino monumentos como a hombres muertos, cuyo espíritu vive con Dios; ni les erigimos allí altares en que sacrifiquemos a los mártires, sino al único Dios de los mártires y nuestro. Y en ese sacrificio se les nombra según el orden y lugar que les corresponde, como hombres de Dios que vencieron al mundo confesando su fe; pero no son invocados por el sacerdote que ofrece el sacrificio. Ofrece el sacrificio, en efecto, al mismo Dios, no a ellos, aunque lo haga en sus monumentos, ya que es sacerdote de Dios, no de ellos"[41].

---

39. Agustín, *Civ. Dei*, X,27.
40. Agustín, *Ep.* 232,1.
41. Agustín, *Civ. Dei*, XXII,10.

El milenio espiritual o triunfo del cristianismo

A quienes acusaban al cristianismo de todos los males que se amontonaban sobre el decadente imperio romano, Agustín les respondió tajante y gloriosamente que, pese a todas las circunstancias adversas que los críticos podían echarle en cara, desde la venida de Jesucristo al mundo algo nuevo había sucedido, sin precedentes en la historia. No una nueva religión o creencia, sino un poder espiritual que se afirmaba a sí mismo triunfando sobre el reino de oscuridad de este mundo, regido por el diablo. Cristo en persona cumplía la parábola que él había enseñado en enigma. "Nadie puede entrar en la casa de un hombre fuerte y saquear sus bienes a menos que primero ate al hombre fuerte" (Mc. 3:27)

"Con este *hombre fuerte* quiere aludir al diablo que fue capaz de tener cautivo al género humano. Por los *bienes* que había de saquear entiende los seguidores que le habían de ser fieles, y que él tenía detenidos en toda clase de pecados y de impiedades. Para amarrar a este forzudo vio Juan en su Apocalipsis un ángel que bajaba del cielo llevando la llave del abismo y una cadena grande en la mano: *Y agarró al dragón, la serpiente primordial, el diablo o Satanás, y lo encadenó para mil años* (Ap. 20:1-2). Es decir, puso un freno y un impedimento al poder que tenía de seducir y cautivar a los que habían de ser liberados"[42].

Hubo un tiempo en que Agustín mantuvo la creencia en un milenio material al final de los tiempos presentes[43], pero los crasos errores de sus defensores, le llevaron a adoptar una comprensión espiritual de mismo y que abarca y comprende el período de la Iglesia, mediante cuya predicación el diablo es encadenado y los pueblos que antes permanecían en las tinieblas de la ignorancia idolátrica se abren a la luz del Evangelio

"El encadenamiento del diablo de que venimos hablando no ha tenido lugar únicamente en aquel período inicial en que comenzó la Iglesia a difundirse más y más fuera de Judea entre unos y otros países; tiene lugar ahora y lo tendrá hasta la consumación del mundo, período en el que deberá ser soltado; porque también ahora los hombres se convierten a la fe de la incredulidad en que los retenía él mismo, y seguirán convirtiéndose, no hay duda, hasta ese período final. En realidad está atado para cada uno este hombre fuerte cuando es arrancado de sus garras como si fuera su posesión. El abismo donde ha sido encerrado no termina con la muerte de quienes vivían en el momento de su encierro. Han ido naciendo otros que les han sucedido y les siguen sucediendo, hasta el fin

---

42. Agustín, *Civ. Dei*, XX,7,2.
43. Agustín, *Civ. Dei*, XX,7,1. Cf. Agustín, *Sermón* 25.

del mundo, llenos de odio a los cristianos. A diario es encerrado, como en un abismo, en lo profundo de sus ciegos corazones"[44].

Es evidente que esta interpretación deja de centrarse en el "retorno inminente" de Cristo para dedicar especial atención a la expansión misionera de la Iglesia. Como alguien ha dicho, esta interpretación de los textos bíblicos tuvo la influencia positiva de convertir las cartas paulinas y el Apocalipsis en una lectura más plausible a los lectores del siglo V. Amplió la estratégica apología ya presente en 2ª Pedro 3:8, recordando que "para el Señor mil años es como un día", evitando así la tentación de especular sobre el día la hora de la Segunda Venida.

La Iglesia y el reino

Peculiar a Agustín es el concepto de la Iglesia entendida como sociedad compuesta por trigo y cizaña, cuya separación pertenece al futuro de Dios. Esta visión se alza benéfica contra toda concepción sectaria de la Iglesia como la sola y exclusiva comunidad de los fieles, santos y puros, como si fuera posible discernir antes de tiempo la intención del corazón en base a una profesión de fe o movimiento asociativo de la voluntad. También habría que distinguir entre la Iglesia visible e invisible, tan cara a los reformadores; o si se prefiere entre la verdadera Iglesia y la Iglesia como institución, que no son coincidentes, en virtud de esa mezcla de trigo y cizaña. La verdadera Iglesia consiste en los elegidos o predestinados a lo largo de los siglos que aman al Señor de corazón puro y hasta el fin y sólo son conocidos espiritualmente por Dios, mientras que la Iglesia visible institucional alberga en un mismo seno quienes aman a Dios y quienes se aman a sí mismos.

En la Iglesia visible, la institución que el ojo humano puede conocer y observar, el trigo crece entremezclado (*corpus mixtum*) con la cizaña, y es una advertencia contra el espíritu legalista proclive a olvidar el principio del amor y la misericordia por el que se pertenece a la verdadera Iglesia, y la santidad real y efectiva, sin presencia de mal, es una realidad futura. Y sólo a Dios corresponde, en el juicio final y definitivo, hacer distinción entre unos y otros.

"Según esto, allí donde existen las dos clases de personas se trata de la Iglesia en la actualidad, pero donde sólo existe una clase de personas, es la Iglesia tal cual será cuando en ella ya no haya nadie malo. La Iglesia es,

---

44. Agustín, *Civ. Dei*, XX,8,3

pues, ahora el reino de Cristo y reino de los cielos. Y los santos reinan con él incluso ahora, claro que de manera distinta a como reinarán entonces. Sin embargo, la cizaña no reina con Él por más que crezca juntamente con el trigo en la Iglesia. Sólo reinan con Él quienes ponen en práctica lo que dice el apóstol: *Si habéis resucitado con Cristo, gustad lo de arriba, donde está Cristo sentado a la derecha de Dios; buscad las cosas de arriba, no las de la tierra* (Col. 3:1-2)"[45].

Agustín, pues, combina las dos imágenes del reino milenario y del trigo y la cizaña para presentar a la Iglesia institucional como el "reino militante" de Cristo en guerra contra los enemigos exteriores e interiores. "Reino en estado de guerra, en el cual hay todavía que enfrentarse con el enemigo, y a veces oponer resistencia a los vicios atacantes [...] hasta llegar a aquel reino donde todo es paz, donde uno podrá reinar sin enemigos; de esta primera resurrección, la que tiene lugar ahora ya, habla el libro del Apocalipsis según las palabras que hemos citado. Porque una vez que ha expuesto cómo el diablo estará encadenado durante mil años, y luego andará suelto durante un corto espacio de tiempo, resume entonces la actividad de la Iglesia durante estos mil años, o lo que va a ocurrir en ella"[46].

Por la parte del trigo, de su sector verdadero, pero invisible en cuanto espiritual, el reino de Dios en el corazón de los hombres es distinto a la Iglesia visible o institución, en la cual, debido a la cizaña, se manifiestan los modos y rasgos de este mundo: prepotencia, codicia, administración imperfecta. Y aquí se nos presenta un problema ya advertido por algunos teólogos. Si la Iglesia es un cuerpo mixto de trigo y cizaña, con todo lo que esto significa en el orden moral y social, resulta difícil ver cómo esta iglesia puede convertirse en una "luz en lo alto del monte" (Mt. 5:14) en contraste con las tinieblas del mundo. "Es casi imposible reconocer la salvación que ella ha experimentado ya. Los hombres no pueden distinguir en ella a los buenos de los malos"[47]. Pero lo que puede ser una debilidad en el concepto agustiniano de la Iglesia, puede ser a la vez su punto fuerte: Nadie puede confiar en su salvación por el hecho de estar bautizado y pertenecer visiblemente a la institución eclesial, sino por ser "conformado según la imagen del Hijo de Dios" (Ro. 8:29). "Así, en cuanto nos transformamos para no amoldarnos a este mundo, ya estamos reproduciendo los rasgos del Hijo de Dios"[48] y viviendo en la fuerza de su Espíritu y su Reino.

---

45. Agustín, *Civ. Dei* XX,9,1.
46. Agustín, *Civ. Dei* XX,9,2.
47. Gerhard Lohfink, *La Iglesia que Jesús quería*, p. 200. DDB, Bilbao 1998, 3ª ed.
48. Agustín, *Civ. Dei*, XX,16.

La Biblia en Agustín

"La Sagrada Escritura es como la llave de oro que nos abre el corazón de San Agustín"[49]. La *Ciudad de Dios* viene a ser un comentario sublime de la Biblia (Donoso Cortés). En ella realiza Agustín una exégesis detallada del Antiguo Testamento donde Cristo aparece a lo largo de la historia sagrada, desde Abel hasta las últimas profecías, culminando y completando la historia, a la vez que arrojando luz sobre el pasado, el presente y el futuro. La historia, aquella que cuenta para la eternidad y que se lleva a cabo en la Iglesia, es, básicamente, historia de la salvación. "Sem y Jafet, es decir, la circuncisión y el incircuncisión..., habiendo descubierto de algún modo la desnudez del padre, símbolo de la pasión del Salvador, tomaron un manto y lo pusieron sobre sus hombros y, entrando de espaldas, cubrieron la desnudez del padre sin ver lo que por pudor cubrieron. De este modo honramos en la pasión de Cristo lo que se hizo por nosotros, y detestamos el crimen de los judíos. El vestido significa el sacramento; las espaldas, la memoria del pasado; porque la Iglesia celebra la pasión de Cristo como ya pasada y nunca más esperada como algo futuro"[50].

Agustín procede alegóricamente en su interpretación de la historia del Antiguo Testamento, que no rechaza para nada su historicidad, como él se encarga en afirmar[51], sino que penetra en su sentido cristológico. Como hemos demostrado en otro lugar[52] los primeros exegetas cristianos leyeron la Escritura siempre desde una perspectiva cristocéntrica. Cristo había aparecido en un momento dado de la historia, pero su persona cubría todos los períodos, antes y después de la encarnación. En el pasado todos los hechos, palabras e incluso objetos se relacionaban con él de modo profético. Este es el fundamento del sentido tipológico o alegórico de la Escritura, o más exactamente, del Antiguo Testamento en relación con la fe cristiana. Cristo es el eje de la creación, de la historia y de la Escritura sagrada. Si algunas veces las interpretaciones alegóricas de Agustín nos parecen forzadas, a la luz del texto y su historia, hay que entender sirven a modo de ilustraciones proféticas de una verdad que el cristianismo confiesa haber ocurrido en la historia de Cristo, cuya significación arroja luz sobre las sombras del pasado.

49. Pedro Langa Aguilar, "La Sagrada Escritura y San Agustín predicador", *Religión y Cultura*, pp. 69-78, n° 200.

50. Agustín, *Civ. Dei*, XVI,1

51. Agustín, *Civ. Dei*, XV, 27,1.

52. Alfonso Ropero, *La vida del cristiano centrada en Cristo*, pp. 182-187. CLIE, Barcelona 2016.

Texto y transmisión

Debido a la amplia difusión de la *Ciudad de Dios* en la Edad Media, ha llegado hasta nosotros un número extraordinario de copias manuscritas. La misma abundancia de códices hacen muy difícil su clasificación y la fijación de un texto modelo. El códice más antiguo es el Veronensis XXVIII, 26, que se conserva en la Biblioteca Capitular de la Catedral de Verona, y está escrito en letra uncial. Uno lo consideran del siglo V, lo que le situaría en el mismo siglo en que murió Agustín; otros lo retrasan en un siglo. La edición príncipe fue impresa en el célebre monasterio de Subíaco, en 1467, por C. Sweynheim y A. Pannartz. Johann Mentelin publicó otra en Estrasburgo (1468) basada en códices más antiguos y mejores, con comentarios de Tomás Valois y Nicolás Triveth. Le siguieron otras, entre ellas la que contiene los comentarios del español Luis Vives (Basilea 1522), hecha a petición de Erasmo.

La *Ciudad de Dios* cuenta con una larga de historia de traducción en castellano. Primero fue la Antonio de Roys Roças, publicada en Madrid 1614 por Juan de la Cuesta y reimpresa en Amberes en 1674 y en Valencia en 1871 en tres volúmenes.

Le siguió la del Dr. José Cayetano Beyral y Bermúdez, de la Real Universidad de Huesca, publicada en Madrid en 1874 en ocho volúmenes. Reimpresa en 1893 por la Imprenta Real, y en 1941 por el Apostolado de la Prensa.

Ese mismo año Editorial Poblet de Buenos Aires (1941), publicada en dos volúmenes la traducción de José Cayetano Beyral y Bermúdez, con notas y comentarios por Gabriel Riesco y Giovanni Papini.

Una ambiciosa edición crítica bilingüe fue realizada por Lorenzo Riber, de la Real Academia Española, revisada por Juan Bastardas, profesor de la Universidad de Barcelona, publicada en la Colección Hispánica de Autores Griegos y Latinos, por Ediciones Alma Mater. Vol. I (Barcelona 1953); vol. I, I-II; vol. II,III-IV (Barcelona 1958).

La BAC ha publicado dos ediciones bilingües, una traducida por José Morán (2 vols. *Obras de San Agustín*, vols. XVI-XVII, Madrid 1958), y otra completamente nueva y puesta al día por Santos Santamarta del Río y Miguel Fuertes Lanero, con introducción y notas de Victorino Capánaga (2 vols. *Obras de San Agustín*, vols. XVI-XVII, Madrid 1977).

La *citas bíblicas* de la Ciudad de Dios no concuerdan enteramente con ninguna de las versiones conocidas. Agustín había revisado cuidadosamente algunos de los libros de las Sagradas Escrituras, procurando seguir con gran fidelidad el texto griego. Estas citas bíblicas presentan una especial dificultad para la crítica textual, ya que los copistas frecuentemente acomodaron la versión de Agustín a las que les eran más habituales, tal como nosotros hemos hecho en esta ocasión.

Los títulos que suelen encabezar los distintos capítulos no se hallan en los manuscritos más antiguos, sin duda alguna no son propios de Agustín, sino más bien son obra de un editor o revisor desconocido, no anterior al siglo VI, por lo que nos hemos permitido amplia libertad en su modificación, conforme al contenido.

Alfonso Ropero, Ph. D.

La Ciudad de Dios

"Cosas ilustres son dichas de ti, Ciudad de Dios"
Salmo 87:3

"En cuanto a mí, el acercarme a Dios es el bien"
Salmo 73:25-28

I PARTE

RESPUESTA Y DEFENSA DEL CULTO DEBIDO A DIOS

Libro I

1. Los adversarios del nombre de Cristo salvan la vida en el asolamiento de Roma

De esta ciudad terrena proceden los enemigos contra quienes hay que defender la ciudad de Dios. Muchos de ellos, apartándose de sus errores impíos, se convierten en moradores bastante laudables de esta ciudad. Otros muchos, en cambio, se están abrasando en un odio tan violento contra ella, y son tan ingratos a los evidentes favores de su Redentor, que en el día de hoy no serían capaces de mover su lengua contra esta ciudad si no fuera porque encontraron en sus lugares sagrados, al huir de las armas enemigas, la salvación de su vida, de la que ahora tanto se enorgullecen. ¿O es que no son enemigos encarnizados de Cristo aquellos romanos a quienes los bárbaros, por respeto a Cristo, les perdonaron la vida? Testigos son de ello los santuarios de los mártires[1] y las basílicas de los apóstoles, que en aquella devastación de la gran urbe acogieron a cuantos en ella se refugiaron, tanto propios como extraños. Allí se moderaba la furia encarnizada del enemigo; allí ponía fin el exterminador a su saña; allí conducían los enemigos, tocados de benignidad, a quienes, fuera de aquel recinto, habían perdonado la vida, y los aseguraban de las manos de quienes no tenían tal misericordia. Incluso aquellos mismos que en otras partes, al estilo de un enemigo, realizaban matanzas llenas de crueldad, se acercaban a estos lugares en los que estaba vedado lo que por derecho de guerra se permite en otras partes, refrenaban toda la saña de su espada y renunciaban al ansia que tenían de hacer cautivos.

De esta manera han escapado multitud de los que ahora desacreditan el cristianismo, y achacan a Cristo las desgracias que tuvo que soportar aquella ciudad. En cambio, el beneficio de perdonárseles la vida por respeto a Cristo no se lo atribuyen a nuestro Cristo, sino a su hado personal, siendo que, con criterio más recto, deberían atribuir los sufrimientos

---

1. Agustín alude al hecho narrado por contemporáneos, que Alarico, aunque de profesión arriana, respetó a Roma como sede de la cristiandad, y ordenó que sus soldados se moderasen en la matanza y respetasen los lugares sagrados, sobre todo las basílicas de los Apóstoles Pedro y Pablo, con todos los fieles o personas que se refugiasen en ellos. Así pudieron salvar su vida no sólo muchos fieles, sino también muchos paganos (Paulo Orosio, *Hist.* 7, 39).

y asperezas que les han infligido sus enemigos a la divina providencia, que suele acrisolar y castigar la vida corrompida de los humanos. Ella es quien pone a prueba la rectitud y la vida honrada de los mortales con estos dolores para, una vez probada, pasarla a vida mejor, o bien retenerla en esta tierra con otros fines.

Pero de hecho los bárbaros, en su ferocidad, les han perdonado la vida, contra la norma y el estilo de las guerras, por respeto al nombre de Cristo, sea en lugares comunes, sea en los recintos consagrados a su culto, y, para que fuera aún más abundante la compasión, eligieron los de muy anchas dimensiones para mayor capacidad de multitudes. Este hecho deberían atribuirlo al cristianismo. He aquí la necesaria ocasión para dar gracias a Dios y recurrir a su nombre con sinceridad, evitando los suplicios del fuego eterno; nombre que usaron hipócritamente para evitar las penalidades de la presente calamidad. Porque muchos de los que ves ahora insultar a los siervos de Cristo con escarnio y petulancia no hubieran escapado de aquella carnicería desastrosa sino hubieran fingido ser siervos de Cristo. Y ahora la soberbia desagradecida y sacrílega locura, se hacen reos de las eternas tinieblas oponiéndose con perverso corazón a su nombre, nombre al cual un día se acogieron con labios engañosos para seguir gozando unos instantes más de esta mísera vida temporal.

2. Los vencedores nunca perdonan a los vencidos por respeto a los dioses de los vencidos

Innumerables son las acciones guerreras consignadas por escrito, unas anteriores a Roma, otras desde su nacimiento hasta el apogeo de su dominio: léanlas y señalen dónde se diga que en el asalto de alguna ciudad por extranjeros, los vencedores han perdonado de esta manera a los refugiados en los templos de sus propios dioses[2]; o si se ha dado alguna orden por un caudillo bárbaro para que después del asalto a alguna ciudad no se hiriese a nadie de los encontrados en tal o cual templo.

¿No fue Eneas quien vio a Príamo entre los altares ˝apagando sacrílegamente con su sangre los fuegos que él mismo había consagrado˝[3]?

---

2. Evidentemente a Agustín se le pasaron por alto algunos casos de clemencia, señalados por autores griegos, no conocidos por Agustín. Así, Arriano cuenta que en la toma de Tiro, Alejandro Magno perdonó a quienes se refugiaron en el templo de Hércules (*Hazañas de Alejandro*, II). Lo mismo cuentan Plutarco y Emilio Probo en la vida de Agesilao, quien, vencidos los atenienses, los beocios sus aliados, prohibió que se infiriese daño a quienes se habían acogido al templo de Minerva. Pero esto fue más la excepción que la regla.
3. Virgilio, *Eneida* 2, 501-502.

Y Diomedes y Ulises, "después de degollar a la guardia de la ciudadela, ¿no tuvieron el atrevimiento de robar la sagrada imagen y de poner sus ensangrentadas manos en las vírgineas vendas de la diosa"⁴?

Tampoco es verdad que "desde aquel instante empezó a aflojar y a desvanecerse la esperanza de los griegos"⁵. Porque fue después cuando vencieron; fue después cuando a Troya la destruyeron a sangre y fuego; fue después cuando a Príamo, que había buscado refugio en los altares, lo degollaron. No; Troya no cayó por haber perdido a Minerva. ¿Qué había perdido antes la propia Minerva para que ella se perdiese? ¿Quizá sus guardianes? Esto sí que es verdad; porque sólo pudo ser robada después de degollados ellos. No era la estatua que guardaba a los hombres, sino que eran los hombres que guardaban la estatua. ¿Cómo, pues, era adorada para que guardase la ciudad y sus habitantes, ella que no fue capaz de guardar a su propia guardia?

3. Los dioses nunca guardaron a quienes a ellos se confiaron

Ved aquí a cuáles dioses se ufanaban los romanos de haber encomendado la conservación de su ciudad. ¡Qué error más lamentable! ¡Y se enojan contra nosotros porque contamos casos semejantes de sus dioses! En cambio, no se irritan contra sus escritores que los inventaron, a quienes han podido estudiar a fuerza de dinero, juzgando además a sus maestros muy dignos de salario público y de honores.

Es precisamente a Virgilio, como al principal y más brillante de todos los poetas, a quien leen desde niños para que sus espíritus, todavía tiernos, se empapen en él y no pueda caer en el olvido fácilmente, según aquel verso de Horacio:

"La vasija que de nueva se empapó de un perfume, lo conservará por largo tiempo"⁶.

Según este mismo Virgilio, Juno aparece llena de odio a los troyanos, diciendo a Eolo, rey de los vientos, para irritarlo contra ellos:

"Una nación enemiga personal mía, va surcando las ondas del Tirreno; llevan consigo a Ilión y a sus dioses domésticos vencidos, hacia Italia"⁷.

¿A estos dioses vencidos es a quienes los hombres juiciosos debieron encomendar a Roma para que no se la venciese? Dirán, sin embargo,

4. *Ibid.*, 166-168.
5. *Ibid.*, 169-170.
6. Horacio, *Ep.*, 2,2,69.
7. Virgilio, En. 1, 68-69.

que Juno hablaba así como mujer irritada, sin saber bien lo que se decía. ¿Pero qué dice Eneas, llamado tantas veces "el Piadoso"? ¿No es él quien cuenta:

"Panto, hijo de Otreo, sacerdote de Febo y del alcázar, lleva a rastras en sus manos los objetos del culto, los dioses vencidos y a su pequeño nieto, viene a mis umbrales en loca carrera"[8]?

¿No muestra que los mismos dioses a quienes no duda en llamarlos vencidos, le fueron confiados a él, más bien que él a ellos, cuando se le dice:

"En tus manos encomienda Troya su religión y sus penates[9]"?

Si, pues, Virgilio a tales dioses los declara vencidos y que fueron encomendados a un hombre, para que, vencidos y todo, se pusieran a salvo, ¿no será una locura pensar que Roma fue cuerdamente encomendada a tales protectores, y que, de no haberlos perdido, no hubiera podido ser arrasada? Yo me atrevo a decir que dar culto por tutelares y por defensores a unos dioses vencidos ¿qué otra cosa será sino tener malos pagadores en vez de buenos protectores[10]?

Roma no habría evitado su ruina conservando sus dioses, sino más digno de fe me parece que éstos habrían perecido mucho antes si Roma no hubiera hecho lo imposible por conservarlos a ellos. ¿Quién no se da cuenta a primera vista de la vana pretensión de ser invencibles bajo la protección de seres vencidos, y de afirmar que llegó su ruina por haber perdido a sus dioses protectores, siendo así que la única causa de su perdición pudo muy bien ser el haber elegido a unos protectores perecederos? No era el placer de mentir lo que impulsaba a los poetas a escribir y cantar esos versos sobre los dioses vencidos, sino que la fuerza de la verdad les obligó a ser sinceros, razonables como eran, en plena lucidez y cordura.

Estas cuestiones, sin embargo, las trataré en otro lugar más oportuno, cuidadosa y ampliamente[11]. De momento voy a hablar un poco, según el plan trazado y mis posibilidades, de aquellos ingratos y blasfemos que imputan a Cristo los males que están padeciendo merecidamente por la corrupción de sus costumbres. Se les perdonó incluso a ellos, por reverencia a Cristo, y ellos ni siquiera prestan atención a esta gracia. Con desenfreno sacrílego y perverso desatan contra este nombre las mismas lenguas que lo usaron con hipocresía para salvar su vida, aquellas

---

8. *Ibid.* 2, 319-321.
9. "Penates": Divinidades domésticas.
10. Agustín juega con los términos latinos para divinidades, lat. *numina*, con deudores, lat. *nomina*
11. En los libros III y IV.

lenguas que frenaron llenos de miedo en los lugares a Él consagrados, quedando a salvo y sin peligro al ser respetados de sus enemigos por reverencia de Cristo, vomitando contra Él hostiles maldiciones.

4. Indefensión en los templos de Juno y protección en los de los apóstoles

La misma Troya, como dije, madre del pueblo romano, no pudo en los lugares consagrados defender a sus dioses a sus habitantes del fuego y la espada de los griegos, que daban culto a esos mismos dioses. Antes bien:

"En el asilo sagrado de Juno, Fénix y el cruel Ulises, guardianes escogidos, custodiaban el botín. Aquí y allá se amontonaban tesoros de Troya, arrancados a los templos en llamas: mesas consagradas a los dioses, cráteras de oro macizo, vestimentas robadas. En derredor, de pie y en larga hilera, están las madres temblorosas con los niños"[12].

Fue escogido el lugar consagrado a tan excelente diosa, no para impedir la salida de los cautivos, sino para tenerlos allí encerrados. Compara ahora aquel asilo, no de cualquier divinidad gregaria, ni una del tropel de dioses, sino de la misma hermana y esposa de Júpiter, reina de todos los dioses, con las memorias o lugares dedicados a nuestros apóstoles. Allí se llevaban los despojos robados a los dioses y templos incendiados, no para ofrecérselos a los vencidos, sino para repartirlo entre los vencedores; aquí, en cambio, se traía con honor y un sagrado respeto hasta lo encontrado en otras partes, perteneciente a estos lugares. Allí se perdía la libertad; aquí quedaba asegurada. Allí se aseguraba la cautividad; aquí se prohibía. Allí eran encerrados y oprimidos los que habían de ser esclavizados por la ambición de los enemigos; aquí los enemigos, movidos a compasión, los traían para darles libertad. Finalmente, aquel templo de la diosa Juno lo había escogido la avaricia y la soberbia de unos frívolos *greguecillos*[13]; en cambio, estas basílicas de Cristo fueron elegidas por la misericordia y la humildad de unos bárbaros inhumanos. A no ser que quizá los griegos, en aquella su victoria, perdonasen los templos de los dioses comunes, y no se atreviesen a herir o hacer cautivos a los infelices y vencidos troyanos, allí refugiados; en tal caso, mentiría Virgilio, al estilo de los poetas. Más diré que él nos describe el método usado por los enemigos al destruir las ciudades.

---

12. Virgilio, *En.* 2, 761-767.

13. Mote despectivo *graeculi*, que que les infligió Cicerón en su discurso Pro Falco; de quien los romanos lo aprendieron y usaron largamente.

5. Destrucción de ciudades y templos en tiempos de guerra

Este método salvaje no dejó de apuntarlo Catón, como lo consigna Salustio[14], historiador noble y verídico, en la información que dio [César] en el Senado acerca de los conjurados: "Es corriente en la guerra forzar a las doncellas y raptar los muchachos, arrancar los hijos de los brazos de sus padres, infligir las madres de familia los ultrajes que los vencedores quieran, templos y casas entregados al saqueo, muertes, incendios, y finalmente llenarlo todo de armas, cadáveres, sangre y lamentos"[15].

Si en este pasaje hubiera omitido los lugares sagrados, habría fundamento para pensar que los enemigos respetaban de ordinario las moradas de los dioses. Y este trato no lo tenían los templos romanos precisamente de las hordas extranjeras, sino de Catilina y sus aliados, senadores de la más alta alcurnia y ciudadanos romanos, pero en realidad, pandilla de bandidos y parricidas de su propia patria.

6. Los romanos jamás perdonaron a los refugiados en los templos conquistados

¿Qué necesidad tenemos de que nuestro discurse recorra la multitud de naciones que hayan luchado entre sí, sin que ninguna de ellas hayan perdonado a los vencidos refugiados en la mansión de sus dioses? Consideremos a los mismos romanos; recordemos y pasemos revista a estos romanos, cuyo principal timbre de gloria se expresó así: "Perdonar al vencido y abatir al soberbio"[16], y que preferían olvidar las injurias recibidas antes que vengarlas.

Queremos que se nos diga en qué templos solían hacer excepción para dejar en libertad a los que allí se habían refugiado, en el saqueo de tantas y tan grandes ciudades, asaltadas y tomadas por ellos para extender sus dominios. ¿Será tal vez que obraban así, pero los cronistas de sus hazañas lo callaron? ¿Es cosa de creer que quienes, con la más curiosa diligencia, atendían y averiguaban los hechos laudables, pasaran en silencio estos que en estimación suya eran los más ilustres e inequívocos indicios de piedad?

---

14. Cayo Crispo Salustio (86-35 a.C.), es uno de los historiadores preferidos por Agustín, quizá por el tono moral de sus escritos y su denuncia de las costumbres y decadencia del pueblo romano. Se conservan completas dos de su obras: *La conjuración de Catilina* y *La guerra de Yugurta*, y fragmentos de *Historias*.
15. Salustio, *De conjuratione Catil.* 51, 9.
16. Virgilio, *En.* 6,853.

Se cuenta del ilustre romano Marco Marcelo[17], capitán y conquistador de la hermosa ciudad de Siracusa, que previamente lamentó su ruina inevitable y que antes de verter su sangre le ofreció el tributo de sus lágrimas. Puso asimismo cuidado en respetar el pudor, como digno de ser tenido en cuenta con el enemigo. Antes de ordenar, como vencedor, el asalto de la ciudad dio un edicto prohibiendo hacer violencia corporal a ninguna persona libre. Con todo la ciudad fue arrasada, como ocurre en las guerras, y en ninguna parte leemos decreto alguno por el que este caudillo, tan casto y clemente, ordenase dejar ileso a quien hubiera buscado refugio en tal o cual templo. Jamás se hubiera silenciado este hecho, en caso de haber ocurrido, cuando no se han callado sus lágrimas y la orden de no violar lo más mínimo la decencia.

Fabio, el destruidor de Tarento, recibe alabanzas por haberse abstenido del pillaje de las sagradas imágenes. Su secretario le consultó qué debía hacer con las muchas imágenes de los dioses que habían capturado, y él hasta sazonó su clemencia con un gracejo. Preguntó cómo eran, y se le contestó que muchas de gran tamaño, e incluso estaban armadas. A lo que respondió: "Dejémosles a los tarentinos sus airados dioses".

Así, pues, los historiadores romanos no han podido pasar en silencio ni el llanto del uno, ni la risa del otro, ni la casta clemencia del primero, ni la donosa moderación del segundo, ¿cómo, entonces, iban a dejar de consignar el haber perdonado a algún hombre en honor de cualquiera de sus dioses, hasta el punto de prohibir atacarles o hacer cautivos en sus templos?

7. Costumbres bélicas y poder del nombre de Cristo

Así pues, cuantas ruinas, degüellos, pillajes, incendios, tormentos se cometieron en la reciente catástrofe de Roma, producto fueron del estilo de las guerras. En cambio, lo insólito allí ocurrido, el que, cambiando su rumbo los acontecimientos de una manera insospechada, el salvajismo de los bárbaros se haya mostrado tan manso que escogió las basílicas más capaces para que el pueblo se acogiese a ellas y evitaran la condena, se lo debemos al nombre de Cristo. Allí a nadie se atacaba; de allí nadie podía ser llevado a la fuerza; a sus recintos los enemigos conducían por compasión a muchos para darles la libertad; allí ni la crueldad de los enemigos sacaría cautivo a uno solo.

Todo esto, repito, se lo debemos al nombre de Cristo, todo esto a los tiempos cristianos. Quien no ve esto, está ciego; quien lo vea y no lo

---

17. Tito Livio, *Hist.*, XXV, 24,11.

alabe, es un ingrato; quien se muestre en contra de quien lo celebra, es un mentecato.

No quiera Dios que un hombre en sus cabales atribuya esto a la fiereza de los bárbaros. Él fue quien a los pechos feroces y sanguinarios los llenó de terror, les fue poniendo freno y los ablandó milagrosamente, cuando mucho tiempo antes había dicho por el profeta: "Visitaré con vara su rebelión, y con azotes sus iniquidades, mas no quitaré de él mi misericordia" (Sal. 89:32-33).

8. Destino común de justos e injustos

1. Alguien podrá decir: "Este divino favor, ¿por qué ha alcanzado también a los impíos e ingratos?" ¿Por qué ha de ser, sino porque lo usa con nosotros Aquél que cada día "hace salir el sol sobre buenos y malos, y hace llover sobre justos y pecadores" (Mt. 5:45)?

Porque aun cuando algunos de ellos, considerando esto, se corrijan con dolor de su impiedad, y otros que, despreciando, como dice el apóstol, las riquezas de su bondad, "ignorando que su benignidad te guía a arrepentimiento. Mas por tu dureza, y por tu corazón no arrepentido, atesoras para ti mismo ira para el día de la ira y de la manifestación del justo juicio de Dios; el cual pagará á cada uno conforme a sus obras" (Ro. 2:4-6).

Con todo, la paciencia de Dios invita a la conversión a los malos, así como el azote de Dios a los buenos les enseña la paciencia. Asimismo, la misericordia de Dios rodea amorosamente a los buenos para animarles, y la severidad de Dios corrige a los malos para castigarles. Agradó, pues, a la divina providencia disponer para la otra vida bienes a los buenos que no disfrutarán los pecadores, y males a los impíos que no atormentarán a los justos. Sin embargo, ha querido que estos bienes y males pasajeros fueran comunes a todos para que no se busquen ansiosamente los bienes que vemos en posesión también de los malos, ni se huya, como de algo vergonzoso, de los males que con mucha frecuencia padecen incluso los buenos.

2. Lo que más nos interesa aquí es la postura personal tanto ante las cosas que llamamos prósperas como ante las adversas. Porque el hombre de bien ni se engríe con los bienes temporales, ni se quebranta con los males. El malvado, por el contrario, halla su castigo en esa infelicidad, porque la prosperidad lo estraga y corrompe. No obstante, Dios, en la misma distribución de bienes y males, hace más patente con frecuencia su intervención. En efecto, si ahora castigase cualquier pecado con penas manifiestas se creería que no reserva nada para el último juicio. Al contrario, si ahora dejase impunes todos los pecados, creeríamos que no

existe la providencia divina. Otro tanto sucede con las cosas prósperas, si Dios nos las concediese con abierta generosidad a algunos de cuantos se las piden, diríamos que no son de su jurisdicción; y asimismo si las concediese a todos cuantos se las piden, llegaríamos a pensar que sólo se le debe servir por tales premios, y un servicio así, lejos de hacernos más santos, nos volvería más ambiciosos, más avaros.

Deducimos de aquí que no porque buenos y malos hayan sufrido las mismas pruebas, vamos a negar la distinción entre la desemejanza de los atribulados con ellos. Bien se compagina la semejanza de las tribulaciones. Y aunque estén sufriendo el mismo tormento, no por ello son idénticos la virtud y el vicio. Como por un mismo fuego resplandece el oro y humea la paja; como bajo un mismo trillo se tritura la paja y el grano se limpia; como no se confunde el alpechín con el aceite al ser exprimidos bajo la misma almazara, de igual modo un mismo golpe, cayendo sobre los buenos, los somete a prueba, los purifica, los afina; y condena, arrasa y extermina a los malos. De aquí que, en idénticas pruebas, los malos abominan y blasfeman de Dios; en cambio, le suplican y no cesan de alabarle los buenos. He aquí lo que interesa: no la clase de sufrimientos, sino cómo los sufre cada uno. Agitados con el mismo impulso, el cieno despide un hedor insufrible, y el ungüento exhala una suave fragancia.

9. Causas del dolor que afecta por igual a buenos que a malos

1. ¿Qué padecieron los cristianos en aquella catástrofe que no les sirviera de provecho, si lo consideramos con los ojos de la fe? En primer lugar, pensar con humildad en los pecados por los que Dios, en su indignación, llenó el mundo de tamañas calamidades. Si bien es verdad que se verán lejos de los criminales, de los infames, de los impíos, no se creerán exentos de falta, hasta el punto de juzgarse a sí mismos indignos de sufrir mal temporal alguno por su causa. Hago excepción de que todo el mundo, por muy intachable que sea su vida, concede algo a la concupiscencia carnal, aunque sin llegar a la crueldad del crimen, ni al abismo de la infamia o a la perversión de la impiedad; pero sí a ciertos pecados, quizá raramente cometidos, o quizá tanto más frecuentes cuanto más leves. Pues bien, exceptuando esto, ¿a quién hallamos fácilmente que trate como se debe a estos perversos, por cuya abominable soberbia, desenfreno y ambición, por sus injusticias y horrendos sacrilegios, Dios ha aplastado el mundo, como ya lo había anunciado con amenazas? ¿Y quién vive entre esta gente como se debería vivir? Porque de ordinario se disimula culpablemente con ellos, no enseñándoles ni amonestándoles,

incluso no reprendiéndoles ni corrigiéndoles, sea porque nos cuesta, sea porque nos da vergüenza echárselo en cara, o porque queremos evitar enemistades que pueden ser impedimento, y hasta daño en los bienes temporales, que nuestra codicia todavía aspira a conseguir o que nuestra flaqueza teme perder.

Y es así que, aun cuando los justos están descontentos de la vida de los malos, y por este motivo no vienen a caer en la condenación que a ellos les aguarda después de esta vida; pero, en cambio, como son indulgentes con sus detestables pecados, al paso que les tienen miedo, y caen en sus propios pecados, ligeros, es verdad, y veniales[18], con razón se ven envueltos en el mismo azote temporal, aunque estén lejos de ser castigados por una eternidad. Bien merecen los buenos sentir las amarguras de esta vida, cuando se ven castigados por Dios con los malvados, ellos que, por no privarse de su bienestar, no quisieron causar amarguras a los pecadores.

2. Ahora, si alguno se abstiene de corregir y reprender a los malhechores por estar buscando la ocasión más propicia, o bien tienen miedo de que se vuelvan peores por ello, o que pongan trabas a la formación moral y religiosa de algunos más débiles, con presiones para que se aparten de la fe, no parece que sea ocasión de codicia, sino fruto de la caridad. Lo culpable es que quienes viven diferentemente y aborrecen las obras de los malos, se abstienen de reprender los pecados ajenos que debieran desaconsejar o corregir. Tienen miedo a sus reacciones, tal vez perjudiciales en los mismos bienes que los justos pueden disfrutar lícita y honestamente, si bien con mayor avidez de la que conviene a quienes peregrinan en este mundo y enarbolan la bandera de la esperanza en una patria celestial. Porque es de saber que no solamente los más débiles, los que llevan vida conyugal, teniendo o procurando tener hijos, con casas y servidumbre en abundancia; como aquellos a quienes se dirige el apóstol en las iglesias para enseñarles y recordarles cómo deben vivir las esposas con sus maridos, los maridos con sus esposas, los hijos con sus padres y los padres con sus hijos, los siervos con sus señores y los señores

---

18. Contra la doctrina de los filósofos estoicos que defendían la igualdad de todos los pecados, Agustín mostró la diferencia entre los graves y los leves, entre mortales y veniales. Ya Tertuliano había clasificado el pecado en tres categorías. Primera los crímenes terribles de idolatría, blasfemia, homicidio, adulterio, fornicación, falso testimonio y fraude (*Adv. Marc.*, IV, 9). Entre estos y los meros pecados veniales hay *pecados serios* que se dan en las relaciones humanas (*De pud*, I), representado por la ira, el enojo y la falta de perdón sostenida, maldecir, jurar precipitadamente, romper un contrato, mentir por vergüenza o necesidad. La tercera categoría de pecados (*De pud*, VII) está representada por aquellos que hacen del creyente "una oveja perdida", a diferencia de la "que está muerta":

con sus siervos (Col. 3:18-22). Todos éstos, de muy buen grado, adquieren bienes caducos de la tierra en abundancia, y con mucho desagrado los pierden. Esta es la causa por la que no se atreven a ofender a los humanos cuya vida, llena de podredumbre y de crímenes, les disgusta. Sino también aquellos que se han comprometido con un género más elevado de vida, libres de las ataduras del vínculo conyugal y pasan con pobre mesa y pobre ropa, se abstienen ordinariamente de reprender la conducta de los malvados, temiendo que sus disimuladas venganzas o sus ataques pongan en peligro su fama o seguridad personal; y aunque no les tienen tanto miedo, hasta el punto de perpetrar acciones parecidas, cediendo a cualquiera de sus amenazas o perversidades, con todo, evitan reprender esas tropelías que no cometen en complicidad con ellos, siendo que algunos cambiarían de conducta con la represión. Tienen miedo, si fracasan en su intento, de poner en peligro y de perder la reputación y la vida. Y no porque la crean indispensable para el servicio de enseñar a los demás, sino más bien por aquella debilidad morbosa en que cae la lengua y los juicios humanos cuando se complacen en sus adulaciones. Y si temen la opinión pública, los tormentos de la carne o la muerte es porque los tiene atados la codicia, pero no porque les imponga tales deberes la caridad.

3. Así que, a mi modo de ver, no es despreciable la razón por la que pasan penalidades malos y buenos juntamente, cuando a Dios le parece bien castigar incluso con penas temporales la corrompida conducta de los hombres. Sufren juntos no porque juntamente lleven una vida depravada, sino porque juntos aman la vida temporal. No con la misma intensidad, pero sí todos, simultáneamente. Y los buenos deberían menospreciarla para que los otros, enmendados con la represión, alcanzasen la eterna. Y si sus enemigos se niegan a acompañarles en conseguir la vida eterna, deberían ser soportados y amados, ya que, mientras están viviendo, nunca se sabe si darán un cambio en su voluntad para hacerse mejores.

En este punto tienen no ya parecida, sino mucha más grave responsabilidad, aquellos de quienes habla el profeta: "Si el atalaya viere venir la espada, y no tocare la corneta, y el pueblo no se apercibiere, y viniendo la espada, tomare de él alguno; por causa de su pecado fue tomado, mas demandaré su sangre de mano del atalaya" (Ez. 33:6). Con este fin están puestos precisamente los centinelas[19], es decir, los responsables de los pueblos en las iglesias, para no ser remisos en reprender los pecados. Pero no se crea enteramente libre de culpa quien, sin ser prelado, está ligado a otras personas por circunstancias inevitables de esta vida, y es negligente en amonestar o corregir muchas de las cosas que conoce re-

---

19. Centinela, lat. *speccullator*, etimológicamente idéntico al griego *episcopos*.

prensibles en ellos por tratar de evitar sus venganzas. Mira por los bienes en que se puede disfrutar en esta vida legítimamente, sí, pero pone en ellos un goce más allá de lo legítimo.

Además, los buenos tienen otra razón para sufrir males temporales, la misma que tuvo Job, a saber, someter el hombre a prueba su mismo espíritu y comprobar qué hondura tiene su postura religiosa y cuánto amor desinteresado tiene a Dios.

10. Los santos no pierden nada esencial

1. Después de haber profundizado debidamente en estas cuestiones, pon atención a ver si les sucede a los hombres creyentes y piadosos algún mal que no se les convierta en bien. A no ser que dejemos sin sentido el dicho del Apóstol: "Sabemos que todas las cosas cooperan al bien de los que aman a Dios" (Ro. 8:28). Supongamos que ya han perdido todo lo que tenían. Pero ¿han perdido su fe? ¿Han perdido su religión? ¿Han perdido los tesoros del hombre interior, el que ante Dios es rico? He aquí las riquezas de los cristianos en las que el apóstol se sentía opulento, y decía: "Ganancia grande es la piedad con contentamiento, porque nada hemos traído a este mundo, y sin duda nada podremos sacar. Así que, teniendo sustento y con qué cubrirnos, seamos contentos con esto. Porque los que quieren enriquecerse, caen en tentación y lazo, y en muchas codicias locas y dañosas, que hunden a los hombres en perdición y muerte. Porque el amor del dinero es la raíz de todos los males: el cual codiciando algunos, se descaminaron de la fe, y fueron traspasados de muchos dolores" (1ª Tim. 6:6-10).

2. Aquellos, pues, que en el desastre de Roma perdieron las riquezas terrenas, si las poseían como lo habían oído de labios de aquel Job, pobre por fuera y rico por dentro, es decir, si hacían uso del mundo como si no lo hicieran, bien pudieron decir lo mismo que él, tan fuertemente tentado y nunca vencido: "Desnudo salí del vientre de mi madre, y desnudo tornaré allá. El Señor dio, y el Señor quitó: sea el nombre del Señor bendito" (Job 1:21). Como buen servidor pretendía que sus riquezas fueran la voluntad misma de su Señor; siguiéndole paso a paso se haría rico en su espíritu, y no sufriría quebranto al abandonar en vida lo que pronto, con la muerte, tenía que abandonar.

Pero los otros, más débiles, que, sin anteponer estos bienes terrenos a Cristo, estaban sujetos a ellos con un cierto apego, al perderlos se han dado cuenta hasta qué punto pecaron poniendo su amor en ellos. Tanto más se han dolido cuanto más se habían implicado en los dolores, según he recordado antes por boca del apóstol. Era preciso una lección de experiencia para quienes habían descuidado tanto tiempo las palabras. Pues al decir el apóstol: *Los que quieren hacerse ricos caen en tentaciones*, etc., sin duda lo que recrimina en las riquezas es la codicia, no la posesión, porque él ordena en otro lugar: "A los ricos de este siglo manda que no sean altivos, ni pongan la esperanza en la incertidumbre de las riquezas, sino en el Dios vivo, que nos da todas las cosas en abundancia de que gocemos: Que hagan bien, que sean ricos en buenas obras, dadivosos, que con facilidad comuniquen; atesorando para sí buen fundamento para lo por venir, que echen mano a la vida eterna" (1ª Tim. 6:17-19).

Quienes usaban así de sus riquezas fueron compensados en sus ligeras pérdidas con sustanciosas ganancias. Y la alegría experimentada por haber colocado a buen seguro los bienes que con gusto distribuyeron ha sido más grande que el dolor sentido por la pérdida alegre de los bienes que poseyeron sin apegos. Bien está que se hayan perdido en la tierra los tesoros que por descuido no se trasladaron al cielo. De hecho, los que escucharon esta recomendación del Señor: "No os hagáis tesoros en la tierra, donde la polilla y el orín corrompe, y donde ladronas minan y hurtan; mas haceos tesoros en el cielo, donde ni polilla ni orín corrompe, y donde ladrones no minan ni hurtan: Porque donde estuviere vuestro tesoro, allí estará vuestro corazón" (Mt. 6:19-21), en el tiempo de la tribulación pudieron experimentar con cuánta cordura obraron al no despreciar las enseñanzas del Maestro de toda verdad, el más leal e invencible guardián de su tesoro.

Son muchos los que se alegraron de haber puesto sus riquezas en lugares donde por pura casualidad no fueron alcanzados por el enemigo, pero ¿con cuánta mayor certeza y seguridad han podido alegrarse quienes siguieron la recomendación de su Dios se trasladaron adonde jamás podrá el enemigo tener acceso? Esta fue la postura de nuestro querido Paulino[20], obispo de Nola, que de opulento rico se hizo voluntariamente paupérrimo, si bien acaudalado en santidad. Cuando los bárbaros asolaron a Nola, cayó él en su poder. Y así oraba en su corazón, según hemos sabido después por él mismo: "Señor, no sea yo torturado por el oro o la plata. Tú bien sabes dónde tengo yo toda mi fortuna". Sí, tenía toda su fortuna guardada y atesorada donde se lo había indicado el mismo que había anunciado todos estos males al mundo.

Por eso aconteció que quienes obedecieron al mandato del Señor sobre cómo y dónde debían atesorar, no perdieron en la invasión de los bárbaros ni sus mismas riquezas terrenas. En cambio, algunos tuvieron

---

20. Agustín mantuvo una estrecha amistad epistolar con Paulino, que dio ejemplo a la Iglesia de desprendimiento de las riquezas. Se conservan cuatro cartas de Paulino a Agustín, las numeradas con 23, 30, 94, 121 de la colección de Migne, y ocho de Agustín dirigidas al obispo de Nola: 27, 31, 42, 45, 80, 95, 159, 186.

que arrepentirse por no haber seguido sus indicaciones, y han aprendido la lección sobre el empleo de tales bienes, si no con la sabiduría que sabe prevenir, sí al menos con las consecuencias que hay que pagar.

3. Es verdad que hubo hombres de bien, incluso cristianos, que fueron torturados para que entregasen sus bienes a los enemigos. Pero no pudieron entregar ni perder los bienes que les hacían buenos. Y si algunos prefirieron ser torturados antes de entregar sus "injustas riquezas", entonces ya no eran buenos. A éstos, que tanto estaban sufriendo por el oro, debía habérseles advertido cuánto tenían que padecer por Cristo; aprenderían así a amar a quien hace ricos de eterna felicidad a todos los que han padecido por Él, en lugar de amar el oro y la plata. Lamentable del todo fue haber padecido por ello, sea mintiendo para ocultarlos, sea confesando para entregarlos. Nadie perdió a Cristo confesándolo en las torturas. Pero el oro nadie lo salvó sino renegando. Por eso quizá resultaban más útiles los tormentos que enseñaban a amar el bien incorruptible, que los otros bienes por cuyo amor sufrían tormentos sus dueños sin fruto alguno aprovechable,

Hubo también quienes, no teniendo bienes algunos que entregar, sufrieron torturas por no ser creídos. También éstos, quizá, deseaban poseer, y si eran pobres, no lo eran por una voluntad santa. En ellos se puso en evidencia que no fue la posesión, sino la pasión por las riquezas, la merecedora de tales torturas. Ahora bien, si algunos, resueltos a emprender una vida más perfecta, no tenían escondidos ni oro ni plata, ignoro si les sucedió algo parecido, es decir, recibir torturas hasta convencer a sus verdugos de que nada tenían. De todos modos, aunque el caso se haya dado, el que confesaba la santa pobreza entre aquellos tormentos, a Cristo estaba confesando con toda evidencia. Y, por tanto, aunque no logró hacerse creer de los enemigos, sí logró con sus tormentos una recompensa celestial, como defensor de la santa pobreza.

4. Se dice igualmente que un hambre prolongada acabó con muchos cristianos. También esto lo han convertido en beneficio suyo los auténticos hombres de fe, tolerándolo con una actitud religiosa. El hambre, al quitarles la vida, como si fuera una enfermedad corporal, los ha librado de los males de esta vida, y si no los llegó a consumir, les ha enseñado a vivir más sobriamente, a ayunar más prolongadamente.

11. La muerte y el miedo a lo que sigue

Se objeta que muchos cristianos fueron pasados a cuchillo y con frecuencia perecieron de la forma más horrenda. Será esto duro de soportar, pero es la suerte común de todos los engendrados para esta vida. Una cosa afirmo, nadie fue muerto que no hubiera de morir algún día.

La muerte hace idénticas tanto la vida larga como la breve. De dos cosas que ya no existen, ni una es mejor o peor, ni tampoco es más larga o más breve. ¿Qué importa la clase de muerte que ponga fin a esta vida cuando al que muere no se le obliga ya de nuevo a morir?

La verdad es que a cada mortal de alguna manera le amenazan muertes por todas partes. En los cotidianos azares de la presente vida, mientras dure la incertidumbre sobre cuál de ellas le sobrevendrá, yo me pregunto si no será preferible sufrir una, muriendo antes, que no temerlas todas, viviendo. No ignoro con qué facilidad elegimos vivir largos años bajo el temor de tantas muertes, en lugar de morir de una vez y no temblar ya ante ninguna. Pero una cosa es lo que el sentido carnal, flaco como es, rehúye por miedo, y otra distinta las victorias logradas por el espíritu tras una reflexión profunda y minuciosa.

La muerte no debe tenerse como un mal cuando le ha precedido una vida honrada, porque lo que convierte en mala la muerte es lo que sigue a la muerte. De aquí que quienes necesariamente han de morir no deben tener grandes preocupaciones por las circunstancias de su muerte, sino más bien adónde tendrán que ir sin remedio tras el paso de la muerte. Los cristianos saben que fue incomparablemente mejor la muerte de aquel piadoso pobre, en medio de los perros que le lamían, a la del rico impío, entre su purpura y su lino. ¿En qué han podido entonces perjudicar a los muertos que han vivido bien las formas horrendas de morir?

12. Sepultura y honras fúnebres

1. Tal fue el montón de cadáveres, objetan, que ni sepultarlos pudieron. Tampoco esto lo teme demasiado una fe auténtica[21].Los servidores de Cristo recuerdan lo que fue anunciado, que ni siquiera las bestias devoradoras serán obstáculo a la resurrección de los cuerpos, de cuya cabeza no se perderá un cabello. De ningún modo hubiera dicho la Verdad:

---

21. Los paganos daban un culto exagerado a los muertos, temiendo su venganza, si no daban los últimos honores a su memoria. La Iglesia primitiva tuvo que luchar contra las supersticiones paganas en esta materia. El propio Agustín expuso la doctrina católica en su opúsculo *De cura pro mortuis gerenda* en que se evitan los dos extremos, y se sigue un término medio entre la exageración de las pompas fúnebres y el menosprecio o indiferencia que mostraban aun algunos filósofos, como los cínicos, epicúreos y estoicos. "No se han de despreciar ni abandonar los cuerpos de los difuntos, sobre todo de los justos y fieles, de quienes se sirvió el Espíritu Santo como de órganos e instrumentos para toda clase de obras buenas. Porque si los vestidos de los padres, o el anillo que usaron u otras cosas semejantes, son tanto más estimados de los descendientes cuanto mayor afecto les tuvieron, de ningún modo se han de despreciar los cuerpos que nos son más familiares y están más unidos a nosotros que toda clase de vestidos" (Agustín, *De cura pro mort. ger.* 3,5).

"No tengáis miedo a los que matan el cuerpo, y no pueden matar el alma" (Lc. 12:4), si fuera obstáculo para la vida futura lo que se les antojase hacer con sus cuerpos a los enemigos de los caídos. No se empeñará ningún insensato en sostener: "Antes de morir no debemos tener miedo a quienes matan el cuerpo, pero sí el que impiden la sepultura del cadáver." En ese caso sería falso lo que dice Cristo: "Los que matan el cuerpo, y luego ya no tienen más que hacer", si pudieran hacer algo tan importante con el cadáver. Lejos de nosotros dudar lo afirmado por la Verdad.

Dijo que algún daño causan al matar, dado que el cuerpo tiene sensaciones en ese instante, pero después ya no tienen nada que hacer, el cadáver está totalmente insensible. A muchos cuerpos de cristianos no se les cubrió la tierra, es verdad. Pero a nadie han logrado expulsar de los espacios del cielo y tierra, llenos como están de la presencia de Aquél que sabe de dónde hará surgir, por la resurrección, lo que Él mismo creó.

Cierto que se dice en el Salmo: "Dieron los cuerpos de tus siervos por comida á las aves de los cielos; la carne de tus santos a las bestias de la tierra. Derramaron su sangre como agua en los alrededores de Jerusalén; y no hubo quien los enterrase" (Sal. 79:2,3). Pero estos términos son mas para resaltar la crueldad de los autores que el infortunio de las víctimas. Porque, aunque estos horrores parezcan duros y crueles a los ojos humanos, sin embargo, "preciosa es a los ojos de Dios la muerte de sus santos" (Sal. 116:15).

Por consiguiente, todas estas cosas sobre el cuidado del entierro, la calidad de la sepultura o la solemnidad de las exequias, constituyen más el consuelo de los vivos que el alivio de los muertos. Si al hombre sin religión le sirve de provecho una costosa sepultura, al piadoso le sería una desventaja la ordinaria, o el no tener ninguna. Brillantes funerales a los ojos humanos le brindó la muchedumbre de sus servidores al famoso rico purpurado. Pero mucho más deslumbrantes ante el Señor le ofreció al pobrecito ulceroso el ejército de los ángeles, quienes no lo colocaron en un alto y marmóreo túmulo, sino que lo depositaron en el regazo de Abraham.

2. De todo esto se burlan aquellos contra quienes he emprendido la defensa de la ciudad de Dios. Sin embargo, también sus filósofos desdeñaron el cuidado de la sepultura. Y hasta ejércitos enteros, al entregar su vida por la patria terrena, no se preocupaban del lugar de su reposo, ni por qué fieras habían de ser devorados. Bien han podido decir algunos poetas con aplausos de sus lectores:

"Cobija el cielo a quien no tiene losa"[22].

---

22. Lucano, *Farsalia* 7, 819.

¡Cuánto menos deben zaherir a los cristianos por los cadáveres insepultos, a quienes está prometida la restauración de su carne y de todos sus miembros, no solamente a partir de las entrañas tierra, sino también desde el seno más secreto de los demás elementos en que se hayan podido convertir los cadáveres al disiparse! En un instante volverán a reintegrarse con mejoría.

13. Razón para sepultar los cuerpos de los santos

De lo dicho no se deduce que hayamos de menospreciar y abandonar los cuerpos de los difuntos, sobre todo los de los justos y fieles, de quienes se sirvió el Espíritu Santo como de órganos y receptáculos de toda clase de buenas obras. Si las vestiduras del padre y de la madre, o su anillo y recuerdos personales, son tanto más queridos para los descendientes cuanto mayor fue el cariño hacia ellos, en absoluto se debe menospreciar el cuerpo con el cual hemos tenido mucha más familiaridad e intimidad que con cualquier vestido. Es el cuerpo algo más que un simple adorno o un instrumento, forma parte de la misma naturaleza del hombre. De aquí que los entierros de los antiguos justos se cuidaran como un deber de piedad; se les celebraban funerales y se les proporcionaba sepultura. Ellos mismos en vida dieron disposiciones a sus hijos acerca del sepelio o el traslado de sus cuerpos[23]. Se prodigan elogios a Tobías, que por enterrar a los muertos, según el testimonio de un ángel, alcanzó merecimientos ante Dios (Tob. 2:9; 12:12). Y el Señor en persona, que había de resucitar al tercer día, elogia como buena la acción de aquella piadosa mujer, y quiere que sea celebrada, porque derramó el exquisito perfume sobre sus miembros y lo preparó para la sepultura (Mt. 26:10-13). Con elogio se cita en el Evangelio a quiénes bajaron su cuerpo de la cruz, y cuidaron con diligencia y reverencia de colocarlo en el sepulcro (Jn. 19:38-42).

Con todo, estos estos textos tan autorizados no nos enseñan que exista sensación alguna en los cadáveres, más bien nos indican que la divina providencia se interesa también por los cuerpos de los difuntos y que se complace en todos estos deberes de piedad para con ellos, porque van reafirmando nuestra fe en la resurrección. Aquí se nos da también otra saludable lección sobre la gran recompensa que nos aguarda por las limosnas ofrecidas a quienes tienen vida y sensibilidad, puesto que ante Dios no caerán en el vacío las delicadezas derrochadas en nuestras obligaciones con los miembros ya sin vida de los humanos. También hay

---

23. Cf. Gn. 25:9; 35:29; 50:2-13.

otras disposiciones de los santos patriarcas, conscientemente pronunciadas como portadoras de un contenido profético, acerca de la sepultura o traslado de sus cuerpos, pero no es este el lugar adecuado para tratarlo. Con lo expuesto s suficiente.

En lo referente a los bienes indispensables de los vivos, como puede ser el alimento y el vestido, si bien es cierto que su falta les causa una grave molestia, así y todo no les hace a los buenos rendirse en su fortaleza ante el sufrimiento, ni les arranca de raíz su religiosidad, sino que la vuelve más fecunda por más experimentada. ¡Cuánto menos han de sentirse desgraciados estos justos si les llegan a faltar los cuidados que se suelen emplear en los funerales y en el entierro de los cuerpos difuntos, estando ya ellos en la paz de las secretas moradas de los santos! Por eso, cuando en el saqueo de Roma, o de cualquier otra ciudad, les han faltado a los cadáveres de los cristianos estas atenciones, ni fue culpa de los vivos, que no podían hacerlo, ni constituyó una desgracia para los difuntos, que no podían sentirlo.

14. La consolación divina acompaña a lo santos en su cautiverio

Hay una nueva objeción: Gran número de cristianos fueron conducidos al cautiverio. Sería del todo lamentable si los hubieran logrado conducir a donde no fuesen capaces de encontrar a su Dios. Ahí están las Santas Escrituras; en ellas se encuentra gran consuelo, incluso en medio de tales calamidades. Cautivos estuvieron los tres jóvenes, cautivo estuvo Daniel y lo estuvieron otros profetas, y Dios no cesó de ser su consuelo. No abandonó a sus fieles bajo la dominación de la gentilidad, bárbara pero humana, el que no había abandonado tampoco al profeta dentro de las entrañas de la ballena.

Prefieren nuestros adversarios burlarse también de esto antes que creerlo, pero también ellos, en sus escritos, creen que Arión de Metimna[24], célebre tañedor de citara, arrojado de una nave, fue recibido a lomos de un delfín, alcanzando así la costa. Pero dirán que nuestra narración sobre el profeta Jonás es más increíble. Efectivamente, más increíble cuanto más maravillosa, y tanto más maravillosa cuanto mayor poder revela.

---

24. Metimna, localidad de la isla de Lesbos. Esta fábula aparece por primera vez en Herodoto, *Historias* I, 24. Ovidio la recogió en sus *Fastos* 2,113 y Plinio Segundo en su *Historia Natural*, IX.

15. Cautividad voluntaria por motivos de religión

1. Nuestros adversarios tienen entre sus más relevantes personalidades un ejemplo magnífico de cautividad voluntaria sufrida por motivos religiosos. Marco Atilio Régulo[25], general romano, estuvo cautivo de los cartagineses. Estos preferían la devolución de sus propios prisioneros antes que retener en su poder los cautivos romanos. Envían, pues, a Régulo con sus embajadores a Roma, con objeto, ante todo, de conseguir este canje. Pero le hacen antes jurar que si no lo conseguía debía él volver a Cartago. Allá se fue, y, como estaba persuadido de la desventaja para Roma de este cambio de prisioneros, convenció al Senado a no realizarlo. Terminada su exhortación, nadie de sus compatriotas le obligó a volver al enemigo. Pero como había comprometido su palabra, la cumplió espontáneamente. Los cartagineses le quitaron la vida entre las más refinadas y horrendas torturas: metiéronle en un estrecho cajón, donde por fuerza tenía que estar de pie. En él clavaron agudas puntas por todas partes, de modo que no se pudiera apoyar sin atroces dolores. Así terminaron con él a fuerza de vigilias[26].

Con toda justicia se alaba una virtud tan superior a tanto infortunio. Notemos que Régulo había jurado por los dioses, cuya prohibición de darles culto atrajo, dicen, todas estas calamidades al género humano. Ahora bien, si estos dioses, a quienes se daba culto con miras a obtener la prosperidad en la vida presente, han querido o permitido la aplicación de tales penas a quien se mantuvo fiel a su juramento, ¿qué castigos, aún más duros, no habrán podido infligir en su enojo con el reo de perjurio? ¿Y por qué no he de sacar la misma conclusión de ambas hipótesis? Ciertamente, su culto a los dioses llegó hasta el punto de no quedarse en su patria, ni de buscar refugio en lugar alguno. Al contrarío, volvió de nuevo, y sin la menor vacilación, a sus enemigos más encarnizados. Todo en virtud de la fidelidad al juramento prestado. ¿Tenía él como beneficioso para la vida presente esta su resolución? Si es así, se engañaba por completo, al tener como recompensa un desenlace tan horrendo. Su ejemplo nos ha puesto de manifiesto que los dioses de nada sirven a sus devotos en relación con el bienestar temporal. El testimonio lo tenemos en Régulo, hombre entregado a su culto, derrotado y conducido cautivo. Y precisamente porque en su conducta no quiso más que ser fiel al juramento hecho en su nombre, murió atormentado con un horrible suplicio, nuevo en su especie y sin precedentes.

---

25. Atilio Régulo fue el primero de los generales romanos en desembarcar en África al frente de un ejército durante la primera Guerra Púnica.

26. Tertuliano cita este mismo caso en su *Apología contra gentiles*, 50,4, publicada en esta misma colección.

Mas si el culto a los dioses otorga como recompensa la felicidad de la vida futura, ¿a qué viene levantar contra el cristianismo la calumnia de que le sobrevino a Roma tal desgracia por dejar de dar culto a sus dioses? ¿No podría haber sido tan desgraciada como lo fue el famoso Régulo, aun cuando pusiera el máximo cuidado en honrarlos? Porque nadie será tan obstinado, demente y y ciego para sostener que toda una ciudad que sea fiel al culto de sus dioses no puede ser desventurada, pero que puede ser un hombre solo, porque el poder de sus dioses es más adecuado para salvar colectividades que individuos. Pero ¿acaso las colectividades no están formadas de individuos?

2. Y si dicen que Marco Régulo, en medio de su cautiverio y de tales tormentos físicos, pudo conservar su dicha gracias a la virtud de su espíritu, búsquese con mayor inteligencia la verdadera virtud que haga posible la felicidad de una ciudad entera. Es evidente que el bienestar de la ciudad no procede de una fuente distinta que el bienestar del individuo, puesto que la ciudad no es otra cosa que una multitud de hombres en mutua armonía. Ahora no entro en cuestión sobre la naturaleza de la virtud de Régulo. Baste ahora con que este alto ejemplo les obligue a reconocer que su culto a los dioses no es con miras a los bienes corporales, o a las cosas externas al hombre, cuando Régulo prefirió carecer de todas ellas antes que ofender a los dioses en cuyo nombre había jurado. Pero ¿qué hacer con unos hombres que por un lado se glorian de haber tenido un tan ilustre compatriota, y por otro temen que la ciudad siga su ejemplo? Y si no lo temen, confiesen que una desgracia parecida a la de Régulo le puede suceder a cualquier ciudad que guarda el culto a los dioses con tan diligente celo como él; y se dejen ya de levantar calumnias contra los tiempos cristianos.

Pero volvamos a la cuestión antes surgida acerca de los cristianos hechos cautivos. Al considerar este hecho, guarden silencio ellos, que de aquí toman pie para mofarse, indecentes e imprudentes, de la religión más saludable. Si no fue una afrenta para sus dioses el que su más celoso adorador, por ser fiel a su juramento, renunciara a la única patria que tenía, y, cautivo de sus enemigos, perdiera la vida con torturas de inaudita crueldad en medio de una prolongada agonía, mucho menos hay que culpar al nombre cristiano por la cautividad de sus santos, que, esperando con una fe sin vacilaciones la patria celestial, aun en los mismos lugares donde se asentaban se reconocieron peregrinos[27].

---

27. Cf. Heb, 11:13: "Conforme a la fe murieron todos éstos sin haber recibido las promesas, sino mirándolas de lejos, y creyéndolas, y saludándolas, y confesando que eran peregrinos y advenedizos sobre la tierra".

16. Violencia y pureza del alma

Piensan los infieles arrojar contra los cristianos un enorme delito cuando, exagerando su cautiverio, añaden las violaciones cometidas, no sólo con mujeres casadas y con doncellas casaderas, sino también con personas consagradas a Dios. En este punto, no es la fe, no es la piedad, no es la virtud misma, llamada caridad, es nuestro propio pensamiento el que de algún modo se encuentra en aprietos entre el pudor y la razón. No nos preocupamos aquí solamente de dar una respuesta a los extraños cuanto de proporcionar consuelo a los nuestros.

Quede bien sentado en primer lugar que la virtud, norma del bien vivir, da sus órdenes a los miembros corporales desde el castillo del alma, y que el cuerpo se santifica siendo instrumento de una voluntad santa, la cual permaneciendo inquebrantable y firme, aunque algún extraño obrase con el cuerpo o en él a su antojo acciones que no se podrían evitar sin pecado propio, no hay culpa en la víctima. Ahora bien, como no sólo se pueden conseguir en un cuerpo ajeno efectos dolorosos, sino también excitar deleite carnal, cuando esto pudiera suceder, no por eso se logró arrancarle al alma su pureza defendida valientemente, aunque el pudor sí quedase turbado. No se vaya a creer que se hizo también con consentimiento de la voluntad lo que tal vez no se pudo hacer sin algún deleite de la carne.

17. Suicidio por miedo a la deshonra

¿Qué corazón humano se negará a disculpar a las mujeres que se suicidaron para evitar un ultraje de esta clase? Y si alguien quisiera acusar a las restantes de no haberse quitado la vida para evitar con este pecado el delito ajeno, él mismo no se quedará sin la acusación de estupidez. Porque en realidad, si no existe ley alguna que permita quitar la vida, incluso al culpable, por iniciativa privada, no cabe duda que quien se mata a sí mismo es homicida. Y tanto más culpable se hace al suicidarse cuanto más inocente era en la causa que le llevó a la muerte.

Si con razón detestamos el suicidio de Judas y la Verdad lo condena por haberse colgado de un lazo, pues más bien aumentó que expió el pecado de su traición. Porque, desesperando de la divina misericordia con mortales remordimientos, cerró para sí todo camino de una penitencia reparadora; ¡cuánto más debe abstenerse del suicidio quien no tiene culpa alguna que castigar en tal suplicio! Judas, al matarse, mató a un delincuente, y a pesar de todo acabó su propia vida no solamente reo de la muerte de Cristo, sino de la suya propia, porque aunque se suicidó por su propio crimen, añadió además un segundo crimen.

¿Por qué, pues, el hombre que no ha hecho mal alguno se lo va a causar a sí mismo? ¿Por qué con su propia muerte va a ejecutar a un inocente, por no sufrir a un culpable? ¿Va a cometer en su persona un pecado para evitar que en ella se cometa otro ajeno?

18. La santidad del cuerpo no se pierde si permanece la santidad del espíritu

1. Sin duda se teme que a uno le mancille la lujuria ajena. Nunca le mancillará si es ajena, y si le mancilla, no será ajena. Pero la pureza es una virtud del espíritu y tiene por compañera la fortaleza, que le da coraje para aguantar cualesquiera males antes que consentir el mal. Por otra parte, nadie, por paciente y pudoroso que sea, tiene en su mano el disponer de su propia carne, únicamente es dueño de consentir o de rechazar en su espíritu. Según esto, ¿admitirá algún hombre de sano juicio que se pierde la castidad si acaso en su carne violada y esclavizada tienen lugar y se harta una sensualidad no suya?

Si por esta razón se perdiere la pureza, entonces ya no es una virtud del espíritu, y no formaría parte de aquellos bienes que constituyen una conducta intachable. Se la contaría solamente entre los bienes del cuerpo, tales como el vigor, la belleza, la buena salud y otros por el estilo. Estas cualidades, aunque llegaran a disminuir, de ninguna manera disminuyen la honradez y la justicia de una vida. Si la honestidad fuera un bien de este orden, ¿a qué viene el esforzarse para no perderla hasta con peligro del cuerpo? Pero si es un bien del espíritu, no se pierde ni aun con la violencia del cuerpo. Más aún, cuando el don de la santa continencia resiste el asalto impuro de las concupiscencias carnales, hasta el mismo cuerpo queda santificado. Si persiste en una decisión sin fisuras de no ceder a sus solicitudes, no perece la santidad ni siquiera del cuerpo puesto que sigue en pie la voluntad y, en cuanto está de su parte, también la posibilidad de utilizarlo santamente.

2. No es santo el cuerpo porque conserva la integridad de sus miembros o la exención de todo contacto menos honesto, dado que por diversas causas pueden sufrir atentados o violencias. Los médicos, a veces, por razones de salud, practican actos que repugnarían a la vista. Parece ser que una comadre, en la comprobación de la integridad de una doncella con la mano, sea por mala voluntad, sea por impericia o accidentalmente, se la destruyó en esta inspección. No creo a nadie de tan poco seso como para pensar en alguna mengua de santidad en tal doncella, incluso de

la corporal, aunque haya perdido la integridad de esa parte. Cuando el espíritu se conserva firme en el propósito que le ha merecido la santificación incluso corporal, no se la arrebata la violencia pasional ajena, pues está muy custodiada por la propia continencia.

Supongamos, por el contrario, que una mujer, interiormente corrompida, viola la promesa hecha a Dios y se va a buscar a su seductor para entregarse a la pasión viciosa; ¿diremos que conserva, mientras va de camino todavía, la santidad corporal, habiendo perdido y destrozado la santidad de su espíritu que hacía santo al cuerpo? Lejos de nosotros semejante error. Saquemos de ahí la siguiente conclusión: la santidad del cuerpo, aún en el caso de violencia, no se pierde si permanece la santidad del espíritu; y al revés, desaparece, aunque el cuerpo quede intacto, si se pierde la santidad del espíritu. Se deduce de aquí que no hay razón alguna para castigarse a sí misma con el suicidio la mujer profanada violentamente y víctima de un pecado ajeno. Mucho menos si es antes de la agresión. ¿Por qué vamos a consentir un homicidio cierto, cuando aún es incierto el delito mismo, por más que sea ajeno?

19. Deshonra y suicidio de Lucrecia

1. Hemos expuesto que, cuando se fuerza un cuerpo sin que haya cambio alguno en el propósito de la castidad, sin ningún consentimiento en el mal, la culpa recae únicamente sobre quien logró satisfacer la pasión carnal con violencia, nunca sobre quien cayó, contra su voluntad, bajo la violencia pasional. ¿Tendrán la osadía de contradecir un raciocinio tan evidente estos individuos, en contra de los cuales salimos en defensa de la santidad corporal y espiritual de las mujeres cristianas violentadas en el cautiverio?

Son ellos quienes, con grandes alabanzas y pregones de su castidad, celebran y enaltecen a Lucrecia, noble matrona de la antigua Roma[28]. El hijo del rey Tarquinio se posesionó de su cuerpo con violencia. Ella delató este crimen del desvergonzado joven a su marido, Colatino y a Bruto, pariente suyo, ambos del más alto rango y valor, haciéndoles prometer venganza. Luego, incapaz de soportar la amargura de un tal deshonor cometido en su persona, se quitó la vida. ¿Qué diremos en este caso? ¿Qué veredicto le damos: adúltera o casta? ¿Merecerá la pena gastar energías en esta discusión? Con toda elegancia y exactitud dijo un declamador: "¡Cosa de maravilla; dos hubo, y una sólo cometió adulterio!" Afirmación espléndida y justísima. Tiene en cuenta, en la unión de los dos cuerpos,

---

28. Esta historia es referida ejemplarmente por Tito Livio, *Hist.* I, 57-58.

el sucio apetito de uno y la más casta voluntad de la otra. Se fija no en cuánto se han unido los miembros corporales, sino cuánto se han separado las intenciones. Por eso dice: "Dos hubo, y uno sólo cometió adulterio".

2. Pero, ¿qué es esto de que se ejecute la venganza con más rigor sobre quien no cometió adulterio? Porque el joven aquel fue arrojado de la patria juntamente con su padre; en cambio, Lucrecia recibió el supremo castigo. Si no hay lascivia cuando una víctima es violentada, tampoco hay justicia cuando una mujer casta sufre castigo. A vosotros apelo, leyes y jueces de Roma. Vosotros, que después de cometerse un crimen nunca habéis permitido que el reo sea impunemente ejecutado sin que preceda condena judicial. Si alguien presentase ante vuestro tribunal este delito, y quedase probado no solamente que ha sido asesinada una mujer sin previa condena, sino que lo ha sido una mujer casta e inocente, ¿no le aplicaríais rigurosamente al autor la pena proporcionada? Pues bien, esto es lo que ha hecho la famosa Lucrecia. Aquella, sí, aquella tan celebrada Lucrecia mató a una Lucrecia inocente, casta y, para colmo, víctima de la violencia. Sentenciad vosotros. Y si no podéis sentenciar porque no está presente la homicida para poderla castigar, ¿porque celebráis con tantos encarecimientos a la homicida de una inocente y honesta?

Seguramente que no vais a tener argumentos para defenderla ante los jueces de los infiernos, aunque éstos sean como nos cantan vuestros poetas en sus versos. Estará, sin duda, entre aquellos "que, siendo inocentes, con sus propias manos se dieron muerte y porque aborrecían la luz, echaron a volar sus almas". Y cuando ella intenta volver a la tierra, "el destino lo impide, y la siniestra y repugnante laguna la mantiene sujeta a su agua triste"[29].

¿O tal vez no se encuentra allá por haber acabado con su vida no inocente, sino consciente de su maldad? ¿Y si suponemos —cosa que sólo ella podía saber— que después del violento ataque de aquel joven, arrastrada ella de su propio placer, consintió, y su dolor fue tan grande que decidió expiarlo en sí misma con la muerte? Aunque así hubiera sido, no debió quitarse la vida, sí es que había posibilidad de hacer ante sus dioses falsos una saludable penitencia. En este caso, es falso aquello de "dos hubo, y uno sólo cometió adulterio". Más bien ambos cometieron adulterio: el uno con evidente arremetida, y la otra con oculta aprobación. No se suicidó siendo inocente, y pueden decir los escritores que salen en su defensa que no está en las moradas infernales entre "los que, siendo inocentes, con sus propias manos se dieron muerte". Pero de tal manera se va estrechando esta causa por una y otra parte, que sí disculpamos el

---

29. Virgilio, *En.* 6, 434-436.

homicidio, estamos realzando el adulterio, y si atenuamos el adulterio, agravamos el homicidio. No hay salida posible: sí es adúltera, ¿por qué se la ensalza? Y si es casta, ¿por qué se suicidó?

3. Pero a nosotros, para confundir a esta gente alejada de toda consideración de santidad que insultan a las mujeres violadas en el cautiverio, nos basta, en el ejemplo tan noble de esta mujer, con lo dicho entre sus más gloriosas alabanzas: "Dos hubo, y uno sólo cometió adulterio". Por tan íntegra tenían a Lucrecia, que la creyeron incapaz de macularse con un consentimiento adulterino. Así es que el matarse por ser víctima de un adúltero, sin ser adúltera, no es amor a la castidad, sino debilidad de la vergüenza. Se avergonzó, en efecto, de la torpeza ajena, en su cuerpo cometida, aunque sin su complicidad. Como mujer romana que era, celosa en demasía de su gloria, tuvo miedo de que la violencia sufrida durante su vida la gente la interpretase como consentida, si seguía viviendo. Esta razón la movió a presentar a los ojos de los hombres aquel castigo, como testimonio de su intención, ya que no podía mostrarles lo secreto de su conciencia. Le llenó de vergüenza la idea de creerse cómplice en un pecado cometido por otro en ella, pero tolerado por ella pasivamente.

No obraron así las mujeres cristianas, que, a pesar de haber padecido situaciones semejantes, continúan viviendo. No tomaron en sí mismas venganza de un pecado ajeno para no añadir su propio delito. Esto hubiera sucedido si los enemigos, cometiendo violaciones y dando rienda suelta en sus cuerpos a las pasiones bajas, ellas, por vergüenza, hubiesen cometido homicidio en sí mismas. Tienen, ciertamente, en lo íntimo de su ser, la gloria de la castidad y el testimonio de su conciencia. Lo tienen a los ojos de Dios, y no buscan nada más. Les basta esto para un recto proceder, no sea que, al querer evitar sin justificación la herida de la sospecha humana, se aparten de la autoridad divina.

20. Los cristianos no han recibido el derecho de quitarse voluntariamente la vida

Resulta imposible encontrar en los santos libros canónicos pasaje alguno donde se mande o se permita el inferirnos la muerte a nosotros mismos, sea para liberarnos o evitar algún mal, sea incluso para conseguir la inmortalidad misma. Al contrario, debemos ver prohibida esta posibilidad donde dice la Ley: "No matarás", sobre todo al no haber añadido "a tu prójimo", como al prohibir el falso testimonio dice: "No darás falso testimonio contra tu prójimo" (Ex. 20:13, 16). Con todo, si uno diese un falso testimonio contra sí mismo, que no se crea libre de este delito.

Porque la norma de amar al prójimo la tiene en sí mismo el que ama, según aquel texto: "Ama al prójimo como a ti mismo" (Mt. 22:39).

Ahora bien, no sería menos reo de falso testimonio quien lo levantara contra sí mismo que quien lo hiciera contra el prójimo. Pero si, en el precepto que prohíbe el testimonio falso, esta prohibición se limita sólo al prójimo, y en una visión equivocada alguien puede entender que le está permitido presentarse como falso testigo contra sí mismo, ¡con cuánta mayor fuerza se ha de considerar prohibido al hombre el quitarse la vida, ya que en el texto no matarás, sin más añadiduras, nadie se puede considerar exceptuado, ni siquiera el que recibe el mandato!

Por el mismo criterio han querido algunos ver extendido este precepto hasta las fieras y los animales domésticos, viéndose por él impedidos de matar a ninguno de ellos. ¿Y por qué no también las plantas, y todo lo que, arraigado en el suelo, se nutre por la raíz? Pues de estas especies de seres, aunque no sientan, decimos que tienen vida, y, por tanto, son capaces de morir, y de ser muertas, empleando la violencia. De aquí que el apóstol, hablando de las semillas de las plantas, dice: "Lo que tú siembras no cobra vida si antes no muere"(1ª Cor. 15:36); y leemos en el Salmo: "Sus viñas destruyó con granizo"(Sal. 78:47). Es decir, que, según esto, al oír *no matarás*, ¿tenemos como un delito arrancar un matorral, y, con la mayor de las locuras, damos nuestro beneplácito al error de los maniqueos[30]? Alejemos, pues, estos devaneos, y cuando leamos *no matarás*, no incluyamos en esta prohibición a las plantas, que carecen de todo sentido; ni a los animales irracionales, como las aves, los peces, cuadrúpedos, reptiles, diferenciados de nosotros por la razón, ya que a ellos no se les concedió participarla con nosotros —y por justa disposición del Creador, su vida y su muerte está a nuestro servicio—. Así que, por exclusión, aplicaremos al hombre las palabras no matarás, entendiendo ni a otro ni a ti, puesto que quien se mata a sí mismo mata a un hombre.

21. Excepciones a la prohibición de matar

Con todo hay algunas excepciones a la prohibición de no matar, señaladas por la misma autoridad divina. En estas excepciones quedan comprendidas tanto una ley promulgada por Dios de dar muerte, como la orden expresa dada temporalmente a una persona. Pero, en este caso,

---

30. Durante sus años de maniqueo, Agustín, dice, fue "poco a poco fui derivando a tonterías tales como la de creer que un higo sufre cuando lo cortan y que la higuera llora lágrimas de leche... En mi miseria llegué hasta creer que mayor misericordia hay que tener para con los frutos de la tierra que para con los hombres mismos para cuyo bien fueron creados los frutos" (*Confesiones*, III, 10).

quien mata no es la persona que presta sus servicios a la autoridad; es como la espada, instrumento en manos de quien la maneja. De ahí que no quebrantaron, ni mucho menos, el precepto de no matarás los hombres que, movidos por Dios, han llevado a cabo guerras, o los que, investidos de pública autoridad, y ateniéndose a su ley, es decir, según el dominio de la razón más justa, han dado muerte a reos de crímenes.

El mismo Abraham no solamente está libre del delito de crueldad, sino que es elogiado con el título de "justo" por querer ejecutar a su hijo no criminalmente, sino por obediencia[31]. En el caso de Jefté surge la duda de si habrá que tomar la orden como divina. Jefté dio muerte a su hija por ser ella quien salió corriendo a su encuentro, tras haber hecho voto de inmolar a Dios lo primero que le saliese al encuentro a su vuelta victoriosa de la batalla. Tampoco Sansón queda excusado de haberse sepultado a sí mismo con sus enemigos en el derrumbamiento de la casa, sino porque con secreto aviso se lo sugirió el Espíritu que hacía cosas maravillosas por su medio (Juec. 16:30).

Exceptuando, pues, estos casos, en los que se da la orden de matar, sea de forma general por una ley justa, sea de un modo particular por Dios, que es la misma fuente de la justicia, todo el que mate a un hombre, sea él mismo o sea otro cualquiera, contrae crimen de homicidio.

22. La muerte voluntaria no es grandeza de espíritu

1. Todos los que han cometido consigo mismos este crimen tal vez sean dignos de admiración por su fortaleza de ánimo, mas no por la cordura de su sabiduría. Aunque razonado con más detención, ni siquiera fortaleza de ánimo la podemos llamar, porque se han dado la muerte al no poder soportar una situación dolorosa o pecados de otras personas. Más bien nos encontramos aquí con un alma débil, incapaz de soportar la dura servidumbre de su cuerpo, o la opinión necia de la gente. Mucho más esforzado debemos llamar al ánimo dispuesto a pasar una vida penosa, antes que a huir de ella, confiado en la certeza de una conciencia limpia, así como a despreciar la opinión de los hombres, máxime del vulgo, que casi siempre está envuelta en la sombra del error.

Si un hombre se convierte en esforzado de ánimo cuando se produce a sí mismo la muerte, es obligatorio incluir en ellos a Teómbroto[32]. Dicen que tras la lectura de un libro de Platón, en el que se trataba de la

---

31. Cf. Gn. 22.
32. Llamado también Cleómboto, cantado por Cicerón, *Tusc.* I,34,84 y Lactancio, *Instituciones divinas*, III, 18,9, publicado en esta misma colección.

inmortalidad del alma, se arrojó desde un muro, pasando así de esta vida a aquélla, que él creía mejor. No le inducía a suicidarse ningún peso de infortunio o de crimen, verdadero ni falso imposible de soportar, únicamente la grandeza de ánimo le bastó para abrazar la muerte y romper los suaves lazos de esta vida. El mismo Platón, a quien acababa de ver, pudo ser testigo de que la hazaña participaba más de lo grande que de lo bueno. Sin lugar a dudas, él mismo lo habría realizado en primer lugar y por encima de todo, incluso lo habría ordenado. Pero con la misma clarividencia con que intuyó la inmortalidad del alma, se dio cuenta de que esta acción no era jamás recomendable; y aun debía prohibirse.

2. Es cierto es que muchos se quitaron la vida para no caer en manos de los enemigos. No preguntamos ahora si esto se realizó, sino si esto debió haberse realizado. El sano juicio debe ser antepuesto a los ejemplos. Son éstos los que están de acuerdo con aquél, y son tanto más dignos de imitación cuanto más se señalan por la piedad. No se han dado muerte los patriarcas, ni los profetas, ni los apóstoles, porque el mismo Cristo, cuando les advirtió de huir de una ciudad a otra en tiempos de persecución, les pudo aconsejar que muriesen a sus propias manos antes de caer en las del perseguidor. Cristo ni ordenó ni aconsejó que los suyos partiesen así de esta vida: él mismo prometió que a los que partían de aquí les prepararía unas moradas eternas[33]. Así que, por más ejemplos que pongan en contra los gentiles, desconocedores de Dios, el suicidio es claramente ilícito para quienes dan culto al Dios único y verdadero.

23. El ejemplo de Catón

Aparte del caso de Lucrecia, de quien a nuestro parecer ya hemos hablado arriba lo bastante, no encuentran los paganos autoridades que puedan aducir, de no ser el famoso Catón, que se dio muerte en Útica[34]. Y no porque falten otros que hayan realizado esto mismo, sino por la fama que tenía de hombre sabio y honrado, hasta el punto de creer fundadamente que se le ha podido o se le puede imitar en este punto con rectitud de conciencia. ¿Qué voy a decir yo como lo más relevante de esta acción? Que sus amigos, algunos de ellos hombres cultos, le disuadían con toda prudencia de consumar el suicidio, y opinaban que su hazaña más bien era propia de un espíritu cobarde que valeroso al quedar patente en ella

---

33. "En la casa de mi Padre muchas moradas hay: de otra manera os lo hubiera dicho: voy, pues, á preparar lugar para vosotros" (Jn. 14:2).

34. Catón el menor, llamado el uticense, por haberse suicidado en Útica, importante ciudad africana, después de Cartago. Sus virtudes fueron celebradas por Veleyo Patérculo; Séneca, en la *Tranquilidad del alma*, 15; y por Salustio, en su *Conjuración de Catilina*.

que no se trataba del honor que pretende evitar la deshonra, sino de la debilidad que no es capaz de soportar la adversidad.

Así pensó el mismo Catón con respecto a su hijo muy querido. Y si era vergonzoso vivir humillado por la victoria de César, ¿por qué se convierte él en provocador de una tal vergüenza para su hijo, mandándole que lo espere todo de la benignidad de César? ¿Por qué no le arrastró consigo a la muerte? Y si Torcuato[35] ejecutó a su hijo con general aplauso, aquel hijo que, en contra de sus órdenes, luchó contra el enemigo quedando incluso victorioso, ¿cómo es que Catón, que no se perdonó a sí mismo, vencido él, perdonó a su hijo también vencido? ¿Era acaso más deshonroso quedar vencedor en contra del mandato que soportarlo en contra del honor? Catón no ha tenido por deshonroso vivir sometido al vencedor César. En ese caso, lo habría liberado de tal deshonra con su espada paterna. Entonces, ¿por qué? No por otra causa que ésta: todo el amor que tuvo a su hijo, para quien esperó y quiso la clemencia de César, lo tuvo de envidia, o, por usar un término más benigno, de vergüenza ante la gloria que podía constituir para César otorgarle el perdón, como se refiere que dijo el propio César.

24. Superioridad de la fortaleza cristiana

Nuestros adversarios no quieren que pongamos por encima de Catón al santo varón Job, que prefirió sufrir tan horrendos males en su carne antes de librarse de todos sus tormentos infiriéndose la muerte; ni tampoco a otros santos, que, según el testimonio de nuestras Escrituras, de tanto peso por su gran autoridad y dignas de todo crédito, eligieron soportar la cautividad o la tiranía del enemigo antes que darse muerte a sí mismos. Yo, por sus escritos, prefiero a Marco Régulo antes que a Marco Catón.

Catón jamás había vencido a César, y, una vez vencido por él, le pareció indigno someterse. Para evitarlo, eligió quitarse la vida. Régulo, en cambio, tenía vencidos ya a los cartagineses. Como buen romano que era, había conquistado para Roma, siendo general, una victoria no desdeñosa para sus compatriotas, sino gloriosa sobre sus enemigos. Vencido por ellos más tarde, prefirió sufrirlos como su esclavo antes que librarse de ellos con la muerte. De este modo conservó bajo la opresión de los cartagineses la entereza, y por amor de los romanos la constancia, no sustrayendo su cuerpo vencido a los enemigos, ni su ánimo invicto a sus compatriotas.

---

35. Tito Livio, *Hist.* 8,7.

Por otra parte, el hecho de no querer suicidarse no fue por amor a esta vida. Prueba de ello es que, para cumplir el juramento hecho, embarcó, sin vacilar un momento, rumbo a los mismos enemigos, ofendidos más gravemente por su discurso ante el Senado que por las armas en la guerra. Consiguientemente, un tan ilustre despreciador de esta vida, al elegir el fin de sus días a manos de sus encarnizados enemigos entre no se sabe qué tormentos antes que causarse la muerte, tuvo por un gran crimen, sin género de dudas, el producirse el hombre a sí mismo la muerte. Entre todos sus hombres honorables e ilustres por su intachable proceder, los romanos no nos muestran otro mejor, ni con la prosperidad cayó en la corrupción, puesto que vivió pobrísimo a pesar de haber logrado una tan alta victoria, ni tampoco cayó en el abatimiento con la desgracia, puesto que volvió intrépido hacia tamañas torturas.

He aquí cómo los más valientes y famosos defensores de la patria terrena adoraban sin hipocresía a los dioses, y, aunque falsos, juraban por ellos con toda sinceridad, que pudieron en virtud del derecho de guerra y por costumbre inmolar a sus enemigos vencidos, vencidos ellos mismos, no quisieron inmolarse a sí mismos. Sin ningún miedo a la muerte, prefirieron soportarlos como dueños de sus vidas antes que causarse la muerte. ¿Con cuánta mayor razón los cristianos, adoradores del Dios verdadero y que aspiran a una patria celeste, han de contenerse ante el delito de homicidio, si una disposición divina los pone temporalmente bajo el yugo de los enemigos, o para probarlos o para corregirlos? Además, Dios no los abandona en una tal humillación, que por amor suyo de tan soberana altitud se humilló[36]. Y ninguna potestad o derecho militar obliga a los cristianos a aniquilar al enemigo vencido. ¿Cómo es que un error tan funesto se ha deslizado en el hombre, que le lleva al suicidio, bien porque un enemigo ha pecado contra él, bien para evitarlo cuando no se atreve a matar al enemigo que ya ha pecado o que se dispone a pecar?

25. Un pecado no se corrige con otro

Pero es de temer que el cuerpo, presa de la pasión de un agresor, induzca al alma a consentir en el pecado por un atractivo deleite, y esto hay que evitarlo. Por esta razón, dicen, no ya por el pecado ajeno, sino por el propio, hay obligación de matarse antes de cometerlo

De ninguna manera, un alma sujeta más a Dios y a su sabiduría que al cuerpo y a su concupiscencia, jamás consentirá en el placer carnal

---

36. :"Siendo en forma de Dios... se humilló a sí mismo, hecho obediente hasta la muerte, y muerte de cruz" (Flp. 2:6-8; cf. 2ª Cor. 8:9).

propio, excitado por el ajeno. Al contrario, si el procurarse el hombre su muerte es un detestable delito y un crimen abominable, como lo proclama la Verdad manifiestamente, ¿quién, en su desatino, llegará a decir: "Vamos a pecar ahora, no sea que pequemos después; cometamos ahora un homicidio, no sea que después caigamos en adulterio"? Pero supongamos que la perversidad llegase hasta el punto de elegir el pecado en lugar de la inocencia: ¿No es mayor la incertidumbre sobre un adulterio futuro que la certeza de un homicidio presente? ¿No sería preferible cometer un desorden reparable por la penitencia antes que un crimen al que no se le deja lugar a un saludable arrepentimiento? Digo esto refiriéndome a aquellos o aquellas que para evitar no ya el pecado ajeno, sino el propio, y temiendo el consentimiento de su propia lujuria, excitada por la de otro, cree obligado herirse de muerte a sí mismo.

Por lo demás, libre Dios al alma cristiana que confía en Él y que se apoya en su auxilio, poniendo en El toda su esperanza; lejos el pensar que una tal alma se rinda a los deleites carnales, sean los que sean, hasta consentir en un pecado torpe. Y si todavía esa rebeldía lujuriosa que habita en los miembros destinados a la muerte se mueve como por propia ley, al margen de nuestra voluntad, cuánto más sucederá esto sin culpa en el cuerpo de quien no consiente, puesto que sin culpa sucede, por ejemplo, en el cuerpo del que duerme.

26. Autoridad para matar o hacerse matar

Pero algunas santas mujeres, nos dicen, durante las persecuciones se arrojaron a un río de corriente mortal para no caer en manos de los violadores de su castidad, muriendo de ese modo, y su martirio se celebra con la más solemne veneración en la Iglesia católica[37]. Sobre este hecho no me atrevo a emitir un juicio precipitado. Ignoro si la autoridad di-

---

37. Cuenta Eusebio de Cesarea que conociendo el peligro que se avecinaba, una madre expuso los horrores de la violación y exhortó a sus dos hijas a no tolerarla. "Entonces, puestas de acuerdo las tres, arreglaron decentemente sus vestidos en torno a sus cuerpos, y, llegados a la mitad del camino, pidieron a los guardias permiso para apartarse un momento y se arrojaron al río que corría por allí al lado" (*Historia eclesiástica* VIII, 12). Asimismo, santa Apolonia, amenazada de ser quemada viva en la hoguera que estaba ya encendida si no renegaba de la religión cristiana, después de pensar un momento, se lanzó de un salto al fuego y quedó totalmente abrasada" (Ibid., II, 6,41,7). Alaba la conducta de otra mujer, "extraordinariamente admirable", que, viéndose en el mismo trance, antes de que la prendieran con malas intenciones, "pidió permiso por un momento con el pretexto de arreglarse, y, entrando en su habitación sola, ella misma se clavó una espada y murió al instante" (Ibid., VIII,14). Ambrosio refiere que santa Pelagia se arrojó de una ventana de su casa para escaparse de los soldados que la querían apresar (*De virginidad* III 7,33).

vina, por medio de algunos testimonios dignos de fe, ha persuadido a la Iglesia a honrar de tal modo su memoria. Y puede ser que así haya sucedido. ¿Y qué sabemos si tomaron esta decisión no por error humano, sino por mandato divino, siendo, por tanto, no ya unas alucinadas, sino unas obedientes? De Sansón no nos es lícito pensar de otro modo. Cuando Dios manda y declara sin rodeos que es Él quien manda, ¿alguien llamará delito a esta obediencia? ¿Quién acusará esta piadosa disponibilidad?

Sin embargo, no pensemos que obra rectamente quien resolviera sacrificar a su hijo porque Abraham hizo lo mismo con el suyo y es digno de elogio por ello. También el soldado que, obediente a su autoridad legítima, mata a un hombre, por ninguna ley estatal se le llama reo de homicidio. Es más, se le culpa de desertor y rebelde a la autoridad en caso de negarse a ello. Asimismo, si lo hiciera él por su propia cuenta y riesgo, incurriría en delito de sangre. Reo de castigo se hace tanto por matar sin una orden como por no matar después de ella. Y si esto sucede con la autoridad militar, ¡cuánto más bajo la autoridad del Creador! Así que quien ya conoce la no licitud del suicidio, hágalo si recibe una orden de Aquél cuyos mandatos no es lícito despreciar; con una condición, que haya total certidumbre sobre el origen divino de tal orden.

Nosotros, por las palabras que oímos nos asomamos a la conciencia de los demás, pero no nos permitimos emitir juicios de lo que nos está oculto. "Nadie sabe la manera de ser del hombre si no es el espíritu del hombre que está dentro de él" (1ª Cor. 2:11). Lo que decimos, lo que damos por seguro, lo que de todas maneras queremos probar, es esto: nadie tiene el derecho de causarse la muerte por su cuenta, bajo pretexto de librarse de las calamidades temporales, porque caería en las eternas; nadie lo tiene por pecados ajenos, porque empezaría a tener uno propio y gravísimo quien estaba limpio de toda mancha ajena; nadie tiene el mencionado derecho por sus pecados pasados, precisamente por ellos es más necesaria esta vida, para poderlos reparar con la penitencia; nadie lo tiene bajo pretexto de un deseo de vida mejor, que tras la muerte se espera, porque después de la muerte no los acoge mejor vida.

27. No hay ninguna razón para el suicidio

Queda todavía un motivo, mencionado antes, por el que parecería de utilidad el suicidio, a saber: para evitar la caída en pecado, ya por seducción del deleite carnal, ya por la atrocidad del dolor. Si esta razón la damos por válida, poco a poco nos llevaría a la obligación de aconsejar a los humanos su propia muerte en el momento más oportuno: cuando, ya limpios por el baño santo de la regeneración[38], hubieran recibido la remisión de todos sus pecados. Es entonces el momento de evitar los pecados futuros, puesto que están borrados todos los pretéritos. Y si esto se consigue mediante la muerte voluntaria, ¿por qué no hacerla entonces más que nunca? ¿Cómo es que todos los bautizados se perdonan la vida? ¿Cómo es que de nuevo ofrecen su cabeza, ya libre, a tantos peligros de esta vida, teniendo en la mano una solución tan fácil de evitarlos todos con el suicidio? Está escrito: "Quien ama el peligro, en él caerá" (Eclesiástico 3:27). ¿Y por qué se aman tantos y tamaños peligros, o por lo menos, aunque no se amen, se exponen a ellos al permanecer en esta vida, quien puede lícitamente ausentarse de ella?

Pero ¿cómo es capaz de trastornar el corazón una perversión tan impertinente, y cegarlo ante la verdad? ¡Llegar a pensar que para no caer en pecado bajo la tiranía de alguien tendríamos la obligación de darnos muerte! ¡Y que la vida sería para soportar este mundo, lleno a todas horas de tentaciones, algunas de ellas temibles, dignas de un tirano, y luego las innumerables seducciones restantes, de las que inevitablemente está llena esta vida! ¿Para qué, entonces, perder tiempo en exhortaciones llenas de celo para inflamar a los bautizados en deseos de la integridad virginal, o de la continencia vidual, o de la misma fidelidad conyugal, cuando disponemos de un atajo mucho más práctico y lejos de todo peligro de pecar, como es el poderles convencer a todos de que, nada más conseguir la remisión de sus pecados, se abracen inmediatamente a la muerte produciéndosela? De esta forma los enviaríamos a Dios mucho más íntegros y puros.

Pero si se le ocurre a alguien intentarlo o aconsejarlo, no digo ya que desvaría; es que está loco. ¿Con qué cara le podrá decir a una persona: "Mátate, no sea que al vivir en poder de un dueño desvergonzado, de bárbaras costumbres, añadas a tus pecados leves uno grave"? Sería lo mismo que decir, cometiendo un enorme crimen: "Mátate, ahora que tienes perdonados todos tus pecados, no sea que vuelvas a cometerlos de nuevo o aún peores". ¿No ves que vives en un mundo lisonjero, con tantos placeres impuros, enloquecido con tantas crueldades nefandas, hostil con tantos errores y terrores? Y puesto que hablar así es pura maldad, pura maldad será también el suicidio. Porque si se pudiera dar alguna razón justa para perpetrarlo voluntariamente, sin lugar a dudas que no hay otra más justa que ésta. Pero como ni siquiera ésta es justa, ninguna razón lo es.

---

38. O sea, el bautismo.

28. Consuelo para las mujeres cristianas

1. Así que en ninguna manera os pese de vuestra vida, fieles a Cristo, si vuestra castidad llegó a ser la burla del enemigo. Tenéis motivos de una grande y auténtica consolación si mantenéis la convicción firme de no haber participado en los pecados cometidos, por permisión, contra vosotros. Pero podéis preguntar el porqué de esta permisión.

Profunda es sin duda y soberana la providencia del creador y gobernador del mundo. "Qué insondables son sus decisiones y qué inescrutables sus caminos" (Ro. 11:33). No obstante, interrogaos sinceramente desde el fondo de vuestra alma a ver si tal vez no os habéis engreído, con aires de superioridad, del don de vuestra integridad, o de vuestra continencia vidual o de vuestro pudor conyugal, y a ver si, llevadas por el halago de las alabanzas, no habéis tenido envidia en este punto de algunas otras mujeres. No pretendo ser acusador de lo que ignoro, ni he oído tampoco la respuesta que os da el corazón a estas preguntas. Pero si os responde afirmativamente, no os maravilléis de haber perdido aquello con lo que pretendíais suscitar la admiración de los humanos, y de haberos quedado con lo que ellos ya no pueden admirar. Si no habéis prestado vuestro consentimiento a los que estaban pecando, es que el auxilio divino prestó ayuda a la divina gracia para no perderla, y el oprobio humano sucedió a la humana gloria para no amarla. En ambos casos, consolaos, mujeres atemorizadas: allá fuisteis probadas, aquí castigadas. allá fuisteis santificadas, aquí corregidas.

Aquellas, por el contrario, que después de interrogar a su corazón pueden responderse que nunca se han enorgullecido de la excelencia de la virginidad, o de la viudez casta o de la castidad conyugal, sino que, atraídas más bien por lo humilde, se han alegrado con temblor de este don divino, sin envidiar en nadie la excelencia de una santidad y castidad iguales; antes bien, dejando a un lado la humana alabanza —que tanto más suele prodigarse cuando la virtud alabada es más infrecuente—, han optado por crecer en número, más que por sobresalir un grupo reducido de ellas; tampoco éstas, digo, que se han conservado íntegras, si la lujurioso barbarie ha hecho presa en alguna de ellas deben quejarse de esta permisión, ni creer que Dios echa en olvido tales vilezas porque permite lo que nadie comete impunemente.

Es de saber que algunos de nuestros malos apetitos se nos relajan por un juicio divino, oculto en el tiempo presente, y reservado para el último y público juicio. Acaso también algunas de estas mujeres, muy conscientes de no haberse engreído por el don de la castidad, y no obstante han padecido la violencia hostil en su propia carne, tenían alguna escondida debilidad que, en caso de estar libres de tal humillación en el curso del saqueo de Roma, podría haberse traducido en humos altivos de soberbia. Así como algunos fueron arrebatados por la muerte para que la maldad no pervirtiera su inteligencia, así en alguna de estas mujeres se le arrebató un tanto de su honor por la violencia para que su situación ventajosa no ocasionara la perversión de su modestia. Así que tanto a unas, que ya se enorgullecían por no haber sufrido en su carne ningún contacto obsceno, como a las otras, que se podían tal vez enorgullecer si no llegan a sufrir el atropello brutal de los enemigos, a ninguna se le arrebató la castidad, sino que se les inculcó la humildad. A las primeras se les curó la hinchazón latente; a las segundas se las preservó de una hinchazón inminente.

2. Tampoco se debe callar que a algunas que padecieron tales atropellos fue posible que les pareciese que el bien de la continencia debía ser considerado como uno más de los bienes corporales y se conservaría solamente si el cuerpo quedaba libre de todo contacto carnal, en lugar de residir en la sola fortaleza de la voluntad, ayudada por Dios, santificando así no sólo el espíritu, sino también el cuerpo. Por otra parte, este don, en su parecer, no sería de tal categoría que hiciera imposible arrebatárselo a nadie en contra de su voluntad. De este error acaso las curó la experiencia, porque cuando piensan con qué sinceridad han servido a Dios; cuando con una fe inconmovible están convencidas de que, a los que así le sirven y le suplican, Dios no los puede en manera alguna dejar abandonados; cuando están seguras de lo mucho que a Dios le agrada la castidad; cuando todo esto, digo, se mantiene en ellas, claramente deducen que Dios no puede permitir jamás que sucedan estos acontecimientos con sus santos si con ello corre peligro de desaparecer la santidad que él les confirió y que en ellos continúa amando.

29. La presencia de Dios en todo lugar y momento

Así que la familia entera del sumo y verdadero Dios tiene su propio consuelo no vano ni sin fundamentado en la esperanza de bienes tambaleantes o pasajeros. Ya no tiene en absoluto por qué estar pesarosa ni siquiera de la misma vida temporal, puesto que en ella aprende a conseguir la eterna, y, como peregrina que es, hace uso, pero no cae en la trampa de los bienes terrenos; y en cuanto a los males, o es en ellos puesta a prueba, o es por ellos corregida. Y los paganos, que, con ocasión de sobrevivir tal vez a algunos infortunios temporales, insultan su honor, gritándoles: "¿Dónde está tu Dios?" (Sal. 42:3), que digan ellos dónde están sus dioses, puesto que están padeciendo precisamente aquellas calamidades que, para evitarlas, les tributan culto o pretenden que hay que tributárselo.

Porque la respuesta de la familia cristiana dice: Mi Dios está presente en todo lugar; en todas partes está todo Él; no está encerrado en ningún lugar; puede hallarse cerca sin que lo sepamos, y puede ausentarse sin movimiento alguno. Cuando me azota con la adversidad, está sometiendo a prueba mis méritos o castigando mis pecados. Yo sé que me tiene reservada una recompensa eterna por haber soportado con espíritu de piedad las desgracias temporales. Pero vosotros, ¿quiénes sois para merecer que se hable con vosotros ni siquiera de vuestros dioses, cuánto menos de mi Dios, que es más "temible que todos los dioses, pues los dioses de los gentiles son demonios, mientras que el Señor ha hecho el cielo"[39]?

30. Prosperidad no comedida y males

Si todavía estuviese vivo el famoso Escipión Nasica, vuestro pontífice en pasados tiempos, que bajo el terror de la guerra Púnica[40] fue elegido unánimemente por el Senado como el hombre más virtuoso para recibir la sagrada imagen traída Frigia[41], no os atreveríais quizá a mirarle al rostro; sería él en persona quien frenaría vuestra actual desvergüenza: ¿Por qué os quejáis del cristianismo cuando os azota la adversidad? ¿No es porque estáis deseando gozar con seguridad de vuestros excesos y nadar en las aguas corrompidas de vuestras inmoralidades, lejos de toda molestia incómoda? Anheláis tener paz y estar sobrados de toda clase de recursos, pero no es para hacer uso de ellos con honradez, es decir,

---

39. "Porque grande es el Señor, y digno de suprema alabanza; Terrible sobre todos los dioses. Porque todos los dioses de los pueblos son ídolos: Mas el Señor hizo los cielos" (Sal. 96:4-6). El cambio de la palabra "ídolos" por "demonios" se debe a la traducción griega de los Setenta.

40. Se conocen por guerras "Púnicas" la mantenidas entre Roma y Cartago. La primera duró veintidós años, tuvo por escenario Sicilia y luego África. La segundo, iniciada veintiún años después en España, pasó a Sicilia, Italia y África y diecisiete años más tarde la concluyó Escipión Africano el Mayor con la derrota de Aníbal. La terna, a los cuarenta y nueve años después, en África, se terminó con la destrucción de Cartago por Escipión Africano el Menor.

41. En la segunda guerra Púnica, invadida Italia por Aníbal, se mandó traer la imagen de la madre de los dioses desde Pessinonte, ciudad de la Frigia, pues según los libros sibilinos consultados, si era colocada en Roma, sus enemigos levantarían el asedio. Para su ritual y digna recepción debía buscarse el mejor de los romanos, según orden del oráculo de Delfos, cuyo resultado fue la elección unánime de Escipión Nasica (Cicerón, *De las respuestas de los arúspices*; Tito Livio, *Historias*, XXVIII).

con moderación y sobriedad, con templanza y según las exigencias de la religión, sino para procuramos la más infinita gama de placeres con despilfarros insensatos y en tal prosperidad dar origen en vuestra conducta a unas depravaciones peores que la crueldad de los enemigos.

Pero este Escipión, vuestro pontífice máximo, declarado como el hombre más honrado de la República por el Senado en pleno, temía que os iba a sobrevenir esta desgracia, y por eso rechazaba la destrucción de Cartago, rival entonces del poder romano, y se oponía a Catón, que abogaba por su ruina. Temía la seguridad para los espíritus débiles como a un enemigo, y veía que era necesario el terror como tutor adecuado para los ciudadanos que viven siempre en minoría de edad.

No se equivocó Escipión, fue la realidad quien le dio toda la razón. Destruida Cartago, es decir, alejado y desaparecido de Roma el terror, inmediatamente comenzaron a surgir, como consecuencia de la situación próspera, enorme cantidad de males[42]. La concordia mutua se resquebrajó, rota primeramente con crueles y sangrientas sediciones, e inmediatamente después por una complicación de sucesos desafortunados, incluso con guerras civiles, se produjeron tales desastres, se derramó tanta sangre, se encendió una tal inhumanidad con avidez de destierros y rapiñas, que los romanos, aquellos que en tiempos de su vida más íntegra temían desgracias por parte del enemigo, ahora, echada a perder esa integridad de conducta, tenían que padecer mayores crueldades de sus propios compatriotas. La misma ambición de poder, uno de tantos vicios del género humano, pero arraigado con mucha más fuerza en las entrañas de todo el pueblo romano, una vez vencidas algunas de las principales potencias, aplastó bajo el yugo de su servidumbre a la restantes, ya deshechas y fatigadas.

31. Degradación de la virtud

¿Cómo iba a quedar satisfecha tal ambición en estos espíritus tan orgullosos, más que cuando llegasen a poseer el dominio absoluto, tras

---

42. Primero fue la guerra social originada por el tribuno Cayo Graco, entonces Mitrídates, rey del Ponto, aprovechando las discordias de Italia, mandó dar muerte a muchos millares de ciudadanos romanos que negociaban en su reino. De esta guerra exterior nacieron las guerras civiles de Mario, cuando éste quiso arrebatar a Lucio Sila la provincia y la guerra mitridática. De las cenizas de esta guerra vino la proliferación de la sertoriana, la lepidana, la conjuración de Catilina y, por último, la pompeyana. De ella, el reinado de César y, tras su asesinato, las guerras civiles antoniana, la filipense de Bruto y Casio, la sícula de Sexto Pompeyo, la naumaquia de Accio. Al fin, la República se mudo en monarquía y dictadura.

escalar todos los honores? No habría la posibilidad de continuar manteniendo tales honores si no hubiera una ambición superior. Pero jamás la ambición se adueñaría si no es en un pueblo corrompido por la avaricia y el desenfreno. Y en avaro y desenfrenado se convirtió el pueblo romano por la prosperidad, aquella prosperidad de la que el famoso Nasica, con penetrante visión de futuro, opinaba que se debía evitar, oponiéndose a la destrucción del mayor, el más fuerte y más opulento estado rival. De esta manera el temor reprimiría la pasión; con la pasión, así reprimida, no se caería en el desenfreno; y contenido éste, no asomaría la avaricia. Teniendo atajados estos vicios florecería y se incrementaría la virtud, tan útil a la patria, y la libertad, que a esta virtud le corresponde, estaría siempre presente.

Por esta misma razón y por el amor tan previsor a su patria, este vuestro pontífice máximo en persona, designado, no lo repetiremos nunca bastante con plena unanimidad por el Senado de su tiempo como el hombre más honrado, hizo que el mismo Senado retirase su proyecto, tan ansiado, de construir un teatro. En su discurso, lleno de gravedad, logró persuadirles a que no consintieran la infiltración de la molicie griega en la conducta varonil de su patria y no tolerasen el desmoronamiento y la muerte de la virtud romana por causa de una advenediza depravación. Fue tal el poder de sus palabras, que el Senado cambió sus disposiciones, prohibió que en adelante se colocaran los asientos, que ya empezaba la ciudad a ordenar en grupos, a la hora del espectáculo de los juegos.

¡Con cuanta diligencia no habría desterrado de Roma este hombre hasta los mismos juegos escénicos si hubiera osado oponerse a la autoridad de los que creía dioses! No se daba cuenta de que eran malos demonios, o, sí lo sabía, más bien pensaba se les debía aplacar que menospreciar. Todavía no se había hecho luz ante los gentiles sobre aquella doctrina de lo alto, que pudiera cambiar las aspiraciones humanas, y, limpiando el corazón por la fe, tendiese a los bienes celestes y supracelestes con humilde espíritu religioso, quedando liberado de la tiranía de los insolentes demonios.

32. Institución de los juegos escénicos

A pesar de todo, sabed los que lo ignoráis y los que fingís ignorarlo y murmuráis contra el que os libró de tales tiranos: los juegos escénicos, espectáculo de torpezas y desenfreno de falsedades, fueron instituidos en Roma no por vicios humanos, sino por orden de vuestros dioses. Sería más tolerable el haber concedido los honores divinos al Escipión aquel que dar culto a dioses semejantes. Porque no eran éstos mejores que su pontífice[43].

¡Avivad vuestra atención, si es que vuestro espíritu, emborrachado de errores desde hace tanto tiempo, os permite hacer alguna consideración que valga la pena! Los dioses ordenaban exhibiciones de juegos teatrales en su honor[44] para poner un remedio a vuestros cuerpos apestados; el pontífice, en cambio, prohibía la construcción del teatro mismo para evitar que vuestras almas quedaran apestadas. ¡Si os queda una chispa de lucidez para dar preferencia al alma sobre el cuerpo, elegid a quién de los dos deberéis dar culto: si a vuestros dioses o a su pontífice!

Y no se calmó aquella epidemia corporal precisamente porque en un pueblo belicoso como éste, acostumbrado hasta entonces únicamente a los juegos de circo, se infiltró la manía refinada de las representaciones teatrales. Al contrario, la astucia de los espíritus malignos, adivinando que aquella peste iba a terminar a su debido tiempo, puso cuidado en inocular, con ocasión de ello, otra mucho peor y de su pleno agrado, no en los cuerpos, sino en las costumbres. Esta segunda plaga les ha cegado el espíritu a estos desdichados con tan espesas tinieblas, y se los ha vuelto tan deformes, que todavía ahora —si llega a oídos de nuestra posteridad quizá se nieguen a creerlo—, recién devastada Roma, aquellos contagiados de esta segunda peste, que en su huida han logrado llegar a Cartago, acuden diariamente a los teatros, por su loca afición a estos juegos.

33. Los vicios no se corrigen con la tribulación

¡Oh inteligencias dementes! ¿Qué error es este; mejor dicho, qué furor es este? Según nuestras noticias, mientras todos los pueblos de Oriente y las ciudades más relevantes de los lugares más remotos de la tierra lamentan vuestro desastre, y declaran público luto, y se muestran inconsolables, vosotros andáis en busca de teatros, a meteros en ellos y a abarrotarlos para volverlos todavía más estúpidos que lo eran antes! Era esta bajeza y esta peste de vuestras almas, esta perversión de la integridad y de la honradez la que temía en vosotros Escipión cuando ponía

---

43. "¿Quién de vuestros dioses es más grave y sabio que Catón, más justo y guerrero que Escipión, más grande que Pompeyo, más feliz que Sila, más rico que Creso, más elocuente que Tulio? ¡Cuánto más digno del Dios supremo haber esperado a estos hombres para asumírselos como dioses, ya que él de antemano conocía a los mejores!" (Tertuliano, Apología XI, 15).

44. Los juegos escénicos tuvieron en al principio una significación religiosa y eran organizados por el Sumo Pontífice.

el veto a la construcción de teatros, cuando veía que la prosperidad os podía sumir en la corrupción, cuando se negaba a que estuvierais asegurados del terror enemigo. Nunca creyó él en la felicidad de aquella Estado que mantenía las murallas en pie, y las costumbres por el suelo.

Sin embargo, en vosotros tuvo más poder la seducción impía de los demonios que las advertencias de los hombres precavidos. Por eso los males que cometéis no queréis que se os imputen, mientras que los males que padecéis se los imputáis al cristianismo. Y ni siquiera en vuestra seguridad buscáis la paz de vuestra patria, sino la impunidad de vuestros desórdenes; porque, viciados por la prosperidad, la adversidad no pudo corregiros. Quería el célebre Escipión manteneros en el temor al enemigo para que no os deslizarais hacia la molicie; y vosotros, ni hechos trizas por el enemigo le habéis puesto freno a esa molicie. Habéis echado a perder los frutos de la tribulación; os habéis convertido en los más dignos de lástima y habéis continuado siendo los más pésimos.

34. Conservación de multitudes

A pesar de todo, si continuáis con vida se lo debéis a Dios, que os invita con su perdón a que os corrijáis por el arrepentimiento. Él, a pesar de vuestra ingratitud, os ha concedido escapar de las manos enemigas usando el nombre cristiano de sus siervos o bien refugiándoos en los monumentos a los mártires. Dicen que Rómulo y Remo fundaron un asilo donde todos los que se refugiasen en él quedaban exentos de condenas. Esto lo hacían con el fin de aumentar la población de la ciudad que iban a fundar. ¡Maravillosa iniciativa que redundó en gloria de Cristo! Los destructores de Roma determinaron lo mismo que habían hecho antes los fundadores. ¿Y qué hay de extraordinario en que hayan hecho aquellos, para suplir el número de sus compatriotas, lo mismo que han hecho éstos para conservar la abundancia de sus enemigos?

35. Hijos de la Iglesia encubiertos entre los paganos, y falsos cristianos dentro de la Iglesia

Estas y otras semejantes respuestas, y posiblemente con más elocuencia y soltura, podrán responder a sus enemigos los miembros de la familia de Cristo, el Señor, y de la peregrina ciudad de Cristo Rey. Y no deben perder de vista que entre esos mismos enemigos se ocultan futuros compatriotas, no vayan a creer infructuoso el soportar como ofensores a los mismos que quizá un día los encuentren proclamadores de su fe. Del mismo modo sucede que la ciudad de Dios tiene, entre los miembros que la integran mientras dura su peregrinación en el mundo, algunos que están unidos a ella por la participación en sus misterios, y, sin embargo, no participarán con ella la herencia eterna de los santos. Unos están ocultos, otros manifiestos. No dudan en hablar, incluso unidos a los enemigos, contra Dios, de cuyo sello sacramental son portadores. Tan pronto se encuentran entre la multitud pagana, que llena los teatros, como entre nosotros en las iglesias. No hay por qué desesperar en la enmienda de algunos, incluso de estos últimos, mucho menos cuando entre nuestros enemigos más declarados se ocultan algunos predestinados a ser nuestros amigos, y que ni ellos mismos lo saben. Entrelazadas y mezcladas mutuamente están estas dos ciudades, hasta que sean separadas en el último juicio, de cuyo nacimiento, progreso y debidos fines, según la ayuda que reciba de Dios; diré mi opinión para gloria de la ciudad de Dios, que brillará con más claridad en contraste con sus opuestos.

36. Plan del siguiente libro

Me quedan todavía varias cosas que replicar a quienes achacan los desastres de la República romano a nuestra religión, que prohibe el culto a sus dioses. Voy a hacer mención de todas aquellas desgracias que vengan a propósito, tanto por su número como por su magnitud, y que puedan parecer suficientes, soportadas por Roma o las provincias a ella sometidas, antes de la prohibición de sus sacrificios. Sin duda, todos nos las cargarían a nosotros, si nuestra religión se hubiera ya hecho luz ante ellos o les hubiera puesto el veto a sus cultos sacrílegos.

En segundo lugar, voy a exponer el motivo por el que el Dios verdadero, en cuya mano están todos los imperios, se dignó prestar su auxilio a algunas formas de su conducta para engrandecer el dominio de Roma. Veremos también cómo el poder de quienes ellos llaman dioses de nada les ha servido; al contrario, les han perjudicado profundamente con sus engaños.

Últimamente trataré contra aquellos que, ya refutados y convictos con pruebas evidentísimas, ponen gran celo en sostener la obligación de darles culto, no precisamente buscando un provecho en la presente vida, sino más bien para la vida de ultratumba. Tema éste, si no me equívoco, mucho más complicado, bien digno de una delicada discusión. Se trata nada menos que de discutir contra los filósofos, y no unos filósofos cualesquiera, sino los que gozan ante ellos de la más encumbrada fama, y que están de acuerdo con nosotros en muchos puntos; por ejemplo, la inmortalidad del alma, la creación del mundo por el verdadero Dios, la providencia divina, gobernadora de todo lo creado. Pero como deben quedar también refutados aquellos puntos en que disienten de nosotros, tomaremos esto como un deber ineludible, de forma que se resuelvan, con la ayuda de Dios, las objeciones contra la religión y luego dejemos firmemente asentada la ciudad de Dios, la verdadera religiosidad y el culto divino, en el cual únicamente se halla la verídica promesa de la felicidad eterna. Quede así terminado este libro, y emprendamos un nuevo camino, según el plan trazado.

Libro II

1. Ceguera y espíritu de contradicción

Si la inteligencia humana, con su conducta enfermiza, no opusiera su orgullo a la evidencia de la verdad, sino que fuera capaz de someter su dolencia a la sana doctrina, como a un tratamiento médico, hasta recuperarse del todo mediante el auxilio de Dios, alcanzado por una fe piadosa, no harían falta largos discursos para sacar de su error a cualquier opinión equivocada, bastaría que quien está en la verdad la exponga con palabras suficientemente claras.

Mas ahora estamos ante el empeoramiento más negro de la enfermedad insensata de los espíritus. Se empeñan en defender sus estúpidas ocurrencias como si fueran la razón y la verdad personificadas, y esto incluso después de razonar todos los argumentos que un hombre puede dar a otro hombre. No sé sí es por una superlativo ceguera, que no deja vislumbrar ni lo más claro, o por la más obstinada testarudez, que les impide admitir lo que tienen delante. Lo cierto es que en la mayoría de los casos se hace imprescindible alargar la exposición de temas ya claros de por sí, como si hubiera que exponerlos no a quienes tienen ojos para verlos, sino como para que los puedan tocar con las manos quienes andan a tientas, medio ciegos.

Y con todo, ¿cuándo terminaríamos de discutir, hasta cuándo estaríamos hablando, si nos creyéramos en la obligación de dar nueva respuesta a quienes siempre nos responden? Los que no pueden llegar a comprender lo que se discute o están en una postura mental tan endurecida en la contradicción, que, aunque llegaran a comprender, no harían caso, continuarían respondiendo, como está escrito: Discursean profiriendo insolencias y son unos estúpidos infatigables. Realmente, si nos propusiéramos refutar sus contradicciones tantas veces cuantas ellos con seso testarudo se proponen no pensar lo que dicen, sólo atentos a contradecir de algún modo nuestros argumentos, te darás cuenta de lo interminable, penoso y sin fruto que esto sería.

Por esta razón, yo no querrían por jueces de mi obra ni a ti mismo, mi querido Marcelino, ni a los otros en cuyo servicio, provecho e interés va dirigido este mi trabajo, de una manera espontánea por amor a Cristo, si vais a ser de los que buscan siempre una respuesta cuando oyen algu-

na objeción a lo que están leyendo. Seríais semejantes a aquellas mujer-
zuelas de que hace mención el apóstol, que "están siempre aprendiendo,
pero son incapaces de llegar a conocer la verdad" (2ª Tim. 3:7).

2. Puntos principales ya tratados

En el libro anterior me había propuesto tratar de la ciudad de Dios,
con cuya ayuda he puesto manos a la obra entera partiendo de este tema.
Y lo primero que me vino a la mente fue el lanzar una réplica a quienes
atribuyen a la religión cristiana todas estas guerras que están destro-
zando el mundo, y de una manera especial la reciente devastación de
Roma por los bárbaros. Nuestra religión, es cierto, les prohibe servir a los
demonios con nefandos sacrificios. pero deberían agradecer a Cristo que,
por reverencia a su nombre, en contra de los usos tradicionales de guerra, los bárbaros les han ofrecido para su libertad los lugares sagrados
más espaciosos a fin de que pudieran buscar allí asilo. Para muchos, el
declararse siervos de Cristo, no sólo de una manera sincera, sino ficticia,
impulsados por el temor, lo tomaron con tal respeto hasta el punto de
creer prohibido lo que por derecho de guerra les hubiera sido permitido
contra ellos.

De aquí surgió la pregunta: ¿Cómo es posible que los favores divinos hayan alcanzado también a los impíos y desagradecidos? ¿Por qué
razón han tenido que sufrir idénticos rigores, causados por los enemigos,
lo mismo los hombres piadosos que los impíos? He intentado aclarar esta
cuestión, implicada en otras muchas —ya sabemos que tanto los dones
de Dios como las catástrofes humanas les están sucediendo a diario a
los de buena y mala conducta, mezclados como están unos y otros sin
distinción, y esto es causa de turbación para muchos—, ateniéndome al
dictado de la razón, según el plan de la obra emprendida. Me he detenido
algo, principalmente para consolar a las santas mujeres que practicaban
una piadosa castidad, víctimas de violencia y ultraje, hiriéndoles en su
pudor, aunque sin llegar a arrebatarles su castidad inalterable. Corrían
el riesgo de sentirse pesarosas de vivir al no tener falta alguna de qué
arrepentirse.

A continuación di algunas réplicas contra los que insultan a los cristianos afectados por aquella penosa situación, y que singularmente se
ceban en el pudor de las mujeres ultrajadas, aunque castas y santas, con
una insolencia desvergonzada, siendo ellos los más depravados, carentes
del mínimo respeto, vástagos degenerados de aquellos romanos cuyas
gestas, tantas y tan gloriosas, son exaltadas y se cantan en su literatura,
resultando ellos los más violentos enemigos de tal gloria. A Roma, fun-

dada y engrandecido con los sudores de sus abuelos, la habían hecho más deforme estando todavía en pie que al hacerse ruinas. En efecto, en la caída de Roma se derrumbaron sus piedras y sus vigas, mientras que en la vida de éstos se derrumbará no ya la fortaleza y el ornato de sus muros, sino el de sus costumbres, devorando su corazón un fuego de pasiones, más funestas que el que consumió los techos de la ciudad.

Dicho esto puse termino al primer libro. A continuación me he propuesto hablar sobre los males que han azotado a esta ciudad desde su origen, tanto a ella misma como a las provincias bajo su dominio, y que los habrían atribuido, sin excepción, a la religión cristiana, si en aquellos tiempos la doctrina evangélica hubiera hecho resonar su voz contra los dioses falsos y engañosos.

3. Importancia del método histórico

No olvides que, al recordar yo todos estos males, lo hago contra los ignorantes, cuya ignorancia, dio origen a aquel proverbio vulgar: "No llueve. La culpa la tienen los cristianos". Quienes están educados en las disciplinas liberales tienen afición a la historia y con suma facilidad conocen estos hechos. Pero para envenenar de odio contra nosotros a las turbas ignorantes, aparentan ser ajenos a ello y están empeñados en convencer a la gente de que la culpa de las calamidades que el género humano debe padecer de cuando en cuando y en lugares diversos la tiene el nombre de Cristo, que se está difundiendo por todas partes con fama irresistible y la más gloriosa popularidad, ganando terreno a sus dioses.

Recuerden con nosotros a todos los desastres que han asolado a Roma en las ocasiones más diversas y más numerosas, antes de la encarnación de Cristo, antes de que su nombre, cuya gloria envidian inútilmente, fuera conocido entre las naciones. Y si son capaces, salgan en defensa de sus dioses en tales calamidades, si es que les dan culto precisamente para verse libres de ellas sus devotos. Calamidades de las que ahora pretenden hacernos responsables cuando alguna vez les toca padecerlas. ¿Por qué han permitido sus dioses que las desgracias de que voy a hablarles hayan sucedido a sus adoradores, antes de que el nombre de Cristo, hecho ya público, se les enfrentara y les prohibiera sus sacrificios?

4. Inmoralidad y religión pagana

En primer lugar, ¿cómo es que sus dioses no han puesto un poco de interés en que las costumbres no degeneraran del todo? Porque con toda razón el verdadero Dios no hizo caso de quienes no le honraban.

Pero ¿por qué con leyes oportunas, no ayudaron los dioses, de cuyo culto lamentan verse privados estos individuos ingratos a sus adoradores para que viviesen con rectitud? No hay duda que así como estos cuidaban de sus sacrificios, así cuidaran ellos de su buena vida. Pero responden: que nadie se hace malo más que por su propia voluntad. ¿Y quién lo va a negar? Sin embargo, era incumbencia de los dioses, como consejeros que eran, no dejar ocultas a los pueblos adoradores suyos las normas de una conducta honrada, sino predicarlas a los cuatro vientos; por sus augures, reconvenir y reprender a los pecadores; lanzar públicas amenazas contra los malhechores, y prometer premios a los de conducta recta. ¿Quién resonó jamás su voz con énfasis y claridad sobre esta materia en los templos de sus dioses?

También nosotros, en nuestra juventud, asistíamos a estos espectáculos ridículos y sacrílegos[1]. Contemplábamos a los poseídos, escuchábamos a los concertistas, nos deleitábamos en las infames representaciones que se hacían en honor de dioses y diosas, de la Virgen Celeste y de Berecintia[2], la madre de todos ellos. El día solemne de su ablución cantaban los más viles comediantes ante su litera unas obscenidades tales que se avergonzaría de oírlas no digo ya la madre de los dioses, sino la madre de cualquiera de los senadores u hombres de bien. Es más, se avergonzarían incluso las mismas madres de estos faranduleros. Tiene un no sé qué de respeto el humano pudor hacia los padres, que ni siquiera la depravación puede borrar. Todas estas torpezas en palabras y gestos teatrales obscenos, que les hubiera abochornado ensayarlas en casa, ante sus madres las representaban a plena luz, ante la madre de todos los dioses, en presencia de una enorme multitud de ambos sexos que veía y oía todo esto. Si asistían alrededor, picados de curiosidad, no pudieron menos de alejarse de allí gravemente ofendida la castidad.

¿Qué serán los sacrilegios, si estos son sacrificios? ¿Qué será mancharse, si esto es purificarse? Y a tales actos se les llamaba *Fercula*, "Convites", como si se celebrase un banquete en que los demonios impuros se hartasen a su gusto. ¿Quién no se da cuenta de qué ralea son

---

1. Así lo relató Agustín en sus *Confesiones*, III, 2: "Me apasionaban entonces los espectáculos teatrales, tan llenos de las miserias que yo tenía y de los fuegos que me quemaban."

2. Probablemente se trata de la misma diosa madre *Virgo Caelestis*, que en la África romana recibía el culto principal. "Cada provincia, cada ciudad tiene su dios peculiar, como tiene Siria a Astargate, Arabia a Dusares, el Nórico a Beleno, el Africa a Celestis y Mauritania a sus Régulos" (Tertuliano, *Apol.* 24,8). Llevada a Roma, era celebrada el 12 de abril con gran pompa y procesiones a lo largo del río Almón (Aquataccio actual), afluente del Tíber, donde era lavada ceremonialmente para su purificación. A ello se refieren Lucano en *Farsalia*, I; y Ovidio en *Fastos*, IV.

estos espíritus que se deleitan en tales obscenidades? Solamente quien ignore por completo la existencia de espíritus inmundos, que con el nombre de dioses engañan a la gente, o quien lleve una vida tal, que prefiera tener propicios o aplacarlos a tales dioses de su ira antes que al único verdadero.

5. Obscenidades en honor de los dioses

No quisiera yo por jueces en esta materia a estos hombres que se afanan más en el placer que en poner freno a los vicios de una tan depravada conducta. A Escipión Nasica en persona quisiera yo por juez, elegido por el Senado como campeón de la honradez y que recibió en sus propias manos la estatua de este demonio y la introdujo en Roma. Él nos diría si estaba de acuerdo en que a su madre, como recompensa a sus méritos por parte del Estado, se le decretasen honores divinos. Así consta de griegos, romanos y otros pueblos, que habían decretado en honor de algunos mortales, cuyos beneficios tenían en alta estimación, y se imaginaban con ello que los hacían inmortales y serían contados en el número de los dioses. Por supuesto que Escipión desearía para su madre una alta felicidad, si ello fuera posible. Pero, si a continuación le preguntáramos a ver si entre los honores divinos estaba de acuerdo en que se celebrasen todas aquellas torpezas, ¿no gritaría que era preferible ver a su madre postrada en tierra, sin sentido alguno, antes que como diosa viviente tener que escuchar complacida tales infamias? Lejos de nosotros pensar que un senador de Roma de espíritu tan resuelto como para prohibir la construcción de un teatro en la ciudad de unos valientes, quisiera un culto para complacer a su madre como diosa, a base de tales ritos, que se sentiría ofendida como matrona al recitar tales versos. En manera alguna habría pensado que el rubor de una tan honorable mujer desapareciera por ser ahora una divinidad. Y esto hasta tal punto que cuando sus devotos la invocasen con honores tales como los insultos lanzados contra cualquiera, al estilo de cuando vivía entre los hombres, si no se tapaba los oídos y echaba a correr, quedarían abochornados su marido, sus hijos y sus allegados.

Y si así fue como esta madre de los dioses, que se avergonzaría de tenerla por madre el hombre más perdido, eligió para sí el mejor ciudadano, no para ayudarle con sus consejos y su protección, sino para engañarlo con sus ardides, al estilo de la mujer de quien está escrito: "La mujer anda a la caza de la preciosa vida de los hombres"[3]. Con esta

---

3. "Porque a causa de la mujer ramera es reducido el hombre a un bocado de pan; y la mujer caza la preciosa alma del varón" (Pr. 6:26. RV).

elección, aquel espíritu de tan alta nobleza quedaba como poseído de este testimonio casi divino, y, teniéndose sinceramente por el mejor de los hombres, no buscaba la piedad y la religión auténticas, sin las cuales el orgullo humano vacía y echa por tierra los caracteres más dignos de elogio. ¿Cómo, pues, iba a elegir esta diosa, si no es insidiosamente, a un tan virtuoso varón, siendo sus preferencias para las ceremonias sagradas unas tales obscenidades que los hombres más honrados rechazan de sus banquetes?

6. Los dioses paganos no establecieron normas de vida recta

Consecuencia lógica es que a estas deidades no les ha importado nada la vida y costumbres de las ciudades y pueblos donde recibían culto. Permitían sin la menor prohibición ni amenaza que unas plagas tan horrendas se adueñasen no ya de sus campos y de sus viñas, ni que entrasen en casa o atacasen a su dinero, ni siquiera en su propio cuerpo, sometido al espíritu; se trata ya del mismo espíritu, del rector mismo de nuestro cuerpo, que llega a corromperse del todo. Y si esto lo prohibían, que se demuestre, que nos aduzcan pruebas y que se dejen de soplarnos al oído no sé qué susurros de un número insignificante de paganos sobre una misteriosa religión recibida de los antepasados, donde se aprendería la rectitud de vida y la castidad. Esto no basta. Que nos enseñen los lugares y nos digan cuándo han sido consagrados para tales reuniones, no donde tengan cabida las expresiones y gestos obscenos de los histriones, no donde se celebren las fiestas *fugiales*[4], suelta la tienda a toda clase de torpezas —bien dicho "fiestas de fuga", donde huyen el pudor y la honradez—; que nos muestren más bien los lugares destinados a escuchar las gentes preceptos de sus dioses con vistas a reprimir la avaricia, destruir la ambición, atajar el desenfreno, y donde los míseros aprendiesen lo que Persio increpa como obligatorio saber:

"Aprended, míseros mortales, y descubrid los orígenes de las cosas, ¿Para qué fuimos engendrados a la vida? ¿Cuál es el orden impuesto? ¿Desde qué punto y por dónde la rueda ha de describir la curva suavemente rodea la meta? Aprended cuál es la justa medida en el uso del dinero, a qué conviene aspirar, qué utilidad va a tener la moneda recién acuñada, la cuantía de lo que cumple dar a la patria y a los amados deu-

---

4. Fiestas instituidas en Roma en memoria de la expulsión de los reyes y de la liberación de la república. Se celebraban el mes de febrero, después de clausuradas las fiestas Terminales.

dos, cuál es la orden de Dios sobre ti y a qué parte de la humanidad perteneces"⁵.

Que se nos diga en qué lugares solían explicarse estos mandamientos del magisterio de los dioses, y si las gentes que les daban culto acudían a oírlos con frecuencia, como nosotros mostramos nuestras iglesias, destinadas a tales asambleas por dondequiera se extiende la religión cristiana.

7. Mejor es la filosofía que el culto a los dioses

¿Nos recordarán quizá las escuelas filosóficas y sus discusiones? He de decir, en primer lugar, que éstas no son romanas, sino griegas. Y si lo son, puesto que Grecia es ya una provincia romana, sus enseñanzas no tienen un origen divino, sino que son descubrimientos de los hombres. Estos, dotados de sutilísimo ingenio, han ido descubriendo con el esfuerzo de su raciocinio los secretos de la naturaleza; el bien conveniente y el mal rechazable para la conducta; el arte mismo de razonar: qué era no lo que se seguía, o sencillamente estaba en contradicción y pugna entre sí.

Algunos de estos filósofos llegaron a descubrir cosas importantes, en la medida que eran ayudados por Dios. En cambio, en la medida que, como hombres, han chocado con su limitación, cayeron en el error, especialmente cuando la divina providencia, con toda justicia y razón, resistió a su orgullo, para mostrarnos con su ejemplo cómo el camino de la religión, que se eleva hasta lo más encumbrado, arranca de la humildad. De ello trataremos más adelante, por partes y con detención, si ésa es la voluntad del Dios verdadero.

Concedamos que los filósofos han llegado a dar con soluciones válidas para lograr una conducta digna y conseguir la felicidad humana. ¡Cuánto más merecen ellos que se les tributen honores divinos! ¡Cuánto mejor y más honesto sería leer en el templo hipotético de Platón sus propios libros que contemplar en los templos de los demonios la castración de los galos⁶, la consagración de los invertidos, la mutilación de los furiosos y todo cuanto hay de cruel y de vergonzoso, o de vergonzosamente cruel o de cruelmente vergonzoso, que se suele celebrar en los ritos sagrados de tales divinidades!

¡Cuánto mejor hubiera sido, para instruir suficientemente a los jóvenes en la justicia, recitar en público las leyes de los dioses que la

---

5. Persio, Sátiras III, 66-72.
6. No procedentes de las Galias (Francia), sino de Galo, pequeño río de Galacia, de donde tomaban el nombre de *galos* los sacerdotes de Cibeles, la diosa madre.

estéril alabanza de las leyes e instituciones de sus mayores! Todos los adoradores de tales dioses, apenas son tocados con la pasión, "impregnada —dice Persio— de un veneno ardiente"[7], más bien se fijan en los hechos de Júpiter que en las enseñanzas de Platón o en las censuras de Catón. Así, por ejemplo, en las obras de Terencio un mozo mira lleno de vicios un cuadro mural "donde estaba representado aquel episodio en que Júpiter envió al seno de Dánae una lluvia de oro". Y el mozo se gloría de imitar al dios en su propia torpeza, amparándose en una tan alta autoridad. "'¡Y qué dios! —dice—; nada menos que el que hace retemblar con su trueno altísimo las bóvedas celestes. Y yo, que soy un pobre hombrecillo, ¿no voy a hacer lo mismo? ¡Vaya si lo he hecho, y de muy buena gana!'"[8]

8. Inmoralidad de los dioses

Podrán decir que todo esto no se enseña en las fiestas solmenes de los dioses, sino en las fábulas de los poetas. No pretendo decir que los ritos mistéricos sean más obscenos que estas representaciones teatrales. Sólo quiero afirmar lo siguiente, y sí alguien lo niega, tiene en su contra la historia: los mismos juegos donde reinan las ficciones de los poetas no han sido introducidos por los romanos en las solemnidades de sus dioses en virtud de un culto equivocado, sino que los mismos dioses han exigido con apremio, y hasta coaccionado en cierto modo, a que se celebraran para ellos y se les consagrasen en honor suyo. Este punto lo toqué ligeramente en el libro primero. Como se agravaba una peste, se decretaron los juegos escénicos primeramente en Roma por la autoridad de los pontífices. Y a la hora de ordenar la propia conducta, ¿quién no va a elegir como modelo las acciones representadas en la escena, con el respaldo de la autoridad divina, antes que las normas escritas en las leyes promulgadas por el ingenio humano?

Y si los poetas nos han engañado presentándonos a un Júpiter adúltero, los dioses, tan castos, naturalmente, deberían haberse vengado, llenos de ira no por la negligencia en la representación, sino por haber representado en escena los humanos tales atrocidades, siendo pura ficción. Y lo más tolerable de las representaciones teatrales son las comedias y las tragedias, es decir, las farsas de los poetas, destinadas a la representación en los escenarios, con muchas situaciones torpes, por cierto, en cuanto a su argumento; pero sin las frases obscenas de otras muchas composi-

---

7. Persio, *Sat*. III, 37.
8. Terencio, *Eunuch*. 584ss.

ciones, como las que forman parte de los estudios, llamados honestos y liberales, y que los viejos obligan a leer y aprender a los niños[9] .

9. Opinión de los antiguos romanos sobre la licencia de los poetas

Lo que los antiguos romanos opinaron sobre este punto, nos lo dice Cicerón en los libros que escribió sobre *La República*, donde Escipión[10], en una disputa, dice: "Jamás las comedias hubieran podido representar con éxito sus vilezas en los teatros si la conducta de entonces no estuviera de su parte." Ya los griegos, más antiguos que los romanos guardaron una cierta lógica en su viciada opinión. Estaba permitido entre ellos, incluso sancionado por la ley, el poder airear en la comedia, citando su nombre, lo que al poeta le pareciera bien de quienquiera que fuese. Por eso, como dice en la misma obra el Africano: "¿A quién no ha mancillado la comedia? ¿A quién no ha dejado en feo? ¿Quién ha conseguido escaparse de ella? Bien está que se haya metido con hombres tristemente famosos, revoltosos para el Estado, como Cleón, Cleofonte o Hipérbolo. Pasemos por esto —dice Escipión—, aunque mejor fuera que esta clase de ciudadanos fueran puestos en evidencia por el censor más bien que por un poeta. Pero a un Pericles, que había gobernado su propio estado con la más alta magistratura durante tantos años en paz y en guerra, verlo ultrajado en unos versos, representados en escena, es tan indignante como si nuestro Plauto o Nevio quisieran denigrar a un Publio y a un Gneo Escipión, o Cecilio a un Marco Catón."

Y añade un poco más abajo: "En cambio, nuestras Doce Tablas[11], que tan pocos delitos castigaron con la pena capital, sí eran favorables a ella cuando alguien cantase o compusiese un poema atentando al honor o a la reputación de alguien. Muy bien hecho. Al juicio de los magistrados y a sus legítimas decisiones debe exponerse nuestra vida, no a las ocurrencias de los poetas. Y no debemos dejarnos decir ni un solo ultraje más que a condición de poder responder y defendernos en justicia."

---

9. Agustín prestó mucha atención a la enseñanza de los niños en *De chatechizandis rubidus*, así como en las *Confesiones*, I, 8-16 (Cf. Aldo Agazzi, *Historia de la filosofía y de la pedagogía*, vol. I. Alcoy 1980; James Bowen, *Historia de la educación occidental*, vol. I. Herder, Barcelona 1985; Alfonso Capitán Díaz, *Historia del pensamiento pedagógico en Europa*. Ed. Dykinson, Madrid 1984).

10. Escipión Emiliano, hijo de Publio Emilio que venció a Perseo, rey de Macedonia, adoptado por Escipión hijo del Africano mayor. Destruyó Numancia y también Cartago, por lo que se le llama Africano menor.

11. Primera codificación del derecho romano, realizada en 452-451 a.C.

He creído conveniente citar textualmente este párrafo del libro IV de *La República*, suprimiendo o cambiando algunos detalles para su mejor comprensión. Viene muy al caso de lo que intento explicar, si me es posible. Dice algunas otras cosas a continuación, y concluye este pasaje poniendo en evidencia cómo a los antiguos romanos les parecía muy mal que un hombre fuese en vida ensalzado o vituperado en el teatro. A los griegos, en cambio, como dije antes, el permitirlo les parecía más normal aunque fuera menos pudoroso. Y es natural: veían que los dioses aceptaban y les divertían las infamias no sólo de los hombres, sino de los mismos dioses, compuestas para el teatro, fueran ficciones de los poetas o perversidades auténticas representadas en el escenario. Y ojalá éstas provocaran sólo la risa en sus adoradores, y no la imitación. Demasiado orgullo hubiera sido respetar la reputación de las autoridades del Estado y de sus compatriotas, cuando ni sus deidades quisieron el respeto a su propia fama.

10. Naturaleza demoníaca de los dioses

Dicen nuestros adversarios en su defensa que todo lo dicho contra sus dioses son falsedades e invenciones. Por esto mismo se agrava aún más su perversidad desde el punto de vista de una auténtica piedad. Y con respecto a la malicia de los demonios, ¿hay algo más redomado, algo más astuto para hacer caer en la trampa? Si se lanza una calumnia contra un jefe de estado honrado y capaz, ¿no es tanto más despreciable cuanto más alejado de la verdad y contrario a su conducta? ¿Qué tormento sería proporcionado cuando es a Dios a quien se hace una injuria tan abominable e insigne?

Pero los espíritus malignos, que para ellos son dioses, permiten a los hombres atribuirles fechorías, incluso no cometidas por ellos, a condición de que sus almas se dejen envolver por estas creencias como por una red, y así arrastrarlos consigo al suplicio que les está destinado. O también puede que algunos hombres hayan cometido estos crímenes y se gocen en ser tenidos por dioses, ellos que se regodean en los humanos errores, y con esta intención se proponen a sí mismos como dignos de culto, con mil ardides dañinos y engañosos. Puede también que tales vilezas no hayan sido cometidas por hombre alguno, pero de buen grado estos espíritus taimados aceptan el que se inventen cosas semejantes de las deidades. Así se cometerán tales atrocidades y torpezas, azuzadas por el ejemplo de una autoridad tan competente como ésta, bajada del mismo cielo.

Los griegos, al verse esclavos de semejantes divinidades, ridiculizadas en los teatros tantas veces y con tamañas imposturas, les pareció del todo improcedente quedar ellos mismos a salvo de las ficciones poéticas, sea porque aspiraban a ser como sus dioses, incluso hasta en este punto, sea por el miedo de provocar su cólera si buscaban ellos una mejor reputación y de este modo prefiriéndose a ellos, los provocasen a enojo.

11. Los dioses y los poetas

Atentos a esta conveniencia los griegos juzgaron dignos del alto honor de la ciudadanía a los actores de tales farsas, porque, según nos recuerda el citado libro de *La República* (4,13), el ateniense Esquines, orador de primer orden, después de ser actor de tragedias en su juventud, tomó las riendas del Estado. Asimismo, Aristodemo, actor trágico, también fue varias veces embajador de Atenas ante Filipo para tratar los más graves asuntos civiles y militares. No les pareció lógico que los actores del arte y los juegos escénicos, en los que hallaban su complacencia los dioses, estuvieran en la condición y número de ciudadanos tachados de infamia.

Vergonzoso es esto para los griegos, pero plenamente de acuerdo con sus dioses. No se atrevieron a eximir la vida de sus compatriotas de las terribles dentelladas de los poetas e historiadores, de quienes veían que la propia vida de los dioses, con pleno consentimiento y aprobación de ellos, era reprendida y lacerada. Así que, lejos dé sentir la ciudad desprecio hacia los actores de tales torpezas en los teatros, viendo lo agradables que resultaban a los dioses, sus dueños, lo consideraron acreedora de los honores máximos. En efecto, ¿qué motivos podrían hallarse para honrar a los sacerdotes, que ofrecían en su nombre víctimas agradables a los dioses, y considerar como infames a los actores teatrales? Por ellos habían aprendido a brindar este placer a los dioses que lo reclamaban para sí, y, en caso de omisión, hubieran sufrido las consecuencias de su cólera. Así, por ejemplo, Labeón[12], considerado como el más experto en esta materia, distingue divinidades buenas y malas por la diversidad del culto, afirmando que a las malas se les aplaca con sangre y con fúnebres suplicas mientras que a las buenas con homenajes alegres y festivos, como son, dice él, los juegos, los banquetes, los lectisternios[13].

---

12. Con el nombre de Labeón se conocen tres jurisconsultos. El más celebrado fue Antistio Labeón, perito en derecho y en antigüedades romanas, civiles y religiosas. Gozó de mucha amistad con el emperador Augusto César. Es probable que Agustín se refiera a este personaje.
13. *Lectisernia*, eran banquetes celebrados en honor de los dioses, cuyas estatuas se colocaban en literas alrededor de una mesa bien servida.

De todo ello haremos más adelante, con la ayuda de Dios, un detenido examen. Por el momento, sea que se tributen todas las honras a todos los dioses sin distinción, como si fueran buenos (no parece bien que haya dioses malos; y, sin embargo, todos estos dioses, al ser espíritus impuros, son malos sin excepción), o sea que se les brinden determinados honores, a cada uno según su clase siguiendo el parecer de Labeón, están en lo cierto los griegos al honrar tanto a los sacerdotes, ministros de los sacrificios, como a los actores que exhiben los espectáculos. Así, en el caso de que a todos los dioses les guste el teatro, evitan ser culpables de injusticia ante todos ellos, y, lo que sería más grave, ante los dioses, en su opinión buenos, si son éstos únicamente los aficionados a tales representaciones.

12. Los romanos no permitieron el capricho de los poetas

Los romanos, por su parte, no permitieron que su vida y su reputación estuviera al capricho de los baldones y de las injurias de los poetas, como de ello se gloria Escipión en la citada disputa de *La República*. Es más, se castigaba con pena de muerte a quien tuviera la osadía de publicar un tal poema. Decisión ésta honrosa en lo que a ellos respecta, pero llena de orgullo y de irreligiosidad con relación a sus dioses. Conscientes de que sus dioses se dejaban denigrar no sólo paciente, sino gustosamente, con toda clase de ultrajes y maldiciones, los romanos se tuvieron por más indignos ellos de tales injurias que sus dioses; incluso se defendieron jurídicamente de tal posibilidad, mientras que para sus dioses hicieron una mezcolanza de sus infamias con la solemnidad de los ritos sagrados.

¿Eres tú, Escipión, el que celebras la prohibición impuesta a los poetas romanos de meterse con la vida de los ciudadanos, cuando estás viendo que ninguno de vuestros dioses ha escapado de ellos? ¿Te parece que es más digno de estima vuestro Senado que el Capitolio? ¿Más aún, Roma sola, que el cielo entero, puesto que los poetas están impedidos hasta legalmente de emplear su envenenada lengua contra tus compatriotas, mientras que contra tus dioses pueden tranquilamente lanzar toda clase de afrentas, sin que haya senador, ni censor, ni autoridad, ni pontífice que le ponga trabas? Indignamente, a todas luces, sería que un Plauto o un Nevio lanzaran imprecaciones contra Publio o contra Gneo Escipión, o que contra Marco Catón lo hiciera un Cecilio. ¿Y acaso fue más digno que vuestro Terencio[14] excitara las incontinencias de la mocedad a través de los vicios de Júpiter?

_____

14. "No conoceríamos palabras tales como lluvia de oro, regazo, engaño y templos del cielo si no fuera porque Terencio las usa cuando nos presenta a un joven disoluto que quiere

13. Los romanos y los poetas

Si viviera Escipión, me daría quizá esta respuesta: "¿Cómo vamos a renunciar a la impunidad de aquello que los mismos dioses han querido elevar a la dignidad de rito sagrado ¿No han sido ellos quienes introdujeron en las costumbres romanas el teatro, donde todas estas ignominias tienen rango de celebración y se las recita y se las representa? ¿No han dado ellos orden de que todo esto sea consagrado y exhibido en su honor?"

Y yo pregunto: ¿Cómo, es posible que los romanos no hayan llegado darse cuenta, por todo esto, de que los suyos no son dioses, y, menos aun, dignos de que un Estado les tribute honores de apoteosis? Porque, si hubieran exigido representaciones ultrajantes para los romanos, hubiera sido de todo punto inconveniente el darles culto,y, desde luego, totalmente inútil. Entonces, ¿cómo han llegado a ver la urgencia de tal culto? ¿Cómo no han descubierto que se trata de espíritus nefastos con hambre de hacer caer en la trampa a los humanos, exigiendo que, mezclados con sus honores, se celebren también sus abominaciones?

Los mismos romanos, aunque oprimida bajo el yugo la superstición, hasta llegar a dar culto a unos dioses que ante sus ojos elegían para su propio honor la consagración de las obscenidades teatrales, conscientes de su amor propio y de un cierto pudor, nunca permitieron honrar a los actores de tales farsas como lo hicieran los griegos. Antes bien, oigamos las palabras del mismo Escipión en la obra de Cicerón: "Llegaron a tener como un baldón el arte de la comedia y el teatro todo, de manera que decidieron no sólo mantener alejados de todo cargo honorífico, propio de cualquier ciudadano a esta clase de hombres, sino apartarlo de su tribu por certificación infamante del censor"15. ¡Admirable sabiduría ésta de los romanos, digna de los mayores elogios! Pero me gustaría verla más fiel y consecuente consigo misma. Me parece muy bien que el ciudadano romano que eligiera el oficio de cómico no tuviese acceso a los cargos honoríficos, e incluso por documento escrito del censor se le pusiera el veto a pertenecer a su propia tribu. ¡Oh espíritu de una ciudad ávida de gloria, espíritu genuinamente romano! Pero ahora respondedme: ¿Por qué razón los hombres del teatro son rechazados de todo lo que suponga un honor, mientras que se ponen las representaciones teatrales entre los

cometer un estupro siguiendo el ejemplo de Júpiter. Porque vio en una pared una pintura sobre el tema de cómo cierta vez Júpiter embarazó a la doncella Dánae penetrando en su seno bajo la forma de una lluvia de oro. Y hay que ver cómo se excita la concupiscencia de ese joven con semejante ejemplo, que le viene de un dios" (Agustín, *Confesiones* I, 16,2)..
15. Cicerón, *De república* 4,10.

honores a los dioses? Durante mucho tiempo ignoró el virtuoso romano estas artes del teatro. Si se las hubiera buscado como pábulo del placer humano, hubiera supuesto una corrupción introducida en las costumbres sociales. Pero he aquí que han sido los dioses quienes han exigido para ellos su representación: ¿Por qué razón es rechazado el cómico, que con sus artes da culto a Dios? ¿Y con qué lógica se degrada al intérprete de tales torpezas, cuando se adora al que las exige?

Allá se las entiendan griegos y romanos en esta controversia. Los griegos piensan honrar con todo derecho a los comediantes, puesto que dan culto a los dioses que les exigen estos juegos teatrales. Los romanos, por el contrario, no les dejan ni siquiera deshonrar con su presencia una tribu plebeya, cuánto menos la Curia senatorial. En tal desavenencia, queda resuelto el nudo de la cuestión con el siguiente raciocinio: Los griegos proponen, sí tales dioses deben ser adorados, sin duda han de ser honrados tales hombres también. Añaden los romanos: De ninguna manera se debe honrar a tales hombres. Y los cristianos concluyen: En modo alguno deben ser honrados tales dioses.

14. Platón no dio lugar a los enemigos de la verdad en su ciudad ideal

1. Pregunto yo ahora: Estos mismos poetas, autores de tales ficciones, y a quienes la Ley de las Doce Tablas prohíbe atentar contra la reputación de los ciudadanos, ¿cómo es que lanzando contra los dioses tan groseros insultos no se les tiene por deshonrados, igual que a los actores del teatro? ¿Por qué razón es justo que los intérpretes de ficciones poéticas, y de dioses cubiertos de ignominia, se atraigan infamias, y sus autores, en cambio, sean honrados? ¿No habrá que darle más bien la palma a Platón, un griego, que al planificar en su mente las leyes de una ciudad ideal, creyó oportuno excluir de ella, como enemigos de la verdad, a tales poetas[16]. No fue capaz de aguantar sin indignación tanto las injurias a los dioses como la adulteración y la corrupción de los espíritus por efecto de tales farsas. Y ahora haz una comparación entre la humanidad de Platón, que se propone expulsar de su ciudad a los poetas para salvaguardar de tales artimañas a sus habitantes, con la divinidad de los dioses, quienes en su honor reclaman los juegos escénicos. Platón, aun cuando no llegara a convencer con sus argumentos a la ligereza lasciva de los griegos de que tales infamias no se escribieran, al menos se lo aconsejó; los dioses, en cambio, para que tales poemas se llegaran incluso a representar, coac-

16. Platón, *De república* 398.

cionaron con sus órdenes la sobria temperancia de los romanos. Y no se contentaron con la mera representación de estas escenas, sino que las quisieron dedicadas, consagradas y celebradas solemnemente en su honor. Y ahora, ¿a quién decretará la ciudad más honradamente los honores divinos? ¿A Platón, que puso el veto a tales espectáculos indecentes y nefastos, o a los demonios, jubilosos de hacer caer en esta trampa a los hombres a quienes él no había podido convertir a la verdad?

2. Opina Labeón que a Platón había que ponerlo entre los semidioses, como se ha hecho con un Hércules o un Rómulo. Para él los semidioses son superiores a los llamados héroes. pero a unos y otros coloca entre las divinidades. Pero yo no dudo un instante en colocar a este [Platón] semidiós no sólo por encima de los héroes, sino incluso por encima de los mismos dioses. Las leyes romanas, por su parte, tienen un parecido a los razonamientos de Platón: él condena toda ficción poética; ellas le privan al poeta al menos de injuriar a capricho a la gente; Platón aleja a los poetas de la convivencia ciudadana, y las leyes romanas hacen otro tanto con los actores de tales creaciones poéticas. Y de todas partes los arrojaran, quizá, si tuvieran la osadía de oponerse en algo a los dioses, ávidos de exhibiciones teatrales.

No pueden, en absoluto, los romanos esperar de sus dioses leyes que ayuden a la formación de buenas costumbres y a la corrección de las pervertidas: en realidad, son los romanos quienes tienen dominados y sometidos a los dioses por sus propias leyes. Piden los dioses juegos escénicos en honra suya, y son los romanos quienes excluyen de todo cargo honorífico a los profesionales del teatro; mandan aquellos que se les representen las vilezas de los dioses en poemas de ficción, y éstos prohíben con severidad que la desvergüenza de los poetas saque a relucir ninguna ignominia de los mortales. Pero Platón, este semidiós, se opuso a la liviandad de tales dioses, y les mostró a los romanos el partido que deberían haber sacado de su propia manera de ser. El no tolerar en una ciudad perfectamente organizada la presencia de los poetas, sea como inventores de mentiras a capricho, sea como exhibidores de la pésima conducta de los dioses, proponiéndola como digna de imitación ante los míseros humanos.

Nosotros no presentamos a Platón ni como dios, ni como semidiós, ni tampoco lo comparamos con ningún santo ángel del Dios altísimo, ni con un profeta de los verdaderos, ni con ningún apóstol o mártir de Cristo, ni con hombre cristiano alguno. En su lugar daremos explicación de nuestro parecer sobre él, si Dios nos ayuda, Pero, dado que ellos han querido hacer de Platón un semidiós, creemos debe ser antepuesto, si no aun Rómulo y a un Hércules (por más que de él ni historiador alguno haya atestiguado, ni poeta inventado un fratricidio, o fechoría de alguna clase), sí a un Príapo, desde luego, o a algún Cinocéfalo[17], o, en último término, a Fiebre, divinidades éstas en parte consagradas como propias, en parte advenedizas, que los romanos incorporaron a las suyas. ¿Cómo tales dioses iban a salir al paso con leyes y normas buenas contra tan grave corrupción de las conciencias y de la conducta? ¿Cómo se iban a preocupar de prevenir, si el mal estaba al acecho, o de extirpar, si el mal estaba arraigado ya en el hombre, ellos que estaban pendientes de sembrar y hacer crecer las ruindades, difundiéndolas como suyas, lo fueran o no en realidad, a través de las celebraciones teatrales? De esta manera, el fuego de la humana pasión, ya rastrera de por sí, estaría atizado como por una autoridad divina. ¡Ya puede Cicerón exclamar, cuando habla de los poetas y dice: "Cuando se sienten alentados por el clamor y la aprobación del pueblo, como si se tratara de un célebre y sabio maestro, ¡qué tinieblas esparcen, qué terror inspiran, qué pasiones encienden!"[18]

15. Creación de los dioses romanos

¿Qué razón movió a los romanos en la elección de dioses para su uso, falsos como eran, sino la pura y simple adulación? Por ejemplo, a Platón, a quien les gusta llamarle semidiós, que tanto trabajó con sus obras filosóficas para evitar los mayores males del espíritu que corrompen la conducta humana, no lo han considerado digno de levantarle un modesto templo; y, sin embargo, a Rómulo, a pesar de que entre ellos corra una doctrina más o menos secreta que lo presenta como semidiós, más bien que como dios, lo han encumbrado por encima de muchos dioses. Hasta crearon para él un flamen, dignidad sacerdotal tan eminente en la liturgia romana, como lo atestigua la mitra que llevaba. Sólo tres sacerdotes flámines crearon para el servicio de otros tantos dioses: un flamen Dial, para Júpiter; otro Marcial, para Marte, y el tercero Quirinal, al servicio de Rómulo. La magnanimidad de los romanos, una vez encumbrado a los cielos, le llamó Quirino andando el tiempo. Por todo ello, Rómulo recibió honores preferentes a Neptuno y Plutón, hermanos del mismo Júpiter, e incluso a Saturno, padre de los tres. Para engrandecerlo le dedicaron el mismo grado sacerdotal que a Júpiter y a Marte, a este último probablemente por miras a Rómulo, ya que es su padre.

---

17. Dios egipcio con cabeza de perro. Lucano, escribiendo contra las costumbres egipcias dice: "Nosotros, en nuestros templos romanos hemos admitido a tu Isis y los dioses medio canes y los sistros que provocan llanto" (*Farsalia*, 8).

18. Cicerón, *De república* 4,9.

16. Los dioses y su desinterés por la justicia

Si los romanos hubieran podido recibir de sus dioses leyes morales, no hubieran ido algunos años después de la fundación de Roma a pedir prestadas a los atenienses las leyes de Solón. Con todo, no las mantuvieron intactas, sino que intentaron darles algunos retoques y mejorarlas, a pesar de que Licurgo fingió haberlas creado por la autoridad de Apolo para los espartanos; pero los romanos, prudentemente, se negaron a creerlo, y, en consecuencia, no las recibieron como tales. Numa Pompilio, que sucedió a Rómulo en el reino, dicen que promulgó algunas leyes que en manera alguna eran suficientes para regir la ciudad. Les instituyó también muchos sacrificios, pero de él nadie ha dicho que recibiera las leyes por inspiración divina.

En conclusión, los dioses no se han preocupado en absoluto de que sus adoradores quedasen a salvo de los males, tanto del alma como de la conducta externa privada y social, males éstos de tal magnitud que son la ruina de los Estados, aun cuando queden en pie las ciudades, según el testimonio de los sabios de más prestigio entre ellos. De lo que sí cuidaron, por todos los medios, fue de agravar esta peste, como ya probamos hace poco.

17. El rapto de las Sabinas y otras injusticias de los buenos tiempos

Pero quizá las divinidades no promulgaron leyes al pueblo romano, porque como dice Salustio, "la justicia y la bondad tomaban entre ellos más fuerza del instinto natural que de leyes porque se regían"[19]. En virtud de tal derecho y de este sentido del bien, creo yo que fueron raptadas las Sabinas[20]. ¿Qué hay, en efecto, más justo ni mejor que traer engañadas a una fiesta a un grupo de mujeres forasteras, y luego llevárselas a casa no precisamente por haberles concedido la mano sus padres, sino por la violencia, como cada uno pudo? Supongamos que los sabinos obraron mal por su parte negándoles la mano de sus jóvenes; pero ¿cuánto peor no estuvo raptarlas después de la negativa? Más justo hubiera sido declarar la guerra a un pueblo que se había negado a entregar sus hijas en matrimonio a hombres de la misma región, vecinos suyos, que luchar contra un pueblo que reclamaba sus hijas robadas. Mejor hubiera estado lo primero. Y en este caso, Marte se hubiera puesto de parte de

---

19. Salustio, *Catilina* 9,1.
20. Tito Livio, *Hist.* 1,9.

su hijo en batalla [Rómulo] para vengar por las armas la injuria de unas nupcias denegadas. De este modo podrían conseguir las mujeres qué pretendían. Tal vez, en virtud de algún derecho de guerra, el vencedor podría llevarse con justicia las jóvenes que injustamente le habían sido negadas. Pero raptar en tiempo de paz las que no le habían sido concedidas es contra todo derecho, ocasionando así una guerra injusta contra sus padres, justamente enojados.

Con todo, este episodio ha tenido una consecuencia más provechosa y más feliz, a pesar de que el recuerdo de tal engaño ha perdurado en los espectáculos circenses, no ha gustado el ejemplo de tal fechoría ni en la ciudad ni en todo el imperio. El error de los romanos ha estado, después de cometer tal injusticia, en haberse consagrado a Rómulo como un dios para su uso, que no en permitir, por costumbre o por una ley cualquiera, que se repitiese su famosa fechoría de raptar mujeres.

En virtud de este derecho y buen natural, después de la expulsión del rey Tarquinio con sus hijos, uno de los cuales había violado brutalmente a Lucrecia, el cónsul Junio Bruto obligó a Lucio Tarquinio Colatino, marido de esta misma Lucrecia, colega suyo, un hombre íntegro y sin tacha, a deponer su magistratura. Lo hizo por su nombre y parentela con los Tarquinios, no permitiéndole tampoco tener su domicilio en Roma. Esta injusticia se cometió con la aprobación, o al menos con el consentimiento, del pueblo que le había conferido el consulado, lo mismo que a Bruto.

En virtud de este mismo sentido natural del derecho y del bien, Marco Camilo[21], personalidad relevante de aquel tiempo, derrotó con suma facilidad a los Veyos, enconados enemigos del pueblo romano, tras una guerra de diez años. En ella el ejército romano, en infelices batallas, sufrió serios y repetidos descalabros, hasta el punto de que la misma Roma, temblando, dudaba de su salvación. Tomó Camilo su opulenta ciudad, y después la envidia de los calumniadores de su valor, y la insolencia de los tribunos del pueblo, lo declararon reo. Tanto le dolió la ingratitud de aquella Roma que él acababa de liberar, que estando ya certísimo de su condenación, él mismo se anticipó en el destierro. Todavía en su ausencia se le puso una multa de diez mil monedas de bronce, a él que muy pronto salvaría nuevamente, a su ingrata patria de las amenazas de los galos.

Me causa hastío ya sacar a relucir tantas fealdades e injusticias como envolvían aquella ciudad en tiempos en que los poderosos se esforzaban en reducir el pueblo a servidumbre, y la plebe se negaba a someterse,

---

21. Apellidado "padre de la Patria" y "segundo Fundador de Roma", junto a Rómulo.

dominando a los cabecillas de una y otra parte la pasión de quedar vencedores más que la preocupación por lo equitativo y lo bueno.

18. Costumbres romanas según Salustio

1. Así que seré más comedido en mis palabras y ofreceré preferentemente el testimonio de Salustio, el que pronunció en alabanza de los romanos la frase que dio origen a los párrafos anteriores: "La justicia y la bondad tomaban entre ellos más fuerza del instinto natural que de leyes porque se regían". Magnificaba así los tiempos aquellos en que, tras la expulsión de los reyes, Roma se extendió enormemente en un período de tiempo increíble. Pero es él mismo también quien en el primer libro de sus *Historias*, ya desde el mismo comienzo, confiesa que. incluso entonces, cuando el Estado, de monarquía, que era, pasó a manos de los cónsules, poco tiempo después las injusticias de los más poderosos provocaron una ruptura entre el pueblo y el Senado, y otras discordias dentro de la ciudad.

Refiere Salustio cómo el pueblo romano vivió el período comprendido entre la segunda y la última guerra púnica con una conducta intachable y en la concordia más estrecha. Y la causa de este buen comportamiento estriba, según él, no precisamente en el amor a la justicia, sino en el miedo de una paz insegura ante la presencia del poder cartaginés. Ya indicamos que el famoso Nasica no era partidario de la destrucción de Cartago, con vistas, a que sirviera de freno al desorden, conservara las costumbres en este óptimo estado y el miedo fuera una sujeción de los vicios. Luego prosigue Salustio: "Pero la discordia, el afán de dinero y de poder y demás plagas que suelen brotar en los períodos de prosperidad, se acentuaron de una manera exagerada después de la destrucción de Cartago"[22]. Con ello entendemos que también antes solían originarse y tomar auge. Da la explicación añadiendo: "Las injusticias de los más poderosos provocaron una ruptura entre el pueblo y el Senado, además de otras discordias ciudadanas ya desde.el principio, puesto que una conducta justa y moderada no duró más allá de la expulsión de los reyes, por temor a Tarquinio y la dura guerra con Etruria". Ya ves de qué modo en aquel breve espacio que siguió al cese de los monarcas, es decir, a su expulsión, se vivió con unas ciertas leyes justas y moderadas: siendo la causa, nos dice Salustio, el miedo. En efecto, se temía la guerra que el rey Tarquinio, expulsado del trono y de Roma, aliado con los etruscos, sostenía contra los romanos.

---

22. Salustio, *Hist. fragm.* 1,11.

Advierte lo que añade a continuación: "Más tarde los patricios sometieron al pueblo a un yugo de esclavitud. Disponían de su vida y de sus espaldas de una forma tiránica. Los expulsaban de sus campos y, privando a los demás de la participación política, se adueñaban ellos de todo el poder. Abrumado estaba el pueblo de tantas injusticias y, sobre todo de tantos impuestos. Soportaba la carga del tributo por guerras continuas y del servicio militar al mismo tiempo. Por todo ello, el pueblo se levantó en armas y se concentró en los montes Sagrado y Aventino. Consiguió con ello la creación a su favor del Tribuno del Pueblo y otros derechos. Pero el fin de las discordias y de las luchas por ambas partes lo constituyó la segunda guerra Púnica"[23]. Y te habrás dado cuenta desde cuándo eran los romanos como eran, es decir, desde poco después de la expulsión de los reyes. De estos romanos es de quienes dice: "La justicia y la bondad tomaban entre ellos más fuerza del instinto natural que de las leyes dictadas".

2. Si este tiempo es como hemos visto, y de él se proclama que es el de más esplendor y el mejor de la República romana, ¿qué habrá que decir del período siguiente, qué habrá que sospechar cuando "poco a poco" —usando los mismos términos de nuestro historiador— "se fue transformando, y, de la más hermosa República y la más virtuosa que era, se volvió la más corrompida y viciosa"[24], después de la destrucción de Cartago, como el propio Salustio recordó? Tiempos aquellos como él mismo los compendia y describe y puede leerse en su historia, y ver claramente demostrado la corrupción tan grave de sus costumbres, surgida en la prosperidad, hasta desembocar en las guerras civiles, como él nos dice: "A partir de entonces las costumbres de los mayores se fueron perdiendo no poco a poco, como en períodos anteriores, sino que se hundieron precipitadamente, como cae un torrente. La juventud estaba pervertida por el desenfreno y la codicia de tal modo, que con razón se dijo de ella haber sido engendrada una generación que ni podía tener patrimonio, ni tolerar que los demás lo tuviesen"[25]. Muchas más cosas dice Salustio a continuación, de los vicios de Sila y demás fealdades de la República. Otros escritores hay también que coinciden en expresar la misma realidad, aunque muy inferiores en el estilo literario.

3. Te habrás dado cuenta, según pienso, y cualquiera que repare en ello lo verá sin dificultad, en qué lodazal de inmundicias morales había caído aquella ciudad antes de la venida de nuestro celestial Rey. En reali-

---

23. Sobre las guerras Púnica, véase nota cap. 30 del libro I.
24. Salustio, *Catilina*, 5,9.
25. Salustio, *Hist. fragm.* 1,16.

dad, todo esto tuvo lugar no sólo antes de que Cristo, presente en nuestra carne mortal, comenzase su enseñanza, sino antes de nacer de un virgen. Pues bien, si todos estos enormes males de aquellos períodos de su historia, más tolerables en un principio, intolerables ya y horrendos a partir del aniquilamiento de Cartago, no se atreven a imputárselos a sus dioses, que con infernal malicia sembraban en las mentes humanas formas de pensar de donde brotase, como en terreno abonado, la maleza salvaje de tales vicios, ¿cómo es que los males de nuestra época se los imputan a Cristo, quien con su doctrina salvadora prohibe dar culto a dioses falsos y engañosos, detesta y condena, y con divina autoridad, todas estas desviaciones humanas, nocivas y escandalosas, formando su propia familia, a la que por todas partes va apartando poco a poco de esta corrupción, en un mundo que se tambalea y se derrumba y con lo cual va fundando una ciudad eterna, la más gloriosa, no por el aplauso de la vanidad, sino por el valor auténtico de la verdad?

19. Corrupción de Roma en el tiempo de los dioses

Aquí tenéis cómo Roma (y no soy yo el primero en afirmarlo; son sus propios escritores quienes, mucho antes de la venida de Cristo, lo afirman, de los cuales hemos aprendido los demás) se fue transformando, y de la más hermosa República que era, se volvió la más corrompida y viciosa. Aquí tenéis cómo, antes de la venida de Cristo, las costumbres de los mayores se fueron perdiendo no poco a poco, como en períodos anteriores, sino que se hundieron precipitadamente como cae un torrente. Así se pervirtió la juventud por el desenfreno y la avaricia. Que nos lean los preceptos de sus dioses dados al pueblo romano contra el desenfreno y la avaricia. ¡Ojalá le hubiesen callado solamente preceptos de castidad y moderación, y no le hubiesen exigido acciones incluso vergonzosas y llenas de ignominia, ejerciendo así en ellos una influencia perniciosa por su autoridad falsamente divina!

Que lean ellos nuestros preceptos, tan múltiples, contra la ambición y el desenfreno, tanto en los profetas, como en el santo Evangelio, como en los Hechos de los Apóstoles y sus Cartas, y vean cómo ante los pueblos, reunidos en todas partes expresamente para escucharlos, con qué competencia, con qué autoridad divina resuenan no con el estrépito de las contiendas filosóficas, sino con la potencia de los oráculos celestiales de parte de Dios. Y con todo siguen sin imputarle a sus dioses el estado de suma depravación de la República como consecuencia del desenfreno y rapacidad, no menos que de su conducta moral, cruel e indecente, anterior a la venida de Cristo. En cambio, todo lo que ahora están pasando, fruto de su soberbia y su refinamiento, a gritos se lo atribuyen a la religión cristiana. ¡Ojalá que a los preceptos de esta religión, sobre un comportamiento justo y honrado, les prestasen atención y esmero en llevarlos a la práctica los reyes y pueblos del orbe, príncipes y jefes del mundo, jóvenes y doncellas, los viejos junto con los niños, todo sexo y toda edad en uso de razón, incluyendo también a aquellos a quienes se dirige Juan el Bautista, los recaudadores de impuestos y los soldados! ¡Cómo embellecería el mundo ya aquí abajo, con su felicidad, esta República, y cómo ascendería hacia la cumbre vida eterna para conseguir un reinado de completa felicidad!

Pero éste oye, el otro desprecia y la mayoría son más amigos de las caricias suavemente envenenadas de los vicios que de la útil aspereza de las virtudes. En cambio, a los servidores de Cristo, sean reyes, potentados o jueces, soldados o de las provincias, ricos o pobres, libres o esclavos, de uno u otro sexo, se les manda tolerar al Estado, si es necesario, aunque sea el peor, el más corrompido, y adquirir, con el precio de una tal tolerancia, una morada esplendoroso en aquella santa y solemnísima asamblea de los ángeles, en la patria celestial, donde la ley es la voluntad de Dios.

20. Injusticia de una ciudad materialista

A los adoradores y amadores de estos dioses, de cuyos crímenes y vilezas tienen a gala el ser imitadores, no les preocupa en absoluto poner remedio al estado tan lamentable de infamias de su patria. "Con tal que se mantenga en pie, dicen ellos, con tal que esté floreciente y oronda por sus riquezas, gloriosa por sus victorias, o lo que es más acertado. en una paz estable, ¿qué nos importa lo demás? Lo que más nos importa es que todos aumenten sus riquezas y se provea a los diarios despilfarros, con los que el más poderoso pueda tener sujeto al más débil; que los pobres buscando llenar su vientre estén pendientes de complacer a los ricos, y que bajo su protección disfruten de una pacífica ociosidad; que los ricos abusen de los pobres, engrosando con ellos sus clientelas al servicio de su propio fasto; que los pueblos prodiguen sus aplausos no a los defensores de sus intereses, sino a los que generosamente dan pábulo a sus vicios. Que no se les den mandatos difíciles, ni se les prohíban las impurezas; que los reyes se preocupen no de la virtud, sino de la sujeción de sus súbditos; que las provincias no rindan vasallaje a sus gobernadores como a moderadores de la conducta, sino como a dueños de sus bienes y proveedores de sus placeres; que los honores no sean sinceros, sino llenos de miedo entre doblez y servilismo; que las leyes castiguen más a quien daña a la viña ajena a quien perjudica a la vida propia; que nadie sea llevado a los tribunales más que cuando cause molestias o daños a la hacienda ajena, a su casa, a su salud o a su vida contra su voluntad; por lo demás, cada cual haga lo que quisiere de los suyos, o con los suyos, o con quien se prestare a ello; que haya prostitutas públicas en abundancia, bien sea para todos los que deseen disfrutarlas, o, sobre todo, para aquellos que no pueden mantener una privada. Que se construyan enormes y suntuosos palacios; que abunden los opíparos banquetes; que, donde a uno le dé la gana, pueda de día y de noche jugar, beber, vomitar, dar rienda suelta a sus vicios; que haya estrépito de bailes por doquier; que los teatros estallen de griteríos y carcajadas deshonestas, y con todo género de crueldades y de pasiones impuras. Sea tenido como enemigo público la persona que sienta disgusto ante tal felicidad. Y si uno intentara alterarla o suprimirla, que la multitud, dueña de su libertad, lo encierre donde no se le pueda oír; lo echen, lo quiten del mundo de los vivos. Ténganse por dioses verdaderos los que se hayan preocupado de proporcionar a los pueblos esta felicidad y de conservar la que ya disfrutaban. Sea el culto como a ellos les plazca, exijan los juegos que se les antoje, los que puedan obtener de sus adoradores o junto con ellos; procuren únicamente que una tal felicidad no la ponga en peligro ni el enemigo, ni la peste, ni desastre alguno".

¿Qué hombre en sus cabales establecerá un paralelo entre un estado como éste, y no digo ya el imperio romano, sino el palacio de Sardanápalo[26]? Este rey antaño estuvo entregado de tal manera a los placeres, que se hizo escribir en la sepultura: "Sólo poseo de muerto lo que de vivo he logrado devorar para mi placer". Pues bien, si nuestros adversarios lo hubieran tenido por rey, siempre indulgente en estas materias, sin ponerle a nadie la más mínima traba, le habrían consagrado un templo y un flamen de mejor gana que lo hicieran a Rómulo los viejos romanos.

21. Juicio de Cicerón sobre la República romana

1. Pero si no hacen caso de quien ha llamado a Roma corrompida y envilecida en extremo, y les da lo mismo que esté cubierta por un baldón vergonzoso de inmoralidad y de ignominia, con tal que se tenga en pie y siga adelante, presten atención no a que se hizo, como nos cuenta Salustio, corrompida y envilecida, sino, como aclara Cicerón, a

---

26. Sardanápalo, rey de Siria, mandó poner el epitafio que se ha hecho célebre; conocido por Aristóteles y traducido por Cicerón en sus *Tusculanae* V 35,101: "Yo poseo lo que he comido y lo que he recibido de la voracidad de mis pasiones; pero han quedado abandonados otros muchos y excelentes bienes."

que ya entonces estaba completamente en ruinas y no quedó ni rastro de la República.

Cicerón pone en escena a Escipión, el mismo que hizo desaparecer a Cartago, disputando sobre Roma, en una época en que, por efecto de la corrupción descrita por Salustio, se presentía a muy corto plazo su ruina. La discusión se sitúa en el momento en que había sido asesinado uno de los Gracos, el que dio origen, según Salustio, a las graves escisiones que surgieron. De esta muerte se hace eco su misma obra. Había dicho Escipión al final del segundo libro: "Entre la cítara o las flautas y el canto de voces debe haber una cierta armonía de los distintos sonidos, y si falta la afinación o hay desacordes, es insufrible para el oído entendido. Pero también esa misma armonía se logra mediante un concierto ordenado y artístico de las voces más dispares. De este mismo modo, concertando debidamente las diversas clases sociales, altas, medias y bajas, como si fueran sonidos musicales, y en un orden razonable, logra la ciudad realizar un concierto mediante el consenso de las más diversas tendencias. Diríamos que lo que para los músicos es la armonía en el canto, eso es para la ciudad la concordia, vínculo el más seguro, y el mejor para la seguridad de todo Estado. Y, sin justicia, de ningún modo puede existir la concordia"[27].

Pasa luego a exponer con más detención y profundidad las ventajas de la justicia para una ciudad y los prejuicios que trae su ausencia. A continuación toma la palabra Filo, uno de los presentes en la discusión, y solicita que este tema sea tratado con más detenimiento, y que se hable más extensamente de la justicia, porque ya corría como axioma político la imposibilidad de gobernar una República si injusticia. Escipión, pues, da su consentimiento con vistas a discutir y aclarar el tema. Su respuesta es que de nada serviría todo lo tratado hasta ahora sobre la República, y sería inútil dar un paso más si no queda bien sentado no sólo la falsedad del principio anterior: "Es inevitable la injusticia", sino la absoluta verdad de este otro: "Sin la suma justicia es imposible todo gobierno"[28].

Aplazada para el día siguiente su explicación, en el libro tercero se discutió con enconados debates y discusiones. Filo tomó en la disputa el partido de quienes opinan que no es posible gobernar sin injusticia, dejando bien claro que su opinión personal era muy otra, y con toda claridad empezó a defender la injusticia contra la justicia, como si tratase realmente de demostrar con ejemplos y aproximaciones que aquélla era de interés para el Estado, y ésta, en cambio, de nada le servía. Entonces,

27. Cicerón, *De república* 2, 42-43.
28. Cicerón, *ibid.*, 44.

a ruegos de todos, Lelio emprendió la defensa de la justicia, afirmando, con toda la intensidad que pudo, que nada hay tan enemigo de una ciudad como la injusticia, y que jamás un Estado podrá gobernarse o mantenerse firme si no es con una gran justicia.

2. Pareciendo que la cuestión estaba suficientemente tratada, Escipión reanuda su interrumpido discurso y evoca y encarece su breve definición de República, de la cual había dicho ser, ni más ni menos que es "una empresa del pueblo". Y puntualiza que "pueblo" no es cualquier grupo de gente, sino "la asociación de personas basada en la aceptación de unas leyes y en la comunión de intereses". Muestra después la gran utilidad de una definición a la hora de discutir, y concluye de su definición que sólo se da una República, es decir, una "empresa del pueblo", cuando se gobierna con rectitud y justicia, sea por un rey, sea por unos pocos sujetos, sea por el pueblo entero. Cuando el rey es injusto, él le llama "tirano", al estilo griego; cuando lo son los nobles dueños del poder, les llama "facción", y cuando es injusto el mismo pueblo, al no encontrar otro nombre usual, llama también "tirano" al pueblo. Pues bien, en este caso no se trata ya —dice él— de que la República esté depravada, como se decía en la discusión del día anterior; es que así ya no queda absolutamente nada de República, según la necesaria conclusión de tales definiciones, al no ser una "empresa del pueblo", puesto que un tirano o una facción la han acaparado, y, por tanto, el pueblo mismo ya no es pueblo si es injusto: no sería una "asociación de personas, basada en la aceptación de unas leyes y en la comunión de intereses", según había sido definido el pueblo.

3. Por eso, cuando la República romana estaba tal como la describe Salustio, no era ya la más corrompida e infame, como él dice, sino que ya no existía en absoluto, como lo demuestran con toda evidencia las razones de la discusión que sobre el Estado tuvieron los personajes más relevantes de aquel entonces. Como también el mismo Cicerón, no ya por boca de Escipión, sino con sus propias palabras, afirma en el comienzo del quinto libro, después de recordar aquel verso del poeta Ennio: "Roma subsiste gracias a sus costumbres tradicionales y héroes antiguos"[29]. "Verso éste —dice— que, por su concisión y veracidad, podría perfectamente haber sido proferido por algún oráculo de antaño, porque ni estos héroes sin una morigerada ciudad, ni las buenas costumbres sin el gobierno de tales héroes, hubieran sido capaces de fundar ni de mantener por mucho tiempo un Estado tan poderoso y con un dominio tan extendido por toda la geografía.

---

29. Cicerón, *ibid.*, 5,1.

Así, en tiempos pasados la propia conducta ciudadana proporcionaba hombres de prestigio, y estos excelentes varones mantenían las costumbres antiguas y las tradiciones de los antepasados. En cambio, nuestra época ha recibido el Estado como si fuera un precioso cuadro, pero ya desvaído por su antigüedad. Y no solamente se ha descuidado en restaurarlo a sus colores originales, sino que ni se ha preocupado siquiera de conservarle los contornos de su silueta. ¿Qué queda de aquellas viejas costumbres que mantenían en pie, según el poeta, el Estado romano? Tan enmohecidas las vemos del olvido, que no sólo no se las fomenta, sino que ya ni se las conoce. Y de los hombres, ¿qué diré? Precisamente por falta de hombría han perecido aquellas costumbres. Desgracia tamaña ésta de la que tendremos que rendir cuentas; más aún, de la que de algún modo tendremos que excusarnos en juicio, como reos de pena capital. Por nuestros vicios, no por una mala suerte, mantenemos aún una República no más que de nombre; su realidad hace mucho tiempo que la perdimos."

4. Esto confesaba Cicerón, aunque mucho después de la muerte del Africano, a quien hizo discutir sobre el Estado en sus libros, pero todavía antes de la venida de Cristo[30]. Si estos pareceres hubieran sido expresados después de la difusión y victoria del cristianismo, ¿qué pagano dejaría de imputar tal decadencia a los cristianos? ¿Y por qué entonces los dioses no se preocuparon de que no pereciese y se perdiera aquella República que Cicerón, mucho antes de la venida de Cristo en carne mortal, con acentos tan lúgubres deplora haber sucumbido? Vean los admiradores de la República que tanto la alaban, cómo fue incluso en la época de antiguos héroes y viejas costumbres, a ver si estaba vigente la auténtica justicia, o tal vez ni siquiera entonces estuviera viva por sus costumbres, sino apenas pintada de colores, cosa que el mismo Cicerón, sin pretenderlo, expresó al exaltarla. Pero esto, si Dios quiere, lo trataremos en otro lugar. Me esforzaré en su momento por demostrar que aquella no fue nunca República auténtica, porque en ella nunca hubo auténtica justicia. Y esto lo haré apoyándome en las definiciones del mismo Cicerón, según las cuales él brevemente, por boca de Escipión, dejó sentado qué es el Estado y qué es el pueblo (apoyándolo también en otras muchas afirmaciones suyas y de los demás interlocutores de la discusión). Si seguimos las definiciones más autorizadas, fue, a su manera, una República, y mejor gobernada por los viejos romanos que por los más recientes. La verdadera justicia no existe más que en aquella República cuyo fundador

---

30. Cicerón publicó los libros de la *República* sesenta años antes del advenimiento de Cristo, que tuvo lugar en el año 42 del imperio de Augusto.

y gobernador es Cristo, si es que a tal patria nos parece bien llamarla así, República, puesto que nadie podrá decir que no es una "empresa del pueblo". Y si este término, divulgado en otros lugares con una acepción distinta, resulta quizá inadecuado a nuestra forma usual de expresarnos, sí es cierto que hay una auténtica justicia en aquella ciudad de quien dicen los Sagrados Libros: "Cosas ilustres son dichas de ti, Ciudad de Dios" (Sal. 87:3).

22. Los dioses no se preocuparon en evitar la ruina de Roma por su depravación moral

1. Pero volviendo al tema que ahora nos ocupa, por más digna que se diga haber sido Roma en otros tiempos o ahora, según sus más sabios escritores, se había vuelto pervertida e infame en extremo, ya mucho antes de la venida de Cristo, o por mejor decir, era inexistente y muerta del todo por efecto de su corrupción moral. Y para evitar esta muerte, bien debieron sus dioses protectores proporcionar a este su pueblo fiel un elemental código de conducta, ya que de él recibían culto en tantos templos, por tan numerosas clases de sacerdotes y sacrificios, con tan múltiples y variadas ceremonias, en tantas fiestas solemnes, con animada concurrencia a tantos juegos escénicos. Pero en todo ello los demonios nada buscaron sino hacer su propio negocio, sin preocuparse de la moralidad de su vida; más todavía, procurando incluso que vivieran perdidamente, al tiempo que sus subordinados, bajo do aquel la presión del miedo, les rendían en su honor todo aquel conjunto de ofrendas. Y si les dieron tal código, que publique, que se demuestre, que se lea. ¿Qué leyes dictadas por los dioses a la ciudad conculcaron los Gracos cuando todo lo revolucionaron con sus banderías? ¿Cuáles Mario, y Cinna, y Carbón[31], que llegaron hasta las guerras civiles, emprendidas por causas, las más injustas, cruelmente mantenidas y más cruelmente terminadas? ¿Y cuáles, en fin, el mismo Sila, cuya vida, costumbres y hazañas, según la descripción de Salustio y demás historiadores, merecen la repulsa universal? ¿Quién se negará a reconocer que aquella República estaba ya muerta en ese período?

2. ¿Acaso, por la inmoralidad de ciudadanos de tal calaña, tendrán la osadía de salirnos al paso en defensa de sus dioses, como es su costumbre, con esta sentencia de Virgilio: "Se han ido retirando todos los

---

31. Jefes del partido popular en tiempo de las guerras civiles, muertos en la adversidad.

dioses que mantenían erguido el imperio, y han abandonado sus santuarios y sus altares"[32]?

En primer lugar, sí así ha sucedido, no tienen por qué culpar a la religión cristiana de que sus dioses, molestos por su presencia, los han abandonado, puesto que sus antepasados, con su conducta inmoral, ya hacía mucho tiempo que habían espantado de los altares de Roma, como si fueran moscas, a aquella caterva numerosa de insignificantes dioses. Pero todo este enjambre de divinidades, ¿dónde estaba cuando, mucho antes de que se corrompiesen las antiguas costumbres, Roma fue tomada e incendiada por los galos? ¡A lo mejor se hallaban presentes, pero durmiendo! Toda la gran Urbe cayó entonces en poder de los enemigos. Solamente quedó la colina del Capitolio, y ella misma hubiera sido capturada de no haber sido por los gansos, que estaban en vela mientras dormían los dioses[33]. Por este suceso, a punto estuvo Roma de caer en la superstición de los egipcios, que dan culto a bestias y aves, pues celebraban una fiesta solemne en honor del ganso.

Pero, de momento, no quiero entretenerme tratando de los males que son más del cuerpo que del alma, provenientes del enemigo o de otra calamidad cualquiera. Me interesa ahora la caída de las costumbres, que primero fueron perdiendo gradualmente su esplendor, y luego se precipitaron como un torrente, ocasionando una tal ruina en la República, que, a pesar de seguir intactas las casas y las murallas, sus escritores de mayor talla no dudan en decir que entonces sucumbió la República. Con toda razón, "los dioses se habrían ido retirando, y habrían abandonado sus suntuarios y sus altares", hasta dejarla en total desamparo, si la ciudad había menospreciado sus preceptos referentes a la justicia y la vida recta. Pero, ¿qué clase de dioses eran éstos, que se negaron a vivir con el pueblo que les daba culto, y, al que, viviendo mal, no enseñaron a vivir bien?

23. La felicidad sólo depende de Dios

1. ¿Y qué más, si todavía parece que los dioses les asistieron y colaboraron a la satisfacción de sus apetitos, y queda demostrado que no les han ayudado a ponerles freno? ¿No fueron ellos quienes apoyaron a Mario,

---

32. Virgilio, *Eneida* 2,351-352.
33. Ambrosio de Milán, ya había utilizado la misma ilustración para responder a sus contradictores en esta polémica secular: "Decís que los dioses han salvado a Roma de Aníbal y de los galos, pero fueron los gansos los que, con sus graznidos, despertaron a los guardias del Capitolio, y ¿por qué se entretuvieron tanto los dioses en las guerras Púnicas? Si se hubiesen decidido a salvar a Roma antes de la batalla de Cannas, ¡cuántas víctimas no se hubieran ahorrado!".

un plebeyo de baja ralea, sanguinario instigador y realizador de guerras civiles, a que fuera siete veces cónsul, y a morir, ya viejo, en el séptimo consulado, y no caer en manos de Sila, su ya inmediato vencedor? Y si los dioses no le han prestado auxilio para todo esto, no es despreciable su confesión: al hombre le puede venir toda esta felicidad temporal (que ellos tanto ambicionan), incluso cuando sus dioses no les son propicios, y le es posible estar colmado y disfrutar de salud, de fuerza, de riqueza y honores, de dignidades y de longevidad, pese a la ira de los dioses, como en el caso de Mario. Asimismo, puede ocurrir que hombres del temple de Régulo, amigo de los dioses, sean torturados con la prisión, la esclavitud, privaciones, vigilias, tormentos e incluso la muerte. Si esto lo conceden, vienen a confesar, en conclusión, que de nada les sirven los dioses y que su culto es inútil.

Porque si en lugar de instruir al pueblo en las virtudes del espíritu y en la honradez de la vida, cuya recompensa está prometida sólo para después de la muerte, los dioses pusieron su empeño en enseñarle lo contrario; y si en los bienes caducos y temporales nada perjudican a sus enemigos, ni favorecen a sus amigos, ¿para qué adorarlos? ¿A qué viene ese importunar los dioses tanto con el celo por su culto? ¿Por qué murmurar en el dolor y la tristeza de estos días, como si hubieran tenido que retirarse ofendidos, y por su causa lanzar toda clase de infamias, las más bajas, contra la religión cristiana? Si para los asuntos de aquí abajo poseen algún poder benéfico o maléfico, ¿cómo es que asistieron al hombre más perverso, Mario, y dejaron abandonado al más honrado, Régulo? ¿O habrá que deducir de aquí que son ellos los más injustos y corrompidos?

Si por esta razón se considera que deben ser más temidos y reverenciados, tampoco se les considere así, porque sucede que no les tuvo menos devoción Régulo que Mario. Y en lo que se refiere a la conducta, en vista de que los dioses parece que estuvieron más de parte de Mario, ¡a ver si van a creer preferible una vida enteramente pervertida! Porque Metelo, el más prestigioso de los romanos, con cinco hijos consulares, vivió feliz incluso en las cosas temporales; y Catilina, el peor de todos, fue un desdichado, consumido por la miseria y derribado en la guerra, encendida por su maldad. La felicidad verdadera y segura en sumo grado la alcanzan, ante todo, los hombres de bien que honran a Dios, el único que la puede conceder.

2. Cuando aquella República estaba en trance de perecer, corroída por la inmoralidad social, nada hicieron los dioses para orientar o corregir las costumbres, y evitar así la catástrofe, antes ayudaron a depravarla y corromperla más, atrayendo la catástrofe. ¡Ni vayan a hacerse los buenos, como si hubieran tenido que retirarse ofendidos por la depravación

de sus ciudadanos! Allí estaban bien presentes; ellos mismos se delatan y quedan convictos: no fueron capaces ni de prestar ayuda con preceptos, ni de pasar inadvertidos callando.

Paso por alto el que los habitantes de Minturna, movidos de compasión, hicieron una encomienda de Mario a la diosa Marica, en el bosque a ella consagrado, pidiendo la prosperidad de todas sus empresas. Pues bien, habiendo salido sano y salvo de una situación sumamente apurada, el cruel caudillo avanzó sobre Roma con un ejército igualmente cruel. Cuán sangrienta haya sido esta victoria, cuán salvaje, cuánto más inhumana que la de un enemigo, lo pueden leer en los historiadores quienes tengan interés. Pero esto ya he dicho que lo dejo a un lado. Y el éxito de Mario, conseguido a costa de tanta sangre, no lo atribuyo a no sé qué Marica, sino más bien a una secreta providencia de Dios para tapar la boca a los paganos y dejar libres de error a quienes no obran por intereses, sino que consideran los hechos con reflexión. Porque si los demonios tienen algún poder en este mundo, se reduce a los límites señalados por una secreta y libre decisión del todopoderoso. Así que no vayamos a sobrestimar la felicidad terrena, que con frecuencia se concede a los malos como en el caso de Mario, ni tampoco la lleguemos a tener como algo detestable, puesto que vemos cómo muchos hombres religiosos y honrados, adoradores del único Dios verdadero, la han disfrutado en abundancia pese a la oposición de los demonios. Y no nos creamos en la obligación de tener propicios a estos inmundos espíritus, por miras a los bienes temporales, de temerlos por los posibles males. Les ocurre, en realidad, como a los hombres malvados en la tierra, no pueden realizar todo aquello que se les antoja, sino únicamente dentro de los límites fijados por Aquel cuyas decisiones nadie comprende plenamente ni nadie critica con justicia.

24. Sila y la prueba de que los dioses son demonios

1. La época de Sila fue tan calamitosa, que se empezaron a añorar los tiempos anteriores, a pesar de que él parecía ser su vengador. Cuando empezó a dirigir su ejército hacia Roma contra Mario, tan favorables se presentaban las entrañas de la víctima inmoladas, según nos describe Livio, que el arúspice Postumio estaba dispuesto a ser arrestado y sufrir la pena capital si Sila no lograba realizar sus planes con el favor de los dioses. Y ved cómo "no habían abandonado sus santuarios y sus altares los dioses", cuando pronosticaban el buen suceso de la guerra, sin preocuparse en absoluto de la corrección del mismo Sila. Prometían, con vaticinios, una gran felicidad y no le salían a paso con amenazas a su perversa ambición.

Más tarde, en la guerra de Asia contra Mitrídates, Júpiter le pasó un mensaje a través de Lucinio Ticio haciéndole saber que quedaría vencedor. Y así fue. Un nuevo mensaje de Júpiter le llegó cuando pensaba volver a Roma y vengar con sangre ciudadana sus propias injurias y las de sus amigos. Fue por medio de un soldado de la sexta legión: antaño le había vaticinado la victoria sobre Mitrídates, y ahora le prometía el poder suficiente para recuperar de sus enemigos el dominio sobre la República, pero no sin gran derramamiento de sangre. Interrogado el soldado sobre el aspecto que presentaba Júpiter, Sila recordó ser el mismo que ofrecía el del anterior vaticinio, según las referencias del intermediario, cuando le anunció la victoria sobre Mitrídates.

¿Qué puede responderse aquí, si se les pregunta por qué razón los dioses se tomaron la molestia de anunciar todas estas venturas, y ninguno de ellos se preocupó de corregir con una advertencia a Sila, dispuesto como estaba a perpetrar calamidades de tal magnitud con la criminal guerra civil, que no sólo mancillaron el honor de la República, sino que la hicieron sucumbir por completo? Es obvio que son los demonios, como os lo he dicho muchas veces y nos es conocido por los Libros Sagrados y cómo la realidad indica suficientemente, que están haciendo de las suyas con el fin de ser tenidos y honrados como dioses. Así serán obsequiados con unos ritos que hacen cómplices a sus adoradores para que tengan también, como ellos, el mismo abominable veredicto en el tribunal de Dios.

2. Después, Sila llegó a Tarento y sacrificó un becerro, y vio en el vértice de su hígado las apariencias de una corona de oro. Entonces Postumio, el conocido adivino, le contestó que le pronosticaba una fulgurante victoria, mandándole que sólo él comiese de las entrañas de la víctima. Al poco rato el esclavo de un tal Lucio Poncio gritó en son de profeta: "Mensajero soy que viene de Belona; la victoria es tuya, Sila." Añadió a continuación que el Capitolio iba a verse envuelto en llamas. En seguida salió del campamento. Al día siguiente volvió más veloz todavía y gritó que el Capitolio ya había ardido. Y era verdad que el Capitolio se había quemado, le fue fácil a un demonio tanto el prever como el anunciar con rapidez lo sucedido.

Fíjate bien, que interesa mucho a nuestro asunto, bajo qué dioses desean vivir los blasfemos del Salvador, el que rescata a sus fieles del dominio satánico. Grita un hombre en son de vaticinio: "La victoria es tuya, Sila"; y como prueba de que habla por inspiración divina predice un acontecimiento que pronto va a suceder y otro que acaba de realizarse, a gran distancia del lugar donde habla el espíritu aquel. Pero, en cambio, no se le ocurre gritar: "Basta ya de crímenes, Sila." Aquellos crímenes tan horrendos que cometió allí mismo, tras declararse vencedor, a pesar de que se le apareció en el hígado del becerro una corona de oro como símbolo de la fulgurante victoria. Si unas señales como éstas vinieran normalmente de unos dioses justos, y no de parte de los impíos demonios, en realidad aquellas entrañas sacrificadas lo que deberían pronosticar era nefastos acontecimientos, así como graves perjuicios para la persona de Sila. Porque fue mayor el daño que aquella victoria le infligió a su codicia que el bien que le reportó a su gloria. El resultado de tal victoria fue un ansia desmesurada de grandeza. Por encumbrarse soberbiamente en la prosperidad, su caída estrepitosa en la corrupción moral fue mayor perjuicio para él que el causado corporalmente a sus enemigos. Estos, que en verdad lúgubres y lamentables pronósticos no se los anunciaban esos dioses no se lo predecían en las entrañas del sacrificio, ni en agüeros, ni por los sueños o el vaticinio de alguien. Más temían ellos su corrección que su derrota. Todavía más: estaban tratando por todos los medios de que aquel glorioso vencedor de sus conciudadanos cayera derrotado y cautivo de vicios nefastos, y así quedase sujeto más estrechamente a los mismos demonios.

25. El ejemplo de los demonios incita al crimen

1. Por lo que acabamos de decir, ¿quién no entiende, quién no se dará cuenta del gran interés con que estos malignos espíritus traman el dar una autoridad casi divina con sus ejemplos a la perpetración de crímenes? Sólo aquellos que hayan elegido la imitación de tales dioses antes que separarse de su compañía con la gracia divina. Los mismos dioses han sido sorprendidos luchando entre sí en una espaciosa llanura de la Campania, donde poco después estallaría una perniciosa guerra civil entre dos ejércitos. Primeramente se oyeron en aquel sitio unos ruidos estruendosos, y al poco tiempo mucha gente dijo que habían visto luchar durante varios días a dos ejércitos. Nada más cesar la colisión, encontraron todos los vestigios tanto de hombres como de caballos, tal como podía esperarse de un conflicto semejante. Si realmente han luchado entre sí las divinidades, ya están excusadas las guerras civiles entre hombres. ¡Fíjaos que refinada malicia la de estos dioses ¡Qué villanía! Porque si su lucha fue fingida, ¿qué otra cosa consiguieron con ello más que convencer a los romanos de que cuando se enzarzan en guerras civiles, a ejemplo de los dioses, no cometen ninguna maldad? Sí, habían comenzado ya las guerras civiles, había precedentes ya de las carnicerías horrendas, propias de guerras nefastas; había causado ya conmoción entre muchos aquel episodio del soldado que, al despojar a un muerto, reconoció en el cadáver desnudo a su hermano, y, maldiciendo las

guerras civiles, se suicidó, uniéndose al cadáver de su hermano con abrazo indisoluble. Y para que no asomara el asco de tamaños horrores, sino que el ardor por las armas criminales se encendiera más y más, estos dañinos demonios, que los paganos tenían por dioses, coaccionándolos a darles culto y a honrarlos, quisieron mostrarse ante los hombres luchando entre sí, no fuera que, al imitar tales contiendas, sintiera escrúpulo su sensibilidad ciudadana; antes al contrario, quedase excusado el delito humano con el ejemplo divino.

Con esta misma astucia, los malignos espíritus mandaron que se les dediquen y consagren juegos teatrales, de los que ya he tratado ampliamente. En ellos se celebran sus incalificables ruindades en composiciones musicales puestas en escena, o en representaciones teatrales de imaginación.. Así, uno podrá creer que los dioses son autores de tales bajezas, o podrá no creerlo. Pero, al estar viendo que ellos, de mil amores, aguardan tales exhibiciones, sentirá tranquila su conciencia al imitarlas. Y para que no se vaya a pensar nadie que los poetas, en las coplas a sus mutuas batallas aquí y allá, les han cantado infamias en lugar de proezas dignas de ellos, los dioses en persona, para asegurar el engaño de los hombres, han querido confirmar tales poemas. No se han contentado con hacerlo por intermedio de actores teatrales; ellos mismos se han dejado ver a los ojos humanos en el campo de batalla.

2. Nos hemos visto en la necesidad de decir todo esto porque sus propios escritores no vacilaron lo más mínimo en decir y en consignar por escrito que la República romana, a causa del grado sumo de corrupción moral de la sociedad, había sucumbido y nada quedaba de él antes de la venida de nuestro Señor Jesucristo. Ésta enorme pérdida no se la imputan a sus dioses quienes, en cambio, sí achacan a nuestro Cristo las desgracias pasajeras, que no pueden ser la perdición de los buenos, ya continúen con vida o sucumban a su peso; sabiendo que nuestro Cristo multiplica los preceptos a favor del más intachable comportamiento en contra de la perdición de las malas costumbres, al paso que sus propios dioses nada han contribuido con preceptos parecidos en favor de su pueblo fiel para evitar la ruina de la República; antes han contribuido eficazmente a su perdición corrompiendo sus mismas costumbres con la pretendida y nefasta autoridad de sus ejemplos.

Pienso yo que nadie tendrá la osadía de afirmar que pereció entonces la patria, porque "se han ido retirando todos los dioses, y han abandonado sus santuarios y sus altares", como si estos "aficionados a la virtud" se hubieran sentido ofendidos por los vicios de los hombres. No, no fue así; todo ese número de señales en las entrañas de víctimas, en los augurios, en las predicciones, por las que ellos intentaban darse aires jactanciosos de ser videntes del futuro y apoyo en las batallas, ¿qué hacen sino demostrar su presencia? Si de veras los dioses se hubieran marchado, con menos furia se hubieran estado abrasando los romanos por la guerra civil, atizados por sus propias pasiones, que por la instigación de los dioses.

26. Perversidad en los consejos de los dioses

1. Siendo esto así, en pleno día, delante de todo el mundo, se presentan las indecencias, mezcladas con crueldades; las infamias y los delitos de las divinidades, sean auténticos o fingidos. Ellos mismos los exigen, y si no se hacían, se enojaban, al estar consagrados y dedicados a ellos en fiestas solemnes, determinadas y fijas. Hacen desfilar toda esta inmundicia ante los ojos de todos, como espectáculo que se propone para su imitación. Ahora bien, ¿cómo es posible que estos mismísimos demonios, que con sus bajas pasiones se declaran a sí mismos espíritus inmundos; que dan testimonio de ser ellos los autores de la vida criminal y disoluta con sus infames hazañas, históricas o imaginarias; que solicitan a los desvergonzados y coaccionan a los honrados para que se las representen como espectáculo; cómo es posible, digo, que a estos mismos se los presente dando no sé qué preceptos morales en los más secretos escondrijos de sus santuarios, dirigidos a unos pocos iniciados de su especial elección?

Si es así, quedan convictos estos espíritus del mal, de una refinada malicia, y hemos de ponerla en evidencia. Es tal la fuerza que encierra la honradez y la castidad, que todo o casi todo ser humano aprecia en su intimidad los elogios por esta virtud; y por más vicios torpes que lo tengan dominado, no se llega a perder el sentido de la honradez. De ahí que la malicia de los demonios nunca llegaría a realizar sus planes de impostura si a veces no se disfrazase de mensajero de luz, como se dice en nuestras Escrituras (2ª Cor. 11:14). Fuera de los santuarios, las muchedumbres se enloquecen en el bullicio estrepitoso, ya célebre, de obscenidades impías; dentro, apenas en voz baja se pronuncia el nombre simulado de castidad a unos pocos. A lo vergonzoso se da publicidad, y a lo laudable clandestinidad. El decoro es latente, y el desdoro patente. El mal que se practica reúne a todo el mundo como espectador; el bien que se predica apenas encuentra algún auditor. ¡Cómo si la honradez nos diera vergüenza, y el deshonor gloria! ¿Y dónde tiene lugar todo esto más que en los templos de los demonios? ¿Dónde más que en las guaridas de la impostura? Así ocurre que los honrados, que son una minoría, caen en la trampa, y la gran mayoría, los corrompidos, quedan sin enmienda.

2. Dónde y cuándo los consagrados a la diosa Celeste escuchaban aprendían los preceptos de la castidad,no lo sabemos. Sin embargo, delante de su templo habían puesto su estatua y la mirábamos todos, llegados de todas partes, puestos de pie cada uno donde podía. Estábamos embebidos contemplando cómo se desarrollaban los juegos, mirando acá y allá, unas veces al séquito pomposo de las meretrices, y otras a la diosa virgen; viendo cómo se la adoraba con reverencia, y cómo en su presencia se celebraban torpezas. Jamás vimos allí un solo histrión decoroso, ni una sola actriz con pudor. Se representaban todos los papeles que exige la obscenidad. Se conocían los gustos de esta virginal divinidad, y se exhibía todo lo que hubiera hecho más experta a una casada, al volver del templo a su casa. Algunas más pudorosas volvían el rostro para no ver los lascivos gestos de los actores, al tiempo que con una furtiva mirada iban aprendiendo los ardides del vicio. Realmente les daba rubor entre los hombres tener la osadía de mirar frente a frente aquellos movimientos obscenos pero mucho menos se atrevían a detestar con una castidad de corazón aquellos ritos en honor de la diosa por ellas venerada.

Públicamente se representaba en el templo; y para ponerlos en práctica se buscaba al menos un rincón en casa: hubiera sido demasiado heroísmo para el pudor humano (si es que allí quedaba algún rastro) que los hombres no cometieran libremente las humanas vilezas, aprendidas de los dioses en un ambiente incluso de religiosidad, y con la amenaza de su cólera si no procuraban, además, exhibírselas. ¿Qué otro espíritu puede estar dotado de una secreta habilidad para manejar las almas más corrompidas, y empujarías a cometer adulterios, y regodearse en los cometidos, sino el que, además, encuentra su satisfacción en tales ritos, y en los templos erige estatuas a los demonios, y es aficionado a la representación escénica de bajezas, y, para colmo, susurra en los arcanos palabras de justicia para engañar incluso al pequeño resto de hombres de bien, multiplicando en público las incitaciones a la perversión, para enseñorearse del número infinito de los malvados?

27. Propiciación desvergonzada de las divinidades

Aquel varón tan ponderado, aunque filosofastro, Cicerón, en vísperas de ser edil, clamaba ante los oídos de la ciudad que, entre otras responsabilidades de su magistratura, pesaba sobre él aplacar a la Madre Flora con la celebración de sus famosos juegos[34]. Estos juegos suelen ce-

---

34. Las Fiestas florales se celebraban en Roma a fines de abril y principio de mayo en honor de la diosa Flora, deidad de origen sabino, que tenía un santuario en el Quirinal y

lebrarse con tanta mayor devoción cuanto más obscenamente se realicen. En otra ocasión, siendo ya cónsul, dice que la ciudad vivió momentos de extremo peligro, y que se celebraron juegos durante diez días, procurando no omitir cosa alguna que pudiera contribuir al apaciguamiento de los dioses. Como si a tales dioses no fuera preferible irritarlos con la temperancia en lugar de aplacarlos con la lujuria, o provocar incluso su cólera con la honradez, en lugar de amansarlos con tan incalificable disolución. En realidad, los hombres, por crueles que se los imagine, causantes de la ira de los dioses, no habían de causar más daño que los dioses mismos al ser aplacados con vicios tan repugnantes, pues al querer conjurar desgracias corporales que se temían del enemigo, el precio de la reconciliación con los dioses costaba la ruina de la virtud en las almas. No se prestaban a ser defensores de las murallas si antes no lograban ser los destructores de las sanas costumbres.

Esta es la desvergonzada propiciación de tales divinidades, llena de impureza, de provocación, de maldad, de inmundicia; a sus ministros, Roma, de laudable tradición virtuosa, los privó de honores, expulsó de su tribu, reconoció deshonrados, declaró infames; ésta es, repito, la desvergonzada propiciación de tales divinidades, detestable y hostil a la verdadera religión; éstas, las lascivas y ultrajantes fábulas de los dioses; éstas, las gestas ignominiosas, cometidas con torpeza criminal o inventadas con mayor torpeza aún. Todo esto, sí, es lo que a la ciudad se le enseñaba públicamente por ojos y oídos. Comprobaban ser del agrado de los dioses todos estos crímenes y, por tanto, estaban en la creencia de que no sólo había que exhibírselos, sino también imitarlos. No me refiero a la imitación de aquello no sé qué de bueno, al parecer, y honrado, que a tan pocos y tan en secreto se les decía (si es que se les decía); lo cual parece se recelaba que se supiese, que no se que se hiciese.

28. La asamblea cristiana

Al ver que los hombres quedan libres del yugo infernal de tales potestades inmundas y de su compañía de castigo; y que pasan de las tinieblas impías de la perdición, a la luz saludable de la piedad, se quejan y murmuran los malvados y los desagradecidos, compañía cada vez más definitiva y enraizada de aquel espíritu infame. Observan cómo muche-

---

presidía la apertura de las flores y, en general, de "todo lo que florece". Era una de las doce divinidades a las que se ofrecían sacrificios expiatorios cada vez que sucedía un fenómeno extraordinario.

dumbres afluyen a las iglesias, las casta solemnidades, con separación honesta de ambos sexos; donde oyen cuáles son las normas del buen vivir en esta vida temporal, para merecer, después de esta vida, la felicidad interminable. Allí, en presencia de todos, y desde un lugar elevado, se proclama la Santa Escritura; los que la cumplen, la oyen para su recompensa, y los que no, para su juicio. Si entran allí algunos burlones de tales preceptos, experimentan un repentino cambio, y todo su descaro o lo retiran, o lo reprimen por temor o respeto. Ninguna torpeza o maldad se saca allí a relucir que pueda ser imitada; allí se enseñan los preceptos del Dios verdadero, o se relatan sus milagros, o se ensalzan sus dones, o se suplican sus beneficios.

29. Exhortación a abandonar el culto de los dioses

1. Recibe estos bienes, oh genio romano, digno de elogio, progenie de los Régulos, de los Escévolas, de los Escipiones, de los Fabricios; sea ésta tu ambición. Prueba la diferencia entre ellos y esas torpezas estériles, y la falacia ladina de los demonios. Si sobresale algo laudable en ti por naturaleza, sólo se puede purificar y perfeccionar por la auténtica religiosidad; en cambio, la impiedad te lo destroza y lo hace digno de castigo. Elige ya ahora tu camino y hazlo de forma que consigas la gloria sin error alguno. Pero no en ti, sino en el Dios verdadero. Hubo un tiempo en que tu gloria sobresalió entre los pueblos, pero, por un oculto designio de la providencia divina, te faltó el poder elegir la verdadera religión. Despierta, ya es de día. Despiértate como ya lo has hecho en algunos de tus hijos, cuya encumbrada virtud, e incluso sus padecimientos por la verdadera fe, hoy son nuestra gloria. Ellos, luchando por todas partes contra los poderes más hostiles, y consiguiendo la victoria en una valerosa muerte, "con su sangre nos han fundado esta patria"[35].

Recibe la invitación que te hacemos de venir a nuestra patria; anímate a alistarte en el número de sus ciudadanos, cuyo asilo, por llamarlo así, es el verdadero perdón de los pecados. No hagas caso de tus hijos degenerados: calumnian a Cristo y a sus seguidores haciéndolos responsables de estos tiempos calamitosos; buscan días no para una vida en paz, sino para disfrutar de una depravación sin riesgos. Jamás te han satisfecho esas épocas a ti, ni siquiera para tu patria terrena. Ahora apodérate de la patria celestial. Te va a costar poco conseguirla, y en ella caminarás de verdad y por siempre. Allí no tendrás el fuego de Vesta, ni la piedra

---

35. Virgilio, *En.* 11, 24ss.

del Capitolio[36], sino al único y verdadero Dios, que "no pondrá mojones ni plazos a tus dominios; te dará un imperio sin fin"[37].

2. No andes buscando dioses falsos y engañosos. Recházalos, desprécialos y de un salto valeroso conquista la verdadera libertad. No son dioses; son espíritus malignos para quienes tu eterna felicidad es un suplicio. No parece que Juno envidió tanto a los troyanos, de cuyo origen desciendes según la carne, por las fortalezas romanas como estos demonios que todavía tienes por dioses. Ellos tienen envidia de todo el linaje humano, por sus moradas eternas. Tú mismo diste un juicio acerca de ellos no muy descaminado cuando, al aplacarlos con juegos escénicos, quisiste declarar infames a los intérpretes de tales escenas. Sé libre a toda costa, pese a los espíritus de la inmundicia, que habían impuesto sobre vuestras espaldas la carga de celebrar con aires de sagrados ritos sus propias ignominias. Excluiste de todos tus cargos honoríficos a los intérpretes de los crímenes divinos; suplica al Dios verdadero que aparte de ti esos dioses que se complacen en sus propias infamias, sean ellas verdaderas —lo que sería el colmo de la ignominia— o sean ellas falsas —lo que sería el colmo de la astucia—. Muy bien por haber salido de ti el no soportar la presencia de los histriones y actores en la ciudad. Despierta del todo. No es posible aplacar la majestad divina con medios que prostituyen la dignidad humana. ¿Cómo es posible que llegues a tener entre el número de las potestades celestes a unos dioses que sienten complacencia en tales agasajos, cuando tú mismo excluiste del número de tus ciudadanos de cualquier rango a los intermediarios de esos mismos agasajos?

Incomparablemente más gloriosa es la ciudad celeste, donde la victoria es la verdad; el honor, la santidad. Allí la paz es la felicidad; la vida, la eternidad. Si a ti te dio vergüenza admitir en tu compañía a esos hombres, mucho menos admite ella en la suya a tales dioses. Así que, si sientes deseos de entrar en la ciudad bienaventurada, apártate de la compañía de los demonios. Es indigno que hombres honrados den culto a quienes se aplacan por personas viles. ¡Quítalos de en medio de tu religión por la purificación cristiana, como quitaste de en medio de tu honor a los histriones por certificación del censor!

Los demonios no tienen el poder que se les atribuye sobre los bienes corporales, objeto exclusivo del placer de los malvados; ni sobre los males corporales, objeto exclusivo de rechazo para ellos. Y aunque lo tuvieran, sería preferible despreciar tales bienes o males antes que darles culto por su causa y, como resultado, vernos en la imposibilidad de con-

---

36. O imagen de Júpiter.
37. Virgilio, *En.* 1,278-279.

seguirlos por envidia de los dioses. Pero tampoco en los valores de aquí abajo tienen ellos el poder que los paganos les atribuyen. Ellos insisten en la necesidad de venerarlos para alcanzar estos bienes. Trataremos el tema más adelante, para que sea el fin de este libro.

Libro III

1. El mal que los malos temen

Creo haber expuesto ya suficientemente, refiriéndome a los males morales y espirituales, que son los primeros a evitar, cómo los dioses falsos no han puesto ningún interés en ayudar a su pueblo que les adoraba, para no sucumbir bajo ese cúmulo de maldades, sino que han contribuido a que sucumbiera definitivamente. Creo que ahora debo hablar solamente de aquellos males que los paganos se niegan a sufrir, como son el hambre, la enfermedad, la guerra, el pillaje, la cautividad, las torturas y otros por el estilo, ya citados en el libro primero.

Los malvados sólo tienen por malo lo que no pervierte a nadie, tampoco les importa alabar las buenas cosas, y aun así continúan siendo malos en medio los bienes que alaban. Incluso llegan a sentir mayor desazón si su casa de campo no es buena, que si no lo es su propia vida, como si el supremo bien del hombre fuera tener todas sus cosas en buen estado, exceptuada la propia persona. Pero sus dioses no les preservaron ni de estos males, los únicos temibles para ellos, en la época de plena libertad para su culto. Pues antes de la venida de nuestro Redentor la raza humana ha sufrido calamidades innumerables y algunas de ellas increíbles, ¿y qué otros dioses adoraba el mundo entonces, sino estos mismos, exceptuando el pueblo hebreo, y un reducido número, por doquier, fuera de él, que fueron dignos de la divina gracia, según una decisión secreta y justa de Dios? Para no alargarme demasiado pasaré por alto las enormes desgracias padecidas por todos los pueblos de la tierra, me ceñiré exclusivamente a lo ocurrido en Roma y sus dominios, es decir, a la ciudad como tal y a los países a ella ligados por alianza o por sometimiento que eran como miembros del cuerpo del Estado, y que han sufrido calamidades antes de la venida de Cristo

2. Ignorancia de los dioses

En primer lugar, ¿por qué Ilión[1], cuna del pueblo romano (no hay por qué pasar por alto lo que he tocado en el libro primero) adorando

---

1. Ilión, nombre antiguo de Troya.

ambos pueblos los mismos dioses, Troya fue vencida, tomada y arrasada por los griegos? Se dice que "Príamo tuvo que pagar los perjurios de su padre, Laomedonte"[2]. Entonces ¿es verdad que Apolo y Neptuno trabajaron a sueldo para Laomedonte? Porque la historia dice que les prometió un sueldo y juró en falso. Me sorprende que un Apolo, llamado el Adivino, trabajase tan penosamente, sin saber que Laomedonte no iba a cumplir su promesa. Aunque en realidad tampoco le cae bien desconocer el futuro al mismo Neptuno, su tío, rey del mar, hermano de Júpiter. Porque Homero, poeta, según tradición, anterior a la fundación de Roma, presenta a este dios haciendo una profecía importante sobre la raza de Eneas[3], cuyos descendientes fundaron Roma. Asimismo nos presenta a Neptuno arrebatando a Eneas en una nube para librarlo de la ira de Aquiles. Y Virgilio confirma también: "Estaba deseando arruinar de raíz aquellos muros de la perjura Troya, construidos por sus propias manos"[4].

Dioses, pues, tan importantes como Neptuno y Apolo, al ignorar que Laomedonte les iba a negar la paga, construyeron las murallas de Troya por nada, trabajando gratis para ingratos. Consideren los paganos si no es más grave creer a tales dioses que hacerles perjurio. El mismo Homero no se lo creyó fácilmente, puesto que nos presenta a Neptuno luchando contra los troyanos y a Apolo a favor de ellos, siendo así que según la leyenda ambos están ofendidos por el mismo perjurio. Si tienen fe en las leyendas, sientan rubor de dar culto a tales divinidades, y si no la tienen, que no pongan como pretexto los perjurios de Troya; o, también, que se admiren de que los dioses han castigado los perjurios de Troya, y han sentido simpatía por los de Roma. ¿De dónde salió para la conjuración de Catilina, en una ciudad tan enorme y corrompida, una pandilla tan numerosa, que vivía "de su mano y de su lengua", es decir, del perjurio y de la sangre de los ciudadanos[5]? Y los senadores, tantas veces sobornados en los juicios, y el pueblo en los comicios y en los pleitos debatidos en sus asambleas, ¿qué otra cosa hacían sino cometer delito de perjurio? Porque en medio de aquella corrupción moral se conservaba todavía la tradicional costumbre de jurar, pero no para prevenir el crimen por un escrúpulo religioso, sino para añadir a los restantes crímenes el de perjurio.

---

2. Virgilio, *Georgias* 1,502.
3. Homero, *Ilíada* 20,302-305.
4. Virgilio, *En.*, 5,810-811.
5. Salustio, *Catilina* 14,1-3.

3. El adulterio y los dioses

No hay razón para ofrecer la imagen airada de unos dioses ante el perjurio de Troya; dioses, como se dijo, "que mantenían en pie aquel imperio"[6]. Está probado que fueron derrotados por unos griegos más poderosos. Ni se encendieron de ira por el adulterio de Paris[7], hasta el punto de abandonar Troya, como algunos pretenden. Estos dioses acostumbran ser autores y maestros de pecados, nunca sus vengadores. "Roma —nos dice Salustio— fue fundada y habitada en sus comienzos, según la tradición llegada hasta mis días, por los troyanos fugitivos que, conducidos por Eneas, andaban errantes de acá para allá"[8]. Luego, si creyeron los dioses digno de venganza el adulterio de Paris, debía haberse castigado más duramente a los romanos, ya que la madre de Eneas fue autora del delito. ¿Pero cómo lo rechazaban en Paris quienes en Venus, su compañera, admitían, por no citar otros, el adulterio de Anquises, del cual nació Eneas? ¿Será acaso porque el de Paris originó la indignación de Menelao, y el de Venus fue con aquiescencia de Vulcano; más bien me da la impresión de que los dioses son tan poco celosos de sus esposas, que no tienen escrúpulos en tenerlas en común con los mortales.

Quizá se pueda sospechar que estoy ridiculizando las mitos, y que no trato con seriedad un asunto de tanta trascendencia. Bueno, digamos, si os parece, que Eneas no es hijo de Venus; lo admito, pero entonces, ¿no es Rómulo tampoco hijo de Marte? ¿Por qué no admitir lo uno y sí lo otro? ¿Será acaso un derecho exclusivo de los dioses el unirse a las mujeres, y, en cambio, un delito el que los hombres hagan lo mismo con las diosas? Dura, diré mejor, increíble condición esta, lo que a Marte, por el derecho de Venus, se le permite en sus aventuras nocturnas, se le prohibe a Venus en el ejercicio de su propio derecho, Pero Roma, con su autoridad, confirma ambos hechos. César, ya más reciente en la historia, no tuvo por menos abuela suya a Venus, que el antiguo Rómulo a Marte por su padre.

4. Ventaja política de la invención de la ascendencia divina

Alguien dirá, ¿tú no crees todo esto? No, ciertamente. El mismo Varrón, un romano lleno de sabiduría, aunque le falte audacia y firme-

---

6. Virgilio, *En.* 2,352.
7. Motivo de la guerra entre troyanos y espartanos, cuando París, hijo de Príamo, rey de Troya, raptó a Helena, mujer de Menelao, rey de Esparta.
8. Salustio, *Catilina* 6,1.

za, llega casi a confesar que todas estas historias son una patraña. Sin embargo, afirma que resulta útil a las ciudades, aun siendo falso, el que sus hombres más significados se crean engendrados por dioses. De este modo el espíritu romano es portador de una seguridad que infunde la pretendida ascendencia divina, y se siente lleno de audacia para emprender grandes empresas; incluso se considera lleno de energía para realizarlas, y lleno de un acierto infalible para concluirlas. Esta forma de pensar de Varrón, expresada con mis palabras, como mejor he podido, abre una puerta demasiado ancha a la falsedad, y consecuentemente podemos concluir que muchos de los ritos ya sagrados, y para ellos religiosos, han podido ser inventados, desde el momento en que haya parecido ventajoso a los ciudadanos la mentira, aunque fuera sobre los mismos dioses.

5. Adulterio humano y divino

Dejemos a un lado la cuestión de si Venus, por su unión con Anquises, ha podido ser la madre de Eneas, así como el que Marte sea padre de Rómulo por su unión con la hija de Numitor. Una cuestión parecida se suscita en nuestras Escrituras, si los ángeles prevaricadores se han unido a las hijas de los hombres, naciendo de tal unión los gigantes, o sea, unos hombres de enorme estatura y gran fuerza, poblándose entonces la tierra. Ciñámonos ahora a poner en claro este doble problema, sí lo que anda por ahí escrito sobre la madre de Eneas y el padre de Rómulo es cierto, ¿cómo es posible que a los dioses les parezcan mal los adulterios humanos, cuando ellos los cometen de mutuo acuerdo? Y si esto es falso, en este caso pueden irritarse con los adulterios auténticos de los hombres, puesto que ellos se complacen en los suyos inventados.

Aquí hay que añadir que si no creemos lo de Marte, para no dar crédito tampoco a Venus, no hay razón alguna para sostener que la madre de Rómulo tuvo unión carnal con un ser divino. Rea Silvia fue sacerdotisa de la diosa Vesta, lo que pone de manifiesto que los dioses debían haber vengado en los romanos este criminal sacrilegio con más rigor que el adulterio de París en los troyanos. Los mismos romanos en tiempos primitivos solían enterrar vivas a las sacerdotisas vestales sorprendidas en delito carnal, mientras que a las mujeres adúlteras, aunque eran castigadas, nunca fue de muerte. Hasta este extremo lo que tenían por santuario divino lo castigaban con más severidad que el lecho conyugal humano.

6. El asesinato no castigado de Remo

Todavía añado un ejemplo más. Si los pecados de los hombres han disgustado a los dioses hasta el punto de que, ofendidos por el acto de París, abandonaron a Troya, para que fuera pasada a sangre y fuego, mucho más el fratricidio de Rómulo les habría irritado contra los romanos, que contra los troyanos el burlar a un marido griego. Mayor indignación les causaría el parricidio de la ciudad naciente que el adulterio de la ya floreciente. No tiene la menor importancia en nuestro caso el que el asesinato de Remo haya sido por orden de Rómulo o a sus propias manos, cosa que muchos niegan con desfachatez, otros lo ponen en duda por vergüenza, y otros muchos, con dolor, tratan de disimularlo. No nos vamos a detener nosotros en la comprobación minuciosa de esta realidad, con análisis de los testimonios de múltiples autores históricos. Todo aceptan el asesinato del hermano de Rómulo, y no a manos de enemigos ni de extraños. Sea que Rómulo lo ordenó o él mismo lo consumó, la verdad es que con mucha más razón él es más representante de Roma que París de Troya. ¿Cómo entonces ha provocado la ira de los dioses contra los troyanos el raptor de una esposa ajena, mientras que este otro, asesino de su hermano, atrajo para los romanos la protección de los mismos dioses?

Pero supongamos que Rómulo está ajeno al mandato y a la ejecución del crimen, en este caso es toda la ciudad la responsable, ya que toda entera desdeñó castigar un hecho ciertamente punible, y eligió la muerte, no ya de un hermano, sino de su padre, que es más grave. Porque ambos son los fundadores de Roma, aunque de ellos, uno, suprimido criminalmente, no pudo llegar a reinar. Yo no acabo de ver qué delitos ha cometido Troya para merecer el abandono de sus dioses, facilitando su extinción, y qué méritos ha hecho Roma para que los dioses hayan puesto su morada en ella, fomentando así su grandeza. De no ser el que, huyendo vencidos de Troya, buscaron refugio entre los romanos para embaucarlos de un modo semejante. Peor aún, allí se han quedado para embaucar, según su costumbre, a los futuros habitantes de aquel país, y aquí han venido para entregarse a los mismos ardides de su impostura, recibiendo todavía más altos honores.

7. Cruel y bárbara destrucción de Troya

Ciertamente podemos preguntar qué crimen tan detestable había cometido la pobre Ilión —Troya— para que, al estallar las guerras civiles, Fimbria, el hombre más sanguinario del partido de Mario, la arrasara de forma todavía más cruel, más feroz, que antaño los griegos? Porque entonces muchos pudieron salvar la vida huyendo, y otros quedando sometidos a esclavitud. Pero Fimbria desde el principio dio la orden de no perdonar a nadie; y luego abrasó en llamas toda la ciudad con sus moradores dentro. Este trato mereció Ilión, no de parte de los griegos, irritados por su perfidia, sino de los romanos, nacidos de su desastre. Y sus dioses, comunes a ambos, nada movieron para evitar la catástrofe, o, para decir la verdad, nada pudieron mover.

¿Es verdad, entonces, que también en ese tiempo, después que Troya hubo reparado el daño hecho por el incendio de los antiguos griegos, todos los dioses con cuya ayuda permaneció el reino, "se fueron retirando y abandonaron sus santuarios y sus altares"?

Si es así, quiero saber la razón, porque en mi juicio cuanto más voy descubriendo la falta de culpa de sus habitantes, tanto más compruebo la culpabilidad de los dioses. Los troyanos tenían cerradas las puertas a Fimbria para reservarle a Sila íntegra la ciudad; en vista de ello, Fimbria, lleno de rabia, les prendió fuego, o mejor, los arrasó por completo. Sila, en cambio, que todavía estaba al frente del mejor partido político, planeaba recuperar la República, al menos con las armas. Aún no habían tenido lugar los desastrosos resultados de estos buenos comienzos. ¿Qué cosa mejor pudieron hacer los habitantes de aquella ciudad? ¿Qué decisión más honrada, más fiel, más digna de su parentesco con Roma pudieron tomar, que reservar su ciudad para el mejor partido romano, y cerrarle las puertas al parricida de la República romana? Pues bien, defensores de los falsos dioses, fijaos en qué desastre se les convirtió esta decisión. Bien está que los dioses hayan abandonado a unos adúlteros, y que a Ilión le hayan entregado al incendio de los griegos, para que surgiera de sus cenizas una Roma más casta. Pero ¿por qué todavía han abandonado a esta misma ciudad, emparentado con los romanos, que no se rebeló contra su noble hija Roma, sino, al contrario, guardó la fidelidad más ferviente e inquebrantable al partido más justo? ¿Por qué la han dejado destruir, no precisamente por los griegos más valientes, sino por el más miserable de los romanos? Y si no era del beneplácito de los dioses la causa del partido de Sila, a cuyo mando reservaron, desdichados, la ciudad con las puertas cerradas, ¿a qué viene prometerle y profetizarle tantos éxitos a Sila? ¿No se descubre aquí la presencia de aduladores de los dichosos, más que defensores de los desdichados?

Troya, pues, no fue destruida por el abandono de sus dioses, fueron los demonios, siempre alerta para embaucar, quienes hicieron cuanto estuvo de su parte en la total ruina e incendio de los ídolos junto con la ciudad, solamente quedó en pie, íntegra, refiere Tito Livio[9] la estatua de Minerva, bajo la inmensidad ruinosa de su templo. Y esto no para que se dijese en alabanza suya: "¡Oh dioses patrios, bajo cuya protección está siempre Troya"[10], sino mas bien para que no se dijese en su defensa: "Se han ido retirando todos los dioses, y abandonando sus altares y sus santuarios". Se les ha permitido obrar todo eso no para demostrar su potencia, sino para convencer de su presencia.

8. Roma encomendada a los dioses de Ilión

¿Con qué visión, después de la experiencia de Troya, se encomendó Roma a la protección de los dioses de Ilión? Alguno diría que ya tenían fijada su residencia en Roma cuando Ilión —Troya— cayó bajo los ataques de Fimbria. ¿Por qué, pues, quedó en pie la estatua de Minerva? Por otra parte, si se encontraban en Roma cuando Fimbria destruyó Ilión, tal vez se encontraban en Ilión cuando la misma Roma fue tomada e incendiada por los galos. Pero, como tienen un oído tan fino, y una tal rapidez de movimientos, volvieron veloces al oír el graznido del ganso, para defender al menos el Capitolio, que aún estaba a salvo, aunque para defender el resto de la ciudad llegaron tarde.

9. La paz de Numa, ¿don de los dioses?

Se cree también que los dioses favorecieron a Numa Pompilio, sucesor de Rómulo, para mantener la paz durante todo el período de su reinado, y poder cerrar las puertas de Jano, que suelen estar abiertas durante las guerras[11]. Y precisamente se debe este favor a los múltiples ritos sagrados que dejó establecidos entre los romanos[12]. Realmente se debería felicitar a este hombre por una tan prolongada tranquilidad si la hubiera sabido emplear en algo tan provechoso, y, dejando a un lado su perniciosa curiosidad, se hubiera dedicado con auténtico espíritu religioso a la búsqueda del Dios verdadero. No fueron los dioses quienes le concedieron aquel largo ocio, pero probablemente le hubieran engañado menos si le hubieran más ocupado. Porque, cuanto más despreocupado

9. Tito Livio, *Epitome* 83.
10. Virgilio, *En.* 9,247.
11. Jano, el de las dos caras, era uno de los dioses más antiguos de Roma. Representaba el paso de una cosa a otra y presidía el principio y el fin del año. Era el portero celeste, en latín *janua*, "puerta". Las puertas de su templo en el Foro, cerradas en tiempo de paz, se abrían en tiempos de guerra para que el dios pudiera acudir en ayuda de Roma.
12. Tito Livio, *Hist.* 1,18-21.

lo encontraban, más se encargaban ellos de tenerlo ocupado. Varrón nos cuenta cuáles eran sus planes y cómo se las arreglaba para granjearse la amistad de tales dioses, tanto personalmente como para la ciudad. Pero, si Dios quiere, lo trataremos en su lugar con más detenimiento.

El punto que ahora estamos tocando es el de los beneficios de los dioses. Gran beneficio es la paz, pero es beneficio del Dios verdadero, como lo es el sol, la lluvia y demás elementos necesarios para la vida, que en la mayoría de los casos se conceden también a los ingratos y malvados. Pero si este tan estimable don, concedido a Roma o a Pompilio, es obra de los dioses, ¿por qué ya nunca más se lo han otorgado al Estado romano, durante los períodos más dignos de elogio? ¿Eran acaso más provechosos los ritos sagrados cuando se estaban decretando, que cuando se celebraban los ya ordenados? Porque, en realidad, antaño todavía no existían, y se añadían para que existieran; en cambio, después ya existían, y se observaban para su utilidad. Ahora bien, ¿cómo se explica que aquellos cuarenta y tres, o, según otros, treinta y nueve años que duró el reinado de Numa, transcurrieran en una paz tan prolongada, y que después, a pesar de tener vigentes los ritos sagrados; a pesar de estar al frente los mismos dioses, invitados a los sacrificios; a pesar de ser ellos los protectores, a través de tantos años como hay desde la fundación de Roma hasta Augusto, apenas se cita, como un gran milagro, un solo año, después de la primera guerra Púnica, en el que los romanos pudieron cerrar las puertas de la guerra?

10. Causas de la guerra y de la paz

¿Me responderán que la dominación romana no se habría podido dilatar tan a lo largo y a lo ancho de la geografía, ni extender su gloria tan brillante, de no haber sido por las continuas guerras, en constante sucesión una tras otra? ¡Hermosa razón, ciertamente! ¿Es que para que un imperio sea grande debe vivir sin paz? En el pequeño mundo del cuerpo humano, ¿no es preferible tener una estatura moderada, pero con salud, en lugar de aspirar a un cuerpo gigantesco, lleno de continuas molestias, y cuando ya te hayas hecho gigante no quedar tranquilo, sino padecer mayores molestias cuanto más grandes se hacen tus miembros? ¿Pero habría sucedido algún mal, mejor dicho, no habría sido un gran bien para Roma la prolongación de aquellos tiempos de que habla Salustio en pocas palabras cuando dice: "Al principio, los reyes —este fue el primer nombre que recibió la autoridad sobre la tierra— eran diferentes: unos cultivaban los valores del espíritu, otros las habilidades corporales. En aquella época la vida del hombre se desenvolvía sin pasiones, satisfecho cada uno con lo que tenía"[13]. ¿Es que para acrecentar tanto el imperio debió ocurrir lo que Virgilio dice con indignación: "Poco a poco fue viniendo una edad peor, descolorida, y llegó la rabia de las guerras y la ambición de la riqueza"[14]?

Obviamente los romanos tienen una defensa plausible por tantas guerras emprendidas y realizadas, a saber, la necesidad de proteger la vida y la libertad de los ciudadanos les obligaba a defenderse de las incursiones imprevistas de los enemigos, más bien que la ambición de gloria humana. Bien, aceptado. Aquí tenemos la narración de Salustio:

"Después que el Estado fue adquiriendo madurez por su legislación, por sus tradiciones, por su agricultura, dando ya una impresión de bastante prosperidad y de poder, la opulencia dio origen a la envidia. Y he aquí que los reyes y pueblos limítrofes empezaban a atacarles, siendo pocos los amigos que los defendían, ya que los demás, amedrentados, se mantenían lejos del peligro. Pero los romanos, siempre alerta, lo mismo en la paz que en la guerra, se mueven con rapidez, se preparan, se animan unos a otros, se enfrentan con el enemigo, le salen al paso, protegen con las armas la libertad de la patria y la familia. Luego, una vez alejado valerosamente el peligro, prestaban auxilio a sus aliados y amigos, concertando alianzas más por los beneficios que prestaban que por los que recibían"[15].

Fue una digna construcción de la grandeza de Roma por métodos honrosos. Pero me pregunto si durante el reinado de Numa, dado que se mantuvo la paz durante tanto tiempo, hacían incursiones injustas los pueblos, incitándoles al combate, o nada de esto ocurría, y así lograron una paz tan estable. Porque, si aún entonces Roma estaba instigada por guerras, y no respondía con armas a las armas, ¿por qué después no utilizó las mismas tácticas para apaciguar al enemigo, sin necesidad de derrotarlo en batalla alguna, sin sembrar el terror con su potencia bélica? Estaríamos así ante una Roma que ejercita su dominio en una paz ininterrumpida, sin necesidad de abrir las puertas de Jano. Pero si esta posibilidad no tuvo en su mano, entonces la paz que disfrutó Roma no dependía de los dioses, sino de la voluntad de los pueblos vecinos, que no quisieron provocarla con ningún ataque. A no ser que estos dioses hayan tenido la osadía de vender al hombre que depende del querer o no querer de otro hombre. Estos demonios, ciertamente, hasta donde les es permitido, pueden incitar o aterrar la mente de los malvados ya corrom-

---

13. Salustio, *Catil.* 2,1.
14. Virgilio, *En.* 8,326-327.
15. Salustio, *Catil.* 6,3,5.

pidos por sus propios vicios. Pero si siempre les fuera esto posible, sin tomar otras decisiones, movidos con frecuencia de una fuerza superior y oculta, contraria a las pretensiones de los dioses, tendrían siempre en su mano el conceder períodos de paz o victorias bélicas, que dependen casi siempre de las pasiones humanas, y en la mayoría de los casos en oposición a la voluntad de los dioses. Y esto nos lo atestiguan no sólo las infinitas patrañas de sus leyendas, que apenas insinúan o significan algo verdadero, sino la misma historia de Roma.

11. El llanto de la estatua de Apolo

La debilidad de sus dioses es también confesada en la historia del famoso Apolo de Cumas, de quien se dice que estuvo cuatro días llorando durante la guerra contra los aqueos y su rey Aristónico[16]. Cuando los arúspices, alarmados por tal prodigio, creyeron que era preciso arrojar al mar la estatua, los ancianos de Cumas se opusieron a ellos aduciendo que un prodigio semejante había aparecido en la misma estatua durante las guerras contra Antíoco y Perseo, y que en vista de la victoria de los romanos, el Senado, por decreto, envió presentes a este mismo Apolo. Se hizo venir a otros agoreros, tenidos por más expertos. Respondieron que las lágrimas de la estatua de Apolo eran propicias a Roma, precisamente porque, siendo Cumas colonia griega, el Apolo envuelto en lágrimas era expresión de luto y desastre para su propio país, de donde se le había traído, es decir, para Grecia. Poco tiempo después llegó la noticia de que el rey Aristónico había sido derrotado y hecho prisionero. Esta victoria era evidentemente contraria a la voluntad de Apolo, y de ello se dolía. Testimonio eran hasta las lágrimas de un ídolo de mármol.

Deducimos de este episodio cómo los poetas no andan del todo descaminados de la realidad al escribir la conducta de los demonios en sus poemas, por más que sean puro mito. Diana, según Virgilio, sintió dolorosamente la suerte de Camila, y Hércules lloró la inminente muerte de Palante[17]. Quizá esta es la razón por la que Numa Pompilio, disfrutando de su larga paz, ignoraba a quién la debía, y tampoco se preocupaba de ello cuando se preguntaba en su tranquila ociosidad a qué dioses debía encomendar la salvación de Roma y su soberanía. No creía que el verdadero, todopoderoso y supremo Dios se preocupa de los bienes terrenos, y no olvidaba que los dioses traídos por Eneas de Troya no habían sido capaces de mantener por largo tiempo ni el reino de Troya ni el de Lavinio,

---

16. Tito Livio, *Epitome* 43; Cicerón, *De divin.* 1,43; Julio Obsequens, *De prodigiis* 28.
17. Virgilio, *En.* 11,836; 10,464.

fundado por el mismo Eneas. Se creyó, pues, en el deber de buscar otros dioses como guardianes de los fugitivos y como auxilio de los más débiles, añadiéndolos a los anteriores, a los que Rómulo había introducido en Roma, o a los que habían de introducirse con la destrucción de Alba.

12. Multitud de dioses adorados por Roma

Roma no se contentó con el culto tan variado y múltiple que le había legislado Pompilio, le faltaba todavía su principal templo al propio Júpiter. Fue el rey Tarquinio quien edificó el Capitolio. Esculapio, el médico, dejó Epidauro por Roma, para ejercer sus habilidades de una forma más gloriosa en la noble urbe. De igual modo, la madre de los dioses vino de no sé dónde, allá de Pesinunte[18], siendo improcedente que su propio hijo estuviera encumbrado sobre el trono del monte Capitolino, mientras ella permanecía medio escondida todavía en un lugar indecoroso. Sí es verdad que es madre de todos los dioses, no sólo llegó a Roma después de sus hijos, sino también antes de otros que la habían de seguir. Realmente me sorprende que ella haya podido engendrar al Cinocéfalo, venido mucho después de Egipto. Y si la diosa Fiebre[19] ha nacido también de ella, que lo averigüe Esculapio, su biznieto.

Pero sea quien sea su madre, no creo que unos dioses extranjeros llamen plebeya a una diosa ciudadana de Roma. No podemos enumerar las deidades a quienes Roma fue confiada. Nativas e importadas, celestes y terrestres, infernales, de la mar, de las fuentes, de los ríos, y como dice Varrón, ciertas e inciertas, femeninas y masculinas, porque así como en los animales, así en toda clase de dioses hay esa clase de distinciones. Roma, pues, amparada por la protección de tal nube dioses, debía no haber sido sacudida y castigada por tan graves y horrendas catástrofes. Voy a recordar sólo algunas de ellas.

Porque por la gigantesca humareda de sus altares, Roma había congregado como a una señal convenida un número tan exagerado de dioses con vistas a su protección. Para ellos creó templos, altares, sacrificios, y puso a su disposición sacerdotes, ofendiendo con ello al Dios verdadero, a quien únicamente se deben todos estos homenajes, debidamente realizados. Y por cierto, su vida transcurrió más feliz cuando tuvo menos dioses; pero cuanto más fue creciendo, tanto más creyó un deber aumentar los dioses, como un gran barco aumenta su tripulación.

---

18. Capital de Galacia, en Frigia, de donde fue llevada a Roma en el año 204 a.C.
19. Roma era una ciudad insalubre debido a su mucha humedad por las inundaciones en el valle del Tíber. La diosa Fiebre, latín *Febris*, protegía contra la malaria.

Supongo que Roma desconfiaba de aquel número reducido de dioses, bajo cuya protección vivió antaño un período comparativamente más próspero, insuficientes para proteger su grandeza. Ya durante la monarquía, excepción hecha de Numa Pompilio, de quien ya he hablado arriba, ¿qué gran desgracia no ocasionó aquella lucha de rivalidades, que obligó a dar muerte al hermano de Rómulo?

13. El rapto de las sabinas y la guerra entre suegros y yernos

¿Cómo es posible que ni Juno (que juntamente con su esposo, Júpiter, ya "apoyaba a los romanos dueños de la tierra, un pueblo que lucía toga"[20]), ni la misma Venus pudiese prestar ayuda a sus propios hijos, descendientes de Eneas, a que encontrasen mujeres para casarse de una forma legítima y honrada?

Porque la falta de mujeres llevó a los romanos a la lamentable necesidad de raptarlas, y al poco tiempo sostener una guerra con sus suegros? De modo que las pobres mujeres, apenas se habían reconciliado con sus maridos del ultraje recibido, "reciben por dote la sangre de sus padres"[21]. Cierto que los romanos en este combate quedaron vencedores de sus vecinos, pero a costa de cuántos y cuán graves heridos de una y otra parte; de cuántos muertos entre los allegados y vecinos, han conseguido estas victorias. La guerra de César y Pompeyo fue la respuesta de un solo suegro a su yerno, y antes de comenzar, la hija de César, esposa de Pompeyo, ya estaba muerto. Lucano exclama con su profundo y muy justo sentimiento de dolor: "Elevamos nuestro canto a las guerras, peores que civiles, libradas en las llanuras de Ematia, y al derecho concedido al crimen"[22].

Vencieron, sí, los romanos, y con sus manos todavía ensangrentadas por la matanza de sus suegros, arrancaron de sus hijas lastimeros abrazos. Ellas no se atrevían a llorar a sus padres muertos por no ofender a sus maridos victoriosos. Durante el combate no sabían por quiénes hacer votos. No fue Venus quien obsequió al pueblo romano con tales nupcias, sino Belona; o tal vez Alecto, aquella furia infernal que, aun cuando ya les era propicia Juno, les causó más perjuicios que cuando era excitada por los ruegos de Juno contra Eneas. Andrómaca fue más feliz, cayendo en cautiverio, que aquellas mujeres casándose con los romanos. Al fin y

20. Virgilio, *En.* 1,282.
21. Virgilio, *En.* 7,318; Tito Livio, *Hist.* 1,8,9.
22. Luciano, *Pharsalia*, 1,1.

al cabo, despúes de sus abrazos conyugales, aunque abrazos de esclava, ningún troyano murió a manos de Pirro. En cambio, los romanos mataban en los combates a los suegros cuyas hijas abrazaban en el tálamo. Andrómaca, sometida al vencedor, sólo pudo llorar la muerte de los suyos, pero no temerla. Las sabinas, ligadas ya a los combatientes, temían la muerte de sus padres cuando veían a sus esposos salir en son de combate; y, cuando ya volvían, se lamentaban para sus adentros, sin tener libre curso ni al temor ni al dolor. Porque al morir sus antiguos vecinos, sus hermanos, sus padres, o bien con una inevitable piedad sentían profundo dolor, o bien se alegraban cruelmente de la victoria de sus maridos. Y como la fortuna de la guerra es caprichosa, unas perdían sus maridos a manos de sus padres, y otras perdían padres y maridos a manos de unos y de otros.

Los romanos no escaparon con impunidad, porque llegaron a tener asediada la ciudad, defendiéndose a puertas cerradas. Hubo un engaño y las abrieron, entrando los enemigos dentro de los muros, entonces tuvo lugar en el mismo foro una atroz y criminal refriega entre suegros y yernos. Aquellos raptores se veían ya derrotados y huían atropelladamente a sus casas, poniendo una nueva vergüenza a sus ya vergonzosas y deplorables victorias primeras. Llegado a este punto, Rómulo, que empezaba a perder la esperanza en el valor de sus tropas, suplicó a Júpiter que detuviera la huida. De aquí recibió Júpiter el sobrenombre de Stator (*firme*). Pero no se hubiera puesto fin a tamaña desgracia de no haber salido las raptadas jóvenes, que, mesándose los cabellos, y arrojándose a los pies de sus padres, calmaron su justa cólera, no con armas vencedoras, sino con piadosas súplicas. Por fin, Rómulo, incapaz de compartir la regencia con su hermano, se vio forzado a admitir al rey de los sabinos, Tito Tacio, como socio en el poder. ¿Pero por cuánto tiempo lo toleraría, si no había podido tolerar a su propio hermano mellizo? Así que, asesinado también él, se quedó Rómulo dueño de todo el poder, para llegar a ser un dios aún mayor .

Ved qué clase de contratos matrimoniales son éstos que fomentaron guerras antinaturales. Estos fueron los pactos de hermandad, de afinidad, de alianza, de religión. Esta fue la vida de la ciudad protegida bajo la tutela de tantos dioses. Te darás cuenta de la cantidad de cosas que se podrían hablar todavía sobre este tema, si no tuviéramos intención de seguir adelante con otros temas.

14. Afán de dominio y poder, razón de las guerras

1. ¿Qué sucedió después de Numa, bajo los otros reyes, cuando los romanos provocaron la guerra con los albanos, con tristes resultados no

sólo para éstos, sino también para aquéllos? La larga paz de Numa se volvió tediosa. Los ejércitos tanto de unos como de otros sufrieron frecuentes y encarnizados desastres, con grave menoscabo para el poder de ambas ciudades. Aquella Alba, fundada por Ascanio, el hijo de Eneas, madre de Roma con más propiedad que la misma Troya, entró en guerra, provocada por Tulo Hostilio, rey de Roma. En la lucha recibió ella duros golpes y los causó también, hasta que se cansaron por ambas partes de tantos combates. Por fin se convino en someter la victoria a un enfrentamiento de tres hermanos mellizos de cada bando.

Por parte de los romanos se presentaron los Horacios, y por parte de los albanos los Curiacios. Dos Horacios caen primero a manos de los tres rivales, pero al fin el Horacio restante venció y mató a los tres Curiacios, Así fue como Roma quedó vencedora, pero con tal sacrificio que sólo un superviviente regresó a su casa. ¿Y para quién fue la desgracia en ambos bandos, para quién el duelo, sino para la estirpe de Eneas, para los descendientes de Ascanio, para los hijos de Venus, para los nietos de Júpiter? Combatir la ciudad hija contra la madre fue algo peor que una guerra civil.

Otra calamidad vino a sumarse, atroz y horrorosa, a este último combate de los trillizos. Porque como ambos pueblos habían sido amigos anteriormente (eran vecinos y estaban emparentados), una hermana de los Horacios era la prometida de uno de los Curiacios; al ver los despojos de su novio en manos de su hermano victorioso, rompió a llorar, por lo que su propio hermano la hirió de muerte en su ira. El sentimiento de esta sola mujer me parece a mí más humano que el de todo el pueblo romano junto. Ese llanto por quien ya era su esposo en virtud de la promesa dada, o por el dolor, quizá, de un hermano, homicida de aquel a quien había prometido a su hermana; ese llanto, digo, no lo creo yo culpable. ¿Por qué, si no, Virgilio alaba al piadoso Eneas, que lamenta la muerte del enemigo a sus propias manos[23]? ¿Por qué Marcelo, recordando el prestigio y la gloria de Siracusa, que en seguida él con sus manos iba a destruir, al caer en la cuenta de la común suerte de los mortales derramó lágrimas de compasión sobre ella? Pido en nombre de la humanidad, que si tantos hombres han llorado dignamente sus propios enemigos vencidos por ellos, una débil mujer no debe ser tenida culpable por llorar a su prometido, ejecutado por su hermano. Pero, mientras esta mujer estaba llorando la muerte de su prometido a manos de su hermano, Roma rebosaba de júbilo por haber causado en la batalla una enorme matanza

---

23. Virgilio, *En.* 10,821.

contra su ciudad madre, y por haber conseguido la victoria a costa de ríos de sangre fraterna, derramada por ambos lados.

2. ¿Por qué alegan contra mí los nombres y las palabras de "gloria" y "victoria"? ¡Fuera esos engaños de vana insensatez, y observemos los hechos desnudos, pensémoslos desnudos, enjuiciémoslos desnudos! Que se proclame en alto la acusación contra Alba, como se proclamaba el adulterio de Troya. No se encuentra ninguna semejanza, ningún parecido: la guerra se inició con la única intención de "despertar los oídos de los indolentes, con los gritos de Tulo y la victoria"[24].

Este vicio de incansable ambición fue el único motivo del enorme crimen de una guerra social y parricida, vicio que Salustio toca de pasada. Recuerda con breves alabanzas los tiempos remotos en que el hombre vivía tranquilo, sin ambiciones, satisfecho cada uno con lo que tenía. Y sigue: "Pero después que Ciro, en el Asia, y los espartanos y atenienses en Grecia, comenzaron a someter ciudades y naciones, el placer de dominio fue la única base para la guerra, y consideraban que la máxima gloria residía en el máximo poder", y lo demás que Salustio se propuso decir[25], que no necesito citar.

Este afán de dominio destroza y consume a la humanidad con males espantosos. Vencida por él, Roma se proclamaba gloriosa por haber vencido a Alba, y a su crimen le llamaba "gloria" para ganarse más alabanzas. Como dice nuestra Escritura: "El malvado se jacta de su ambición y recibe alabanzas el perverso" (Sal. 11:5).

Fuera con las máscaras engañosas y los falsos barnices falaces; que podamos ver las cosas como realmente son y las analicemos. Que nadie me diga que este o aquel otro son grandes hombres porque se batieron con ese o el otro y lo vencieron. Los gladiadores también combaten, y quedan vencedores, y su crueldad también tiene un premio de gloria, pero prefiero sufrir castigo por una omisión cualquiera antes que andar a la búsqueda de una gloria como la de aquellos combates. Y si aún se diera el caso de salir a la arena, dispuestos a batirse, un padre contra su hijo, ambos gladiadores, ¿quién aguantaría un espectáculo así? ¿Quién no lo suprimiría? Entonces ¿cómo ha podido ser glorioso el enfrentamiento armado entre dos ciudades, madre e hija? ¿Acaso la situación cambia porque allá no hubo arena, y los vastos campos de batalla, en lugar de dos gladiadores, quedaban sembrados de cadáveres de dos pueblos; o porque el escenario de tales combates no estaba rodeado por un anfiteatro, sino por todo el mundo, ofreciendo un despiadado espectáculo a los

---

24. Virgilio, *En.* 6,814-815.
25. Salustio, *Catil.* 2,2.

contemporáneos y a sus descendientes, hasta donde se extiende la fama de tales gestas?

3. Sin embargo, aquellos dioses, protectores de Roma, que contemplaban como espectadores tales enfrentamientos, no fueron satisfechos hasta que la hermana de los Horacios recibió el golpe mortal de la espada fraterna. Se trataba de añadirla a sus hermanos para completar el número tres, que era el de los caídos Curiacios, no fuera a tener menos muertos Roma, aunque hubiera quedado vencedora. Después, como fruto de tal victoria, Alba fue arrasada, aunque había sido la tercera morada de los célebres dioses troyanos, después de Ilión, destruida por los griegos, y, después de Lavinio, lugar elegido por Eneas para fundar un reino de extranjeros y fugitivos.

Pero probablemente Alba fue destruida porque también los dioses habían emigrado, según su costumbre habitual, y como dice Virgilio: "Se fueron de sus santuarios y de sus altares aquellos que hicieron divino este reino". Ya era la tercera vez que se habían marchado. ¡Como para que se vea la sabiduría de Roma al confiarse a ellos! Alba les caía mal porque Amulio se había adueñado del poder expulsando a su hermano: Roma, cuyo rey Rómulo asesinó a su hermano, les caía bien. Pero antes de arrasar la ciudad de Alba —dicen ellos—, se trasladó a la gente a Roma para hacer un solo pueblo de las dos ciudades. Bien, admitido que haya sido así. Pero no deja de ser verdad que aquella ciudad, reino de Ascanio y tercera residencia de los dioses troyanos, ella, la ciudad-madre, fue destruida por su hija. Para lograr la fusión de los restos de la guerra de ambos pueblos en una desafortunada amalgama fue necesario antes derramar mucha sangre.

¿Para qué voy a entrar en detalle con las demás guerras, siempre las mismas, repetidas una y otra vez bajo los reyes siguientes, que parecían terminar con la victoria, a costa de tamaños estragos una y otra vez, y repetidas una y otra vez entre yernos y suegros, o sus descendientes, tras haber firmado pactos y haber hecho las paces? No fue pequeño indicio de este período calamitoso el que ninguno de ellos pudo cerrar las puertas de la guerra. Y, por consiguiente, a pesar de tan numerosos dioses protectores, ninguno de ellos reinó en paz.

15. Vida y muerte de los reyes romanos

1. ¿Cómo fue el final de todos estos reyes? De Rómulo que se encargue de decírnoslo la leyenda aduladora, según la cual fue recibido en el cielo. Pero algunos historiadores cuentan que fue descuartizado por

los miembros del Senado en vista de su crueldad. Luego sobornaron a no sé qué Julio Próculo para que dijese que se le había aparecido, con el encargo de transmitir al pueblo romano la orden de ser honrado entre las divinidades. De esta manera, el pueblo, que comenzaba a incomodarse contra el Senado, se contuvo y quedó tranquilo[26]. Sucedió por entonces también un eclipse de sol, y fue atribuido al poder divino de Rómulo por la multitud ignorante que no conoce las leyes inalterables que regulan su curso. Como si aquel supuesto lamento del sol no indicara más bien que el rey había sido asesinado, mostrándolo incluso la privación de la luz del día. Así ocurrió en la realidad cuando el Señor fue crucificado por la crueldad impía de los judíos. Este oscurecimiento del sol no fue según las leyes normales del curso de los astros, puesto que entonces era la Pascua judía, y ésta se celebra en plenilunio. En cambio, los eclipses regulares del sol coinciden solamente con el final del cuarto menguante de la luna.

También Cicerón da a entender suficientemente que esta recepción de Rómulo entre los dioses es más conjetura que realidad, aun cuando en su obra sobre *La República* lo elogia por boca de Escipión, y dice: "Dejó Rómulo tras de sí un tan alto concepto que, al desaparecer repentinamente en un eclipse de sol, se creyó que entró a formar parte de los dioses. Esta opinión de su persona ningún mortal ha podido jamás conseguirla sin una extraordinaria fama de virtud"[27]. En las palabras "desapareció repentinamente" se entiende, como es lógico, que fue por efecto de una violenta tempestad, o bien por una muerte criminal secreta. Porque otros de sus escritores al eclipse del sol añaden una repentina tempestad, que, sin duda, fue la ocasión del crimen, o o ella misma acabó con Rómulo.

De Tulo Hostilio, el tercer rey a partir de Rómulo, fulminado también por un rayo, dice Cicerón en la misma obra que no se le creyó admitido a formar parte de los dioses después de tal muerte, posiblemente porque los romanos no quisieron dar publicidad, es decir, rebajar de categoría, atribuyendo fácilmente a otro lo que tenían en Rómulo por seguro (entendámonos: según la convicción general). Es suya también esta afirmación sin rodeos de las *Catilinarias*: "Al ilustre fundador de esta ciudad, Rómulo, lo henos elevado al rango de los dioses inmortales por benevolencia, en vista de la fama adquirida.[28]" Estas palabras dejan entender que no se trata de un hecho real, sino de una opinión lanzada por alguien y luego extendida por doquier como reconocimiento generoso

---

26. Tito Livio, *Hist.* 1,16,5,8.
27. Cicerón, *De república* 2,17.
28. Cicerón, *Catilinarias* 3,1.

al mérito de sus virtudes. En el diálogo del Hortensio, hablando Cicerón de los eclipses regulares de sol, dice: "Para producir las mismas tinieblas que produjo en la muerte de Rómulo, acaecida durante un eclipse de sol". Aquí no se recata de hablar de su muerte como hombre, ya que se muestra más usando la dialéctica que el panegírico.

2. Los demás reyes de Roma, si exceptuamos a Numa Pompilio y Anco Marcio, que murieron por enfermedad, ¡qué muertes más horrendas tuvieron! Tulo Hostilio, el vencedor de Alba, fue fulminado, como ya he dicho, por un rayo con toda su casa. Tarquinio el Antiguo pereció asesinado por los hijos de su predecesor. Servio Tulio fue víctima del vil asesinato de su yerno Tarquino el Soberbio, su sucesor en el trono. Y los dioses "no se marcharon abandonando sus templos y sus altares" ante tamaño parricidio perpetrado contra el rey más excelente de aquel pueblo; aquellos dioses que, indignados, según se dice, por el adulterio de Paris, habían abandonado a la desdichada Troya, dejándola en manos de los griegos para su incendio y desolación. No, al contrario; Tarquino, además de matar a su suegro, le sucedió en el trono. Aquellos dioses vieron a este vil parricida subir al trono asesinando a su suegro y llenarse de orgullo por numerosas guerras y victorias y construir con el botín el Capitolino. Pero lejos de marcharse, se han quedado allí bien presentes, soportando que su rey, Júpiter, les presidiera y les gobernara desde aquel templo magnífico, es decir, desde la obra de un parricida. Porque no levantó el Capitolio en los días de su inocencia, y luego, por sus crímenes fue expulsado de Roma; sino que adueñó del reino gracias a un salvaje crimen, y fue en ese reinado cuando construyó el Capitolio. Andando el tiempo, los romanos lo destronaron y lo expulsaron fuera de los muros de la ciudad. Pero no fue debido a que él en persona violara a Lucrecia, sino su hijo; el estupro tuvo lugar sin su conocimiento, y, además, en ausencia suya. Se encontraba entonces asediando la ciudad de Ardea y mantenía una guerra a favor de Roma. No sabemos cuál hubiera sido su reacción en caso de haber llegado a su conocimiento la infamia de su hijo. No obstante, sin conocer su opinión ni consultarle, el pueblo le privó del poder; cuando volvió el ejército, se le ordenó abandonarlo; se cerraron las puertas y ya no se le permitió entrar en la ciudad. Entonces él, después de sublevar los pueblos vecinos contra Roma, y destrozarla con atroces guerras; después de no haber sido capaz de reconquistar el trono, abandonado de aquellos en cuyo auxilio confiaba, se retiró a Túsculo, vecina de Roma, y allí vivió con tranquilidad como simple ciudadano catorce años, según dicen. Llegó a la vejez en compañía de su esposa, y tuvo un final más envidiable, sin duda, que

el del suegro, quien pereció asesinado por su yerno, no sin la complicidad, según parece, de su propia hija[29].

A este Tarquinio los romanos no le han llamado *el Cruel*, o *el Infame*, sino *el Soberbio*; quizá porque su orgullo de romano no soportaba la altivez de su real presencia. En efecto, tan poco caso hicieron del crimen cometido en la persona del suegro, rey ejemplar, que lo proclamaron su propio rey. Yo no salgo de mi asombro al pensar que tal vez se hicieron ellos reos de un crimen más grave, concediéndole tan alta recompensa por tan bajo crimen. Tampoco ahora se marcharon los dioses, dejando abandonados sus templos y sus altares. A no ser que alguien, para salir en su defensa, diga que permanecieron en Roma precisamente para poder castigar a los romanos, seduciéndoles con huecas victorias y destrozándoles con sangrientas guerras.

Así fue la vida de Roma bajo la monarquía, en el tiempo glorioso de aquel Estado, hasta la expulsión de Tarquinio *el Soberbio*, es decir, durante doscientos cuarenta y tres años aproximadamente. Todas estas victorias, ganadas con ríos de sangre y con tan amargas calamidades, apenas lograron ensanchar sus dominios en unas veinte millas alrededor de Roma, territorio que no admite comparación ni con el pequeño estado de Getulia.

16. Los primeros cónsules de Roma

Añadamos a este período aquel otro, del que dice Salustio que reinaban unas leyes justas y bien administradas, mientras reinaba el miedo a Tarquinio y la pesada guerra con Etruria. Porque en tanto los etruscos apoyaban a Tarquinio en sus esfuerzos por reconquistar el trono, Roma se vio envuelta en una guerra agotadora. Por eso dice Salustio que la República fue gobernada con justicia y moderación, pero por la premura del miedo, no por la inspiración de la equidad. Y en este período tan breve, qué funesto fue aquel año en que se nombraron los primeros cónsules tras la expulsión de la monarquía. Baste decir que no terminaron el año de su consulado. Junio Bruto, después de degradar a su colega Lucio Tarquinio Colatino, lo expulsó de Roma. Cayó luego muerto en la guerra, entre mutuas heridas con el enemigo. Antes había él dado muerte a sus hijos y a sus cuñados por haber descubierto su conjura para restablecer en su puesto a Tarquinio. Virgilio nos cuenta este hecho, y primero lo alaba, pero después lo lamenta en tonos de horror. Dice así: "Este padre,

---

29. Eutropio, *Brev. hist. rom.*, 1,6.

enarbolando la bandera sublime de la libertad, condena al suplicio a sus propios hijos, que intentaban prender el fuego de nuevas guerras." A continuación exclama: "¡Desdichado!, sea cualquiera la interpretación que de estas hazañas hagan los jóvenes." Lo tomen como lo tomen, dice, las futuras generaciones, es decir, aunque este hecho lo elijan como modelo y lo pongan por las nubes, el padre que mata a sus hijos es un desdichado. Luego, como para consolar al tal desdichado, añade inmediatamente: "Quien vence es el amor a la Patria v el insaciable deseo de gloria.[30]"

En el trágico final de este Bruto, verdugo de sus hijos, no pudo sobrevivir por las heridas recibidas al herir él a su enemigo, el hijo de Tarquinio; en cambio, el propio Tarquinio le sobrevivió. ¿No vemos así vengada la inocencia de su colega Colatino?, que aunque excelente ciudadano, después de la expulsión de Tarquino sufrió la misma suerte que el tirano. Y el mismo Bruto, al parecer, era familia de Tarquinio[31]. Pero Colatino tuvo la desgracia de llevar no sólo su sangre, sino el nombre de Tarquinio. Cambiar su nombre y no su patria hubiera sido castigo suficiente; que de su nombre hubiera desaparecido la palabra Tarquinio, llamándose Lucio Colatino sin más. Pero no perdió lo que podía haber perdido sin mengua alguna, este intachable ciudadano fue privado del honor de su magistratura y desterrado de la tierra que amaba. ¿Acaso también es motivo de gloria una tan detestable tiranía en Junio Bruto, sin la menor utilidad para la República? ¿Acaso también para cometerla "quien venció fue el amor a la patria, y el insaciable deseo de gloria"? Pues cuando el tirano Tarquinio fue expulsado, fue elegido cónsul el marido de Lucrecia, L. Tarquino Colatino, juntamente con Bruto. ¡Con cuánta justicia el pueblo se fijó no en el nombre de un ciudadano, sino en su conducta! ¡Y con cuánta injusticia Bruto, su colega en aquella primera y recién estrenada dignidad consular, le despojó de su cargo y de su patria, pudiendo despojarlo simplemente del nombre, si es que le resultaba ofensivo!

Todos estos males, todas estas calamidades sobrevinieron mientras "reinaban unas leyes justas y bien administradas". Asimismo, Lucrecio, elegido para suceder en el cargo a Bruto, murió de una enfermedad antes de terminar ese mismo año. De este modo, Publio Valerio, sucesor de Colatino, y Marco Horacio, que sustituyó al difunto Lucrecio, completaron aquel año fúnebre e infernal, que llegó a tener cinco cónsules. ¡Con este año inauguró la República romana su nueva dignidad y el nuevo poder del consulado!

---

30. Virgilio, *En.* 6,820-823.
31. Tito Livio, *Hist.* 1,56,7.

17. Desastres de la República romana

1. Una vez que el miedo fue desapareciendo gradualmente, no por cesar las guerras, sino por no ser tan furiosas, a período en que "reinaban unas leyes justas y bien administrada", siguió una época brevemente descrita por Salustio: "Empezaron entonces los patricios a someter a servidumbre al pueblo, a disponer tiránicamente de sus vidas, a cargar sus espaldas, a arrojarlos de sus campos, a acaparar todo el poder ellos solos, con exclusión de los demás. Abrumado estaba el pueblo de tantas injusticias, y, sobre todo, de tantos impuestos. Soportaba al mismo tiempo la carga del tributo por guerras continuas y el servicio militar. Por todo ello se levantó en armas y se concentró en los montes Sagrado y Aventino. Consiguió con ello la creación a su favor del tribuno del pueblo junto con otros derechos. Pero el fin de las discordias y de los enfrentamientos por ambas partes lo trajo la segunda guerra Púnica.[32]"

Pero por qué gastar tanto tiempo y entretengo a mis lectores con esta descripción. Es Salustio quien con breves trazos nos dibuja el panorama de esta época, lo desdichada que fue aquella República tan prolongada a través de los años, hasta la segunda guerra Púnica. Inquieta por fuera debido a guerras incesantes; rebeliones civiles y disensiones por dentro. Por consiguiente, aquellas victorias no constituyeron un auténtico disfrute de bienestar, sino más bien pasajeros desahogos de una vida desdichada y un acicate estimulante de espíritus inquietos para soportar más y más sufrimientos estériles.

No quisiera que los prudentes y sensatos romanos se indispusieran por lo que estoy diciendo, aunque, ciertamente, no veo por qué haya que pedírselo ni advertírselo siquiera, estoy totalmente seguro de que no se indispondrán en absoluto. En realidad, no digo cosas más duras ni con más dureza que sus propios escritores. Claro que me considero muy por debajo de ellos en estilo y en tiempo para dedicarme a ello. Por otra parte, ellos los estudian diligentemente, así como sus hijos. Y si me aguantan, ¿se van a indisponer si me limito a reproducirles lo que dice Salustio? Estas son sus palabras: "Surgieron infinidad de desórdenes, de rebeliones y, por fin, guerras civiles. Mientras tanto, un reducido número de potentados, cuyos favores habían ganado a la mayoría, encubrían sus ansias de dominio bajo el honorable pretexto de obrar en nombre del Senado o del pueblo. Se tenía por buenos o malos a los ciudadanos, no por sus hechos meritorios en pro del Estado, en realidad —todo el mundo estaba igualmente corrompido—, sino por el grado de sus riquezas o

---

32. Salustio, *Hist.* 1, fragm. 11.

de su potencia nociva; cuando uno defendía su situación presente, entonces era tenido por bueno"[33].

Si los historiadores han creído que una honorable libertad de expresión requiere no callar las lacras de su propia patria, que ellos mismos han aplaudido en más de una ocasión en su ignorancia de otra ciudad más auténtica, cuya ciudadanía es una libertad eterna, ¿por qué no lo deberemos hacer nosotros, cuya libertad debe ser tanto mayor cuanto es mejor y más cierta nuestra esperanza en Dios, al ver que le imputan a nuestro Cristo los males de la época presente, con el fin de apartar a los más débiles e incautos de esta patria, en la cual, y sólo en ella, viviremos una felicidad sin fin? La verdad es que no decimos contra sus dioses cosas más monstruosas que las dichas por sus escritores, tan leídos y comentados por ellos. No hacemos aquí más que tomar de sus escritos, y hay mucho más que decir de una clase peor que somos incapaces de expresar.

2. ¿Dónde estaban aquellos dioses, cuyo culto han creído de utilidad para conseguir en este mundo la felicidad, tan menguada y mentirosa, mientras los romanos, a quienes se vendían estos dioses por el precio de su veneración con refinadísima astucia, estaban plagados de duras calamidades? ¿Dónde estaban cuando el cónsul Valerio defendía con todas sus fuerzas el Capitolio en llamas y le mataron exiliados y esclavos? ¿Cómo es posible que le resultara más fácil a él socorrer la mansión de Júpiter, que recibir ayuda de todo aquel tropel de divinidades, con su rey a la cabeza, el más grande y el mejor, cuyo templo había librado el cónsul? ¿Dónde estaban cuando Roma, agotada por el más amargo de los males, las rebeliones, esperaba, en un momento de calma, a los embajadores enviados a Atenas para cambiar las leyes, y fue devastada por el hambre y una peste espantosas? ¿Dónde estaban cuando el pueblo, de nuevo atacado por el hambre, creó por primera vez un prefecto de abastecimiento y agravándose aquel hambre, Espurio Melio, por proveer de trigo a la hambrienta multitud, incurrió en el delito de aspiración al trono real; y a instancias del citado prefecto, y por decreto del dictador Lucio Quinto, un viejo ya decrépito, fue muerto a manos de Quinto Servilio, jefe de caballería, en medio de un enorme y peligroso tumulto de la ciudad? ¿Dónde estaban cuando se originó la peste más grave, y el pueblo larga y profundamente agotado, ante la falta de recursos, decidió ofrecer a estos dioses inútiles nuevos lectisternios[34], cosa que jamás antes

---

33. Salustio, *Hist*. 1,12.

34. Banquetes celebrados en honor de los dioses, cuyas estatuas se colocaban en literas alrededor de una mesa bien servida.

había realizado? Se extendían en honor de los dioses unos lechos, de ahí este sagrado rito, o mejor este sacrilegio ha tomado el nombre.

¿Dónde estaban cuando el ejército romano, luchando en malas condiciones durante diez años consecutivos, sufrió, a las puertas de Veyes, continuos y duros descalabros, recibiendo por fin la ayuda de Furio Camilo, a quien la ciudad ingrata condenó después? ¿Dónde estaban cuando los galos tomaron Roma, la saquearon, la incendiaron y la llenaron de cadáveres? ¿Dónde estaban cuando aquella famosa peste causó tan enormes estragos, y por la que pereció también el ilustre Furio Camilo, el que defendió a la ingrata República primero de los Veyentes, y luego la arrebató de mano de los galos? Fue en esta peste cuando se introdujeron los juegos escénicos, otra nueva peste no de los cuerpos, sino, lo que es mucho más pernicioso, de sus costumbres romanas. ¿Dónde estaban los dioses cuando se declaró otra peste grave, cuyo origen, según se cree, fueron las envenenadas matronas, numerosísimas y nobles por encima de toda sospecha, cuyas costumbres resultaron ser más nocivas que la peor peste. ¿O cuando los dos cónsules con su ejército, cercados por los samnitas, hasta hacerlos entrar en el desfiladero de las Horcas Caudinas, fueron obligados a firmar con ellos un pacto vergonzoso, llegando a tener que dejar como rehenes a seiscientos de caballería, mientras a los demás, depuestas las armas y la indumentaria, despojados de su uniforme, en ropa estrictamente personal, se les hizo pasar bajo el yugo enemigo? ¿O cuando una terrible peste azotaba al mundo civil, mientras en el ejército muchos cayeron fulminados por un rayo? ¿O, también cuando en otra inaguantable peste se vio Roma forzada a llamar a Esculapio de Epidauro, como al dios-médico, y a utilizar sus habilidades, puesto que al rey de todos ellos, Júpiter, ya entronizado en el Capitolio desde hacía mucho, las frecuentes aventuras obscenas de su mocedad no le habían dejado tiempo, por lo visto, para aprender la medicina? ¿O cuando se aliaron en una misma conspiración enemigos lucanos, obrucios, samnitas, etruscos y los galos senones, matando en primer lugar a los embajadores y haciendo un tal estrago en el ejército que, juntamente con el pretor y siete tribunos, perecieron trece mil soldados? ¿O cuando las rebeliones internas de Roma, tan prolongadas y tan graves, cuyo resultado fue la ruptura de hostilidades por parte del pueblo, que al fin se retiró al Janículo? Tan funesta fue esta calamidad, que se vieron obligados a nombrar dictador a Hortensio, decisión que sólo se tomaba en peligros extremos. Logró Hortensio retirar al pueblo de su postura; pero su vida expiró durante su magistratura, cosa que a ningún dictador había ocurrido hasta entonces y que constituye una falta imperdonable para aquellos dioses, presente como estaba ya Esculapio.

3. Por aquel entonces las guerras se multiplicaron por todas partes de tal forma que, a falta de soldados, alistaban en el ejército a los proletarios, llamados así porque sólo tenían como misión el engendrar prole para el Estado, ya que su pobreza no les daba la categoría necesaria para formar parte del ejército[35]. Pirro, el rey de Grecia, entonces en la cumbre máxima de su gloria, fue llamado por los tarentinos y declarado enemigo de Roma. Acudió a Apolo para consultarle sobre el futuro de los acontecimientos. Apolo, con mucha elegancia, le respondió en un oráculo tan ambiguo que, sucediera lo que sucediera, él seguiría conservando su categoría de divino. Así le contestó: "Te anuncio, Pirro, poder vencer los romanos." Así que, ya vencieran los romanos a Pirro, o Pirro a los romanos, el adivino podía esperar seguro cualquier desenlace. ¡Qué horrenda carnicería hubo entonces en ambos ejércitos! De todas formas, Pirro quedó vencedor. Podía proclamar que Apolo, en vista de su penetración del futuro, era un ser divino, si no fuera porque en otro combate los romanos se alzaron con la victoria.

En medio de tan desastrosas guerras se declaró, para colmo, una terrible peste entre las mujeres, porque las que estaban próximas a ser madres morían antes de dar a luz. Ante esta situación, Esculapio, tengo entendido, se excusaba diciendo que él era el jefe de todos los médicos, no un tocólogo. Morían también los animales, hasta el punto de pensarse que su raza se extinguiría. Y qué decir de aquel inolvidable invierno de increíble dureza, cuando la nieve acumulada llegó a tener alturas peligrosas, incluso en el Foro, durante cuarenta días, y con el Tíber congelado? ¡Cuántas acusaciones no no habrían hecho nuestros adversarios de haber sucedido esto en nuestros tiempos!

Y qué decir, asimismo, de aquella peste gigantesca, que durante mucho tiempo se estuvo ensañando, y acabó con tantas víctimas! ¿Acaso no se prolongó todavía con más virulencia durante otro año, a pesar de la presencia de Esculapio, teniéndose que recurrir a los libros sibilinos[36]?

---

35. En tiempo de Servio Tulo las clases sociales de Roma se dividieron en seis clases según el censo de sus bienes. El primer grupo formaba los que tenían 100.000 o más ases, o monedas de cobre; venían después los que poseían de 100.000 a 75.000 ases. Los poseedores de 50.000 formaban el tercero; el cuarto de los que tenían 25.000, y el quinto los que tenían 11.000. Los proletarios eran los poseedores de 1.500 ases, o menos, los cuales estaban exentos de las cargas de la guerra, a cambio de ceder su prole en los casos necesarios.
36. Los libros, llamados Sibilinos, eran los que guardaban los vaticinios de las mujeres célebres que lograron fama de adivinas, y se llamaron Sibilas. La más anciana de ellas, la de Cumas, vendió al rey Tarquinio el Soberbio tres de los nueve volúmenes que formaron la biblioteca completa y que se guardaban en el Capitolio bajo la vigilancia de los *duoviri sacris laciundis*, encargados de hacer las consultas de los escritos en circunstancias especiales para el Estado. Fueron quemados en el año 83 a.C. y reconstruidos más tarde

En esa clase de oráculos, como dice Cicerón en su obra *De Divinatione*, se suele fiar la gente de los intérpretes que hacen conjeturas dudosas, como pueden o como quieren. Partiendo de tales libros, se publicó que la causa de la peste era que muchos individuos utilizaban gran número de templos para usos privados. Así quedaba libre Esculapio de la grave acusación de incompetencia o de desidia. ¿Y por qué había ocupado mucha gente aquellos edificios, sin la prohibición de nadie, sino porque estaban desengañados de elevar sus preces inútilmente un día y otro día a este tropel innumerable de dioses, hasta que poco a poco sus adoradores los fueron dejando desiertos? Así, vacíos como estaban, podían al menos ser útiles al hombre sin que nadie se sintiera ofendido.

Estas moradas, pues, fueron por entonces reconstruidas y reparadas diligentemente para amansar la peste. Y si no fuera porque con el tiempo volvieron a caer en el olvido, abandonadas y utilizadas de nuevo como antes, no habría por qué atribuirle a Varrón una erudición tan vasta por haber sacado a luz en sus escritos tal variedad de datos ya ignorados acerca de los santuarios[37]. Mientras tanto, la restauración de los templos no conjuró la peste, pero sí logró disculpar a los dioses.

18. Las guerras Púnicas y el fuego de Vesta

1. Examinemos ahora el período correspondiente a las guerras Púnicas, cuando al principio la victoria se mantuvo varios años vacilante e incierta para el poderío militar de uno u otro bando. Ambos pueblos, a cual más poderoso, se lanzaban mutuamente ataques con toda su potencia y sus recursos bélicos. ¡Cuántos pequeños reinos quedaron destrozados entonces! ¡Cuántas ciudades, populosas e ilustres, quedaron arrasadas; cuántas llenas de desolación; cuántas poblaciones se perdieron! ¡Cuántas regiones, por toda la geografía, devastadas! ¡Cuántas veces, por turno, éstos se declaraban vencedores y los otros eran vencidos! ¡Cuántas vidas humanas perdidas, tanto entre los combatientes como entre la desarmada población civil! ¡Qué enorme despliegue de fuerzas navales destrozadas, sea en los combates, sea tragadas por el mar en infinidad de tempestades! En fin, si me pusiera a describirlo o a recordarlo todo, me convertiría en un historiador.

---

en fragmentos. Los judíos y los cristianos los tuvieron en estima y los citaron porque notaron algunas concordias entre los vaticinios de las Sibilas y las profecías de la Biblia. Por ejemplo Justino Mártir, *I Apología* 20; Teófilo de Antioquía, *Los tres libros a Autólico*, II, 36 y ss.; Lactancio, *Instituciones divinas*, I, 6; y el mismo Agustín en el cap. VIII,23 de esta obra. .
37. Carrón, *Antiquitates rerum humanarum et divinarum*.

En esta época la población romana fue presa del pánico, y corría en busca de remedios inútiles y ridículos. Por indicación de los libros Sibilinos se instauraron los juegos Seculares, cuya celebración, de cien en cien años, se había establecido en tiempos más venturosos, pero que ahora, por negligencia, estaban relegados al olvido. Renovaron también los pontífices los juegos consagrados a las divinidades infernales, que habían caído en desuso en tiempos mejores. No sorprende, pues nada más renovarse, la gran abundancia de muertos hizo al infierno regocijarse en tal riqueza y se dio a los juegos. Mientras tanto, los pobres mortales, con sus rabiosas guerras, sus sangrientos combates, sus fúnebres victorias conseguidas por uno y otro bando, aportaron a los demonios gigantescos juegos y opíparos banquetes.

Nada más lamentable en la primera guerra Púnica que la derrota de los romanos, hasta el punto de caer prisionero el célebre Régulo, de quien hemos hecho mención en el primero y segundo libros[38], indiscutiblemente un gran hombre, que había vencido antes y sometido a los cartagineses. El fue quien declaró esta primera guerra Púnica, y hubiera triunfado sobre los agotados cartagineses de no haber sido por su desmesurada pasión por la exaltación y la gloria. Ellos le llevaron a imponer condiciones de una dureza insoportable. Si la cautividad de este héroe, imprevista del todo; si su humillante esclavitud, si la escrupulosa fidelidad a su juramento y la atrocidad de su muerte no hace avergonzarse a esos dioses, entonces es verdad que son puras estatuas de bronce sin vida.

2. Pero durante este período tampoco faltaron las más graves calamidades dentro de los muros de Roma. El Tíber se desbordó de una forma insólita y quedaron asolados todos los barrios bajos de la ciudad; algunos edificios fueron arrastrados por el ímpetu torrencial del río, y los otros, anegados en las aguas largo tiempo estancadas, se derrumbaron. A este azote de la ciudad le siguió otro peor todavía, el fuego. Empezó por adueñarse de algunos edificios más altos cerca del Foro, no perdonando siquiera el templo más entrañable de Vesta, donde se guardaba la costumbre de hacerle una como oblación de vida siempre nueva, mediante la renovación de leños ardientes con un exquisito cuidado por manos de doncellas vírgenes, escogidas para este honor, o más bien para su castigo. Sucedió en aquel momento que el fuego no se contentó con mantenerse vivo, sino que empezó a devorar a su alrededor. Aterradas las vírgenes de su voracidad, se vieron incapaces de salvar del incendio los sagrados emblemas del Destino, que ya habían traído la ruina de tres

---

38. I,15,24; 2;23.

ciudades, moradas suyas anteriores. El pontífice Metelo, jugándose la vida, se lanzó y, medio abrasado, pudo arrebatarlos del fuego. Pero ni el fuego le reconoció a él, ni había allí divinidad alguna, puesto que la diosa habría escapado de haber estado. He aquí cómo un simple hombre pudo hacer más por los emblemas sagrados de Vesta, que la misma diosa por él. Si estos emblemas no eran capaces de salvarse a sí mismos del fuego, ¿cómo iban a poder defender de la inundación o de las llamas a la ciudad, que confiaba estar a salvo bajo su protección? Nada con tanta evidencia como los mismos acontecimientos han puesto de manifiesto la absoluta impotencia de tales simulacros.

Dejaríamos nosotros de formular estas objeciones contra nuestros adversarios si manifestasen que tales imágenes no han sido erigidas con objeto de proteger las realidades temporales, sino para significar las eternas. De esta forma, si llegaba el caso de perecer, dado que son algo corporal y visible, no sufrirían menoscabo alguno las realidades que representaban, pudiendo ellas ser reparadas para sus fines de nuevo. Pero, con una asombrosa ceguera, ellos creen que esos sagrados símbolos, perecederos de por sí, pueden asegurar para siempre la salvación terrena y la felicidad temporal de una ciudad. De ahí que cuando se les demuestre que, incluso quedando a salvo tales emblemas, ha hecho presa en ellos la desgracia o la infelicidad, se avergüenzan de cambiar de opinión que son incapaces de defender.

19. La segunda guerra Púnica y sus desastres

En cuanto a la segunda guerra Púnica sería interminable el recordar las catástrofes de los dos pueblos, enfrentados entre sí a lo largo y a lo ancho de la tierra. Tan es así, que, según la propia confesión de quienes se propusieron narrar no tanto las guerras de Roma, cuanto el tratar su poderío militar, el vencedor tenía todas las apariencias de vencido. Porque cuando Aníbal surge de España, escala los Pirineos, atraviesa la Galia, traspasa los Alpes, fue engrosando sus fuerzas en tan largo recorrido. A su paso todo queda devastado o sometido. Como si fuera un torrente, se precipita a las mismas puertas de Italia. ¡Cuánta sangre corrió en aquellas guerras, de innumerables enfrentamientos! ¡Cuántos descalabros sufrieron las fuerzas romanas! ¡Cuántas plazas capitularon ante el enemigo, y cuántas otras fueron tomadas y saqueadas! ¡Qué salvajes batallas, tantas veces gloriosas para Aníbal, cuantas desastrosas para Roma!

¿Y qué diré de la catástrofe de Canas, colmada de un horror indescriptible. Allí Aníbal con toda su crueldad, se dice que quedó tan saciado de la atroz matanza causada a su enemigo más encarnizado, que dio la orden de cesar. Desde el lugar de la batalla envió a Cartago seis celemines de anillos de oro. Quería dar a entender que la caída de la nobleza romana en esta batalla había sido tan grande que era más fácil medirla que contarla[39]. En cuanto al desastre de la tropa restante, tanto más numerosa cuanto más indefensa, que yacía sin anillos, podían calcular por estos datos que era más para deducirla que para notificarles cifras. A raíz de esta catástrofe, se dejó sentir una tal carencia de soldados, que los romanos enrolaron a reos de crímenes, a cambio de la impunidad, y a los esclavos, a cambio de su libertad. Con todos estos elementos lograron alistar, que no restaurar, un vergonzante ejército. Pero los esclavos, o para darles sus títulos, los ya libertos que estaban dispuestos a luchar por la República romana, les faltaban las armas. Arrancaron entonces las de los templos, como si los romanos dijeran a sus dioses: Rendid las armas que inútilmente habéis llevado durante tantos años; tal vez nuestros esclavos puedan sacar algún provecho con lo que vosotros, dioses nuestros, nada habéis podido lograr. Sucedió, además, que las arcas del Estado eran insuficientes para pagar la soldada del ejército, y se echó mano de las riquezas privadas para ayudar a los gastos públicos. Cada uno contribuyó con lo que tenía hasta tal punto que, si exceptuamos los anillos y bulas[40] individuales, tristes distintivos de nobleza, nadie se quedó con un grano de oro, ni siquiera el Senado; cuánto menos los restantes órdenes y las tribus. ¿Quién les aguantaría hoy, si se vieran obligados a pasar una tal penuria en nuestros días? Ahora apenas los podemos soportar, cuando gastan más dinero en los actores por un inútil placer, que entonces en las legiones.

20. Destrucción de Sagunto

Pero entre todos los desastre de la segunda guerra Púnica, ninguno tan desgraciado ni tan digno de lamentar como la destrucción de Sagunto. Esta ciudad de España, tan amiga de Roma, fue destruida por su fidelidad al pueblo romano. Fue aquí donde Aníbal rompió el pacto con los romanos, buscando pretextos para incitarles a la guerra. Empezó primero por asediar ferozmente a Sagunto. Llega la noticia a Roma y ésta le envía legados para que levante el cerco. Aníbal los desprecia y se van a Cartago, donde exponen la querella sobre la ruptura del tratado de paz. No prospera la gestión y se tornan a Roma. El tiempo pasa en estas ne-

---

39. Tito Livio, *Hist.* 22,40ss.
40. Las *bullae* eran esferas o medallones de oro que llevaban al cuello los niños hasta llegar a los 17 años, como amuletos contra los males.

gociaciones y, mientras tanto, aquella desdichada ciudad, opulentísima, muy querida en su país y en Roma, es asolada por los cartagineses a los ocho o nueve meses. Sólo leer cómo fue su final ya causa horror, cuánto más describirlo. Con todo, lo trataré brevemente, ya que es de sumo interés para el tema en que estamos centrados.

En primer lugar, el hambre consumió a los saguntinos, hasta el punto que algunos de ellos llegaron a alimentarse de sus propios cadáveres, según se cuenta. Al fin, ya cansados de todo, para evitar al menos caer prisioneros en las manos de Aníbal, levantaron públicamente una gigantesca hoguera, y, clavándose las espadas, se arrojaron a las llamas con sus familias. ¿Cómo no intervinieron aquí estos dioses glotones y embusteros, hambrientos de la grasa de los sacrificios, que andan engañando a la gente con las patrañas de sus oscuros vaticinios? ¿Cómo no intervinieron aquí para ayudar a esta ciudad, tan amiga del pueblo romano? ¿Cómo no impidieron su destrucción, originada precisamente por mantener a toda costa su lealtad? Los dioses, por supuesto, fueron quienes presidieron, como mediadores, la alianza que unió a Sagunto con Roma. Y ahora es asediada, castigada, exterminada a manos de un pérfido por mantener fielmente lo que ella en su presencia y bajo su aprobación había contraído, por fidelidad a ellos se sentía ligada, y con juramento se había comprometido. ¿No fueron estos mismos dioses quienes más tarde, con rayos en una tempestad, aterraron a Aníbal, ya próximo a las murallas de Roma, y lo ahuyentaron de allí? Entonces ¿por qué no actuaron de modo semejante al principio? Me atrevo incluso a afirmar que era más honroso para ellos la posibilidad de desencadenar una tempestad en favor de los aliados de Roma, a la sazón en peligro por mantenerse fieles a su juramento, y en total ausencia de auxilio, que el hacerlo en favor de los mismos romanos. Estos luchaban para ellos y frente a Aníbal disponían de gran cantidad de recursos. Si fueran los garantes de la felicidad y de la gloria de Roma, le habrían evitado el negro baldón del desastre saguntino. Qué simpleza creer que Roma no sucumbió bajo la victoria de Aníbal por haber tenido a estos dioses por baluarte, cuando no pudieron echar una mano a Sagunto para evitar su exterminio por mantener su alianza.

S el pueblo saguntino hubiera sido cristiano, y se hubiera visto en la necesidad de padecer algo semejante por su fidelidad al Evangelio (aunque, en realidad, nunca se habrían exterminado a sí mismos a sangre y fuego); hubieran padecido la destrucción por su fe evangélica, y lo habrían hecho con una esperanza que ha puesto su fuerza en Cristo, no por la recompensa de un tiempo insignificante, sino de una eternidad sin fin. Mas en relación con estos dioses, a quienes, al parecer, se les da culto, es más, se sienten en la obligación de dárselo, precisamente para asegurar la felicidad de estas cosas escurridizas y transitorias, ¿qué nos responderán sus defensores para disculparlos sobre la ruina de Sagunto, sino lo mismo que responden sobre la muerte del célebre Régulo? Con esta única diferencia: que en aquel caso se trataba de un solo hombre, y en éste de una ciudad entera. Pero en ambos casos la razón de la muerte ha sido la fidelidad al juramento prestado. Por esta fidelidad precisamente el uno eligió volver al enemigo, y la ciudad no quiso pasarse a él. ¿Así que mantenerse fiel a la palabra dada provoca la cólera de los dioses? ¿O pueden sucumbir no sólo un grupo de hombres, sino ciudades enteras, teniendo a los dioses de su parte? En tal disyuntiva, les dejo a nuestros adversarios que elijan la respuesta que más les plazca. Porque si la fidelidad mantenida excita la cólera de tales dioses, pónganse a buscar perjuros que los honren. Y si, aun cuando los dioses les sean propicios, es posible a los individuos o a las ciudades perecer víctimas de incontables y dolorosas torturas, es inútil darles culto con vistas a la felicidad de este mundo. Así que basta ya de enojarse quienes se piensan desgraciados por la pérdida del culto a sus dioses. Bien podría ocurrir que, a pesar de la presencia, incluso de la protección de sus dioses se encontrasen ahora no sólo renegando de una desdicha semejante a la actual, sino en medio de atroces tormentos, como antaño Régulo y los saguntinos, o al menos muertos miserablemente.

21. De la ingratitud de Roma con Escipión a los augurios de Numancia

Omitiendo muchos detalles, para no exceder los límites que me propuse para esta obra, miremos la segunda y última guerra con los cartagineses, cuando Salustio elogia a los romanos por su conducta inmejorable y su perfecta concordia mutua. En este período de costumbres ejemplares y magnífica convivencia, Escipión, el libertador de Roma y de Italia, el que acabó de forma gloriosa y admirable la segunda guerra Púnica, tan horrenda, tan destructora, tan peligrosa, que supo ser vencedor de Aníbal y domador de Cartago, cuya imagen se nos retrata como entregado a los dioses desde su juventud y educado en los templos, dimitió ante las acusaciones de sus enemigos personales. Exiliado de su patria, la que se había salvado y era libre gracias a su arrojo, se retiró a Literno, donde pasó el resto de sus días. Después de su triunfo tan relevante, no quiso saber más de aquella Roma; se dice que dio órdenes de que ni siquiera sus funerales se celebrasen en su ingrata patria.

Fue también en este tiempo cuando el procónsul Gneo Manlio, triunfador de Galacia, introdujo en Roma el lujo asiático, más peligroso que cualquier enemigo. Comenzaron a ponerse de moda los lechos de bronce, los tapices preciosos; se introdujeron en los banquetes tocadores de arpa y otras licenciosas depravaciones. Pero de momento me he propuesto hablar de los males que los hombres padecen contra su voluntad, no de aquellos que realizan con gusto. De ahí que el caso antes citado de Escipión, forzado a abdicar por las acusaciones de sus enemigos, muerto fuera de la patria que él mismo había liberado, es mucho más esclarecedor para lo que estamos discutiendo. Porque aquellos espíritus divinos, de cuyos templos hizo retroceder a Aníbal, no le correspondieron, a pesar de recibir culto únicamente por esta felicidad temporal. Pero, como Salustio califica este tiempo de óptimas costumbres, he creído oportuno citar lo del lujo asiático, para que se vea cómo Salustio lo dijo comparándolo con otros períodos de su historia, donde reinaron costumbres más corrompidas en medio de gravísimas discordias.

Fue entonces, entre la segunda y tercera guerra Púnica, cuando se promulgó la ley Voconia[41], que inhabilitaba para la herencia a la mujer, incluso aunque fuera hija única. Yo no sé si es posible encontrar algo más injusto de palabra y de obra. A pesar de ello, durante todo el intermedio entre estas dos guerras púnicas, las desgracias de Roma fueron más soportables que en otros períodos. Solamente el azote de la guerra lo sufría el ejército en campañas del exterior, sirviéndole sus victorias de consuelo. Dentro de Roma no había las discordias que la destrozaban en otros tiempos. Pero en la última guerra Púnica, Escipión el Menor, de un solo ataque, destruyó de raíz a la rival del poderío romano, de ahí le ha venido el sobrenombre de *Africano*. Y seguidamente un tal cúmulo de males infestó a la República romana, por causa de su prosperidad y seguridad política, fuente ésta de inmoralidad y de los males restantes, que se puso de manifiesto ser más nociva la fulminante caída de Cartago, que lo fuera su enemistad, tanto tiempo alimentada.

Durante el período que sigue hasta César Augusto, quien parece haber arrebatado por completo la libertad de los romanos; esa libertad que ya ellos mismos no tenían como gloriosa, sino pendenciera, funesta, sin nervio alguno y lánguida, que todo lo concentró en la voluntad de monarca, bajo las apariencias de una restauración y renovación de la República, extenuada por una especie de decrepitud enfermiza, inaugurando un régimen fresco. De este período omitiré los desastres militares,

---

41. Se llamaba *Lex Voconia* por haberla dado Q. Voconio Saxa, tribuno de la plebe, para limitar los derechos hereditarios de las mujeres. Una vez más, como en el caso de las mujeres violadas, Agustín sale en defensa de los derechos y la dignidad de las mujeres, desaprobando tal ley.

tantas y tantas veces repetidos, debidos a unas u otras causas, así como el pacto con Numancia, vergonzoso, horrendo, ignominioso, porque dicen que los pollos sagrados volaron de su jaula[42], augurando así un desastre al cónsul Mancino, como si durante tantos años en los que estuvo sitiada esta insignificante ciudad, teniendo en jaque al ejército romano, y que ya comenzaba a ser el terror de la República, la hubieran atacado los otros generales con augurios desfavorables.

22. El edicto de Mitrídates y la vanidad de los augurios

Ya que pasaré en silencio estos acontecimientos, pero no puedo pasar por alto la orden que dio Mitrídates, rey de Asia, de exterminar en un solo día a todo ciudadano romano que se encontrase en cualquier parte de su territorio, donde había un gran número dedicado a sus negocios privados; orden que fue ejecutada. Qué lamentable espectáculo, cuando en un instante, dondequiera se encontrase un romano: en el campo, de camino, en la ciudad, en su casa, en su barrio, o en la plaza, en el templo, en la cama, o a la mesa; en fin, cuando menos lo esperaba y de forma despiadada, todos eran degollados. ¡Qué morir aquél tan lastimero! ¡Qué lágrimas arrancaban a los espectadores y quizá a sus mismos verdugos. ¡Qué cruel obligación la de los nativos que los hospedaban, ver en su propia casa aquellos viles asesinatos, más aún, tener que perpetrarlos! Su rostro, de una amistosa acogida, llena de humanidad, debían cambiarlo repentinamente para perpetrar en plena paz un acto propio de quien está en guerra frente a su enemigo, hiriéndose, me atrevo a decir, mutuamente: el asesino, al asestar el golpe en el cuerpo de la víctima, se lo asestaba a sí mismo en el alma.

Todas estas personas asesinadas, ¿habían despreciado los augurios? ¿No tenían dioses tanto domésticos como públicos para consultarles cuando emprendieron aquel viaje del que no retornarían? Si esto es así, nuestros adversarios no tienen por qué quejarse de la época actual en este mismo punto de sus desgracias, ya que hace tiempo los romanos desprecian estas prácticas sin sentido. Si, por otra parte, consultaron a sus dioses, ¿de qué les sirvieron semejantes consultas, realizadas en la época de su plena licitud, sin la más mínima oposición, autorizadas sino por las leyes divinas, sí por las humanas?

---

42. Los romanos tenían por costumbre llevar en las campañas de guerra un jaula de pollos, de la que se encargaba un *pullarius*, que observaba su conducta e interpretaba el augurio conveniente.

23. Desastres internos y la rabia de los animales

Pero pasemos ahora a recordar, lo más brevemente posible, los males tanto más deplorables cuanto más cercanos: las discordias civiles, mejor dicho, inciviles, que no han parado en sediciones, sino que llegaron a verdaderas guerras internas, donde tanta sangre se derramó, cuando los partidismos se ensañaban el uno contra el otro, y no por división de opiniones en las asambleas, o por gritarse unos a otros, sino abiertamente a sangre y fuego. Guerras sociales, guerras de esclavos, guerras civiles. ¡Qué mar de sangre romana derramada, cuánta desolación y orfandad sembrada por Italia!

Antes de la guerra social del Lacio contra Roma todos los animales domesticados por el hombre, perros, caballos, asnos, bueyes y demás, que le prestan servicio, se volvieron feroces de repente; olvidaron su mansedumbre doméstica, y erraban sueltos fuera de sus establos; rehuían la proximidad no sólo de extraños, sino incluso de sus propios dueños, con grave peligro para ellos. ¡Qué mal tan grave presagiaba este portento, sí es que fue un signo! ¡Qué plaga tan maligna, aunque no fuera signo de nada! Si hubiera ocurrido algo semejante en nuestros días, ya estoy viendo a los paganos más rabiosos contra nosotros que lo fueron los animales contra sus abuelos.

24. Conflicto civil provocado por los Gracos

La guerra civil comenzó con las sublevaciones de los Gracos, provocadas por las leyes agrarias. Pretendían la repartición entre el pueblo de tierras, poseídas injustamente por la nobleza.Pero el intentar desarraigar un abuso tan inveterado resultó extremadamente peligroso, más aún, pernicioso en extremo, como los hechos confirmaron. ¡Qué matanza se originó tras el asesinato del primer Graco! Y otro tanto se repitió con el segundo al poco tiempo. Caían nobles y plebeyos, pero no por cumplimiento de la ley o por orden de las autoridades; únicamente por revueltas y choques armados. El cónsul Lucio Opimo se había levantado en armas contra el segundo Graco dentro de Roma, aplastándolo junto con sus partidarios, en un catastrófico exterminio de ciudadanos. Tras este asesinato, él mismo prosiguió por vía judicial la persecución de los sobrevivientes, cuyo resultado, según parece, fue la ejecución de tres mil hombres.

Ya podemos imaginar cuál sería la multitud de víctimas que acarreó aquel turbulento choque armado, cuando tantas ocasionó un proceso judicial tenido por examinador de las causas. El que asesinó al mismo

Graco, vendió su cabeza al cónsul a peso de oro, tal como habían pactado antes de la masacre. En ella fue ejecutado también, con sus hijos, el ex cónsul Marco Fulvio.

25. El templo de la Concordia, memorial de la discordia

Por una resolución, muy gentil por cierto, del Senado, se levantó el templo de la Concordia[43] en el mismo lugar donde se conoció el fúnebre levantamiento en el que perecieron cantidad de ciudadanos de todo rango. Así, como testimonio del castigo de los Gracos, golpearía los ojos de los oradores, y les punzaría su recuerdo. Pero ¿qué fue sino una burla de los dioses el levantarle un templo a un diosa que, si hubiera estado presente, no habría permitido la ruina de la ciudad, hecha pedazos por tantas disensiones? A no ser que se culpe por sangre derramada a la diosa Concordia, por haber abandonado la mente de los ciudadanos y mereciera, por tanto, ser encerrada en aquel templo como en prisión. ¿Por qué los romanos, para ser más consecuentes con la realidad, no levantaron un templo a la Discordia? ¿Qué razones aducen para que la Concordia sea diosa y la Discordia no; para que, según la distinción de Labeón una sea buena y la otra mala? El no parece guiarse por más razones que ésta: en Roma advirtió que se había levantado un templo a la diosa Fiebre, así como a la Salud. Con la misma lógica debió erigirse templo a la Discordia y no sólo a la Concordia. Fue arriesgado para los romanos decidirse a vivir bajo el enojo de una diosa tan maléfica. Se olvidaron de que su cólera fue el origen de la destrucción de Troya. En efecto, no fue invitada al banquete con los demás dioses. Entonces maquinó el arrojar la manzana de oro para encender la rivalidad entre las tres diosas 9. De ahí se originó la disputa entre estas divinidades, la victoria de Venus, el rapto de Helena, la destrucción de Troya. Quizá se sentía indignada de no merecer un templo en la urbe con los demás dioses, y por eso traía revuelta la ciudad con tantos enfrentamientos. ¡Cuánto más tuvo que encenderse su cólera al ver que en el preciso lugar de la matanza, es decir, en el lugar de su intervención, veía levantarse un templo a su rival!

Cuando ven que nos reímos de todas estas ridiculeces, los paganos cultos y prudentes se ponen de mal humor. Y, sin embargo, los adoradores de divinidades buenas y malas no salen de este dilema entre la Concordia y la Discordia: o bien que dejaron de lado el culto a estas dos

---

43. Los romanos divinizaron las virtudes humanas, así como las enfermedades, por ejemplo la diosa *Febris*, protectora de la fiebre. La Concordia fue muy celebrada y, al parecer, su primer templo erigido en el Foro se debió a Furio Camilo para simbolizar la paz entre la aristocracia y la plebe. Ovidio, *Fast.* 1,631.

diosas, prefiriendo el culto a Fiebre y a Belona, a quienes antaño les dedicaron santuarios; o bien que les rindieron culto también a aquéllas, pero he aquí que Concordia les abandona y Discordia se ceba en ellos hasta llevarlos a la guerra civil.

26. Guerras que siguieron a la construcción del templo de la Concordia

Los romanos creyeron que, al erigir un templo de la Concordia, a la vista de los oradores, como memoria de la muerte y del suplicio de los Gracos, estaban levantando un obstáculo a la sedición. El provecho que sacaron de tal medida nos lo indican los peores guerras que luego siguieron. Porque estos oradores, a partir de entonces, se esforzaron no en evitar la recaída en el ejemplo de los Gracos, sino en superar sus proyectos. Así el tribuno del pueblo, Lucio Saturnino, el pretor Cayo Servilio y, más tarde, Marco Druso, desataron rebeliones que ocasionaron matanzas de por sí gravísimas.

Además, inflamaron toda Italia en las guerras sociales, dejándola profundamente deshecha, de forma que llegó a una devastación y a una despoblación impresionantes. Vinieron seguidamente la guerra de los esclavos y las guerras civiles. ¡Cuántos enfrentamientos!, ¡cuánta sangre derramada! Aquellas gentes de Italia, sobre las que pesaba fuertemente el poderío romano, quedaban domadas como si se tratara de una raza de salvajes. Y luego, de un puñado de gladiadores —menos de setenta— se originó una guerra de esclavos, ¡y de qué modo! ¡Hay que ver cómo fue aumentando el número, y a qué arrojo y ferocidad llegaron! ¡Cuántos generales de Roma tuvieron que rendirse ante este aluvión! ¡Qué ciudades y regiones, y en qué forma fueron arrasadas! ¡Sí apenas los historiadores han sido capaces de hacer una descripción! Pero esta no fue la única guerra de los esclavos. Saquearon primero la provincia de Macedonia, luego Sicilia y la costa marítima. ¿Quién podría describir en toda su magnitud las atrocidades cometidas por los piratas, o de las guerras que después mantuvieron contra Roma?

27. Guerra civil entre Mario y Sila

Cuando Mario, manchado con la sangre de sus compatriotas, sacrificados por la furia de sus adversarios políticos, fue expulsado de Roma, pudo ésta respirar un poco. Para utilizar las palabras de Cicerón: "Cinna y Mario regresaron juntos y tomaron posesión de la ciudad. Entonces exterminó a los hombres más ilustres, se apagaron las lumbreras de la ciudad. Sila después vengó esta cruel victoria; no necesitamos decir a costa de cuántas ejecuciones civiles y de cuántas desgracias para la República"[44]. De esta venganza, más funesta que si hubieran quedado impunes los crímenes castigados, dice también Lucano: "Fue peor el remedio que la enfermedad. Cayeron los culpables, pero cuando ya sólo culpables podían sobrevivir, se dio rienda suelta al odio, y el rencor se desbocó sin los frenos de la ley"[45].

Durante aquella guerra entre Mario y Sila, dentro ya de la misma Roma, las calles, las plazas, los foros, los teatros, los templos, todo estaba repleto de cadáveres. Esto sin contar los caídos en pleno campo de batalla. Era difícil saber cuándo los vencedores hicieron mayor matanza: si antes para vencer, o después por haber vencido. Primeramente Mario, tras su victoria, vuelve, restablecido, de su propio exilio. Sin tener en cuenta los innumerables homicidios cometidos por todas partes, fue puesta en los *rostra*[46] la cabeza del cónsul Octavio; César y Fimbria fueron asesinados en sus propias casas; los dos Crasos, padre e hijo, fueron ejecutados, uno en presencia del otro; a Bebio y Numitorio, arrastrados de un garfio, les derramaron las entrañas y así perecieron; Catulo tuvo que beber veneno para librarse de las manos de sus enemigos; Mérula, flamen Júpiter, se cortó las venas, ofreciendo en libación a u dios su propia sangre. En fin, en su presencia se ejecutaba inmediatamente a todo aquel que, al saludarle, se negase Mario a tenderle la mano.

28. Atrocidades de Sila

A la de Mario siguió la victoria de Sila, el así llamado vengador de las crueldades de Mario, pero a costa de mucha sangre ciudadana. Cuando las hostilidades apenas habían terminado los dioses, que aún estaban vivos, convirtieron la victoria más cruel todavía durante el período de paz. A las primeras todavía recientes matanzas de Mario el Viejo se añadieron otras más graves aún de Mario el Joven y Carbón, ambos del partido de Mario. Viendo venir la victoria de Sila, y llegando incluso a dudar de su propia salvación, todo lo llenaron de cadáveres tanto propios como enemigos. Aparte del desastre sembrado por doquier, cercaron el Senado, y desde la Curia iban llevando a la muerte a los senadores como desde una cárcel. El pontífice Mucio Escévola fue degollado abrazando el altar mismo del templo de Vesta, lo más sagrado para los romanos.

---

44. Cicerón, *Catil.* 3,1.

45. Lucano, *Pharsalia* 2,142-146.

46. Los *rostra* eran las tribunas de los oradores en el Foro, adornados con los espolones férreos de las naves capturadas a los enemigos y que tenían forma de picos de ave, es decir, *rostra*.

El fuego, alimentado constantemente por el cuidado de vírgenes, quedó medio apagado con su sangre[47].

Entró luego Sila victorioso en Roma, después de haber masacrado en la "Villa Pública", no en combate, sino por una orden, a siete mil que se habían entregado prisioneros y, por consiguiente, desarmados, así de cruel fue la ira de la paz incluso cuando la ira de la guerra se había extinguido. Por toda la ciudad, los partidarios de Sila mataban a quien les venía en gana, hasta llegar a ser incontables los cadáveres. Por fin se le sugirió a Sila que sería conveniente dejar algunos con vida, para que los vencedores tuvieran a quien mandar. Se puso freno entonces a la enloquecida licencia de cortar cabezas, que tenía lugar a cada paso. Y, en medio de gran regocijo, se expuso al público la famosa lista con los nombres de dos mil ciudadanos de los dos órdenes más honorables, es decir, del ecuestre y del senatorial, para ser muertos o proscritos. Era triste ver la cantidad, pero quedaba el consuelo de que tenía un límite.

La amargura de tantos caídos era menor que la alegría de verse los demás libres del pánico. Sin embargo, la misma seguridad de los salvados, aunque cruel, hubo de lamentar las refinadas torturas que se aplicaron a algunos de los condenados a muerte. A uno, por ejemplo, lo despedazaron con las manos, sin arma alguna, con un salvajismo mayor, hombres ellos a un hombre vivo, que lo hacen las fieras cuando despedazan a un cadáver que se les arroja. A otro le arrancaron los ojos y le fueron cortando los miembros trozo a trozo. Así tuvo que vivir, mejor dicho, tuvo que ir muriendo durante largo tiempo en medio de atroces tormentos. Se llegaron a poner a pública subasta ciudades famosas, como si se tratara de cortijos, y a una se la condenó entera a muerte, como a un reo que se conduce al degüello.

Todas estas atrocidades se cometieron en tiempo de paz, después de terminada la guerra; no para acelerar la victoria, sino para hacerla respetar. Parece como si la paz hubiera rivalizado en crueldad con la guerra y hubiese quedado victoriosa. La guerra derribó a hombres armados; la paz a los inermes. En guerra, el atacado podía responder con otro golpe. En la paz no les era posible vivir a los librados de la muerte, sino que se les obligaba a morir sin resistencia.

29. Comparación entre la ferocidad bárbara y la romana

¿Qué salvajismo de pueblos extranjeros, qué ferocidad bárbara podría compararse a esta victoria de unos ciudadanos sobre otros? ¿Ha

---

47. Cicerón, *Ad Attic.* 9,21,3.

visto Roma cosa más funesta, más tétrica, más amarga? ¿Quizá antaño la irrupción de los galos, o recientemente la de los godos? ¿O más bien la fiereza de un Mario o un Sila, o de otros miembros de sus partidos, que eran como las lumbreras de todo el partido? Cierto que los galos pasaron a cuchillo a cuantos miembros del Senado encontraron por toda la ciudad, exceptuados los de la fortaleza capitolina, que a duras penas se pudo defender sola. Sin embargo, a los refugiados en este cerro les permitieron, a precio de oro, comprar sus propias vidas, condenadas a extinguirse si no por la espada, sí por el asedio. Los godos, en cambio, perdonaron la vida a tal cantidad de senadores, que lo raro es contar quiénes perdieron la vida.

Pero Sila, mientras vivía todavía Mario, se fue victorioso al Capitolio, respetado antes por los galos, y allí se instaló para decretar matanzas. Y como Mario se dio a la fuga, para volver más feroz y sediento de sangre, Sila, incluso por un decreto del Senado, desde el Capitolio despojó a gran número de la vida y de sus bienes. Y para los partidarios de Mario, cuando ya se había ido Sila, ¿hubo algo sagrado que lo respetasen, cuando no respetaron ni a un ciudadano como Mucio, senador y pontífice, que rodeaba con desesperados abrazos el altar mismo donde estaban deposita-tados —dicen ellos— los destinos de Roma? En fin, por no citar otras innumerables ejecuciones, aquella lista última de Sila hizo degollar a más senadores de los que ni siquiera expoliaron los godos.

30. Guerras en cadena antes de la venida de Cristo

¿Cómo tienen nuestros adversarios el descaro, la osadía, la desvergüenza, la necedad, diré más, la locura de dejar a sus dioses inmunes de responsabilidad en todas estas desgracias, y sin embargo imputar las presentes a nuestro Cristo? Según la confesión de sus propios historiadores, las guerras civiles, con su crueldad, han sido más amargas que todas las guerras contra enemigos extraños. En su estimación, la República no sólo sufrió un azote, sino que quedó arruinada por completo. Y no olvidemos que estallaron mucho antes de la venida de Cristo.

Luego, tras la guerra de Mario y Sila, una criminal concatenación de causas trajo la guerra de Sertorio y de Catilina: el uno proscrito de Sila y el otro su protegido. De aquí se originó la guerra de Lépido y de Catulo: el uno ansioso de acabar con la actuación de Sila, y el otro de apoyarla. Todo ello desembocó en la guerra entre Pompeyo y César: el uno, partidario de Sila, le había igualado en poderío militar o incluso le había superado. Pero César no soportaba este poderío de su rival, justamente porque él no lo tenía. Pero en cuanto lo venció y murió Pompeyo, le sobrepasó. Por fin llegó otro César, llamado luego Augusto, bajo cuyo imperio nació Cristo. Porque también el mismo Augusto sostuvo guerras civiles contra muchos adversarios. En ellas murieron gran número de hombres ilustres, entre ellos Cicerón, ese elocuente artífice de la política de Roma.

El vencedor de Pompeyo, Cayo César, se portó con clemencia en la victoria de la guerra civil: a sus adversarios les concedió la vida y el mantener su dignidad. Pero una conjuración de algunos senadores de la nobleza, al apreciar en él una supuesta ambición de proclamarse rey, le acuchillaron en plena curia, so pretexto de defender la libertad de la República.

Tras él apareció Antonio, de vida totalmente diferente, un hombre sucio y corrompido por todos los vicios, que daba la impresión de ambicionar su poder. Cicerón le hizo frente poderosamente, también en nombre de la pretendida libertad de la patria. Y fue en aquel momento cuando empezó a descollar el otro César, aquel joven de excelentes cualidades, hijo adoptivo del famoso Cayo César, y que luego, como ya he dicho, recibió el nombre de Augusto. Cicerón apoyaba a este joven César, para aumentar su potencia contra Antonio, con la esperanza de devolver la libertad a la República, una vez sofocada y desterrada su tiranía. Pero obraba con tanta ceguera y falta de previsión, que primeramente el mismo joven, cuya dignidad y poder él fomentaba, le dio permiso a Antonio para asesinar a Cicerón, como por una especie de pacto de mutua concordia, y luego se apoderó personalmente de la libertad de la República, por la que tantas veces había él pronunciado discursos.

31. Los dioses nunca han protegido a sus adoradores

Que los que no tienen gratitud a Cristo por sus grandes beneficios, acusen a sus dioses de tamaños males; porque, ciertamente, cuando ocurrían todas aquellas desgracias, estaban ardiendo los altares de las divinidades con incienso de Saba, y exhalaban su perfume de guirnaldas frescas, y gozaban de gran prestigio los diversos sacerdocios, y resplandecían los santuarios, y en los templos se hacían sacrificios, y se organizaban juegos, y se llegaba al estado de delirio. Pero, mientras tanto, la sangre de los ciudadanos corría a raudales acá y allá, no precisamente en los lugares profanos, sino entre los mismos altares de los dioses. No eligió Cicerón para refugiarse un templo, ya lo había hecho en vano Mucio. Precisamente los que con más saña insultan a la era cristiana, se han refugiado en los lugares consagrados a Cristo, o los mismos bárbaros los han conducido allí para asegurarles la vida.

En resumen, prescindo ahora de los demás acontecimientos que he mencionado y de otros innumerables que me hubiera sido prolijo mencionar, tengo el convencimiento, y quien esté libre de intereses y partidismos reconocerá sin dificultad conmigo lo que voy a decir: si la humanidad hubiese recibido la doctrina cristiana antes de las guerras Púnicas, y hubiera tenido lugar un tal desastre como el que asoló a Europa y Africa por su causa, ni uno solo de quienes ahora nos están atacando dejaría de achacar a nuestra religión todos esos males. Y mucho más intolerables serían sus gritos, al menos en lo que se refiere a los romanos, si aquella invasión de los galos, o la devastación ocasionada por la inundación del Tíber y por los incendios, o, lo que excede a todas estas calamidades, las guerras civiles, hubiesen sobrevenido a continuación de la aceptación y difusión de la religión cristiana.

Y respecto a las restantes desgracias que hasta ahora han tenido lugar de una naturaleza tan increíble que llegaron a ser contadas entre los acontecimientos prodigiosos, si hubieran sucedido durante la época cristiana, ¿sobre quién harían recaer la responsabilidad, como si se tratara de delitos cometidos, más que sobre los cristianos? Prescindo ahora de aquellos acontecimientos que más bien fueron extravíos que nocivos: bueyes que hablaron; criaturas que antes de nacer gritaron palabras desde el seno materno; serpientes que volaron; mujeres, hombres, gallinas, que cambiaron de sexo, y cosas por el estilo que nos han transmitido sus libros, no ya los de fábulas, sino los históricos (serán o no serán ciertos), y que no producen a los hombres perjuicio alguno, sino estupor. Ahora bien, si cayó una lluvia de tierra, o de greda, o de piedras (no la piedra de granizo, como a veces solemos decir, sino verdaderas piedras), esto, por supuesto, ya puede que haya causado daño, incluso graves. En sus obras leemos que la lava del Etna fue deslizándose desde la misma cima del monte hasta el litoral cercano, entrando la mar en una tal ebullición, que las rocas se calcinaron y se derritió la pez de las naves. Evidentemente esto ocasionó un daño y no leve, por más que se trate de un prodigio increíble. Las mismas fuentes escritas hablan de otra erupción incandescente de una magnitud tal que Sicilia se cubrió de cenizas, quedando las casas de Catania sepultadas y aplastadas bajo esta lluvia calcinada. Los romanos, conmovidos ante tal desgracia, eximieron a la ciudad ese año del tributo debido.

Hablan también sus escritos de que en el Africa, ya provincia romana, hubo una plaga de langostas realmente asombrosa. Era como una nube de incalculables proporciones, que dejó consumidos los frutos y las hojas de los árboles, precipitándose luego al mar. El mar devolvió a las playas los restos putrefactos, originándose una grave contaminación del ambiente, hasta el punto de que sólo en el reinado de Masinisa dicen que murieron ochenta mil hombres, siendo de mayores proporciones la catástrofe en las regiones próximas a las costas. En Utica, por ejemplo, de treinta mil hombres que había en edad de servicio militar, se asegura que quedaron reducidos a diez.

Supongamos que alguno de estos desastres hubieran ocurrido ahora, ¿no echarían la culpa a la religión cristiana esos insensatos que nos acusan y a quienes estamos obligados a responder? Y sin embargo, no quieren atribuir a sus dioses ninguna de estas cosas, aunque les dan culto para evitar sufrir todos estos males u otros menores, y no reparan que aquellos que anteriormente los adoraron no fueron preservados de estos grandes desastres.

Libro IV

1. Recapitulación del libro primero

Habiendo comenzado a hablar de la ciudad de Dios, me pareció que es necesario ante todo responder a sus enemigos, que andan ansiosos tras los gozos terrenos y suspiran por estas realidades fugaces, y que han echado la culpa de sus sufrimientos a la religión cristiana, que es la única religión salvadora, en lugar de notar que es una advertencia de la misericordia de Dios que no un castigo de su severidad. Y como entre ellos hay una multitud de ignorantes, se enciende más su odio contra nosotros, apoyados en la autoridad de pretendidos sabios, creyendo que los hechos insólitos ocurridos en su época no tienen precedentes en épocas anteriores.

Añadiendo a esto que lo confirmaban los conocedores de tal falsedad, procurando disimularlo para dar la impresión de tener justos motivos de murmuración contra nosotros, fue necesario demostrar, partiendo de las obras históricas de sus propios autores, cómo la realidad de los hechos pretéritos es muy otra de como éstos se piensan. Al mismo tiempo había que dejar en claro cómo los dioses falsos, que antaño adoraban pública-mente, o lo hacen hoy en privado, son los espíritus más inmundos y los demonios más malignos y engañosos. Esto hasta el punto de gozarse en sus propios crímenes, sean falsos o verdaderos; ellos han querido que tengan rango de celebración durante sus fiestas. Así la debilidad humana estará imposibilitada para evitar la caída en tales vilezas, puesto que se le proponen como modelo, avalados por una pretendida autoridad divina.

Hemos probado estas cosas no siguiendo nuestras propias conjeturas nuestras, sino en parte la memoria de hechos recientes; yo mismo en per-sona he presenciado tales exhibiciones a esta clase de divinidades; y en parte los testimonios escritos de quienes consignaron para la posteridad estos hechos y no para ignominia, sino para honor de sus dioses. Tanto es así, que Varrón, hombre de gran saber y reconocida autoridad ante ellos, ha tratado en distintos libros las realidades humanas y las divinas, dedi-cando unos a las humanas y otros a las divinas, según la dignidad propia de cada una de ellas, y así ha colocado los juegos escénicos no sólo entre las cosas meramente humanas, sino entre las divinas[1]. Cuando la realidad es que, en el supuesto de no haber en la ciudad más que hombres honrados, ni siquiera entre las cosas humanas habría que colocar tales representaciones escénicas. Esta distribución no la hizo Varrón por su propia iniciativa, sino que por ser un romano de nacimiento y educación, encontró ya los juegos escénicos entre las instituciones divinas.

Como al final del primer libro hemos indicado lo que luego íbamos a desarrollar, tocando algunos temas en los dos libros siguientes, nos damos cuenta de lo que aún queda por ofrecer a la atención de nuestros lectores.

2. Contenido de los libros segundo y tercero

Habíamos prometido dar una respuesta en contra de quienes hacen responsable de los desastres de Roma a nuestra religión, así como recordar los males que me viniesen a la memoria de toda clase y gravedad, al menos los que parezcan suficientes, padecidos tanto por la urbe como por las provincias sometidas a sus dominios, antes de la prohibición de los sacrificios paganos; todos los cuales nos los achacarían también a nosotros en el caso de que la religión cristiana hubiera brillado entre ellos, o prohibido la practica de sus ritos sacrílegos. Creo que todo esto ha quedado suficientemente desarrollado en el segundo y tercer libros: el segundo trata de la corrupción de costumbres, males éstos, o bien los únicos, que merecen el nombre de tales, o, al menos, los más graves; y el tercero trata de los únicos aborrecidos por los insensatos, es decir, los males corporales y externos, sufridos ordinariamente también por los hombres de bien. Pero, en cambio, soportan, no con paciencia sino con mucho gusto los males que realmente les hacen malos. ¡Y qué poco he tratado, ciñéndome únicamente a Roma y sus dominios! Ni siquiera lo he dicho todo hasta la época de César Augusto. ¿Qué proporciones tendría esta obra si quisiera citar y resaltar no ya los males que se infligen los hombres mutuamente, por ejemplo las devastaciones y catástrofes de sus guerras, sino aquellos que provocan los mismos elementos naturales sobre la tierra? Apuleyo los resume brevemente en un pasaje de su libro sobre *El mundo*, diciendo que "todo lo terrestre está sujeto a mutación, transformación y exterminio". Porque, utilizando sus mismas palabras, la tierra se resquebraja la tierra entre espantosos terremotos, y se tragó ciudades enteras con sus habitantes; lluvias torrenciales se desencadenaron, anegando regiones enteras; tierras firmes, que formaban antes partes del continente, queda-

---

1. Varrón, *Antiquitates rerum humanarum et divinarum* 1,35.

ron convertidas en islas por la invasión de un extraño huésped: el oleaje; otras, antaño aisladas, se volvieron accesibles a pie, por quedarse retirado perezosamente el mar; huracanes y tempestades que arrasaron ciudades; regiones orientales que perecieron abrasadas por fuego caído de las nubes; manantiales que causaban inundaciones en el Occidente, provocando los mismos desastres; el Etna, que un día empezó a vomitar por sus elevados cráteres un incendio que parecía de los dioses, deslizándose por sus laderas como un río de fuego. Si hubiera intentado recoger estos acontecimientos y otros por el estilo que estaban a mi alcance, utilizando los relatos históricos, ¿cuándo habría terminado con los males anteriores a la época en la que el nombre de Cristo puso fin a todas aquellas prácticas estúpidas de los paganos, perniciosas para su verdadera salvación?

He prometido también mostrar cuál era su conducta moral, y por qué causa el verdadero Dios, de quien depende todo reino, se ha dignado acrecentar y favorecer su imperio. Y al mismo tiempo, cómo esos que tienen por dioses no les han prestado ninguna ayuda; sino más bien daño con sus engaños y patrañas. Así, pues, creo que ha llegado el momento de hablar del engrandecimiento del poder romano. Porque de la mentira, tan nociva, de los demonios, honrados como si fueran dioses, de las graves corrupciones introducidas en sus costumbres, ya he tratado mayormente en el segundo libro, y con amplitud. A lo largo de los tres libros concluidos hemos resaltado cuando se ha ofrecido la ocasión, los grandes consuelos que, incluso en medio de los horrores de la guerra, proporcionó Dios a buenos y malos por medio de Cristo, a quien tanto honor han tributado los bárbaros, contrariamente a lo acostumbrado en las guerras. Es el mismo Dios que hace salir su sol sobre buenos y malos, y manda la lluvia sobre justos e injustos (Mt. 5:45).

3. Sólo la bondad es fundamento de la felicidad

Pasemos, pues, a considerar el peso de las razones que asisten a los paganos para que tengan la osadía de atribuir la gran amplitud y la larga duración de la dominación romana a esos dioses, cuyo culto se empeñan en llamar honesto, cuando ha sido realizado por medio de representaciones escénicas envilecidas, y a través de hombres no menos envilecidos; aunque antes quisiera inquirir un poco respecto a las razones lógicas o políticas para querer gloriarse de la duración o de la anchura de los dominios del Estado. Porque la felicidad de estos hombres no la encuentras por ninguna parte, envueltos siempre en los desastres de la guerra, manchados sin cesar de sangre, conciudadana o enemiga, pero humana; envueltos constantemente en un temor tenebroso, en medio de pasiones sanguinarias; con una alegría brillante como el cristal, pero tan frágil como él, expuesto al temor de quebrarse por momentos.

Para enjuiciar esta cuestión con más objetividad, no nos hinchemos con jactanciosas vaciedades, no dejemos deslumbrarse nuestra agudeza mental por altisonantes palabras, como "pueblos", "reinos", "provincias". Imaginemos dos hombres (porque cada hombre, a la manera de una letra en el discurso, forma como el elemento de la ciudad y del Estado, por mucha que sea la extensión de su territorio). De estos dos hombres, pongamos que uno es pobre, o de clase media, y el otro riquísimo. El rico en esta suposición vive angustiado y lleno de temores, consumido por los disgustos, abrasado de ambición, en perpetua inseguridad, nunca tranquilo, sin respiro posible por el acoso incesante de sus enemigos; aumenta, por supuesto, su fortuna hasta lo indecible, a base de tantas desdichas, pero, a su vez, creciendo en la misma proporción el cúmulo de amargas preocupaciones. El otro, en cambio, de mediana posición, se basta con su fortuna, aunque pequeña y ajustada; los suyos le quieren mucho, disfruta de una paz envidiable con sus parientes, vecinos y amigos; es profundamente religioso, de gran afabilidad, sano de cuerpo, moderado y casto en sus costumbres; vive con la conciencia tranquila. No sé si habrá alguien tan fuera de sus cabales, que dude a quién de los dos preferir. Pues bien, lo que hemos dicho de dos hombres lo podemos aplicar a dos familias, dos pueblos, dos reinos. Salvando las distancias, podremos deducir con facilidad dónde se encuentra la apariencia de felicidad y la felicidad verdadera.

Por tanto, si el Dios verdadero es adorado, si se le rinde culto auténtico, una conducta moral intachable, es ventajoso que los buenos tengan el poder durante largos períodos sobre grandes dominios. Y tales ventajas no lo son tanto para ellos mismos cuanto para sus súbditos. Por lo que a ellos concierne, les basta para su propia felicidad con la bondad y honradez. Son éstos dones muy estimables de Dios para llevar aquí una vida digna y merecer luego la eterna. Porque en esta tierra, el reinado de los buenos no es beneficioso tanto para ellos cuanto para las empresas humanas. Al contrario, el reinado de los malos es pernicioso sobre todo para los que ostentan el poder, puesto que arruinan su alma por una mayor posibilidad de cometer crímenes. En cambio, aquellos que les prestan sus servicios sólo quedan dañados por la propia iniquidad. Pues los sufrimientos que les vienen de señores injustos no constituyen un castigo de algún delito, sino una prueba de su virtud. Consiguientemente, el hombre honrado, aunque esté sometido a servidumbre, es libre; en cambio, el malvado, aunque sea rey, es esclavo, y no de un hombre, sino de tantos dueños como vicios tenga. De estos vicios se expresa la divina

Escritura en estos términos: "El que es de alguno vencido, es sujeto a la servidumbre del que lo venció" (2ª Pd. 2:19).

4. Sin justicia el Estado es semejante a una banda de ladrones

Si quitamos la justicia, ¿en qué se convierten los gobiernos sino en bandas de ladrones a gran escala? Porque ¿qué son los bandoleros sino reinos en pequeño? La banda misma es un grupo de hombres, se rigen por un jefe, se comprometen en pacto mutuo, reparten el botín según la ley por ellos aceptada. Supongamos que a esta cuadrilla se la van sumando nuevos grupos de bandidos y llega a crecer hasta ocupar posiciones, establecer cuarteles, tomar ciudades y someter pueblos, entonces abiertamente se autodenomina reino, título que a todas luces le confiere no la ambición depuesta, sino la impunidad lograda. Sin duda que adecuadamente y con profundidad le respondió al célebre Alejandro Magno un pirata caído prisionero. El rey en persona le preguntó: "¿Qué te parece tener el mar sometido al pillaje?" "Lo mismo que a ti —respondió— tener el mundo entero. Sólo que a mí, como trabajo con una ruin galera, me llaman bandido, y a ti, por hacerlo con toda una flota, te llaman emperador"[2].

5. Los gladiadores fugitivos y su forma de gobierno

Por lo tanto, no me detendré a examinar la clase de gentes que Rómulo congregó. Mucho hizo por ellos cuando les admitió en su sociedad en calidad de ciudadanos. Así dejaron las preocupaciones por penas inmerecidas en su vida pasada, lo que les empujaba a mayores delitos. Todo ello los volvía más pacíficos en la vida social. Esto digo, que cuando el Imperio romano ya había llegado a su grandeza, con multitud de países sometidos, y temible para los demás, tuvo que sufrir amarguras, y pasar fuertes temores, en medio de enormes apuros por el complicado asunto de evitar una colosal catástrofe. Esto sucedió en Campania cuando un puñado de gladiadores, huyendo de su género de vida, formaron un gran ejército, nombrando tres generales y devastando amplias regiones de Italia con la mayor crueldad. Que nos digan ahora qué dios favoreció a esos hombres, que de una despreciable y reducida cuadrilla de bandoleros, llegaron a formar un reino temible para un poderío militar y unas fortalezas tan considerables como las de Roma. ¿Les vamos a negar el

---

2. Cicerón, *De republica*, 3,14.

auxilio divino porque su duración fue efímera? ¿Tampoco misma vida humana fuera tan larga. En ese caso, los dioses no ayudarían a nadie a conseguir el trono, puesto que todo hombre muere en seguida. Y no habría que considerar como beneficio aquello que en cada hombre —y, por tanto, en todos los hombres— se desvanece fugazmente como si fuera humo.

¿Qué les importa a los adoradores de los dioses que vivieron bajo el reinado de Rómulo, muertos hace tiempos, que tras ellos el poderío romano se haya engrandecido enormemente, siendo así que ellos mismos se encuentran en los poderes subterráneos enfrentados a sus propias causas? Serán buenas o malas; eso ahora no importa. Y aunque la duración del Estado se prolongue a través de largas épocas, dada la sucesión de unos mortales tras la caída de otros, esta fugacidad les concierne a todos cuantos han pasado en una carrera apresurada por este Imperio, durante los cortos días de su vida, con el fardo de sus propias obras a la espalda.

Pero si hemos de atribuir al auxilio de los dioses los beneficios incluso de una tan efímera duración, no pequeña ayuda han recibido aquellos gladiadores que lograron romper las cadenas de su servidumbre, fugarse, reunir un poderoso ejército, ponerse a las órdenes e indicaciones de sus jefes, infundiendo un gran terror a la grandeza de Roma, y se mantuvieron invictos ante varios generales romanos; se apoderaron de grandes despojos, consiguieron innumerables victorias, dieron rienda suelta a sus pasiones y realizaron cuanto les pedían sus apetencias. Finalmente, hasta que fueron vencidos, cosa que resultó extremadamente difícil, vivieron encumbrados y con imperio. Pero pasemos a hechos más importantes.

6. La codicia del rey Nino, causa de guerra con sus vecinos

Justino, siguiendo al historiador Trogo Pompeyo, escribió una historia griega, o, mejor dicho, extraña, no sólo en latín, como era su lengua, sino también con brevedad. Así comienza sus escritos: "Al principio, el poder sobre los pueblos y las naciones estaba en manos de los reyes. Y no eran los intereses de grupo quienes los elevaban a la suprema magistratura, sino su prudencia, reconocida por la honradez de los hombres. Los pueblos no estaban sometidos a ley alguna; las decisiones de los jefes de Estado eran consideradas como leyes. Se acostumbraba a defender las fronteras del Estado, más que a ampliarlas. Los diversos reinos terminaban cada uno dentro de su propia patria. El primero que alteró esta arcaica y, para aquellas gentes, ancestral costumbre fue el rey de Asiria, Nino, movido por una desusada ambición de dominio. Se adelantó atacando a sus vecinos y subyugó a los pueblos, todavía rudos e incapaces para ofrecer resistencia. Llegó hasta las fronteras de Libia." Y añade poco después: "Nino consolidó su poder sobre aquellas vastas tierras conquistadas mediante una prolongada posesión. Sometidos así sus vecinos, se iba haciendo cada vez más fuerte con la anexión de nuevos recursos, dándole pie una victoria para nuevos ataques y victorias sucesivas. Hasta que se hizo dueño de todo el Oriente."

Sea cualquiera la fe que se merecen Justino o Trogo en sus obras (de hecho otros escritos más críticos ponen en evidencia algunos de sus errores), con todo nos consta por los restantes historiadores que Nino amplió el reino de Asiria a lo largo y a lo ancho. Su duración parece ser que fue superior incluso a la del Imperio romano; porque, según los cronistas, este reino se prolongó mil doscientos cuarenta años, desde la subida al trono de Nino hasta que pasó a manos de los medos. De todas formas, el declarar la guerra a los pueblos limítrofes; el pasar luego de ahí a nuevas conquistas; el devastar y someter pueblos pacíficos por la sola pasión de dominio, ¿qué otro nombre se merece sino el de una gigantesca banda de ladrones?

7. Dioses y reinos

Si el reino antes citado de los asirios fue tan vasto y duradero sin asistencia alguna de los dioses, ¿por qué ha de atribuirse a los dioses romanos el dominio de Roma, tan amplio en países y prolongado en años? Porque cualquiera que haya sido la causa de un reino, lo es también la del otro. Y si pretenden que ha de atribuirse el antiguo Imperio a la asistencia de los dioses, yo pregunto de cuáles. De hecho los pueblos conquistados y sometidos por Nino, no daban culto entonces a otros dioses. O si los asirios tuvieron dioses propios, constructores y conservadores, más peritos de un imperio, ¿acaso murieron cuando cayó éste? ¿O tal vez en vista de que no percibían su merecido salario, o quizá porque recibieron mejores ofertas de los medos, prefirieron pasarse a ellos, y luego a los persas, atraídos por la invitación de Ciro y sus promesas más ventajosas aún? Este pueblo conserva hasta hoy su imperio en los límites no estrechos del Oriente, tras el reino de Alejandro de Macedonia, de anchos confines, pero de fugaz duración.

Si esto es así, o los dioses son infieles, que abandonan a los suyos y se pasan al enemigo, cosa que un simple hombre no llegó a hacer, Camilo, por ejemplo, tuvo que gustar la amargura de la ingratitud de Roma, después de haber vencido y tomado a su más encarnizada rival; pues bien, supo olvidar con el tiempo la injuria, y, a pesar de todo, consciente de su deber con la patria, la volvió a liberar de las manos de los galos; o bien, digamos, estos dioses no están dotados de la fuerza de dioses, ya que son incapaces de mantenerse ante las decisiones o la oposición humanas. Puede ocurrir también que se declaren la guerra los dioses de unas ciudades diversas a otras, quedando vencedores los más fuertes. En este caso es evidente que tienen enemistades entre ellos, y las aprovechan para favorecer a su propio partido. Por eso, una ciudad nunca debía haber dado un culto más intenso a sus dioses propios que a otros que les hayan prestado ayuda.

Finalmente, tanto si ha sido este el caso, el paso al enemigo, o la huida, o la emigración, o la deserción en plena batalla, el nombre de Cristo todavía no se había predicado en aquellas edades ni en aquellas latitudes cuando tuvieron lugar las grandes catástrofes bélicas que ocasionaron la pérdida o el traspaso de tales reinos. Porque si después de mil doscientos años largos, cuando se les quitó el reino a los asirios, la religión cristiana hubiera predicado allí otro reino, el eterno, y hubiera desterrado los sacrílegos cultos a los dioses falsos, ¿qué dirían los hombres superficiales de aquel pueblo sino que la caída de un tal Imperio, mantenido durante tantos siglos, no puede tener más explicación que el abandono de su propia religión y la adopción de esta otra nueva? He aquí una queja sin sentido, pero perfectamente posible. Mírense en ella los actuales paganos como en un espejo y avergüéncense de sus parecidas lamentaciones, si es que les queda algún resto de pudor. Aunque, en realidad, el Imperio romano acaba de sufrir un duro golpe, más bien que un cambio. Percances como éste ya los ha soportado en épocas anteriores al cristianismo, y se ha repuesto de nuevo. No hay por qué desesperar de que ocurra otro tanto en nuestra época. ¿Quién conoce los designios de Dios en este punto?

8. Multiplicidad y competencias de los dioses romanos

Preguntemos ahora, si os parece, de entre tan numeroso tropel de divinidades honradas por los romanos a cuál o cuáles de ellas atribuyen las dimensiones y la longevidad de su Imperio. Supongo que en una obra tan gloriosa y de una tal dignidad no se atreverán a concederle parte alguna a la diosa Cloacina[3]; ni a Volupia, cuyo nombre se relaciona con voluptuosidad; ni a Lubentina, nombre derivado de libídine; ni al dios Vaticano, encargado de presidir el llanto de los bebés; ni a Cunina, que se cuida de sus cunas. Pero ¿cómo es posible mencionar en un solo pasaje de la presente obra todos los nombres de dioses y diosas que ellos apenas

3. Antigua deidad itálica que, al parecer, protegía la santidad del matrimonio. Recibió este nombre porque su imagen fue extraída de la gran cloaca de Roma.

han podido abarcar en gruesos volúmenes, señalándoles a cada uno su función específica en un área concreta?

Por ejemplo, las labores del campo no las han encomendado a un dios sólo, han puesto al frente de las áreas rurales a la diosa Rutina; de las cumbres montañosas, al dios Yugatíno; de los collados, a Colatina, y de los valles, a Valonia. Y no fueron capaces de encontrar a una diosa, por ejemplo, Segetia; para que se hiciese cargo ella sola de las cosechas. Quisieron tener, como encargada de la simiente sembrada, mientras permanece bajo tierra, a la diosa Seya; cuando ha brotado y forma la mies, a la diosa Segetia, y una vez recogido el grano y guardado, encargaron a la diosa Tutia para asegurar su tutela. ¿A quién no le parecería suficiente encomendar a Segetia de todo el proceso de la mies, desde que brota hasta que la espiga madura? Sin embargo, no fue suficiente para estos hombres, amantes de una turba de dioses. Así, su alma quedaba prostituida ante toda una caterva de demonios, después de haber desdeñado el casto abrazo del único Dios verdadero. Y fue así como encargaron a Proserpina del trigo en germen, al dios Nodoto de los brotes y nudos del tallo, a Volutina de la envoltura folicular. Y cuando ya los folículos empiezan a abrirse, para dejar paso a la espiga, está la diosa Patelana; luego, cuando las espigas van igualando sus aristas, la diosa Hostilina, ya que los antiguos por el verbo igualar usaban *hostire*; la diosa Flora está para la floración del trigo; el dios Lacturno para el período en que está lechoso; la diosa Matuta para la maduración; la diosa Runcina para cuando se lo arranca, es decir, cuando ya lo llevan de la tierra. Y no enumero toda la lista porque me enferma lo que a ellos no les da vergüenza.

Lo poco que he dicho es para dar a entender que ellos jamás se atrevieron a atribuir a estas divinidades la creación, el engrandecimiento ni la conservación del Imperio romano. A cada una de ellas le han asignado un papel específico, y nunca han creído que el conjunto pertenecía a un dios. ¿Cuándo iba a encargarse del Imperio Segetia, si no le estaba permitido cuidar al mismo tiempo las mieses y los árboles? ¿Cuándo iba Cunina a pensar en las armas si por su oficio le estaba vedado separarse de la cuna de los niños? ¿Y cuándo Nodoto iba a prestar su ayuda en la guerra si su cometido no alcanzaba siquiera al folículo de la espiga, quedándose únicamente en el nudo y la yema? Cada cada pone un solo portero en su casa, y como se trata de un hombre, es suficiente. Pues bien, ellos han puesto tres dioses, Fórculo para las hojas de la puerta, Cardea para el quicio y Límentino para el umbral. Así que Fórculo era incapaz de guardar simultáneamente el quicio y el umbral.

9. Júpiter, el supremo

Omitamos o dejemos por un momento, este tropel de diminutos dioses, y pongámonos a buscar el cometido de los dioses mayores, por el que Roma llegó a tanta grandeza y dominó sobre tantos pueblos durante tan largo período. Seguramente que esto ha sido obra de Júpiter. En efecto, a él lo quieren como rey de todos los dioses y diosas, así lo indica su cetro, esto quiere decir el Capitolio, levantado sobre alta colina. De este dios se proclama un adagio acertado, aunque fuera pronunciado por un poeta: "Júpiter lo llena todo"[4]. Cree Varrón que se identifican éste y el de aquellos que adoran a un solo Dios sin imagen alguna, pero que recibe otro nombre. Si esto es así, ¿cómo es que se le ha tratado tan mal en Roma (igual, por cierto, que en otras naciones), erigiéndole una estatua? Esto le disgusta al mismo Varrón de tal modo que, estando él bajo las consecuencias de la pervertida conducta de tan enorme ciudad, no dudó un instante en proclamar y dejar escrito que aquellos que han erigido estatuas, despojaron a los pueblos del temor, y les han infundido el error.

10. Asignaciones locales de los dioses

¿Qué razón hay para asignarle a Júpiter una esposa, Juno, a quien se la llama también "su hermana y su esposa"? Porque, según nos dice la tradición, Júpiter mora en el éter y Juno en el aire, y estos dos elementos, uno superior y el otro inferior, están unidos. La conclusión es que no se trata del mismo de quien se dijo: "Todo lo llena Júpiter", si es cierto que Juno ocupa alguna parte. ¿O quizá los dos, como esposos, ocupan ambos elementos juntamente, estando presentes en cada uno de ellos a la vez? ¿Por qué asignar el éter a Júpiter y el aire a Juno? En último caso, bastaría con ellos dos. ¿A qué viene asignarle el mar a Neptuno y la tierra a Plutón? Y para no dejarles tampoco a ellos sin esposa, si les concedió a Neptuno Salacia, y a Plutón Proserpina. Y del mismo modo que la capa inferior del cielo, según dicen, está ocupada por Juno, así Salacia ocupa las profundidades del mar, y Proserpina las de la tierra.

Buscan cómo compaginar sus fábulas, pero no encuentran el modo. Porque si estas cosas fueran ciertas nos hubieran transmitido los antiguos que tres son los elementos del mundo, no cuatro, para asignarle uno a cada pareja de dioses. Sin embargo, bien claramente afirmaron que una cosa es el éter y otra muy distinta el aire. Por el contrario, el agua, sea superior o inferior, siempre es agua. Supongamos que hay alguna

---

4. Virgilio, *Bucól.* 3,60.

diferencia, pero nunca como para dejar de ser agua. Y la tierra de las profundidades, ¿qué otra cosa podrá ser más que tierra, por muy distinta que sea de la capa superior? De modo que con estos tres o cuatro elementos ya tenemos el mundo material completo. Y ahora, ¿dónde situar a Minerva? ¿Cuál será su espacio propio? ¿Qué extensión llenará? Se le ha asignado lugar en el Capitolio juntamente con Júpiter y su esposa, a pesar de que no es hija de ambos. Pero sí dicen que Minerva ocupa la parte superior del éter, y toman pie de aquí los poetas para inventar que nació del cerebro de Júpiter, ¿por qué no considerarla a ella como reina de los dioses, por encima de Júpiter? ¿Tal vez parecía improcedente anteponer la hija al padre? Entonces ¿por qué con el propio Júpiter no se ha guardado el mismo proceder con relación a Saturno? ¿Acaso porque lo venció? ¿Luego lucharon entre ellos? Ni pensarlo, contestan; esto son palabrerías de fábulas. Bien, no creamos a las fábulas y tengamos un concepto más elevado de los dioses. ¿Por qué, entonces, al padre de Júpiter no se le ha concedido un trono, si no más encumbrado, sí al menos del mismo rango que a su hijo? Porque Saturno responde de la duración del tiempo. Por tanto, dan culto al tiempo quienes dan culto a Saturno, y el rey de los dioses, Júpiter, se nos sugiere como nacido del tiempo. ¿Qué hay de improcedente al decir que Júpiter y Juno han nacido del tiempo, siendo así que él es el cielo, ella la tierra, y ambos cielo y tierra, han sido creados? Porque esta misma afirmación se encuentra en las obras de sus eruditos y sabios. Virgilio, hablando no precisamente de las ficciones poéticas, sino de las obras filosóficas, dice: "Es entonces cuando el padre todopoderoso, el Éter, en forma de lluvia fecunda, desciende hasta el seno de su regocijada esposa"[5]. Se trata del regazo del orbe o de la tierra. También aquí establecen algunas diferencias: tratándose de la misma tierra, para ellos una cosa es Tierra, otra Telus y otra Telumón. Todos éstos son dioses, con sus propios nombres, sus funciones peculiares, sus altares y su culto.

A esta misma tierra la llaman también madre de los dioses, así se hacen más tolerables las ficciones poéticas, ya que, siguiendo sus libros sagrados —no los poéticos—, Juno es no solamente "hermana y esposa", sino también madre de Júpiter. Quieren, además, que esta tierra sea Ceres, y que sea también Vesta. Sin embargo, es más frecuente entre ellos mostrar a Vesta como el fuego del hogar, sin el cual la ciudad no sería posible. Al servicio de este fuego suele haber vírgenes, porque así como nada nace de una virgen, tampoco del fuego nace ser alguno. Tuvo que venir Aquel que nació de una Virgen para dejar abolidas y anuladas todas estas hueras invenciones. Porque, ¿quién es capaz de aguantar la in-

---

5. Virgilio, *Georg.* 2,325-326.

congruencia de tributar al fuego un tan alto honor y una, llamémosla así, castidad, sin que se ruboricen de llamar Venus a Vesta, desflorando así la virginidad honorable de sus siervas? Porque si Vesta es Venus, ¿cómo la han podido servir sus vírgenes, absteniéndose de los actos venéreos? ¿O es que hay dos Venus, una virgen y la otra casada? ¿O quizá tres, una la de las vírgenes, llamada también Vesta; otra la de las casadas, y una tercera la de las meretrices? A esta última los fenicios hacían una ofrenda con motivo de la prostitución de sus hijas, antes de entregarlas en matrimonio. Y ahora, ¿cuál de las tres es la mujer de Vulcano? Por supuesto que no la virgen, porque tiene marido. En cuanto a la prostituta, ni se me ocurra, no vaya a parecer que pretendo molestar a un hijo de Juno y colaborador de Minerva. Luego, por exclusión, es la Venus de las casadas. Pero yo les recomendaría que no la imitasen en sus relaciones con Marte.

"Ya estás otra vez volviendo a las fábulas", me replican y yo respondo: ¿Es justo que os indignéis contra nosotros por decir tales infamias de vuestros dioses, y que no os indignéis contra vosotros mismos cuando asistís, y con sumo gusto, a la representación teatral de los crímenes de vuestros dioses? Y, lo que sería increíble si no hubiera pruebas irrefutables, estas mismas representaciones teatrales de las bajezas de sus dioses han sido instituidas en honor de esos mismos dioses.

11. Identificación de los diversos dioses con Júpiter

Que afirmen, pues, cuanto les parezca, apoyados en razones de orden físico y en las conclusiones de sus controversias, sea Júpiter el alma de este mundo corpóreo, que llena y pone en movimiento toda esta mole del universo, construida sobre la base de los cuatro elementos o cuantos les plazca; o bien que a su hermana y hermanos les ceda sus respectivas partes. Que Júpiter sea el éter que abraza desde arriba a Juno, el aire, extendida por debajo; o bien que sea el cielo entero, junto con el aire, que por medio de las semillas y las lluvias fructíferas fecunde la tierra como a su esposa y madre a la vez (ya que esto no es indecoroso entre los dioses); o bien, en fin (no es cuestión de ir recorriendo todas las posibilidades), que sea el dios único a quien muchos atribuyen lo dicho por el más noble de los poetas: "El dios derramado por todas las tierras, por las anchuras del mar y las alturas del cielo"[6].

El mismo dios llámase Júpiter en el éter y en el aire Juno, y Neptuno en el mar, y Salacia en las profundidades del globo, y Vesta en el fuego del hogar, y Vulcano en el horno de los herreros, y en los astros Sol, Luna

---

6. Virgilio, *Georg.* 4,221-422.

y Estrellas, y entre los adivinos Apolo, y en el comercio Mercurio, y Jano al comenzar, y Término al concluir. Que sea Saturno en el tiempo, Marte y Belona en las guerras; en las viñas Líber, y en las mieses Ceres; Diana en los bosques, y Minerva en el mundo de las artes.

Que sea, en fin, él mismo indefectiblemente quien está en aquella masa de dioses semiplebeyos. Él quien preside, con el nombre de Líber, las efusiones seminales del hombre, y con el nombre de Libera las de la mujer; él, Diéspiter, quien conduce el parto a buen fin; él mismo, la diosa Mena, al frente de las reglas femeniles; él, Lucina, invocada por las parturientas. Sea él quien preste ayuda a los recién nacidos, recibiéndolos en el regazo de la tierra con el nombre de Opís, y les abra la boca a los primeros vagidos con el nombre del dios Vaticano; y con el de la diosa Levana, quien los levanta de la tierra, y él quien protege la cuna y llámese Cunina. Nadie más que él sea quien está en las diosas que le cantan el destino a los recién nacidos, llamadas Carmentas; llámese Fortuna cuando preside las suertes, y en la diosa Rumina sea él quien hace fluir la leche del pecho materno a los labios del lactante (antiguamente a la mama se la llamó *ruma*).

Regule Júpiter la bebida en la diva Potina, y en Educa la comida. Llámese Paventia en relación con el pavor que sienten los niños, y Venilia por la esperanza en lo que viene; Volupina por la voluptuosidad, y Agenoria por la actuación. Reciba el nombre de la diosa Estimula por los impulsos con que el hombre se siente estimulado a la actividad excesiva, y de Estrenia cuando infunde coraje; Numeria porque nos enseña a numerar, y Camena a cantar. Que sea también el dios Conso, porque da consejos, y la diosa Sentia, que inspira las opiniones. Y la diosa Juventa, quien, pasada la edad de vestir la toga pretexta, apadrine la entrada en la edad juvenil.

Que sea Júpiter, además, la diosa Fortuna Barbada, la que cubre de barba a los adultos. (No veo por qué no han querido, en honor a ellos, que esta curiosa divinidad fuera del género masculino; Barbado, por aquello de la barba; como el citado Nodoto, por lo de los nudos; al menos que no se llamara Fortuna, sino Fortunio, puesto que tiene barbas). Que siga siendo él quien en el dios Yugatino enlace a los cónyuges; y en el momento de desatarle el cinturón a la recién casada, sea él invocado bajo el nombre de Virginiense. En fin, que sea Júpiter el mismo que Mutuno o Tutuno (para los griegos, Príapo).

Si no les produce sonrojo, que Júpiter se identifique con el desempeño de todas estas funciones que acabo de citar y todas las que he omitido (no pretendo citar todas); que sea él sólo todos estos dioses y diosas, bien bajo la modalidad de ser partes diversas suyas, como pretenden algunos, o bien la de ser sus atributos, como prefieren los partidarios de llamarle "el alma del mundo", sentencia ésta seguida preferentemente por los maestros de más relieve[7].

Si todo esto es así, de momento no me interesa cuestionarlo, ¿qué perderían los paganos con adorar a un solo Dios, logrando un compendio más inteligente? ¿En qué se iba a sentir despreciado, si a él se le daba culto? Porque si se debía poner cuidado en no olvidar o marginar algunas de sus partes, no fuera que montaran en cólera, está claro entonces que Júpiter no es, como pretenden, la sola fuente vital de este, digamos, único animador del universo, que contiene en sí a todos los dioses, a modo de sus propias virtualidades, miembros o partes. Tendría cada parte su propia vida, desgajada de los demás, si una puede encolerizarse a espaldas de la otra, y mientras se serena, la otra se está irritando. Pero tal vez dirán que ha podido sentirse ofendido Júpiter todo entero, o sea, en todas sus partes a la vez, en el caso de no ser honradas todas ellas, una por una. Esto me parece una estupidez. ¿Cómo va a quedar marginada alguna de las partes, cuando se le honra a él en persona, que es único y lo contiene todo?

Cuando afirman, dejando a un lado otros mil detalles, que todos los astros son partes de Júpiter; que todos tienen vida y alma racional, y que son, por tanto, sin discusión, dioses, no caen en la cuenta del incontable número que dejan sin culto, a cuántos no les han edificado templos, ni les han erigido altares, y a cuán poquísimos de los astros se lo han consagrado, dedicándoles sacrificios particulares. Si, pues, se irritan los dioses que no reciben un culto personal, ¿no habrá que tener miedo de vivir bajo la cólera del cielo entero, exceptuadas unas cuantas divinidades a quienes se ha aplacado? Ahora bien, si procuran honrar a todos los astros honrando a Júpiter, que los contiene todos, podrían, en este caso, elevarle súplicas a todos ellos compendiados en Júpiter, así no habría lugar a encolerizarse nadie, puesto que en ese único dios nadie quedaría marginado.

Mejor sería un culto así, que ofrecérselo a unos cuantos, dando pie a una justa indignación en a ellos, mucho más numerosos por cierto, que hubieran sido preteridos; en especial si ven desde un fulgurante trono celeste que son pospuestos a un Príapo con toda su obscena y túrgida desnudez.

---

7. Referencia a los estoicos, que consideraban el mundo como un animal inmenso dotada de alma.

12. Dios como alma del mundo

¿No es tema de interés para hombres inteligentes, y desde luego, para todos los hombres, examinar lo anteriormente expuesto? No hace falta una capacidad especial, si evitamos la discusión apasionada, para darse cuenta de que, si Dios es el alma del mundo, y el cuerpo de esta alma es el mismo mundo, resulta que Dios es un ser animado, compuesto de cuerpo y alma. Este Dios es quien contiene todas las cosas en sí mismo, a modo de un regazo de la Naturaleza. De esta forma, como del principio vivificante de toda esta mole, deberá emanar de su alma la vida y el alma de todo ser viviente, según la clase que cada uno es por nacimiento, no quedando absolutamente nada que no sea una parte de Dios. Si esto es así, ¿quién no descubre las consecuencias impías y profanas que siguen?, tales como cuando uno pisa algo con sus pies, pisaría una parte de Dios; matar cualquier animal, sería como si se degollaría una parte de Dios. No me atrevo a decir todas las ocurrencias posibles, pero, desde luego, no podrían citarse sin irreverencia.

13. Absurdos del panteísmo

En la hipótesis sostenida por algunos de que solamente los seres racionales, como el hombre, forman parte de Dios, no veo el modo de excluir los animales irracionales como partes de Dios, si el mundo entero se identifica con él. Pero ¿qué necesidad hay de discutirlo? Por ejemplo, en el animal racional, o sea, en el hombre, ¿hay algo más disparatado que creer que Dios es azotado al azotar a un niño? Y el pensar que algunas partes de Dios se vuelven lascivas, injustas, despiadadas, totalmente deleznables, ¿quién sería capaz de aguantarlo si no está por completo falto de sentido?

Brevemente, ¿por qué se va a enojar Dios contra quienes no le rinden culto, si precisamente éstos son partes de su propio ser? Luego sólo queda que ellos afirmen que los dioses, todos ellos, tienen vidas independientes, que cada uno vive para sí, que nadie de ellos forma parte de otro, sino que hay que honrarlos a todos cuantos puedan conocerse y honrarse (ya que son tantos que resulta imposible adorarlos a todos). Pues bien, al ser Júpiter quien los preside como rey, yo creo que es a él a quien tienen por el fundador y acrecentador del Imperio romano. En efecto, si él no es el autor, ¿a qué otro dios le atribuirán una empresa de tal envergadura, cuando todos los demás están ocupados en sus propios quehaceres específicos, sin entrometerse nunca en los ajenos? Es, pues, al rey de los dioses a quien concedemos la posibilidad de haber ensanchado y engrandecido el reino de los humanos.

14. Júpiter y la grandeza del Imperio

Aquí, ante todo, pregunto por qué el Estado en sí mismo no es un dios. ¿Qué razón hay para negarlo si es verdad que la Victoria es una diosa? ¿Qué necesidad tenemos de Júpiter si la Victoria es favorable y propicia, y siempre se orienta hacía aquellos que quiere hacer vencedores? Con la ayuda y propiciación de esta diosa, ¿qué pueblos quedarían sin someterse, aunque Júpiter estuviese pasivo, u ocupado en otros quehaceres? ¿Qué reinos ofrecerían resistencia? ¿O se trata, quizá, de que a los hombres honrados les da apuro lanzarse al combate de una manera injusta y poco honesta, provocando la guerra sin motivo contra sus vecinos pacíficos, que no han causado ofensa alguna, por el mero hecho de dilatar los límites del propio Estado? Si son éstos sus sentimientos, doy mi total aprobación y mi alabanza.

15. Concordia entre los pueblos e injusticia de la guerra

Preguntemos si es propio de hombres de bien satisfacerse en la extensión de sus dominios. Porque ha sido la injusticia de los enemigos quien ha provocado las guerras justas, dando pie a que el reino aumentara sus fronteras. Por supuesto que éste quedaría reducido a una escasa extensión si los pueblos limítrofes, por ser pacíficos y justos, no le hubieran dado lugar con sus ofensas a provocaciones bélicas contra ellos. De esta forma, y para un mayor bienestar de los hombres, no existirían más que pequeños Estados satisfechos de su mutua vecindad y concordia. Así el mundo sería, con un gran número de Estados de distintos pueblos, como una ciudad con numerosas casas y vecinos. Por eso el guerrear y el dilatar la extensión del propio Estado mediante la conquista de otros pueblos es la felicidad para los malvados, y una necesidad para los buenos.

Pero, como sería peor que los perversos se hicieran dueños de los honrados, he ahí que, no sin razón, a tal necesidad se la llama también felicidad. De todas formas, mayor felicidad constituye, sin género de duda, la concordia con un vecino bueno, que el dominio por las armas de un vecino malo. Malas son las aspiraciones de quien desea tener alguien a quien odiar o a quien temer para poder tener a quien vencer.

Si, pues, Roma, librando guerras justas, con humanidad y sin interés, ha podido adueñarse de un tan vasto imperio, ¿no tendrá que darle culto a la injusticia ajena, como si fuera una diosa? Porque cómo ella ha contribuido eficazmente al engrandecimiento de sus dominios provocando conductas injuriosas y, por lo tanto, motivos para declarar guerras justas, ensanchando así los dominios de Roma. ¿Por qué no va a ser diosa la injusticia, al menos de las naciones extranjeras, si el Pavor, la Palidez y la Fiebre han merecido el rango de dioses romanos?

Por tanto, con estas dos diosas, la ajena injusticia y la Victoria, aun provocando la injusticia motivos de guerras, y llevándolas la Victoria a feliz término, es como se han ensanchado los dominios de Roma, sin mover Júpiter un dedo. ¿Qué participación en esta empresa habrá podido tener él, siendo así que los que podrían creerse beneficios suyos son tenidos por dioses, llamados dioses, venerados como dioses, invocados como partes de su ser? Podría llegar a tener alguna, si recibiera el nombre de Estado, igual que a la otra diosa se la llama Victoria. Pero si el Estado es un don de Júpiter, ¿por qué no considerar la victoria también como don suyo? Sí, no hay duda que así sería si en lugar de una escultura de piedra en el Capitolio, fuera reconocido y honrado el verdadero "Rey de reyes y Señor de señores" (Ap. 19:16).

16. Quietud y descanso del alma

Hay algo que me sorprende sobremanera en los paganos, mientras que a cada realidad y casi a cada movimiento de la mente le han asignado un dios, a la diosa Agenoria le asignaron el excitar a la acción; a la diosa Estimula, que estimulase a la acción; a Murcia como la diosa que inmovilizase al hombre más de lo normal y lo hiciera, como dice Pomponio, "múrcido", es decir, perezoso e inactivo en demasía; a la diosa Strenia para que lo volviese vivaz. A todos estos dioses y diosas se comprometieron a ofrecerles un culto público. En cambio, a la diosa llamada Quietud, que tiene como misión conceder la tranquilidad, no la han querido aceptar oficialmente, puesto que tiene su templo fuera de la puerta Colina. ¿Quiere decir esto que el romano, por su forma de ser, es inquieto, o más bien que todo el que se mantenga en el culto de esta pandilla no digo de dioses, sino de demonios, jamás podrá alcanzar la paz del espíritu? A esta paz nos invita el verdadero Médico con estas palabras: "Aprended de mí, que soy sencillo y humilde, y encontraréis descanso para vuestra almas" (Mt. 11:29).

17. La victoria que Dios concede

¿Afirman quizá nuestros adversarios que Júpiter envía la diosa Victoria, y ella, acatando las órdenes del rey de los dioses, se dirige hacia quienes él ha indicado, situándose de su parte? Esto se puede decir con seguridad no del tal Júpiter, imaginado rey de los dioses a su capricho, sino del verdadero Rey de los siglos, que no envía la Victoria, un ser irreal, sino a su ángel, concediendo la victoria a quien Él quiere. Sus designios pueden ser misteriosos, nunca injustos.

Ahora bien, si la Victoria es una diosa, ¿por qué no es el Triunfo un dios también, unido a la Victoria como a su marido, su hermano o su hijo? De hecho han creído tales cosas de los dioses que, si hubieran sido creación de poetas y les hubiéramos censurado nosotros por ello, nos contestarían que se trata de ridículas ficciones poéticas, indignas de unas auténticas divinidades. A pesar de todo, ellos no se reían de sí mismos cuando tales quimeras no es que las leyeran en los poetas, sino que les estaban rindiendo culto en sus templos. ¿Por qué no elevar todas las súplicas a Júpiter y rogarle sólo a él? Si realmente la Victoria es una diosa y está sometida a ese rey, no es posible, al ser enviada por él, que se atreva a resistirle y hacer su propia voluntad.

18. La fortuna y la felicidad

Qué diremos, además, sobre que la Felicidad sea también una diosa. Recibió un templo, fue digna de un altar y se le han tributado los cultos apropiados. Ella sola debería ser adorada; porque cuando ella está presente, ¿qué bien puede estar ausente? Pero, ¿qué desea un hombre para pensar que también la Fortuna[8] es una diosa a la que adorar? ¿Es que hay alguna diferencia entre felicidad y fortuna? La fortuna, ciertamente, puede ser unas veces buena y otra mala[9]; en cambio, la felicidad, si llegara a ser mala, ya no sería felicidad.

Por supuesto que a todos los dioses de uno y otro sexo (si es que también tienen sexo) los debemos creer solamente buenos. Así lo asegura Platón, así lo aseguran otros filósofos y así también se han expresado estimables jefes de Estado y dirigentes de pueblos. ¿Cómo entender, pues, que la diosa Fortuna sea unas veces buena y otras mala? ¿Acaso sucede que cuando es mala no es diosa, sino que se convierte de repente en un maligno demonio? Entonces, ¿cuántas son estas diosas? Naturalmente, cuantos hombres afortunados, es decir, de buena fortuna. En efecto, al haber otros muchos hombres simultáneamente de mala fortuna, si se tra-

---

8. La diosa Fortuna, que encarnaba al Azar, gozó de mucha fama, porque en sus manos estaba la prosperidad, lo bueno y lo malo y la suerte de los hombres. Se distinguía del *Fatum*, Destino, que era una fuerza ciega e invencible.

9. El protagonista de las *Metamorfosis* o *El asno de oro*, de Apuleyo, es presentado como una víctima de la Fortuna mala o adversa.

tara de la misma diosa, ¿sería buena y mala al mismo tiempo; una cosa para unos y la contraria para otros? ¿Es buena siempre, tal vez, la que es diosa? En este caso se identifica con la Felicidad, ¿para qué dos nombres? Con todo, se puede admitir, puesto que una misma realidad suele recibir dos nombres. Sin embargo, ¿qué objeto tiene que haya templos distintos, altares distintos y un culto distinto?

Existe una razón, dicen, porque la felicidad es la que consiguen los buenos como recompensa de méritos adquiridos; en cambio, fortuna, la llamada buena fortuna, les viene a los hombres, tanto buenos como malos, de una manera fortuita, sin tener en cuenta sus méritos. De ahí el nombre de Fortuna. Pero, ¿cómo puede ser buena la que, sin distinción previa alguna, beneficia a buenos, y a malos? ¿Para qué se le rinde veneración a quien es tan ciega que se cierne al azar sobre cualquiera, dejando marginados frecuentemente a sus devotos y favoreciendo a los que la desprecian? Porque si sus adoradores sacan de ello algún provecho, suscitando su atención y su predilección, entonces ya se deja guiar por méritos, no favorece fortuitamente. ¿Dónde queda, pues, aquella definición de Fortuna? ¿Dónde el recibir su nombre de lo puramente fortuito? Porque de nada sirve honrarla si es fortuna. Y si a sus adoradores los distingue con sus favores, ya no es fortuna. ¿También a ella la envía Júpiter a donde quiere? En este caso désele culto a él sólo, puesto que la Fortuna no puede oponerse a las órdenes de quien la envía a donde él quiere. O, al menos, que sea el culto a esta diosa el preferido de los malos, que no quieren adquirir méritos con los que puedan hacer propicia a la diosa Felicidad.

19. La fortuna y la moral

Son tantas, realmente, las cosas que le atribuyen a esta pretendida divinidad, llamada Fortuna, que, según una tradición histórica, su efigie, consagrada por las matronas (de ahí que se la llamó Fortuna Femenina[10]), llegó incluso a hablar, afirmando no una, sino dos veces, que la consagración estaba bien hecha por las matronas. Por supuesto que, si esto fuera verdad, no tendría por qué sorprendernos. A los perversos demonios no les resulta difícil engañar utilizando estos métodos. Pero los paganos debían haber caído en la cuenta de sus astutas artimañas, precisamente porque quien habló fue la diosa que obra el azar, no la que asiste en virtud de los méritos personales.

---

10. La *Fortuna muliebris* tenía su templo en la Vía Latina, y la *Fortuna virilis* en la ribera del Tíber.

Resultó ser parlanchina la Fortuna y muda la Felicidad. ¿Qué otro fin podía perseguir sino el que los hombres se despreocuparan de vivir con rectitud moral, teniendo de su parte a la Fortuna, que los hace afortunados sin mérito alguno bueno? De todos modos, si habla la Fortuna, que al menos hable la varonil, no la femenina, para no correr el riesgo de ser tenidas por embusteras las mismas mujeres que consagraron su imagen como inventoras de tamaño prodigio con su locuacidad femenina.

20. La Virtud y la Fe

Concedieron a la Virtud el rango de diosa; por cierto que, si lo fuese, debería ser preferida a otras muchas. Pero como en realidad no es diosa, sino un don de Dios, cabe obtenerla mediante oración del único que la puede dar, y se desvanecerá toda la turba de dioses falsos. Pero, ¿y la Fe; por qué ella también tiene la categoría de diosa, y se la ha dedicado un templo y un altar[11] ? En realidad, quien la acepta con cordura hace de si mismo una morada suya. Pero ¿cómo saben los paganos qué es la fe, cuyo primero y principal objeto es creer en el verdadero Dios? ¿Es que no les bastaba con la Virtud? ¿No está la fe incluida? Ellos mismos han visto que la virtud hay que dividirla en cuatro ramas: la prudencia, la justicia, la fortaleza y la templanza[12]. Y como cada una de ellas tiene sus propias subdivisiones, la fe para nosotros ocupa el puesto principal de la justicia, según el significado de aquellas palabras: "El justo vive por su fe" (Hab. 2:4; Ro. 1:17).

Pero si la Fe es una diosa, me sorprende que estos amantes de una multitud dioses hayan marginado a otra enorme cantidad de diosas, a quienes han podido consagrar igualmente templos y altares? ¿Por qué la templanza no ha merecido los honores de diosa, cuando algunos nobles romanos por ella han alcanzado las cumbres de la gloria? ¿Por qué, en fin, no es diosa la fortaleza, que asistió a Mucio cuando extendió su mano derecha entre las llamas; que asistió a Curcio cuando se arrojó a un barranco por su patria; que asistió a Decio, padre e hijo, cuando por el ejército hicieron una consagración de sí mismos? Suponiendo, naturalmente, que todos éstos tenían auténtica fortaleza, en lo cual ahora no en-

---

11. Cicerón, *De nat. deorum* 2,23.

12. Estas virtudes se llamaron después cardinales: prudencia, justicia, fortaleza y templanza. Sócrates dialogó mucho sobre ellas, pues entraban en la enseñanza griega (Cf. W. Jaeger, *Paideía. Los ideales griegos de la cultura*, 3 vols., México 1953.) Crisipo dividió estas virtudes en otras derivadas de ellas, todas las cuales tienen como fin conseguir la *eudaimonía* o la vida feliz. De aquí pasaron al cristianismo. Véase Francisco Lacueva, *Diccionario teológico ilustrado*, "Virtud". CLIE, Terrassa 2001.

tramos. ¿Y la prudencia y la sabiduría? ¿Cómo es que no han conseguido tener un puesto entre las divinidades? ¿Quizá porque ya reciben culto globalmente bajo el nombre de virtud? En este caso bien podían adorar a un solo Dios, de quien forman parte, según ellos, los restantes dioses. A pesar de todo, la fe y la castidad están contenidas en la única virtud, y tienen aparte altares erigidos en sus templos propios.

21. Ignorancia de los dones de Dios

Estas diosas no son consecuencia de la verdad, sino producto de la vanidad; porque son dones de Dios, no diosas en sí mismas. Con todo, donde se hace presente la virtud y la felicidad, ¿qué más se puede querer? ¿Qué le bastaría a quien no le basta la virtud y la felicidad? En efecto, la virtud abarca todas las acciones y la felicidad todos los deseos. Ahora bien, en el supuesto de que la magnitud del Estado y su longevidad sean un bien, pertenecen a la citada felicidad. Y si a Júpiter se le rendían honores con el fin de que otorgase tales bienes, ¿cómo no llegaron a comprender que se trataba de dones de Dios, no de diosas? Pero si, a pesar de todo, se las tomó por diosas, al menos que dejasen de ir en busca de otros dioses, hasta formar una multitud.

Habiendo considerado los oficios que la fantasía ha asignado a cada uno de los dioses y diosas, pónganse ahora a discurrir, a ver si son capaces de encontrar algún don que le pueda otorgar un dios a un hombre en posesión ya de la virtud y la felicidad. ¿Qué ciencia quedará todavía que pedir a Mercurio o a Minerva, cuando la virtud lo contiene todo en sí misma? La virtud fue definida por los antiguos como el arte de vivir con bondad y rectitud. Dado que *virtud* en griego se dice areth (*areté*), los latinos han creído estar acertados al llamarla *arte*.

Pero si la virtud sólo se hace presente en los dotados de un penetrante ingenio, ¿qué necesidad había del padre dios Catio, para que los hiciera agudos, es decir, penetrantes, cuando todo esto lo puede hacer la felicidad? Nacer ingenioso es propio de la felicidad, y el que todavía no ha nacido no puede haber dado honores a la diosa Felicidad, no ha podido congraciarse con ella para que le conceda este don. En cambio, a sus padres, adoradores suyos, sí ha podido concederles que tengan hijos dotados de ingenio.

¿Qué falta les hacía a las parturientas invocar a Lucina, si con estar presente la Felicidad no solamente darían a luz bien, sino darían a luz hijos buenos? ¿Qué necesidad había de encomendar los hijos a la diosa Opis al nacer; al dios Vaticano en sus llantos; a la diosa Cunina acostados en la cuna; a la diosa Rumina cuando maman; al dios Estatilino cuando empiezan a tenerse de pie; a la diosa Adeona cuando se acercan, y Abeona cuando se alejan; a la diosa Mente para que tengan una mente despejada; al dios Volumno y a la diosa Volumna para que su voluntad desee el bien; a los dioses nupciales para conseguir un buen casamiento; a los campestres para obtener abundantes frutos, sobre todo a la divina Fructesea; a Marte y a Belona para guerrear con éxito; a la diosa Victoria para vencer; al dios Honor para conseguir honores; a la diosa Pecunia para ser adinerados; al dios Esculano y a su hijo Argentino para tener dinero en bronce y plata? En realidad, han llamado a Esculano padre de Argentino porque corrió antes el dinero de bronce (*aes*) que el de plata (*argentum*). Y me sorprende que Argentino no haya tenido como hijo a Aurino, dado que luego se acuñó el dinero en oro . Pero si hubiera llegado Aurino a ser dios, lo mismo que dieron la preferencia a Júpiter sobre Saturno, se la habrían dado también a él sobre su padre Argentino y su abuelo Esculano.

¿Qué necesidad había dar culto y elevar preces a tan abundante número de dioses para conseguir los bienes del cuerpo, los del alma o los bienes externos, a los cuales no he citado en su totalidad?. Ni siquiera ellos mismos han sido capaces de poner al frente de todos los bienes del hombre, clasificados previamente en géneros y especies, a dioses genéricos y específicos. ¿No sería más fácil y magnífico compendiarlo todo en una sola realidad: la diosa Felicidad? Así se la buscaría no sólo para conseguir los bienes, sino también para conjurar los males. ¿Por qué se habría de invocar para aliviar el cansancio a la divina Fesonia; para repeler a los enemigos, a la divina Pelonia; para sanar a los enfermos, al médico Apolo o Esculapio, o a los dos a la vez si la gravedad era considerable? ¿Para qué rogar al dios Espirliense para desarraigar las espinas del campo; o a la diosa Rubi, para que conjure el anublo del trigo?

Con la presencia protectora de la Felicidad, ningún mal debía estar presente; o al menos desaparecería con suma facilidad. En definitiva, como estamos tratando de estas dos diosas, Virtud y Felicidad, si la felicidad es recompensa de la virtud, no es diosa, sino un don de Dios. Pero si es una diosa, ¿por qué no afirmar que también ella confiere la virtud, puesto que la adquisición de la virtud es ya una gran felicidad?

22. Varrón y el culto a los dioses

¿Por qué Varrón alardea de haber prestado un gran servicio a sus conciudadanos, cuando no sólo enumera los dioses que los romanos deben adorar, sino que explicita, además, el campo asignado a cada uno? "De nada serviría —dice— conocer en un médico su nombre y otros detalles de su vida, ignorando que es médico, así también sería inútil saber que Esculapio es dios, si no sabes que él puede ayudar a tu salud, ignorando, por tanto, cuál es la razón para explicarle". Confirma su afirmación con otro ejemplo. Dice: "Nadie es capaz no sólo de vivir bien, sino simplemente de vivir, cuando ignora quién es el herrero, o el panadero, o el albañil; a quién le puedes pedir una herramienta, a quién buscar que te ayude, o que te guíe, o que te enseñe". Del mismo modo, asegura, a nadie le cabe duda sobre la utilidad del conocimiento de los dioses: qué fuerza, qué posibilidades y qué potestad tiene cada uno de los dioses en su misión específica. "De este modo —concluye Varrón— podremos saber por qué causa y a qué dios debemos invocar para nuestra ayuda o nuestra defensa, no vayamos a hacer como muchos que suplican agua a Líbero, y vino a las Linfas." ¡Gran servicio, por cierto. ¿Quién no le daría las gracias si hubiera manifestado la verdad enseñando a los hombres el culto al único y verdadero Dios, de quien proceden todos los bienes?

23. La Felicidad como diosa y como don

1. Pero, ¿cómo es, si sus libros y sus rituales son verdaderos, y si Felicidad es una diosa, que no se la estableció a ella sola como objeto del culto, ya que podía otorgarlo todo, y hacer al hombre feliz por un camino más breve? ¿Quién desea algo que no vaya encaminado a ser feliz? ¿Cómo es posible que a una diosa tan importante, en un período tan tardío ya, le haya levantado Lúculo un templo[13], después de tantos romanos relevantes como habían pasado? ¿Por qué el mismo Rómulo, deseoso de fundar una ciudad feliz, no le levantó un templo a esta diosa lo primero, dejando a un lado las súplicas a los demás dioses, puesto que nada le faltaría si ella estuviera presente? Incluso él mismo nunca hubiera sido nombrado rey y luego dios —según se cree— si no hubiera tenido propicia a esta diosa. ¿Para qué dejó establecidos como dioses de los romanos a Jano, Júpiter, Marte, Pico, Fauno, Tiberino, Hércules y quizá algunos más? ¿Y para qué añadió Tito Tacio a Saturno, Opis, el Sol, la Luna, Vulcano, la Luz y algunos otros, entre los cuales puso a la diosa Cloacina, descuidando la Felicidad? ¿Y Numa cómo es que añadió tantos dioses y diosas, olvidando a ésta? ¿Es que quizá no pudo descubrir su presencia entre tan numerosa muchedumbre de dioses? Con toda certeza, el rey Hostilio nunca hubiera introducido como dioses que había que tener propicios al Pavor y a la Palidez si hubiera conocido y honrado a

---

13. El cónsul L. Livinio Lúculo fue quien introdujo el culto a la diosa Felicidad en Roma en el año 74 a.C.

esta diosa. Porque en presencia de la Felicidad todo miedo, con su pavor y su palidez, no se retirarían no propiciados eliminados por su presencia.

2. ¿Y cómo es que en el período siguiente, cuando ya los dominios de Roma ya habían creciendo inmensamente, nadie todavía daba culto a la Felicidad? ¿No era por ello Roma más grande que feliz? ¿Cómo encontrar felicidad donde no había verdadera piedad? Porque la piedad es el verdadero culto al Dios verdadero, y no el culto de tantos dioses falsos como demonios hay. Pero incluso después, cuando ya Felicidad fue aceptada como uno más de los dioses, ocurrió la enorme infelicidad de las guerras civiles. ¿Quizá fue como consecuencia de su justa indignación, primero por ser admitida tan tarde como diosa, y esto no para su honra, sino más bien para su reproche, ya que se le daba culto mezclada con Príapo y Cloacina, con el Pavor, la Palidez, la Fiebre y demás, no diré deidades que adorar, sino más bien vicios de sus adoradores?

3. Por fin, si pareció bien dar culto a una diosa tan importante en medio de esta infame caterva, ¿por qué, al menos, no se le daba un culto más distinguido que a los demás dioses? ¿Cómo va a parecer tolerable el que no se haya establecido a la Felicidad entre los dioses Consentes, admitidos en el llamado consejo de Júpiter, ni entre los denominados Selectos? Deberían haberle levantado siquiera un templo, que descollara por lo sublime de su emplazamiento y la majestad de su construcción. ¿Por qué no algo mejor que al mismo Júpiter? De hecho, ¿quién le ha otorgado el reino a Júpiter, sino Felicidad? Si es que fue feliz durante su reinado. En realidad, más vale ser feliz que ser rey.

Nadie duda que podemos encontrar fácilmente hombres que tendrían miedo de ser nombrados reyes, pero nadie que se niegue a ser feliz. Supongamos que, según sus creencias, pueden ser consultados los dioses por medio de augurios o con otros métodos, y que se les pregunta si dan su consentimiento para ceder el puesto a Felicidad, dado el caso que los templos y altares de otros dioses ocupan el sitio indicado para construir uno más grandioso y encumbrado a la diosa Felicidad. Cedería hasta el propio Júpiter, para que la diosa Felicidad ocupara la misma cima del collado capitolino. Nadie opondría resistencia a Felicidad, más que aquel, lo cual es imposible, que quisiera ser infeliz. Bajo ningún concepto haría Júpiter, si fuera consultado, lo que hicieron con él tres dioses, Marte, Término y Juventa, que se negaron rotundamente a ceder el puesto a su superior y rey.

Porque como nos cuentan sus libros, cuando el rey Tarquinio se disponía a construir el Capitolio y se dio cuenta de que aquel lugar, que a él le parecía el más digno y a propósito para ello, estaba ya ocupado por otros dioses, no atreviéndose a contrariarles lo más mínimo, y creyendo, por otra parte, que ante tan gran dios y rey suyo cederían de buen grado, puesto que había muchos en el lugar preciso donde ahora se levanta el Capitolio, les preguntó por medio de un augurio si accedían a ceder su puesto a Júpiter. Todos consintieron, excepto los que acabo de citar: Marte, Término y Juventa. Esta es la razón por la que se construyó el Capitolio de forma que estos tres dioses quedasen dentro, pero con imágenes tan insignificantes que hasta para los más expertos han pasado desapercibidas. Bajo ningún concepto, pues, despreciaría Júpiter a Felicidad, como lo fue él por parte de Término, Marte y Juventa. Pero estoy seguro de que incluso los mismos que no habían cedido su puesto a Júpiter, sin duda lo cederían a Felicidad, que les había puesto como rey a Júpiter. Si no lo hicieran, no sería porque la despreciaban, sino porque preferían estar en la misma casa de Felicidad, aunque fuera pasando desapercibidos, antes que brillar sin ella en sus propios monumentos.

4. Establecida de este modo la diosa Felicidad en un lugar, el más espacioso y eminente, aprenderían los ciudadanos dónde habrían de implorar el auxilio para todas sus legítimas aspiraciones. Por una lógica natural abandonarían la inútil muchedumbre de los restantes dioses, adorarían exclusivamente a Felicidad, solamente a ella elevarían súplicas y sólo su templo sería frecuentado por los ciudadanos que quisieran ser felices, no existiendo uno solo que rehusara serlo. De este modo pedirían los hombres la felicidad a la misma Felicidad, en lugar de andarla pidiendo a todos los dioses. ¿Quién suplica algo a cualquier dios que no sea la felicidad o lo que, en su estimación, se relaciona con ella? Por tanto, si Felicidad tiene en su poder el darse a cualquiera (y lo tiene si es diosa), ¡qué necedad más grande pedírsela a un dios, cuando la puedes obtener de ella misma! Debieron, pues, los paganos honrarla por encima de los demás dioses, incluso por la majestad del lugar.

Según sus propios escritores, los antiguos romanos dieron más culto a un no sé qué Sumano, a quien le atribuían los relámpagos nocturnos, que a Júpiter, a quien pertenecen los rayos del día. Pero después de la construcción del espléndido y eminente templo a Júpiter, la gente, guiada por la majestad del santuario, empezó a dirigirse a él en masa, hasta el punto de que apenas encontramos quien recuerde haber leído el nombre de Sumano; no digo oírlo, porque es imposible.

Pero si la Felicidad no es una diosa, como no lo es en realidad, pues trata de un don de Dios, este bien ha buscarse en quien tiene el poder de darlo; y ese funesto tropel de dioses falsos debe abandonarse, a quienes siguen un estúpido tropel de hombres insensatos, que se fabrican dioses de los dones de Dios, ofendiendo al mismo Autor de todos esos dones por su obstinada y soberbia voluntad. Nadie que adore a la Felicidad como diosa se verá libre de la infelicidad, olvidando a Dios, que es la fuente de la felicidad; así como nadie puede verse libre del hambre si se pone a lamer un pan pintado, y no lo compra de quien realmente lo tiene.

24. Razón del nombre de los dioses

Me parece que ahora podemos considerar sus razones: ¿Vamos a creer —dicen ellos— tan tontos a nuestros antepasados hasta el punto de ignorar que tales realidades eran dones divinos y no dioses? Ya que sabían que nadie podía poseer estos bienes mas que por la concesión de un dios, al no encontrar el nombre de tales dioses, les llamaron por el de las cosas que les parecía podrían recibir de ellos, modificando ligeramente algunos de los vocablos para este propósito. Así, por ejemplo, de vocablo *bellum* (guerra) pusieron el nombre de Belona no el de Belum; de *cunae* (cuna) Cunina, no Cuna; de *seges* (la mies) Segetia, no Seges; de *pomum* (fruta) Pomona, no Pomum; de *bos* (buey) Bubona, no Bos.

A veces también, sin alteración alguna de la palabra, les han puesto el mismo nombre de las cosas. Por ejemplo, se le llamó *Pecunia*[14] (dinero) a la diosa que otorga el dinero, sin creer un dios al dinero mismo; así, Virtud se llamó a la diosa que da la virtud; Honor al que concede el honor; Concordia a quien concede la concordia; Victoria, la victoria. Así también —aclaran ellos— cuando se nombra a la diosa Felicidad no se hace referencia a la felicidad concedida, sino a la deidad que la otorga.

25. El desconocido Dios de la felicidad

Tras la anterior explicación nos será quizá mucho más fácil convencer, como deseamos, a quienes no tengan el corazón demasiado endurecido. Porque si ya la misma humanidad, débil como es, ha tenido la impresión de que la felicidad no la puede otorgar más que algún dios, y este mismo sentimiento animó a los hombres que adoraban a tan múltiples dioses, entre los que estaba el propio rey de todos ellos, Júpiter; como ignoraban el nombre de quien podía otorgar la felicidad, decidieron llamarla por el mismo nombre de lo que esperaban recibir de ella. Quedaba con esto suficientemente claro que la felicidad no podía ser otorgada ni siquiera por el mismo Júpiter, a quien ya adoraban, sino por aquella divinidad que, en su opinión, debían honrar bajo el nombre de la felicidad misma.

---

14. Pecunia, es decir, propiedad, nombre derivado de *pecus* = "ganado", propiedad de ganado, en que durante un tiempo consistía la riqueza, hasta que después pasó a significar la moneda o elemento de cambio. Cf. Agustín, *De discipl. Christ.* 6.

Estoy totalmente de acuerdo con ellos en que la felicidad es concedida por algún Dios desconocido para ellos. ¡Traten de encontrar a ese Dios; ríndanle honor a Él y será suficiente! ¡Rechacen el alboroto de estos innumerables demonios! ¡Que no quede satisfecho con este Dios el que no se satisfaga con sus dones! ¡Que este Dios, dador de la felicidad, no le sea suficiente, repito, como objeto de culto a quien no le baste como dádiva la felicidad misma! Pero a quien le baste (de hecho el hombre no es capaz de desear algo mejor), ¡póngase al servicio del único Dios, dispensador de la felicidad! No se trata del dios llamado por ellos Júpiter. Porque si lo reconocieran como dispensador de la felicidad, por supuesto que no habrían buscado otra divinidad, masculina o femenina, para que se la concediera, poniéndole ese mismo nombre. No se hubieran creído en el deber de dar culto a Júpiter, tan lleno de infamias: se comentan sus adulterios con las esposas de otros, se le tiene como el amante desvergonzado y el raptor de un hermoso mancebo.

26. Los juegos escénicos y la aparición de los dioses a un pastor

Pero, dice Cicerón, "Homero inventó esas cosas y transfirió las bajezas humanas a los dioses: yo hubiera preferido una trasposición de las cualidades divinas al hombre"[15]. Con razón le desagradaba a un hombre tan prudente este poeta inventor de infamias. ¿Y por qué razón los más sabios de sus maestros en sus escritos colocan los juegos escénicos entre las cosas divinas, donde todas estas bajezas se andan repitiendo, se canturrean, se exhiben como una honra a los dioses? ¡Que alce aquí su voz Cicerón, pero no contra las ficciones poéticas, sino contra las instituciones de los antepasados! Pero ellos exclamarían a su vez: "¿Y qué hemos hecho nosotros? Los dioses en persona nos han exigido que les exhibamos todo esto en su honor, nos lo han ordenado con amenazas, nos han profetizado desastres si no se llevaba a cabo; y cuando hemos descuidado algunos detalles, han tomado severas venganzas. En cambio, cuando se ha puesto de nuevo en práctica lo que se había descuidado, se han mostrado aplacados."

Entre los hechos extraordinarios del poder de los dioses se cuenta el siguiente. Había un tal Tito Latinio, campesino romano y padre de familia. En una ocasión se le ordenó en sueños ir al Senado y comunicar que debían repetir de nuevo los juegos escénicos, ya que el día primero de su celebración se dio orden de ser ejecutado un criminal ante todo el pueblo.

---

15. Cicerón, *Tusc.* 1,26.

Esta triste orden causó disgusto a las deidades, hambrientas naturalmente del jolgorio de los juegos. El campesino no tuvo valor para cumplir al día siguiente el mandato recibido en sueños. La noche siguiente recibió de nuevo la orden, pero con mucha más severidad: perdió un hijo por no haberla cumplido. A la noche tercera se le advirtió que le amenazaba un castigo mayor si no cumplía lo ordenado. Ni siquiera así tuvo valor para cumplirlo, por lo que cayó en una dolorosa y virulenta enfermedad. En vista de lo cual, y aconsejado por sus amigos, lo comunicó a los magistrados. Se le condujo al Senado en litera, donde relató sus sueños. Recobró al punto la salud y volvió sano y por su propio pie. El Senado, asombrado de tal maravilla, decidió repetir los juegos con un presupuesto cuatro veces mayor[16]. ¿Quién no se dará cuenta, si está en sus cabales, que los hombres, esclavizados a los pérfidos demonios, han sido coaccionados por la fuerza a exhibir a semejantes dioses lo que con serena ponderación podía tenerse como una vergüenza?

Sólo la gracia de Dios, a través de nuestro Señor Jesucristo, es quien libera de la tiranía de los demonios, que obligaron por la fuerza a ofrecer a esos dioses juegos que, bien mirados, deberían condenar como vergonzosos. Es bien cierto que en ellos los poetas celebran en público los crímenes de los dioses, quienes violentaron al Senado para que ordenase la repetición de los juegos. En esos juegos los actores más desvergonzados celebraban a Júpiter como el corruptor de la decencia, dándole así placer. Si todo aquello era ficción, Júpiter debería haber montado en cólera. Pero si él se complacía en sus propios crímenes, incluso fingidos, ¿cómo honrarlo sin servir al diablo? ¿Y es éste el fundador, el engrandecedor y el conservador del poderío romano?, que es más indeseable que cualquiera de sus ciudadanos, a quien tales bajezas le causarían asco. ¿Podría este dar la felicidad, que es tan infelizmente adorado y que, a menos que se le de este culto, se enfurece más amargamente?

27. Tres clases de dioses según el pontífice Escévola

Está escrito que el sabio pontífice Escévola, hizo división de los dioses tradicionales en tres categorías: una los de la tradición poética; otra los de la filosófica, y una tercera, los de los jefes de Estado. La primera, según él, es una patraña, puesto que inventa cosas de los dioses indignas de ellos. La segunda categoría no les conviene a los Estados, porque encierra cosas superfluas y otras cuyo conocimiento sería perjudicial a los pueblos. En cuanto a lo superfluo, no existe gran problema, puesto que

---

16. T. Livio, *Hist.* 2,36; Cicerón, *De div.* 1,26; Macrobio, *Saturnalia* I,11,13.

ya los mismos jurisperitos suelen decir: "Lo superfluo no perjudica"[17].
¿Qué es, pues, lo que sería perjudicial al ser conocido por el pueblo? Es
esto, responde: "Que Hércules, Esculapio, Cástor y Pólux no son dioses;
porque los sabios dicen que fueron hombres y que, como hombres, murieron". Bien, ¿y qué más? "El no tener las ciudades representaciones verdaderas de los que son dioses, porque el dios auténtico no tiene sexo ni
edad ni miembros corporales definidos".

Todo esto no quiere el pontífice que lo sepa el pueblo; aunque parece
que no se trata de una falsedad. Por tanto, cree que es conveniente que
los Estados estén engañados en materia de religión, que Varrón mismo
no duda en afirmarlo en sus libros sobre las cosas divinas. ¡Excelente
religión! Acude a ella el hombre ansioso de verse libre de sus problemas,
y cuando escudriña la verdad que le hará libre, opinan que le conviene
ser engañado.

En esos mismos libros, Escévola no ocultan la razón por la que siente
desprecio hacía los dioses transmitidos por los poetas: "Porque los de-
forman hasta tal punto que no admiten comparación con los hombres de
bien. A éste lo hacen un ladrón, al otro un adúltero; de una u otra forma
les hacen decir o hacer algo indecente o inconveniente. Nos muestran
la rivalidad de tres diosas entre sí por conseguir el primer premio de
belleza; las dos vencidas por Venus provocan la destrucción de Troya.
A Júpiter en persona nos lo hacen ver convertido en toro o en cisne, buscando la unión con alguna mujer; a una diosa la casan con un hombre;
a Saturno nos lo presentan devorando a sus hijos. En una palabra, no
es uno capaz de imaginar portentos o vicios que no se encuentren allí,
siendo todos ellos profundamente opuestos a la naturaleza de dioses".

Oh, pontífice máximo Escévola, suprime los juegos, si eres capaz.
Ordena a los pueblos que dejen de rendir a los dioses inmortales semejantes honores, en los que admiran, complacidos, las infamias de los dioses y, en lo posible, se divierten en imitarlas, pero si el pueblo pudiera
responderte, diría: "Sois vosotros, los pontífices, quienes nos habéis introducido estos espectáculos." En este caso pide a esos mismos dioses,
por cuya incitación los habéis establecido, que prohíban la exhibición de
tales bajezas en su honor. Porque si se trata de algo malo, indigno de la
majestad de los dioses, más grande aún es la injuria hacía quienes impunemente se atribuyen falsas vilezas.

Pero no te harán caso, Escévola, son demonios, enseñan cosas malva-
das; se complacen con la depravación; no solamente no toman como una
injuria la invención de cosas como éstas sobre ellos; la injuria insopor-

---

17. *Codez Iustinianus* 6,23; 1,17.

table para ellos sería que en sus solemnidades no les representasen tales ruindades. Y si se te ocurriera apelar a Júpiter en contra de ellos, precisamente porque se llevan a las tablas los muchos crímenes de este dios, ¿no le hacéis la más denigrante injuria vosotros, que, a pesar de llamarle dios, rector y administrador de este mundo, lo habéis colocado en el culto a la altura de tales dioses, y lo presentáis como el rey de todos ellos?

28. Los dioses no contribuyeron a la grandeza de Roma

Por tanto, estos dioses no han tenido en absoluto poder alguno para engrandecer y conservar el poder de Roma, cuando con honras semejantes se les aplaca, mejor dicho, se les recrimina, siendo su culpabilidad mayor por complacerse en infamias falsas que si fuera real lo que de ellos se dice. Si tal poder estuviera en manos de los dioses, le hubieran otorgado un tan estimable don más bien a los griegos, quienes les han tributado un culto más noble y más digno en esta clase de realidades divinas, es decir, en los juegos escénicos: no quisieron sustraerse ellos mismos a la mordacidad de los poetas que se cebaban en los dioses; les dieron permiso para ridiculizar también a los hombres que se les antojara. Además, no han tildado de infames a los actores; al contrario, los han creído dignos de los honores más encumbrados.

Pero así como los romanos han podido tener moneda acuñada en oro, a pesar de no dar culto al dios Aurino, pudieron tener monedas de plata y de bronce, sin necesidad de haber dado culto a Argentino ni a su padre, Escolano[18]; y así todos los restantes, que sería molesto repetir. De aquí se deduce que Roma no hubiera sido capaz de alcanzar tal dominio, teniendo en contra al verdadero Dios; y que si hubiera ignorado o despreciado a estos falsos y abundantes dioses, y conocido al único Dios verdadero, adorado con fe sincera y virtud, tendría un reino mejor aquí, cualquiera que fuese su extensión, y recibiría luego el reino eterno, hubieran poseído aquí el temporal o no.

29. Victoria de Cristo sobre Júpiter

¿Qué clase de augurio es aquel, maravilloso según ellos, que he mencionado más arriba, de que Marte, Término y Juventu se negaron a ceder su puesto al mismo Júpiter, a pesar de ser el rey de los dioses? Por ello, dicen, se da a entender que la estirpe de Marte, es decir, la estirpe romana, no cedería a nadie las posiciones ocupadas; que nadie sería capaz de

---

18. Dioses respectivos de la plata y del bronce.

hacer replegar los términos de las fronteras de Roma, reforzadas como estaban por el dios Término; que, en fin, la juventud romana, fortalecida por la diosa Juventa, no cedería ante nadie. Ahora miren a ver en que concepto tienen a este rey de sus dioses y dador de su imperio, cuando, según estos augurios, está conceptuado como un adversario, contra el cual es una proeza ofrecerle resistencia.

De todas maneras, aunque esto fuera verdad, no tienen en absoluto por qué temer. No van a confesar que los dioses que no han querido ceder ante Júpiter, lo hicieron ante Cristo. Quedando a salvo las fronteras del Imperio, han podido estos dioses dejar paso a Cristo, abandonando sus moradas y, sobre todo, el corazón de los creyentes. Pero antes de la encarnación de Cristo, antes incluso de que fueran escritos los libros arriba citados, aunque sí después que tuvo lugar aquel augurio durante el reinado de Tarquinio, por varias veces el ejército romano fue desbaratado, puesto en fuga. Así se puso en evidencia la falsedad del presagio, según el cual la célebre Juventa no había cedido ante Júpiter. Por un lado, las huestes de Marte quedaron destrozadas ante la victoriosa irrupción de las hordas galas en plena ciudad de Roma, y por otro las fronteras del Estado romano, ante la rendición y entrega a Aníbal de tantas ciudades, se vieron en la obligación de estrecharse. Se desvaneció, pues, el esplendor de estos presagios, quedando erguida la contumacia contra Júpiter, no de los dioses, sino de los demonios. Porque una cosa es no haber querido ceder, y otra distinta volver a ocupar el lugar cedido.

Más tarde los límites del Imperio romano sufrieron una modificación por voluntad de Adriano en las regiones orientales. Cedió al Imperio persa tres magníficas provincias: Armenia, Mesopotamia y Asiria. De este modo, el famoso dios Término, que, según esos libros, protegía las fronteras romanas y, como dice el maravilloso augurio, no le había cedido el sitio a Júpiter, da la impresión de tenerle más respeto a Adriano, rey de los hombres, que al propio rey de los dioses.

Recuperadas más tarde estas tres provincias, de nuevo el dios Término volvió a retroceder. Fue en los días de Juliano, que se entregaba a los oráculos de sus dioses con osado desvarío, mandó quemar las naves donde se transportaban los víveres[19]. El mismo cayó muerto de un golpe hostil, y su ejército, sin suministro, quedó reducido a una penuria tal que no habría salido con vida ni un soldado, ante la acometida por todas par-

---

19. Esta medida "desmoralizó a los soldados y los llenó de furor. La región era pobre, pedregosa, calcinada por el sol, hostil. La caballería persa estorbaba la marcha, infligiendo graves pérdidas con sus dardos. Uno de ellos alcanzó a Juliano clavándosele en el hígado. El emperador trató de extraerlo con sus manos, ensanchó la herida y provocó una hemorragia mortal" (Indro Montanelli, *Historia de Roma*, cap. XLVIII).

tes del enemigo a un ejército desconcertado por la caída de su general, de no haber sido por un tratado de paz que fijó las fronteras del Imperio en los límites que hoy perduran todavía, y a un precio no tan grande como el que pagó Adriano, pero sí mediante compromiso.

A un falso augurio, pues, dio origen el que el dios Término se negó a ceder su puesto a Júpiter, cuando en realidad cedió a la voluntad de Adriano, ante la temeridad de Juliano y la necesidad de Joviano. De todo esto se dieron cuenta los más perspicaces y respetables romanos. Pero su opinión pesaba poco contra la costumbre de una ciudad ya comprometida a la celebración de los ritos demoníacos. Ellos mismos, aunque estaban convencidos de la falsedad de todo, les parecía un deber ofrecer un culto religioso, propio de Dios, a la naturaleza creada, establecida bajo el gobierno y la dependencia del único Dios verdadero. Veneraban, como dice el Apóstol, "a la criatura en lugar del Creador, que es bendito por siempre" (Ro. 1:25). Se necesitaba que el verdadero Dios ayudase a adelantar hombres verdaderamente santos y realmente piadosos que entregaran su vida por la verdadera religión, exterminando así las falsas religiones del espíritu humano.

30. Religión y superstición

Cicerón, durante el cargo de augur, se ríe de los augurios, y recrimina a los hombres que están pendientes de los graznidos del cuervo o de la corneja para poner en regla los caminos de su vida[20]. Pero este filósofo académico, que todo lo tiene por incierto, no es digno de tener autoridad alguna en esta materia. Q. Lucilio Balbo aparece hablando en su obra *De natura deorum*, libro segundo, y admite algunas supersticiones sea físicas o filosóficas, según la naturaleza misma de las cosas. Pero muestra su indignación contra la creación de imágenes y contra las creencias en fábulas. Estas son sus palabras: "¿No os dais cuenta de cómo la razón, de una manera forzada, ha atribuido a dioses inventados por la imaginación los descubrimientos meritorios y útiles en el orden físico? Este hecho produjo falsas creencias, errores confusos y supersticiones casi de viejas. Todo el mundo conoce su aspecto, la edad de los dioses, su forma de vestir y de adornarse. Conocemos incluso sus genealogías, sus casamientos, sus parentescos. Todo ello trasladado a la manera humana, llena de debilidades: nos los presentan con las turbulencias de su espíritu; se nos han transmitido sus apetencias pasionales, sus malos humores, sus iracundias. Hasta batallas no han faltado entre los dioses, según estas fábulas.

---

20. Cicerón, *De divin.* 2,37.

Y no se trata sólo, como nos relata Homero, de un favoritismo a ejércitos contrarios entre sí, unos dioses apoyando a un bando y otros a otro; entre ellos han estallado auténticas guerras: tal es el caso de los Titanes o el de los Gigantes. Es un gran desvarío creer y andar contando estas cosas, frívolas y sin fundamento."

Aquí tenemos, dicho sea de paso, la declaración de quienes defienden los dioses del paganismo. Dice luego que todo esto pertenece al campo de la superstición; en cambio, lo que él trata de enseñar, según la doctrina estoica, pertenece a la religión. Y añade: "No solamente los filósofos; son también nuestros antepasados quienes han distinguido entre superstición y religión. A quienes pasaban los días enteros suplicando y haciendo inmolaciones para conseguir que sus hijos continuaran entre los supervivientes (*superstites*) se les llamó supersticiosos."

¿Quién no descubre los esfuerzos de Cicerón para ensalzar la religión de sus mayores, separándola de la superstición, al tiempo que tiene miedo de herir las tradiciones ciudadanas, sin encontrar el modo de hacerlo? Porque si los antepasados llamaron supersticiosos a quienes se pasaban el día rogando y haciendo sacrificios de inmolación, ¿no lo serán también aquellos (él mismo lo reprocha) que erigieron imágenes a los dioses con diversidad de edades, y vestimentas variadas, e inventaron su línea generacional, sus matrimonios y sus parentescos? No hay duda; cuando se tildan de supersticiosas todas estas instituciones, quedan implicados en esta culpa los antepasados, fundadores y adoradores de tales ídolos; más aún, queda implicado él mismo, que a pesar de sus esfuerzos por liberarse de ellos en este estudiado discurso, sentía la necesidad de rendirles veneración. Y lo que en esta disertación suena tan claro, no se atrevería a musitarlo ante el pueblo en uno de sus discursos.

Por tanto, demos los cristianos gracias al Señor nuestro Dios, no al cielo y a la tierra, como manifiesta este filósofo en sus disquisiciones, sino al que hizo el cielo y la tierra, porque tales supersticiones que el citado Balbo, como balbuciendo, apenas critica, las ha aniquilado por la profundísima humillación de Cristo, por la predicación de los apóstoles, por la fe de los mártires, que han dado su vida por la verdad y su misma vida ha sido verdad. Y esto lo ha conseguido no sólo en los corazones de las personas religiosas, sino también en los santuarios de la superstición, mediante la libre servidumbre de sus seguidores.

31. Dios no puede ser representado en imágenes

¿Qué dice Varrón mismo, quien nos duele que haya colocado entre lo que merece categoría de divino, a los juegos escénicos, aunque no ha sido por propia iniciativa? Cuando en muchos pasajes se pone a exhortar al culto de los dioses, como si fuera un hombre religioso, ¿no confiesa abiertamente que él no es partidario de todas estas instituciones creadas por Roma y que, si en su mano estuviera fundar de nuevo la ciudad, consagraría otros dioses y les pondría otros nombres, siguiendo un criterio fundado sobre todo en la naturaleza?

Pero, como él ha nacido en un pueblo lleno ya de antiguas tradiciones, reconoce que debe mantener la historia de nombres y sobrenombres de los dioses, tal como ha sido transmitida por los antepasados. Esta es, dice, la finalidad de sus descripciones e investigaciones: mover al pueblo al culto, más bien que al desprecio de los dioses. Varrón, hombre inteligente como era, da suficientemente a entender que no quiere manifestarlo todo y ya que algunos detalles no solamente merecerían su desprecio, sino que suscitarían la repulsa popular, si no fueran mantenidos en silencio.

Podría creerse que todo esto son meras conjeturas mías si en otro pasaje, hablando él sobre la religión, no dijera con toda franqueza que hay muchas verdades religiosas que no conviene las sepa el pueblo; y, al revés, otras que, aunque sean falsas, está bien que el pueblo las tenga en estima. De aquí que los griegos hayan ocultado tras los muros y el silencio la celebración de sus misterios de iniciación. Dejó bien patente aquí la política de los así llamados sabios, por quienes son gobernados pueblos y ciudades. Es en todas estas patrañas donde encuentran su pleno deleite los maliciosos demonios, teniendo atrapados en sus manos a engañosos y engañados. Sólo los librará de su tiranía la gracia de Dios a través de Jesucristo nuestro Señor.

2. Este mismo autor, tan profundo y tan erudito, afirma además que en su opinión sólo han llegado a comprender qué es Dios quienes lo han creído alma del mundo, que lo gobierna con designio y razón. He aquí por qué Varrón, aunque no estaba en la plena posesión de la verdad, puesto que el Dios verdadero no es un alma, sino el creador, el autor del alma, con todo, si se hubiera visto libre de los prejuicios tradicionales, habría proclamado e inculcado el culto a un solo Dios, que gobierna el mundo con propósito y razón. En este tema, sólo quedaría pendiente una cuestión: su afirmación de que Dios es alma del mundo, y no más bien el autor de la misma.

Varrón dice también, que durante más de ciento setenta años han estado los viejos romanos rindiendo culto a los dioses sin representaciones visibles. Y añade: "Si se hubiera conservado esta práctica, los dioses hubieran sido más puramente adorados." A favor de su opinión cita, entre otros, el caso del pueblo judío. Y no duda en concluir este pasaje diciendo que los primeros en levantar estatuas a los pueblos, lo que han hecho es privarles a sus ciudades del respeto y aumentarles su error, pensando sabiamente que los dioses caen en el desprecio cuando son representados en estúpidas imágenes. Y no dice "les han transmitido el error", sino "se lo han aumentado", dando claramente a entender que el error, aun sin tales imágenes, ya existía.

Por eso, cuando afirma que sólo han caído en la cuenta de quién es Dios los que lo creen el alma gobernadora del mundo, y que la religión sería más pura sin la existencia de imágenes, ¿quién no advierte lo cerca que está de la verdad? Si hubiera tenido algún poder contra un error tan grave y tan inveterado, se habría inclinado, sin duda alguna, por el culto sin imágenes a un solo Dios, que él creía gobernador del mundo. Estando tan próximo a la verdad, es posible que cayera en la cuenta fácilmente de la mutabilidad del alma, y esto le hubiera llevado a descubrir al verdadero Dios como algo inmutable, creador del alma misma.

Ya que estas cosas son así, todo el cúmulo de burlas contra la pluralidad de dioses que hombres como Varrón han consignado en sus escritos, se han sentido impulsados a confesarlas por una misteriosa voluntad de Dios, más bien que decididos a convencernos de ellas. Si nosotros aducimos algunos testimonios de esta fuente, lo hacemos para refutar a quienes no quieren darse cuenta de cuán dura y maliciosa es la tiranía diabólica de la que nos hace libres aquel sacrificio singular del derramamiento de la sangre más santa y el don del Espíritu que se nos ha concedido.

32. Engaño de los gobernantes respecto a la religión

Respecto a la ascendencia de los dioses, Varrón hace notar también cómo los pueblos se inclinaron más por los poetas que por los filósofos. De aquí la creencia de sus antepasados, los antiguos romanos, en el sexo y en las genealogías de los dioses, así como la atribución de sus uniones matrimoniales. En realidad no parece haber tenido otro móvil que el negocio de estos pretendidos sabios y prudentes en engañar al pueblo en materia de religión, y en ella no sólo rendir culto, sino también imitar a los demonios, cuya máxima pasión es nuestra seducción. Porque así como los demonios no pueden poseer sino a aquellos que han engañado con falacia, del mismo modo los príncipes, no ciertamente justos, sino semejantes a los demonios, en nombre de la religión han convencido al pueblo para que reciba como verdadero lo que ellos tenían por falso. De este modo, mantenían más estrechamente ligada la sociedad civil, manteniendo al pueblo poseído, por decirlo así, en calidad de súbditos. ¿Qué hombre, en medio de su debilidad e ignorancia, esquivará a la vez los engaños de los principales de la ciudad y de los demonios?

33. El Dios verdadero regula reinos y edades

Por consiguiente, Dios, autor y dispensador de la felicidad, es quien distribuye los reinos terrenos tanto a buenos como a malos, puesto que Él es el solo Dios verdadero. Y no lo hace a ciegas, y como fortuitamente; porque es Dios y no la Fortuna, sino que lo hace según una ordenación que ha infundido a las cosas y a la sucesión de los tiempos, ordenación oculta para nosotros y sumamente clara para Él. A esta ordenación temporal, sin embargo, Él no está sujeto, sino que es Él quien, como Señor, la está rigiendo, y, como moderador, ordenando. La felicidad, en cambio, sólo la concede a los buenos. Los siervos pueden estar o no estar en posesión de ella, y también pueden tenerla o no tenerla los reyes. Con todo, la felicidad plena sólo se hallará en aquella vida donde ya nadie será siervo. He aquí la razón por la que Dios concede los reinos terrenos tanto a buenos como a malos, para evitar que sus fieles, niños todavía en el progreso del espíritu, vivan anhelando estos dones como algo de gran importancia.

Este es el misterio del Antiguo Testamento, el que estaba oculto el Nuevo; en él las promesas y los dones son de orden terreno, pero los hombres espirituales de entonces ya comprendían, aunque no lo declarasen abiertamente, que en aquellas realidades temporales se significaba la eternidad, y en qué dones de Dios podía encontrarse la verdadera felicidad.

34. El pueblo judío y la idolatría

Además de esto Dios multiplicó en Egipto a su pueblo, nacido de un puñado de hombres, y lo libró de su opresión con señales portentosas. Daba a entender con ello que incluso los bienes terrenos, anhelados con pasión únicamente por aquellos que son incapaces de concebir valores más elevados, están bajo el dominio de este único Dios, no del de esos múltiples y falsos dioses, tenidos antaño por los romanos como dignos de adoración. Y no hubo necesidad de que las mujeres hebreas invocaran a Lucina, Dios mismo fue quien se cuidó de sus alumbramientos y las libró de las manos de los egipcios, sus perseguidores, deseosos de matar a todos sus recién nacidos. Estos se multiplicaron admirablemente, creciendo aquella raza de un modo increíble.

Sin ayuda de la diosa Rúmina mamaron estos bebés; sin Cunina reposaron en la cuna; sin Educa ni Potina comieron y bebieron; se desarrollaron sin tantos dioses encargados de la infancia; sin los dioses conyugales se casaron, y sin rendir culto a Príapo se unieron con sus cónyuges.

No invocaron a Neptuno para que el mar se dividiera en dos ofreciéndoles paso, y luego sus olas, volviendo a su sitio, cubrieran a sus enemigos. Y no consagraron una diosa "Mania" cuando tomaron el maná venido del cielo; ni cuando el agua brotó abundantemente de una piedra, golpeada con ocasión de su sed, empezaron a adorar a Ninfas o a Linfas. Sus guerras se llevaron a cabo sin ofrecer los alocados sacrificios a Marte y a Belona. Y si no vencieron, naturalmente, sin la victoria, no fue en cuanto diosa, sino que la tuvieron como un don de su Dios.

Cosecharon las mieses sin Segetia, tuvieron ganado bovino sin Bubona, la miel sin Melena, la fruta sin Pomona y así todo lo demás, por cuya obtención creyeron obligado los romanos suplicar a una tan numerosa muchedumbre de falsas divinidades. Los hebreos lo recibieron de una manera mucho más oportuna del único y verdadero Dios. Y si no hubiera sido porque pecaron contra Él, en un impío afán de novedad, como seducidos por artes mágicas, dejando deslizar sus pasos hacia dioses extranjeros y hacia el culto de los ídolos, y, por fin, dando muerte a Cristo, se habría mantenido su reino, si no más espacioso, sí más feliz que el de Roma.

El hecho de que ahora estén los judíos dispersos por casi toda la tierra y todas las naciones, es una medida providencial de aquel único y verdadero Dios. Así, la destrucción de ídolos, altares, bosques sagrados, templos, que está ocurriendo por todas partes, la prohibición de sus sacrificios, puede probarse por los libros judíos cómo estaba ya todo profetizado desde hacía mucho tiempo, de este modo se evita la sospecha, al leerlo en nuestros libros, de que ha sido inventado por nosotros.

Dejemos para el próximo libro la aclaración de lo que sigue, pongamos fin a éste, que ya es bastante prolijo.

Libro V

Prefacio

Habiendo sido establecido que la satisfacción de todos los deseos que constituyen la felicidad, que no es una diosa, sino un don de Dios, está claro que ningún otro dios debe ser adorado por los hombres más que aquel que los puede hacer felices. Si la felicidad fuera una diosa, a ella sola habría, con toda razón, que adorar. Es hora ya, por tanto, de que tratemos de averiguar cuál es la razón de que Dios, que puede conceder los bienes que incluso son capaces de poseer quienes no son buenos, ni por lo mismo felices, haya querido que la dominación romana fuera tan extensa y tan duradera; porque esto no fue realizado por esa multitud de falsos dioses adorada por ellos, como ya lo hemos afirmado ampliamente, y lo volveremos a repetir donde parezca oportuno aportar más pruebas.

1. Astrología, providencia y destino

La causa de la grandeza del Imperio romano ni es fortuita ni fatal, según el juicio o el parecer de quienes dicen que es fortuito lo que no tiene causa alguna o que no proviene de ningún orden racional; y que la fatalidad sucede independiente de la voluntad de Dios y de los hombres, por necesidad de cierto orden. En una palabra, los reinos humanos están establecidos por la divina providencia.

Si alguien atribuye su existencia al destino, es por la única razón de que a la voluntad o al poder divinos les llama destino, pues que se quede con su opinión, aunque debe cambiar su lenguaje. ¿Por qué no decir al principio lo que ha de decir al final, cuando alguien le pregunte qué entiende por destino? Porque la gente, al oír esta palabra, lo que entiende por el modo corriente de hablar es únicamente la influencia de la posición de los astros al nacer o al ser uno concebido. Para algunos esto es ajeno a la voluntad de Dios; para otros la citada influencia está también subordinada a ella. Pero en cuanto a los que opinan que los astros, independientemente de la voluntad de Dios, determinan tanto nuestros actos como los bienes que tenemos y los males que padecemos, a éstos no les debe prestar oídos nadie. Y no me dirijo solamente a aquellos que profesan la verdadera religión, sino a cualquiera que se precie de adorar algún dios, aunque sea falso. ¿Cuáles serían las consecuencias de esta opinión, sino la supresión de todo culto divino y de toda oración a Dios? De momento nuestra discusión no va dirigida contra los defensores de esta opinión, sino contra aquellos que por defender a lo que ellos tienen por dioses, atacan a la religión cristiana.

Ellos, de todos modos, hacen depender la posición de las estrellas de la voluntad de Dios, las que en cierta manera deciden el carácter de cada uno, y los acontecimientos de la vida tanto buenos como malos. Si realmente esta opinión sostiene que las estrellas gozan de tal poder, recibido de la suprema potestad de Dios, que determinan todos estos sucesos de una manera voluntaria, están haciendo una enorme injuria a las esferas celestes, que semejantes a un ilustre Senado y espléndida Curia decretan, según ellos, crímenes de tal categoría que, si se le ocurriese hacerlo a una ciudad terrena, habría que destruirla por decisión de toda la raza humana. ¿Qué posibilidad se le deja a Dios, dueño de los astros y de los hombres, para juzgar los actos humanos, sometidos a la fatalidad astral?

Y si dicen que no son las estrellas quienes deciden a su arbitrio tales acontecimientos, aunque han recibido cierto poder de Dios, que es supremo, sino que ellas simplemente no hacen más cumplir puntualmente las órdenes divinas al tomar esas fatales determinaciones, ¿no habrá que atribuir al mismo Dios lo que nos pareció indigno de la voluntad de las estrellas?[1]

Pero si se dice que las estrellas indican, más que realizan los acontecimientos, de modo que su posición sería como una predicción del futuro, no una causa determinante, de hecho, ha sido ésta la sentencia de sabios nada mediocres, los matemáticos[2] no utilizan este modo de hablar. Por ejemplo, no dicen: "Esta posición de Marte anuncia un homicida", sino: "Hace un homicida". De todas maneras, aunque concedamos que no hablan con propiedad y que deberían tomar de los filósofos su lenguaje a

---

1. "Repudiamos en absoluto, como opuesto a la pureza de nuestra fe, todas las argucias de los que vaticinan el destino del hombre por los movimientos de los astros, fundados en los experimentos de las enseñanzas de la astrología, cuyos vaticinios llaman ellos apotelésmata (resultado, fuerza), porque con tales doctrina intentan apartarnos del trato con Dios, y con impía perversidad nos inducen a acusar a Dios, Señor de las estrellas, como autor más bien que al hombre de los hechos abominables que con toda justicia se condenan" (Agustín, *Del Génesis a la letra*, II,17,35).

2. Así se llamaba a los astrólogos, según nos narra el mismo Agustín, recordando sus días de estudiante y su afición a la astrología: "Muchas veces preguntaba a los astrólogos que consultan los planetas, y se llaman matemáticos" (*Confesiones*, IV, 3).

la hora de predecir lo que creen encontrar en las posiciones astrales, ¿por qué nunca han podido explicar la causa por la cual en la vida de los mellizos hay tal diversidad en sus actos y sus resultados, en sus habilidades, en los honores recibidos y demás circunstancias de la vida humana, incluso en la misma muerte, hasta el punto de que se encuentren casos mucho más parecidos en este aspecto entre extraños que entre los mismos gemelos, separados al nacer por un insignificante espacio de tiempo, y concebidos los dos en un mismo instante, por un solo acto de sus padres?

2. El ejemplo de los mellizos

Dice Cicerón que el ilustre médico Hipócrates dejó escrito que en cierta ocasión dos hermanos cayeron enfermos a la vez, y su enfermedad se agravaba y remitía simultáneamente. Este hecho le dio pie a sospechar que eran gemelos[3]. El filósofo estoico Posidonio[4], muy dado a la astrología, solía afirmar que éstos habían nacido y habían sido concebidos bajo la misma posición de los astros. De esta manera, lo que el médico atribuía a una constitución fisiológica idéntica, el filósofo astrólogo lo refería a la influencia de la posición de los astros en el momento de la concepción y del nacimiento.

En esta materia es mucho más aceptable y, a primera vista, de mayor fundamento la hipótesis del médico. Los padres, en efecto, con sus propias disposiciones corporales en el momento de la unión pudieron influir en el fruto embrionario de su concepción, de forma que al irse desarrollando en el seno materno llegasen a nacer con una complexión análoga. Luego, viviendo en la misma casa, con idéntica nutrición, y respirando el mismo aire, en las mismas circunstancias locales, y bebiendo las mismas aguas, elementos todos ellos decisivos, según el testimonio de la medicina, para la buena o la mala salud corporal, acostumbrándose incluso en unos mismos trabajos, han podido adquirir una complexión tan semejante que unas mismas causas, en un momento dado, habrían originado la misma enfermedad en ambos. Pero para explicar esta coincidencia en la enfermedad, querer aducir la posición del cielo y de los astros en el momento de la concepción o del nacimiento, cuando en el mismo instante, en la misma región y bajo el mismo cielo, tantos seres de raza diferente, de complexiones y resultados opuestos, han podido ser concebidos y nacer, me parece un disparate incalificable. Conocemos

---

3. Cicerón, *De fato* 3,5.
4. Posidonio (150-35 a.C.), influyó considerablemente entre los escritores romanos y sus opiniones religiosas repercutieron en el neoplatonismo y la patrística.

personalmente gemelos no sólo con un comportamiento y lugares de viaje diversos, sino que han sufrido enfermedades dispares. Creo yo que Hipócrates daría la explicación más simple a estos hechos, partiendo de que una diversidad en los alimentos y en el trabajo, provocada no por la complexión corporal, sino por la voluntad nacida del espíritu, no puede dar origen a diferencias de salud.

De todos modos, Posidonio, o cualquier otro defensor de la fatalidad astral, tiene bastante con encontrar una respuesta para este caso, si es que no quiere burlarse de los ignorantes en tales materias. Se empeñan en poner de relieve que hay un exiguo intervalo de tiempo entre el nacimiento de uno y otro gemelo y, en consecuencia, una partícula de cielo donde queda grabada la hora del nacimiento, y que llaman horóscopo. Este detalle o bien no tiene tanto influjo como para explicar en los gemelos su diversidad de voluntades, de hechos, de comportamientos y de sucesos, o bien tiene demasiado como para poder explicar su estado social, alto o bajo, dado que toda la diversidad estriba, según ellos, en la hora en que nace cada uno. Así que, en caso de un nacimiento tan seguido el uno tras el otro que coincidiera la misma parte del horóscopo, exijo un parecido tal en sus vidas como no es posible encontrar entre gemelos; y si la distancia entre ambos nacimientos hace cambiar el horóscopo, exijo padres diferentes, cosa que tampoco los gemelos pueden tener.

3. Argumento sobre la diferencia del tiempo celeste

Inútilmente se aduce aquella famosa ocurrencia del torno del alfarero, que, según dicen, Negidio respondió perplejo ante este problema, de ahí le vino el apodo de *Figulus* (Alfarero)[5]. Habiendo dado al torno de un alfarero toda la velocidad que pudo, en plena marcha hizo con tinta dos señales con suma rapidez, como en el mismo punto. Una vez parado el torno, se encontraron las señales muy distantes una de la otra, de un extremo al otro del torno. "Así es —explicó— como ocurre en el veloz rodar del cielo, aunque salgan a la luz uno tras otro los gemelos, tan seguidos como yo al hacer las dos señales, esto significa mucha distancia en los espacios celestes". "He aquí —prosiguió Negidio— la razón de las diferencias de los gemelos en su comportamiento y fortuna."

Este argumento es más frágil que los vasijas modeladas en aquel torno. Porque si tanto repercute en el cielo esta distancia (cosa imposible

---

5. Nigidio fue contemporáneo y condiscípulo de Cicerón y uno de los hombres más sabios de Roma. Restaurador del neopitagorismo entre los romanos, fundó en Roma una sociedad de iniciados, que tuvieron su basílica de reuniones en la puerta Mayor. Todavía en tiempo de San Agustín gozaba de reputación como astrólogo.

de medir por las constelaciones), que a uno de los gemelos le toque una herencia y el otro se quede sin ella, ¿cómo llegan en su atrevimiento a predecir a los que no son gemelos, después de observar sus constelaciones, los acontecimientos encerrados en un misterio a todo el mundo indescifrable, y señalarlos, guiándose por los instantes del nacimiento? Quizá puntualicen que tales predicciones las realizan en otra clase de nacimientos, puesto que hacen referencia a espacios más largos de tiempo; y, en cambio, aquellos minúsculos instantes que pueden mediar entre un gemelo y otro predicen insignificantes acontecimientos, sobre los que no se suele consultar a los astrólogos, ¿quién consulta cuándo tiene que sentarse, cuándo pasear, cuándo y qué comer? ¿Pero es que nos referimos a estos detalles cuando en los gemelos señalamos muchas y grandes diferencias en su conducta, hechos y destino?

4. El caso de Esaú y Jacob

En la lejana era de los patriarcas nacieron dos gemelos, por citar los más conocidos, tan seguidos uno del otro que el segundo tenía agarrado un pie del primero. Tales divergencias hubo en sus vidas y en su conducta, tal fue la desemejanza en su actuación, tan grande fue la diferencia en el amor de sus padres, que la distancia originada entre ellos terminó por hacerlos enemigos. ¿Acaso nos referimos con esto a que cuando uno andaba, el otro estaba sentado; cuando uno dormía, el otro estaba en vela; cuando uno hablaba, el otro estaba callado? Todo ello forma parte de esas minucias que escapan al control de los tratadistas de la posición de los astros en el momento de cada nacimiento, base para consultar luego a los astrólogos. En el presente caso, uno de ellos estuvo sirviendo a sueldo, y el otro vivía por su cuenta. A uno lo amó su madre y al otro no; uno perdió el puesto de primogénito, tenido en gran estima entre ellos, y el otro se adueñó de él. ¿Y qué decir de sus esposas, de sus hijos, de su hacienda? ¡Qué diversidad hubo al respecto!

Por tanto, si estas diferencias forman parte de aquellas insignificantes distancias temporales que median entre los gemelos, y no quedan señaladas en las constelaciones, ¿por qué se afirman estas cosas después de observarlas en otros nacimientos? Quizá se responda que por pertenecer no a los instantes incontrolables, sino a esa clase de momentos observables y constatables. Entonces, ¿qué hace aquí el torno del alfarero, sino conseguir que se pongan a girar los hombres de corazón de barro para impedir que detecten la vana palabrería de los astrólogos?

5. Inconsistencia científica

Aquellos dos a quienes la sagacidad médica de Hipócrates llevó a dudar a sospechar que la enfermedad que se agravaba y se aliviaba simultáneamente en ellos se trataba de gemelos, ¿no es suficiente para rebatir a los que atribuyen a energías siderales lo que provenía de un parecido en su complexión natural? ¿Por qué su idéntica enfermedad ocurría simultáneamente, en lugar de enfermar uno antes y otro después, como su nacimiento, puesto que, naturalmente, no pudieron nacer los dos a la vez? O si el nacer en diversos momentos nada tiene que ver con el caer enfermo en tiempos distintos, ¿por qué lo quieren hacer valer para explicar la divergencia de otras circunstancias de la vida? ¿Cómo es que estos gemelos han podido viajar en tiempos diversos, casarse en tiempos diversos, tener hijos y realizar otras muchas cosas en tiempos diversos, por el hecho de haber nacido en tiempos también distintos, y no han podido, por esa misma razón, enfermar en tiempos diversos? Porque sí una diferencia en el instante del nacimiento ha mudado el horóscopo, introduciendo una disparidad en las restantes circunstancias, ¿por qué ha tenido que permanecer como válido lo del mismo momento de la concepción? O si el destino de la salud reside en la concepción, y los del resto de la vida en el nacimiento, no deberían pronunciar palabra respecto a la salud guiados por la observación de las constelaciones del nacimiento, dado que no les es posible observar las del momento de la concepción. Pero si predicen las enfermedades sin observar el horóscopo de la concepción, porque el que las indica es el del nacimiento, ¿cómo se atreven a pronosticar a cualquiera de los gemelos, a la luz del momento de su nacimiento, cuándo va a caer enfermo, puesto que el otro, que no tiene la misma hora de nacimiento, debería por fuerza enfermar igualmente?

Supongamos que la distancia del nacimiento de un gemelo a otro es tan significativa que haya que asignarles constelaciones diversas, ya que diferente es el horóscopo y diferentes, por tanto, las líneas celestes de demarcación, en las que tanto énfasis ponen éstos, hasta el punto de que ellas originan diversos destinos, ¿cómo ha podido suceder esto, cuando es imposible una diferencia de tiempo en su concepción? Si han podido darse destinos dispares para el nacimiento de dos gemelos, concebidos en un mismo instante, ¿qué razones hay para que no los pueda haber diversos también con relación a la vida y a la muerte en dos que han nacido a la vez? La verdad es que, si el ser concebidos ambos en un mismo instante no impide que uno nazca ahora y otro después, no veo por qué razón el nacer dos a un tiempo ha de impedir que uno muera antes y el otro después. Y si la concepción simultánea de dos gemelos no impide que ya en el seno materno tengan una suerte diversa, ¿por qué un mismo instante en el nacer les va impedir a dos cualesquiera sobre la tierra tener diversos azares en su vida, y así acabamos de una vez con todas las invenciones de este arte o, mejor dicho, de esta patraña? ¿A título de qué los concebidos al mismo tiempo, en el mismo instante, bajo una misma e idéntica posición sideral tienen destinos diferentes, que les impulsan ya a nacer a distinta hora, y, en cambio, dos nacidos de distinta madre en idéntica posición sideral no pueden tener destinos diferentes que les lleve a una distinta fatalidad en su vivir y en su morir? ¿Es que las criaturas concebidas no tienen destino más que después de nacer? Entonces, ¿por qué andan diciendo que si se pudiera conocer la hora de la concepción, no sé cuántas cosas podrían predecir estos adivinos? Aquí se basan algunos para divulgar que una vez un sabio llegó a elegir la hora de unirse a su mujer, a fin de engendrar un hijo ilustre.

La respuesta al caso de los gemelos que enfermaban a la vez —y éste era el parecer del gran astrólogo y filósofo Posidonio— está en que "habían nacido al mismo tiempo, y al mismo tiempo habían sido concebidos". Él cuidaba de añadir lo de la concepción para evitar la objeción de que no estaba clara la posibilidad de nacer en el mismo instante, mientras constaba de la concepción totalmente simultánea de los dos. Así, el hecho de su misma y simultánea enfermedad no se lo atribuía a su complexión corporal, muy similar en ambos, sino al revés, esta semejanza de salud la relacionaba y la hacía depender de los astros. Luego si tanta influencia ejerce el momento de la concepción para la identidad de destinos, el nacimiento no tenía por qué mudarlos. O si la fatalidad de los gemelos se cambia al nacer en momentos diversos, ¿por qué no pensar más bien que estaban ya cambiados para nacer en tiempos diferentes? ¿De manera que la voluntad de los vivos no es capaz de cambiar el destino del nacimiento, cuando el orden de nacimiento cambia el destino que reciben en la concepción?

6. Gemelos de sexo diferente

Pero incluso en la misma concepción de gemelos, en la que sin duda el tiempo es el mismo para los dos, ¿cómo se puede explicar que a menudo uno resulte varón y otro hembra? Conocemos gemelos de distinto sexo, ambos viven aún, los dos en plena vitalidad. Se parece mucho el uno al otro, cuanto es posible entre hombre y mujer. Pero en cuanto al género de vida y en sus aspiraciones son tan dispares que, aparte de los actos que necesariamente son diferentes en el hombre y la mujer, el uno está al servicio de un conde, y casi siempre de viaje con el ejército, fuera de casa, mientras la otra no se mueve del solar paterno y de sus propios campos. Además, y esto es mucho más increíble si damos crédito a la fatalidad astral, no así si tenemos en cuenta la voluntad humana y los dones de Dios, él está casado y ella es una virgen consagrada; él tiene numerosa prole y ella ni siquiera se ha casado. ¿No es enorme la fuerza del horóscopo?

Creo que he dicho suficiente para mostrar lo absurdo que es. Pero esos astrólogos dicen que cualquiera que sea la fuerza o virtud del horóscopo en otros aspectos, es cierto que influye en el nacimiento. ¿Y por qué no en la concepción también? Porque de todos sabido es que ésta tiene lugar en una sola unión carnal. La naturaleza está de tal modo dispuesta que, una vez la mujer ha concebido, queda imposibilitada para una nueva concepción. De ahí la necesidad de que la concepción de los gemelos sea rigurosamente simultánea. ¿Quizá por haber nacido bajo diverso horóscopo, se cambió su sexo en el momento de nacer y nació él varón y ella hembra?

Cierto que no podemos calificar de totalmente absurda la teoría de algunas diferencias únicamente corporales debidas a ciertos flujos siderales, como, por ejemplo, la variación de las estaciones del año por el acercamiento y lejanía del sol; el aumento y merma de ciertas cosas originado por los crecientes y menguantes de la luna originan, como los erizos y algunos moluscos. También se debe a la luna el curioso hecho de las mareas. Pero no vamos a admitir que la voluntad, arraigada en el espíritu, está sujeta a las posiciones de los astros. Por eso la misma insistencia de los astrólogos para hacer depender hasta nuestros mismos actos de la fatalidad sideral, nos está invitando a una búsqueda de razones que no dejen en pie su teoría ni siquiera en lo referente a lo corporal. ¿Qué más corporal que el sexo? Y, sin embargo, bajo la misma posición astral han podido ser concebidos gemelos de sexo distinto. No sé si podrá haber afirmación más insensata que ésta: la posición de los astros, idéntica para ambos gemelos en el momento de la concepción no ha podido evitar que la hermana, teniendo la misma constelación que su hermano, tuviera sexo diferente; en cambio, la posición de los astros en el momento del nacimiento ha podido lograr que ella se diferencie tanto de su hermano por la santidad virginal.

7. Elección del día de la boda y de la siembra

¿Quién va a soportar la afirmación de que en la elección de ciertas fechas particulares uno se está forjando nuevos destinos que rijan sus propios actos? Se ve que el destino anterior al nacimiento del citado sabio no era engendrar un hijo ilustre, sino ruin, y por eso, siendo sabio como era, se puso a elegir la hora de unirse a su mujer. Se forjó, por lo tanto, un destino que no tenía, y con ese destino de su propia manufactura algo empezó a caer bajo la fatalidad lo que no había estado bajo el destino de su hora natal. ¡Oh estupidez singular! Se elige el día de la boda; supongo que para evitar la posibilidad de incurrir en un día siniestro, si se hace al azar, no sea que resulte un infeliz casamiento. ¿Dónde queda, pues, el que todo lo dejaron decretado ya los astros al nacer? ¿Puede el hombre cambiar, por la elección de fechas, lo que ya le estaba determinado, y lo que él determinó en tal elección, no van a poder cambiarlo otros poderes? Entonces, si solamente están sometidos a las constelaciones los hombres, con exclusión de las demás criaturas bajo el cielo, ¿por qué eligen días determinados, como más aptos, para la plantación de viñedo o de arbolado, o para la siembra de cereales, y otros días distintos para domar o cubrir el ganado, fecundando los rebaños de yeguas y vacas, y otras operaciones por el estilo? Y si la elección de los días para estas operaciones tiene valor precisamente porque todos los seres terrestres, animados e inanimados, están sometidos a la influencia de la posición de los astros, según la diversidad de los espacios temporales, pongan atención al número incontable de seres que en el mismo instante nacen, se originan, tienen su comienzo, con tan diferentes desenlaces, que tales consideraciones astrales provocarían la risa de un niño. ¿Quién caerá en la simpleza de atreverse a decir que todos los árboles, todas las plantas, todas las fieras, las serpientes, las aves, los peces, los más insignificantes gusanos, tienen cada uno un momento diferente de nacimiento?

Para poner a prueba la pericia de los matemáticos, con frecuencia la gente les trae las constelaciones de animales mudos, cuyo nacimiento primero observan cuidadosamente en su casa con vistas a esta consulta. Los matemáticos preferidos por ellos son los que, tras la observación de las constelaciones, se pronuncian no por el nacimiento de un hombre, sino de un animal. Incluso se atreven a decir la clase de animal: si es lanar, o de carga, o para la labranza, o la guarda de la casa. Porque hasta le consultan sobre los destinos de los perros, y todas estas respuestas levantan grandes aclamaciones entre sus consultores.

Engañan a los hombres hasta el punto de hacerles creer que cuando un hombre nace, todos los demás nacimientos se suspenden, hasta el punto de que bajo la misma zona celeste no nace con él ni una mosca. Y si se admite esto respecto a una mosca, llegaremos poco a poco, por un raciocinio gradual, hasta el camello y el elefante. Y no quieren caer en la cuenta de que en el día elegido para sembrar un campo, multitud de granos caen a tierra a la vez, y a la vez germinan, y a la vez despuntan, y a la vez crecen y se doran a la vez. Sin embargo, de todas estas espigas del mismo tiempo, y, por así decir, congerminales, a unas las consume el anublo, a otras las devastan los pájaros y a otras las arranca la gente. ¿Se atreverán a decir que todos estos granos han tenido constelaciones diferentes, a la vista de tan diversos finales? ¿O es que les pesará haber elegido fechas para estas cosas, negando que caigan bajo los celestes decretos, y van a dejar dependientes del influjo sideral exclusivamente a los hombres, únicos seres a quienes Dios a concedido una voluntad libre?

Considerando atentamente todo esto, es razonable creer que cuando los astrólogos dan no pocas respuestas sorprendentemente verdaderas, lo hacen por una secreta inspiración de espíritus, no de la mejor especie, que ponen buen cuidado en infundir y confirmar en los espíritus humanos estas falsas y nocivas creencias de la influencia fatal de los astros, y no valiéndose de un cierto arte de señalar y examinar el horóscopo, porque tal arte no existe.

8. Destino y voluntad de Dios

Respecto a los que dan el nombre de destino, no a las disposiciones de los astros en el momento de la concepción, o del nacimiento, o del comienzo de algo, sino a la serie total de las causas concatenadas que originan cuanto sucede, no vale la pena entablar una laboriosa controversia por causa de una palabra. De hecho, la ordenación de las causas y una cierta concatenación de las mismas la atribuyen a la voluntad y al poder del Dios supremo, de quien creemos, con el mayor acierto y la más plena verdad, que lo sabe todo antes de que suceda, y que no deja nada en desorden; de Él nace todo poder, aunque no nace todo querer.

La prueba de que con el nombre de destino entienden principalmente la voluntad misma del Dios sumo, cuyo poder se extiende a todas las cosas indefectiblemente está en los siguientes versos, que, si mal no recuerdo, son de Anneo Séneca:

"Supremo Padre, dueño de las alturas celestes,
Condúceme a donde bien te plazca;
Obedeceré pronto y sin retraso.
Aquí estoy, rápidamente he venido a cumplir tu voluntad,
Si tu mandamiento impide mi inclinación, con todo
Te seguiré con llanto, y, aunque malo,
Soportaré lo que el bueno hace con agrado:
El destino conduce al de mente voluntariosa,
Y fuerza al que se resiste"[6].

---

6. Séneca, *Epist.* 107,11. Estos versos corresponden al Himno a Zeus, de Cleante, *Fragm.* 572.

Es evidente que en el último verso llama destino a lo que poco antes acaba de llamar "voluntad del supremo Padre", que se muestra dispuesto a obedecer, quiere ser conducido voluntariamente para no ser arrastrado por la fuerza, ya que "El destino conduce al de mente voluntariosa, y fuerza al que se resiste". Vienen a apoyar esta sentencia aquellos versos de Homero, traducidos al latín por Cicerón:

"Son las almas de los hombres como la luz
Con que el padre Júpiter quiso
Él mismo iluminar la tierra fecunda."[7]

Ningún peso tendrían en esta cuestión las opiniones de los poetas. Pero se da la circunstancia de que, según Cicerón, los estoicos, para defender la fatalidad, suelen citar estos versos de Homero. No se trata, pues, ya del sentir de un poeta, sino de la opinión de dichos filósofos. Son estos versos los que utilizan en sus discursos sobre el destino, y a través de ellos manifiestan claramente lo que piensan sobre él, dado que llaman Júpiter al que creen ser el dios supremo, de quien pende, dicen, toda la cadena de los destinos.

9. Presciencia divina y libre voluntad

1. El modo en que Cicerón se propone la tarea de refutar a los estoicos, muestra que se siente impotente ante sus argumentos si no derriba primero la adivinación[8]. Y esto lo llevó a cabo negando todo conocimiento de las cosas futuras, defendiendo por todos los medios que no hay tal conocimiento ni en Dios ni en el hombre y, por tanto, no puede haber predicción de eventos. Por esta vía rechaza tanto la presciencia de Dios como las profecías, aunque es más claro que la luz del día que intenta echarla abajo con argumentaciones inconsistentes, poniéndose a sí mismo ciertos oráculos fáciles de refutar, que ni siquiera lo consigue del todo.

Pero al refutar las teorías de los matemáticos, su argumento queda triunfante, porque tales conjeturas son de tan baja categoría que por sí mismas se desbaratan. No obstante, son mucho más tolerables los partidarios de los destinos astrales, que quienes suprimen el conocimiento

---

7. Homero, *Odisea* 18,136-137.
8. Cicerón fue uno de los pensadores romanos que se opuso a admitir el fatalismo astral de los estoicos, y creyó que la solución estaba en negar la presciencia divina, al no saber cómo compaginarla con la libertad humana; justamente lo contrario de aquellos teólogos que negaron la libertad humana, para reafirmar la presciencia divina.

del futuro. Porque admitir la existencia de Dios y negar que conozca el futuro es una incongruencia manifiesta.

Cicerón mismo, al caer en la cuenta de esto, estuvo a punto de protagonizar aquella sentencia de la Escritura: "Dice el necio en su corazón: No hay Dios" (Sal. 14:1). Pero no puso esta opinión en primera persona; le pareció que estaría mal visto, que sería incómodo, y le hace discutir a Cota sobre esta cuestión en contra de los estoicos en su obra *De natura deorum*. Él prefiere ponerse de parte de Lucilio Balbo, a quien le encomienda defender la sentencia estoica, más bien que de parte de Cota, que intenta negar la existencia de toda naturaleza divina. En su obra *De divinatione*, él en persona ataca abiertamente el conocimiento de las cosas futuras. Los motivos que parecen impulsarle son el rechazo del destino fatal y la defensa de la libre voluntad. Piensa que, una vez admitida el conocimiento de las cosas futuras, la fatalidad es una consecuencia tan necesaria como innegable.

Pero dejemos que los filósofos se pierdan a su gusto por los laberintos de sus debates y sus discusiones. Nosotros, al proclamar la existencia de un Dios supremo y verdadero, estamos confesando su voluntad, su poder supremo y su presciencia. Por eso no tenemos miedo de hacer sin voluntad lo que voluntariamente hacemos, porque de antemano sabe ya Dios lo que vamos a hacer; su presciencia es infalible. Fue este temor el que llevó a Cicerón a impugnar la presciencia, y a los estoicos a negar que todo lo hacemos necesariamente, aunque ellos sostienen que el destino lo rige todo.

2. ¿Qué es lo que teme Cicerón en la presciencia del futuro? Sin lugar a duda, que si los hechos futuros son todos conocidos, han de suceder según el orden de ese previo conocimiento y si han de suceder según ese orden, ya está determinado tal orden por Dios, que lo conoce de antemano. Y un orden determinado de hechos exige un orden determinado de causas, porque nada ocurre sin alguna causa eficiente. Pero si el orden de las causas, por las que sucede todo cuanto sucede, está ya fijado, entonces el destino, dice Cicerón, hace que ocurra todo lo que ocurre. Si esto es así, nada depende de nosotros, no existe el libre albedrío de la voluntad. "Si concedemos esto —prosigue—, se derrumba toda la vida humana, ¿para qué promulgar leyes?, ¿para qué reprender ni hablar, vituperar o exhortar? Se prescribirán premios para los buenos y castigos a los malos, pero sin justicia alguna"[9].

Así, para evitarle a la humanidad unas secuelas tan desdichadas, tan absurdas, tan perniciosas, se niega Cicerón a admitir el conocimiento an-

---

9. Cicerón, *De fato* 17,40.

ticipado del futuro y somete al espíritu religioso a un angustioso dilema, la necesidad de elegir una de estas dos cosas: que algo dependa de nuestra voluntad, o que exista el conocimiento previo del futuro. Las dos cosas a la vez —opina él— son incompatibles; afirmar una es anular la otra, si elegimos la presciencia del futuro, hemos anulado el libre albedrío de la voluntad; si elegimos el libre albedrío, hemos anulado la presciencia del futuro.

Cicerón, por tanto, como el gran hombre que es, tan sabio, defensor tantas veces y con tanta maestría de los intereses de la humanidad, puesto en esta alternativa, elige el libre albedrío, para confirmar el cual niega el conocimiento anticipado de las cosas futuras y así, buscando hacer hombres libres, los hace sacrílegos. Pero la mente religiosa elige ambas cosas a la vez, confiesa ambas cosas y ambas cosas las mantiene por la fe de su piedad. ¿Cómo es posible, preguntará Cicerón? Porque, si se da el conocimiento de lo por venir, se sigue la concatenación de todas aquellas razones que nos hacen desembocar en que nada depende de nuestra voluntad. Y al revés, si admitimos que algo está en nuestra voluntad, los mismos argumentos, vueltos sobre sus pasos, nos llevan a demostrar que no hay presciencia del futuro. Si existe la libertad, hay acciones que caen fuera del destino. Si esto es así, tampoco está determinado el orden de todas las causas. Sí el orden de las causas no está determinado, tampoco está determinado el orden de los hechos para el conocimiento previo de Dios, puesto que no pueden darse sin unas causas eficientes que los precedan. Y si el orden de los acontecimientos no está determinado en la presciencia de Dios, no todo sucederá como Él lo previó. Más aún, si no todo ha de suceder tal y como Él lo tenía previsto, no existe —concluye Cicerón— la presciencia en Dios de los eventos futuros.

3. Contra esta sacrílega e impía audacia de la razón, nosotros afirmamos que Dios conoce todas las cosas antes de que sucedan, y que nosotros hacemos voluntariamente aquello que tenemos conciencia y conocimiento de obrar movidos por nuestra voluntad; pero no decimos que todo suceda por el destino; es más, afirmamos que nada ocurre bajo su influjo, porque la palabra *destino*, tal como se suele usar, es decir, la posición de los astros en el momento de la concepción o del nacimiento de alguien, es una expresión sin contenido, porque la astrología de nada sirve, como ya hemos demostrado.

En cuanto al orden de las causas, en el que ocupa un lugar primordial la voluntad de Dios, ni lo negamos, ni lo llamamos *destino*, a no ser que el término *fatum* lo hagamos derivar de *fari*, que tiene el sentido de hablar. No podemos negar que está escrito en las Sagradas Escrituras: "Una vez habló Dios; dos veces he oído esto: que de Dios es la fortaleza. Y de ti, oh

Señor, es la misericordia: Porque tú pagas a cada uno conforme a su obra" (Sal. 62:11-12). La expresión "una vez habló Dios", significan algo inmutable, es decir, que ha hablado de una manera irrevocable, tal como conoce de una manera invariable todo lo que ha de venir y lo que Él mismo ha de hacer. En este sentido podríamos usar la palabra *fatum* (destino), como derivada de *fari*, si no fuera que este vocablo suele interpretarse en el otro sentido, al que no queremos ver inclinado el corazón del hombre. Pero de aquí no se sigue que porque para Dios esté determinado el orden de las causas, ya nada quede bajo el libre ejercicio de nuestra voluntad, porque nuestra voluntad misma está incluida en ese orden de causas, conocido de antemano por Dios en un determinado orden, puesto que la voluntad del hombre es la causa de sus actos. Por eso, quien conoce de antemano todas las causas de los acontecimientos, no puede ignorar, en esas mismas causas, nuestras voluntades, conocidas también por Él como las causas de nuestros actos[10].

4. El mismo enunciado concedido por Cicerón de que nada sucede sin que le preceda una causa eficiente basta para rebatirle en esta cuestión. ¿De qué le sirve afirmar que nada existe sin una causa, pero que no toda causa es fatal, puesto que hay causas fortuitas, causas naturales y causas voluntarias? Basta con haber reconocido que todo cuanto sucede, sucede por una causa anterior. Nosotros decimos que esas causas llamadas *fortuitas* no son un mero nombre para designar la ausencia de causa, sino que están latentes, y las atribuimos a la voluntad del Dios verdadero o de los espíritus de una clase u otra.

En cuanto a las causas naturales, en modo alguno las separamos de la voluntad de quien es el autor y el creador de toda naturaleza, pero respecto a las causas voluntarias, o bien provienen de Dios, o de los ángeles, o de los hombres, o de alguno de los animales, si es que voluntad podemos llamar a los impulsos de los seres vivientes privados de razón, cuando, según su propia naturaleza, realizan, apetecen o rehuyen algo. Al hablar de las voluntades de los ángeles me refiero tanto a los buenos, llamados "ángeles de Dios", como a los malos, a quienes llamamos "ángeles del diablo" o también demonios. Por voluntad de los los hombres me refiero tanto a la de los buenos como de los malos.

Consecuencia de lo anterior es que no existen más causas eficientes de cuanto sucede que las voluntarias, es decir, procedentes de esa naturaleza que es el espíritu de vida. Porque también llamamos espíritu al

---

10. En la misma línea reflexiona Boecio, en su libro *La consolación de la filosofía*, cap. V, donde concilia la presciencia divina, que es infalible, con la libertad humana. Véase A. Ropero, *Introducción a la filosofía*, pp. 175-184. CLIE, Terrassa 1999.

soplo, aire o viento. Pero como es un cuerpo, no es el espíritu vital. El espíritu vital que todo lo vivifica, que es el creador de todo cuerpo y de todo espíritu, es el mismo Dios, espíritu increado. En su voluntad reside el supremo poder, que ayuda a las voluntades buenas de los espíritus creados, juzga a las malas, a todas las ordena, y a unas les concede poderes y a otras se los niega. Del mismo modo que es el Creador de toda naturaleza, es el dispensador de todo poder, aunque no de toda voluntad. En efecto, las malas voluntades no provienen de Dios por ser contrarias a la naturaleza, la cual sí proviene de Él.

Respecto de los cuerpos, mayormente están sometidos a las voluntades, unos a las nuestras, es decir, las de todo ser viviente mortal, y preferentemente los hombres a las bestias; otros a las de los ángeles. Pero todos están sometidos principalmente a la voluntad de Dios, de quien dependen también las voluntades de todos, puesto que no tienen más poderes que los que Él les concede.

La causa de los seres que produce, pero no es producida, es Dios. Hay otras causas que también producen, obran, pero son producidas, como son todos los espíritus creados, principalmente los racionales. Pero las causas corporales, que más bien son producidas que producen ellas, no hay por qué nombrarlas entre las causas eficientes, dado que todo su poder reside en lo que la voluntad de los espíritus realiza valiéndose de ellas.

¿Cómo, pues, es posible que el orden de las causas, que está determinado en la presciencia de Dios, haga que nada dependa de nuestra voluntad, cuando en ese mismo orden de causas ocupan un lugar importante nuestras voluntades? Que se las entienda Cicerón con les que dicen que este orden de causas es fatal, o más bien le dan el nombre de destino, cosa que a nosotros nos causa repulsa, principalmente por el término, al que los hombres se han acostumbrado a entender un significado que no es cierto. Pero cuando Cicerón niega que el orden de las causas está totalmente determinado y perfectamente conocido en la presciencia de Dios, detestamos su opinión más que los estoicos. Porque o bien niega la existencia de Dios, cosa que ya intentó, por cierto, valiéndose de una tercera persona en su obra *De natura deorum*; o bien, si reconoce la existencia de Dios, al negarle el conocimiento del futuro no hace otra cosa que repetir aquello que dice el necio para sí: "No hay Dios". Porque quien no conozca de antemano todos los acontecimientos futuros, ciertamente no es Dios. De ahí que nuestras voluntades tengan tanto poder como Dios quiso y previó. Por tanto, lo que ellas pueden, lo pueden con toda certeza, y lo que ellas van a hacer, lo han de hacer ellas mismas por tener previsto Él, cuya ciencia es infalible, que podrían y que lo realizarían. De ahí que, si se me ocurriera aplicarle el nombre de destino a alguna realidad, diría que el *destino* es propio de lo más inferior, y de lo superior lo es la *voluntad*, que tiene sometido a lo inferior bajo su poder. Preferiría decir eso antes que excluir la libertad de nuestra voluntad por ese orden de causas, que por una inusual aplicación de la palabra peculiar a ellos, los estoicos llaman destino.

10. Necesidad y libertad

1. Ya no hay por qué tener miedo a aquella necesidad por temor de la cual los estoicos hicieron tan grandes esfuerzos para distinguir las causas de los seres, de tal forma que a unas las lograron sustraer de toda necesidad, y a otras las sometieron a ella. Entre las que quisieron dejar fuera de la necesidad le dieron un puesto a nuestra voluntad para evitar que no fuera libre si la dejaban bajo la necesidad.

Si hemos de llamar *necesidad* a lo que no está en nuestro poder, sino que, aunque no queramos, ella obra lo que está puede obrar, como, por ejemplo, la necesidad de morir, es evidente que nuestra voluntad, causa de nuestro buen o mal vivir, no está sometida a tal necesidad; porque nosotros hacemos muchas cosas que, si no quisiéramos, no las haríamos. Y en primer lugar el querer mismo: si no queremos, no queremos; porque no querríamos, en caso de no querer.

Pero si definimos la *necesidad* como aquello que nos hace decir: "es necesario que esto sea o suceda así", no veo por que la hemos de temer como si nos privase de nuestra libertad. Porque no sometemos bajo necesidad alguna la vida y la presciencia de Dios cuando decimos que es necesario que Dios viva siempre y lo sepa todo. Tampoco queda disminuido su poder cuando afirmamos que no puede morir o equivocarse. Porque esto es en cierto modo imposible para Él, tanto que si le fuese posible, tendría menos poder.

Está muy bien que le llamemos omnipotente, aunque no puede morir ni equivocarse. La omnipotencia se muestra en hacer lo que se quiere, no en sufrir lo que no se quiere. Si esto tuviera lugar, jamás sería omnipotente. De ahí que algunas cosas no le son posibles, precisamente por ser omnipotente. Esto mismo sucede al decir que es necesario, cuando queremos, queramos con libre elección. Decimos una gran verdad más allá de todo duda, y no por ello sometemos nuestra voluntad a una necesidad que la priva de la libertad.

Nuestras voluntades, por tanto, existen como voluntades y hacen lo que hacemos queriendo, y no lo harían si no quisiéramos. Pero cuando alguien soporta algo a pesar suyo, por voluntad de otros, también en ese caso se trata de un efecto de la voluntad, que, aunque no suya, es una voluntad humana. Sin embargo, el poder en este caso es de Dios. Porque si se tratase de una voluntad que solamente existiese pero incapaz de realizar lo que quería, estaría impedida por otra voluntad más poderosa. Incluso en este caso la voluntad no sería otra cosa más que voluntad, y no de otro, sino de quien estuviese queriendo, aunque su deseo no se pudiera cumplir. Así, pues, todo lo que el hombre sufre contra su voluntad no debe atribuírselo a la voluntad de los hombres o de los ángeles o de cualquier otro espíritu creado, sino a la de aquel que concede un determinado poder a quienes son capaces de querer.

2. No es, pues, el caso que porque Dios supo de antemano lo que estaría en el poder nuestra voluntad, va a dejar ésta de ser libre. Quien esto previó, previó algo real. Ahora bien, si quien previó el contenido futuro de nuestra voluntad tuvo conocimiento no de la nada, sino de algo real, se sigue que, según esa misma presciencia, algo depende de nuestra voluntad. Luego nada nos obliga a despojar a la voluntad de su libertad para mantener la presciencia de Dios, ni a negar que Dios desconoce el futuro —sería una afirmación sacrílega— con el fin de salvar el libre albedrío humano. Por el contrario, aceptemos una y otra verdad y ambas las confesamos leal y sinceramente, la una para nuestra rectitud en la fe, y la otra para nuestra rectitud en la conducta. Porque vive mal quien no cree bien respecto Dios. Lejos de nosotros el que, para afirmar nuestra libertad, neguemos la presciencia de aquel por cuyo favor somos o seremos libres[11].

Consecuentemente, no son inútiles las leyes, ni las represiones, ni las exhortaciones, ni las alabanzas, ni los vituperios. Todo esto estaba previsto por Él, y tienen todo el valor que Él previó que tendrían. Incluso las súplicas tienen valor para alcanzar aquello que Él había previsto conceder a quienes lo pidiesen. Y justamente se dan premios a las buenas acciones y se establecen castigos para los delitos. Y no peca el hombre por haber previsto Dios que pecaría; es más, queda fuera de toda duda que cuando peca es el hombre quien peca, porque Aquel cuya presciencia es

---

11. "No hay cosa que sienta con tan íntima y sólida seguridad como que poseo un albedrío, y que por él soy movido a todas las formas de satisfacción. No hallo, en efecto, cosa que pueda llamar mía si la voluntad con la que quiero y rehuso no lo fuere" (Agustín, *De Lib. Arbit.* III,1,3); "No sabréis imaginar cosa alguna más en nuestro poder que esta: cuando queremos obrar, obramos. Por tanto, ninguna está más en nuestro poder que nuestra voluntad" (Agustín, *Retract.*, I,8,3.). Lejos de haber incoherencia entre el libre albedrío del hombre y la presciencia divina que llama a la gracia, hay motivo para creer en la perfección de la libertad de la voluntad humana que por su huida de Dios no era propiamente libre, sino determinada por su negativa a reconocer que depende del principio creador de Dios.

infalible, conocía ya que no sería el destino, ni la fortuna, ni otra realidad cualquiera, sino el hombre mismo quien iba a pecar. Y si él no quiere, por supuesto que no peca. Pero sí no hubiera querido pecar, también esto lo habría previsto Dios.

11. Providencia universal de Dios

El Dios supremo y verdadero, con su Palabra y el Espíritu Santo, tres que son uno, Dios único todopoderoso, creador y hacedor de toda alma y de todo cuerpo, por cuya participación son felices quienes son realmente, no engañosamente felices; que ha formado al hombre como animal racional, compuesto de alma y cuerpo; que, al pecar el hombre, ni lo dejó sin castigar ni lo abandonó sin misericordia; este Dios, que ha dotado tanto a buenos como a malos del ser, común con las piedras, de la vida vegetativa con las plantas, la vida sensitiva con las animales, la vida intelectual, común únicamente con los ángeles; de quien procede toda regla, toda forma, todo orden; en quien se funda la medida, el número, el peso; a quien todo ser le debe su naturaleza, su especie, su valor, cualquiera que éste sea; de quien provienen los gérmenes de las formas, las formas de los gérmenes y la evolución de gérmenes y de formas; que dio a toda carne su origen, su hermosura, su salud, su fecundidad expansiva, la distribución de sus miembros, su saludable armonía; ese Dios que ha dotado al alma irracional de memoria, de sensación, de instintos, y a la racional, además, de espíritu, de inteligencia, de voluntad; que se preocupó de no dejar abandonados no ya al cielo y a la tierra, o únicamente a los ángeles y hombres, sino ni siquiera las vísceras del más insignificante y despreciable animal, o una simple pluma de ave, ni a una florecilla del campo, ni una hoja de árbol, sin que tuviera una proporción armoniosa en sus partes, y una paz en cierto modo; es totalmente inconcebible que este Dios hubiera pretendido dejar a los reinos humanos, a sus períodos de dominación y de sometimiento fuera de las leyes de su providencia.

12. Pasión por la gloria de los antiguos romanos

1. Veamos ahora cuáles fueron las costumbres de los romanos y cuál ha sido la causa por la que condescendió a prestarles su ayuda para el engrandecimiento de su poder el Dios verdadero, en cuyas manos están también los reinos de la tierra. Con vistas a una más exposición más clara sobre este punto, hemos escrito el libro precedente, donde mostramos que en esta materia el poder de los dioses, a quienes daban un culto ridículo, es nulo. Los precedentes capítulos de este libro que acabamos

de tratar tienen por objeto acabar con la cuestión del destino, no sea que alguien, ya persuadido de que la propagación y el mantenimiento del Imperio romano no se debe al culto de tales dioses, se lo vaya ahora a atribuir a no sé qué destino fatal, en lugar de atribuírselo a la voluntad del Dios supremo.

Aquellos viejos romanos de los primeros tiempos, a juzgar por lo que la historia nos transmite de ellos, no obstante seguir el mismo camino que los demás países —con la única excepción del pueblo hebreo—, dando culto a los dioses falsos, inmolando víctimas no a Dios, sino a los demonios; sin embargo, "eran ávidos de alabanza, desprendidos del dinero; su ambición era una gloria elevada y una fortuna adquirida honradamente"[12]. Esta fue su pasión más ardiente: ella era la razón de su vivir, por ella no dudaron en entregarse a la muerte; esta sola pasión por la gloria llegó a ser tan poderosa que ahogó a todas las demás. Y como la esclavitud les parecía una ignominia, mientras que el ser dueños y señores, una gloria; todo su empeño fue desear que su patria fuera primeramente libre, y luego la dueña del mundo.

Aquí radica el que, reaccionando a toda dominación monárquica, "crearon magistraturas anuales, repartiendo el poder supremo entre dos a quienes llamaron *cónsules*, derivado de *consulere* (deliberar), en lugar de llamarles *reyes* o *señores* (dueños), que se relacionan con los términos *regnare* (reinar) y *dominar* (imponer su dominio)"[13]. Aunque mejor parecería hacer derivar reyes (*reges*) del vocablo regir (*regere*), así como reino (*regnum*) del vocablo reyes (*reges*). Pero les pareció que la pompa real no era propio de la vida disciplinada de un guía (*regentis*), ni de la benevolencia de un mentor, sino de la soberbia de un tirano[14].

El resultado fue que tras la expulsión del rey Tarquinio y la institución de los cónsules, se siguió un período del que habla el mismo Salustio en términos laudatorios para los romanos, así: "Parece increíble lo rápidamente que Roma creció, una vez conseguida su libertad; tal fue su pasión por la gloria"[15]. Esta avidez por la alabanza y la pasión por la gloria fue quien realizó tantas maravillas, dignas, por cierto, de alabanzas y de gloria, según la estimación de los humanos.

2. El mismo Salustio elogia a dos grandes hombres, ilustres en su época: Marco Catón y Cayo César. Dice que aquella República careció durante mucho tiempo de hombres de gran talla, pero que en su época hubo estos dos de excelentes cualidades, aunque de opuesta forma.

---

12. Salustio, *Catilina* 7,6.
13. Cicerón, *De legibus* 3,8; *De republica* 1,26,4.
14. Salustio, *Catilina* 6,7.
15. Salustio, *Ibid.*

Elogia a César por su deseo de una vasta dominación, un poderoso ejército y una guerra nueva, donde pudiera brillar su talento militar. Lo que sucedía era que en las intenciones de estos hombres, colosos por su valor, estaba Belona azuzando a las desdichadas naciones a la guerra, y excitándoles con su sanguinario látigo, a fin de dar una ocasión de que brillase su valor. Estos eran los resultados de aquella avidez de alabanza y de su pasión por la gloria. Todas estas grandezas fueron la consecuencia de aquel amor a la libertad, primero, y después al dominio, y de aquel ansia de alabanza y de gloria. De ambas cosas les ha dejado testimonio su insigne poeta:

"Exigía Porsena de los romanos
Que se resistiesen al desterrado Tarquinio;
Y acosaba a la ciudad con estrecho cerco,
Mientras los descendientes de Eneas se lanzaban a las espadas en defensa de su libertad" [16].

En ese tiempo, la grandeza consistía en vivir libres o en morir valerosamente. pero cuando ya disfrutaron de libertad, les invadió una tal pasión de gloria, que la sola libertad les pareció poco si no iban en busca del señorío mundial. Significaba mucho para ellos lo que el mismo poeta dice, poniéndolo en boca de Júpiter:

"La áspera Juno, que ahora tiene agobiados con su terror
El mar, la tierra y el firmamento,
Mejorará de propósito,
Y conmigo se pondrá de parte de los romanos,
Ese pueblo togado, dueño del mundo.
Tal es mi deseo. Llegará la edad,
Andando los lustros,
Que la casa de Asáraco
Someterá a servidumbre a Ptía
Y a la ilustre Micenas,
Y será dueña de la vencida Argos"[17].

Realmente lo que Virgilio pone en boca de Júpiter, pronosticando el futuro, para él era una evocación de acontecimientos ya realizados, que tenía ante sus ojos. Pero yo lo he querido recordar para evidenciar cómo los romanos, después de su libertad, han estimado sobremanera su espíritu dominador, hasta contarlo entre sus grandes alabanzas. Esta es la razón que mueve a Virgilio, más adelante, a anteponer a las artes de los

---

16. Virgilio, *En.* 8,646-648.
17. Virgilio, *ibíd.* 1,279-278.

demás países el arte específico romano: regir, dominar, subyugar y conquistar por las armas a los pueblos. Dice así:

"Otros habrá que con habilidad
Forjarán el bronce hasta darle aliento, así lo creo,
Y que lograrán sacar del mármol rostros vivientes;
Sabrán defender las causas con mayor elocuencia;
Trazaran con el compás los caminos del cielo,
Y hablarán del nacimiento de los astros.
Pero tú, romano, pon tu atención
En gobernar los pueblos con tu dominio.
Estas serán tus artes: imponer las normas de la paz,
Perdonar a los vencidos y derrocar a los soberbios"[18].

3. Estas artes las practicaban los romanos con tanta mayor habilidad cuanto menos se entregaban a los placeres, y menos se daban al envilecimiento del espíritu y del cuerpo por el ansia de adquirir y aumentar su riqueza, echando a perder por ella sus costumbres, robando a los pobres ciudadanos y derrochando con los viles actores escénicos. Pero cuando Salustio escribía esto y lo cantaba Virgilio, los romanos superaban y doblaban a sus antepasados, pero en la corrupción de costumbres; ya no andaban en busca de honores y gloria con aquellas artes, sino con astucias tramposas. Por ello dice Salustio: "En un principio la ambición movía más el corazón humano que la avaricia. Pero este vicio estaba muy cerca de ser virtud. Porque lo mismo el bueno que el indolente desean la gloria, el honor, el poder. Pero aquél lo hace por medios lícitos, pero éste, al carecer de honrosas habilidades, lo intenta con astucias engañosas"[19].

Las artes honrosas, el honor, la gloria y el poder han de buscarse a través de la virtud, y no precisamente a través de una astuta ambición. Porque los honrados e insolentes por igual las desean para sí; pero los buenos lo intentan por caminos legales. El camino es la virtud, por el que uno se esfuerza en alcanzar la meta, o sea, la gloria, el honor, el poder.

Testimonio de que los romanos llevaban esto muy dentro son los dos templos, levantados muy cerca uno del otro a la Virtud y al Honor, adorando como dioses los dones de Dios[20]. De esto podemos deducir cuál era el fin de la virtud para los hombres de bien, y a dónde la orientaban: al honor. Porque los malos ni siquiera la tenían, aun cuando ambicionaban el honor; pero lo hacían valiéndose del fraude y el engaño.

---

18. Virgilio, *ibíd.* I,847-853.
19. Salustio, *Calitina* 11,1ss.
20. Tito Livio, Hist. 27,25,7.

4. Alabanzas superiores se dan a Catón. Dice de él Salustio: "Cuanto menos ambicionaba la gloria, más gloria le venía"[21]. Decimos gloria de una clase superior, por que la gloria con cuyo deseo se abrasaban todos los romanos, es la buena opinión que los hombres se forman de otros hombres. Por eso mejor es la virtud, ya que no depende del testimonio humano, sino que reside en la propia conciencia. Así, dice el Apóstol: "Mi gloria es el testimonio de mi conciencia"[22]. Y en otro pasaje: "Cada cual examine su propia actuación y tendrá entonces motivo de satisfacción refiriéndose sólo a sí mismo, no al compañero"[23].

No es, por consiguiente, la virtud quien debe seguir a la gloria, al honor y al poder, deseados por los hombres honrados e intentados por buenos caminos; son ellos los que deben seguir a la virtud. No hay verdadera virtud si no se tiende a aquel fin en el que reside el bien del hombre, mejor que el cual no hay otro. De ahí que los honores que Catón solicitara, no los debió solicitar. Era la ciudad quien por su virtud debía habérselos concedido sin que él los solicitase.

La gloria reside en la virtud, no el poder armado
5. Pero como en aquellos días había dos romanos eminentes en virtud, César y Catón, la de Catón parece acercarse mucho más a la verdad que la de César. Veamos, pues, cómo era por entonces Roma, y cómo lo había sido antes, según el mismo parecer de Catón: "No creáis —dice— que nuestros mayores han hecho grande aquel estado pequeño por las armas. Si fuera así, mucho más hermosa sería hoy nuestra República. Mayor abundancia de aliados, de ciudadanos, aparte de armas y caballería, tenemos nosotros que tuvieron nuestros abuelos. Pero fueron otros los recursos que a ellos los hicieron grandes, y que a nosotros nos faltan en absoluto: dedicación al trabajo dentro de la patria y fuera de ella, una dominación justa, espíritu de libertad en las decisiones, sin las trabas del crimen ni de las pasiones. En lugar de todo esto, nosotros tenemos el lujo y la codicia; oficialmente reina la miseria, y en privado la opulencia; alabamos la riqueza, pero nos entregamos a la indolencia; no somos capaces de distinguir el honrado del perverso; todas las recompensas de la virtud las acapara la ambición. Y no tiene nada de extraño cuando cada uno de vosotros toma las decisiones por su cuen-

---

21. Salustio, *Calitina* 52,19-24.
22. "Porque nuestra gloria es esta: el testimonio de nuestra conciencia, que con simplicidad y sinceridad de Dios, no con sabiduría carnal, mas con la gracia de Dios, hemos conversado en el mundo" (2ª Cor. 1:12).
23. "Así que cada uno examine su obra, y entonces tendrá gloria sólo respecto de sí mismo, y no en otro" (Gá. 6:4).

ta, cuando en casa os entregáis a los placeres, y aquí, en la política, os rebajáis hasta la esclavitud por el dinero o el favor de los poderosos. Así sucede que todos arremeten contra el Estado como si fuera una hacienda abandonada"[24].

6. Quien escuche estas palabras de Catón, o de Salustio, pensará que todos, o la mayoría de los viejos romanos, eran acreedores de tales elogios. No es así. De otro modo, no sería cierto lo que él mismo escribe y que he citado en el libro segundo de esta obra. Dice que las injusticias de los más poderosos dieron lugar en la política interna a una ruptura entre el pueblo y los patricios[25], junto con otras escisiones, ya desde el principio. La duración del período en que reinó un derecho justo y bien aplicado, después de expulsada la monarquía, no duró más allá del miedo a Tarquinio, hasta el fin de la pesada guerra que por su causa estaban librando en Etruria. Pero después los patricios trataban al pueblo como si fueran esclavos, los castigaban de un modo tiránico, los expulsaron de sus tierras y acapararon ellos solos, con exclusión de los demás partidos, toda la acción política.

El final de todas estas discordias, unos con afanes de dominio y los otros rechazando el yugo, sólo llegó con la segunda guerra Púnica. Una vez más, fue el miedo de una grave catástrofe lo que empezó a mover los ánimos con urgencia, apagando la inquietud de tales perturbaciones con una preocupación aún más grave. La consecuencia fue la concordia ciudadana. Pero unos cuantos, honrados según sus criterios, tenían en su mano la administración de grandes fuerzas. Una vez atenuadas y pasadas estas calamidades, la República fue creciendo gracias a la providencia de ese pequeño grupo de hombres honrados, como atestigua el mismo historiador.

Es Salustio quien de oídas unas veces, y otras en sus lecturas, tuvo noticia de las muchas hazañas que el pueblo romano realizó, en paz y en guerra, por tierra y por mar. Y se interesó por saber qué fue lo que sostuvo tamaña empresa. Sabía que en muchas ocasiones se habían enfrentado un puñado de romanos a enormes legiones de enemigos; tenía noticia de que se habían librado guerras con escasos recursos contra opulentos reyes. Y afirmó que después de muchas reflexiones había llegado a la convicción de que todo esto se debía a la egregia virtud de unos cuantos ciudadanos, logrando que la pobreza venciera a la opulencia, y un grupo reducido, a masas enteras. "Pero una vez que el lujo y la indolencia —prosigue Salustio— corrompieron a los ciudadanos, de nuevo la

---

24. Salustio, *Catilina* 52,19-24.
25. Patricios, nombre dado a la élite descendiente de los "padres" (lat. *pater*) de la patria.

República, con su magnitud, sustentaba los vicios de generales y magistrados"[26].

También Catón elogia la virtud de unos cuantos que aspiraban a la gloria, al honor y al poder por caminos legítimos, es decir, por la virtud misma. De ahí que, como el mismo Catón nos recuerda, dentro de la patria había empeño por el trabajo, de forma que el erario público era opulento, y modestas las fortunas privadas. Luego, el vicio, tras corromper las virtudes, volvió las cosas al revés, y dice que "pobres en la hacienda pública, ricos en privado"[27].

13. La alabanza y el freno de otros vicios

Cuando los imperios de Oriente brillaron durante largos períodos, agradó a Dios que hubiera también uno en Occidente, posterior en el tiempo, pero más célebre que ellos por la vasta extensión de sus dominios. Fue una concesión que hizo Dios a estos hombres con el fin de atajar los graves males que padecían muchas naciones. Ellos, aunque iban en busca del honor, la gloria y la alabanza, miraban por su patria, en cuya gloria buscaban la suya, y no dudaron en anteponer la salvación de la patria a su propia vida. Así, este único vicio suyo, el amor a la alabanza, sirvió de contención a la codicia del dinero y a otros muchos vicios. Porque tiene una sana percepción quien reconoce que el amor a la alabanza es un vicio. Hasta el poeta Horacio lo llega a percibir en sus versos. Dice así:
"¿Te sientes hinchado por el deseo de la alabanza?
Hay infalibles remedios en un librito:
Si lo lees tres veces con atención, te sentirás aliviado"[28].

Y canta también en uno de sus poemas líricos para reprimir la pasión del dominio: "Tu reino será mucho más vasto si logras dominar tu espíritu ambicioso que si consigues acumular dominios desde la remota Cádiz hasta Libia, y si las dos Cartagos se te rinden"[29].

Sin embargo, quienes refrenan sus pasiones más torpes, no por el poder del Espíritu Santo obtenido con la fe de la piedad, o por amor de la belleza inteligible, pero sí por el deseo la alabanza humana, al menos se vuelven mejores por el deseo de tal alabanza y gloria humanas. No digo precisamente que se hagan santos, sino menos viles. Ya Cicerón, en su obra sobre la República, no pudo pasar por alto este pensamiento. Habla allí de la instrucción de un jefe de Estado. Y dice cómo se le debe alimen-

---

26. Salustio, *Hist. fragm.* 1,11.
27. Salustio, *Catilina* 52, 21.
28. Horacio, *Epist.* 1,1,36-37.
29. Horacio, *Oda.* 2,2-9-12.

tar de gloria, y recordarle cómo sus antepasados han realizado muchas proezas admirables y gloriosas por la pasión de la gloria[30].

No solamente no ponían los romanos resistencia a tal vicio, sino pensaban que había que avivarlo, encenderlo, puesto que lo tenían como útil para la patria. Ni siquiera en sus tratados filosóficos Marco Tulio se aparta de esta opinión venenosa; porque lo admite más claro que la luz del día. Porque cuando está hablando de los estudios que es preciso cursar para entrar en posesión del verdadero bien, y no del viento de la humana alabanza, introdujo este dicho general y universal: "El honor alimenta las artes, y todos hombres se inflaman en ardor del estudio buscando la gloria, y se negligen las ciencias que están generalmente desacreditadas"[31].

14. Gloria humana y gloria divina

Es preferible, sin duda alguna, resistir a esta pasión que ceder a ella. Porque tanto más se asemeja uno a Dios cuanto está más limpio de esta inmundicia; y aunque en la vida presente no se llega a arrancar su raíz del corazón, porque no deja de salir al paso, tentando incluso a los espíritus que hacen buenos progresos, al menos que la pasión por la gloria quede vencida por el amor a la justicia. Si en algún lugar "se negligen las ciencias que están generalmente desacreditadas", si éstas son buenas, si son justas, que se cubra de vergüenza el amor a la gloria y deje paso al amor a la verdad.

Llega a ser tan contrario a la fe de un hombre religioso este vicio, cuando la pasión por la gloria supera de corazón al temor o al amor de Dios, que el Señor dejó dicho: "¿Cómo podéis vosotros creer, pues tomáis la gloria los unos de los otros, y no buscáis la gloria que de sólo Dios viene?" (Jn. 5:44). Y a propósito de algunos que habían creído en Él, y se avergonzaban de confesarlo en público, dice el evangelista: "Amaban más la gloria de los hombres que la gloria de Dios" (Jn. 12:43).

No fue este el proceder de los apóstoles, que predicaban el nombre de Cristo no sólo en lugares donde estaba en descrédito —según el dicho de Cicerón: "Se negligen las ciencias que están generalmente desacreditadas"—, sino incluso lo predicaban donde era objeto del mayor odio. Eran fieles a las recomendaciones del Maestro bueno y Médico de las almas: "Si uno me niega ante los hombres, yo lo negaré a él ante mi Padre que está en el cielo y ante los ángeles de Dios" (Mt. 10:33; Lc. 12:9). Entre

---

30. Cicerón, *De república* 5,7,9.
31. Marco Tulio, *Tusc.* 1,2,4.

maldiciones y oprobios, entre las más graves persecuciones y tormentos crueles, todo este bramido inmenso de la oposición humana no fue capaz de arredrarlos de predicar la salvación a la humanidad. Realizaron obras divinas, hablaron palabras divinas, vivieron una vida divina; derrocaron, en cierto modo, corazones empedernidos; introdujeron en el mundo la paz fundada en la justicia; consiguieron para la Iglesia de Cristo una gloria inmensa; no por eso descansaron en ella como en el fin conseguido de su propia virtud; al contrario, la referían siempre a la gloria de Dios, por cuya gracia eran lo que eran. Y con este mismo fuego procuraban inflamar a quienes guiaban en el amor de aquel Dios que les había de transformar como a ellos.

Para evitar que la razón de su virtud fuera la gloria humana, ya su Maestro les había advertido con estas palabras: "Mirad que no hagáis vuestra justicia delante de los hombres, para ser vistos de ellos: de otra manera no tendréis recompensa de vuestro Padre que está en los cielos" (Mt. 6:1). Pero para que no interpretasen exageradamente tal recomendación, y por miedo a agradar a los hombres ocultasen su bondad, con perjuicio del fruto apostólico, les aclaró el motivo por el que debían dejarse ver, les dijo: "Brillen también vuestras obras ante los hombres; que vean el bien que hacéis y glorifiquen a vuestro Padre del cielo" (Mt. 5:16). Así, pues, no para llamar la atención, es decir, con la intención de que se fijen en vosotros, que nada sois por vosotros mismos, sino para que glorifiquen a vuestro Padre del cielo, al cual, si se vuelven, se harán semejantes a vosotros.

A los apóstoles les siguieron los mártires, que superaron a los Escévolas, a los Curcios y a los Decios, no por infligirse a sí mismos torturas, sino por soportar las que se les infligían con una fortaleza más auténtica, con espíritu religioso más verdadero y por ser su numero incontable. Pero como éstos eran ciudadanos de la ciudad terrena y se habían propuesto como fin de todas sus obligaciones el mantenerla a salvo y verla reinando no en el cielo, sino en la tierra, no por toda una vida eterna, sino en el fluir de unos que mueren, sucedidos por otros que luego morirán, ¿qué otros valores iban a amar, sino la gloria por la que pretendían sobrevivir como en boca de sus admiradores, aun después de la muerte?

15. Recompensa temporal de los romanos

Respecto a los ciudadanos de la ciudad terrestre a quienes Dios no tenía el propósito de conceder la vida eterna en su ciudad celestial, en compañía de sus santos ángeles, la sociedad de la verdadera piedad que no rinde culto religioso llamado latría (latreia) los griegos, sino al Dios verdadero, quien aunque no les concediese ni siquiera la terrena gloria de lograr un magnífico imperio, no les daría la paga a sus buenas artes, es decir, a sus virtudes, mediante las cuales se esforzaban por conseguir una gloria tan brillante. Precisamente de aquellos que parecen realizar algún bien con vistas a la gloria humana, dice también el Señor: "Ya tienen su paga, os lo aseguro" (Mt. 6:2).

De hecho, estos hombres llegaron a desprenderse de su fortuna por la colectividad, es decir, por el Estado y su tesoro público; frenaron su codicia, miraron sin interés alguno por el bien de la patria; estaban inmunes de todo delito y de todo vicio castigados por sus leyes. Valiéndose de todas estas artes como de un camino legítimo, pusieron su empeño en lograr honores, poder, gloria; en casi todos los países han logrado ser honrados; gran número de ellos han estado sometidos a su poder, bajo la legislación; en casi todos ellos, en fin, su gloria es proclamada hoy en los escritos de los historiadores. No tendrán por qué quejarse de la justicia del supremo y verdadero Dios: "Ya han cobrado su paga."

16. La gloria de la Ciudad eterna

Pero, la paga de los santos es muy distinta, que incluso aquí abajo que tienen que soportar oprobios por la ciudad de Dios, odiosa para los enamorados de este mundo. Esta ciudad es eterna. Allí no nace nadie, porque nadie muere; allí reina la verdadera y plena felicidad —que no es diosa, sino un don de Dios—; de ella, como prenda de su posesión, hemos recibido la fe para el tiempo en que, peregrinos, suspiramos por su hermosura; allí no sale el sol sobre malos y buenos: sólo hay un sol, el sol de justicia, que protege a los buenos; allí no habrá que hacer grandes esfuerzos para enriquecer el erario público a expensas de las fortunas privadas: la verdad es su común tesoro.

No ha sido, pues, ensanchado el poderío romano, hasta alcanzar la humana gloria, únicamente para recompensar adecuadamente a estos hombres; lo ha sido también para que los ciudadanos de aquella ciudad eterna, mientras son peregrinos de aquí abajo, se fijen con atención y cordura en sus ejemplos. Verán cómo debe ser amada la patria celeste por la vida eterna, cuando tanto amaron la terrena sus ciudadanos por la gloria humana.

17. Las guerras de Roma y el amor a la gloria

1. Con respecto a la presente vida de los mortales, que se desliza en un puñado de días y luego se termina, ¿qué interés tiene para el hombre

vivir bajo un dominio político u otro, con tal que los gobernantes no nos obliguen a cometer impiedades o injusticias? ¿Qué daño causaron los romanos a los países que sometieron e impusieron sus leyes, si no es el que lo llevaron a cabo mediante encarnizadas guerras? Si esto lo hubiesen conseguido en mutua concordia, los resultados habrían sido mejores; sólo que no habría gloria de la conquista, porque los romanos vivían bajo las mismas leyes que imponían a los demás.

Si todo esto se hubiera conseguido sin la intervención de Marte, ni Belona, ni, por consiguiente, hubiera tenido un lugar en su actuación la Victoria, sin haber vencedores por no haber habido luchadores, ¿no estarían en una misma situación Roma y los demás países? Sobre todo si a continuación se hacía lo que andando el tiempo se hizo con sumo agrado de todos y en un rasgo de gran humanidad: que todos los que formaban parte del Imperio Romano fueran miembros de la comunidad ciudadana, convirtiéndose en ciudadanos romano[32]. Así, pasaba a ser de todos lo que antes pertenecía a unos pocos. Sólo que aquella plebe que no tenía campos propios debía vivir a expensas de la hacienda pública. A esta manutención contribuirían mucho más gustosamente los pueblos pacíficamente llegados a un acuerdo, y a través de buenos administradores públicos, que si después de vencidos tuvieran que arrancárselo por la fuerza.

2. Yo no veo, en realidad, qué importancia puede tener para la seguridad y la moralidad ciudadana lo que aseguramos ser méritos de los hombres: el que unos sean vencedores y los otros vencidos, a no ser ese orgullo absolutamente vacío de la gloria humana, en el cual "ya recibieron su paga" quienes, ardiendo en una inmensa pasión por alcanzarla, inflamaron a otros en la ferocidad de las guerras. ¿No cobran los impuestos de sus tierras? ¿Tienen acaso el privilegio de adquirir unos conocimientos que los demás no tienen? ¿No son muchos de ellos senadores de otros países, sin que conozcan a Roma ni de vista siquiera? Si quitamos la pompa de la gloria humana, ¿qué son todos los hombres más que hombres? Pero aunque la perversidad de la época admitiese que fueran más honrados los mejores, ni aún así el honor humano debería ser tenido en gran estima, porque es humo que se lleva el viento.

Pero saquemos provecho hasta de estas realidades que nos concede el Señor nuestro Dios. Consideremos cuántas grandezas despreciadas, cuántas pruebas soportadas, cuántas ambiciones ahogadas por amor a la gloria humana, que esos hombres merecieron recibirla como paga de

---

32. En el año 212 d.C., el emperador Caracalla extendió el título de ciudadanía a todos los súbditos del Imperio romano.

tales virtudes. Que nos sirva también a nosotros para reprimir nuestro orgullo. Y puesto que entre aquella ciudad, en la que se nos ha prometido reinar, y la de aquí abajo, hay tanta distancia cuanta del cielo a la tierra; de la vida eterna, a una alegría temporal; de una sólida gloria, a huecas alabanzas; de la compañía de los ángeles, a la de los mortales; de la luz del sol y de la luna, a la luz de quien es autor del sol y de la luna, no crean nunca los ciudadanos de una tan magnífica patria haber realizado algo grande, cuando por su conquista practiquen alguna obra buena o tengan que soportar algún dolor.

Ahí tenemos a los romanos, que por su patria terrena, ya posesión suya, llevaron a cabo tantas proezas, soportaron tantas incomodidades. Y esto mucho más cuanto que el perdón de los pecados, que congrega a los ciudadanos para la patria celestial, tiene un algo de parecido, como si hubiera tenido una misteriosa sombra en aquel asilo fundado por Rómulo, a donde la impunidad de toda clase de crímenes reunió a una multitud, gracias a la cual se fundó la célebre ciudad.

18. Ejemplos romanos contra la jactancia en los cristianos

1. ¿Qué tiene de extraordinario el desdeñar por aquella celestial y eterna ciudad todas las seducciones de este siglo, por muy encantadoras que sean, cuando por esta ciudad, terrena y temporal, un Bruto pudo armarse de valor hasta ejecutar a sus propios hijos, obligación que nunca impondrá la ciudad celestial? Por supuesto, mucho más costoso es dar muerte a los hijos que las obligaciones que la ciudad celestial nos impone, incluso distribuir a los pobres los bienes que teníamos intención de reunir para nuestros hijos, o perderlos si se presentase una prueba que nos obligase a ello en nombre de la fe y de la justicia. No nos hacen felices ni a nosotros ni a nuestros hijos las riquezas terrenas; las hemos de perder en vida, o, una vez muertos, se las llevarán quienes no sabemos, o quizás, quienes no queremos.

A nosotros nos hace felices Dios, auténtica riqueza del alma. Pero con respecto a Bruto, el mismo poeta que lo ensalza da testimonio de su desgracia por haber degollado a sus hijos. He aquí sus palabras:

"Padre infeliz, cualquiera que sea,
Enarbolando la bandera sublime de la libertad,
Condena al suplicio a sus propios hijos,
Que estaban urdiendo nuevas guerras.
Juzgue estos hechos la posteridad".

No obstante, el verso que sigue proporciona un consuelo a su infelicidad: "Ha quedado triunfante el amor a la patria y la infinita pasión por la gloria"[33] .

He aquí los dos resortes que han impulsado a los romanos a realizar sus admirables proezas: la libertad y la pasión por la gloria humana. Si, pues, por la libertad de unos hombres que han de morir, y por el deseo de una gloria que se reclama a los mortales, un padre ha llegado a ejecutar a sus hijos, ¿qué tiene de extraordinario si por la verdadera libertad, que nos rompe las cadenas del pecado y de la muerte y del dominio del diablo, no buscando humanas alabanzas, sino por el amor de unos hombres que hay que librar no de la tiranía de un Tarquinio, sino de los demonios y del príncipe de los demonios; qué tiene de extraordinario, digo, si estamos dispuestos no ya a matar a nuestros hijos, sino a contar a los pobres de Cristo en el número de nuestros hijos?

2. Hubo otro noble romano, llamado Torcuato, que también ejecutó a su hijo por haber desencadenado una lucha, y no precisamente contra su patria, sino a su favor, pero en contra de sus órdenes, es decir, en contra de la orden del general, su padre[34]. Provocado por el enemigo, luchó con ardor juvenil y quedó vencedor. No obstante, su padre lo ajustició: no quiso consentir que el ejemplo de una orden no acatada fuese peor que el bien reportado por la gloria de un enemigo abatido. A la vista de estos ejemplos, ¿quién se enorgullecerá de haberse desprendido de todos sus bienes terrenos, mucho menos queridos que los hijos, por fidelidad a las leyes de la patria inmortal?

Furio Camilo[35], que había librado a Roma del yugo de los veyos, sus enemigos más encarnizados, y había sido víctima de la envidia, de nuevo volvió a liberar a su ingrata patria de la amenaza de los galos, por no tener otra mejor donde vivir gloriosamente.¿Por qué, entonces, se va a dar importancia, como si hubiera hecho algo grande, aquel que por pertenecer a la Iglesia haya sido víctima quizá de alguna grave y deshonrosa injuria por parte de sus enemigos humanos, sin pasarse a sus contrarios, los herejes, ni fundar él mismo una nueva secta, opuesta a la Iglesia, sino que más bien la defendió con todas sus fuerzas contra la perversidad tan perniciosa de los herejes, no teniendo otra patria, no digo donde vivir con gloria de hombres, sino donde poder adquirir una vida eterna?

Mucio, para hacer las paces con el rey Porsena, que tenía a Roma en gravísimos apuros por una guerra, le dio tal coraje de no haber podido

---

33. Virgilio, En. 6,820-823.
34. Agustín ya ha aducido este ejemplo en el libro I,23.
35. Ibíd., II,17; IV,7.

dar muerte al mismo Porsena, matando a otro en su lugar por equivocación, que ante sus propios ojos extendió su mano derecha sobre un altar en llamas, diciéndole que otros muchos romanos, tal y como le estaba viendo a él, se habían conjurado para su exterminio. Porsena, asustado de este coraje y de una tal conjuración, puso fin a aquella guerra firmando inmediatamente la paz. Y en el reino de los ciclos, ¿quién va a darse títulos meritorios si por amor a él ha entregado a las llamas no una mano, ni espontáneamente, sino el cuerpo entero, sufriendo la persecución de algún enemigo?

Curcio, vestido con sus armas, espoleó a su caballo a carrera tendida y se lanzó a un precipicio, obedeciendo a un oráculo de sus dioses que le ordenaban arrojar al precipicio lo mejor que ellos, los romanos, tuviesen. No encontraron nada más excelente que sus hombres y sus armas. La consecuencia era clara: debía arrojarse mortalmente a aquel precipicio un guerrero armado. Y ahora, ¿dirá haber hecho algo grande por la patria eterna quien, teniendo que sufrir a un enemigo de su fe, llegase a morir, no arrojándose él a una muerte como la de Curcio, sino arrojado él por su enemigo? Y mucho menos habiendo recibido de su Señor, Rey él mismo de su Patria, este oráculo infalible: "No tengáis miedo a los que matan el cuerpo, pero no pueden matar el alma" (Mt. 10:28).

Los Decios, consagrándose de algún modo por determinadas fórmulas, se entregaron a la muerte para que con su ruina y el apaciguamiento de los dioses con su sangre quedase libre el ejército romano, ¿se van a enorgullecer de algún modo los santos mártires como si hubieran realizado algo digno por participar de la celeste Patria, donde reside la eterna y auténtica felicidad, sí tuvieron que luchar hasta derramar su sangre, sin dejar de amar no sólo a sus hermanos, sino también a sus mismos enemigos homicidas, fieles al precepto del Señor, con fe en el amor y con amor a su fe?

Marco Pulvilo cuando estaba dedicando el templo de Júpiter, Juno y Minerva, recibió la noticia, falsamente dada por los envidiosos, de la muerte de su hijo para que la turbación de una noticia así le hiciera retirarse, quedándose su colega con la gloria de esta dedicación. Pero él no hizo caso, ordenando incluso que el cadáver fuera arrojado sin sepultura. ¡Hasta este punto la pasión por la gloria había prevalecido en su corazón al dolor por la pérdida de un ser querido! ¿Y vamos a decir que ha hecho algo extraordinario por la predicación del Evangelio —gracias a la cual los ciudadanos de la soberana patria, después de abdicar sus errores, viven unidos— aquel que, preocupado por la sepultura de su hijo, recibió esta respuesta del Señor: "Sígueme y deja que los muertos entierren a sus muertos" (Mt. 8:22)?

M. Régulo[36], para no quebrantar el juramento dado a sus más encarnizados enemigos, desde la misma Roma volvió a ellos de nuevo. Se dice que los romanos lo querían retener, pero él les contestó que, después de haber sido esclavo de los africanos, no podría conservar ya en Roma la dignidad de un ciudadano honrado. Luego los cartagineses, en vista de que su acción ante el Senado romano fue contra ellos, le infligieron la muerte en medio de atroces tormentos. Y ahora, ¿qué tormentos no deberán despreciarse por la fe en aquella patria, cuando es esta misma fe quien nos conduce a la felicidad? O ¿cómo pagar al Señor todo el bien que ha hecho si por la fidelidad a Él debida[37] tuviera un hombre que padecer los mismos tormentos que Régulo padeció por la fidelidad debida a sus más crueles enemigos?

¿Cómo un cristiano se atreverá a engreírse de haber abrazado la pobreza voluntaria, que ha escogido para caminar más ligero durante la peregrinación de esta vida que nos conduce hasta la patria, donde se entra en posesión de la verdadera riqueza, el mismo Dios, cuando oye o lee que Lucio Valerio, muerto en el período de su consulado, fue pobre hasta el extremo de tener que proporcionarle sepultura con las aportaciones voluntarias del pueblo; cuando oye o lee que Quintio Cincinato, dueño de cuatro yugadas de tierra, cultivadas con sus propias manos, desde el arado fue conducido para ser proclamado dictador, magistratura superior a la de cónsul, y una vez vencidos los enemigos, cubriéndose él de gloria, permaneció en la misma pobreza?

¿Quién alzará la voz como si hubiera hecho algo grande, cuando, dejando a un lado las recompensas de este mundo, sólo se haya dejado seducir por el atractivo que le inspira la sociedad de aquel eterno país, al tener noticia de que Fabricio no pudo ser apartado de Roma, a pesar de las suntuosas ofertas de Pirro, rey del Epiro, con la promesa incluso de la cuarta parte de su reino, prefiriendo vivir allí en su pobreza como simple ciudadano?

Esta era, en efecto, la realidad: aquellos hombres mantenían la República, es decir, la empresa del pueblo, la empresa de la patria, la empresa común, rica hasta la opulencia, al tiempo que en sus propios hogares eran tan pobres que en cierta ocasión uno de ellos, cónsul por dos veces, fue expulsado de aquel senado de pobres, con la acusación censoria de habérsele encontrado diez libras de plata en vajilla. De tal categoría era su pobreza, que las ganancias de sus triunfos pasaban a enriquecer el tesoro público. Pues bien, ¿no tienen aquí un motivo para

---

36. Ibíd. I,15,24.
37. Cf. Sl. 116:12: "¿Qué pagaré al Señor por todos sus beneficios para conmigo?"

no darse aires jactanciosos todos aquellos cristianos que, movidos por un deseo más elevado, ponen sus riquezas en común, según el pasaje de los Hechos de los Apóstoles: "Se distribuía a cada uno según su necesidad, y nadie llamaba propio a nada, sino que todo era común" (Hch. 2:45; 4:32), y esto por conseguir la compañía de los ángeles, cuando los romanos han hecho casi otro tanto para mantener la gloria de Roma?

3. Todas estas heroicidades y otras parecidas que se pueden encontrar en su literatura, ¿cuándo iban a adquirir una tal celebridad, cuándo se iban a divulgar con tanta fama si el dominio de Roma, extendido a lo largo y a lo ancho de la geografía, no hubiese alcanzado su grandeza a través de brillantes acontecimientos? Así, aquel imperio tan vasto, tan duradero, tan célebre y glorioso por las virtudes de unos hombres tan eminentes, sirvió como recompensa de sus aspiraciones, y para nosotros es una lección ejemplar y necesaria, pues si por la gloriosa Ciudad de Dios no practicamos las virtudes que han practicado los romanos, de una manera más o menos parecida, por la gloria de la ciudad terrena, debemos sentir el aguijón de la vergüenza. Y si las practicamos, no tenemos por qué engreírnos orgullosamente, porque, como dice el Apóstol, "los sufrimientos del tiempo presente son cosa de nada comparados con la gloria que va a revelarse, reflejada en nosotros" (Ro. 8:18). Pero en cuanto a la gloria humana y temporal, la vida de aquellos hombres son consideradas suficientemente dignas.

Por tanto, nosotros también, a la luz de la verdad, oculta en el Antiguo Testamento y revelada en el Nuevo, vemos que la adoración del único y verdadero Dios no es para obtener beneficios temporales y terrenos, concedidos por la divina providencia juntamente a buenos y malos, sino por la vida eterna, por las recompensas sin término y por vivir asociados a la ciudad celestial; a la luz de esta verdad vemos que los judíos han sido entregados con toda justicia para gloria de los romanos; porque los romanos persiguieron y alcanzaron la gloria terrena con toda clase de virtudes, y así venciesen a quienes con sus arraigados vicios rechazaron y mataron al dador de la gloria verdadera y de la ciudadanía eterna.

19. Diferencia entre la gloria verdadera y la pasión de dominio

Entre la pasión por la gloria humana y la pasión por el dominio hay, evidentemente, una diferencia. Es fácil que quien se complace excesivamente en la gloria de los hombres sienta también con ardor el deseo de dominio. Sin embargo, los que aspiran a la auténtica gloria, aunque sea de las alabanzas humanas, ponen mucho cuidado en no desagradar a quienes juzgan bien de él. Porque muchos aspectos buenos de la conducta, que gran número de hombres juzgan correctamente, aunque la mayoría carezcan de ellos, y por estos valores morales de la conducta es como aspiran a la gloria, al poder y al dominio aquellos de quienes dice Salustio: "Este lo hace por un camino legítimo"[38].

Pero el que sin tener ambiciones de la gloria que hace a uno temer la desaprobación de los jueces de rectos criterios, ambiciona el dominio y el poder, llega incluso con frecuencia a buscar, por los caminos declarados del crimen, aquello que pretende. Por eso, quien desea la gloria procura obtenerla por caminos legítimos, o bien lo intenta con astucias y trampas, queriendo aparecer un hombre honrado, sin serlo.

Por tanto, es una gran virtud en el hombre virtuoso despreciar la gloria, porque este desdén es visto por Dios, pero no es manifiesto al juicio de los hombres. Cualquier cosa que uno realice ante los ojos humanos para que vean que desprecia la gloria, puede ser tomado por algunos sospechosos como un intento para buscar mayores alabanzas, o, en otras palabras, una mayor gloria personal, sin que pueda demostrarles que es distinto de como sospechan de él. Pero el que desprecia el juicio de los aduladores, desprecia también la temeridad de los sospechosos, aunque no su salvación; si se trata de un hombre realmente bueno, tiene tal poder la bondad de quien ha recibido las virtudes del Espíritu de Dios, que ama incluso a sus enemigos, y los ama hasta el punto de querer la conversión de sus enemigos y calumniadores para tenerlos como compañeros no en la patria terrena, sino en la celestial. En cuanto a sus admiradores, aunque tenga en poca estima sus alabanzas, no menosprecia, en cambio, el ser amado por ellos, no quiere engañar a quienes alaban, no sea que decepcione a quienes aman. Esta es la razón por la que el justo ardientemente procura que las alabanzas vayan dirigidas a Aquel que es fuente de cuanto en el hombre merece una justa alabanza.

Pero si hay un ser humano que, despreciando la gloria, está ávido de dominio, éste supera a las bestias, ya sea en crueldad, ya sea en lujuria. Así fueron algunos romanos, que perdiendo el amor a la estima, no perdieron el afán de dominio. La historia nos proporciona muchos de estos ejemplos. Pero el primero que alcanzó la cumbre, y, como si dijéramos, el colmo de este vicio, fue el César Nerón en, cuya lujuria fue tan corrompida que de él nadie parecía temer arranque alguno viril; y su crueldad fue tal que, de no haberlo conocido, nadie creería en él un solo rasgo afeminado.

---

38. Salustio, *Catil.* 11,2.

También a esta clase de hombres les concede el poder únicamente la providencia del Dios supremo cuando juzga dignas de tales gobernantes las empresas humanas. Sobre este punto es clara la voz de Dios. La sabiduría divina es clara en este asunto: "Por mí reinan los reyes, y los príncipes determinan justicia" (Pr. 8:15). Y no se piense que el término "príncipe" —tirano— se refiere no a los reyes perversos y déspotas, sino, según la acepción antigua, a los valientes, como cuando Virgilio dice un verso: "Será para mí prenda de paz haber estrechado la diestra de un tirano"[39]. Para evitar esta interpretación, dice en otro lugar claramente la Escritura de Dios: "Haciendo que reine el hombre hipócrita para vejaciones del pueblo" (Job 34:30).

Ya he explicado suficientemente, según mis posibilidades, cuáles han sido las razones por las que el Dios único, verdadero y justo, ha prestado su ayuda a los romanos, que fueron buenos según ciertos criterios de la ciudad terrena, para conseguir la gloria de tan grandioso imperio. Con todo, pueden existir otras causas ocultas según los diversos merecimientos del humano linaje, conocidas más por Dios que por nosotros. De hecho, entre las personas auténticamente religiosas es incontrovertible que sin la verdadera piedad, es decir, sin el auténtico culto al Dios verdadero, nadie es capaz de poseer la verdadera virtud, y ésta deja de ser verdadera cuando se supedita a la gloria humana. En cuanto a los que no son ciudadanos de la ciudad eterna, llamada por nuestra sagradas Escrituras ciudad de Dios, son más útiles a la ciudad terrena cuando poseen esa virtud que cuando ni siquiera esta poseen.

Pero no hay nada más feliz para las empresas humanas que cuando, por la misericordia de Dios, los que están dotados de una piedad verdadera de vida, si poseen habilidad para el gobierno de los pueblos, tienen el poder en sus manos. Esta clase de hombres, por muy grandes que sean sus virtudes, las atribuyen exclusivamente a la gracia de Dios, que a instancias de sus deseos, de su fe y de sus súplicas se las ha concedido. Son conscientes, al mismo tiempo, de todo lo que les falta hasta llegar a la perfección de la justicia, a la medida de cómo se practica en aquella sociedad de los santos ángeles, para la cual ellos se esfuerzan en disponerse. Y por mucho que se alabe y se pregone la virtud, que, privada de la verdadera piedad, está al servicio de la gloria humana, no admite comparación con los comienzos más pequeños de los santos, cuya esperanza se apoya en la gracia y en la misericordia del verdadero Dios.

---

39. Virgilio, *En.* 7,266.

20. Falsa relación de las virtudes al placer y a la vanagloria

Los filósofos que ponen en la virtud el bien supremo del hombre, pretenden avergonzar a otros filósofos que aprueban las virtudes, pero las miden en relación al placer corporal, y piensan que este placer debe buscarse por sí mismo, y las virtudes únicamente sometidas a él. Para lograr este objeto suelen pintar una especie de cuadro-verbal, en el cual el placer (*voluptas*), se sienta como una reina lujuriosa en el trono real, y todas las virtudes su alrededor le están sometidas a ella como esclavas, pendientes del menor gesto de su reina para cumplir lo que ella ordena. Da órdenes a la prudencia para investigar con vigilancia el modo más oportuno de continuar el reinado y la seguridad de la sensualidad. A la justicia le da órdenes para que haga todos los beneficios que estén a su alcance con objeto de conseguir las amistades necesarias para la satisfacción del cuerpo; que no haga injuria a nadie, no sea que la transgresión de las leyes imposibiliten la seguridad del placer. Da órdenes a la fortaleza para que si sobreviene un dolor corporal que no arrastre a la muerte, mantenga valientemente en su pensamiento a su señora, es decir, la sensualidad placentera, para que el recurso de las delicias pasadas mitigue el aguijón de los presentes dolores. A la templanza le da órdenes para que ponga mesura en los alimentos y demás deleites, no sea que el exceso inmoderado y perjudicial llegue a alterar la salud corporal, con lo que quedaría gravemente perjudicada su reina, el placer, que, según los epicúreos, reside principalmente en una buena salud corporal.

De esta manera, las virtudes, con toda su gloriosa dignidad, quedan esclavizadas por el placer, como si fuera una mujer dominante e impúdica. Nada más ignominioso, más deforme, más insoportable que la visión que ofrece este cuadro a los hombres de bien, dicen nuestros filósofos; y dicen bien. Pero si imaginamos otra pintura parecida, representando las virtudes al servicio de la gloria humana, no creo que quedase debidamente reflejada la belleza que se merece. Porque, aunque la gloria humana no sea una mujer sensual, sí está, y en sumo grado, hinchada y llena de vanidad. Por ello es indigno de la peculiar solidez y firmeza de las virtudes rebajarse como esclavas, de forma que nada programe la prudencia, nada distribuya la justicia, nada soporte la fortaleza y nada modere la templanza, si no es para el agrado de los hombres y el servicio de la vana gloria.

Y que no traten de excusarse de esta acusación quienes, insensibles a la estima ajena y menospreciando la gloria, se complacen en sí mismos, teniéndose por sabios. Su virtud —si es que es virtud— está sometida de otra manera a una cierta alabanza humana, ya que quien se complace en sí mismo, no es otra cosa que un hombre. Pero el que tiene una auténtica actitud religiosa, creyendo, esperando y amando a Dios, pone más interés por las cosas que le desagradan a Él que por aquellas —si alguna hay en él— que le agradan no a sí mismo, sino a la verdad. Y todo esto, que podía darle pie a la complacencia, lo atribuye únicamente a la misericordia de Aquel a quien teme desagradar, dándole gracias por las llagas curadas y elevando súplicas por las que aún le quedan por curar.

21. Gobierno universal de Dios

A la vista de lo expuesto no atribuyamos la potestad de distribuir reinos e imperios más que al Dios verdadero, que da la felicidad en el reino de los cielos sólo a los hombres religiosos, pero que el poder de gobierno en la tierra tanto a los píos como a los impíos, según le place a Él, cuya buena voluntad es siempre justa. Y aunque hayamos expuesto algo de lo que ha tenido a bien descubrirnos, no obstante es demasiado para nosotros, supera con mucho nuestras posibilidades el desvelar los misterios ocultos en el corazón del hombre y emitir un juicio claro sobre los méritos de cada reino.

Ha sido el único y verdadero Dios, que no abandona al género humano sin sentenciar su conducta, y sin prestar ayuda a su actuación, quien dio a los romanos un reino cuando Él quiso y en la medida que Él quiso; como lo hizo con los asirios y también con los persas, adoradores únicamente de dos dioses, el uno bueno y malo el otro, según nos revelan sus escrituras. Esto por no citar al pueblo hebreo, del cual ya he hablado suficientemente, creo, y que no dio culto más que a un solo Dios, incluso durante el período de su monarquía. El mismo, por tanto, que a los persas dio las mieses sin el culto a la diosa Segetia; que ha concedido tantos dones terrenos sin adorar a un sinfín de dioses como los romanos designaron, uno para cada cosa, y hasta varios para una misma realidad. Ha sido el mismo, repito, que concedió dominio a los persas, aunque no daban culto a ninguno de los dioses a quienes los romanos atribuían su Imperio.

Y lo mismo es cierto respecto a las personas que a las naciones. Quien dio poder a Mario, también lo dio a Cayo César; y a Augusto, y a Nerón; y lo puso en manos de los Vespasianos, emperadores más benignos, tanto el padre como el hijo, y lo puso también en las del cruel Domiciano; y, para no recorrer todos, quien concedió el Imperio al cristiano Constantino, se lo dio también al apóstata Juliano el Apóstata, cuya mente tan dotada fue traicionado por su ambición de poder y su sacrílega y detestable curiosidad. Esta última le llevó a entregarse a estúpidos oráculos, cuando mandó quemar las naves, cargadas del necesario avituallamiento, seguro como estaba de la victoria. Luego, confiando ardorosamente en sus descabellados planes, pronto pagó con la vida su temeridad, dejando al ejército hambriento y rodeado de enemigos. No hubiera podido escapar de allí si, en contra del famoso augurio del dios Término, tratado en el libro anterior, no se hubieran cambiado las fronteras del Imperio romano. El dios Término, que no había cedido ante Júpiter, tuvo que ceder ante la necesidad. Manifiestamente todas estas cosas están gobernadas y regidas por el Dios único, según le place, y si sus motivos están ocultos, ¿serán por ello menos justos?

22. Las guerras y su desenlace dependen de la voluntad divina

La duración de las guerras depende del arbitrio divino, de su justo juicio y de su misericordia, según se proponga castigar o consolar a los hombres. Por ejemplo, la guerra de Pompeyo contra los piratas y la tercera guerra Púnica, bajo el mando del general Escipión, fueron libradas con una rapidez y con una brevedad increíbles. La de los gladiadores fugados, aunque tras la derrota de dos generales y dos cónsules, además del tremendo descalabro y la devastación de Italia, sin embargo, se extinguió al tercer año, después de muchas ruinas. Los picenos, marsos y pelignos, naciones no extranjeras, sino itálicas, tras una larga y fidelísima sumisión al yugo romano, intentaron levantar cabeza e independizarse; tenía ya Roma gran número de naciones bajo su dominio, y Cartago había sido exterminada. Pues bien, durante esta guerra itálica, Roma perdió dos cónsules y otros distinguidos senadores; con todo, no arrastró esta calamidad largo tiempo: a los cinco años le puso fin.

En cambio, la segunda guerra Púnica, en medio de enormes catástrofes y calamidades para el Estado, se prolongó dieciocho años, extenuando y casi agotando las fuerzas romanas; sólo en dos batallas perecieron casi setenta mil de sus guerreros. La primera guerra Púnica se extendió a lo largo de veintitrés años. La guerra contra Mitrídates duró cuarenta y tres. Y para que nadie se piense que aquellos viejos romanos de los primeros tiempos, tan llenos de alabanzas, por el florecimiento de todas las virtudes, eran más eficaces a la hora de terminar las guerras con prontitud, arrastraron durante casi cincuenta años la guerra con los samnitas. En esta ocasión fue tal la derrota de los romanos, que se les obligó a pasar bajo el yugo. Pero como no amaban la gloria por la justicia, sino la justicia por la gloria, quebrantaron el tratado de paz firmado con ellos.

Menciono estas cosas porque muchos, ignorantes del pasado, y algunos, fingiendo ignorarlo, en cuanto ven que una guerra se prolonga un poco durante el período del cristianismo, en seguida se abalanzan contra nuestra religión de la manera más perversa, gritando que si no hubiera existido y las divinidades paganas continuasen recibiendo culto al estilo antiguo, aquel célebre valor de los romanos que terminó rápidamente con tan duras guerras, ayudado de Marte y Belona, la de nuestros días la hubiera terminado con la misma rapidez. Que recuerden quienes lo han leído lo largas que fueron las guerras de los romanos antiguos; sus diversos resultados, y con qué lamentables desastres. Así suele ocurrir al mundo entero, que, como sí fuera un proceloso mar, está agitado con frecuencia por la tempestad variable de semejantes calamidades. Que confiesen de una vez lo que no están dispuestos a confesar y no se pierdan a sí mismos ni engañen a los ignorantes con su palabrería insensata contra Dios.

23. Derrota de Radagaiso, adorador de los dioses

Sin embargo, no quieren recordar con acción de gracias lo que Dios lo que ha realizado admirable y misericordiosamente en nuestra más reciente época. Al contrario, hacen todo lo posible para sepultarlo, si fuera posible, en el olvido de los hombres. Caeríamos nosotros en la misma ingratitud si lo dejáramos pasar en silencio.

Cuando Radagaiso, rey de los godos, al frente de un ejército enorme y feroz, había tomado posiciones muy cerca de Roma y constituía una amenaza para sus habitantes, fue derrotado en un solo día, y con tal rapidez que el ejército romano no tuvo, no diré un solo muerto, sino un solo herido, causando más de cien mil bajas al contrario. El rey, con sus hijos, cayó prisionero, siendo ejecutado en merecido castigo.

Supongamos que este impío rey, con sus tropas tan innumerables como despiadadas, hubiera entrado en Roma, ¿a quién habría perdonado? ¿A qué monumento de mártires habría tributado honores? ¿De quién no habría derramado la sangre? ¿Qué pudor se quedaría sin profanar? ¡Y qué voces no se habrían levantado de los paganos, magnificando a sus dioses! ¡Cómo nos insultarían diciendo que la victoria de Radagaiso y todo su potencial bélico se debía a su cuidado en aplacar e invocar a los dioses con sacrificios diarios, cosa que la religión cristiana no permite a los romanos!

Estando este rey ya cerca de los parajes donde, a una señal de la suprema Majestad, fue aplastado, como su fama iba creciendo por todas partes, se nos decía en Cartago que los paganos estaban convencidos, y lo

publicaban a grandes voces, que Radagaiso, con la protección y el apoyo
de unos dioses amigos, a quienes sacrificaba diariamente, se decía, era
totalmente imposible que fuera derrotado por quienes ni ofrecían sacrificios a los dioses de Roma, ni permitían a nadie ofrecerlos.

Y ahora estos desdichados no dan gracias a Dios por su gran misericordia, que habiendo determinado castigar la corrupción de los hombres,
más grave aún que la corrupción de los bárbaros, contuvo su indignación
con gran mansedumbre; en primer lugar, hizo que fuera milagrosamente
derrotado, no sea que, con gran perjuicio de las almas débiles, la gloria
de quedar victorioso se la llevasen los demonios, a quienes constaba que
él elevaba súplicas. Después permitió que Roma cayera en manos de esta
misma clase de bárbaros, los cuales, contrariamente a todo estilo de anteriores guerras, protegieron, por respeto a la religión cristiana, a los refugiados en los lugares sagrados, volviéndose, por el nombre cristiano, tan
hostiles a los demonios y sus sacrificios, de los que alardeaba Radagaiso,
que parecía librarse una guerra mucho más atroz contra los demonios
que contra los hombres.

Fue así como el verdadero Señor y Gobernador de los acontecimientos castigó con misericordia a los romanos, y mostró a los adoradores de
demonios, vencidos de manera tan increíble, que todos esos sacrificios no
son necesarios para salvaguardar los bienes presentes. De este modo, los
que no se cierran obstinadamente, sino que reflexionan con sabiduría, no
abandonan la verdadera religión por las presentes calamidades; al contrario, permanecen fieles en la espera de la vida eterna.

24. Felicidad de los emperadores cristianos en la justicia

Si llamamos felices a algunos emperadores cristianos, no es precisamente por haber reinado largo tiempo, o porque, tras una muerte plácida,
dejaron a sus hijos en el poder, o humillaron a los enemigos del Estado,
o supieron prevenirse contra la enemistad de sus súbditos rebeldes y los
aplastaron. Estos y otros favores, o, si se prefiere, consuelos de esta trabajosa vida merecieron recibirlos algunos de los adoradores de demonios,
no pertenecientes al reino de Dios, como estos emperadores.También sucedió así por la misericordia de Dios, para que quienes creen en Él no
suspiren, por estos favores suyos como si fueran el bien supremo.

Llamamos realmente felices a los emperadores cristianos cuando gobiernan justamente; cuando en medio de las alabanzas que los ponen
por las nubes, y de los homenajes de quienes los saludan humillándose
excesivamente, no se engríen, recordando que no son más que hombres;
cuando someten su poder a la majestad de Dios, con el fin de dilatar

al máximo su culto; cuando temen a Dios, lo aman, lo adoran; cuando
tienen más estima por aquel otro reino, donde no hay peligro de dividir
el poder con otro; cuando son lentos en tomar represalias, y prontos en
perdonar; cuando tales represalias las toman obligados por la necesidad
de regir y proteger al Estado, no por satisfacer su odio personal; cuando
conceden el perdón no para dejar impune el delito, sino por la esperanza de la corrección; cuando, puestos con frecuencia en la desagradable
obligación de dictar medidas severas, lo compensan con la dulzura de
su misericordia y la magnificencia de sus beneficios; cuando cercenan
con tanto más rigor el desenfreno, cuando son más libres de entregarse a
él; cuando prefieren tener sometidas sus bajas pasiones antes que a país
alguno, y esto no ardiendo en deseos de gloria vana, sino por amor a la
felicidad eterna; cuando no son negligentes en ofrecer por sus pecados
al Dios verdadero, que es el suyo, un sacrificio de humildad, de propiciación y de súplica.

Tales emperadores cristianos, decimos, son felices en el tiempo presente en esperanza, y después en la realidad misma del gozo, cuando
llegue lo que esperamos.

25. Prosperidad concedida al emperador Constantino

El buen Dios quiso impedir en quienes tenían como un deber adorarle para conseguir la vida eterna, la convicción de que es necesario suplicar a los demonios para conseguir altas dignidades, e incluso la soberanía terrena, dado el supuesto poder de tales espíritus en este campo;
por esta razón, Él dio al emperador Constantino, que no adoraba a los
demonios, sino al verdadero Dios, tal plenitud de favores terrenos como
nadie se atrevería a desear. Le concedió también fundar una ciudad asociada al Imperio Romano, como hija de la propia Roma. Y todo ello sin
levantar a los demonios ningún templo, ningún ídolo. Ocupó el trono
largos años; mantuvo íntegro y defendió todo el mundo romano como
único Augusto. A la hora de organizar y realizar las guerras, quedó plenamente victorioso. Tuvo éxito completo en la lucha contra las tiranías.
Murió de avanzada edad, por enfermedad y decrepitud, dejando el poder a sus hijos,

Pero luego, para evitar que cualquier emperador se hiciera cristiano
para conseguir la felicidad de Constantino, siendo así que la única razón del ser cristiano es la vida eterna, privó de esta felicidad a Joviano
mucho antes que a Juliano; permitió que Graciano fuera asesinado por
una tiránica espada en circunstancias, es cierto, mucho menos crueles que el gran Pompeyo, adorador de los pretendidos dioses romanos,

porque éste no pudo ser vengado por Catón, a quien había nombrado heredero, por así decir, de la guerra civil; en cambio, Graciano, a pesar de que las almas religiosas no apetecen tales desahogos, fue vengado por Teodosio, a quien había asociado con él en el Imperio, no obstante tener un joven hermano, estando más interesado en un fiel consorcio que en un poderío excesivo.

26. Fe y piedad del Augusto Teodosio

1. No se contentó Teodosio con guardarle fidelidad en vida a Graciano, después de su muerte acogió a su joven hermano Valentiniano en su imperio, expulsado antes por el asesino Máximo. Recibió al huérfano cristianamente, y veló por él con afecto paternal, en lugar de quitarlo de en medio sin dificultad alguna, desprovisto como estaba de todo recurso, si su alma estuviese inflamada en deseos de ensanchar sus dominios, más que en el amor de hacer el bien. Le conservó su dignidad imperial y le trató con toda delicadeza y generosidad.

Más tarde, cuando este suceso encendió la cólera de Máximo, Teodosio, en medio de sus angustiosas preocupaciones, no cayó en curiosidades sacrílegas e ilícitas, sino que envió mensajeros a consultar a un tal Juan, ermitaño en el desierto egipcio, siervo de Dios, cuya fama se iba extendiendo, y que llegó hasta él como dotado de espíritu de profecía. Este le predijo una victoria segura. Exterminado por fin Máximo, repuso con una estimación llena de ternura al joven Valentiniano en la porción de su imperio, de donde había tenido que huir. Murió pronto el joven, no sé si por intrigas o por otra razón, o accidentalmente, y Teodosio acabó con otro tirano, Eugenio, ilegítimamente puesto en el trono del joven emperador, después de haber recibido nueva respuesta profética favorable. La lucha contra el poderoso ejército de Eugenio fue más bien con la oración que con las armas. Soldados que asistieron a este combate nos han descrito cómo un viento fuerte del lado de Teodosio les arrancaba de las manos las armas arrojadizas, lanzándolas contra los enemigos; y no sólo les arrancaba violentamente todo lo que arrojaban contra ellos, sino que volvía los dardos enemigos contra los propios cuerpos de éstos.

De ahí que el poeta Claudiano, aunque adversario al cristianismo, pudo exclamar en sus elogios a Teodosio: "Oh tú, predilecto de Dios, por quien Eolo, desde sus antros, despliega los armados huracanes; por quien lucha el éter, y acuden los vientos, conjurados al toque de las trompetas!"[40]

---

40. Claudiano, *De tertio consulatu Honorri Augusti panegyris.*

Vencedor, como había creído y predicho, derribó unas estatuas de Júpiter[41] que contra él habían sido erigidas y como consagradas con no sé qué ritos en los Alpes. Los rayos que habían tenido estas estatuas, por ser de oro, fueron pedidos entre bromas —lo permitía la circunstancia de la victoria— por los correos, diciendo que querían ser "alcanzados por tales rayos". Teodosio, siguiendo la broma, se los concedió con generosidad.

A los hijos de sus enemigos personales, víctimas no de sus órdenes, sino del torbellino de la guerra, y refugiados en las iglesias antes de ser cristianos, les ofreció la ocasión de convertirse al cristianismo. Los trató con amor cristiano, sin despojarlos de sus bienes, los colmó de honores. No permitió que nadie, después de la victoria, vengase sus enemistades particulares. En las guerras civiles no se portó como Cinna, Mario, Sila y otros por el estilo, que, una vez terminadas, parecían no querer darles fin nunca, sino que se dolió de que hubieran surgido, e intentó que una vez terminadas no hicieran daño a nadie

En medio de todos estos eventos, y desde el comienzo de su mandato, no cesó de apoyar a la Iglesia en sus dificultades con los impíos con las leyes más justas y benignas, que el hereje Valente, partidario de los arrianos, la había perseguido duramente. Se preciaba mucho más de ser un miembro de la Iglesia que de tener bajo su dominio el orbe entero. Dio orden de derribar por todas partes los ídolos de los gentiles, entendiendo con lucidez de que la facultad de conceder los bienes, incluso de la tierra, no reside en los demonios, sino en el Dios verdadero.

¿Hay algo más admirable que su religiosa humildad cuando sucedió el gravísimo crimen de los tesalonicenses?[42] La intercesión de los obispos había conseguido de él una promesa de indulgencia para el crimen; pero presionado por un levantamiento de sus partidarios, se vio obligado a tomar una represalia. Castigado después él por la disciplina eclesiástica, de tal forma hizo penitencia que el pueblo, orando por él, lloró más al ver postrada en tierra la majestad imperial, que la había tenido encolerizada por su pecado.

---

41. Los enemigos de Teodosio, "sembraron los pasos de los Alpes con estatuas de Júpiter, que, armado de rayos de oro, hizo así su última aparición entre los hombres" (Indro Montanelli, *op. cit.*, cap. XLIX).

42. En Tesalónica, un auriga del circo, que gozaba del aplauso popular, fue acusado de un vicio *contra naturam*, fue arrestado y condenado por el jefe militar, cumpliendo una ley que sancionaba tales delitos. Enfurecida la multitud por este hecho, apedreó al jefe militar, arrastrando su cadáver por las calles. Al saberlo, el emperador mandó hacer un escarmiento ejemplar. Con otros juegos en el circo, reunió a la multitud, que fue asesinada allí mismo. Con este motivo, el obispo Ambrosio obligó al emperador a hacer una penitencia pública que aceptó humildemente.

En estas buenas acciones y otras parecidas, que sería prolijo enumerar, llevó siempre consigo el desprendimiento de cualesquiera humos que supone el encumbramiento y la exaltación humana. La recompensa de tales obras es la eterna felicidad, cuyo dispensador es Dios para solos los hombres que realmente vivan una vida religiosa.

Los demás dones de esta vida, como pueden ser los honores y la abundancia de bienes, Dios los concede tanto a malos como a buenos, del mismo modo que les concede el mundo, la luz, la brisa, los campos, el agua, los frutos, así como el alma y el cuerpo del hombre mismo, y los sentidos, y la inteligencia, y la vida. Entre ellos se encuentra el poder, cualquiera que sea su magnitud, y que Dios dispensa según el gobierno de cada tiempo.

2. Así, pues, veo que ahora es preciso responder a aquellos que, refutados y convencidos de su error por pruebas evidentes que demuestran la absoluta inutilidad de la muchedumbre de dioses falsos para lograr los bienes temporales, a los que sólo aspiran los insensatos, siguen todavía empeñados en afirmar que es necesario dar culto a tales dioses no por el interés de esta vida, sino por la que nos aguarda después de la muerte. Creo haber dado cumplida respuesta en los cinco libros precedentes a todos esos que por el apego a este mundo pretenden dar culto a realidades inexistentes, y que se quejan de que se les pone veto a estas posturas infantiles. Los tres primeros libros ya están publicados, y han empezado a correr de mano en mano. He oído que algunos están preparando no sé qué réplica contra ellos. Después ha llegado a mis oídos que ya estaba escrita, pero que sus autores esperaban el momento propicio para editarla sin peligro. Les advierto a estos que no se hagan ilusiones de conseguir lo que pretenden. Es fácil creer que se ha dado una respuesta, cuando en realidad lo que se ha querido es no callar. ¿Hay algo más charlatán que la estupidez? Nunca tendrá más fuerza que la verdad, aunque podrá, si quiere, gritar más que ella.

Pero que pongan atención a todos los puntos, y si por casualidad, en un examen sin prejuicios, llegan a descubrir que, más que replicar, lo que pueden es importunar con su garrulería desvergonzada y con su ligereza entre satírica y mímica, déjense de simplezas y decídanse más bien por la corrección de los sensatos que por las adulaciones de los insensatos. Porque si lo que están esperando no es la ocasión de decir francamente la verdad, sino de lanzar insultos a rienda suelta, que no les sobrevenga lo que dice Cicerón de uno que se llamaba feliz por tener la libertad de hacer el mal: "¡Pobre de ti, que tenías permiso para pecar!"

Así que quienquiera que se sienta feliz porque tiene licencia para insultar, será mucho más feliz si renuncia totalmente a ella. Puede poner desde ahora mismo todas las objeciones que quiera como en un diálogo de investigación, con tal que renuncie a toda pretenciosa vanidad. Tendrá ocasión de oír, en amigable discusión, una respuesta oportuna, honesta, seria y sincera de sus interlocutores, en la medida de sus posibilidades.

Libro VI

PREFACIO

En los cinco primeros libros creo haber discutido ya bastante contra los que piensan que, atendiendo a la utilidad de esta vida mortal y a las cosas terrenas, tenemos que venerar y honrar a tantos dioses falsos con el culto llamado de latría por los griegos, debido únicamente al Dios verdadero. La verdad cristiana ha demostrado que aquéllos no son otra cosa que simulacros inmundos y demonios perniciosos o, con mucho, criaturas, no el Creador.

Pero ¿quién ignora que para contrarrestar tan excesiva necedad y obstinación no serán suficientes ni estos cinco libros ni todos los que se pueden escribir? Precisamente tienen como gloria de su vanidad no ceder a la fuerza convincente de la verdad; con perjuicio, por cierto, de quien está dominado por un vicio tan grande. Pues hay enfermedades que se resisten a todos los cuidados del médico, y no precisamente para mal del mismo médico, sino del paciente incurable.

En cambio, los que sopesan lo que leen, entendiendo y considerando los argumentos; o los sin un excesivo grado obstinación propio del error largamente mantenido, verán que en los cinco libros pasados, más que hablar con brevedad, hemos hecho una exposición más amplia de lo que pedía la misma materia.

Y no pueden poner en duda que toda la animosidad que acerca de los desastres de esta vida, el derrocamiento y los cambios propios de las cosas terrestres pretenden cargar los ignorantes sobre la religión cristiana, está totalmente vacía de rectitud de reflexión y razonamiento, y rebosa de la más inconsiderada temeridad y funesta cólera. Y todo esto no sólo ante el disimulo, sino con la aprobación de los mismos sabios, que no tienen escrúpulo en traicionar su conciencia, dominados por insensata impiedad.

1. Los dioses y la vida eterna

1. A continuación, como lo exige el plan de la obra, tenemos que refutar y enseñar a los que mantienen que el culto de los dioses de los gentiles, destruido por la religión cristiana, no son adorados por amor de esta vida, sino por la que vendrá tras la muerte. Me parece bien comenzar mi disertación por el verdadero oráculo del salmo sagrado: "Bienaventurado el hombre que puso al Señor por su confianza, y no mira a los soberbios, ni a los que declinan a la mentira" (Sal. 40:4). Sin embargo, entre todas las vanidades, locuras y falsedades hemos de ser mucho más tolerantes con los filósofos que no aceptaron semejantes opiniones y errores de sus pueblos; porque el pueblo levantó estatuas a los dioses, inventando muchas falsedades o vilezas sobre los llamados dioses inmortales, o aun creyendo, los mezclaron en las ceremonias de su culto.

Con estos hombres, que aunque no predicaron con valentía, sí al menos en sus disquisiciones lo daban a entender y reprobaban tales falsedades, no vemos inconveniente en tratar sobre la siguiente cuestión: ¿Se debe dar culto a un solo Dios, autor de toda criatura espiritual y corporal, con vistas a la vida que seguirá a la muerte, o a muchos dioses que fueron creados por ese único Dios y elevados a una altura sublime, y a los que algunos de los filósofos consideraron más excelentes y mejores que los demás?

2. Por lo demás, ¿quién puede soportar la pretensión de que otorguen la vida eterna a nadie aquellos dioses, algunos de los cuales mencioné en el libro cuarto, y a cada uno de los cuales se encomienda una ocupación de detalles insignificantes? ¿Serán acaso los famosos sabios y perspicaces varones que se glorian de haber aprovechado tanto con sus enseñanzas? Pretendían que todos conocieran con qué finalidad se debía rogar a cada dios, qué se le había de pedir a cada uno, no se fuera a caer en el absurdo vergonzoso, como suele ocurrir jocosamente en la comedia, de pedir agua a Baco o vino a las Linfas. ¿Serán, digo, ésos quienes enseñen a los hombres que suplican a los dioses inmortales a que cuando piden vino a las Linfas y éstas les contesten "no tenemos vino, pedídselo a Baco" puedan decir más bien "si no tenéis vino, dadnos al menos la vida eterna"? ¿Hay algo más monstruoso que este absurdo? ¿No es cierto que aquéllas, riéndose a carcajadas —pues tan propensas son a la risa—, si no tratan de engañar como los demonios, responderán a quien las suplica: "Oh hombre, piensas que está en nuestra mano dar vida, si has oído que no podemos dar la vid"?

Por consiguiente, sería el colmo de vergonzosa necedad pedir o esperar la vida eterna de unos dioses a quienes se atribuye hasta las últimas menudencias de esta misérrima y brevísima vida y cuanto se relaciona con su sostenimiento; y esto hasta tal punto que, si se solicita del uno lo que está bajo la tutela y el poder de otro, se tiene por tan inconveniente y absurdo que corre parejas con la bufonería cómica. Si esto lo hacen los cómicos conscientes de su papel, es justo susciten la risa en el teatro; pero si lo realizan los necios inconscientes, con más razón se burlarán de ellos en el mundo.

A qué dios o a qué diosa se ha de suplicar y por qué motivo, en lo que se refiere a los dioses que establecieron las ciudades, lo descubrieron hábilmente los sabios y lo dejaron consignado: dijeron qué se ha de pedir, por ejemplo, a Baco, a las Linfas, a Vulcano y a todos los demás, de los cuales en parte hice mención en el libro cuarto y en parte tuve por más oportuno pasarlos en silencio. Ahora bien, si fuera un error pedir vino a Ceres, pan a Baco, agua a Vulcano, fuego a las Linfas, ¿cuánta mayor demencia no será suplicar a cualquiera de éstos la vida eterna?

3. Al indagar, pues, qué dioses o diosas habíamos de pensar dan el reino terreno a los hombres, después de aclararlo todo se demostró totalmente absurdo pensar que cualquiera de toda esta multitud de dioses falsos pudiera establecer ni siquiera los reinos de la tierra; ¿no sería la más insensata impiedad admitir que puede cualquiera de éstos dar a alguien la vida eterna, que, sin la menor duda ni comparación alguna, debe ser referida a todos los reinos terrenos? El motivo que nos movía a no admitir que tales dioses pudieran dar ni el reino de la tierra no fue precisamente porque ellos eran grandes y excelsos y ese reino de la tierra tan bajo y abyecto, que no se dignaran ocuparse de eso en su gran sublimidad.

Antes bien, por mucho que se desprecien justamente las cumbres perecederas del reino terreno, tan indignos aparecieron esos dioses que no se les podía encomendar la donación o conservación de estos reinos. Y por esto, si, como nos demuestran las cuestiones tratadas en los dos libros precedentes ninguno de aquella turbamulta de dioses, de los plebeyos digamos o de los próceres, es capaz de dar los reinos mortales a los mortales, ¿cuánto menos podrá hacer inmortales de los mortales?

4. A esto se añade que, si tratamos con los que apoyan la veneración de los dioses, no por esta vida, sino por la que ha de suceder después de la muerte, en modo alguno merecen ya culto, ni siquiera por aquellos bienes que, como repartidos y propios, atribuye al poder de tales dioses no la verdadera, sino la falsa opinión. Así lo creen los que defienden la necesidad de su culto por los beneficios que reportan en esta vida mortal. Y contra ellos ya traté, cuanto me fue posible, lo suficiente en los cinco libros precedentes. Siendo esto así, si la edad de los que dan culto a la

diosa Juventud floreciera vigorosa, mientras sus desdeñadores murieran en los años de su juventud, o languidecieran en ella como aquejados de debilitamiento senil; si la barbada Fortuna engalanara festiva y vistosa las mejillas de sus devotos, mientras contempláramos lampiños o de barba repugnante a los que la desprecian; aun así diríamos con toda justicia que hasta aquí se extiende el poder de cada una de estas diosas, limitadas en cierto modo a su oficio. Pero por ello no se podría pedir la vida eterna a la Juventa, que no podía dar ni barba, ni se podía esperar bien alguno después de esta vida de la barbada Fortuna, cuyo poder no alcanza en esta vida a dar siquiera la edad en que florece la barba.

Ahora bien, su culto no es necesario ni siquiera por los bienes que se les atribuyen como propios, puesto que muchos devotos de la diosa Juventa no florecieron en tal edad y sí, en cambio, otros muchos sin honrarla se gozan con el vigor de la juventud. Y del mismo modo muchos, venerando a la barbada Fortuna, no lograron barba alguna o muy deforme; y sí algunos la veneran para conseguir la barba, son objeto de despectiva burla por parte de los que la tienen.

Siendo esto así, ¿tan necio es el corazón humano que tenga por fructuoso para la vida eterna el culto de aquellos dioses que confiesa inútil y despreciable con miras a estos beneficios temporales y fugaces que se atribuyen a cada uno de ellos? No se atrevieron a afirmar que pudieran dar esos dioses la vida eterna, ni siquiera los que, para recomendar su culto a los pueblos ignorantes, y pensando que eran demasiados dioses, distribuyeron meticulosamente esos mismos oficios temporales a fin de que ninguno de ellos se quedara ocioso.

2. Investigación y cultura de Varrón

¿Quién investigó más curiosidades sobre estas cosas que Marco Varrón? ¿Quién las descubrió con mayor conocimiento? ¿Quién las consideró con más atención? ¿Quién las distinguió con más agudeza? ¿Quién las describió más diligente y cumplidamente? Aunque de estilo menos elocuente, es tan cabal en su doctrina y en sus opiniones que en la erudición, por nosotros llamada profana, y liberal por ellos, puede enseñar tanto al aficionado a estas materias cuanto deleita Cicerón al aficionado a la dicción. El mismo Cicerón da tal testimonio de Varrón, que dice que la discusión que se trata en los libros *Académicos* la tuvo con Marco Varrón, "el hombre más agudo de todos y el más sabio, sin duda alguna"[1]. No lo llama el más elocuente y el más elegante, porque en estos aspectos es

---

1. Cicerón, *Academ.* I,3,9.

muy inferior, sino el más agudo de todos. Y precisamente en los libros donde trata de poner en duda todas las doctrinas insiste sobre "el más sabio, sin duda alguna".

Era tal su seguridad sobre esta cuestión que suprimía la duda que suele tener en todas las discusiones, como si sólo al disputar sobre éste en el estilo dubitativo de los académicos se hubiera olvidado de que era académico. Ya en el primer libro, al celebrar las obras literarias del mismo Varrón, dice: "Cuando yo peregrinaba y andaba errante en nuestra ciudad, como un forastero, tus libros me hicieron retornar como a casa para llegar a conocer quién soy y dónde me encuentro. Tú me descubriste la antigüedad de la patria, la distribución de los tiempos, las prerrogativas de los lugares sagrados, de los sacerdotes, las enseñanzas del hogar y de la sociedad, la situación de las regiones y de los lugares, los nombres, clases, oficios y causas de todo lo divino y lo humano".

Este es el personaje tan insigne por su sobresaliente erudición, y del cual dice también Terenciano brevemente en aquel elegante verso: "Varrón, un varón universalmente formado". Tantas obras leyó que nos maravilla tuviera ocio para escribir algo; y escribió tantas cuantas apenas podemos creer capaz a alguien de leer. Este varón, digo, tan grande por su ingenio como por su erudición, si atacara y refutara las cosas divinas de que escribe, y afirmara que no pertenecen a la religión, sino a la superstición, no sé si compilara tantas ridiculeces, menosprecios y abominaciones en sus libros. Sin embargo, en tal forma dio culto a esos mismos dioses y lo recomendó, que en esos mismos escritos suyos lamenta puedan perecer, no por un ataque hostil, sino por la negligencia de los ciudadanos. De esa ruina afirma que los libra él, guardándolos en la memoria de los buenos con esos libros y conservándolos con diligencia más eficaz de la que se pregona emplearon Metelo para librar a las vestales del incendio, y Eneas para librar a los penates de la destrucción de Troya. Y no obstante transmitió a la posteridad para su lectura lo que sabios e ignorantes juzgaron reprobable con toda justicia como hostil en sumo grado a la verdad de la religión. ¿Qué hemos de juzgar, pues, sino que un hombre tan enérgico y erudito, pero no liberado por el Espíritu Santo, estaba subyugado por la costumbre y las leyes de su ciudad, y, sin embargo, no quiso callar, bajo las apariencias de fomentar la religión, lo que rondaba por su cerebro?

3. División de la obra de Varrón

Escribió cuarenta y un libros de *Antigüedades*, dividiéndolos en cosas humanas y divinas, dedicando veinticinco libros a las humanas y dieciséis a las divinas. Siguió el método siguiente distribución: dividió las cosas humanas en cuatro partes, y a cada una dedicó seis libros. Tiene por objeto los que obran, dónde, cuándo y qué es lo que hacen. En los seis primeros libros escribió sobre los hombres; en los seis siguientes, sobre les lugares; en los otros seis, sobre los tiempos, y en los cuatro últimos, sobre las cosas. Cuatro por seis son, pues, veinticuatro. Pero antepuso uno especial que trata en general de todo.

En las cosas divinas también conserva la misma forma de división en cuanto se relaciona con el culto que ha de darse a los dioses, pues se les da culto por los hombres en sus lugares y sus tiempos. Y a cada uno de estos cuatro asuntos dedica tres libros: trata en los tres primeros sobre los hombres, en los siguientes sobre los lugares, en los terceros sobre los tiempos y en los cuartos sobre el culto, y hace resaltar con una sutil distinción quiénes son los que dan ese culto, dónde lo dan, cuándo y en qué consiste. Pero como era preciso decir, y era lo que más se esperaba, a quiénes había que dar ese culto, compuso los tres últimos libros sobre los dioses, de suerte que cinco por tres hacen quince. Y de esta manera, como dijimos, en total son dieciséis, ya que añadió al principio de ellos uno especial que trata de todo en general.

A continuación de él comienza por los tres primeros de aquella distribución en cinco partes, que se refieren a los hombres; y trata en el primero sobre los pontífices, en el segundo sobre los augures y en el tercero sobre los quindecíunviros. Los tres segundos tratan de los lugares, de modo que en el uno habla de las capillas, en el otro de los templos y de los lugares religiosos. Los tres siguientes en el tercero pertenecen a los tiempos, es decir, a las fiestas: consagra uno a los días feriados, otro a los juegos circenses y otro a las representaciones teatrales. De los cuatro libros sobre las cosas sagradas, describe en uno las consagraciones, en el otro los sacrificios privados y en el último los públicos. Como cerrando esta especie de aparatoso obsequio siguen, por último, en los tres que restan los mismos dioses a quienes está consagrado todo el culto: en el primero se citan los dioses ciertos, en el segundo los inciertos y en el tercero y último los dioses principales y selectos.

4. Prioridad de lo humano sobre lo divino en Varrón

1. Por lo que llevamos dicho y lo que se dirá después en toda esta disposición de tan elegante y sutil distribución y distinción, claramente aparece, a cualquiera que por su terquedad de corazón no sea hostil a sí mismo, que es vana la búsqueda de la vida eterna, incluso desvergonzado esperarla o desearla. Pues estos designios proceden de los hombres o de los demonios, y no precisamente de los que llaman ellos demonios

buenos, sino, para hablar con claridad, de los espíritus inmundos o controvertiblemente malignos. Ellos son los que con sorprendente envidia siembran ocultamente en el pensamiento de los impíos opiniones perniciosas, por las que el alma humana se desvanece más y más, y no puede acomodarse y unirse a la inconmutable y eterna verdad; y a veces aún se las sugieren abiertamente a los mismos sentidos y las confirman con falsos testimonios a su alcance. Es precisamente el mismo Varrón quien confiesa haber tratado primero las cosas humanas, y en segundo lugar las divinas, por la sencilla razón de que lo primero en existir fueron las ciudades, y luego éstas crearon la religión. Pero la religión verdadera no proviene de ciudad terrena alguna. Es ella precisamente quien da origen a la ciudad celeste. Su inspirador y su maestro es el Dios verdadero, que otorga la vida eterna a sus auténticos adoradores.

2. La siguiente es la razón dada por Varrón para escribir primero sobre las cosas humanas y después sobre las divinas: porque las divinas fueron instituidas por los hombres: "Como es antes el pintor que el cuadro pintado, y antes el arquitecto que el edificio, así son antes las ciudades que lo establecido por ellas". Pero también dice que hubiera escrito primero sobre los dioses y después sobre los hombres si escribiera de toda la naturaleza de los dioses. Como si aquí tratara de alguna parte de ella y no de toda. ¿O hay acaso alguna parte de la naturaleza de los dioses que no deba ser antes que la de los hombres? ¿No es cierto que en los tres últimos libros, donde distingue con diligencia los dioses ciertos, inciertos y selectos, parece no omitir ninguna parte de la naturaleza de los dioses? ¿Qué es, pues, lo que quiere decir al afirmar que "si escribiéramos de toda la naturaleza de dioses y hombres hubiéramos concluido con las cosas divinas antes que comenzar con las humanas"? Pues o escribe sobre toda la naturaleza divina, o sobre alguna parte, o en absoluto sobre ninguna.

Si escribe de toda la naturaleza divina, ciertamente debe ser antepuesta a las cosas humanas; si de sólo alguna, ¿cómo no ha de preceder también a lo humano? ¿Se considera acaso indigna cualquier parte de los dioses de ser preferida a toda la naturaleza de los hombres? Y si es mucho que alguna parte divina se prefiera a todas las cosas humanas, debe anteponerse al menos a las cosas romanas, ya que escribió los libros de las cosas humanas, no en lo que toca al universo entero, sino por lo que respecta sólo a Roma, libros que con toda propiedad había antepuesto en el orden de composición a los libros sobre las cosas divinas, como se antepone el pintor al cuadro pintado, como el arquitecto al edificio, confesando con toda claridad que las cosas divinas, como la pintura y la escultura, han sido establecidas por los hombres.

Queda solamente la tercera suposición, a saber, que no escribió de ninguna naturaleza divina, y también que no quiso decir esto claramente, sino que lo dejó a los inteligentes; pues donde dice "no toda", en el lenguaje común se entiende alguna; pero puede también entenderse ninguna, porque la que es ninguna no es toda, ni alguna. Como él mismo dice, sí escribiera de toda la naturaleza de los dioses había de anteponerse en el orden de la composición a las cosas humanas; mas como aunque él calle clama la verdad, debía ser antepuesta ciertamente a las cosas romanas, aunque no fuera toda naturaleza, sí al menos alguna; pero se pospone justamente, luego no es ninguna.

Su arreglo, por tanto, no fue debido al deseo de anteponer las cosas humanas a las divinas; sino que no estaba dispuesto a preferir las cosas falsas a las verdaderas. Pues en lo que escribió de las cosas humanas siguió la historia de los hechos; pero sobre lo que llama cosas divinas, ¿qué siguió sino los dictámenes de la vanidad? Esto es ciertamente lo que quiso demostrar con la indicación sutil: no sólo al escribir sobre lo divino después que sobre lo humano, sino también al dar la razón que le movió a hacerlo. Si hubiera pasado ésta en silencio, quizá cada cual interpretará el hecho con diferente sentido. Pero en la razón que dio no dejó lugar a libre interpretación, y demostró bien claro que anteponía los hombres a las instituciones de los hombres, no la naturaleza de los hombres a la naturaleza de los dioses. De este modo confesó que él había escrito los libros de las cosas divinas, no sobre la verdad que atañe a la naturaleza, sino sobre la falsedad que atañe al error. Esto lo confesó aún con mayor claridad, como referí en el libro cuarto, al decir que si él fundara una ciudad nueva escribiría según la naturaleza; pero como ya la encontró antigua, no tuvo más remedio que seguir su costumbre.

5. Tres clases de teología, según Varrón

1. Qué vamos a decir de su proposición, a saber, que hay tres clases de teología, esto es, la ciencia que trata de los dioses, y que reciben el nombre de mítico, físico y civil. En latín, sí lo admitiera el uso, llamaríamos a la primero propio de las fábulas; llamémoslo fabuloso, pues el mítico está tomado de la fábula, que en griego se llama mito, μυθος. El nombre de la segunda debería ser natural, que ha sido admitido ya por el uso. Y el de la tercera, civil, es expresión netamente latina. Dice a continuación: "Llaman mítico el que usan, sobre todo, los poetas; natural el que usan los filósofos, y civil, el que usa el pueblo".

En el primero, dice, que he citado se encuentran muchas mentiras contra la dignidad y la naturaleza de los inmortales. En él se dice que un dios procede de la cabeza; otro, del muslo; otro, de gotas de sangre. También se dice que los dioses han robado, han cometido adulterios, han sido esclavos del hombre. Finalmente se atribuyen a los dioses todos los desatinos que pueden sobrevenirle hasta al hombre más despreciable. Aquí, ciertamente, como podía, como se atrevía y se juzgaba impune, expresó sin sombra alguna de ambigüedad qué injuria tan grande se irrogaba a la naturaleza de los dioses con las fábulas mentirosas. Pero hablaba no de la teología natural, ni de la civil, sino de la fabulosa, que libremente juzgó merecía su condena.

2. Veamos ahora qué dice de la otra: "La segunda clase que señalé es aquella de que nos dejaron muchos libros los filósofos; en ellos se explica cuáles son los dioses, dónde están, cuál es su naturaleza, sus cualidades, desde cuándo existen o si son eternos, si son de fuego, como piensa Heráclito; o de números, como dice Pitágoras; o de átomos, como afirma Epicuro. Y así otras explicaciones por el estilo que más fácilmente pueden soportar los oídos dentro de los muros de la escuela que fuera en la calle."

Nada encontró culpable en la otra clase de teología, que llaman natural, y que es del campo de los filósofos, solamente citó las controversias entre ellos mismos, que dieron origen a multitud de sectas disidentes. Retiró, sin embargo, esta filosofía de la calle, es decir, del vulgo, y la encerró en los muros de la escuela; pero no retiró de los ciudadanos aquella primera clase tan mentirosa y tan torpe.

¡Oh religiosidad de los oídos del pueblo, incluido el romano, que no pueden soportar las disertaciones de los filósofos sobre los inmortales, y no sólo soportan, sino que oyen con gusto las composiciones de los poetas y las representaciones de los cómicos, que van contra la dignidad y naturaleza de los inmortales y que no pueden aplicarse ni al más vil de los hombres! Y aún más, tienen por cierto que esto agrada también a los mismos dioses y que se les debe aplacar con ello.

3. Alguien puede decir: "Distingamos estas dos clases de teología, la mítica y la física, esto es, la fabulosa y la natural, de la civil de la que ahora estamos hablando". Anticipando esto, Varrón mismo ya las distinguió. Veamos ahora cómo explica la teología civil. Ciertamente veo por qué debería distinguirse como fabulosa, por su falsedad, torpeza e indignidad. Pero tratar de distinguir la natural de la civil, ¿qué otra cosa es si no confesar que la misma civil es mentirosa? Pues si fuera natural, ¿qué tiene de represible para excluirla? Y si la que se llama civil no es natural, ¿qué recomendación tiene para que se la admita? Este es el motivo por el cual escribió primero de las cosas humanas y después de las divinas,

porque en las cosas divinas no siguió la naturaleza, sino las instituciones de los hombres.

Examinemos ya la teología civil: "La tercera clase es —dice— la que deben conocer y poner por obra en las ciudades sus habitantes y de modo especial los sacerdotes. En ella se contienen los dioses que debe honrar cada uno y las ceremonias y sacrificios que debe realizar". Prestemos también atención a lo que sigue: "La primera teología —dice— se acomoda más bien al teatro, la segunda al mundo, la tercera a la ciudad." ¿Quién no echa de ver a cuál concede la palma? Ciertamente a la segunda, que dijo arriba era la de los filósofos. Pues afirma que ésta pertenece al mundo, ellos piensan que no hay nada mejor.

Pero, las otras dos teologías, la del teatro y la de la ciudad, ¿las distingue o separa? Pues vemos que no siempre lo que es propio de la ciudad puede referirse también al mundo, aunque vemos que las ciudades están en el mundo. Puede, en efecto, suceder que por influjo de falsas opiniones se de crédito y culto en la ciudad a divinidades cuya naturaleza ni existe en el mundo ni fuera del mundo. Y, en cambio, ¿dónde se encuentra el teatro, sino en la ciudad? ¿Quién fundó el teatro, sino la ciudad? ¿Para qué lo fundó, sino para las representaciones escénicas? ¿Dónde se encuentran las representaciones escénicas, sino en las cosas divinas, sobre las cuales se escribe en estos libros con tal agudeza?

6. Contra la teología mítica

1. ¡Oh Marco Varrón!, eres el más ingenioso y el más sabio sin lugar a dudas, pero al fin hombre y no dios, y no levantado por el Espíritu de Dios a la verdad y a la libertad para contemplar y anunciar los divinos misterios, aciertas, sin embargo, a penetrar la diferencia tan grande que existe entre las cosas divinas y las bagatelas y mentiras humanas; no obstante, temes chocar contra las opiniones y costumbres viciosísimas de los pueblos en las supersticiones públicas. Que éstas desdicen de la naturaleza de los dioses, aun de tales dioses cuales en los elementos de este mundo sospecha la debilidad del espíritu humano, bien lo percibes tú mismo cuando los consideras en todos sus aspectos, y lo repite el eco de toda vuestra literatura. ¿Qué puede hacer aquí aun el más sobresaliente ingenio humano? ¿De qué te sirve la erudición humana tan elevada y múltiple que posees?

Deseas rendir culto a los dioses naturales y te ves forzado a dárselo a los civiles; descubriste que otros eran fabulosos, contra los cuales puedes volcar con más desembarazo lo que sientes, con lo cual, quieras o no, salpicarás también a estos civiles. Dices, sin duda, que los fabulosos están acomodados al teatro, los naturales al mundo y los civiles a la ciudad; pero el mundo es obra divina, y las ciudades y los teatros son obra de los hombres. Y no son distintos los dioses que son objeto de burla en los teatros y de adoración en los templos; ni ofrecéis juegos a otros que a los que inmoláis víctimas. ¿Con cuánta mayor libertad y agudeza dividirías estas cosas, llamando dioses naturales a unos y establecidos por los hombres a otros? Pero añadiendo que, de los establecidos por los hombres, una cosa sienten los poetas y otra los sacerdotes, y que unos y otros coinciden de tal modo en la falsedad que en ambos se sienten complacidos los demonios, que tienen por enemiga la doctrina de la verdad.

2. Dejando de momento a un lado la teología que llaman natural, de la cual trataremos después, ¿parece bien solicitar ya o esperar la vida eterna de los dioses poéticos, teatrales, histriónicos, escénicos? En modo alguno; antes líbrenos el Dios verdadero de tan monstruosa y sacrílega demencia. ¿Cómo? ¿Se puede solicitar la vida eterna de aquellos dioses a quienes agradan y aplacan estas cosas, renovándose con frecuencia allí sus crímenes? Nadie, pienso yo, lleva su locura hasta el punto de precipitarse en impiedad tan insensata. Por consiguiente, ni por la teología fabulosa ni por la civil puede uno conseguir la vida eterna.

Porque una siembra torpezas sobre los dioses con ficciones; la otra las cosecha con su apoyo; aquélla esparce mentiras, ésta las recoge; aquélla ataca las cosas divinas con falsos crímenes, ésta acepta entre las cosas divinas la representación de esos crímenes; aquélla celebra en sus versos las nefandas ficciones de los hombres sobre los dioses, ésta las consagra en las festividades de los mismos dioses; aquélla canta los crímenes y torpezas de los dioses, ésta los ama; aquélla los publica o los finge, ésta o confirma los verdaderos o se deleita con los falsos.

Ambas torpes, ambas condenables. Pero una, que es teatral, enseña públicamente su corrupción; y la que es de la ciudad, se engalana con la inmundicia de aquélla. ¿Puede esperarse la vida eterna de todo esto, que está mancillando la breve vida temporal? ¿O acaso deshonra la vida la sociedad de los hombres nefastos, si se mezclan en nuestros afectos y aprobaciones, y no la contamina la compañía de los demonios, que son honrados por sus crímenes? ¡Si son verdaderos esos crímenes, qué malvados los demonios; y si son falsos, qué malvada su adoración!

3. Al decir esto quizá le pueda parecer al ignorante de estas cosas que sólo las composiciones de los poetas y las representaciones escénicas sobre tales dioses son indignas de la divina majestad, ridículas y detestables, y, en cambio, las ceremonias sagradas, realizadas no por actores, sino por sacerdotes, están purificadas y ajenas a toda indecencia. Si esto fuera así, nadie pensaría jamás celebrar en honor de los dioses torpezas

teatrales, ni los mismos dioses exigirían nunca se les dedicasen, Pero, precisamente, como en los templos se realizan semejantes indignidades, no se avergüenzan de representarlas en los teatros en honor de los dioses.

Finalmente, al empeñarse el citado autor en distinguir, como tercera en su género, la teología natural de la fabulosa y de la civil, parece quiso entenderla más como una combinación de ambas que como separada de ellas. Dice, en efecto, que lo que escriben los poetas es menos de lo que deben seguir los pueblos, y, en cambio, lo que escriben los filósofos es más de lo que puede penetrar el vulgo. "Estas cosas, a pesar de ser tan opuestas, sin embargo, de una y otra se han tomado no pocos elementos para la teología civil. Por lo cual escribiremos con la civil lo que tiene de común con los poetas; por ello, hemos de tener más afinidad con los filósofos que con los poetas". La teología civil, por tanto, no está suficientemente desconectada de la de los poetas.

Y, sin embargo, en otro lugar afirma que sobre la genealogía de los dioses los pueblos se han sentido más inclinados a los poetas que a los filósofos. Cierto, aquí dijo lo que se debe, allí lo que se hace, pues los filósofos escribieron para aprovechar; los poetas, para deleitar. Y por esto lo que escribieron los poetas y no deben imitar los pueblos son los crímenes de los dioses; que, no obstante, deleitan a los pueblos y a los dioses, ya que, como dice, los poetas escriben buscando el deleite, no el provecho. A pesar de todo, escriben lo que los dioses piden y los pueblos celebran.

7. Semejanza y acuerdo entre la teología fabulosa y la civil

1. Esa teología que es fabulosa, teatral, escénica, rebosante de indignidad y de torpeza, se resume en la teología civil; y parte de ella, tenida con razón como culpable y detestable, es considerada digna de ser cultivada y observada. Y no parte incongruente, como me propuse demostrar, y que, como ajena a todo el cuerpo, está unida a él y como pendiente del mismo, sino totalmente en armonía con él y con la misma correspondencia de un miembro del mismo cuerpo.

¿Qué otra cosa, si no, demuestran las representaciones, formas, edades, sexo y atuendo de los dioses? ¿Acaso tienen por barbado a Júpiter los poetas y a Mercurio por imberbe, y no los tienen los pontífices? ¿Acaso le atribuyeron enormes vergüenzas a Príapo las representaciones escénicas y no también los sacerdotes? ¿Se presenta de diferente manera a la adoración en los templos que a la irrisión en los teatros? ¿Acaso el viejo anciano Saturno o el adolescente Apolo son personajes de los histriones y no estatuas de los templos? ¿Por qué Fórculo, que preside las puertas, y Limentino, que preside el umbral, son dioses masculinos, y se encuentra entre los dos la diosa Cardea guardando el quicio? ¿No se encuentran en los libros de las cosas divinas estos extremos que los poetas serios consideraron indignos de sus composiciones? ¿Acaso la Diana del teatro aparece armada y la de la ciudad es una simple doncella? ¿Es el Apolo de las tablas un citarista y carece de este arte el de Delfos?

Pero todos estos detalles son muy decorosos si se los compara con los más torpes. ¿Qué concepto tuvieron de Júpiter los que colocaron a su nodriza en el Capitolio? ¿No es cierto que confirmaron el pensamiento de Evémero[2], quien escribió no con mítica garrulería de un contador de fabulas, sino con solicitud histórica, que todos esos dioses son hombres y seres mortales? Los que sentaron a la mesa de Júpiter a los dioses comilones y parásitos suyos, ¿qué pretendieron sino convertir lo sagrado en bufonesco? Y si un farsante hubiera dicho que parásitos de Júpiter habían sido sentados a su mesa, parecería que buscaba provocar a risa. Pero fue Varrón el que lo dijo, no para mofarse de los dioses, sino para recomendarlos. Son los libros de las cosas divinas, no los de las humanas, los que dan fe de que escribió esto, y no cuando explicaba los juegos escénicos, sino cuando proclamaba los derechos del Capitolio. Finalmente, se ve forzado por todas estas cosas a confesar que, como habían hecho a los dioses de talante humano, así creyeron que los dioses se complacían en humanos placeres.

2. No se durmieron tampoco los espíritus malignos en su tarea para confirmar estas opiniones nocivas en las mentes de los hombres, convirtiéndolas en un deporte. De aquí procede la historia que se cuenta de aquel guardián del templo de Hércules. Estando ocioso en día feriado, jugaba con un dado en cada mano, el uno en favor de Hércules y el otro en favor suyo, estipulándose a sí mismo que si vencía él se prepararía una cena y una amiga a costa de los emolumentos del templo; si la victoria fuera de Hércules, haría esto mismo de su propio dinero para deleite de Hércules. Luego, vencido por sí mismo, como si lo hubiera sido por Hércules, le obsequió a éste con la cena debida y la nobilísima cortesana Larencia. Durmió ésta en el templo y vio en sueños que Hércules se había acostado con ella y que le había, dicho que al marchar de allí recibiría del primer joven que encontrara la recompensa que debía tener como dada por Hércules. Al marchar, el primero con quien se encontró fue con el opulento joven Tarucio, que la tuvo consigo mucho tiempo como amiga, y la dejó heredera suya al morir. Consiguió así inmensas rique-

---

2. 36. Evémero, filósofo griego, nativo de Messena. Fue el primer crítico realista de la teología pagana, e iniciador del alegorismo para explicar la mitología de los dioses. Fue censurado de ateo, pero su teoría hizo impacto no sólo en los paganos, sino también en los apologistas cristianos, para explicar y refutar el origen del politeísmo gentil.

zas, y para no mostrarse ingrata a la merced divina, declaró heredero de todo al pueblo romano, creyendo hacer una obra sumamente grata a las divinidades. Fue descubierto el testamento sin aparecer ella, y en reconocimiento de esto dicen se hizo acreedora a honores divinos.

3. Si esto fueran ficciones de los poetas o farsas cómicas, se las adjudicaría, sin duda, a la teología fabulosa, separándolas de la dignidad de la teología civil. Pero como un autor de tal categoría atribuye estas torpezas no a los poetas sino a los pueblos; no a los bufones, sino a los sacerdotes; no a los teatros, sino a los templos, es decir, no a la teología fabulosa, sino a la civil; no en vano los histriones representan en sus comedias la deshonestidad de los dioses, y sí intentan en vano los sacerdotes, por su parte plasmar en sus ceremonias sagradas una honestidad de los dioses que no existe. Existen misterios de Juno, y tienen lugar en su predilecta isla de Samos, donde se entregó por esposa a Júpiter; existen misterios de Ceres, y en ellos se busca a Proserpina arrebatada por Plutón; también hay misterios de Venus, y en ellos se llora al hermosísimo joven Adonis, muerto por los dientes del jabalí; misterios igualmente de la madre de los dioses, donde el hermoso adolescente Atis, por ella amado y hecho eunuco a impulsos del celo mujeril, es llorado también por la desgracia de los hombres eunucos llamados *galos*[3].

Si todo es más deforme que todas las torpezas escénicas, ¿por qué se esfuerzan en apartar de la teología civil las fabulosas ficciones de los poetas sobre los dioses en el teatro, como si se empeñaran en apartar lo torpe e indigno de lo digno y honesto? Por tanto, es muy de agradecer a los actores que evitaron a la mirada de los hombres y no pusieron de manifiesto en los teatros todo lo que se oculta entre las paredes de los templos. ¿Se puede pensar algo bueno sobre los misterios que se cubren en las tinieblas si tan detestables son los que se representan a plena luz?

Ciertamente, lo que hacen en secreto por medio de los castrados y afeminados ellos lo sabrán; pero no pudieron tener ocultos a esos mismos hombres, miserables, viles, enervados y corruptos. Traten de persuadir a quien puedan de que realizan algo santo por ministerio de semejantes hombres, que no pueden negar se encuentran entre sus cosas santas. Ignoramos lo que hacen, pero no ignoramos por medio de quién lo realizan. Conocemos las representaciones que tienen lugar en el teatro, a donde jamás, ni aun en el coro de las rameras, entró castrado o afeminado alguno; aunque son también torpes e infames los que las realizan, ya que no podrían realizarlas personas honradas. ¿Qué ceremonias sagra-

---

3. Sacerdotes de la diosa Cibeles.

das son aquellas para cuya realización eligió la santidad tales ministros que no admite en su seno la obscenidad del teatro?

8. Interpretación alegórica de los mitos

1. Todo esto tiene ciertas interpretaciones que llaman físicas, es decir, de motivos naturales. Como si tratáramos aquí de la física y no de la teología, es decir, el fundamento, no de la naturaleza, sino de Dios. Aunque el verdadero Dios no es según la opinión, sino según la naturaleza, sin embargo, no toda naturaleza es Dios; existe la naturaleza del hombre, del animal, del árbol, de la piedra, nada de lo cual es Dios. Pero si, cuando se trata de las cosas sagradas de la madre de los dioses, el fundamento de esta interpretación consiste en que la tierra es la madre de los dioses, ¿para qué seguir nuestra investigación, para qué indagamos el resto? ¿Qué apoyo más evidente pueden tener los que afirman que todos estos dioses fueron hombres? Pues como son nacidos de la tierra, así tienen a la tierra por madre.

Pero en la verdadera teología la tierra es obra de Dios, no su madre. No obstante, de cualquier modo que quieran interpretar sus misterios y referirlos a la naturaleza de las cosas, el que los hombres se acomoden a la condición de las mujeres, no es según la naturaleza, sino contra la naturaleza. Esta enfermedad, este crimen, esta ignominia se manifiesta entre aquellos misterios sagrados, cosa que entre las viciosas costumbres de los hombres apenas se confiesa en el tormento.

Por otra parte, si a estos misterios, demostrados más afrentosos que las torpezas escénicas, se les busca la excusa y justificación de encarnar una interpretación referida a la naturaleza de las cosas, ¿por qué no se busca también una excusa y justificación para las ficciones de la poesía? Así, de hecho, los han interpretado muchos, de modo tal que aún lo que tienen por más monstruoso y nefando, a saber, haber devorado Saturno a sus hijos, lo interpretan algunos como la duración del tiempo, significado por Saturno, que va devorando cuanto engendra; o también, en opinión de Varrón, en el sentido de que Saturno pertenece a las semillas, que vuelven de nuevo a la tierra de que nacen. Así también tienen otras diferentes interpretaciones para esto, y lo mismo se puede decir para el resto de su teología.

2. Y, sin embargo, se llama fabulosa a esta teología, a la que se reprende, se rechaza y ataca con todas esas sus interpretaciones; y con justa razón, por haber inventado cosas indignas acerca de los dioses, se la separa con repudio no sólo de la natural, que es propia de los filósofos, sino también de esta civil que tenemos entre manos y que se dice pertenece a

las ciudades y a los pueblos. La razón de este repudio es que los hombres tan perspicaces y sabios que escribieron esto veían reprobables ambas, la fabulosa y la civil; pero se atrevían a reprobar la primera y no la segunda: propusieron la fabulosa como culpable, y explicaron la civil como su semejante. No de modo que ésta fuera mantenida con preferencia a aquélla, sino de manera que se la conociera tan censurable como ella. Y así, evitando el peligro de los que temían censurar la teología civil, con la censura de una y otra pudiera encontrar lugar entre los espíritus mejores la que llaman natural.

Porque la fabulosa y la civil son a la vez fabulosas y civiles. Así, quien inspeccione con sensatez las vanidades y obscenidades de ambas habrá de reconocer que ambas son fabulosas; como encontrará que ambas son civiles quien considere los juegos escénicos que pertenecen a la fabulosa en las festividades de los dioses y en las ceremonias sagradas de las ciudades.

¿Cómo, pues, se puede otorgar a cualquiera de estos dioses el poder de dar la vida eterna si tanto las estatuas como los sagrados misterios los demuestran tan semejantes por sus formas, edad, sexo, costumbres, matrimonios, generación, ritos, a los dioses fabulosos tan claramente reprobados? En todo lo cual o bien se demuestra que son hombres, a quienes a tenor de su vida y de su muerte se dedicaron misterios y ceremonias, introduciendo y fomentando este error los demonios, o al menos se admite que estos mismos espíritus inmundos, aprovechando cualquier ocasión, se deslizaron astutamente en las mentes humanas para engañarlas.

9. Oficios específicos de los dioses

1. ¿Qué se puede decir de los mismos oficios de los dioses tan baja y minuciosamente repartidos, que afirman ser preciso suplicar a cada uno según su propio cargo? De esto, si no todo, ya hemos dicho mucho. ¿No están más en consonancia esos oficios con la bufonería mímica que con la dignidad divina? Si alguien proporcionara dos nodrizas a un pequeñito, una que le diera sólo el alimento y la otra la bebida como usan éstos de las diosas Edulica y Potina, parecería, sin duda, haber perdido el juicio y representar en su casa algo semejante a una comedia.

Dicen que Líbero se llama así porque los varones en el momento de la copulación se ven libres, gracias a su ayuda, del semen expulsado, y que esto mismo hace en las mujeres Libera, que llaman también Venus, porque también ellas emiten su semen. Por ello ofrecen a Líbero en el templo esta parte viril del cuerpo, y a Libera, la de la mujer. A esto añaden que se han consagrado a Líbero las mujeres y el vino por la excitación de la libido. Por ello se celebraban las bacanales en un arrebato de locura, confesando el mismo Varrón que no podrían realizar las bacantes tales excesos sin tener la mente fuera de sí. No vio bien esto luego el Senado, más cuerdo, y mandó suprimirlo. Al fin parece percibieron aquí el poder de los espíritus inmundos al ser tenidos por dioses en las mentes de los hombres. Esto ciertamente no se haría en el teatro, pues allí se divierten, sin estar fuera de sí, aunque sea algo semejante al frenesí el tener dioses que se deleitan con semejantes diversiones.

2. ¿Qué se quiere decir cuando se afirma que el religioso se diferencia del supersticioso en que éste teme a los dioses y, en cambio, el religioso los venera más bien como padres, que los teme como enemigos? Y ¿qué quiere decir cuando afirma que todos los dioses son tan buenos, que están más inclinados a perdonar a todos los culpables que a perjudicar a los inocentes?

Aún así, nos dicen que tres dioses son asignados como guardianes a la mujer que ha dado a luz, a fin de que no se introduzca Silvano por la noche y pueda perjudicarla. Y como símbolo de esos tres guardianes rondan tres hombres por la noche el umbral de la casa y lo golpean primeramente con una sierra, después con un mortero y al fin lo barren con escobas para que con estos signos de la cultura quede prohibida la entrada a Silvano; y la explicación es que ni los árboles se cortan y se podan sin el hierro, ni la comida se prepara sin el mortero, ni los frutos se amontonan sin la escoba. De esos tres elementos tomaron nombre los dioses llamados: Intercidona, del corte de la sierra; Pilimno, del mortero; Deverra, de la escoba; dioses guardianes de la prole contra la embestida del dios Silvano. Nada valdría ciertamente contra la crueldad de un dios nocivo la custodia de los buenos si no se juntaran muchos contra uno luchando con los signos contrarios de la cultura, contra este dios fiero, horrendo e inculto como silvestre que es. ¿Es ésta acaso la inocencia, es esta la concordia de los dioses? ¿Son estas las divinidades útiles de las ciudades, más dignas de risa que los escarnios de los teatros?

3. En el matrimonio del varón y la mujer interviene el dios Yugatino. Pase este detalle. Pero para conducir a casa a la prometida se acude al dios Domiduco; para que esté en casa, al dios Domicio, y para que permanezca con el varón, a la diosa Manturna. ¿Para qué buscar más? Téngase consideración al pudor humano: sea la concupiscencia de la carne y de la sangre la que lleve a cabo el resto, procurando que se respete el pudor. ¿Para qué llenar la alcoba de una turba de divinidades cuando aun los paraninfos se apartan de allí? Y no se llena precisamente para que su presencia sea garantía más segura del pudor, sino para que la mujer, débil por su sexo y tímida por la novedad, pierda sin dificultad su virginidad

con la cooperación de aquéllos. Allí están presentes la diosa Virginiense, el dios Subigo, la diosa madre Prema, la diosa Pertunda, Venus y Príapo. ¿Qué es esto? Sí en esta obra humana es absolutamente necesario que los dioses ayudasen al varón en apuros, ¿no bastaría uno o una sola? ¿No sería suficiente Venus sola, que recibe ese nombre precisamente porque sin su vigor la mujer no deja de ser virgen? Si existe en los hombres algún pudor, que no lo tengan los dioses, al creer los casados que están presentes tantos dioses de uno y otro sexo, y que son instigadores del acto, ¿no se sentirán invadidos de tal vergüenza que él se conmueva menos y ella oponga mayor resistencia? Si está la diosa Virginiense para quitar el cíngulo a la doncella; si está el dios Subigo para someterla al varón; si la diosa Prema, para que sometida sea apretujada sin moverse, ¿qué hace allí la diosa Pertunda? Cúbrase de vergüenza y váyase afuera; deje que haga algo el marido. Es sumamente vergonzoso que lo que significa su nombre lo haga otro por él. Quizá se tiene cierta tolerancia porque es una diosa y no un dios. Pues si se tuviera por dios y se llamara Pertundo, seguramente que en defensa del pudor de su esposa pediría a varón auxilio contra él más que la recién parida contra Silvano. Aunque, ¿para qué decir esto estando allí un dios tan masculino como Príapo, sobre cuyo monstruoso y torpísimo miembro mandaban sentar a la nueva desposada las matronas, según honestísima y religiosísima costumbre?

4. Traten aún de discernir con alguna sutileza, si pueden, la teología civil de la fabulosa, las ciudades de los teatros, los templos de las tablas, los misterios de los pontífices de los versos de los poetas, como cosas honestas de torpes, verdaderas de falaces, pesadas de livianas, serias de jocosas, apetecibles de rechazables. Ya sabemos cómo se las arreglan; conocen que la teología teatral y fabulosa dependen de la civil y que ésta se refleja en los versos de los poetas como en un espejo. Y por esto, tras la exposición de ésta, que no se atreven a condenar, arguyen y reprueban con más libertad su imagen para que quienes saben lo que quieren detesten esta misma apariencia, cuya imagen es aquélla. Sin embargo, los dioses, viéndose en ella como en un espejo, la aman tanto que en una y otra parece mejor lo que son ellos mismos.

Por este motivo obligaron también con terribles órdenes a sus adoradores a consagrarles la inmundicia de la teología fabulosa, a exponerla en sus solemnidades y a tenerla entre las cosas divinas. Y así se nos manifestaron claramente como los espíritus más inmundos, y convirtieron a la teología teatral, abyecta y reprobable, en parte y como miembro de la teología urbana, selecta y recomendable. De manera que, siendo aquélla torpe y engañosa, y conteniendo en sí los dioses fingidos, aparezca una parte en los escritos de los sacerdotes y otra en los versos de los poetas.

Si tiene aún otras partes, es cuestión diferente, al presente, para seguir la división de Varrón, creo dejar bien demostrado que la teología urbana y la teatral se reducen a la misma civil. Así que, como ambas contienen la misma torpeza, monstruosidad e indignidad, no pueden las personas religiosas esperar la vida eterna ni de una ni de otra.

5. Queda por exponer cómo Varrón comenzó a recordar y enumerar a los dioses desde la concepción del hombre, y fue Jano el primero de la serie. Serie que prolongó hasta la muerte del hombre decrépito; y cierra esa lista de dioses, que se refieren al hombre, con la diosa Nenia, que se canta en los funerales de los ancianos. Comienza luego a presentar otros dioses que no se refieren ya propiamente al hombre, sino a las cosas que con él se relacionan, como el alimento, el vestido y todo lo necesario para esta vida, y muestra cuál es el oficio de cada uno y por qué debe suplicársela.

En toda esta diligente enumeración, Varrón no señaló ni nombró dios alguno a quien hubiera que pedir la vida eterna, que es la única por la cual somos cristianos nosotros. ¿Quién, pues, será tan limitado que no comprenda las intenciones de este hombre al exponer y descubrir con diligencia la teología civil, así como al demostrar su semejanza con la fabulosa, indigna y bochornosa? Enseñando a la vez, evidentemente, que la fabulosa es una parte de la misma, ¿intentó otra cosa sino preparar en los espíritus del hombre un lugar para la natural, que dice pertenece a la filosofía? Y con tal sutileza lo hace, que reprende a la fabulosa sin atreverse a reprender a la civil, aunque sólo con su presentación se muestra reprensible, y rechazada así una y otra a juicio de los prudentes, no queda sino la elección de sólo la natural. Sobre ella, con la ayuda del Dios verdadero, trataremos con mayor solicitud en su propio lugar.

10. Séneca contra la teología civil

1. La libertad que le faltó a Varrón para reprender abiertamente la teología civil, tan semejante a la fabulosa, como reprendió a ésta, no le faltó en todo, aunque sí en parte, a Anneo Séneca, que por algunos documentos sabemos floreció en tiempo de los apóstoles. La tuvo ciertamente en sus escritos, aunque le faltó en su vida. En el libro que compuso contra los supersticiosos[4] reprendió con mucha mayor abundancia y vigor la teología urbana y civil que Varrón la teatral y fabulosa. Dice hablando de las imágenes: "Dan a conocer a los dioses inmortales e inviolables en la más baja e insensible materia, dándoles figuras de hombres, de fieras y de peces, y llegan algunos hasta darles diversos cuerpos mezclando los

---

4. De este libro sólo conocemos lo que dice aquí Agustín.

sexos; llegan a llamar dioses a los que, si encontráramos de pronto con vida, tendríamos más bien por monstruos."

Un poco más adelante, al anunciar la teología natural, y después de clasificar las opiniones de ciertos filósofos, se plantea la cuestión diciendo: "Al llegar aquí dirá alguno ¿Puedo creer yo que el cielo y la tierra son dioses, y que hay otros sobre la luna y otros debajo? ¿Puedo estar de acuerdo con Platón o el peripatético Estratón, de los cuales el uno admite un dios sin cuerpo y el otro sin alma?" El mismo responde: "Pues qué, ¿te parecen más veraces los sueños de Tacio, de Rómulo o Tulo Hostilio? Tacio consagró como diosa a Cloacina; Rómulo, a Pico y a Tiberino, y Hostilio, a Pavor y Palor, los más sombríos afectos del hombre, de los cuales el uno es la agitación de la mente aterrorizada, el otro la del cuerpo, pero no como enfermedad, sino como color".

¿Se puede tener por dioses a éstos y admitirlos en el cielo? ¡Con qué libertad habló de los ritos tan torpes y crueles! "El uno se mutila en sus partes viriles, el otro se corta los bíceps de los brazos. ¿Cómo podrán temer la ira de los dioses quienes así los aplacan? Dioses que se complacen en esto no merecen culto alguno. Tan grande es el desvarío de la mente perturbada y fuera de sí, que piensan se aplacan sus dioses con la crueldad que no llegaron a practicar ni los hombres más crueles y despiadados. Despedazaron los tiranos los cuerpos de algunos, pero no mandaron a nadie desgarrar los propios. Se castraron algunos en holocausto de tiránica voluptuosidad, pero nadie por orden de su señor puso las manos sobre sí para dejar de ser varón. Se despedazan a sí mismos en los templos, y ruegan con sus heridas y con su sangre. Si alguno tiene oportunidad de ver lo que hacen y lo que sufren, hallará cosas tan indecentes para los honestos, tan indignas para los libres, tan opuestas a los cuerdos, que no podrá dudar de su locura si fueran muy pocos; pero la multitud de los locos es garantía de cordura".

2. Pasa luego a recordar las cosas que suelen hacerse en el Capitolio, y las reprueba con decidida intrepidez; y ¿quién creerá que son sino burlones y locos los que las practican? Se había él burlado del llanto por la pérdida de Osiris en los misterios de Egipto y del gran contento por su hallazgo. Esa pérdida y ese hallazgo no son sino ficciones; pero se expresa con toda veracidad el dolor y la alegraba de los que nada habían perdido ni encontrado.

"Pero esa locura —dice— tiene una duración limitada. Puede pasar la expresión de la locura una vez al año. Llegué al Capitolio; causará vergüenza la demencia generalizada que el vano frenesí tomó como un deber, Uno somete las divinidades al dios; otro le dice la hora a Júpiter; otro está como lictor; otro como masajista, que con el movimiento fingido de los brazos está imitando al que unge. Hay mujeres que componen los cabellos de Juno y de Minerva y mueven sus brazos como las peinadoras, en pie y lejos, no de las imágenes sólo, sino también del templo; las hay que tienen su espejo, otras que invocan a los dioses para sus pleitos y otros que presentan memoriales escritos e informan de su causa a los mismos. Un hábil director de histriones, viejo ya y decrépito, representaba una farsa a diario en el Capitolio, como si los dioses contemplaran con agrado al que los hombres habían ya abandonado, Allí están ociosos toda clase de artífices, que sirven a los dioses inmortales."

Y añade un poco más adelante: "Sin embargo, estos hacen al dios una ofrenda superflua, pero no torpe ni deshonrosa; algunas hay que se sientan en el Capitolio y piensan que son amadas por Júpiter, sin atemorizarse por la consideración de Juno, la más iracunda si damos crédito a los poetas".

3. No tuvo Varrón este valor; solamente se atrevió a reprender la teología poética, pero no la civil, que echó por los suelos aquél. Si miramos bien las cosas, son peores los templos donde se celebran estas ceremonias que los teatros donde se simulan. Por ello, Séneca eligió para el sabio estas partes en los misterios de la teología civil, para no tenerlos en la religión de su espíritu, sino fingirlos en sus actos. Dice: "Todo esto lo observará el sabio como ordenado por las leyes, no como agradable a los dioses". Y añade luego: "¿Qué es el casar a los dioses, y sin piedad siquiera, hermanos y hermanas? Emparejamos a Belona con Marte, a Venus con Vulcano, a Neptuno con Salacia. A algunos, sin embargo, los dejamos célibes, como si les faltara algún requisito, sobre todo habiendo algunas viudas, como Populonia o Fulgora, o la diosa Rumina, a quienes no me maravilla haya faltado pretendiente. Y toda esa noble cuadrilla de dioses que amontonó una larga superstición en el largo paso del tiempo hemos de adorarla-, pero con la condición de tener presente que su culto tiene más relación con la costumbre que con la realidad."

Por tanto, ni aquellas leyes ni la costumbre establecieron en la teología civil lo que era agradable a los dioses o se refería a esa cuestión. Pero él, a quien la filosofía había hecho en cierto modo libre, como era un ilustre senador del pueblo romano, veneraba lo que reprendía, practicaba lo que refutaba, adoraba lo que hallaba culpable. Es decir, la filosofía le había enseñado algo grande, a saber, el no ser supersticioso en el mundo; sin embargo, por respeto a las leyes de los ciudadanos y a las costumbres de los hombres no representaba ciertamente un papel importante en el teatro, pero lo imitaba en el templo; y por ello tanto más digno de censura cuanto que inducía al pueblo a juzgar que sus prácticas las hacía

convencido; y, en cambio, el actor deleita con la actuación más que engaña con la mentira.

11. Juicio de Séneca sobre los judíos

Entre otras supersticiones de la teología civil, Séneca censura también las prácticas religiosas de los judíos y, sobre todo, los sábados. Dice
que es inútil su celebración, ya que, estando ociosos un día en la semana,
pierden casi una séptima parte de su vida y salen perjudicados al no
realizar muchas necesidades urgentes. Y, sin embargo, no se atrevió a
mencionar a los cristianos, tan enemigos de los judíos. No los mencionó
en ninguno de los dos extremos, es decir, ni alabándolos contra la usanza
de su patria, ni reprendiéndolos, quizá contra su propia voluntad. Dice
al hablar de los judíos: "Tal poderío alcanzó la manera de vivir de esta
gente perversa, que se impuso en todas las regiones; los vencidos han
dado leyes a los vencedores".

Con estas palabras expresa su asombro, e ignorando lo que perseguían los designios que la providencia de Dios le le llevaba a decir, expuso claramente lo que pensaba sobre el fundamento de sus misterios;
dice así: "Ellos conocieron la causa de sus ritos; la mayor parte del pueblo
los practica sin saber por qué." Pero sobre las prácticas religiosas de los
judíos, por qué razón y hasta qué punto fueron establecidas por la autoridad divina y cómo después a su debido tiempo fueron abrogadas por
la misma autoridad para el pueblo de Dios, al cual se reveló el misterio
de la vida eterna; ya hemos tratado en otra parte, sobre todo en nuestro
tratado contra los maniqueos[5]. Trataremos también de ello en lugar más
oportuno de esta obra[6].

12. Vida eterna como felicidad sin fin

Ya que hay tres teologías, que los griegos llaman mítica, física, política, y que nosotros llamamos en latín fabulosa, natural y civil; y ya que
hemos demostrado que no se ha de esperar la vida eterna ni de la fabulosa, que los mismos adoradores de tantos dioses falsos reprendieron
con tal libertad, ni de la civil, de la cual está demostrado ser aquélla una
parte, y es tan semejante o aún peor. Si a alguien no le parece suficiente
lo que se ha dicho en este libro, añada las disertaciones de los libros anteriores, sobre todo del cuarto, acerca de Dios como dador de la felicidad.

---

5. *Contra Faustum.*
6. Libro XVII, 3-20.

Porque, ¿a quién habían de consagrarse los hombres con vistas a la vida eterna sino a la felicidad, si la felicidad fuera una diosa? Pero como no es una diosa, sino un don de Dios, ¿a qué Dios sino al dador de la vida eterna hemos de consagrarnos los que con piadosa caridad amamos la vida eterna, donde se halla la felicidad plena y verdadera? De todo lo expuesto pienso que nadie puede dudar que no da la felicidad ninguno de estos dioses que reciben tanto y tan inmundo culto, y sí no lo reciben se irritan más torpemente aún, con lo que se delatan como los espíritus más inmundos. Más todavía, quien no da la felicidad, ¿cómo puede dar la vida eterna?

Llamamos vida eterna a aquella en que la felicidad no tiene fin. Pues si el alma viviera en los tormentos eternos en que son atormentados los mismos espíritus inmundos, es más bien muerte eterna que vida eterna. No hay peor o más grande que la muerte que no muere.

Pero como el alma, por su naturaleza, ha sido creada inmortal y no puede existir sin vida alguna, su muerte suprema es el apartamiento de la vida de Dios en la eternidad del castigo. Así, pues, sólo el que da la verdadera felicidad puede dar la vida eterna, es decir, felicidad sin fin. Y ya que queda demostrado los dioses que adora la teología civil con incapaces de dar esta felicidad, no deberían ser adorados en razón de las cosas temporales y terrenas, como hemos mostrado en los cinco libros anteriores, y mucho menos por la vida eterna que seguirá a la muerte; lo que con la ayuda de los otros libros hemos probado en éste sólo. Pero como la fuerza de la apatía tiene tan grandes raíces, si alguien piensa que he hablado poco sobre el rechazo y cautela contra esta teología civil, preste atención al libro que, con la ayuda de Dios, seguirá.

Libro VII

Prefacio

He intentado con gran solicitud arrancar y extirpar las malas y antiguas doctrinas, enemigas de la verdadera piedad, que el error duradero del linaje humano grabó profunda y tenazmente en las mentes entenebrecidas. Con la ayuda de Dios, que, como verdadero que es, tiene este poder, he cooperado en la medida de mis fuerzas con su gracia. Tengan paciencia y calma los de ingenio más rápido y agudo, ha quienes han sido más que suficientes los libros anteriores sobre esta materia, y no juzguen superfluo por amor de los otros lo que no ven necesario para sí mismos. De gran transcendencia es la cuestión que se ventila cuando proclamamos la obligación de buscar y honrar a la verdadera y verdaderamente santa divinidad, no precisamente por el hábito transitorio de esta vida mortal, sino mirando a la vida feliz, que no es otra que la eterna, aunque también ella nos suministre los auxilios necesarios para la vida frágil que ahora llevamos.

1. Los dioses principales y la vida eterna

Si hay alguno no se haya convencido aún con el sexto libro que acabamos de escribir de que esta divinidad, o, por decirlo así, deidad, pues ya nuestros escritores no recelan el uso de esta palabra para traducir con más exactitud lo que los griegos llaman *teogonía* (qeothta), de que esta divinidad o deidad no se encuentra en la teología que llaman civil, explicada por Varrón en dieciséis volúmenes. Es decir, que no se llega a la felicidad de la vida eterna con el culto de los dioses, que estableció la ciudad y de la manera que mandó se veneraran. Si éste llega a sus manos, no tendrá ya nada que desear para la solución de esta cuestión. Pues puede haber quien piense que al menos los dioses selectos y principales, que reunió Varrón en el último libro, y del que hemos dicho poco, deben venerarse para lograr la vida feliz, que no es otra que la eterna.

No voy a repetir lo que quizá con más gracia que verdad, dice Tertuliano: "Si los dioses son elegidos como las cebollas, quedan ciertamente reprobados los restantes"[1]. No digo esto, pues veo que aun entre los selectos se escogen algunos para una empresa mayor o más importante. En la guerra, después de elegir a los reclutas, aún de entre ellos se eligen a algunos para una obra especial de guerra. Y cuando en la Iglesia se eligen supervisores, no se rechaza a los demás, ya que con razón todos los buenos fieles son llamados elegidos. Se eligen las piedras angulares en el edificio, y no se rechazan las otras que son destinadas a otras partes de la construcción. Se eligen las uvas para comer, sin rechazar las otras que se dejan para hacer vino. No es preciso pasar lista a muchas cosas, estando la cuestión tan clara. Por tanto, de la selección de algunos entre muchos dioses, no debe censurarse ni al que lo escribió ni a los que les dieron culto ni a los mismos dioses; lo que se debe notar es quiénes son éstos y con qué fin han sido elegidos.

2. Elección de los dioses superiores y exclusión de los inferiores

Estos son los dioses selectos recomendados por Varrón, que dedica un libro a este asunto: Jano, Júpiter, Saturno, Genio, Mercurio, Apolo, Marte, Vulcano, Neptuno, Sol, Orco, Líber-padre, Telus, Ceres, Juno, la Luna, Diana, Minerva, Venus, Vesta; unos veinte en total, doce varones y ocho hembras.

¿Se les ha llamado selectos a estos dioses por la importancia de su papel en el mundo o porque, habiendo sido más conocidos entre los pueblos, recibieron un culto especial? Si lo han sido por la importancia de sus cometidos en el mundo, no deberíamos encontrarlos entre la multitud plebeya de divinidades encargadas de tareas insignificantes.

Porque, ante todo, en la concepción de un feto, donde comienzan todas las obras que han sido distribuidas al detalle entre muchas deidades, el mismo Jano abre la entrada para la recepción del semen; pero allí está también Saturno por la misma causa del semen; y también Líbero, que libra al hombre por la efusión del semen; también lo está Libera, a quien confunden con Venus, que otorga a la mujer el mismo beneficio de liberarla del semen. Y todos éstos pertenecen a la categoría de los llamados selectos.

Y también está la diosa Mena, que preside el flujo menstrual, sin calidad de nobleza, aunque hija de Júpiter. Sin embargo, el mismo autor en el libro de los dioses selectos asigna este papel del flujo menstruo a

---

1. *"Si dei bulbi seliguntur, qui non seliguntur, reprobi pronuntiantur"* (Tertuliano, *Ad nationes* II, 9).

la diosa Juno, que es también reina entre los dioses selectos; pero con el nombre de Juno Lucina preside la menstruación con su hijastra Mena. Todavía toman parte otros dos totalmente desconocidos y que yo ignoro, Vitumno y Sentino, el uno imparte vida al feto, y el otro sentido. Y siendo tan desconocidos, conceden mucho más que tantos otros, eminentes y selectos. Porque, ciertamente, careciendo de vida y de sentido, ¿qué sería lo que se gesta en el seno de la mujer, sino algo abyecto y comparable al limo y al polvo?

3. Arbitrariedad en la selección de los dioses

1. ¿Cuál es la causa que ha llevado a encomendar a tantos dioses selectos estos cometidos insignificantes si en la distribución de esta liberalidad los superan Vitumno y Sentino, poco conocidos y olvidados en la oscuridad, que confieren los dones magnos de la vida y el sentido? El selecto Jano abre la entrada y, por decirlo así, la puerta al semen; otro selecto, Saturno da el mismo semen; el selecto Líbero concede la emisión del semen al varón; esto mismo da a las mujeres Libera, que es Ceres o Venus; también la selecta Juno, no sola, sino con Mena, hija de Júpiter, concede los flujos monstruos para e, crecimiento del feto; pero Vitumno, oscuro y sin nombre, otorga la vida, y Sentino, también oscuro y sin nombre, el sentido: dos bienes tan por encima de todos aquéllos, cuanto lo están ellos por debajo de la inteligencia y la razón. Porque así como los seres que razonan y entienden son ciertamente superiores a los que viven y sienten sin inteligencia y razón, como los animales, así los que están dotados de vida y de sentido con razón son preferidos a los que no viven ni sienten.

Por consiguiente, Vitumno, que da la vida, y Sentino, que da el sentido, debían tener cabida entre los dioses selectos con más razón que Jano, que admite el semen, y Saturno, que lo da o lo distribuye, y Líbero o Libera, que lo promueven o lo derraman; cuyos sémenes, por cierto, sería vergonzoso pararse a considerar si no fuera por la vida y el sentido en que desembocan. Y no son los dioses selectos, sino dos desconocidos y menospreciados ante la dignidad de aquéllos, los que conceden estos dones selectos.

Quizá se pretenda objetar: Jano tiene el poder de todo principio, y por eso no sin razón se le atribuye la apertura de la concepción; Saturno, a su vez, tiene el poder de todos los sémenes, y así presiden cuantos actos requiere la propagación de los hombres. Juno, por otra parte, preside la purgación y el nacimiento, por lo cual tiene que estar presente a la purgación de las mujeres y al nacimiento de los hombres. Si dicen esto, veamos qué dicen de Vitumno y Sentino: ¿les concederán el poder sobre la vida y el sentido de todos? Si así es, fíjense en qué lugares tan sublimes han de colocarlos; porque el nacer de semillas de la tierra procede y en la tierra tiene lugar; en cambio, la vida y el sentido lo consideran ellos propios de los dioses siderales.

Si, por el contrario, pretenden atribuir a Vitumno y Sentino solamente los atributos que se desarrollan en la carne y se apoyan en los sentidos, ¿por qué el dios que da vida y sentido a todos los seres no da también vida y sentido a la carne, otorgando también a los partos esta función en su acción universal?, ¿por qué ha de necesitar de Vitumno y Sentino?

Si quien preside en el universo la vida y los sentidos encomendó a estos, digamos, siervos suyos tales menesteres de la carne como últimos y más bajos, ¿tan faltos se encuentran de familia los dioses selectos, que no encuentran a quién encomendar estas obras, Y, con toda esa nobleza que los hace selectos, se ven forzados a realizar su obra por medio de desconocidos? Juno, la selecta y reina, hermana y consorte de Júpiter, es, sin embargo, la Iterduca de los niños, y lleva a cabo esta obra con diosas tan faltas de nobleza como Abeona y Adeona. También añadieron para esto a la diosa Mente[2], para que diera a los niños un espíritu bueno; pero no colocaron a ésta entre los selectos, como si hubiera algo más grande que dar al hombre. Colocan, en cambio, a Juno, como Iterduca y Domiduca, como si importara algo andar el camino y dirigirse a casa sin un espíritu recto. Pues los encargados de seleccionar a los dioses no pusieron entre los selectos a la diosa de esta función, que debía ciertamente ser preferida a Minerva, a quien entre otras obras sin importancia atribuyeron la memoria de los niños.

¿Quién puede en verdad dudar de que es mucho mejor tener un espíritu bueno que una memoria prodigiosa? Pues nadie es malo si tiene un espíritu bueno; los hay, sin embargo, pésimos con una admirable memoria, y tanto más. culpables cuanto menos pueden olvidar el mal que maquinan. Y, sin embargo, Minerva tiene un puesto entre los dioses selectos, mientras que la diosa Mente se encuentra entre la innoble turba. ¿Qué diré de la Virtud, qué de la Felicidad? Ya he hablado mucho de ellas en el libro cuarto. Las tienen como diosas, pero no han querido concederles un lugar entre los dioses selectos, habiéndoselo dado a Marte y a Orco, causa el uno de los muertos, y receptor de ellos el otro.

2. En estos quehaceres insignificantes, distribuidos minuciosamente entre muchos dioses, vemos cómo los mismos selectos cooperan en sus

---

2. "El senado colocó entre los dioses a la Mente. Y por cierto, si el senado hubiera tenido mente, nunca habría aceptado ritos de este tipo" (Lactancio, *Instituciones divinas* I,20,12).

funciones como el senado con la plebe; y descubrimos que ciertos dioses, juzgados indignos de pertenecer a los selectos, realizan funciones de muy mayor importancia que las de los que llaman selectos. Hemos de concluir, pues, que han sido considerados como elegidos y principales no por la eminente categoría de sus funciones en el mundo, sino porque les tocó ser más conocidos entre los pueblos.

Por eso dice el mismo Varrón que a algunos dioses padres y diosas madres les sobrevino, como a los hombres, la falta de nobleza. De suerte que si la Felicidad no debe encontrarse en la categoría de los dioses selectos, porque éstos llegaron a esa nobleza por el azar, no por sus méritos, al menos debían colocar en ese rango, y aun por delante de los otros, a la Fortuna, que, según dicen, no reparte sus dones según la razón, sino al azar. Esta es la que debía ocupar el lugar más levantado entre los dioses selectos, entre los cuales, sobre todo, ha demostrado su poder, precisamente cuando vemos que no han sido elegidos principalmente por su virtud o por una felicidad racional, sino, al decir de los adoradores de aquéllos, por el poder irreflexivo de la Fortuna. Aun Salustio, tan elocuente, parece tener puesta la atención en los mismos dioses cuando dice: "Ciertamente, la Fortuna es soberana de todo; ella lo saca todo a la luz o lo oscurece, atendiendo más a su antojo que a la verdad"[3]. No se encuentra, en efecto, motivo para enaltecer a Venus y rebajar a la Virtud, ya que ambas han sido consagradas como divinidades y no pueden compararse sus méritos.

Ahora bien, si merece mayor honor lo que apetecen los más, siendo más los amadores de Venus que los de la Virtud, ¿por qué alcanzó Minerva puesto tan alto, y tan bajo la diosa Pecunia? Entre los hombres realmente encandila más la avaricia que la habilidad; y aun entre los mismos habilidosos es raro encontrar quien no venda su arte por dinero, y siempre se estima más el fin que se pretende en una obra que la obra en que se busca aquél. Por consiguiente, si es el juicio de la turba insensata el que ha realizado esta selección de los dioses, ¿por qué no se ha preferido la diosa Pecunia a Minerva, ya que tantos artistas lo son con vistas al dinero? Y si esta calificación es obra de unos pocos sabios, ¿por qué no ha sido preferida la Virtud a Venus, ya que tanto la sobrestima la razón?

Ciertamente, la Fortuna, como dije, a juicio de los que le conceden muchísimo, tiene un dominio universal y enaltece o rebaja todas las cosas a su antojo, más bien que a medida de la verdad. Y si tiene tal poder sobre los mismos dioses que enaltece o rebaja a su antojo a los que quiere, al menos la Fortuna debería ocupar un lugar principal entre los selectos,

---

3. Salustio, *Catilinia* 8,1.

puesto que tiene poder tan importante sobre los mismos dioses. ¿Habrá que pensar quizá que la misma Fortuna no ha podido ser contada entre ellos, porque ha sufrido el revés de una mala fortuna? Habría que concluir que obró contra sí misma al ennoblecer a los otros dioses y quedarse ella en la oscuridad.

4. Diferencia moral entre los dioses selectos y los no selectos

Cualquier mortal ávido de nobleza y renombre podría felicitar a estos dioses y llamarlos afortunados si no los viera elegidos más bien para la afrenta que para el honor. Porque en verdad esa baja cuadrilla de dioses se ha visto protegida por misma oscuridad para no ser cubierta de afrentas. Es ridículo ver cómo el capricho de la opinión humana los encasilla y distribuye las ocupaciones: como arrendadores secundarios de impuestos, o como trabajadores de una platería, donde colaboran muchos artistas en la confección de un pequeño vaso, que podría realizar perfectamente uno solo. Pero así les pareció que miraban por la multitud de obreros, pudiendo cada uno aprender rápida y fácilmente la parte de ese arte sin necesidad de llegar todos con tanta lentitud y dificultad a la perfección en toda ella.

Sin embargo, apenas se encuentra alguno de los dioses no selectos que hayan contraído la infamia con la comisión de un crimen; como apenas existe alguno de los selectos que no se haya visto cargado con la marca de notable afrenta. Ellos se bajaron a las obras humildes de los no selectos; éstos, en cambio, no llegaron a las grandes maldades de aquéllos.

Respecto a Jano no se me ocurre crimen alguna que lo afrente; y quizá haya sido tal, con una vida inocente y alejado de maldades y torpezas, acogió con benignidad a Saturno, fugitivo; partió su reino con el huésped, hasta el punto de fundar cada uno su ciudad, Janiculum y Saturnia. Pero estos pueblos, buscando las torpezas en el culto de los dioses, y hallando demasiado honrosa la vida de Jano, la mancharon con la monstruosa deformidad del simulacro, ya le configuraron como bifronte, ya como cuadrifonte. ¿Pretenderían acaso, ya que tantos dioses selectos por la perpetración de tantas torpezas perdieron su frente, que Jano tuviera frentes a la medida de su inocencia?

5. Doctrina secreta sobre las interpretaciones simbólicas

Pero escuchemos las interpretaciones físicas con que pretenden disfrazar como una aureola de sublime doctrina la torpeza de error tan miserable. Varrón, en primer lugar, nos confía estas interpretaciones, afirmando que los antiguos fingieron las estatuas de los dioses, sus insignias y sus adornos con la intención de que al observarlas con sus ojos los que se acercan a los misterios de su doctrina pudieran ver con su espíritu el alma del mundo y sus partes, esto es, a los dioses verdaderos. Los que forjaron las estatuas con apariencia humana fue por haber creído que el espíritu de los mortales, que está en el cuerpo humano, es semejante al espíritu inmortal; como si pusieran vasos para señalar a los dioses, y en la morada de Líbero se colocara una garrafa para designar el vino, significándonos lo contenido por lo que lo contiene. De este modo, por la estatua de forma humana se designaría el alma racional, porque en aquella forma, como en un vaso, suele encontrarse esa naturaleza racional, naturaleza que atribuyen a Dios o los dioses.

Estos son los misterios de la doctrina que había penetrado este hombre tan docto, y de los cuales saca a luz estas explicaciones. Pero, ¡oh varón ingeniosísimo!, ¿no has perdido en los misterios de esta doctrina aquella prudencia que te hizo afirmar con tanta cordura, por una parte, que los primeros en levantar estatuas para los pueblos quitaron el miedo a los ciudadanos y les aumentaron el error, y, por otra, que los antiguos romanos dieron un culto más limpio a los dioses sin estatuas? Ciertamente la autoridad de estos antiguos te dio alas para hablar así contra los romanos modernos.

Porque si aquellos antiguos hubieran venerado las imágenes, a buen seguro que hubieras silenciado por temor todo tu parecer, a veces tan verdadero sobre la supresión de las estatuas; y, en la exposición de tan vanas y perjudiciales ficciones, hubieras explicado los misterios de esta doctrina con mayor elocuencia y elevación. Sin embargo, tu espíritu, tan sabio e ingenioso (¡cómo te compadecemos por ello!), no pudo llegar a través de los misterios de esta enseñanza a su Dios, es decir, a aquel que la hizo; no a aquel con quien fue hecha, ni de quien es una parte, sino de quien es criatura; ni de quien es el alma de todas las cosas, sino de quien creó toda alma, y por cuya luz solamente llega a ser feliz el alma, si no es ingrata a su gracia.

Lo que sigue en este libro nos pondrá de manifiesto la excelencia y la importancia de la doctrina de estos misterios. Mientras, confiesa este varón tan sabio que el alma del mundo y sus partes son verdaderos dioses; de donde percibimos que toda su teología, es decir, la misma teología natural, a la que tal categoría otorga, ha podido extenderse hasta la naturaleza del alma racional. Porque sobre la teología natural apenas nos adelanta algún punto en este libro, en el cual intentaremos descubrir si mediante las interpretaciones físicas puede relacionar la teología civil con esta natural; la civil es la última que escribió sobre los dioses selectos.

Si lo consigue, toda la teología será natural, y ¿qué necesidad había entonces de separar de ella la civil con tal diligencia? Pero pase que haya sido separada con justo motivo, no siendo verdadera ni la natural que defiende, pues llega al alma ciertamente, pero no al verdadero Dios que hizo el alma, ¿cuánto más abyecta y falsa es esta teología civil, que se ocupa, sobre todo, de la naturaleza de los cuerpos? Así lo demuestran sus mismas interpretaciones, algunos de cuyos extremos tengo necesariamente que comentar, y que él investigó y trató de aclarar con tal diligencia.

6. Dios como alma del mundo

Hablando todavía con anticipación, dice Varrón que él tiene a Dios por alma del mundo, al que llaman los griegos kosmov (*cósmos*), y que, a su vez, este mismo mundo es dios; y así como al hombre sabio, compuesto de alma y cuerpo, lo llamamos sabio por el alma, de la misma manera al mundo, formado de espíritu y cuerpo, se le llama Dios por el espíritu. Parece, en cierto modo, reconocer aquí un solo Dios; pero llega a introducir luego más, añadiendo que el mundo está dividido en dos partes: el cielo y la tierra; y el cielo, a su vez, en otras dos: el éter y el aire; y la tierra también en dos: agua y tierra firme. De esas partes la más alta es el éter, la segunda el aire, la tercera el agua, y la más baja la tierra. Todas estas cuatro partes están llenas de almas: inmortales las del éter y el aire, mortales las del agua y la tierra.

Desde el supremo círculo del cielo al de la luna moran las almas etéreas, esto es, los astros y las estrellas, cuya divinidad no sólo podemos conocer, sino incluso ver; en cambio, entre el círculo de la luna y las supremas cimas de las nubes y los vientos están las almas aéreas, las cuales sólo podemos comprender con la inteligencia, no con los ojos: éstas son los héroes, los lares, los genios. Esta es, en resumen, la teología natural propuesta en este preámbulo, aceptada no sólo por éste, sino también por muchos filósofos. De ella hablaré más detenidamente cuando, con la ayuda del verdadero Dios, exponga lo que queda de la teología civil, en lo que se refiere a los dioses selectos.

7. Incongruencia de multiplicar deidades

¿Quién fue, pues, Jano, por quien comenzó Varrón? Es el mundo. Bien breve y clara es la respuesta. ¿Y por qué entonces se dice que a él le pertenecen los principios de las cosas, y, en cambio, los fines a otro que llaman Término? Afirman que a causa de los principios y los fines se dedicaron dos meses a estos dos dioses, enero a Jano y febrero a Término; aparte de los otros diez hasta diciembre, encabezados por Marte. Por ello dicen que se celebran en el mismo mes de febrero las Terminales, al realizarse la purificación sagrada llamada expiatorio (*Februa*), que le da el nombre.

¿Pertenecen, pues, al mundo, llamado Jano, los principios de las cosas, y no le pertenecen los fines, de modo que se los encomendaron a otro dios? ¿No es verdad que cuantas cosas dicen se realizan en este mundo, confiesan que se terminan también en él? ¡Qué locura es darle sólo la mitad del poder, cuando la imagen que le dan tiene dos caras! ¿No sería una interpretación mucho más lógica de las dos caras llamarle Jano y Término al mismo, atribuyéndole una cara para los principios y otra para los fines? Porque todo el que obra debe atender a uno y a otro; quien en el motivo de su obra no considera el principio, no puede extender su mirada al fin.

Es necesario, pues, que la intención prospectiva, que mira al fin, esté unida con la memoria retrospectiva, que recuerda lo anterior; porque si a uno se le olvida lo que empezó, ¿cómo sabrá cómo llegar al final? Si piensan que la vida feliz comienza en este mundo, y se completa fuera del mismo, y por ello atribuyen a Jano sólo el poder de los principios, deberían poner por delante de él a Término, y no aislarlo de los dioses selectos. Aunque se atribuyen a estos dos dioses el principio y fin de las cosas, debió otorgársela más honor a Término. Es más grande la alegría de terminar cualquier empresa, ya que en su realización siempre está llena de inquietud mientras no se llega al fin, que es lo que sobre todo apetece, pretende, espera y desea quien comienza algo; y no se alegra nadie por el comienzo de una cosa si no la ve terminada.

8. El doble Jano

Veamos ahora la interpretación de la imagen bifronte. Dicen que Jano tiene dos caras, una delante y otra detrás, porque el espacio de nuestra boca abierta parece asemejarse al mundo; de donde los griegos llaman ouranosv al paladar, y algunos poetas latinos, en sentir de Varrón, llamaron paladar[4] al cielo. Desde ese espacio, en efecto, de la boca abierta hay una salida afuera hacia los dientes, y otra adentro hacia las fauces. ¡Ved a lo que ha llegado el mundo por el vocablo, griego o poético, de nuestro paladar! ¿Qué tiene que ver esto con el alma y con la vida eterna? ¿Se

---

4. Paladar, latín *palatum*, tal vez procede el etrusco *falad* = "cielo".

ha de dar culto a este dios sólo por la deglución o expulsión de la saliva, cuya puerta se abre bajo el cielo del paladar? Sería entonces el mayor absurdo no encontrar en el mismo mundo dos puertas opuestas para admitir algo dentro o echarlo afuera; al igual que pretender formar en Jano, por sólo el paladar, que no tiene con él semejanza alguna, una imagen del mundo basada en nuestra boca y nuestra garganta, a las cuales tampoco el mundo se asemeja en nada.

Cuando le atribuyen cuatro caras y llaman doble Jano, lo interpretan referido a las cuatro partes del mundo; como si el mundo pudiera mirar algo hacia afuera, como hace Jano por todas sus caras. Por otra parte, si Jano es el mundo y el mundo consta de cuatro partes, sería falsa la imagen de Jano bifronte; y si es verdadera, porque el mundo suele designarse también bajo el nombre de Oriente y Occidente, ¿acaso al hablar de las otras dos partes, Austro y Septentrión, se puede llamar doble al mundo, como al cuadrifronte lo llaman doble Jano? No hay razón alguna que autorice la interpretación de las cuatro puertas, abiertas para la entrada y la salida, como una semejanza del mundo, como dicen que la encontraron, sobre la imagen bifronte, al menos en la boca del hombre. A no ser que venga en su ayuda Neptuno, y les presente un pez, que, a más de la abertura de la boca y la garganta, tiene también las fauces a derecha e izquierda. Y, sin embargo, a pesar de tantas puertas, no puede escapar de esta vanidad alma alguna, sino la que escucha a la Verdad que dice: "Yo soy la puerta" (Jn. 10:9).

9. Júpiter y Jano comparados

1. También nos deben decir qué hemos de pensar de Jove, que también se llama Júpiter[5]. Es el dios, dicen, que tiene en su poder las causas de cuanto sucede en el mundo. Cuán grande sea este poder nos lo atestigua Virgilio en el famoso verso: "Feliz quien ha conocido las causas de las cosas"[6]. ¿Por qué entonces se le antepone Jano? Nos lo dice con su ciencia y agudeza el célebre Varrón: "Porque en poder de Jano están los principios, y en el de Júpiter, el cumplimiento. Por eso tiene a Júpiter como rey de todos; los principios son superados por su cumplimiento, porque aunque preceden en el tiempo, la realización supera en dignidad". Ciertamente esto sería justo si se pudiera distinguir el principio de los hechos de su realización; como el principio de un hecho es partir, y

---

5. Júpiter es la figura dominante el Panteón romano. El nombre de Jove le viene, al parecer, del etrusco *juve*, a quien se le añadió el calificativo de *pater*, para formar *jupater*.

6. Virgilio, *Enn*, VIII,357, 358.

la culminación es la llegada; la tarea del aprendizaje es el comienzo, y la culminación, la comprensión o asimilación de la doctrina. Así sucede en todo: primero están los principios, y los fines son la cumbre. Pero esto ya quedó resuelto entre Jano y Término.

La dificultad está en que lo que se atribuye a Júpiter son las causas eficientes, no las que efectuadas; y en modo alguno pueden los hechos o comienzos de los hechos anticiparse a las causas ni en el orden del tiempo. La cosa que realiza algo siempre es anterior a la realizada. Por lo cual, aunque pertenezcan a Jano los principios de los hechos, no son por ello anteriores a las causas que le asignan a Júpiter. Nada, en efecto, se hace ni puede comenzar a hacerse sin que haya precedido la causa que lo hizo.

Si a este dios, en cuyo poder están las causas de todas las naturalezas hechas y de las cosas naturales, si a este dios lo llaman Júpiter los pueblos y le honran con tamañas ofensas y tan depravadas acusaciones, se hacen reos de un sacrificio más horrible que sí no lo tuvieran por Dios. Cuánto mejor les estuviera dar el nombre de Júpiter a cualquier otro, digno de honores torpes e infames, sustituyendo una vana ficción de que poder blasfemar (como la piedra ofrecida a Saturno para que la devorara como sí fuera su hijo), y no llamar dios a uno que truena y adultera, que gobierna el mundo entero y nada en deshonestidades, que dispone de las supremas causas de todas las naturalezas y de las cosas naturales, y no tiene honradez en sus propias causas.

2. A continuación, pregunto qué lugar le asignan a Júpiter entre los dioses si Jano es el mundo. Varrón definió a los verdaderos dioses como almas del mundo y partes del mismo; y así, lo que no existe no es, según éstos, verdadero dios. ¿Dirán, por consiguiente, que Júpiter es alma del mundo de tal suerte que Jano sea su cuerpo, es decir, este mundo visible? Si dicen esto, no pueden decir que Jano es dios, pues también, según ellos, el cuerpo del mundo no es dios, lo son el alma del mundo y sus partes. De ahí que el mismo Varrón afirme con toda claridad que, según él, dios es el alma del mundo y que este mismo mundo es dios. Pero a la manera que del hombre sabio, que está formado de cuerpo y espíritu, se dice que es sabio atendiendo al espíritu, así también del mundo, formado de espíritu y cuerpo, se dice que es dios en atención al espíritu.

De modo que el cuerpo del mundo sólo no es dios, sino solamente el espíritu, o el espíritu y el cuerpo juntos; pero en el sentido de que será dios no por el cuerpo, sino por el espíritu. Si, pues, Jano es el mundo, y Jano es dios, ¿dirán que para poder ser dios Júpiter es una parte de Jano? Más bien suelen atribuir a Júpiter el universo; por eso se dice que "todo está lleno de Júpiter".

Por consiguiente, si quieren que Júpiter sea dios y, sobre todo, rey de los dioses, tienen que concebirlo como mundo, y así podrá reinar, según ellos, sobre los otros dioses como partes suyas. En apoyo de esta opinión expone también el mismo Varrón los versos de Valerio Sorano[7], en otro libro que escribió sobre el culto de los dioses; he aquí estos versos:

"Omnipotente Júpiter, progenitor de reyes, cosas y dioses,
Madre también de los dioses, dios único y todo".

Estos versos se explican en el mismo libro, diciendo que como el varón el semen, y la mujer lo recibe; así, Júpiter, que es el mundo en su creencia, emite de sí y recibe en sí todas las semillas. Por esta razón, dice, Sorano escribió que "Júpiter es padre y es madre", y con igual razón es el mismo uno y todas las cosas, porque el mundo es uno, y en este uno está todo.

10. Impropiedad de la distinción entre Júpiter y Juno

Si Jano es el mundo y Júpiter también es el mundo, y el mundo es uno, ¿cómo puede haber dos dioses, Jano y Júpiter? ¿Por qué tienen templos distintos, altares distintos, ritos diversos, diferentes imágenes? Quizá porque una es la virtud de los principios y otra la de las causas, recibiendo aquélla el nombre de Jano y ésta el de Júpiter. Pero entonces, si un hombre tiene dos poderes o dos artes en asuntos diferentes, ¿se podría decir que era a la vez dos jueces o dos artistas? Del mismo modo, ¿se puede pensar que un solo dios, por tener el poder de los principios y de las causas, es necesariamente dos dioses al ser dos cosas distintas los principios y las causas? Si juzgan esto legítimo, tienen que admitir que el mismo Júpiter es a la vez tantos dioses cuantos son los nombres que en razón de sus muchos poderes le dieron, porque son muchas y diversas las cosas de donde se tomaron esos nombres. Voy a citar algunas.

11. Los sobrenombres de Júpiter referidos al único Dios

A Júpiter le dieron los nombres de Vencedor, Invicto, Opítulo, Impulsador, Estator, Centípeda, Supinal, Tigilo, Almo, Rúmino, y otros que sería prolijo enumerar. Nombres que se aplicaron a un solo dios por diversas causas y poderes, sin tratar de forzarle a ser tantos dioses cuantas facultades le atribuían: la de superar todas las cosas, no ser superado

---

7. Sorano, poeta notable, tribuno de la plebe y gran orador. Refleja aquí las ideas de los órficos, para quienes el dios generador ha de ser bisexual.

por nadie, dar auxilio a los necesitados, tener la facultad de impulsar, de mantener firme, de establecer, de derribar, contener y sostener el mundo como puntal, alimentar todas las cosas, amamantar con su mama a los animales. En todo esto, como vemos, hay funciones importantes y otras que no lo son; y, sin embargo, se dice que uno sólo realiza unas y otras.

Según mi opinión, las causas y principios de las cosas, que les obligaron a aceptar al mundo como dos dioses, Júpiter y Jano, son entre sí más próximas que el contener el mundo v dar la mama a los animales; y, no obstante, no se vieron en la necesidad de hacer dos dioses por estas dos obras tan diversas entre sí por la virtud y la dignidad; antes bien, el mismo Júpiter fue llamado por una función Tigilo y, por la otra, Rúmino.

No pretendo con ello afirmar que le hubiera estado más apropiado a Juno que a Júpiter dar el pecho a los animales mamíferos; tanto más cuanto que tenía la diosa Rúmina, que podía prestarle su ayuda y servicio para esta función. Pienso que me responderían que la misma Juno no es diferente de Júpiter, según los citados versos de Valerio Sorano: "Omnipotente Júpiter, padre de los reyes, de las cosas y de los dioses, madre también de los dioses." ¿Por qué, pues, se le llamó Rúmino si una investigación más diligente descubriría seguramente que él es la misma diosa Rúmina? Y si les parecía justamente indigno de la majestad de los dioses que en la misma espiga se cuidara uno de los nudillos y otra de los folículos, ¿cuánto más indigno será que una función tan insignificante como es el alimentar a los animales con la mama tenga que ser atendida por dos dioses, uno de ellos Júpiter, rey de por sí de todas las cosas? Y si al menos hiciera esto con la ayuda de su esposa; pero ha de ser precisamente con la desconocida Rúmina, a no ser que sea él mismo la tal Rúmina: Rúmino quizá para los mamíferos machos, y Rúmina para las hembras. Me atrevería a decir que no quisieron darle a Júpiter un nombre femenino si no se le llamase en aquellos versos "padre y madre de los dioses", y no leyera entre otros nombres suyos el de Pecunia, diosa que hemos citado entre los minúsculos en el cuarto libro[8]. Pero teniendo los varones y las mujeres dinero, ellos sabrán por qué no lo han llamado Pecunia y Pecunio, como Rúmina y Rúmino.

12. Júpiter y las riquezas

¡Qué ingenio derrocharon en legitimar este nombre! Se le llama Pecunia, dicen, porque suyas son todas las cosas. ¡Razón digna de consideración para un nombre divino! Muy al contrario, es una gran bajeza

---

8. IV, 21.

y afrenta llamar Pecunia a quien pertenecen todas las cosas. Porque en relación con todo lo que se contiene en el cielo y en la tierra, ¿qué es el dinero entre todas las cosas que poseen los hombres bajo el nombre de dinero? Más bien es la avaricia la que dio este nombre a Júpiter a fin de que quien ama el dinero piense que no ama a cualquier dios, sino precisamente al rey de todos los dioses. Muy diferente sería si lo llamaran *divitiae*, es decir, riquezas. Pues una cosa son las riquezas y otra el dinero. Ricos, en efecto, llamamos a los sabios, a los justos, a los buenos, que tienen poco o ningún dinero; pero son ricos en virtudes, las cuales, aun en las necesidades de las cosas corporales, les hacen sentirse satisfechos con lo que tienen. Pobres, en cambio, llamamos a los avaros, siempre ansiosos y necesitados; pues aunque pueden tener mucho dinero, en su misma abundancia, por grande que sea, no pueden por menos de estar necesitados. Con toda razón llamamos rico al Dios verdadero, no por el dinero precisamente, sino por su omnipotencia

Así, pues, se dice que son ricos los adinerados; pero en su interior son necesitados si les domina la avaricia. Como igualmente se llama pobres a los que carecen de dinero, pero son ricos interiormente si poseen la sabiduría. ¿Qué concepto puede merecerle al sabio esta teología, en la cual el rey de los dioses recibe el nombre de una cosa "que ningún sabio ha deseado"? ¡Cuánto más sencillo sería, si con esta doctrina aprendieran algo saludable para la vida eterna, que llamaran no dinero, sino sabiduría al dios rector del mundo, cuyo amor limpia las inmundicias de la avaricia, es decir, el amor del dinero!

13. Identificación de Saturno y Genio con Júpiter

Pero, ¿para qué hablar más sobre Júpiter, a quien quizá han de referirse los otros dioses, de modo que siendo él todos, queda sin sentido el concepto de muchísimos dioses? Todos son referidos a él, ya se los considere como partes o poderes del mismo, ya la virtud del alma, que juzgan derrama por todas las cosas, haya recibido los nombres de muchos dioses procedentes de las partes de esta mole, en las que aparece este mundo visible, o de las múltiples operaciones de la naturaleza. Porque ¿qué es también Saturno? "Uno de los dioses principales —dice—, que tiene en su poder el señorío de todas las sementeras". Pero la explicación de los versos de Valerio Sorano, ¿no nos dice que Júpiter es el mundo, y que él emite de sí y recibe en sí todas las semillas? Entonces él tiene el señorío de todas las sementeras.

Y ¿qué es Genio? "Es el dios —dice— que preside y da vigor a todo lo que se engendra." ¿Quién piensan puede tener esta fuerza sino el mundo, al cual aplican las palabras "Júpiter padre y madre"? Al decir en otro lugar que Genio es el espíritu racional de cada uno, y, por tanto, que cada uno tiene el suyo, y que el espíritu del mundo es dios, viene a profesar que el espíritu del mundo es como el genio universal. Y a éste es a quien llaman Júpiter, porque si todo genio es dios, y todo espíritu del varón es un genio, lógicamente se sigue que todo espíritu de varón es dios. Si este absurdo les horroriza, no cabe sino llamar genio y claramente dios al genio que llaman alma del mundo, y, por tanto, a Júpiter.

14. Oficios de Mercurio y Marte

Sobre Mercurio y Marte no han encontrado manera de relacionarlos con alguna parte del mundo y las obras de Dios que hay en sus elementos. Por ello los pusieron al menos al frente de las empresas de los hombres, como ministros del lenguaje y de la guerra. Si Mercurio tiene poder sobre la palabra de los dioses, domina aun sobre el mismo rey de los dioses, si Júpiter tiene que hablar a su arbitrio o ha recibido de él la facultad de hablar; ciertamente esto es absurdo. Pero si su poder sólo alcanza al ámbito de la palabra humana, no es creíble que Júpiter se haya dignado descender a amamantar con su pecho a los niños y a los animales, por lo que recibió el nombre de Rúmino, y no haya querido aceptar el cuidado de nuestro lenguaje, que nos hace superiores a las bestias. De lo cual se concluye que Júpiter y Mercurio son lo mismo.

Si, por otra parte, se quiere identificar a Mercurio con la palabra, como indican las interpretaciones que dan de él, entonces Mercurio, por propia confesión de ellos, no es dios (efectivamente, Mercurio querría decir "el que corre en medio", porque la palabra corre entre los hombres; por eso en griego se llama Ermhv (*hermes*) porque la palabra o la interpretación, que ciertamente se relaciona con el lenguaje, se llama ermeneia (*hermeneía*); por eso preside las relaciones comerciales, porque la palabra sirve de intermediario entre los vendedores y los compradores; sus alas en la cabeza y en los pies significan que el lenguaje vuela por los aires como el pájaro; se le llama también mensajero, porque mediante la palabra se comunican los pensamientos. Ahora bien, al hacer dioses a los que no son ni demonios, cuando suplican a los espíritus inmundos, llegan a ser poseídos por los que no son dioses, sino demonios.

Lo mismo sucede con Marte; como no pudieron encontrar elemento o parte alguna del mundo en que realizara cualquier cometido, le hicieron dios de la guerra, que es obra de los hombres, y no deseable por ellos. Si, por tanto, Felicidad proporciona una paz perpetua, Marte no tendría nada que hacer. Pero si Marte es la guerra, como Mercurio es el lenguaje, desearía que así como es bien claro que éste no es dios, tampoco exista la guerra, que tan falsamente llaman dios.

15. Estrellas y dioses

Puede ser que esos dioses sean aquellas estrellas a las que dieron el nombre de los mismos, ya que a una la llaman Mercurio y a otra Marte. Pero hay también otra llamada Júpiter, y, sin embargo, para ellos Júpiter es el mundo. A otra la llaman Saturno; y aún le atribuyen una función de categoría, el poder de todas las semillas. También se encuentra allí la más resplandeciente de todas, llamada por ellos Venus, que quieren identificar con la Luna. Existe un astro brillante por el cual, como por la manzana de oro, mantienen competición Juno y Venus: unos dicen que el Lucero pertenece a Venus, otros que a Juno. Pero, como suele ocurrir, Venus lleva la victoria; son muchos más los que atribuyen esta estrella a Venus, y muy pocos los que sostienen lo contrario.

¿Y no es para reírse oyéndolos proclamar a Júpiter rey de todas las cosas, y ver su estrella tan superada en resplandor por la estrella de Venus? Como si tuviera que aventajar aquélla a los demás en resplandor como éste en poder. Replican que parece así, porque la que se tiene por más oscura está más elevada y mucho más lejos de la tierra. Pero si la dignidad mayor mereció un lugar superior, ¿por qué Saturno está allí más alto que Júpiter? ¿No pudo la vanidad de la fábula, que hace rey a Júpiter, llegar hasta los astros? Y lo que no pudo conseguir Saturno en su reino, ni en el Capitolio, ¿se le permitió conseguirlo en el cielo? ¿Por qué entonces Jano no recibió estrella alguna? Quizá porque él es el mundo, y todas se encuentran en éste. Pero también Júpiter es el mundo y, sin embargo, las tiene. ¿Se las arregló Jano como pudo, y por una estrella que no tiene entre los astros recibió tantas caras en la tierra?

Además, sólo a causa de las estrellas tienen a Mercurio y a Marte como parte del mundo; de modo que pueden considerarlos como dioses, porque ciertamente el lenguaje y la guerra no son partes del mundo, sino actos de los hombres. ¿Por qué entonces no consagraron ni aras, ni sacrificios, ni templos a Aries, a Tauro, a Cáncer, a Escorpión y a los restantes de esta clase que enumeran ellos entre los signos celestes y que están formados no de una estrella cada uno, sino de muchas, y que dicen están colocados más arriba que los otros en lo más alto del cielo, donde un movimiento más constante da a los astros un curso fijo? ¿Por qué no los tuvieron siquiera no digo entre los dioses selectos, pero ni aun entre los que consideran como plebeyos?

16. Los dioses, el mundo y sus partes

Aunque a Apolo lo tienen como adivino y médico, para colocarlo en alguna parte del mundo dijeron que era también el sol. Y a Diana, su hermana, la llamaron de modo semejante luna y protectora de los caminos. Por eso la hicieron virgen porque el camino no engendra nada. Y tienen ambos flechas, porque esos dos astros lanzan sus rayos del cielo a la tierra.

Hacen a Vulcano el fuego del mundo; a Neptuno las aguas del mundo; a Dis-Pater, es decir, Orco[9], la parte terrena e ínfima del mundo. A Líbero y a Ceres les encomiendan las semillas, al uno las masculinas, a la otra las femeninas, o al uno las líquidas, a la otra las secas. Pero todo esto se refiere al mundo entero, esto es, a Júpiter, que justamente ha sido llamado "padre y madre", porque emite de sí, y en sí recibe todas las semillas.

También, a veces, hacen a la misma Ceres la gran Madre, que dicen no es otra cosa que la tierra, y la identifican con Juno; y por eso le atribuyen las causas segundas de las cosas; aunque a Júpiter se le haya denominado "padre y madre de los dioses", porque, según ellos, Júpiter es el mundo entero. Lo mismo hicieron con Minerva, a la que encomendaron las artes humanas, y no encontrando ni una estrella en que ponerla, la llamaron éter supremo y también luna. Asimismo, a Vesta, como es la tierra, la tuvieron por la más grande de las diosas; aunque juzgaron oportuno dedicarle también el fuego ligero del mundo, que se refiere a los usos corrientes de los hombres; no precisamente el violento, que es el de Vulcano.

Según esto, pretenden que todos estos dioses selectos son este mundo; unos, el mundo entero; otros, partes del mismo. El mundo entero sería Júpiter; partes de él, Genio, la gran Madre, el sol y la luna, o mejor, Apolo y Diana. Y unas veces le hacen muchas cosas a un solo dios, y otras, en cambio, a una sola cosa la hacen ser muchos dioses. Un solo dios, que es muchas cosas, lo tenemos en Júpiter: al mundo entero se le considera y denomina Júpiter; Júpiter también a solo el cielo, y no menos Júpiter la estrella sola. Lo mismo se tiene a Juno como señora de las causas segundas, y Juno es el éter; Juno, la tierra, y, si vence a Venus, Juno, la estrella. De manera semejante, Minerva es el supremo éter, y es también Minerva la luna, que, según ellos, se encuentra en el ínfimo límite del

---

9. Dies Pater es el nombre de una deidad latina primitiva asimilada a Plutón, o Hades, dios griego de los infiernos. Orco, en la primitivas creencias itálicas correspondía a un demonio de la muerte representado con frecuencia en las pinturas funerarias etruscas.

éter. Veamos también cómo de una sola cosa hacen muchos dioses. Jano es el mundo, y también lo es Júpiter; e, igualmente, es la tierra, y también lo es la gran Madre y Ceres

17. Incertidumbre sobre la verdad de los dioses

Esto mismo es verdad sobre el resto, como verdad sobre las cosas que acabo de mencionar, a modo de ejemplo. No explican nada, sino que las complica todas. Van de merced del impulso de opinión errabundo, así avanzan y retroceden a una y otra parte, según son llevados por el impulso errático de sus opiniones, hasta el punto que el mismo Varrón prefiere dudar de todo a afirmar algo. Pues habiendo terminado el primero de los tres últimos libros sobre los dioses, dice al comenzar a tratar en el segundo sobre los dioses inciertos: "Si expusiera en este libro opiniones dudosas sobre los dioses, no merezco represión. Quien juzgue que es conveniente y que se puede juzgar, ya lo hará él al leerme; yo, en cambio, puedo llegar con más rapidez a poner en duda lo que dije en mi primer libro, que a recoger en un breve resumen cuanto pueda escribir en éste." De esta manera nos ha dejado en la incertidumbre tanto sobre los dioses inciertas como sobre los ciertos. Además, en el libro tercero sobre los dioses selectos, después del preámbulo que juzgó oportuno sacarlo de la teología natural, al comenzar a tratar de las vanidades y locuras de esta teología civil, no le guiaba la verdad de las cosas, sino que le en que no solo estrechaba la autoridad de los antepasados, dice: "En este libro voy a escribir sobre los dioses públicos del pueblo romano, a quienes dedicaron templos y honraron con muchas imágenes; pero, como escribe Jenófanes de Colofón, expondré qué es lo que pienso yo, no qué defiendo, pues es propio de los hombres opinar de estas cosas, y de Dios el saberlas".

Al tratar, pues, de comunicarnos lo que ha sido instituido por los hombres, nos promete con cierto reparo un discurso de cosas no entendidas precisamente ni creídas con firmeza, sitio opinadas y dudosas. Sabía que existe el mundo, que existe el cielo y la tierra; el cielo esplendente de astros, y la tierra fértil en semillas, y otras cosas semejantes. Creía con espíritu firme y seguro que toda la mole de la naturaleza se halla gobernada y administrada por cierta fuerza invisible y poderosa; pero no podía afirmar con la misma seguridad que Jano es el mundo, ni podía descubrir cómo Saturno es padre de Júpiter y fue sometido a Júpiter reinante, y otras cosas por el estilo.

18. Fundamento humano de los mitos

La razón más verosímil de todo estos dioses es dada cuando se dice que eran hombres, y que a cada uno de ellos se le dedicaron ritos sagrados y solemnidades, según el genio particular, costumbres, acciones y circunstancias de cada uno. Estos honores, infiltrándose, poco a poco, en los espíritus de los hombres, semejantes a los demonios y ávidos de diversiones, se divulgaron ampliamente adornados por las mentiras de los poetas y fomentados por los espíritus falsos.

Porque es más fácil que un muchacho impío, temiendo morir asesinado por su padre, también impío y deseoso de reinar, destrone a su padre que, según la interpretación Varrón, Saturno fuera arrojado por su hijo Júpiter, ya que la causa, que pertenece a Júpiter, es antes que la semilla, que pertenece Saturno. Sí esto fuera así, en modo alguno Saturno hubiera existido primero ni fuera padre de Júpiter, pues la causa siempre precede a la semilla, y nunca es engendrada de una semilla. Cuando pretenden ennoblecer las fábulas más frívolas y las empresas de los hombres con interpretaciones naturales, aun los hombres más perspicaces se ven sometidos a situaciones tan críticas que nos hacen aun a nosotros lamentar sus desvaríos.

19. Interpretaciones sobre el culto a Saturno

Según Varrón, cuentan de Saturno que solía devorar cuanto nacía de él, porque las semillas retornan a su lugar de origen, y el presentarle un terrón de tierra para que lo devorara como sí fuera Júpiter, dice que significa que antes de descubrirse la utilidad del trabajo de la tierra, las simientes comenzaron a ser enterradas por las manos de los hombres. Saturno, pues, debió ser designado como la tierra, no la semilla; ya que ella, en cierto modo, devora lo que ha engendrado cuando las semillas nacidas de ella retornan para ser recibidas de nuevo en su seno. Pero el haber recibido un terrón de tierra en vez de Júpiter, ¿qué tiene que ver con que las manos del hombre entierren la simiente en el suelo? ¿No es acaso devorado como lo demás lo que está cubierto bajo tierra? Esto se dijo como si el que presentó el terrón hubiera quitado la semilla; como dicen que se la quitó Júpiter a Saturno ofreciéndole el terrón; cuando, en realidad, cubriendo la tierra la semilla hizo que fuera devorada con más rapidez.

Además, según esto, Júpiter es la semilla, no la causa de la semilla, que poco antes se decía. Pero, ¿qué pueden hacer los hombres que al interpretar necedades no encuentran nada prudente que decir? Dice que

Saturno tiene la hoz para cultivar el campo. Pero cuando él reinaba, todavía no existía la agricultura, y por eso se nos presenta su época como primitiva, según la interpretación que Varrón da a las fábulas, porque los primeros hombres vivían de las semillas que espontáneamente producía la tierra. Quizás recibió la hoz cuando perdió el cetro, de manera que quien había sido rey ocioso en los primeros tiempos se hiciera obrero diligente durante la ocupación del trono por su hijo.

Por otra parte, dice que la razón de que acostumbraban algunos a inmolarle los niños, como los cartagineses y también los adultos, es porque de todas las semillas el género humano es la más excelente. ¿Qué necesitamos decir más sobre estupidez tan cruel? Advirtamos más bien y mantengamos por esto, que estas interpretaciones no llevan al verdadero Dios, naturaleza viva, incorpórea, inmutable, a quien hay que pedir la vida eterna y feliz, sino que sus aspiraciones se limitan a las cosas corporales, temporales, mudables y mortales.

Y donde se dice en as fábulas que Saturno castró a su padre, Cielo, esto significa, dice Varrón, que la semilla divina está en poder de Saturno, no de Cielo. Mediante esta razón, si se puede hablar de razón, se entiende que nada nace en el cielo de las semillas. Mas he aquí que si Saturno es hijo de Cielo, es hijo de Júpiter, pues tantas veces y con tanto cuidado afirman que Júpiter es el Cielo. De esta manera, todas estas ficciones que no proceden de la verdad generalmente se destruyen a sí mismas sin impulso exterior alguno.

También dice que Saturno fue llamado Krnosv (Cronos) porque este vocablo griego significa un espacio de tiempo, y sin éste, dice, la semilla no puede ser fecunda.

Estas y otras muchas cosas se dicen de Saturno, refiriéndolo todo a la semilla. Entonces Saturno se bastaría al menos para las semillas con semejante poder; ¿para qué se buscan otros dioses, sobre todo Líbero y Libera, esto es, Ceres? Sobre éstos repite muchas cosas, respecto a la semilla, como si nada hubiera dicho sobre Saturno.

20. Misterios elesinos de Ceres

Entre los misterios de Ceres son famosos los ritos Eleusinos, tan conocidos entre los atenienses[10]. De ellos no hace interpretación alguna Varrón, a excepción de lo referente al grano, que Ceres encontró, y a

---

10. Recibían este nombre de la ciudad griega de Eleusis, próxima a Atenas. No se sabe mucho sobre la naturaleza de estos ritos, que parecen haber estad dirigidos a iniciar una vida de comunión con la divinidad.

Proserpina, a quien perdió por el robo de Orco. De ésta se dice que significa la fecundidad de las semillas; y como ésta faltase por algún tiempo y la tierra se lamentase de su esterilidad, se originó la opinión de que Orco había arrebatado y retenido en los infiernos a la hija de Ceres, es decir, la fecundidad, y que se llamó Proserpina, de la palabra "proserpere", propasarse. Celebrada esta pérdida con duelo público, al tornar de nuevo la fecundidad nació de nuevo la alegría con la vuelta de Proserpina, y de ahí, dicen, fueron establecidas estas solemnidades. Dice a continuación que en esos misterios se tratan muchas cosas, relativas todas ellas al descubrimiento de los frutos de la tierra[11].

21. Los ritos vergonzosos en honor de Líbero

En cuanto a los ritos de Líbero, a quien hicieron presidir sobre las simientes líquidas; no sólo el licor de las de los frutos, entre los cuales el vino tiene, en cierto modo, la primacía, sino también sobre las simientes de los animales. No tengo ganas de mostrar el exceso de torpeza que ese culto alcanzó, ya que esto supondría extendernos demasiado en nuestro, aunque no me siento indispuesto a hacerlo como una muestra de la arrogante estupidez de los que los practican. Sólo citaré algún detalle de los muchos que tengo que pasar en silencio.

Dice Varrón que en las encrucijadas de Italia se celebraban las ceremonias de Líbero con tan licenciosa torpeza, que en su honor se rendía culto a las partes privadas del hombre. Esta abominación no se realizaba en secreto, que algunos podían considerar una concesión a la modestia, sino que era exaltada publicamente. Durante las fiestas de Líbero era colocado con gran honor en carrozas este miembro obsceno, y llevado primero por las cruces de los caminos del campo y luego hasta la misma ciudad. Pero en la villa de Lavinio se dedicaba todo un mes solo a Líbero; y en esos días habían de usar todas las palabras más desvergonzadas, hasta ser llevado por la plaza pública y colocado en su propio lugar. Aún más, era costumbre que una de las más honestas matronas coronara en publico a este vergonzoso miembro. Para aplacar al dios Líbero en pro de la fertilidad de las semillas, y para alejar de los campos el hechizo, se hacía preciso que una matrona hiciera en público lo que no debía permitirse realizar a una meretriz en el teatro, si entre los espectadores hubiera matronas.

Por todo esto vemos que no se creyó que Saturno era suficiente para las semillas; la mente impura encontraba ocasiones de multiplicar los

---

11. Varrón, *De Ling. Lat.* 5,68.

dioses; y abandonada en castigo de su inmundicia por el único verdadero Dios[12], y prostituida entre tantos dioses con el ansia de mayor inmundicia, instituía como ceremonias sagradas semejantes sacrilegios, y
se entregaba a sí misma para ser violada y manchada por este tropel de
inmundos demonios.

22. Pretextos para multiplicar dioses

Tenía Neptuno a Salacia como esposa, quien dicen que era el agua
inferior del mar, entonces, ¿con qué fin se le añadió Venilia, sino para
multiplicar la provocación de los demonios, sin motivo alguno de cultos
necesarios, sino por sola la sensualidad del alma prostituida? Que salga
al frente la interpretación de la ilustre teología, y rechace con argumentos esta nuestra crítica.

Venilia, dice esta teología, es la ola que llega a la orilla; y, en cambio,
Salacia es la que vuelve al mar. ¿Por qué, entonces, hay dos diosas, cuando es una ola la que viene y vuelve? Ciertamente es lujuria en sí misma,
que en su afán de múltiples deidades duplica las olas que se rompen en la
orilla, porque aunque el agua que va no es diferente de la que vuelve, el
alma, que va y no vuelve, aprovecha esta vana oportunidad para invitar
a dos demonios y prostituirse así más. Te pido a ti, Varrón, y a vosotros
que habéis leído los escritos de hombres tan sabios y os jactáis de haber
aprendido mucho en ellos, dadnos, por favor, una interpretación de todo
esto, no a tenor de aquella naturaleza eterna e inconmutable, que sólo es
Dios, sino al menos, según el alma del mundo y sus partes, que tenéis por
verdaderos dioses.

Es en cierto modo algo más tolerable que hayáis hecho el dios
Neptuno de la parte del alma del mundo que penetra el mar. Pero, ¿puede tolerarse que la ola, que viene a la orilla y torna al mar, sea dos partes
del mundo, o dos partes del alma del mundo? ¿Quién de vosotros con
juicio cabal puede admitir esto? ¿Por qué entonces os fabricaron dos diosas? ¿No será una provisión de vuestros antepasados no para que tengáis
más dioses que os gobiernen, sino para que os dominen más demonios,
que se alegran con semejantes vanidades falsas? ¿Y por qué Salacia, según esta interpretación, perdió la parte inferior del mar, por la cual estaba sujeta a su esposo? Pues al presentarla como la ola que retrocede, la
colocáis en la superficie. ¿O acaso por haberse amancebado él con Venilia
expulsó ella, enojada, a su marido de la superficie del mar?

---

12. Cf. Rom. 1:24: "Por lo cual también Dios los entregó a inmundicia, en las concupiscencias de sus corazones, de suerte que contaminaron sus cuerpos entre sí mismos".

23. La tierra y el alma del mundo

1. Una tierra sola existe, y la vemos llena de criaturas vivientes; ¿por qué, siendo un cuerpo grande repartido en elementos y la ínfima parte del mundo, la quieren hacer diosa? ¿Acaso porque es fecunda? ¿Por qué, entonces, no son dioses los, hombres, que son los que la hacen más fecunda con el cultivo, y no precisamente cuando la adoran, sino cuando la labran? Dicen que la parte del alma del mundo que discurre por ella la hace diosa. Como sí no fuera más evidente que hay alma en los hombres, cosa que nadie discute. Y, sin embargo, no son los hombres considerados como dioses; antes es bien lamentable que, por engaño deplorable, hayan de estar sometidos al culto y adoración de los que no son dioses, ni tan buenos como ellos.

El mismo Varrón, en ese libro de los dioses selectos, afirma que en la naturaleza universal existen tres grados de alma. El primero discurre por todas las partes del cuerpo que tienen vida, y no tiene sentido, sino sólo naturaleza o principio de vida; dice que en nuestro cuerpo esta fuerza impregna los huesos, las uñas, los cabellos; como en el mundo los árboles se alimentan y crecen sin sentido y, en cierto modo, viven. El segundo grado del alma consiste en la sensibilidad; y esta fuerza es la que anima los ojos, oídos, nariz, boca y tacto. El tercer grado es el supremo del alma; recibe el nombre mente, y en él sobresale la inteligencia. De ésta carecen todos los mortales, excepto los hombres; a esta parte del alma del mundo Varrón la llama Dios, y en nosotros se llama Genio.

Las piedras que hay en el mundo y la tierra que vemos, a donde no llega el sentido, son como los huesos o las uñas de Dios. El sol, la luna, las estrellas, que nosotros percibimos, son los órganos por los cuales él percibe. De igual modo, su alma es el éter; y esta virtud, al llegar a los astros, los hace dioses; como al impregnar la tierra hace la diosa Tellus, y al impregnar el mar y el océano, al dios Neptuno.

2. Vuelva ya de esto que llama teología natural, a donde se refugió como para descansar, fatigado de estos subterfugios y rodeos; vuelva ya, digo, a la teología civil; voy a retenerle aún aquí, voy a tratar un poco sobre ésta.

Aún no quiero decir si la tierra o las piedras son semejantes a nuestros huesos y a nuestras uñas, ni si carecen de inteligencia, porque están en el hombre que la tiene. Tan necio sería llamar dioses a la tierra y piedras que están en el mundo, como llamar hombres a los huesos y uñas que están en nosotros. Pero estas cuestiones habrá quizá que tratarlas con los filósofos; al presente todavía hablo con Varrón como teólogo político.

Puede ocurrir que, aunque parece haber querido levantar un poco la cabeza a aquella especie de libertad de la teología natural, dando vueltas todavía a este libro y pensando entretenerse todavía con él, le haya considerado también desde el punto de vista de aquella teología; y que haya afirmado esto para que nadie piense que sus antepasados u otras ciudades han dado culto vanamente a Tellus y a Neptuno.

Lo que sí quiero preguntar es esto: ¿Por qué la parte del alma del mundo que impregna la tierra, siendo ella una sola, no hizo también una sola diosa, llamada Tellus? Si así lo hizo, ¿dónde estará Orco, hermano de Júpiter y Neptuno, a quien llaman Dis-Pater? ¿Dónde su esposa Proserpina, que, según otra opinión expuesta en los mismos libros, no se presenta como la fecundidad de la tierra, sino como su parte inferior?

Si contestan que la parte del alma del mundo, al impregnar la parte superior de la tierra hace a Dis-Pater, y cuando impregna la inferior, a la diosa Proserpina, ¿qué quedará de Tellus? Ha quedado todo lo que era ella, tan dividido en estas dos partes y dos dioses que no se podrá descubrir cuál es la tercera o dónde está. A no ser que se diga que estos dos dioses juntos, Orco y Proserpina, son la única diosa Tellus, y no son ya tres, sino una sola o dos dioses. Sin embargo, se habla de tres, se tiene a tres por dioses, se da culto a tres en sus propios altares, en sus templos, con sus propios ritos, con sus imágenes, por sus propios sacerdotes; y por medio de esto, con sus propios demonios que con mil engaños violan el alma prostituida.

Aún tiene que responderme qué parte de la tierra impregna parte del alma del mundo para hacer el dios Telumón. No hay otra parte, dice, sino que la misma tierra tiene una doble virtud: la masculina, que produce las semillas, y la femenina, que las recibe y alimenta; de la virtud femenina procede Tellus, y de la masculina, Telumón. ¿Por qué entonces los pontífices, como él mismo indica, añadiendo otros dos, ofrecen sacrificios a cuatro dioses: Tellus, Telumón, Altor y Rusor? Sobre Tellus y Telumón ya está dicho. ¿Por qué a Altor? Porque, responde, de la tierra se alimenta todo lo que ha nacido. ¿Por qué a Rusor? Porque, responde, todo retornará a la misma.

24. El peso de los errores inveterados

1. La tierra, pues, siendo una, por causa de esta virtud cuádruple, debió recibir cuatro sobrenombres, pero no fabricar por eso cuatro dioses. Así, tenemos a Júpiter, que es uno sólo y tiene tantos sobrenombres, e igualmente a Juno. Y todos esos sobrenombres expresan una potencialidad múltiple referida a un solo dios o a una sola diosa, sin que esa mul-

titud exija una multitud de dioses. Pero como a veces hasta las mismas mujeres degradadas se cansan de esas multitudes que buscaron para saciar el impulso de pasión malvada, así le ocurre al alma envilecida y entregada a los espíritus inmundos, algunas veces comienza a multiplicar dioses, ante quienes prosternarse para ser contaminada, no menos se apesadumbró otras.

El mismo Varrón, como avergonzado de esa muchedumbre de dioses, no quiere sino que haya una sola diosa Tellus, y así dice: "Gran Madre llama a la misma: el llevar el tambor significa el círculo de la tierra; las torres de su cabeza son las ciudades; los asientos en torno suyo, mientras todo se mueve, indican que ella permanece inmóvil. Si hicieron a los *galos* prestarle servicios a esta diosa, con ello significan que los que buscan las semillas han de cultivar la tierra, pues que en ella se encuentra todo. Cuando se agitan ante ella, exhortan a los que cultivan la tierra a no descansar, porque siempre hay algo que hacer. El sonido de los címbalos es símbolo del movimiento de las herramientas, de las manos y de los instrumentos del cultivo del campo; címbalos que son de bronce, porque con bronce cultivaban la tierra los antiguos antes de descubrir el hierro".

Y añade: "También la hacen acompañar de un león manso y suelto; con ello se significa que no hay tierra alguna, por lejana o resistente que sea, que no se someta al cultivo." Dice a continuación que la multitud de nombres y sobrenombres dados a Tellus madre fue ocasión de que se juzgase que en ella había muchos dioses. "Tienen —dice— a Tellus por Ops, porque se mejora con el trabajo; por Madre, porque engendra muchas cosas; por Magna, porque produce alimento; por Proserpina, porque de ella se propagan los frutos; por Vesta, porque se viste de hierbas. Y así, no sin razón, reducen otras diosas a ésta." Por consiguiente, si es una sola diosa, que apurando la verdad no lo es ella misma, ¿cómo se diluye en muchas? Pase que admitamos muchos nombres de esta sola; pero no nos pongan tantas diosas como nombres.

El peso de la autoridad del error de los antepasados hace titubear aun a Varrón después de ese su juicio, y le obliga a decir: "No está en conflicto con esto la opinión de los antepasados que juzgaron había muchas diosas." ¿Cómo no ha de estar en conflicto, siendo tan diverso el que una sola diosa tenga tantos nombres, de que haya muchas diosas? Contesta que puede suceder que la misma cosa sea una sola y en ella existan algunas más. Sí, se puede conceder que en un hombre haya muchas cosas, pero ¿lleva eso consigo el que, por eso, haya muchos hombres? Del mismo modo puede haber en una sola diosa más cosas; ¿ha de haber por ello muchas diosas? Pero dejemos que dividan, unan, multipliquen, suman e impliquen todo cuanto quieran.

2. Estos son los ilustres misterios de Tellus y la gran Madre, de donde procede todo lo referente a las semillas mortales y a la práctica de la agricultura. El tímpano, las torres, los *galos*, la agitación frenética de los miembros, el chasquido de los címbalos, los leones imaginarios, ¿qué relación guardan con la promesa de la vida eterna? ¿Sirven acaso los galos castrados a esta gran diosa para significar que los que carecen del semen han de cultivar la tierra, cuando más bien su servidumbre lleva consigo la privación del semen? ¿Adquieren el semen, cuando carecen de él, honrando a esta diosa, o más bien pierden el semen, sí lo tienen, cuando la honran? ¿Es esto interpretar o es maldecir? Y no se tiene en cuenta qué vigor ha adquirido la malicia de los demonios, que no han prometido algo grande a estos misterios y, en cambio, han ejercido tan crueles exigencias. Si la tierra no fuera diosa, los hombres aplicarían el trabajo a su cultivo para conseguir las semillas por ella en vez de ser despiadados consigo mismos para perder por su causa su semen. Si no fuera diosa, se haría fecunda con las manos ajenas, y no obligaría al hombre a hacerse estéril con las propias.

Vengamos ya a la escena de los misterios de Líbero, en que una honesta matrona coronaba las vergüenzas viriles a la vista de la multitud, entre la que, quizá ruborizado y sudoroso, si queda pudor aún entre los hombres, se encontrara su marido. O también a la otra, que tenía lugar en la celebración de las nupcias, cuando se la hacía sentar a la recién casada sobre el miembro viril de Príapo. Sería todo eso mucho menos importante y mucho menos grave que esa cruel abominación o crueldad abominable (de los galos castrados), en que por arte demoníaco en tal modo se escarnece a uno y otro sexo, que ninguno de los dos llega a morir de esa herida. Allí se teme la maldición sobre los campos, no se teme aquí la amputación de los mismos; se profana allí la vergüenza de una recién casada, pero no se le quita ni su fecundidad ni su virginidad; aquí, en cambio, se castra de tal modo la virilidad que ni se convierte en mujer ni sigue siendo varón.

25. La autocastración de Attis y la primavera

Varrón no ha hecho mención ni ha buscado una interpretación de Attis, en memoria de cuyo amor por Ceres se mutila el galo[13]. Pero los

---

13. Attis era el joven amante de diosa madre frigia Cibeles, que se castró a sí mismo y por eso era el prototipo o "santo patrón" de los eunucos (*galli*) al servicio de la diosa, cuyo culto pasó a Grecia, donde se asoció a Rea y a Déméter, y de ahí pasó a Roma, donde adquirió una popularidad notable. En su honor se celebran las fiestas de primavera que recordaban la muerte y resurrección de Attis.

eruditos y sabios de Grecia no pasaron en silencio asunto tan santo e ilustre. Como el aspecto primavera de la tierra es más hermoso que el de las otras estaciones, el célebre filósofo Porfirio dice que Attis simboliza las flores, y que fue castrado porque la flora cae antes que el fruto. No fue, pues, al hombre, o parecido de hombre, llamado Attis, a quien compararon con la flor, sino sus partes viriles. Cayeron éstas viviendo él; mejor aún; no cayeron, ni fueron cortadas, sino totalmente despedazadas. Y perdida aquella flor, no hubo fruto alguno después, sino siguió la esterilidad. ¿Cómo quedó él? ¿Qué significa lo que le quedó al mutilado? ¿A qué hay que referirlo? ¿Qué interpretación se da de esto? ¿No deben persuadirnos los vanos y estériles intentos, que debemos más bien creer lo que sobre el hombre mutilado nos legó la fama y se consignó en documentos? Con razón se opuso Varrón en esto y rehuyó el citarlo; pues no es posible se le escapara a un hombre tan erudito.

26. Abominación del culto a la Diosa Madre

Tampoco Varrón quiso decir nada, ni recuerdo haber leído algo en parte alguna sobre los invertidos consagrados a la misma Gran Madre, desafiando la modestia propia de hombres y mujeres, estos afeminados, no más tarde que ayer, iban por las calles y plazas de Cartago con los cabellos perfumados, rostro maquillado, miembros relajados y andares femeninos pidiendo con exigencia al pueblo con qué mantener sus torpezas. No tuvo Varrón una interpretación para esto, se avergonzó la razón, enmudeció la palabra.

Superó la Gran Madre a todos los otros dioses, no por la grandeza de su divinidad, sino por su crimen. Ni la monstruosidad de Jano puede parangonarse con esta monstruosidad. Tenía Jano la deformidad sólo en las imágenes; ésta, en cambio, en sus mismos misterios muestra la crueldad de su deformidad; aquél acrecentaba sus miembros con piedras, ésta los ha arrasado en los hombres. Ni tanta torpeza ni tan grandes crímenes de Júpiter superan esta desvergüenza: éste, entre la corruptela femenina, deshonró el cielo únicamente con Ganimedes; aquélla, con tantos invertidos profesionales y públicos, profanó la tierra y ultrajó al cielo.

Quizá pudiéramos comparar Saturno a esta Magna Mater, de quien se dice que mutiló a su padre. Pero en los misterios de Saturno pudieron los hombres morir a manos ajenas más bien que mutilarse a sí mismos. Devoró éste a sus hijos, como dicen los poetas; aunque los físicos lo interpreten a su manera; la historia nos dice ciertamente que los mató. En cambio, sacrificarle los propios hijos, como hicieron los cartagineses, eso no lo aceptaron los romanos. Sin embargo, esta Gran Madre de los dioses llegó hasta exigir castrados en los templos romanos, y conservó esta costumbre cruel, haciendo creer que amputando las partes viriles de los hombres acrecentaba el poderío de los romanos[14].

¿Qué son, comparados con este mal, los hurtos de Mercurio, la lascivia de Venus, los estupros y torpezas de los demás, que podríamos presentar tomados de los libros, si no se cantaran y celebraran en los teatros? Pero ¿que es todo esto ante un mal tan enorme, cuya monstruosidad sólo era achacable a la Gran Madre? Sobre todo, sí se tiene en cuenta que se dice que esas cosas son ficciones de los poetas; como sí los poetas hubieran inventado también que todo ello es acepto y agradable a los dioses.

Pase que se impute a la audacia o petulancia de los poetas el que se canten o se escriban; pero el que se hayan añadido a las ceremonias y honores divinos por orden e imposición de la divinidad, ¿qué es sino un crimen de los dioses o, quizá mejor, confesión de demonios y engaño de miserables? Por otra parte, el que la Madre de los dioses mereciera ser venerada por la consagración de los mutilados no es una invención de los poetas; prefirieron ellos más bien horrorizarse a cantarlo. ¿Quién puede consagrarse a estos dioses para vivir feliz después de la muerte, si consagrado a ellos no puede vivir honradamente antes de la muerte, sometido a tan repugnantes supersticiones y condenado a inmundos demonios?

Pero todas estas cosas, dice Varrón, se refieren al mundo. No sería mejor decir a lo inmundo? ¿Cómo, en efecto, no ha de referirse al mundo, lo que está demostrado se encuentra en el mundo? Nosotros, en cambio, buscamos una mente que, confiado en la verdadera religión, no adore al mundo como a su dios, sino que alabe por Dios al mundo como obra de Dios, y, purificado de las inmundicias mundanas, llegue limpio a Dios, que hizo el mundo.

27. Resultado de la teología civil

1. Vemos que estos dioses selectos han sido más conocidos que los demás, pero no para poner de relieve sus méritos, sino para que no queden ocultas sus deshonras; por ello es más verosímil que fueran hombres, como nos lo han enseñado no sólo los poetas, sino también los historiadores. Así nos dijo Virgilio: "Vino el primero Saturno desde el alto Olimpo, huyendo de las armas de Júpiter, y desterrado de los reinos per-

---

14. """No menos locos que los sacrificios de este tipo han de ser considerados otros famosos ritos públicos; el el que se celebra en honor de la diosa Madres, en el cual los mismos hombres ofrecen sus propios órganos genitales, y así, una vez amputado el sexo se convierten en algo que no es ni varón ni hembra" (Lactancio, *Inst.* I,20,16).

didos"[15] y continuó todavía con el mismo tema. Toda esta historia la expone Evémero y la traduce al latín Ennio[16]. Y como han dicho tantas cosas los que antes que yo escribieron en griego o latín contra estos errores, no me ha parecido bien detenerme en ello.

2. Al considerar los argumentos físicos con que hombres sabios y perspicaces tratan de convertir las cosas humanas en divinas, veo que sólo pueden reducirse a las obras temporales y terrenas y a la naturaleza corpórea, mudable al fin, aunque fuera invisible. Y nada de esto puede ser el Dios verdadero. Si esto se tratase al menos con argumentos apropiados a la religiosidad, sería de lamentar que no se utilizaran ésos para anunciar y predicar al Dios verdadero; pero pudiera tolerarse viendo que ni se hacían ni se mandaban cosas tan abominables.

Ya que es impiedad adorar al cuerpo o al alma suplantando al Dios verdadero, por cuya sola inhabitación es feliz el alma, ¿cuánto no más impío será dar tal culto a esas divinidades que ni el cuerpo ni el alma de quien lo hace puede conseguir ni la salvación ni el honor humano? Por lo cual, si se venera con templo, sacerdote o sacrificio, que se debe sólo al Dios verdadero, algún elemento del mundo, o algún espíritu creado, aunque no sea inmundo ni malo, no es ciertamente malo porque sean malos los elementos con que se venera, sino porque son de tal naturaleza que sólo deben emplearse en el culto de aquel a quien se debe tal culto y servicio.

Pero si alguien pretende dar culto al único Dios verdadero, esto es, al creador de toda alma y cuerpo, con la estupidez o monstruosidad de los ídolos, con sacrificios humanos, con la coronación de los órganos masculinos, con la paga dela indecencia, con la amputación de miembros, con mutilación y consagración de los invertidos, con representaciones impuras y obscenas; el tal no peca porque da culto a quien debe darse, sino en dar culto de modo indebido.

Quien adora con tales cosas, esto es, abominaciones y obscenidades, no al Dios verdadero, es decir, al creador del alma y del cuerpo, sino a una criatura aunque no sea mala, sea alma o cuerpo, o alma y cuerpo a la vez; peca doblemente contra Dios, porque adora como Dios lo que no lo es Dios, y además le adora con tales actos que no deben emplearse en el culto a Dios ni en ningún otro.

Es manifiesto, ciertamente, cómo adoran los paganos, esto es, lo vergonzosa y criminalmente que adoran; pero qué o a quién adoran, hubiera quedado en la oscuridad, si no atestiguase su historia las abominaciones

---

15. Virgilio, *En.* VIII,319-320.
16. Véase en esta misma obra el libro VI, 7.

y torpezas que confiesan se daban a los dioses, que las exigían bajo amenaza. Por donde consta, más allá de toda duda, que toda esa teología civil está ocupada en inventar medios para atraer a los malvados demonios e inmundísimos espíritus, invitándolos a visitar las imágenes sin sentido, y por medio de ellas tomar posesión de los corazones insensatos.

28. Inconsistencia de la teología de Varrón

¿Qué importa, pues, que con razonamiento tan sutil al parecer intente el doctísimo y agudísimo Varrón reducir y trasladar todos estos dioses al cielo y a la tierra? No lo consigue; se le escapan de las manos como gotas de agua, se escurren, resbalan, se caen. Al ir a hablar de las hembras, es decir, de las diosas, escribe: "Como dije en el primer libro sobre los lugares sagrados, hay dos principios opuestos de dioses, los del cielo y los de la tierra, y por eso parte se llaman celestes y parte terrestres. En los libros anteriores comenzamos por el cielo al hablar de Jano, a quien unos llaman cielo y otros mundo; así, al tratar de las hembras, comenzamos por Tellus."

Comprendo la dificultad que mente tan grande estaba experimentando. Se deja llevar por la percepción de cierto parecido verosímil al decir que el cielo es el que obra y la tierra la paciente; y por eso le atribuye a él el principio masculino, y a ella el femenino, no advirtiendo que quien hizo el cielo y la tierra es el hacedor tanto de la actividad como de la pasividad. De ahí que interprete también así en el libro precedente los conocidos misterios de los Samotracios, y promete con marcado acento religioso que va a exponer por escrito y enviar a los suyos cosas que les son desconocidas. Dice que por muchos indicios ha sacado en conclusión allí que entre las estatuas una representa al cielo, otra a la tierra, otra los modelos de las cosas, que Platón llama ideas. Por cielo entiende a Júpiter, por tierra a Juno, por las ideas a Minerva; el cielo es quien hace algo, la tierra es de quien se hace, el ejemplo es según el cual se hace.

Paso aquí por alto que Platón afirma que esas ideas tienen tal fuerza que no ha echo el cielo nada, según ellas, sino que él mismo ha sido hecho según ellas[17]; sólo quiero decir que Varrón en este libro de los dioses selectos destruyó su razonamiento de los tres dioses, en los cuales lo había como abarcado todo. Atribuyó los dioses masculinos al cielo, las diosas femeninas a la tierra; y entre ellas colocó a Minerva, a quien antes había puesto sobre el mismo cielo. Además, el dios masculino Neptuno está en el mar, que pertenece más a la tierra que al cielo. Finalmente, Dis-

---

17. Platón en el *Timeo*.

Pater, que en griego se llama Ploutwn (Plutón)[18], hermano masculino de ambos (Júpiter y Neptuno), es presentado como dios de la tierra, cuya parte superior ocupa, teniendo a su esposa, Proserpina, en la inferior.

¿Cómo, pues, tratan de referir los dioses y las diosas a la tierra? ¿Qué solidez, qué consistencia, qué moderación, qué precisión tiene esta interpretación? Tellus es, en efecto, el principio de las diosas, es decir, la Gran Madre, en torno a la cual gira la insensata torpeza de los invertidos, mutilados, castrados y contorsionistas. ¿Por qué, pues, se llama a Jano cabeza de los dioses, y a Tellus cabeza de las diosas? Ni el error puede hacer una sola cabeza del primero, ni el frenesí puede sanar a la segunda. ¿Por qué intentan referir todo esto al mundo? Aunque les fuera posible, ningún espíritu piadoso adoraría al mundo en lugar de adorar al Dios verdadero; y la pura verdad les demuestra que ni esto pueden ellos. Identifiquen más bien sus dioses a los difuntos, a los detestables demonios, y habrá cesado toda cuestión.

29. Dios creador de todo

Veamos cómo todo cuanto ellos, según esta teología, y al parecer con argumentos físicos atribuyeron al mundo, hemos más bien de referirlo sin escrúpulo alguno de pensamiento sacrílego al verdadero Dios, que creó el mundo y que es autor de toda alma y todo cuerpo.

Nosotros veneramos a Dios, no al cielo y la tierra, partes de que consta el mundo. Tampoco veneramos el alma o las almas repartidas por todos los seres vivientes, sino al Dios que hizo el cielo y la tierra y cuanto ellos encierran; que hizo toda alma, cualquiera que sea la naturaleza de su vida, tanto si tiene vida sin sentido ni razón, o vida con sentido, o vida con sentido y razón.

30. El Creador y las criaturas

Empecemos ya por repasar las obras del único y verdadero Dios, que han llevado a éstos a inventar muchos y falsos dioses, mientras intentaron interpretar honradamente los misterios más abominables y malvados. Nosotros veneramos al Dios que estableció el principio y los fines en las naturalezas creados por Él; al Dios que tiene en sí y dispone de las causas de las cosas; al que creó la fuerza de las semillas, dotó a las criaturas que

---

18. Plutón es uno de los nombres rituales de Hades, el dios griego de los Infiernos. Asimilado a la deidad latina primitiva *Dies Pater*, se convirtió en el nombre corriente de este dios entre los romanos.

quiso de alma racional, llamada espíritu; que otorgó la facultad y el uso
del lenguaje, que comunicó a quien le pareció bien el don de anunciar lo
futuro, y predice por sí mismo lo que ha de venir y por quiénes le place
cura las enfermedades; que gobierna los principios, progresos y término
de las mismas guerras, cuando se hace preciso enmendar y corregir de
este modo al género humano; al que creó y rige el fuego tan intenso y
violento de este mundo a tono con la inmensa naturaleza; que es creador
y director de todas las aguas; que creó el sol, el astro más brillante de las
lumbreras corporales, otorgándole la fuerza y movimiento convenientes;
al que no retira su dominio y poder ni de los mismos infiernos; al que
suministra a los mortales las semillas y alimentos, secos o líquidos, apropiados a las naturalezas; al que cimenta la tierra y la fecunda, y da frutos
a los animales y a los hombres; al que conoce y pone en orden las causas
principales y secundarias; al que estableció el curso de la luna y acomoda
los caminos celestes y terrestres a los cambios de lugares; al que otorgó
a los ingenios humanos, de que es autor, el conocimiento de artes diversas para ayudar a la vida y a la naturaleza; al que instituyó la unión del
macho y la hembra para la propagación de la prole; al que concedió a las
sociedades humanas el don del fuego para uso más ordinario y familiar,
para dar calor y luz.

Tales son las obras o atributos que el sabio y agudo Varrón, tomándolo de alguien o por propia iniciativa, se esforzó por distribuir entre
los dioses celestes, inducido por no sé qué interpretaciones físicas. Estas
cosas las hace en realidad y gobierna el único Dios verdadero, pero a la
manera de Dios, esto es, estando todo en todas partes, sin estar reducido
a un lugar, ni atado por vínculo alguno, ni dividido en partes, en todo
inmutable, llenando el cielo y la tierra de su poder omnipresente, no con
una naturaleza necesitada.

De tal manera gobierna cuanto creó, que permite a cada cosa realizar
y ejercitar sus propios movimientos. Y aunque nada puedan ser sin Él, no
son lo que Él es. Realiza también muchas cosas por medio de los ángeles,
pero no es sino por sí mismo como hace felices a los ángeles. Así, aunque
envía sus ángeles a los hombres por ciertos motivos, no hace felices a los
hombres por medio de los ángeles, sino, como a éstos, por sí mismo. De
este único y verdadero Dios es de quien esperamos la vida eterna.

31. Beneficios especiales de Dios

Aparte de esos beneficios que, según la administración de la naturaleza hemos recordado, proporciona a los buenos y a los malos, tenemos
de Él una insigne manifestación de su gran amor, que pertenece sólo a

los buenos. Es cierto que en modo alguno podemos darle las debidas gracias por el ser, por la vida, por el cielo y la tierra que vemos, por la inteligencia y razón que tenemos, con la cual podemos buscar al mismo que creó todo esto. Sin embargo, en modo alguno nos abandonó cargados y abrumados de pecados, apartados de la contemplación de su luz, cegados por el amor de las tinieblas, esto es, de la iniquidad. Nos envió su Verbo, su único Hijo, por medio del cual, después de haber nacido y padecido en su carne mortal tomada por nosotros, conociéramos cuánto valoró Dios al hombre y quedáramos purificados de nuestros pecados con este único sacrificio, y con el amor del Espíritu Santo, derramado en nuestros corazones, llegáramos al eterno descanso y a la inefable dulzura de su contemplación. ¿Qué corazones, cuántas lenguas podrían contentarse en sus esfuerzos por darle las debidas gracias?

32. La elección del pueblo hebreo y el misterio de la salvación

Este misterio de la vida eterna fue anunciado por los ángeles ya desde el comienzo del género humano mediante ciertos signos y sacramentos acomodados a los tiempos. Luego el pueblo hebreo fue congregado en una república, por decirlo así, para llevar a cabo este misterio; y en esta república fue predicho, a veces por hombres que comprendían lo que hablaban y otras veces no, todo lo que había de tener lugar desde la venida de Cristo a nuestros días y en adelante.

Este mismo pueblo, además, fue dispersado después entre todas las gentes para dar testimonio de las Escrituras, en las que se anunciaba la salvación eterna que Cristo había de realizar. No fueron sólo las profecías que están escritas, ni sólo los preceptos para una vida recta, que enseñan moral y piedad, y que se encuentran en las sagradas escrituras; sino también los sacramentos los sacerdotes, el tabernáculo o templo, los altares, los sacrificios, las ceremonias, los días festivos y todo lo restante relativo al servicio debido a Dios, y que en griego se llama latreia (latría); todo esto ha significado y preanunciado los misterios que, por la vida eterna de los fieles, creemos se han cumplido en Cristo, o vemos que se están cumpliendo, y creemos confiamos que se cumplirán.

33. La religión cristiana revela el engaño de los demonios

Esta religión, la única y verdadera, es la que ha puesto en claro que los dioses de los gentiles no son sino demonios impuros, que, deseando ser tenidos por dioses, se aprovechan de los nombres de ciertas almas difuntas o de criaturas mundanales, y con orgullosa inmundicia se regocijan en honores cuasi divinos, malvados y torpes a la vez, envidiando la conversión de los espíritus humanos al verdadero Dios. De tan inhumana y sacrílega tiranía se libra el hombre por la fe en aquél que ha dado ejemplo de una humildad tan grande como fue el orgullo por el que los hombres cayeron, siguiendo la cual puedan éstos levantarse.

Aquí se encuentran no sólo aquellos dioses de quienes hemos dicho tantas cosas, y tantos otros semejantes de las otras gentes y regiones, sino también estos de los que ahora tratamos, escogidos como un senado de dioses; pero escogidos abiertamente por la fama de sus vicios, no por la dignidad de sus virtudes.

Varrón trata de referir sus misterios a ciertos motivos naturales, procurando cohonestar sus torpes empresas; pero no puede encontrar la manera de acomodarlos y armonizarlos. No son, en efecto, justificaciones de aquellos misterios las que él piensa, o mejor las que quiere que se piensen. Aparte de esas justificaciones, podría haber otras cualesquiera del mismo género, aunque no se relacionaran con el Dios verdadero y la vida eterna que se ha de buscar en la religión. Y dada alguna explicación sobre la naturaleza de las cosas, mitigarían un tanto la animadversión que habían causado en los ritos sagrados una presunta torpeza o absurdo no entendido.

Esto intentó hacer respecto a ciertas fábulas de las representaciones teatrales o misterios de los santuarios, no justificando los teatros por su parecido con los templos, sino condenando más bien los templos por su parecido con los teatros. Al menos intentó, de algún modo, desagraviar el sentido injuriado por tales horrores, ofreciendo lo que él tenía por interpretaciones naturales.

34. Quema de los libros de Numa Pompilio

Por otra parte, descubrimos, según testimonio del mismo erudito Varrón, que las causas de los ritos sagrados dadas en los libros de Numa Pompilio no se aceptaron en modo, ni se consideraron dignos no sólo de ser leídos por las personas religiosas, sino ni siquiera de permanecer en la oscuridad en que fueron escondidos. Es hora ya de decir lo que en el tercer libro de esta obra prometí que a su tiempo diría.

En el libro del mismo Varrón sobre el culto de los dioses leemos: "Tenía cierto Terencio una posesión junto al Janículo; y arrastrando un boyero suyo el arado cerca de la tumba de Numa Pompilio, desenterró los libros de éste en que se contenían los motivos de las instituciones sagradas. Se los llevó a la ciudad al pretor; y éste, habiendo comenzado a leer el principio, comunicó al Senado asunto de tal importancia. Leyeron los principales algunas causas sobre el porqué de algunas instituciones en los misterios; y el Senado estuvo de acuerdo con la opinión del muerto Numa, determinando los padres de la patria, corno varones religiosos, que el pretor quemara semejantes libros"[19].

Piense cada cual lo que le parezca; más aún, diga cualquier ilustre defensor de tamaña impiedad lo que le sugiera su insensata obstinación. A mí me basta recordar que las razones de las instituciones sagradas, escritas por el rey Pompilio, fundador de los misterios romanos, no juzgaron conveniente fueran conocidas por el pueblo, ni por el Senado, ni aun por los mismos sacerdotes. El mismo Numa Pompilio llegó por una ilícita curiosidad al conocimiento de sus secretos demoníacos, que él mismo haría escribir para tener una amonestación con su lectura. Sin embargo, aun siendo rey, y no teniendo por qué temer a nadie, no se atrevió a comunicárselo a nadie ni a hacerlo desaparecer, destruyéndolo o consumiéndolo como fuera. Así, como no quería que nadie lo conociera para no comunicar a los hombres cosas tan nefastas, y como por otra parte temía profanarlo, con lo que se atraería la ira de los demonios, lo enterró donde juzgó estaría más seguro, pues pensaba que nadie llevaría el arado junto a su sepulcro.

El Senado, en cambio, temió condenar la religión de sus antepasados, y se veía por ello en la precisión de adherirse a la opinión de Numa. No obstante, juzgó tan perniciosos esos libros que ni siquiera mandó enterrarlos de nuevo, no fuera que la humana curiosidad buscase con más ahínco una cosa ya pública. Por eso ordenó que fueran destruidos por el fuego documentos tan escandalosos. De este modo, aunque juzgaban necesario practicar esos ritos sagrados, tuvieron por más tolerable el error, ignorando las causas de los misterios, que los disturbios que pudiera ocasionar al estado su conocimiento.

35. La necromancia o la adivinación por los muertos

El mismo Numa, a quien no fue enviado ningún profeta de Dios ni ángel alguno santo, se vio forzado a practicar la hidromancia para poder ver en el agua las imágenes de los dioses, o más bien los engaños de los demonios, y escuchar de ellos lo que debía establecer y observar en las ceremonias religiosas. Varrón nos informa que esta clase de adivinación había sido importada de Persia, y recuerda que había usado de ella el mismo Numa y después el filósofo Pitágoras. Nos muestra que en ella,

---

19. Tito Livio, *Hist.* 40,29.

haciendo uso de la sangre, se consultaba a los habitantes del mundo inferior; y por eso dice que en griego se llamaba nekromanteia (necromancia). Pero tanto si se llama hidromancia o necromancia[20], es lo mismo; lo que aparece allí es la adivinación por los muertos. Qué artes utilizaban para esto, ellos lo sabrán. No pretendo afirmar que antes de la venida de nuestro Salvador acostumbraran las leyes a prohibir y castigar con toda severidad estas artes en las ciudades de los gentiles; no pretendo, repito, afirmarlo, pues quizá estaban permitidas entonces tales cosas.

En estas artes, sin embargo, aprendió Pompilio aquellos misterios cuyos hechos descubrió, enterrando las causas; tal temor tuvo él a lo que aprendió. Y el Senado quemó los libros de esas causas. ¿Por qué, pues, Varrón se empeña en interpretar no se qué otras supuestas causas físicas de aquellos misterios? Si aquellos libros las hubiesen tenido, seguramente que no hubiesen ardido; de otro modo, ¿no habrían mandado quemar de la misma manera los padres conscriptos esos libros de Varrón escritos y editados para el pontífice César?[21]

El agua que hizo sacar o transportar Numa Pompilio para la práctica de la hidromancia lo interpreta Varrón como haber tenido por esposa a la ninfa Egeria, según expone en el citado libro[22]. Así se suelen transformar los hechos en fábulas mediante falsas aspersiones.

En la hidromancia aprendió el curiosísimo rey romano los misterios que habían de tener los pontífices en sus libros, y las causas de los mismos, que no quiso conociera nadie más que él. Por eso procuró que, escritas aparte, murieran en cierto modo con él, cuando así trató de sustraerlas al conocimiento de los hombres y de enterrarlas. De modo que, una de dos: o eran tan inmundas y perjudiciales las liviandades de los demonios allí consignadas, que toda la teología civil tomada de ellas apareciese execrable aun a hombres que habían aceptado tanta vergüenza en sus ritos sagrados, o todos aquéllos no eran considerados sino como hombres muertos que casi todos los pueblos gentiles, por la antigüedad de tiempo tan largo, habían considerado como dioses inmortales.

En tales misterios, en efecto, se complacían aquellos demonios que se presentaban para ser adorados en lugar de los muertos que, con el testimonio de engañosos milagros, habían conseguido ser tenidos por dioses. Pero la oculta providencia del verdadero Dios permitió que esos demonios, reconciliados con su amigo Pompilio por las artes de la hidromancia, le confesaran todos esos desvaríos; y, sin embargo, no permitió que

---

20. En castellano también se usa el nombre nigromancia y nigromante.
21. Lactancio, *Inst.* I,6,6-7.
22. Tito Livio, *Hist*, 1,21.

al morir mandase que fueran quemados en vez de enterrados. Aunque intentaron quedar ocultos, no pudieron resistir al arado con que fueron desenterrados, ni a la pluma de Varrón, que nos ha transmitido esta narración. No pueden hacer sino lo que se les permite. Y se les permite por un justo y profundo decreto del Dios supremo, por los méritos de aquellos que es justo sean afligidos o sometidos o engañados.

En fin, cuán perniciosos y alejados del culto de la verdadera divinidad han sido juzgados estos escritos se puede deducir de este hecho: el Senado tuvo prefirió quemar los que Pompilio ocultó, a temer lo que temió quien no se atrevió a hacer esto. Por consiguiente, quien ni aún ahora quiere tener una vida religiosa, busque en tales misterios la eterna. Pero quien no desee hacer alianza con los malignos demonios, no tema la perniciosa superstición con que son honrados; antes bien, reconozca la verdadera religión, por la cual son desenmascarados y vencidos.

Libro VIII

1. Los filósofos y la teología

Para la cuestión presente se precisa una atención mucho más intensa que la exigida para la explicación y solución de los problemas de los libros precedentes, porque al tratar la llamada teología natural no tenemos que vérnoslas con hombres ordinarios, sino con filósofos. Porque no es como la fabulosa, es decir, la del teatro; o la civil, teología urbana; la primera exalta los crímenes de los dioses, la otra pone de manifiesto sus deseos más criminales, y, por tanto, más propios de demonios que de dioses. Es con filósofos, digo, que tenemos que tratar respecto a esta teología, hombre cuyo mismo nombre, traducido al latín, quiere decir "amantes de la sabiduría"[1].

Ahora bien, si la sabiduría es Dios, por quien todo ha sido hecho, como nos lo dice la autoridad y verdad divinas[2], el verdadero filósofo es el que ama a Dios. Pero en realidad el contenido de este nombre no se encuentra en todos los que se glorían de él —pues no siempre son amadores de la verdadera sabiduría los que se llaman filósofos—; por ello, de entre todos aquellos cuyo pensamiento hemos conocido por sus escritos tendremos que elegir con quiénes se pueda tratar dignamente esta cuestión.

Porque en esta obra no me he propuesto refutar todas las opiniones de todos los filósofos, sino solamente las que se refieren a la *teología*, cuyo vocablo griego significa discurso o tratado sobre la divinidad[3]. Y aun así, no las de todos, sino sólo las de quienes están de acuerdo en admitir la divinidad y su cuidado de las cosas humanas, pero a la vez opinan que no basta el culto de un Dios inmutable para conseguir una vida feliz aun después de la muerte, sino que han sido creados y establecidos muchos por ese único y deben ser venerados por esta causa,

---

1. Cicerón, *De officcis* 2,2.
2. Véase Sabiduría 7,24-27.
3. Bien ha escrito W. Jaeger, que "Platón es el teólogo del mundo clásico", pues fue el primero en utilizar la palabra teología, como acertadamente lo reconoce Agustín (*Paideia*, vol. II, pp. 345. FCE, México 1948).

Estos ya superan la opinión de Varrón en el acercamiento a la verdad, porque mientras que él sólo supo enmarcar la teología natural en los límites de este mundo y el alma del mundo; ellos, en cambio, admiten un dios superior a toda naturaleza humana, que no sólo ha creado este mundo visible, que denominamos frecuentemente cielo y tierra, sino que ha creado también todas las almas que existen; así como también hace feliz, con la participación de su luz inmutable e incorpórea, al alma racional e intelectual, cual es el alma humana. Nadie con un ligero conocimiento de estas cuestiones ignora que éstos son los filósofos llamados platónicos, palabra derivada de su maestro Platón. Sobre Platón, pues, trataré sumariamente lo que juzgo necesario en esta cuestión; aunque mencionaré primero a sus predecesores en esta materia

2. Los fundadores de las escuelas Itálica y Jónica

Por lo que se refiere a la literatura griega, la lengua más ilustre entre las de los gentiles, se encuentran dos escuelas de filósofos: la Itálica, de la parte de Italia que se llamó antiguamente Magna Grecia, y la Jónica, en la parte que aún hoy se sigue llamando Grecia. La escuela itálica tuvo como fundador a Pitágoras de Samos, de quien se dice tuvo origen el nombre de "filósofo". Antes de él los que parecían aventajar a los demás en un método de vida laudable, con el que regulaban sus vidas, eran llamados "sabios". Preguntado Pitágoras sobre su profesión, respondió que era filósofo, es decir, dedicado o amante de la sabiduría; le parecía mucha arrogancia llamarse sabio (*sapiens*).

La escuela Jónica tuvo por fundador a Tales de Mileto, uno de "los siete sabios"[4]. Los otros seis se distinguieron por su género de vida y por ciertas máximas expuestas para la buena conducta. Tales destacó en el estudio de la naturaleza de las cosas, y para dejar también sucesores, consignó por escrito sus disertaciones. Y lo que más fama le dio fue su habilidad para hacer calculaciones astronómicas, con que pudo hasta predecir los eclipses del sol y la luna. Tuvo al agua como principio de las cosas, diciendo que de ahí provenían todos los elementos del mundo, y aun el mismo mundo y cuanto en él se produce. Sin embargo, no puso principio alguno, procedente de la inteligencia divina, al frente de esta obra que la consideración del mundo nos hace ver tan admirable.

A Tales le sucedió Anaximandro, su discípulo, que cambió la doctrina sobre la naturaleza de las cosas. No pensó, como Tales, que todo procedía de un elemento, el agua, sino que todas las cosas nacen de sus propios principios. Pensó que estos principios de cada cosa eran infinitos, y que

---

4. Véase Carlos García Gual, *Los siete sabios (y tres más)*. Alianza Editorial, Madrid 1989.

ellos engendraban innumerables mundos y cuanto en ellos se produce. También enseñó que estos mundos se disuelven y se originan de nuevo, según el tiempo que puede durar cada uno. Tampoco éste atribuyó influencia alguna en estas mutaciones de las cosas a la inteligencia divina.

Dejó como discípulo y sucesor a Anaxímenes. Este atribuyó todas las causas de las cosas al aire infinito. No negó los dioses ni los pasó por alto; sin embargo, no los hizo autores del aire, sino más bien nacidos de él.

Su discípulo Anaxágoras ya tuvo al espíritu divino como autor de todas las cosas que vemos, afirmando que todo género de cosas eran hechas, cada una según sus módulos y especies propias, de una materia infinita que constaba de partículas semejantes entre sí; pero que el que las hacía era el espíritu divino.

También Diógenes, otro discípulo de Anaxímenes, afirmó que el aire es la materia de las cosas, y que de él son hechas todas; pero dio un paso más, y le considera dotado de inteligencia divina, sin la cual no puede proceder nada de él.

A Anaxágoras sucedió su discípulo Arquelao, para quien todas las cosas están formadas de partículas semejantes entre sí, de las cuales se hacía cada una de las cosas; y de tal modo, que había ahí una inteligencia que, uniendo y separando, gobernaba todos estos cuerpos eternos, es decir, esas partículas.

De éste se dice fue discípulo Sócrates, maestro de Platón, por quien he escrito este breve bosquejo histórico de esas escuelas.

3. Filosofía de Sócrates

Se dice que Sócrates ha sido el primero en orientar toda la filosofía a la enmienda y ordenación de las costumbres[5]; antes de él dedicaban

---

5. Los estoicos desarrollaran esta nueva comprensión de la filosofía, equiparada a moral, y se entiende socialmente por la época de crisis que el mundo helénico estaba sufriendo, que lleva a equiparar la filosofía a un camino de salvación, toda vez que la religión tradicional había mostrado su inconsistencia a manos de la crítica sofística. Por eso el mundo pensante de la época vuelve a la filosofía. "Lo que el hombre le exigía era algo nuevo. En momentos de seguridad la filosofía podría ofrecerle una contemplación de la fusiv, y de sus principios, o de la estructura y dinámica de la existencia humana. Ahora se exigía a ésta una solución de vida, de felicidad. La filosofía estaba alerta y escuchaba estas necesidades humanas. Por eso sus pensadores van a dejar de buscar especulativamente la verdad de las cosas, para ofrecer a los hombres una cosmovisión, que sea camino de salvación. La filosofía cambia de sentido y se convierte en norma de vida, en fuente de felicidad" (Marcelino Legido López, *Bien, Dios, Hombre*, p. 89. Salamanca 1964. Cf. P. Barth, *Los estoicos*, pp. 13-25 (Madrid 1930); Julián Marías, *Biografía de la filosofía*, pp. 129-152 (Bs. As. 1954); A. Ropero, *Introducción a la filosofía*, pp. 53-55 (Terrassa 1999).

todos su mayor empeño a profundizar en las cosas físicas, esto es, naturales. Aunque no me parece pueda verse claramente el propósito de Sócrates, ¿pretendió, dominado por el tedio de las cosas oscuras e inciertas, descubrir algo cierto y claro, necesario para la vida feliz, a cuya única consecución parece encaminado el cuidado y trabajo de todos los filósofos? ¿O acaso, como piensan algunos benévolamente, no quería que los espíritus inmersos en apetitos terrenos aspirasen a las cosas divinas?

A veces veía que se afanaban por las causas primeras y últimas de las cosas, que para él sólo estaban en la voluntad del Dios único y supremo; y pensaba que sólo podía comprenderlas una mente purificada. Por eso juzgaba debía insistirse en la purificación de la vida por las buenas costumbres a fin de que, libre la mente del peso de los malos deseos, alce el vuelo con su vigor natural a lo eterno, y pueda contemplar con entendimiento purificado la naturaleza de la luz incorpórea e inmutable, en que se encuentran firmes las causas de todas las naturalezas creadas.

Es evidente, de todos modos, que él, confesando su ignorancia o disimulando su ciencia, con la gracia admirable de su dialéctica y con su extremada elegancia, puso en ridículo y desbarató la necedad de los ignorantes que se las daban de entendidos aun en las cuestiones morales, en las que él parecía tener centrada toda su atención. Con ello se atrajo enemistades, y, condenado por una calumniosa acusación, fue castigado con la muerte. Luego tuvo que llorarlo públicamente la misma Atenas, que públicamente le había condenado, y de tal modo se tornó la indignación del pueblo contra los dos acusadores, que uno murió violentamente a manos de la multitud y el otro se libró de tal pena con destierro voluntario y perpetuo.

Con fama tan ilustre de su vida y de su muerte[6], dejó Sócrates muchísimos seguidores de su doctrina, compitiendo unos con otros en la discusión de cuestiones morales, en las que se trata del bien supremo (*summum bonum*), que puede hacer al hombre feliz. Y ya que en las discusiones de Sócrates, en que lo trata todo, afirmando unas cosas y negando otras, sin aparece claro su pensamiento[7], cada cual tomó lo que le gustó, estableciendo el fin del bien (*finem boni*) donde mejor le pareció. Pero el fin del bien se llama a lo que hace feliz a uno cuando lo consigue. De

---

6. Los apologetas cristianos tuvieron a Sócrates desde un principio como un "mártir de la verdad", que "fue acusado de los mismos crímenes que nosotros" (Justino Mártir, *Apología* II, 10), inscribiéndose así en la nómina de los "cristianos antes de Cristo".

7. Sócrates se comparaba a sí mismo a una comadrona que ayuda a los demás a dar a luz sus propios pensamientos. . Se conoce por método *mayéutico* o de inducción y consiste en preguntas bien dirigidas para que el interlocutor descubra por sí mismo lo que se le quiere enseñar.

ahí nació la diversidad de opiniones entre los socráticos respecto a este fin, de tal manera que —cosa increíble pudieran hacer los seguidores de un mismo maestro— unos, como Aristipo[8], tienen como supuesto bien al placer; otros, como Antístenes[9], a la virtud, de modo que unos han opinado una cosa, y otros otra, y sería muy largo enumerarlos a todos.

4. La filosofía de Platón

Entre los discípulos de Sócrates se destacó con gloria principal y bien merecida, eclipsando a todos los demás, Platón. Era ateniense, de familia ilustre, y muy superior a sus condiscípulos por su maravilloso ingenio. Pensando que ni por sí mismo ni con la doctrina socrática podía llevar a la perfección la filosofía, recorrió por mucho tiempo las regiones más lejanas que pudo, a dondequiera le llevaba la fama de alguna ciencia digna de estudio. Así aprendió en Egipto las enseñanzas notables que allí se profesaban y enseñaban; pasó de allí a la región de Italia, célebre por el nombre de los pitagóricos, y con suma facilidad asimiló de labios de sus sabios más eminentes la floreciente filosofía de la Magna Grecia. Por el amor que sentía hacia su maestro Sócrates, le hacía interlocutor de casi todos sus tratados, procurando armonizar con el aire y moralidad de aquél cuanto había aprendido de los demás o había penetrado con su propio talento.

El estudio de la sabiduría se encuentra en la acción y en la contemplación, y así puede llamarse activa a una parte y contemplativo a la otra. La activa trata del gobierno de la vida o de formar las costumbres; la contemplativa investiga las causas de la naturaleza y de la verdad en sí. Se dice, pues, que Sócrates sobresalió en la vida activa y que Pitágoras se dedico más a la contemplativa con todos los recursos de su talento.

A Platón se le atribuye la gloria de haber unido a ambos perfeccionando la filosofía, que dividió en tres partes:

1. La moral, que se encuentra sobre todo en la acción.

2. La natural, destinada a la contemplación.

3. La racional, que distingue lo verdadero de lo falso.

Y aunque lo último sea necesaria tanto a la acción como a la contemplación, es contemplación, a pesar de todo, que reclama sobre todo como

---

8. Aristipo, natural de Cirene, fundó la escuela cirenaica, que reducía la virtud al placer y recomendaba el goce espiritual como vía para librarse del desasosiego y adquirir independencia frente a toda influencia externa.

9. Antístenes, fundador de la escuela cínica y del cinismo. Más que una filosofía es una forma de vida surgida en un momento de crisis, de ahí el desprecio que tenían los cínicos por las convenciones sociales.

oficio propio investigar la naturaleza de la verdad. Esta división en tres partes no es, pues, contraria a la distinción de todo el estudio de la sabiduría en acción y contemplación.

¿Cuál fue la opinión de Platón sobre cada una de estas partes, esto es, en dónde conoció o creyó que estaba el fin de todas las acciones, la causa de todas las naturalezas, la luz de todas las razones? Pienso que es muy largo el tratar de explicarlo con palabras, y también pienso que no debe afirmarse temerariamente. Cuando introduce en sus diálogos a su maestro Sócrates, y procura mantener, porque así le gustaba también a él, la costumbre ordinaria que tenía de disimular su ciencia o su opinión, sucede que quedan también en la penumbra las opiniones de Platón sobre las grandes cuestiones.

Sin embargo, de las cosas que se leen en él, ya las haya dicho como suyas, o ya haya referido o escrito que fueron dichas por otros y que a él le han parecido bien, es preciso recordar e insertar algunas en esta obra, sea cuando presta una ayuda a la religión verdadera, que nuestra fe acepta y defiende, sea cuando parece serle contrario, en cuanto se refiere a la cuestión del Dios único y de muchos dioses, a causa precisamente de la vida verdaderamente feliz que vendrá después de la muerte.

Quizá a aquellos a los que ha ensalzado más la fama por haber seguido a Platón y haberle reconocido con más perspicacia y veracidad como muy por encima de los demás filósofos gentiles, quizá ésos tengan de Dios la opinión de que en él se encuentra la causa de la subsistencia, y la razón de la inteligencia y la ordenación de la vida; de estas tres cosas, una pertenece a la parte natural, la otra a la racional y la tercera a la moral. Pues si el hombre fue creado en tal condición que por lo que en él hay de excelente alcanza lo que excede a todas las cosas, es decir, un solo Dios verdadero y perfecto, sin el cual no subsiste naturaleza alguna, ni instruye doctrina alguna, ni aprovecha costumbre alguna: busque a aquel en quien encontramos la seguridad de todas las cosas; contemple a aquel en quien todas son ciertas; ame a aquel en quien tenemos la suprema rectitud.

5. Preferencia de la filosofía platónica

Si Platón definió al sabio como aquel que imita, conoce y ama a este Dios cuya participación le hace feliz, ¿qué necesidad hay de examinar al resto de los filósofos? Ninguno de ellos está tan cerca de nosotros como los platonistas.

Ceda ante ellos la teología fabulosa que recrea los ánimos de los impíos con los crímenes de los dioses. Ceda también la civil, en que los impuros demonios bajo el nombre de dioses sedujeron con placeres terrestres a los pueblos a ellos entregados y tuvieron a bien considerar los errores humanos como honores divinos; incitaban así con los más inmundos afanes a sus adoradores a la contemplación escenificada de sus crímenes como manera de darles culto, y se proporcionaban a sí mismos de arte de los espectadores escenas más detestables. En lo cual, si aún tienen lugar algunas ceremonias dignas, se ven mancilladas por la obscenidad de los teatros que las acompañan, y las torpezas que se representan en el teatro merecen alabanza comparadas con la degradación de los templos.

Ceda también la interpretación que ha dado Varrón, como si estos ritos se refirieran al cielo, a la tierra y a las semillas y actos de los seres mortales; ya que, en realidad, por una parte, no son significados por aquellos ritos que pretende insinuar, y por ello su empeño no atina con la verdad; y, por otra, aunque lo fueran, no debe el alma racional dar el culto debido a su Dios a los seres que le son inferiores por naturaleza; ni debe poner delante de sí como dioses las cosas cuya primacía le dio a ella el verdadero Dios.

Y déjense también a un lado los escritos referentes a estos ritos sagrados que Numa Pompilio procuró fueran enterrados, y que descubiertos por el arado mandó el Senado quemar. Y, para tratar a Numa con todo honor, mencionemos en la misma línea los escritos que Alejandro de Macedonia escribió a su madre, que le habían sido descubiertas por cierto León, sacerdote de gran categoría entre los egipcios[10]. En ellos se presentan como simples hombres no sólo Pico y Fauno, Eneas y Rómulo, así como Hércules, Esculapio y Líbero, hijo de Semele, los Tindáridas y los restantes mortales que tienen por dioses; se presentan también los dioses mayores de los gentiles, que Cicerón en sus *Tusculanas*[11] parece quiere insinuar sin citar los nombres, Júpiter, Juno, Saturno, Vulcano, Vesta y muchísimos otros que Varrón trata de trasladar a las partes o elementos del mundo. Hay mucha similitud, como hemos dicho, entre este caso y el de Numa, porque el sacerdote, temiendo haber revelado los misterios, le encarga con súplicas a Alejandro que los entregue a las llamas tan pronto como le haya dado cuenta por escrito a su madre.

No sólo, pues, han de ceder estas dos teologías, la fabulosa v la civil, a los filósofos platónicos, que reconocieron la existencia del Dios verdadero, creador de todas las cosas, iluminador de la verdad, y rico dador de la felicidad; han de ceder también ante varones tan ilustres y conocedores

---

10. Escrito apócrifo, atribuido a León de Pella, que quiso desmitificar el panteón egipcio al estilo de Evémero; muy utilizado por Tertuliano, Arnobio y Cipriano.
11. Cicerón, *Tusc.* I, 13.

de semejante Dios, los otros filósofos que, con espíritu sometido al cuerpo, tuvieron como principio de la naturaleza las cosas corporales. Así Tales, que lo puso en el agua; Anaxímenes, en el aire; los estoicos, en el fuego; Epicuro, en los átomos, esto es, en corpúsculos tan diminutos que no pueden dividirse ni percibiese.

Háganse aparte, finalmente, todos aquellos en cuya enumeración no es preciso detenerme, que afirmaron como causa y principio de todas las cosas a los cuerpos ya simples, ya compuestos, ya sin vida, ya con ella, pero, al fin, cuerpos. De ellos, algunos, como Epicuro, creyeron que los seres vivientes podían proceder de los no vivientes; otros, en cambio, que los seres vivientes y los no vivientes proceden de los vivientes ciertamente, pero los cuerpos, del cuerpo. Pues los estoicos tuvieron al fuego realmente como dios, y este fuego no era otra cosa para ellos que uno de los cuatro elementos de que consta este mundo visible, siendo a la vez viviente, sabio y autor del mismo mundo y de todo lo que en él existe.

Estos y todos los semejantes a ellos no pudieron pensar otra cosa que lo que les comunicaban sus corazones vinculados a los sentidos de la carne. Tenían en sí mismos lo que no veían, y se imaginaban que veían fuera de sí lo que no veían, aunque en realidad no lo veían, sino sólo lo pensaban. Y esto, en realidad, a la vista de tal imaginación, no es cuerpo, sino semejanza de cuerpo. Y la facultad por la que se ve en el ánimo esta semejanza del cuerpo, ni es cuerpo ni semejanza de cuerpo; y esa misma facultad, que juzga si es hermosa o deforme esa semejanza, es ciertamente más elevada que ésta. Esa es precisamente la mente del hombre y la naturaleza del alma racional, que ciertamente no es cuerpo; como no lo es tampoco esa misma semejanza del cuerpo cuando se la ve y discierne en el alma del que piensa. No es, pues, ni tierra, ni agua, ni aire, ni fuego, los cuatro cuerpos, llamados también elementos, de que vemos está formado este mundo corpóreo. Y así, si nuestra alma no es cuerpo, ¿cómo puede ser cuerpo Dios, creador del alma?

Cedan, pues, todos éstos, como se ha dicho, a los platónicos; cedan también los otros que se ruborizaron de afirmar que Dios era cuerpo y, sin embargo, no tuvieron reparo en afirmar que nuestras almas son de la misma naturaleza que es él. No les ha conmovido una mutabilidad tan grande del alma, que es impío atribuir a la naturaleza de Dios. Pero replican que la naturaleza del alma se cambia en contacto con el cuerpo, pues por sí misma es inmutable. Lo mismo podían decir que si la carne recibe heridas es por el cuerpo, pues por sí misma es invulnerable. Lo que no puede ser cambiado no puede cambiarlo nada; y así, lo que puede cambiar por medio del cuerpo, ya puede cambiar por algo y, por tanto, no se puede llamar justamente inmutable.

6. Filosofía natural de los platonistas

Estos filósofos, pues, que vemos justamente preferidos por la fama y la gloria a todos los demás, reconocieron que Dios no es cuerpo; y así, en la búsqueda de Dios transcendieron todos los cuerpos. Vieron que ninguna cosa que cambia puede ser el Dios supremo. Comprendieron, además, que en cualquier cosa mudable, toda forma que le hace ser lo que es, de cualquier modo o naturaleza que sea, no puede tener existencia sino de quien verdaderamente existe, porque existe sin poder cambiar. De donde concluyeron que sólo de quien tiene existencia simplicísima puede tenerla el cuerpo de todo el mundo, sus formas, sus cualidades, el movimiento ordenado, los elementos ordenados desde el cielo hasta la tierra, y todos los cuerpos que hay en ellos. Y lo mismo ha de decirse de toda clase de vida, ya sea la que alimenta y conserva, como vemos en los árboles; ya la que, además de esto, siente, como la de los cuerpos; ya la que, además, entiende, como la de los hombres; ya, finalmente, la que sin necesidad del subsidio nutritivo se conserva, siente y entiende, como la de los ángeles. Y en ese ser simplicísimo no es el vivir diferente del entender, como si pudiera vivir sin entender; ni es el entender diferente del ser feliz, como si pudiera entender sin ser feliz; sino que su existencia es precisamente el vivir, el entender, el ser feliz.

Por esta inmutabilidad y simplicidad entendieron que él hizo todas las cosas, y que él no pudo ser hecho por nadie. Pensaron que cuanto existe o es cuerpo o es vida; que la vida es mejor que el cuerpo, y que la forma del cuerpo es sensible, y la de la vida inteligible. Y así prefirieron la figura inteligible a la sensible.

Llamamos sensibles a los seres que pueden ser percibidos por la vista o por el tacto; inteligibles, a los que sólo pueden ser entendidos por la mirada de la mente. No hay hermosura corporal, ya sea en el estado del cuerpo, cual es la figura, ya en el movimiento, cual es la canción, sobre la cual no juzgue el espíritu. Lo cual no podría hacer si esa figura no fuera más elevada en él, y esto sin el volumen de la masa, sin el sonido de la voz, sin el espacio del lugar o del tiempo. Pero a su vez también, si no fuera mudable no podría juzgar uno mejor que otro sobre la hermosura sensible, ni un espíritu más ingenioso mejor que otro más torpe, uno más sabio mejor que otro menos sabio, uno más ejercitado mejor que otro menos ejercitado, y uno mismo ya adelantado mejor que antes de serlo. Lo que en efecto sufre aumento o disminución es, sin duda, mudable. Por ello los hombres ingeniosos, sabios y ejercitados en estas materias, llegaron a la conclusión de que no puede hallarse la primera figura en aquellas cosas en que se la ve cambiante.

De modo que, habiendo, según ellos, en el cuerpo y en el alma diversos grados de belleza, y no pudiendo tener existencia si no tuvieran figura alguna, concluyeron tenía que haber algo en que existiera la primera e inmutable y, por tanto, incomparable; y pensaron con toda razón que allí se encontraba el principio de las cosas, que no pudo ser hecho, y del cual se hicieron todas ellas. "Así lo que puede conocerse de Dios, Dios mismo se lo ha puesto delante cuando lo invisible de Dios resulta visible para el que reflexiona sobre sus obras, también su eterno poder y su divinidad. Por él fueron creadas también todas las cosas visibles y temporales" (Ro. 1:19-20).

Queda dicho lo que se refiere a la que llaman parte física, es decir, la natural.

7. Filosofía lógica y racional

Por lo que se refiere a la doctrina, de que trata la segunda parte, que ellos llaman lógica, es decir, racional, no pueden compararse en modo alguno con ellos los que colocaron el juicio de la verdad en los sentidos del cuerpo y pensaron que todo lo que se aprende había de estar sometido a sus reglas sospechosas y falaces. Tal fue la opinión de los epicúreos y de otros semejantes; tal, también, la de los estoicos, que, teniendo una predilección especial por la habilidad en la disputa que llaman dialéctica, juzgaron que había que derivarla de los sentidos del cuerpo; y de ahí afirman que el espíritu concibe las nociones (ennoiai) de las cosas, que explican por medio de definiciones. Y de ahí también desarrollan y encadenan todo el arte de su conocimiento y enseñanza.

Suelo maravillarme mucho cuando les oigo afirmar que sólo los sabios son elegantes; con qué sentidos corporales habrán visto esta elegancia, o con qué ojos de la carne habrán contemplado la forma y la gloria de la sabiduría. En cambio, los que anteponemos con razón a los demás, distinguieron lo que contempla la mente de lo que perciben los sentidos; sin quitar a los sentidos lo que alcanzan, y no dándoles más de lo que son capaces; pero afirmando también que existe una luz para conocerlo todo, y que esa luz es el mismo Dios, por quien fueron hechas todas las cosas

8. La filosofía como amor y goce de Dios

Queda por tratar la parte moral, que en griego se llama ética, en que se trata del bien supremo. Si referimos a él todas nuestras acciones, y lo buscamos no por otro bien, sino por sí mismo, y al fin llegamos a conseguirlo, no es preciso buscar más para ser felices.

Por eso es llamado fin, porque todas las demás cosas las buscamos por él, y a él en cambio sólo por sí mismo. Con relación a este bien beatífico, unos afirman que le viene al hombre del cuerpo; otros del alma, y otros de entrambos. Como veían que el hombre está formado de alma y cuerpo, juzgaron que era natural tenía que venirle el bien de uno de estos dos o de los dos, con un bien final con el que fueran felices, al cual dirigieran todo lo que hacían y no tuvieran que buscar otra cosa a qué referirlo. Por ello, cuando otros añadieron un tercer género de bienes, llamado extrínseco, como el honor, la gloria, el dinero o cosa semejante, no lo añadieron como objetivo final, es decir, de suerte que fuera apetecido por sí mismo, sino por otro; y así este género de bienes sería bueno para los buenos y malo para los malos.

Así, ya solicitaran este bien del espíritu, ya del cuerpo, ya de uno y otro, al fin pensaron que había que solicitarlo del hombre. Los que lo apetecieron del cuerpo, lo apetecieron de la parte inferior; los que lo apetecieron del alma, de la parte superior, y los que de una y otro, de todo el hombre. Fuera, pues, de la parte, fuera del todo, al fin sólo del hombre. Estas diferencias no por ser tres, se quedaron en tres opiniones, sino que suscitaron muchas discordias y sectas entre los filósofos; hubo diversas opiniones sobre el bien del cuerpo, sobre el bien del alma y sobre el bien de uno y otro.

De consiguiente, cedan todos éstos ante los filósofos que afirmaron que el hombre no era feliz por gozar del cuerpo, o por gozar del espíritu, sino por gozar de Dios; no como el espíritu goza del cuerpo o de sí mismo, ni como el amigo del amigo, sino como el ojo goza de la luz, si estas cosas pueden suministrarnos alguna semejanza con aquello; cuál sea esa, en cuanto está de nuestra parte, aparecerá con la ayuda de Dios en otro lugar[12].

Baste, por el momento, recordar que para Platón el bien supremo consiste en vivir según la virtud, y que esto sólo puede alcanzarlo quien tiene conocimiento de Dios y procura su realización; según él, no hay otra causa que pueda hacerle feliz. Y así, no duda en afirmar que filosofar es amar a Dios, cuya naturaleza no es corporal. De donde se sigue que entonces es feliz el amante de la sabiduría —tal es el filósofo— cuando comienza a gozar de Dios. Aunque en realidad no siempre es feliz el que goza de lo que ama; hay muchos que son miserables por amar lo que no debe ser amado, y más miserables aún sin llegar a disfrutar de ello; pero nadie es feliz si no goza de aquello que ama. Los mismos que aman lo que no debe ser amado, no piensan ser felices en el amor, sino en el gozo. Por tanto, quien goza de aquel a quien ama, y ama

---

12. En el lib. XIX, cap. 2, de esta obra.

el verdadero y supremo bien, ¿quién, sino alguien muy depravado, negará que es feliz? A ese bien verdadero y supremo lo reconoce Platón como Dios; por eso dice que el filósofo es amador de Dios, a fin de que, como la filosofía tiende a la vida feliz, sea feliz gozando de Dios el que lo ama.

9. La filosofía más próxima a la fe cristiana

Por tanto, cualesquiera filósofos que han reconocido al verdadero y supremo Dios como autor de las cosas creadas, luz de las cognoscibles y bien de las que han de practicarse, que es el principio de nuestra naturaleza, la verdad de nuestra doctrina y la felicidad de nuestra vida; ya sean los llamados propiamente platónicos o de cualquiera otra denominación que hayan dado a su secta; sean sólo de la escuela jónica, que fueron los principales entre ellos, los que han tenido esta opinión, como el mismo Platón y los que mejor le entendieron; o sean también los itálicos, teniendo presentes a Pitágoras y los pitagóricos, o también otros que ha podido haber de la misma opinión; sean cualesquiera de los tenidos por sabios y filósofos entre las otras naciones, los libios, del Atlántico, los egipcios, indos, persas, caldeos, escitas, galos, hispanos[13] y demás; a todos los que hayan pensado así y enseñado estas doctrinas los anteponemos a los demás y confesamos que están más cercanos a nosotros

10. Sabiduría del cristiano ignorante de la filosofía

l. Aunque el cristiano pueda estar instruido solamente en literatura eclesiástica e ignorar quizá hasta el nombre de los platónicos, y no saber si ha habido dos escuelas de filósofos en la lengua griega, los jónicos y los itálicos; no por eso es sordo respecto al conocimiento de las cosas humanas, hasta ignorar que los filósofos profesan el estudio de la sabiduría misma. Está en guardia sobre los que filosofan según los elementos de este mundo, no según Dios, que ha hecho el mundo. Así se lo advierte el

---

13. En las notas la *Ciudad de Dios*, el humanista Luis Vives defiende que Agustín tenía alguna noticia de la historia de la España antigua para incluir a los españoles entre los amantes de la sabiduría. "En esta tierra, antes que se descubriesen las minas de oro y plata, hubo pocas guerras, y muchos que filosofaron, y los pueblos vivieron santamente en paz y tranquilidad. Cada pueblo era regido por un magistrado, anual, que ejercía por ministerio de hombres de excelente condición y bondad. Los pleitos se resolvían con justicia y no por multitud de leyes, aunque no faltaron escritos de grande antigüedad, principalmente entre los turdetanos. Apenas había pleitos ni procesos entre los ciudadanos, y si los había, se procedía en ellos con emulación de la virtud, del temor a los dioses, de la razón natural y de las buenas costumbres. Personas sabias disputaban públicamente en ciertos días, asistiendo también las mujeres" (L. Vives, obras completas, p.470-471).

precepto apostólico, y escucha con fe lo que se le dice: "Mirad que ninguno os engañe por filosofías y vanas sutilezas, según las tradiciones de los hombres, conforme a los elementos del mundo" (Col. 2:8).

Pero también, para que no piense que todos son iguales, escucha al mismo Apóstol hablando de algunos: "Porque lo que de Dios se conoce, a ellos es manifiesto; porque Dios se lo manifestó. Porque las cosas invisibles de él, su eterna potencia y divinidad, se echan de ver desde la creación del mundo, siendo entendidas por las cosas que son hechas; de modo que son inexcusables" (Ro. 1:19-20). Como hablando a los atenienses, dirigiéndoles sobre Dios aquella maravillosa expresión que pocos pudieron entender, "en él vivimos, nos movemos y existimos", añadió: "Así lo dicen incluso algunos de vuestros poetas" (Hch. 17:28).

El cristiano sabe también guardarse de esos filósofos en los errores que tienen. Ya en el mismo pasaje en que se dijo que a través de las cosas creadas, Dios les ha manifestado sus perfecciones invisibles accesibles a su inteligencia; ahí mismo se dice que ellos no le dieron el culto debido, puesto que rindieron a otras cosas, a que no correspondían, los honores divinos que a él solo eran debidos: "Porque habiendo conocido a Dios, no le glorificaron como a Dios, ni dieron gracias; antes se desvanecieron en sus discursos, y el necio corazón de ellos fue entenebrecido. Diciéndose ser sabios, se hicieron necios, y trocaron la gloria del Dios incorruptible en semejanza de imagen de hombre corruptible, y de aves, y de animales de cuatro pies, y de serpientes" (Ro. 1:21-23). Se refiere aquí el apóstol a los romanos, griegos y egipcios, que se gloriaban de su nombre de sabios. Sobre esto discutiremos después con ellos.

Por lo que se refiere a su coincidencia con nosotros sobre un solo Dios autor de este universo, que no sólo es incorpóreo sobre todos los cuerpos, sino también incorruptible sobre todas las almas, nuestro principio, nuestra luz, nuestro bien, en todo esto tenemos que anteponerlos a todos los demás.

2. Y aunque el cristiano, ignorante de su propia literatura, no use de su terminología en la discusión, no llamando filosofía natural (que es un término latino) u física (que es un griego), a la parte que versa sobre la investigación de la naturaleza, y racional o lógica a la otra en que se busca el modo de percibir la verdad, y moral o ética a la que se trata de las costumbres, de los fines buenos que han de perseguirse y de los malos que deben evitarse; no por ello ignora que es del único y verdadero perfecto Dios de quien tenemos la naturaleza, por la cual hemos sido hechos a su imagen; lo mismo que la doctrina por la cual le conocemos a él y nos conocemos a nosotros; y la gracia, que nos hace felices por la unión con él.

Esta es la causa de preferir éstos a los demás; porque los otros filósofos han gastado su talento y sus esfuerzos investigando las causas de las cosas y el método de aprender y de vivir; éstos, por el conocimiento de Dios, descubrieron dónde estaba la causa creadora del universo, la luz para descubrir la verdad y la fuente donde se saborea la felicidad. Ya sean y pues, estos platónicos, ya cualesquiera otros filósofos de cualquier nación, los que tienen este pensamiento sobre Dios, están de acuerdo con nosotros. Pero nos ha parecido mejor tratar esta cuestión con los platónicos, porque son más conocidas sus obras, pues los griegos, cuya lengua sobresale entre los pueblos, las hicieron bien conocidas con sus alabanzas, y los latinos, movidos por su gloria y su excelencia, las aprendieron de mejor grado, y al verterlas a nuestra lengua las hicieron más ilustres y notorias.

11. Inquisición sobre el origen de las doctrinas de Platón

Algunos que participan con nosotros de la gracia de Cristo, se admiran cuando oyen o leen que Platón ha tenido este conocimiento de Dios, que reconocen tan en armonía con la verdad de nuestra religión. Por ello han pensado algunos que al ir a Egipto oyó al profeta Jeremías o leyó en el mismo viaje los libros proféticos; y yo mismo consigné esta opinión en algunos de mis libros[14]. Pero el cómputo diligente del tiempo, registrado en la cronología, nos dice que Platón nació casi cien años después que profetizó Jeremías[15]. Vivió ochenta y un años, y pasaron casi otros sesenta desde su muerte hasta que Tolomeo, rey de Egipto, pidió de Judea los escritos proféticos de los hebreos, que procuró tener y traducir por los famosos setenta varones, conocedores también de la lengua griega. Por tanto, no pudo Platón en aquel viaje ver a Jeremías, tanto tiempo antes fallecido, ni leer las mismas Escrituras, que no habían sido traducidas aún al griego, su lengua. Cierto, como tan aficionado al estudio, pudo aprender mediante intérprete esos escritos, como aprendió los egipcios; no para traducirlos por escrito, tarea llevada a cabo como un gran servicio por Tolomeo[16], que por su poder real podía inspirar cierto temor, sino para aprender en el trato su contenido en cuanto le fuera posible.

---

14. En *De Doctrina Christiana*, II, 43. Comp. *Retractations* II, 4, 2.

15. Jeremías vivió entre los años 627 y 586 a.C., mientras que Platón vivió en el año 420 o 427 y 347 a.C. Primero fueron los apologetas judíos, seguidos después por los cristianos los que desarrollaron la curiosa "teoría del préstamo", por la que los filósofos griegos tomaron de los profetas hebreos lo mejor de su pensamiento espiritual. Véase, por ejemplo, Justino Mártir, *Apología* I, 44 y Clemente de Alejandría, *Stromata*, I, 72,4.

16. Este Tolomeo II Filadelfo liberó a los judíos que habían sido traídos cautivos a Egipto por Tolomeo Soter, que llegaron a sumar 120.000. Luego ordenó que se enviara oro y piedras preciosas como presentes para el sumo sacerdote en Jerusalén (Josefo, *Antigüedades de los judíos*, XII, 2).

Esta suposición parece confirmada por los primeros versículos del libro del Génesis: "Al principio creó Dios el cielo y la tierra. La tierra era un caos informe; sobre la faz del abismo, la tiniebla. Y el aliento de Dios se cernía sobre la faz de las aguas" (Gn. 1:1-2). Y Platón, en el *Timeo*, libro que escribió sobre la constitución del mundo, dice que Dios unió primero la tierra y el fuego, por lo que es manifiesto que asigna al fuego como su lugar el cielo[17]; y, por tanto, tiene esta teoría cierta semejanza con aquella de "al principio creó Dios el cielo y la tierra". Luego dice Platón que el agua y el aire son los dos medios por los cuales se unen aquellos extremos. En lo cual se cree que entendió de este modo lo que está escrito: "El aliento de Dios se cernía sobre la faz de las aguas". Aunque no prestó suficiente atención al sentido que suele dar la Escritura al Espíritu de Dios, ya que también el aire se llama espíritu; y así parece pudo pensar que en aquel lugar se hacía mención de los cuatro elementos.

Sobre la afirmación de Platón de que el filósofo es un amante de Dios, nada hay más claro en las Sagradas Letras. Lo que ha influido muchísimo en mí para llegar casi a creer que Platón no fue desconocedor de los Sagrados Libros es la respuesta dada a la pregunta hecha por el santo Moisés, cuando las palabras de Dios le fueron llevadas por el ángel a Moisés, porque cuando preguntó que había de responder a quien le preguntase por el nombre de quien le mandaba ir a liberar al pueblo hebreo de Egipto, se le dio esta respuesta: "Yo soy el que soy. Esto dirás a los israelitas: Yo soy, me envía a vosotros" (Ex. 3:14). Como si en comparación del que es por ser inmutable no existieran las cosas que son mudables. Platón sostuvo esto con tenacidad y lo recomendó con toda solicitud[18]. Yo no sabría decir si esto se encuentra en alguno de los libros que existieron antes de Platón, a no ser donde se dijo: "Yo soy el que soy. Yo soy, me envía a vosotros."

12. Consenso filosófico respecto al sacrificio a los dioses

De todos modos, doquiera haya aprendido él estas verdades, ya en los libros de los que le precedieron, o, más probable, como dice el apóstol, porque lo que puede conocerse de Dios lo tienen a la vista. Dios mismo se lo ha puesto delante. Desde que el mundo es mundo, lo invisible de Dios, es decir, su eterno poder y su divinidad, resulta visible para el que reflexiona sobre sus obras" (Ro. 1:20), pienso haber dejado bien claro que

---

17. Platón, *Timeo* 31-32.
18. Platón, *ibid.* 37: "Porque de una cosa decimos que era, es y será, pero de aquella `[ousia* eterna] sólo se puede decir con verdad que *es*".

con toda razón escogí a los filósofos platónicos para tratar con ellos lo que se discute en la cuestión que hemos emprendido sobre la teología natural, a saber, si es necesario hacer sacrificios a un solo Dios o a muchos, con vistas a la felicidad después de la muerte.

Los escogí a ellos sobre todo, porque cuanto más elevado sentir tuvieron sobre el único Dios, que hizo el cielo y la tierra, tanta mayor gloria y prestigio alcanzaron. Cuánto fueron preferidos a los otros a juicio de la posteridad, nos lo demuestra lo siguiente. Aristóteles, discípulo de Platón, varón de extraordinario talento, inferior en estilo a su maestro, pero muy superior a muchos, fundó la escuela *peripatética*, así llamada porque acostumbraba a enseñar paseando; y destacando por la gloria de su fama, conquistó para su escuela a muchísimos aún en vida de su maestro. Pero después de la muerte de Platón, Espeusipo, hijo de su hermana, y Xenócrates, su discípulo predilecto, le sucedieron en la escuela llamada Academia, y por eso ellos y sus sucesores se llamaron académicos. No obstante, los más ilustres filósofos posteriores que siguieron a Platón no quisieron llamarse peripatéticos ni académicos, sino platónicos. Son bien conocidos entre ellos los griegos Plotino, Jámblico, Porfirio; y en las dos lenguas, griega y latín, destacó como platónico el africano Apuleyo. Pero todos éstos y los demás de este estilo, y el mismo Platón, pensaron debían hacerse sacrificios a muchísimos dioses.

13. Todos los dioses son buenos, según Platón

Aunque están en desacuerdo con nosotros en otros muchos e importantes puntos con relación al que acabo de exponer, tan importante y del cual se trata, comienzo por preguntarles: ¿A qué dioses, según ellos, ha de darse culto: a los buenos o a los malos, o a los buenos y los malos? Cierto que tenemos el sentir de Platón, según el cual todos los dioses son buenos, no habiendo en absoluto ninguno malo. De donde se sigue que debe darse culto a los buenos; y entonces se da los dioses, ya que si no son buenos no serían dioses. Si esto es así (¿y qué otra cosa deberíamos pensar de los dioses?) se desvanece ciertamente la opinión de los que piensan que deben ser aplacados los dioses malos para que no perjudiquen, e invocados los buenos para que ayuden. Dioses malos no existen, luego los honores sagrados de tales ritos deben darse a los buenos.

¿Qué clases de dioses son, pues, los que aman los juegos escénicos, y solicitan se les mezclen en las cosas divinas y se celebren en su honor? Su poder indica que existen, pero este afecto los declara malos. El sentir de Platón sobre estos juegos es bien claro, manda que sean expulsados de la ciudad esos poetas por haber compuesto obras tan indignas de la majestad y de la bondad de los dioses. ¿Qué clase de dioses son, pues, aquellos que se enfrentan al mismo Platón? El, en efecto, no soporta que los dioses sean infamados con falsos crímenes; ellos mandan que se celebren sus honores con tales crímenes. Estos, además, al ordenar que se instauren esos juegos, exigiendo torpezas, realizaron ellos mismos también cosas malas; le quitaron el hijo a Tito Latinio y le dieron una enfermedad porque rehuía su mandato, y en cambio se la quitaron cuando cumplió sus órdenes. Y Platón piensa que no se les debe temer aunque sean tan malos, y manteniendo con toda firmeza su pensamiento, no vacila en arrojar de un pueblo bien constituido todas las sacrílegas bagatelas de los poetas, con que se recrean a los dioses participando de la inmundicia.

A este Platón, como ya recordé en el libro II[19], lo coloca Labeón entre los semidioses. Pues el tal Labeón piensa que los dioses malos se aplacan con víctimas cruentas y con súplicas del mismo género; y los buenos, con los juegos y cosas semejantes que tengan relación con la alegría. ¿Cómo es, pues, que el semidiós Platón se atreva a rehusar con tal firmeza no sólo a los semidioses, sino también a los dioses, y hasta a los buenos, aquellas diversiones precisamente porque las juzga torpes? Estos dioses rechazan de plano la sentencia de Labeón, pues en el caso de Latinio no sólo se mostraron lascivos y burlones, sino hasta terriblemente crueles. Es hora ya de que nos expongan estas cosas los platónicos, que, en atención al sentir de su maestro, tienen a todos los dioses por buenos, honestos y aliados de los sabios por las virtudes, y juzgan impiedad pensar de otra manera sobre alguno de los dioses. Lo explicaremos, dicen ellos. Vamos, pues, a escucharlos atentamente.

14. Tres clases de almas

1. Dicen que todos los seres vivos dotados de alma racional se dividen en tres clases: dioses, hombres, demonios. Los dioses ocupan el lugar más alto; los hombres, el más bajo; los demonios, el intermedio. Pues los dioses tienen su morada en el cielo; los hombres, en la tierra; los demonios, en el aire. Y como es diferente la dignidad de los lugares, también lo es la de las naturalezas. Por tanto, los dioses son superiores a los hombres y a los demonios; los hombres son inferiores a los dioses y a los demonios, tanto por la categoría de los elementos, como por la diferencia de los méritos. De manera que los demonios, que ocupan un lugar intermedio, ya que son inferiores a los dioses, pues habitan en un lugar más bajo, son superiores a los hombres, ya que habitan más arriba que ellos. Tienen en

---

19. Cap. 14.

común con los dioses la inmortalidad de los cuerpos, y con los hombres las pasiones del alma. No es extraño, pues, dicen, que se recreen con las obscenidades de los juegos y con las ficciones de los poetas, ya que les cautivan los afectos humanos, de que están muy lejos y ajenos en absoluto los dioses. De donde se sigue que Platón, al detestar y prohibir las ficciones poéticas, no es a los dioses, buenos todos y excelsos, sino a los demonios, a quienes priva del placer de los juegos escénicos.

2. Que esto sea así, aparte de encontrarlo también en otros, nos informa Apuleyo, platónico de Madaura, en un libro que dedicó exclusivamente a este asunto, titulado *De deo Socratis*[20]. Habla en él y expone de qué clase era la divinidad, que, unida además con cierta amistad, asistía a Sócrates, de quien se dice solía ser amonestado para que desistiera de una obra, cuando lo que quería realizar no iba a tener suceso próspero. Dice clarísimamente, y lo asegura con gran profusión, que aquélla no era una divinidad, sino un demonio; y lo dice estudiando en una diligente discusión la opinión de Platón sobre el lugar altísimo que ocupan los dioses, el bajo de los hombres y el intermedio de los demonios.

Si, pues, todo esto es así, ¿cómo pudo atreverse Platón, arrojando a los poetas de la ciudad, a rehusar los placeres del teatro[21], si no a los dioses, alejados por él de todo contagio humano, sí al menos a los demonios? Seguramente, porque quiso amonestar al espíritu humano, aunque todavía encerrado en estos miembros mortales, a que despreciara, por el esplendor de la honestidad, los impuros mandatos de los demonios y detestara su inmundicia.

Si Platón denuncia y prohíbe esto con tal honestidad, entonces, ciertamente, era vergonzoso para los demonios ordenarlo. Por tanto, o se equivoca Apuleyo, y no tuvo Sócrates una divinidad amiga de esta clase; o Platón sintió cosas opuestas entre sí, ya tratando de honrar a los demo-

---

20. Apuleyo vivió aproximadamente entre los años 125-170 d.C. La ciudad norteafricana de Madaura distaba unos treinta kilómetros de Tagaste, donde creció Agustín, y gozaba de gran fama entre sus compatriotas: ""Para nosotros los africanos, Apuleyo el africano es el más conocido". Hombre de vasta erudición era autor, aparte del libro aquí mencionado por Agustín, de la novela clásica *Metamorfosis* o *El asno de oro*, que trata de un tal Lucio que por artes mágicas fue transformado en asno. En cuanto a su adscripción filosófica, más que neoplatónico habría que situarle en un platonismo medio, que se originó en Alejandría en el siglo primero a.C., por obra de Eudoro y Filón de Alejandría. En este ámbito, Apuleyo destaca sobre todo por su demonología, que expone precisamente en su *De deo Socratis*, obra que quiere ofrecer elementos para elaborar una cosmología, antropología, ética y mística de alcance universal.

21. Platón, *La República* III. Ya que en el teatro se representaban acciones vergonzosas cometidas por los dioses, en la República ideal, según Platón, se deberían suprimir las representaciones escénicas.

nios, ya alejando de una ciudad bien constituida los placeres de ellos; o no se ha de felicitar a Sócrates por la amistad de un demonio de la cual tal rubor sintió Apuleyo, que titulara su libro *El dios de Sócrates*, en vez de titularlo no *El dios* (*deo*), sino *El demonio* (*daemon*) *de Sócrates*. Así al menos lo exigía el tratado en que con tal diligencia y abundancia distingue a los dioses de los demonios. Prefirió él poner esto en la exposición, a ponerlo en el título del libro. Así, mediante la sana doctrina que resulta en las cosas humanas, todos o casi todos los hombres se apartan con horror del nombre de los demonios, de tal manera que si alguno, antes de la exposición de Apuleyo, en la que recomienda la dignidad de los demonios, leyera el título del libro *El demonio de Sócrates*, en modo alguno pensaría que aquel hombre estaba en sus cabales.

Y ¿qué pudo encontrar el mismo Apuleyo digno de alabanza en los demonios, sino la sutileza y robustez de los cuerpos, y el lugar más encumbrado de su morada? Pues con relación a sus costumbres, al hablar de todos en general, no sólo no dijo ningún bien, sino antes muchísimo mal. Finalmente, tras la lectura de aquel libro, nadie se maravilla de que ellos quieran tener la torpeza escénica entre las cosas divinas, y de que, pretendiendo ser temidos por dioses, se deleiten con los crímenes de los dioses; al igual que se halla en consonancia con sus afectos cuanto se ridiculiza o causa espanto en su culto por la solemnidad escénica o la infame crueldad.

15. Las mansiones de los demonios

1. Que ninguna mente realmente piadosa y sujeta al verdadero Dios piense los demonios son mejores que los hombres porque tienen mejores cuerpos. De otro modo, debía poner delante de sí a muchas bestias, que nos superan por la agudeza de los sentidos, por la agilidad y rapidez del movimiento, por la pujanza de sus fuerzas, la fortaleza longeva de sus cuerpos. ¿Qué hombre puede igualar en la vista a las águilas y a los buitres? ¿Quién, en el olfato, a los perros? ¿Quién, en velocidad, a las liebres, ciervos, a todas las aves? ¿Quién, por su gran fuerza, a los leones y elefantes? ¿Quién, por su longevidad, a las serpientes, que se dice con el cambio de su piel dejan también su vejez y vuelven a la juventud? Pero como aventajamos a todos éstos por el raciocinio y la inteligencia, así tenemos que ser mejores que los demonios con la bondad y honestidad de nuestra vida.

Por esto, la divina providencia les otorgó cuerpos con mejores cualidades que las nuestros, para que en lo que les superemos nos sea encomendado como mereciendo mucho mayor cuidado que el cuerpo; y aprendiéramos a menospreciar la misma excelencia corporal, que sabemos tienen los demonios, ante la bondad de la vida por la que nos anteponemos a ellos; sabiendo que hemos de tener también nosotros la inmortalidad de los cuerpos, no una inmortalidad atormentada por el castigo eterno, sino la que es conquistada por la pureza del alma.

2. Ahora bien, sobre la altura del lugar, que habitan los demonios en el aire y nosotros en la tierra, es ridículo perturbarnos de tal modo que por ello vayamos a pensar que han de anteponerse a nosotros. Según esto, pondríamos delante de nosotros a todos los volátiles del cielo. Pero las aves, cuando se fatigan en el vuelo o han de reparar el cuerpo con el alimento, vuelven a la tierra para descansar o para alimentarse; lo que los demonios, dicen, no hacen. ¿Les parece bien, entonces, que las aves nos aventajen a nosotros, y los demonios a las aves? Si pensar esto es una extravagancia, no hay por qué pensar que a causa de la habitación en un elemento superior sean dignos los demonios de nuestra sumisión religiosa. Como las aves del cielo no sólo no son preferidas a los que moramos en la tierra, sino que nos están sometidas por la dignidad del alma racional que tenemos; así, los demonios, aunque habiten la región etérea, no por ello son mejores que nosotros los de la tierra, porque sea el aire superior a la tierra; antes deben ser los hombres preferidos a ellos, porque en modo alguno puede compararse su desesperación con la esperanza de los hombres piadosos.

Incluso según la ley de Platón, por la que compone y ordena proporcionalmente los cuatro elementos, interponiendo entre los dos extremos el fuego nobilísimo y la tierra inmóvil —los dos del medio—, el aire y el agua; y de tal manera, que cuanto el aire es superior a las aguas y el fuego al aire, tanto las aguas son superiores a las tierras[22]; argumento que nos avisa suficientemente lo que debemos apreciar los méritos de los vivientes por el rango de los elementos. Aun el mismo Apuleyo, como los demás, llama al hombre animal terrestre, siendo muy superior a los

---

22. En el Timeo Platón deja abiertos muchos interrogantes, ¿cómo interpretar la región intermedia entre el cielo, lugar del fuego y de la tierra?, ¿qué significan el aire y el agua?, ¿cómo entender el Demiurgo y el mundo de las ideas? "Sabemos que el platonismo medio fijó dos principios, que Dios es el Ser en el sentido perfecto de la palabra y que las ideas son las ideas de la mente. Pero entonces, el Demiurgo no puede ser sino un dios intermedio, tal vez cabeza de varios otros dioses; hacen falta otros seres intermedios entre el Demiurgo, es decir, el mundo divino y las cosas materiales. Visto desde nuestro punto de vista, se puede decir que el platonismo medio se enfrentaba con el clásico problema de las causas segundas, a causa de una noción imperfecta de la causa eficiente y final" (Claudio Baseví, "La polémica contra el *De deo Socratis* de Apuleyo en la *Ciudad de Dios*", en VV.AA:, *Plotino, Porfirio, San Agustín*, pp 132-134. Sociedad Castellano-Leonesa de Filosofía, Salamanca 1989).

animales acuáticos, aunque Platón da la preeminencia a las aguas sobre la tierra.

De ahí podemos entender que, cuando se trata del valor de las almas, no se debe utilizar la misma medida que se usa en la gradación de los cuerpos; antes bien, puede ocurrir que un alma mejor habite en un cuerpo inferior, y un alma inferior en un cuerpo superior.

16. Propiedades de los demonios

El mismo Apuleyo, cuando habla sobre las costumbres de los demonios, dijo que se ven sometidos a las mismas perturbaciones que los hombres, irritados por las injurias, aplacados con los regalos, gozosos con los honores, complacidos con los diversos ritos de los sacrificios y perturbados si en ellos hay algún descuido[23]. Entre otras atribuciones dice que les conciernen a ellos las adivinaciones de los augures, de los arúspices, de los adivinos y de los sueños; y también los prodigios de los magos. Los define brevemente diciendo que los demonios son, por su género, animales; por su alma, sujetos a las pasiones; atendiendo a su mente, racionales; en cuanto al cuerpo, formado de aire, y en cuanto al tiempo, eternos. "De estas cinco cualidades, las tres primeras son comunes con nosotros, la cuarta les es propia y la quinta la tienen común con los dioses"[24]. Pero observo que de las tres primeras que les son comunes con nosotros, dos también las tienen con los dioses.

Dice, en efecto, que los dioses son animales, ya que al asignar a cada uno sus elementos, nos colocó a nosotros entre los animales terrestres con los restantes que en la tierra viven y sienten; entre los acuáticos, a los peces y otros que nadan; entre los aéreos, a los demonios; en los etéreos, a los dioses. Y, por tanto, el pertenecer al género de los animales lo tienen los demonios común no sólo con los hombres, sino también con los dioses y con los brutos: por la inteligencia, son racionales con los dioses y con los hombres; por el tiempo, son eternos con sólo los dioses; como sujetos a las pasiones por el espíritu, coinciden con los hombres; cuanto a ser aéreos por el cuerpo, es propio de ellos.

---

23. Apuleyo, *De Deo Socratis*, cap. 45. "De esta manera los demonios perdieron definitivamente su inocencia divina y adquirieron rasgos humanos. A partir de entonces ejecutaban sobre todo actos mágicos. En su discurso de defensa contra la acusación de hechicería, Apuleyo definía al mago como un conocedor que, por medio de la comunicación con los dioses inmortales, adquiere un poder mágico casi increíble para la ejecución de sus propios deseos" (Christoph Daxelmüller, *Historia social de la magia*, p. 59. Herder, Barcelona 1997).

24. Apuleyo, *ibid.*, cap. 13.

Por consiguiente, el ser animales por el género no es gran cosa, pues lo son también los brutos; el ser racionales por la inteligencia no está sobre nosotros, pues que nosotros lo somos también; el ser eternos en cuanto al tiempo, ¿qué tiene de bueno si no son felices? Mejor es una felicidad temporal que una eternidad miserable. En el estar sujetos a las pasiones por el ánimo, ¿cómo pueden estar sobre nosotros, que también estamos sujetos, y no lo estaríamos sí no fuéramos miserables? El ser aéreos por el cuerpo, ¿qué estima merece si cualquier naturaleza de alma se prefiere al cuerpo y, por tanto, el culto religioso que se debe por el ánimo jamás se debe a lo que es inferior al ánimo? En fin, si entre las propiedades de los demonios contara la virtud, la sabiduría y la felicidad, aceptaría que tienen estas cosas comunes con los dioses, lo que ciertamente ya es algo digno de desear y de ser estimado en mucho. Bien que ni aún así debíamos darles culto por estas cosas como a Dios, sino más bien al mismo de quien sabemos recibieron ellos esas cosas. ¡Cuánto menos dignos de honores divinos son los animales aéreos, racionales, además, para poder ser miserables; sujetos a pasiones para serio en realidad, y eternos para que no puedan terminar su miseria!

17. Pasiones y desórdenes de los demonios

1. Paso por alto otras cosas con tal de centrar nuestra atención en lo que dice que hay de común entre los demonios y nosotros, a saber, las pasiones del alma[25]. Sí todos los cuatro elementos están llenos de sus vivientes, de inmortales el fuego y el aire, de mortales el agua y la tierra, ¿por qué las almas de los demonios se ven agitados por los desórdenes y tempestades de las pasiones? Pues la perturbación es lo que en griego se llama paqov; por ello, él quiso llamar a los demonios *pasivos* en cuanto al alma, ya que la palabra pasión, que procede de paqov, indicaría el movimiento del alma en contra de la razón. ¿Cómo, pues, existen en los ánimos de los demonios estas pasiones que no existen en las bestias? Porque si algo semejante aparece en las bestias, no es perturbación, ya que no es contra la razón, de la que carecen.

En cambio, que aparezcan estas perturbaciones en los hombres es debido a la necedad o a la miseria, pues aún no somos felices con la perfección de la sabiduría que se nos promete al fin, cuando nos veamos libres de esta mortalidad. Dicen, en cambio, que los dioses no están sujetos a estas perturbaciones porque no sólo son eternos, sino también felices; porque tienen las mismas almas racionales, pero totalmente limpias de toda mancha y contagio. Por consiguiente, si los dioses no están sujetos

---

25. Los demonios, según Apuleyo, participan de la eternidad de los dioses, pero no de su impasibilidad, que comparten con los humanos, pasibles o sometidos a pasión.

a perturbaciones, porque son animales felices, no miserables, y tampoco lo están las bestias porque son animales que no pueden ser ni felices ni miserables; resta que los demonios, como los hombres, están sometidos a las perturbaciones, porque no son felices, sino animales miserables.

2. ¿Qué necedad, pues, o mejor qué demencia puede someternos por algún motivo religioso a los demonios cuando por la verdadera religión nos vemos libres de la perversidad que nos hace semejantes a ellos? Pues el mismo Apuleyo, aunque se muestra muy benigno con ellos y los juzga dignos de los honores divinos, se ve forzado a reconocer que se dejan mover por la ira, y a nosotros la verdadera religión nos manda no ceder a la ira, sino más bien oponerle resistencia; siendo los demonios conquistados con obsequios, la verdadera religión nos ordena no favorecer a nadie por la aceptación de obsequios; ablandándose los demonios por los honores, la verdadera religión nos manda que no nos dejemos mover por ellos en modo alguno; odiando los demonios a algunos y amando a otros no con un juicio prudente y sereno, sino con un alma que llama él "sujeta a la pasión", a nosotros la verdadera religión nos manda amar incluso a nuestros enemigos. En suma, la verdadera religión nos ordena deponer todo movimiento del corazón e ímpetu de la mente, todas las agitaciones y tempestades del ánimo en las que dice se agitan y debaten los demonios. ¿Cuál es, pues, la causa, la necedad y el error miserable de que te humilles en la veneración de aquel a quien no quieres asemejarte en la vida? ¿Cuál es la causa de que veneres con la religión a quien no quieres imitar, si precisamente toda religión consiste en la imitación de quien veneras?

18. Mediación indigna de los demonios

En vano Apuleyo y todos los de su opinión han concedido a los demonios el honor de situarlos en el aire, entre el cielo etéreo y la tierra, que lleven las súplicas de los hombres a los dioses y traigan las respuestas de los dioses a los hombres, porque "ningún dios se mezcla con el hombre", según dicen afirmó Platón[26]. Los que creen estas cosas tuvieron por in-

---

26. En el concepto religioso de Platón hay una irremediable oposición radical entre la trascendencia y la inmanencia, Dios y el hombre, por eso el platonismo medio alejandrino exploró el tema de las mediaciones, el problema de la mediación entre Dios y el mundo. Para ellos la religión se apoya indefectiblemente en la función mediadora de los demonios, ya que los hombres no tendrían posibilidad de comunicarse con los dioses, ni los dioses podrían comunicarse con los hombres. Una vez que se concibe a Dios según el modelo platónico como sumo Bien, y por tanto como Dios único, y puesto que el mundo está bajo el dominio de lo múltiple y contingente, es sujeto a la muerte, a la pasión y a la corrupción, ¿cómo establecer un nexo entre ellos?

digno mezclar a los hombres con los dioses y a los dioses con los hombres; y, en cambio, les pareció bien mezclar a los demonios con los dioses y los hombres para presentar las peticiones de parte de éstos, y traer de parte de aquéllos las cosas concedidas; de tal manera que un hombre casto, y libre de los crímenes de las artes mágicas, utilice como patronos para que los dioses le oigan a demonios que aman estas cosas, cuando precisamente no amándolas él se hace más digno de que le escuchen más fácilmente y de mejor grado.

Pues los demonios aman las torpezas escénicas, que no ama la honestidad; aman en los maleficios de los magos "las mil artes del engaño"[27], que no ama la inocencia. En consecuencia, la honestidad y la inocencia si quisieran conseguir algo de los dioses no lo podrían conseguir por sus méritos, sino con la intervención de sus enemigos. No hay motivo para que Apuleyo intente justificar las ficciones y escarnios del teatro. Frente a todo esto tenemos a su maestro tan considerado entre ellos, Platón, si el pudor humano tiene tan pobre idea de sí que no sólo ame las cosas torpes, sino que hasta las tenga por agradables a la divinidad.

19. Impiedad de las artes mágicas

Contra las artes mágicas de que gustan gloriarse algunos demasiado infelices y demasiado impíos, ¿no he de citar el testimonio público bien notorio? ¿Por qué, en efecto, son castigadas tan duramente por la severidad de las leyes estas artes si son obras de dioses dignos de veneración? ¿Fueron acaso establecidas por los cristianos estas leyes que castigan las artes mágicas? ¿Qué otro sentido pueden tener las palabras del poeta, sino que está fuera de toda duda que estos maleficios son perniciosos al género humano? He aquí los versos:

"Testigos me son los dioses,
Y tú, querida hermana, tú a quien tanto quiero,
De que muy a pesar mío recurro a artes mágicas"[28].

En igual sentido se entiende lo que dice de estas artes en otro lugar: "He visto transferir a otro lugar las mieses sembradas"[29]; en que alude a los frutos ajenos que se dice fueron trasladados a otras tierras por la influencia funesta e impía de esta doctrina.

¿No dice Cicerón que en las Doce Tablas, el código más antiguo de los romanos, consta el castigo establecido para quien practicara estas ar-

---

27. Virgilio, *En.* 7, 338.
28. Virgilio, *En.* 4, 492-493.
29. Virgilio, *Eglog.* 8. 98.

tes[30]? Finalmente, el mismo Apuleyo ¿no fue acusado por estas artes mágicas ante jueces cristianos[31]?

Ciertamente si cuando le acusaron de esto tenía a estas artes por divinas y piadosas, y adaptadas a las obras de las potestades divinas, no sólo debió confesarlas[32], sino hasta profesarlas públicamente y condenar más bien a las leyes que prohibían y juzgaban condenables estas cosas que era preciso considerar dignas de admiración y veneración.

De esta manera, una de dos, o lograba persuadir a los jueces de su opinión, o, si ellos siguieran con las leyes injustas y le condenasen a muerte por predicar y alabar tales cosas, los demonios le otorgarían una recompensa digna de su alma, ya que no tenía reparo en ofrecer la vida humana en la predicación de sus obras divinas. Como les sucedió a nuestros mártires cuando se les achacaba la religión cristiana como un crimen: como sabían que ella los salvaba y glorificaba para siempre, no eligieron liberarse de las penas temporales negándola; antes bien, confesándola, proclamándola, predicándola, soportando por ella todos los tormentos fiel y varonilmente, y muriendo con piadosa serenidad, pusieron en vergüenza las leyes que la prohibían y las hicieron cambiar.

Por otra parte, nos queda una larga y muy elocuente disertación de este filósofo platónico, en que defiende que él está libre del crimen de las artes mágicas, y pretende demostrar su inocencia con la negación de los hechos que no puede cometer un inocente. Pero todas las maravillas de los magos, que con razón juzga deben ser condenados, se deben a las doctrinas y obras de los demonios. Vea él cómo juzga dignos de honor y necesarios para llevar nuestras plegarias a lo dioses a aquellos cuyas obras debemos evitar si queremos que nuestras plegarias lleguen al verdadero Dios.

Pregunto, además, ¿qué plegarias de los hombres debe presentar a los dioses los demonios, las mágicas o las lícitas? Si las mágicas, no las admiten; si las lícitas, no las quiere por su medio. Y sí un pecador arrepentido hace oración, sobre todo porque se contagió con alguna magia, ¿puede recibir el perdón por la intercesión de aquellos cuyo impulso o favor le hizo cometer la culpa que llora? ¿O acaso los mismos demonios, para poder merecer el perdón a los arrepentidos, hacen primero penitencia por haberlos engañado? Jamás ha afirmado esto nadie de los demonios; si fuera así, en modo alguno se atreverían a solicitar para sí honores

---

30. Plinio, *Hist. nat.* 28,2.

31. Más bien ante el pagano Claudio, procónsul de Africa en Cartago.

32. En su discurso de defensa o *Apología* contra la acusación de hechicería, Apuleyo definió al mago como un conocedor que, por medio de la comunicación con los *daemones*, adquiere un increíble poder mágico para el logro de sus deseos

divinos quienes desean por la penitencia llegar a la gracia del perdón. Aquello sera detestable soberbia; esto, humildad digna de lástima.

20. Los dioses buenos no pueden comunicarse más con los demonios malos que con los hombres honestos

Sin embargo, ¿hay un motivo urgente y apremiante que exija la mediación de los demonios entre los dioses y los hombres, para que puedan ofrecer las oraciones de los hombres y traigan de regreso la respuesta de los dioses? ¿Cuál es este motivo? ¿Por qué esa urgencia? Porque, dicen, ningún dios mantiene relación con el hombre. ¡Magnífica santidad de Dios que no se digna comunicarse con el hombre suplicante, y lo hace con el demonio arrogante! No se comunica con el hombre penitente, y lo hace con el demonio mentiroso; no se comunica con el hombre que se refugia en la divinidad y lo hace con el demonio que se finge divinidad; no se comunica con el hombre que pide perdón, y lo hace con el demonio que aconseja la corrupción; no se comunica con el hombre, que trata de arrojar de la ciudad bien organizada por medio de los libros de los filósofos a los poetas, y se comunica con el demonio, que solícita a los príncipes y pontífices de la ciudad la presentación de los escarnios de los poetas en las representaciones escénicas; no se comunica con el hombre, que prohíbe la ficción de los crímenes de los dioses, y se comunica con el demonio, que se recrea en los falsos crímenes de los mismos; no se mezcla con el hombre que castiga con justas leyes las perversidades de los magos, y se comunica con el demonio que enseña y practica las artes mágicas; no se comunica con el hombre, que rehúye la imitación del demonio, y se comunica con el demonio, que acecha para engañar al hombre.

21. Los demonios como mensajeros de los dioses

1. Sin duda que aquí reside la gran necesidad para este absurdo, tan indigno de los dioses, que los dioses etéreos, que se ocupan de las cosas humanas, no sabrían qué hacen los hombres si no se lo comunicasen los demonios aéreos, ya que el éter está lejos de la tierra y suspenso allá en lo alto, y en cambio el aire está contiguo al éter y a la tierra. ¡Oh admirable sabiduría! ¿Qué otra cosa piensan estos hombres de los dioses, a quienes consideran buenos en alto grado, sino que se ocupan de las cosas humanas para no parecer indignos de culto, y, por otra parte, no los conocen por la distancia de los elementos? En base a esto se juzga imprescindible el papel de los demonios, y por eso ellos mismos se juzgan dignos de culto, ya que por su medio pueden los dioses

conocer cómo están las cosas humanas y en qué es necesario ayudar a los hombres. Si esto es así, el demonio es más conocido de estos buenos dioses por la proximidad de su cuerpo, que el hombre por la bondad de su alma. ¡Oh necesidad tan deplorable, o mejor aún, vanidad ridícula y detestable, por no decir vana divinidad!

Porque si los dioses, con sus mentes libres del obstáculo del cuerpo, pueden ver nuestro mente, no necesitan para esto de los demonios mensajeros; pero si los dioses etéreos perciben por su cuerpo las manifestaciones corporales del alma, como el semblante, el lenguaje, el movimiento, y de ahí infieren qué les anuncian los demonios, pueden ser engañados por las mentiras de los mismos. Si, pues, la divinidad de los dioses no puede ser engañada por los demonios, no puede tampoco esa divinidad ignorar lo que hacemos nosotros.

2. Quisiera yo me dijeran si los demonios han comunicado a los dioses que Platón no estaba de acuerdo con las ficciones poéticas sobre los crímenes de los dioses y callaron que a ellos les complacían, si han callado ambas cosas, prefiriendo que los dioses estuvieran ignorantes de esto; o si les indicaron ambas cosas, es decir, la prudencia religiosa de Platón para con los dioses y su propia obscenidad injuriosa contra los mismos dioses; finalmente, si pretendieron que fuera desconocida para los dioses la opinión de Platón, por la cual no quiso que los dioses fueran infamados con falsos crímenes por el desenfreno impío de los poetas, y en cambio no tuvieron reparo ni temor de mostrar su propia perversidad, con que aman los juegos escénicos, en que se celebran tales indecencias de los dioses. De estos cuatro interrogantes que he propuesto, escojan el que ellos quieran y sean conscientes del mal que achacan a los dioses buenos en cualquiera de ellos.

Si eligen el primero, han de confesar que no les fue lícito a los dioses buenos comunicar con el buen Platón cuando trataba de rechazar que se les injuriase, y habían comunicado con los demonios cuando se regocijaban con esas injurias, ya que, efectivamente, los dioses buenos no conocían al hombre bueno tan lejos de ellos, sino a través de los demonios malos a quienes podían conocer debido a su proximidad[33].

Si eligen el segundo y dicen que ambas cosas habían sido ocultadas por los demonios, de manera que los dioses ignorasen por completo la religiosísima ley de Platón y la sacrílega complacencia de los demonios, ¿qué pueden conocer útilmente los dioses sobre los humanos por medio de los mensajeros demonios, si no conocen siquiera las determinaciones

---

33. Otros traducen, "a quienes podían conocer debido, aunque cerca de ellos mismos".

que en honor de los dioses buenos se toman por la religiosidad de los hombres buenos, contra los caprichos de los malos demonios?

Si eligen el tercero y responden que los dioses han conocido por medio de los demonios mensajeros no sólo la opinión de Platón, que rechazaba las injurias de los dioses, sino también la perversidad de los demonios, deleitándose en las injurias de los mismos, me gustaría preguntar si tal comunicación no es más bien un insulto. Ahora bien, los dioses oyen y conocen lo uno y lo otro, de tal manera que no sólo no rechazan de su presencia a los demonios malignos que desean y practican cosas contrarias a la dignidad de los dioses y a la religiosidad de Platón, sino que por esos malos demonios, que están cerca de ellos, transmiten sus dones al buen Platón, que está en un lugar lejano, porque habitan en tal lugar en la concatenada serie de elementos, que pueden entran en contacto con los que los acusan, pero no lo pueden con quien los defiende, con el agravante de que son conscientes de ambas cosas, pero no pueden cambiar el peso del aire y de la tierra.

No queda ya sino el cuarto; si lo eligen, es peor que los otros. Si los demonios anunciaron a los dioses las criminales ficciones sobre los dioses inmortales y los escarnios indignos de los teatros, así como su ardiente apetito y deleitosa complacencia en todo esto; si, por otra parte, se callaron que Platón, con filosófica gravedad, juzgó se habían de alejar de una excelente república todas estas cosas, ¿quién puede soportar que los dioses buenos se vean forzados a conocer por tales mensajeros los males de los perversos, aún los de los mismos mensajeros, y no puedan conocer los bienes de los filósofos contrarios a ellos, siendo aquéllos una injuria para los dioses y éstos un honor para los mismos dioses?

22. Engaño de los demonios para ser adorados

No se puede admitir ninguno de esas cuatro alternativas, ya que en cada una de ellas queda tan mal parado el concepto de los dioses; y así, en modo alguno se puede creer lo que Apuleyo y los filósofos de la misma escuela enseñan, a saber, que los demonios median entre los dioses y los hombres como mensajeros e intérpretes para llevar de aquí nuestras peticiones y traer de allí el socorro de los dioses. Muy al contrario, debemos creer que son espíritus ansiosos de causar mal, totalmente ajenos a la justicia, hinchados de soberbia, lívidos por la envidia, sutiles en el engaño. Habitan ciertamente en este aire porque, arrojados de la sublimidad del cielo superior por causa de su irreparable transgresión, han quedado condenados en esta especie de cárcel tan a propósito para ellos. Pero no por hallarse el lugar del aire sobre las tierras y las aguas son superiores ellos por sus méritos a los hombres; éstos, con su espíritu religioso, los superan con creces no por su cuerpo terrenal, sino por haber elegido al verdadero Dios como auxilio.

Cierto que tienen dominio sobre muchos, hechos prisioneros y esclavos, indignos claramente de participar en la verdadera religión. Valiéndose de falsos portentos de hecho o de palabra, lograron persuadir a la mayor parte de aquéllos de que ellos son dioses. A otros, en cambio, que consideraron con más atenta diligencia sus vicios, no pudieron persuadirles de que eran dioses. Entonces trataron de hacerse pasar por mediadores entre los dioses y los hombres e intercesores de sus beneficios. Y si los hombres juzgaron que no había de dárseles siquiera este honor, ya que no los tenían por dioses por verlos malos, mientras todos los dioses deben ser buenos, no obstante no se atrevieron a tenerlos por indignos enteramente del culto divino, sobre todo por no ofender a la multitud del pueblo, que con inveterada superstición servían a los demonios por medio de la celebración de muchos ritos y la erección de muchos templos.

23. Hermes Trismegisto y la creación de dioses

1. El egipcio Hermes, llamado Trismegisto[34], tuvo ideas bien diferentes sobre esos demonios. Apuleyo niega ciertamente que fueran dioses, pero al decir que se encuentran como intermedios entre los dioses y los hombres, de manera que parezcan necesarios a los hombres ante los dioses, no separa mucho su culto de la religión de los altos dioses. En cambio, este egipcio afirma que algunos dioses han sido hechos por el Dios supremo, y otros por los hombres. Dicho esto así, puede pensar alguno que se habla de imágenes, puesto que son obra de la mano de los hombres; pero él dice que las imágenes visibles y tangibles son como los cuerpos de los dioses, y que en ellas están ciertos espíritus invitados que tienen algún poder ya para causar mal, ya para satisfacer algunos deseos de los que les tributan honores divinos y el homenaje del culto. Unir con habilidad especial estos espíritus invisibles a los elementos visibles de la materia corporal, de suerte que sean como cuerpos animados, imágenes dedicadas y sometidas a aquellos espíritus; esto es lo que llama aquél hacer dioses, y éste es el grande y maravilloso poder de hacer dioses que han recibido los hombres.

Voy a citar las palabras de este egipcio traducidas a nuestra lengua: "Puesto que nuestro discurso versa sobre el parentesco y relación de los

---

34. Del gr. *trismegistos*, tres veces grande. Sus enseñanzas dieron lugar a un movimiento místico y esotérico, así como un género literario llamado *hermetismo*, que discurre paralelo al gnosticismo de los tres primeros siglos de la Iglesia cristiana.

hombres y los dioses, date cuenta, oh Asclepio, del poder y la fuerza del hombre. Así como el Señor y Padre, o el ser supremo, Dios, es hacedor de los dioses celestes, así el hombre es hacedor de los dioses que están en los templos, satisfechos de la proximidad de los hombres"[35]. Y poco después añade: "Así, la humanidad, teniendo siempre presente su naturaleza y origen, persevera en esta imitación de la divinidad; y como el Padre y Señor hizo dioses eternos, que pudieran ser como él mismo, así la humanidad configura sus propios dioses en su imagen y semejanza".

Al llegar a este punto, Asclepio, con quien habla, le respondió y dijo: "¿Te refieres a las estatuas, oh Trismegisto?"; contestó él: "Sí, estatuas, oh Asclepio; ves cómo tú mismo desconfías, pero estatuas animadas y llenas de vida y de espíritu que hacen tan grandes cosas; estatuas conocedoras del futuro, y que lo predican por la suerte, por adivinos, por los sueños, y de otras maneras, que causan las enfermedades a los hombres y se las curan, que dan la alegría y la tristeza a tono con los méritos. ¿Ignoras acaso, Asclepio, que Egipto es imagen del cielo, o, con más verdad, el lugar a donde se traslada y desciende cuanto se determina y realiza en el cielo, y, más exactamente aún, ignoras que nuestra tierra es el centro de todo el mundo? Sin embargo, como conviene ignorar que el sabio lo sepa todo con anticipación, no debes ignorar esto: Vendrá un tiempo en que aparezca que en vano los egipcios conservaron sus dioses con espíritu piadoso y escrupulosa religión, y en que toda su santa veneración quedará frustrada inútilmente".

2. Luego Hermes prosigue ampliamente en esta cuestión, en lo que parece predecir el tiempo presente, cuando la religión cristiana desbarata todas las ficciones falaces en proporción a su verdad superior y a su santidad, a fin de que la gracia del Salvador auténtico libere al hombre de los dioses que fabrica el hombre, y le sujete al Dios que hizo al hombre[36]. Pero Hermes, al hacer estas predicciones habla como un amigo de estas burlas de los demonios, sin expresar claramente el nombre cristiano; antes como si suprimiera y destruyera cuanto con su cumplimiento con-

---

35. Estas citas forman parte de un diálogo entre Hermes y Asclepio, traducido al latín por Apuleyo.
36. "Lo que no habían podido ciento treinta años de dominación persa y seiscientos años de ocupación griega y romana iba a realizarlo el cristianismo en un siglo o dos. Transformó los espíritus desde dentro. Por supuesto, las grandes construcciones paganas cesan a fines del siglo III a raíz de la crisis económica, la cual se traduce por la constante degradación de la moneda al final de los Antoninos. Pero, además, una parte de la población habían abandonado a los antiguos dioses... La sencillez de la nueva religión y la esperanza que daba a los infelices fueron conquistando poco a poco las almas" (François Daumas, *La civilización del Egipto faraónico*, p. 99. Ed. Óptima, Barcelona 1990).

servaba una semejanza del cielo de Egipto; así, deplorando este futuro, da un testimonio con profecía en cierto modo dolorosa. Es en referencia a tales hombres que el apóstol dice que "conociendo a Dios, en vez de tributarle la alabanza y las gracias que Dios se merecía, su razonar se dedicó a vaciedades y su mente insensata se obnubiló. Pretendiendo ser sabios, resultaron unos necios que cambiaron la gloria de Dios inmortal por imágenes de hombres mortales" (Ro. 1:21 y ss.); y lo que resta, que es prolijo enumerar.

En efecto, respecto del único verdadero Dios, Hermes dice muchas cosas que están de acuerdo con la verdad; y no entiendo cómo esa ofuscación del corazón le arrastra a afirmar que los hombres están sujetos a los dioses que confiesa han sido hechos por ellos; y a la vez se lamenta de que esta sujeción desaparezca en el futuro, como si hubiera algo más desgraciado que el hombre a quien dominan sus ficciones, ya que al adorar el producto de sus manos el hombre puede más fácilmente dejar de ser hombre, que las obras de sus manos, aunque adorada por él, se conviertan en dioses. Porque el hombre, que ha recibido una posición de tanto honor, si no es inteligente, puede ocurrir que descienda más pronto al nivel de las bestias[37], que las obras del hombre sean preferibles a la obra de Dios, hecha a su imagen, es decir, el hombre. Por lo cual, el hombre es dejado justamente que se aparte de quien lo hizo, cuando prefiere para sí mismo lo que él mismo ha hecho.

3. Estas eran las vanidades engañosas, funestas y sacrílegas que lamentaba el egipcio Hermes, sabiendo llegaría el tiempo de su desaparición; pero su lamento fue expresado con tanta impudicia cromo su conocimiento imprudentemente obtenido. No se lo había revelado a él el Espíritu Santo, como a los santos profetas, que, conociendo de antemano estas cosas, exclamaban gozosos: "¿Ha de hacer el hombre dioses para sí? mas ellos no son dioses" (Jr. 16:20). Y en otro lugar: "Y será en aquel día, dice el Señor de los ejércitos, que talaré de la tierra los nombres de las imágenes, y nunca más vendrán en memoria: y también haré talar de la tierra los profetas, y espíritu de inmundicia" (Zac. 13:2). Y precisamente sobre Egipto, en lo referente a esta cuestión, vaticina el santo Isaías: "Vacilan ante él los ídolos de Egipto, y el corazón de los egipcios se les derrite en el pecho" (Is. 19:1). Y otras cosas por el estilo.

Con los profetas hay que clasificar a los que se alegraban de que hubiera llegado lo que sabían había de venir:; tal era Simeón, tal Ana, que reconoció por el espíritu a Jesús recién nacido; tal también Isabel, que lo

---

37. "Mas el hombre no permanecerá en honra, es semejante a las bestias que perecen" (Sal. 49:12).

reconoció concebido por obra del Espíritu (Lc. 2:25-38; 1:41-45); igualmente Pedro, al decir por revelación del Padre: "Tú eres el Mesías, el Hijo de Dios vivo" (Mt. 16:16).

En cambio, a este egipcio le habían descubierto los tiempos futuros de su perdición aquellos mismos espíritus que dijeron temblorosos al Señor, aún presente en la carne: "¿Has venido aquí a atormentarnos antes de tiempo?" (Mt. 8:29). Y esto ya porque se les presentó de pronto lo que sabían había de venir, aunque suponiéndolo más tarde, ya porque llamaban su perdición al desprecio en que caerían al ser descubiertos. Sucedía esto "antes de tiempo", es decir, antes del tiempo del juicio en que habían de recibir eterno castigo con todos los hombres encarcelados en su compañía. Así nos lo enseña la religión, que ni engaña ni se deja engañar; no como éste (Hermes), que zarandeado por todo viento de doctrina, y mezclando la falsedad con la verdad, se lamenta de la pérdida de una religión que luego confiesa errónea.

24. Confesión de Hermes del error de su religión

1. Tras muchas divagaciones, Hermes regresa a su tema para hablar de nuevo de los dioses que hicieron los hombres, y dice: "De los tales baste lo que se ha dicho. Tornemos a los hombres y a la razón, don divino por el cual el hombre animal ha sido llamado racional. Lo que se ha dicho del hombre es menos admirable, aunque es admirable ciertamente. Pues que el hombre descubra la naturaleza divina y la produzca supera la admiración de todas las cosas admirables. Por cuanto nuestros antepasados cometieron un gran error respecto a su conocimiento de los dioses, debido a su incredulidad y al descuido de su culto y servicio divinos, inventaron el arte de fabricar dioses. A esta invención añadieron una virtud conveniente tomada la naturaleza universal, y como eran incapaces de hacer las almas, evocaron a esos demonios o ángeles, y los unieron a las imágenes santas y a los divinos misterios para que por su medio tuvieran los ídolos el poder de obrar el bien y el mal a los hombres".

No sé si los mismos demonios, al ser conjurados, harían las confesiones que ha hecho éste. Dice, en efecto: "Nuestros antepasados cometieron un gran error por su incredulidad con relación a los dioses, y descuidándose del culto y religión divinos inventaron el arte de fabricar dioses." ¿Dijo acaso sencillamente que ellos habían errado, llegando a descubrir el arte de hacer dioses, o se contentó con decir "erraban", sin añadir "cometieron un gran error"? Este gran error, pues, y la incredulidad de los que no se daban cuenta del culto y religión divinos descubrió el arte de fabricar dioses.

Pues bien, este gran error e incredulidad, y el descuido del culto y religión divinos, fue lo que descubrió el arte de fabricar dioses; y es precisamente lo que lamenta el varón sabio como destrucción de la religión divina en un inequívoco tiempo futuro. Bien claro está que se siente obligado por una fuerza divina a manifestar el error de sus antepasados, y por una fuerza diabólica a lamentar la pena futura de los demonios. Porque si sus antepasados, por su gran error de incredulidad sobre la naturaleza de los dioses y por su descuido del culto y la religión divinos descubrieron el arte de fabricar dioses, ¿qué tiene de sorprendente que cuanto hizo este arte detestable, apartado de la religión divina, lo suprimía la religión divina, ya que la verdad corrige el error, la fe refuta la incredulidad y la conversión rectifica la aversión?

2. Si hubiera dicho, sin expresar las causas, que sus antepasados descubrieron el arte de fabricar dioses, hubiera sido incumbencia nuestra, por escaso sentido de la recta religión que tuviéramos, atender y darnos cuenta que nunca hubieran llegado ellos al arte de fabricar dioses si no estuvieran lejos de la verdad, si tuvieran una noción digna de Dios, si prestaran atención al culto y religión divinos. Y sí fuéramos nosotros los que atribuyéramos las causas de ese arte al gran error de los hombres, a la incredulidad y al alejamiento el espíritu errante e infiel hacia la religión divina, todavía podría tolerarse la impudencia de los que resisten a la verdad.

Pero es él mismo quien admira en el hombre el poder de este arte sobre todas las cosas, por el cual se le concedió fabricar dioses, y a la vez se duele de que vendrá un tiempo en que hasta las leyes ordenarán suprimir todas estas ficciones de dioses instituidas por los hombres. Y también expresa palmariamente las causas por las que se ha llegado a tales extremos al decir que sus antepasados, por el gran error e incredulidad y por su falta de atención al culto y religión divinos descubrieron el arte de fabricar dioses. ¿Qué nos queda, por consiguiente, a nosotros que pensar, o más bien que hacer, sino dar cuantas gracias podamos al Señor Dios nuestro, que suprimió todos esos ídolos precisamente por motivos contrarios a los de su institución? En efecto, lo que instituyó el gran error, lo suprimió el camino de la verdad; lo que instituyó la incredulidad, lo suprimió la fe; lo que instituyó el descuido, el alejamiento del culto y religión divinos, lo suprimió la conversión al único santo y verdadero Dios.

Lo cual no tuvo lugar sólo en Egipto, donde únicamente lo lamenta por medio de Hermes el espíritu de los demonios, sino en toda la tierra, que canta al Señor un cántico nuevo. Así lo anunciaron las Escrituras verdaderamente sagradas y verdaderamente proféticas cuando se dice: "Cantad al Señor un cántico nuevo, cantad al Señor toda la tierra" (Sal.

96:1), pues el título de este salmo es "Cuando se edificaba la casa después de la cautividad". Y se edifica en el mundo entero la casa para el Señor, la ciudad de Dios, que es la santa Iglesia, después de la cautividad en que los demonios tenían sojuzgados a los hombres, de quienes por su fe en Dios se edifica la casa como de piedras vivas[38]. Pues no porque el hombre fabricara los dioses dejaba de ser poseído el que los fabricaba, cuando por darles culto era introducido en su sociedad; sociedad, digo, no de ídolos insensatos, sino de astutos demonios. Pues ¿qué son los ídolos sino lo que dice la Escritura: "Tienen ojos y no ven" (Sal. 114:5)?, pues por su artísticamente modelados que estén, no tienen vida ni sentido. Pero los espíritus inmundos, vinculados por ese arte impío a las mismas imágenes, habían cautivado miserablemente las almas de sus adoradores, agregándolas a su sociedad. Por ello dice el apóstol: "Antes digo que lo que los gentiles sacrifican, a los demonios lo sacrifican, y no a Dios, y no querría que vosotros fueseis partícipes con los demonios" (1ª Cor. 10:20).

Por consiguiente, después de esta cautividad, por la cual los hombres estaban bajo el señorío de los malignos demonios, se edifica la casa de Dios en toda la tierra. De ahí el título del salmo donde se dice: "Cantad al Señor un cántico nuevo, cantad al Señor toda la tierra; cantad al Señor, bendecid su nombre, proclamad día tras día su victoria. Contad a los pueblos su gloria, sus maravillas a todas las naciones, porque es grande el Señor, y digno de alabanza, más temible que todos los dioses. Pues los dioses de los gentiles son *demonios*[39], mientras que el Señor ha hecho el cielo" (Sal. 96:1-5).

3. Quien lamenta, pues, la llegada de un tiempo en que fuera suprimido el culto de los ídolos y el señorío de los demonios sobre aquellos que los adoraban, anhelaba, llevado de mal espíritu, la permanencia indefinida de esa cautividad, tras cuyo paso canta el salmo que se edifica la casa en toda la tierra. Anunciaba aquello Hermes con pena; anunciaba esto el profeta con gozo. Y como es el Espíritu vencedor quien cantaba esto por la boca de los santos profetas el mismo Hermes se vio precisado a confesar de modo bien maravilloso que los ídolos que él no quería y lamentaba fueran suprimidos, habían sido instituidos no por varones prudentes fieles y religiosos, sino equivocados, incrédulos y alejados del culto de la religión divina.

Y aunque llame a esos ídolos dioses, al decir que han sido fabricados por tales hombres, a quienes en modo alguno debemos asemejarnos, tie-

---

38. Cf. 1 Ped. 2:5: "Vosotros también, como piedras vivas, sed edificados una casa espiritual, y un sacerdocio santo, para ofrecer sacrificios espirituales, agradables á Dios por Jesucristo".

39. La palabra *demonios* no aparece en el texto hebreo, sino en la traducción griega.

ne necesariamente que confesar que no deben ser adorados por quienes no son iguales a los que los fabricaron, esto es, por los prudentes, fieles, religiosos. Con ello demuestra también que los mismos fabricadores se acarrearon a sí mismos el tener por dioses a los que no lo eran. Así hace verdadero aquello del profeta: "¿Ha de hacer el hombre dioses para sí? Mas ellos no son dioses" (Jr. 16:20).

A tales dioses, pues, llama Hermes dioses de tales hombres, fabricados hábilmente por tales artistas, es decir, los demonios encadenados, no sabría decir cómo, con los ídolos por sus pasiones. Habiendo llamado dioses a los fabricados por los hombres, no les concede, sin embargo, lo que el platónico Apuleyo, cuya doctrina ya expusimos y demostramos su absurda incongruencia, es decir, el ser intérpretes e intercesores entre los dioses que hizo Dios y los hombres creados por el mismo Dios, llevando a Dios las oraciones de los hombres; y trayendo de Dios los dones otorgados en respuesta a las oraciones.

Es demasiado estúpido pensar que los dioses que fabricaron los hombres tienen más poder ante los dioses hechos por Dios que los hombres que hizo el mismo Dios. Considera también que el demonio, vinculado con arte impía a una imagen, ha sido convertido en dios, pero para tal hombre sólo, no para todo hombre. ¿Qué peso, pues, puede tener este dios, que no fabricaría el hombre sino equivocado, incrédulo y apartado del Dios verdadero? Además, si los demonios que son honrados en los templos, metidos no sé cómo en las imágenes, esto es, en las representaciones visibles de ellos mismos, por los hombres que de esa manera fabricaron dioses, equivocados y alejados del culto y la religión divinos; si esos demonios no son mediadores e intérpretes entre los hombres y los dioses, ya por sus pésimas y depravadas costumbres, ya porque los hombres, aunque equivocados, incrédulos y alejados del culto y religión divina, son, sin duda, mejores que ellos, hechos dioses artificialmente por los mismos; no queda sino que todo lo que pueden lo pueden en calidad de demonios, ya concediendo beneficios tanto más nocivos cuanto más engañan, ya causando males abiertamente.

Y aun cualquier cosa de éstas, sólo cuando y cuanto lo permite la profunda y secreta providencia de Dios, no porque, como intermedios entre los hombres y los dioses, tengan gran poder ante los hombres por la amistad de los dioses. Es absolutamente imposible a los demonios ser amigos de los dioses buenos, que nosotros llamamos ángeles santos, criaturas racionales de la santa mansión del cielo, tronos, dominaciones, principados, potestades (Cf. Col. 1:16). De éstos están tan lejos por su disposición espiritual, como los vicios de las virtudes y la malicia de la bondad.

25. Comunión con los ángeles

Por tanto, de ningún modo podemos buscar por medio de la supuesta mediación de los demonios la benevolencia o beneficencia de los dioses, o mejor de los ángeles buenos; debemos hacerlo por la semejanza de la buena voluntad, por la cual estamos con ellos, con ellos vivimos y con ellos adoramos al Dios que adoran, aunque no podemos verlos con los ojos de la carne.

Lo que, en cambio, nos aleja mucho de ellos no es tanto la distancia del lugar, sino el mérito de nuestra vida, ya que tan miserables somos por la desemejanza de la voluntad y la fragilidad de nuestra flaqueza, porque el mero hecho habitar en la tierra, bajo la condición de nuestra carne, no impide nuestra comunión con ellos. Sólo es impedida cuando nosotros, por la impureza de nuestro corazón, nos preocupamos de cosas terrenas. Pero en el tiempo presente, mientras vamos siendo curados para hacernos semejantes a ellos, nos acercamos a ellos también por la fe, si que por su intercesión creemos que quien es su felicidad es también nuestro.

26. Religión pagana y culto a los difuntos

1. Hemos de notar ciertamente lo que entre otras cosas dice este egipcio cuando se lamenta de que ha de venir un tiempo en que desaparezca de Egipto este culto, que confiesa ha sido instituido por los equivocados, incrédulos y alejados del culto de la religión divina: "Entonces esta tierra santísima, morada de santuarios y templos, estará saturada de sepulcros y de muertos." Como si de no desaparecer aquel culto no hubieran de morir los hombres o hubieran de ser puestos en otra parte distinta de la tierra; y es claro que cuanto más tiempo y días pasen, tanto mayor será el número de los sepulcros en proporción al mayor número de muertos.

Lo que parece que lamenta él es que las memorias de nuestros mártires sucedan a sus templos y santuarios, de manera que quienes con mente opuesta a nosotros y perversa leen esto, piensen que los paganos adoraban a los dioses en los templos, y nosotros adoramos a los muertos en los sepulcros. Tan alto sube la ceguedad de los hombres impíos que choca, por decirlo así, con las montañas, y no quieren ver lo que tienen ante los ojos, ni presentan atención al hecho de que en todos los libros de los paganos o no se encuentran, o no encuentran con dificultad dioses que no hayan sido hombres, a quienes muertos se les han tributado honores divinos.

Paso por alto lo que dice Varrón, esto es, que tienen por dioses Manes[40] a todos los muertos; lo que demuestra por los ritos sagrados ofrecidos a casi todos los muertos, citando los juegos fúnebres como máximo indicio de la divinidad pues no suelen celebrarse esos juegos sino en honor de las divinidades.

2. También Hermes, de quien tratamos ahora, atestigua que los dioses de Egipto son hombres muertos; dice, en efecto, en el mismo libro en que se lamenta como presagiando el futuro: "Entonces esta tierra santísima, morada de santuarios y templos, estará saturada de sepulcros y muertos". En efecto, habiendo dicho que sus antepasados, muy equivocados sobre la naturaleza de los dioses, incrédulos y sin prestar atención al culto y religión divinos, habían descubierto el arte de fabricar dioses, añade: "A esta invención añadieron una virtud conveniente sobre la naturaleza del mundo, y mezclándola con ella, como no podían hacer las almas, evocando las almas de los demonios o de los ángeles las unieron a la imágenes santas y a los divinos misterios para que por su medio tuvieran los ídolos el poder de obrar el bien y el mal entre los hombres".

Continúa luego como tratando de probar esto con ejemplos: "Pues tu abuelo, oh Asclepio, fue el inventor de la medicina; se le dedicó un templo en el monte de Libia, junto al litoral de los Cocodrilos, donde reposa su hombre mundano, esto es, el cuerpo. El resto de él, o mejor todo él, si todo el hombre se condensa en el sentido de la vida, marchó mejorado al cielo, y presta ahora con su divinidad a los hombres débiles los auxilios que solía otorgar con el arte de la medicina."

Dices, pues, que un muerto es adorado como dios en el lugar donde tenía el sepulcro. Se engaña y engaña, puesto que el hombre se fue al cielo. Luego añade otra cosa: "Hermes, cuyo nombre llevo como nieto, ¿no ayuda y conserva, morando en la patria que lleva su nombre, a todos los mortales que acuden a él de todas partes?" En efecto, este Hermes mayor, esto es, Mercurio, que dice fue su abuelo, se dice que habita en Hermópolis, la ciudad de su nombre.

Así, afirma que dos dioses fueron hombres, Esculapio y Mercurio. En el concepto de Esculapio coinciden griegos y latinos; pero de Mercurio hay muchos que piensan que no fue mortal; y, sin embargo, éste atestigua que fue su abuelo; pero uno es aquél, y otro éste, aunque se los designa con el mismo nombre. No hago cuestión de que aquél sea uno, y éste, otro; lo cierto es que éste, como Esculapio, fue convertido de hombre en dios, según el testimonio de varón de tal prestigio entre los suyos, Trismegisto, su nieto.

---

40. Manes, gremios romanos relacionados con el culto de los muertos.

3. Hermes todavía añade: "Y de Isis, la esposa de Osiris, ¿no sabemos cuántos favores hace teniéndola propicia, y a cuántos perjudica si está airada?" Luego quiere mostrar que hay dioses de esta clase que fabrican los hombres con este arte; y por ello da a entender su pensamiento: que los demonios han surgido de los espíritus de los hombres muertos, espíritus que, por este arte de hombres tan errados, incrédulos e irreligiosos, fueron introducidos en las imágenes, ya que los que fabricaban tales dioses no podían fabricar también almas.

Y al decir lo que he citado de Isis, cuánto perjudica si está airada, añade a continuación: "Pues les es fácil airarse a los dioses mundanos, ya que están hechos y compuestos por los hombres de ambas naturalezas". De ambas naturalezas, dice, de alma y cuerpo; de manera que en lugar del alma está el demonio, y en lugar del cuerpo, la imagen. "De donde se sigue —dice— que esas imágenes han sido llamadas por los egipcios animales santos, y que por cada una de las ciudades han sido adoradas las almas de aquellos que fueron divinizados durante su vida, de modo que vivan según sus leyes y tomen nombre del suyo."

¿Dónde están aquí las lamentaciones de Hermes por la tierra santísima de Egipto, mansión de santuarios y templos, y que luego había de estar saturada de sepulcros y de muertos? Sin duda, el espíritu falaz que inspiraba esto a Hermes se vio en la precisión de confesar por él mismo que aquella tierra estaba ya repleta de sepulcros y de muertos, a los que honraban los dioses. Pero quien hablaba por él era el dolor de los demonios que deploraban la inminencia de sus penas con las memorias de los mártires. Porque en muchos de estos lugares son atormentados y obligados a confesar, y son arrojados de los cuerpos de los hombres de los que habían tomado posesión.

27. Naturaleza de la honra debida a los mártires

1. Y, sin embargo, nosotros no construimos templos, ni ordenamos sacerdotes, ni solemnidades, ni sacrificios para esos mismos mártires, porque ellos no son nuestros dioses, sino que su Dios es nuestro Dios. Ciertamente honramos sus reliquias como memoriales de hombres santos de Dios que lucharon por la verdad hasta la muerte de sus cuerpos para dar a conocer la verdadera religión, refutadas las falsas y fingidas; cosa que si algunos pensaban ya antes respecto a esas religiones, se callaban sus convicciones por temor.

¿Quién ha oído nunca del sacerdote de los fieles, estando en el altar construido sobre el cuerpo de algún santo mártir para honor y culto de Dios, decir jamás en sus oraciones "te ofrezco este sacrificio, Pedro, Pablo o Cipriano"? Ante sus tumbas es a Dios a quien ofrece sus sacrificios, el Dios que los hizo hombres y mártires, y los asoció a sus santos ángeles en el honor celestial. Y esa solemnidad tiene por objeto dar gracias a Dios por sus victorias y exhortarnos a nosotros, por la renovación de su memoria, a la imitación de tales coronas y palmas invocando el auxilio del mismo Dios.

Por consiguiente, cuantos homenajes celebran las personas piadosas en los lugares de los mártires constituyen un ornato de sus memorias (*ornamenta memoriarum*), no solemnidades o sacrificios de muertos como si fueran dioses. Lo mismo que quienes llevan sus alimentos —costumbre que no tienen los cristianos de formación más elevada, y que en la mayor parte del mundo no existe—, que al colocarlos allí oran y los llevan para comerlos, o también distribuyen parte a los indigentes[41]. Lo que pretenden es que les queden santificados por los méritos de los mártires, en nombre del Señor de los mártires. Pero quien conoce el sacrificio de los cristianos, que se ofrece allí también, no tiene estas celebraciones como sacrificio de los mártires.

2. Así, pues, no honramos nosotros a nuestros mártires como honran ellos a sus dioses, con honores divinos, ni con crímenes humanos; ni les ofrecemos sacrificios, ni convertimos sus crímenes en sus ritos sagrados. En cambio, sobre Isis, la esposa de Osiris, diosa de Egipto, y sobre sus antepasados, de quienes se dice que fueron todos reyes, lean los que quieren o pueden, y recuerden los que lo han leído cuántas y qué maldades se consignaron en sus escritos no por los poetas, sino por los místicos, como lo revela el sacerdote León, según escribe Alejandro a su madre, Olimpíada. Isis, estando sacrificando a esos antepasados, encontró un haz de cebada y le mostró las espigas a su marido, el rey, y a su consejero, Mercurio, por donde vinieron a llamarla Ceres. Vean, pues, a qué hombres o por qué actos suyos les han dedicado sacrificios como si fueran dioses. Y no tengan la osadía de comparar en lo más mínimo a éstos, aunque los tengan por dioses, con nuestros santos mártires, aunque no los tengamos por dioses.

Nosotros no dedicamos sacerdotes ni ofrecemos sacrificios a nuestros mártires, como ellos hacen con sus difuntos, porque es inconveniente,

---

41. Esta costumbre, muy arraigada en el África cristiana, fue conocida por Agustín por medio de su madre, que solía practicarla allí donde iba. "Sucedió en una ocasión que mi madre, según la costumbre africana llevó a las tumbas de los mártires tortas de harina con miel, panes y vino puro" (*Confesiones* VI, 2). Estos presentes servían para improvisar un un ágape en el cual se mostraba la caridad, especialmente para con los pobres. Esta costumbre venía desde los tiempos apostólicos, pero debido a ciertos abusos fue suprimiéndose gradualmente.

indebido e ilícito; debido solamente al único Dios. No tratamos de recrearlos con los crímenes ni con los juegos vergonzosos con que trataron éstos de celebrar ya las torpezas de sus dioses si, por ser hombres, las cometieron, ya los fingidos deleites de demonios más nocivos, si no fueron hombres.

El dios de Sócrates, si tuviera un dios, no hubiera podido pertenecer a esta clase de demonios; pero seguramente ellos, queriendo sobresalir en el arte de fabricar dioses, fueron los que le proporcionaron un dios de esta clase al hombre inocente y ajeno a aquel arte de fabricar dioses.

¿Para qué seguir más? Nadie con prudencia mediana puede dudar de que no han de ser adorados estos espíritus por la vida feliz que tendrá lugar después de la muerte. Quizás digan que todos los dioses son buenos, y que hay demonios malos y buenos, y que tienen por buenos a los que juzgaban dignos de honor para llegar por ellos a la vida eternamente feliz. Qué hay que decir sobre esto, lo veremos en el libro siguiente.

Libro IX

1. La imposible mediación de los demonios

Hay quienes piensan que existen dioses buenos y malos; otros, en cambio, teniendo mejor opinión de los dioses, les atribuyeron tal honor y alabanza que no se atrevieron a juzgar por malo a ningún dios. Pero los que afirmaron que había dioses buenos y malos incluyeron a los demonios entre dioses; aunque también, si bien más raras veces, han llamado a los dioses demonios. Así nos encontramos con que confiesan que el mismo Júpiter, que tienen como el rey y príncipe de todos, fue llamado demonio por Homero[1].

En cambio, los que dicen que todos los dioses son buenos, y muy superiores a los hombres que con razón tenemos por buenos, se dejan influir por los hechos de los demonios. Y como no pueden negarlos, piensan que estos hechos no pueden ser realizados en modo alguno por los dioses, a todos los cuales tienen por buenos, y así se ven precisados a establecer diferencias entre los dioses y los demonios. De manera que atribuyen a los demonios, y no a los dioses, cuanto con razón les desagrada en las obras o afectos malos, en que se manifiesta la fuerza de los espíritus ocultos.

Al mismo tiempo creen que, como ningún dios puede mantener una comunión directa con los hombres, los demonios ocupan el cargo de intermedios, ascendiendo con oraciones y regresando con dones. Y esta opinión es, sobre todo, de los más capaces y estimados filósofos platónicos, a los cuales, por ser los más excelentes, escogimos someter a examen esta cuestión: si el culto de gran multitud de dioses es útil para conseguir la vida feliz que vendrá después de la muerte.

En el libro anterior hemos indagado cómo los demonios, que se deleitan con lo que rechazan y condenan los hombres buenos y prudentes, esto es, con las ficciones de los poetas sacrílegos, torpes, criminales; escritas no sobre cualquier hombre, sino sobre los mismos dioses, y la violencia depravada y punible de las artes mágicas, pueden considerarse más cercanos y más amigos de los dioses que los hombres, y cómo

---

1. Homero, *Ilíada* 1,122.

pueden mediar entre los hombres buenos y los dioses buenos, y se ha demostrado que es absolutamente imposible.

2. Debate sobre clases de demonios buenos y malos

Como prometí al final del libro precedente, este contendrá una discusión no sobre la diferencia que existe entre los dioses, que según los platonistas son todos buenos, ni sobre los dioses y los demonios; a aquéllos los alejan muchísimo de los hombres, y a los demonios los colocan entre los dioses y los hombres. El debate versará sobre la diferencia entre los mismos demonios; esto debatiremos hasta donde nos lleve la cuestión que tratamos.

La mayoría acostumbran llamar demonios buenos a unos y malos a otros. Sea esta opinión de los platónicos o de cualesquiera otros, no puede pasarse por alto la controversia, no sea que alguno piense que tendría que seguir a los presuntos demonios buenos, a fin de de que por su mediación pueda ser aceptado por los dioses, a quienes considera buenos, y que pueda vivir con ellos después de la muerte; debe prevenirse que no se deje enredar en los engaños de los espíritus malignos, y así se vea muy alejado del verdadero Dios, con quien y por quien solamente es feliz el alma humana, esto es, la racional y la intelectual.

3. Diferencia entre los demonios buenos y malos

¿Qué diferencia hay, pues, entre los demonios buenos y malos? Ciertamente, el platónico Apuleyo, disertando de una manera general sobre ellos, y extendiéndose tanto sobre sus cuerpos aéreos, pasó por alto las virtudes espirituales de que estarían dotados si fuesen buenos. Silenció, pues, la causa de la felicidad; no pudo, sin embargo, silenciar la denuncia de la miseria. Confiesa que su mente, por la que los presenta como racionales, sin estar impregnada y armada con la virtud para no ceder a las pasiones irracionales del ánimo, se siente sacudida, como suelen las mentes necias, por tormentosas perturbaciones. Tales son sus palabras sobre esta materia: "De esta especie de demonios suelen fingir los poetas, no sin cierta verdad, a los dioses contrarios y amigos de los hombres: levantan a unos y los hacen prosperar, contrarían a otros y les molestan. Así, se compadecen, se indignan, se angustian, se alegran, soportan todos los aspectos de la pasión humana, zarandeados al vaivén del oleaje de los pensamientos, con los mismos movimientos del corazón y agitaciones de la mente. Estas perturbaciones y tempestades están muy lejos de la tranquilidad de los dioses celestes"[2].

---

2. Apuleyo, *De deo Socratis*, 12.

¿Hay en estas palabras duda alguna de su afirmación sobre que no son algunas partes inferiores de su naturaleza espiritual las que se sienten alborotadas como un mar borrascoso por la tempestad de las pasiones, sino las mismas mentes de los demonios, que les hacen animales irracionales? De modo que no pueden compararse con los hombres sabios, que, sacudidos según la condición de la vida por estas perturbaciones del ánimo, no ajenas a la flaqueza humana, las resisten con serenidad de espíritu, sin consentir en la aprobación o realización de obra alguna que vaya contra la sabiduría o la justicia. Al contrarío, semejantes, por no decir peores en cuanto más viejos y por justa pena incurables, a los mortales necios e injustos, no por los cuerpos, sino por las costumbres, fluctúan en el mar de su misma mente, como indicó Apuleyo; y no se mantienen en la más mínima parte de su ánimo en la verdad y en la virtud, gracias a las cuales se puede luchar contra las emociones turbulentas y depravadas.

4. Ideas de los platónicos y estoicos sobre pasiones

1. Dos son las sentencias de los filósofos sobre estas emociones mentales, que los griegos llaman paqh (*pathé*[3]); mientras que algunos latinos, como Cicerón, las llama perturbaciones[4]; otros, disposiciones o afectos, y otros, siguiendo al griego con más amplitud, como Apuleyo, afecciones o pasiones. De estas perturbaciones, o disposiciones, o pasiones, dicen algunos filósofos que también las soporta el sabio, aunque moderadas y sometidas a la razón, de manera que el dominio de la mente les impone, en cierto modo, leyes que las mantengan en la moderación necesaria. Opinan así los platónicos o aristotélicos, ya que fue Aristóteles, discípulo de Platón, quien fundó la escuela peripatética.

---

3. "El término *pathos* surgió del profundo espíritu griego atento a la actividad y autonomía de las acciones humanas y comprende con el nombre de `padecimiento´ todos los procesos en que la iniciativa viene de fuera y el sujeto tiene un comportamiento pasivo. *Pathos* es alteración que el órgano físico sufre bajo la acción externa o de cualquier modo contrasta con su naturaleza en el desarrollo autónomo. Pero es también el proceso psíquico provocado desde fuera. En la filosofía el vocablo fue usado en dos sentidos; los positivistas llamaron así a las percepciones sensibles con ocasión de los cuales nosotros `somos afectados´de las cosas, como también los sentimientos elementales del dolor o del placer. Pero, además, este vocablo se aplicó a los complejos procesos de la vida psíquica superior, a las `pasiones´, que los epicúreos llamaron `turbaciones´(*tarajai*). Aristóteles trasladó el término a la Ética, indicando que, además de las acciones, las pasiones (*pahté*) constituyen una esfera en que se manifiestan las virtudes morales" (M. Pohlenz, *La Stoa. Historia de un movimiento espiritual*, pp. 284-285).
4. Cicerón, De finibus 3, 20; Tuscul. Disp. III, 4, 3

Otros, sin embargo, como los estoicos, no están de acuerdo en que el sabio esté sujeto a pasiones semejantes. Pero Cicerón, en los libros sobre *Los fines buenos y los malos*, pretende convencer a los estoicos de que se enfrentan con los platónicos o peripatéticos más bien de palabra que en la realidad; porque los estoicos no quieren llamar "bienes" a las comodidades corporales y externas, ya que no admiten que el hombre tenga bien alguno, a excepción de la virtud, que es como el arte de bien vivir, que existe sólo en el ánimo[5].

A esas otras comodidades, los demás filósofos, las llaman "bienes" sólo por el modo corriente de hablar; pero pequeños e insignificantes si se comparan con la virtud, que nos guía en el vivir con rectitud. De donde se sigue que llámelos como quiera cada uno, "bienes" o "comodidades", los tienen en igual estimación, y en esta cuestión los estoicos no miran sino a la novedad de las palabras.

Así también me parece a mí que cuando se pregunta si las pasiones del ánimo pueden afectar al sabio, o si está totalmente libre de ellas, la controversia entre ellos se reduce más bien a palabras que a realidades. Pues pienso que ellos no opinan algo diferente de los platónicos o peripatéticos en lo que se refiere a la sustancia de las cosas, no en cuanto al sonido de las palabras.

2. Pasando por alto, para no hacerme prolijo, otros argumentos que demuestran esto, expondré uno que creo concluyente. En los libros que se titulan *Noctes Atticae* (Noches áticas) escribe Aulo Gelio, autor de brillante estilo y de vasta y abundante erudición, que en cierta ocasión navegó él con un noble filósofo estoico[6]. El tal filósofo, como narra Aulo Gelio extensa y profusamente, y lo recogeré con brevedad, viendo el barco sacudido por horrible tempestad y el mar peligrosísimo, se vio palidecer por la fuerza del temor. Notaron esto los presentes, y aunque en las proximidades de la muerte, observaban, llenos de curiosidad, si el filósofo se turbaba en su espíritu. Pasada la tempestad, tan pronto como la seguridad les dio lugar para charlar y bromear, uno de los que iban en la nave, un rico disoluto asiático, apostrofa al filósofo, mofándose de él por haberse vuelto pálido de miedo, mientras él había permanecido intrépido en la catástrofe que les amenazaba. El filósofo se sirvió de la respuesta del socrático Aristipo, quien habiendo oído en ocasión semejante las mismas palabras de un hombre parecido, respondió: "Tú no tenías motivos para la ansiedad por el alma de un banal charlatán, pero yo tenía razones

---

5. La distinción entre *bona* y *commoda* es dada por Séneca, que dice: *Commodum est quod plus ususest quam molestioe; bonum sinecrum debet esse et ab omni parte innoxium (Ep. 87).*
6. Aulo Gelio, *Noctes Atticae*, XIX,1.

para sentirme alarmado por el alma de Aristipo". Confundido el rico con esta respuesta, preguntó luego Aulo Gelio al filósofo no para molestar, sino para aprender, sobre el motivo de aquel miedo. Y el filósofo, por enseñar a un hombre ávido de sabiduría, enseguida sacó de su carpeta el libro del estoico Epicteto[7], en que se consignan los escritos que concuerdan con los principios de Zenón y Crisipo, príncipes de los estoicos.

Dice Aulo Gelio haber leído personalmente en este libro que enseñaron los estoicos que no es posible conocer si le llegaban al alma y cuándo las visiones anímicas, llamadas fantasías: si proceden de acontecimientos terribles y temibles, por necesidad impresionan aun al alma del sabio; de modo que por un momento cede al miedo o se encoge de tristeza, como si estas pasiones se anticiparan al ejercicio de la mente y de la razón; sin que por ello se contagie la mente del mal ni apruebe o consienta estas cosas. Lo único que hay en la voluntad, y piensan que se diferencia el espíritu del sabio y del necio, en que el del necio cede a las mismas pasiones y acepta el asentimiento de la mente, y, en cambio, el del sabio, aunque se ve sometido a ellas por necesidad, mantiene con mente imperturbable el concepto verdadero y estable de lo que debe apetecer y huir razonablemente[8].

He expuesto, según mis posibilidades, no con más elegancia, pero sí, pienso yo, con más brevedad y llaneza que Aulo Gelio lo que dice él que leyó en el libro de Epicteto, y que éste lo había dicho y pensado según los principios de los estoicos.

3. Si esto es así, en nada o casi nada se diferencia la opinión de los estoicos de la de los otros filósofos sobre las pasiones y perturbaciones del espíritu; unos y otros defienden la mente y la razón del sabio del dominio de aquéllas. Quizá los estoicos dicen que no afectan al sabio porque no pueden ofuscar con error alguno o manchar la sabiduría que le hace sabio; pero con esta reserva, que salva la serenidad de la sabiduría, el sabio está expuesto a las impresiones que hacen en él los bienes y males de esta vida, o como ellos prefieren llamar, las comodidades e incomodidades. No necesitamos decir que si aquel filósofo tuviera en nada las cosas que veía iba a perder en el naufragio, como esta vida y la salud del cuerpo, no hubiera temido el peligro hasta el punto de manifestarlo con su palidez. Podría, sin embargo, aun sufriendo esa conmoción, mantener convencido la opinión de que aquella vida y la salud del cuerpo, cuya pérdida se

---

7. Véase Diógenes Laercio, II,71.
8. En resumen, lo que Aulio Gelio, pensador medio-platónico, afirma es que lo importante es que el sabio sepa siempre *moderar* las pasiones, que no puede evitar ni eliminar, opinión a la que se acoge Agustín.

sentía amenazada por la violencia de la tempestad, no son bienes de tal categoría, que, como la justicia, hacen buenos a los que los poseen.

Por lo que se refiere a no hablar de bienes, sino de comodidades, ellos contienden por palabras y olvidan la realidad. ¿Qué importa llamarlos bienes o comodidades si ante su pérdida se estremece y palidece no menos el estoico que el peripatético, sin llamarlos por el mismo nombre, pero estimándolos igualmente? Ambos partidos nos aseguran que si incitados a cometer alguna inmoralidad o crimen por la amenaza de perder esos bienes o comodidades, ellos preferirían perder tales cosas como la comodidad del cuerpo y la seguridad, antes de violar la justicia cometiendo esas fecharías.

De esta manera la mente que está firme en esta resolución, no permite que en sí pueda prevalecer contra la razón perturbación alguna, aunque sólo tenga lugar en las partes inferiores del alma; más aún, la razón domina sobre ellas, y no consintiendo en ellas, sino más bien resistiendo, hace que reine la virtud. Así describe también Virgilio a Eneas cuando dice: "Su resolución permanece inamovible, y en vano le asedian las lágrimas"[9].

5. Pasiones y virtud en el cristiano

No es preciso demostrar al presente con profusión y diligencia lo que sobre estas pasiones nos enseña la Escritura divina, suma del conocimiento cristiano. Ella somete la misma mente a Dios para que la gobierne y la ayude, y somete a la mente las pasiones para que las modere y las frene, haciéndolas servir a la justicia. En nuestra doctrina no se cuestiona tanto si el alma piadoso se aíra, cuanto por qué se aíra; ni si está triste, sino por qué está triste; ni si teme, sino por qué teme. Porque airarse con el que peca para que se corrija, entristecerse con el afligido para que se vea libre de su aflicción, temer por el que corre un riesgo para que no perezca, no creo que ninguna persona bien considerada pueda reprenderlo.

Aunque los estoicos suelen condenar incluso la compasión[10], ¡cuánto más hermoso hubiera sido ver al estoico perturbarse por la compasión de librar a un hombre que por el temor de un naufragio! Mucho mejor, más humana y más conforme con el sentir piadoso es la alabanza que tributó Cicerón a César: "Ninguna de tus virtudes es más admirable ni más grata que tu compasión"[11].

---

9. Virgilio, *En.* IV,449.
10. Séneca, *De Clementia* II,4-5.
11. Cicerón, *Pro Ligario* 12,37.

¿Y qué es la compasión[12] si no cierta emoción de nuestro corazón por la miseria ajena, que nos fuerza a socorrerle si está en nuestra mano? Este movimiento está subordinado a la razón si se ofrece la compasión de tal modo que se observe la justicia, ya sea socorriendo al necesitado, ya perdonando al arrepentido.

Cicerón, ilustre estilista, no tuvo reparos en llamar virtud lo que los estoicos no se avergonzaron de contar entre los vicios; y, sin embargo, éstos, como enseña el libro del ilustre estoico Epicteto, según las doctrinas de Zenón y de Crisipo, fundadores de esta escuela, admiten tales pasiones en el ánimo del justo, que dicen está libre de todos los vicios. De donde se sigue que no tienen por vicio a estas pasiones, cuando de tal modo afectan al sabio, que no tengan poder alguno contra la virtud de la mente y contra la razón. El mismo sentir tienen los peripatéticos, o platónicos, y los mismos estoicos; pero, dice Cicerón, ya desde muy antiguo estos pequeños griegos se sintieron presa de la controversia sobre las palabras, más amantes de la discusión que de la verdad[13].

Aún se puede preguntar si pertenece a la flaqueza de esta vida presente el sufrir semejantes afecciones, incluso cuando seguimos la virtud. Los santos ángeles castigan sin ira a quienes entregó la ley eterna de Dios para ser castigados; lo mismo que socorren a los miserables sin sufrir ellos la miseria, y favorecen sin temor a sus amigos que están en peligro. Y, sin embargo, por la costumbre del lenguaje humano se aplican también a ellos los nombres de estas pasiones, no por la flaqueza de los afectos, sino por cierta semejanza de las obras. Al igual que, según las Escrituras, se irrita Dios, pero no sin perturbación alguna[14]. Esta palabra expresa el efecto de su venganza, no el desorden de la afección mental.

---

12. La com-pasión es propiamente padecer con el con el otro, con-dolerse. De ahí el rechazo por parte de los estoicos que aspiran a la eliminación del dolor, pero vital en la fe cristiana fundada sobre la pasión de Dios en Cristo. Es fruto natural del amor o caridad cristiana, de la misericordia, virtud esencial del cristianismo que lleva a compadecerse de la miseria ajena desde la caridad, la comprensión y la gracia.

13. Cicerón, *De oratore*, I,11,47.

14. Propiamente hablando en Dios no hay pasiones, en el sentido negativo de perturbaciones. Las *emociones* de Dios no van acompañadas de alteraciones anímicas. Como escribe Agustín admirado del misterio divino: "¿Quién eres pues tú, Dios mío, y a quién dirijo mis ruegos sino a mi Dios y Señor? Tú eres sumo y bueno y tu poder no tiene límites. Infinitamente misericordioso y justo, al mismo tiempo inaccesiblemente oculto y muy presente, de inmensa fuerza y hermosura, estable e incomprensible, inmutable que todo lo mueve... Siempre activo, pero siempre quieto; todo lo recoges, pero nada te hace falta. Todo lo creas, lo sustentas y lo llevas a perfección. Eres un Dios que busca, pero nada necesita. Ardes de amor, pero no te quemas; eres celoso, pero también seguro; cuando de algo te arrepientes, no te duele, te enojas, pero siempre estás tranquilo; cambias lo que haces fuera de ti, pero no cambias consejo. Nunca eres pobre, pero te alegra lo que de nosotros ganas" (*Confesiones* I, 4).

6. Pasiones que perturban a los demonios

Dejando de momento esta cuestión sobre los santos ángeles, examinemos la opinión de los platónicos, que los demonios que median entre los dioses y los hombres, sufren la agitación de las pasiones. Si en verdad soportaran estos asaltos con mente libre y superior a ellos, no diría Apuleyo que sufrían el oleaje de estos pensamientos a merced de un movimiento semejante del corazón o de la agitación de la mente. Su misma mente, pues —esto es, la parte superior del espíritu que los hace racionales y en la cual está la virtud y sabiduría, si es que tienen alguna—, tendría su dominio en el gobierno y moderación de las pasiones turbulentas de las partes inferiores del alma. Mas esa misma mente, como confiesa este platónico, se siente sacudida con un huracán de perturbaciones.

Por tanto, la mente de los demonios está sujeta a las pasiones de la torpeza, temor, ira y demás de esta naturaleza. Entonces, ¿qué parte está libre de ellos y consciente de la sabiduría, por la cual puedan agradar a los dioses y estimular a los hombres a sus buenas costumbres? Porque su mente, sometida y oprimida por los vicios de las pasiones, cuanto tiene de razón naturalmente lo dirige al engaño y seducción en proporción a la fuerza mental y la energía del deseo que tengan.

7. Confusión poética de dioses y demonios en los poetas

Si alguien dice que esto no se refiere a todos los demonios, sino al número de los malos, a quienes los poetas, sin apartarse mucho de la verdad, representan como dioses enemigos o amantes de los hombres, y que de éstos afirmó Apuleyo estaban sometidos a todos las fuertes corrientes de la emoción[15], ¿cómo podremos entender esto si al decirlo describía el lugar intermedio que ocupan, en razón de sus cuerpos aéreos, no algunos, o sea los malos, sino todos los demonios? La ficción de los poetas, según él, consiste en hacer dioses del número de estos demonios e imponerles los nombres de los dioses y distribuirles a su voluntad amigos o enemigos de entre los hombres y esto valiéndose de la impunidad que les otorga la ficción del verso. Y, sin embargo, nos presentan a los dioses alejados, por el lugar celeste y la opulencia de su felicidad, de estas costumbres de los demonios. En esto consiste la ficción de los poetas, en llamar dioses a los que no son dioses y en hacerlos contender entre sí bajo el nombre de dioses por causa de los hombres, a quienes aman u odian por espíritu partidista. Y aun afirma que esta ficción no está lejos de la

---

15. Apuleyo, *De deo Socratis*, 13.

verdad porque, designando con el nombre de dioses a los que no son dioses, los describe tan demonios como son.

A esta categoría, dice, pertenece la famosa Minerva de Homero, "que intervino en las asambleas de los griegos para calmar a Aquiles"[16]. A esta Minerva, la considera él una ficción de los poetas, ya que a Minerva la tiene por diosa y la coloca en alta mansión etérea entre los dioses, a todos los cuales tiene por buenos y felices, lejos del trato de los mortales. En cambio, confiesa que los poetas no andaban lejos de la verdad al decir que hubo algún demonio favorable a los griegos y contrario a los troyanos, como algún otro socorredor de los troyanos contra los griegos, a quien el mismo poeta (Homero) designa con el nombre de Venus o de Marte, los cuales dioses coloca éste en las moradas celestes sin realizar esas obras. Y estos demonios luchaban entre sí en favor de los que amaban, contra los que odiaban.

Tales cosas dijeron de éstos que atestiguan están sometidos a las mismas pasiones violentas y tempestuosas que afectan a los hombres. De modo que pudieran ejercitar en favor de unos contra otros sus predilecciones y sus odios, no según la justicia, sino como el pueblo, su semejante, entre los cazadores y los aurigas, según su espíritu partidista. Esto parece intentó el filósofo platónico, a fin de que, al ser cantadas estas cosas por los poetas, se creyeran realizadas no por los demonios intermedios, sino por los mismos dioses, cuyos nombres les ponen los poetas en su ficción.

8. Definición de los dioses celestes, según Apuleyo

La definición que da Apuleyo de los demonios, que incluye ciertamente a todos, señalándolos bien, es que por naturaleza son animales; por su ánimo, pasibles; racionales por su mente; aéreos por el cuerpo; eternos por el tiempo. En estas cinco propiedades no ha dicho nada en absoluto que sea propio los hombres buenos, y no también de los malos.

Porque Apuleyo habló primero de los celestes, y entonces extendió su descripción hasta incluir a los que habitan muy por debajo de la tierra, que, después de describir los dos extremos de seres racionales, pudo proceder a hablar de los demonios intermedios. "Por tanto —dice—, los hombres célebres por su razón, dotados de lenguaje, con almas inmortales, miembros mortales, con costumbres desemejantes y errores parecidos, de audacia obstinada y de esperanza firme, de actividad estéril y de fortuna inestable, mortales individualmente, pero sucediéndose en conjunto siempre, perpe-

---

16. Apuleyo, *ibid.*

tuándose, a su vez, en la prole, con su existencia fugitiva, tarda sabiduría, muerte rápida y vida quejumbrosa, habitan en la tierra"[17].

Al citar aquí tantas propiedades que pertenecen a la mayoría de los hombres, ¿olvidó acaso lo que es propio de pocos cuando habla de "tarda sabiduría"? Si lo hubiese omitido, en modo alguno hubiera delimitado al género humano en la esmerada diligencia de esta descripción. Ahora bien, al poner de relieve la excelencia de los dioses, afirmó que en ellos se destacaba la misma felicidad a que aspiran los hombres llegar por medio de la sabiduría. Por consiguiente, si quería dar a entender que había algunos demonios buenos, pondría en su descripción alguna propiedad por la que viniéramos a entender que tenían alguna parte de felicidad con los dioses o alguna sabiduría con los hombres. Sin embargo, no hizo mención de ningún bien suyo que distinga a los buenos de los malos. Y aunque se mostró reservado en expresar con libertad su malicia, no fue tanto por no chocar con ellos cuanto con sus seguidores, a quienes se dirigía.

Pero a los lectores con discernimiento indicó suficientemente la opinión que tenía de ellos, ya que procuró separar con precisión a los dioses, todos buenos y felices, a su entender, de las pasiones, y aun —dice— de las perturbaciones de los demonios, y sólo los relacionó por la eternidad de los cuerpos; en cambio, en cuanto al alma, afirmó abiertamente que no son semejantes a los dioses, sino a los hombres. Y aun esto no por la cualidad de la sabiduría, de que pueden participar los hombres, sino por la perturbación de las pasiones, que domina sobre los necios y los sabios; mas es dominada en tal manera por los sabios y los buenos, que prefieren no tener a superarla.

Si hubiera querido dar a entender que los demonios tenían con los dioses la eternidad de las almas, no la de los cuerpos, no excluiría a los hombres de la participación de este privilegio, porque sin duda, como buen platónico, piensa que también los hombres tienen alma inmortal. Por eso, al describir este género de vivientes, dice que los hombres tienen alma inmortal y miembros sujetos a la muerte. Y así, si los hombres no tienen en común con los dioses la eternidad por tener un cuerpo mortal, se sigue que la tienen los demonios por su cuerpo inmortal.

9. La intercesión impura de los demonios

¿Cómo, pues, pueden los hombres esperar la amistad de los dioses por tales mediadores como estos, que tienen en común con los hombres lo peor, que es la mejor parte en la criatura viviente, esto es, el alma, y con los dioses, lo mejor, que es lo peor en el ser viviente, el cuerpo? Pues

---

17. Apuleyo, *ibid.*

la criatura viviente o animal consta de alma y cuerpo, siendo el alma mejor que el cuerpo; y aunque sea viciosa y débil, siempre es mejor que el cuerpo más sano y fuerte, puesto que su naturaleza es más excelente y no puede ser pospuesta al cuerpo ni aun con la mancha de sus defectos; como se estima más el oro, aunque esté sucio, que la plata o el plomo, por purísimos que estén. Así estos mediadores, por cuya interposición se une lo humano con lo divino, tienen con los dioses el cuerpo eterno, y con los hombres el espíritu vicioso; como si quisieran demostrar que la religión, por la que se unen los hombres con los dioses a través de los demonios, está fundada más bien en el cuerpo que en el alma.

En fin, ¿qué malicia, qué castigo suspendió a estos mediadores falsos y falaces como si dijéramos con la cabeza abajo, de modo que tengan común con los superiores la parte inferior del viviente, esto es, el cuerpo, y con los inferiores la parte superior, el alma? Así, están unidos con los dioses celestes por la parte esclava, y son miserables con los hombres terrestres por la parte gobernadora. Porque el cuerpo es esclavo, como dice también Salustio: "Usamos del espíritu más bien para mandar y del cuerpo para servir." Y aún añade: "Lo uno nos es común con los dioses; lo otro, con las bestias"[18].

Pero éstos, que los filósofos nos propusieron como mediadores entre nosotros y los dioses, bien pueden decir del alma y el cuerpo: el uno nos es común con los dioses; la otra, con los hombres. Con la diferencia, como dije, de que están atados y colgados al revés, teniendo el cuerpo esclavo común con los dioses felices y el alma gobernante con los hombres miserables, como si dijéramos, exaltados por la parte inferior, y abatidos por su parte superior. De donde se sigue que si alguien juzga que tienen común con los dioses la eternidad, porque ninguna muerte puede separar su espíritu del cuerpo, como el de los vivientes terrestres, aun así no se puede considerar a su cuerpo como un carro de triunfo eterno, sino como la cadena del castigo eterno.

10. Opinión de Plotino

Plotino[19], cuya memoria es bastante reciente, goza del prestigio de haber interpretado a Platón mejor que sus discípulos. Tratando de las almas

---

18. Salustio, *Con. Catilina*, 1,2.

19. Plotino (204-270), fundador del neoplatonismo, natural de Egipto y fue un hombre importantísimo en su época. Llevó una vida de extraño y misterioso ascetismo. Sus escritos fueron recopilados por su discípulo favorito Porfirio (aprox. 233-300) en seis grupos de nueve libros, por lo cual fueron llamados *Enéadas* (del gr. *ennéa* = nueve). Cf. P. García Castillo, *Plotino, intérprete de la tradición griega* (Salamanca, 1980); W.R. Inge, *The Philosophy of Plotinus*, 2 vols. (Londres 1948, 3ª ed.); VV.AA, *Plotino, Porfirio, San Agustín* (Salamanca 1989).

humanas, dice: "El Padre, en su misericordia, les preparó vínculos morta-les"[20]. Así juzgó que el ser los hombres mortales por el cuerpo es debido a la misericordia de Dios Padre, a fin de que no estuvieran siempre sujetos a la miseria de esta vida. De esa misericordia ha sido tenida por indigna la iniquidad de los demonios, que recibió en la miseria de un ánimo pasible no un cuerpo mortal, como los hombres, sino un cuerpo eterno.

Serían, efectivamente, más felices que los hombres si tuvieran un cuerpo mortal común con ellos y un espíritu feliz con los dioses. Y serían iguales a los hombres si junto con un alma miserable hubieran merecido tener común con ellos al menos un cuerpo mortal; de modo que la muer-te les liberara del dolor, si al menos lograran algún grado de piedad. Pero tal como son, no sólo no son más felices que los hombres por su espíritu miserable, sino más miserables por la atadura perpetua del cuerpo. Pues no juzgó que, por su progreso en la piedad y la sabiduría, pudieran con-vertirse en dioses, ya que los declaró expresamente demonios eternos.

11. Que las almas descarnadas se vuelven demonios

Dice[21] también que las almas de los hombres son demonios, y que de los hombres se hacen Lares, si tienen buenos méritos; Lemures o Larvas, si los tienen malos; y, en cambio, se hacen dioses Manes si es incierto tengan buenos o malos méritos. ¿Quién no ve en esta opinión, por poca atención que preste, qué abismo abren a las costumbres depravadas? En efecto, por perversos que sean los hombres, al pensar que se convierten en Larvas o dioses Manes se harán tanto peores cuanto más deseosos de perjudicar; de manera que los sacrificios, que se les ofrecen como honores divinos después de la muerte, son como una invitación a perjudicar, pues dice que las Larvas son demonios nocivos que provienen de los hombres.

Pero esto es otra cuestión que no vamos a tratar. Asegura también que si en griego se les llama a los felices eudaimonev (*eudaemones*), es porque son las almas buenas, es decir, buenos demonios (*daemones*); con lo cual confirma su opinión que también las almas de los hombres son demonios

12. Propiedades que distinguen a los hombres de los dioses

Al presente tratamos de aquellos demonios que describió Apuleyo entre los dioses y los hombres: animales en cuanto al género, racionales

---

20. Plotino, *Enéad*as IV,3,7.
21. Apuleyo, no Plotino.

por la mente, pasibles en cuanto al espíritu, aéreos por el cuerpo, eternos por el tiempo. Al distinguir primero a los dioses en el cielo sublime y a los hombres en la tierra más baja, separados por los lugares y por la dignidad de la naturaleza, concluye así: "Tenéis aquí dos clases de animales: los dioses tan diferentes de los hombres por la sublimidad del lugar, por la perpetuidad de la vida, por la perfección de la naturaleza, y sin ninguna comunicación cercana entre sí, ya que tan elevado espacio separa las moradas supremas de las ínfimas; y, además, es allí la vitalidad eterna e indefectible, y aquí caduca y pasajera; están aquellos ingenios elevados a la felicidad, y éstos rebajados a las miserias"[22].

Aquí encuentro tres propiedades sobre las dos partes extremas de la naturaleza, es decir, la suprema y la ínfima. Pues las tres que hizo resaltar como laudables en los dioses, las repite luego, aunque con otras palabras, para oponerles otras tres contrarias en los hombres. Las tres de los dioses son éstas: la sublimidad del lugar, la perpetuidad de la vida, la perfección de la naturaleza.

Y repitió estas tres con otras palabras para oponerle tres contrarias de la condición humana: "Tan elevado espacio separa las moradas supremas de las ínfimas", lo cual corresponde a la sublimidad del lugar. "Es allí la vitalidad eterna o indefectible, y aquí, caduca y pasajera", lo cual se refiere a la perpetuidad de la vida. "Están aquellos ingenios elevados a la felicidad, y éstos rebajados a la miseria", lo cual se refiere a la perfección de la naturaleza. Por consiguiente, propone tres propiedades de los dioses: lugar sublime, eternidad, felicidad; y las tres opuestas de los hombres: lugar ínfimo, mortalidad, miseria.

13. El problema de la mediación

1. En estas tres propiedades de los dioses y de los hombres, como colocó en medio a los demonios, no se suscita controversia alguna sobre el lugar: entre el sublime y el ínfimo existe y se habla con toda propiedad de un lugar medio. Quedan las otras dos, en que hay que poner una diligencia más atenta: cómo se demuestra que son ajenas a los demonios, o cómo se les distribuyen según parece exigirlo el lugar medio. Pues no podemos decir justamente que, así como afirmamos que hay un lugar supremo y otro ínfimo, así los demonios, siendo animales racionales, no son ni felices ni miserables, como las plantas y los brutos, que carecen de sentido o de razón, puesto que los que están dotados de razón han de ser miserables o felices.

---

22. Apuleyo, *De deo Socratis.*

Tampoco podemos decir que los demonios no son mortales ni inmortales, ya que todos los seres vivientes o viven para siempre o terminan su vida con la muerte. Nuestro autor, además, afirma que son eternos. ¿Qué resta, pues, sino suponer que estos seres intermedios son asimilados a los dioses en una o dos de las restantes propiedades, y a los hombres en las otras? Pues si tuvieran las dos de arriba o las dos de abajo, ya no serían intermedios, sino que se remontarían o descenderían a una u otra parte. Pero como no pueden carecer, según se ha demostrado, de una y otra, tendrán que mediar tomando una propiedad de cada parte. Consecuentemente, como no pueden recibir la eternidad de abajo, que no está ahí para ser recibida, deben obtenerla de arriba; y no les queda otra elección sino completar su posición media, aceptando la miseria de los hombres.

2. Según los platónicos, pues, es propio de los dioses, que ocupan el lugar más alto, gozar la eternidad feliz o la felicidad eterna; de los hombres, que ocupan el lugar más bajo, la miseria mortal o la mortalidad miserable, y de los demonios, que ocupan el intermedio, la eternidad miserable o la eterna miseria.

Entre las cinco propiedades que expuso Apuleyo al definir a los demonios no demostró, como prometía, que están en medio. Dijo, en efecto, que tenían tres cosas comunes con nosotros: ser vivientes por la naturaleza, racionales por la mente, pasibles por el espíritu. Otra propiedad tenían con los dioses: ser eternos por el tiempo. Y, finalmente, una propia: ser aéreos por el cuerpo. ¿Cómo pueden, pues, estar en medio si tienen una sola cualidad común con los seres supremos y tres con los ínfimos? ¿Quién no ve que la posición intermedia es abandonada en tanto tienen que doblegarse y bajarse al más bajo extremo?

Pero quizás podemos aceptarlos como intermedios por causa de la propiedad de su cuerpo aéreo, como los extremos tienen su cuerpo propio, el etéreo los dioses, y el terreno los hombres; y que tengan todos dos cosas comunes a los dioses y a los hombres: su naturaleza animal y su mente racional. Pues Apuleyo mismo, hablando de los dioses y de los hombres dice: "Tenéis dos naturalezas animales". Y los platonistas suelen atribuir una mente racional a los dioses.

Quedan dos propiedades, la capacidad de pasión y la eternidad de los demonios. Lo primero les es común con los hombres; lo segundo, con los dioses; de manera que no son elevados a lo más alto, ni abatidos hasta lo más bajo, sino equilibrados proporcionalmente en ese término medio. Pero esta es precisamente la circunstancia que constituye la miseria eterna de los demonios, o la miserable eternidad. Pues quien ha afirmado que están sujetos a pasiones por su alma, también los hubiera llamado miserables si no fuera por el respeto a sus adoradores. Pero como el mundo no es gobernado por fortuita temeridad, sino por la providencia del Dios supremo, como los mismos platonistas confiesan, la miseria de los demonios no sería eterna si su malicia no fuera grande.

3. Por tanto, si justamente los felices son llamados eudaimonev (*eudaemones*), los demonios (*daemones*) intermedios entre los hombres y los dioses no son eudaimonev (*eudaemones*). ¿Cuál es, pues, el lugar de esos demonios buenos, que, estando por encima de los hombres y debajo de los dioses, prestan su ayuda a aquéllos y su ministerio a éstos? Si son buenos y eternos, son también felices. Pero una felicidad eterna anula su carácter intermedio, otorgándoles un parecido a los dioses y los separa también mucho de los hombres. Entonces en vano se esforzarán éstos en demostrar cómo los demonios buenos, si son inmortales y felices, están situados con razón en un lugar medio entre los dioses inmortales y felices, y los hombres mortales y miserables.

Si tienen comunes con los dioses esas dos cualidades, la felicidad y la inmortalidad, y nada de esto con los hombres miserables y mortales, ¿cómo no están alejados de los hombres y unidos a los dioses, más bien que intermedios entre unos v otros? Serían intermedios sí tuvieran dos cualidades suyas propias, no comunes con las dos de uno de los otros dos, sino con una de uno y otro; como es intermedio el hombre entre las bestial y los ángeles; como la bestia es un animal irracional y mortal, y el ángel racional e inmortal, se encuentra el hombre en medio, inferior a los ángeles y superior a las bestias; teniendo la mortalidad con las bestias y la razón con los ángeles, es un ser viviente racional y mortal. Así, pues, al buscar un intermedio entre los felices inmortales y los míseros mortales, deberíamos encontrar un ser que sea mortal y feliz, o inmortal y miserable.

14. Cuestión sobre la mortalidad y la felicidad

Existe una gran cuestión entre los hombres, si puede el hombre ser feliz y mortal. Algunos, adoptando la visión más baja de su condición, negaron al hombre la capacidad de ser feliz mientras vive sujeto a la mortalidad; otros, en cambio, impugnando esta idea se atrevieron a afirmar que, aunque mortal, los hombres pueden ser felices mediante el logro de la sabiduría.

Si esto es así, ¿por qué no se coloca a éstos como mediadores entre los mortales miserables y los inmortales felices, ya que tienen la felicidad en común con los segundos y la mortalidad con los primeros? Ciertamente, si son felices no tendrán envidia de nadie, pues no hay cosa más miserable que la envidia; y por eso se preocupan cuanto pueden por que los mortales miserables consigan la felicidad, a fin de que puedan ser inmortales después de la muerte, y unirse a los ángeles inmortales y felices.

15. La mediación de Jesucristo hombre

l. Si todos los hombres, como es mucho más verosímil y probable, mientras son mortales son necesariamente desdichados, habrá que buscar un medio que no sea sólo hombre, sino también Dios; así, con su intervención la mortalidad feliz de este mediador conducirá a los hombres de la miseria mortal a la feliz inmortalidad. Era necesario que ese intermediario se hiciera mortal y no permaneciera mortal.

Se hizo mortal no debilitando la divinidad del Verbo, sino tomando la debilidad de la carne. Y no permaneció mortal en la misma carne que hizo resucitar de los muertos. El fruto de su mediación es precisamente éste, que aquellos por cuya liberación se hizo mediador, no permanezcan en la muerte perpetua de la carne. Convenía, por tanto, que el mediador entre nosotros y Dios tuviera una mortalidad transeúnte y una felicidad permanente, de modo que por lo transeúnte se adaptara a los que habían de morir, y los trasladara de los muertos a lo que es permanente[23].

Los ángeles buenos, por tanto, no pueden mediar entre los miserables mortales y los felices inmortales, ya que ellos mismos son felices e inmortales. Pueden serlo, sin embargo, los ángeles malos, porque tienen la inmortalidad con aquéllos y la miseria con éstos. Contrario a ellos es el buen Mediador, que, contra la inmortalidad y miseria de los ángeles malos, quiso hacerse mortal temporalmente y pudo permanecer feliz en la eternidad. Así, con la humildad de su muerte y la benignidad de su felicidad destruyó a aquellos inmortales soberbios y miserables maléficos, a fin de que no arrastraran a la miseria con la jactancia de su inmortalidad a aquellos cuyos corazones liberó de su inmundo dominio, purificándolos por la fe.

2. Así, pues, ¿qué mediador puede elegir el hombre mortal y miserable, tan alejado de los inmortales y felices, para insertarse en la inmortalidad y felicidad? Lo que pueda deleitarle en la inmortalidad de los demonios, es miserable; lo que pueda ofender en la mortalidad de Cristo, ya

---

23. "Rechazada la posibilidad que los demonios, los *daemones*, sean mediadores entre Dios y los hombres, la misma situación de hecho de los hombres, mortales y miserables, opuestos a la de Dios, inmortal y bienaventurado, exige la mediación de Cristo. La polémica contra el pensamiento platónico desemboca de nuevo en la afirmación de la mediación de Cristo en cuanto hombre, es decir, en la afirmación de la realidad salvífica de la Encarnación" (Claudio Baseví, *op. cit.*, p. 145).

no existe. Allí tiene que precaverse contra la miseria eterna; aquí no debe temer la muerte, que no pudo ser eterna, y ha de amar la felicidad eterna.

Porque el mediador inmortal y miserable se interpone a sí mismo para no permitir el paso a la inmortalidad feliz, porque persiste lo que la impide, esto es, la miseria; pero el Mediador mortal y feliz se interpuso a sí mismo, para hacer de mortales inmortales, habiendo pasado por la mortalidad, mostrando su poder para hacer esto en su propia resurrección, y para dar a los miserables la felicidad que él jamás perdió.

Uno es, pues, el mediador malvado, que separa a los amigos, y otro el Mediador bueno, que reconcilia a los enemigos. Por eso hay muchos mediadores que separan, porque la multitud de los bienaventurados es feliz por la participación del único Dios. Privada de esa participación, la miserable multitud de ángeles malvados se interpone como obstáculo más que como ayuda para la felicidad. Por su mismo número tratan en cierto modo de ensordecernos, para que no podamos llegar al único fin beatificante, para obtener el cual no se necesita de muchos, sino de un solo Mediador, y éste, por cuya participación somos felices, es el Verbo de Dios no hecho, por el cual todo fue hecho (Jn. 1:3). No es Mediador por ver Verbo; porque el Verbo, sumamente inmortal y sumamente feliz, está lejos de los míseros mortales. Es Mediador por ser hombre; porque por su humanidad nos manifiesta que no sólo para el bien feliz, sino también para el bien beatificante es preciso no buscar otros mediadores, a través de los cuales pensamos que hemos de preparar los escalones de la llegada; ya que un Dios feliz y beatificante, al hacerse partícipe de nuestra humanidad, ha conseguido para nosotros un acceso apto a la participación de su divinidad. Y al librarnos de la mortalidad y de la miseria, no nos transportó hasta los ángeles inmortales y felices para que fuéramos inmortales y felices con la participación de su naturaleza, sino que nos introdujo en aquella Trinidad, cuya participación hace felices a los ángeles. Por eso, cuando quiso estar más bajo que los ángeles en la forma de siervo para ser Mediador, permaneció sobre los ángeles en forma de Dios; haciéndose camino de vida en la tierra, y vida en el cielo[24].

---

24. Por su cristocentrismo vemos que Agustín, aunque utiliza la tradición platónica para elaborar su teología, se distancia del neoplatonismo en el punto crucial de la mediación, corrigiendo así la filosofía platónica y neoplatónica. "El propio San Agustín, imbuido de las doctrinas de los platónicos, recogió cuando en ellos halló conforme con la fe y corrigió lo que era contrario a ella" (Tomás de Aquino, *Suma Teológica*, 1, q. 84, a. 5). "Resulta algo desagradable el ver que los mismos hombres que aseguran y predican que la gracia puede hacer mejor a la persona moralmente, se niegan a admitir que la revelación puede hacer de una filosofía otra filosofía mejor" (E. Gilson, *Elementos de filosofía cristiana*, p. 26. Rialp, Madrid 1981).

16. Sublimidad y contaminación de los dioses

1. No es verdad lo que el mismo platónico[25] atribuye a Platón: "Ningún dios se mezcla con los hombres". Y la mejor prueba de su sublimidad dice que es no dejarse contaminar por contacto humano alguno. Admire, por tanto, que los demonios se contaminan. De ahí se sigue no pueden purificar a aquellos por quienes son contaminados, y todos se hacen igualmente inmundos, los demonios por el contacto de los hombres, y los hombres por el culto de los demonios. A no ser que puedan los demonios tener trato y mezclarse con los hombres sin contaminarse; y entonces serían mejores que lo dioses, que si se mezclan se verán contaminados. Pues se atribuye a los dioses como algo principal el que, al estar separados por su sublimidad, no puede contaminarlos el contacto humano.

Afirma del Dios supremo, el creador de todo, que nosotros llamamos el Dios verdadero, que según Platón, es el único que no puede ser expresado por ningún discurso del pobre lenguaje humano; y que apenas cuando, por la fuerza del espíritu, se despojan en lo posible de lo humano, se les transparenta a los hombres sabios la comprensión de este Dios, y esto sólo a veces como un brillante relámpago en profundas tinieblas.

Luego si el Dios soberano de todo se hace presente a las mentes de los sabios, con cierta presencia inteligible e inefable, aunque sólo a veces y como un brillante relámpago, cuando se despojan en lo posible del cuerpo, y no puede ser contaminado por ellos, ¿por qué se les sitúa a estos dioses lejos, en un lugar sublime, precisamente para no ser contaminados con el trato humano? Como si no fuera suficiente ver estos cuerpos etéreos, cuya luz ilumina la tierra cuanto es suficiente.

Además, si no se contaminan los astros al ser vistos, a todos los cuales llama dioses visibles, tampoco se contaminan los demonios por la vista de los hombres, aunque los vean de cerca. Pero, ¿podrían contaminarse por las voces humanas los que no se contaminan con la viveza de los ojos, y por eso ponen a los demonios intermedios, para que se les comuniquen por su mediación las voces de los hombres, de quienes están lejos, a fin de perseverar lo más incontaminados posible?

¿Qué diré ya de los otros sentidos? Ni aun los dioses podrían contaminarse si estuvieran presentes; ni los mismos demonios cuando lo están, pueden contaminarse con los vapores de los cuerpos humanos vivos, si no se contaminan con tantas pestilencias de los cadáveres de los sacrificios. Con relación al sentido del gusto, no les apremia necesidad

---

25. Apuleyo, *De deo Socratis.*

alguna de restablecer su mortalidad, para que, movidos por el hambre, anden buscando de los hombres alimento. El tacto está bajo su potestad. Pues aunque el tacto parece recibir el nombre sobre todo de este sentido, en el resto, sin embargo, si quisieran se mezclarían con los hombres para verlos o ser vistos, para oírlos o ser oídos; pero en cuanto al tacto, ¿qué necesidad tienen de ello? Ni los hombres osarían apetecer esto, cuando se hallaran en la presencia o conversación de los dioses o demonios buenos. Y si llegara a tanto su curiosidad que lo pretendieran, ¿cómo podría tocar a un dios o un demonio contra su voluntad, quien no es capaz de tocar a un pájaro sin haberlo cogido?

2. Por consiguiente, los dioses podrían mezclarse con los hombres por la vista, oyéndolos o escuchándolos. Así se mezclan los demonios, como dije, sin contaminarse, y los dioses se contaminarían si se mezclasen. Dicen que los demonios son incontaminables, y contaminables los dioses. Y si se contaminan los demonios, ¿en qué pueden ayudar a los hombres después de la muerte para la vida feliz, a los cuales no pueden limpiar estando ellos contaminados? ¿Cómo pueden presentarlos limpios a los dioses incontaminados, entre los cuales y los hombres están constituidos mediadores?

Y si no les hacen este servicio, ¿de qué les aprovecha a los hombres la amistosa mediación de los demonios? ¿Acaso para que, después de la muerte, no pasen los hombres a los dioses por mediación de los demonios, sino que vivan unos y otros contaminados y así ni unos ni otros felices? A no ser que alguno trate de explicarlo diciendo que los demonios limpian a sus amigos a modo de las esponjas o cosas parecidas, de suerte que queden ellos tanto más sucios, cuanto quedan los hombres más limpios sirviendo ellos de cierta clase de filtros de limpieza.

Si esto es así, mezclan con los demonios más sucios a los dioses, que, para no contaminarse, rehuyeron la proximidad y el trato de los hombres. ¿Pueden acaso los dioses limpiar a los demonios contaminados por los hombres, sin ser contaminados ellos, y no podrían lo mismo limpiar a los hombres? ¿Quién puede pensar esto sino quien ha sido engañado por los falacísimos demonios? Si el ver y el ser visto trae contaminación, y son vistos por los hombres los dioses que llama visibles, "brillantes luminares del mundo"[26], y los demás astros, ¿estarán más seguros de esta contaminación de los hombres los demonios, que no pueden ser vistos si no quieren? Y si no es el ser visto, sino el ver lo que contamina, tendrán que negar que estos "brillantes luminares del mundo", que llaman dioses, ven a los hombres cuando proyectan sus rayos sobre la tierra.

---

26. Virgilio, *Georg.* I,5-6.

No se contaminan estos rayos que se derraman sobre todas las cosas inmundas, ¿y se habrían de contaminar los dioses, si se mezclaran con los hombres, aunque fuera necesario el contacto para socorrerlos? Porque los rayos del sol y la luna tocan la tierra, y no quedan manchados por ella.

17. Un mediador que no se mancha por el contacto con lo impuro

Estoy considerablemente maravillado de que hombres tan instruidos, que tuvieron por inferior todo lo material y sensible en comparación de lo espiritual e inteligible, hagan mención de los contactos corporales en conexión con la vida feliz. ¿Dónde queda aquello de Plotino: "Es preciso refugiarse en la patria amadísima, y allí está el Padre y allí todas las cosas. Y ¿en qué consiste esta fuga? En hacerse semejante a Dios"[27]. De manera que si cuanto uno es más semejante a Dios, tanto más cerca está, el mayor alejamiento será la desemejanza. Y el alma del hombre tanto menos se asemejará a aquel incorpóreo, eterno e inmutable, cuanto más se apegue a las cosas temporales y mudables.

Para superar esto se hace preciso un mediador, ya que los seres mortales e impuros de aquí abajo no pueden reunirse con la inmortal pureza de arriba. Pero el tal mediador no ha de tener un cuerpo inmortal cercano a los seres supremos, y un espíritu enfermizo semejante a los ínfimos, ya que con la enfermedad nos podría envidiar más bien para que no curemos que ayudarnos para sanar; sino que adaptado a nuestra bajeza por la mortalidad de su cuerpo, nos suministre un verdadero auxilio divino para nuestra limpieza y purificación, por la justicia inmortal de su espíritu, mediante la cual permaneció en las alturas, no por la distancia del lugar, sino por la excelencia de su semejanza.

Un Dios incapaz de contaminación no puede temer le contamine el hombre[28] de que se ha revestido, o los hombres con quienes trató siendo hombre. Son grandes en verdad estos dos misterios que por su encarnación nos mostró para nuestra salud: ni la carne puede contaminar a la verdadera divinidad, ni hemos de tener por mejores a los demonios. por no tener carne[29]. Este es, como nos enseña la sagrada Escritura, el Mediador entre Dios y los hombres, un hombre, el Mesías Jesús (1ª Tim. 2:5). No es éste el lugar para hablar ni de su divinidad, por la cual es igual al Padre, ni de su humanidad, por la cual se hizo semejante a nosotros.

---

27. Plotino, Enead. I,VI,8, según Agustín cita de memoria.
28. O la humanidad.
29. Cf. Agustín, De Trinitate 13, 22.

18. El triste camino de la contaminación

En cuanto a los demonios mediadores, falsos y engañosos, que en sus muchas obras se muestran claramente miserables y malignos por la inmundicia de su espíritu, intentan, mediante el espacio de los lugares y por la agilidad de sus cuerpos aéreos[30]; distraernos y apartarnos del perfeccionamiento de los ánimos; lejos de ofrecernos el camino hacía Dios, impiden que nos mantengamos en el camino. Ciertamente en este mismo camino, que es erróneo y equívoco, por el cual no camina la justicia, ya que no es a través de la altura corporal, sino por la semejanza espiritual, esto es, incorpórea, como tenemos que ascender hacia Dios; en el mismo camino corporal, que disponen los amigos de los demonios por los escalones de los elementos, establecidos los demonios aéreos como mediadores entre los dioses etéreos y los hombres terrenos, piensan que los dioses tienen por fin principal no contaminarse por el contacto humano mediante el espacio de estos lugares.

Así creen más fácil contagiarse los demonios por los hombres que purificarse los hombres por los demonios, y que los mismos dioses se contaminarían, si no estuvieran preservados por la altura del lugar. ¿Habrá alguien tan infeliz que piense puede quedar limpio por este camino, donde se dice que los hombres contaminan, los demonios son contaminados y los dioses contaminables? ¿No elegirá más bien el camino en que mejor se evite la contaminación de los demonios y, para entrar en la compañía de los ángeles incontaminados, se purifiquen los hombres de la contaminación por el Dios incontaminable?

19. Ángeles y demonios

Como algunos de estos que podríamos llamar "demonólatras" (adoradores de los demonios), entre los cuales se encuentra Labeón, dicen que otros llaman ángeles a los que ellos llaman demonios, para no dar la impresión de que también nosotros andamos enzarzados en un debate de palabras, me parece ya hora de tratar algo sobre los ángeles buenos, cuya existencia ciertamente no niegan los platonistas; aunque prefieren darles el nombre de demonios buenos en vez de ángeles. En cambio, nosotros, siguiendo la Escritura, que nos hace cristianos, siempre encontramos ángeles buenos y ángeles malos, nunca demonios buenos; y donde

---

30. Era creencia general atribuir a los demonios un cuerpo sutil, aéreo, que por su levedad y agilidad podía actuar sobre los hombres.

quiera que en aquellas Letras se encuentra este nombre, "daemones" o "daemonia", siempre se quiere significar los espíritus malignos.

Esta uso se ha vuelto tan universal que, incluso entre los pueblos llamados paganos, que defienden el culto de muchos dioses y demonios, no habrá alguno, por literato que sea, que le diga a un esclavo en tono de alabanza "tienes un demonio"; antes bien, no se puede dudar que, cuando dice esto a alguno, no lo dice sino en plan de maldición.

¿Qué motivo, pues, puede forzarnos a exponer lo que dijimos, después de ofender con esta palabra tantos oídos, por no decir todos los que acostumbran a oírla sólo en sentido peyorativo? Mucho más, ya que podemos, usando el nombre de ángeles, evitar esa ofensa que podía tener lugar con el nombre de demonios.

20. Conocimiento sin amor, propio de los demonios

El mismo origen de esta palabra, si consultamos los libros divinos, nos sugiere algo digno de consideración. Reciben el nombre de demonios por una palabra griega (*daimon*) que significa conocimiento[31]. El apóstol, inspirado por el Espíritu Santo, dice: "El conocimiento engríe; lo constructivo es el amor" (1ª Cor. 8:1). Palabras cuyo sentido es que sólo aprovecha la ciencia cuando está animada por la caridad; sin ésta, la ciencia hincha, es decir, levanta a la soberbia de la hinchazón más vacía.

En los demonios existe, pues, la ciencia sin caridad, y por ello están tan hinchados, es decir, tan soberbios que se han procurado con afán los honores divinos y el servicio de la religión, que saben se debe al verdadero Dios, y todavía se lo están procurando cuanto pueden y en cuantos pueden. Qué poder tenga la humildad de Dios, que apareció en forma de siervo, contra la soberbia de los demonios, que dominaba por sus favores al género humano, no lo conocen las almas de los hombres hinchadas por la inmundicia de la jactancia, semejantes a los demonios por la soberbia, no por la ciencia.

21. Hasta dónde quiso Cristo descubrirse a los demonios

Los mismos demonios conocieron muy bien esta manifestación de Dios, pues dijeron al mismo Señor revestido de la debilidad de la carne: "¿Quién te mete a ti en esto, Jesús Nazareno? ¿Has venido aquí a ator-

---

31. En griego daimon, daimon, es semejante a daemon = conocer, daemon; por ejemplo Platón: "He aquí lo que Hedosío entiende a mi parecer por genio o *daimones*; precisamente porque ellos eran prudentes y sabios (*daemones*) los denominó *daimones*. Y antiguamente en nuestra lengua se encuentra este nombre" (*Critilo*, 398a).

mentarnos antes de tiempo?" (Mc. 1:24; Mt. 8:29). Queda patente en estas palabras que había en ellos un gran conocimiento, pero no había caridad. Temían el poder de Cristo para castigarles, no amaban en él su justicia. Él se les manifestó tanto como quiso, y quiso tanto como fue conveniente. Pero se les dio a conocer no como a los ángeles santos, que gozan de la participación de su eternidad, en cuanto es el Verbo de Dios[32], sino cual era necesario darse a conocer a éstos para atormentarles, de cuyo tiránico poder, por así decir, había de librar a los predestinados a su reino y a su gloria, eternamente verdadera y verdaderamente eterna.

Se manifestó, pues, a los demonios, no por lo que es la vida eterna y la luz inconmutable que ilumina a los piadosos, cuyos corazones se purifican por la fe que se tiene en él; se les dio a conocer por algunos efectos temporales de su poder y prodigios de su misteriosa presencia, que podían ser más visibles a los sentidos angélicos, aun de los espíritus malignos, que a la flaqueza de los hombres. Finalmente, cuando tuvo a bien suprimir un tanto esos signos, y ocultarlos en la más profunda oscuridad, llegó a dudar de él hasta el príncipe de los demonios; e indagando si era Cristo, le tentó hasta donde él mismo permitió ser tentado para proporcionar, en la humanidad de que era portador, un ejemplo a nuestra imitación.

Pero después de aquella tentación, cuando, como está escrito, le servían los ángeles, buenos y santos, y por ello temibles y terribles para los espíritus inmundos, más y más se descubría a los demonios qué poder tenía, de manera que nadie se atreviese a resistir su autoridad, por más que pareciera en él tan menospreciable la debilidad de la carne.

22. Diferencia entre el conocimiento de los ángeles y de los demonios

Para estos ángeles buenos es despreciable toda la ciencia de las cosas corporales caducas, de que se enorgullecen los demonios, no porque desconozcan esas cosas, sino porque estiman tanto el amor de Dios, que les santifica. Ante su hermosura, no sólo incorpórea, sino también inconmutable e inefable, en cuyo santo amor se inflaman, menosprecian todas las criaturas que están por debajo y todo lo que no es él, y a sí mismos entre todas ellas; gozan, en cuanto son buenos, del bien que los hace bue-

---

32. "*El cielo del cielo*, que creaste en el origen, es en cierto sentido una criatura intelectual que, sin ser coeterna contigo, oh Trinidad, participa, sin embargo, de tu eternidad. La dulzura, la felicidad de contemplarte, limita estrechamente cuanto hay de móvil en ella, y al unirse a ti sin desfallecer, desde que fue creada, se elevó por encima de las vicisitudes fugaces del tiempo" (Agustín, *Confesiones* XII,9).

nos. Por eso conocen con más certeza estas cosas temporales y mudables, porque contemplan sus causas principales en el Verbo de Dios, por el que el mundo fue hecho; causas por las que una cosa es aprobada, otra rechazada y todas ordenadas.

Pero los demonios no contemplan en la Sabiduría de Dios las causas eternas y, en cierto modo, principales de los tiempos, sino que con una mayor experiencia de ciertos signos que nosotros, ven muchas más cosas futuras que los hombres, y a veces también hacen saber de antemano sus intenciones. Finalmente, los demonios se equivocan muchas veces, los ángeles nunca.

Porque una cosa es conjeturar los acontecimientos temporales por los signos temporales, y los mudables por los mudables, e introducir en ellos el módulo temporal y mudable de su voluntad, lo cual, en cierto modo, está permitido a los demonios; y otra, ver los cambios de los tiempos en las leyes eternas e inconmutables de Dios, que tienen su asiento en su Sabiduría, y conocer por la participación de su Espíritu la voluntad de Dios, que es la más inequívoca y poderosa de todo; y esto es un privilegio concedido con justa elección a los ángeles. Así, no sólo son eternos, sino también felices. Y el bien que les hace felices es su Dios, por el que fueron creados; porque es sin fin que gozan de su participación y contemplación.

23. El nombre de dioses aplicado a los hombres, según las Escrituras

1. Si los platónicos prefieren llamar dioses a estos ángeles buenos mejor que demonios, y agregarlos a los que, según su fundador y maestro, Platón, habían sido hechos por el Dios supremo[33], háganlo en buena hora; no merece la pena sostener una controversia sobre palabras. Si dicen que son inmortales, aunque hechos por el Dios supremo, y que son felices no por sí mismos, sino por su unión al que los hizo, dicen, ni mas ni menos, lo mismo que nosotros, llámenlos como los llamen.

Que éste sea el sentir de los platónicos, ya de todos, ya de los mejores, se puede constatar en sus libros. Aunque sobre el mismo vocablo, con que designan dioses a criaturas inmortales y felices de esta clase, no puede haber apenas disensión entre ellos y nosotros, puesto que en nuestras Escrituras sagradas se lee: "El Dios de los dioses, el Señor ha hablado" (Sal. 50:1); y en otro lugar: "Alabad al Señor de los señores" (Sal. 136:2), y también: "Rey grande sobre todos los dioses" (Sal. 95:3).

---

33. Platón, *Timeo* 40a.

Y donde se dice: "Terrible sobre todos los dioses" (Sl. 96:4), se aclara luego cuando dice: "Porque todos los dioses de los pueblos son ídolos: Mas el Señor ha hecho el cielo" (v. 5). Dijo, pues, "sobre todos los dioses", pero añadió "de los gentiles", esto es, de los que los gentiles tienen por dioses, que son los demonios. Por eso dice "terrible", y bajo este terror decían al Señor: "¿Has venido a destruirnos?" (Mc. 1:24) En cambio, donde dice: "Dios de dioses", no puede entenderse del Dios de los demonios; como Rey de todos los dioses, no puede admitirse se diga soberano de todos los demonios. Pero la misma Escritura llama dioses a los hombres en el pueblo de Dios: "Yo dije: sois dioses e hijos del Altísimo todos" (Sal. 82:6; Jn. 10:34-35). Y así se puede entender como Dios de estos dioses el que fue llamado Soberano de todos los dioses.

2. Sin embargo, alguien podría preguntar: "Si fueron llamados dioses los hombres, porque pertenecen al pueblo de Dios, al cual habla Dios por medio de los ángeles o de los hombres ¿cuanto más dignos de este nombre son los inmortales, que gozan de aquella felicidad, a la que por el culto de Dios desean llegar los hombres?" Tendríamos que responder que no en vano en las sagradas Escrituras se llama dioses a los hombres más claramente que a los inmortales y felices, a los que se nos promete seremos iguales en la resurrección, por temor a que la debilidad de la incredulidad, vencida por la excelencia de esos seres, pudiera atreverse a constituir dios a alguno de ellos. Lo cual es fácil evitar en el caso de los hombres.

Además, era correcto llamar más claramente dioses a los hombres que pertenecen al pueblo de Dios, para que estuvieran seguros y confiados de que su Dios era aquel de quien se dijo Dios de dioses; ya que aunque se llamen inmortales y felices los que están en el cielo, sin embargo, no se llamaron dioses, esto es, dioses de los hombres establecidos en el pueblo de Dios, a quienes se dijo: "Yo dije: sois dioses e hijos del Altísimo todos" (Sal. 82:6). Por eso dice el apóstol: "Porque aunque haya algunos que se llamen dioses, o en el cielo, ó en la tierra (como hay muchos dioses y muchos señores), nosotros empero no tenemos más de un Dios, el Padre, del cual son todas las cosas, y nosotros en él: y un Señor Jesucristo, por el cual son todas las cosas, y nosotros por él" (1ª Cor. 8:5-6).

3. Por tanto, no hemos de proseguir el debate sobre el nombre, pues la cosa está tan clara que excluye todo escrúpulo de duda. Si a los platonistas no agrada nuestra afirmación de que del número de sus inmortales felices Dios ha enviado a los ángeles para que anunciasen su voluntad a los hombres; porque ellos creen que este ministerio se realiza no por aquellos que llaman dioses, esto es, inmortales y felices, sino por los demonios, a los que sólo se atreven a llamar inmortales, pero no felices; o, a

lo más, inmortales y felices sólo en el sentido de que son demonios buenos, no dioses colocados tan arriba que están alejados del trato humano. Aunque parezca esto una controversia de nombre sólo, es tan detestable el nombre de los demonios que tenemos que rechazarlo totalmente de los santos ángeles.

Al terminar este libro quede bien claro que los inmortales y felices, o como quieran llamarlos, que son sólo criaturas, no actúan como intermediarios para llevar a la felicidad inmortal a los mortales y miserables, de los cuales les separa una y otra diferencia. Y los que son intermedios por su inmortalidad común con los superiores y su miseria con los inferiores, siendo miserables justamente por su malicia, pueden más bien envidiarnos esta felicidad, que no tienen, que procurárnosla.

De manera que los amigos de los demonios no tienen nada digno que ofrecernos para que honremos como auxiliares nuestros a los que más bien debemos evitar como traidores a nuestros intereses. En cuanto a los espíritus que son buenos, y, por tanto, no sólo inmortales, sino también felices, que juzgan deben ser honrados con el nombre de dioses con ceremonias y sacrificios para alcanzar la vida feliz después de la muerte; nosotros, con la ayuda Dios, trataremos de mostrar en el libro siguiente que estos espíritus, cualesquiera que sean, y reciban el nombre que quieran, dicen que el culto religioso sólo debe prestarse al único Dios, por quien han sido creados y con cuya participación son felices.

Libro X

1. ¿A quién debemos adoración?

1. Es opinión general de los que de cualquier modo pueden hacer uso de la razón que todos los hombres desean ser felices. Quiénes lo son y cómo llegan a serlo, son cuestiones sobre las que la debilidad del entendimiento mortal han suscitado muchas y reñidas controversias, en que han consumido sus esfuerzos y su tiempo los filósofos. Hacer referencia a ellas y discutirlas es tarea larga e innecesaria. El lector puede recordar lo que tratamos en el libro octavo, al seleccionar los filósofos, con quienes se debatió la cuestión sobre la futura vida feliz[1]; si podemos llegar a ella rindiendo culto religioso al único Dios verdadero, hacedor también de los mismos dioses, o hay que rendirlo a toda una multitud de ellos. Y no espere que repitamos aquí las mismas cosas, sobre todo pudiendo refrescar su memoria con el repaso de aquello, si lo ha olvidado.

Elegimos entonces a los platónicos, justamente considerados los más ilustres de todos los filósofos. precisamente porque llegaron a conocer que, aunque inmortal y racional o intelectual, no puede el alma del hombre ser feliz sino por la participación de la luz del Dios, por quien ella y el mundo han sido hechos; así como niegan también que pueda uno conseguir lo que todos los hombres apetecen, la vida eterna, si no es uniéndose con un corazón puro y santo al único Dios supremo, que es inconmutable.

Pero a la vez que estos mismos, ya cediendo al error o vanidad de los pueblos; ya, como dice el apóstol, obnubilándose en su mente insensata (Ro. 1:21), pensaron, o quisieron que se pensara, que había que dar culto a muchos dioses, hasta el punto de que algunos de ellos fueron del parecer que se rindieran a los demonios los honores divinos de las ceremonias o sacrificios. Ya hemos respondido ampliamente a éstos.

Por eso, ahora tenemos que examinar y tratar, con la ayuda de Dios, qué se considera adoración religiosa y piedad querida por esos inmortales y bienaventurados, que habitan en las celestes moradas, sean dominaciones príncipados potestades, a quienes los platonistas tienen por dioses y a algunos de los cuales llaman demonios buenos, o, como nosotros,

---

1. VIII,5.

ángeles. O más claramente: ¿Quieren éstos que les ofrezcamos a ellos también adoración y sacrificios, y consagrar nuestras posesiones y a nosotros mismos a ellos o solamente a Dios, suyo y nuestro?

2. Este es, de hecho, el culto debido a la divinidad, o, hablando con más propiedad, a la deidad; para significar el cual con una sola palabra, como no se me ocurre suficientemente idónea una latina, me serviré de la palabra griega latreia (*latreia*), cuando sea preciso, para indicar lo que quiero decir. Siempre que esta palabra aparece en las Escrituras se traduce por servicio. Pero el servicio que es debido a los hombres, en referencia al cual manda el apóstol que estén sujetos los siervos a sus señores (Ef. 6:5), suele designarse en griego con otro nombre[2]. En cambio, latreia, según el uso de los que escribieron los divinos oráculos, es siempre o casi siempre, el servicio debido únicamente a Dios. Por consiguiente, cuando se habla sólo de "culto" no parece se debe solamente a Dios, ya que se dice también que damos culto a los hombres, a quienes respetamos en su memoria o presencia viva.Y no sólo se usa esta palabra refiriéndonos a los seres a que nos sometemos con religiosa humildad, sino también refiriéndonos a algunos que están sujetos a nosotros. De esta palabra se derivan también los vocablos *agrícola, coloni, incola* (agricultor, colono, habitante); y lo mismo se llama *caelicolae* a los que cultivan el cielo, no por la veneración, sino por habitar en él como unos colonos del cielo; no en el sentido de los que cultivan con su trabajo el suelo natal bajo el dominio de los dueños, sino, como dijo el gran poeta latino, "Hubo una ciudad antigua poblada por colonos tirios"[3], llamándolos colonos, de la palabra *incolere* (habitar), no de la agricultura. Así, también se llamaron colonias las ciudades fundadas por ciudades más populosas. Por este motivo, aunque es bien claro que en el sentido propio de la palabra, el culto no se debe sino a Dios, pero como también se dice de otras cosas, no se puede expresar en latín en una sola palabra el culto debido a Dios.

3. La misma palabra "religión" no parece significar con precisión un culto cualquiera, sino el culto de Dios, y por eso los nuestros tradujeron por esta palabra la griega qeusbeia (*theosebeia*)[4]. Sin embargo, sí nos ate-

---

2. A saber, *dulía*. Cf. *Quaest in Exod.* 94; *Quaest. in Gen.* 21; *Contra Faustum*, 15. 9.

3. Virgilio, *En.* I,12.

4. "La sabiduría del hombre es la piedad; así se halla escrito el libro de Job, donde se dice que la misma sabiduría dijo al hombre: `El temor del Señor es la sabiduría´ (Jb. 28:18). Pero si deseas saber de qué piedad se trata en este lugar, más claramente lo encontrarás en el texto griego, donde se lee *teosebeia*, es decir, culto de Dios. Del mismo modo, la piedad (*pietas*) se expresa en griego por la palabra *eusebia*, con cuyo nombre quiere significarse el culto debido, si bien esto se refiere principalmente a la adoración de Dios. Pero nada hay más apropiado que aquel nombre, con el cual se significó evidentemente el culto divino al declarar en qué consistía la sabiduría para el hombre" (Agustín, *Enquiridión*, I,2; vol. 21-1 de esta colección).

nemos al uso del latín en labios de doctos e indoctos, existe la religión del parentesco humano, de la afinidad y de otros lazos de amistad; y entonces no podría evitarse con esa palabra la ambigüedad cuando se debate el culto de la deidad, de manera que podamos decir tranquilamente que la religión no es sino el culto de Dios, ya que parecería contradecir el uso común que aplica esta palabra a la observancia de relaciones sociales.

La piedad suele tomarse también propiamente como el culto de Dios; y los griegos la llaman eusebia (*eusebeia*); aunque también se atribuye a los padres por cortesía esta palabra. El pueblo acostumbra también a utilizar la palabra en las obras de misericordia, lo cual creo ha sucedido, porque es Dios principalmente quien las ha mandado, atestiguando que le agradan como los sacrificios o aun más que ellos. Este uso de la palabra ha hecho que a Dios le llamemos también piadoso[5]; sin embargo, los griegos nunca le llaman en su lenguaje eusebein, aunque también entre ellos el culto tome la eusebia por misericordia. Por eso en algunos lugares de la sagrada Escritura, para que la distinción pareciera más clara, prefirieron decir en vez de eusebia, cuyo sentido es más general, qeusbeia (*theosebeia*), que quiere decir culto de Dios. Nosotros no podemos expresar con una sola palabra ambas ideas.

Así, pues, la palabra griega latreia (*latreia*) se traduce en latín *servitus*, servidumbre, pero prestada sólo a Dios; el griego qeusbeia (*theosebeia*) se llama en latín *religio* (religión), pero sólo la que tenemos con Dios; y lo que llaman qeusbeia no podemos nosotros expresarle con una sola palabra, y lo llamamos culto de Dios. Todo esto decimos se debe sólo a Dios, el que es verdadero Dios, y hace dioses a los que le adoran[6].

Por tanto, cualesquiera que sean esos inmortales y felices habitantes del cielo, si no nos aman ni desean que seamos felices, en modo alguno han de ser reverenciados, y si nos aman y quieren seamos felices, no pueden desearlo de modo diferente a como ellos son felices. Pues, ¿cómo podrían desear que nuestra felicidad brotara de una fuente distinta a la suya?

2. La única fuente de luz y felicidad

No tenemos conflicto alguno con estos estimables filósofos en esta cuestión. Vieron y consignaron de muchos modos y copiosamente en sus escritos que la felicidad de estos seres —lo mismo que la nuestra— procede de cierta luz inteligible, que es su Dios, diferente de ellos, que les

---

5. Véase 2 Cron.30:9; Ecl. 11:13; Judit 7:20.
6. Cf. Sal. 82:6; Jn. 10:34, 35. Véase la discusión precedente en IX,22.

ilumina para que pueden resplandecer y gozar una felicidad perfecta en la participación de Dios.

Muchas veces, y con mucha insistencia afirma Plotino, desarrollando el sentido de Platón, que ni aún aquel alma que creen alma del mundo, tiene su felicidad distinto origen que la nuestra, y que esa luz no es ella misma, sino la que la ha creado y con cuya iluminación inteligible resplandece ella inteligiblemente[7]. También comparación esos seres incorpóreos a los cuerpos celestiales ilustres y grandiosos, como si Dios fuera el sol, y el alma, la luna. Por tanto, piensan que la luna es iluminada por la oposición del sol. Dice, pues, aquel gran platónico que el alma racional, o llamémosla mejor intelectual, de cuya clase son también, según él, las almas de los inmortales y felices, que no duda habitan en las moradas celestes, esa alma racional no tiene sobre sí otra naturaleza que la de Dios, que fabricó el mundo, por el cual fue hecha ella también.

Y que no tienen esos seres celestes otra fuente de vida feliz y de luz para entender la verdad, que la que tenemos nosotros mismos; también lo dice el mismo, en lo cual está de acuerdo con el Evangelio, donde se lee: "Apareció un hombre enviado por Dios, que se llamaba Juan; éste venía como testigo para dar testimonio de la luz y que por él todos llegasen a la fe. No era él la luz, era sólo testigo de la luz. La luz verdadera, la que alumbra a todo hombre, estaba llegando al mundo" (Jn. 1:6-9). Esta distinción basta para demostrar que el alma racional o intelectual, como era la de Juan, no puede ser luz para sí misma, sino que brilla por la participación de la otra luz verdadera. Esto lo confirma el mismo Juan cuando, dando testimonio de él, dice: "Porque de su plenitud tomamos todos" (v. 16).

3. El verdadero culto divino

1 . Si esto es así, sí los platónicos, o cualesquiera de sus seguidores, conociendo a Dios, le hubieran glorificado y dado gracias, no se hubiera entenebrecido su mente insensata, ni hubieran sido en parte autores de los errores de los pueblos o se atreverían, en parte, a resistirlos[8]. Sin duda confesarían que para poder ser inmortales y felices, tanto ellos, ya inmortales y felices, cuanto nosotros, mortales y miserables, teníamos que adorar a un solo Dios de dioses, Dios de ellos y Dios nuestro.

---

7. Plotino, *Enn.* V,6,4.

8. Cf. Ro. 1:21. Por la cita constante de este texto se ve que Agustín no es platónico ni neoplatónico, sino sólo en un sentido "instrumental", es decir, sólo en cuanto emplea algunas de sus tesis (cf. C. Baseví, *op. cit.*, p. 148). En él se opera una total conversión cristiana del pensamiento.

2. A Él le debemos el servicio, llamado en griego latreia (*latreia*), sea interno o externo, porque todos nosotros somos su templo, cada uno en particular y todos juntos, porque él condesciende a morar en cada individuo y en la concordia de todo el cuerpo; sin ser mayor en todos que en cada uno, puesto que ni se distiende por la masa ni disminuye por la participación. Cuando nuestro corazón se levanta a él, es su altar; el sacerdote que intercede por nosotros es su primogénito; le sacrificamos víctimas cruentas cuando por su verdad luchamos hasta la sangre; le ofrecemos suavísimo incienso cuando en su presencia estamos abrasados en religioso y santo amor; le ofrendamos y devolvemos sus dones en nosotros y a nosotros mismos en ellos; en las fiestas solemnes y determinados días le dedicamos y consagramos la memoria de sus beneficios a fin de que con el paso del tiempo no se nos vaya introduciendo solapadamente el olvido; con el fuego ardiente del amor le ofrecemos en el altar de nuestro corazón el sacrificio de la humildad y la alabanza[9].

Para llegar a verle como Él puede ser visto, y para unirnos a él, nos purificamos de toda mancha de pecado y malos deseos, y nos consagramos en su nombre. Él es fuente de nuestra felicidad, es meta de nuestro deseo[10]. Eligiéndole a Él, o mejor reeligiéndose, pues le habíamos perdido por negligencia; reeligiéndose a Él, de donde procede el nombre de "religión"[11], tendemos a él por amor para descansar cuando lleguemos; y de este modo somos felices, porque en aquella meta alcanzamos la perfección.

Nuestro bien, sobre cuya meta tal debate hay entre los filósofos, no es otro que unirnos a Dios[12]. Es como un abrazo incorpóreo, si se puede hablar así, que fecunda el alma inmortal y la llena con verdaderas virtu-

---

9. Cf. Ro. 12:1: "Así que, hermanos, os ruego por las misericordias de Dios, que presentéis vuestros cuerpos en sacrificio vivo, santo, agradable á Dios, que es vuestro racional culto."

10. Cf. Sl. 73:25-28: "¿A quién tengo yo en los cielos? Y fuera de ti nada deseo en la tierra. Mi carne y mi corazón desfallecen: Mas la roca de mi corazón y mi porción es Dios para siempre. Porque he aquí, los que se alejan de ti perecerán: Tú cortarás á todo aquel que fornicando, de ti se aparta. Y en cuanto á mí, el acercarme á Dios es el bien: He puesto en el Señor Jehová mi esperanza, Para contar todas tus obras."

11. El vocablo latino *religio* (religión) parece derivar de *religere* (religar). Para Cicerón, *religio* proviene de *relegere*, de releer y repasar las ceremonias del culto divino para hacerlas bien (*De natura deorum* 2,28,27). Agustín prefiere derivar religión de *religare*: "Siendo todos los ángeles buenos y todos los ministerios santos de Dios semejantes a ellos, o mejor dicho, más puros y más justos todavía, ¿por qué temer la ofensa de cualquiera de ellos al negarles todo culto indebido, cuando precisamente los ángeles nos ayudan a elevarnos a Dios y, *religando* nuestras almas con Él —de donde viene el nombre *religión*—, nos limpian de todo extravío y superstición" (*La verdadera religión*, 55,111. vol. 21-1 de esta colección).

12. Alusión a Cicerón, *De finibus bonorum et malorum*.

des. Se nos manda amar este bien con todo el corazón, con toda el alma y con todas las fuerzas. A este bien debemos llevar a los que amamos y ser llevados por los que nos aman. Así se cumplen los dos mandamientos en que consiste la Ley y los Profetas: "Amarás al Señor tu Dios con todo tu corazón, con toda tu alma, y con toda su mente, y amarás a tu prójimo como a ti mismo" (Mt. 22:37-40). Para que el hombre fuese inteligente en el amor de sí, se le indicó una meta a la que referir todas sus acciones, a fin de poder ser feliz. Porque quien se ama a sí mismo no desea otra cosa que esto. Y la meta puesta delante de él es "acercarse a Dios" (Sal. 73:28).

Así, cuando a uno que sabe amarse a sí mismo se le ordena que ame al prójimo como a sí mismo, ¿qué otra cosa se le manda sino que haga todo cuanto está en su poder para encomendarle amor de Dios? Este es el culto de Dios; ésta, la verdadera religión ésta, la piedad recta; ésta, la servidumbre debida sólo a Dios. Por consiguiente, toda potestad inmortal, por grande que sea su poder, sí nos ama como a si misma, nos desea que para ser felices sino que estemos sometidos al mismo a quien está ella. Si no da culto a Dios, es miserable porque está privada de Dios; y si da culto a Dios, no quiere ser adorada como Dios. Antes bien se adhiere y confirma con la fuerza de su amor la sentencia que dice: "El que sacrificare a dioses, excepto a sólo el Señor, será muerto" (Ex. 22:20).

4. Sólo a Dios se debe el sacrificio

Dejando ahora a un lado los otros homenajes religiosos con que Dios es adorado; nadie se atrevería a negar que el sacrificio se debe sólo a Dios. Muchos honores se han quitado al culto divino para dárselos a los hombres, ya por una excesiva humildad, ya por perniciosa adulación; sin dejar de ser considerados como hombres aquellos a quienes se otorgaban, por más que se dijera eran dignos de culto y veneración, y aun, si se fuerzan un poco las cosas, dignos de adoración. Pero, ¿quién pensó se había de ofrecer un sacrificio sino a quien conoce ser Dios, o juzgó por tal o se lo fingió? Sobre la antigüedad del sacrificio en el culto de Dios son testimonio suficiente los dos hermanos Caín y Abel. Dios reprobó el sacrificio del primero y aceptó el del segundo.

5. Significado de los sacrificios

Por lo demás, ¿quién puede ser tan necio que crea necesarias para Dios las cosas que se ofrecen en los sacrificios? Tenemos testimonios en muchos lugares de la divina Escritura; para no extendernos mucho, bastará recordar aquello del Salmo: "Dijiste, oh alma mía, al señor: Tú eres el Señor: Mi bien a ti no aprovecha" (Sal. 16:2). Por consiguiente, hemos de estar convencidos de que Dios no necesita no sólo del ganado ni de cualquier otra cosa corruptible o terrena, pero ni siquiera de la misma justicia del hombre; y todo aquello con que se da culto a Dios cede en provecho del hombre, no de Dios. Como nadie pensará que favorece a la fuente, cuando bebe, o a la luz, cuando ve.

Ni el hecho de los sacrificios hechos por la iglesia antigua en las víctimas de los animales, que hoy lee el pueblo de Dios sin imitar, no prueban nada más que esto, que esos sacrificios significaban las cosas que nosotros realizamos para unirnos a Dios, y conducir al mismo fin a nuestro prójimo. Un sacrificio, por tanto, es el sacramento visible o signo sagrado del sacrificio invisible. Por eso dice el penitente en el profeta, o el mismo profeta, buscando tener propicio a Dios por sus pecados: "Porque no quieres tú sacrificio, que yo daría; no quieres holocausto. Los sacrificios de Dios son el espíritu quebrantado: Al corazón contrito y humillado no despreciarás tú, oh Dios" (Sal. 51:16-17).

Observa cómo, en las mismas palabras donde expresa el rechazo divino del sacrificio, muestra que Dios demanda un sacrificio. No quiere el sacrificio del animal muerto, pero quiere el sacrificio del corazón contrito. En aquello que afirma no querer se significa lo que él añadió que quería. Dijo que Dios no quería esos sacrificios, al modo que los necios piensan que los quiere para buscar satisfacción. Pues si esos sacrificios que quiere, uno de los cuales es el corazón contrito y humillado por el dolor de la penitencia, no quisiera fueran significados por los sacrificios que se ha pensado desea como deleitables para sí, no hubiera ordenado en la Ley antigua el ofrecimiento de los mismos. Y por ello debieran haberse cambiado ya en un tiempo determinado y oportuno para que no se creyera eran deseados por el mismo Dios o aceptables por nosotros mismos, en lugar de ser deseado lo que en ellos se significa.

Por eso se dice en otro lugar de otro salmo: "Si yo tuviese hambre, no te lo diría a ti; porque mío es el mundo y su plenitud. ¿Tengo de comer yo carne de toros, o de beber sangre de machos cabríos?" (Sal. 50:12-13). Como si dijera: "Si me fueran ciertamente necesarios, no te pediría a ti lo que está en mi poder". Luego, añadiendo lo que significan, dice: "Ofrece a Dios un sacrificio de alabanza, cumple tus votos al Altísimo e invócame el día del peligro: yo te libraré, y tú me darás gloria" (vv. 14-15).

También nos habla en otro profeta: "¿Con qué me presentaré al Señor, inclinándome al Dios del cielo? ¿Me presentaré con holocaustos, con becerros de un año? ¿Aceptará el Señor un millar de carneros o diez mil arroyos de aceite? ¿Le ofreceré mi primogénito por mi culpa o el fruto de mi vientre por mi pecado? Hombre, ya te he explicado lo que está bien, lo que el Señor desea de ti: solamente hacer juicio, y amar misericordia, y humillarte para andar con tu Dios" (Mi. 6:6-8). En las palabras de este profeta quedan distinguidas y bien separadas dos cosas: Dios no exige aquellos sacrificios por sí mismos, y sí exige los sacrificios que significan.

También en la epístola a los Hebreos se dice: "De hacer bien y de la comunicación no os olvidéis, porque de tales sacrificios se agrada Dios" (Heb. 13:6). Por eso aquel texto quiero misericordia, no sacrificios, debe entenderse como la preferencia de un sacrificio sobre el otro, ya que lo que todos llaman sacrificio es el signo del verdadero sacrificio. Pero la misericordia es un verdadero sacrificio; por eso se dijo lo que antes cité: "tales sacrificios son los que agradan a Dios."

Por consiguiente, cuantas prescripciones divinas tan variadas se leen sobre los sacrificios en el ministerio del tabernáculo o del templo tienden a significar el amor de Dios y del prójimo; como está escrito: "De estos dos mandamientos depende la Ley y los profetas" (Mt. 22:40).

6. El sacrificio verdadero y perfecto

Así, pues, el verdadero sacrificio es toda obra hecha para unirnos a Dios en santa alianza, y que tiene una referencia a la meta de aquel bien que puede hacernos verdaderamente felices. Y así, aun la misericordia con que se socorre al hombre, si no se hace por Dios, no es sacrificio. Pues aunque sea hecho u ofrecido por el hombre, el sacrificio es una acción divina. Tal es el significado que aun los latinos antiguos dieron a esta palabra. De ahí viene que el mismo hombre, consagrado en nombre de Dios y ofrecido a Dios, en cuanto muere para el mundo a fin de vivir para Dios, es sacrificio. Pues esto pertenece a la misericordia que cada uno practica para sí mismo. Por eso está escrito: "Compadécete de tu alma haciéndola agradable a Dios" (Eclesiástico 30:24).

También es sacrificio el castigo que infligimos a nuestro cuerpo por la templanza si, como debemos, lo hacemos por causa de Dios, a fin de no usar de nuestros miembros como arma de iniquidad para el pecado, sino como arma de justicia para Dios (cf. Ro. 6:13). Exhortándonos a esto dice el apóstol: "Así que, hermanos, os ruego por las misericordias de Dios, que presentéis vuestros cuerpos en sacrificio vivo, santo, agradable a Dios, que es vuestro racional culto" (Ro. 12:1). Si el cuerpo, pues, de que usa el alma como un siervo inferior o como un instrumento, cuando su uso bueno y recto se refiere a Dios, es sacrificio, ¿cuánto más se hace sacrificio la misma alma cuando se refiere a Dios, para que, encendida en el fuego de su amor, pierda la forma de la concupiscencia del siglo, y se reforme como sometida a la forma inconmutable, resultándose así agradable por ser iluminada de su hermosura? Esto mismo añade el apóstol de inmediato: "Y no os conforméis a este siglo; mas reformaos por la renovación de vuestro entendimiento, para que experimentéis cuál sea la buena voluntad de Dios, agradable y perfecta" (v. 2).

Los verdaderos sacrificios, pues, son las obras de misericordia, sea para con nosotros mismos, sea para con el prójimo; obras de misericordia que no tienen otro fin que librarnos de la miseria y así ser felices; lo cual no se consigue sino con aquel bien, del cual está escrito: "Y en cuanto a mí, el acercarme a Dios es el bien" (Sl. 73:28). De aquí ciertamente se sigue que toda la ciudad redimida, o sea, la congregación y comunidad de los santos, se ofrece a Dios como un sacrificio universal por medio del Sumo Sacerdote, que en forma de siervo se ofreció a si mismo por nosotros en su pasión, para que fuéramos miembros de esta Cabeza gloriosa. En esa forma se ofreció y fue ofrecido, porque es según ella que es nuestro Mediador, en ella es Sacerdote, en ella es Sacrificio.

Por eso nos exhortó el apóstol a ofrecer nuestros propios cuerpos como sacrificio vivo, consagrado, agradable a Dios, como nuestro culto auténtico, y a no amoldarnos a este mundo, sino a irnos transformando con la nueva mentalidad (Ro. 12:1-2); y para demostrarnos cuál es la voluntad de Dios, qué es lo bueno, conveniente y agradable, ya que el sacrificio total somos nosotros mismos dice: "Digo pues por la gracia que me es dada, a cada cual que está entre vosotros, que no tenga más alto concepto de sí que el que debe tener, sino que piense de sí con templanza, conforme a la medida de la fe que Dios repartió a cada uno. Porque de la manera que en un cuerpo tenemos muchos miembros, empero todos los miembros no tienen la misma operación; así muchos somos un cuerpo en Cristo, mas todos miembros los unos de los otros. De manera que, teniendo diferentes dones según la gracia que nos es dada, si el de profecía, úsese conforme a la medida de la fe" (vv. 3-6). Este es el sacrificio de los cristianos: "unidos a Cristo formamos un solo cuerpo" (v. 5). Este es el sacramento tan conocido de los fieles que también celebra asiduamente la Iglesia, y en él se enseña que es ofrecida ella misma en lo que ofrece a Dios.

7. Los ángeles enseñan a sacrificar a Dios, no a sí mismos

Justamente aquellos espíritus inmortales bienaventurados, que habitan en las moradas celestiales, y se regocijan con la participación de su Creador, por cuya eternidad están firmes, ciertos con su verdad, santos por su gracia, ya que nos aman a nosotros, mortales y miserables, para que seamos inmortales y felices, no quieren que les sacrifiquemos a ellos, sino a aquel de quien saben son ellos mismos, junto con nosotros, sacrificio. Somos, en efecto, con ellos una sola ciudad de Dios, a la cual se dice en el salmo: "Cosas ilustres son dichas de ti, Ciudad de Dios" (Sal. 87:3). Una parte de ella peregrina aquí abajo, la otra está ayudando desde arriba.

De aquella ciudad de arriba, donde la voluntad de Dios es ley inteligible e inconmutable, de aquél en cierto modo concilio de arriba (porque se sientan en consejo respecto de nosotros), descendió a nosotros por ministerio de los ángeles la Escritura santa, en que se dice: "El que ofrezca sacrificios a los dioses fuera del Señor será exterminado" (Ex. 22:20). Son tan grandes los milagros que han confirmado esta Escritura, esta ley, estos mandatos, que queda bien patente a quién desean se sacrifique los inmortales bienaventurados que quieren para nosotros lo mismo que ellos tienen.

8. Milagros que confirman las ordenanzas divinas

Parecerá que me extiendo mucho más de lo necesario si trato de recordar los prodigios tan antiguos que atestiguan las promesas de Dios, con las cuales predijo a Abraham, hace miles de años, que en su descendencia serán bendecidos todos los pueblos de la tierra (Gn. 18:18). ¿Quién no se admirará de que la mujer estéril le haya dado un hijo al mismo Abraham en edad tan avanzada, en que ya ni la mujer fecunda puede dar a luz; de que en el sacrificio del mismo Abraham una antorcha bajada del cielo ardiendo pasara entre los miembros descuartizados de las víctimas (Gn. 15:17)[13], de la predicción del celeste incendio de Sodoma hecha al mismo Abraham por los ángeles, a quienes había recibido como huéspedes, aunque en forma de hombres, y por los cuales había tenido las promesas de Dios sobre la prole futura; de la milagrosa liberación de Lot, hijo de su hermano, en el mismo incendio, ya inminente, y cuya mujer, mirando hacia atrás en el camino y convertida en estatua de sal ((Gn. 18:14-26), nos avisó con un gran sacramento que nadie en el camino de la liberación debe desear las cosas pasadas?

¿Quién no se admirará de tales y tan maravillosos prodigios, realizadas ya por Moisés en Egipto para arrancar al pueblo de Dios de la esclavitud, cuando concedió realizar algunas maravillas a los magos del Faraón, el rey de Egipto, que sojuzgaba a aquel pueblo con su dominio, para luego quedar más maravillosamente vencido? Ellos, por supues-

---

13. En sus *Retractations*, II,43, Agustín dice que no debía haberse referido a esto como milagroso, ya que fue una aparición vista en sueños.

to, las realizaban con sus hechicerías y encantamientos mágicos, a que están entregados los ángeles malos, los demonios. Moisés, en cambio, con la ayuda de los ángeles los superó, con tanto mayor poderío cuanta mayor era la justicia en el nombre del Señor, que hizo el cielo y la tierra (Ex. 7:8-7).

Finalmente, en la tercera plaga, declarándose vencidos los magos, se completaron las diez plagas por Moisés en virtud de una gran disposición misteriosa; por ellas ya cedió el duro corazón del Faraón y los de los egipcios, y dejaron marchar al pueblo de Dios. Cierto que luego se arrepintieron e intentaron alcanzar a los hebreos en su marcha: dividido el mar, quedó en seco mientras pasaban ellos, y luego las aguas se reunieron de nuevo, cubriendo y aniquilando a los egipcios.

¿Qué decir de los portentos que, mientras era conducido en el desierto aquel pueblo, se multiplicaron bajo el influjo sorprendente de la divinidad? Las aguas que no podían beber, arrojando por orden de Dios un leño en ellas, quedaron privadas de su amargor y saciaron a los sedientos.les llovió el maná del cielo, y teniendo determinada una medida que recoger, si alguno recogía más, se le pudría por los gusanos en él nacidos; y, sin embargo, no se veía sujeta a esa podredumbre la ración doble recogida el día anterior al sábado, porque en sábado no era lícito recogerlo.

Deseando ellos comer carne, que no parecía poder encontrarse suficiente para un pueblo tan numeroso, se vio el campamento pleno de volátiles, y satisfecha el ansia codiciosa con el hastío de la saciedad. Cuando salieron al paso los enemigos, prohibiéndoles la marcha y dándoles batalla, fueron derrotados sin pérdidas de los hebreos por la oración de Moisés, con las manos extendidas en forma de cruz. Fueron sumergidos vivos en la tierra que se abrió a sus pies (Nm. 16:23-34), para ejemplo visible de un castigo invisible, los sediciosos en el pueblo de Dios, que pretendían apartarse de la ciudad establecida por ordenación divina.

La piedra golpeada por la vara lanzó agua suficiente para multitud tan grande. Las mordeduras mortíferas de las serpientes, justo castigo de los pecados, fueron curadas por el leño levantado y la vista de la serpiente de bronce, para que a la vez que se socorría al pueblo afligido, se significase la muerte destruida por la muerte, como una semejanza de la muerte crucificada (Nm. 21:6-9). Se conservó esta serpiente en memoria de tal hecho; pero luego, comenzando el pueblo descarriado a darle culto como a un ídolo, el rey Ezequías, que adoraba a Dios con su poderosa religiosidad, la hizo pedazos, recibiendo así gran alabanza por su devoción (2 Rey. 18:4).

9. Porfirio y las artes mágicas

1. Estos milagros, y muchos otros de la misma naturaleza, que sería muy largo recordar en su totalidad, se realizaban para recomendar el culto del único Dios verdadero, y para prohibir el de tantos falsos dioses. Y se realizaban por la fe sencilla y la piadosa confianza, no por los hechizos o encantamientos compuestos por el arte de impía curiosidad, que designan con el nombre de magia, o con el nombre más detestable de necromancia (goecia), o con el menos deshonroso de teúrgia[14].

Usan de estos nombres para establecer una distinción entre los que son condenables como entregados a las artes ilícitas, a los cuales aun el vulgo llama maléficos (que son los que se relacionan con la goecia), y que otros parecen dignos de alabanza, entre los cuales consideran a la teúrgia. Realmente, unos y otros están ligados con los ritos falaces de los demonios bajo el nombre de ángeles.

2. Porfirio[15] mismo promete una cierta purificación del alma por medio de la teúrgia, pero lo hace en una disquisición en cierto modo indecisa y tímida; y aún negando que este arte pueda otorgar a nadie el retorno a Dios. Se echa de ver cómo su opinión vacila entre el vicio de sacrílega curiosidad y la profesión de la filosofía. Unas veces amonesta a precaverse de este arte como falaz, peligrosa en su mismo ejercicio y prohibida por las leyes; y otras, cediendo a sus defensores, dice que es útil para purificar una parte del alma, no ciertamente la intelectual, que nos hace percibir la verdad de las cosas inteligibles, que no tienen semejanza alguna con los cuerpos, sino la espiritual, por la cual se captan las imágenes de las cosas corporales.

Esta parte del alma, dice, mediante ciertas iniciaciones teúrgicas, que llaman *teletas* o misterios[16], se dispone y capacita para recibir a los espíritus y a los ángeles, y aun para ver a los dioses. Sin embargo, confiesa que por estas *teletas* teúrgicas no recibe el alma intelectual purificación alguna que pueda disponerla para ver a su Dios y percibir las realidades verdaderas. De aquí se deduce qué visión y de qué dioses dice se puede

---

14. Teúrgia, del gr. *theos* = dios, y *ergon* = obra. Forma de magia consistente en ponerse en relación por medio de plegarias, símbolos y fórmulas y encantamientos con las potencias celestes.

15. Porfirio (233-304), filósofo nacido en Tiro, discípulo de Longino en Atenas, y de Plotino en Roma, de quien escribió su vida. Autor de numerosos tratados a favor de la tradición helénica, escribió una obra en quince libros, *Contra los cristianos*, que Constantino mandó destruir.

16. *Télete* es la palabra técnica para significar esta iniciación en los misterios o cosas sagradas y atraer a los dioses o contemplarlos.

conseguir con las iniciaciones teúrgicas sí en ella no se ven las realidades verdaderas. Finalmente, dice que el alma racional, o intelectual, como le parece mejor, puede subir a las regiones superiores, aunque lo que en ella hay de espiritual no haya sido purificado por arte teúrgico alguno; y aún más, aunque el teúrgo purifique la parte espiritual, no lo realiza hasta el punto de hacerla llegar por esto a la inmortalidad eterna.

Así, pues, aunque distinga los ángeles de los demonios, asignando los lugares aéreos a los demonios y los etéreos o empíreos a los ángeles, y aunque avise que hay que servirse de la amistad de algún demonio, con cuya ayuda se puede elevar uno, aunque sea muy poco, sobre la tierra, y diga que es diferente el camino para llegar a la participación de los ángeles; a pesar de todo eso, declara con una confesión, en cierto modo expresa, que se debe evitar la compañía de los demonios cuando dice que el alma, pagando las penas después de la muerte, tiene horror al culto de los demonios que la rodeaban. Y no pudo negar que la misma teúrgia, que recomienda como conciliadora de los ángeles y los dioses, tiene influencia ante tales potestades, que o ven con malos ojos la purificación del alma, o sirven a las artes de los que así lo ven, apelando a la queja sobre esto de no sé qué caldeo: "Se queja un hombre bueno en Caldea de que le fracasasen sus éxitos en el gran esfuerzo por la purificación de su alma, porque otro varón práctico en estos misterios, tocado de la envidia, conjuró con sus sagradas preces las potencias para que no le concediesen sus peticiones". Por tanto, añade Porfirio, "las ató uno, y no las desató el otro."

En este argumento, dijo que aparecía cómo la teúrgia era un arte para hacer el bien y el mal ante los dioses y ante los hombres; que los dioses sufren también y se dejan arrastrar a las mismas perturbaciones y pasiones que Apuleyo atribuye comúnmente a los demonios y a los hombres, pero separando de ellos a los dioses por la altura de su morada etérea, y afirmando la sentencia platónico en esta distinción.

10. Teúrgia y purificación

Aquí tenemos otro platónico, que dicen más sabio que Apuleyo, Porfirio, quien afirma que los mismos dioses, por no sé qué artificio teúrgico, están sujetos a las pasiones y a las perturbaciones. Pudieron, en efecto, ser conjurados y atemorizados con preces sagradas para no conceder la purificación del alma; y tanto les amedrentó quien ordenaba el mal, que no podían por el mismo artificio teúrgico ser rescatados de aquel temor por quien pedía el favor y quedar libres para otorgarlo.

¿Quién no ve que todo esto son invenciones de los demonios engañosos, sino el esclavo más miserable de los mismos y extraño a la gracia del verdadero libertador? Pues si todo esto se tratase ante los dioses buenos, más poderío tendría allí el benéfico purificador de las almas, que el malévolo que trata de impedirlo. Porque si el hombre de que se trata parecía indigno de la purificación a los dioses justos, debieron negárselo, no ciertamente amedrentados por un envidioso, ni, como admite el mismo Porfirio, impedidos por el miedo a una divinidad más poderosa, sino por su libre determinación.

Es sorprendente que aquel buen caldeo, que deseaba purificar su alma por los misterios teúrgicos, no encontró ningún dios superior que amedrentase más y forzase a los dioses atemorizados a hacerle el bien, o alejase de ellos al que amedrentaba, para que pudieran hacer el bien con libertad. Puede que le hayan faltado al buen teúrgo los ritos sagrados, con los cuales liberase primero de esa peste de temor a los mismos dioses, que invocaba como purificadores de su alma. ¿Qué motivo hay para que pueda acudirse a un dios poderoso para liberarse del terror y no para purificarse? ¿Acaso se encuentra un dios que escuche al envidioso y atemorice a los dioses para que no hagan el bien, y no se encuentra un dios que escuche al benévolo y les quite a los dioses el temor para que hagan el bien?

¡Oh ilustre teúrgia! ¡Oh admirable purificación! En ella tiene más influencia la la violencia de envidia impura que la recomendación de la pureza y de la santidad. Abominemos y evitemos el engaño de tales espíritus malignos, y prestemos antes atención a la doctrina. En cuanto a los que realizan estas inmundas purificaciones con ritos sacrílegos y ven en su estado iniciado (como nos asegura después, aunque nosotros podemos cuestionar esta visión) algunas imágenes extremadamente hermosas de ángeles o de dioses, eso no es más que lo que nos dice el apóstol, que "Satanás se disfraza de ángel de la luz" (2ª Cor. 11:14). Suyas son estas imágenes, él es quien desea aprisionar en los falaces misterios de muchos y falsos dioses las almas miserables y apartarlas del verdadero culto del Dios verdadero, que es el único que las limpia y las sana, y por ello, como se dijo de Proteo, "adopta todas las formas"[17], igualmente perjudicial cuando asalta como enemigo que cuando asume la apariencia de un amigo.

11. Carta de Porfirio sobre la sabiduría egipcia

1. Más sensato se mostró el tal Porfirio al escribir al egipcio Anebonte, que con el pretexto de consultarle y preguntarle, expone y echa por tierra

---

17. Virgilio, *Georg.* IV, 411.

las artes sacrílegos. Reprueba allí a todos los demonios. Dice que por su imprudencia son arrastrados por un vapor húmedo, y por eso no se encuentran en el éter, si no en el aire bajo la luna, y aun en el mismo globo de la luna; sin embargo, no se atreve a atribuirles a todos los demonios los engaños, malicias y necedades que le preocupan. Y aunque confiesa que generalmente todos son imprudentes, todavía a algunos los llama demonios buenos por conformarse a la usanza.

Se admira, sin embargo, de que los dioses no sólo se dejen cautivar por las víctimas, sino que se vean empujados y forzados a hacer lo que quieren los hombres. Y si los dioses se distinguen de los demonios por el cuerpo y la incorporeidad, se admira también de cómo se han de tener por dioses al sol y a la luna y los demás astros visibles en el cielo, que no duda son cuerpos; y si son dioses, cómo a unos se les llama benéficos y a otros maléficos; y cómo se unen con los incorporales los que son corpóreos.

Pregunta también en son de duda si los que adivinan y realizan ciertas maravillas tienen almas más poderosas, o vienen de fuera otros espíritus mediante los cuales tienen este poder. Según él, vienen más bien de fuera, ya que con el uso de piedras y hierbas atan a algunos, abren las puertas cerradas y obran maravillosamente otras cosas por el estilo. Por ello dice que otros opinan que hay cierta clase, cuyo oficio es escuchar las demandas, falaz por naturaleza, que adopta todas las formas, todos los aspectos, fingiéndose ya dioses, ya demonios, ya almas de los difuntos. Y éstos son los que realizan todas las obras que parecen buenas o malas.

Por lo demás, no ayudan nada en las cosas buenas, ni aún las conocen; al contrario, se avienen mal con los diligentes seguidores de la virtud, los acusan y les sirven de obstáculo algunas veces.

Por otra parte, están llenos de temeridad y altanería, se recrean con los perfumes sacrificiales, son presa de las adulaciones. Todo esto y lo demás que se dice de esta clase de falaces y malignos espíritus, que le vienen al alma de fuera y engañan los sentidos humanos, ya adormecidos, ya vigilantes, no lo confirma Porfirio como cosa de la que esté seguro. Más bien lo pone en duda o lo sospecha con tal timidez, que afirma ser opinión de otros. Porque le fue difícil a un filósofo de esta talla llegar a conocer o rechazar con firmeza a toda esa caterva diabólica que cualquier anciana cristiana está segura de conocer y detestar con plena serenidad. Tal vez Porfirio tuvo cierto reparo en ofender al mismo Anebonte, a quien escribe como ilustre pontífice de tales misterios, o a otros admiradores de semejantes obras divinas y que pertenecen al culto de los dioses.

2. De todos modos, continúa en su tema, y recuerda en plan de búsqueda los hechos que, considerados con un poco de reflexión, no se

pueden atribuir sino a las potestades malignas y engañosas. Pregunta por qué, después de invocar a los mejores, se les ordena, como sí fueran peores, que cumplan los mandatos injustos de los hombres. ¿Por qué no escuchan al que suplica, enredado en placeres sensuales, si ellos no tienen reparo en inducir a cualesquiera uniones impúdicas? ¿Por qué conminan a sus pontífices a abstenerse de los animales para no mancillarse con los vapores impuros, y ellos, en cambio, se dejan arrastrar por otras emanaciones y olores de víctimas? Y mientras prohíben al observador el contacto con el cadáver, sus ceremonias se celebran la mayor parte de las veces entre cadáveres. ¡Por qué el hombre sometido a algún vicio lanza sus amenazas no al demonio o al alma de algún muerto, sino al sol, a la luna o a cualquiera de los celestiales, e intenta atemorizarlos falsamente p ara sonsacarles la verdad? Pues amenaza con trastornar el cielo y otros imposibles semejantes para que los dioses, amedrentados como niños necios por falsas y ridículas amenazas, le concedan lo que exige.

Dice también que cierto Queremón, muy versado en tales cosas sagradas o sacrilegios, ha recogido en sus escritos los rumores que corren entre los egipcios sobre el poder de Isis y de su marido Osiris, para forzar con todo su poder a los dioses a realizar lo mandado, cuando quien les obliga con sus encantamientos amenaza con manifestar y echar por tierra esos misterios, llegando a decir, con terribles gritos, que esparcirá hasta los miembros de Osiris, si se descuidan en cumplir los mandatos.

Con toda razón se maravilla Porfirio de que un hombre lance tan vanas y necias amenazas a los dioses, y no a unos dioses cualesquiera, sino a los mismos celestes fulgentes de la luz sidérea; y ello no parece una amenaza ineficaz, sino que los obliga con violento poder y con estos terrores los llevan a la realización de lo que ha pedido.

Aún hay más, bajo la apariencia de admiración y de investigación de las causas de tales cosas da a entender que éstas son obras de aquellos espíritus, cuya clase superior describió como opinión de otros, no como él piensa, tramposos no por naturaleza, sino por vicio: que se fingen dioses o almas de los muertos, no demonios, dice él, pues realmente lo son. Y si a Porfirio le parece que los hombres se fabrican en la tierra poderes idóneos para llevar a cabo varios efectos, y esto lo hacen por medio de hierbas, piedras y animales, por ciertos sonidos y voces, figuras y representaciones, por observación de los movimientos de los astros en el giro del cielo, todo esto pertenece a esos mismos demonios embaucadores de las almas a ellos sujetas y ostentadores de las voluptuosas burlas que les proporcionan los errores de los hombres.

Por tanto, o Porfirio fue sincero en sus dudas y pesquisas, y mencionó todo esto para demostrar y dejar fuera de discusión que tales eran las obras, no de los poderes que nos ayudan para obtener vida, sino de los demonios engañadores; o, adoptando una visión más favorable del filósofo, no pretendió molestar con cierta soberbia de doctor ni turbar abiertamente, con la controversia de adversario, al egipcio, entregado a tales errores y convencido de saber algo grande; sino que, bajo la humildad del que pregunta y desea saber, reducirle a reflexionar sobre estas cosas y demostrarle cómo han de ser menospreciadas y aun evitadas.

Hacia el final de su carta, Porfirio pide a Anebonte que le enseñe cuál es el camino hacia la felicidad según la sabiduría egipcia. Por lo demás, dice que en vano parece han cultivado la sabiduría aquellos cuyo trato con los dioses se encamina a inquietar la mente divina para encontrar a un fugitivo, o para comprar un solar, para casamientos, comercio o cosa semejante. Y aquellas mismas divinidades con quienes conversan, aunque en otros asuntos predijeran verdades, si no dieron avisos prudentes y útiles sobre la felicidad, no serían tampoco dioses ni benignos demonios, sino lo que llamamos espíritu seductor o mera invención humana

12. Los milagros de Dios

Ya que gracias a estas artes se realizan tantas y tales maravillas que sobrepasan la capacidad de la facultad humana, ¿qué resta sino que todos esos portentos que parecen profetizarse y realizarse por obra divina, y que, sin embargo, no se refieren al culto del único Dios, en cuya unión, como confiesan y atestiguan ampliamente aun los platónicos, se encuentra el único bien que hace feliz, sean considerados con toda prudencia como escarnio de los malignos demonios e impedimentos seductores, que debe evitar la verdadera religión?

Por otra parte, no podemos sino creer que todos los milagros, realizados por medio de ángeles o por cualquier otro medio, en cuanto su realización recomiende el culto y la religión de un solo Dios, en quien solamente se halla la vida feliz, son hechos por aquellos que nos aman según la verdad y la piedad, por cuyo medio Dios obra.

No hemos escuchar a los que niegan que un Dios invisible pueda obrar milagros visibles; porque ellos mismos confiesan que ha hecho el mundo, que no se atreverían a negar es visible. Cuanto ocurre de admirable en este mundo, es ciertamente menos maravilloso que este mismo mundo; quiero decir, el cielo y la tierra y cuanto en ellos se contiene, todo lo cual ha hecho ciertamente Dios. Pero como el Creador mismo está oculto y es incomprensible al hombre, así también es el modo de la creación.

Así, pues, aunque los milagros de las naturalezas visibles hayan perdido su fuerza impresionante por la frecuencia con que los vemos, si los consideramos a la luz de la sabiduría, son de mayor categoría que los menos acostumbrados y los más raros. En efecto, más grande que cualquier milagro que hace el hombre es el hombre mismo[18].

Por lo cual Dios, que hizo visibles el cielo y la tierra, no desdeña obrar milagros visibles en el cielo y en la tierra para estimular con ellos al alma, entregada aún a las cosas visibles, a darle culto a Él, invisible. Ahora bien, sobre dónde y cuándo los ha de hacer, en su mano está el inconmutable designio, en cuya disposición se encuentran ya presentes los tiempos futuros. Porque moviendo las cosas temporales Él no se mueve en el tiempo; ni conoce las cosas que han de suceder con ciencia distinta de las hechas; ni escucha a los que le invocan de distinto modo que a los que le han de invocar. Aun cuando sus ángeles nos escuchan, es Él quien escucha en ellos, como en un verdadero templo suyo, no hecho por mano de hombres, como en los que son sus santos. Y sus respuestas, aunque se realizan en el tiempo, han sido preparadas por su ley eterna.

13. La aparición visible del Dios invisible

Tampoco debe sorprendernos que, siendo Dios invisible, se haya aparecido tantas veces visible a los Patriarcas. Pues a la manera que el sonido en que se declara el pensamiento contenido en el silencio de la inteligencia no es lo mismo que el tal pensamiento, así la apariencia, bajo la cual fue visto Dios invisible por naturaleza, no era lo que es Él mismo. Sin embargo, era visto Él mismo en la misma apariencia corporal, como se oye aquel pensamiento mismo en el sonido de la voz; y no ignoraban aquéllos que, al ver al Dios invisible en apariencia corporal, no era Él mismo al que veían.

Aunque Moisés hablaba con Dios, sin embargo, dijo: "Si he hallado gracia delante de ti, muéstrateme a ti mismo para que a sabiendas te vea" (Ex. 33:13). Así, pues, siendo necesario que se diera la ley de Dios con tono aterrador por los ángeles, y no para un hombre sólo o unos pocos sabios, sino a toda la nación y a un pueblo grande, se realizaron en pre-

---

18. Entre los paganos, el milagro o portento había sido interpretado como interrupción súbita y violenta de lo que era, por lo demás, orden estable. Para Agustín, el milagro, lejos de representar un violación de la naturaleza es el "orden" (*De Gen. ad Litt.* IX,17), y milagro es este orden, no por frecuente menos asombroso. Esta misma idea expresa en el libro XXI,8,3, de la obra presente: "No es menos maravilloso el comportamiento natural de las cosas conocidas vulgarmente; a todos los que las consideran les debería resultar milagroso si no tuvieran por costumbre los hombres admirarse únicamente de lo raro".

sencia del mismo pueblo grandes maravillas en el monte, donde daba la ley por medio de uno, mientras la multitud contemplaba las cosas temibles y estremecedoras que tenían lugar.

Pues el pueblo de Israel no creyó a Moisés, como creyeron los lacedemonios a Licurgo de Esparta, que había recibido de Júpiter o de Apolo las leyes que estableció. Cuando se daba al pueblo la Ley, en que se le ordenaba adorar a un solo Dios, los prodigios y movimientos admirables, realizados en la presencia del mismo pueblo, cuanto a juicio de la divina providencia era suficiente, manifestaban que la criatura servía al Creador para promulgar su ley.

14. Educación dispensacional del género humano

La educación de la raza humana, representada por el pueblo de Dios, ha avanzado como la de un individuo, a través de ciertas etapas de tiempos, como en edades escalonadas. Así se levanta gradualmente de lo temporal a lo eterno, y de las cosas visibles a las invisibles[19]. Nunca se perdió de vista este objetivo; incluso en el período cuando se prometieron recompensas temporales, el único Dios fue presentado como el objeto de la adoración, a fin de que los hombres no reconociera a ningún otro que al Creador y Señor del espíritu, incluso en relación con las bendiciones terrenales de esta vida transitoria. Pues quien niega que todas las cosas, que nos pueden ser dadas por los hombres o los ángeles, están en poder del sólo Dios omnipotente, no está en su sano juicio.

El platónico Plotino discurre sobre la providencia, y comprueba por la hermosura de las florecillas y de las hojas que ella se extiende desde el Dios supremo, cuya hermosura es inteligible e inefable, hasta estas cosas más terrenas y más bajas; y afirma que todas estas cosas frágiles y perecederas no podrían tener las proporciones armoniosas de sus formas si no la recibieran de la forma inteligible e inconmutable que continuamente pervade todo[20]. Esto lo mostró el Señor Jesús al decir: "Reparad los lirios del campo, cómo crecen; no trabajan ni hilan; mas os digo, que ni aun Salomón con toda su gloria fue vestido así como uno de ellos. Y si la hierba del campo que hoy es, y mañana es echada en el horno, Dios la viste así, ¿no hará mucho más a vosotros, hombres de poca fe?" (Mt. 6:28-30).

---

19. Esta misma idea aparece en su comentario a *Génesis contra los maniqueos*, 1,22,23,24; y *La verdadera religión* 26-27, entre otros escritos.
20. Plotino. *Enn.* III,2,13.

Con toda razón, pues, el alma humana, incluso débil por los deseos terrenos, no acostumbra a esperar sino del único Dios todos los bienes bajos y terrenos, necesarios para esta vida transitoria, que desea en el tiempo, y que son menospreciables en comparación con los beneficios eternos de la otra vida, de tal modo que en el deseo de ésos no se aleje del culto de aquel a quien debe llegar menospreciándolos y apartándose de ellos.

15. Pedagogía divina en el Antiguo Testamento

Así ha agrado a la divina providencia ordenar el curso de los tiempos, en tal modo que, como dije y se lee en los Hechos de los Apóstoles, se publicara por las palabras de los ángeles la ley sobre el culto del verdadero Dios (Hch. 7:53). Entre ellos aparecía visiblemente la persona del mismo Dios, no ciertamente por su propia sustancia, que permanece siempre invisible a los ojos corruptibles, sino ciertos signos infalibles provistos por la creación en obediencia a su Creador. Hizo uso también de las palabras del lenguaje humano, pronunciadas sílaba por sílaba por medio de los intervalos transitorios, aunque en su propia naturaleza Él no habla de una manera corporal, sino espiritual; no a los sentidos sino a la mente; no en palabras que ocupan tiempo, sino, por decirlo así, eternamente; no comienza a hablar ni termina. Y lo que Él dice es escuchado correctamente no con el oído del cuerpo, sino de la mente de sus ministros y mensajeros, que gozan en inmortal beatitud de su verdad inconmutable, y realizan, sin vacilación ni dificultad, lo que, de modos inefables, oyen debe ser realizado y debe llegar hasta estos seres visibles y sensibles.

Esta ley fue dada en conformidad con la edad del mundo y contenía en principio promesas terrenas, como ya dije, que simbolizan las eternas; bendiciones eternas que pocos entendieron, aunque muchos tomaron parte en la celebración de sus signos visibles. Sin embargo, con clarísima armonía de los vocablos y de los ritos visible se ordena allí el culto del único Dios, no el de una multitud de dioses, sino del que hizo el cielo y la tierra, y toda alma viviente, y todo espíritu que no es lo que es Él mismo. Pues Él es quien lo ha hecho, y estas cosas han sido hechas; y para ser y encontrarse bien necesitan del que las hizo.

16. Objeto de la adoración demandada por los ángeles

1. ¿A qué ángeles, pues, debemos creer en este asunto de la vida feliz y eterna? ¿A los que quieren ser honrados con las ceremonias de la religión, solicitando de los mortales que se les ofrezca culto y sacrificios,

o a los que dicen que todo este culto se debe a un solo Dios creador de todas las cosas, y mandan que se le dé con verdadera piedad a aquel cuya contemplación los hace a ellos bienaventurados y prometen nos hará a nosotros? Esa visión de Dios es visión de tal hermosura y digna de tan grande amor, que Plotino no duda en decir que quien carece de ella es muy desdichado, aunque tenga y abunde en los otros bienes[21].

Ya que algunos milagros operados por los ángeles nos inducen a adorar a este Dios, y otros nos inducen a adorarles a ellos, y ya que los primeros nos prohiben dar culto a éstos, y éstos no se atreven a negarnos la adoración de Dios, ¿a cuáles habrá que creer? Respondan los platónicos, respondan toda clase de filósofos, respondan los teúrgos, o mejor los periurgos[22], pues todas estas artes son dignas de tal vocablo.Respondan finalmente los hombres, si existe en ellos una parte siquiera de aquel sentido de su naturaleza que les hizo racionales; respondan, digo, si se ha de sacrificar a los dioses o a los ángeles que exigen se les sacrifique a ellos, o sólo a aquel a quien mandan sacrificar, los que prohiben hacerlo a sí mismos y a éstos.

Si ni unos ni otros hicieran estos milagros, sino que solamente se limitaran a mandar los unos que se les sacrifique a ellos mismos, prohibiéndolo los otros y mandando sacrificar a Dios, bastaría esto para que la auténtica piedad viera claramente qué procede en unos de altanera soberbia y qué en otros de verdadera religión. Diré más todavía: si sólo los que exigen sacrificios para sí excitaran las mentes humanas con la realización de maravillas, y en cambio los que prohíben esto y mandan sacrificar sólo al único Dios no se dignaran hacer en modo alguno estas maravillas visibles; aun así había de prevalecer la autoridad de éstos, juzgando las cosas no por el sentido del cuerpo, sino con la razón de la mente. Pero Dios, para recomendar las palabras de su verdad, ha querido realizar por medio de estos mensajeros inmortales que proclaman, no su altanería, sino la majestad de Él, maravillas más grandes, más ciertas, más palmarias, para que no tuvieran mayor facilidad de persuadir su falsa religión a los piadosos débiles, los que exigen sacrificios para sí, con la ostentación de algunos prodigios ante los sentidos de aquéllos. Siendo esto así, ¿quién tendrá a bien llegar a embarcarse en la necedad de no elegir el seguimiento de la verdad, donde encuentra maravillas más grandes que admirar?

---

21. Plotino, *Enn.*, I,6,7.
22. Agustín juega con los términos y los sonidos de los vocablos. "Periurgo", asociado a latín *iurgium*, *iurgare* = altercad, altercar, equivale a "amigo de disputas".

2. En cuanto a los milagros que la historia atribuye los dioses de los gentiles; no me refiero a los fenómenos extraordinarios que tienen lugar de cuando en cuando por ocultas causas de la naturaleza, siempre establecidas y ordenadas bajo la providencia divina: tales son los partos no acostumbrados de los animales, el insólito aspecto de las cosas en el cielo y en la tierra, ya sólo atemorizando, ya también perjudicando, todo lo cual, en su falsísima astucia, dicen puede procurarse o mitigarse por los ritos demoníacos, sino que me refiero a aquellos otros que aparece muy claramente han sido hechos por su poder, por ejemplo: se dice que las estatuas de los dioses Penates, que llevó Eneas al salir huyendo de Troya, anduvieron errantes de una parte a otra; que Tarquinio cortó un peñasco con un cuchillo; que la serpiente Epidauro se unió como compañera a Esculapio, navegando a Roma; que una mujercilla, para testimonio de su honestidad, logró mover v arrastrar, atada con el cinturón, la nave en que era llevada la imagen de la madre Frigia, que había permanecido inmóvil a pesar de los esfuerzos de tantos hombres y toros; que la doncella Vestal, cuya corrupción estaba el, litigio, dirimió la controversia llenando una criba con agua del Tíber, y no se derramó.

Todo esto y cosas semejantes no se pueden comparar en modo alguno por su poder y magnificencia con las que leemos realizadas en el pueblo de Dios; ¿y cuanto menos se podrán comparar las otras, las mágicas y las teúrgicas, que fueron objeto de prohibición y sanción aun por las leyes de aquellos pueblos que honraron tales dioses? La mayor parte de ellas hasta en apariencia engañan con su imaginaria burla los sentidos de los mortales, como es hacer descender la luna, "hasta que, como dice Lucano, se derrame más de cerca, rozando las hierbas"[23]; otras, en cambio, aunque parezcan igualarse en la obra con algunos hechos de los santos, el fin que las distingue muestra claramente la incomparable superioridad de los nuestros. Con aquellos sacrificios, en efecto, tanto menos deben ser honrados muchos cuanto con más ansiedad lo solicitan; y en estos otros se recomienda un solo Dios, que, con el testimonio de las Escrituras y con la abolición luego de estos sacrificios, demuestra no estar necesitado de los tales.

Por consiguiente, si los ángeles solicitan sacrificios para sí, nosotros debemos anteponer los que no los piden para sí, sino para el Creador de todas las cosas, a quien sirven. Por donde muestran el amor con que nos aman, ya que no pretenden someternos por el sacrificio a sí mismos, sino a aquel cuya contemplación los hace felices, como pretenden que lleguemos a aquel de quien ellos no se apartaron.

---

23. Lucano, *Pharsalia* VI,506.

Aunque hubiera ángeles que no pretendieran se ofrezcan sacrificios a uno sólo, sino a muchos, no a sí mismos, sino a los dioses cuyos ángeles son, aun así se les deben anteponer los que son ángeles de un solo Dios de dioses, a quien mandan sacrificar, prohibiendo que se haga a algún otro, no habiendo ninguno que prohíba sacrificar a este a quien ellos mandan sacrificar. Además, si, como nos muestra mejor su soberbia falacia, no son buenos, ni ángeles de dioses buenos, sino malos demonios, que no quieren sea adorado un solo supremo Dios, sino ellos mismos con estos sacrificios, ¿qué defensa más grande se puede elegir contra ellos que la del Dios único, a quien sirven los ángeles buenos, que no mandan servirles a ellos, sino a aquel de quien debemos ser nosotros sacrificio?

17. Maravillas del arca del testimonio

Por esta razón fue colocada en el arca, que se llamó arca del testimonio, la ley de Dios dada por ministerio de los ángeles, en la cual se mandaba que fuera honrado con la religión de los sagrados misterios el único Dios, y fueran prohibidos todos los demás. El nombre de arca del testimonio significa suficientemente que el Dios que era honrado con todas esas solemnidades no suele estar encerrado ni contenido en lugar alguno, aunque desde el lugar de aquel arca se dieran sus respuestas y algunos prodigios a los sentidos humanos, sino que desde ese trono declaraba su voluntad.

La inscripción de la ley en las tablas de piedra, y su colocación, como dije, en el arca, que durante el tiempo de peregrinación en el desierto, junto con el tabernáculo por semejanza, se llamó tabernáculo del testimonio, llevaban los sacerdotes con la debida veneración, era un signo que por el día aparecía como una nube, y por la noche brillaba como el fuego (Ex. 13:21); cuando esta nube se movía, se ponía en movimiento el campamento; cuando se detenía, acampaban de nuevo (Ex. 40:34-35).

Recibió aquella ley testimonios de gran maravilla, a más de los que acabo de citar y de las palabras que se publicaban desde el lugar de aquel arca. Al entrar en la tierra de promisión y atravesar la misma arca el Jordán, se detuvo el río por su parte superior y siguió corriendo por la inferior, de modo que dejó un lugar en seco para pasar ella y el pueblo (Jos. 3:16-17). Luego, llevada siete veces la misma arca en torno a la primera ciudad que encontraron hostil, adoradora, según costumbre gentil, de un sinfín de dioses, cayeron de pronto sus murallas sin que las atacara ejército alguno ni las sacudiera ningún ariete (Jos. 6:20).

Después de esto, estando ya en la tierra de promisión, fue tomada la misma arca en castigo de los pecados del pueblo por los enemigos, y colocada con todo honor en el templo de su dios, que veneraban sobre los demás. Cerraron el templo al marchar, y al abrirlo el día siguiente encontraron la imagen que veneraban derrumbada y vergonzosamente despedazada. Luego ellos mismos, conmovidos por los prodigios y torpemente castigados, devolvieron el arca del divino testimonio al pueblo a quien se la habían tomado. ¿Cómo tuvo lugar esta devolución? La colocaron en un carro, al cual uncieron vaquillas, de las cuales habían separado los terneros de leche, y las dejaron marchar a donde quisieran, como deseando explorar también en esto el poder divino. Ellas, sin que nadie las guíase ni mandase, siguiendo tenazmente el camino hacia los hebreos, sin volverse ante los mugidos de los hambrientos terneros, mostraron un gran misterio a sus adoradores (1 Rey. 4-6).

Estas y semejantes maravillas son poca cosa para Dios, pero importantes para amedrentar saludablemente y enseñar a los hombres. Cierto que los filósofos, sobre todo los platónicos, son alabados, como poco antes recordé, por haber sido más sensatos que los demás al enseñar que la divina providencia gobierna hasta la más pequeñas cosas de la tierra, y en todo ello guiados por el testimonio de tantas hermosuras como se producen no sólo en los cuerpos de los animales, sino hasta en las hierbas y en el heno. ¡Cuánto mayor testimonió dan de la divinidad los prodigios que tienen lugar a la hora de su predicación, cuando se recomienda la religión que prohíbe sacrificar a todos los celestes, terrestres e infernales, estableciendo que se sacrifique sólo a uno, que es el único que ama, y amado hace felices! Establece también los tiempos señalados para los sacrificios, y predice que pasarán a un mejor sacrificio por un sacerdote mejor, atestiguando que no apetece estos sacrificios, sino que por medio de ellas se significan otras mejores, y no precisamente para ser ensalzado él con estos honores, sino para que, encendidos nosotros por su amor a darle culto y unirnos a él, nos sintamos movidos por lo que es un bien para nosotros, no para Él.

18. Los milagros y las Escrituras

¿Habrá quien afirme que estos milagros son falsos, y que no fueron hechos, sino escritos con mentira? Quien diga esto, si niega que en absoluto se debe creer a escrito alguno, en estas cosas puede también afirmar que ningún dios se ocupa de las cosas mortales. Porque ellos han inducido a los hombres a que les rindan culto por medio de obras maravillosas, de lo que es testigo la historia de los gentiles, cuyos dioses pudieron manifestarse más bien admirables que útiles. Por eso en esta obra, cuyo décimo libro ya tenemos en las manos, no hemos tratado de refutar a los que niegan todo poder divino o sostienen que no se ocupa de las cosas humanas; nos dirigimos a los que anteponen sus dioses a nuestro Dios, fundador de la santa y gloriosísima ciudad, ignorando que Él mismo es fundador invisible e inconmutable de este mundo visible y mudable, y a la vez dispensador segurísimo de la vida feliz, no tomada de lo que Él hizo, sino de sí mismo.

Así dice su profeta fidedigno: "En cuanto a mí, el acercarme á Dios es el bien" (Sal. 73:28). Se debate entre los filósofos cuál es el último bien, a cuya consecución se han de enderezar todos nuestros deberes. No dijo el profeta: "Es bueno para mí abundar en riquezas, o ser distinguido con la púrpura y el cetro, o sobresalir por la corona"; o como no se desdeñaron de decir algunos filósofos: "El placer del cuerpo es un bien para mí"; o, más bien, como parece dijeron otros mejores: "La virtud de mi ánimo es un bien para mí". Dijo precisamente: "Para mí lo bueno es estar junto a Dios". Esto lo había aprendido de aquel a quien los ángeles, con el testimonio de milagros, presentaron como el solo objeto de adoración. Por eso él mismo se había hecho sacrificio de Dios, cuyo amor espiritual le inflamaba, y a cuyo abrazo inefable e incorpóreo le llevaba a abandonarse.

Por consiguiente, si los adoradores de muchos dioses (tengan de ellos la opinión que sea) creen que han realizado milagros o dan crédito a la historia de las cosas profanas, o a los libros mágicos, o, con criterio más honrado, a los libros teúrgicos, ¿qué motivo hay para negarse a creer en los hechos que atestiguan estas Escrituras, a las que se debe una fe tanto más grande cuanto es grande sobre todo aquel a quien únicamente mandan sacrificar?

19. Ángeles y santos rechazan el culto debido a Dios solamente

Algunos piensan que estos sacrificios visibles convienen a los otros dioses, y a aquél, como invisible, sólo los invisibles, y más grandes como más grande, y mejores como mejor que es; tales son los deberes de la mente pura y la buena voluntad. Los tales no se dan cuenta de que los sacrificios visibles son signos de los invisibles, como los sonidos de las palabras son signos de las cosas.

Por lo cual, así como en nuestras oraciones y alabanzas dirigimos palabras inteligibles a quien ofrecemos en el corazón los mismos sentimientos que expresamos, así debemos entender que en el sacrificio ofrecemos un sacrificio visible sólo a aquel a quien debemos presentarnos en nuestro corazón como un sacrificio invisible[24]. Entonces nos ayudan y se alegran con nosotros toda clase de ángeles y virtudes superiores v más poderosas por la misma bondad y piedad. Y si quisiéramos ofrecérselos a ellos, los rechazan, y cuando en una misión a los hombres se hacen visibles, los prohiben expresamente.

Ejemplos de estos ocurren en la sagrada Escritura. Pensaron algunos que debía tributarse a los ángeles, ya por la oración, ya por el sacrificio, el honor que se debe a Dios, y fueron impedidos por la amonestación de ellos. Ordenaron tributarlo a aquel sólo que saben lo merece justamente (Jud. 13:16; Ap. 22:8-9).

Hubo también santos hombres de Dios que imitaron a los ángeles. Pablo y Bernabé, en Licaonia, después de un milagro de curación, fueron tenidos por dioses, y los licaonios quisieron inmolarles víctimas. Lo repudiaron ellos con humilde piedad, y les anunciaron el Dios en quien habían de creer (Hch. 14).

Y esos espíritus falaces y orgullosos, que exigen culto para sí, lo hacen porque saben que se debe al verdadero Dios. Pues en verdad, como dice Porfirio y piensan algunos, no se gozan con el olor de la víctimas, sino con honores divinos. De esos olores tienen sobrada abundancia por todas partes, y si quisieran más, podían ofrecérselos a sí mismos. Pero los espíritus que se arrogan la divinidad no se deleitan en el humo de cualquier cuerpo, sino en el ánimo del que suplica, sobre el cual ejercen su dominio después de engañarle y someterle; y así le interceptan el camino hacia el verdadero Dios para que no se ofrezca a sí mismo en sacrificio a Dios, sino induciéndole a sacrificar a otros.

20. Verdadero y supremo sacrificio del Mediador

Por eso el verdadero Mediador, que al tomar la forma de siervo fue hecho Mediador entre Dios y los hombres, el hombre Cristo Jesús (1ª Tim. 2:5), bajo la forma de Dios, acepta el sacrificio con el Padre, con el cual es un solo Dios; pero bajo la forma de siervo prefirió ser sacrificio a aceptarlo, a fin de que nadie tomara ocasión de esto para sacrificar a cualquier criatura. Por eso Él es tanto el sacerdote que ofrece como el sacrificio ofrecido.

De esta realidad quiso que fuera sacramento cotidiano el sacrificio de la Iglesia, que, siendo cuerpo de la misma cabeza, aprendió a ofrecerse a sí misma por medio de Él. Signos variados y múltiples de este verdadero sacrificio eran los antiguos sacrificios de los santos, siendo

---

24. Cf. Ro. 12:1.

aquéllos figura de este único, como si por muchas palabras se expresara una sola cosa, a fin de ponderarlo mucho sin causar hastío. Con este sacrificio supremo y verdadero desaparecieron todos los falsos sacrificios.

21. Mártires y héroes de la fe

En tiempos establecidos y limitados de antemano se concedió poder a los demonios para poner por obra tiránicamente, mediante la incitación de los hombres que dominan, su hostilidad contra la ciudad de Dios; y no sólo para aceptar sacrificios de los que se los ofrecen v para exigirlos a los voluntarios, sino para arrancárselos por la violencia con la persecución a los que se resisten. Por eso no es pernicioso a la Iglesia, antes es útil, para completar el número de los mártires, a quienes tanto más ilustres y honrados ciudadanos considera la ciudad de Dios, cuanto con más valor combaten contra el pecado de impiedad hasta el derramamiento de sangre.

Con auténtica propiedad podríamos llamar nuestros héroes a éstos, si lo autorizase el lenguaje de la Iglesia, porque se dice que este nombre procede de Juno, que en griego se llama Hra (Hera); y no sé qué hijo suyo, según la mitología, se llamó Heros. Con lenguaje místico querría significar la fábula que se atribuye a Juno el aire, donde dicen que habitan los héroes, con cuyo nombre designan las almas de los difuntos que tuvieron cierto mérito.

Por el contrario, nuestros mártires sí debían llamarse héroes si, como dije, admitiera esto el lenguaje eclesiástico, no por vivir en sociedad con los demonios en el aire, sino porque vencen a los mismos demonios, esto es, a las potestades aéreas, y en ellas a la misma Juno, tenga el significado que sea, que no sin razón la presentan los poetas como enemiga de las virtudes y envidiosa de los varones fuertes que aspiran al cielo.

Aquí de nuevo, infelizmente, Virgilio cede ante ella; cuando en la *Eneida* dice de la misma: "Soy vencida por Eneas", vemos que más adelante amonesta Eleno a Eneas con este consejo religioso: "Implora en tus preces el numen de la gran Juno, y aplaca a fuerza de suplicantes dones aquella poderosa soberana"[25]. En conformidad con esta opinión, Porfirio, no reflejando su pensamiento, sino el de otros, dice que el dios o el genio bueno no vienen al hombre si no ha sido aplacado antes el malo. Como si las divinidades malas fueran más poderosas que las buenas, ya que impiden el auxilio de los buenos, no dándoles lugar sino aplacados;

---

25. Virgilio, *En.* 7,310; 3,438-439.

y no pueden aprovechar los buenos, con la oposición de los malos, y en cambio pueden dañar los malos, sin ser capaces de resistir los buenos

No es éste el camino de la verdadera y verazmente santa religión; no es así como vencen nuestros mártires a Juno, esto es, a las potestades aéreas, envidiosas de las virtudes de los piadosos. En modo alguno nuestros héroes, si pudiéramos usar este lenguaje, vencen a Hera con sus votos suplicantes, sino con sus virtudes divinas. Con mejor título recibió Escipión el sobrenombre de Africano por haber vencido a Africa con su valor, que si hubiera aplacado a los enemigos con dones y así ganado su misericordia.

22. Poder de los santos sobre el diablo

Es por la piedad auténtica que los hombres de Dios expulsan las potestades hostiles del aire que se oponen a la piedad, exorcisándolas, no aplacándolas; y vencen todas las tentaciones del enemigo, no rogándole a él, sino rogando a su propio Dios contra él. El diablo no puede vencer ni sojuzgar a nadie, sino a los que han hecho alianza con el pecado; y es vencido en nombre de quien tomó al hombre y consiguió sin pecado que en sí mismo, sacerdote y sacrificio, se realizara la remisión de los pecados; es decir, fue vencido por el Mediador de Dios y los hombres, el hombre Cristo Jesús, por medio del cual, hecha la purificación de los pecados, somos reconciliados con Dios. Sólo por los pecados se separan de Dios los hombres, cuya limpieza en esta vida no tiene lugar por nuestra propia virtud, sino por la divina misericordia; por su benignidad, no por nuestro poder. Porque cualquier virtud que llamemos nuestra nos ha sido concedida por su bondad.

Y podríamos atribuirnos demasiado mientras estamos en la carne si no viviéramos pendientes de Él hasta dejarla. Por eso se nos ha concedido la gracia por el Mediador para que, manchados por la carne del pecado, quedáramos limpios por la semejanza de la carne de pecado. Por esta gracia de Dios, en que mostró su gran compasión hacia nosotros, somos gobernados mediante la fe en esta vida, y después de esta vida seremos llevados, por la visión de la verdad inmutable, a la plenitud de la perfección.

23. Principios platónicos sobre la perfección del alma

El mismo Porfirio afirma que fue revelado por los divinos oráculos que no nos purificamos por ningún misterio o *teleta*[26] a la luna o al sol;

---

26. Véase el cap. 9 de este mismo libro.

para demostrar con ello que no puede el hombre ser purificado por los misterios o *teletas* de ninguno de los dioses. Pues ¿qué *teletas* pueden purificar si no purifican las de la luna y el sol, a quienes tienen entre los dioses principales? Además, dice en el mismo lugar, que los "principios" pueden purificar; temió que, habiendo dicho que las *teletas* del sol y de la luna no purificaban, se creyera que las *teletas* de algún otro del ejército de los dioses tuviera poder para purificar.

Y sabemos lo que él, como platónico, quiere decir con esos "principios"[27]. Porque admite a Dios Padre y a Dios Hijo, a quien en griego llama inteligencia o mente del Padre. Sobre el Espíritu Santo no dice nada o no lo dice claramente; mejor habla de un tercer medio entre ellos que no llegó a comprender. Si quisiera hablar de una tercera naturaleza del alma, como Plotino cuando trata de tres sustancias principales, no hablaría de un medio entre ellos, es decir, entre el Padre y el Hijo.

Porque Plotino pone la naturaleza del alma después la inteligencia del Padre; y, en cambio Porfirio, cuando habla del medio, no la pone después, sino entre los otros. No hay duda que habló como pudo, o como quiso, de lo que nosotros llamamos Espíritu Santo, no del Padre sólo, ni del Hijo sólo, sino del Espíritu de los dos. Pues los filósofos hablan con libertad de lenguaje, y no temen, aun en las cosas muy difíciles de entender, que se puedan molestar los oídos piadosos. En cambio, a nosotros nos es preciso hablar según un tono determinado para que la libertad de las palabras no pueda engendrar una opinión impía sobre su contenido.

24. El Principio que limpia y renueva la naturaleza humana

Por tanto, nosotros, al hablar de Dios, no afirmamos dos o tres principios, como no nos es lícito decir que hay dos o tres dioses; aunque al hablar de cada uno, del Padre, o del Hijo, o del Espíritu Santo, confesemos que cada uno de ellos es Dios. Sin que digamos, sin embargo, lo que dicen los heréticos sabelianos: que el Padre es idéntico al Hijo y el Espíritu Santo es idéntico al Padre y al Hijo, sino que el Padre es Padre del Hijo y el Hijo es Hijo del Padre, y el Espíritu Santo del Padre y del Hijo no es ni el Padre ni el Hijo. Y así se dice propiamente que el hombre es purificado

---

27. Los platónicos de las escuelas de Alejandría y de Atenas, desde Plotino a Proclo, unánimemente reconocen en Dios tres principios o hipóstasis. Primero, el Uno o el Bueno, que es el Padre; segundo, la Inteligencia o Verbo, que es el Hijo, y tercero, el Alma, que es el principio universal de la vida. Ambas escuelas, sin embargo, discrepaban en diferencias sutiles respecto a la naturaleza y orden de estas hipóstasis.

solamente por un Principio, aunque los platonistas erraron al hablar en plural de principios.

Pero Porfirio, sometido a las potestades envidiosas, de cuya influencia se avergonzó y temió de rebatirlas una vez, no quiso entender que Cristo el Señor es el Principio, por cuya encarnación somos purificados. Lo menospreció[28], por cierto, por causa de la carne que tomó para ser sacrificio de nuestra purificación; un gran misterio ininteligible al orgullo de Porfirio, que repudió el verdadero y benigno Mediador por su humildad, mostrándose a los mortales en la mortalidad que asumió, que no tuvieron los malignos y falaces mediadores, y por ello se envanecieron con más arrogancia, prometiendo, como inmortales a los mortales, una ayuda engañosa a los hombres desventurados.

Así el verdadero y buen Mediador mostró que era malo el pecado, no la sustancia o naturaleza de la carne, la cual pudo tomar sin pecado con el alma del hombre, y mantenerla y dejarla con la muerte, y transformarla por la resurrección a una vida mejor; como demostró que no se debía evitar la muerte pecando, aunque la muerte misma sea pena del pecado que Él pagó por nosotros sin pecado, lo que había que hacer era soportar esa muerte por la justicia si se presentaba la ocasión. Por eso pudo pagar nuestros pecados muriendo, porque murió, aunque no por su pecado.

No conoció Porfirio que éste era el Principio, pues lo hubiera conocido como purificador. No es el Principio la carne que hay en él ni el alma humana, sino el Verbo por el que todo fue hecho. De suerte que no purifica la carne por sí misma, sino el Verbo que la tomó cuando la Palabra se hizo carne y habitó entre nosotros (Jn. 1:14). Pues cuando hablaba místicamente de comer su carne y los que no le entendían sé apartaban ofendidos, diciendo: "Este modo de hablar es intolerable, ¿quién puede admitir eso?", respondió a los que se habían quedado: "Sólo el espíritu da vida, la carne no sirve para nada" (Jn. 6:61-64).

El principio, pues, tomando el alma y la carne, limpia el alma y la carne de los creyentes. Por eso, a los judíos que le preguntaban quién era, respondió que Él era el Principio (Jn. 8:25). Lo cual ciertamente no podríamos, en modo alguno, percibir nosotros siendo carnales, débiles, sometidos a los pecados y envueltos en las tinieblas de la ignorancia, si no fuéramos purificados y sanados por Él, por medio de lo que éramos y de lo que no éramos.Pues éramos hombres, pero no éramos justos; pero en su Encarnación la naturaleza humana era justa, no pecadora. Esta es la mediación por la que se tendió la mano a los caídos y tirados por tie-

---

28. Recuérdese que Porfirio llegó a escribir un libro contra los cristianos. "A partir del siglo IV el maestro de los espíritus es Porfirio, el gran enemigo de los cristianos" (Courcelle).

rra; esta es la semilla "dispuesta por los ángeles" (Gál. 3:19), por cuya ministración se promulgaba la ley, que mandaba honrar a un solo Dios y prometía el Mediador que había de venir.

25. La esperanza de los justos de todos los tiempos

Fue por fe en este misterio, y por la vida piadosa, que incluso los justos antiguos pudieron ser purificados, no sólo antes que se diera la ley al pueblo hebreo (pues no les faltaron como predicadores Dios y los ángeles), sino también en los tiempos de la misma ley, aunque parezca que tenía las promesas carnales bajo las figuras de las cosas espirituales, por lo cual se llama Antiguo Testamento. Existían, en efecto, entonces los profetas, por los cuales, como por los ángeles, se pregonaba la misma promesa, a cuyo número pertenecía aquel cuyo sentimiento notable y divino sobre la meta del bien humano recordé hace poco: "Y en cuanto á mí, el acercarme á Dios es el bien" (Sal. 73:28).

En ese salmo queda bien declarada la distinción de los dos Testamentos, llamados Antiguo y Nuevo. A causa de las promesas carnales y terrenas, en que veía abundar a los impíos, dice el profeta que sus pies temblaron y sus pasos estuvieron a punto de flaquear; como si él hubiera servido en vano a Dios, ya que veía cómo sus menospreciadores nadaban en la felicidad que él esperaba del mismo. Como también dice que se afanó en la búsqueda de este secreto, queriendo comprender la suerte final de los que en su error creía felices.

Entonces entendió que ellos fueron derribados en lo que se ensoberbecieron -así dice- y que desfallecieron y perecieron a causa de sus iniquidades; y que toda aquella suprema felicidad temporal se redujo al sueño de quien, despertando, se ve de repente privado de los bienes engañosos que soñaba. Y como se imaginaban que eran importantes en esta tierra o ciudad terrena, por eso dice: "Señor, en tu ciudad reducirás a nada su imagen".

Que a ésta le fuera útil buscar también las cosas terrenas sólo del único verdadero Dios, en cuyo poder está todo, lo mostró bien claro en aquellas palabras: "Como una bestia he sido delante de ti y yo he estado siempre contigo" (Sal. 73:22). Dice como una *bestia*, esto es, que no entiende. "Pues debí desear de ti las cosas que no pueden serme comunes con los impíos, no aquellas en que vi que abundaban éstos, y por eso pensé que te había servido en vano, ya que también las tenían los que no habían querido servirte. Sin embargo, yo he estado siempre contigo, ya que aun con el deseo de tales cosas no busqué otros dioses". Por eso sigue: "Me tomaste de mi mano derecha y me condujiste según tu voluntad, y me recibiste con gloria" (v.23); como si quedaran a la izquierda todas aquellas otras cuya abundancia vio en los impíos y por ello estuvo a punto de desfallecer: "¿Qué hay para mí en el cielo? Y fuera de ti, ¿qué he querido sobre la tierra?" (v. 25).

Se reprende a sí mismo, y con razón no está satisfecho de sí porque teniendo tamaño bien en el cielo (lo comprendió más tarde), solicitó de su Dios en la tierra una cosa transitoria, frágil y en cierto modo una felicidad despreciable. "Desfalleció mi carne —dice— y mi corazón, Dios de mí corazón" (v. 26). Ciertamente, con un desfallecimiento bueno, es decir, de las cosas de aquí hacia las de arriba.

Por eso se dice en otro salmo: "Mi alma se consume y anhela los atrios del Señor" (Sal. 84:2). Y en otro: "Desea y desfallece mí alma por tu salvación" (Sal. 119:81). Sin embargo, hablando de uno y otro, desfallecimiento del corazón y de la carne, no añadió: "Dios de mi corazón y de mi carne", sino "Dios de mi corazón", ya que por el corazón se limpia la carne. Por eso dice el Señor: "Limpia primero la copa por dentro, que así quedará limpia también por fuera" (Mt. 23:26). Luego dice que su parte es el mismo Dios; no algo que proceda de él, sino él mismo: "Dios de mi corazón y mi porción", Dios por siempre; porque entre las muchas cosas que eligen los hombres, le agradó a él buscar a Dios. Dice así: "Porque he aquí que los que se alejan de ti perecerán. Acabaste con todo el que fornica dejándote a ti" (Sal. 73:27); es decir, aquel que quiere ser lupanar de muchos dioses. Por eso sigue lo que parece ha sido el motivo de cuanto se ha tomado de ese salmo: "Mi bien es adherirme a Dios"; no marchar lejos, no andar exponiéndome a tantas fornicaciones. Y esta unión será perfecta cuando se haya liberado todo lo que debe liberarse.

Ahora se cumple lo que está escrito a continuación: "El poner en Dios mi esperanza". Dice el apóstol: "Porque en esperanza somos salvos; mas la esperanza que se ve, no es esperanza; porque lo que alguno ve, ¿a qué esperarlo? Pero si lo que no vemos esperamos, por paciencia esperamos" (Ro. 8:24-25). Situados nosotros en esta esperanza, cumplamos lo que sigue y seamos, según nuestras facultades, ángeles de Dios, mensajeros suyos, anunciando su voluntad y tributando alabanzas a su gloria y a su gracia.

Por eso, habiendo dicho: "El poner en Dios mi esperanza", añade: "Para anunciar tus alabanzas en las puertas de la hija de Sión". Esta es la gloriosísima ciudad de Dios; ésta es la que conoce y adora a un solo Dios; ésta es la que anunciaron los santos ángeles, que nos han invitado a formar parte de la sociedad de ella, y quisieron que fuéramos conciudadanos suyos en ella. Y no quieren que les demos culto como dioses nuestros, sino que con ellos se lo demos al Dios suyo y nuestro; ni tampoco que le ofrezcamos sacrificio, sino que con ellos seamos sacrificio para Dios.

Así, pues, quien considera todo esto, depuesta toda maligna obstinación, no puede poner en duda que todos los inmortales felices, que no nos envidian (no serían felices si nos envidiasen), sino que más bien nos aman para que seamos felices con ellos, nos favorecen y ayudan más si con ellos honramos a un solo Dios, Padre, Hijo y Espíritu Santo, que si los honrásemos a ellos por medio de sacrificios.

26. Debilidad y vacilación de Porfirio sobre el culto a Dios

No sé por qué, a mi juicio, se avergonzaba Porfirio ante sus amigos los teúrgos. Conocía de algún modo todo esto, pero no se sentía con libertad para defenderlo contra el culto de los demonios. Dijo que había algunos ángeles que, descendiendo de arriba, anunciaban a los hombres teúrgos las cosas divinas, y otros que están en la tierra y declaran las cosas del Padre, su elevación y profundidad. ¿Se puede creer acaso que estos ángeles, cuyo misterio es declarar la voluntad del Padre, quieren que nosotros estemos sujetos a otro distinto de aquel cuya voluntad nos anuncian? Por ello, con toda razón nos amonesta el mismo platónico que debemos imitarlos más bien que invocarlos. Ni debemos temer, al no ofrecerles sacrificio, a los inmortales y felices sometidos a un solo Dios.

Saben que no se debe más que a Dios el ser ellos felices por su unión, y por eso en modo alguno quieren se les ofrezca nada a ellos mismos, ni por figura alguna que lo signifique, ni en la misma realidad significada por los misterios. Esta arrogancia es propia de los demonios soberbios y miserables, de los cuales tan distante se halla la piedad de los siervos de Dios, y sólo felices por su unión con él. Para llegar nosotros a este bien es preciso que nos ayuden con su sincera benignidad, no arrogándose el someternos a ellos, sino anunciando a aquel bajo cuyo dominio nos asociemos a ellos en la paz. ¿Por qué temes aún, oh filósofo, hablar libremente contra estas potestades envidiosas de las verdaderas virtudes y de los dones del verdadero Dios? Ya has distinguido entre los ángeles que anuncian la voluntad del Padre y los que, llevados por no sé qué arte, bajan del cielo a los hombres teúrgos. ¿Por qué sigues honrándolos aún, hasta decir que pronuncian cosas divinas? ¿Qué cosas divinas pueden pronunciar si no anuncian la voluntad del Padre? Ellos son a los que amarró el envidioso con sus encantos para impedirles la purificación del alma, y no pudieron, como dices, ser desatados de estas ligaduras y ser devueltos a su propia independencia ni aun por el bueno que deseaba purificarlos. ¿Dudas todavía de que éstos son demonios malignos, o quieres quizá fingir que no los conoces para no ofenderlos, ya que, engañado por la curiosidad, estimas en mucho haber aprendido de ellos estos perniciosos e insensatos principios? ¿Osarás levantar hasta el cielo por encima del aire a esta envidia, que no es una potencia, sino una pestilencia; no una señora, sino como tú confiesas, una esclava de los envidiosos? Y aún más, ¿te atreverás a colocarla entre vuestros dioses siderales, o a infamar a los mismos astros con ellos?

27. La impiedad de Porfirio supera el error de Apuleyo

Mucho más humano y tolerable en su error fue tu compañero platónico Apuleyo, quien tratando de honrar a los dioses, queriendo y sin querer, confesó que solamente los demonios colocados bajo la esfera lunar se ven agitados por las enfermedades de las pasiones y por los desórdenes de la mente. Sin embargo, con respecto a los dioses superiores del cielo que se encuentran en los espacios etéreos: sea los visibles, que brillan tan claramente a sus ojos (como el sol, la luna y las demás lumbreras de allá), sea los invisibles que se imaginaba, a todos ésos los puso en su debate tan lejos como pudo de todo contagio de otras perturbaciones[29].

Tú, en cambio, aprendiste, no en Platón, sino en maestros caldeos, a levantar los vicios humanos a las sublimidades empíreas del mundo y a los celestes firmamentos, a fin de que pudiesen vuestros dioses anunciar cosas divinas a los teúrgos. Y, sin embargo, por tu vida intelectual te haces superior a estas cosas divinas, que, como filósofo, en modo alguno te parecen necesarias las purificaciones del arte teúrgico; no obstante, se las impones a los otros como para pagar esta especie de deuda a tus maestros, ya que a los que no pueden filosofar tratas de arrastrarlos a estas purificaciones que juzgas inútiles para ti, de más elevadas posibilidades. Es decir, todos los alejados de la virtud de la filosofía, que es difícil y de pocos, deben buscar, según tú, a los teúrgos a fin de que los purifiquen, no en el alma intelectual, sino al menos en la espiritual. Y como abundan mucho más los que se despreocupan de la filosofía, son más los que se ven forzados a acudir a esos secretos y maestros ilícitos tuyos que a las escuelas platónicas. Pues esto es lo que te prometieron los inmundos demonios, fingiéndose dioses etéreos, cuyo heraldo y mensajero has llegado a ser, que los purificados por el arte teúrgico en el alma espiritual no tornan ciertamente al Padre, sino que habitarán más allá de las regiones aéreas entre los dioses etéreos.

---

29. Apuleyo, *De deo Socratis.*

Pero tales fantasías no son escuchadas por la multitud de hombres a la que Cristo vino a librar del dominio de los demonios, en el cual tienen misericordiosísima purificación de su mente, de su espíritu y de su cuerpo. Porque a fin de poder sanar la totalidad del hombre de la plaga del pecado, Él tomó sobre sí, sin pecado, toda la naturaleza humana. Ojalá le hubieras conocido tú, y para alcanzar con más seguridad la salud te hubieras encomendado a Él más que a tu virtud, que es humana, frágil y débil, o a la perniciosísima curiosidad. Pues no te hubiera engañado aquel que vuestros oráculos, como tú mismo escribes, reconocieron santo e inmortal.

De Él también dijo el famosísimo poeta, poéticamente sin duda, porque lo dijo figuradamente de otra persona, pero muy verazmente si lo referimos a Cristo: "Siendo tú nuestro guía, si alguna huella se quedó aún de nuestro crimen, no tendrá efecto alguno, y su desaparición librará a las tierras de un terror perpetuo"[30]. Se refiere aquí a lo que, dada la flaqueza de esta vida, puede permanecer incluso en los que han progresado mucho en la santidad; no crímenes ciertamente, pero sí vestigios de crímenes, que sólo pueden ser curados por el Salvador a que hace alusión este verso de la misma égloga: "Ha llegado la edad anunciada por la sibila de Cumas"[31]. Por donde se ve que esto, indudablemente, lo ha dicho la sibila de Cumas.

Al contrario, los teúrgos, o más bien los demonios, atribuyéndose apariencias y gestos de dioses, mancillan, en vez de purificar, el espíritu humano con la falsedad de fantasmas y el juego falaz de vacías formas. ¿Cómo pueden, en efecto, purificar el espíritu del hombre los que tienen sucio el suyo? De otra manera no se dejarían atar por los encantos de un hombre envidioso, y retendrían por miedo o negarían por una envidia semejante aquel mismo beneficio ilusorio que parecía iban a prestar. Basta con tu declaración de que la purificación teúrgica no puede limpiar el alma intelectual, esto es, nuestra mente; y de la misma espiritual, es decir, la parte de nuestra alma inferior a la inteligencia, que afirmas puede purificarse por tal arte, confiesas, sin embargo, que por este arte no puede llegar a ser inmortal y eterna.

Cristo, no obstante, promete la vida eterna; por ello el mundo acude a Él causándoos a vosotros indignación, ciertamente; pero también admiración y estupor. ¿Y de qué sirve todo eso si no has podido negar que los hombres han errado con la enseñanza teúrgica, y que muchísimos se han extraviado por esta doctrina ciega y necia, y que es un error bien

---

30. Virgilio, *Egloga* 4,13.
31. *Loc. cit.*

claro acudir a los príncipes y a los ángeles en las obras y en las súplicas? Y, además, para no parecer que has trabajo en vano enseñando estas artes, envías los hombres a los teúrgos a fin de que por su mediación hombres que no viven según la regla del alma intelectual puedan purificar su alma espiritual.

28. Ceguera de Porfirio respecto a Cristo

Lanzas a los hombres a un error bien cierto, y no te avergüenzas de mal tan grande, proclamándote amante de la virtud y la sabiduría. Si la hubieras amado de verdad, y hubieras permanecido fielmente en esta profesión, hubieras conocido a Cristo, "poder de Dios y sabiduría de Dios" (1 Cor. 1:24), y no te hubieras apartado de su tan saludable humildad, hinchado por el tumor de la vana ciencia. Confiesas, sin embargo, que hasta el alma espiritual puede purificarse por la virtud de la continencia, sin las artes teúrgicas y las *teletas*, por cuyo inútil aprendizaje tanto trabajaste.

También dices alguna vez que esos misterios o *teletas* no elevan el alma después de la muerte; de modo que parece no pueden aprovechar nada después de esta vida, ni a la misma que llamas espiritual. Y, sin embargo, recurren a este arte en cada oportunidad sólo, hasta donde puedo ver, para aparecer versado en tales materias y para agradar a los curiosos de las artes ilícitas, o para inspirar tú mismo esa curiosidad. Y menos mal que confiesas que este arte es de temer, bien por los peligros de las leyes o de la misma práctica. Ojalá que al menos te escuchen esto los miserables, y se aparten de ella para no verse absorbidos, o procuren no acercarse a ella jamás.

Dices, ciertamente, que la ignorancia y muchos vicios a causa de ella no se pueden purifican por las *teletas*, sino sólo por el patrikon nou, esto es, la mente o inteligencia consciente de la voluntad del Padre. Pero que Cristo sea esta mente, no lo crees, ya que le desprecias por haber recibido el cuerpo de una mujer y por el oprobio de la cruz; juzgándote capaz de percibir de los de arriba la excelsa sabiduría, desprecias y rechazas las cosas bajas. En cambio, Él cumple las predicciones verídicas que de Él dijeron los profetas: "Perecerá la sabiduría de sus sabios, y se desvanecerá la prudencia de sus prudentes" (Is. 29:14). No Él no destruye ni pierde su propio don en ellos, sino lo que ellos se arrogan y no lo tienen de Él.

Por ello, citando este testimonio profético, sigue lo del apóstol: "¿Qué es del sabio? ¿qué del escriba, qué del escudriñador de este siglo?, ¿no ha enloquecido Dios la sabiduría del mundo? Porque por no haber el mundo conocido en la sabiduría de Dios a Dios por sabiduría, agradó a Dios salvar a los creyentes por la locura de la predicación. Porque los judíos piden señales, y los griegos buscan sabiduría: Mas nosotros predicamos a Cristo crucificado, a los judíos ciertamente tropezadero, y a los gentiles locura; pero a los llamados, así judíos como griegos, Cristo potencia de Dios, y sabiduría de Dios. Porque lo loco de Dios es más sabio que los hombres; y lo débil de Dios es más fuerte que los hombres" (1ª Cor. 1:20-25).

Esta es la locura y debilidad que desprecian los sabios y los fuertes apoyados en lo que creen su virtud. Pero ésta es la gracia que sana a los débiles, que no se engríen jactanciosamente de su falsa felicidad, sino que más bien confiesan humildemente su verdadera miseria.

29. La encarnación de Cristo no reconocida por los platónicos

1. Proclamas al Padre y a su Hijo, a quien llamas "inteligencia o mente paterna", y como intermedio entre ellos un tercero, en quien pensamos te refieres al Espíritu Santo, y en tu manera de hablar dices hay tres dioses. En lo cual, aunque tus expresiones son inexactas, ves de algún modo, y como a través de sombras de frágil imaginación, adónde hay que dirigirse. Pero no quieres reconocer la encarnación del inconmutable Hijo de Dios, por la cual nos salvamos, a fin de que podamos llegar a lo que creemos o a lo que, aunque sea en mínima parte, entendemos. Así, pues, ves de alguna manera, aunque sea de lejos y con vista oscurecida, la patria en la que hemos de permanecer; pero no tienes el camino por donde hay que ir.

Crees, sin embargo, en la gracia, ya que dices se ha concedido a pocos llegar a Dios por la virtud de la inteligencia, pues no dices: "Pocos consideraron, o pocos quisieron"; sino, "se ha concedido a unos pocos", sin duda confiesas la gracia de Dios, no la suficiencia del hombre. Y todavía empleas esta palabra más claramente cuando, siguiendo la sentencia de Platón, no dudas tú tampoco de que el hombre no puede llegar en esta vida a la perfección de la sabiduría, pero puede por la providencia y la gracia de Dios completarse después de esta vida en cuanto falta a los que viven según la inteligencia.

¡Oh, si hubieses conocido la gracia de Dios por nuestro Señor Jesucristo, y hubieras podido ver que su misma encarnación, en la que tomó el alma y el cuerpo del hombre, es la manifestación suprema de la gracia! Pero, ¿qué puedo hacer? Sé que hablo inútilmente a un muerto, en lo que se refiere a ti. Quizá no inútilmente en cuanto a la personas que tanto te estiman y te aman tal vez por cierto amor de la sabiduría o curiosidad de las artes, que no debiste aprender, a quienes más interpelo en este discurso que te dirijo a ti.

La gracia de Dios no pudo ser encarecida más gratuitamente que haciéndose hombre el Hijo de Dios sin dejar su inmutabilidad y dando a los hombres la esperanza de su amor, sirviendo el hombre de intermedio, mediante el cual lleguen los hombres a Él, que por su inmortalidad está tan lejos de los mortales, de los mudables por su inmutabilidad, de los impíos por su justicia, de los miserables por su felicidad. Y como por la misma naturaleza nos infundió el deseo de la inmortalidad, permaneció Él feliz y tomando al mortal, para darnos lo que amamos, nos enseñó con sus sufrimientos a menospreciar lo que tememos.

Pero para poder vosotros aceptar esta verdad se necesita la humildad, que es muy difícil persuadir a vuestra cerviz. ¿Pues qué cosa se puede decir increíble, sobre todo para vosotros, que tenéis tal sabiduría, que debéis exhortaras a vosotros mismos a creer esto? ¿Qué hay de increíble, digo, cuando se dice que Dios ha tomado el alma y el cuerpo humanos? Vosotros mismos adscribís tal excelencia al alma intelectual, que es, después de todo, alma humana, que afirmáis puede ser consustancial a aquella mente del Padre, la cual confesáis Hijo de Dios.

¿Qué hay de increíble, pues, si una sola alma intelectual cualquiera ha sido tomada de modo admirable y singular por la salvación de muchos? Y la unión del cuerpo con el alma, para que sea un hombre entero y plenamente, lo conocemos nosotros por el testimonio de nuestra misma naturaleza. Si esto no fuera tan ordinario, sería ciertamente menos creíble; de hecho es más fácil de creer que lo humano se una a lo divino, lo mudable a lo inmutable; en definitiva, el espíritu al espíritu, o, para usar de vuestro lenguaje, lo incorpóreo a lo incorpóreo, que admitir la unión del cuerpo a lo incorpóreo.

¿Os desconcierta tal vez el caso raro de que una virgen dé a luz un cuerpo? Ni siquiera esto debe ser una dificultad, sino más bien induciros a admitir nuestra religión, que una persona milagrosa nació milagrosamente.

¿Os desconcierta el que el mismo cuerpo, dejado con la muerte y cambiado a mejor estado con la resurrección, lo llevó a los cielos incorruptible ya, no mortal? Quizá rehuséis creer esto viendo que Porfirio, en los mismos libros de que he tomado muchas cosas, y que escribió sobre el regreso del alma[32], manda tantas veces huir del cuerpo a fin de que el alma pueda permanecer feliz con Dios.

---

32. Porfirio, *De regressu animae*. En la primera parte trata de los dioses, la piedad y culto que se les debe dar, el orden político que reina entre ellos, quiénes son los que les agradan,

Pero él precisamente debió haberse corregido sintiendo estas cosas, sobre todo admitiendo vosotros con él cosas tan increíbles acerca del alma de este mundo visible y de forma material tan gigantesca. Con Platón, en efecto, admitís que el mundo es un ser animado, y un ser animado muy feliz, que decís además es eterno[33]. ¿Cómo, pues, no se ha de librar uno del cuerpo, ni carecerá jamás de la felicidad, si para que el alma sea feliz se debe huir todo cuerpo? De este sol y de los demás astros no sólo declaráis en vuestros libros que son cuerpos, como todos los hombres con vosotros no dudan ver y confesarlo; con un conocimiento más elevado, según creéis, los presentáis como seres vivientes felicísimos y sempiternas con estos cuerpos.

¿Por qué, pues, cuando se os predica la fe cristiana, os olvidáis o fingís ignorar lo que acostumbráis a tratar y enseñar? ¿Por qué no queréis haceros cristianos a causa de vuestras opiniones, que vosotros mismos combatís, sino porque Cristo vino humilde y vosotros sois soberbios? Cómo estarán los cuerpos en la resurrección, se puede discutir con mayor precisión entre los más conocedores de las Escrituras cristianas, y han de tener las cualidades que, con su resurrección, nos mostró el ejemplo de Cristo.

Pero tengan las cualidades que tengan, si por una parte se dice que son totalmente incorruptibles e inmortales y que en nada impiden la contemplación del alma, que la tiene fija en Dios y por otra aseguráis vosotros que hay cuerpos inmortales entre los inmortalmente felices, ¿por qué, para llegar a ser felices, exigís huir de todo cuerpo, de manera que parece os oponéis racionalmente a la fe cristiana? ¿No será por lo que vuelvo a repetir: porque Cristo es humilde y vosotros soberbios? ¿Acaso os da vergüenza corregiros? Este es precisamente el vicio de los soberbios. A saber, es una degradación que los sabios discípulos de Platón se hagan discípulos de Cristo, que se dignó enseñar a un pescador a hablar con sabiduría: "En el principio era el Verbo, y el Verbo era con Dios, y el Verbo era Dios. Este era en el principio con Dios. Todas las cosas por él fueron hechas; y sin él nada de lo que es hecho, fue hecho. En él estaba la vida, y la vida era la luz de los hombres. Y la luz en las tinieblas resplandece; mas las tinieblas no la comprendieron" (Jn. 1:1-5).

---

las estatuas y formas en que se aparecen a los hombres, los lugares que frecuentan, los sacrificios que les agradan, los días en que han de ser invocados y qué naciones son las más sabias en cosas divinas. En la segunda, de los demonios, de sus clases en buenos y malos, de la teosofía práctica, de la astrología y el destino. En la tercera, de los héroes y también de Cristo y los cristianos.

33. Platón, *Timeo* 28.

El santo anciano Simpliciano, después obispo de la Iglesia de Milán, solía contarnos de cierto platónico que tenía la costumbre de decir que este pasaje del principio del santo Evangelio, que se llama de San Juan, debería estar escrito con letras de oro y colocado por todas las iglesias en lugar bien destacado. Pero entre los soberbios perdió todo su valor aquel maestro que era Dios, "porque el Verbo se hizo hombre y habitó entre nosotros" (v. 14). Como si no fuera suficiente para esas miserables criaturas enfermar, se jactan de su misma enfermedad y se avergonzaran de la medicina que puede curarlos. No hacen esto para conseguir levantarse, sino para agravar su mal con la caída.

30. Correcciones de Porfirio sobre la transmigración del alma

Si se considera indigno enmendar cualquier cosa de Platón, ¿por qué el mismo Porfirio corrigió algunos puntos y no de poca importancia? Es muy cierto, por ejemplo, que Platón escribió que las almas de los hombres después de la muerte volvían a los cuerpos de las bestias[34]. Esta opinión la mantuvo también Plotino[35], el maestro de Porfirio. Sin embargo, no le pareció bien a Porfirio. Admitió ciertamente que volvían las almas de los hombres, no a los cuerpos que habían dejado, sino a otros nuevos. Es decir, se avergonzó de creer que a lo mejor una madre, convertida en una mula, llevara encima al hijo; y no se avergonzó de admitir que la madre, cambiada por una doncella, se pudiera casar con su hijo. ¿No es mucho más decoroso creer lo que nos enseñaron los santos y veraces ángeles, los profetas que nos hablaron inspirados por el Espíritu de Dios, lo que nos enseñó el mismo a quien anunciaron como Salvador sus heraldos, los mismos apóstoles, sus enviados, que divulgaron el Evangelio por toda la tierra?

¿Cuánto —repito— es más digno de creer que las almas retornan una vez a sus propios cuerpos[36] y no tantas veces a otros distintos? Sin embargo, como dije, Porfirio se corrigió en gran parte en esta opinión admitiendo, al menos, que las almas humanas transmigran solo a cuerpos humanos, y no tuvo escrúpulos en derribar las prisiones bestiales en las que Platón deseaba encerrarlas.

---

34. Platón defendió la doctrina de la metempsicosis en *Fedro* 248; 855, *Fedón* 81; 628 y *Timeo* 41 y 1142, doctrina constantemente combatida por los apologetas cristianos de los primeros siglos, por ejemplo Ireneo de Lyon, *Contra las herejías* I, 33; Eusebio, *Praep. Evan.* 13,16.
35. Plotino, *Enéadas* III, 4,2.
36. En la resurrección final, se entiende.

Enseña también que Dios puso el alma en el mundo para que, conociendo los males de la materia, acudiera al Padre y no se viera dominada
nunca por las manchas de su contacto. Cierto que aun en eso hay algún
error (pues el alma es dada al cuerpo para qué pueda hacer el bien, ya
que no aprendería el mal si no lo hubiera); sin embargo, enmendó en eso
el sentir de los otros platónicos, que no es de poca importancia; confesó
que purificada el alma de todos los males y establecida con el Padre, no
padecería ya los males de este mundo.

Con esta opinión suprimió ciertamente lo que parece ser lo principal
de la doctrina platónica, es decir, que como los muertos proceden siempre de los vivos, así los vivos proceden de los muertos. Y demostró que
es falso lo que con sabor platónico parece dijo Virgilio: que las almas purificadas enviadas a los Campos Elíseos (nombre que, según la leyenda,
parece querer significar los gozos de los bienaventurados) son llevadas
al río Leteo, esto es, al olvido de todo lo pasado: "Tornen a las tierras
olvidadas de lo pasado y renazca en ellas el deseo de volver a habitar en
cuerpos humanos"[37].

Con razón reprueba esto Porfirio; porque en verdad, es necio creer
que las almas desean regresar desde aquella vida, que no podrá ser muy
bendita si no tuviera la seguridad de su permanencia, y volver a las taras
de los cuerpos corruptibles y tornar de allí a esta realidad; como si la
suprema purificación consistiera en buscar la impureza. Pues si la purificación perfecta consigue el olvido de los males, y el olvido de los males
produce el deseo de los cuerpos, donde se impliquen de nuevo en los
males, se seguiría que la felicidad suprema es la causa de la infelicidad,
y la perfecta sabiduría, la causa de la necedad, y la purificación suprema,
la causa de la inmundicia.

Y no podrá ser feliz el alma por la verdad, el tiempo que sea, si para
ser feliz ha de estar engañada. No será feliz si no está segura. Y para estar
segura juzgará falsamente que ella será siempre feliz, puesto que alguna
vez será miserable. Quien tiene a la falsedad como causa de su gozo,
¿cómo puede gozarse de la verdad? Así lo ha visto Porfirio, y afirmó que
el alma purificada torna al Padre para no ser dominada ya nunca con el
contacto manchado de los males.

Por consiguiente, es falsa aquella especie de círculo necesario de algunos platónicos, alejando las almas y trayéndolas de nuevo a los mismos males. Y aunque esto fuera verdad, ¿de qué serviría el saberlo? A no
ser que los platónicos tengan la osadía de preferirse a nosotros porque
nosotros ignoramos ya en esta vida lo que ellos, con toda su purificación

---

37. Virgilio, *En.* 6,750-751.

y sabiduría, habían de ignorar en la otra mejor, y habrían de ser felices creyendo una falsedad. Si esto es el colmo del absurdo y la necedad, habrá de preferirse la opinión de Porfirio a la de aquellos que se imaginaron ese recorrido circular en alternativa permanente de felicidad y desventura. Si esto es así, aquí tenemos a un platónico que disiente de Platón para mejorarlo; he aquí que vio lo que no vio él, y siguiendo a tan gran maestro, no tuvo reparo en corregirlo; antepuso la verdad al hombre

31. Respuesta a la doctrina platónica de la coeternidad del alma

¿Por qué, pues, no creemos a la divinidad en estas cosas, a cuya investigación cabal no podemos llegar con el entendimiento humano? Ella nos dice que el alma misma no es coeterna con Dios, sino que ha sido creada porque no existía. Para no creer esto los platónicos, les parecía causa suficiente el argumento de que lo que no había existido antes por siempre, no podía después ser eterno. Aunque sobre el mundo y sobre los que describe Platón han sido hechos dioses por Dios en el mundo, dice con toda claridad que ellos han comenzado a ser y tuvieron principio, pero que no han de tener fin, sino que asegura permanecerán para siempre por la voluntad potentísima del Creador.

Pero los platónicos hallaron modo de resolver el problema diciendo que no se trata del comienzo del tiempo, sino del comienzo de la sustitución de un ser. "Como si un pie desde la eternidad siempre hubiera estado en el polvo, siempre estaría debajo la huella; y, sin embargo, nadie dudaría de que la huella había sido hecha por el que pisaba, el uno no es anterior al otro, aunque haya sido hecho por el otro; así, dicen, el mundo y los dioses creados en él existieron siempre por existir el que los creó, y, sin embargo, han sido hechos."

Entonces, si el alma existió siempre, ¿se ha de decir que su miseria existió siempre? Pero si comenzó a existir en ella en el tiempo algo que no existió desde la eternidad, ¿por qué no pudo suceder que hubiera existido en el tiempo la que no había existido antes? Además, su felicidad más segura, después de experimentar los males y que permanecerá para siempre, como confiesa éste, sin duda alguna que comenzó en el tiempo, y, sin embargo, existirá siempre, no habiendo existido antes. Queda así desbaratado todo el argumento de que nada puede existir sin fin en el tiempo, sino lo que no tiene principio en el tiempo, pues hemos descubierto cómo la felicidad del alma, habiendo tenido principio en el tiempo, no tendrá fin en él.

Ceda lugar, pues, la incapacidad humana a la autoridad divina, y demos crédito sobre la naturaleza de la religión a aquellos felices e inmortales espíritus que no solicitan para sí el honor digno de su Dios, que es también el nuestro, y no mandan sacrificar sino sólo a aquel de quien nosotros, juntamente con ellos, como ya tantas veces dije y tantas se habrá de decir, debemos ser sacrificados y ofrecidos por el Sacerdote que se dignó hacerse sacrificio por nosotros hasta la muerte, y precisamente en el hombre que asumió y según el cual quiso ser Sacerdote.

32. El camino universal de liberación del alma

1. Esta es la religión que posee el camino para la liberación del alma; por ningún otro camino fuera de éste puede alcanzarla. Este es, en cierto modo, el camino real, único que conduce al reino, que no ha de vacilar en la cima del tiempo, sino que permanecerá seguro con la firmeza de la eternidad. Dice Porfirio al final del primer libro sobre el *Regreso del alma* que aún no se ha encontrado secta alguna que enseñe un camino universal para la liberación del alma; ni filosofía alguna de primer orden, ni las costumbres o enseñanzas de los hindúes, ni el sistema inductivo de los caldeos, ni cualquier otro sistema la ha llevado a conocer ese camino por el conocimiento histórico. Al hablar así, confiesa claramente que hay algún camino, pero que aún no ha llegado a su conocimiento. De manera que no le bastaba a él lo que con toda diligencia había aprendido sobre la liberación del alma, ni lo que él creía o creían los otros que conocían y poseían.

Al decir que ni por la filosofía más verdadera ha llegado a su conocimiento aún una secta que contenga el camino universal para la liberación del alma, nos da un testimonio bien elocuente, a lo que se me alcanza, de que la filosofía en la que milita no es muy verdadera, o al menos que ella no tiene ese camino. ¿Y cómo puede ser tan verdadera si no está en ella este camino? ¿Qué otro camino universal hay para librar al alma, sino aquel en que se liberan todas las almas, y por esto sin él no se libera ninguna? En lo que añade luego: "Ni las costumbres o enseñanzas de los hindúes, ni el sistema inductivo de los caldeos, ni cualquier otro sistema", atestigua clarísimamente que no se encuentra este camino universal de la liberación del alma ni en lo que había aprendido de los hindúes o de los caldeos; y, sin embargo, no pudo pasar en silencio que él había recibido de los caldeos los oráculos divinos que cita con tanta frecuencia.

¿Qué concepto, pues, tiene de ese camino universal para la liberación del alma, que él no ha recibido, ni de alguna filosofía de primer orden, ni de las enseñanzas de esas gentes? Tenían éstas gran reputación en lo que llamaban realidades divinas, porque en ellas prevaleció mucho la curiosidad de conocer y honrar a algunos ángeles, y no había llegado a su noticia ese camino. ¿Qué camino universal puede ser éste, sino el que se comunicó por Dios, no como algo particular para cada pueblo, sino común a todas las gentes? No duda un hombre dotado de brillante ingenio que exista ese camino, pues no cree que pudo la divina providencia dejar al género humano sin este camino universal de liberación del alma.

No dice, por cierto, que no exista, sino que aún no se ha recibido tan grande don y beneficio, que todavía no ha llegado a su noticia. Y no es extraño. Vivía todavía Porfirio bajo el dominio de las cosas humanas cuando este camino universal de la liberación del alma, que no es otro que la religión cristiana, era atacado libremente por los adoradores de los ídolos y de los demonios y por los reyes de la tierra; para que el número de los mártires, o testigos de la verdad, pudiera completarse y consagrarse. Y así demostrar por ellos que es preciso soportar todos los males temporales por fidelidad a la religión y a la exaltación de la verdad. Veía, pues, Porfirio estas cosas, y se convencía de que este camino había de sucumbir tanto a tales persecuciones, y, por tanto, no era el universal para la liberación del alma. No comprendía que lo que a él le movía y los sufrimientos que le aguardaban si elegía este camino era precisamente lo que contribuía a hacerle más firme y a recomendarle con más eficacia.

2. Este es, pues, el camino universal para la liberación del alma, el camino concedido por la misericordia divina a todos los pueblos, ante cuyo conocimiento nadie a quien haya llegado o pueda llegar pudo, ni podrá, preguntar: "¿Por qué ahora, por qué tan tarde?" El plan del que le envía es impenetrable a la capacidad humana. Ya lo entendió este filósofo al decir que no había sido recibido aún este don de Dios, y no había llegado a su conocimiento. Sin embargo, tampoco pensó que no era verdadero por no haberle prestado él su fe, o porque no había llegado aún a su conocimiento.

He aquí, repito, el camino universal para la liberación de los creyentes, sobre el cual recibió el fiel Abraham el divino oráculo: "Todos los pueblos serán bendecidos en tu descendencia" (Gn. 22:18). Este fue, ciertamente, caldeo de nacimiento; pero para recibir tales promesas, y para que de él se propagase la semilla promulgada por los ángeles por boca de un Mediador, en el que estuviera el camino universal para la liberación del alma, esto es, dado a todos los pueblos, se le mandó salir de su tierra y de su parentela y de la casa de su padre. Liberado él entonces primeramente de las supersticiones de los caldeos, siguió y adoró al único Dios verdadero, a quien dio crédito fielmente al hacerle estas promesas.

He aquí el camino universal, del cual dijo un santo profeta: "Dios tenga misericordia de nosotros, y nos bendiga; haga resplandecer su rostro sobre nosotros; para que sea conocido en la tierra tu camino, en todas las gentes tu salud. Te alaben los pueblos, oh Dios; te alaben los pueblos todos" (Sal. 67:1-2). Por eso tanto tiempo después, habiendo tomado la carne de la descendencia de Abraham, dice de sí mismo el Salvador: "Yo soy el camino, la verdad y la vida" (Jn. 14:6).

Este es el camino universal, del cual se profetizó tanto tiempo antes: "Y acontecerá en lo postrero de los tiempos, que será confirmado el monte de la casa del Señor por cabeza de los montes, y será ensalzado sobre los collados, y correrán á él todas las gentes. Y vendrán muchos pueblos, y dirán: Venid, y subamos al monte del Señor, a la casa del Dios de Jacob; y nos enseñará en sus caminos, y caminaremos por sus sendas. Porque de Sión saldrá la ley, y de Jerusalén la palabra del Señor" (Is. 2:2-3). Este camino, pues, no es de un solo pueblo, sino de todos los pueblos. Y la ley y la palabra del Señor no se quedaron en Sión ni en Jerusalén, sino que partieron de allí para difundirse por el universo. De ahí que el mismo Mediador después de su resurrección dice a sus discípulos: "Todo lo escrito en la Ley de Moisés y en los Profetas y en los Salmos acerca de mí tenía que cumplirse. Entonces les abrió el entendimiento para que comprendieran las Escrituras." Y añadió: "Así estaba escrito: el Mesías padecerá, resucitará al tercer día, y en su nombre se predicará el arrepentimiento y el perdón de los pecados a todos los pueblos, comenzando por Jerusalén" (Lc. 24:44-47).

Este es el camino universal para la liberación del alma, que mediante el tabernáculo, el templo, el sacerdocio y los sacrificios, significaron los santos ángeles y los santos profetas; primero entre unos pocos hombres, que encontraron la gracia de Dios, y principalmente entre el pueblo hebreo, cuya república fue, por decirlo así, consagrada para prefigurar y predecir la ciudad de Dios, que se había de formar de todas las gentes.

Luego la anunciaron por algunas palabras claras y más veces simbólicas. Y ya el mismo Mediador, presente en la carne, y sus bienaventurados apóstoles, revelando la gracia del Nuevo Testamento, declararon abiertamente lo que estaba significado en los tiempos anteriores un poco más oculto, a tenor de la distribución de las edades del género humano; según le había parecido ordenarlo a la sabiduría de Dios, con el testimonio de las maravillosas obras divinas, algunas de las cuales ya he citado antes.

Pues no sólo aparecieron visiones angélicas, ni resonaron sólo las palabras de los ministros celestes; también fueron expulsados los espíritus inmundos de los cuerpos y sentidos de los hombres por la intervención de varones de piedad sencilla que obraban por la palabra de Dios; fueron curados vicios y enfermedades del cuerpo; animales fieros de tierra y agua, pájaros del cielo, árboles, elementos y astros obedecieron el mandato del Señor; se rindieron los infiernos y resucitaron los muertos. Paso por alto los milagros propios y singulares del mismo Salvador, sobre todo su nacimiento y resurrección; en el primero de los cuales sólo demostró el sacramento de la virginidad materna, y en el segundo, el ejemplo de los que habían de resucitar.

Este camino purifica a todo hombre, y de todas las partes de que nos consta prepara al mortal para la inmortalidad. Y para que no se buscase una purificación para la parte que Porfirio llama intelectual, otra para la que llama espiritual y otra para el mismo cuerpo, el purificador y Salvador poderosísimo tomó todo el hombre entero[38]. Fuera de este camino, que, en parte cuando se predecían estas cosas futuras, en parte cuando se anunciaban ya hechas, nunca faltó al género humano, nadie se liberó, nadie se libera, nadie se liberará.

3. En cuanto a la afirmación de Porfirio de que el camino universal para la liberación del alma no ha llegado a su conocimiento por la historia, ¿qué puede haber más claro que esta historia que llegó a todo el orbe con tal autoridad? ¿Qué más digno de crédito que la narración de las cosas pasadas con la predicción a la vez de las futuras? De ellas vemos ya muchas cumplidas, por las cuales esperamos, sin duda alguna, se han de cumplir las restantes.

No puede Porfirio ni cualquier platónico menospreciar la adivinación y la predicción de las cosas terrenas en esta vida o que pertenecen a esta vida mortal; lo que hacen justamente en otros vaticinios o adivinaciones del procedimiento o método que sean. Niegan, en efecto, que estas cosas sean propias de hombres grandes o que se han de estimar en mucho; y tiene razón. Pues o se realizan por el presentimiento de causas inferiores, como mediante la medicina por ciertos signos que preceden se diagnostican de antemano muchísimos accidentes de la salud, o los inmundos demonios predicen sus hechos ya dispuestos. De este modo, recaban para sí un cierto derecho de realizarlos, ya encauzando las mentes y pasiones de los pecadores hacia ciertos hechos de interés, ya obrando también en los elementos inferiores de la fragilidad humana.

No se preocuparon de profetizar tales cosas como importantes los hombres santos mientras anduvieron por este camino universal de la liberación del alma, aunque que no les fueron ajenas, y muchas veces las

---

38. Agustín sigue muy de cerca el principio soteriológico defendido por la Patrística que dice: "Todo lo recibió, todo lo redimió".

predijeron para dar fe de lo que no podían hacer asequible a los sentidos de los mortales ni realizar en rápida y fácil experiencia. Pero sí había otros hechos en verdad grandes y divinos, que en cuanto les era dado, conocida la voluntad de Dios, anunciaban como futuros: la venida de Cristo en la carne, con las maravillas tan notables realizadas en él y cumplidas en su nombre; el arrepentimiento de los hombres y la conversión de las voluntades a Dios; la remisión de los pecados, la gracia de la justicia, la fe de los santos y la multitud de creyentes por todo el mundo en la verdadera divinidad; la destrucción la idolatría y del culto de los demonios, y la prueba de los buenos en las tentaciones, la purificación de los que progresan y su liberación de todo mal; el día del juicio, la resurrección de los muertos; la eterna condenación de la sociedad de los impíos; el reino eterno de la muy gloriosa ciudad de Dios gozando inmortalmente de su presencia: todo esto ha sido predicho y prometido en las Escrituras de este camino. De lo cual hemos visto ya cumplidas tantas cosas, que justa y piadosamente confiamos tendrán lugar las demás. Este es el camino recto para llegar a la visión de Dios y a la unión eterna con él, que se proclama y afirma en la verdad de las santas Escrituras. Los que no lo creen, y por ello no lo entienden, pueden ciertamente atacar esta verdad, pero no pueden derrocarla.

4. Por consiguiente, en estos diez libros, aunque quizá no hayamos satisfecho plenamente las esperanzas de algunos, sí cremos haber satisfecho, en cuanto se ha dignado ayudarnos el verdadero Dios y Señor, los deseos de otros, refutando las contradicciones de los impíos, que prefieren sus dioses al Creador de esa ciudad santa, que es el objeto de nuestro estudio.

De esos diez libros, los cinco primeros se escribieron contra aquellos que juzgan se debe dar culto a los dioses para conseguir los bienes de esta vida; en cambio, los cinco últimos se dirigen a los que piensan se ha de conservar el culto de los dioses con vistas a la vida que vendrá después de la muerte.

A continuación, por tanto, como prometí en el primer libro, explicaré con la ayuda de Dios lo que pienso hay que decir sobre el origen, desarrollo y fines propios de las dos ciudades, que dijimos caminan tan íntimamente relacionadas entre sí en este mundo.

II PARTE

ORÍGENES Y FINES DE LAS DOS CIUDADES

Libro XI

1. Testimonio bíblico de la ciudad de Dios

Llamamos ciudad de Dios a aquella de que nos testifica la Escritura, que supera el pensamiento de todos los escritos de los gentiles por su autoridad divina, y ha traído bajo su influencia todo tipo de mentes, no por un casual movimiento intelectual, sino obviamente por disposición providencial. Porque allí está escrito: "Cosas ilustres son dichas de ti, Ciudad de Dios" (Sal. 87:3). Y en otro Salmo: "Grande es el Señor y muy digno de alabanza en la ciudad de nuestro Dios, su monte santo, alegría de toda la tierra". Y un poco después en el mismo Salmo: "Lo que habíamos oído lo hemos visto en la ciudad del Señor de los ejércitos, en la ciudad de nuestro Dios: que Dios la ha fundado para siempre" (Sal. 48:1-2,8). Y también en otro Salmo: "Del río sus conductos alegrarán la ciudad de Dios, el santuario de las tiendas del Altísimo. Dios está en medio de ella; no será conmovida: Dios la ayudará al clarear la mañana" (Sal. 46:4-5).

Con estos y otros testimonios semejantes, cuya enumeración resultaría prolija, sabemos que hay una ciudad de Dios, cuyos ciudadanos deseamos nosotros ser, movidos por el amor que nos inspiró su mismo Fundador. A este Fundador de la ciudad santa prefieren sus dioses los ciudadanos de la ciudad terrena, ignorando que Él es Dios de dioses, no de dioses falsos, esto es, impíos y soberbios, que están privados de la luz inmutable y reducidos por ello a un poder oscuro, pero se aferran a sus privilegios particulares, solicitando de sus engañados súbditos honores divinos. Él, al contrario, es Dios de los dioses piadosos y santos, que hallan sus complacencias en estar sometidos a uno sólo, más que en tener a muchos sometidos a sí, y en adorar a Dios más que en ser adorados como dioses.

Con la ayuda de nuestro Rey y Señor, hemos dado la respuesta, en la medida de lo posible, a los enemigos de esta santa ciudad en los diez libros precedentes. Adora, reconociendo qué se espera de mí, y recordando mi compromiso, con la confianza siempre en el auxilio del mismo Rey y Señor nuestro, voy a tratar de exponer el origen, desarrollo y fines de estas dos ciudades, la terrena y la celestial, que tan íntimamente relacionadas, y en cierto modo mezcladas, ya dijimos que se hallaban en este mundo. Y ante todo diré cómo los comienzos de estas dos ciudades tuvieron un precedente en la diversidad de los ángeles.

2. El único camino que sin error lleva a Dios

Empresa grande y muy para el hombre, después que ha contemplado la creación, corpórea e incorpórea, y haber discernido su mutabilidad, pasar más allá de ella, y por el poder de sola la mente llegar a la sustancia inmutable de Dios, aprendiendo allí por su luz que toda criatura que no sea Él no tiene otro autor que Él. Dios, en efecto, no le habla al hombre mediante una criatura corporal, resonando en sus oídos corporales y haciendo vibrar los espacios aéreos entre el que habla y el que escucha; ni tampoco habla por criatura espiritual alguna parecida a las imágenes de los cuerpos, como es el sueño, o de otro modo parecido.

Incluso cuando habla como a los oídos del cuerpo, porque habla como a través del cuerpo, y como usando de un intervalo de lugares corporales; porque las visiones son muy representaciones exactas de los objetos corporales. No por estos, pues, habla Dios, sino por la verdad misma si hay alguien capaz de oír con la mente, no con el cuerpo. Habla de este modo a la parte más elevada del hombre, superior a todos los elementos de que consta el hombre, y cuya bondad sólo Dios supera.

Con toda razón comprende el hombre, o lo cree al menos si no lo llega a comprender, que ha sido hecho a imagen de Dios. Se sigue que está más cerca de Dios, que le es tan superior por aquella parte suya que domina a sus partes inferiores y que le son comunes con los animales. Pero como la mente, dotada por naturaleza de razón e inteligencia, se ha debilitado con ciertos vicios tenebrosos e inveterados, necesitaba primero ser penetrada y purificada por la fe, no sólo para unirse a la luz inmutable con gozo, sino también para soportarla, hasta que, renovada y curada de día en día, se hiciera capaz de tal felicidad.

Para caminar con más confianza en esa fe hacia la verdad, el Hijo, Dios de Dios, tomando al hombre sin anular a Dios[1], fundó y estableció esa misma fe a fin de que el hombre tuviera camino hacia el Dios del hombre mediante el hombre Dios. Pues éste es el Mediador de Dios y de los hombres, el hombre Cristo Jesús; Mediador por ser hombre, y por esto también Camino.

De este modo, si entre quien se dirige y el lugar a que se dirige hay un camino, existe la esperanza de llegar; y si faltase, o se desconociese por

---

1. *Homine assumto, non Deo consumto.*

dónde bahía de ir, ¿de qué sirve conocer adónde hay que ir? Hay un solo camino que excluye todo error: que sea uno mismo Dios y hombre; Dios nuestra meta, el hombre nuestro camino[2].

3. Autoridad canónica de la Escritura

Este Mediador, habiendo hablando primero por los profetas lo que juzgó suficiente, luego por sí mismo, después por los apóstoles, es el autor de la Escritura llamada canónica, que posee la autoridad más eminente. En ella tenemos nosotros la fe sobre las cosas que no debemos ignorar, y que nosotros mismos no seríamos capaces de conocer. Cierto que somos testigos de nuestra posibilidad de conocer lo que está al alcance de nuestros sentidos interiores y exteriores (que por eso llamamos presentes a esas realidades, ya que decimos están ante los sentidos, como está ante los ojos lo que está al alcance de los mismos).

En cambio, sobre lo que está lejos de nuestros sentidos, como no podemos conocerlo por nuestro testimonio, buscamos otros testigos y les damos crédito, porque creemos que no está o no ha estado alejado de sus sentidos. Por consiguiente, como sobre las cosas visibles que no hemos visto creemos a los que las han visto, y lo mismo de las demás cosas que se refieren a cada uno de los sentidos del cuerpo; así sobre las cosas que se perciben por el espíritu y la mente (con tanta razón se llama sentido, pues de ahí viene el vocablo sentencia), es decir, sobre las cosas invisibles que están alejadas de nuestro sentido interior, nos es indispensable creer a los que las han conocido dispuestas en aquella luz incorpórea o las contemplan en su existencia actual.

4. Cuestiones sobre la creación del mundo

1. De todas las cosas visibles, la más grande es el mundo; de todas las invisibles, lo es Dios. Pero la existencia del mundo la conocemos, la de Dios la creemos. Sobre la creación del mundo por Dios, en nadie creemos con más seguridad que en el mismo Dios. ¿Y dónde le hemos oído? En parte alguna mejor que en las Sagradas Escrituras, donde dijo su profeta: "Al principio creó Dios el cielo y la tierra" (Gn. 1:1).

¿Estuvo allí este profeta cuando Dios creó el cielo y la tierra? No; pero estuvo allí la Sabiduría de Dios, por la cual se hicieron todas las cosas[3],

---

2. *Quo itur deus, qua itur homo.*
3. Cf. Prov. 8:27.

que se transmite también a las almas santas, haciéndolas amigos y profetas de Dios, y mostrándoles sus obras calladamente.

También les hablan a estos santos los ángeles de Dios, que ven de continuo el rostro del Padre (Mat. 18:10), y comunican su voluntad a los que es preciso. Uno de los cuales era el citado profeta, que dijo y escribió: "Al principio creó Dios el cielo y la tierra" (Gn. 1:1). Y es tal la autoridad que como testigo tiene para que creamos en Dios, que por el mismo Espíritu de Dios, quien por revelación le dio a conocer estas cosas, predijo con tanto tiempo de antelación la fe que nosotros le habíamos de prestar.

2. Y ¿por qué le agradó al Dios eterno crear entonces el cielo y la tierra, que no había creado antes?[4] Si los que preguntan esto pretenden que el mundo es eterno, sin ningún principio, y, por tanto, no parece haya sido hecho por Dios, están muy alejados de la verdad y deliran, aquejados de mortal enfermedad. De hecho, aparte de los anuncios proféticos, el mismo mundo, con sus cambios y movilidad tan ordenada y con la esplendente hermosura de todas las cosas visibles, proclama, en cierto modo, silenciosamente que él ha sido creado y que sólo lo ha podido ser por un Dios inefable e invisiblemente grande, inefable e invisiblemente hermoso.

Hay otros[5] que confiesan haber sido hecho por Dios, pero no admiten que tenga principio de tiempo, sino de su creación, de manera que ha sido hecho de continuo en un modo apenas inteligible. Parece con ello que quieren librar a Dios de cierta fortuita temeridad, no se vaya a creer que le vino de pronto a la mente lo que antes nunca se le había ocurrido: hacer el mundo, y así tuvo una nueva voluntad, no siendo él en absoluto mudable.

No veo cómo mantendrán este razonamiento en las otras cosas, y, sobre todo, en el alma; que si pretendieran ser coeterna con Dios, no podrían explicar en modo alguno de dónde le vino la nueva miseria, que no tuvo antes en la eternidad. Si replicasen que su miseria y su felicidad se han sucedido alternativamente siempre, tendrán que afirmar esta alternativa también para siempre; de donde se seguiría el absurdo de que aun en los momentos en que se dice feliz, en esos mismos no puede serlo si prevé su miseria y torpeza futura. Y si no prevé siquiera que ha de ser torpe y miserable, sino que se juzga siempre feliz, sería feliz con una opinión falsa; sería el colmo de la necedad.

---

4. Pregunta habitual entre los epicúreos, propuesta por Veleio en Cicerón, *De. Nat. Deor.* 1,9, y adoptada por los maniqueos. Véase Agustín, *Confesiones* XI,10,12 y *De Génesis contra maniqueos*, 1,3.

5. Los neoplatónicos.

Podrían replicar ciertamente que en los siglos infinitos anteriores había alternado la miseria del alma con la felicidad, pero que al presente, liberada ya de lo demás, no puede tornar a la miseria. Sin embargo, se verán forzados a admitir que ella jamás fue verdaderamente feliz, sino que comenzó a serlo con una nueva felicidad no engañosa, y por ello han de confesar que le ha acaecido algo nuevo, grande y notable, por cierto, que jamás le había acaecido anteriormente en la eternidad. Si niegan que Dios ha tenido en su eterno designio la causa de esta novedad, tienen que negar a la vez que Él es el autor de la felicidad, lo que es una impiedad inexpresable.

Si afirmaran que el futuro de la felicidad del alma es resultado de un nuevo decreto de Dios, ¿cómo mostrarán que es ajeno a aquella mutabilidad, que tampoco les agrada? Pero si reconocen que, creada en el tiempo para no perecer ya en el futuro, tiene, como el número, su principio, pero no tiene fin, y por ello, habiendo conocido la prueba de la miseria y liberada de ella, no volverá ya a ser desgraciada, entonces, admitirán que es indudable que esto tiene lugar sin violar el consejo inmutable de Dios. Crean, pues, que el mundo pudo ser hecho en el tiempo, sin que haya Dios cambiado su designio eterno y su voluntad.

5. Cuestiones sobre el tiempo y la creación

Los que admiten con nosotros que Dios es creador del mundo y, sin embargo, nos preguntan sobre el tiempo de la creación del mundo, ellos también tendrán dificultades para responder sobre el lugar de su creación[6]. Pues lo mismo que se pregunta por qué fue hecho entonces y no antes, se puede preguntar por qué fue hecho aquí donde está y no en otro lugar. Si se imaginan infinitos espacios de tiempos antes del mundo, en los cuales les parece no pudo estar Dios sin hacer nada, pueden imaginarse también fuera del mundo infinitos espacios de lugares; y si en ellos dice alguien que no pudo estar ocioso el Omnipotente, ¿no se verán forzados a soñar con Epicuro infinitos mundos? Con la diferencia, sin embargo, de que éste afirma que tales mundos se producen y se deshacen por movimientos fortuitos de los átomos, y ellos tienen que afirmar que han sido obra de Dios si no quieren que esté ocioso por una interminable inmensidad de lugares que existen fuera del mundo por todas partes, y que esos mismos mundos no pueden deshacerse por causa alguna, según piensan también de este mundo nuestro.

---

6. Véase Apéndice 1. "Materia y tiempo".

Aquí discutimos con los que admiten con nosotros un Dios incorpóreo y creador de todas las existencias distintas de Él. En cuanto a los otros, sería condescendencia admitirlos a este debate sobre la religión, y más cuando algunos de su escuela piensan que se debe rendir culto a muchos dioses y han superado a los restantes filósofos por su nobleza y autoridad, no por otra razón que por esta, que aunque se encuentran muy alejados de la verdad, están cerca en comparación con el resto. Respecto a la sustancia de Dios, que ni incluyen en un lugar ni la delimitan a él, ni la dejan fuera de él, sino que, como es digno pensar de Dios, la confiesan toda entera con su presencia incorpórea en todas partes, ¿se atreverán a decir que esa sustancia está ausente de tantos espacios de lugares fuera del mundo y ocupa un solo lugar y tan pequeño como es el de este mundo en comparación con aquella felicidad? No creo vayan a llegar a este absurdo.

Por consiguiente, al afirmar que un mundo de vasta mole material, aunque finito y limitado a un solo lugar, ha sido hecho por Dios, como acerca de los infinitos lugares fuera del mundo responden que Dios no obra en ellos, contéstense también a sí mismos acerca de los infinitos tiempos antes del mundo, por qué no obra Dios en ellos. No se puede admitir que Dios ha establecido el mundo al azar y no con un plan divino, ni en otro lugar sino en el que está, ni teniendo éste un mérito más notable para ser elegido entre tantos igualmente infinitos y existentes por todas partes, aunque ninguna razón humana pueda comprender el motivo divino por que se hizo.

Como tampoco se puede admitir que a Dios le haya ocurrido por azar algo para crear el mundo en aquel tiempo mejor que en otro, habiendo pasado igualmente los tiempos anteriores por un espacio infinito anterior, y no habiendo existido diferencia alguna para preferir un tiempo a otro. Si dicen que son vanos los pensamientos de los hombres al fingir lugares infinitos, no habiendo más lugares que el mundo, se les responderá que de la misma manera opinan vanamente los hombres sobre los tiempos pasados del ocio de Dios, puesto que no hubo tiempo alguno antes del mundo.

6. Materia y tiempo

Si la eternidad y el tiempo son distinguidos rectamente por esto, que el tiempo no existe sin alguna mutabilidad sucesiva y en la eternidad no hay mutación alguna, ¿quién no ve que no habría existido el tiempo si no fuera formada la criatura, que sufriera algún cambio, algún movimiento? Ese cambio y movimiento ceden su lugar y se suceden, no pudiendo existir a la vez, y en intervalos más breves o prolongados de espacio dan origen al tiempo. Siendo, pues, Dios, en cuya eternidad no hay cambio en absoluto, creador y ordenador de los tiempos, no puedo entender cómo se dice que ha creado el mundo después de los espacios de los tiempos; a no ser que se pretenda que antes del mundo ya había alguna criatura, cuyos movimientos hayan determinado los tiempos .

Si además las Sagradas Escrituras, sumamente infalibles, afirman que "al principio creó Dios el cielo y la tierra", que nada existía antes, puesto que se diría que había hecho antes de hacer lo que hizo, sin duda no fue hecho el mundo en el tiempo, sino con el tiempo. Lo que efectivamente se hace en el tiempo se hace después de algún tiempo y antes de otro: después de lo que es pasado y antes de lo que es futuro; y no podía haber nada pasado, puesto que no había criatura alguna por cuyos movimientos mudables se realizase el tiempo.

El mundo, en efecto, se hizo con el tiempo, si en su creación tuvo lugar el movimiento mudable, como parece tuvo lugar aquel orden de los seis o siete primeros días, en que se citaba la mañana y la tarde, hasta que se concluyó en el sexto todo lo que hizo Dios en estos días, poniéndose de relieve con un gran misterio en el séptimo el descanso de Dios. De qué días se trata, muy difícil es, por no decir imposible, para nosotros el imaginárnoslo; ¡cuánto más expresarlo!

7. Naturaleza de los primeros días

Está claro que los días que conocemos no tienen tarde, si no es con relación a la puesta del sol, ni mañana, si no es con relación a su salida; y, en cambio, aquellos tres primeros días tuvieron lugar sin el sol, que se dice fue creado el día cuarto. Primeramente se cuenta que la luz fue hecha por la palabra de Dios, y que Dios hizo una separación entre ella y las tinieblas, llamando día a la misma luz y tinieblas a la noche. Pero qué sea aquella luz y con qué movimiento alternativo dio origen a la tarde y a la mañana, es inaccesible a nuestros sentidos y no podemos entender cómo es, teniendo que creerlo sin vacilación alguna. O es una luz corpórea, ya esté en las partes más altas del mundo, lejos de nuestros sentidos, ya en el lugar de donde luego tomó su luz el sol, o por el nombre de luz se ha significado la ciudad santa, en los santos ángeles y espíritus bienaventurados, de la cual dice el Apóstol: "Mas la Jerusalén de arriba libre es; la cual es la madre de todos nosotros" (Gál. 4:26); pues dice en otro lugar: " Porque todos vosotros sois hijos de luz, e hijos del día; no somos de la noche, ni de las tinieblas" (1ª Ts. 5:5).

Aún así podemos entender de alguna manera la tarde y la mañana de este día. El conocimiento de la criatura, comparado con la ciencia del Creador, viene a ser como la tarde; y a su vez comienza como a amanecer, a ser mañana, cuando se refiere a la alabanza y al amor del Creador; y no llega a la noche, si no se deja al Creador por el amor de la criatura. Finalmente, la Escritura, al contar aquellos días por su orden, en ninguna parte interpuso el vocablo noche, ya que no dijo en lugar alguno: Fue "hecha" la noche, sino "pasó" una tarde y una mañana: "Fue la tarde y la mañana un día. (Gn. 1:5). Y así el día segundo, y los demás.

El conocimiento de las cosas creadas vistas por sí mismas es más desvaído, por decirlo así, que cuando se conocen en la Sabiduría de Dios, como en el arte en que han sido hechas. Por eso se puede llamar más bien tarde que noche; y aún así, como dije, cuando se refiere a la alabanza y al amor del Creador, pasa más bien a ser mañana.

Cuando se realiza esto en el conocimiento de sí misma, esto es el día primero; si lo realiza en el conocimiento del firmamento, es el día segundo; en el conocimiento de la tierra y el mar y de todos los seres que engendran, que se continúan por las raíces de la tierra, el día tercero; en el conocimiento de las lumbreras mayor y menor y de los astros, el día cuarto; en el de los animales que nadan en las aguas aves y vuelan, el día quinto, y en el de los animales terrestres y del mismo hombre, el día sexto[7].

8. Sentido del descanso de Dios

El descanso de Dios de todas sus obras en el día séptimo y la santificación de éste no debe tomarse puerilmente, como si Dios se hubiera fatigado trabajando. Al decir "dijo y fueron hechas" debe interpretarse de una palabra inteligible y eterna, no de una audible y transitoria.

Mas el descanso de Dios significa el reposo de los que descansan en Dios; como la alegría de la casa significa la alegría de los que se alegran en la casa, aunque no sea la casa misma la que los hace alegres. Y mucho más sí la misma casa hace alegres a sus moradores por su hermosura; de manera que no se llame sólo alegre como significamos el contenido por el continente. Decimos, por ejemplo: "Aplauden los teatros, mugen los prados", porque en aquéllos aplauden los hombres y en éstos mugen los toros; sino, como significamos lo que se hace por la causa que lo produce, como llamamos alegre una carta, significando la alegría que da a los que la leen.

---

7. Comp. Agustín, *De Gen. ad Lit.* 1 y 4.

Así, pues, muy propiamente, cuando la autoridad profética cuenta que Dios descansó, queda significado el reposo de los que descansan en Él, a quienes hace Él descansar. También se refiere aquí a los hombres a quienes va dirigida y por quienes está escrita la profecía: les promete que también ellos, después de las buenas obras que en ellos y por su medio realiza Dios, tendrán en Él un descanso eterno si se hubieran acercado a Él, por decirlo así, en esta vida mediante la fe. Este reposo quedó figurado, según el precepto de la ley, por el descanso del sábado en el antiguo pueblo de Dios. De eso pienso tratar con más extensión en su debido lugar

9. La creación de los ángeles

Ya que he comenzado a hablar sobre el origen de la ciudad santa (y pensé hablar primero sobre lo que se refiere a los santos ángeles, que forman una gran parte de esa ciudad, y son tanto más felices cuanto nunca han estado alejados de ella), procuraré explicar ahora con la ayuda de Dios, y con la extensión oportuna, los testimonios divinos que se relacionan con este asunto.

Cuando las Escrituras hablan de la creación del mundo, no dicen claramente si los ángeles fueron creados y en qué orden; pero si no fueron pasados en silencio, quedaron significados o por el nombre del cielo donde se dice: "Al principio creó Dios el cielo y la tierra", o más bien por el nombre de la luz de que vengo hablando. No pienso hayan sido pasados en silencio por lo que se escribió sobre el descanso de Dios de todas sus obras en el séptimo día, ya que el mismo libro comienza así: "Al principio creó Dios el cielo y la tierra"; como si pareciera que antes del cielo y de la tierra no había hecho nada.

Ya que Dios comenzó con los cielos y la tierra, y la tierra misma, como añade la Escritura, era al principio invisible y desordenada, sin haber creado aún la luz y las tinieblas cubrían la faz del abismo, es decir, cubrían cierta indistinta confusión de la tierra y el agua (donde no hay luz, tiene que haber tinieblas); después fueron creadas y organizadas todas las cosas que se describen acabadas durante los seis días, ¿cómo iban a ser omitidos los ángeles, como si no estuviesen entre las obras de Dios, de las que descansó al séptimo día?

Sin embargo, que los ángeles son obra de Dios y que se omiten aquí, no está mencionado explícitamente; pero lo atestigua en otra parte con voz clarísima la Escritura santa. Pues en el himno de los tres varones en el horno, después de decir: "Criaturas todas del Señor, bendecid al Señor" (Dn. 3:57-58), en el recuento de las mismas obras se nombra también a los ángeles. Y en el Salmo se canta: "Alabad al Señor desde los cielos: Alabadle en las alturas. Alabadle, vosotros todos sus ángeles: Alabadle, vosotros todos sus ejércitos. Alabadle, sol y luna: Alabadle, vosotras todas, lucientes estrellas. Alabadle, cielos de los cielos, Y las aguas que están sobre los cielos. Alaben el nombre del Señor; porque él mandó, y fueron creadas" (Sal. 148:1-5). Este pasaje nos dice claramente por autoridad divina que los ángeles fueron hechos por Dios, puesto que después de conmemorarlos a ellos entre todos los seres celestiales, los encierra a todos en estas palabras. "El dijo y fueron hechos." ¿Quién, pues, osará sostener que los ángeles fueron creados después de todas estas cosas enumeradas en los seis días? Si alguien llega a esa aberración, queda refutada tan vana presunción por la autoridad de la misma Escritura, donde dice Dios: "Cuando fueron hechos las estrellas, me alabaron mis ángeles a grandes voces" (Job 38:7)[8]. Los ángeles, por tanto, existían antes de las estrellas, y las estrellas fueron hechas el día cuarto.

¿Diremos, pues, que ellos fueron hechos el día tercero? En modo alguno, pues bien claro está lo que se hizo ese día: fue separada la tierra de las aguas, y recibieron estos dos elementos sus propias especies, y produjo la tierra cuanto en ella tiene su raíz. ¿Sería acaso en el día segundo? Tampoco; en él fue hecho el firmamento, entre las aguas superiores y las inferiores, y recibió el nombre de cielo; en este firmamento fueron hechos los astros el día cuarto

Por tanto, si los ángeles pertenecen a las obras de Dios de estos días, son ellos, ni más ni menos, la luz que recibió el nombre de "día", cuya unidad quiso recomendársenos al no llamar "día primero" a aquél, sino "un día"[9]. Y no es otro el día segundo, ni el tercero, ni los demás; es el mismo día uno repetido para completar el número senario o septenario, y esto atendiendo a un conocimiento senario o septenario; el senario relativo a las obras que hizo Dios, y el septenario, al descanso de Dios.

Cuando Dios dijo: "Que exista la luz, y la luz existió", si en esta luz se entiende rectamente la creación de los ángeles, bien claro es que fueron hechos príncipes de la luz eterna, que es la misma inmutable Sabiduría de Dios, por la cual fueron hechas todas las cosas, y a quien llamamos Hijo unigénito de Dios. Iluminados ellos por esta luz, por la cual recibieron el ser, fueron ellos hechos luz y llamados "día" por la participación de la Luz inmutable y del Día, que es el Verbo de Dios, por el cual fueron

---

8. "Cuando las estrellas todas del alba alababan, y se regocijaban todos los hijos de Dios?" (Job 38:7, RV).

9. Luis Vives nota aquí que los teólogos griegos y Jerónimo creían, con Platón, que las criaturas espiritual fueron hechas primero y usadas por Dios en la creación de las cosas materiales. Los teólogos latinos y Basilio afirmaban que Dios hizo todo de una vez.

creados ellos y todas las cosas. "La luz verdadera que ilumina a todo hombre que viene a este mundo" (Jn. 1:9) ilumina también a todo ángel puro a fin de que sea luz, no en sí mismo, sino en Dios. Si se aparta de él, se hace inmundo; como lo son todos los llamados espíritus inmundos, no siendo ya luz en el Señor, sino tinieblas en sí mismos, habiendo sido privados de la participación de la luz eterna. No existe, en efecto, la naturaleza del mal; la pérdida del bien recibió el nombre de mal[10].

10. Doctrina de la Trinidad

1. Hay sólo un bien simple, y por esto un solo bien inmutable, que es Dios. Por él fueron creados todos los bienes, pero no simples, y, por tanto, mudables. Decir "creados" quiere decir hechos, no engendrados. Pues lo que es engendrado del bien simple, es simple también, y es lo mismo que aquel de quien fue engendrado. A estos dos seres los llamamos Padre e Hijo; y uno y otro con el Espíritu Santo son un solo Dios. Este Espíritu del Padre y del Hijo recibe el nombre de Santo en las Escrituras, con un valor propio de este nombre. Es distinto del Padre y del Hijo, porque no es ni el Padre ni el Hijo. He dicho que es "distinto", no que es "otra cosa"; porque él es igualmente un bien simple, inmutable y coeterno.

Y esta Trinidad es un solo Dios; no deja de ser simple por ser Trinidad. Así como tampoco decimos que esta naturaleza de bien es simple porque en ella está sólo el Padre o sólo el Hijo o sólo el Espíritu Santo; o porque está sólo esa Trinidad de nombre sin la subsistencia de personas, como afirmaron los heréticos sabelianos[11]; sino que se llama simple porque lo que ella tiene eso es, si exceptuamos la relación que cada persona dice con respecto a la otra. Pues ciertamente el Padre tiene un Hijo, pero Él no es Hijo; y el Hijo tiene un Padre, pero Él no es Padre. Por tanto, en lo que dice relación a sí mismo y no a otro, esto es lo que tiene; como se dice viviente con relación a sí mismo, teniendo ciertamente la vida y siendo Él mismo la misma vida.

2. Por esta razón se llama simple a la naturaleza de la Trinidad, porque no tiene nada que pueda perder, porque es cosa y su contenido otra, como el vaso contiene un licor o el cuerpo tiene color, o el aire luz o calor, o el alma sabiduría. Ninguna de estas cosas es lo que tiene: el vaso no es el licor, ni el cuerpo el color, ni el aire la luz o el calor, ni el alma la sabiduría. Por eso pueden ser privados de las cosas que tienen y cambiarse en

---

10. *Mali enim nula natura est: sed amissio boni, mali nomen accepit.*

11. Sabelio, de quien toma nombre la herejía, negaba la distinción de la Persona en la Trinidad. Para él sólo hay una persona en Dios, pero al Padre se le llama Hijo en cuanto se encarnó, dando lugar así al modalismo.

otras disposiciones o cualidades, como el vaso puede quedarse vacío del líquido que contenía, y el cuerpo perder ese color, y el aire oscurecerse o enfriarse, y el alma embotarse.

El cuerpo incorruptible que es prometido a los santos en la resurrección, ciertamente no puede perder su cualidad de incorrupción; pero la sustancia corporal y la cualidad de incorrupción no son lo mismo. La cualidad de incorrupción se encuentra toda entera por todas las partes del cuerpo, y no es mayor en una parte y menor en otra; ninguna parte es más incorruptible que la otra. En cambio, el cuerpo es mayor en el todo que en la parte, y si una parte es más grande en él y otra más pequeña, no es la parte mayor más incorruptible que la menor.

Una cosa es, en efecto, el cuerpo, que no está entero en todo lo que es él, y otra la incorrupción, que está entera en todo él; porque toda parte del cuerpo incorruptible, aun desigual de las demás, es igualmente incorruptible; por ejemplo, aunque el dedo sea menor que toda la mano, no por ello la mano es más incorruptible que el dedo. Y así siendo tan desiguales la mano y el dedo, es igual la incorruptibilidad de la mano que la del dedo.

Por esto, aunque la incorruptibilidad sea inseparable del cuerpo incorruptible, una cosa es la sustancia, por la que se llama cuerpo, y otra es la cualidad, por la que se dice incorruptible. Y por eso el cuerpo no es lo que tiene. El alma misma, aunque sea siempre sabia, como lo será cuando esté liberada para siempre, será sabia por la participación de la inmutable sabiduría, que no es ella misma; como si el aire no se ve privado de la luz que le inunda, no por eso dejará de ser él una cosa, y otra la luz que le ilumina.

Y no digo esto como si el alma fuera aire; error de algunos que no fueron capaces de concebir una naturaleza incorpórea[12] Pero en tan grande desigualdad tiene esto con aquello una gran semejanza; y así, no hay inconveniente en decir que el alma incorpórea se ve iluminada por la luz incorpórea de la sabiduría simple de Dios, como el aire corpóreo se ve iluminado por la luz corpórea. Y como el aire, dejado por esta luz, se oscurece (en realidad lo que se dice tinieblas de cualesquiera lugares

---

12. Plutarco dice que esta opinión fue mantenida por Anaxímenes de Mileto, los discípulos de Anaxágoras, y muchos de los estoicos (*De Plac. Phil.* I,3, y IV, 3). Diógenes el Cínico, así como Diógenes de Apolonia parecen haber adoptado la misma opinión. En la teología cristiana, autores como Tertuliano no fueron capaces de representar una imagen espiritual del alma sin mezcla de etérea materialidad. A Orígenes se debe el logro de haber acabado con todas las concepciones inadecuadas de los seres incorpóreos, incluida la espiritualidad divina. Véase su *Tratado de los principios*, publicado en esta colección.

corporales no es otra cosa que el aire carente de luz[13]), así decimos que se oscurece el alma privada de la luz de la sabiduría.

3. Por consiguiente, el llamar simples a las cosas que son principal y verdaderamente divinas quiere decir que en ellas no es una cosa la cualidad y otra la sustancia, y que no son divinas o sabias o felices por la participación de diversos elementos. Por lo demás, cuando las santas Escrituras llaman "múltiple" al Espíritu de la sabiduría (Sab. 7:22), lo hacen porque en sí encierra muchas cosas; pero lo que tiene, eso mismo es, y siendo uno es todas esas cosas. No hay muchas, sino una sola Sabiduría, en la que se encuentran como inmensos e infinitos tesoros de cosas inteligibles, en las que están todas las razones invisibles e inmutables de las cosas, aun de las mudables y visibles, que han sido hechas por ella[14]. Porque Dios no hizo cosa alguna sin darse cuenta, lo que no puede decirse rectamente de cualquier artífice humano; por eso, si todo lo hizo a sabiendas, hizo ciertamente las cosas que conocía. De ahí se presenta a nuestro espíritu algo admirable, pero verdadero, que a nosotros este mundo no puede sernos conocido sino porque ya existe de hecho; pero con relación a Dios, no podría existir si no fuera conocido por Él.

11. Los ángeles caídos y la cuestión de su felicidad

Siendo esto así, en modo alguno se puede admitir que los espíritus, que llamamos ángeles, hayan sido antes tinieblas siquiera algún momento, sino que en el momento de ser creados fueron hechos luz. No fueron creados para ser o vivir de cualquier modo, sino que fueron iluminados para vivir sabios y felices. Apartados algunos ángeles de esta iluminación, no consiguieron la excelencia de una vida sabia y feliz, que no puede ser sino eterna, cierta y segura de su eternidad; en cambio, poseen una vida racional, aunque insensata, y tal que no pueden perderla, aunque quisieran.

Pero ¿quién podrá definir cómo fueron partícipes de aquella sabiduría antes de pecar? Y ¿cómo podremos afirmar que en esa participación fueron iguales a los que son verdadera y plenamente felices, precisamente porque no se equivocan sobre la eternidad de su felicidad? Si hubieran participado igualmente en este conocimiento verdadero, los ángeles malos habrían permanecido igualmente en su eternidad, porque habían estado igualmente expectantes. Pues la vida, por mucho que dure, no se

---

13. *Ubi lux non est, tenebroe sunt, non quia aliquid sunt tenebrae, sed ipsa; icis absentia tenbroe dicuntur* (Aug. *De Gen. contra Man.* 7).
14. Esta frase tiene un fuerte sabor platónico.

la llamará vida eterna si ha de tener un fin; la vida, en efecto, recibe ese nombre solamente por vivir, y se la llama eterna por no tener fin.

Así que, aunque no todo lo eterno ya por eso es feliz (también el fuego del castigo se llama eterno), sin embargo, si ninguna vida puede ser verdadera y perfectamente feliz si no es eterna, la vida de esos ángeles malos no era feliz, puesto que estaba condenada a terminar, y por ello no era eterna, lo supieran ellos o no. En un caso el temor, en el otro la ignorancia, les impedía ser felices. Y si su ignorancia no era tan grande como para albergar una falsa expectación, sino que los dejaba vacilando sobre la eternidad o temporalidad de ese bien suyo, la misma vacilación sobre felicidad tan grande no admitía la plenitud de vida feliz, que creemos existe en los santos ángeles. Y no tratamos de restringir el vocablo de "vida feliz" a los estrechos límites de Dios[15]; aunque sin duda sólo es tan feliz que no puede existir felicidad más grande. En su comparación, ¿cuál y de qué categoría será la felicidad de los ángeles felices, por muy elevada que en ellos se pueda concebir?

12. Comparación de la felicidad del hombre en el Edén y de los santos

Los ángeles no son los únicos miembros de la creación racional e intelectual que pueden ser llamados felices o bienaventurados. Pues, ¿quién se atreverá a negar que fueron felices antes del pecado los primeros hombres en el paraíso, aunque estuvieran inciertos sobre la larga duración o eternidad de su felicidad? (eterna sería ciertamente si no hubieran pecado). En efecto no sin razón llamamos felices aún hoy a quienes vemos pasar esta vida piadosa y religiosamente con la esperanza de la futura inmortalidad, sin que ningún pecado corroa sus conciencias, consiguiendo fácilmente la divina misericordia para los pecados de la fragilidad presente.

Estos, aún estando seguros del premio de su perseverancia, no lo están tanto sobre la misma perseverancia. ¿Qué hombre hay que pueda saber que perseverará hasta el final en la práctica y crecimiento de la justicia, a menos que se lo asegure con su revelación quien sobre esto, por justo y oculto juicio, no instruye a todos, aunque a ninguno engaña?

Por consiguiente, en lo que se refiere al disfrute del bien presente, era más feliz el primer hombre en el paraíso que cualquier justo en esta flaqueza mortal; pero, en cuanto a la esperanza del bien futuro, cualquier

---

15. Vives anota que los antiguos definieron la felicidad como un estado absolutamente perfecto, en toda bondad, peculiar a Dios.

hombre, por muchos sufrimientos corporales que haya de pasar, es más feliz que lo fue el hombre incierto de su caída en la gran felicidad del paraíso, ya que está seguro que no es una opción, sino una verdad firme la que le garantiza el goce sin término de la compañía, libre de toda molestia, de los ángeles en la participación del Dios supremo[16].

13. Sobre el conocimiento angélico de su caída

De todo lo dicho, a cualquiera se le alcanza que son dos los elementos que concurren a la felicidad, objeto legítimo de la naturaleza intelectual: el gozo sin molestia del bien inmutable, que es Dios, y la seguridad sin sombra de duda o error sobre su perseverancia para siempre en ese gozo. Que los ángeles de luz tuvieron esa seguridad lo creemos piadosamente; que los ángeles caídos, privados de aquella luz por su propia falta, no la tuvieron ni antes de pecar, lo concluimos nosotros por lógico razonamiento. Habrá que creer, sin embargo, que si vivieron algo antes del pecado, tuvieron ciertamente alguna felicidad, aunque no la que va acompañada de conocimiento previo.

Puede parecer duro creer que, en la creación de los ángeles, los unos fueron hechos ignorantes de su perseverancia o de su caída, y los otros conocieron con toda verdad la eternidad de su felicidad, y habría que decir que fueron todos creados en la misma felicidad desde el principio y estuvieron así hasta que los malos se apartaron por su voluntad de aquella luminosa bondad; pero, sin duda, es mucho más duro pensar ahora que los ángeles santos, inciertos de su felicidad eterna, ignoraron de sí mismos lo que nosotros hemos podido conocer de ellos por las santas Escrituras. ¿Qué cristiano católico ignora que ningún diablo nuevo se originará de los ángeles buenos, así como no regresará ninguno de ellos a la compañía de los buenos?

Porque la verdad promete en el Evangelio a los santos y fieles que serán iguales a los ángeles de Dios[17]; como se les promete también que "irán a la vida eterna" (Mt. 25:46). Y si nosotros estamos ciertos que no hemos de caer de aquella inmortal felicidad si ellos no están ciertos, claramente se ve que no somos iguales, sino que los superamos. Pero como la verdad jamás engaña, y hemos de ser iguales a ellos, se sigue que ellos están ciertos de su felicidad eterna.

---

16. Agustín se extendió sobre la doctrina de perseverancia en sus libros *De Dono Persever*, y *De Correp. et Gratia*.

17. Cf. Mt. 22:30: "Porque en la resurrección, ni los hombres tomarán mujeres, ni las mujeres marido; mas son como los ángeles de Dios en el cielo."

Los ángeles malos no pudieron estar seguros de ella, ya que su felicidad estaba destinada a tener un fin; se sigue que los ángeles o no fueron iguales, o, si fueron iguales, los ángeles buenos fueron asegurados de la eternidad de su felicidad después de la perdición de los otros. A menos que, posiblemente, replique alguno que el dicho del Señor en el Evangelio: "El fue homicida desde el principio y no se mantuvo en la verdad" (Jn. 8:44), debe ser entendido en el sentido de que no sólo fue asesino desde el principio, esto es, desde el principio del género humano, desde que fue creado el hombre, a quien podía matar con el engaño, sino también que desde el principio de su creación no estuvo en la verdad, y por eso no fue nunca feliz con los santos ángeles, rehusando ser súbdito del Creador. Y así, alegrándose por su soberbia del poder privado, se hace falso y engañoso por esto, ya que nunca se ve libre del poder del Omnipotente, y no queriendo mantener por una piadosa sujeción lo que verdaderamente es, aspira por una soberbia elevación a simular lo que no es. De manera que se entiende en este sentido lo que dice el apóstol San Juan: "El diablo peca desde el principio" (1ª Jn. 3:8), esto es, desde que fue creado rehusó la justicia, que nadie, sino una voluntad piadosamente sometida a Dios puede gozar.

Quien está de acuerdo con esta sentencia no comulga con los herejes, maniqueos o cualquier otra peste que opine como ellos, como si el diablo derivara su propia naturaleza de algún principio del mal. Tal vanidad les ha descarriado el juicio, y, manteniendo la autoridad de estas palabras con nosotros, no quieren fijarse en que el Señor no dijo "estuvo ajeno a la verdad", sino que "no permaneció en la verdad" (Jn. 8:44). Quiso indicar ahí su caída de la verdad. Si hubiera permanecido en ella, hecho partícipe de la misma, permanecería feliz con los santos ángeles[18].

14. Sentido de "el diablo no permaneció en la verdad"

Nos suministró el Señor un indicio como respondiendo a la pregunta de por qué no permaneció en la verdad al decir: "Porque en él no hay verdad" (Jn. 8:44). Y estaría en él si hubiera permanecido en ella. Sin embargo, usó de una expresión poco usada, pues dice: "No permaneció en la verdad", porque en él no existe la verdad; como si la causa de no haber permanecido en la verdad sea el no haber estado en él la verdad, cuando, en realidad, la causa de que no exista en él la verdad sea el no haberse mantenido en la misma.

---

18. Cf. Agustín, *De Gen. ad litt.* 40,27 y ss.

Esta expresión se encuentra también en el Salmo: "Yo te he invocado, por cuanto tú me oirás, oh Dios" (Sal. 17:6); donde parece debía decirse: "Me escuchaste, Dios mío, porque te invoqué." Pero al decir "Yo te he invocado" como si se le preguntase por qué invoca, manifiesta el sentido de su llamada por el efecto de haberle escuchado Dios; como si dijera: "La prueba de mi llamada es que tú me has escuchado."

15. Sentido de "el diablo peca desde el principio"

Tampoco aquello que dice San Juan del diablo: "Desde el principio peca" (1ª Jn. 3:8), lo entienden bien los herejes, pues si es cosa natural, de ningún modo es pecado. Pues, ¿cómo se responderá a los testimonios de los profetas o a lo que dice Isaías, designando al diablo bajo la persona del príncipe de Babilonia: "¿Cómo cayó Lucifer, que nacía resplandecien-te en el alba?" (Is. 14:12). O a lo que asegura Ezequiel: "¿Estuviste en los deleites del paraíso de Dios, adornado de todas las piedras preciosas?" (Ez. 28:13-14). Lo cual hace entender que estuvo algún tiempo sin pecado, pues más expresamente lo dice poco después: "Anduviste en tus días sin pecado"[19].

Si de otro modo más conveniente se interpretan estas palabras, es ne-cesario asegurar lo que dice: "No se mantuvo en, la verdad", entendien-do que si estuvo en la verdad no perseveró en ella. Y las palabras "peca desde el principio" no significan, desde el principio de la creación, sino desde el principio del pecado, porque de su soberbia le vino el comienzo del caer.

Y lo que dice Job, hablando del demonio: "Este es el principio de la obra que hizo el Señor para que se mofasen de él sus ángeles" (Job 40:14, LXX), (lo cual concuerda con lo que leemos en el salmo: "Este dragón que formaste para que se burlen de él"[20]), no se debe entender de manera que Dios lo creó desde el principio para juego de sus ángeles, sino que fue condenado a este castigo después que pecó. Su principio, pues, es ser obra del Señor, porque ninguna naturaleza hay aun entre las más extre-mas y pequeñas bestias del mundo que no la haya hecho aquel de quien procede todo modo, toda forma, todo orden, sin el cual nada se puede planear ni concebir. Cuanto menos una criatura como la angélica, que en dignidad de naturaleza supera a todas las demás criaturas que hizo Dios.

---

19. "Perfecto eras en todos tus caminos desde el día que fuiste criado, hasta que se halló en ti maldad" (v. 15, RV).

20. "Allí andan navíos; allí este Leviathán que hiciste para que jugase en ella" (Sl. 104:26. RV).

16. Grados y diferencias de las criaturas

Entre todos los seres que existen, y que no son de la esencia de Dios el Creador, se anteponen los vivientes a los no vivientes; aquellos que poseen la propiedad de engendrar o de desear, están por encima de los que carecen de estos impulsos. Y entre los vivientes dotados de sensibilidad se cuentan por encima a los que no la tienen, como los animales respecto a los árboles; entre los sentientes, los inteligentes están por encima de los que de ella carecen, por ejemplo, los hombres sobre los brutos; y dentro de los que tienen inteligencia, se anteponen los inmortales a los mortales, como los ángeles a los hombres.

Estas son las gradaciones de las criaturas conforme al orden de la naturaleza; pero conforme a la utilidad que el hombre encuentra en ellas, hay varios modelos de valor, de tal modo que, si estuviera en nuestras manos, las borraríamos de la naturaleza, ya por ignorar el lugar que en la misma tienen, ya, aun conociéndolo, por subordinarlos a nuestros intereses. ¿Quién no prefiere tener en su casa pan a tener ratones; dinero a tener pulgas? ¿Qué tiene de sorprendente si aun en la estimación de los mismos hombres, cuya naturaleza es de tan alta dignidad, tantas veces se compra a más alto precio un caballo que un esclavo, un piedra preciosa que una esclava?

Debido a la libertad de apreciación, existe una gran distancia entre la reflexión de la razón, la necesidad del indigente y el placer del codicioso: la razón piensa lo que cada cosa vale por sí misma en la naturaleza; y la necesidad, para qué sirve lo que desea; la razón busca lo que aparece verdadero a la luz de la mente, y el placer lo que agrada y lisonjea a los sentidos del cuerpo. Pero es tan poderoso en las criaturas racionales cierto peso[21], por decirlo así, de voluntad y de amor, que, a pesar de la primacía de los ángeles sobre los hombres por el orden de la naturaleza, sin embargo, por la escala de la justicia, los hombres buenos tienen más valor que los ángeles malos

17. Bienes de los males

Por consiguiente, en una interpretación recta, las palabras "Este es el principio de la obra de Dios" (Job 40:14, LXX) se refieren a la naturaleza,

---

21. Peso, *impetus* o *conatus* que mueve a cada ser a ocupar su lugar propio. Este concepto, que se encuentra de modo especial en Aristóteles, juega un papel muy importante en la doctrina de Agustín, para explicar racional y existencialmente la existencia de Dios. Se tiende a Dios como al lugar más propio del ser humano, porque de Él salimos por creación y a Él tendemos por la fuerza del amor *Amor meus, pondus neum*, dice *Confesiones* XIII,9-10. Véase el cap. 28 de este mismo libro.

no a la malicia del diablo; porque, sin duda, donde hay vicio de malicia precedió una naturaleza no viciada. Y el vicio[22] es tan contrario a la naturaleza, que no puede menos de perjudicarla. Y no sería vicio apartarse de Dios si no fuera propio de tal naturaleza, en la que reside el vicio, estar más bien con Dios. Por lo cual, aun la voluntad mala es un gran testimonio de la bondad de la naturaleza.

Pero Dios, así como es el creador excelente de las naturalezas buenas, así es justísimo ordenador de las malas voluntades, de modo que, usando ellas mal de sus naturalezas buenas, endereza él al bien las voluntades malas. Así, hizo que el diablo, bueno por su creación, malo por su voluntad, fuese colocado entre los más bajos y burlados de sus ángeles, esto es, que los santos, a quienes él desea perjudicar, obtengan fruto de sus tentaciones.

Al crearlo no estaba ignorante Dios de su malicia y preveía ya los bienes que había de sacar de sus males; por eso dice el Salmo: "Este dragón que formaste para que se mofen de él" (Sal. 104:26, LXX); de modo que en lo mismo que le creó, aunque bueno por su bondad, nos diera a entender que ya había preparado, valiéndose de su presciencia, la manera de sacar provecho aun de aquel mal.

18. La belleza de la creación resalta por la oposición de los contrarios

No crearía Dios a nadie, ni ángel ni hombre, cuya malicia hubiera previsto, si a la vez no hubiera conocido cómo habían de redundar en bien de los buenos, y así embellecer el orden de los siglos como un hermosísimo canto de variadas antítesis. Pues lo que llamamos antítesis son ornamentos preciosos de la elocución, que en latín reciben el nombre de "oposiciones", o, con más precisión, "contrastes"[23]. No es frecuente el uso de esta palabra entre nosotros[24], aunque el latín y todas las lenguas de todas las naciones, se sirven de estos ornamentos del estilo.

En la segunda carta a los Corintios, el apóstol Pablo redondea hermosamente con estas antítesis aquel pasaje: "En palabra de verdad, en potencia de Dios, en armas de justicia a diestro y a siniestro; por honra y por deshonra, por infamia y por buena fama; como engañadores, mas hombres de verdad; como ignorados, mas conocidos; como muriendo,

---

22. En este pasaje "vicio" tiene el sentido de mancha pecaminosa.
23. O contraposiciones.
24. Quintiliano la usa con frecuencia en el sentido de antítesis, muy empleada por Agustín, como buen retórico que era. Cf. J. Oroz, *La retórica en los sermones de San Agustín*, Madrid 1963.

mas he aquí vivimos; como castigados, mas no muertos; como doloridos, mas siempre gozosos; como pobres, mas enriqueciendo a muchos; como no teniendo nada, mas poseyéndolo todo" (2ª Cor. 6:7-10).

Así, pues, como la oposición de contrarios contribuye a la elegancia del lenguaje, así la belleza del universo se realza por la oposición de contrarios con una cierta elocuencia, no de palabras, sino de realidades. Bien claro nos manifiesta esto el libro del Eclesiástico: "Frente al mal está el bien; frente a la vida, la muerte; frente al honrado, el malvado. Contempla las obras de Dios: todas de dos en dos, una corresponde a la otra" (Eclo. 33:15).

19. Explicación de la "separación de la luz de las tinieblas"

La oscuridad de la palabra divina tiene la ventaja de engendrar y dar a conocer muchas opiniones conformes con la verdad, al entenderlo uno de esta manera y aquel de otra más fresca; sin embargo, cualquier cosa que se diga en un pasaje oscuro debería confirmarse con el testimonio de pruebas manifiestas o con otros textos menos ambiguos. Esta oscuridad es beneficiosa, tanto si se alcanza el sentido del autor después de considerar muchas otras interpretaciones, como si se manifiestan otras verdades por la discusión de esta oscuridad, aunque el sentido del autor quede oculto.

A mi esto no me parece incongruente con el obrar de Dios, si entendemos que los ángeles fueron creados en la creación de la primera luz, y que se hizo la separación de los ángeles santos e inmundos cuando se dijo: "Y separó Dios la luz de las tinieblas; llamó Dios a la luz día, y a las tinieblas, noche" (Gn. 1:4). Pues sólo pudo separar estas cosas el que pudo saber de antemano, antes de su caída, que habían de caer y, privados de la luz de la verdad, permanecerían en su tenebrosa soberbia.

Él es quien entre el día y la noche, tan conocidos para nosotros, esto es, entre la luz y las tinieblas, mandó que establecieran la división estas lumbreras del cielo tan familiares a nuestros sentidos: "Que existan lumbreras en la bóveda del cielo para alumbrar la tierra y separar el día de la noche" (v. 5). Y un poco después: "E hizo Dios las dos lumbreras grandes: la lumbrera mayor para regir el día, la lumbrera menor para regir la noche y las estrellas. Y las puso en la bóveda del cielo para dar luz sobre la tierra; para regir el día y la noche, para separar la luz de las tinieblas" (vv.16-18).

Y entre aquella luz, que es la sociedad santa de los ángeles, fulgiendo inteligiblemente con la ilustración de la verdad, y las tinieblas a ella contrarias, esto es, las mentes horribles de los ángeles malos apartados de la luz de justicia, sólo pudo establecer la división aquel para quien no pudo estar oculto u oscuro el mal, no de naturaleza, sino de voluntad.

20. Explicación de "vio Dios que la luz era buena"

No se puede pasar en silencio que después de las palabras "que sea la luz, y la luz fue" (v. 3), vienen las otras: "Vio Dios que la luz era buena." Y no dice esto después de separar la luz de las tinieblas, y llamar a la luz día y a las tinieblas noche a fin de que no pareciera dar un testimonio de su beneplácito a tales tinieblas junto con la luz. Pues cuando las tinieblas no estaban sometida a desaprobación, como cuando fue dividida por los cuerpos celestiales de esta luz que nuestros ojos disciernen, la afirmación "vio Dios que era bueno", se inserta no antes, sino después de registrada la división. Y Dios los puso, sigue el pasaje, "en la bóveda del cielo para dar luz sobre la tierra, para regir el día y la noche, para separar la luz de las tinieblas. Y vio Dios que era bueno." Se complació en ambos, porque ambos eran sin pecado.

Pero cuando dijo Dios: "Que sea la luz, y la luz fue. Vio Dios que la luz era buena"; y sigue a continuación: "Y separó Dios la luz de las tinieblas: llamó Dios a la luz día, y a la tiniebla noche"; no se añadió: "Y vio Dios que era bueno", a fin de que no se llamase buena a una y otra, siendo una de ellas mala, no por naturaleza, sino por su propia degradación viciosa. Por eso solamente la luz le agradó al Creador; pero las tinieblas angélicas, aunque habían sido ordenadas, no fueron aprobadas.

21. Conocimiento eterno e inmutable de Dios

¿Qué otra cosa se puede entender al decir de todas las cosas "vio Dios que era bueno", sino la aprobación de la obra en su designio, que es la Sabiduría de Dios? Porque ciertamente Dios no aprendió primero que era bueno hasta que lo hizo; al contrario, no se haría nada si le hubiera sido desconocido. Al ver, pues, que era bueno lo que no hubiera sido hecho si no lo hubiera visto antes de ser hecho, no aprende que es bueno, sino que lo enseña.

Aun Platón fue bastante atrevido para afirmar que Dios se sintió transportado de gozo cuando terminó la obra del mundo[25]. No andaba tan descaminado que pensara que Dios era más feliz con la novedad de

---

25. "Cuando el Padre creador, percibió la imagen creada de los dioses eternos viva y en movimiento, se alegró y en su gozó consideró los medios de hacerlo aún más semejante a su modelo" (Platón, *Timeo* 37).

su obra, sino quiso manifestar que al artífice le agradó ya hecho lo que le había agradado factible en su designio; y no precisamente porque cambie en absoluto la ciencia de Dios y obren en ella de distinta manera las cosas que no existen aún, las que llegan a existir o las que existieron. Pues Él no mira como nosotros a lo futuro, o ve el presente, o vuelve la vista al pasado, sino de un modo bien diverso de nuestros hábitos mentales

Él ve sin cambiar el pensamiento de una a otra cosa, lo ve inmutablemente; de manera que todo lo que sucede temporalmente, lo futuro que no es aún, lo presente que existe, lo pasado que ya no es, Él lo abarca todo con presencia estable y eterna; y no de una manera con los ojos y de otra con la mente, pues no consta de alma y cuerpo; ni de una manera ahora, de otra antes y de otra después, porque tampoco admite variación, como la nuestra, su ciencia de los tiempos, el presente, el pasado y el futuro, ya que en Él no hay cambio ni oscurecimiento momentáneo[26].

Tampoco su atención pasa de un pensamiento a otro pensamiento, pues a su mirada incorpórea está presente a la vez cuanto conoce; conoce los tiempos sin noción alguna temporal, como mueve las cosas temporales sin movimiento alguno suyo. Allí vio, en efecto, que era bueno lo que hizo, donde vio que era bueno para hacerlo. Y no por haberlo visto hecho se le duplicó la ciencia o se le aumentó lo más mínimo, como si hubiera tenido menos ciencia antes de hacer lo que veía; no obraría Él con tal perfección a no ser con una ciencia hasta tal punto perfecta, que no podía recibir nada de sus obras,

Por consiguiente, para darnos a conocer quién hizo la luz, bastaría decir: "Dios hizo la luz." Pero si se tratara de saber no sólo quién la hizo, sino por qué medio la hizo, bastaría decir: "Dijo Dios: Que exista la luz. Y la luz existió." Con lo cual conoceríamos no sólo que Dios había hecho la luz, sino que la había hecho por el Verbo. Pero como era preciso se nos manifestasen tres cosas dignas de conocimiento sobre la criatura, es decir, quién hizo la luz, de qué medio se valió y por qué la hizo, dice: "Dijo Dios: Que exista la luz. Y la luz existió. Y vio Dios que la luz era buena."

Si se pregunta quién la hizo, hay que responder: "Dios". Si por qué medio: "Dijo que exista, y existió". Si por qué la hizo: "Porque era buena". Y no puede haber autor más excelente que Dios, ni arte más eficaz que el Verbo de Dios, ni motivo mejor que la creación del bien por el Dios bueno. También Platón asigna como razón suficiente de la creación del mundo el que las obras buenas procedan de Dios bueno[27], tanto si él leyó

---

26. Cf. St. 1:17: "Toda buena dádiva y todo don perfecto es de lo alto, que desciende del Padre de las luces, en el cual no hay mudanza, ni sombra de variación."

27. "Digamos cual fue la causa del Creador para formar este universo: Él es bueno y en el bien nunca se genera la envidia respecto a nada. Por tanto, siendo libre de envidia, deseó que todas las cosas se parecieran a él tanto como fuera posible" (Platón, *Timeo* 29d).

vio Dios que era bueno", y, terminadas ya todas, concluye: "Y vio Dios todo lo que había hecho: y era muy bueno" (Gn. 1:31). Con ello quiso dar a entender que no había otra razón para crear el mundo sino que un Dios bueno ha hecho las cosas buenas .

En esta creación, si nadie hubiera pecado, el mundo estaría lleno y hermoseado con naturalezas buenas sin excepción; pero, aunque tuvo lugar el pecado, no por eso está todo lleno de pecados; así como entre los habitantes celestiales un número inmensamente mayor de los buenos conservó el orden de su naturaleza. Ni la voluntad mala, al no querer conservar el orden de su naturaleza, pudo evitar las leyes del justo Dios, que todo lo tiene ordenado convenientemente para bien. Porque así como la belleza de un cuadro aumenta con el buen manejo de las sombras, así al ojo ejercitado en discernirlo, el universo es hermoseado incluso por los pecadores, aunque considerados en sí mismos, su deformidad es una mancha triste.

2. También debió ver Orígenes, y cuantos piensan así, que si esta opinión fuera verdadera, el mundo ha sido hecho para que las almas, según los méritos de sus pecados, reciban los cuerpos donde sean encerradas para ser castigadas como en una prisión: cuerpos más elevados y ligeros, las que menos habían pecado, y más bajos y más pesados las que habían pecado más; y los demonios, los seres más detestables, con más razón que los hombres malos, recibirían cuerpos terrenos como lo más bajo y pesado que existe.

Ahora bien, para que entendiéramos que los merecimientos de las almas no habían de medirse por la cualidad de los cuerpos, el demonio, que es el peor de todos, recibió un cuerpo aéreo, y, en cambio, el hombre, aunque al presente malo, pero de una malicia mucho menor y ligera, y ciertamente antes del pecado, recibió un cuerpo de barro[30].

¿Se puede decir algo más absurdo que por este sol, único en un solo mundo, no miró el artífice Dios al embellecimiento del mundo, o también a la salud y belleza de los seres corporales, sino que esto tuvo lugar porque un alma sola había pecado de tal manera que merecía ser encerrada en tal cuerpo? Si hubiera sucedido así, que no una sola, sino dos, y no dos, sino diez o cien hubieran cometido el mismo pecado, tendría este mundo cien soles. El que no haya sucedido así no ha sido una provisión admirable del artífice, para salud y belleza de las cosas temporales, sino más bien la magnitud del pecado de un alma, que mereció tal cuerpo. No es ciertamente el progreso de las almas, de las cuales no saben lo que di-

---

30. Orígenes, *Trat. principios* I, prefacio.

cen, en el alojamiento de la verdad y del mérito, lo que hay que reprimir, sino el desvarío de esos mismos que tales cosas llegan a pensar.

Cuando, pues, en cualquier criatura se preguntan estas cosas que mencioné más arriba: quién la hizo, por qué medio, por qué razón, se responde: Ha sido Dios, por medio del Verbo, porque es buena. Pero surge una cuestión muy profunda y no se nos puede urgir a explicarlo todo en un solo libro: si en ello se nos descubre con profundidad mística la misma Trinidad, el Padre y el Hijo y el Espíritu Santo, o si, hay algo en este pasaje de las Escrituras que nos prohiba tal interpretación.

24. La Trinidad y su obra en la creación

Creemos, sostenemos y predicamos con fidelidad que el Padre engendró al Verbo, esto es, la Sabiduría, mediante la cual se hizo todo, Hijo unigénito, uno como el Padre es uno, eterno como el Padre es eterno; el supremamente bueno igualmente con el Padre. Creemos también que el Espíritu Santo es a la vez Espíritu del Padre y del Hijo, consustancial y coeterno con los dos; y que todo esto es una Trinidad por la propiedad de las personas[31], y un solo Dios por la divinidad inseparable, así como un solo omnipotente por la indivisible omnipotencia. De tal modo, sin embargo, que, sí se pregunta por cada uno de ellos, debe contestarse que cada uno de ellos es Dios y omnipotente; y sí se pregunta por los tres juntamente, la contestación es que no hay tres dioses o tres omnipotentes, sino un solo Dios omnipotente; tan grande es la unidad indivisible de los tres, que requiere afirmarse de esta manera.

Otra cuestión es si el Espíritu Santo del Padre bueno y del Hijo bueno, como es común a ambos, podría llamarse rectamente bondad de ambos; sobre lo cual no me atrevo a expresar una opinión temeraria. Sin embargo, no tendría inconveniente en llamarle santidad de ambos, no como cualidad de los dos, sino como siendo él también sustancia y la tercera persona de la Trinidad. A esto me induce fácilmente el que, siendo el Padre espíritu y el Hijo espíritu, y siendo el Padre santo y el Hijo santo, con toda propiedad se le llama Espíritu Santo, como santidad sustancial y consustancial de ambos.

Pero, si la bondad divina no es otra cosa que la santidad, no es audacia presuntuosa, sino auténtica solicitud racional el pensar que en las obras de Dios, por cierto modo secreto de hablar, destinado a ejercitar

---

31. Latín *proprietas*, los griegos usaron el término idiwthj o *idioma*, es decir, la propiedad o característica individual de cada persona divina, a saber, la paternidad de la primera persona; la filiación y generación de la segunda persona; y la procesión de la tercera persona.

nuestra atención, se nos insinúa la misma Trinidad en la triple cuestión de quién hizo a cada criatura, por qué medio y por qué. En efecto, el Padre del Verbo es el que dijo: "Sea". Lo que existió en virtud de esa palabra, sin duda que fue hecho por el Verbo. Y en lo que se añade: "Vio Dios que era bueno", se da a entender claramente que Dios no hizo lo que se ha hecho por necesidad alguna o para remediar su indigencia, sino sólo por su bondad, es decir, porque ello era bueno; y se dice esto, después de hecho, para indicar que la cosa hecha conviene a la bondad a causa de la cual se hizo. Sí esta bondad se toma con razón por el Espíritu Santo, se nos manifiesta toda la Trinidad en sus obras.

De ahí procede el origen, la forma y la felicidad de la ciudad santa, constituida en las alturas por los santos ángeles. Si se pregunta de dónde viene, decimos que Dios la fundó; si de dónde su sabiduría, que Dios es su iluminación; si de dónde su felicidad, que Dios es su gozo. Tiene forma subsistiendo en Él; es iluminada contemplándole; tiene gozo uniéndose a Él. Existe, ve, ama. En la eternidad de Dios está su vida; en la luz de Dios su luz; en la bondad de Dios su gozo.

25. Triple división de la filosofía

Hasta donde puedo juzgar, es por esta razón que los filósofos han procurado una división triple de su ciencia, o mejor aún, fueron capacitados para ver su triple división (lo cual no inventaron, sino solamente descubrieron). Una parte es llamada física; otra, lógica; y la tercera, ética. Los equivalentes latinos de estos nombres se han naturalizado en los escritos de muchos autores, de modo que esas divisiones son llamadas natural, racional y moral; de ellas dimos un breve resumen en el libro octavo.

No se sigue que estos filósofos en esta división triple hayan pensado de una trinidad en Dios, aunque se dice que Platón es el primero en descubrir y recomendar esta distribución, y que no hubo para él otro autor de las naturalezas sino Dios, ni otro dador de la inteligencia, ni otro inspirador del amor, que hace vivir bien y felizmente. Pero existe diversidad de opiniones cuando tenemos que tratar de la naturaleza de las cosas, del motivo de la búsqueda de la verdad, y del fin del bien a que debemos referir todo lo que hacemos; pero al fin la atención de los defensores de estas opiniones se concentra en estas tres grandes y generales cuestiones.

Así, siguiendo cada uno su parecer en cualquiera de ellas, y habiendo gran discrepancia de opiniones, nadie duda de que existe un motivo de la naturaleza, una forma de la ciencia, un sistema de vida. También en la realización de cualquier obra de un hombre se consideran tres cosas: la naturaleza, la doctrina, la práctica; la naturaleza debe ser juzgada por el ingenio; la doctrina, por la ciencia, y la práctica, por el fruto. Y no desconozco que el fruto se predica propiamente del que disfruta de algo, y la utilidad del que lo usa; y la diferencia consiste en que afirmamos gozar de una cosa cuando ésta nos deleita por sí misma sin referirla a otra, en cambio usamos de ella si la solicitamos en vista de otra.

Por eso debemos usar más bien de las cosas temporales que gozar de ellas, para poder gozar de las eternas. No lo hacen así los perversos, que quieren gozar del dinero y servirse de Dios; pues no gastan el dinero por Dios, sino que honran a Dios con vistas al dinero. Sin embargo, ha prevalecido por la costumbre este lenguaje: usamos de los frutos, y gozamos con el uso. Pues se habla propiamente de los frutos de la tierra, de los cuales todos nos servimos en la vida presente.

Siguiendo esta costumbre, he hablado del uso en estas tres cosas que recomendé como dignas de consideración en el hombre: la naturaleza, la doctrina y el uso[32]. Partiendo de ellas los filósofos han elaborado, como dije, una triple división de la ciencia por la que se consigue la vida feliz: la natural, a causa de la naturaleza; la racional, a causa de la doctrina; la moral, atendiendo al uso. Por tanto, si nuestra naturaleza procediera de nosotros, seríamos nosotros los autores de nuestra sabiduría, y no nos preocuparíamos de aprenderla con la doctrina; y nuestro amor, partiendo de nosotros y referido a nosotros, nos bastaría para vivir felizmente, y no tendría necesidad de algún otro bien de que gozar. Ahora bien, como nuestra naturaleza para existir tiene a Dios por autor, sin duda tenemos que tenerle a Él como maestro para conocer la verdad, y como suministrador de la dulzura espiritual, para ser felices.

26. Vestigios trinitarios en la criatura

También nosotros reconocemos la imagen de Dios en nosotros, esto es, la Trinidad suprema; imagen que aunque no es igual a Dios, más aún, muy distante de Él —siendo ni coeterna ni, por decirlo en una palabra, consustancial con Él—, es pesar de todo, es tan alta, que nada hay más cercano por naturaleza entre las cosas creadas por Dios; y esta destinada a ser restaurada para que pueda llevar una imagen de Dios todavía más cercana. Porque en realidad existimos, y conocemos que existimos, y amamos el ser así y conocerlo[33]. En estas tres cosas no nos perturba nin-

---

32. Sobre esta triada Agustín se extiende en su obra *De Trinitate* X, 11,17.

33. "En los tres, cuando la vida se conoce y ama a sí misma, podemos ver una trinidad, mente, amor, conocimiento; que no se confunden por ninguna mezcla, aunque cada una existe en sí mismo y todos mutuamente en todos, o cada uno en los otros dos, o los otros dos en cada cual" (Agustín, *De Trin.* IX,5,8).

guna falsedad disfrazada de verdad, porque no percibimos con ningún sentido del cuerpo estas cosas como las que están fuera: los colores con la vista, los sonidos con el oído, los olores con el olfato, los sabores con el gusto, las cosas duras y blandas con el tacto. De estas cosas sensibles tenemos también imágenes muy semejantes a ellas, aunque no corpóreas, considerándolas con el pensamiento, reteniéndolas en la memoria, y siendo excitados por su medio a la apetencia de las mismas; pero sin la engañosa imaginación de representaciones imaginarias, estamos completamente ciertos de que existimos, de que conocemos nuestra existencia y la amamos.

Y en estas verdades no hay temor alguno a los argumentos de los académicos, que preguntan: ¿Y sí te engañas? Si me engaño, existo[34]; pues quien no existe no puede tampoco engañarse; y por esto, si me engaño, existo. Entonces, puesto que si me engaño existo, ¿cómo me puedo engañar sobre la existencia, siendo tan cierto que existo si me engaño? Por consiguiente, como sería yo quien se engañase, aunque se engañase, sin duda en el conocer que me conozco, no me engañaré. Pues conozco que existo, conozco también esto mismo, que me conozco. Y al amar estas dos cosas, añado a las cosas que conozco como tercer elemento el mismo amor, que no es de menor importancia.

Pues no me engaño de que me amo, ya que no me engaño en las cosas que amo; aunque ellas fueran falsas, sería verdad que amo las cosas falsas. ¿Por qué iba a ser justamente reprendido e impedido de amar las cosas falsas, si fuera falso que las amaba? Pero ya que son verdaderas y ciertas, ¿quién puede dudar que el amor de las mismas, al ser amadas, es verdadero y cierto? Tan verdad es que no hay nadie que no quiera existir, como no existe nadie que no quiera ser feliz. ¿Y cómo puede querer ser feliz si es nada?

27. Sentidos corporales y sentido interior

1. Tan agradable es por inclinación natural la existencia, que sólo por esto ni aun los desgraciados quieren morir, y aun viéndose miserables, no anhelan desaparecer del mundo, sino que desaparezca su miseria.

---

34. Este pasaje nos recuerda el famoso *Cogito, ergo sum* (pienso, luego existo) de Descartes, prueba de que en cuanto tenemos conciencia de nuestro modo de existencia, poseemos la absoluta certeza de existir. "Si sabemos que vivimos, ello es en virtud de un conocimiento íntimo y por lo tanto, el hombre que afirma estar vivo, no hay modo de que pueda estar equivocado o engañado. Mil ilusiones del sentido podrán presentarse a su mirada; pero no deberá temer a ninguna, ya que aun el hombre engañado necesita, para estarlo, estar vivo" (Agustín, *De Trin*.XV,12,21).

Supongamos que aquellos que se tienen a sí mismos por los más miserables, lo son claramente, y son juzgados también como miserables, no sólo por los sabios, que los tienen por necios, sino también por los que se juzgan a sí mismos felices, quienes los tienen por pobres e indigentes; pues bien, si a éstos se les ofrece la inmortalidad, en que viviera también la misma miseria, proponiéndoles permanecer siempre en ella, o dejar de vivir, saltarían ciertamente de gozo y preferirían vivir siempre así a dejar definitivamente la existencia. Testimonio de esto es el bien conocido sentimiento humano.

¿Por qué temen morir y prefieren vivir en ese infortunio antes que terminarlo con la muerte, sino porque tan claro aparece que la naturaleza rehúye la aniquilación? Por eso, cuando saben que están próximos a la muerte, ansían como un gran beneficio que se les conceda la gracia de prolongar un poco más esa miseria y se les retrase la muerte. Bien claramente, pues, dan a indicar con qué gratitud aceptarían incluso esa inmortalidad en que no tuviera fin su indigencia.

¿Pues qué? Todos los animales aun los irracionales, que no tienen la facultad de pensar, desde los monstruosos dragones hasta los diminutos gusanillos, ¿no manifiestan que quieren vivir y por esto huyen de la muerte con todos los esfuerzos que pueden? ¿Y qué decir también de los árboles y. de los arbustos? No teniendo sentido para evitar con movimientos exteriores su ruina, ¿no vemos cómo para lanzar al aire los extremos de sus renuevos, hunden profundamente sus raíces en la tierra para extraer el alimento y conservar así en cierto modo su existencia? Finalmente, los mismos cuerpos que no sólo carecen de sentido, sino hasta de toda vida vegetal, se lanzan a la altura o descienden al profundo o se quedan como en medio, para conservar su existencia en el modo que pueden según su naturaleza

2. Cuánto más la naturaleza humana ama el conocimiento de su existencia y cómo le repugna el ser engañada, puede deducirse de que cualquiera prefiere estar sufriendo con la mente sana a estar alegre en la locura. Este fuerte y admirable instinto solamente pertenece al hombre entre todos los animales, aunque algunos de ellos tengan un sentido de la vista mucho más agudo que nosotros para contemplar esta luz; pero no pueden llegar a aquella luz incorpórea, que esclarece en cierto modo nuestra mente para poder juzgar rectamente de todo esto. No obstante, aunque no tengan una ciencia propiamente, tienen los sentidos de los irracionales cierta semejanza de ciencia; mientras que las demás cosas materiales se dicen sensibles, no precisamente porque tienen sentidos, sino porque son objeto de nuestros sentidos. Así, en los arbustos existe algo semejante a la vida sensible en cuanto se alimentan y se reproducen.

Sin embargo, éstos y otros seres materiales tienen sus causas escondidas en su naturaleza. En cuanto a sus formas, con las que por su estructura contribuyen al embellecimiento de este mundo, las presentan a nuestros sentidos para ser percibidas, de manera que parece como si quisieran hacerse conocer para compensar el conocimiento que ellos no tienen.

Nosotros llegamos a percibir esto por nuestros sentidos corporales, pero no podemos juzgar de ello con estos sentidos. Tenemos otro sentido del hombre interior mucho más excelente que pertenece al hombre interior, por el que percibimos lo justo y lo injusto: lo justo, por una idea inteligible; lo injusto, por la privación de ella. Para poner en práctica este sentido, no presta ayuda alguna ni la agudeza de la pupila, ni los orificios de las orejas, ni las fosas nasales, ni la bóveda del paladar, ni tacto alguno corpóreo. Por ese sentido estoy cierto de que existo y de que conozco, y por ese sentido amo esto, y estoy cierto de que lo amo

28. El amor y el peso o gravedad del alma

Hemos dicho bastante ya, según parecía exigirlo el plan de la obra, sobre la existencia y el conocimiento, y sobre el amor que les tenemos, y sobre la semejanza que, aunque lejana, se encuentra de ellos en otros seres inferiores. Pero no hemos hablado del amor con que son amados, ni determinado si se ama ese mismo amor. Y sin duda que es así, y esta es la prueba.

Cuanto más rectamente se ama a los hombres, tanto más se ama el mismo amor, pues no se llama justamente varón bueno al que sabe lo que es bueno, sino al que ama. ¿Por qué, pues, no nos damos cuenta de que en nosotros mismos amamos el mismo amor con el que amamos cualquier bien amado? Pues hay un amor con el cual amamos aun lo que no se debe amar; y este amor lo odia en sí el que ama aquel con el que se ama lo que debe ser amado. Porque es muy posible que ambos puedan existir en el mismo hombre. Y esta coexistencia es el bien del hombre, con el fin de que este amor que nos hace vivir bien pueda crecer, y el otro, que nos conduce al mal, pueda decrecer, hasta que toda nuestra vida sea curda perfectamente y transmutada en buena.

Si fuéramos bestias, amaríamos la vida carnal y lo que les conviene a los sentidos; esto sería un bien suficiente para nosotros, y si nos encontrábamos bien con esto, no buscaríamos otra cosa. Igualmente, si fuéramos árboles, no amaríamos ciertamente nada con un movimiento sensible, aunque parecería como que apetecíamos aquello que nos hiciera más fecundos y fructuosos. Si fuéramos piedras, olas, viento, llama u otra cosa semejante, sin vida ni sentido alguno, no nos faltaría, sin embargo, algo así como cierta tendencia hacia nuestros lugares propios y nuestro orden natural. Por la gravedad específica de nuestros cuerpos es, como si así fuera, su amor, ya tiendan hacia abajo por su peso, ya hacia arriba por la levedad. Porque así como el alma es llevada por el amor adondequiera que es llevada, así lo es también el cuerpo por el peso[35].

Pero nosotros somos hombres, creados a imagen de nuestro Creador, cuya eternidad es verdadera, cuyo amor es verdadero y eterno, y la misma Trinidad es eterna, verdadera y amada, sin confusión ni separación. Recorramos todo lo que hizo con admirable estabilidad en las cosas que están por debajo de nosotros, ya que no existirían en modo alguno, ni estarían bajo alguna especie, ni apetecerían orden alguno ni lo mantendrían, si no hubieran sido hechas por el que es en sumo grado, soberanamente sabio, soberanamente bueno; recorrámoslo y descubriremos ciertas huellas suyas más impresas en una parte y en otra menos; y contemplando su imagen en nosotros mismos, levantémonos volviendo sobre nosotros mismos como el hijo menor del Evangelio[36], a fin de volver a Él, de quien nos habíamos apartado por el pecado. Allí nuestro ser no tendrá muerte, nuestro conocimiento error, nuestro amor tropiezo. Pero ahora, aunque tenemos estas tres cosas nuestras bien seguras, y no necesitamos de otros testigos para creer en ellas, sino que nosotros mismos las sentimos presentes, y las vemos con una mirada interior sumamente veraz, sin embargo, para saber hasta cuándo durarán, o si han de faltarnos alguna vez, y a dónde llegarán según sean bien o mal empleadas, ya que no podemos conocerlo por nosotros mismos, necesitamos de otros testigos, o ya los tenemos. Y no hay lugar para tratar ahora, sino que se hará después con más diligencia, sobre la garantía que debe ofrecernos su fidelidad.

En este libro se trata de la Ciudad de Dios, que no peregrina en la mortalidad de esta vida, sino que es inmortal para siempre en los cielos, es decir, se trata de los ángeles unidos a Dios, que ni fueron ni serán jamás desertores; entre los cuales y los que abandonando la luz eterna se hicieron tinieblas, ya dijimos cómo Dios había establecido la división

---

35. "Todo cuerpo tiende, en virtud de su peso, hacia el lugar que le es propio; pero un peso no tiende necesariamente hacia lo bajo, sino que tiende hacia el lugar que le es propio. El fuego sube, la piedra cae; uno y otra son arrastrados por su peso, y buscan el lugar que les es propio. El aceite vertido sobre el agua flota sobre ella; el agua vertida en el aceite desciende por debajo de él; ambos obedecen a su peso específico hasta alcanzar el lugar que les es propio" (Agustín, *Confesiones* XIII, 9).
36. La parábola del hijo pródigo es para Agustín la imagen más descriptiva de la conversión, entendida como "una vuelta en sí" (Lc. 15:17).

desde el principio. Vamos a terminar de explicar con la ayuda de Dios lo que hemos comenzado.

29. Conocimiento de los ángeles

Los santos ángeles no conocen a Dios por los sonidos de las palabras, sino por la misma presencia de la Verdad inmutable, o sea, por su Verbo unigénito. Y conocen al mismo Verbo y al Padre y al Espíritu Santo de ambos, y que ellos forman la Trinidad indivisible, y que cada una de las personas en ella es sustancial, y, sin embargo, todas no son tres dioses, sino un solo Dios; y de tal modo lo conocen, que les es más claro a ellos esto que nosotros a nosotros mismos. Conocen también a la criatura, no en sí misma sino de una manera mejor, en la sabiduría de Dios, así como en el arte con que fue hecha,; y por esto se conocen mejor a sí mismos en Dios que en sí mismos, aunque se conozcan también en sí mismos.

Fueron hechos en realidad, y son diferentes del que los hizo. En Él se conocen como en un conocimiento diurno, y en sí mismos, como en un conocimiento vespertino, según explicamos anteriormente[37].

Existe una gran diferencia entre conocer algo en la razón según la cual fue hecho, y el conocerlo en sí mismo; como es muy diferente el conocimiento de la rectitud de las líneas o la verdad de las figuras, cuando se ve con la inteligencia, que cuando se escriben en el polvo, y es muy diferente la justicia en la verdad inmutable de la justicia en el alma del justo. Lo mismo cabe decir de las demás cosas, el firmamento entre las aguas superiores e inferiores, que se llamó cielo; la reunión de las aguas hacia abajo, la desecación de la tierra, la formación de las plantas y de los árboles; la creación del sol, de la luna y de las estrellas; el haber sacado de las aguas los animales, es a saber, los pájaros, los peces, los monstruos marinos; y lo mismo los demás que andan o se arrastran sobre la tierra; finalmente, el mismo hombre, que sobresale entre todas las cosas de la tierra.

Todos estas cosas son conocidas por los ángeles en el Verbo de Dios, donde ven sus causas y sus razones eternas, según las que han sido hechas, y los conocen de diferente manera que en sí mismos, con un conocimiento más claro allí y aquí más oscuro, como el del arte y el de las obras. Cuando estas obras son referidas a la alabanza y a la veneración del Creador mismo, es como si surgiera una luz de amanecer en las mentes de los que las contemplan.

---

37. En el cap. 7.

30. Perfección del número seis

Se narra la realización de estas obras en seis días para poner de relieve la perfección del número seis, repetido el mismo día seis veces. No precisamente porque tuviera Dios necesidad de la duración de los tiempos, como sí no pudiera crear de una vez todas las cosas, que con movimientos convenientes fueran cumpliendo después sus tiempos, sino porque por el número seis queda significado la perfección de las obras. En efecto, el número seis es el primero que resulta de sus partes, o sea, de la sexta parte, la tercera y la mitad, que son uno, dos y tres, cuya suma forma el total de seis.

Al considerar los números de esta manera, se entiende por partes las que se puede decir forman el número total, como la mitad, la tercera, la cuarta, y así sucesivamente. En efecto, cuatro, por ejemplo, si lo tomamos como parte del número nueve, no se puede decir qué parte es; se puede decir del uno que es una novena parte, y del tres, que es la tercera. Sin embargo, reunidas estas dos partes, es decir, la novena y la tercera, esto es, uno y tres, están lejos de darnos el total nueve. También en el número diez es el cuarto una parte; pero no se puede decir cuál; sí se puede, en cambio, decir del uno que es la décima parte. Tiene también una quinta parte, que son dos; y una mitad, que es cinco. Pero estas tres partes suyas, la décima, la quinta y la media, o sea, uno, más dos, más cinco, tomados en total, no hacen diez, dan ocho. En cambio, las partes del número doce en su suma le sobrepasan, pues que la duodécima parte es uno; la sexta, son dos; la cuarta, tres; la tercera, cuatro; la mitad, seis. Y así, sumados uno, dos, tres, cuatro y seis, no dan doce, sino dieciséis.

He creído oportuno recordar brevemente esto para poner de relieve la perfección del número seis, que es el primero, como dije, formado por la suma de sus partes, y en el que Dios realizó sus obras[38]. Por consiguiente, no se ha de tener en poco la ciencia de los números, cuya estimación tanto resalta en muchos lugares de las santas Escrituras a los ojos de los intérpretes que las examinan con atención[39] . Y no se contó sin razón entre las alabanzas de Dios: "Todo tú todo lo dispusiste con peso, número y medida" (Sabiduría 11:20).

31. Universalidad del número siete

En el día séptimo, que es el mismo día repetido siete veces, número perfecto también por otro motivo, se encarece el reposo del Señor,

---

38. Cf. Agustín, *De Gen. ad lit.* IV,2, y *De Trinitate*, IV,7.
39. Véase E.W. Bullinger, *Cómo entender y explicar los números de la Biblia*. CLIE, Terrassa

donde se habla por vez primera de santificación. No quiso el Señor santificar este día con alguna de sus obras, sino con su descanso, que no tiene tarde. Y no hay criatura alguna que, conocida de una manera en el Verbo y de otra manera en sí misma, suministre un conocimiento diurno y otro vespertino.

Sobre la perfección del número siete se pueden decir muchas cosas, pero este libro ya se prolonga demasiado, y me temo, descubierta esta oportunidad, pueda parecer que pretendo poner de relieve mi escasa ciencia con mayor vanidad que provecho. Debe tenerse en cuenta la moderación y la seriedad, no sea que, hablando mucho del número, se nos achaque que desdeñamos la medida y el peso. Baste con recordar que el primer número impar completo es el tres, y el primer número par completo es el cuatro; el siete consta de la suma de los dos.

Así, muchas veces el siete se usa por la universalidad, como cuando se dice: "Siete veces cae el justo, y otras tantas se levanta" (Prov. 4:16); es decir, cuantas veces cayere, no perecerá. Lo que no quiso se entendiera de las iniquidades, sino de las tribulaciones que llevan a la humildad. También se dijo: "Siete veces al día te alabaré" (Sal. 119:164); lo que repitió en otro lugar con otras palabras: "Siempre estará su alabanza en mi boca" (Sal. 34:2). Hay muchos pasajes semejantes en los autores sagrados donde, como dije, suele usarse el número siete para indicar la universalidad.

Así, se significa muchas veces por el mismo número el Espíritu Santo, del cual dice el Señor: "Os enseñará toda la verdad" (Jn. 16:13). Allí está el reposo de Dios en el cual se descansa en Dios. En efecto, en el todo, en la perfección plena, está el reposo; en la parte, el trabajo. Por eso nos esforzamos mientras conocemos en parte, "cuando llegue lo que es perfecto, se desvanecerá lo que es en parte" (1ª Cor. 13:10). Por eso también escudriñamos las Escrituras con esfuerzo. Pero los santos ángeles, por cuya compañía suspiramos en esta penosísima peregrinación, tienen eternidad de permanencia, facilidad de conocimiento, felicidad de reposo. Así, nos ayudan sin dificultad, porque no tienen que esforzarse en sus movimientos espirituales puros y libres.

32. Sobre el tiempo de la creación de los ángeles

Si alguien se opone a nuestra opinión y dice que los ángeles santos no están incluidos en lo que está escrito: "Que sea la luz, y la luz fue", sino que piensa y enseña que efectivamente primero se creó una luz material; y que los ángeles fueron creados no sólo antes del firmamento, que puesto entre las aguas y las aguas fue llamado "cielo", sino aun antes del pasaje:

"Al principio creó Dios el cielo y la tierra", y si alega que la expresión "al principio" no quiere decir que nada haya sido hecho al principio, ya que antes había creado a los ángeles, sino que todo lo hizo en la sabiduría, que es su Verbo, a quien la Escritura llamó el mismo principio; como el mismo Cristo en el Evangelio, al ser preguntado por los judíos quién era, respondió que "Él era el principio" (Jn. 8:25)[40], no seré yo quien trate de refutar esa opinión, sobre todo sintiéndome yo muy complacido de que en el mismo principio del libro del Génesis se recuerde a la Trinidad. Porque al decir, "al principio creó Dios el cielo y la tierra", se nos da a entender que el Padre creó en el Hijo, como nos atestigua el Salmo: "¡Cuán grandiosas son tus obras, Señor! Todo lo hiciste en tu Sabiduría" (Sal. 104:24); y con gran propiedad poco después se hace mención también del Espíritu Santo. Pues después de decir qué tierra creó Dios al principio, o qué masa o materia de la futura construcción del mundo designó con el nombre de cielo y tierra, añade en seguida: "La tierra era un caos informe; sobre la faz del abismo, la tiniebla." Y a continuación, para completar la mención de la Trinidad, dice: "Y el espíritu de Dios era llevado sobre las aguas" (Gn. 1:1-3, LXX)[41].

Por consiguiente, cada cual elija como guste en lo que es un pasaje tan profundo, que para ejercicio de los lectores puede dar lugar a muchas opiniones sin apartarnos de la regla de fe. Lo que no puede dudar nadie, sin embargo, es que los santos ángeles están en las moradas sublimes, y sin ser coeternos con Dios, sí están seguros y ciertos de su felicidad verdadera y eterna. A su compañía nos dice el Señor que pertenecen sus pequeños con aquellas palabras: "Serán como ángeles del cielo" (Mt. 22:30); más aún, manifiesta cuál es la contemplación de que gozan los mismos ángeles en aquel pasaje: "Cuidado con mostrar desprecio a un pequeño de éstos, porque os digo que sus ángeles están viendo siempre en el cielo el rostro de mi Padre celestial" (Mat. 18:10).

33. Dos sociedades de ángeles

Que algunos ángeles pecaron y que fueron encerrados en los abismos de este mundo, que les sirve como de cárcel, hasta que llegue la

---

40. Quizá sería más apropiado el texto de Ap. 3:14: "He aquí dice el Amén, el testigo fiel y verdadero, el principio de la creación de Dios".

41. Aquí "se insinúa la Trinidad del Creador; porque reconocemos la referencia completa de la Trinidad, pues al decir la Escritura que en el principio hizo Dios el cielo y la tierra, entendemos que el Padre es incluido en el nombre de Dios; y el Hijo en el Principio, el cual es Principio, no para el Padre, sino en primer término y principalmente, para toda criatura, y el Espíritu Sano en lo que dice la Escritura, y el Espíritu de Dios era llevado sobre el agua" (Agustín, *Del Génesis a la letra*, I,6,12).

última condenación el día del juicio, nos lo manifiesta bien claramente el apóstol Pedro al decir que "Dios no perdonó a los ángeles que pecaron, sino que, encerrándolos en las oscuras mazmorras del infierno, los reservó para ser castigados en el día del juicio" (2ª Pd. 2:4). ¿Quién puede dudar que entre éstos y aquéllos estableció Dios, en su presciencia o o de hecho, una división, y que a aquéllos los llamó "luz" justamente? Nosotros mismos, viviendo todavía en la fe y esperando llegar a ser iguales, sin haberlo ya conseguido, somos llamados luz por el Apóstol al decir: "Fuisteis algún tiempo tinieblas, y ahora luz en el Señor" (Ef. 5:8). En cambio, que los ángeles apóstatas han sido llamados con toda claridad "tinieblas", sin duda lo notan cuantos entienden o creen que son peores que los hombres infieles.

Por lo cual, aunque luz y tinieblas hayan de tomarse en su sentido literal en los pasajes de Génesis, que dicen: "Sea la luz, y la luz fue", y "separó Dios la luz de la tiniebla", para nosotros existen estas dos sociedades de ángeles: una, gozando de Dios; otra, hinchada de soberbia; una, a la que se dice: "Adoradle todos sus ángeles" (Sal. 97:8), otra, aquella cuyo príncipe dice: "Te daré todo eso si te postras y me rindes homenaje" (Mt. 4:9); una, abrasada en el santo amor de Dios; otra, gastándose en el humo del amor inmundo del propio encumbramiento. Y como está escrito: "Dios resiste los arrogantes, pero concede gracia a los humildes" (St. 4:5); habita aquélla en los cielos de los cielos; ésta, arrojada de allí, anda alborotando en las regiones más bajas del aire; vive aquélla tranquila en la religión luminosa; anda ésta desasosegada en sus tenebrosas ansias. Aquélla, atenta a la insinuación de Dios, ayuda con clemencia y ejecuta la venganza con justicia; ésta, con soberbia se abrasa en ansias de dominar y hacer daño; aquélla, como ministro de la bondad divina, hace todo el bien que quiere; ésta se ve frenada por el poder de Dios para que no haga todo el mal que desea. Se burla aquélla de ésta, de manera que aun contra su voluntad haga bien con sus persecuciones; envidia ésta a aquélla al verla recoger a sus peregrinos.

A estas dos sociedades de ángeles, pues, tan desiguales y contrarias entre sí, buena una por naturaleza y recta por voluntad, buena también la otra por naturaleza, pero perversa por su voluntad, las vemos significadas también en el Génesis con los nombres de luz y tinieblas. Y aunque el autor en este pasaje pudiera tener otra intención, no creo haya sido inútil la disquisición en torno a la oscuridad de esta sentencia, pues aunque no hayamos llegado a penetrar la intención del autor del libro, no nos hemos apartado de la regla de fe, que les es bien conocida a los fieles a través de otros pasajes de las santas Escrituras que tienen la misma autoridad.

Pues aunque aquí se haya hecho mención de las obras corporales de Dios, tienen, sin duda, cierta semejanza con las espirituales, a las que se refiere el apóstol: "Todos vosotros sois hijos de la luz e hijos del día; no somos hijos de la noche ni de las tinieblas" (1ª Ts. 5:5). Si este es también el sentir del autor sagrado, entonces nuestro debate alcanza su conclusión más satisfactoria. Pues no se puede admitir fácilmente que un hombre de Dios, de sabiduría tan sublime y divina, y aún mejor, por quien hablaba el Espíritu de Dios, haya pasado por alto en modo alguno a los ángeles al enumerar las obras de Dios, que dice quedaron completas en el sexto día; y esto, sea cual sea el sentido del pasaje: "Al principio creó Dios el cielo y la tierra", sea que el principio signifique que fue lo primero que hizo; o como se entiende con más propiedad, "al principio" quiera decir que lo creó en su Verbo unigénito.

Bajo esos don nombres, "cielo y tierra", se designa la creación toda, ya espiritual, ya corporal, como creemos más probable; aunque también pueden entenderse las dos grandes partes del mundo en que se contienen todas las cosas que fueron creadas; de modo que primero nos propone la totalidad, y luego va continuando con la exposición de sus partes según el número místico de los días.

34. Opiniones diversas sobre la creación de los ángeles

Han creído algunos[42] que por el nombre de "aguas" se han designado en cierto modo las muchedumbres de los ángeles; y que por esto se dijo: "Haya expansión en medio de las aguas, y separe las aguas de las aguas" (Gn. 1:6). Los ángeles estarían así sobre el firmamento, y por debajo, estas aguas visibles, o la multitud de ángeles malos, o el conjunto de los pueblos humanos.

Si esto fuera así, no aparece allí donde fueron creados los ángeles, sino donde fueron separados. Cierto que también niegan algunos[43], con perversísima e impía vanidad, que las aguas fueron creadas por Dios, porque no se dice en parte alguna: "Dijo Dios: Sean las aguas." Con igual vanidad pueden decir lo mismo de la tierra; pues en ninguna parte se lee: "Dijo Dios: Sea la tierra". Aunque replican que está escrito: "Al principio creó Dios el cielo y la tierra". Pero entonces ahí está entendida el agua, pues en un solo nombre se abarcan ambas cosas. Y así dice el

---

42. El mismo Agustín escribió esto opinión en sus *Confesiones* XIII,32, de la que después se retractó, por fue "dicha sin suficiente consideración" (*Retract.* II,6,2). Epifanio y Jerónimo la atribuyen a Orígenes.

43. A saber, los Audianos y los Sampseanos, sectas heréticas insignificantes mencionada por Teodoreto y Epifanio.

Salmo: "Suyo es el mar, porque Él lo hizo; la tierra firme, que modelaron sus manos" (Sal. 95:5).

Los que pretenden que bajo el nombre de "las aguas" que están sobre los cielos se quiere designar a los ángeles, se dejan llevar del peso de los elementos, y por ello piensan que la naturaleza fluida y grave de las aguas no pudo establecerse en los lugares superiores del mundo. A buen seguro que según esos argumentos, si ellos pudieran hacer al hombre, no le pondrían en la cabeza la pituita, que en griego se dice jlegma (*flema*) y que tiene el lugar de las aguas entre los elementos de nuestro cuerpo. Allí, en efecto, tiene su sede la flema según la obra tan bien ordenada de Dios; claro, tan absurdamente según la conjetura de los tales, que si no supiéramos esto y se dijera en este libro que Dios había colocado el humor fluido y líquido y, por tanto, pesado, en la parte más alta de todas las del cuerpo humano, no lo creerían de ningún modo estos críticos de los elementos. Y aún reconociendo la autoridad de la misma Escritura, pensarían que allí se había de entender otra cosa.

Pero si quisiéramos examinar y tratar atentamente cada una de las cosas que se contienen en ese libro divino sobre la constitución del mundo, habría que hablar mucho y nos sería preciso apartarnos demasiado del plan de nuestra obra. Y ya hemos tratado lo que nos ha parecido suficiente sobre estas dos sociedades de ángeles diversas y contrarias entre sí, en las cuales se acumulan ciertos principios de las dos ciudades, aún en las cosas humanas; de ellas tengo determinado hablar a continuación. Concluyamos de una vez este libro.

Libro XII

1. Bondad de la naturaleza y su falta o vicio

1. Ya se ha mostrado en el libro precedente cómo las dos ciudades se originaron entre los ángeles. Antes de ponerme a hablar de la creación del hombre, mostrar cómo se originaron las dos ciudades en lo que se refiere a los seres racionales y mortales, creo que primero debo aducir, hasta donde me sea posible, que no es incongruente ni fuera de lugar hablar de una sociedad compuesta de ángeles y hombres juntos, de modo que no hay cuatro ciudades o sociedades: dos de ángeles y dos de hombres, sino más bien dos en total, una compuesta por los buenos y otra por los malvados, ángeles y hombres indistintamente.

2. No se puede poner en duda que las apetencias contrarías entre sí de los ángeles buenos y malos no se debe a una diversidad de naturaleza, de principios, sino de voluntades y apetitos, siendo como es Dios, autor y creador bueno de todas las sustancias, quien los ha creado a ambos. Pero mientras unos se han mantenido en el bien, común a todos, que para ellos es Dios mismo, y en su eternidad, en su verdad, en su amor; otros, complaciéndose más bien en su propio poder, como si fuese su propio bien, se apartaron del supremo bien, fuente universal de felicidad, seducidos por su propia excelencia: cambiaron el fasto de su orgullo por una eternidad gloriosa; la astucia de su vanidad, por la verdad más cierta; las pasiones de partido, por el amor personal; así es como se hicieron soberbios, mentirosos, envidiosos.

La causa de su felicidad está en su unión con Dios; de ahí que el origen de su miserable estado haya que buscarlo en algo contrarío: en la separación de Dios.

Si alguien nos pregunta por qué unos son bienaventurados, ésta es la respuesta correcta: porque están unidos a Dios. Y si pregunta por qué otros ángeles son desgraciados, he aquí la respuesta correcta: porque están separados de Dios. Para la criatura racional o intelectual no hay bien posible que le haga feliz más que Dios. Y aunque no todo ser creado puede ser feliz (la bestia, por ejemplo; un leño, una piedra, etc., no tienen esta capacidad); sin embargo, los que lo pueden ser no lo son por si mismos, puesto que han sido creados de la nada, sino por aquel que los ha creado.

Poseerlo es su felicidad; perderlo, su desgracia. Sólo quien es feliz por ser él mismo su propio bien, sin recibirlo de nadie, es quien no puede ser desgraciado, porque a sí mismo no se puede perder.

3. Sólo hay, decimos, un bien inmutable: Dios; único, verdadero, feliz. Cuanto Él ha creado es bueno, lo decimos sin dudar, porque ha sido hecho por Él; pero es mutable, no por proceder de Él, sino por salir de la nada. Esos bienes mudables, aunque no son el bien supremo, puesto que mayor bien que ellos es Dios, con todo son importantes, ya que pueden lograr su felicidad uniéndose al bien inmutable. Este hasta tal punto es un bien para ellos, que sin él son irremediablemente desgraciados. Y no digamos que el resto de las criaturas del universo son mejores por no ser capaces de infelicidad; no es justo afirmar que los demás miembros de nuestro cuerpo son mejores que los ojos precisamente porque no pueden quedarse ciegos. Mejor es la naturaleza sensible, incluso cuando siente un dolor, que una piedra, que jamás podrá sentirlo. Lógicamente una naturaleza dotada de razón es más excelente, aunque sea desgraciada, que la carente de razón o sensibilidad, a la que no es posible la desgracia.

Y ya que esto es así, en esta naturaleza que ha sido creada tan excelente que, aún siendo mudable, puede alcanzar su felicidad uniéndose al bien inmutable, el Dios supremo; y no colma su indigencia más que siendo feliz, y nada la puede colmar más que Dios. En esta naturaleza, digo, el estar separada de Dios constituye un desorden vicioso o falta. Ahora bien, todo vicio daña a la naturaleza y es contra naturaleza. La criatura que se une a Dios no se diferencia de la otra en su naturaleza, sino en el vicio contraído. A pesar de todo, incluso viciada, aparece la gran excelencia y el valor de la naturaleza en sí. Cuando reprendemos la corrupción de alguien, estamos, sin duda, ensalzando a su naturaleza. La rectitud de la censura de un vicio estriba en que éste deshonra una naturaleza noble. Así, por ejemplo, cuando decimos que la ceguera es un defecto de los ojos, proclamamos que la vista pertenece a la naturaleza de los ojos; y cuando decimos que la sordera es un defecto de los oídos, proclamamos que el oír pertenece a la naturaleza del oído. Del mismo modo, cuando expresamos como falta o desorden vicioso en la naturaleza angélica el que esté separada de Dios, estamos abiertamente declarando que es propio de su naturaleza la unión con Dios.

Por otra parte, ¿quién podrá concebir adecuadamente o expresar en palabras la gloria tan grande que supone el estar unido a Dios, hasta el punto de vivir para Él, participar de su sabiduría, y de su felicidad; disfrutar de tan inmenso bien sin peligro de muerte, ni de error, sin molestia alguna? Y así, ya que todo vicio es un perjuicio de la naturaleza, incluso el vicio de los ángeles malos, que es su separación de Dios, pone claramente de manifiesto que Dios ha creado su naturaleza con un tal grado de bondad, que estar sin Dios le es perjudicial.

2. Dios, esencia suprema

Sirvan estos razonamientos para salir al paso de quienes, al hablar de los ángeles apóstatas, puedan concluir que son de distinta naturaleza, como surgidos de otro principio, y, por tanto, Dios no es el autor de su naturaleza. Se verá uno libre de este impío error con tanto más soltura y facilidad, cuanto con más profundidad comprende lo que dijo Dios por medio de] ángel cuando trataba de enviar a Moisés a los hijos de Israel: "Yo soy el que soy" (Ex. 3:14). Dios es la esencia suprema, es decir, el que existe en grado sumo, y, por tanto, es inmutable; ahora bien, al crear las cosas de la nada, les dio el ser; pero no un ser en sumo grado, como es Él, sino a unas les dio más ser y a otras menos, creando así un orden de naturaleza basado en los grados de sus esencias. Así como de la palabra *sapere* (saber) se ha derivado *sapientia* (sabiduría), así del verbo *esse* (ser) se ha derivado *essentia* (esencia), término nuevo, por cierto, no usado por los antiguos autores latinos[1], pero ya empleado en nuestros días, no iba a carecer nuestro idioma del término griego ousia (*ouxia*). Este término se traduce literalmente por *essentia*.

Concluyendo, pues, la naturaleza que existe en sumo grado, por quien existe todo lo que existe, no tiene otra contraria más que la que no existe. Al ser se opone el no-ser. Por eso a Dios, esencia suprema y autor de todas las esencias, cualesquiera sean ellas, no se opone ninguna esencia.

3. Naturaleza, vicio y voluntad

La Escritura llama enemigos de Dios a quienes se oponían a su dominio, no por naturaleza, sino por sus vicios, incapaces de causarle a Él daño alguno, y causándoselo a sí mismos. Son enemigos por su voluntad de resistencia, no por su poder lesivo. Porque Dios es inmutable y absolutamente incorruptible. De aquí que el vicio por el que se oponen a Dios los que se llaman sus enemigos no es un mal para Dios, sino para ellos mismos. Y esto por la única razón de que daría el bien de su naturaleza. No es, pues, contraria a Dios la naturaleza, sino el vicio: el mal es contrario al bien. Y ¿quién negará que Dios es el supremo bien? Por eso el vicio es contrario a Dios como lo es el mal al bien.

---

1. Quintiliano la llama *dura*.

Pero la naturaleza, dañada por el vicio, es un bien, y por tanto, el vicio también es contrario a la naturaleza. A Dios sólo se opone el vicio como el mal al bien; en cambio, a la naturaleza viciada, no sólo como mal, sino como un daño. No existen males nocivos para Dios, solamente los hay para las naturalezas mutables y corruptibles, que a su vez son buenas, como lo demuestran los mismos vicios. Si no fueran buenas nada podrían dañarle los vicios. Porque ¿cuál es el efecto de este daño, sino privarles de su integridad, de su hermosura, de su salud, de su virtud o cualquier otro bien natural que el vicio suele destruir o rebajar? Si falta en absoluto y no causa daño, privando de algún bien, no es vicio. No es posible la existencia del vicio sin causar daño. De aquí se sigue que, a pesar de su impotencia para dañar al bien inmutable, a nada puede dañar sino al bien, sólo se encuentra en el bien que daría.

Este mismo pensamiento lo podríamos formular así: existe el vicio; no puede existir en el bien supremo, y, sin embargo, sólo puede hallarse en algo bueno. Los bienes pueden existir en cualquier parte solos; los males puros, en ninguna parte. Las mismas naturalezas viciadas por su mala voluntad son malas en cuanto que son viciosas, pero en cuanto naturalezas, son buenas. Y cuando una naturaleza corrompida sufre castigo, hay otro bien, además de la misma naturaleza: el de no quedar impune[2]. Esto es justo, y todo lo justo es un bien, sin género de dudas. Nadie sufre castigo por sus defectos naturales, sino por los voluntarios. Y el vicio que por efecto de la costumbre se ha arraigado fuertemente, hasta formar una segunda naturaleza, tuvo su origen en la voluntad. Hablamos ahora de los vicios de la naturaleza dotada de una mente capaz de la luz intelectual, que discierne lo justo de lo injusto.

4. El orden universal de la creación

Por lo que se refiere a los defectos de los animales, las plantas y otros seres mutables y mortales que carecen totalmente de inteligencia, de sentidos o de vida, cuya naturaleza corruptible termina por descomponerse, sería una torpeza creer que son culpables. Estas criaturas han recibido, por libre decisión del Creador, una modalidad tal en su ser que, desapareciendo unas para dar lugar a las otras, sean las protagonistas en su género de la hermosura temporal en el grado más ínfimo de este mundo, según la exigencia de cada parte. Los seres terrestres no tenían por qué ser idénticos a los celestes; el universo no iba a carecer de aquéllos por

---

2. Dice Sócrates en *Gorgias*, que escapar al castigo es peor que sufrirlo, y que el peor de los males es hacer mal y no ser castigado.

ser éstos más perfectos. Cuando cada uno de estos seres está en el puesto que le corresponde, y gracias a la muerte de unos pueden nacer otros; cuando los más débiles sucumben ante los más fuertes, contribuyendo los vencidos a perfeccionar a los vencedores, se da entonces el orden de los seres transitorios.

Si la belleza de este orden no nos resulta agradable es porque, insertos como estamos en un sector del mundo, por nuestra condición mortal, no podemos percibir el conjunto al que se amoldan con armonía y proporción sumas las pequeñas partes que nos desagradan a nosotros. De ahí que cuanto más ineptos somos para contemplar la obra de Dios, con tanta mayor razón se nos impone la fe en la Providencia del Creador, no sea que caigamos en la temeridad, humana e insensata, de reprender en algo la obra de un artífice tan eminente. Además, bien consideradas las cosas, los defectos propios de los seres terrenos, involuntarios y, por tanto, no punibles, están enalteciendo las naturalezas mismas, creadas todas por Dios sin excepción, y lo hacen por idénticas causas, que por nuestros vicios nos resulta desagradable verlas privadas de aquello precisamente que nos agrada en su naturaleza[3]. A no ser que incluso estas naturalezas se vuelvan nocivas al hombre, como ocurre con frecuencia, y las desprecie no en cuanto naturalezas, sino como contrarias a su utilidad; tal es el caso de las alimañas innumerables que sirvieron de castigo a la soberbia de los egipcios.

Por esta misma lógica se podría encontrar faltas también al sol, puesto que algunos delincuentes o deudores insolventes son condenados por el juez a ser expuestos al rigor del sol. Una naturaleza da gloria a su artífice, no en relación con las ventajas o desventajas que se nos sigan a los hombres, sino en sí misma considerada. Así, el fuego eterno es laudable por naturaleza, a pesar de que su destino sea el castigo de los impíos. ¿Qué hay más hermoso que el fuego llameante, vigoroso resplandeciente? ¿Qué más útil para calentar, curar o cocinar? Y, sin embargo, nada más perjudicial que él cuando quema. Aquí tenemos cómo un mismo elemento empleado de una forma es pernicioso, y aplicado convenientemente resulta muy útil. ¿Quién será capaz de enumerar con palabras todas sus ventajas en el mundo entero? No hay por qué hacer caso de quienes en el fuego ensalzan la luz, detestando, en cambio, su ardor. Estos se dejan guiar no por su misma naturaleza, sino por sus ventajas o

---

3. "Confieso que no sé por qué fueron creados los ratones, y las ranas, y las moscas, y los gusanos; pero veo que cada uno de estos animales son hermosos en su género, aunque por nuestra ignorancia muchos nos parecen malos. Pues no veo y examino miembros de animal alguno donde no halle medidas y números y orden que no contribuya a la unidad y concordia" (Agustín, *De Gen. contra man.* I,15,26)

sus desventajas. Quieren verlo, más no quieren quemarse. Pero no caen en la cuenta de que esa misma luz, que a ellos, por supuesto, les agrada, no conviene a ojos enfermos y les perjudica, mientras que su calor, que a ellos les desagrada, es conveniente a ciertos animales y en él encuentran una vida sana.

5. Todas las criaturas son un canto de alabanza al Creador

Todas las naturalezas, por el hecho de existir y, por consiguiente, tener su propia ley, su propia belleza y una cierta clase de armonía interior, son buenas. Y mientras están situadas donde deben estar, según el orden de la naturaleza, conservan todo el ser que han recibido. Las que no han recibido un ser estable sufren una mutación a mejor o peor, según las circunstancias cambiantes de las cosas, sujetas a la ley que les fijó el Creador. Buscan siempre, por Providencia divina, aquel fin asignado por el plan de gobierno universal. Pero esta gigantesca corrupción que impulsa a las naturalezas mudables y mortales a su destrucción ha de reducir al no ser lo que era, pero de forma que no impida el resurgir de ahí, como consecuencia, los seres que deben seguir existiendo.

Siendo esto así, Dios, que es supremamente, y por tanto creó toda esencia que no tiene existencia suprema (porque lo creado de la nada no puede ser igual a Él, ni tampoco podría existir en absoluto si no hubiera sido hecho por Él), no es censurable por defecto alguno con que nos podemos tropezar en las naturalezas, y sí debemos alabarlo por la contemplación de todas ellas.

6. El problema de la causa y origen de la mala voluntad

Deducimos como verdad incontestable que la causa de la felicidad de los ángeles buenos está en su adhesión al Ser supremo. Cuando, por el contrario, nos preguntamos por el origen de la desdicha de los ángeles malos, la respuesta brota ella sola: el estar separados de este supremo Ser y orientados hacia sí mismos, seres limitados. ¿Y qué otro nombre tiene este defecto, sino el de soberbia? Porque "el origen de todo pecado es la soberbia" (Eclo. 10:13). Estos ángeles se negaron a preservar su fortaleza en Dios; ellos, que habrían sido mucho más excelentes por su adhesión al sumo Ser, al preferirse a sí mismos prefirieron una mayor disminución en su ser. He aquí la primera deficiencia, la primera indigencia, el primer vicio de su naturaleza, creada no para ser en grado supremo, sino para conseguir su felicidad en el Ser supremo. Al abandonarlo no es que quede reducida a la nada, sino que queda disminuida, originándose de aquí su desgracia.

Si se pregunta cuál es la causa eficiente de esta mala voluntad, no la encontramos. ¿Qué es lo que vuelve mala la voluntad, siendo ella la que hace mala una obra? La mala voluntad es la causante del acto malo; pero no hay nada que sea causante de la mala voluntad. Y sí lo hay, sucede una doble hipótesis: que tenga a su vez alguna voluntad, o que no la tenga. Si la tiene, será buena o será mala. Y si es buena, ¿quién dirá, en sana cordura, que una voluntad buena sea causante de otra mala? Habría que concluir que una voluntad buena es causa de pecado, lo que es un absurdo superlativo. Pero supongamos que esa tal realidad, causa hipotética de la mala voluntad, tiene ella misma mala voluntad, en este caso yo sigo preguntando, lógicamente, por el origen de esta mala voluntad. Así que, para poner un límite a la discusión, ¿cuál es la causa de la primera voluntad mala? Y una mala voluntad nunca será primera si ha sido causada por otra. Para ser primera tiene que surgir de sí misma, porque si le precede otra, origen de ella, ésta es la primera, causante de la otra.

Quizá se pueda responder que nadie la ha originado mala y, por tanto, que siempre fue mala; en este caso mi pregunta es: ¿Ha estado inherente a alguna naturaleza? Porque si no lo ha estado, no ha existido en absoluto. Pero si ha estado en alguna naturaleza, entonces la estaba viciando y corrompiendo, le era nociva y la estaba privando de algún bien. Por eso la mala voluntad no podía estar en una naturaleza mala, sino en una buena, aunque sujeta a mutación, susceptible de algún daño por este defecto. Si no le causó perjuicio alguno, por supuesto que no se trataba de un defecto, y, por tanto, hay que decir que tampoco hubo mala voluntad. Pero si le causó daño, ciertamente lo causó por quitarle o disminuirle un bien. No es posible una mala voluntad eterna en un ser en el que ha precedido el bien de su naturaleza, que la mala voluntad puede arrebatarle. Ahora bien, si no era eterna, sigo preguntando: ¿quién la ha causado?

La única cosa que se puede sugerir como respuesta es que la causa de la voluntad mala fue un ser que no tenía en si ninguna voluntad. entonces pregunto si esta realidad es superior, inferior o igual a ella. Sí se trata de algo superior, es mejor que ella. ¿Cómo, entonces, no va a tener voluntad alguna; mejor dicho, cómo va a carecer de buena voluntad? La misma conclusión se da en el caso de ser igual a ella, pues si dos tienen una voluntad igualmente buena, no puede causar uno mala voluntad en el otro.

Por exclusión ha de ser una realidad inferior a la voluntad, una realidad privada de ella, la causante de la mala voluntad en la naturaleza angélica, que fue la primera en pecar. Sin embargo, esta realidad, por muy inferior que ella sea, incluso lo más ínfimo de lo terreno, es una esencia, una naturaleza y, por tanto, es buena sin discusión. Tiene su ley, su propia belleza, dentro de su género y su orden. ¿Cómo, pues, una cosa buena puede ser causa eficiente de una voluntad mala? En otras palabras, ¿cómo el bien puede ser causa del mal? Porque cuando la voluntad abandona lo superior y se vuelve hacia las cosas inferiores, se hace mala; y no por ser malo aquello hacia lo que se vuelve, sino porque es malo el hecho de volverse. Así, pues, no es un ser inferior el que ha originado la mala voluntad, sino la misma voluntad. Se ha hecho mala a sí misma, apeteciendo perversa y desordenadamente una realidad inferior.

Supongamos dos hombres con las mismas disposiciones corporales y anímicas; los dos ven la hermosura de un cuerpo, y al punto uno de ellos concibe el deseo de disfrutar ilícitamente de él, mientras el otro permanece estable en una voluntad casta. ¿Cuál nos parece la causa de que en uno haya mala voluntad y en el otro no? ¿Qué ser la ha causado en quien la tiene? No ha sido la hermosura, ya que no ha producido mala voluntad en ambos, siendo así que ella se ofrece de la misma forma a la vista de los dos. ¿Será culpable tal vez la carne de quien la miró? ¿Y por qué no lo fue también en el otro? ¿O tal vez fue el espíritu? ¿Y por qué no en los dos, puesto que ambos, por hipótesis, gozaban de las mismas disposiciones de cuerpo y de espíritu? ¿Habrá que decir que uno de ellos fue tentado por una secreta invitación del espíritu maligno? ¡Como si no consintiera por su propia voluntad a tal invitación o a cualquier otra insinuación! Quién sea el autor de este consentimiento, de esta mala voluntad que cede al mal consejero, es precisamente lo que tratamos de encontrar.

La misma tentación solicita a ambos, uno cede y cae en ella; el otro se mantiene fiel a sí mismo. Si queremos resolver esta dificultad, ¿qué solución se ofrece, sino el decir que uno quiso renunciar a su castidad y que el otro no? ¿De dónde procede tal querer más que de la propia voluntad, puesto que ambos tenían las mismas disposiciones corporales y espirituales? Idéntica belleza se presentó ante los ojos de ambos, una misma tentación secreta les solicitó.

Si queremos saber cuál fue la causa de la mala voluntad en uno de ellos, tras una profunda reflexión, no encontramos respuesta. ¿Diremos que el causante ha sido el individuo mismo? ¿Y qué era él antes de su mala voluntad sino una naturaleza buena, creada por Dios, el bien inmutable? Admitamos que uno consiente en las insinuaciones del tentador a disfrutar ilícitamente de un cuerpo atractivo, mientras el otro resiste, habiéndole visto ambos igualmente, y en igualdad de condiciones en su cuerpo y en su espíritu, y afirmemos que es él mismo quien ha sido la causa de su propia mala voluntad, ya que antes había sido bueno; ahora pregunto: ¿por qué ha sido él la causa: por ser una naturaleza, o por haber sido creada de la nada?

He aquí la respuesta: la mala voluntad no ha surgido de la naturaleza en cuanto tal, sino del hecho de que la naturaleza ha sido hecha de la nada. Porque si la naturaleza es causa de una mala voluntad, ¿qué otra conclusión nos obligamos a deducir, sino que del bien sale el mal, que el bien es causa del mal? En efecto, una naturaleza buena daría origen a una mala voluntad. ¿Cuál podrá ser, pues, la causa de que una naturaleza buena, aunque mutable, antes de tener mala voluntad, haga algo malo, por ejemplo, esa misma mala voluntad?

7. No hay que buscar una causa eficiente de mala voluntad

Que nadie se empeñe en buscar una causa eficiente de la mala voluntad, porque no es eficiente, sino deficiente, puesto que la mala voluntad no es una eficiencia, sino una deficiencia. Apartarse (*deficere*) de lo que es en grado supremo para volverse a lo que es en menor grado, es el comienzo de la mala voluntad. Querer encontrar las causas de estas defecciones, dado que no son eficientes, sino deficientes; es como sí alguien quisiera ver las tinieblas u oír el silencio. Y sin embargo ambas cosas nos son conocidas por los ojos unas y por los oídos el otro, pero no precisamente porque las lleguemos a sentir, sino por la privación de sensación.

Que nadie busque saber de mí lo que yo sé que no sé, excepto, tal vez, el aprender a ignorar lo que es preciso saber que no se puede saber. Porque lo que se conoce no por su percepción, sino por su privación, de alguna manera se conoce ignorándolo, si es que así podemos hablar y entender, y se lo ignora conociéndolo. Así, cuando la vista del ojo corporal se proyecta hacia las formas materiales, en ninguna parte ve las tinieblas, a no ser cuando comienza a no ver. Lo mismo ocurre cuando se trata del silencio, sólo le corresponde al oído el percibirlo, pero con la particularidad de que lo percibe sólo cuando no oye nada. Igual sucede en lo que se refiere a las formas inteligibles, nuestra mente las percibe entendiéndolas. Pero cuando faltan se da cuenta, ignorándolas. Por eso, "los errores, ¿quién los entenderá?" (Sal. 19:12).

8. La falta y la apetencia desordenada de los bienes

Una cosa sé, y es que la naturaleza de Dios jamás, en ninguna parte, y de ningún modo, puede fallar, y que sí pueden fallar las naturalezas hechas de la nada. Estas, cuando en la cumbre de su ser, hacen el bien (es entonces cuando hacen algo), tienen causas eficientes. En cambio, cuando fallan y, por tanto, hacen el mal (¿qué hacen entonces, sino la pura nada?), tienen causas deficientes. Sé también que en aquel que se da la mala voluntad sucede algo que si él no quisiera no sucedería, y, por tanto, su deficiencia es voluntaria y no necesaria, mereciendo justo castigo por ello. Porque se aparta no hacia algo malo en sí, sino de una manera mala, es decir, no va hacía naturalezas malas, sino que va mal por separarse del sumo Ser hacia seres inferiores, en contra del orden natural.

La avaricia no es un vicio del oro, sino del hombre que ama desordenadamente el oro, en detrimento de la justicia, que debió ser puesta muy por encima del oro. La lujuria tampoco es defecto de la hermosura y suavidad corporal, sino del alma que ama perversamente los placeres corporales, descuidando la continencia, que nos dispone para realidades más hermosas del espíritu y mayores suavidades incorruptibles. No es la jactancia un vicio de la alabanza humana, sino del alma que ama desordenadamente ser alabada de los hombres, despreciando la llamada de su propia conciencia. No es la soberbia un vicio de quien otorga el poder o del poder mismo, lo es del alma que ama perversamente su propia autoridad, despreciando el dominio de una autoridad superior.

Así, pues, quien ama desordenadamente el bien de cualquier naturaleza, aunque llegue a conseguirlo, él mismo se convierte en malo y desgraciado en ese bien, privándose de un bien mejor.

9. La creación de la voluntad en los ángeles

1. No existe, pues, en la voluntad mala una causa eficiente que tenga naturaleza, o, sí se permite decir, esencia. Ella misma es el origen del mal en los espíritus sujetos a mutación, por el cual disminuye o corrompe el bien de la naturaleza y la voluntad es hecha mala no por otra cosa que por una defección por la que se abandona a Dios. La causa de esta defección también es ciertamente deficiente.

En cuanto ala buena voluntad, si afirmásemos que tampoco tiene causa eficiente, correríamos el riesgo de dar pie a la creencia de que la buena voluntad de los ángeles buenos es increada, coeterna con Dios. Pero el hecho es que ellos han sido creados; ¿cómo vamos a decir que su voluntad es increada? Sea descartado, pues. Pero, dado que ha sido creada, ¿lo ha sido simultánea con ellos o fueron ellos primero creados, desprovistos de tal voluntad buena? Si con ellos, es indudable que su autor es el mismo que el de los ángeles. En tal caso, nada más ser creados se unieron a su Creador con el mismo amor que recibieron al ser creados. Precisamente los malos están separados de su compañía porque los buenos permanecieron en esa buena voluntad y, en cambio, los malos la abandonaron. Pero ciertamente no la hubieran dejado si no hubieran querido.

Pero si los ángeles buenos existieron durante un tiempo sin buena voluntad, y la produjeron en sí mismos sin concurso de Dios, entonces se habrían hecho mejores de lo que Dios los hizo. ¡Ni pensarlo! ¿Qué eran, sin buena voluntad, más que malos? Porque si no eran malos, por no haber surgido en ellos mala voluntad (no podían haberse apartado de la que aún no habían comenzado a tener), por supuesto que tampoco eran tan buenos como cuando comenzaron a tener voluntad buena. Pero si no fueron capaces de hacerse mejores de lo que eran al crearlos Aquel cuyas obras nadie supera, en este caso la misma buena voluntad, que a ellos les hizo mejores, no la hubieran podido tener sin el concurso del Creador.

Lo que la buena voluntad logró fue el dirigirles no hacia sí mismos, seres de menor grado, sino hacia el que es en grado supremo; se adhirieron a Él y pudieron llegar a ser en mayor grado, consiguiendo por su participación sabiduría y felicidad. ¿Qué concluimos sino que esa voluntad, aun buena, si permanece en un puro deseo, queda vacía, a no ser que Aquel que ha hecho capaz de poseerle a la naturaleza buena, creada de la nada, la hubiera mejorado, llenándola de sí mismo, después de haber excitado en ella un ansia viva de llegar a Él?

2. Hay otro punto que aclarar, si los ángeles buenos son autores de su propia buena voluntad, ¿lo han hecho con alguna voluntad o sin voluntad alguna? Si con ninguna, nada han hecho. Si con alguna, ¿esa voluntad era buena o mala? Si mala, ¿cómo puede ser una mala voluntad causa de otra buena? Y si era buena, luego ya la tenían antes. Y a ésta ¿quién la había causado sino Aquel que los creó dotados de buena voluntad, es decir, de amor puro, capaz de unirse a Él, creando a un tiempo su naturaleza y concediéndoles la gracia? Así somos llevados a creer que los ángeles santos jamás han existido sin buena voluntad, es decir, sin amor a Dios. ¿Y qué sucedió con los otros ángeles, creados buenos, pero que ahora son malos? Malos por propia voluntad mala, no como efecto de la naturaleza buena, sino por defección espontánea del bien, puesto que la causa del mal no es el bien, sino una falta de bien.

Varias son las hipótesis, o bien recibieron del amor divino un grado inferior de gracia que los otros, que permanecieron en su buena voluntad; o bien, si unos y otros han sido creados en el mismo grado de bondad, éstos cayeron por mala voluntad, mientras que los otros recibieron una ayuda especial que les diera plena certeza de no caer jamás, consiguiendo así la plena bienaventuranza. Así lo hemos expuesto en el libro anterior[4].

---

4. XI, cap. 13.

Es preciso, en fin, reconocer, como obligada alabanza al Creador, que no solamente se refiere a los hombres santos, sino que también de los santos ángeles se puede decir que el amor de Dios los inunda por "el Espíritu Santo que les ha sido dado" (Ro. 6:5). Tampoco es solamente de los hombres, sino primaria y principalmente de los ángeles aquel bien del que está escrito: "Para mí el bien es estar junto a Dios" (Sal. 73:28). Los que participan de este bien común constituyen entre sí y con Aquel a quien están unidos una santa sociedad, son la única ciudad de Dios; son su sacrificio viviente y su templo vivo.

Tal como lo veo yo, ya que he hablado del origen de esta ciudad entre los ángeles, es hora de hablar del origen, bajo la misma acción del Dios creador, de esa parte integrada por hombres mortales y destinada a reunirse con los ángeles inmortales, que ahora anda peregrina por esta tierra, o que, cumplida su vida mortal, descansa en los recónditos espacios y moradas de las almas. Porque de un hombre, a quien Dios creó primero, desciende toda la raza humana, según la fe de la Sagrada Escritura, cuya autoridad con razón es admirable entre todas las naciones y en toda la redondez de la tierra; ya que entre otras afirmaciones ella predijo, bajo la acción puramente divina, que todas las naciones creerían.

10. Antigüedad de la historia del mundo

1. Pasemos por alto las conjeturas de quienes hablan sin saber lo que dicen sobre la naturaleza o la creación del género humano. Unos opinan que el hombre, lo mismo que el mundo, siempre ha existido. Ahí tenemos a Apuleyo, que describe así el género de los vivientes: "Individualmente son mortales, pero colectivamente esta raza es eterna"[5]. Y cuando se les pregunta cómo, si ha existido siempre el género humano, vindican la verdad de su historia, que narra quienes fueron los inventores de algunas cosas, quienes los primeros creadores de las disciplinas liberales y de otras artes, quienes los primeros habitantes de tal región o parte de la tierra, cuando empezó a poblarse tal o cual isla. Y ellos[6] responden: Los diluvios y conflagraciones ocurridos de cuando en cuando han devastado no toda, pero sí gran parte de la tierra, hasta el punto de quedar reducidos los hombres a una mínima parte, volviendo de nuevo a repoblarse con su descendencia[7]. Es así como se descubría y creaba todo, como si

---

5. Apuleyo, De deo Socratis.

6. Agustín se refiere al relato dado por Critias, a comienzo del Timeo, sobre el diálogo de Solon con el sacerdote egipcio.

7. Los estoicos creían en la *ekpyrosis* o incendio transformador, que cambiaba la tierra después de un determinado número de años.

fuera por primera vez, cuando en realidad lo que se hacía era restaurar la civilización interrumpida y extinguida por aquellas gigantescas catástrofes. Por lo demás, el hombre no puede venir más que del hombre. Pero ellos dicen lo que piensan, no lo que saben.

2. Les inducen a error también algunos escritos plagados de mentiras, que profesan que la historia tiene ya muchos miles de años, siendo así que por la Sagrada Escritura no contamos siquiera seis milenios completos desde la creación del hombre[8]. No quiero alargarme mucho en refutar lo infundado de tales afirmaciones, que atribuyen muchos más miles de años al mundo, y cómo tales escritos no tienen competencia alguna en este campo. Baste citar la carta de Alejandro Magno a su madre Olimpia. Nos cuenta la historia de un sacerdote egipcio, indicándonos que está extraída de los escritos sagrados de aquel país; contiene también las monarquías bien conocidas en la historia griega. Según esta carta, el reino asirio pasa de los cinco mil años, mientras que la historia griega les concede alrededor de mil trescientos a partir del reinado de Belo, reconocido también como el primer rey de Asiria por el citado sacerdote egipcio. A los imperios persa y macedónico, hasta la llegada de Alejandro, a quien él se dirige, les asigna más de ocho mil años. Según los griegos, en cambio, el imperio de Macedonia alcanzó cuatrocientos ochenta y cinco años hasta la muerte de Alejandro, y el de los persas hasta su caída, con la victoria de Alejandro, doscientos treinta y tres años.

Como se ve, estas cifras son muy inferiores a las egipcias, y ni multiplicándolas por tres llegarían a igualarlas. Porque parece ser que hubo un tiempo en que los egipcios tenían unos años tan cortos que no duraban más de cuatro meses[9]. Así que el año real de hoy, para nosotros y para ellos, comprende tres de los antiguos suyos. Pero ni aun así concuerda la historia egipcia con la griega en el cómputo de los años. Es, por tanto, a la historia griega a la que hay que dar crédito, ya que no excede el número de años expresados en nuestras Escrituras, que son las realmente sagradas

Si esta carta de Alejandro, que ha sido tan célebre, se aparta exageradamente de la probable historicidad de los acontecimientos, en lo que se refiere a la cronología, ¡cuánto menos son dignos de fe aquellos escritos plagados de viejas fábulas, que ellos han pretendido enfrentar a la auto-

---

8. Agustín sigue aquí la cronología de Eusebio, que calcula en 5611 años el tiempo que transcurre desde la creación a la toma de Roma de por los godos, adoptando la versión Septuaginta de las edades de los patriarcas.

9. No es seguro a quién se refiere Agustín. Los arcadios, según Macrobio, dividían su año en tres meses, y los egipcios en tres estaciones; cada una de estas estaciones constaba de cuatro meses. Es posible que Agustín se refiera a esto.

ridad de los tan conocidos libros divinos! Profetizaron estos que se les
daría crédito en todo el mundo, profecía que se ha cumplido. La veracidad de sus narraciones sobre hechos pretéritos queda demostrada por la
exactitud con que se cumplen sus predicciones del futuro.

11. Divagaciones sobre la pluralidad de mundos y su renovación cíclica

Hay otras opiniones sobre este mundo. Algunos, por ejemplo, no lo
creen eterno, pero dicen que no existe solo, sino que hay otros innumerables mundos, o también que es él sólo, pero que en un período cíclico
secular el mundo muere y vuelve a resurgir indefinidamente[10]. Estos
deben admitir que los hombres han existido al principio, sin que haya
habido otros que les hayan dado la existencia. Porque no creen, como los
anteriores, que el orbe quedaba destruido en parte por inundaciones y
abrasado por el fuego, sobreviviendo siempre un puñado de hombres, de
donde volvía a repoblarse el mundo.

Podrían también sostener, como ellos, que, aunque el mundo pereciera, quedaría con vida alguna parte de la humanidad. Pero no es así,
mantienen la tesis de que, así como el resto del mundo resurge de su
propia materia, de igual modo el género humano brota de los elementos
materiales, propagándose luego la raza de los mortales por vía generacional, como el resto de los animales.

12. Consideración sobre la tardío de la creación del hombre

Hay quienes se resisten a admitir que el mundo no ha existido siempre, que tuvo principio, como defienden a todas luces incluso Platón, a
pesar de que algunos sostienen que opinó lo contrario de lo que realmente dijo[11]. A todos éstos ya les hemos dado respuesta al tratar del origen
del mundo. Esta misma será la respuesta a propósito de la primera creación del hombre, al dirigirme a quienes están inquietos preguntándome
por qué Dios no lo creó en los anteriores espacios temporales, inconmen-
surables, infinitos, y aguardó tan tarde a crearlo, según las Escrituras
sagradas, no más de hace escasamente seis mil años.

---

10. Demócrito y su discípulo Epicuro mantuvieron la primera opinión; Heráclito la segunda. Según éste, "Dios se distrae a sí mismo" mediante la renovación de los mundos.
11. Los neoplatónicos alejandrinos intentaron de este modo de escapar del sentido obvio
del *Timeo*.

Si les resulta chocante tal brevedad, y les parecen muy pocos los años desde la aparición del hombre, según se lee en los libros que gozan de autoridad entre nosotros, tengan en cuenta que no hay nada duradero si tiene un fin. Comparados con la eternidad interminable, los mismos espacios de siglos, que tienen fin, no hay que tenerlos como reducidos; son más bien nada. Así, pues, supongamos que desde la creación del hombre hubieran transcurrido no cinco o seis mil años, sino incluso sesenta o seiscientos mil; sesenta o seiscientas veces más; sesenta o seiscientas más, seiscientas mil veces más, o multiplicando estas cantidades por sí mismas, hasta no disponer de cifras para expresar tales cantidades, todavía se puede uno seguir preguntando, con idéntica razón por qué Dios no creó antes al hombre. Porque la abstención creadora de Dios anterior al hombre es eterna y sin principio, tan prolongada que si se la intenta comparar con un período de tiempo, todo lo largo e inexpresable que se quiera, pero limitado por los confines de un espacio determinado, resulta relativamente más insignificante que una simple gota al lado del ancho mar, con todos los abismos del océano. La razón de ello estriba en que estos dos términos de comparación son finitos, por muy insignificante que uno sea y muy gigantesco el otro. En cambio, un período temporal que parte de un comienzo y es incluido por un límite, por lejano que se lo imagine, al compararlo con el que no tiene principio no sé si hay que tenerlo en muy poco o en nada.

Si, por ejemplo, comenzamos desde el fin de un lapso de tiempo, tan vasto que ya no hay palabras para designarlo, y le vamos sustrayendo uno a uno instante tras instante, brevísimos siempre (como si le quitáramos días a la vida de un hombre desde hoy hasta el día en que nació), llegaríamos finalmente al principio de ese lapso. En cambio, si de una duración que no ha tenido principio le vamos quitando hacia atrás, no digo instantes, ni uno a uno, horas, días, meses, años a grandes cantidades, sino períodos tan largos de tiempos que sea imposible medir en años por un especialista de cálculo —aunque en realidad éstos se agotarían sustrayéndoles minuto a minuto— y le quitamos estos gigantescos lapsos de tiempo no una o dos veces, ni frecuentemente, sino constantemente, ¿qué sucede? ¿Qué conseguimos? No llegar nunca al principio, puesto que lo no tiene.

Este mismo interrogante que nosotros nos hacemos ahora, después de cinco mil años largos, pueden con la misma curiosidad hacérselo nuestros descendientes después de seiscientos mil años, si tanto se prolonga la raza de los mortales naciendo y pereciendo, y hasta entonces continúa su ignorante debilidad. También pudieron plantearse esta misma cuestión nuestros antecesores que vivieron en los tiempos próximos a la creación del hombre. Pudo, al fin, el mismo primer hombre al día siguiente, y hasta el mismo día de su creación, interrogarse por qué no fue creado antes. Y por más que adelantemos en el tiempo la creación del hombre, encontraríamos siempre, antes y después, igual que hoy, y con idéntica fuerza, planteada la controversia acerca del comienzo de los seres temporales.

13. El eterno retorno de las cosas

1. Algunos filósofos han creído que no había otra posibilidad de solucionar esta controversia más que admitiendo períodos cíclicos de tiempo, en los que la naturaleza quedaría constantemente renovada y repetida en todos sus seres[12]. De esta manera, los siglos tendrían un fluir incesante y circular de ida y vuelta, sea que estos ciclos tienen lugar en un mundo permanente, sea que a intervalos fijos, desde el nacimiento a la muerte, el mundo presenta las mismas cosas como si fueran nuevas, a veces pasadas, a veces futuras. De esta fantástica vicisitud no libran ni al alma inmortal, aunque hubiera conseguido ya la sabiduría iría sin cesar camino de una falsa felicidad, volviendo sin cesar camino de una verdadera miseria. ¿Cómo se va a dar auténtica felicidad citando no es segura su eternidad? Porque una de dos, o el alma desconoce su miseria futura y entonces vive en una lastimosa ignorancia en medio de la verdad, o si la conoce vive consumida por su temor en medio de la felicidad. Y en la hipótesis de que no volviera ya más a sus miserias, sino que caminase definitivamente a la felicidad, sucedería algo nuevo en el tiempo que no tendría fin temporal. ¿Por qué no ha de ser así el mundo? ¿Y por qué no también el hombre creado en el mundo? Utilizando el camino recto de la sana doctrina se evitarían todos estos rodeos de no sé qué falsos ciclos, ideados por unos sabios engañosos y engañados.

2. Hay también quienes pretenden apoyar la tesis de estos ciclos que van y vienen, siempre con las mismas criaturas, en aquel pasaje del libro de Salomón llamado Eclesiastés: "¿Qué es lo que pasó? Eso mismo pasará. ¿Qué es lo que sucedió? Eso mismo sucederá: nada hay nuevo bajo el sol. Si alguien te habla y te dice: Mira, esto es nuevo, ya sucedió en otros tiempos mucho antes que nosotros" (Ecl. 1:9-10)[13]. Esto lo dice el autor sagrado o bien de las cosas que viene tratando más arriba, es decir, de la

---

12. Marco Antonio decía que "Todas las cosas son desde la eternidad de igual forma y vuelven en círculo".

13. Cf. Orígenes, *Trat. prin.*3,5, y II,3, publicado en esta misma colección, que también criticó esta teoría cíclica del tiempo y de la historia, aunque señalando la sucesión de las distintas dispensaciones del plan divino para el mundo.

sucesión de las generaciones, de los cursos del sol, de la caída de torrentes, o bien, sin duda, de todas las especies de seres que nacen y mueren.

De hecho, ésta es la realidad: hubo hombres antes que nosotros, los hay con nosotros y los habrá después de nosotros. Digamos lo mismo de cualquier clase de animales y plantas. Hasta los mismos monstruos, seres raros de nacimiento, aunque sean diversos entre sí, algunos de ellos únicos —dicen—; sin embargo, desde el punto de vista de seres admirables y espectaculares que son, por supuesto que han existido y existirán; ya no podemos decir que sea algo reciente y nuevo el nacimiento de un monstruo bajo el sol. Otros han entendido estas palabras como significando que en la predestinación de Dios todas las cosas ya han existido y, por tanto, nada hay nuevo bajo el sol.

Sea como fuere, está muy lejos de cualquier creyente verdadero creer que Salomón quiso significar en este pasaje los famosos ciclos[14], según los cuales el tiempo y las cosas temporales se repetirían como en un interminable girar. Como si por ejemplo, el filósofo Platón, en su siglo, en la ciudad de Atenas, y en una escuela llamada Academia, enseñó a sus discípulos. En innumerables siglos anteriores, separados entre sí por intervalos enormes, pero fijos, el mismo Platón, la misma ciudad, la misma escuela, los mismos discípulos se repetirían y se habrían de repetir nuevamente en siglos venideros innumerables veces.

¡No, lejos de nosotros tales creencias! Cristo sólo ha muerto una vez por nuestros pecados, y resucitado de entre los muertos ya no muere más, "la muerte no tiene ya dominio sobre Él" (Ro. 6:9). Y nosotros, después de la resurrección, "estaremos siempre con el Señor" (1ª Ts. 4:16), a quien ahora dirigimos las palabras del salmo sagrado: "Tú nos guardarás, Señor, y nos librarás para siempre de esa gente" (Sal. 12:7). A las anteriores palabras creo que cuadra bien lo que sigue: "Los malvados andan dando vueltas" (Sal. 12:8); y no porque en esos ciclos de su invención vayan a vivir de nuevo su vida, sino por el laberinto de errores en que están metidos, es decir, por sus falsos conocimientos

---

14. "Para los cristianos no podía haber cosa más aborrecible que la teoría de los ciclos. Porque contradecía de plano la noción escriturística del *saeculum*, considerado, desde su principio hasta su fin, como continuo y progresivo desvelamiento del principio creador y motor. También negaba, implícitamente, el mensaje cristiano para la salvación de los hombres. En la forma por aquélla asumida en el materialismo clásico, veía el movimiento como dependiente de fuerzas que estaban más allá de todo gobierno... Para el idealismo clásico, ganaba forma de creencia en interminable reiteración de situaciones *típicas*, creencia que trataba con la más crasa injusticia el carácter y la significación únicos de cada evento histórico. La repugnancia de Agustín hacia el *circuitus* en cuestión se expresa con fuerza apasionada en la *La ciudad de Dios*" (Charles N. Cochrane, *Cristianismo y cultura clásica*, pp. 469-470, FCE, Madrid 1983).

14. El misterio de la creación en el tiempo

¿Qué tiene de particular que, perdidos en este laberinto, no encuentren ni la entrada ni la salida? Ignoran cuál ha podido ser el origen del género humano y de esta nuestra condición de mortales, así como su final. No son capaces de penetrar las profundidades de Dios. Ellas nos explican cómo, siendo Él eterno y sin principio, ha hecho surgir el tiempo de un momento inicial; y al hombre, que nunca antes lo había hecho, lo hizo en el tiempo, no en virtud de una decisión nueva e improvisada, sino inmutable y eterna.

¿Quién será capaz de sondear el abismo insondable de este propósito, de escrutar el misterio inescrutable por el que Dios, sin cambiar de voluntad, antes de que ningún hombre hubiera aparecido, creó al hombre en el tiempo, y de un solo hombre hizo surgir toda la humanidad? Con razón el salmo, después de expresarse así: "Tú nos guardarás, Señor, y nos librarás para siempre de esa gente" (Sal. 12:7), volviéndose contra quienes sostienen la doctrina estúpida y antirreligioso que no deja lugar a una liberación y felicidad eternas del alma, añade en seguida: "Los malvados andan dando vueltas" (v. 8). Como si se le dijese al salmista: "¿Y tú qué crees? ¿Cuál es tu opinión? ¿Qué ideas tienes? ¿Habrá que creer realmente que a Dios, a quien nada nuevo le puede suceder, en quien no hay mutación alguna, le pareciera bien de repente crear al hombre, no formado antes, desde su infinita eternidad?" Y él, como dando una respuesta, dice hablando con Dios mismo: "Según tu profundidad has multiplicado a los hombres."

Que los hombres piensen lo que quieran, parece decir, que tengan opiniones y discusiones a su gusto, pero "tú has multiplicado a los hombres según tu profundidad", esa profundidad que ningún hombre puede llegar a conocer. Ya es un misterio bastante profundo el que Dios haya existido siempre, y, sin haber creado jamás al hombre, decida su creación a partir de un momento dado, sin cambio de decisión en su voluntad.

15. Un Dios siempre Creador, siempre Señor, necesita siempre una criatura

1. Yo no me atrevería a decir que el Señor Dios ha dejado de ser señor en algún momento[15]. Igualmente no debo poner en duda que el hombre no tuvo existencia antes del tiempo, y que el primer hombre fue creado en el tiempo. Pero cuando en mis adentros me pregunto de qué realida-

---

15. Véase Agustín, *De Trin.* V,17.

des ha sido Dios siempre Señor, si no siempre ha habido criaturas, me da miedo afirmar algo, porque, al reflexionar sobre mí mismo, recuerdo que está escrito: "¿Qué hombre conoce el designio de Dios? ¿Quién comprende lo que Dios quiere? Los pensamientos e los mortales son mezquinos, y nuestros razonamientos son falibles; porque el cuerpo mortal es lastre del alma, y la tienda terrestre abruma la mente pensativa" (Sab. 9:13-15).

Muchas cosas, ciertamente, que yo estoy dando vueltas en la mente en esta tienda terrestre; sí, muchas, precisamente porque, a lo mejor, aquella que ando buscando, y que es la verdadera, no la puedo encontrar, pues queda fuera o lejos de mis pensamientos. Pensando así, puedo llegar a decir que el mundo creado ha existido siempre, para poner materia de señorío a quien siempre es Señor, y jamás ha dejado de serlo; pero ahora serían estas criaturas y después las otras, en diversos espacios de tiempo, no sea que hagamos coeterna al Creador alguna criatura, lo que sería condenable por la fe y la sana razón.

Pues bien, en esta reflexión mía hay que evitar algo que seria absurdo y ajeno a la verdad luminosa; que siempre han existido criaturas mortales, a través, ciertamente, de las vicisitudes de los tiempos, pereciendo unas y sucediéndoles otras. Y, en cambio, las criaturas inmortales no habrían comenzado a existir hasta la llegada de nuestra época, con la creación de los ángeles, si es verdad que a ellos se refiere la creación, de la primera luz, o más bien del cielo, aludido con estas palabras: "Al principio creó Dios el cielo y la tierra" (Gn. 1:1). En efecto, no podían existir antes de ser creados, puesto que no vamos a creer que son eternos con Dios si admitimos que los seres inmortales han existido siempre.

Pero si digo que los ángeles han sido creados no en el tiempo, sino que ya existían antes de todo tiempo, para salvar la existencia de una materia de dominio en Dios, que jamás ha dejado de ser Señor, se me puede preguntar también si ha podido existir siempre aquello que ha sido creado. Parece que la respuesta obligada sería ésta: ¿Y por qué no? ¿No decimos con toda propiedad que lo que existe en todo tiempo, existe siempre? Existieron, sí, en todo tiempo, y basta tal punto, que fueron formados incluso antes de todos los tiempos, esto es el caso de que el tiempo haya comenzado con la creación del cielo, y los ángeles sean anteriores al cielo. Pero si el tiempo tuvo principio no con el cielo, sino ya antes —no expresado precisamente en horas, días, meses y años, puesto que estas medidas de los espacios temporales, que habitualmente y con propiedad llamamos tiempos, es evidente que han tenido su origen en el movimiento de los astros; de hecho, Dios, al crearlos, dijo: "Que sirvan para señalar las fiestas, los días y los años" (Gn. 1:14)—, y si esta anterioridad del tiempo tenía algún movimiento cambiante, a saber, que algo sucedía antes y algo después, ya que todo no puede suceder al mismo tiempo; si, pues, anteriormente a la existencia del cielo sucedía algo semejante en el movimiento angélico, entonces ya existió el tiempo y los ángeles, desde el momento en que empezaron a existir, se movían en el tiempo. También de este modo existieron en todo tiempo, puesto que con ellos fue creado el tiempo. ¿Quién va a decir que no ha existido siempre lo que ha existido en todo tiempo?

2. Pero si ésta es mi respuesta, se me replicará: "¿Cómo no van a ser los ángeles coeternos con el Creador, si tanto Él como ellos han existido siempre? ¿Y cómo se les puede llamar creados, en la hipótesis de haber existido siempre?" ¿Qué responder a esto? ¿Habrá que sostener que han existido siempre porque han existido en todo tiempo, al ser creados con el tiempo, o el tiempo con ellos, pero creados de todas maneras? Porque no vamos a negar que el tiempo ha sido creado, a pesar de que nadie ponga en duda que el tiempo ha existido en todo tiempo. Si no en todo tiempo hubo tiempo, luego hubo un tiempo cuando no existía ningún tiempo. ¿Qué necio podrá hacer esta afirmación? Podemos decir correctamente que hubo un tiempo en que Roma no existía; hubo un tiempo en que no existía Jerusalén; hubo un tiempo en que no existía Abrahán; hubo un tiempo en que no existía el hombre, o afirmaciones parecidas. Finalmente, si el mundo no fue formado al comenzar el tiempo, sino algo después, podremos decir que hubo un tiempo en que el mundo no existía. Pero decir: hubo un tiempo en que no existía el tiempo, es tan disparatado como decir que hubo un hombre cuando todavía no existía hombre alguno; o también que existió este mundo cuando no existía este mundo. Sólo se podrá afirmar de alguna manera cuando se entienda de dos términos distintos, como por ejemplo que hubo un hombre cuando no existía este hombre; y también que hubo un tiempo cuando aún no existía este tiempo. Esto sí lo podemos decir. Pero que hubo un tiempo cuando no existía ningún tiempo; ¿habrá alguien, por ignorante que sea, que haga tal afirmación?

Igual que podemos hablar de la creación del tiempo, a pesar de que se diga que el tiempo existió siempre, puesto que en todo tiempo hubo tiempo, con la misma lógica debemos afirmar que los ángeles han sido creados, aunque hayan existido siempre. Se diría que han existido siempre porque ha sido en todo tiempo, ya que el tiempo mismo de ningún modo pudo existir sin ellos. Sin criatura alguna, cuyos movimientos sucesivos no originen el tiempo, jamás podrá existir tiempo alguno. Así que por más que hayan existido siempre, no por eso son eternos como el Creador. Él, sí, porque ha existido siempre en una eternidad inmutable. En cambio, los ángeles han sido formados. Pero, si decimos que han existido siempre, es porque ha sido en todo tiempo, y sin ellos el mismo tiempo no era posible. Y puesto que el tiempo se sucede gracias a la mutabilidad, no puede ser coeterno con la eternidad inmutable. Por eso, aunque la inmortalidad de los ángeles no transcurre con el tiempo, y no es pasada, como si ya no existiera, ni futura, como si todavía no existiese, sin embargo, su movimiento, por el que se origina el tiempo, va pasando del futuro al pasado. Luego no pueden ser coeternos al Creador, de quien no se puede afirmar que haya movimiento en Él como si tuviera algo que fue, pero que ya no es, o algo que será, pero que todavía no es.

3. Volviendo a lo anterior, si Dios ha sido siempre Señor, siempre ha habido una criatura sometida a su autoridad. Pero no engendrada de sí mismo, sino formada por Él de la nada, y tampoco coeterna con Él. Antes que ella ya existía Él, aunque ningún tiempo sin ella. Tal anterioridad no era por un espacio sucesivo, sino por una precedencia de permanente eternidad.

Pero si doy esta respuesta a quienes preguntan cómo es posible que Dios sea siempre Creador, siempre Señor, si no ha habido siempre una criatura que le esté sometida; o también, cómo es posible que un ser haya sido creado y no más bien coeterno con el Creador, si siempre ha existido, me temo dar la impresión de afirmar lo que no sé, más bien que de enseñar lo que sé. Por eso vuelvo de nuevo a lo que nuestro Creador quiso que supiéramos. Las demás verdades, que El ha permitido conocer a los más sabios en esta vida o las ha reservado a los perfectos para su conocimiento en la otra vida, confieso que están por encima de mi capacidad. Con todo, he creído oportuno tocarlas sin darles una solución segura para que los lectores de estas páginas se den cuenta de cómo deben andar con prudencia en cuestiones tan escabrosas, y no se crean capacitados para todo. Que comprendan más bien la necesidad de someterse a los saludables preceptos del Apóstol: "Digo pues por la gracia que me es dada, a cada cual que está entre vosotros, que no tenga más alto concepto de sí que el que debe tener, sino que piense de sí con templanza" (Ro. 12:3). Cuando a un niño se le alimenta en proporción a su capacidad, se le posibilita para tomar más cuando sea mayor. Pero cuando se cometen excesos con él, crecerá antes del desarrollo.

16. Sentido de "la promesa hecha antes de los tiempos"

Confieso mi ignorancia respecto al número de siglos transcurridos antes de la creación del hombre. Pero no me queda la menor duda de que no existe criatura alguna coeterna con el Creador. El apóstol menciona unos tiempos eternos, y no con referencia al futuro, sino, lo que es más sorprendente, al pasado. Estas son sus palabras: "La esperanza de una vida eterna, la cual Dios, que no puede mentir, prometió antes de los tiempos de los siglos, y manifestó a sus tiempos su palabra por la predicación" (Tit. 1:2-3).

Vemos que dice que en el pasado hubo unos tiempos eternos, los que, sin embargo, no eran coeternos con Dios. Y ya que Dios antes de tales tiempos no solamente ya existía, sino que "prometió" la vida eterna, dada a conocer a su tiempo, cuando fue conveniente[16], ¿de qué se trata sino de su palabra? Porque ésta es la vida eterna. Pero entonces, ¿cómo ha prometido esto, tratándose de una promesa a los hombres, que no existían antes de tales tiempos eternos, sino porque en su eternidad y en su propia palabra, coeterna con Él, ya estaba predestinado y fijado lo que a su tiempo había de suceder?

17. Defensa de la voluntad inmutable de Dios

1. Tampoco pongo en duda que antes de ser creado el primer hombre no hubo hombre alguno, y que ni este mismo hombre, u otra criatura parecida, ha estado retornando no sé cuántas veces a través de no sé qué ciclos. Y de tal convicción no me apartan los filósofos con sus argumentos. El más sutil de ellos parece ser el que dice que no hay ciencia capaz de alcanzar lo infinito[17]. De ahí, afirman, que todas las razones que Dios tiene en sí para la creación de los seres finitos, son finitas. Además, no es sostenible que su bondad haya estado ociosa jamás; de otra manera, su actividad temporal, tras un eterno reposo, sería como un arrepentirse de su anterior inacción y un ponerse a obrar como contraste de ella. De aquí que sea necesaria, prosiguen, una perpetua repetición las mismas realidades, sea por una continua mutación del mundo, el cual, a pesar de no haber dejado nunca de existir, y de no haber tenido principio temporal, fue creado; o bien en una perpetua repetición del mundo, a través de los aludidos ciclos en un incesante nacer y morir eternamente prolongado. Porque atribuir a la obra de Dios un comienzo temporal equivale a creer que condenó su anterior abstención eterna como inerte y perezosa, y, por tanto, que le dejó insatisfecho de algún modo, cambiando, consiguientemente, su decisión.

Y si, por el contrario, prosiguen, mostramos un Dios creando sin cesar seres, naturalmente temporales, hoy unos, después otros distintos, hasta llegar el momento de la creación del hombre, no hecho jamás ante-

---

16. Cf. Agustín, *Contra Prisciliano*, 6, y *De Gen. contra maniqueos*, I,11,4.
17. Opinión de Aristóteles y Platón.

riormente, parecería que obró no movido por la ciencia, incapaz, según ellos, de alcanzar lo infinito, sino de improviso, según le venía a la mente, como impulsado por una inconstancia fortuita. En cambio, si admitimos esos ciclos cósmicos, dicen ellos, que hacen repetirse las mismas cosas temporales, sea en un mundo que permanece cambiante, sea a través de un incesante retorno cíclico del mundo que nace y muere, excusamos a Dios de su ocio, máxime de su duración tan prolongada que no llega a tener principio, y de la temeraria improvisación en sus obras. Si no se dan estas repeticiones no habría en Dios ciencia o presciencia capaz de abarcar todos los cambios del mundo en su infinita variedad.

2. Todos estos argumentos, que los impíos esgrimen con la intención de apartar nuestra religiosa sencillez del camino recto, para que andemos con ellos "dando vueltas", si la razón no es capaz de refutarlas, la fe debería reírse de ellas. Pero hemos de añadir que, con la ayuda del Señor nuestro Dios, la evidencia palmaria sabrá desbaratar esos círculos giratorios que la imaginación inventó.

El error principal que lleva a estos pensadores a preferir estar dando vueltas en el error a caminar por el verdadero y recto camino, está en querer medir con las dimensiones de su inteligencia humana, cambiante y estrecha, la inteligencia divina, absolutamente inmutable, capaz de abarcar cualquier infinitud, y de contar todo lo incontable sin cambiar de pensamiento. Así es como les ocurre lo que dice el apóstol: "Midiéndose a sí mismos por sí mismos, y comparándose consigo mismos no son juiciosos" (2ª Cor. 10:12)[18]. A ellos cualquier proyecto nuevo que les viene a la mente lo realizan con una nueva decisión (puesto que su espíritu es cambiante), y así dirigen su pensamiento no a Dios, en quien no pueden pensar, sino a sí mismos en lugar de a Él, y comparan no a Dios, sino a sí mismos, pero no con Él, sino consigo mismos.

A pesar de todo, a nosotros nuestra fe no nos permite creer en Dios en estado distinto cuando está en reposo de cuando está operando. Ni siquiera se puede decir que haya en Dios tal o cual estado, como si en su naturaleza sucediera algún cambio. Quien tiene algún estado en sí mismo es pasivo, y es mudable todo lo que de algún modo es pasivo. No pensemos, pues, al hablar de la inacción de Dios, en pereza, dejadez o indolencia alguna; como tampoco, al hablar de su actividad, pensemos en trabajo, esfuerzo o diligencia. Él sabe obrar estando en reposo, y estar en reposo cuando obra. Para una obra nueva puede aplicar un plan no nuevo, sino eterno. Y cuando se dispone a obrar lo que antes no había

---

18. Aquí, como en *Enar. in Ps.*, XXXIV y en *Contra Fausto* XXII, 47, Agustín sigue el griego y no la Vulgata.

hecho, no lo hace arrepentido de su anterior reposo. No es éste el proceder de Dios. Si antes se abstuvo de obrar y después realizó obras (no sé cómo el hombre podrá entender esto), las palabras "antes" y "después" se refieren, sin la menor duda, a las cosas que antes no eran existentes y después lo fueron. Pero en Dios no se dio una voluntad precedente cambiada o anulada por la subsiguiente, sino que con una misma eterna e inmutable voluntad hizo que en la creación no existieran los seres que aún no tenían existencia, y, luego, que existieran los que comenzaron a tenerla. Quizá mostraba admirablemente a quienes son capaces de verlo, que no tiene en absoluto necesidad de estos seres, sino que los ha creado por una gratuidad bondadosa, puesto que ha carecido de ellos toda una eternidad y, sin embargo, en nada ha disminuido su bienaventuranza.

18. El conocimiento de Dios no tiene límites

En cuanto a la afirmación de que ni siquiera el conocimiento de Dios puede llegar a comprender lo infinito, sólo les queda para sumergirse en la vorágine de su profunda impiedad tener la osadía de decir que Dios no conoce todos los números. Porque es cierto que son realmente infinitos, ya que en cualquier número que creas haber llegado al fin, ese mismo lo puedes aumentar no digo añadiéndole uno más, sino que por más grande que sea, y por enorme cantidad que exprese, puede duplicarse, incluso multiplicarse, en razón de su mismo ser y por la ciencia de los números. Cada número, por otra parte, está limitado por sus propiedades, de forma que ninguno puede ser idéntico a otro. Son desiguales y diversos entre sí, cada uno de ellos es limitado y todos son indefinidos.

¿Así que Dios, por esta infinidad propia de los números, no llegaría a alcanzarlos todos; su ciencia solamente llegaría a una cierta cantidad de números, ignorando el resto? ¿Qué insensato podrá sostener esta afirmación? Supongo que no se atreverán a despreciar los números y decir que no tienen que ver con la ciencia de Dios. Platón, gran autoridad entre ellos, presenta a Dios formando el mundo según principio numéricos[19]. Entre nosotros leemos estas palabras, dirigidas a Dios: "Todo lo tenías dispuesto con medida, número y peso" (Sab. 11:21). Y el profeta dice a este propósito: "El que hace surgir el mundo numerándolo" (Is. 40:26, LXX)[20]. Y también el Salvador en el Evangelio: "Todos vuestros cabellos están contados" (Mt. 10:30). Lejos de nosotros, por tanto, el poner en

---

19. Platón, *Timeo*, 34b-c.

20. "Él saca por cuenta su ejército: a todas llama por sus nombres; ninguna faltará" (Is. 40:26, RV).

duda el conocimiento de todo número en Dios, de quien dice el Salmo: "De su entendimiento no hay número" (Sal. 147:5).

La infinitud del número, aunque en realidad no exista ningún número que exprese una cantidad infinita, no escapa a Aquel cuya sabiduría sobrepasa todo número. Ahora bien, si todo lo que abarca la ciencia queda contenido por la comprensión del sabio, tenemos que toda infinitud queda de algún modo contenida por Dios, ya que no es incomprensible para su ciencia. En consecuencia, si la infinitud de los números no puede ser infinita para la ciencia de Dios que la contiene, ¿quiénes somos nosotros, pobres hombres, que tenemos la presunción de poner límites a su ciencia, argumentando que si las cosas temporales no se están repitiendo en ciclos periódicos, Dios en la creación de los seres no es capaz de prever todos los que va a hacer, ni de conocerlos todos después de hechos? Su sabiduría, múltiple en su simplicidad y multiforme en su uniformidad, entiende todas las cosas ininteligibles con una inteligencia tan ininteligible, que si siempre quisiera estar creando obras nuevas, todas distintas de las precedentes, no podría hacerlo de forma imprevista y sin orden, ni las programaría de un día para otro, sino que formarían parte de su eterna presciencia.

19. Los siglos de los siglos

Con respecto a la expresión "los siglos de los siglos" no me atrevo a emitir un juicio definitivo, no sé si se trata de una sucesión continuada de unos siglos con otros en una variedad ordenada, permaneciendo en su feliz inmortalidad únicamente aquellos que se van liberando de sus miserias; o bien haya que entender por esta expresión los siglos que permanecen en la sabiduría de Dios con una estabilidad inquebrantable, siendo como el origen de estos siglos temporales que van pasando. Quizá en este caso se pueda usar "siglo" por "siglos", equivaliendo la expresión "siglo del siglo" a "siglos de los siglos", como de hecho decir "cielo del cielo" equivale a "cielos de los cielos". Porque Dios llamó cielo a la bóveda sobre la que están las aguas (Gn. 1:8). No obstante, dice el salmo: "Alabadle, cielos de los cielos, y las aguas que están sobre los cielos" (Sal. 148:4).

¿Con qué interpretación, pues, quedarnos de estas dos? ¿O tal vez existen más explicaciones posibles de la expresión "siglos de los siglos"? Cuestión demasiado profunda. Vamos a dejarla de momento, puesto que el punto que ahora nos ocupa no necesita esta solución. Ya veremos si somos capaces de dejar algo en claro sobre ello, o si el mismo afán de profundizar nos vuelve más cautos para no afirmar a la ligera cualquier cosa en materia tan oscura. De momento nuestra discusión va dirigida contra los que sostienen el eterno retorno de las cosas en unos ciclos periódicos fatalmente repetidos. Sea cualquiera el verdadero sentido de la expresión "los siglos de los siglos", en nada se relaciona con estos ciclos cósmicos; los entendamos no como siglos repetidos, sino sucediéndose unos tras otros en una perfecta concatenación, quedando los ya liberados en su perpetua y segura felicidad, sin retorno alguno a sus antiguas miserias, o se consideren estos "siglos de los siglos" algo así como las eternas causas gobernadoras de los seres temporales. En ambos casos quedan excluidos tales ciclos, que hacen tornar las mismas cosas de nuevo. La vida eterna de los santos es una incontestable refutación de los mismos.

20. El alma no retorna a las miserias de este mundo

1. ¿Qué oídos piadosos podrán soportar que después de transcurrir toda una vida llena de grandes calamidades (si es que ésta merece el nombre de vida: más bien es muerte, y tanto más peligrosa cuanto que, por amor de esta muerte, llegamos a temer la muerte que nos libera de ella), después de tan enormes calamidades, tan repetidas, tan horrendas, al fin un día se llega a la visión de Dios, tras expiarlas y darles fin por medio de la verdadera religión y sabiduría; se entra en la bienaventuranza por la contemplación de la luz incorpórea, gracias a la participación de la no mudable inmortalidad de aquel a quien nos abrasa el deseo de poseer; pero todo esto con la particularidad de que un día fatalmente hay que abandonar esa bienaventuranza y a quienes son arrancados de aquella eternidad, de aquella verdad, de aquella felicidad, se les arroja a la infernal mortalidad, a la vergonzosa estupidez, a la miseria abominable, donde se pierde a Dios, donde se detesta la verdad, donde se busca la felicidad en inmundas vilezas? Y así una y mil veces, sin terminar jamás, a intervalos fijos, con distancias de siglos, siempre igual en el pasado, siempre igual en el futuro. ¡Y la razón de estas eternas idas y venidas en círculos definidos, a través de nuestra engañosa felicidad y de nuestra real miseria, alternando, si, pero interminables en su incesante retorno; es para que Dios conozca su obra, puesto que no puede cesar de crear, ni abarcar con su saber un número infinito de criaturas!

¿Quién prestará oídos a semejantes afirmaciones? ¿Quién les dará crédito? ¿Quién las soportará? En la hipótesis de que esto fuera verdad, no sólo sería más prudente callarlo, sino (para expresarme de alguna forma) sería más sabio no conocerlo. Porque si en la otra vida no nos queda el recuerdo de todo esto, y así seremos felices, ¿para qué agravar más ahora nuestra miseria con su conocimiento? Y si allá lo hemos de conocer forzosamente, ignorémoslo en esta vida al menos para que nuestro anhelo del bien supremo sea más dichoso aquí que su posesión allá: aquí por lo menos se tiene la esperanza de conseguir una vida eterna; allá, en cambio, se descubre que esa felicidad no es eterna, puesto que hay que perderla un día.

2. Tal vez insistan en que nadie puede conseguir esta felicidad sin un previo conocimiento en esta vida de tales cielos donde se turnan mutuamente la felicidad y la desgracia; ¿cómo afirman que cuanto más uno ame a Dios, tanta mayor facilidad tendrá en llegar a la felicidad, ellos que enseñan doctrinas entorpecedoras del amor mismo? En efecto, ¿quién no comenzará a sentir que se debilita y se apaga su amor a Dios al pensar que tendrá que abandonarlo sin remedio y sentirse enemigo de su verdad y de su sabiduría, precisamente cuando había llegado al pleno conocimiento de Dios, según su capacidad, con la perfección que da la bienaventuranza? ¿Puede uno amar fielmente a un amigo si sabe que está destinado a ser su enemigo?[21]

Pero no quiera Dios que sean ciertas tales amenazas de una perpetua y profunda miseria, sólo interrumpida de vez en cuando por períodos de engañosa felicidad. ¿Qué puede haber más falso y decepcionante que esa felicidad, en la que, sumidos en la luz plena de la verdad, ignoramos la desgracia que nos aguarda, o, si la conocemos, la estamos temiendo aun encumbrados en el templo de la felicidad? Porque si por un lado, hemos de ignorar allá las calamidades que nos acechan, en cuyo caso nuestro período de miserias acá en la tierra es más sabio, ya que conocemos la felicidad que nos aguarda; o por otro, si allá no se nos ocultan las catástrofes que se avecinan, el alma transcurrirá más feliz el período calamitoso, tras el cual será encumbrada a la beatitud, que el período feliz, tras el cual será devuelta a su miseria. Esta sería la consecuencia, habría una esperanza feliz en medio de la infelicidad, y en medio de la felicidad una esperanza infeliz. El sufrimiento acá de los males presentes, y el temor allá de los inminentes, conseguirían hacernos siempre y realmente desgraciados, más bien que alguna vez dichosos.

3. Pero todo esto es declarado falso por el alto testimonio de la religión y de la verdad; porque la religión nos promete seriamente la auténtica felicidad, de cuya seguridad podemos estar seguros y que no puede ser interrumpida por ninguna desgracia. Sigamos el camino recto, que es Cristo, y con Él como Guía y Salvador apartemos de nuestra nuestra mente y de nuestro corazón esos quiméricos e inútiles ciclos cósmicos.

---

21. Es lo mismo que dice Cicerón en su obra sobre la amistad: "Quonam modo quisquam amicus esse poterit, cuise se putabit inimicum esse posse?" (*De Amicitia*, 16). Cita también a Escipio para quien ningún sentimiento es más enemigo de la amistad que este, que deberíamos amar como un día fuéramos a odiar.

Ya Porfirio, discípulo de Platón, se negó a admitir la sentencia de su propia escuela, en relación con estos ciclos y estas idas y venidas incesantes de las almas, tal vez convencido por la inconsistencia intrínseca de esta opinión, o quizá porque le merecía ya un respeto el cristianismo. Prefirió afirmar, como ya hice mención en el libro décimo[22], que el alma ha sido enviada al mundo con el fin de que conozca el mal, y así, liberada y purgada de él, cuando retorne al Padre, no tenga que padecer jamás algo semejante. Y si este filósofo abjura de las creencias de su escuela, ¡cuánto más nosotros estamos en el deber de evitar y de detestar una opinión tan infundada y enemiga de la fe cristiana!

Desechados y desvanecidos por sí mismos estos ciclos, nada nos obliga a pensar que el género humano ha carecido de un comienzo temporal en el principio de su existencia por no sé qué retornos circulares que excluyen en los seres toda novedad no existente antes, y tras los consabidos intervalos que vuelva otra vez. Porque si el alma, que ya no ha de volver a sus miserias, se ve libre como no se había visto antes jamás, sucede en ella algo que nunca había tenido lugar, algo realmente grande, como es el que nunca perderá ya la eterna felicidad. Y si en la naturaleza inmortal sucede una novedad tan importante, no repetida en ciclo anterior alguno, ni posterior, ¿por qué se pretende negar esta misma posibilidad en los seres mortales? Quizá respondan que en el alma no se da la novedad de la beatitud, ya que retorna a la misma que había tenido siempre. Con todo, si es nueva esta liberación, puesto que se ve libre de un mal que antes nunca había tenido; la misma miseria es una novedad en ella, no padecida antes.

Ahora bien, si la novedad de que hablamos no cae fuera de la ordenación de las cosas regidas por la divina Providencia, sino que más bien es una pura casualidad, ¿dónde quedan los famosos ciclos, determinados y precisos, en los que nada nuevo sucede, todo se repite con exactitud al pasado? Porque si esta novedad no queda excluida del orden providencial, sea que el alma haya sido enviada al cuerpo, sea que haya caído, en tal caso pueden ocurrir novedades que antes no se habían dado y, sin embargo, no caen fuera del orden de la creación. Y si, por un supuesto, la imprudencia del alma le ha acarreado una nueva miseria, prevista también por la divina Providencia, para incluirla en la ordenación universal, y librarla de ella no sin previsión, ¿a título de qué la vanidad humana tendrá la osadía de negar a la Divinidad la posibilidad de crear nuevas cosas, nuevas no para ella, sino para el mundo, jamás creadas antes y nunca excluidas de su previsión?

22. Libro X y cap. 30.

Podrán todavía añadir que las almas liberadas ya no volverán a su estado miserable, pero que esto nada de nuevo aporta; primero unas y luego otras han sido liberadas, lo son y lo serán. Si ello es así, no tienen más remedio que conceder la creación de nuevas almas que caen en una miseria no experimentada por ellas, y alcanzan una liberación también nueva. Replicarán tal vez que las almas tienen una antigüedad que se pierde en lo eterno, de las que van surgiendo cada día nuevos hombres. Si viven en sus respectivos cuerpos sabiamente, se verán libres de ellos hasta el punto de no retornar jamás a sus miserias. La consecuencia forzosa es que tiene que existir un número infinito de almas. En efecto, por grande que fuera su número, no sería suficiente para abastecer el infinito número de siglos precedentes, y que estuvieran surgiendo de él hombres constantemente, cuyas almas habían de ir quedando libres para no volver más a caer. No sabrían tampoco explicar estos filósofos cómo en los seres creados, que, según ellos, deben ser finitos en número para poder conocerlos Dios, se da un número infinito de almas.

4. Y ahora que hemos quebrado esos ciclos de los que se suponía que llevaban las almas a sus miserias de siempre; ¿qué puede verse más de acuerdo con la religión que admitir la posibilidad de que Dios cree seres nuevos que nunca había hecho, y, por su inefable presciencia, su voluntad no sea mutable? En cuanto a saber si el número de las almas liberadas, que ya no volverán a su vida miserable, puede estar aumentando sin cesar, que lo averigüen quienes se pierden en sutiles discusiones con objeto de poner límites a la infinitud de la creación. Nosotros terminaremos nuestro raciocinio con este dilema: Supongamos que este aumento es posible. Entonces, ¿qué razón hay para negar la posibilidad de crear cosas nuevas, que no existieron jamás, cuando las almas liberadas, que no habían existido antes, no solamente fueron creadas una vez, sino que su número no cesa de aumentar? Pero supongamos que hay que limitar el número de almas que, una vez libres de sus calamidades, ya no descenderán jamás a ellas, incluso que esta cifra no aumente más. También ella, sea la que sea, no ha existido antes, sin duda alguna que no podría crecer, naturalmente, y llegar a su límite si no hubiera tenido principio. Este principio tampoco había existido antes. Para que existiera fue creado el hombre, antes del cual ningún hombre había existido.

21. La raza humana deriva de un solo individuo

Ya que hemos explicado lo mejor que hemos podido esta cuestión tan difícil acerca de la eternidad de un Dios que crea nuevos seres, sin novedad alguna para su voluntad, ahora nos será más fácil descubrir cómo fue mucho más conveniente lo que de hecho realizó Dios: hacer surgir de un solo hombre, creado previamente, toda la humanidad, en lugar de hacerla surgir de muchos hombres.

Respecto a los animales a unos creó solitarios, digamos huidizos, porque prefieren estar solos, como son el águila, el milano, el león, el lobo, y semejantes.; y a otros gregarios, que viven en manada, o en rebaño, como las palomas, los estorninos, los ciervos, los gamos, y semejantes. En ambas clases de animales, Dios no ha determinado su propagación a partir de un solo individuo, sino de varios a la vez. En cambio, al hombre lo dotó de una naturaleza en cierto modo intermedia entre los ángeles y las bestias; sí se mantenía fiel a los mandatos de su Creador, y sometido a Él como a su dueño verdadero, en religiosa obediencia, llegaría a alcanzar la compañía de los ángeles, consiguiendo una feliz e interminable inmortalidad sin pasar por la muerte. Si, en cambio, ofendía a Dios, su Señor, haciendo uso de su libre voluntad de una manera orgullosa y desobediente, sería condenado a morir, llevando una vida parecida a las bestias, esclavo de sus pasiones y destinado, tras la muerte, a un suplicio eterno.

Por tanto, Dios creó solamente un individuo, no para dejarlo solitario, sin la compañía humana, sino para poner más de relieve a sus ojos el vínculo de unidad y concordia que debe tener esta sociedad, estando los humanos entre sí ligados no sólo por la identidad de naturaleza, sino por vínculos efectivos de parentesco. Ni siquiera a la mujer, destinada a unirse con el varón, la quiso crear como a él, sino formándola de él, para que todo el género humano se propagase de un único hombre.

22. Presciencia divina del pecado del primer hombre y adopción de los justos

Dios no ignoraba que el hombre había de pecar, y que, sometiéndose a sí mismo a la muerte, había de propagar seres destinados a morir, y que esta raza de mortales había de llegar tan lejos en su salvajismo pecador, que las mismas bestias irracionales y sin voluntad, nacidas de múltiples estirpes, unas de las aguas, otras de la tierra, vivirían entre sí con más paz y seguridad que los hombres, surgida toda su estirpe de un solo individuo para asegurar la concordia. Jamás los leones ni los dragones han desencadenado entre sí mismos guerras semejantes a las humanas[23].

Pero Dios tenía previsto también la llamada a la adopción por su gracia de un pueblo de justos, destinándolo a vivir la paz eterna en compañía de los santos ángeles, después de perdonarle sus pecados y santificar-

---

23. Juvenal, *Sat.* XV, 60.

lo por el Espíritu Santo, "destruido su último enemigo, la muerte" (1 Cor. 15:26). A este pueblo le habría de ser útil la consideración de que Dios decidió la creación del género humano a partir de un solo hombre para hacerle más patente a los hombres cuánto le agrada la unidad, incluso en la pluralidad.

23. Creación del alma humana

Formó, pues, Dios al hombre a su imagen. Dotó su alma de cualidades tales que por su razón e inteligencia fuera superior a todo animal terrestre, acuático y volador, desprovistos de un espíritu como el suyo. Una vez formado el hombre del polvo de la tierra, le infundió un alma con las características ya descritas.

La manera de realizarlo pudo ser diversa, o bien teniéndola ya creada se la introdujo con un soplo, o bien al soplar se la creó, haciendo que el mismo soplo, creado al soplar (¿qué otra cosa es "soplar", sino crear un soplo?) fuese el alma del hombre[24]. Luego, como una ayuda para la generación, le dio una esposa, sacándola, como Dios que era, de un hueso arrancado de su costado.

Todo esto no lo debemos imaginar realizado de una manera corporal, como es costumbre ver a los artesanos, que modelan con sus propias manos lo que alcance la habilidad de su arte, utilizando una materia cualquiera. La mano de Dios es la potencia de Dios, capaz de realizar seres visibles de una forma invisible. Pero esto parece una fábula más bien que una realidad para quienes utilizan las obras vulgares de todos los días como medida de la capacidad creadora y de la sabiduría de Dios, que sabe y puede crear hasta la misma simiente de la vida sin semillas. Y porque no pueden comprender las cosas que fueron hechas al principio, se vuelven escépticos, como si los mismos misterios de la concepción y nacimiento del hombre, que ellos conocen, no les parecerían menos increíbles a los que no tienen experiencia de ellos, aunque la mayoría de ellos atribuyen estas maravillas a causas físicas y naturales que a la obra de la divina inteligencia.

24. Contra demiurgos o creadores intermedios

Pero en este libro no tenemos nada que decir a quienes niegan que la inteligencia divina crea y cuida de este mundo, sino a quienes, siguiendo a su maestro Platón, no creen que sea el mismo Dios supremo, creador

---

24. Agustín, *Gen. ad lit.* VII,35.

del mundo, sino otros dioses menores, creados por Él, quienes han formado, con su mandato y bajo su control, todos los seres vivientes mortales[25], entre ellos el hombre, que ocupa el lugar preeminente, alcanzando un parentesco con los mismos dioses.

Si estos platónicos eliminaran la superstición que les impulsa a justificar los honores divinos y los sacrificios hechos a los dioses como a sus creadores, sin dificultad se verían libres de esta opinión errónea. No es lícito creer ni decir, incluso antes de poder comprenderlo, que alguien, fuera de Dios, puede ser creador de naturaleza alguna, por más que sea insignificante y mortal. Los ángeles, a quienes ellos prefieren llamar dioses, aunque se les permite u ordena prestar su colaboración a los seres que nacen en el mundo, tan lejos están de poderse llamar creadores de los animales, como lo está el labrador respecto de los frutos o de los árboles.

25. Sólo Dios es Creador

Hay una forma visible que se le comunica a la materia corporal desde fuera, como hacen los alfareros, los herreros y esa clase de artistas que pintan o esculpen formas semejantes a cuerpos vivientes. Pero existe otra forma, cuya causa eficiente es intrínseca, nacida de la íntima y misteriosa libre voluntad de una naturaleza viviente e inteligente, y cuyos efectos son no solamente las formas corporales de las naturalezas, sino incluso las mismas almas de los seres animados, sin que ella sea producida por otra causa.

La primera de estas formas pertenece a diversos artífices, pero la segunda es propia de un solo artífice, que es Dios, autor y creador, que ha formado el mundo y los ángeles sin necesidad de otro mundo ni otros ángeles. Ha sido este poder divino y, por así decir, eficaz, que sólo sabe hacer y no puede ser hecho, quien ha conferido la forma a la redondez del cielo del sol en la creación del mundo; ese mismo poder, divino y eficaz, que sólo sabe hacer y no puede ser hecho, quien ha conferido la forma a la redondez del ojo, y de la manzana y del resto de las formas naturales. Lo podemos observar en los diversos seres que nacen cómo no les viene la forma de fuera, sino que surge del íntimo poder del Creador, quien dijo: "Yo lleno el cielo y la tierra" (Jer. 23:24). Y su sabiduría es tal "que alcanza con vigor de extremo a extremo y gobierna el universo con acierto" (Sab. 8:1).

---

25. Platón, *Timeo*, 41a-43b.

En realidad desconozco qué clase de ayuda hayan podido prestar los ángeles, creados ellos mismos los primeros, al Creador cuando estaba formando el restó de los seres. Por un lado, no me atrevo a conferirles poderes de los que quizá no son capaces, y, por otro, me veo en el deber de no restarles los que realmente tienen. Así y todo, la creación y la formación de cada naturaleza, por la que llega a ser plenamente tal naturaleza, se la reservo a Dios, aunque también colaboren los ángeles, conscientes ellos y agradecidos de que su mismo ser se lo deben también a Él.

No llamamos a los agricultores creadores de sus frutos, puesto que leemos: "Ni el que planta es nada, ni el que riega, sino el que hace crecer, o sea, Dios" (1ª Cor. 3:7). Tampoco se lo llamamos a la misma tierra, a pesar de que parece ser la madre universal y fecunda, que da impulso a los gérmenes que brotan, y mantiene en su seno las raíces fijas de las plantas. También leemos: "Es Dios quien le da la forma que a Él le pareció, a cada semilla la propia suya" (1ª Cor. 15:38). Ni siquiera a la mujer debemos llamar creadora del fruto de sus entrañas, sino más bien a aquel que le dijo a uno de sus servidores: "Te conozco desde antes de formarte en el vientre" (Jer. 1:5). Y aunque los distintos estados de ánimo de la que está encinta pueden como rodear a la criatura de unas disposiciones determinadas —recuérdese lo que hizo Jacob con las varas estriadas para obtener crías de colores variados en su ganado (Gn. 30:37)—, sin embargo, la madre es tan poco creadora de sus retoños como de sí misma.

Sean cuales sean las causas corporales o semanales que se den en la generación de los seres, bien por obra de los ángeles, de los hombres o de cualesquiera vivientes, bien por la unión de los sexos; sea como sea el poder de los deseos y emociones del alma materna para imprimir ciertos rasgos o colores en el fruto tierno y moldeable de su seno, las naturalezas en sí mismas, impresionables de una u otra forma, según su especie, están hechas única y exclusivamente por el Dios supremo, cuyo secreto poder lo penetra todo con su presencia incorruptible y hace que exista cuanto de algún modo es y en el grado que es, si no fuera por su acción, nada sería así o asá; más bien no podría ser en absoluto[26].

Respecto a la forma exterior que los artesanos imprimen a sus obras, no decimos que Roma y Alejandría fueron fundadas por albañiles ni arquitectos, sino por reyes, por cuya voluntad, decisión y orden fueron construidas; en un caso, Rómulo y y en otro, Alejandro. Con mucha más razón debemos llamar creador de las diversas naturalezas a Dios exclusivamente, que no forma nada de una materia si no es la creada por Él, y no tiene más obreros que los creados por Él. Y si, por decirlo así, retirase

---

26. Agustín, *De Trin.*, III,13-16.

de las cosas su poder creativo, volverían a la nada en la que estaban antes de ser creadas. Digo "antes" refiriéndome a la eternidad, no al tiempo. Porque ¿qué otro creador hay del tiempo, sino el que formó los seres, cuyo movimiento hace posible el correr del tiempo?[27]

26. Falsedad del retorno de las almas y de creadores intermedios

Platón atribuye a los dioses inferiores, creados ellos, a su vez, por el Dios supremo, la formación del resto de los seres vivientes, pero con esta modalidad, la parte inmortal les venía de Dios, y ellos les dotaban de la mortal. No quiso, pues, hacerlos creadores de nuestras almas, sino de nuestros cuerpos. Pero ya que según Porfirio debemos huir de todo cuerpo para purificar nuestra alma, y al mismo tiempo concuerda con su maestro Platón y otros compañeros de escuela, que aquellos que han vivido en los excesos y en la lujuria vuelven, como castigo de sus faltas, a habitar en cuerpos mortales (al cuerpo de bestias, según Platón; solamente a cuerpos humanos según Porfirio), se sigue que tales dioses, que ellos pretenden les demos culto, como a nuestros padres y creadores, no son más que los fabricantes de nuestras cadenas y de nuestras prisiones.

Lejos de ser nuestros creadores, son nuestros carceleros, que nos cargan de pesadas cadenas y nos encierran en las más dura y amarga casa de corrección. Dejen los platónicos de amenazarnos con este cuerpo como castigo por los delitos del alma, o que no nos prediquen la obligación de dar culto a tales dioses, al tiempo que nos exhortan la huida, la lejanía, cuanto sea posible de su obra, el cuerpo, porque ambas opiniones son bastante falsas. Una pura patraña. Es falso que las almas expían sus culpas por su retorno a esta vida; y es falso que hay otro creador de los seres animados en el cielo y en la tierra más que el autor del cielo y de la tierra. Porque si vivimos en un cuerpo sólo para expiar nuestros pecados, entonces ¿cómo dice Platón en otro lugar, que este mundo no habría podido alcanzar la plenitud de la hermosura y de la bondad más que estando poblado de toda clase de seres vivientes, a saber, mortales e inmortales?[28]

---

27. Véase libro XI,5 de esta misma obra.

28. "Vosotros, hijos de los dioses, considerar de qué obras soy yo padre y hacedor. Son indisolubles contra mi voluntad, aunque todo lo compuesta pueda disolverse, pero no es propio del bien querer separar lo que la razón ha unido. Mas, por haber nacido, no podéis ser inmortales, indisolubles. Sin embargo, no os disolveréis ni hado alguno de muerte os quitará la vida, porque no será más poderoso que mi voluntad, que es un vínculo más fuerte para vuestra perpetuidad que el hado a que quedasteis ligados al comenzar vuestra existencia" (Platón, *Timeo*. Cf. *Ciudad de Dios*, XIII, 16).

Y si nuestra creación, de la que, al menos como mortales, formamos parte, es un don divino, ¿a título de qué supone un castigo el regresar a estos cuerpos, o, lo que es lo mismo, a esta donación divina? Dios, repite constantemente Platón, poseía en su inteligencia eterna las formas de todos los seres vivientes, lo mismo que del universo entero, ¿por qué entonces no fue Él personalmente quien iba creando todas las cosas? ¿Es que rehusaba ser el artífice de algunas de ellas cuando su mente, inalcanzable y digna de alabanzas hasta lo indecible, estaba en posesión de la virtuosidad precisa para crearlas todas?

27. Unidad de la raza y vicio de la discordia

1. Con buena causa, pues, la religión verdadera reconoce y proclama Creador de todos los seres animados, tanto cuerpos como almas, al mismo que creó el mundo entero. Entre los animales terrestres el hombre fue hecho por Dios a su imagen, y, por las razones antes citadas, y tal vez por alguna otra mayor que se nos oculta, fue creado un solo individuo, aunque no fue abandonado a su soledad. Ninguna raza hay tan sociable por naturaleza, y tan dada a la discordia en su degradación. No ha podido la naturaleza humana expresarse más claramente contra el vicio de la discordia, sea para prevenirla, sea para remediarla, que recordándonos aquel primer padre a quien Dios quiso crear como un solo individuo, del cual se propagaría la humanidad con el fin de que, aun siendo muchos, nos conservásemos unidos en la concordia, ayudándonos por este recuerdo.

El hecho de que se le haya dado una mujer sacada de su propio costado muestra bien a las claras lo mucho que se debe cuidar la unión entre el marido y su mujer. Estas operaciones de Dios son excepcionales precisamente por ser las primeras. Quienes no crean en ellas no deben creer en ningún hecho prodigioso, porque ni siquiera estos mismos hechos, si tuvieran lugar por el transcurso normal de la naturaleza, se llamarían prodigios. ¿Es que sucede algo sin sentido bajo un gobierno tan perfecto de la divina Providencia, aunque se nos oculte la causa que lo produce? Dice uno de los Salmos sagrados: "Venid a ver las obras del Señor, los prodigios que hace sobre la tierra" (Sal. 46:8). Trataremos en otro lugar, con la ayuda de Dios, las razones de haber hecho la mujer del costado del varón, y qué sentido puede tener tal prodigio, en cierto modo el primero.

2. Por ahora, ya que este libro debe terminar, digamos simplemente que en el primer hombre creado se puso el fundamento, no de hecho, evidentemente, sino en la presciencia de Dios, de esas dos ciudades o sociedades, en lo que respecta al género humano. Porque de este primer

hombre procederían todos los hombres, algunos de ellos para asociarse a los ángeles buenos en su premio, y otros a los malvados en su castigo; siendo todo ordenado por la secreta pero justa determinación de Dios. Porque está escrito: "Las sendas del Señor son misericordia y verdad" (Sal. 25:10). De ahí que ni su gracia puede ser injusta, ni cruel su justicia.

Libro XIII

1. Caída del primer hombre y la mortalidad contraída

Resueltas tan difíciles cuestiones como las relativas al comienzo de este mundo y del genero humano, el plan de la obra nos exige ya el debate que hemos iniciado sobre la caída del primer o, mejor, de los primeros hombres, el origen y la propagación de la muerte en la humanidad. Dios no había creado a los hombres como a los ángeles, inmortales aunque pecaran, sino que los creo en tal condición que si cumplían con el deber de la obediencia, se verían coronados con la inmortalidad angélica y la eternidad feliz, pero si des obedecían sufrirían como justo castigo la pena de la muerte. De esto ya hemos hablado en el libro anterior[1].

2. La muerte que afecta al alma y al cuerpo

Pero veo que es preciso examinar un poco más detenidamente la naturaleza de la muerte. Pues aunque se dice con verdad que el alma humana es inmortal, tiene, sin embargo, una muerte peculiar. Se dice que es inmortal porque, en cierto modo, no deja de vivir y de sentir; mientras el cuerpo es mortal porque puede llegar a ser privado de toda vida, sin poder vivir en modo alguno por si mismo. Por consiguiente, muere el alma cuando es abandonada por Dios, y muere el cuerpo cuando es abandonado por el alma[2]. Así que la muerte de la una y del otro, es decir, de todo el hombre, tiene lugar cuando el alma, dejada Por Dios, abandona el cuerpo, ya que entonces ni ella vive por Dios ni el cuerpo por ella.

A semejante muerte de todo el hombre sigue aquella otra que la autoridad de la palabra divina llama "muerte segunda" (Ap. 2:11; 21:8). A ella se refirió el Salvador cuando dijo: "Temed al que puede acabar con el alma y cuerpo en el infierno" (Mt. 10:28). Y como esto no puede suceder antes de que el alma este unida al cuerpo, de manera que no pueda sepa-

---

1. Cap. 21.
2. El alma es la vida del cuerpo, como Dios es la vida del alma, en la firme convicción de Agustín que aparece en todos sus escritos. Cf. *De beata vida* 2,7; *De quant. anim.* 1,2; 4,5; *De mor. Eccle. cath.* I,5,7; *De libre arbitrio* II, 6,13; *Confes.* III,6,10; *De Gen. ad litt.* VIII,21,30; *In Ioan Evang.* tr. 23,7; tr. 47,8; *Serm.* 65,5.

rarlos desgarramiento alguno, puede parecer extraño afirmar que perece el cuerpo con una muerte en que no es abandonado por el alma, sino que conserva la vida y el sentido en medio de los tormentos. En la pena ultima, la eterna, sobre la que en su lugar habla remos mar detenidamente, con razón se dice que muere el alma, ya que no vive de Dios; pero ¿cómo se puede hablar de la muerte del cuerpo si sigue viviendo por el alma? No puede, en efecto, sentir de otra manera los tormentos corporales que seguirán a la resurrección. ¿Acaso siendo un bien la vida, cualquier vida, y el dolor un mal, ha de decirse que no vive un cuerpo, en el cual el alma no es la causa de la vida, sino del dolor?

Por tanto, el alma vive de Dios cuando vive bien; no puede vivir bien si no obra Dios en ella el bien. Vive, en cambio, del alma el cuerpo cuando el alma vive en el, viva ella de Dios o no. Pues la vida de los impíos en el cuerpo no es vida del alma, sino del cuerpo; y era vida pueden dáresla incluso las almas muertas, es decir, dejadas de Dios, aunque no cese en ellas su propia vida, por la cual son inmortales. Pero en la condenación ultima, aunque es verdad que el hombre no dejará de sentir. como esta sensación ni es agradable por el placer ni saludable por su quietud, sino penal por el dolor, no sin razón se llama muerte y no vida; pero muerte segunda, por tener lugar después de la primera, en la que se realiza la ruptura de la unión existente entre dos naturalezas, la de Dios y el alma, o la del alma y el cuerpo. Por eso se puede decir que la primera muerte del cuerpo es buena para los buenos y mala para los malos; pero la segunda, como no es propia de ningún bueno, no puede ser buena para nadie.

3. ¿Es la muerte transmitida a toda la humanidad por el pecado del primer hombre, también pena para los santos?

He aquí una cuestión que no podemos eludir: si en verdad la muerte, por la que se separan el alma y el cuerpo, es buena para los buenos. Porque si es así, cómo puede ser ella también pena del pecado? Si de hecho los primeros padres no hubieran pecado, no habrían estado sujetos a ella. ¿Cómo, pues, puede ser buena para los buenos si no podía sobrevenir mas que a los malos? Pero, a su vez, si no pudiera suceder sino a los malos, no debía ser buena para los buenos, ni existir siquiera. ¿Por que había de existir una pena para quienes nada había que castigar?

Po lo cual se debe reconocer que los primeros hombres fueron creados en tal condición que, de no pecar, no experimentarían ninguna clase de muerte; pero siendo ellos mismos los primeros pecadores, la pena de muerte fue tal que brota de su estirpe está sujeto a la misma pena de muerte. Porque nada más nacería de ellos que lo que ellos fueran. Por la magnitud de aquella culpa la condenación deterioró su naturaleza, de modo que lo que era solo una pena en los que pecaron primero, se hizo naturaleza en los que de ellos nacieron. Porque no nace el hombre del hombre como nació el hombre del polvo. El polvo no es más que la materia para la formación del hombre. En cambio, el hombre en la generación del hombre es padre. Por ello la carne no es tierra, aunque haya sido hecha de la tierra, y lo que es el padre, esto es, hombre, eso mismo es el hijo, hombre.

Por consiguiente, todo el genero humano que se había de propagar por la mujer estaba en el primer hombre cuando aquella unión de los cónyuges recibió de Dios la sentencia de su condenación. Y en relación con el origen del pecado y de la muerte, el hombre transmitió aquello en lo que se convirtió, no por ser creado, sino cuando pecó y recibió el castigo.

Porque el hombre no fue reducido por el pecado o por la pena del mismo a un estado de ineptitud infantil o debilidad de alma y cuerpo que vemos en los niños. Dios quiso que, como los principios de los cachorrillos, tales fueran los principios del hombre, a cuyos padres había rebajado a la vida y muerte de las bestias, como esta escrito: "El hombre, constituido en honor, no ha tenido discernimiento. Se ha igualado a los brutos, carentes de entendimiento, y se ha hecho como uno de ellos" (Sal. 49:12). Con la diferencia de que en el ejercicio y movimiento de sus miembros y en el instinto de apetencias y de defensas, vemos que los niños son más torpes que los retoños más tiernos de los otros animales, como si la virtualidad del cuerpo del hombre se lanzara hacia arriba sobre los demás animales tanto más cuanto más se encogiera su impulso, a la manera de la flecha cuando se tensa el arco.

No cayó, pues, o se lanzó el primer hombre a semejante rudeza infantil por su presunción culpable y justa condena, sino que la naturaleza humana quedo viciada y alterada en él hasta tal extremo que sufre en sus miembros la insumisa desobediencia de la concupiscencia y se siente sometido a la necesidad de morir. Así engendra lo que él fue hecho por la culpa y la pena, seres sujetos al pecado y a la muerte. Y si los niños son liberados por la gracia del Salvador de este vínculo del pecado, sólo han de soportar la muerte que separa el alma del cuerpo, pero redimidos de la obligación del pecado, no pasan a la segunda muerte, que es penal y sin término.

4. ¿Por qué no se evita la muerte, castigo del pecado, a los que han recibido la gracia de la redención?

Quizá alguno pregunte por qué han de sufrir esa primera muerte, si es pena del pecado, aquellos cuya culpa ha sido cancelada por la gracia. Esta cuestión la hemos tratado ya y resuelto en la obra que escribimos sobre el bautismo de los párvulos[3]. Allí se dijo que, aun suprimiendo el vínculo del delito, le quedaba al alma la experiencia de la separación del cuerpo, porque si la inmortalidad del cuerpo siguiera inmediatamente al sacramento de la regeneración, se enervaría la misma fe, que es fe precisamente porque se aguarda en la esperanza lo que no se ve en la realidad. Y es por el vigor y esfuerzo de la fe como, al menos en tiempos pasados, había de vencerse el temor de la muerte. Lo vemos destacar especialmente en los santos mártires, cuyo combate no reportaría victoria ni gloria alguna de no existir en absoluto esa lucha si después del baño de la regeneración no estuvieran ya sujetos los santos a la muerte corporal. Y ¿quién no correría, en compañía de los niños, a la gracia del bautismo de Cristo, con el objeto mas bien de liberarse de la muerte? Así no se probaría la fe con el premio invisible; antes ni existiría la fe al buscar y recibir inmediatamente la recompensa de su obra.

Pero ahora, por la gracia mas elevada y admirable del Salvador, la pena del pecado se ha convertido en instrumento de justicia. Pues si entonces se dijo al hombre: "Si pecas, morirás" (Gn. 2:17), ahora se dice al mártir: "Muere para no pecar". Si entonces se le dijo al hombre: "Si traspasas el mandamiento, morirás", ahora se le dice: "Si rehusas la muerte, traspasas el mandamiento". Lo que había de temer entonces para no pecar debe aceptarse ahora por miedo de pecar. Así, por la inefable misericordia de Dios, la pena de los vicios se transformó en arma de virtud, a incluso el suplicio del pecador se convierte en recompensa del justo. Se adquirió la muerte pecando; ahora se completa la justicia muriendo.

Esto se realiza en los santos mártires, a quienes el perseguidor propone la alternativa de dejar la fe o de sufrir la muerte, pues los justos prefieren sufrir por la fe lo que los primeros pecadores sufrieron por no creer. En efecto, aquellos, si no hubieran pecado, no morirían, y estos pecan si no mueren. Murieron, pues, aquellos por haber pecado; no pecan estos, porque mueren. Por la culpa de aquellos se llegó a la pena; por la pena de estos se evita la culpa. No porque se ha convertido en un bien la muerte, que antes fue un mal; antes bien, Dios otorgo tal gracia a la fe, que la muerte, que tan contraria es a la vida, se ha convertido en un instrumento por el que se alcanza la vida.

---

3. *De baptismo parvulorum*, título con que se designan los tres libros *De peccatorum meritis et remissione*.

5. Como los pecadores usan mal de la ley, que es buena, así los justos usan bien de la muerte, que es mala

El apóstol, al tratar de demostrar cuál es el poder del pecado para perjudicar, sin la ayuda de la gracia, no tiene reparo en llamar fuerza del pecado a la misma ley que prohíbe el pecado. Dice: "El aguijón de la muerte es el pecado, y la fuerza del pecado, la ley" (1ª Cor. 15:56). Y con mucha verdad, porque la prohibición aumenta el deseo de lo prohibido cuando no se ama la justicia de modo que el deseo de pecar sea vencido por ese amor. Pero a menos que la gracia divina nos ayude, no podemos amar y gustar la justicia verdadera. Pero a fin de que el apelativo "fuerza del pecado" dado a la ley no haga pensar que la ley es mala, dice en otro lugar tratando del mismo asunto: "De manera que la ley a la verdad es santa, y el mandamiento santo, y justo, y bueno. ¿Luego lo que es bueno, a mí me es hecho muerte? No; sino que el pecado, para mostrarse pecado, por lo bueno me obró la muerte, haciéndose pecado sobremanera maligno por el mandamiento" (Ro. 7:13-13). Dijo "sobremanera", porque cuando aumenta el deseo de pecar y es despreciada la ley, se añade además la prevaricación. ¿Por qué hemos creído digno de ser citado esto? Porque, como la ley no es un mal cuando aumenta la concupiscencia del pecado, así la muerte no es un bien cuando aumenta la gloria de los que sufren, ya que la primera es abandonada impíamente, y hace transgresores, y la última es abrazada por amor de la verdad y hace mártires. Así, la ley es buena sin duda, porque es prohibición del pecado, y la muerte es mala porque es la paga del pecado; pero así como los pecadores hacen mal uso no sólo de los males, sino también de los bienes, así los justos usan bien no sólo de los bienes, sino también de los males. He aquí el porqué de que los malos usan mal de la ley, aunque la ley es un bien, y de que los buenos mueran bien, aunque la muerte es un mal.

6. El mal de la muerte en general

Por lo que toca a la muerte del cuerpo, es decir, la separación del alma y del cuerpo, cuando la soportan los que llamamos moribundos, no es buena para nadie. La misma fuerza que desgarra lo que había estado unido y como entrelazado en el ser viviente, produce, mientras se prolonga su acción, una sensación dura y contra la naturaleza, hasta perder toda la sensibilidad que existía por la unión del alma y la carne. A veces un golpe del cuerpo o un arrebato del alma puede hacer desaparecer por entero toda esta angustia, sin dejar sentirla por la rapidez con que se presenta. De todos modos, cualquiera que sea la causa que les priva a los moribundos de la sensación, si lo toleran religiosa y fielmente, aumenta el mérito de la paciencia, pero no suprime el nombre de castigo. Así, por ser la muerte castigo del que nace de la propagación ininterrumpida del primer hombre, sin embargo, si se sufre por la religión y la justicia, se convierte en gloria de los que nacen de nuevo. Y siendo la muerte el salario del pecado, consigue a veces que nada sea debido al pecado[4].

7. La muerte de los mártires sin bautizar

En efecto, cuantos mueren por confesar a Cristo sin haber recibido el bautismo de la regeneración encuentran en la muerte tal poder para remisión de sus pecados como si fueran lavados en la sagrada fuente del bautismo. Pues quien dijo: "A menos que uno nazca del agua y del espíritu, no puede entrar en el reino de Dios" (Jn. 3:5), exceptuó a éstos en otro pasaje, donde habla con idéntica generalidad: "Al que me confesare delante de los hombres, yo también le confesare delante de mi Padre, que está en los cielos" (Mt. 10:32); y aún en otro lugar: "El que pierda su vida por mi, la encontrará" (Mt. 16:25).

Esto explica el verso que dice: "Preciosa es al Señor la muerte de sus santos" (Sal. 116:15). ¿Hay algo más precioso que la muerte que consigue la remisión de todos los pecados y el aumento acumulativo de los méritos? Porque los que recibieron el bautismo al no poder diferir la muerte, y partieron de esta vida borrados todos sus pecados, no tienen un mérito tan grande como quienes, estando en su mano, no dilataron la muerte por preferir terminar la vida confesando a Cristo antes que llegar a su bautismo negándole. Incluso aunque hubieran negado a Cristo por la presión del miedo a la muerte, se les perdonaría en el bautismo, como en él se perdonó el monstruoso crimen de los que dieron muerte a Cristo. Pero sin la abundancia de la gracia de aquel espíritu que sopla donde quiere, ¿cómo podrían amar a Cristo hasta el extremo de no poder negarle en peligro tan eminente de su vida y con una esperanza tan grande de perdón?

Así, es preciosa la muerte de los santos, a quienes la muerte de Cristo previno y enriqueció con tal abundancia de gracia, que no vacilaron en entregar su vida para unirse a Él. Y esa muerte de los santos demostró que lo que había sido establecido antes para castigo del pecador se convirtiera en fuente de un fruto más abundante de justicia. Así, la muerte

---

4. Este es el caso de mártires, que en el supuesto de morir sin bautizar, reciben sus mismas bendiciones en el segundo bautismo, como era considerado el martirio en la antigüedad.

no debe parecer buena precisamente porque fue encaminada a tan gran utilidad; que no lo fue por su propia fuerza, sino por el favor divino. Presentada antes como terrible para liberarse del pecado, ahora debe ser aceptada para no cometer el pecado, para borrarlo si se ha cometido y para otorgar la palma de justicia debida a victoria tan notable.

8. Liberación de la segunda muerte por la aceptación fiel de la primera

Si consideramos esto con más detenimiento, aun cuando alguien muere fiel y laudablemente por la verdad, es la muerte lo que evita. Se acepta, es verdad, una parte d ella a fin de que no sobrevenga toda entera, sobre todo la segunda, que no termina jamás. Se acepta la separación del alma y del cuerpo para evitar la de Dios y el alma. Así, realizada la primera muerte en el hombre completo, se verá libre de la segunda, que es eterna.

La muerte, como he dicho, que hace sufrir a los moribundos y les quita la vida, no es buena para nadie, aunque es loable el tolerarla por conservar o adquirir algún bien. Pero con relación a los que han muerto, no es absurdo decir que es mala para los malos y buena para los buenos, porque ya han llegado al descanso las almas de los justos separadas de los cuerpos, y las de los impíos están pagando sus penas hasta que los cuerpos resuciten, unos para la vida eterna y los otros para la muerte eterna, llamada "muerte segunda".

9. ¿Cuál es el momento preciso de la muerte?

¿Que se ha de decir del tiempo en que las almas se separan de los cuerpos, tanto en buenos como en malos? ¿Tiene lugar mas bien después de la muerte o en la muerte? Si tiene lugar después de la muerte, ya no se ha de decir de ella que es buena o mala, que ya ha tenido lugar y es pasada, sino que sera buena o mala la vida del alma después de ella. La muerte era mala para aquellos cuando tenía lugar, esto es, cuando la soportaban al morir, puesto que su sensación les era molesta y enojosa, de cuyo mal usan bien los buenos. Pero, terminada ya la muerte, ¿cómo es ya buena o mala si no existe?

Si prestamos más atención aún, no es muerte aquella cuya sensación molesta y enojosa, dijimos, existe en los moribundos. Mientras sienten, en efecto, aun viven; y si viven todavía se ha de afirmar que están mas bien ante la muerte que en la muerte; en efecto, cuando esta llega priva de toda sensación molesta al cuerpo a la llegada de la misma. Y por esto es difícil explicar cómo llamamos moribundos a los que aún no están muertos, sino que se debaten en la suprema angustia de una muerte inminente. Sin embargo, bien se les puede llamar moribundos, puesto que cuando la muerte, ya cercana, se hace presente, en realidad ya no se los llama moribundos, sino muertos.

Nadie, pues, esta muriendo sino el que vive, ya que al encontrarse en tan critico momento de su vida, cual es el de los que decimos que entregan el alma, si todavía no están privados de ella, viven. Y así el mismo sujeto está a la vez muriendo y viviendo, pero acercándose a la muerte y alejándose de la vida; todavía, sin embargo, en la vida, porque el alma esta en el cuerpo, y aún no en la muerte, porque no se ha separado del cuerpo. Pero si cuando se haya separado tampoco esta muriendo, sino mas bien después de la muerte,

¿Quien puede decir cuando esta en la muerte? Si nadie puede existir viviendo y muriendo a la vez, no habrá tampoco nadie muriendo, ya que mientras el alma esta en el cuerpo no podemos negar que vive. Si, por otra parte, se ha de llamar más bien moribundo a aquel en cuyo cuerpo se esta llevando a cabo la muerte, y no puede haber uno que a la vez pueda estar, viviendo y muriendo, no se cuándo uno sera viviente[5].

10. La vida de los mortales sería conveniente llamarla muerte antes que vida

Desde que uno comienza a estar en este cuerpo mortal nunca deja de caminar hacia la muerte[6]. Su mutabilidad en todo el tiempo de esta vida (si se puede llamar vida) no hace mas que tender a la muerte. No existe nadie que no esté más cercano a la muerte después de un año que antes de él, y mañana más que hoy, y hoy más que ayer, y poco después, más que ahora, y ahora, poco más que antes. Porque el tiempo vivido es un pellizco dado a la vida, y diariamente disminuye lo que resta, de tal forma que esta vida no es más que una carrera hacia la muerte.

No permite a nadie detenerse o caminar más despacio, sino que todos siguen el mismo compás y se mueven con igual ligereza. Porque el que tuvo una vida más corta no cruzó el tiempo con más celeridad que el que la tuvo más larga, sino que, arrancados sus momentos de igual modo a ambos, tuvo la meta más cercana, y el otro, más alejada, meta a la que

---

5. Esta idea de la temporalidad y de la finitud ha sido tomada por la filosofía moderna, especialmente la existencialista, que Agustín anticipa tan magníficamente.

6. Muchas de estas afirmaciones paradójicas están tomadas de Séneca, en especial su carta sobre la meditación de los peligros futuros, cuando al comienzo del escrito dice: *"Quotidie morimur, quotide enim demitur aliqua pars vitae"*.

uno y otro corrían con idéntica velocidad. Una cosa es haber recorrido más camino, y otra haber andado con mas lentitud. Así, quien recorrió hasta su muerte espacios de tiempo más prolongados, no es porque caminó más lento, sino porque recorrió más camino.

Ademas, si cada uno empieza a morir, es decir, a estar en la muerte, tan pronto como la muerte ha comenzado a mostrase a sí misma en él, o sea, la sustracción de la vida, pues cuando se acabe la sustracción de la vida, estará ya después de la muerte, no en la muerte, es indudable que desde el momento que comenzamos a existir en este cuerpo estamos en la muerte. ¿Que otra cosa pasa cada día, cada hora, cada momento, hasta que, agotada la vida, se cumpla la misma muerte que se estaba realizando, y comience ya a existir el tiempo después de la muerte, ese tiempo que transcurría durante la muerte al irse quedando sin vida?

Por consiguiente, el hombre nunca está en la vida desde que esté en este cuerpo muriente, más bien que viviente, si no puede estar a la vez en la vida y en la muerte. ¿O habrá que decir mas bien que se halla en vida y en muerte a la vez; es decir, en la vida que esta viviendo hasta que se le quite enteramente, y en la muerte por la cual muere mientras se le va quitando la vida? Pues si no esta en la vida, ¿qué es lo que se le va quitando hasta que llegue a ser cabal la supresión? Pero si no está en la muerte, ¿qué es esa misma supresión de la vida? Cuando la vida entera se le haya quitado al cuerpo, no habrá otra razón para decir que esto ya es después de la muerte, sino el que existía ya la muerte cuando se le estaba quitando la vida. Pues si, quitada la vida, no se halla el hombre en la muerte, sino después de la muerte, ¿cuando estará en la muerte, sino cuando se le va quitando la vida?

11. ¿Puede alguien ser al mismo tiempo viviente y muerto?

1. Si es absurdo decir que el hombre está ya en la muerte antes de llegar a la muerte (¿como puede acercarse a ella mientras vive si ya esté en ella?, sobre todo porque es insólito afirmar que es viviente y muriente, no pudiendo estar a la vez vigilando y durmiendo, entonces tenemos que investigar cuándo estará muriendo. Antes de venir la muerte no es moribundo, sino viviente; y cuando llega la muerte, ya será muerto, no moribundo. Aquello está aún antes de la muerte y esto ya pasó su frontera. ¿Cuándo está en la muerte, pues es realmente moribundo? Porque así como decimos que hay tres tiempos, antes de la muerte, en la muerte y después de la muerte, así también a cada una de los tres le correspondan tres estados: viviente, muriente y muerto.

Ahora bien, es cosa muy difícil de precisar cuándo esta muriendo, esto es, en la muerte, donde ni es viviente antes de la muerte, ni muerto después de la muerte. En efecto, mientras el alma está en el cuerpo, sobre todo si aun conserva la sensibilidad, sin duda que vive el hombre, que consta de alma y cuerpo, y, por lo tanto, hay que decir que esta antes de la muerte, no en la muerte; cuando se retira el alma y priva de toda sensación al cuerpo, aparece después de la muerte y, por tanto, muerto. Perece, pues, en ese intermedio del estar muriendo y estar en la muerte, porque si vive aun, está antes de la muerte; si deja de vivir, está después de la muerte. En conclusión, no se encuentra nunca muriendo, esto es, en el estado de la muerte.

Así también, en el transcurso del tiempo se busca el presente y no se encuentra, porque no existe espacio alguno por donde pasar del pasado al futuro. ¿No se podría sacar en conclusión que, según esto, no existe la muerte del cuerpo? Pues si existe, ¿dónde, si no existe en nadie y nadie puede estar en ella? Si se vive, aun no existe la muerte, porque esto tiene lugar antes de la muerte, no en la muerte; si ya se ha dejado de vivir, ya no existe, pues eso tiene lugar después de la muerte, no en la muerte. Pero si no hay muerte antes ni después, ¿que sentido tiene decir antes de la muerte o después de la muerte? Esto sería una manera insensata de hablar si no existe la muerte. Ojalá hubiéramos conseguido, viviendo bien en el Paraíso, que en realidad no existiera la muerte. Pero al presente no solo existe, sino que es tan molesta que ni se la puede explicar con palabras, ni se la puede evitar con razonamientos.

2. Hemos, pues, de hablar según el uso corriente, no podemos hacerlo de otra manera; y al decir "antes de la muerte", entendamos "antes que tenga lugar la muerte", como está en la Escritura: "Antes de la muerte no alabes a hombre alguno" (Eclo. 11:28). Digamos también cuando ha llegado: "Después de la muerte de este o de aquel sucedió esto o lo otro". Hablemos también del tiempo presente como nos sea posible, por ejemplo: "Aquel moribundo hizo testamento, y al morir dejo a unos y a otros esto o lo de más allá"; aunque en realidad no pudiera hacer esto sino viviendo y lo hizo mas bien antes de la muerte que en la muerte. Hablemos también como habla la divina Escritura, que no vacila en llamar muertos a los que están en la muerte, no a los que están del otro lado de la muerte. Así se dice: "Porque no hay en la muerte quien se acuerde de ti" (Sal. 6:5). Pues hasta que resuciten, con razón se dice que están en la muerte; como se dice que uno está en el sueño hasta que despierta. Bien que llamemos durmientes a los que están en el sueño, y no podamos llamar de la misma manera murientes a los que ya han muerto. Bien claro es que no están

muriendo aun quienes, por lo que atañe a la muerte del cuerpo, de la que ahora tratamos, están separados ya de los cuerpos.

A esto me refería cuando dice que no lo podíamos explicar con palabras cómo se dice que los moribundos viven o cómo los ya muertos se dice que todavía están en la muerte, incluso después de ella. ¿Cómo después de la muerte, si todavía en la muerte? Sobre todo no pudiendo llamarlos moribundos, como llamamos durmientes a los que están en el sueño, y enfermos a los que se hallan en enfermedad, y dolientes a los que están en algún dolor, y vivientes a los que viven. En cambio, los muertos, antes de resucitar, se dice que están en la muerte, pero no podemos llamarlos moribundos.

De ahí pienso yo que no carece de oportunidad y de sentido que, quizás no para la industria humana, pero sí por dispensación divina, este verbo latino *moritur* (muere) no haya podido ser conjugado por los gramáticos por la misma regla con que se conjugan los demás. De *oritur* (nace) viene el pretérito perfecto *ortus est* (nació), y así los demás tiempos que se conjugan mediante los participios de perfecto. Pero respecto a *moritur* (muere), si se pregunta por el tiempo perfecto, suele contestarse *mortuus est* (murió), duplicando la u. Y así se dice *mortuus* (muerto) como se dice *fatuus* (fatuo), *arduus* (difícil), *conspicuus* (conspicuo) y otros semejantes que no indican tiempo pasado, sino que, como nombres que son, se declinan sin indicar tiempo. En cambio, en el caso presente, por conjugar, digamos, lo que no se puede conjugar, se usa como participio de perfecto el nombre adjetivo.

Ha sido oportuno que no pueda *declinarse* el verbo, ni más ni menos como la acción de lo que significa. Sin embargo, podemos conseguir, con la ayuda de la gracia de nuestro Salvador, evitar (*declinare*) al menos la segunda muerte. Ella es más dura, y aún el peor de todos los males, porque no consiste en la separación del alma y el cuerpo, sino más bien en la unión de ambos con vistas a la pena eterna. Allí, por el contrario, no habrá hombres antes de la muerte y después de la muerte, y por ello nunca viviendo, nunca muertos, sino muriendo sin fin. No habrá, en efecto, cosa peor para el hombre en la muerte que al llegar la muerte sea inmortal[7].

---

7. "Si el alma no persevera en su pureza, será un mal para ello no la muerte, sino la vida. Y si además hay castigos en el hades, de nuevo aun allá la vida será un mal para ella porque no será meramente vida" (Plotino, *Enéada* I,1,7,12).

12. La muerte con que Dios amenazó a los primeros hombres

Cuando se pregunta qué muerte conminó Dios a los primeros hombres si traspasaban el mandamiento recibido y no obedecían, si era la muerte del alma, la del cuerpo, la de todo el hombre o la que llamamos segunda, tenemos que contestar que fueron todas.

La primera comprende dos de ellas; la segunda, todas. Como la tierra entera consta de muchas tierras, y la Iglesia universal de muchas iglesias, así la muerte universal consta de todas. La primera consta de dos, una la del alma y otra la del cuerpo; teniendo lugar esta primera muerte de todo el hombre cuando el alma sin Dios y sin el cuerpo padece las penas temporalmente; y, en cambio, la segunda, cuando el alma, sin Dios pero con el cuerpo, es castigada eternamente.

Por lo tanto, cuando dijo Dios al hombre, puesto en el Paraíso, sobre el fruto prohibido: "El día en que comas de el tendrás que morir" (Gn. 2:7), esa amenaza abarcaba no sólo la primera parte de la primera muerte, en que el alma se ve privada de Dios; ni sólo la segunda parte, por la que el cuerpo se ve privado del alma; ni solamente la primera completa, en que el alma, separada de Dios y del cuerpo, recibe su castigo: abarcaba todas las muertes, hasta la ultima, llamada segunda, tras de la cual no hay ninguna.

13. El primer castigo sufrido por los primeros padres

Apenas habían transgredido el mandato, abandonados de la gracia de Dios, se ruborizaron de la desnudez de sus cuerpos, por ello cubrieron sus partes vergonzosas con hojas de higuera (Gn. 3:7), que fueron quizá las primeras que toparon en su turbación; partes que tenían antes también, sin considerarlas vergonzosas. Experimentaron un nuevo movimiento de su carne, que se había vuelto desobediente, en estricta retribución por su desobediencia.

Porque el alma, complaciéndose en el uso perverso de su propia libertad y desdeñándose de estar al servicio de Dios, quedó privada del servicio anterior del cuerpo; y como había abandonado voluntariamente a Dios, superior a ella, no tenía a su arbitrio al cuerpo inferior, ni tenía sujeta totalmente la carne, como la hubiera podido tener siempre si ella hubiese permanecido sometida a Dios. Así comenzó entonces la carne a tener "apetencias contrarias al espíritu" (Gál. 5:17). Nacidos nosotros con esa lucha y arrastrando con nosotros el germen de la muerte debido a la primera transgresión, llevamos en nuestros propios miembros y en nuestra naturaleza viciada la lucha o la victoria de la carne.

14. La humanidad entera representada en Adán

Dios, autor de las naturalezas y no de los vicios, creó al hombre recto; pero él, depravado por su propia voluntad y justamente castigado, engendró hijos corruptos y condenados. Porque todos nosotros estuvimos en aquel hombre único ya que todos fuimos aquel único, que fue arrastrado al pecado por la mujer, que había sido hecha de él antes del pecado. Aún no se nos había creado y distribuido a cada uno la forma individual en que habíamos de vivir, pero existía ya la naturaleza seminal de la cual habíamos de nacer.

Y viciada esta naturaleza por el pecado, encadenada a la muerte y justamente condenada, no podía nacer del hombre un hombre de distinta condición. Así, por el mal uso del libre albedrío, nacieron esta serie de calamidades que, en un eslabonamiento de desdichas, conducen al genero humano, de origen depravado y como de raíz corrompida, hasta la destrucción de la muerte segunda, que no tiene fin, con la excepción de los que por la gracia de Dios son liberados.

15. Adán dejó a Dios y no Dios a Adán

Aunque en las palabras: "Moriréis de muerte" (Gn. 2;17), como no se habló de "muertes", hemos de entender sólo aquella que tiene lugar cuando el alma es abandonada por Dios, que es su vida; pero no fue realmente abandonada el alma por Dios, y por eso ella le abandono a Él, sino que abandono ella a Dios y, en consecuencia, fue abandonada por Él.

Su propia voluntad fue el origen de su mal, como Dios fue el originador de sus movimientos hacia el bien, tanto para crearla cuan dono existía, cuanto para repararla cuando por su caída pereció. Así, aunque comprendemos que Dios anunció la muerte en aquellas palabras: "El día en que comas de él morirás", como si dijera: "El día en que me dejéis por la desobediencia, os dejaré yo a vosotros por justicia"; ciertamente en esa muerte fueron anunciadas las restantes, que indudablemente habían de sobrevenir. Al originarse en la carne del alma desobediente un movimiento desobediente que les hizo cubrir sus vergüenzas, experimentaron una sola muerte, la muerte en que Dios abandono al alma. Esa quedó bien significada en las palabras de Dios al decir al hombre que se escondía presa de sobresalto y turbación: "Adán, ¿dónde estás?" (Gn. 3:9). No preguntaba, ciertamente, por ignorancia, sino que reprochaba con la amonestación a que se fijase si era capaz de estar en un lugar donde no estuviera Dios.

Pero cuando la misma alma abandonó al cuerpo corrompido y consumido por la edad, llego la experiencia de la otra muerte, sobre la cual, como castigo del pecado, había dicho Dios: "Eres polvo y al polvo volverás" (Gn. 3:19). Con estas dos muertes se completaba aquella primera muerte, que lo es de todo el hombre, a la cual sigue al final la segunda si el hombre no es librado por la gracia. Pues el cuerpo, que es de tierra, no volvería a la tierra, sino con su propia muerte. Esta le sobreviene cuando es abandonado por su vida, el alma. Se sigue de ahí, para los cristianos que profesan la verdadera fe, que la misma muerte del cuerpo no se nos ha impuesto naturalmente por la ley, según la cual Dios no impuso la muerte al hombre, sino como justo castigo del pecado, ya que, al tomar Dios venganza del pecado, le dijo al hombre que entonces nos representaba a todos: "Eres polvo y al polvo volverás".

16. Ignorancia de los filósofos sobre la muerte como castigo por el pecado

1. Los filósofos, contra cuyas calumnias estamos defendiendo la ciudad de Dios, esto es, su Iglesia, parece que se burlan de nosotros con visos de sensatez cuando achacamos a castigo del alma su separación del cuerpo. Ellos piensan precisamente que la perfecta beatitud le viene a ella cuando, liberada totalmente del cuerpo torna a Dios simple, sola y, en cierto modo, desnuda. Si sobre esto no encontrara yo en sus libros argumentos para refutar esa opinión, tendría que esforzarme mucho en la discusión para demostrar que no es pesado para el alma el cuerpo en si, sino el cuerpo corruptible. Viene aquí a propósito lo que hemos mencionado de las Escrituras en el libro anterior: "El cuerpo corruptible entorpece al alma" (Sab. 9:15). Al añadir "corruptible" señala que no es cualquier cuerpo el que entorpece al alma, sino el cuerpo afectado por el pecado a consecuencia del castigo. Cierto que, aunque no lo hubiera añadido, no deberíamos entenderlo nosotros de otro modo.

Pero, además, bien claro proclama Platón que los dioses hechos por el Dios supremo tienen cuerpo inmortales y cuando presenta al Hacedor mismo, prometiéndoles, como un gran beneficio, una estancia eterna en sus cuerpos y nunca perderlos por la muerte, ¿a qué viene el que nuestros adversarios, para atacar la fe cristiana, finjan desconocer lo que conocen bastante bien?

Aquí tenemos las palabra se Platón, como Cicerón las tradujo al latín, en las que introduce a Dios soberano hablando a los dioses y diciendo:

"Vosotros, hijos de los dioses, considerar de qué obras soy yo padre y hacedor. Son indisolubles contra mi voluntad, aunque todo lo compuesta pueda disolverse, pero no es propio del bien querer separar lo que la razón ha unido. Mas, por haber nacido, no podéis ser inmortales, indisolubles. Sin embargo, no os disolveréis ni hado alguno de muerte os quitará la vida, porque no será más poderoso que mi voluntad, que es un vínculo más fuerte para vuestra perpetuidad que el hado a que quedasteis ligados al comenzar vuestra existencia"[8]. Aquí vemos a Platón afirmar que los dioses son mortales por la unión del alma y el cuerpo, pero inmortales por la voluntad y el designio del Dios que los hizo. De manera que si es un castigo para el alma estar vinculada a cualquier cuerpo, ¿por qué al dirigirse Dios a ellos, temerosos de morir, esto es, de ser desatados del cuerpo, les da la seguridad de su inmortalidad? Y no precisamente por su propia naturaleza, compuesta y no simple, sino por la invencible voluntad de Él, capaz de hacer que no mueran los nacidos, que no se separen los que están unidos, sino que perseveren incorruptiblemente.

2. Si esto lo aplica Platón también a los astros, es otra cuestión. No debe concederse sin más, que estos globos luminosos o pequeñas esferas que fulgen con luz corpórea sobre la tierra de día y de noche, vivan con sus propias almas[9] y que sean intelectuales y felices. Esto lo afirma él con insistencia de todo el universo, que sería como un animal enorme en que estuviera contenido todo el resto de los vivientes[10]. Pero esto, como dije, es otra cuestión, cuya discusión no pretendemos ahora. Sólo he creído oportuno mencionarlo contra los que se glorian de llamarse Platónicos o de serlo, avergonzándose por soberbia del nombre cristiano por temor de que este vocablo, mezclándolos con el vulgo, rebaje la élite de los paliados[11], tanto más hinchada cuanto mas reducida. Buscan también algo que reprender en la doctrina cristiana, atacan la eternidad de los cuerpos, como si fuera contrario entre si buscar la felicidad del alma y pretender que ésta esté siempre en el cuerpo como si estuviera atada con el por una ligadura de males. En cambio, su fundador y maestro asegura que el Dios supremo ha concedido como un don a los

8. Traducción de parte del *Timeo*, a la que Cicerón puso por título *De Universo*.
9. Orígenes, hijo de época, participó de esta creencia común en el alma de las estrellas (*Trat. princ.* I,7).
10. "La deidad, queriendo hacer que el universo mostrase en todos los aspectos el más bello y enteramente perfecto de los objetos inteligibles, formó un animal visible, y con el debían conformarse todos los demás animales, como siendo de la misma naturaleza que él", (Platón,*Timeo*, XI).
11. Referencia a los filósofos, que vestían una túnica larga llamada palio, latín *palium*.

dioses creados por Él, el no morir nunca. Esto es, el no ser separados de los cuerpos a que los unió.

17. La vida bienaventurada y el cuerpo incorruptible

1. Estos mismos filósofos también responden que los cuerpos terrenos no pueden ser eternos, aunque no dudan que toda la tierra es un miembro, intermedio y sin termino, de su dios; no, ciertamente, del dios más grande, pero sí de un dios grande, es decir, dios de todo este mundo. Ya que el dios supremo les ha hecho otro que ellos llaman dios, es decir, este mundo, que debe anteponerse a los otros dioses que le son inferiores, y al que tienen por un ser animado, con su alma, como dicen, racional a intelectual, encerrada en esa mole inmensa de su cuerpo[12].

Estableció también como miembros del mismo cuerpo, colocados y dispuestos en sus lugares, cuatro elementos, cuya conexión pretenden indisoluble y eterna, a fin de que no pueda morir ese dios suyo tan grande. ¿Que razón hay entonces para que, si en el cuerpo de un ser animado tan grande está la tierra como miembro intermedio, no puedan ser eternos los cuerpos de los otros seres animados terrenos si Dios quiere lo uno y lo otro?

Pero la tierra, dicen, debe volver a la tierra, de la que fueron tomados los cuerpos terrenos; esta es la razón, argumentan, de la necesidad de su muerte y disolución, y esta la manera de su restauración a la tierra estable y eterna de donde fueron tomados. Si alguien afirma esto también del fuego, y dice que han de ser devueltos al fuego universal los cuerpos que de el fueron tomados para llegar a ser animales celestes, ¿no se desvanecería en el calor de la disputa la inmortalidad prometida a tales dioses por Platón, como si hablara en nombre de Dios? ¿Acaso no sucede esto allí por que no lo quiere Dios, cuya voluntad no puede, como dice Platón, superar fuerza alguna? Pero entonces, ¿que puede impedir que Dios haga esto con los cuerpos terrenos, ya que, según Platón, Dios puede hacer que no mueran los que han nacido, que no se separen los que están unidos, que no tornen a sus elementos los que están formados de ellos, y que las almas asentadas en los cuerpos jamás los dejen, y gocen con ellos de la inmortalidad y felicidad eterna? ¿Por qué no le va a ser

---

12. Platón representa al Demiurgo construyendo el cosmos o universo como la representación completa de la idea de un animal. En su centro plantó un alma, extendiéndose hasta permear todo el cuerpo del cosmos; y entonces la introdujo en las varias especies de animales que estaban contenidas en la idea del animal. Entre esos animales están primero los celestiales, los dioses, ocupando el cuerpo de las estrellas, de las cuales la tierra es la más próxima al eje del mundo (*Timeo*, III,250).

posible hacer que no mueran los cuerpos terrenos? ¿Acaso no alcanza el poder de Dios hasta donde creen los cristianos, sino hasta donde quieren los platónicos? Por cierto, ¿pudieron conocer los designios de Dios y su poderío los filósofos, y no pudieron conocerlo los profetas? Al contrario, ensenó su espíritu a los profetas a anunciar la voluntad de Dios en cuanto a Él le agradó; y, en cambio, los filósofos fueron engañados en su conocimiento por conjeturas humanas.

2. Pero no debieron dejarse engañar hasta el punto de contradecirse mutuamente, más por obstinación que por ignorancia. Afirman, por una parte, con derroche de argumentos, que para ser feliz el alma debe rehuir no sólo el cuerpo terreno, sino cualquier clase de cuerpo, y dicen, por otra, que los dioses tienen almas felicísimas y, no obstante, ligadas a cuerpos eternos: los celestes, a cuerpos ígneos, y el alma de Júpiter, por contra, a quien identifican con este mundo, repartida por todos los elementos corpóreos en que se configura esta masa entera desde la tierra hasta el cielo. Platón piensa que esta alma está desparramada y difundida como las partes de un ritmo musical por doquier, desde el mismo centro de la tierra, que dicen los geómetras, hasta los altos confines del cielo. Así, este mundo es un ser viviente grandísimo, felicísimo, eterno, y goza de la felicidad perfecta de la sabiduría y no abandona su cuerpo; y este cuerpo vive de ella eternamente, y aunque no es simple, sino formado de tantos y tan grandes cuerpos, no llega a embotarla o a retrasar su ascensión.

Entonces, si ellos se permiten tales conjeturas, ¿por qué se niegan a admitir que la voluntad y el poder divinos puedan hacer inmortales a los cuerpos terrenos, donde las almas, sin ser separadas de ellos por la muerte ni entorpecidas por su peso, vivan eterna y felizmente; y atribuyen esto, en cambio, a sus dioses en cuerpos ígneos, y al mismo Júpiter, rey de ellos, en todos los elementos corpóreos? Si el alma, para ser feliz, tiene que huir de todo cuerpo, huyan también sus dioses de los globos astrales, huya Júpiter del cielo y de la tierra, y si no pueden huir, téngaseles por miserables. Pero estos no quieren ni una cosa ni otra, no osan atribuir a sus dioses la separación de sus cuerpos para que no parezca que dan culto a los mortales y tampoco privarlos de la felicidad por temor de confesar que son infelices. En inclusión, para conseguir la felicidad no es necesario huir de todos los cuerpos, sino sólo de los corruptibles, molestos, pesados, mortales; no como se los dio la bondad de Dios a los primeros hombres, sino como los transformo la pena del pecado.

18. Peso y gravedad de los cuerpos terrenos

Pero es necesario, dicen ellos, que los cuerpos terrenos o sean retenidos en la tierra por su peso natural, o atraídos a ella; y por eso no pueden estar en el cielo. Es verdad que nuestros primeros padres estaban en una tierra llena de árboles fructíferos que recibió el nombre de Paraíso. Pero como hay que responder a esta objeción, tanto en atención al cuerpo de Cristo, con que subió al cielo, cuanto por los que tendrán los santos en la resurrección, debe considerarse con un poco más de atención la naturaleza de tales pesos terrenos.

En efecto, si el arte humano, con su industria, llega a fabricar vasos que flotan, incluso hechos con metales, los que puestos en el agua se hunden al instante, ¡con cuánta mayor veracidad y eficacia puede una operación oculta de Dios conceder a las masas terrenas que no sean arrastradas a lo más bajo por cualquier peso, y otorgar también a las mismas almas plenamente felices que coloquen los cuerpos terrenos, pero ya incorruptibles, donde quieran y los lleven a donde les plazca en una posición y movimiento facilísimo? ¿No dice Platón que la voluntad omnipotente de Dios puede hacer que no muera lo nacido y que no se disuelva lo compuesto? ¿Y no es mucho más admirable la unión de lo incorpóreo con lo corporal, que la de cualquier cosa corporal con cualquier otro cuerpo?

Si los ángeles toman a cualesquiera animales terrestres de donde se hallan y los colocan donde quieren, ¿debe creerse que no lo hacen sin trabajo, o que sienten el peso? ¿Por qué, pues, no hemos de creer que los espíritus de los santos, hechos perfectos y benditos por una dispensación divina, pueden llevar sin dificultad ninguna sus cuerpos a donde quieran y colocarlos donde les parezca? Aunque es cierto, como solemos aprecian cuando llevamos pesos, cuanto es mayor la masa de los cuerpos terrenos, tanto mayor es también su pesadez, de forma que oprime más lo que más pesa, sin embargo, el alma lleva los miembros de su propia carne con más ligereza cuando gozan de robustez y salud que cuando están débiles por la enfermedad. Y aunque es más pesado de transportar el sano y robusto que el flaco y enfermizo, con todo, uno mismo es más ágil para mover y llevar su cuerpo cuando con buena salud tiene más masa que cuando en enfermedad o hambre tiene el mínimo de robustez. ¡Tanto vale en los cuerpos terrenos, corruptibles aún y mortales, no el peso de la cantidad, sino el equilibrio saludable de las partes! Y ¿quién explicará con palabras la diferencia entre lo que ahora llamamos salud y la inmortalidad futura?

Que no vengan, pues, los filósofos a atacar nuestra fe sobre el peso de los cuerpos. No pretendo investigar por qué no creen que el cuerpo terreno puede estar en el cielo si toda la tierra se mantiene en equilibrio en la nada, pues quizá se encuentre un argumento más verosímil en torno al centro del mundo, ya que en el convergen los cuerpos más pesados. Pero digo esto, si los dioses menores, a quienes Platón encomendó hacer entre los otros animales terrestres también al hombre, han podido, según el, quitarle al fuego la cualidad de quemar, dejándole la de lucir, que brilla a través de los otros; si atribuye Platón a la voluntad y al poder de Dios no morir los que nacieron, y que cosas tan diversas y tan desemejantes, como son las corpóreas y las incorpóreas, unidas entre sí, no puedan ser separadas, ¿dudaremos conceder al Dios supremo el arrancarle la corrupción a la carne del hombre, a quien otorga la inmortalidad, dejarle su naturaleza, conservarle la armonía de su forma y de sus miembros, quitarle el estorbo de la pesantez? Sobre la fe en la resurrección de los muertos y sobre sus cuerpos inmortales, si Dios quiere, se tratará al fin de esta obra.

19. Contra los que no admiten la inmortalidad de los primeros padres

Vamos a tratar ahora, según nuestro plan, sobre los cuerpos de los primeros hombres; porque, si no lo hubieran merecido por el pecado, no les hubiera sobrevenido ni siquiera esa muerte que es buena para los buenos, conocida de todos, no solo de unos pocos inteligentes y creyentes, y que consiste en la separación del alma del cuerpo, por la cual el cuerpo del ser animado, que evidentemente vivía, evidentemente muere. No se puede dudar que las almas de los difuntos justos y piadosos viven en la paz. Sin embargo, hasta tal punto les sería mejor vivir con sus cuerpos sanos, que incluso los que defienden como la mayor felicidad el vivir sin cuerpos, admiten esta opinión contradiciéndose a si mismos. Nadie de ellos se atreverá a posponer los dioses inmortales a los hombres sabios, sea muertos o a punto de morir, es decir, o bien privados ya de sus cuerpos, o bien estando a punto de dejar los. Y con todo, el Dios supremo, según Platón, les promete a estos dioses un bien soberano, la vida indisoluble, es decir, la eterna compañía de sus cuerpos. Y aún piensa Platón que es para los hombres un bien supremo, si han pasado esta vida religiosa y piadosamente, ser admitidos, tras la separación de sus cuerpos, en el seno de los mismos dioses, que nunca dejarán sus propios cuerpos. Pero de tal manera que, "olvidados de lo pasado, pueden ver de nuevo la bóveda celeste y comenzar a desear la vuelta a los cuerpos"[13]. Se alaba a Virgilio por haber seguido esta teoría de Platón.

Piensa éste, en efecto, que las almas de los mortales no pueden estar siempre en sus cuerpos, sino que son separadas necesariamente por la muerte, y que no pueden existir perpetuamente sin los cuerpos. De manera que, alternativamente, pasan los hombres de la muerte a la vida y de la vida a la muerte. Sin embargo, parece que los sabios se diferencian de los demás hombres en que después de la muerte son llevados a los astros para descansar un poco más tiempo cada uno en el astro que le convenga y, olvidado de nuevo de su primitiva miseria y arrastrado por el deseo de tener cuerpo, torna de allí a los trabajos y miserias de los mortales. En cambio, los que llevaron una vida insensata transmigran a los cuerpos que merecen sus obras, ya de hombres, ya de bestias.

A condición tan dura sometió incluso a las almas buenas y sabias, a quienes no se otorgaron cuerpos con que pudieran vivir siempre y eternamente, de modo que no pueden permanecer en los cuerpos ni vivir sin ellos en la eterna pureza. Sobre esta opinión de Platón ya hemos dicho en los libros anteriores cómo se avergonzó Porfirio en época ya cristiana[14]. No sólo excluyó de los espíritus humanos los cuerpos de las bestias, sino que quiso también liberar de los vínculos corpóreos las almas de los sabios, hasta tal punto que, huyendo del cuerpo, vivan felices sin fin con el Padre. Así, para no parecer superado por Cristo, que promete a los santos una vida perpetua, coloco él también en eterna felicidad a las almas purificadas, sin retorno alguno a las antiguas miserias. Y para combatir a Cristo negando la resurrección de cuerpos incorruptibles, sostuvo que vivirían para siempre sin cuerpo terreno ni de ninguna otra clase.

A pesar de semejante opinión no prohibió siquiera que se rindiera culto a los dioses corpóreos. ¿Por qué esto, sino porque no tuvo a las almas, ya desligadas del cuerpo, como superiores a los dioses? De hecho, estos filósofos no se atreverán, como pienso que no harán, a anteponer las almas humanas a los dioses felices, a pesar de vivir en cuerpos eternos. No veo por qué entonces les parece absurda la doctrina de la fe cristiana: por una parte, que los primeros hombres fueron creados en un estado tal que, de no haber pecado, no serían privados de sus cuerpos por la muerte, dotados de la inmortalidad por la obediencia guardada, vivirían con ellos eternamente. Y por otra parte, que los santos han de tener en la resurrección los mismos cuerpos en que aquí penaron, de modo que

---

13. Virgilio, *En.* 6,750-751.
14. Libro X,30.

no puede sobrevenirle a la carne corrupción o dificultad alguna, ni dolor alguno o dolor a su felicidad.

20. La carne presente y su transformación futura

Por ello, las almas de los santos difuntos no tienen ahora como pesada la muerte que los separó de sus cuerpos, porque su carne reposa en la esperanza, sean cualesquiera las afrentas que hayan recibido después de perdida la sensibilidad. No es, según dice Platón, el olvido el que les hace desear sus cuerpos; antes bien, acordándose de la promesa de quien no engaña a nadie y aseguró hasta la integridad de los cabellos, esperan con anhelo y paciencia la resurrección de los cuerpos. En ellos soportaron muchos males que no volverán a sentirlos más. Si no odiaban su carne cuando la reprimían impulsados por el espíritu, al ver que se oponía, en su flaqueza, a la mente, ¡con cuánto mayor motivo la amarán, viéndola espiritual, en el futuro! El espíritu sirviendo a la carne, en cierto modo se llama carnal; así también la carne, sirviendo al espíritu, se llamara espiritual, no porque se haya de convertir en espíritu, como piensan algunos por aquello de "se siembra cuerpo animal, resucita cuerpo espiritual" (1ª Cor. 15:42), sino porque se someterá al espíritu con suma y admirable facilidad obediencial, hasta el punto de proporcionarle a la voluntad cabal seguridad de una estable inmutabilidad, donde no sufrirá ya sensación alguna de molestia, corruptibilidad y torpeza.

No estaré entonces el cuerpo, como al presente, en su salud más perfecta, ni siquiera como estuvo en los primeros hombres antes del pecado. Aunque no hubieran de morir si no pecaban, usaban, sin embargo, de los alimentos como hombres y eran portadores de cuerpos aún no espirituales, sino animales, terrenos. No los envejecería, ciertamente, la ancianidad hasta llevarlos necesariamente a la muerte (estado de vida que les suministraba milagrosamente la gracia de Dios mediante el árbol de la vida, que estaba en medio del Paraíso junto con el árbol prohibido). Tomaban otros alimentos, con excepción del árbol que se les había prohibido, no precisamente porque era malo, sino para recomendar el bien de la pura y simple obediencia, que es la gran virtud de la criatura racional sujeta al Creador, su Señor. Pues si no existía mal alguno al echar mano de lo prohibido, se pecaba solo por la desobediencia.

Se alimentaban, pues, de los otros frutos que comían con el fin de librar a sus cuerpos animales de las molestias del hambre y de la sed. En cambio, del árbol de la vida gustaban con el fin de que la muerte no les robara su vida o murieran consumidos por la vejez. Otros frutos eran, por decirlo así, su alimento y este su sacramento; como si el árbol de la

Vida representase en el Paraíso terrenal lo que la sabiduría de Dios en el espiritual, de la cual está escrito: "Es árbol de vida para los que la toman" (Prov. 3:18).

21. Significado espiritual del Paraíso

Algunos refieren a un sentido alegórico a todo lo que se dice del Paraíso, donde, según narra la verdad de la Santa Escritura, estuvieron los primeros padres del genero humano. Toman los árboles y plantas fructíferas como expresión de virtudes y costumbres; es decir, que no existieron aquellas cosas visibles y corporales, sino que se han expuesto o escrito así para significar realidades espirituales. Como si no fuera posible el Paraíso corporal ante la posibilidad de entenderlo también como algo espiritual. Según eso, no habría dos mujeres, Agar y Sara, ni de ellas los dos hijos de Abraham, uno de la esclava y otro de la libre, porque dice el apóstol que en ellas están figurados los dos testamentos[15]; así como tampoco habría agua de fuente alguna cuando golpeó Moisés[16], porque puede entenderse allí figuradamente a Cristo, según dice el mismo apóstol: "La roca representaba a Cristo" (1ª Cor. 10:4).

Así, pues, nadie prohíbe entender el Paraíso como la vida de los bienaventurados; sus cuatro ríos serían las cuatro virtudes: prudencia, fortaleza, templanza y justicia; sus árboles, todas las ciencias útiles; los frutos de los árboles serían las costumbres de los hombres religiosos; el árbol de la vida, la misma sabiduría, madre de todos los bienes; el árbol de la ciencia del bien y del mal, la prueba del mandato quebrantado, pena que infligió Dios a los pecadores, y que es buena, ciertamente, por ser justa, aunque no la experimente el hombre para su bien.

También pueden entenderse en la Iglesia estas realidades, mejor aun como indicios proféticos que preceden al futuro. Así, el Paraíso seria la misma Iglesia, como se lee de ella en el Cantar de los Cantares[17]; los cuatro ríos del Paraíso, los cuatro Evangelios; los árboles fructíferos, los santos; sus frutos, las obras de estos; el árbol de la vida, el Santo de los santos: Cristo; el árbol de la ciencia del bien y del mal, el propio albedrío de la voluntad. Pues el hombre, despreciando la divina voluntad, no puede usar de sí mismo sino para su mal; y así aprende qué diferencia hay entre adherirse al bien, común a todos, o deleitarse con el propio. Porque quien se ama a sí mismo, se abandona a sí mismo, y por ello, lleno de temor y

---

15. Gál. 4:22-24.
16. Ex. 17:6; Nm. 20:11.
17. "Tus renuevos paraíso de granados" (Cnt. 4:13).

tristeza, canta con el salmista si es consciente de sus males: "Turbada está interiormente mi alma" (Sal. 42:6); y ya arrepentido exclama: "En ti he depositado mi fortaleza" (Sal. 59:9).

No hay impedimento alguno para estas y otras interpretaciones alegóricas del Paraíso, sin ser motivo de ofensa para nadie; con la condición, sin embargo, de que se crea fielmente la verdad histórica de los hechos aportados por la narración .

22. Los cuerpos resurrectos serán espirituales sin que por eso la carne se convierta en espíritu

Los cuerpos de los justos, después de la resurrección, no necesitarán de árbol alguno para no morir por enfermedad o vejez prolongada, ni de otros alimentos corporales para sustraerse a cualquier molestia de hambre o de sed; estarán revestidos de un seguro a inviolable privilegio de inmortalidad: tendrán la posibilidad, pero no la necesidad, de alimentarse. Esto hicieron también los ángeles cuando se aparecían visible y palpablemente[18], no porque lo necesitasen, sino porque lo querían y podían, para adaptarse a los hombres, usaban una humanidad ministerial. No se debe creer que cuando los hombres les ofrecían su hospitalidad, los ángeles comían sólo en apariencia, aunque, como no sabían si eran ángeles, les parecía que comían con la misma necesidad que nosotros. De ahí las palabras del ángel en el libro de Tobías: "Aunque me veíais comer; me veíais con vuestra vista" (Tob. 12:19); es decir, pensabais que yo comía para reparar mi cuerpo, como hacéis vosotros.

Quizá se pueda defender otra explicación más aceptable sobre los ángeles, pero la fe cristiana no puede dudar acerca del mismo Salvador, que después de la resurrección comió y bebió con sus discípulos, en carne ciertamente espiritual, pero verdadera[19]. Lo que se les quitara a tales cuerpos no es el poder, sino la necesidad de comer y beber. De donde se sigue que son espirituales, no por dejar de ser cuerpos, sino porque subsisten gracias al espíritu que vivifica.

23. Significado de cuerpo animal y cuerpo espiritual

1. Como estos cuerpos, que tienen un alma viviente, pero no un espíritu vivificante, se llaman cuerpos animales; así se llaman espirituales aquellos cuerpos. Con todo, lejos de nosotros pensar que han de ser

---

18. Cf. Gn. 18.
19. Cf. Lc. 24.

espíritus y no cuerpos con sustancia de carne, aunque sin estar sujetos a la torpeza o corrupción carnal, gracias a la vivificación del Espíritu. Entonces ya no sera el hombre terreno, sino celestial; no porque deje de ser el mismo cuerpo hecho de tierra, sino porque, gracias a un beneficio del cielo, será de tal calidad que esté adaptado para habitar el cielo, no por la perdida de su naturaleza, sino por la transformación de sus propiedades.

El primer hombre, salido del polvo de la tierra, fue creado alma viviente, no espíritu vivificante; que se le reservaba como premio de la obediencia. Por eso no ofrece duda que su cuerpo no fue espiritual, sino animal, necesitado de alimento y bebida para no sufrir el hambre y la sed, y estaba garantizado contra una muerte necesaria, no por absoluta a indisoluble inmortalidad, sino por el árbol de la vida, que también le mantenía en la flor de la juventud. Y con ser animal no habría de morir si el hombre no hubiera caído, incurriendo en la sentencia del anuncio y la amenaza de Dios. Sin serle negados los alimentos fuera del Paraíso, fue privado, sin embargo, del árbol de la vida; fue entregado al tiempo y a la vejez, para terminar sus días en aquella vida que, si no hubiera pecado, podría ser perpetua en el Paraíso, aunque con cuerpo animal, hasta que en reconocimiento de su obediencia llegara a ser espiritual.

Así, aunque comprendemos que esta muerte manifiesta, en que se realiza la separación del alma del cuerpo, está también significada en las palabras del Señor: "El día en que comas de él morirás"" (Gn. 2:17), no debe parecer absurdo que esa separación del cuerpo no tuvo lugar el día en que comieron el alimento prohibido y mortífero. Ese día se deterioro la naturaleza y quedó viciada, y por la justísima privación del árbol de la vida se operó en ellos la necesidad de la muerte corporal, con la cual hemos nacido nosotros. Por eso no dice el apóstol: "El cuerpo ha de morir ciertamente por el pecado", sino: "El cuerpo está muerto por razón del pecado, y el espíritu es vida en virtud de la justificación"; y añade luego: Si el "Espíritu del que resucito a Jesús de la muerte habita en vosotros, el mismo que resucitó a Cristo dará vida también a vuestro cuerpo mortal por medio de ese espíritu suyo que habita en vosotros" (Ro. 8:10-11). Entonces el cuerpo estará con espíritu vivificante, mientras que ahora esta con un alma viviente; y, sin embargo, lo llama "muerto" porque está ya sujeto a la necesidad de la muerte. Y aunque en el Paraíso se encontraba no con espíritu vivificante, sino con alma viviente, no se podía decir rectamente que estaba muerto, ya que solo por el pecado podía contraer la necesidad de la muerte.

Dios, con las palabras: "Adán, ¿donde estás?" (Gn. 3:9), significó la muerte del alma, que resulta cuando se le abandona; y con las palabras:

"Eres polvo y al polvo volverás" (Gn. 3:19), significó la muerte del cuerpo, que tiene lugar al separarse el alma. Con ello es de creer que no dijo nada de la muerte segunda, que quiso se mantuviera secreta para manifestarla en la dispensación del Nuevo Testamento lo que con toda claridad se expresa con la segunda muerte.

Hizo manifiesto en primer lugar que esa primera muerte, común a todos, vino por el pecado que cometió uno y se comunicó a todos; y, en cambio, la segunda muerte no es común a todos, ya que se exceptúan aquellos que Él ha llamado siguiendo su propósito, a los que eligió primero, como dice el apóstol, "predestinándolos desde entonces a que reprodujeran la imagen de su Hijo, de modo que Él fuera el mayor de una multitud de hermanos" (Ro. 8:28,29), a quienes la gracia liberó de la segunda muerte por el Mediador de Dios.

2. El primer hombre, según el apóstol, fue hecho en cuerpo animal. Porque queriendo distinguir este cuerpo animal del espiritual que tendremos en la resurrección, dice: "Se siembra corruptible, resucita incorruptible; se siembra lo miserable, resucita glorioso; se siembra lo débil, resucita fuerte; se siembra un cuerpo animal, resucita un cuerpo espiritual". Para probar esto dice luego: "Si hay cuerpo animal, hay también espiritual" (1ª Cor. 15:42-44). Y para demostrar qué es el cuerpo animal, dice: "Así está escrito: El primer hombre fue creado en alma viviente". De este modo quiso demostrar que es el cuerpo animal, aunque la Escritura, cuando le fue creada al hombre por el soplo de Dios el alma, no dijo del primer hombre, llamado Adán: "'fue hecho el hombre con cuerpo animal", sino: "El hombre fue un ser animado" (Gn. 2:7). Y en estas palabras: "El primer hombre fue un ser animado", quiso el apóstol se entendiera el cuerpo animal del hombre.

Cómo se ha de entender el espiritual lo declara diciendo: "El ultimo Adán es un espíritu de vida" (1ª Cor. 15:45), significando indudablemente a Cristo, que resucitó tal de entre los muertos que en modo alguno puede ya morir. Dice, finalmente, a continuación: "No es primero lo espiritual, sino lo animal; lo espiritual viene después". En lo que demuestra con mucha mayor claridad que el había querido significar el cuerpo animal en aquello de que el primer hombre fue un ser animado, y al espiritual en las otras palabras: "El último Adán es un espíritu vivificante". En verdad, el primero es el cuerpo animal, como lo tuvo el primer Adán, aunque no había de morir si no hubiera pecado; como lo tenemos también nosotros ahora, cambiada y viciada su naturaleza hasta el punto de quedar sometido, después del pecado, a la necesidad de la muerte; como se digno tenerlo también originariamente por nosotros Cristo, no necesaria, sino libremente. Luego viene el espiritual, como precedió ya en Cristo, nuestra cabeza, y seguirá en sus miembros en la última resurrección de los muertos.

3. A continuación el apóstol expone la diferencia tan clara entre estos dos hombres, diciendo: "El hombre de la tierra fue el modelo de los hombres terrenos; el hombre del cielo es el modelo de los hombres celestes, y lo mismo que hemos llevado en nuestro ser la imagen del terreno, llevaremos también la imagen del celeste" (1 Cor. 15:47-49). El apóstol expone esto como la realización actual en nosotros del sacramento de la regeneración; como dice en otra parte: "Todos, al bautizaros en Cristo, os habéis revestido de Cristo" (Gál. 3:27). Pero la realidad se colmará cuando lo que hay en nosotros de animal por nacimiento se haya vuelto espiritual por la resurrección, o para usar su misma expresión: "Fuimos salvos por esperanza" (Ro. 8:24).

Ahora llevamos la imagen del hombre terreno por la propagación de la caída y de la muerte, que pasa a nosotros por la generación ordinaria; en cambio, nos revestimos de la imagen del hombre celeste por la gracia del perdón y la vida perpetua, que nos confiere la regeneración solo a través del Mediador de Dios y los hombres, el hombre Cristo Jesús (1ª Tim. 2:5); a quien presenta como el hombre celeste, porque vino del cielo para vestirse con el cuerpo de la mortalidad terrena, que luego había de vestir con la inmortalidad celeste. Y llama a los otros celestes, porque por gracia se han convertido en sus miembros, a fin de que, juntamente con ellos, haya un solo Cristo, como la cabeza y el cuerpo. En la misma carta expone esto con toda claridad: "Si un hombre trajo la muerte, también un hombre trajo la resurrección de los muertos; lo mismo que por Adán todos mueren, así también por Cristo todos recibirán la vida" (1ª Cor. 15:21, 22). Claro está, en un cuerpo espiritual, que será con un espíritu de vida. No porque todos los que mueren en Adán han de ser miembros de Cristo (de hecho, una gran mayoría de ellos será castigada para siempre con la segunda muerte), sino que la repetición de "todos" quiere decir que, como nadie muere en su cuerpo mortal sino por Adán, así nadie es vivificado en el cuerpo espiritual sino por Cristo.

No hemos de suponer, pues, que en la resurrección tendremos el mismo cuerpo que tuvo el primer hombre antes del pecado. Tampoco las palabras: "Como el terreno, tales también los terrenales", deben set entendidas a la luz de lo ocurrido por la culpabilidad del pecado. No se puede pensar que tuvo el hombre un cuerpo espiritual antes de pecar, y por causa del pecado se convirtió en cuerpo animal. Los que así piensan fijan poco su atención en las palabras de tan gran maestro: "Si hay un cuerpo animal, hay también espiritual; como está escrito: El primer hombre, Adán, fue un ser animado". ¿Sucedió acaso esto después del pecado, siendo a esta primera condición del hombre a la que apela el apóstol con el testimonio de la ley para explicar el cuerpo animal?

24. El "soplo" y el alma del primer hombre

1. Algunos han procedido con poca consideración al suponer que con las palabras:"Alentó en su nariz soplo de vida; y fue el hombre en alma viviente" (Gn. 2:7), no le fue dada entonces al primer hombre el alma, sino que fue vivificada por el Espíritu Santo la que ya tenía. Y les mueve a ello que el Señor Jesús, después de resucitar de entre los muertos, sopló sobre sus discípulos diciendo: "Recibid el Espíritu Santo" (Jn. 20:22). Piensan que se hizo aquí algo semejante a lo que se hizo entonces; como si aquí el evangelista añadiera: "Y se convirtieron en seres vivos". Si se hubiera dicho esto, tendríamos que entender que el Espíritu de Dios es, de algún modo, vida de las almas. Sin Él deberían ser tenidas por muertas las almas racionales, aunque aparentemente los cuerpos vivieran con su presencia. Pero no sucedió así en la creación del hombre, como bien lo atestiguan las mismas palabras del libro: "Dios creó al hombre del barro del suelo"; lo cual algunos, pretendiendo una interpretación mas clara, dicen: "Formó Dios al hombre del barro de la tierra". Y como antes se había dicho: "Una fuente brotaba de la tierra, y regaba toda la superficie de la tierra" (Gn. 2:6), podía entenderse el barro como formado de agua y tierra, ya que a continuación sigue: "Creó Dios al hombre del barro de la tierra". Así lo dicen los códices griegos, y por eso se trasladó así la Escritura al latín.

Pero tanto si uno prefiere leer "creó" (lat. *formavit*) o "formó" (lat. *finxit*), lo que en griego se lee eplasen, no tiene importancia, aunque es más propio "formó" (*finxit*). Pero los que prefirieron la palabra *formavit* (creó) trataron de evitar la ambigüedad, ya que en latín prevaleció la costumbre de aplicar la palabra *fingere* a los que componen algo valiéndose de mentira simulada. Este hombre, pues, formado del polvo de la tierra, o del barro (que era tierra humedecida), a este hombre, para hablar con mas claridad, como dice la Escritura, "polvo de la tierra", enseña el apóstol que fue hecho cuerpo animal cuando recibió el alma: "Y fue hecho este en alma viviente"; es decir, este polvo así formado fue dotado de alma viviente.

2. Pero dicen: "Ya tenía alma, de otro modo no sería llamado hombre, ya que el hombre no es el cuerpo solo ni el alma sola, sino compuesto de alma y cuerpo". Esto es verdad, ciertamente, el alma no es todo el hombre, sino su parte principal; ni el cuerpo es todo el hombre, sino su parte inferior. El conjunto de la una y del otro es lo que recibe el nombre de

hombre; pero tampoco pierden ese nombre las partes cuando se habla de cada una de ellas. ¿No permite el uso coloquial decir: Aquel hombre murió, y ahora está en el descanso o en el tormento, cuando sólo puede decirse eso del alma; o también: Aquel hombre fue sepultado en tal o cual lugar, aunque esto no se puede decir sino del cuerpo?

¿Pretenderán decirnos acaso que no suele hablar así la divina Escritura? Al contrario, también ella nos da testimonio, ya que estando las dos partes formando el hombre vivo, sin embargo, designa a cada una de ellas con el termino hombre, llamando alma al hombre interior, y cuerpo al hombre exterior[20], como si fueran dos hombres, cuando en realidad los dos juntos son un solo hombre.

Pero debemos aclarar en qué sentido se dice que "el hombre está hecho a imagen de Dios", y que "el hombre es tierra y a la tierra ha de volver". Lo primero se refiere al alma racional, dada al hombre —entiendase al cuerpo del hombre— por el soplo de Dios, o, si se prefiere expresión más apropiada, por la inspiración de Dios; lo segundo se refiere al cuerpo, tal cual fue formado por Dios del polvo, al que se dio el alma para hacer un cuerpo animado, o sea, un hombre con alma viva.

Espíritu Santo y espíritu humano

3. De manera que en la acción de soplar el Señor cuando dijo: "Recibid el Espíritu Santo ", quiso dar a entender que el Espíritu Santo no es solo el Espíritu del Padre, sino también el Espíritu de su Unigénito. Pues el mismo Espíritu es Espíritu del Padre y del Hijo, con el cual se forma la Trinidad del Padre y del Hijo y del Espíritu Santo, que no es una criatura, sino Creador. En efecto, aquel soplo corpóreo procedente de la boca de la carne no era la sustancia ni la naturaleza del Espíritu Santo, sino más bien la significación, para que por ella entendiéramos, como dije, que el Espíritu Santo es común al Padre y al Hijo, ya que no tiene cada uno el suyo peculiar, sino que los dos tienen el mismo. Este Espíritu siempre es designado en la Sagrada Escritura con el vocablo griego pneuma (*pneuma*), como lo llamó en este lugar el Señor cuando se lo dio a sus discípulos, señalando con el soplo de su boca corporal. Yo no lo he visto nombrado de otra manera en todos los lugares de los escritos divinos.

Pero aquí, cuando se lee: "Dios modelo al hombre de polvo del suelo, y le sopló", o inspiro, en su nariz aliento de vida; el griego pneuma (*pneuma*), como es habitual llamar al Espíritu Santo, sino pnohn (*pnohn*), nombre que se aplica con más frecuencia a la criatura que al Creador. De aquí que algunos latinos, a causa de esta diferencia, prefirieron el

---

20. Cf. 2ª Cor. 4:16.

nombre de "aliento" al de "espíritu". ·Esta palabra también se encuentra en el profeta Isaías donde dice Dios: "El aliento que yo he dado" (Is. 7:16), significando, sin duda, toda alma. Así, la palabra griega pnohn (*pnohn*) la han traducido los nuestros unas veces por soplo, otras por espíritu, otras por inspiración o aspiración, aun cuando se trata de Dios; en cambio, pneuma (*pneuma*) la han traducido uniformemente por "espíritu", ya se trate del hombre, del cual dice el apóstol: "¿Quién conoce a fondo la manera de ser del hombre, si no es el espíritu del hombre que esta dentro de el?" (1ª Cor. 2:11); ya se refiera a este a la bestias, como dice Salomón: "¿Quién sabe si el espíritu del hombre remontará hasta el cielo, y el espíritu de la bestia se abatirá hasta la tierra" (Ecl. 3:21); o espíritu corporal llamado también "viento", pues este es su nombre cuando se canta en el Salmo: "Rayos, granizo, nieve y bruma, viento huracanado" (Sal. 148:8); ya, finalmente, no a una criatura, sino al Creador, del que dice el Señor en el Evangelio: "Recibid el Espíritu Santo ", al indicando el don por el aliento de su boca; asimismo donde dice: "Id y bautizad a todos en el nombre del Padre, y del Hijo, y del Espíritu Santo " (Mt. 28:19), se resalta con toda claridad y evidencia la misma Santísima Trinidad, lo mismo que en aquel otro lugar: "Dios es espíritu" (Jn. 4:24). También se encuentra en otros muchos lugares de las sagradas letras.

En todos estos testimonios de las Escrituras no vemos escrito la palabra griega pnohn (*pnohn*), sino pneuma (*pneuma*), ni entre los latinos soplo (*flatum*), sino espíritu (*spiritum*). Por lo cual, al decir "inspiró", o, si se ha de hablar con mas propiedad, "sopló en su nariz aliento de vida", si el griego no hubiera puesto allí pnohn, como se lee, sino pneuma, ni aun así nos veríamos obligados a entender el espíritu creador, que en la Trinidad se dice propiamente Espíritu Santo ; ya que la palabra pneuma, como se ha dicho, es manifiesto que se suele aplicar no solo al Creador, sino también a la criatura.

4. Pero cuando la Escritura dice "espíritu", replican, no añadirían de vida si no quisiera dar a entender al Espíritu Santo ; y al decir el hombre se convirtió en alma, no añadiría viviente, si no significara la vida del alma, que se le da divinamente por el don del Espíritu de Dios. Si el alma vive, dicen con una vida propia, ¿que necesidad había de añadir viviente, sino para dar a entender aquella vida que se le da por el Espíritu Santo ? ¿Qué otra cosa es esto sino tratar de defender con excesiva solicitud conjeturas humanas y prestar tan escasa atención a las Escrituras Santas? Pues ¿que costaba no ir tan lejos, sino leer un poco antes en el mismo libro: "Produzca la tierra vivientes según sus especies, cuando fueron creados todos los animales terrestres" (Gn. 1:21)? Y luego, pasados algunos capítulos, ¿costaba gran trabajo atender lo que está escrito: "Todo lo

que respira por la nariz con aliento de vida, todo lo que había en la tierra firme murió", al hacer alusión a que habían muerto en el diluvio todos los seres que vivían en la tierra? Por consiguiente, si encontramos alma viva y espíritu de vida aun entre los animales, como acostumbra a decir la divina Escritura, y si también en este lugar, al decir: "Todo cuanto tiene espíritu de vida", el griego no dice pneuma, sino pnohn, ¿por qué no hemos de preguntar qué necesidad había de añadir "viviente", ya que el alma no puede existir sin vida, o qué necesidad había de añadir "de vida", al decir espíritu? Pero comprendemos que la Escritura hablaba según su costumbre de espíritu de vida y alma viva cuando quería dar a entender los animales, esto es, los cuerpos animados, dotados a través del alma de un tan noble sentido incluso corporal.

En cambio, en la creación del hombre nos olvidamos que la Escritura sigue cabalmente el estilo que suele emplear. De esta manera insinua que el hombre, aun habiendo recibido un alma racional, no producida por las aguas y la tierra como la del resto de los seres carnales, sino creada por el soplo de Dios, el hombre digo ha sido hecho para vivir en un cuerpo animal gracias al alma que vive dentro de él, a semejanza de aquellos animales de los que dijo: "Produzca la tierra vivientes según sus especies"; de ellos se dice en el mismo pasaje que tuvieron espíritu de vida. Tampoco dice aquí el griego pneuma, sino pnohn, señalando con tal nombre no el Espíritu Santo, sino el alma de animales.

5. Pero el soplo de Dios dicen se entiende que ha salido de la boca de Dios, y si lo tomamos por alma será lógico concluir que es de la misma sustancia que Dios, e igual a su Sabiduría, que dice: "Yo salí de la boca del Altísimo" (Eclo. 24:5). Hay que notar que la Sabiduría no ha dicho que es un soplo de la boca de Dios, sino que procede su boca. Así como nosotros podemos hacer un soplo, no de la naturaleza que nos constituye en hombres, sino del aire que nos rodea, que traemos y llevamos respirando y aspirando, así Dios, que es omnipotente, pudo formar no de su naturaleza ni de criatura alguna sometida a su dominio, sino de la nada, un soplo, que con mucha propiedad está escrito inspiró o sopló para comunicarlo al cuerpo humano. Dios es incorpóreo y el soplo incorpóreo, pero Dios es inmutable y el soplo mudable, porque el Dios creado infundió algo creado.

Sin embargo, para que sepan estos que se precipitan en hablar de las Escrituras y no estudian su estilo literario que no solamente se dice salir de la boca de Dios lo que es igual o de la misma naturaleza que Él, oigan o lean lo que Dios dice: "Por cuanto eres tibio y no frío ni caliente, te vomitaré por mi boca" (Ap. 3:16).

No hay, pues, motivo alguno para oponernos al apóstol que habla con tanta claridad, distinguiendo el cuerpo animal del cuerpo espiritual, es decir, aquel en que hemos de estar de este en que estamos actualmente. "Se siembra cuerpo animal, resucitará espiritual cuerpo. Hay cuerpo animal, y hay cuerpo espiritual. Así también está escrito: Fue hecho el primer hombre Adam en alma viviente; el postrer Adam en espíritu vivificante. Mas lo espiritual no es primero, sino lo animal; luego lo espiritual. El primer hombre, es de la tierra, terreno: el segundo hombre que es el Señor, es del cielo. Cual el terreno, tales también los terrenos; y cual el celestial, tales también los celestiales. Y como trajimos la imagen del terreno, traeremos también la imagen del celestial" (1ª Cor. 15:44-49). Estas palabras ya las mencionamos anteriormente. El cuerpo animal en que, según el apóstol, fue formado el primer hombre, Adán, fue creado de tal modo que podía morir, pero que no moriría de no haber pecado. Lo que ha de ser espiritual e inmortal por el espíritu vivificante no puede morir. Así, el alma fue creada inmortal, aunque aparentemente esté muerta por el pecado, pues carece de esa vida suya que es el Espíritu de Dios, gracias al cual podía vivir sabia y felizmente, no deja de vivir con una especie de vida que le es también propia, aunque sea miserable, y no deja, porque es inmortal por creación.

Lo mismo ocurre con los ángeles rebeldes, que aunque de alguna manera hayan muerto pecando, porque abandonaron la fuente de la vida, que es Dios, con el cual podían vivir sabia y felizmente, no pudieron morir, dejando en absoluto de vivir y de sentir, ya que fueron creados inmortales. Y así, después del juicio final, serán precipitados en la segunda muerte, de forma que ni aun allí carecerán de vida, ya que no se verán privados de sensibilidad cuando vivan en tormentos.

En cambio, los hombres que pertenecen a la gracia de Dios y se han convertido en conciudadanos de los ángeles santos que continuaron en la vida feliz, serán revestidos de cuerpos espirituales que no pecarán más ni morirán; y serán revestidos de tal inmortalidad que, como la de los ángeles, no les podrá ser arrebatada por el pecado; permanecerá la naturaleza de la carne, pero no quedará en absoluto corruptibilidad o torpeza alguna.

7. Queda todavía una cuestión que necesariamente hemos de tratar y resolver con la ayuda del Señor, el Dios de la verdad. ¿Se originó la libido en los miembros desobedientes de los primeros hombres del pecado de desobediencia al abandonarlos la gracia de Dios? Así se explicaría que en su desnudez abrieron los ojos, esto es, repararan con más curiosidad en ella y, porque el movimiento impudente resistía al albedrío de la voluntad, cubrieran sus vergüenzas. ¿Cómo, entonces, se habrían de propagar

los hijos si permanecieran sin pecado como habían sido creados? Pero como este libro exige ya un fin y esta no es una cuestión para tratarla ligeramente, podemos dejarla para el libro siguiente, donde será tratada más convenientemente.

Libro XIV

1. Desobediencia y gracia en el primer hombre

Dijimos ya en los libros anteriores cómo Dios quiso formar a la humanidad a partir de un solo hombre. Pretendió no sólo unir a los hombres por la semejanza de la naturaleza, sino también estrecharlos con el vínculo de la paz en unanimidad concorde por vínculos de consanguinidad. También tenía determinado que ese linaje no moriría en cada uno de sus miembros si los dos primeros, creados el uno de la nada y el otro del primero, no se hubiesen hecho acreedores a la muerte por la desobediencia. Tan grave fue el pecado cometido, que la naturaleza humana quedó deteriorada y transmitió a la vez a sus sucesores la esclavitud del pecado y la necesidad de la muerte.

El imperio de la muerte reinó de tal manera sobre todos los hombres, que la pena debida los precipitaba a todos también en la segunda muerte, una muerte sin fin, si la gracia de Dios no librara a algunos. He aquí a lo que ha dado lugar este hecho. Habiendo tantas y tan poderosas naciones esparcidas por el orbe de la tierra con diversos ritos y que se distinguen por la múltiple variedad de lenguas, no existen más que dos clases de sociedades humanas que podemos llamar justamente, según nuestras Escrituras, dos ciudades. Una es la de los hombres que quieren vivir según la carne, y otra, la de los que pretenden seguir al espíritu, logrando cada una vivir en su paz propia cuando han conseguido lo que pretenden

2. Sentido de la "vida según la carne"

1. Ante todo, ha de esclarecerse qué significa vivir según la carne y qué según el espíritu. Quien mira superficialmente lo que acabamos de decir, o sin recordar el lenguaje de las santas Escrituras, o prestándole menos atención, puede pensar que los filósofos epicúreos viven según la carne al poner el supremo bien del hombre en el placer del cuerpo; y lo mismo los demás filósofos que hayan tenido de algún modo el bien del cuerpo como el bien supremo del hombre; igualmente toda la muchedumbre de los que sin creencia alguna siguen esa filosofía, y siendo

proclives a la pasión carnal, no conocen otro placer que el percibido por los sentidos corporales. En cambio, ese mismo pensará que viven según el espíritu los estoicos, que colocan el supremo bien del hombre en el espíritu, ya que no es otra cosa el alma del hombre sino espíritu.

Pero, según el sentido de la Escritura, todos ellos manifiestamente viven según la carne. Llama carne no sólo al cuerpo del ser vivo terreno y mortal, como cuando dice: "Todas las carnes no son lo mismo; una cosa es la carne del hombre, otra la del ganado, otra la de las aves y otra la de los peces" (1ª Co. 15:39). Usa también de esta palabra en otros muchos sentidos, entre los cuales llama carne con frecuencia al mismo hombre; esto es, la naturaleza del hombre, tomando la parte por el todo, como cuando dice: "Ninguna carne será justificada por las obras de la ley" (Ro. 3:20). ¿Qué quiso se entendiera, sino "todo hombre"? Lo dice luego un poco más claro: "Por la ley nadie se justifica ante Dios" (Gál. 3:11). Y en la misma carta a los Gálatas: "Sabiendo que ningún hombre es justificado por observar la ley" (Gál. 2:16). Así se entiende también: "El Verbo se hizo carne" (Jn. 1:14), esto es, "hombre". Lo cual interpretaron mal algunos y pensaron que a Cristo le faltó el alma humana. Como también se toma el todo por la parte cuando en el Evangelio se leen las palabras de María Magdalena al decir: "Se han llevado a mi Señor y no sé dónde lo han puesto" (Jn. 20:13); donde en realidad habla de la sola carne de Cristo, que pensaba habían llevado del sepulcro, donde fue colocada. Así, el todo es tomado por la parte, y al nombrar la carne se entiende el hombre, como lo atestiguan los pasajes citados .

2. Por consiguiente, ya que la divina Escritura nombra la carne de muchas maneras, que es difícil escudriñar y reunir, para poder investigar qué es vivir según la carne (lo que ciertamente es malo, sin ser mala la carne por naturaleza) tratemos de penetrar con diligencia el pasaje de la carta de San Pablo a los Gálatas, donde dice: "Las obras que proceden de la carne son conocidas: lujuria, inmoralidad, libertinaje, idolatría, magia, enemistades, discordia, rivalidad, arrebatos de ira, egoísmos, partidismos, sectarismos, envidias, borracheras, orgías y cosas por el estilo. Y os prevengo, como ya os previne, que los que se dan a eso no heredarán el reino de Dios" (Gál. 5:19-21).

Todo este pasaje de la carta apostólica, considerado en lo que se refiere a la cuestión presente, podrá resolvernos qué se entiende por vivir según la carne. Pues entre las obras de la carne, que dijo eran manifiestas y menciona condenándolas, no encontramos solamente las que pertenecen al placer de la carne, como las fornicaciones, inmundicias, lujuria, borracheras, comilonas, sino también aquellas otras que denuncian los vicios del alma ajenos al placer de la carne. ¿Quién no ve que se aplica más bien al espíritu que a la carne el culto de los ídolos, las disensiones, herejías, envidias? Puede uno, en realidad, abstenerse de los placeres de la carne por la idolatría o algún error herético; y aún entonces el hombre, aunque al parecer domina y reprime los placeres de la carne, queda convicto por la autoridad apostólica de vivir según la carne; y en ese mismo abstenerse de sus placeres, queda también convicto de llevar a cabo las obras condenables de la carne. ¿Quién no tiene enemistades en su espíritu?, o ¿quién hablando a un enemigo real o supuesto se dice: "Tienes mala carne contra mí", y no mejor: "tienes mal ánimo contra mí"? Finalmente, lo mismo que si alguien oye hablar, por así decirlo, de carnalidades, no duda atribuírselas a la carne; así tampoco duda nadie atribuir las animosidades al espíritu, ¿Por qué entonces el maestro de los gentiles, guiado por la fe y por la verdad, llama obras de la carne a todas éstas y a otras semejantes, sino porque en ese estilo, en que el todo queda significado por la parte, quiere significar al mismo hombre con el nombre de carne?

3. El alma es el origen del pecado, no la carne

1. Si dice alguien que la carne es la causa de todos los vicios de las malas costumbres, ya que el alma, influida por la carne, vive viciosamente, bien claro demuestra que no presta diligente atención a toda la naturaleza del hombre. Cierto que el cuerpo mortal es "lastre del alma "(Sab. 9:15). Y por eso también el apóstol, tratando de este cuerpo corruptible, del cual poco antes había dicho: "Aunque nuestro exterior va decayendo", dice: "Sabemos que si nuestro albergue terrestre, esta tienda se derrumba, tenemos un edificio que viene de Dios, un albergue eterno en el cielo, no construido por hombres; y por eso suspiramos, por el anhelo de revestirnos de la morada que viene del cielo, suponiendo que, al quitarnos ésta, no quedamos desnudos del todo. Sí, los que vivimos en esta tienda suspiramos abrumados porque no querríamos quitarnos lo que tenemos puesto, sino vestirnos encima, de modo que lo mortal sea absorbido por la vida" (2 Cor. 4:16; 5:1-4). Así que somos abrumados por el cuerpo corruptible, y conociendo que la causa de este peso no es la naturaleza y la sustancia del cuerpo, sino su corrupción, no queremos despojarnos del cuerpo, sino vestirnos de su inmortalidad. Aún existirá entonces el cuerpo, pero no será ya corruptible, ya no abrumará. El cuerpo mortal, pues, es ahora lastre del alma, la tienda terrestre abruma la mente pensativa (Sab. 9:15). No obstante, están en error quienes piensan que todos los males del alma proceden del cuerpo.

2. Es verdad que Virgilio parece expresar en elegantes versos la opinión de Platón al decir: "Esas emanaciones del alma universal conservan

su ígneo vigor y su celeste origen mientras no están cautivadas en toscos cuerpos y no las embotan terrenas ligaduras y miembros destinados a morir"[1]. Incluso añade, queriendo dar a entender que todas esas perturbaciones tan conocidas del ánimo, el deseo y el temor, la alegría y la tristeza, como fuentes de todos los vicios y pecados, proceden del cuerpo: "Por eso temen y, desean, padecen y gozan; por eso no ven la luz del cielo, encerradas en las tinieblas de oscura cárcel".

Pero nuestra fe es muy diferente. La corrupción del cuerpo, que agrava el alma, no es la causa del primer pecado, sino su castigo; la carne corruptible no hizo pecadora al alma, sino que el alma pecadora es la que hizo a la carne corruptible. Y aunque existen, procedentes de la carne, ciertos incentivos de los vicios, y aun los deseos viciosos, no deben atribuirse, sin embargo, a la carne todos los vicios de una vida inicua, no sea que vayamos a eximirle de todos ellos al diablo, que no tiene carne. No se puede atribuir al diablo la fornicación ni la embriaguez, ni cualquier otro mal que tenga relación con los placeres de la carne, aunque sea fomentador e instigador oculto de tales pecados; pero sí tiene en grado sumo la soberbia y la envidia. Y de tal modo se enseñorea de él esa perversidad, que por ella fue destinado al suplicio eterno en las prisiones oscuras de este aire.

Los vicios que tienen la primacía en el diablo los atribuye el apóstol a la carne, de la que ciertamente carece el diablo. Dice que las enemistades, los pleitos, las rivalidades, las animosidades, las envidias son obras de la carne (Gál. 5:20-21), y la cabeza y origen de todos estos males es la soberbia, que sin carne reina en el diablo. Y ¿quién hay más enemigo que él de los santos?; ¿quién más contencioso, más animoso y más hostil contra ellos? Y teniendo todo esto sin carne, ¿cómo son esos vicios obra de la carne, sino porque son obras del hombre, a quien, como dije, denomina con el nombre de carne? Porque el hombre se ha hecho semejante al diablo no por tener carne, que no tiene el diablo, sino viviendo según él mismo, esto es, según el hombre. También el diablo quiso vivir según él mismo, cuando no permaneció en la verdad, de manera que al mentir no habló de parte de Dios, sino de sí propio, ya que no es sólo mentiroso, sino también "padre de la mentira" (Jn. 8:44). Él fue el primero en mentir, y siendo el primero en pecar, fue también el autor de la mentira.

4. Vivir según la carne y vivir según Dios

1. Cuando el hombre vive según el hombre, y no según Dios, es semejante al diablo. Porque ni siquiera el ángel debió vivir según el ángel,

---

1. Virgilio, *En.* 6, 730,734.

sino según Dios, para mantenerse en la verdad y hablar la verdad que procede de Dios, no la mentira, que nace de sí mismo. Del hombre dice el mismo apóstol en otro lugar: "Si es que se manifestó la verdad de Dios en mi mentira" (Ro. 3:7). Llamó a lo mío mentira, y verdad a lo de Dios. Y así, cuando el hombre vive según la verdad, no vive según él mismo, sino según Dios, pues es Dios quien dijo: "Yo soy la verdad" (Jn. 14:6). Pero cuando vive según él mismo, según el hombre, no según Dios, vive según la mentira. No se trata de que el hombre mismo sea la mentira puesto que tiene por autor y creador a Dios, quien no es autor ni creador de la mentira. La realidad es que el hombre ha sido creado recto no para vivir según él mismo, sino según el que lo creó. Es decir, para hacer la voluntad de aquél con preferencia a la suya. Y el no vivir como lo exigía su creación constituye la mentira.

Quiere ser feliz sin vivir de la manera que podía serlo.¿Hay algo más mentiroso que esta voluntad? No en vano puede afirmarse que todo pecado es una mentira. No se comete un pecado sino queriendo que nos vaya bien o queriendo que nos vaya mal. Tiene, pues, lugar la mentira cuando, intentando buscar algún bien, eso mismo nos resulta mal, o cuando procurando buscar algo mejor, nos resulta, en cambio, peor. ¿De dónde procede esto? De que el bien le viene al hombre de Dios, a quien abandona por el pecado. No le viene de sí mismo, pues si vive según él mismo, peca.

2. Hemos dicho que de ahí procedía la existencia de dos ciudades diversas y contrarias entre sí: unos viven según la carne, y otros según el espíritu. Esto equivale a decir que viven unos según el hombre y otros según Dios. Lo dice con toda claridad san Pablo a los corintios: "Mientras haya entre vosotros rivalidad y discordia, ¿no está claro que sois carnales y procedéis según el hombre?" (1ª Cor. 3:3). Proceder según el hombre es ser carnal, ya que por la carne, es decir, por una parte del hombre se entiende el hombre. Llamó, en efecto, más arriba "animales" a los que después llama "carnales" diciendo: "¿Quién conoce a fondo la manera de ser del hombre, si no es el espíritu del hombre que está dentro de él? Del mismo modo la manera de ser de Dios nadie la conoce si no es el Espíritu de Dios. Y nosotros no hemos recibido el espíritu del mundo, sino el Espíritu que viene de Dios; así conocemos a fondo los dones que Dios nos ha hecho. Eso precisamente exponemos .no con el lenguaje que enseña el saber humano, sino con el que enseña el Espíritu, explicando temas espirituales a hombres de espíritu. Pero el hombre animal no puede hacerse capaz de las cosas que son del Espíritu de Dios, le parecen una locura" (1ª Cor. 2:11-14). Y a éstos, es decir, a esos hombres "animales" dice poco después: "Y así es, hermanos, que yo no he podido hablaros

como a hombres espirituales, sino como a carnales" (3:1). También aquí, según ese estilo figurado, se entiende el todo por la parte.

Tanto por el alma como por la carne, que son partes del hombre, puede significarse el todo, que es el hombre, que vive según el hombre. Así se da a entender bien en este pasaje: "Ninguna carne será justificada por las obras de la ley" (Ro. 3:20). O cuando está escrito: "Bajaron con Jacob a Egipto setenta y cinco almas" (Gn. 46:27). En el primer caso, por toda la carne se entiende el hombre, y en el segundo, setenta y cinco hombres por las setenta y cinco almas. También donde se dijo: "No con palabras de saber humano", podía haber dicho: "No con el lenguaje que enseña el saber carnal", lo mismo que cuando dice: "Procedéis según el hombre", podía hacer dicho: "según la carne". Pero esto se evidencia mejor en lo que añadió: "Porque diciendo uno: Yo soy de Pablo, y el otro: Yo de Apolo, ¿no sois hombres?" (1ª Cor. 3:4). Las expresiones de antes, "sois animales" y "sois carnales" las expresa con más exactitud ahora "sois hombres"; que quiere decir: "vivís según el hombre, no según Dios; si vivierais según Dios, seríais dioses".

5. Opinión de los platónicos sobre la naturaleza del alma

No se pueden atribuir nuestros pecados y nuestros vicios a la naturaleza carnal, injuriando así al Creador, ya que en su género y orden es buena. Lo que no es bueno es dejar al Creador bueno y vivir según el bien creado, ya elija uno vivir según la carne, según el alma o según el hombre total, formado de alma y carne (y por ello se le puede designar sólo con el nombre de alma o sólo con el nombre de carne). Pues quienes alaban la naturaleza del alma como bien supremo, y acusan a la naturaleza de la carne como un mal, apetecen carnalmente el alma y huyen carnalmente de la carne, siguiendo en esto la vanidad humana, no la verdad divina.

Realmente los platónicos no son tan insensatos como los maniqueos, detestando los cuerpos terrenos como malos, puesto que todos los elementos de que está formado este mundo visible y tangible y todas sus cualidades los atribuyen al Dios hacedor. A pesar de ello, piensan que las almas están tan afectadas por los órganos y los miembros destinados a la muerte, que de ahí les vienen las enfermedades de las apetencias y de los temores de la alegría y de la tristeza. Que son las cuatro perturbaciones que llama Cicerón[2], o las cuatro pasiones, como las llaman otros tomándolo del griego, en que se contiene todo el desorden de las costumbres humanas.

---

2. Cicerón, *Tuscul. quaest.* 4,6.

Si ello fuera así, ¿por qué Eneas —dice Virgilio—, habiendo oído a su padre en los infiernos que las almas volverán de nuevo a los cuerpos, se admira de esta opinión y exclama:

"¡Oh padre!, ¿es creíble que algunas almas se remonten de aquí a la tierra y vuelvan por segunda vez a encerrarse en cuerpos materiales? ¿Cómo tienen esos desgraciados tan vehemente anhelo de la luz?"[3]. ¿Es posible que, influido por los órganos terrenos y miembros destinados a la muerte se encuentre ese tan vehemente anhelo en almas cuya pureza se proclama tan alto? ¿No dice que están purificadas de todas sus manchas corpóreas cuando comienzan a querer retornar a sus cuerpos? De donde se deduce que aunque fuera verdad extremo tan sin sentido de la purificación y contaminación de las almas que van y vuelven en alternativa incesante, no podría afirmarse verosímilmente que todos los movimientos culpables y viciosos de las almas les vienen de los cuerpos terrenos, ya que según ellos mismos, al decir del ilustre poeta, el vehemente deseo está tan lejos de proceder del cuerpo que, aun estando el alma purificada de toda mancha corpórea y establecida fuera del cuerpo, la apremia a estar de nuevo en el cuerpo. De esta manera, según su propia confesión, no es sólo la carne la que apremia al alma en las apetencias y el miedo, en la alegría y la tristeza; de ella misma puede proceder la agitación de esos movimientos.

6. Rectitud o perversidad de la voluntad humana

Nos interesa conocer cómo es la voluntad del hombre, porque si es perversa sus movimientos perversos y culpables, y si es recta, no sólo no serán inculpables, sino loables. En todos esos movimientos está la voluntad; mejor aún, todos ellos no son otra cosa que voluntad. ¿Qué es el deseo y la alegría, sino la voluntad encaminada a estar de acuerdo con lo que queremos? Y ¿qué es el miedo y la tristeza, sino el alejamiento de lo que no queremos? Pero recibe el nombre de apetencias cuando en el apetito estamos de acuerdo con lo que queremos; y se llama alegría cuando estamos en el disfrute de esas mismas cosas. Así también, la voluntad se llama miedo cuando rehusamos aquello que no queremos nos suceda; y se llama tristeza cuando rehusamos lo que tenemos presente sin quererlo. En toda la gama de cosas que se apetecen o se rehúyen, a medida que el alma se siente atraída o rechazada, varía o se vuelve a unos u otros afectos.

---

3. Virgilio, *En.* 6,719-721.

Por lo cual el hombre que vive según Dios, no según el hombre, necesariamente ama el bien y, como consecuencia, odiará el mal. Y como nadie es malo por naturaleza, sino que el malo lo es por vicio, quien vive según Dios tiene un perfecto odio a los malos; es decir, no odia al hombre por el vicio ni ama el vicio por el hombre, sino que odia al vicio y ama al hombre. Si se cura el vicio, permanecerá todo lo que debe amar, y nada de lo que debe odiar

7. Amor y querer en las Escrituras

1. Quien tiene el propósito de amar a Dios y amar al prójimo como a sí mismo, no según el hombre, sino según Dios, se dice de él, por su amor, que tiene buena voluntad. Esta, con más frecuencia, se llama "caridad" en las Sagradas Escrituras, aunque también en ellas recibe el nombre de "amor". Pues dice el apóstol que debe de ser amante del bien quien sea elegido para gobernar al pueblo[4]. Y el mismo Señor, preguntando al apóstol Pedro, le dice: "¿Me quieres más que éstos?" A lo que Pedro contesta: "Señor, tú sabes que te amo." Le pregunta de nuevo el Señor no si le amaba, sino si le quería más, a lo que vuelve a responder Pedro: "Señor, tú sabes que te amo". La tercera vez ya no le preguntó el Señor: "¿Me quieres?", sino: "¿Me amas?". Y entonces continúa el evangelista que a Pedro le dolió que le preguntara tres veces ¿me amas? Y, en realidad, el Señor no había dicho tres veces, sino una sola ¿me *amas*? Las otras dos veces había dicho ¿me *quieres*? Por donde comprendemos que, aun cuando decía el Señor: "¿Me quieres?", no decía otra cosa que: "¿Me amas?" En cambio, Pedro no cambió la palabra del mismo significado, sino dijo por tercera vez: "Señor, tú lo sabes todo; tú sabes que te amo" (Jn. 21:15-17).

2. He juzgado oportuno mencionar esto porque piensan algunos que una cosa es querer o tener caridad, y otra diferente amar. Dicen, en efecto, que querer debe usarse en el buen sentido, y amar en el malo. Pero es absolutamente cierto que ni los autores profanos han hablado en este sentido. Vean, pues, los filósofos si pueden, y con qué fundamento, hacer estas distinciones. Sus mismos libros dan un claro testimonio de que ellos hacen un gran aprecio del amor en las cosas buenas, incluso con respecto al mismo Dios. De todos modos, fue necesario manifestar que las Escrituras de nuestra religión, cuya autoridad anteponemos a cualesquiera otros escritos, no establecen diferencia alguna entre amar, querer y caridad.

Ya hemos demostrado que el amor también se usa en el buen sentido. Pero para que nadie pueda pensar que amar puede usarse en el buen o

---

4. "Hospedador, amante de lo bueno, sobrio, justo, santo, dueño de sí mismo" (Tit. 1:8).

mal sentido, y querer sólo en el bueno, preste atención a lo que se dice en el salmo: "El que quiere la iniquidad, odia su alma" (Sal. 11:5); y también a lo del apóstol Juan: "Si alguno quiere al mundo, el Padre no lo quiere a él" (1ª Jn. 2:15). He aquí en un solo lugar el querer en el buen y el mal sentido. Y para que nadie eche de menos el amor en el mal sentido (el bueno ya lo hemos visto), lea aquel pasaje: "Se alzarán hombres amantes de sí mismos, amadores del dinero" (2ª Tim. 3:2).

Por consiguiente, la voluntad recta es el amor bueno, y la voluntad perversa, el amor malo. El amor que codicia tener lo que se ama es la apetencia; en cambio, cuando lo tiene ya y disfruta de ello, tenemos la alegría; si huye de lo que le es adverso, es el temor; y si lo experimenta presente ya, es la tristeza. Así, pues, estas cosas son malas si el amor es malo, y buenas si el amor es bueno.

Demostremos esto por las Escrituras. Desea el apóstol "morir y estar con Cristo" (Fil. 1:23), y se dice también: "Arde mi alma en ansias, deseando tus mandamientos" (Sal. 119:20); o con expresión más propia: "La pasión por la sabiduría conduce al reino" (Sab. 6:20). En cambio, el uso del lenguaje ha conseguido, que las palabras apetencia o pasión, si no se especifica algo, se entiendan en mal sentido.

La alegría, en cambio, se entiende en el buen sentido; así: "Alegraos, justos, y regocijaos en el Señor" (Sal. 32:11). Tú has infundido la alegría en mi corazón" (Sal. 5:7). "Me colmarás de alegría con tu presencia" (Sal. 16:11). También el temor lo usa en buen sentido el apóstol en varios pasajes: "Trabajad con temor y temblor en la obra de vuestra salvación" (Fil. 2:12). "No te engrías, antes bien vive con temor" (Ro. 11:20). "Me temo que igual que la serpiente sedujo a Eva con su astucia, se pervierta vuestro modo de pensar y abandone la entrega y fidelidad a Cristo" (2ª Cor. 11:3). Ya la tristeza, que Cicerón la llama más bien pesadumbre[5], y Virgilio dolor, al decir: "Tienen dolor y se alegran"[6], surge acerca de ellas una cuestión delicada: si se la puede usar en el buen sentido (yo he preferido usar la palabra tristeza, porque la pesadumbre y el dolor se encuentran más bien en los cuerpos).

8. Estoicos y cristianos sobre el dolor y la tristeza

1. Lo que han llamado los griegos eutaqeia (*eútabeia*) y Cicerón en latín *constantiae* (constancia), las reducen los estoicos a tres, en lugar de las tres perturbaciones del ánimo del sabio, poniendo la voluntad en lugar

---

5. Cicerón, *Tuscul. quaest.* i,3, c.10.
6. Virgilio, *En.* 6,733.

del deseo; el gozo por la alegría y la precaución por el temor. En cuanto a la pesadumbre o dolor, que nosotros, para evitar la ambigüedad, hemos preferido llamar tristeza, niegan que pueda existir en el ánimo del sabio. Dicen, en efecto, que la voluntad apetece el bien, practicado por el sabio; el gozo tiene por objeto el bien conseguido, que obtiene el sabio en todas partes; la precaución evita el mal, que debe evitar el sabio. En cambio, la tristeza, cuyo objeto es el mal que ya sucedió, y piensan que ningún mal puede ocurrir al sabio, opinan que nada de esto puede haber en el ánimo del sabio.

Este es su pensamiento: sólo el sabio quiere, goza y es precavido; sólo el necio puede apetecer, alegrarse, temer y entristecerse. Aquellos tres afectos son las permanencias; estas cuatro, las perturbaciones, según Cicerón, y pasiones según otros muchos. Aquellas tres en griego, como ya dije, reciben el nombre de eutaqeiai (*eútabeibai*), y las otras cuatro el de taqe (*tábe*).

Con los recursos a mi alcance he investigado con diligencia si esta manera de hablar halla eco en las Escrituras Santas, y encuentro en primer lugar el dicho del profeta: "No hay gozo para los malvados, dice el Señor" (Is. 57:21); dando a entender que los impíos pueden más bien alegrarse que gozar de los bienes, ya que el gozo es propiamente de los buenos y de los hombres religiosos. Luego está lo del Evangelio: "Todo lo que querríais que hicieran los demás por vosotros, hacedlo vosotros por ellos" (Mt. 7:12). Con lo cual parece indicar que nadie puede querer algo mal o torpemente, sino apetecerle. Y aun por la frecuencia del pasaje algunos intérpretes añadieron "bienes", y así lo escriben: "Todo el bien que querríais que hicieran los demás por vosotros". Así lo creyeron para prevenir que alguien pretenda ser obsequiado con cosas deshonestas, como, para no hablar de otras más torpes, banquetes lujuriosos, en los cuales él, al corresponderles con cosas semejantes, puede pensar que cumple con este precepto. Pero en el Evangelio griego, de donde se trasladó al latín, no se lee "bienes", sino: "Todo lo que querríais que hicieran los demás por vosotros, hacedlo vosotros por ellos". Yo pienso que en la palabra "querríais" ha intentado decir "bienes", ya que no usa la palabra "deseéis".

2. Sin embargo, no se debe exigir siempre esa propiedad a nuestro lenguaje, aunque a veces haya que hacer uso de ella. Y cuando leemos los autores a cuya autoridad no hay posibilidad de oponerse, respetemos esa propiedad donde el sentido recto no encuentre otra salida. Así son estos pasajes que como muestra hemos mencionado, unos de los profetas y otros del Evangelio. ¿Quién ignora, en efecto, que los impíos se sienten transportados de alegría? Y, sin embargo, "no hay gozo para los impíos,

dice el Señor". ¿Por qué, sino porque la palabra "gozo" tiene otro sentido cuando se toma en el propio y estricto? Y por la misma razón, ¿quién puede negar que no es justo el mandato, dado a los hombres, de que hagan ellos a los demás lo que quieren que éstos les hagan, a fin de que no se deleiten mutuamente con la torpeza del placer ilícito? Y, con todo, así reza el saludable y verdadero precepto: "Todo lo que querríais hicieran los demás por vosotros, hacedlo vosotros por ellos". Y ¿por qué esto, sino porque en este lugar se ha puesto de una manera propia la voluntad, que no puede usarse en el mal sentido?

En un lenguaje más corriente, que es muy frecuente en la conversación habitual, no se diría: "No queráis proferir mentira alguna" (Ecl. 7:14), si no pudiera existir la voluntad mala, de cuya maldad se distingue aquella que proclamaron los ángeles: "Paz en la tierra a los hombres de buena voluntad" (Lc. 2:14). Sin duda se añadió, por redundancia, buena, si es que no puede existir sino la buena. ¿Qué excelencia habría cantado el apóstol sobre la caridad al decir que no se goza de la iniquidad, si no hubiera también precisamente gozo de la maldad?

Aun entre los autores profanos se usan indistintamente estos términos. Dice el brillante orador Cicerón: "Deseo, senadores, mostrarme clemente"[7]. Aunque usa esta palabra "deseo" en el buen sentido, ¿hay alguno tan ignorante que no afirme que debió decir "quiero" y no "deseo"? También en Terencio un adolescente vicioso, ardiendo en desenfrenada lujuria, dice: "No quiero otra cosa que a Filomena". Que esa voluntad era libidinoso nos lo pone de manifiesto la respuesta de un esclavo suyo más anciano; le dice así: "Cuánto mejor sería que intentaras apartar de tu ánimo este amor que excitar inútilmente tu pasión con estas palabras"[8]. Y que estos autores usaron también el gozo en el mal sentido, nos lo testifica el verso virgiliano que tan concisamente resume estas cuatro perturbaciones: "Por eso temen y desean, se lamentan y se gozan"[9]. También cita el mismo autor "los gozos perversos del espíritu"[10].

3. Por tanto, la voluntad, la precaución, el gozo son comunes a los buenos y a los malos; o, para decir lo mismo con otras palabras, les son comunes el deseo, el temor y la alegría; pero unos las practican bien y otros mal, según sea recta o perversa la voluntad de los hombres. La misma tristeza, en sustitución de la cual no admiten nada los estoicos en el ánimo del sabio, es cierto que se encuentra usada en el buen sentido, sobre todo en nuestros autores. Alaba, en efecto, el apóstol a los corintios

7. Cicerón, *Catl* 1,2.
8. Terencio, *Andria*, 2, 1,6.
9. Virgilio, *En.* 6,733.
10. *Ibid.* 5,278.

de que "se entristecieron según Dios". Claro que alguno puede decir que el apóstol los felicitó porque se entristecieron arrepintiéndose; tristeza que sólo pueden tener los que han pecado. Dice así: "Veo que aquella carta os dolió, aunque fue por poco tiempo; pero ahora me alegro no de que sintierais pesar, sino de que ese pesar produjese enmienda. Vuestro pesar fue realmente como Dios quiere, de modo que no salisteis perdiendo nada por causa mía. Porque un pesar como Dios quiere produce una enmienda saludable y sin vuelta atrás; en cambio, el pesar de este mundo procura la muerte, mirad cómo el hecho de haber sentido pesar según Dios produjo gran solicitud en vosotros" (2ª Cor. 7:8-11).

Con esto pueden los estoicos responder en defensa suya que la tristeza parece útil para arrepentirse de haber pecado. Esto no puede ocurrir en el ánimo del sabio, ya que en él no cabe pecado en cuyo arrepentimiento se entristezca, ni otro mal alguno que le cause tristeza al sentirlo o sufrirlo.También se cuenta de Alcibíades (si no me falla la memoria sobre el personaje) que, viéndose feliz, lloró al oír disputar a Sócrates y convencerle de que era miserable por ser necio[11]. Para éste la necedad fue causa de útil y apetecible tristeza, por la cual el hombre se lamenta de ser lo que no debe. Pero los estoicos no dicen que es el necio, sino el sabio en quien no cabe la tristeza.

9. Rectitud de afectos en la vida de los justos

1. Por lo que toca a estos filósofos, en lo referente a la cuestión de las perturbaciones del ánimo, ya les hemos respondido en el libro IX[12] de esta obra, demostrándoles que están más ávidos de discusiones que de verdad; no se fijan en la realidad, sino en las palabras. Pero entre nosotros, según las Santas Escrituras y la sana doctrina, los ciudadanos de la santa ciudad de Dios que viven según Dios en la peregrinación de esta vida, temen y desean, se duelen y se gozan. Y como su amor es recto, son también rectos estos afectos en ellos.

Temen la pena eterna, desean la vida eterna; se duelen al presente, porque aún "gimen en sí mismos, esperando la adopción divina y la redención de su cuerpo" (Ro. 8:23); gozan en la esperanza, porque se cumplirá lo que está escrito: "La muerte ha sido absorbida por la victoria" (1ª Cor. 15:54). De igual manera temen pecar, desean perseverar; se duelen de los pecados, gozan en las obras buenas. Temen pecar, porque oyen: "Al crecer la maldad se enfriará el amor en la mayoría" (Mt. 24:12).

---

11. *Tusc. Disp.* 3,32.
12. cap. 4,5.

Desean perseverar al oír lo que está escrito: "Quien persista hasta el final, se salvará" (Mt. 10:24). Se duelen en los pecados al oír: "Si afirmamos no tener pecado, nosotros mismos nos engañamos y no hay verdad en nosotros" (1ª Jn. 1:8). Gozan en las obras buenas cuando oyen que "Dios ama al que da con alegría" (2 Cor. 9:7).

Del mismo modo, en la medida de su debilidad o su fortaleza, temen ser tentados o desean ser tentados; se duelen en las tentaciones y gozan en las mismas. Temen ser tentados al oír: "Si a un individuo se le sorprendiera en algún desliz, vosotros, los hombres de espíritu, recuperad a ese tal con mucha suavidad; estando sobre aviso, no vayas a ser tentado tú también" (Gál. 6:1). Y desean ser tentados oyendo a aquel varón fuerte de la ciudad de Dios, que dice: "Escudríñame, Señor, ponme a prueba, sondea mis entrañas y mi corazón" (Sal. 26:2). Se duelen en las tentaciones al ver llorar a Pedro; y se gozan en las pruebas oyendo decir a Santiago: "Teneos por muy dichosos, hermanos míos, cuando os veáis asediados por diversas pruebas " (Sant. 1:2).

Ejemplo del apóstol Pablo y del Señor Jesús

2. Estos ciudadanos no se conmueven por estos afectos mirando sólo a sí mismos, sino también atendiendo a aquellos que desean ver liberados, y temen que perezcan y se duelen si perecen, y gozan si los ven liberados. En efecto, ponen los ojos de su fe con sumo agrado en aquel excelente y fortísimo varón que se gloría en sus debilidades, por citar, sobre todo nosotros que hemos pasado de la gentilidad a la Iglesia de Cristo, al doctor de los gentiles en la fe y en la verdad, que trabajó más que todos sus compañeros de apostolado e instruyó con sus numerosas cartas a los pueblos de Dios, no sólo a los que tenía presentes, sino a los que se preveían futuros; miran, digo, a aquel varón, atleta de Cristo, enseñado por Él, ungido de Él, crucificado con Él, glorioso en Él, luchando lealmente el gran combate en el escenario de este mundo, hecho espectáculo para los ángeles y para los hombres, lanzándose a la meta a recoger la palma de la vocación celeste (1ª Cor. 15:10).

Miran a Pablo, que goza con los que se gozan, llora con los que lloran, con luchas por fuera y temores por dentro (Gál. 1:12); que desea deshacerse y estar con Cristo; que desea ver a los romanos para conseguir algún fruto entre ellos, como entre los demás gentiles; que siente celo de los corintios, y teme a impulsos de ese celo que sus mentes se aparten del deseo casto de Cristo (1ª Cor. 4:9); que tiene una gran tristeza y dolor de corazón por los israelitas, ya que, desconociendo la justicia de Dios, no se someten a ella tratando de suplantarla por la suya (Ro. 11:13); que manifiesta no sólo su aflicción, sino también su llanto, a algunos que antes habían pecado y no hicieron penitencia de su inmundicia y sus fornicaciones (2ª Cor. 12:21)..

3. Si estos movimientos, si estos afectos buenos, que proceden del amor y de la caridad santa, han de ser llamados vicios, tendremos que admitir que los verdaderos vicios reciben el nombre de virtudes. Pero si esos afectos siguen la recta razón, cuando están puestos en su fin, ¿quién se atreverá llamarlos entonces enfermedades o pasiones viciosas? Por ello, aun el mismo Señor, que se dignó llevar vida humana en forma de siervo, pero sin tener pecado alguno, usó de ellas cuando lo juzgó oportuno. Porque no era falso el afecto humano de quien tenía verdadero cuerpo y verdadero espíritu de hombre. No es, pues, falso lo que se cuenta de Él en el Evangelio, que sintió tristeza e ira por la dureza de corazón de los judíos (Mc. 3:5), y añadió: "Me alegro por vosotros, para que tengáis fe" (Jn. 11:15). Y lo mismo que lloró cuando iba a resucitar a Lázaro (Jn. 11:35), que deseó comer la Pascua con sus discípulos (Lc. 22:15), que sintió tristeza en su alma al acercarse la Pasión (Mt. 26:38). Él, por gracia y designio suyo, aceptó cuando quiso estos movimientos en su espíritu humano, como cuando quiso se hizo hombre.

Impasibilidad en la vida presente y futura

4. Por consiguiente, tenemos que admitir que nuestros afectos, aun siendo rectos y, según Dios quiere, son propios de esta vida, no de la futura que esperamos, y a ellos contra nuestra voluntad cedemos todavía con frecuencia. Así, a veces, aun sin querer, lloramos, aunque no movidos por culpable apetencia, sino por loable caridad. Los tenemos por la debilidad de la condición humana; no así el Señor Jesús, dueño hasta de su debilidad. Mientras somos portadores de la debilidad de esta vida, si no tenemos ninguno de ellos, bien se puede decir que no vivimos rectamente. Pues censuraba el apóstol y detestaba a algunos que dijo estaban sin afecto (Ro. 1:31). También se lo echó en cara el salmista a aquellos de quienes dice: "Espero compasión, y no la hay" (Sal. 69:21). Carecer en absoluto de dolor mientras vivimos en este lugar de miseria, como pensó y expresó alguno de los literatos de este siglo, no sucede sino a costa de un gran precio, la inhumanidad en el espíritu y la insensibilidad en el cuerpo.

En consecuencia, lo que los griegos llaman apaqeia (*apátheia*), que podría traducirse por "impasibilidad", debe ser tenida por buena y por excelente si se la entiende (tomándola aquí como propia del ánimo, no del cuerpo) como privación de los afectos que van contra la razón y perturban la mente; pero incluso ésa no es propia de esta vida. No es vocablo propio de hombres cualesquiera sino de los muy piadosos, muy justos y muy santos. "Si afirmamos no tener pecado, nosotros mismos nos engañamos y no estamos en la verdad" (1ª Jn. 1:8). Así que la apaqeia (*apátheia*) sólo existirá cuando no haya en el hombre pecado alguno. Pero al presente ya es vivir bien si se está sin delito, y quien piense estar sin pecado, lo que consigue no es vivir sin pecado, sino sin perdón.

Por otra parte, si se ha de llamar apaqeia (*apátheia*) al estar el ánimo sin afecto alguno, ¿quién no tendrá a esta impasibilidad por el peor de todos los vicios? Puede, pues, decirse con toda razón que la felicidad perfecta ha de estar libre del aguijón del temor y de la tristeza; pero ¿quién puede sostener, sino el que esté apartado totalmente de la verdad, que no ha de haber allí amor y gozo? En cambio, sí la apaqeia (*apátheia*) tiene lugar cuando no cause espanto ni miedo alguno, ni angustie ningún temor, hay que excluirla de esta vida si queremos vivir rectamente, esto es, según Dios; habrá que esperarla, por supuesto, en la otra feliz, que se promete para siempre.

Dos clases de temor

5. El temor de que habla el apóstol san Juan: "En amor no hay temor; mas el perfecto amor echa fuera el temor: porque el temor tiene pena. De donde el que teme, no está perfecto en el amor" (1ª Jn. 4:18); ese temor, digo, no es de la condición de aquel que hacía temer al apóstol pablo que los corintios se dejaran seducir por la astucia de la serpiente (2ª Cor. 11:3); este temor es propio de la caridad; es más, sólo lo tiene la caridad. En cambio, aquel temor no existe en la caridad, y de él dice el apóstol: "No recibisteis un espíritu que os haga esclavos y os vuelva al temor" (Ro. 8:15); sin embargo "el temor limpio permanece por todos los siglos" (Sal. 19:9). Si permanece incluso en el siglo futuro —¿cómo, si no, puede entenderse "permanecer por todos los siglos"?—, no es un temor que aparte del mal que puede sucedernos, sino que nos mantiene en el bien que no puede perderse. Pues cuando el amor del bien logrado es inmutable, el temor de precaver el mal, si se puede hablar así, está libre de inquietud.

Con el nombre de "temor limpio" se alude a aquella voluntad de que tenemos necesidad para no querer pecar y evitar el pecado, no por la inquietud que da la debilidad ante el miedo al pecado, sino por la tranquilidad que produce la caridad. Si no puede haber temor alguno en aquella seguridad certísima de los gozos perpetuos y felices, el pasaje sobre "el temor limpio, que permanece por todos los siglos", viene a ser como este otro: "No quedará frustrada para siempre la paciencia de los pobres" (Sal. 10:19), porque no será eterna la paciencia, que no es necesaria donde no hay nada que sufrir, sino que será eterno el fruto de la paciencia. De esta manera quizá se dijo que el temor limpio permanece por todos los siglos, porque ha de permanecer aquello a donde nos lleva el mismo temor.

6. Siendo esto así, ya que hay que llevar una vida recta para alcanzar la vida feliz, todos estos afectos son rectos en una vida recta, y perversos en una vida perversa. Y la vida feliz y a la vez eterna tendrá un amor y un gozo no sólo recto, sino también seguro, sin temor ni dolor alguno. Así ya aparece cómo deben ser en esta peregrinación los ciudadanos de la ciudad de Dios, viviendo según el espíritu, no según la carne, es decir, según Dios, no según el hombre, y cómo han de ser también en aquella inmortalidad a la que caminan.

A su vez, la ciudad, la sociedad de los impíos que viven no según Dios, sino según el hombre, y que siguen las doctrinas de los hombres o de los demonios en el mismo culto de la divinidad falsa o en el menosprecio de la verdadera, esa ciudad siente las sacudidas de estos malos afectos, como otros tantos latigazos de enfermedades y perturbaciones. Y si algunos de sus ciudadanos parece que moderan esos movimientos y, en cierto modo, los suavizan, llegan en su impiedad a tal soberbia y arrogancia que por eso mismo se sienten tanto más hinchados cuanto disminuyen sus dolores. Y si otros, con tanto más desmedida cuanto extraña vanidad, llegan a amar en sí mismos el no sentirse levantados o excitados, doblegados o inclinados por ningún afecto, en ese caso llegan más bien a despojarse de su humanidad que a conseguir verdadera tranquilidad. Porque no se es recto por ser duro, ni se está sano por ser insensible.

10. Sentimiento en los primeros padres antes de pecar

Se pregunta con razón si el primer hombre o los primeros hombres (ya que el matrimonio era de dos) tenían en el cuerpo animal antes del pecado los sentimientos que no tendremos nosotros en nuestro cuerpo espiritual una vez acabado y purificado el pecado. Si los tenían, ¿cómo eran felices en aquel memorable lugar de felicidad, esto es, en el Paraíso? ¿Quién puede ser tenido por totalmente feliz si le amenaza algún temor o dolor? ¿Y qué podían temer o lamentar aquellos hombres en semejante abundancia de bienes tan grandes, en que ni se temía la muerte ni enfermedad alguna del cuerpo, en que no faltaba cosa alguna que pudiera conseguir la buena voluntad, ni había nada que lastimase la carne o el ánimo del hombre que vivía felizmente? Reinaba allí un amor sereno a Dios y de los cónyuges entre sí, viviendo en una leal y sincera compañía. De este amor procedía un inmenso gozo, sin decaer el objeto del amor y causa del gozo. Se evitaba con tranquilidad el pecado, y al evitarlo no surgía de otra parte mal alguno que pudiera contristarles. ¿Deseaban acaso tocar al árbol prohibido para comer, pero temían el morir, y por eso el temor y el miedo los perturbaba ya en aquel lugar? Lejos de nosotros el pensar esto cuando no había aún pecado alguno. Pues no deja de haber pecado en desear lo que prohibe la ley de Dios, absteniéndose de ello por el temor de la pena, no por amor a la justicia. Lejos, repito, de nosotros el pensar que antes de todo pecado ya hubo tal pecado, el admitir acerca del árbol lo que dijo el Señor sobre la mujer: "Si alguien mirare a una mujer con mal deseo, ya adulteró en su corazón" (Mt. 5:28).

Por tanto, como eran felices los primeros hombres, sin sentirse agitados por las perturbaciones del ánimo ni lastimados por las molestias de los cuerpos, lo hubiera sido también toda la sociedad humana si ellos no hubieran cometido el mal que transmitieron a sus descendientes, u otro alguno de su linaje hubiera cometido la iniquidad que mereciera condenación, y permaneciendo esa felicidad hasta que por la bendición —"creced y multiplicaos"— se completara el número de los santos predestinados, se les daría otra felicidad más grande, la que se les dio a los felicísimos ángeles. Allí habría ya una cierta seguridad de que nadie había de pecar ni de morir; y la vida de los santos, sin haber experimentado trabajo, dolor ni muerte alguna, había de ser tal cual lo será después de todo esto en la incorrupción de los cuerpos, cuando sea otorgada la resurrección a los muertos.

11. Rectitud de la voluntad y engaño de Adán

1. Como Dios lo sabe todo de antemano, y no pudo ignorar que el hombre había de pecar, hemos de concebir la ciudad santa según lo que dispuso Él en ese conocimiento, no según lo que no alcanza el nuestro, porque no fue ésta la disposición de Dios. Ciertamente, el hombre, con su pecado, no pudo perturbar el plan divino, obligándole, en cierto modo, a cambiar lo que había establecido. Dios, con su presciencia, había previsto uno y otro extremo: lo malo, que había de ser el hombre, creado por Él bueno, y el bien que Él había de sacar de ese mal. Pues aunque se dice que Dios cambia lo establecido (y así en las Santas Escrituras se lee metafóricamente que Dios se arrepiente), se afirma eso según lo que había esperado el hombre, o según se desarrolla el orden de las causas naturales, no según lo que el Omnipotente sabía de antemano que había de hacer.

Creó Dios al hombre recto, como está escrito (Ecl. 7:29), y por ello con una voluntad buena. Así, la voluntad buena es obra de Dios, el hombre fue creado por ella. En cambio, la primera voluntad mala, puesto que precedió a todas las obras malas del hombre, ha sido, mejor que una obra, una deserción de la obra de Dios hacia las suyas propias. Por eso son malas las obras, porque son según el hombre, no según Dios; de manera que es la voluntad, o quizá mejor el hombre, por su mala voluntad, como el árbol malo de esas obras, de esos frutos malos. A su vez, la mala voluntad, aunque no sea por naturaleza, sino contra la naturaleza, ya que es un vicio, es, sin embargo, de la misma naturaleza que el vicio, que no puede existir sino en una naturaleza; pero ha de ser en la naturaleza que creó de la nada, no en la que engendró de sí mismo el Creador, como engendró la Palabra por medio de la cual fueron hechas todas las cosas. Cierto que al hombre lo formó Dios del polvo de la tierra; pero la misma tierra, y toda la materia terrena, fue creada de la nada, y al ser hecho el hombre, dotó al cuerpo de un alma creada de la nada.

Hasta tal punto los males son superados por los bienes que, aunque se tolere su existencia para demostrar cómo puede servirse de ellos para el bien la justicia providentísima del Creador, pueden, pese a ella, existir los bienes sin los males, como existe el mismo y verdadero supremo Dios, como toda criatura celeste, visible e invisible, sobre este aire caliginoso. En cambio, no pueden existir los males sin los bienes, porque las naturalezas en que se encuentran, ya en cuanto naturalezas, son un bien. Se suprime, pues, el mal, no quitando alguna naturaleza sobreañadida o alguna de sus partes, sino sanando y reparando la que había sido viciada, corrompida. De modo que el albedrío de la voluntad es libre cuando no se somete a los vicios y a los pecados. Así fue dado por Dios; y si se pierde por vicio propio no puede ser devuelto sino por quien pudo ser dado[13]. Por eso dice la Verdad: "Si el Hijo os libertare, seréis realmente libres" (Jn. 8:36). Que es lo mismo que si dijera: "Si el Hijo os salva, estaréis verdaderamente salvados". Es Libertador, porque es Salvador.

2. Así vivía el hombre, según Dios, en el Paraíso, tanto corporal como espiritual. Porque no había paraíso corporal por los bienes del cuerpo, sin serlo espiritual por los del alma; como no había paraíso espiritual para gozo de los sentidos interiores sin paraíso corporal para gozo de los exteriores. Existía uno y otro para un doble gozo.

Fue arrojado del Paraíso aquel ángel soberbio, y por ello envidioso, apartado de Dios por su soberbia y vuelto a sí, eligió imperar con cierta altanería tiránica con súbditos antes que ser él súbdito. De su caída y de la de sus compañeros, quienes de ángeles de Dios se hicieron ángeles suyos, he tratado cuanto me fue posible en los libros undécimo y duodécimo de esta obra. Después se propuso con mal aconsejada astucia insinuarse en los sentidos del hombre, a quien envidiaba por verlo en pie habiendo caído él. Eligió para ello, en el Paraíso corporal donde vivían el primer hombre y la primera mujer con los restantes seres animados

---

13. La libertad no opera en el vacío, sino que es un acto respecto a algo, que por el ser del hombre es el bien. Elegir el mal es carencia, privación de libertad, negación de su mismo acto libre. El objeto propio de la libertad es el bien, que es libre para aceptar o rechazar, pero no para elegir. Se es libre para algo, para ser libre.

de la tierra que les estaban sujetos sin causarles daño, hablar con ellos a la serpiente, animal escurridizo y de tortuosos movimientos, tan propio para su intento. Y sometiéndola con malicia espiritual, valiéndose de la presencia angélica y de la superioridad de su naturaleza, abusó de ella como de un instrumento y conversó falazmente con la mujer. Como es lógico, comenzó por la parte inferior de la primera pareja a fin de llegar por sus pasos al todo; pensaba que el hombre no creería fácilmente ni podría ser engañado por el error sino cediendo al error ajeno.

Lo mismo que le sucedió a Aarón, que no se dejó seducir por el pueblo para fabricar el ídolo, sino que lo hizo obligado (Ex. 32:3-5); como tampoco es creíble que Salomón prestara servicio a los ídolos arrastrado por el error, sino forzado a semejantes sacrilegios por las caricias femeninas. De este modo se ha de pensar que aquel varón cedió ante su mujer, uno a una, el hombre al hombre, el cónyuge a la cónyuge, para transgredir la ley de Dios, no como si creyera por la seducción a la que hablaba, sino por la relación familiar que los unía. No dijo sin razón el apóstol: "Adán no fue engañado, sino la mujer, siendo seducida" (1ª Tim. 2:14), queriendo dar a entender que aquélla aceptó como verdad lo que le dijo la serpiente, y él, en cambio, no quiso separarse de su mujer ni aún en la complicidad del pecado. Y no fue por esto menos culpable, ya que pecó a ciencia y conciencia. Por eso no dijo' el apóstol: "No pecó", sino: "No fue engañado". Lo confirma donde dice: "Por un hombre entró el pecado en el mundo", y luego más claramente: "Aun en los que no pecaron a la manera de la rebelión de Adán" (Ro. 5:12,14). Tiene él por seducidos a los que hacen lo que no piensan ser pecado; pero Adán lo sabía. ¿Cómo, si no, sería verdad que a Adán no fue engañado? Cierto, quizá desconocedor de la severidad divina, pudo equivocarse teniendo por venial el pecado cometido. Y según esto no fue seducido como lo fue la mujer, sino que fue engañado, como hay que interpretar lo que diría luego: "La mujer que me diste por compañera me ofreció el fruto y comí" (Gn. 3:12). ¿Para qué más? Aunque no fueron ambos engañados creyendo, fueron ambos apresados y envueltos en las redes del diablo.

12. Gravedad del primer pecado cometido por el hombre

Puede preocuparle a alguien por qué no sufre un cambio la naturaleza humana por otros pecados, como se cambió por la prevaricación de los dos primeros hombres, hasta quedar sometida a la corrupción que vemos y sentimos, incluso a la muerte, y verse perturbada y fluctuante entre tantas y tan grandes tendencias contrarias entre sí, como no lo había sido en el Paraíso antes del pecado, aunque estaba en cuerpo animal.

Si a alguien le sorprende esto no debe tener por tan leve y pequeña la falta cometida, porque consistió en un alimento, no malo ni nocivo de por sí, sino por estar prohibido. Ni Dios iba a crear o poner algún mal en un lugar de felicidad tan grande.

Lo que se recomendó en el precepto fue la obediencia, virtud que en la criatura racional es como la madre y tutora de todas las virtudes, ya que esa criatura fue creada en tal condición que le es provechoso estar sometida, y perjudicial el hacer su propia voluntad en lugar de la de su Creador.

Así, este precepto de no comer de un árbol donde había tal abundancia de los demás, tan fácil de cumplir, tan breve para ser retenido en la memoria, sobre todo cuando la concupiscencia aún no resistía a la voluntad, lo que sucedió luego como pena de la transgresión; su violación fue tanto más injusta cuanto más fácil era su observancia.

13. En Adán la mala voluntad precedió a la obra mala

1. Comenzaron a ser malos en el interior para caer luego en abierta desobediencia, pues no se llegaría a una obra mala si no hubiera precedido una mala voluntad. Y, a su vez, ¿cuál pudo ser el principio de la mala voluntad sino la soberbia? "El principio de todo pecado es la soberbia" (Eclo. 10:15). Y ¿qué es la soberbia sino el apetito de un perverso encumbramiento? El encumbramiento perverso no es otra cosa que dejar el principio al que el espíritu debe estar unido y hacerse y ser, en cierto modo, principio para sí mismo. Tiene esto lugar cuando se complace uno demasiado en sí mismo. Y se complace a sí cuando se aparta de aquel bien inmutable que debió agradarle más que él a sí mismo.

Este defecto es espontáneo, porque si la voluntad permaneciera estable en el amor del bien superior e inmutable, que la ilustraba para ver y la encendía para amar, no se apartaría para agradarse a sí misma, ni por su causa se entenebrecería y languidecería; así ni ella hubiera creído que la serpiente decía la verdad, ni él hubiera antepuesto la voluntad de su esposa al mandato de Dios, ni pensaría que traspasaba venialmente el precepto acompañando a su compañera hasta el pecado.

Por consiguiente, no tuvo lugar el mal, la transgresión, en el comer del manjar prohibido, sino en el comerlo quienes eran ya malos. Pues no llegaría a ser malo aquel fruto si no procedía de un árbol malo (Mt. 7:18). Pero el llegar a ser malo el árbol tuvo lugar en contra de la naturaleza, ya que no se hubiera hecho malo sino por el vicio de la voluntad, que es contra la naturaleza. Y no hay naturaleza que pueda ser pervertida por el vicio sino la que ha sido hecha de la nada.

El ser naturaleza le viene de Dios, que la hizo; pero el apartarse de lo que es le viene de haber sido hecha de la nada. No se apartó el hombre hasta dejar de existir, sino que, inclinándose hacia así, quedó reducido a menos de lo que era cuando estaba unido al que es en grado sumo. Al dejar a Dios y quedarse en sí mismo, esto es, complacerse a sí mismo, no equivale a ser nada, pero sí a acercarse a la nada. De ahí que los soberbios se llaman en las Santas Escrituras con otro nombre, "los que se complacen en sí mismos" (2ª Pd. 2:10).

Ciertamente es bueno tener el corazón hacia arriba, pero no hacia sí mismo, lo que es propio de la soberbia, sino hacia Dios, lo cual es propio de la obediencia, que no puede ser sino de los humildes. Levanta así la humildad de un modo maravilloso el corazón, y la soberbia lo abate. Puede parecer un contrasentido que la elevación rebaje y la humildad ensalce. No lo es, la humildad religiosa somete a uno al superior, y nada hay más alto que Dios; por eso enaltece la humildad, porque nos hace súbditos de Dios. En cambio, la elevación es un vicio precisamente por rehusar la sumisión, alejándose del que ya no tiene algo superior, y por eso se rebaja más, cumpliéndose lo que está escrito: "Los derribaste cuando más se elevaban" (Sal. 73:18). No dice "cuando se habían levantado", como si primero se levantaran y luego fueran derribados, sino que cuando se elevaban fueron derribados. Precisamente porque el mismo levantarse es ya ser derribados.

De ahí viene el que ahora, en este mundo de peregrinación, se recomiende, sobre todo a la ciudad de Dios, la humildad y se proclame de un modo especial en su rey, Cristo. En las Sagradas Escrituras se nos enseña que el vicio de la soberbia, contrario a esa virtud, domina, sobre todo, en su adversario, el diablo. Sin duda, ésta es la gran diferencia entre las dos ciudades de que hablamos: la una, sociedad de los hombres que viven la religión; la otra, de los impíos; cada una con los ángeles propios, en los que prevaleció el amor de Dios o el amor de sí mismos

2. No hubiera, pues, el diablo sorprendido al hombre en el pecado claro y manifiesto de hacer lo que Dios había prohibido si él mismo no hubiera ya comenzado a complacerse a sí mismo. De ahí que le halagara aquel seréis "como dioses" (Gn. 3:5). Y hubieran podido ser mejores uniéndose por la obediencia al supremo y soberano principio, no constituyéndose a sí mismos en principio por soberbia. Los dioses creados no son dioses por su verdad, son dioses por la participación del verdadero Dios.

Apeteciendo ser más, se es menos, y al querer bastarse uno a sí mismo, se aparta de aquel que verdaderamente le basta. De manera que aquel mal que, al complacerse el hombre a sí mismo, como si él fuera luz, le aparta de la luz que, al agradarle, le hace a sí mismo luz, precedió allá en lo escondido, de modo que siguió este mal que se cometió abiertamente. Pues es verdad lo que está escrito: "Antes de la caída, el corazón se exalta, y antes de la gloria, se humilla" (Prov. 16:18). La caída que tiene lugar en lo escondido precede a la que tiene lugar abiertamente, aunque no se la tenga por caída a la primera. ¿Quién tiene por caída la exaltación? Y ya hay allí una caída en el hecho de abandonar al Excelso. Y ¿quién no ve la caída en la transgresión evidente e indudable del mandato? Dios prohibió lo que una vez cometido no podía encontrar pretexto alguno que lo excusase. Y aún me atrevo a decir que les es útil a los soberbios caer en algún pecado claro y manifiesto a fin de que experimenten displicencia, disgusto de sí mismos; ellos, que habían caído precisamente por complacerse a sí mismos. Sin duda que Pedro sintió un disgusto más saludable cuando lloró, que la complacencia que tuvo cuando presumió de sí. Esto dice también el Salmo sagrado: "Llena sus rostros de vergüenza; y busquen tu nombre, Señor" (Sal. 83:16), es decir, para que se complazcan en buscar tu nombre los que se habían complacido buscando el suyo.

14. La soberbia de la transgresión fue peor que la transgresión

Más grave todavía y condenable es la soberbia, que incluso en los pecados manifiestos busca el recurso de la excusa, como la buscaron aquellos primeros. Así, dijo la mujer: "La serpiente me engañó y comí"; y el hombre: "La mujer que me diste por compañera me ofreció el fruto y comí" (Gn. 3:13,12). No se oye aquí la petición de perdón ni la solicitud por la medicina. Aunque no nieguen, como Caín, lo que cometieron, todavía la soberbia trata de cargar sobre el otro el mal que hizo: la soberbia de la mujer sobre la serpiente; la soberbia del hombre sobre la mujer.

Pero cuando hay transgresión clara del mandamiento divino, la excusa es más bien una acusación. No dejaron de cometer esa transgresión porque la cometiera la mujer aconsejada por la serpiente, y el hombre por dárselo la mujer; como si se pudiera anteponer algo a Dios, a quien se debe creer y obedecer

15. Justicia del castigo impuesto a la desobediencia

1. Despreció el hombre el mandato de Dios, que le había creado, le había hecho a su imagen y le había encomendado los restantes animales; le había colocado en el paraíso y suministrado abundancia de todas las cosas y de salud; le había impuesto también preceptos, no

muchos, ni grandes, ni difíciles, añadiendo uno brevísimo y ligerísimo con que garantizar una saludable obediencia; por él recordaba a la criatura, a quien le convenía una libre servidumbre[14], que Él era el Señor. Siguió a esto una justa condenación. Y fue que el hombre que, cumpliendo el mandato, había de ser espiritual incluso en la carne, quedaba convertido en carnal incluso en el espíritu; y como se había complacido en sí mismo con su soberbia, fuera entregado a sí mismo por la justicia de Dios. No precisamente para ser dueño de sí mismo, sino para que, en desacuerdo consigo mismo, arrastrara subyugado a aquel con quien estuvo de acuerdo al pecar, una esclavitud dura y miserable en lugar de la libertad que había apetecido; muerto voluntariamente en el espíritu, condenado a morir involuntariamente en el cuerpo; desertor de la vida eterna, condenado también con la muerte eterna, si la gracia no le librara.

Si alguien piensa que esta condenación es excesiva o injusta, muestra bien claro que no sabe apreciar la enormidad de la maldad al pecar cuando tal era la facilidad de evitar el pecado. Así como merecidamente se pregona la gran obediencia de Abraham, pues se le había mandado una cosa tan difícil como lo es dar muerte a su hijo (Gn. 22:2); de la misma manera, tanto mayor fue la desobediencia en el Paraíso cuanto no había dificultad alguna en lo que se mandaba. Y como la obediencia del segundo fue Adán más digna de ser celebrada, porque fue obediente hasta la muerte (Fil. 2:8), así la desobediencia del primero fue tanto más detestable cuanto que se hizo.desobediente hasta la muerte. Cuando se intima un gran castigo a la desobediencia y lo mandado por el Creador es fácil, ¿quién puede describir cumplidamente la gravedad de la desobediencia en cosa tan fácil mandada por potestad tan soberana y que amenaza con castigo tan grande?

2. En fin, para decirlo en pocas palabras, ¿cuál fue la pena de este pecado sino la desobediencia a la desobediencia? ¿Qué otra es la miseria del hombre sino la desobediencia de él contra sí mismo, de manera que ya que no quiso lo que pudo, quiera lo que no puede? En el Paraíso, aunque no lo podía todo antes del pecado, tampoco quería lo que no podía. Así estaba en su poder todo lo que quería. En cambio, ahora, como lo vemos en su descendencia, y lo atestigua la divina Escritura, "el hombre es igual que un soplo" (Sal. 144:4). ¿Quién podrá contar cuántas cosas quiere que no puede, al no obedecerse él a sí mismo, a su voluntad, a su misma alma, incluso a su carne, que le es inferior? Contra su misma

---

14. Ser libre no es incompatible de ser siervo, depende de a quién se sirve, si a Dios para la libertad, si a uno mismo para la esclavitud.

voluntad se le turba tantas veces el ánimo, le duele la carne, envejece y muere, y sufrimos tantas cosas que no sufriríamos a la fuerza si nuestra naturaleza obedeciera a nuestra voluntad de todas las formas y en todas sus partes. La carne padece también algo que no la deja obedecer. ¿Qué importa ahora el porqué mientras nuestra carne, que había estado sujeta por la justicia del Dios dominador, a quien no quisimos servir sumisos, nos es enojosa al no sernos obediente? Nosotros, desobedeciendo a Dios, podremos ser molestos a nosotros mismos, no a Él. No necesita Él ciertamente de nuestro servicio como necesitamos nosotros del servicio del cuerpo; por eso es castigo nuestro lo que recibimos, no castigo suyo lo que hicimos.

Además, los que llamamos dolores de la carne son dolores del alma, que siente en la carne y proceden de la carne. ¿Acaso puede la carne dolerse de algo o desear algo sin el alma? Lo que se dice desear o dolerse la carne, o es el mismo hombre, como lo dejamos ya tratado, o alguna parte del alma, que se siente afectada por una pasión, ya áspera, que le causa dolor, ya agradable, que le causa placer. Pero el dolor de la carne no es sino un choque del alma procedente de la carne y cierto desacuerdo con esa pasión; como el dolor del alma que llamamos tristeza es un desacuerdo con las cosas que nos suceden sin querer. En cambio, la tristeza está precedida, generalmente, del miedo, que, a su vez, está en el alma, no en la carne. Por lo que toca al dolor de la carne, no está precedido de miedo alguno de la carne, que se pueda sentir en la carne antes del dolor.

Pero el placer está precedido de cierta apetencia sentida en la carne como pasión suya, como pueden ser el hambre y la sed, y la llamada libido, nombre aplicado comúnmente a la de los órganos genitales, aunque es vocablo general de toda apetencia. En efecto, de la misma ira dijeron los antiguos que no es otra cosa que la libido de venganza. Aunque a veces el hombre, aun sin sentido alguno de venganza, se encoleriza con las mismas cosas inanimadas por ejemplo, raspa airado el punzón que escribe mal o rompe la pluma; bien que esto mismo, aunque parezca irracional, es una especie de libido de venganza y cierta, digamos, sombra de justicia: el que hace el mal, que lo pague. Por consiguiente, hay una libido de venganza que recibe el nombre de ira; otra libido de tener dinero, que se llama avaricia; otra de vencer a toda costa, que se llama pertinacia, y otra de gloriarse, llamada jactancia. Hay variadas y múltiples libidos, algunas con sus vocablos propios y otras sin ellos. ¿Quién puede decir fácilmente cómo se llama la libido de dominar, de cuyo inmenso poder en el alma de los tiranos dan testimonio las guerras civiles?

16. Sentido propio de la palabra *libido*

Aunque haya pasión o libido de muchas clases, cuando se habla de libido sin especificar el objeto suele hacerse referencia casi siempre a la excitación de las partes sexuales del cuerpo. Esta pasión no sólo sacude al cuerpo entero, tanto exterior como interiormente, sino que excita a todo el hombre, uniendo y mezclando con el apetito de la carne el afecto del ánimo para conseguir aquel placer, el mayor entre los placeres del cuerpo; y esto hasta tal punto que en el momento de llegar a su plenitud desaparece casi la agudeza mental y hasta su consciencia. ¿Hay algún amante de la sabiduría y de los gozos santos que, practicando la vida conyugal, aunque, como amonestó el apóstol, "sabiendo cada cual controlar su propio cuerpo santa y respetuosamente, sin dejarse arrastrar de la pasión, como los paganos que no conocen a Dios" (1ª Ts. 4:4-5), no prefiriese, si fuese posible, engendrar los hijos sin esta libido, de modo que aún en el momento de la procreación estuvieran sometidos a la mente los órganos creados para esta función, como están los demás miembros en sus respectivas funciones, movidos por inspiración de la voluntad, no excitados por el fuego de la libido?

Pero, además, los buscadores de este placer no sienten a su voluntad estas conmociones, sea en la unión conyugal, sea en las inmundicias de la impureza; antes ese movimiento importuno tiene lugar a veces sin que nadie lo solicite, otras veces abandona al que por el placer se lanza. El alma hierve por el calor de la concupiscencia, y el cuerpo tirita de frío. Y así, de manera extraña, no se presta la libido ni a la recta voluntad de la generación, ni al ansia de la lujuria. Y aunque la mayor parte de las veces se opone a la mente, que trata de refrenarla, a veces también se revuelve contra sí misma y, excitado el ánimo, se niega a excitar el cuerpo

17. Desnudez y rubor de los primeros padres

Con razón se siente vergüenza de esta libido, y con razón también se llaman vergonzosos los mismos miembros, que esa pasión excita o no excita a su antojo, sin estar precisamente a nuestra disposición. No fueron, por cierto, vergonzosos esos miembros antes del pecado del hombre, según está escrito: "Los dos estaban desnudos, pero no sentían vergüenza" (Gn. 2:25). No porque su desnudez les fuera desconocida, sino porque todavía no era vergonzosa; la libido no conmovía los cuerpos independientemente del albedrío; no daba testimonio, en cierto modo, la carne con su desobediencia para replicar la desobediencia del hombre. No vayamos a pensar, como cree el vulgo ignorante, que habían sido creados ciegos, ya que él vio los animales, a los que impuso el nombre; y de ella se lee: "Vio que el árbol era bueno vara comer y agradable a la vista" (Gn. 3:6). Es claro que sus ojos estaban abiertos, pero no para esto, es decir, no prestaban atención para conocer lo que les encubría el vestido de la gracia, ya que aún ignoraban la resistencia de los miembros a su voluntad. Perdida esta gracia para castigar con desobediencia su desobediencia surgió cierta impudente novedad en los movimientos del cuerpo que hizo indecente su desnudez, y los hizo conscientes y llenó de confusión.

De ahí procedió que, después que violaron con abierta transgresión el mandato de Dios, se escribiera de ellos: "Se les abrieron los ojos a los dos y descubrieron que estaban desnudos; entrelazaron hojas de higuera y se las ciñeron" (Gn. 3:7). Dice que "se les abrieron los ojos a los dos", no precisamente para ver (pues antes también veían), sino para distinguir entre el bien que habían perdido y el mal en que cayeron. Por eso el mismo árbol, destinado a comunicarles este discernimiento si fuera tocado contra la prohibición, tomó de ahí su nombre, y se llamó "árbol de la ciencia del bien y del mal". Porque con la experiencia dolorosa de la enfermedad se vuelve más palpable lo precioso de la salud.

Descubrieron que estaban desnudos; es decir, desnudos de la gracia que les protegía contra el rubor de la desnudez de su cuerpo, no habiendo en ellos ley de pecado que se opusiera a su espíritu. Así llegaron al conocimiento de lo que hubieran ignorado con mayor facilidad si hubieran creído y obedecido a Dios no cometiendo lo que les obligaba a conocer por experiencia, a saber, el mal de la infidelidad y de la desobediencia. Por eso, confundidos al ver la desobediencia de su carne, como testigo del castigo de su desobediencia, entrelazaron hojas de higuera y se las ciñeron, cubriéndose las partes genitales.

Algunos intérpretes usaron la palabra *succinctoria* (ceñidores), pero *campestria* (taparrabos) es la palabra propia latina, cuyo origen procede de los jóvenes que cubrían sus vergüenzas cuando se ejercitaban desnudos en el campo de Marte, y por eso la gente les llamaba *campestrati* (con taparrabos) a los que se cubrían de ese modo. Así, pues, lo que excitaba desobediente la libido contra la voluntad condenada por la culpa de la desobediencia, lo encubría por pudor la vergüenza. De donde nace que todos los pueblos, al traer su origen de ese linaje, tienen tan arraigada la tendencia a cubrir sus vergüenzas que algunos bárbaros ni en los baños siquiera tengan desnudas esas partes de sus cuerpos, lavándose con algún vestido. En las apartadas y oscuras selvas de la India cuando algunos filosofan desnudos, llamados por eso *gimnosofistas*, usan, sin embargo, para sus genitales una cubierta, de la cual carecen los demás miembros.

18. Pudor que acompaña al acto de la generación

En el acto mismo de la generación, y no sólo en ciertas uniones carnales que intentan ocultarse en las tinieblas para escapar a la justicia humana, sino también en los prostíbulos, torpeza que ha autorizado la ciudad terrena, aunque se realicen acciones que no castiga ley alguna civil aun en esos casos procura esta pasión tolerada e impune evitar la luz pública, y por vergüenza natural tienen esos lupanares provisto un lugar secreto, y le fue más fácil a la impureza librarse de la prohibición de la ley que al impudor cerrar el paso al pudor. Aún más, los mismos libertinos llaman deshonesto a esto, y aunque son sus amadores, no se atreven a mostrarse tales.

Y ¿qué diré de la unión conyugal, que se realiza según la ley de las Tablas matrimoniales en la procreación de los hijos?, ¿no busca, aunque lícita y honesta, un lugar retirado y sin testigos? ¿No despide, antes de comenzar las caricias de los cónyuges, a todos los familiares, incluso a los mismos paraninfos, y a cuantos había autorizado a estar presentes cualquier parentesco?

Cierto, al decir del más "ilustre orador romano", como alguien le llamó, "todas las acciones dignas desean salir a luz", es decir, aman ser conocidas. Pero este acto tan recto apetece ser conocido de una manera muy rara, avergonzándose de ser visto. ¿Quién ignora, en efecto, lo que hacen entre sí los esposos en la procreación de los hijos? Precisamente para eso se celebran las bodas con solemnidad tan sonada. Sin embargo, cuando se trata de engendrar los hijos, no se les permite ser testigos ni a los mismos hijos que ya existen. De tal modo, pues, desea este acto recto llegar a conocimiento de los ánimos, que se aleja de la vista de los ojos. ¿De dónde procede esto sino de que lo que se realiza decentemente, según la naturaleza, lleva como acompañante la vergüenza que procede del castigo?

19. La razón como freno y dique de la ira y de la libido

De ahí que incluso los filósofos que estuvieron más cerca de la verdad reconocieron a la ira y a la libido como las partes viciosas del alma, ya que se lanzan en agitado desorden aun a lo que permite la sabiduría, y por eso dicen han de ser dirigidas por la mente y la razón, Enseñan que ésta, como tercera capa del espíritu, está colocada como en una torre para moderarlas; de manera que, mandando ella y obedeciendo aquéllas, se pueda conservar íntegramente la justicia en el hombre. No eran viciosas en el Paraíso antes del pecado estas partes que confiesan ellos son viciosas aun en el hombre sabio y moderado; de tal manera que tenga que frenarías la mente con correcciones y represiones y apartarlas de las cosas a que se lanzan injustamente y dejarles campo para las cosas que conceda la ley de la sabiduría, como a la ira, para realizar un justo dominio, y a la pasión carnal para la propagación de la prole.

Antes del pecado, en efecto, no se movían a nada contra la recta voluntad, por lo que fuera preciso dominarlas con el freno de la razón. Si al presente se mueven de esta manera; si con represiones y con frenos son dominadas más o menos fácilmente por los que viven con templanza y justicia, ello no es salud que proceda de la naturaleza, sino enfermedad que procede de la culpa. Y si la vergüenza no trata de ocultar las obras de la ira y otras pasiones en algunos dichos y hechos, como procura ocultar los efectos de la pasión que tienen lugar en los miembros genitales, ¿cuál es el motivo sino que en los demás impulsos no son los mismos impulsos quienes mueven los miembros del cuerpo, sino la voluntad cuando los consiente, ya que ella tiene pleno dominio en el uso de los mismos? En efecto, si alguien pronuncia una palabra airado, o maltrata a a otro, no podría hacerlo si no se moviera la lengua o la mano bajo el impulso de la voluntad, que en cierto modo manda; y esos miembros, aun sin haber ira alguna, son movidos por la misma voluntad. No sucede esto con las partes genitales del cuerpo, que la libido ha sometido a su derecho, por así decir, de tal manera que no pueden moverse sino bajo su influjo espontáneo o promovido desde fuera. Esto es lo que causa vergüenza; esto es lo que, por rubor ante los ojos que miran, procura evitar. Y soporta mejor el hombre una multitud de espectadores en un arrebato injusto contra otro hombre, que la presencia de uno sólo cuando se une legítimamente con su esposa.

20. Torpeza de los filósofos cínicos

¿No comprendieron esto los famosos filósofos caninos, o sea cínicos, al lanzar contra el pudor humano su doctrina realmente cínica, esto es inmunda y desvergonzada? Dijeron que no debe causar vergüenza hacer en público lo que se puede hacer legítimamente con la esposa; y no hay por qué evitar el acto conyugal en cualquier calle o plaza. Se impuso, sin embargo, el pudor natural a esta opinión errónea, pues aunque se dice que Diógenes realizó esto alguna vez en plan jactancioso, creyendo hacer así más famosa su secta al grabar en la memoria de los hombres su gran desvergüenza; después cesaron los cínicos de proceder de esta manera, y prevaleció el pudor de avergonzarse los hombres ante los hombres sobre el error de aparentar los hombres semejantes a los perros. Pienso incluso que hasta ese, o esos que se dice lo practicaron, más bien ofrecieron los movimientos del acto carnal a la vista de hombres que no sabían lo que pasaba bajo el manto, pero no fueron capaces de llevar a cabo esa inmundicia bajo la impresión de la mirada de los hombres. Pues no se avergonzaban los filósofos de aparentar el deseo del acto carnal allí precisamente donde la misma libido se avergonzaba de aparecer.

Todavía hoy vemos que sigue habiendo filósofos cínicos; se cubren con el palio y llevan la clava[15]; sin embargo, ninguno tiene la osadía de practicar algo semejante. Si alguno se atreviera, sentiría sobre sí no digo un aluvión de pedradas, pero sí de salivazos de los espectadores. Indudablemente se avergüenza la naturaleza humana de esta pasión y se avergüenza con razón. Pues en la desobediencia que sometió los órganos genitales del cuerpo a solos sus movimientos, sustrayéndolos al poder de la voluntad, queda bien manifiesto cuál es la contrapartida de la desobediencia primera del hombre. Y esto hubo de manifestarse sobre todo en la parte que engendra a la naturaleza misma, que se volvió peor por aquel primero y gran pecado; de su vinculación nadie se ve libre si la gracia de Dios no expía en cada uno de nosotros el pecado cometido en común, cuando todos éramos uno, y vengado por la justicia divina.

21. Generación, libido y pecado

Lejos de nosotros pensar que los cónyuges puestos en el Paraíso habían de realizar mediante la libido, por vergüenza de la cual cubrieron sus mismos miembros, la bendición que Dios les prometió: "Creced, multiplicaos, llenad la tierra" (Gn. 1:28). La libido nació después del pecado. Perdido entonces el poder al que el cuerpo servía en todo, la naturaleza ruborosa se dio cuenta de ello, prestó atención, sintió rubor y se cubrió. La bendición, en cambio, dada al matrimonio para que crecieran, se multiplicaran y llenaran la tierra, permaneció en los delincuentes; sin embargo, fue dada antes de pecar a fin de que se reconociese que la procreación de los hijos pertenecía a la gloria del matrimonio, no a la pena del pecado.

Pero al presente, los hombres, ignorantes, sin duda, de la felicidad que hubo en el Paraíso, piensan que sólo pudieron engendrarse los hijos por lo que ahora conocen, es decir, por la libido, sobre la cual siente rubor la misma honestidad nupcial; al hablar así, unos lo hacen rechazando o mofándose con irreverencia de las divinas Escrituras, donde se dice que después del pecado se avergonzaron de su desnudez; otros, aunque aceptándolas y respetándolas, dicen que no debe entenderse

---

15. Báculo o bastón con un nudo a manera de clavo en el puño, de donde procede el nombre *clava*. Fue el distintivo de los filósofos de la antigüedad.

de la fecundidad carnal aquel pasaje: "Creced y multiplicaos", porque también del alma se lee algo semejante: "Acreciste el valor de mi alma" (Sal. 138:3). Y así, dicen, en lo que sigue en el Génesis: "Llenad la tierra y sometedla", debe entenderse por tierra la carne, a la que llena el alma con su presencia y tiene supremo dominio sobre ella cuando va creciendo en virtud. En cambio, afirman que la prole no pudo nacer, como tampoco ahora puede, sin la libido, que nació después del pecado, se puso en evidencia, se sintió confundida y se ocultó. Dicen también que no pudo existir esa prole en el Paraíso, sino fuera, como en efecto sucedió, ya que fue después de ser arrojados de allí cuando se unieron para tener hijos y los engendraron

22. Institución y bendición divina de la unión conyugal

Nosotros estamos plenamente seguros de que el crecer, multiplicarse y llenar la tierra según la bendición de Dios es un don del matrimonio que Dios constituyó desde el principio, antes del pecado del hombre, con la creación del hombre y la mujer, diferencia sexual que se funda, evidentemente, en la carne. En efecto, habiendo dicho la Escritura: "Varón y hembra los creó", agregó a continuación: "Y los bendijo Dios y les dijo: Creced, multiplicaos, llenad la tierra y sometedla, etc." (Gn. 1:27-28).

Aunque a todo esto podría darse una interpretación espiritual sin inconveniente alguno; con todo, las palabras "varón y hembra" no puede entenderse como cosa semejante en un solo hombre, como si en él una fuera la parte que manda y otra la que es mandada. Antes, como aparece con toda claridad en los cuerpos de diverso sexo, es un gran error rechazar que el varón y la hembra han sido creados para crecer engendrando hijos, multiplicarse y llenar la tierra.

Tampoco pueden entenderse del espíritu que manda y de la carne que obedece; ni del alma racional que gobierna y del deseo irracional que es gobernado; ni de la virtud contemplativa que domina y de la activa que le sirve; ni de la inteligencia espiritual y el sentido corporal, sino claramente del vínculo conyugal, que enlaza a uno y otro sexo mutuamente. Preguntado el Señor si era lícito despedir a la esposa por una causa cualquiera, ya que por la dureza del corazón de los israelitas Moisés permitió dar el libelo de repudio, respondió diciendo: "¿No habéis leído aquello? Ya al principio el Creador los hizo varón y hembra, y dijo: Por eso dejará el hombre a su padre y a su madre, se unirá a su mujer y serán los dos un solo ser, luego lo que Dios ha unido, que no lo separe el hombre" (Mt. 19:4-6).

Es seguro, pues, que el varón y la hembra fueron constituidos desde el origen, como conocemos y vemos ahora a los hombres, en dos sexos diversos; pero cuando se dice que son una sola cosa, se dice por causa de la unión o por causa del origen de la mujer, que fue formada del costado del varón. Así, el apóstol, por este primer ejemplo que tuvo lugar en la institución de Dios, exhorta a cada uno en particular a que los varones amen a sus esposas[16].

23. La libido en el Paraíso

Quien afirma que si no hubieran pecado no se hubieran unido ni engendrado, ¿no está proclamando que el pecado del hombre fue necesario para aumentar el número de los santos? Si al no pecar hubieran permanecido solos —por pensar que, sin pecado, no habrían podido engendrar—, entonces fue necesario indudablemente el pecado para que no existieran dos hombres solos, sino muchos. Si esto es un absurdo, debe creerse más bien que, aunque nadie hubiese pecado, existiría tan gran número de santos para llenar esta bienaventurada ciudad cuantos al presente, por la gracia de Dios, resultan de la multitud de pecadores mientras engendran y son engendrados los hijos de este mundo[17].

2. Por ello, estos matrimonios dignos de la felicidad del Paraíso, si no hubiera habido pecado, engendrarían una prole digna de amor y estarían exentos de vergonzosa libido. Cómo podría suceder esto, no es posible demostrarlo ahora con un ejemplo. Aunque no por eso ha de parecer increíble que también aquel miembro hubiera podido servir sin esta pasión a la voluntad, a la que sirven ahora tantos miembros. De hecho movemos a voluntad las manos y los pies para lo que se ha de realizar con estos miembros, y lo hacemos sin resistencia alguna, con gran facilidad; lo vemos en nosotros y en los demás, sobre todo en los artistas de cualesquiera obras corporales, en quienes un arte más ágil cooperan a perfeccionar la debilidad torpe de la naturaleza. ¿Y no hemos de creer que en la generación, si no hubiera habido libido —justo salario por el pecado de desobediencia—, hubieran podido estar tales miembros, como los demás, obedientes a las órdenes de la voluntad? ¿No dijo Cicerón en su obra *La República*, al tratar de la diferencia de gobiernos, y tomando como modelo la naturaleza del hombre, que a los miembros del cuerpo se los mandaba como hijos por la facilidad en obedecer? En cambio, se reprimía con mano más

---

16. Ef. 5:25; Col. 3:19.
17. Cf. Lc. 20:34.

dura, como a siervos, las partes viciosas del espíritu. Y esto teniendo en cuenta que en el orden natural se antepone el espíritu al cuerpo y, sin embargo, el espíritu tiene más dominio sobre el cuerpo que sobre sí mismo.

No obstante, esta libido de que ahora tratamos lleva consigo una vergüenza tanto mayor cuanto el espíritu, ni se domina a sí mismo eficazmente en ella para no deleitarse en absoluto, ni tiene pleno dominio sobre el cuerpo para que sea precisamente la voluntad y no la pasión la que excita los miembros vergonzosos; claro que, si fuera así, ya no serían vergonzosos. Lo que ahora es vergonzoso para el espíritu es la resistencia que le opone el cuerpo, que por su naturaleza inferior le está sujeto. Pues en los otros impulsos, al resistirse a sí mismo, le da menos vergüenza, ya que, siendo vencido por si mismo, él mismo se vence a sí; cierto que desordenada y viciosamente, ya que viene la victoria de las partes que deben estar sometidas a la razón; pero al fin son partes suyas, y por eso, como se dijo, es vencido por sí mismo. Cuando el espíritu se vence ordenadamente, sometiéndose los movimientos irracionales a la mente y a la razón (si ella, a su vez, está sometida a Dios), muestra su virtud y es digno de alabanza. Sin embargo, si por sus partes viciosas no se somete a sí mismo, es menos vergonzoso que si el cuerpo, diferente de él, inferior a él y cuya naturaleza no vive sin él, no cede a su voluntad y a su mandato.

3. Pero cuando la voluntad, con su imperio, retiene a los otros miembros, sin los cuales no pueden alcanzar lo que desean los que son excitados por la libido contra la voluntad, queda a salvo la castidad, sin que se haya perdido, sino suspendido, el deleite del pecado. Esta resistencia, esta repugnancia, esta lucha entre la voluntad y la libido, o al menos la deficiencia de la libido frente a la suficiencia de la voluntad, sin el castigo de la desobediencia culpable con la desobediencia penal, indudablemente no hubieran tenido lugar en las bodas del paraíso; antes bien, aquellos miembros estarían al servicio de la voluntad como todos los demás. Así, el órgano creado para esto sembraría el campo de la generación como la mano del hombre siembra la tierra. Tampoco habría motivo alguna entonces para callar lo que, al querer tratar nosotros ahora con diligencia en esta cuestión, nos obstaculiza el pudor, forzándonos a pedir excusa dignamente a los oídos castos. Entonces podría libremente realizarse sin temor alguno de obscenidad la exposición de todo lo relacionado con estos miembros; y no habría siquiera palabras llamadas obscenas; todo lo que se hablara sería tan honesto como lo que hablamos al tratar de las demás partes del cuerpo.

Quien se acerque a estas páginas con espíritu impuro, procure alejarse de la culpa, no de la naturaleza; condene la indecencia de sus obras, no las palabras que tengo que usar, en las que el lector o el oyente casto y piadoso me perdona con suma facilidad cuando refuto la infidelidad, no basando la argumentación sobre cosas oídas, sino sobre la misma experiencia[18]. Leerá esto sin escandalizarse quien no se asusta del apóstol cuando reprende los abominables crímenes de las mujeres, que "cambiaron las relaciones naturales por otras, innaturales" (Ro. 1:26); cuanto más que al presente nosotros ni mencionamos ni condenamos, como él, una obscenidad culpable, sino que en la explicación de los efectos de la generación humana evitamos en lo posible, como él, las palabras obscenas.

24. Sometimiento de los miembros corporales a la voluntad

1. Allí el varón depositaría el semen y lo recibiría la mujer, siendo movidos los órganos de la generación cuando y como fuera necesario, bajo el mando de la voluntad, no por la excitación de la libido. Pues movemos a nuestro antojo no sólo los miembros que están articulados por huesos rígidos, como los pies, las manos y los dedos, sino también los que son flojos por la contextura de los nervios; y los movemos cuando queremos, agitándolos; los alargamos estirándolos; los doblamos torciéndolos; los endurecemos contrayéndolos; tales son los que mueve la voluntad cuanto puede, por ejemplo, en la boca y en el rostro. Finalmente, los pulmones, los más muelles de todas las vísceras, si se exceptúan las medulas, y protegidos por esto en la cavidad torácica, en la respiración, emisión y modificación de la voz, obedecen, como los fuelles de las fraguas o de los órganos, a la voluntad del que sopla, respira, habla, grita o canta.

Paso por alto la propiedad natural que tienen algunos animales de mover la piel que cubre su cuerpo sólo en el lugar en que sienten deben rechazar algo; y con sólo el movimiento de la piel sacuden las moscas que se les posan encima, y hasta las flechas que se les han clavado. ¿Acaso por no llegar el hombre a esto no pudo dárselo el Creador a los animales que juzgó conveniente? De la misma manera pudo el hombre seguir con la obediencia de sus miembros inferiores, que perdió por la desobediencia. Y no fue difícil a Dios crearle en tal

---

18. Alusión a sus años de juventud y los amores mantenidos, tal como relata en sus *Confesiones*.

condición, que no se moviera sino por su voluntad en la carne lo que al presente sólo se mueve por la libido.

2. Conocemos también hombres de constitución muy diferente de los demás, admirables por su singularidad, que hacen con su cuerpo a su antojo cosas que no pueden los otros en modo alguno, e incluso con dificultad las llegan a creer. Hay, en efecto, quien es capaz de mover una sola oreja o las dos a la vez. Otros, sin mover la cabeza, llevan toda su cabellera hasta la frente y la echan atrás cuando quieren. Otros, habiendo engullido cantidad y variedad increíble de cosas, con ligera contracción del estómago las van arrojando integras como de una bolsa, según quieren. Algunos imitan y reproducen las voces de las aves, animales y de otros hombres con tal perfección que no se les distinguiría si no se los viera. Otros, sin fetidez alguna, emiten por la parte inferior sonidos tan acompasados que dan la impresión de cantar por esa parte. Yo mismo he comprobado cómo un hombre sudaba cuando quería. Es bien sabido que algunos lloran cuando quieren, vertiendo abundantes lágrimas. Y mucho más increíble es aún lo que han podido palpar recientemente muchos hermanos. Hubo un presbítero, de nombre Restituto, en una parroquia de la iglesia de Cálama, que cuando quería (y le rogaban hiciera esto los que querían contemplar esa maravilla), ante los lamentos simulados de cualquier hombre, perdía de tal modo el sentido y quedaba tan semejante a un muerto, que no sentía si le pellizcaban o punzaban, ni a veces el dolor producido por el fuego que le quemase, sino después en la herida; su cuerpo quedaba inmóvil, no por la resistencia que opusiera, sino por la insensibilidad, como se demostraba al quedarse sin respiración alguna como un muerto; en cambio, contaba después que, si se le hablaba con claridad, oía las voces humanas como de lejos.

En fin, que si aún ahora, llevando una vida tan colmada de miserias en carne corruptible, tan maravillosamente y fuera de lo común les obedece el cuerpo a algunos en muchos movimientos e impulsos, ¿qué motivo hay para no creer que antes del pecado de desobediencia, y el castigo de la corrupción, podían los miembros humanos estar sumisos a la voluntad humana para, sin libido alguna, propagar la descendencia? Fue el hombre abandonado a sí mismo porque abandonó él a Dios por complacerse a sí; y por no obedecer a Dios no pudo ni obedecerse a sí mismo. De ahí la miseria más clara por la que el hombre no vive como quiere, pues si viviera como quiere, se juzgaría feliz; pero en realidad no lo sería si viviera torpemente.

25. La felicidad verdadera no se consigue en la vida presente

Si prestamos un poco de atención, vemos que nadie sino el feliz vive como quiere[19]; y nadie es feliz sino el justo. Bien que el mismo justo no vive como quiere mientras no llegue a donde no es posible morir ni ser engañado ni molestado en absoluto, y que esté, además, seguro de que siempre ha de ser así. Esto es lo que desea la naturaleza, y no será plena y perfectamente feliz mientras no logre lo que desea. Ahora bien, ¿qué hombre puede vivir como quiere si el mismo vivir no está en su poder? En verdad quiere vivir, pero se ve forzado a morir. ¿Cómo, pues, puede vivir como quiere quien no vive hasta cuando quiere? Y sí quiere morir, ¿cómo puede vivir según quiere quien no quiere vivir? Aunque quisiera morir, no por no querer vivir, sino por una vida mejor después de la muerte, claro está que no vive aún como quiere, sino cuando llegue por la muerte a lo que quiere.

Pero concedamos que vive como quiere, porque se ha esforzado e impuesto a sí mismo no querer lo que no puede y querer lo que puede, como dice Terencio: "Ya que no puedes hacer lo que quieres, quiere lo que puedes"[20]. ¿Es acaso feliz por llevar la miseria con paciencia? En efecto, no se puede llevar vida feliz sí no se la ama. Ahora bien, si se la ama y la tiene, debe ser amada muy por encima de todas las otras cosas, ya que por ella debe ser amado cuanto se ama. A su vez, si se la ama tanto cuanto merece ser amada (pues no es feliz quien no ama la vida feliz como se merece), es imposible que quien así la ama no la desee eterna. Por consiguiente, la vida será feliz cuando sea eterna.

26. Felicidad y generación al Paraíso

Según esto, el hombre vivía en el paraíso como quería, porque sólo quería lo que Dios había mandado. Vivía gozando de Dios, con cuyo bien era él bueno; vivía sin privación alguna, estando en su poder el vivir así siempre. Había alimento para que no tuviera hambre; había bebida para que no tuviera sed, y el árbol de la vida para que no le consumiera la vejez. Ninguna corrupción en el cuerpo, ni procedente del cuerpo, producía molestia alguna a sus sentidos. No había enfermedad interna ni

---

19. Idea favorita de Agustín, que aparece en sus escritos *Contra Académicos* I,2,5; *De beata vita*, 2,10-11; 4,33-35; *De mor. Eccle. cath.* I,3,4; 6,10; 11,18; *De lib. arb.* II,13,35-36; 19,52; *De ver. relig.* 55,110.
20. Terencio, *And.*, 2,1.

accidente externo que temer. Era completa la salud en su carne y absoluta la tranquilidad en el alma. Como en el Paraíso no había ni frío ni calor, así sus moradores estaban libres de cualquier molestia que causara a su buena voluntad el deseo o el temor. No había tristeza alguna ni alegría vana. Se le garantizaba el verdadero gozo en la perennidad de Dios, hacia el cual tendía su caridad, que brota del corazón limpio, de la conciencia honrada y de la fe sentida. Y existía también una sociedad sincera entre los esposos garantizada por el amor honesto; la mente y el cuerpo llevaban una vida de mutua concordia, y el mandato se observaba sin esfuerzo. El hastío no llegaba a molestar al ocioso, ni causaba incomodidad la pesadez del sueño.

Lejos de nosotros pensar que en tal abundancia de cosas y en tal felicidad de los hombres no hubiera podido engendrarse la prole sin el morbo de la libido; antes bien, esos miembros se moverían al arbitrio de la voluntad como los demás, y el marido se estrecharía al regazo de su esposa sin el aguijón arrebatador de la pasión, con tranquilidad de ánimo y de cuerpo, sin la menor corrupción de la integridad.

Aunque no se pueda demostrar esto por la experiencia, no por eso se va a poner en duda, ya que entonces no se gobernaban esas partes del cuerpo por un ardor turbulento, sino que estaban dominadas por un poder espontáneo según la necesidad; y podría entonces penetrar el semen viril en el útero de la esposa, quedando a salvo la integridad del órgano femenino; lo mismo que al presente puede salir del útero de una virgen el flujo menstrual sin detrimento de su integridad. Podría, en efecto, introducirse el semen por el mismo camino por donde es expulsado el flujo. Pues como para dar a luz, no sería el gemido del dolor, sino el impulso de la madurez el que relajara las entrañas femeninas, de la misma manera para fecundar y concebir no sería el apetito pasional, sino la voluntad la que uniría las dos naturalezas

Estamos hablando de cosas que dan rubor; por eso, aunque tratamos de conjeturar en lo posible cómo hubieran sido antes de causar vergüenza, se hace preciso que nuestra exposición sea frenada por el pudor que nos retrae, más bien que ayudada por nuestra escasa elocuencia. En efecto, si ni los mismos que pudieron experimentarlo experimentaron lo que estoy diciendo (porque, habiendo precedido el pecado, se hicieron reos del destierro del Paraíso antes de unirse con sereno albedrío en la obra de la propagación), ¿cómo, al mencionar estas cosas, se nos presentan a los sentidos humanos sino con la experiencia de una pasión turbulenta, más bien que con la conjetura de una voluntad serena? De ahí procede que quien habla se ve impedido por el pudor, aunque no le falte argumento a la razón.

No ocurrió así con el Dios omnipotente, creador supremo y soberanamente bueno de todas las naturalezas, que ayuda y remunera las buenas voluntades, como también abandona y condena las malas, y pone en orden a unas y a otras. No le faltó a él plan para completar, sacándolos del género humano condenado de su ciudad, el número de ciudadanos que tenía predestinados en su sabiduría. Así como también los separó precisamente por gracia, no por sus méritos, ya que toda la masa[21]entera fue condenada como en su raíz viciada; mostraba a los liberados no sólo en sí mismos, sino también por la situación de los no liberados, qué gracias les dispensaba. Bien sabe cada uno que no es por su propia bondad, sino por pura gratuidad, como es arrancado de los males cuando queda inmune de la semejanza de los hombres, con quienes tenía en justicia una pena común. ¿Por qué, pues, no iba a crear Dios que sabía de antemano habían de pecar, pudiendo en ellos y por ellos qué es lo que merecía su culpa y qué les daría su gracia, y que bajo tal Creador y Organizador el perverso desorden de los delincuentes no había de trastornar la recta ordenación de las cosas?

27. Presciencia y permisión de la caída

Así, pues, los pecadores, tanto ángeles como hombres, nada pueden hacer que impida las "grandes obras del Señor, buscadas de todos los que las quieren" (Sal. 111:2). Porque quien distribuye con su providencia todopoderosa lo que le conviene a cada uno, sabe aprovecharse no sólo de las cosas buenas, sino incluso de las malas[22]. Y por eso, condenado y endurecido por su primera mala voluntad el ángel malo, de tal modo que no tuviera ya en adelante voluntad buena, ¿por qué, sirviéndose de eso para el bien, no podía permitir que fuera tentado por él el primer hombre, que había sido creado recto, es decir, con buena voluntad? Había sido creado en tal condición que, fiándose el hombre bueno de la ayuda de Dios, vencería al ángel malo, y sería vencido si, por complacerse a sí mismo, abandonaba por soberbia a Dios, su creador y auxiliador, haciéndose acreedor de una gran recompensa en la voluntad recta socorrida

---

21. Agustín habla en repetidas ocasiones de *massa* y de *massa perditionis*, inspirado en las palabras del apóstol Pablo: "¿No tiene potestad el alfarero para hacer de la misma *masa* un vaso para honra, y otro para vergüenza?" (Ro. 9:21). La idea esencial de esta imagen es la *solidaridad* de todos los hombres en Adán y su pecado. Cf. Agustín, *De correp. et grat.* 7,16.

22. Dios saber usar bien y sacar provecho tanto de los buenos como de los malos, este el gran principio que resuelve el tremendo problema del triunfo de los malos y las desgracias de los buenos, que tanto preocupó a los israelitas y que luego fue suscitado por los maniqueos.

por Dios, y un gran castigo en la voluntad perversa al abandonarle a Él. A más de que la misma confianza en la ayuda de Dios no podría darse sin esa misma ayuda; aunque no por eso perdía la facultad de apartarse de los beneficios de la gracia divina complaciéndose a sí mismo. El vivir en esta carne sin el recurso de los alimentos no está en nuestro poder, y sí lo está el no vivir en ella., como lo vemos en los suicidas; así no había capacidad de vivir en el Paraíso sin la ayuda de Dios, y sí, en cambio, se podía vivir mal, pero perdiendo la felicidad e incurriendo en justo castigo.

Si Dios, pues, no desconocía esta caída futura del hombre, ¿qué razón había para impedir que fuera tentado por la malicia del ángel? En modo alguno porque estuviera incierto de que sería vencido, pero no menos conocedor de que el mismo diablo había de ser vencido con su gracia por la descendencia del hombre, y con mayor gloria de los santos. Así sucedió, nada futuro está oculto al Señor, ni con su presciencia fuerza a nadie a pecar[23], demostrando por la experiencia posterior a la criatura racional angélica y humana qué diferencia había entre la presunción propia de cada uno y su protección. ¿Quién se atreve a pensar o a afirmar que no estuvo en la mano de Dios evitar la caída del ángel y del hombre? Prefirió, no obstante, no quitarles esa facultad y demostrar así el gran mal de que era capaz la soberbia y el gran bien que había en la gracia de Dios.

28. Origen y cualidades de las dos ciudades

Dos amores fundaron dos ciudades: el amor de sí mismo hasta el desprecio de Dios, la terrena; y el amor de Dios hasta el desprecio de sí, la celestial. La primera se gloría en sí misma; la segunda se gloría en el Señor. Aquélla solicita de los hombres la gloria; la mayor gloria de ésta se cifra en tener a Dios como testigo de su conciencia. Aquélla se engríe en su gloria; ésta dice a su Dios: "Gloria mía, tú mantienes en alto mi cabeza" (Sal. 3:4). La primera está dominada por la ambición de dominio en sus príncipes o en las naciones que somete; en la segunda se sirven mutuamente en la caridad los superiores mandando y los súbditos obedeciendo. Aquélla ama su propia fuerza en los potentados; ésta le dice a su Dios: "Yo te amo, Señor; tú eres mi fortaleza" (Sal. 18:2).

Por eso, los sabios de aquélla, viviendo según el hombre, han buscado los bienes de su cuerpo o de su espíritu o los de ambos; y "pudiendo conocer a Dios, no le honraron ni le dieron gracias como a Dios, sino que

---

23. Dios lo previó todo y, sin embargo, su previsión no es la causa del pecado, porque su conocimiento es suyo, no de la criatura. Su conocimiento no quita la libertad a la criatura racional, ni la libertad de la criatura impide el conocimiento divino de todas las posibilidades de la elección libre.

se desvanecieron en sus pensamientos, y su necio corazón se oscureció. Pretendiendo ser sabios, exaltándose en su sabiduría por la soberbia que los dominaba, resultaron unos necios que cambiaron la gloria del Dios inmortal por imágenes de hombres mortales, de pájaros, cuadrúpedos y reptiles (pues llevaron a los pueblos a adorar a semejantes imágenes, o se fueron tras ellos), venerando y dando culto a la criatura en vez de al Creador, que es bendito por siempre" (Ro. 1:21-25).

En la segunda, en cambio, no hay otra sabiduría en el hombre que una vida religiosa, con la que se honra justamente al verdadero Dios, esperando como premio en la sociedad de los santos, hombres y ángeles, que "Dios sea todo en todas las cosas" (1ª Cor. 15:28).

Libro XV

1. La ciudad celestial de los santos

1. Sobre la felicidad del Paraíso o sobre el paraíso mismo, la vida de sus primeros moradores, su pecado y su castigo, son muchos los que han emitido diversidad de opiniones y las han consignado por escrito. También nosotros, ateniéndonos a las Santas Escrituras, tratando sobre estas materias en los libros precedentes, hemos expuesto lo que en ellas hemos leído o hemos podido entender siguiendo su autoridad.

Si se solicita una exposición más detallada de esto, se originarían muchas y variadas discusiones capaces de llenar más volúmenes de los que exigen esta obra y el tiempo, y no disponemos de tanto como para poder demorarnos en lo que pueden solicitar los ociosos y meticulosos, más dispuestos a preguntar que capacitados para comprender.

Pienso, sin embargo, que ya hemos resuelto importantes y difíciles cuestiones acerca del principio del mundo, del alma y del mismo género humano. A éste lo hemos dividido en dos clases: los que viven según el hombre y los que viven según Dios. Y lo hemos designado figuradamente con el nombre de las dos ciudades, esto es, dos sociedades humanas: la una predestinada a vivir siempre con Dios; la otra, a sufrir castigo eterno con el diablo.

Ese es el fin de cada una, del cual se hablará después. Al presente, como ya se ha dicho bastante sobre su origen, tanto en los ángeles, cuyo número ignoramos, como en los dos primeros hombres, me parece ya oportuno tratar de exponer su desarrollo desde que aquella pareja comenzó a engendrar hasta que dejen de propasarse los hombres. Porque todo este tiempo o este siglo, en el que desaparecen los que mueren y les suceden los que nacen, constituye el desarrollo de estas dos ciudades de que hablamos.

2. El primer hijo nacido de los dos primeros padres del género humano fue Caín, que pertenece a la ciudad de los hombres, y el segundo Abel, que forma parte de la ciudad de Dios .

Podemos comprobar en cada hombre la verdad de lo que dijo el apóstol, que "no es primero lo espiritual, sino lo animal; lo espiritual viene después" (1ª Cor. 15:46). Por eso cada uno, por nacer de un tronco dañado, pertenece primero, como malo y carnal, a Adán, pasando luego a ser bueno y espiritual si, renaciendo en Cristo, continúa su perfección. Lo mismo sucede en el linaje humano, tan pronto como estas ciudades emprendieron su curso evolutivo, por nacimientos y muertes sucesivas, nació primero el ciudadano de este mundo, y después el peregrino en el mundo, perteneciente a la ciudad de Dios, predestinado por la gracia y por la gracia elegido, peregrino con la gracia aquí abajo, y ciudadano por la gracia allá arriba.

Por lo que a éste se refiere, nace de la misma masa, toda condenada a causa del pecado de origen. Pero como alfarero (es semejanza no insensata, sino sensata del apóstol) hizo Dios de la misma arcilla una vasija de honor y otra de ignominia[1]. Pero fue primero la vasija de ignominia y luego la de honor, para indicarnos, como he dicho, que en ese mismo hombre está primero lo reprobable, de donde hemos de partir y donde no podemos permanecer; luego viene lo bueno, a donde llegamos en nuestro progreso y donde permaneceremos después de llegar. De donde se sigue que no es cierto que todo hombre malo ha de ser bueno, pero sí que nadie ha de ser bueno sin antes haber sido malo. Y cuanto antes se cambie en mejor, tanto más pronto cambiará su nombre[2] y sustituirá por el segundo el primero.

Se dijo de Caín que había fundado una ciudad (Gn. 4:17), y, en cambio, Abel, como peregrino, no la fundó. La ciudad de los santos es, en efecto, la celeste, aunque aquí da a luz a sus ciudadanos, en los cuales es peregrina, hasta que llegue el tiempo de su reino. Entonces los reunirá a todos, resucitados en sus cuerpos, dándoles el reino prometido. En él reinarán sin límites ya de tiempo, con su soberano, el Rey de los siglos.

2. Alegoría de Sara y Agar y las dos ciudades

Ha habido en la tierra una sombra, una imagen profética de esta ciudad, más como signo que como representación, vivió como esclava en la tierra en el tiempo que era preciso manifestarse así; y también se la

---

1. "¿No tiene potestad el alfarero para hacer de la misma masa un vaso para honra, y otro para vergüenza?" (Ro. 9:21).
2. Cf. Is. 62:2: "Entonces verán las gentes tu justicia, y todos los reyes tu gloria; y te será puesto un nombre nuevo". Ap. 2:17: "El que tiene oído, oiga lo que el Espíritu dice a las iglesias. Al que venciere, daré a comer del maná escondido, y le daré una piedrecita blanca, y en la piedrecita un nombre nuevo escrito, el cual ninguno conoce sino aquel que lo recibe". Ap. 3:12: "Al que venciere, yo lo haré columna en el templo de mi Dios, y nunca más saldrá fuera; y escribiré sobre él el nombre de mi Dios, y el nombre de la ciudad de mi Dios, la nueva Jerusalén, la cual desciende del cielo de con mi Dios, y mi nombre nuevo".

llamó a ella ciudad santa por la propiedad de ser imagen significativa, no por ser expresión verdadera de la futura. De esta imagen esclava y de la ciudad libre que significa habla el apóstol a los Gálatas en estos términos: "Decidme, los que queréis estar debajo de la ley, ¿no habéis oído la ley? Porque escrito está que Abraham tuvo dos hijos; uno de la sierva, el otro de la libre. Mas el de la sierva nació según la carne; pero el de la libre nació por la promesa. Las cuales cosas son dichas por alegoría: porque estas mujeres son los dos pactos; el uno ciertamente del monte Sinaí, el cual engendró para servidumbre, que es Agar. Porque Agar ó Sinaí es un monte de Arabia, el cual es conjunto a la que ahora es Jerusalén, la cual sirve con sus hijos. Mas la Jerusalén de arriba libre es; la cual es la madre de todos nosotros. Porque está escrito: Alégrate, estéril, que no pares: Prorrumpe y clama, la que no estás de parto; Porque más son los hijos de la dejada, que de la que tiene marido. Así que, hermanos, nosotros como Isaac somos hijos de la promesa. Sin embargo como entonces el que era engendrado según la carne, perseguía al que había nacido según el Espíritu, así también ahora. Mas ¿qué dice la Escritura? Echa fuera á la sierva y a su hijo; porque no será heredero el hijo de la sierva con el hijo de la libre. De manera, hermanos, que no somos hijos de la sierva, mas de la libre" (Gál. 4:21-31). Esta interpretación, procedente de la autoridad apostólica, nos pone en camino para entender debidamente los escritos del Viejo y el Nuevo Testamento.

Una parte de la ciudad terrena ha venido a ser imagen de la ciudad celeste, no significándose a sí misma, sino a la otra, y, por ello, haciendo de esclava. Esta no fue fundada para ser figura de sí misma, sino de la otra, y la misma ciudad que prefigura fue prefigurada por una imagen anterior. Agar, en efecto, la esclava de Sara, y su hijo fueron como una imagen de la otra imagen. Y como habían de pasar las sombras con la llegada de la luz, por eso dijo la libre Sara, imagen de la ciudad libre, a la que también significaba de otro modo aquella sombra: "Expulsa a esa esclava y a su hijo, porque el hijo de esa criada no va a repartirse la herencia con mi hijo Isaac, o con el hijo de la libre", que dice el apóstol.

Nos encontramos, pues, en la ciudad terrena con dos formas: una que nos muestra su propia presencia; otra prestando su servicio de esclava para significar con su presencia la ciudad celeste. Engendra la naturaleza, viciada por el pecado, ciudadanos de la ciudad terrena; la gracia, liberando a la naturaleza del pecado, engendra ciudadanos de la ciudad celeste. Por eso a aquellos se les llama "objetos de ira", y a éstos, "de misericordia" (Ro. 9:22,23). Quedó también esto significado en los dos hijos de Abraham:, el uno, Ismael, nació según la carne de la esclava llamada Agar; el otro, Isaac, según la promesa, de la libre Sara. Uno y otro, ciertamente, descienden de Abraham, pero aquél fue engendrado según el curso habitual de la naturaleza; éste, en cambio, fue fruto de la promesa que significa la gracia. Allí se muestra la manera humana, aquí se pone de relieve el beneficio divino.

3. Esterilidad de Sara, fecundada por la gracia de Dios

Sara era estéril, y desesperaba ya de tener hijos; pero deseando tener, aunque fuera de su esclava, lo que veía imposible en sí misma, se la entregó a su esposo, de quien ella había querido engendrar sin lograrlo. Exigió así el débito conyugal, usando de su derecho, en el útero ajeno. Nació, pues, Ismael como nacen los hombres, de la unión de los dos sexos, según la ley ordinaria de la naturaleza. Por eso se dijo: "según la carne". Y no es que éstos no sean beneficio de Dios, o no sea Dios el que los realiza, cuya sabiduría es activa, como está escrito: "Alcanza con vigor de extremo a extremo y gobierna el universo con acierto" (Sab. 8:1); sino que, para significar que era un don de Dios, gratuito sin deuda alguna, fue preciso conceder un hijo fuera del curso ordinario natural.

La naturaleza, en efecto, niega hijos a la unión del hombre y la mujer que podían tener Abraham y Sara en una edad como la suya, aparte de la esterilidad de la mujer, que no pudo engendrar ni cuando estuvo en edad fecunda. El no debérsele a la naturaleza en tales circunstancias el fruto de la posteridad simboliza a la naturaleza humana viciada por el pecado, justamente condenada por esto y sin merecimiento de felicidad alguna para el futuro. Así, Isaac, nacido de la promesa, significa a los hijos de la gracia, ciudadanos de la ciudad libre, socios de la paz eterna, donde no debe existir el amor de la voluntad propia y en cierto modo privada, sino el amor que se goza del bien común y a la vez inmutable, y que hace un solo corazón de muchos, esto es, la perfecta y concorde obediencia de caridad.

4. Guerra y paz en la ciudad terrena

La ciudad terrena, que no será eterna (después de su condenación al último suplicio ya no será ciudad), tiene aquí abajo un cierto bien, tomando parte en la alegría que pueden proporcionar estas cosas. Y como no hay bien alguno exento de angustias para sus amadores, esta ciudad se halla dividida entre sí la mayor parte del tiempo, con litigios, guerras, luchas, en busca de victorias mortíferas o ciertamente mortales. Porque cualquier parte de ella que se levanta en son de guerra contra otra parte busca la victoria sobre los pueblos, quedando ella cautiva de los vicios. Y si al vencer se enorgullece con soberbia, su victoria lleva consigo la muerte; pero si, reflexionando sobre su condición y los accidentes comunes, se siente más atormentada por la adversidad que puede sobrevenirle, que hinchada por la prosperidad, esa victoria es meramente mortal, pues no puede tener sometidos siempre a los que ha subyugado con tal victoria.

No se puede decir justamente que no son verdaderos bienes los que ambiciona esta ciudad, puesto que ella misma es un bien, y el mejor en su género. Por causa de estos bienes ínfimos, busca cierta paz terrena y desea alcanzarla incluso con la guerra; y si vence y no hay ya quien resista, habrá llegado la paz que no podían tener las partes adversarias entre sí, mientras luchaban con infeliz miseria por las cosas que no podían poseer ambas a la vez. Esta es la paz que persiguen las penosas guerras, ésta es la que consigue la victoria tenida por gloriosa. Y cuando triunfan los que luchaban por causa más justa, ¿quién puede dudar en aplaudir por la victoria y por haber llegado a la paz deseable? Bienes son éstos y los bienes son dones de Dios. Pero si se menosprecian los bienes supremos, que pertenecen a la ciudad celeste, morada de la victoria segura, en eterna y suprema paz, y se buscan estos bienes con tal ardor que se los considera únicos o se los prefiere a los tenidos por mejores, la consecuencia necesaria es la desgracia, aumentando la ya existente.

5. Divisiones de la ciudad terrena y guerra contra los santos

El primer fundador de la ciudad terrena fue un fratricida. Dominado por la envidia, dio muerte a su hermano, ciudadano de la ciudad eterna y peregrino en esta tierra. No nos debe extrañar si después de tanto tiempo este primer ejemplo, o, como dicen los griegos, arcetupv (arquetipo), encontró un eco en la fundación de la célebre ciudad que había de ser cabeza de esta ciudad terrena y había de dominar a muchos pueblos. También allí, según el crimen que nos cuenta uno de sus poetas, "los primeros muros se humedecieron con la sangre fraterna"[3]. La fundación de Roma tuvo lugar cuando nos dice la historia romana que Rómulo mató a su hermano Remo, con la diferencia de que aquí los dos eran ciudadanos de la ciudad terrena

Ambos buscaban la gloria de ser los fundadores de la república de Roma. Pero no la podían tener los dos tan grande como uno sólo; quien quería esa gloria de dominio lo tendría más reducido si su poder quedaba disminuido por la participación del hermano vivo. Para tener, pues,

3. Lucano, *Pharsal.* 1,1.

uno el dominio entero fue preciso liquidar al otro; creció con el crimen en malicia lo que con la inocencia hubiera sido un bien mejor, aunque más pequeño.

Los hermanos Caín y Abel no tenían entre sí tal deseo de cosas terrenas; ni el fratricida tuvo envidia de su hermano porque su dominio se iba a reducir si llegaban a dominar ambos (Abel no buscaba dominar en la ciudad que fundaba su hermano); estaba más bien dominado por la envidia diabólica con que envidian los malos a los buenos, sin otra causa que el ser buenos unos y malos los otros. En verdad que jamás llega a ser menor la posesión de la bondad porque llegue o haya llegado ya otro copartícipe; antes la bondad es una posesión que aumenta tanto más cuanto con más concordia domina el amor individual de los que la poseen. Es más, no será capaz de esta posesión el que no quisiera tenerla en común; y la verá tanto más acrecentada cuanto más ame en ella al que la comparte.

Lo que sucedió entre Rómulo y Remo manifiesta cómo está dividida entre sí la ciudad terrena; lo que tuvo lugar entre Caín y Abel puso de manifiesto las enemistades entre las dos ciudades, la de Dios y la de los hombres. Luchan entre sí los malos, y lo mismo hacen buenos y malos. En cambio, los buenos, si son perfectos, no pueden luchar entre sí; pueden hacerlo los que progresan sin ser perfectos, pero de tal modo que el bueno lucha contra otro en la misma parte que contra sí mismo; como en todo hombre, "la carne lucha con sus deseos contra el espíritu y el espíritu contra la carne" (Gál. 5:17). Por consiguiente, el deseo espiritual puede entablar combate contra las apetencias carnales de otro, o las carnales de uno contra las espirituales de otro, como pueden entablarlo entre sí buenos y malos; incluso los mismos apetitos carnales entre sí de dos buenos, no perfectos todavía, como luchan entre sí los malos, hasta que la salud de los que están en tratamiento de la gracia logre la última victoria.

6. El perdón y la paz en la ciudad de Dios

Esta enfermedad, es decir, la desobediencia de que hemos hablado en el libro decimocuarto, es el castigo de la primera desobediencia. No es, por lo tanto, una naturaleza, sino un vicio de la misma. Por ello se dice a los buenos que van progresando en la gracia y viven de la fe en esta peregrinación: "Llevad unos las cargas de los otros, que con eso cumpliréis la ley de Cristo" (Gál. 6:2). Y también se les dice en otro lugar: "Llamad la atención a los ociosos, animad a los apocados, sostened a los débiles, sed pacientes con todos. Mirad que nadie devuelva a otro mal por mal" (1ª Ts. 5:14-15). Y también: "Si alguno es cogido en algún desliz, vosotros, que sois espirituales, recuperadle con mucha suavidad; estando tú sobre aviso, no vayas a ser tentado también tú" (Gál. 6:1). En otro lugar: "Que la puesta del sol no os sorprenda en vuestro enojo" (Ef. 4:26). Y en el Evangelio: "Si tu hermano te ofende, ve y házselo ver, a solas entre los dos" (Mt. 18:15). Hablando de los pecados. en los que se puede seguir el escándalo de muchos, dice también el apóstol: "A los que pequen repréndeles públicamente para que los demás escarmienten" (1ª Tim. 5:20).

Por eso también, con relación al perdón mutuo, existen muchas prescripciones y se exige cuidado especial a fin de mantener la paz, sin la cual no se puede ver a Dios, cuyo ejemplo es esa terrible palabra de exigir al siervo los diez mil talentos que se le habían perdonado por no haber perdonado él a un consiervo suyo la deuda de cien denarios. Después de propuesta esta parábola, añadió Jesús: "Pues lo mismo os tratará mi Padre celestial si no perdonáis de corazón cada uno a su hermano" (Mt. 18:35). Es así que son curados los ciudadanos de la ciudad de Dios que peregrinan en la tierra y suspiran por la paz de la patria celeste. Pero el Espíritu Santo obra en lo íntimo a fin de que surta algún efecto la medicina que se emplea exteriormente.

Por lo demás, aunque el mismo Dios, valiéndose de la criatura sometida a sí mismo, se dirija bajo una apariencia humana a los sentidos humanos, y a los del cuerpo, ya los semejantes que tenemos en los sueños, si no dirige la mente obra sobre ella con su gracia interior, ningún fruto sacará el hombre de la predicación de la verdad. Pero esto lo hace el Señor separando a los que son objeto de ira de los que lo son de misericordia; se sirve así de una distribución oculta, pero justa, que él bien conoce. Presta Dios su ayuda con admirables y ocultos caminos cuando el pecado que habita en nuestros miembros, y es, como enseña el apóstol, más bien el castigo del pecado, no reina en nuestro cuerpo mortal para satisfacer sus deseos, ni nosotros le presentado nuestros cuerpos como arma de iniquidad (Ro. 6:12,13), y entonces el hombre se vuelve, bajo la guía de Dios, a su sana razón, que cesa ya de complacerse en el mal, la mantendrá ahora en el sereno dominio de sí misma y reinará después sin pecado alguno en la paz eterna, habiendo conseguido salud e inmortalidad perfectas.

7. Causa del crimen de Caín

1. ¿De qué le sirvió a Caín lo que hemos expuesto, según hemos intentado exponer, cuando le habló Dios en esa forma por la cual Él se somete y acomoda a sí mismo a conversar con los primeros padres como con amigos? ¿No llevó a cabo, aun después de haberle amones-

tado la palabra divina, el crimen concebido de asesinar a su hermano? Había Dios hecho distinción entre los sacrificios de ambos, mirando con agrado los del uno y con displicencia los del otro, cosa que con toda seguridad se conoció por algún signo sensible que lo atestiguaba. Hizo Dios esto porque eran malas las obras de Caín y buenas las de Abel, de lo cual se entristeció mucho Caín y quedó abatido su rostro. Así está escrito: "El Señor dijo a Caín: ¿Por qué te has ensañado, y por qué se ha inmutado tu rostro? ¿No es verdad que si ofreces bien y no divides bien, pecas? Cálmate, él se convertirá a ti y tú le de dominarás" (Gn. 4:6-7, LXX)[4]. En esta amonestación de Dios a Caín: "¿No es verdad que si ofreces bien y no divides bien, pecas?", no está claro el sentido, y por eso ha dado lugar a muchos sentidos su oscuridad, cuando intenta cada intérprete de las divinas Escrituras exponerlo en armonía con la regla de fe.

La verdad es que se ofrece bien el sacrificio cuando se ofrece al único Dios verdadero, a quien solamente se deben sacrificios. Pero no se divide rectamente si no se tienen bien en cuenta los lugares, los tiempos, las cosas que se ofrecen, el que lo ofrece a quién se ofrece, a quiénes se distribuye para alimento lo que se ha ofrecido. Por "división" hemos de entender aquí el discernimiento: si se ofrece donde no conviene, o lo que no conviene aquí, sino en otra parte; si se ofrece cuando no conviene, o lo que no conviene entonces, sino en otro tiempo; si se ofrece lo que nunca, ni en parte alguna debió ofrecerse, o también cuando el hombre se reserva cosas mejores que las que ofrece a Dios, o cuando se hace partícipe del sacrificio a un profano o a quien no está bien hacerlo. En cuál de estos extremos desagradó Caín a Dios, no puede descubrirse fácilmente. Pero nos dan pie para interpretarlo las palabras del apóstol Juan hablando de estos hermanos: "No como Caín, que estaba de la parte del malo y asesinó a su hermano. Y ¿por qué lo asesinó? Porque sus propias acciones eran malas, y las de su hermano, justas" (1ª Jn. 3:12). En lo cual se nos da a entender que no se agradó a Dios en sus sacrificios porque dividía mal, dando algo suyo a Dios, pero reservándose a sí mismo para sí.

Esto hacen todos los que, siguiendo no la voluntad de Dios, sino la suya, es decir, no viviendo con un corazón puro, sino perverso, ofrecen, sin embargo, a Dios sus presentes, con los que piensan hacérsele propicio, no para que ayude a curar sus depravados deseos, sino a saciarles.

---

4. "El Señor dijo a Caín: ¿Por qué te has ensañado, y por qué se ha inmutado tu rostro? Si bien hicieres, ¿no serás ensalzado? y si no hicieres bien, el pecado está á la puerta: con todo esto, a ti será su deseo, y tú te enseñorearás de él" (Gn. 4:6-7, RV)

Esto es peculiar de la ciudad terrena rendir culto a Dios o a los dioses, para con su ayuda salir airosos en las victorias y la paz terrena, no por amor del bien, sino por el deseo de dominar. Los buenos, ciertamente, usan de este mundo para gozar de Dios; los malos, al contrario, quieren usar de Dios para gozar del mundo. Todos ellos creen al menos en su existencia, incluso en su cuidado de las cosas humanas, porque hay otros peores, que no creen ni en eso.

Conocido por Caín que Dios había mirado con agrado el sacrificio de su hermano y no el suyo, debió, como es lógico, arrepentirse e imitar a su buen hermano, en vez de emularlo con soberbia. Pero se entristeció y su rostro se abatió. Este es el pecado que sobre todo repudia Dios, entristecerse por el bien de otro, sobre todo del hermano. Esto es lo que le reprocha al preguntarle: "¿Por qué estás triste y ha empalidecido tu rostro?" Dios veía la envidia hacia su hermano y se lo reprochaba. Para los hombres, a quienes se oculta el corazón del otro, puede ser ambiguo y totalmente incierto si aquella tristeza era fruto de la malicia con que conscientemente había desagradado a Dios, o de la bondad de su hermano, en que se complació Dios al mirar su sacrificio. Pero al explicar Dios el motivo de no haber aceptado su sacrificio, le pone de manifiesto que debía estar descontento justamente contra sí, más que injustamente contra su hermano, ya que era injusto por una división injusta, es decir, por no vivir rectamente, e indigno de la aprobación de su ofrenda, y más injusto aún al odiar sin motivo a su hermano.

Significado de "él se convertirá a ti y tú le de dominarás"

2. Con todo, Dios no le rechaza sin una recomendación santa, justa y buena[5]; le dice: "Cálmate, él se convertirá a ti y tú le de dominarás". ¿Se refiere a su hermano? En modo alguno. ¿A quién se refiere, pues, sino al pecado? Pues había dicho: "Pecaste", y a continuación añadió: "Cálmate, él se convertirá a ti y tú le de dominarás". Puede entenderse que la conversión del pecado debe ser la conversión hacia el hombre, de modo que se dé cuenta que no debe cargar sobre nadie, sino sobre sí mismo, el pecado. Pues ésta es una medicina de saludable penitencia y una oportuna petición de perdón, de modo que donde dice: "Él se convertirá a ti", no se entienda en futuro, sino en imperativo, a modo de mandato, no de predicción. Entonces domina uno su pecado no cuando le da primacía sobre sí mismo y lo defiende, sino cuando lo somete a sí por el arrepentimiento;

---

5. Dios se dirige a Caín con "palabras paternales, que quisieran mostrarle cómo escapar a tal amenaza, antes que sea demasiado tarde... El llamamiento al sentido común de Caín es especialmente conmovedor... Dios puede apelar a los mejores sentimientos del corazón humano" (Gerhard von Rad, *El libro del Génesis*, p. 126. Sígueme, Salamanca 1988).

de otra manera será él esclavo de su dominio si le presta cierta protección cuando se comete[6] .

Por pecado puede entenderse también la concupiscencia carnal, de la que dice el Apóstol: "La carne codicia contra el Espíritu" (Gál. 6:17). Entre los frutos de la carne enumera la envidia, que aguijaba a Caín y le excitaba a la muerte de su hermano; entonces podemos entender propiamente las palabras "él se convertirá a ti, y tú le dominarás". Pues cuando se siente conmovida la misma parte carnal, que llama pecado el apóstol al decir: "No soy yo el que realiza eso, es el pecado que habita en mí" (Ro. 7:17) —aun los filósofos llaman vicios a esta parte del espíritu que no debe arrastrar a la mente, sino ser dominada por ella y apartada por la razón de las obras ilícitas— cuando se siente estimulada a obrar depravadamente, si se calma y obedece al apóstol que dice: "No presentéis vuestros miembros al pecado por instrumento de iniquidad;" (Ro. 6:13), se vuelve hacia la mente y es sometida y dominada por ella, de modo que la razón impera sobre ella como su súbdito.

Esto es lo que le ordenó Dios a quien se abrasaba en las llamas de la envidia contra su hermano y, en vez de imitarle, deseaba hacerle desaparecer. "Cálmate", le dice; "aparta tu mano del crimen; no reine el pecado en tu cuerpo mortal obedeciendo a sus deseos, ni abandones tus miembros al pecado como instrumento de iniquidad. A ti se convertirá si, en vez de darle rienda suelta al pecado, lo refrenas con calma. Y tú le dominarás"; porque cuando no se le permite obrar exteriormente, cede al poder de la mente rectora y la mente justa, y cesa incluso de agitarse interiormente.

Algo semejante se dijo también en el mismo libro sobre la mujer cuando, después del pecado, preguntando y juzgando Dios, recibieron la sentencia de condenación: el diablo en figura de serpiente, y la mujer y el marido en sí mismos, habiéndole dicho a ella: "Multiplicaré tus trabajos y tus gemidos, y parirás los hijos con dolor", añade a continuación: "Te convertirás a tu marido y él te dominará" (Gn. 3:16)[7]. Lo que se dijo

---

6. La frase "presenta el pecado como un poder objetivo que en cierto modo es exterior y superior al hombre, y desea ansioso tomar posesión de él, mas éste debe dominarlo y mantenerlo sujeto. Por tanto, su responsabilidad frente al pecado no queda suprimida en absoluto; al contrario, merced a este último imperativo se le carga con toda la responsabilidad" (G. von Rad, *op. cit.*, p. 127).

7. "Las últimas palabras del v. 7 se corresponden de modo sorprendentemente exacto con las de 3:16b, donde son empleadas dentro de otro contexto" (*loc. cit.*). Llama la atención que Agustín llegara a las mismas conclusiones de la exégesis científica moderna sólo con el poder de observación del texto sagrado, con el que, Agustín, estaba indudablemente muy familiarizado.

a Caín sobre el pecado, o sobre la concupiscencia viciosa de la carne, se dice en este lugar sobre la mujer que pecó, y debemos entender que el varón para regir a la mujer debe asemejarse a la mente que rige la carne. Por eso dice el apóstol: "Quien ama a su mujer, a sí mismo se ama, y nadie ha odiado nunca a su propio cuerpo" (Ef. 5:28-29).

Esta carne, pues, debe ser sanada porque nos pertenece, y no ser abandonar a su destrucción como si fuera extraña a nuestra naturaleza. Pero Caín recibió aquel consejo del Señor en la actitud de uno que no desea corregirse; y, creciendo la envidia, tendió asechanzas a su hermano y le mató. Así era el fundador de la ciudad terrena. Fue también figura de los judíos que dieron muerte a Cristo, pastor de la grey humana, a quien prefiguraba Abel, pastor de rebaños. Pero como todo esto es una alegoría profética[8], me abstengo de explicarla ahora; además recuerdo haberlo tratado ya en la obra Contra Fausto el maniqueo.

8. Multiplicación de la humanidad antes de la muerte de Abel

Al presente, me parece necesario tratar de defender la credibilidad de la Escritura al narrar historia, no se vaya a tener por increíble cuando dice que un solo hombre edificó la ciudad precisamente cuando parece no había en la tierra más que cuatro hombres, o más bien tres, después de matar el hermano a su hermano: el primero, padre de todos, el mismo Caín, y su hijo menor Enoc, de quien recibió nombre la ciudad.

Los que así piensan prestan poca atención a que el autor de la historia sagrada no tenía necesidad de nombrar a todos los hombres entonces existentes, sino solamente a los que exigía el plan de su obra. La intención del escritor, instrumento del Espíritu Santo en este asunto, fue llegar a través de ciertas generaciones propagadas de un solo hombre hasta Abraham, y luego, por su descendencia, hasta el pueblo de Dios. En este pueblo, distinto de todos los demás, estarían prefiguradas y anunciadas de antemano todas las cosas que, previstas por el Espíritu, tendrían lugar en relación con la ciudad cuyo reino sería eterno, y con su rey y fundador Cristo. Tampoco se pasaría en silencio la otra sociedad de hombres que llamamos ciudad terrena, en cuanto fuera preciso recordarla, para poner más de relieve la ciudad de Dios con la comparación de su rival.

Es lo que sucede cuando la Escritura divina, al recordar el número de años que vivieron aquellos hombres, concluye afirmando sobre

---

8. Alfonso Ropero, La vida del cristiano centrada en Cristo. CLIE, Barcelona 2016.

quien viene hablando: "Engendró hijos e hijas, y fueron todos los días" de aquél, o tantos los años que vivió, y murió (Gn. 5:4,5). ¿Acaso, aunque no nombra a los mismos hijos e hijas, no hemos de entender que, a través de tantos años como vivían en aquella primera etapa de este siglo, pudieron nacer muchísimos hombres, que, reunidos, fundarían innumerables ciudades? Mas pertenecía a Dios, inspirador de estos escritos, dividir y distinguir originariamente estas dos sociedades por sus diversas generaciones; de tal manera, que se tejieran por separado las generaciones de los hombres, esto es, de los que viven según el hombre, y las de los hijos de Dios, es decir, de los hombres que viven según Dios, prolongándose esto hasta el diluvio, donde se cuenta la separación y cohesión de ambas ciudades: la separación, en cuanto se mencionan por separado las generaciones de ambas: una, la del fratricida Caín, y otra, la del llamado Set, nacido también de Adán en lugar del que mató el hermano; y la cohesión, porque, inclinándose los buenos a lo peor, llegaron todos a merecer ser destruidos por el diluvio, a excepción de un justo, de nombre Noé, su esposa, sus tres hijos Y otras tantas nueras; los ocho que fueron dignos de escapar en el arca al exterminio de todos los mortales.

2. Por tanto, aunque está escrito: "Conoció Caín a su mujer, la cual concibió y parió a Enoc: y edificó una ciudad, y llamó el nombre de la ciudad del nombre de su hijo, Enoc" (Gn. 4:17), de este pasaje, digo, no se sigue que haya de creerse que Enoc fue su primer hijo. Como tampoco se debe pensar, porque se diga que se unió a su mujer, que fue entonces la primera vez que lo hizo. Del mismo Adán, padre de todos, no sólo se dijo esto cuando fue concebido Caín, que parece ser su primogénito; también más adelante dice la misma Escritura: "Adán se unió a su mujer, que concibió y dio a luz un hijo, y lo llamó Set" (Gn. 4:25). Vemos aquí que éste es el modo de hablar de la Escritura, aunque no siempre cuando se lee en ella que ha tenido lugar la concepción humana, pero tampoco solamente cuando se unen los sexos por vez primera. Y no es argumento convincente para tener a Enoc como primogénito de su padre el que la ciudad haya recibido su nombre. No está fuera de lugar que el padre, por alguna causa especial, aun teniendo otros, le amara a él más que a los restantes. Como tampoco fue el primogénito Judá, de quien recibió el nombre Judea y los judíos.

Pero incluso aunque Enoc sea el primer hijo del fundador de aquella ciudad, no se sigue que el padre le puso su nombre a la ciudad fundada cuando nació el hijo: no podía uno solo formar una ciudad, que no es otra cosa que una multitud de hombres unidos entre sí por algún vínculo social. Más bien, cuando la familia de aquel hombre se hizo tan numerosa que tuvo ya las características de un pueblo, fue el momento propicio para fundar una ciudad y darle el nombre de su primogénito. En efecto, la vida de aquellos hombres se prolongó tanto, que de cuantos nos citan con sus años, el que menos vivió antes del diluvio llegó a los setecientos cincuenta y tres[9]. Y aun hubo muchos que sobrepasaron los novecientos, aunque nadie llegó a los mil.

¿Quién puede así dudar que durante la vida de un solo hombre pudo multiplicarse tanto el género humano, que fundase una, incluso muchas ciudades? Bien fácil es de conjeturar si se tiene en cuenta que durante poco más de cuatrocientos años la descendencia hebrea de solo Abraham se multiplicó de tal modo, que a la salida de ese pueblo de Egipto se cuenta existían seiscientos mil hombres jóvenes aptos para llevar armas. Y esto sin contar los idumeos, que no pertenecían al pueblo de los hebreos y descendían de Esaú, nieto de Abraham; ni tampoco otros pueblos del mismo linaje de Abraham, pero no de su esposa Sara, esto es, los descendientes de Agar y Cetura, las ismaelitas, los madianitas, etc. .

9. Longevidad de los hombres antes del Diluvio

Por todo lo dicho no cabe dudar prudentemente que Caín pudo muy bien fundar, no una cualquiera, sino una gran ciudad, ya que tanto se prolongaba la vida de los mortales. A menos que algún incrédulo, precisamente por tal cantidad de años, nos suscite el problema de los años que dicen nuestros autores vivieron los hombres y niegue su credibilidad.

Como tampoco creen que las dimensiones de los cuerpos fueron entonces mucho mayores que las que tienen los actuales, aunque su más ilustre poeta, Virgilio, nos habla de una enorme piedra que, clavada como mojón entre dos campos, fue arrebatada por un fuerte guerrero de aquellos tiempos, corrió con ella, la blandió y la lanzó: "Doce hombres de los más forzudos que hoy produce la tierra difícilmente hubieran podido sustentarla sobre sus cuellos"[10]. Aquí nos manifiesta que la tierra producía entonces cuerpos más grandes. ¿Cuánto más lo serían en los tiempos más próximos al comienzo, antes del famoso y conocido diluvio?

Con relación a la estatura de los cuerpos, los incrédulos se ven convencidos con frecuencia por los sepulcros puestos al descubierto por el desgaste del tiempo o por la fuerza de los ríos u otros accidentes, en donde aparecieron o de donde cayeron huesos de muertos de tamaño increíble. Yo mismo vi, y no sólo yo, sino algunos conmigo en la playa de Utica,

---

9. Lamec, según el texto griego de los LXX. "Setecientos setenta y siete años", según el texto hebreo ((Gn. 5:31).
10. Virgilio, *En.*, 5,899-900.

el diente molar de un hombre tan grande que, si se cortara en trozos a la medida de los nuestros, se podrían hacer cien dientes. Aunque yo diría más bien que era de algún gigante. Pues, aunque los cuerpos en general eran entonces mucho más grandes que los nuestros, todavía los gigantes aventajaban con mucho a los demás. Como después en otros, y también en nuestros tiempos, aunque raros, casi nunca han faltado cuerpos que superan con mucho las proporciones corrientes.

Según Plinio Segundo, hombre muy sabio, a medida que avanzan los siglos, la naturaleza produce cuerpos más pequeños[11]. De lo cual también recuerda que se lamentó muchas veces Homero en sus versos, no riéndose de esto como si fuera una ficción poética, sino aceptándolo como narrador de maravillas naturales para confirmación histórica. Pero, como dije, muchas veces los huesos descubiertos, como tienen tan larga duración, muestran a los siglos muy posteriores la grandeza de los cuerpos antiguos[12].

No se puede demostrar ahora con documentos semejantes la longevidad de los hombres antediluvianos, aunque no por ello se ha de negar la fe la historia sagrada, veríamos tan insensata esa negación cuanto vemos la exactitud en el cumplimiento de las predicciones. Hasta el mismo Plinio[13] dice que existe todavía una nación donde se llega a la edad de doscientos años. Si, pues, incluso hoy existen lugares desconocidos para nosotros en que alcanzan tal duración las vidas humanas, que no hemos conocidos nosotros, ¿por qué no se ha de creer que existieron también esos tiempos? ¿Puede aceptarse que existe en alguna parte lo que no existe aquí, y es increíble que existiera alguna vez lo que no existe ahora?

10. Diferencias en el número de años entre nuestros códices y los hebreos

Entre los manuscritos hebreos y los nuestros[14] se observa alguna diferencia respecto a los años, cuya razón o motivo ignoro; no es tanta, sin embargo, que estén en desacuerdo sobre la longevidad de los antediluvianos. El mismo primer hombre, Adán, antes de engendrar al que se llamó Set, según nuestros códices, vivió doscientos treinta años, y, en

---

11. Plinio, *Hist. natur.* 7,16.

12. Herodoto narra el descubrimiento de los huesos de Orestes, de una estatura gigantesca.

13. Plinio, *Hist. natur.* 7,49, simplemente informa sobre lo que ha leído en Helanico sobre los epirotes de Etolaia.

14. Por "nuestros", Agustín se refiere a las versiones latinas de la versión griega de los LXX, usada por la Iglesia antes de la traducción de Jerónimo. Los "manuscritos hebreos" son versiones del texto hebreo. Cf. Agustín, *De doct. christ.* II,15.

cambio, según los hebreos, sólo ciento treinta. Pero después que nació, en nuestros códices consta que vivió setecientos años, y en los suyos ochocientos. Y así, concuerda la suma total en unos y otros. Luego, en las generaciones siguientes, antes de nacer el hijo que se cita, se dice en los códices hebreos que el padre vivió cien años menos; y después del nacimiento de aquél, en los nuestros faltan esos cien años. De este modo, en uno y otro caso concuerdan en la suma total.

En la sexta generación nunca discrepan los códices. En cambio, en la séptima, cuando se dice que Enoc no murió, sino que le agradó a Dios llevarlo, se repite la misma diferencia de cien años que en los cinco anteriores, antes de engendrar al hijo que se cita; pero existe una concordancia semejante en la totalidad; vivió, en efecto, según ambos textos, antes de ser trasladado, trescientos sesenta y cinco años.

La octava generación tiene, ciertamente, alguna diversidad, pero menor y diferente de las otras. Matusalén, en efecto, a quien engendró Enoc, antes de engendrar al que sigue en el orden, vivió, según los hebreos, no cien años menos, sino veinte más. Estos se encuentran añadidos en nuestros libros después que le engendró, y en ambos se verifica la misma suma total. Sólo en la novena generación, es decir, en los años de Lamec, hijo de Matusalén y padre de Noé, hay una discrepancia entre la suma total, pero no es muy grande. Se dice en el texto hebreo que vivió veinticuatro años más de lo que dice el nuestro; pues antes de engendrar a su hijo Noé, en el hebreo, tiene seis menos que en el nuestro, y después de engendrarlo se cuentan treinta años más en el de ellos. Por donde, si quitamos aquellos seis, nos quedan los veinticuatro que dijimos.

11. Edad de Matusalén y época del Diluvio

Esta discrepancia entre los códices hebreos y los nuestros ha dado origen a la cuestión tan debatida de que Matusalén vivió catorce años después del diluvio, mientras que la Escritura recuerda que de todos los que había habido en la tierra, sólo ocho hombres se libraron de la destrucción del diluvio y no estuvo Matusalén entre ellos[15]. Según nuestros códices, Matusalén, antes de engendrar a quien llamó Lamec, vivió ciento sesenta y siete años. Lamec después, antes de nacer su hijo Noé, vivió ciento ochenta y ocho años, que con los anteriores dan trescientos cincuenta y cinco. Añádanse a éstos los seiscientos de Noé, cuando tuvo

---

15. Según Jerónimo esta fue una cuestión muy debatida en las iglesias (*De Qunaest. Heb. es Gen.*)

lugar el diluvio; y así tenemos novecientos cincuenta y cinco desde que nació Matusalén hasta el año del diluvio.

Pero en total el recuento de los años de Matusalén da novecientos sesenta y nueve; pues había vivido ciento sesenta y siete años cuando engendró al hijo llamado Lamec, y después de nacer éste vivió ochocientos dos; todos ellos, como dijimos,

Si restamos los novecientos cincuenta y cinco nos dan novecientos sesenta y nueve que van desde el nacimiento de Matusalén hasta el diluvio, nos quedan los catorce que se cree vivió después del diluvio.

Por eso algunos piensan que vivió esos años, pero no en la tierra, donde consta que fue destruida toda carne que por naturaleza no puede vivir en las aguas, sino que pasó algún tiempo con su padre, que había sido trasladado, y estuvo allí hasta que pasó el diluvio. Y lo interpretan así porque quieren mantener su fe en los códices que ha tenido la Iglesia por más auténticos. Piensan que los códices judíos son los que no contienen la verdad, en lugar de los otros. No admiten que se hayan equivocado aquí los intérpretes, sino que el error está más bien en la lengua, ya que fue a través de la griega como se tradujo la Escritura a la nuestra. No es creíble, afirman, que los Setenta, que dieron la versión en el mismo tiempo y con el mismo sentido, hayan podido equivocarse, o hayan querido mentir en lo que nada les iba; más bien han sido los judíos, por la envidia de que la Ley y los Profetas hayan pasado a nosotros en la interpretación, los que han cambiado algunas cosas en sus códices, para que quedara desvirtuada la autoridad de los nuestros.

Sobre esta opinión o conjetura piense cada uno lo que le parezca; lo cierto es que Matusalén no vivió después del diluvio, sino que murió en el mismo año, si es verdad lo que nos cuentan los códices hebreos con relación al número de años. Mi opinión sobre los Setenta intérpretes la trataré con más atención en su lugar[16], cuando lleguemos, con la ayuda de Dios, a mencionar esos tiempos, según lo exija el plan de la obra. Por lo que se refiere a la cuestión presente, es suficiente que, según ambas familias de códices, hayan vivido tanto los hombres de aquella edad, que durante su vida sólo el mayor de los dos primeros padres haya podido multiplicar el linaje humano para fundar una ciudad.

12. Crítica de la opinión del cómputo de aqellos años

1. No debemos tampoco en modo alguno prestar oídos a los que piensan que los años en aquellos tiempos se contaban de otra manera,

---

16. Véase más abajo el libro XVIII, 42-44.

es decir, eran tan breves, que un año nuestro podría equivaler a diez de aquéllos. Así, dicen, cuando se oye o se lee que alguien vivió novecientos años, debe entenderse noventa, ya que un año nuestro es igual a diez de aquellos, y diez años nuestros equivalen a cien. Por eso, piensa, Adán tenía veintitrés años cuando engendró a Set, y el mismo Set, cuando le nació Enós, tenía veinte años y seis meses, que computa la Escritura como doscientos cinco años. Piensan los que así opinan que un año nuestro lo dividían ellos en diez partes, y a estas partes las llamaban años. Cada una de estas partes tiene un senario cuadrado, porque Dios creó sus obras en seis días, para descansar el séptimo. De esto ya traté cuanto me fue posible en el libro undécimo[17].

Ahora bien, seis veces seis, número que constituye el cuadrado de seis, nos da treinta y seis días; y multiplicados éstos diez veces, llegan a trescientos sesenta, los doce meses lunares. Como quedaban cinco días con que se completa el año solar, y una cuarta parte del día, por la cual cada cuatro años se añadía un día dando origen al bisiesto, añadían los antiguos más tarde, para redondear el número de años, los llamados por los romanos días intercalares. Por lo tanto, también Enós, hijo de Set, tenía diecinueve años cuando nació de él su hijo Cainán, número que toma la Escritura como ciento noventa años.

Luego, a través de las generaciones en que se refieren los años de los hombres antes del diluvio, de ninguno se narra en nuestros códices que haya engendrado hijos a los cien años o menos, ni a los ciento veinte o no mucho más. Antes, la mínima edad de tener hijos se dice fueron ciento sesenta años o algo más. Nadie, en efecto, dicen puede tener hijos a los diez años, que eran los que aquéllos llamaban cien. En cambio, a los dieciséis años ya llega la pubertad a su madurez y a la aptitud para tener descendencia; edad que aquellos tiempos denominaban ciento sesenta años.

Para confirmar la credibilidad de la diferente computación, añaden que en muchos historiadores se encuentra que los egipcios tenían el año de cuatro meses; los acarnianos[18], de seis meses; los lavinios, de trece meses. El mismo Plinio Segundo achacó a la ignorancia de los tiempos lo que vio en ciertos escritos de que uno había vívido ciento cincuenta y dos años, y otro diez años más; que otros habían vivido doscientos años; otros, trescientos, algunos hasta quinientos, habiendo llegado a los seiscientos, e incluso algunos a los ochocientos. Dice así: "Para algunos el año lo determina la primavera y para otros, el invierno; otros en cam-

---

17. Cap. 8.
18. Oriundos de Acarnania, región de Grecia.

bio, las cuatro estaciones, como los arcadios, cuyos años fueron de tres meses". También añadió que alguna vez los egipcios, cuyos años eran de cuatro meses, como dijimos antes, terminaban el año con el fin de la luna. "Así", dice, "se encuentra entre ellos quien ha vivido mil años".

2. Con estos argumentos en apariencia probables, algunos, tratando no de destruir la fe de la historia sagrada, sino de afianzarla, a fin de que no resulte increíble su narración sobre edades tan avanzadas, se persuadieron a sí mismos —y piensan que no es vana su persuasión— de que era tan pequeño el espacio de tiempo que tenían por un año, que diez son para ellos como uno para nosotros, y diez nuestros equivalen a cien de los suyos. Hay testimonios irrefutables para probar la falsedad de esta opinión, pero antes de mostrarlo, no me parece oportuno pasar en silencio una conjetura que puede parecer más aceptable. Por los códices mismos de los hebreos podríamos con toda seguridad refutar y rechazar esa aserción, porque en ellos encontramos que Adán tenía no doscientos treinta, sino ciento treinta años cuando engendró a su tercer hijo. Si esos años equivalen a los trece nuestros, sin duda que engendró al primero a los once años o no mucho más. ¿Quién puede engendrar a esta edad según la ley ordinaria y tan conocida de la naturaleza?

Pero pasemos por alto a Adán, que quizá era ya apto para la generación cuando fue creado, ya que no es probable fuera creado tan pequeño como uno de nuestros bebés. Pero su hijo no tenía doscientos cinco, como leemos nosotros, sino ciento cinco años cuando engendró a Enoc; según éstos, aún no tenía once años de edad. ¿Y qué diré de Cainán su hijo, que al engendrar a Malalchel tenía, según nosotros, ciento setenta años, y, según los hebreos, setenta? ¿Qué hombre de siete años puede engendrar, si los setenta años de entonces equivalían a siete?

13. Versiones bíblicas y errores de los copistas

1. Al decir esto, se me contestará en seguida que aquello es una mentira de los judíos, como ya dije arriba, pues los Setenta intérpretes, de tan laudable renombre, no han podido mentir. Cabría preguntar: ¿qué es más verosímil, que los judíos, diseminados a lo largo y a lo ancho, hayan podido ponerse de acuerdo para consignar esta mentira, y por celos de la autoridad rival, se privaran ellos de la verdad; o que los Setenta varones, también judíos, reunidos en un solo lugar por el rey de Egipto Ptolomeo, que los había elegido para esta obra, hayan sentido envidia de comunicar a los gentiles extranjeros la misma verdad, y hayan obrado así de común acuerdo? ¿Quién no ve a qué parte se inclina la balanza de la credibilidad? La prudencia nos exige huir de ambos extremos, ni los judíos pudieron

llegar a tal grado de perversidad y malicia en textos tan numerosos y tan difundidos por doquier, ni aquellos Setenta varones, dignos de memoria, pudieron convenir en el plan de privar de la verdad a los pueblos

Así, resulta más aceptable que, desde que comenzaron a copiarse estas cosas de la biblioteca de Ptolomeo, pudo haber un error en un códice primitivo, del cual se difundió ampliamente; también pudo tener su parte un error del copista. Y no parece absurdo sospechar esto en la cuestión de la vida de Matusalén; y lo mismo en aquel otro caso en que no concuerda la suma por la diferencia de veinticuatro años.

Pero en los demás casos en que se continúa esta aparente mentira de sobrar en una parte cien años y de faltar en otra, antes de nacer un hijo; pero después de nacer, donde faltaban, sobran, y donde sobraban, faltan, de modo que la suma está de acuerdo; lo cual ocurre en la primera, segunda, tercera, cuarta, quinta y séptima generación. Parece como si el error siguiera una constante, lo cual, más que casualidad, parece respirar una premeditación.

2. Por consiguiente, esta diversidad de números entre los códices griegos y latinos, por una parte, y los hebreos, por otra, donde se mantiene esa igualdad de quitar primero y añadir después cien años a través de tantas generaciones, no debe atribuirse a la malicia de los judíos ni a la prudencia calculada de los Setenta intérpretes, sino a un error del primer copista que recibió el códice de la biblioteca de dicho rey para copiarlo. Nos ocurre hoy también: cuando los números no reclaman una atención especial hacia algo fácilmente inteligible o de útil aprendizaje, se copian con negligencia y se corrigen con mayor ligereza. ¿Quién puede, en efecto, juzgarse obligado a aprender los miles de hombres que pudo tener cada tribu de Israel en particular? Uno piensa que no interesa nada; ¿cuántos hay capaces de ver gran utilidad en ello?

En cambio, cuando a través del entramado de tantas generaciones hay cien años en una parte y faltan en otra, y después del nacimiento del hijo de que se trata, faltan donde estuvieron y están donde faltaron, de modo que la suma esté concorde, el que escribió esto parece quiere persuadirnos que los antiguos vivieron tantos años porque los tenían por muy cortos. Y trata de probar esto por la madurez de la pubertad, capaz ya de engendrar hijos. Y en aquellos ciento diez años pensó insinuar a los incrédulos nuestros años, por temor de que no aceptaran que los hombres habían vivido tanto tiempo; añadió ciento cuando no encontró edad hábil para la generación; y para que concordase la suma, los quitó después del nacimiento de los hijos. De esta manera, en efecto, quiso hacer creíbles las conveniencias de las edades aptas para la generación de la prole, pero de tal manera que en el número no falsificase la edad total de cada uno de los que existían.

El no haber hecho esto en la sexta generación nos inclina fuertemente a pensar que precisamente lo hizo cuando existía el motivo que hemos dicho, como no lo hizo cuando no lo exigía. Vemos que encontró en la misma generación, según los hebreos, que vivió Jared, antes de engendrar a Enoc, ciento sesenta y dos años, que según el cómputo de los años cortos se reducen a dieciséis y algo menos de dos meses. Esta edad ya era apta para la generación; y por eso no fue necesario añadir cien años cortos para que llegaran a nuestros veintiséis, ni quitar tampoco después de nacido Enoc los que no había añadido antes de nacer. Por eso no hay aquí diferencia alguna entre los dos textos.

3. Pero ahora surge una nueva dificultad. ¿Por qué en la octava generación, antes de nacer Lamec de Matusalén, mientras en los hebreos se leen ciento ochenta y dos años, se encuentran veintidós menos en nuestros códices, donde más bien suelen añadirse cien, y después de nacido Lamec se restituyen para completar la suma, que no discrepa en ambas familias de códices? Si a causa de la madurez de la pubertad quería tomar los ciento setenta años por los diecisiete, como no tenía necesidad de añadir nada, tampoco debía quitarlo; había encontrado una edad capaz de engendrar hijos, por lo cual añadía en los otros, donde no la encontraba apta, aquellos cien años. justamente se pudiera pensar en esto de los veinte años que hubo algún error accidental si, como los había quitado antes, no los hubiera restituido después, para que coincidiera la suma total. ¿Hemos de pensar acaso que esto se hizo con malicia, para ocultar el artificio acostumbrado de añadir cien años primero y quitarlos después, cuando se hacía algo semejante donde no había sido necesario, no ciertamente con cien años, sino con cualquier número restado primero y añadido después?

Tómese esto como se tome, créase o no se crea que ha sucedido así, sea finalmente de esta manera o no lo sea, por mi parte, cuando se encuentra algo diverso en los dos textos y no pueden compaginarse con la verdad de los hechos uno y otro, no dudo en absoluto que se proceda rectamente si se da la preferencia a la lengua cuya versión ha sido llevada a otra por traductores. Pues incluso en tres códices griegos, en uno latino y en otro sirio, concordes entre sí, se encuentra que Matusalén murió seis años antes del diluvio.

14. Los años han sido siempre iguales

1. Veamos ya cómo se puede demostrar con toda evidencia que los años calculados en la vida tan prolongada de aquellos hombres no eran tan cortos que diez de ellos equivalieran a uno nuestro, sino que eran de

la misma duración que los actuales, regulados por el curso del sol. Está escrito que el diluvio tuvo lugar en el año seiscientos de la vida de Noé. Pero, ¿por qué se lee allí: "Y el agua del diluvio vino sobre la tierra en el año seiscientos de la vida de Noé, el mes segundo, el día veintisiete del mes" (Gn. 7:10.11 LXX[19]), si aquel año tan pequeño, que se necesitan diez para hacer uno nuestro, tenía treinta y seis días? Un año tan pequeño, si tuvo este nombre al uso antiguo, o no tiene meses, o el mes no puede tener más de tres días pata poder tener doce meses. ¿Cómo se dice aquí en el año seiscientos, el mes segundo, el día veintisiete del mes, sino porque aquellos meses eran como los de ahora? Si no fuera así, ¿cómo podía decirse que el diluvio comenzó el día veintisiete del segundo mes?

También a continuación se lee al cesar el diluvio: "A los ciento cincuenta días, el día diecisiete del mes séptimo, el arca encalló en los montes de Ararat. El agua fue disminuyendo hasta el mes undécimo,y el día primero de ese mes asomaron los picos de las montañas" (Gn. 8:4,5). Si tales eran los meses, sin duda que los años eran también como los tenemos ahora. Aquellos meses de tres días no podían tener veintisiete. A no ser que se llamara día a una tercera parte del mismo, para disminuirlo todo proporcionalmente; y entonces aquel diluvio tan grande, que se dice duró cuarenta días y cuarenta noches, habría tenido cuatro días escasos de duración. ¿Quién puede admitir absurdo tan infundado?

Lejos, pues, de nosotros semejante error que, basado en falsa conjetura, trata de afirmar la fe de nuestras Escrituras destruyéndola por otra parte. Ni más ni menos el día era entonces tan grande como ahora, formado por el curso nocturno y diurno de veinticuatro horas; el mes era también un mes como el de ahora, determinado por el comienzo y fin de la luna; y el año era como el actual, conformado por doce meses lunares, con el apéndice de cinco días y un cuarto a causa del curso solar. De la misma duración era el año seiscientos de la vida de Noé, y el segundo mes y el día veintisiete del mes en que comenzó el diluvio; diluvio que se prolongó por cuarenta días de lluvia torrencial, días no de dos horas o poco más, sino de veinticuatro contando noche y día.

En consecuencia, aquellos antiguos vivieron hasta más de novecientos años de la misma duración que los ciento setenta y cinco que vivió Abraham; o los ciento ochenta que después de él vivió su hijo Isaac; y los casi ciento cincuenta de su hijo Jacob; los ciento veinte, pasada cierta época, de Moisés; y los setenta u ochenta o poco más que viven ahora los hombres y de los cuales se dijo: "Y lo que pasa de esto, fatiga y dolor" (Sal. 90:10).

---

19. "Diecisiete" en nuestras versiones.

2. Ciertamente esa diferencia de números que se encuentran entre el texto hebreo y el nuestro, no se contradice sobre esta longevidad de los antiguos; y, si tiene algo tan diverso que no puedan conciliarse ambas afirmaciones debe darse más crédito a la lengua de la que procede nuestra traducción. Estando esto a disposición de cuantos quieran, no deja de ser extraño que nadie se haya atrevido a corregir según los códices hebreos a los Setenta en tantas cosas en que parecen diferir. Porque esta diferencia no se ha tenido por falsificación; ni yo tampoco la tengo por tal. Si no hay error del copista, hay que pensar, cuando el sentido se conforme con la verdad y la proclame, que ellos, guiados por el divino Espíritu, han intentado decir algo diverso, no guiados por el uso de los traductores, sino por la libertad de profetas.

Por eso, cuando los apóstoles aducen testimonios de la Escritura, se sirven no sólo del texto hebreo, sino también del texto de los Setenta. Pero sobre esta cuestión he prometido hablar más detenidamente, con la ayuda de Dios, en lugar más oportuno; ahora voy a terminar lo que viene al caso. No hay motivo para dudar que el primogénito del primer hombres pudo construir una ciudad en una época en que los hombres vivían tan largo tiempo. Y esta ciudad es la terrena, tan diferente de la ciudad de Dios, para describir la cual me he tomado entre manos empresa de tal envergadura.

15. Los primogénitos en el orden del tiempo o de su representatividad

1. Preguntará alguien: ¿Es posible que un hombre capaz de engendrar y sin propósito de continencia se haya abstenido del trato con la mujer ciento y más años, o no mucho menos según el texto hebreo, esto es, ochenta, setenta o sesenta, o que no pudo engendrar si no se abstuvo?

Esta cuestión admite dos soluciones, o la pubertad llegó proporcionalmente tanto más tarde cuanto era mayor la duración de la vida, o, lo que parece más admisible no se mencionan aquí los primogénitos, sino los que reclamaba el orden de sucesión hasta llegar a Noé, desde quien vemos que se llegó hasta Abraham, y después hasta un tiempo determinado, según era preciso designar, por las generaciones citadas, el curso de la gloriosísima ciudad exiliada en este mundo y peregrina hacia la patria celeste.

Lo que no puede negarse es que Caín fue el primero que nació de la unión del hombre y la mujer; si no hubiera sido al nacer el primero en ser asociado a aquellos dos, no hubiera dicho Adán lo que dijo: "He adquirido un hombre por gracia de Dios" (Gn. 4:1). A ése siguió Abel, a quien mató el hermano mayor; y que fue el primero en mostrar una cierta figura de la extranjera ciudad de Dios, que había de soportar injustas persecuciones por parte de los impíos y, en cierto modo, terrenos, esto es, que aman su origen terreno y se deleitan en la felicidad terrena de la terrena ciudad.

Es verdad que no aparece cuántos años tenía Adán cuando los engendró. Siguen entonces unas genealogías de Caín y otras del que tuvo Adán como sucesor del muerto por su hermano, a quien llamó Set, diciendo aquellas palabras de la Escritura: "Dios me ha me ha sustituido otra simiente en lugar de Abel, asesinado por Caín" (Gn. 4:25). Estas dos series de genealogías, una de Set y otra de Caín, representan en distinto orden estas dos ciudades de que tratamos, una, la celeste, que peregrina en la tierra; la otra, la terrena, ansiosa y apegada a los goces terrenos, como si no hubiera otros.

Sin embargo, al enumerar la descendencia de Caín, habiendo contado a Adán hasta la octava generación, no se cita a ninguno con los años que tenía cuando engendró al que le sigue en la enumeración. Se ve que no quiso el Espíritu de Dios señalar los tiempos antes del diluvio en las genealogías de la ciudad terrena, y, en cambio, lo quiso en las de la ciudad celeste, como si fueran más dignos de memoria.

A su vez, cuando nació Set, no se pasaron por alto los años de su padre, pero ya había engendrado a otros, ¿quién se atrevería a afirmar que fueron solos Caín y Abel? En efecto, sí se ha citado sólo a éstos por causa de las genealogías que era preciso recordar, no se puede llegar a la consecuencia de que sólo ellos fueron los hijos de Adán. Porque, habiéndose encubierto en el silencio los nombres de todos los demás, al leerse en la Escritura que engendró hijos e hijas, ¿quién osaría asegurar, sin ser tachado de temerario, cuál haya sido esa prole suya? Pudo muy bien decir Adán inspirado por Dios, después de nacer Set: "Dios me ha dado otro descendiente en lugar de Abel", porque ese hijo había de ser tal que representase la santidad de Abel, no porque fuera el primero en nacer en el orden del tiempo después de él.

En el pasaje siguiente: "Y vivió Set doscientos cinco años" (Gn. 5:6), o, como dice el texto hebreo, "ciento cinco años, y engendró a Enós", ¿se puede asegurar inconsideradamente que éste fue su primogénito? Con toda razón preguntaríamos admirados cómo durante tantos años se habría abstenido del uso del matrimonio sin propósito alguno de continencia, o cómo no habría engendrado estando casado, ya que del mismo se lee: "Engendró hijos e hijas, y a la edad de novecientos doce años murió" (Gn. 5:8).

Sucede así después con aquellos cuyos años se citan, no se pasa en silencio que engendraron hijos e hijas. Por ello no aparece claro que sea el primogénito el que se cita como engendrado; antes bien, como no es creíble que aquellos padres de edad tan larga o fueran impúberes o no tuvieran mujeres e hijos, se presenta más admisible que aquellos que se citan no fueron sus primeros hijos. Pero como el autor de la historia sagrada pretendía llegar al nacimiento y vida de Noé, en cuyo tiempo tuvo lugar el diluvio, señalados los tiempos por la sucesión de las genealogías, es lógico que recordara no las primeras generaciones que tuvieron sus padres, sino las que convenían al orden de la propagación.

2. A modo de ejemplo, para poner más claro esto, voy a intercalar un detalle, a fin de que nadie ande dudando que pudo haber sucedido lo que digo. El evangelista Mateo, queriendo transmitir a la posteridad la genealogía carnal del Señor a través de sus padres, comenzando por el padre Abraham y tratando de llegar primeramente a David, dice: "Abraham engendró a Isaac" (Mt. 1:2). ¿Por qué no dijo a Ismael, a quien había engendrado antes? También dice: "Isaac engendró a Jacob". ¿Por qué no dice a Esaú, que fue su primogénito? Sencillamente, porque a través de ellos no hubiera podido llegar a David. Sigue después: "Jacob engendró a Judá y a sus hermanos". ¿Fue acaso Judá el primogénito? "Judá engendró a Fares y a Zarán", dice luego. Y ninguno de estos dos gemelos fue el primogénito, ya que antes había tenido tres.

Así puso en el orden de las generaciones a los que convenía para llegar a David, y desde él, al fin que pretendía. Por lo cual puede llegarse a la conclusión de que antes del diluvio no se citó a los primogénitos, sino a los que habían de conducir por sucesivas generaciones al patriarca Noé, para que no nos sintamos abrumados por la cuestión oscura y superflua de su tardía pubertad.

16. Primeros matrimonios entre hermanos

1. El género humano, tras la unión del varón, hecho de barro, y de su esposa, formada de su costado, tenía necesidad de la unión de varones y hembras para multiplicarse por la generación; pero como no había más hombres que los nacidos de aquellos dos, los varones tuvieron que tomar por esposas a sus hermanas. Este sistema, cuanto más necesario en la antigüedad por la necesidad que lo exigía, tanto llegó a ser condenable por la prohibición de la religión[20]. De esta manea, los hombres, cuya concordia es provechosa y buena, se ligan entre sí con diferentes lazos

---

20. Que condena la unión entre hermanos como incesto.

de sangre y no se dan cita muchos en uno solo, sino que cada uno va difundiéndose en otros, teniendo así las personas muchos lazos comunes, contribuyendo a fomentar más y más la vida social. Así, "padre" y "suegro" son los nombres de dos parentescos. Si cada uno tiene un padre y un suegro, el amor se extiende entre más personas.

En cambio, Adán se vio forzado a acumular los dos en sí con sus hijos y sus hijas, cuando se unían en matrimonio los hermanos y las hermanas. Lo mismo Eva, su esposa, fue madre y suegra para sus hijos de ambos sexos. Si hubiera habido dos mujeres, suegra una y madre la otra, el amor social se hubiera extendido más. Finalmente, también la misma hermana, por ser a la vez esposa, acumulaba en sí dos parentescos, que, distribuidos entre dos, es decir, siendo una hermana y otra esposa, se aumentaría en número de individuos la parentela social.

Pero no había posibilidad de realizar esto cuando no había sino hermanos y hermanas procedentes de aquella primera pareja. Fue un deber, pues, cuando ello fue posible por la abundancia, tomar por esposas a las que no eran hermanas; y no habiendo necesidad de esa práctica, se consideraba algo nefasto el conservarla. Si los nietos de los primeros hombres, que podían ya casarse con sus primas, se casaran con sus hermanas, ya no habría en un solo hombre dos, sino tres parentescos que en pro del fomento del amor en parentela más numerosa debieron distribuirse entre otros. Así, un solo hombre sería para dos de sus hijos, hermano y hermana unidos en matrimonio, padre, suegro y tío; como su esposa sería para los mismos madre, suegra y tía; y sus hijos entre sí no sólo serían hermanos y cónyuges, sino también primos, por ser hijos de hermanos. Todos estos parentescos, que unían tres hombres a uno solo, podían unir a nueve distribuidos uno por uno, de modo que un solo hombre tuviera a una como hermana, a otra como prima, a otro como padre, a otro como tío, a otro como suegro, a otra como madre, a otra como tía y a otra como suegra; y así no se vería encerrado en un pequeño número, sino más y más difundido el vínculo social por los numerosos parentescos.

Prohibición de uniones entre hermanos

2. Esto mismo, creciendo y multiplicándose el género humano, vemos se cumple también entre los impíos adoradores de muchos y falsos dioses, que aunque sus leyes perversas toleren los matrimonios entre hermanos[21], una costumbre más digna detesta semejante licencia, y, aunque en los primeros tiempos del género humano estuviera permitido casarse uno con su hermana, lo aborrece como si no hubiera estado

---

21. Esto fue permitido por los egipcios y los atenienses, nunca por los romanos.

permitido jamás. La costumbre tiene un poder inmenso de atracción y repulsión del sentido humano. Y si ella en esto reprime los excesos de la concupiscencia, con razón se considera criminal tergiversarla o corromperla. Si es injusto traspasar los linderos de los campos por la avaricia de posesión, ¿cuánto más inicuo no será profanar las barreras de las costumbres por el ansia de placeres sexuales?

Aun en nuestros tiempos hemos visto en los matrimonios entre primos, por el grado de parentesco tan próximo al fraterno, qué influencia tiene la costumbre para hacer raras veces lo que autoriza la ley. Esto no lo prohibió la ley divina, ni lo había prohibido la humana, sin embargo, un hecho lícito en sí se esquivaba con repulsión por la proximidad de lo que es ilícito, y lo que se hacía con una prima, parecía casi hacerse con una hermana, ya que los primos, por la proximidad consanguínea, se llaman hermanos y casi lo son.

Tuvieron los antiguos padres un cuidado religioso de que el parentesco, diluyéndose poco a poco por los grados de las generaciones, no fuera desvirtuándose y llegara a desaparecer; y antes que se fuera alejando, trataron de reforzarlo de nuevo con el vínculo del matrimonio y frenarlo en cierto modo en su huida. Por eso, una vez poblado ya de hombres el mundo, gustaban de desposarse no con hermanas por parte de padre o de madre o de los dos, sino con personas de su misma estirpe. Pero ¿quién puede dudar que en este tiempo están prohibidos con toda honestidad los matrimonios entre primos? Y esto, no sólo con vistas, según hemos defendido, a multiplicar las afinidades, para que no tenga una sola persona dos grados de parentesco, pudiendo tenerlos dos personas y aumentar así el número de la parentela, sino también porque hay en la naturaleza humana un cierto pudor natural y laudable, que nos lleva a evitar el deseo de esa unión con quien merece un honor respetuoso por parentesco, que, aunque para la propagación, es libidinosa, de la cual vemos se avergüenza también el pudor conyugal.

3. La relación sexual entre el hombre y la mujer, es en el caso de los mortales como un semillero de la ciudad. Pero mientras la ciudad terrena necesita sólo de la generación, la celestial tiene también necesidad de la regeneración, para librarse del daño de la generación.

Nada nos dice la historia sobre si hubo, antes del diluvio, y en ese caso cuál fue, algún signo corporal y visible de la regeneración, al estilo de la circuncisión que le fue mandada a Abraham. No omite hablar, sin embargo, sobre los sacrificios que los antiguos patriarcas ofrecieron a Dios. De ello nos dan testimonio los dos primeros hermanos, y Noé después del diluvio, que al salir del arca ofreció sacrificios a Dios. Sobre lo cual ya dijimos en los libros precedentes cómo los demonios, arrogándose la divinidad y ambicionando ser tenidos por dioses, solicitan se les ofrezca el sacrificio y se gozan en estos honores, precisamente porque saben que el verdadero sacrificio sólo se ofrece al Dios verdadero.

17. Caín y Set, cabezas de dos ciudades

Siendo Adán padre de dos linajes, es decir, el que pertenece a la ciudad terrena y el que pertenece a la ciudad celeste tras el asesinato de Abel —y su muerte manifiesta un admirable misterio—, Caín y Set quedaron como padres de cada uno de los dos linajes; en sus hijos, era preciso recordarlo, comenzaron a aparecer con más claridad entre la raza de los mortales los indicios de estas dos ciudades .

En efecto, Caín engendró a Enoc, y con su nombre fundó una ciudad, es decir, la terrena, no como extranjera en este mundo, sino como reposando en su paz y felicidad temporal. Caín significa "posesión"; por ello se dijo al nacer por su padre o por su madre: "He conseguido un hombre con la ayuda de Dios". Enoc significa "dedicación"; pues es en este mundo donde se funda, donde está dedicada la ciudad terrena, ya que en él tiene el fin a que tiende y que aspira.

Set, en cambio, significa "resurrección", y su hijo Enós significa "hombre"; no como Adán, que también significa hombre, y es en su lengua, la hebrea, común para el varón y la mujer. De él se escribió: "Varón y hembra los creó, y los bendijo, y llamó el nombre de ellos Adán" (Gn. 5:2). Por ello no se duda que la hembra fue llamada por su nombre propio, Eva, pero quedando Adán, que significa hombre, como nombre de ambos. Enós significa también hombre, pero como afirman los expertos de aquella lengua, no puede significar también mujer; pues es hijo de la resurrección, en la que no se casarán los hombres ni las mujeres[22]. Porque no habrá no generación donde nos haya llevado la regeneración.

Por ello pienso no estará de más anotar que en las generaciones que proceden de quien recibió el nombre de Set, cuando se dice que tuvieron hijos e hijas, no se cita expresamente el nombre de ninguna mujer; mientras que en los descendientes de Caín, al final mismo, es una mujer la última que se cita como nacida. Dice así la Escritura: "Matusalén engendró a Lamec; Lamec tomó dos mujeres: una llamada Ada y otra llamada Sita. Ada dio a luz a Yabal, el antepasado de los pastores nómadas; su hermano se llamaba Yuba, el antepasado de los que tocan la cítara y la flauta. Sita a su vez dio a luz a Tubal-Caín, forjador de herramientas de bronce y hierro, tuvo una hermana que se llamaba Naama" (Gn. 4:18-22).

---

22. Cf. Lc. 20:35-36.

Hasta aquí se prolongaron las generaciones de Caín, en total ocho desde Adán, incluido Adán mismo; es decir: siete hasta Lamec, que tuvo dos mujeres; la octava es la de sus hijos, en los que se menciona a la mujer. Con cierta elegancia se hace notar aquí que la ciudad terrena tendrá hasta su fin generaciones carnales, procedentes de la unión de hombres y mujeres. Debido a esto, lo que no había sucedido nunca antes del diluvio con excepción de Eva, se citan con sus nombres las mujeres de aquel hombre, último de los padres que se citan.

Y como Caín, que significa posesión, fundador de la ciudad terrena, y su hijo Enoc, que significa dedicación, indican que esta ciudad tiene principio y fin terreno, así hemos de ver qué dice esta historia sagrada sobre el hijo de Set, que significa resurrección, ya que es el padre de las generaciones mencionadas aparte.

18. Significado de Abel, Set y Enos en relación a Cristo y su Iglesia

También Set, dice, tuvo un hijo, que se llamó Enós; éste puso su esperanza en "invocar el nombre del Señor" (Gn. 4:26). He aquí cómo clama el testimonio de la verdad. En la esperanza, efectivamente, vive el hijo de la resurrección; vive en la esperanza mientras peregrina aquí la ciudad de Dios, engendrada en la fe de la resurrección de Cristo. La muerte de Cristo y su vida de entre los muertos está figurada en aquellos dos hombres: Abel, que significa "duelo", y su hermano Set, que significa "resurrección". De esa fe nace aquí la ciudad de Dios, esto es, el hombre que puso su esperanza en "invocar el nombre del Señor su Dios". Pues "por esta esperanza somos salvos", dice el apóstol. "Mas la esperanza que se ve, no es esperanza; porque lo que alguno ve, ¿a qué esperarlo?" (Ro. 8:24-25). ¿Quién no pensará que hay aquí un profundo misterio? ¿No puso su esperanza Abel en invocar el nombre del Señor su Dios, cuando su sacrificio lo recuerda la Escritura tan agradable a Dios?; ¿no puso su esperanza en invocar el nombre del Señor su Dios Set, de quien se dijo: "Dios me ha sustituido otra simiente en lugar de Abel" (Gn. 4:25)?

¿Por qué entonces se le atribuye propiamente a éste lo que es común a todos los hombres piadosos, sino porque era preciso que quien se menciona como el primer nacido del padre de las generaciones destinadas a una parte mejor, a la ciudad celestial, simbolizara al hombre, a la sociedad de los hombres que no viven según el hombre para la realidad de la felicidad terrena, sino según Dios en la esperanza de la felicidad eterna?

Ni se dijo tampoco: "Este esperó en el Señor su Dios", o: "Este invocó el nombre del Señor su Dios", sino: "Este puso su esperanza en invocar el nombre del Señor su Dios". ¿Qué quiere decir: puso su esperanza en invocar, sino la profecía de que nacería un pueblo que, según la elección de la gracia, invocaría el nombre del Señor Dios suyo? Es decir, lo que se dijo por otro profeta lo aplicó el apóstol a este pueblo que pertenecía a la gracia de Dios: "Todo el que invoque el nombre del Señor, será salvo" (Ro. 10:13; Joel 2:32). Las mismas palabras: "Y le dio por nombre Enós," que significa hombre, y las que se añaden luego: "Este puso su esperanza en invocar el nombre del Señor su Dios" (Gn. 4:26), ponen bien a las claras que el hombre no debe poner su esperanza en sí mismo. Así se lee en otro lugar: "Maldito quien confía en un hombre" (Jr. 17:5). Por lo tanto, nadie debe poner su esperanza en sí mismo, para ser ciudadano de la otra ciudad que no está dedicada en este tiempo según el hijo de Caín, esto es, en el transcurso pasajero de este mundo, sino en la inmortalidad de la felicidad eterna.

19. Figura de la traslación de Enoc

De esta línea de la que Set es padre, tiene también el nombre de "dedicación" en la séptima generación desde Adán, incluido él mismo. Pues el séptimo nacido desde aquél es Enoc, que quiere decir "dedicación". Pero éste es el que fue trasladado, porque agradó a Dios (Gn. 5:22), y con una categoría insigne en el orden de las generaciones, en que fue consagrado el sábado, es decir, en el séptimo lugar a partir de Adán. Pues si se parte del mismo padre de las generaciones que empiezan a distanciarse de la descendencia de Caín, es decir, si partimos de Set, es el sexto, día en que fue formado el hombre y concluyó Dios todas sus obras.

Pero la traslación del tal Enoc prefigura una demora de nuestra dedicación, porque aunque tuvo ya lugar en Cristo, nuestra cabeza, que resucitó para no morir jamás, y que ya ha sido también trasladado, aún queda otra dedicación, la de toda la casa, cuyo fundamento es el mismo Cristo, y que se difiere hasta el final, cuando tenga lugar la resurrección de los muertos que no morirán ya jamás. Y tanto si decimos que la casa de Dios, el templo de Dios o la ciudad de Dios es dedicada, está en consonancia con el uso de la lengua latina. Así llama Virgilio ciudad de inmenso poderío a la casa de Asáraco[23], queriendo significar a los romanos, que tienen su origen de Asáraco a través de los troyanos; como llama

---

23. Virgilio, *En.* 1,288.

a los mismos casa de Eneas[24], porque después de su venida a Italia, con Eneas como jefe de los troyanos, fundaron la ciudad de Roma. Imitó[25] el poeta, en efecto, las Sagradas Escrituras, donde el pueblo hebreo, aunque numeroso, es llamado casa de Jacob.

20. Dificultad en el relato de las generaciones

1. Algunos pueden decir que en la enumeración de las generaciones desde Adán a través de su hijo Set el historiador pretendía llegar por ellas hasta Noé, en cuyo tiempo tuvo lugar el diluvio; y luego continúa desde él las genealogías hasta llegar a Abraham, por el cual comienza el evangelista Mateo las generaciones a través de las cuales llega hasta Cristo, rey eterno de la ciudad de Dios, ¿qué pretendía enumerando las generaciones desde Caín y hasta dónde quería llevarlas? Podemos responder: Hasta el diluvio, por el que fue destruido todo el linaje de la ciudad terrena, aunque reparado por los descendientes de Noé. No puede desaparecer esta ciudad terrena y sociedad de los hombres que viven según el hombre hasta el final de este siglo, del cual dice el Señor: "Los hijos de este siglo engendran y son engendrados" (Lc. 20:34).

Pero la ciudad de Dios, peregrina en este mundo, es llevada al mundo que ha de venir por la regeneración, donde sus hijos ni engendran ni son engendrados. En este mundo la procreación es común a ambas ciudades, aunque la ciudad de Dios tiene incluso aquí muchos miles de ciudadanos que se abstienen de la generación, y los tiene también la otra por cierta imitación, aunque vayan errados. En ella, en efecto, se encuentran los que en su extravío de la fe han dado origen a las herejías, porque viven según los hombres, no según Dios. Son ciudadanos de ella también los gimnosofistas indios, que se dice filosofan desnudos en las soledades de la India, y se abstienen también del matrimonio. Pero la continencia no es buena si no se practica en la fe del bien supremo, que es Dios. No encontramos a nadie obrando así antes del diluvio. Aun el mismo Enoc, séptimo descendiente de Adán, que se dice no murió, sino que fue trasladado, engendró hijos e hijas antes de su traslado; entre los cuales estuvo Matusalén, a través del cual se mantiene la sucesión de las generaciones mencionadas.

---

24. Virgilio, *En.*, 3,97.
25. No hay que atribuir a esta opinión de Agustín más valor de la que tiene como creencia de la época, dictada por motivos apologéticos más que reales.

2. ¿Por qué, pues, se mencionan en las generaciones desde Caín, si había que llevarlas hasta el diluvio, y no había una edad prolongada antes de la pubertad que careciera de hijos de cien años o más? Pues si el autor de este libro no tenía delante alguien a quien dirigir por necesidad la serie de generaciones, como en los que proceden de Set intentaba llegar a Noé, para continuar desde él el orden conveniente, ¿qué necesidad había, sí quedó destruida toda la descendencia de Caín en el diluvio, de pasar en silencio los primogénitos para llegar a Lamec, en cuyos hijos se acaba la serie, es decir, la octava generación desde Adán, la séptima desde Caín? Como si hubiera de conectarse luego otra serie desde la cual se llegara, sea al pueblo israelita, en el cual aún la Jerusalén terrena ofrece una figura profética de la ciudad celeste, sea a Cristo según la carne, que "es el Dios bendito sobre todas las cosas por los siglos" (Ro. 9:5), fundador y monarca de la Jerusalén suprema. De ahí podría parecer que el orden de las generaciones es el mismo de los primogénitos.

¿Y por qué entonces son tan pocos? Pues no pudieron serlo hasta el diluvio si no se abstenían los padres de tener hijos hasta una pubertad centenaria, a no ser que la pubertad llegara entonces más tarde en proporción con aquella longevidad. Aunque fueran ya de treinta años cuando comenzaron a engendrar, multiplicando ocho por treinta (ocho son las generaciones con Adán y con los que engendró Lamec) nos dan doscientos cuarenta años. ¿Acaso no tuvieron hijos en todo el tiempo después hasta el diluvio? En fin, ¿por qué el escritor no quiso mencionar las generaciones que siguen? Porque desde Adán hasta el diluvio se cuentan, según nuestro texto, dos mil doscientos sesenta y cinco años[26], y según los hebreos, mil seiscientos cincuenta y seis. Aun suponiendo verdadero el número menor, restemos de mil seiscientos cincuenta y seis años los doscientos cuarenta; ¿es admisible que durante mil cuatrocientos años, bien corridos, que quedan hasta el diluvio, la descendencia de Caín se abstuviera de la generación?

3. Si alguien se ve turbado por esto, tenga presente que, al preguntar cómo era creíble que los antiguos se hubieran abstenido de tener hijos durante tantos años, fue doble la solución que di de este problema, o que llegaba tardía la pubertad de acuerdo con la longevidad, o que los mencionados en las genealogías no eran los primogénitos, sino aquellos por medio de los cuales podía llegar el autor a quien pretendía, como a Noé en las generaciones de Set.

---

26. Eusebio, Jerónimo Beda, y otros que siguen la Septuaginta contabilizan sólo 2242 años, que Vives explica suponiendo que Agustín cometió un error de copia.

En las generaciones de Caín, por consiguiente, si no hay nadie que deba ponerse como punto de referencia al cual fuera preciso llegar, pasados por alto los primogénitos por medio de los que se han mencionado, no queda sino interpretar como tardía la pubertad; habrían llegado a ser púberes y capaces de engendrar a los cien años largos, y así correría a través de los primogénitos la serie de las generaciones y llegaría hasta el diluvio en tal cantidad de años. Puede suceder también que, por alguna oculta razón que no alcanzo a descubrir, se quiera poner de relieve la ciudad que llamamos terrena llegando la trama de generaciones hasta Lamec y sus hijos, y dejando de citar el autor a las demás que pudo haber hasta el diluvio.

Cabe también otra causa de no seguirse el orden de las generaciones por medio de los primogénitos, sin recurrir a una tardía pubertad en aquellos hombres: el que la ciudad que fundó Caín con el nombre de su hijo Enoc, llegara a una gran extensión y tuviera muchos reyes, no simultáneamente, sino cada uno en su tiempo, a quienes habían engendrado para sucederles los que habían ido reinando. El primero de estos reyes pudo ser el mismo Caín; el segundo, su hijo Enoc en cuyo reinado se fundó la ciudad en que se había de reinar; el tercero sería Gaidad, hijo de Enoc; el cuarto, Manihel, hijo de Gaidad; el quinto, Matusalén, hijo de Manihel; el sexto, Lamec, hijo de Matusalén, que es el séptimo desde Adán a través de Caín.

No se deduce que sucedieran los primogénitos a sus padres en el reinado, sino aquellos a quienes el mérito de alguna virtud útil a la ciudad terrena o también la suerte encontrara digno de reinar, o todavía mejor, que sucediera a su padre, con derecho al trono, en cierto modo hereditario, aquel a quien el padre hubiera amado con preferencia a los otros. Y pudo también ocurrir que tuviera lugar el diluvio durante la vida v el reinado de Lamec, y que le hiciera perecer con todos los demás hombres, excepto los del arca.

Tampoco debe sorprendernos, dada la gran cantidad de años pasados en espacio tan largo desde Adán hasta el diluvio, el número desigual de generaciones de ambas descendencias, siendo siete por Caín y diez por Set, ya que, como dije, Lamec hace el número siete desde Adán, y Noé el décimo. Por eso no se mencionó sólo un hijo de Lamec, como en los anteriores, sino muchos, precisamente porque era incierto quién le había de suceder al morir si hubiera quedado tiempo para reinar entre él y el diluvio.

El número once y el pecado

4. De cualquier modo que sea, por primogénitos o por herederos al trono, el orden de generaciones desde Caín, me parece no debo pasar

en silencio el que, haciendo Lamec el número siete desde Adán, se añadieron tantos hijos suyos hasta completar el número undécimo, por el
cual queda simbolizado el pecado. Se añaden, en efecto, tres hijos y una
hija. Las esposas bien pueden significar otra cosa, no precisamente lo
que ahora se trata de encarecer. Ahora hablamos de generaciones; y se
pasó por alto de dónde nacieron las esposas.

Por lo tanto, como la ley se encierra en el número diez, que hizo memorable el Decálogo; sin duda el número undécimo, como sobrepasa el
décimo, simboliza la transgresión de la ley, y, por tanto, el pecado. De ahí
procede que en el tabernáculo del testimonio, que era como un templo
portátil en la marcha del pueblo de Dios, se mandaron hacer once cortinas de pelo de cabra (Ex. 26:7). El cilicio[27] es un recuerdo de los pecados,
a causa de los cabritos que han de estar a la izquierda del juez; por eso,
reconociendo nuestros pecados, nos postramos sobre el cilicio, como repitiendo las palabras del Salmo: "Tengo siempre presente mi pecado"
(Sal. 51:3).

La descendencia, por consiguiente, de Adán a través del malvado
Caín se termina en el número undécimo, que significa el pecado, y ese
mismo número se concluye en una mujer, sexo que es él origen del pecado, por el cual todos morimos. Y se cometió de tal manera, que le siguió
el placer de la carne, que resistiría al espíritu. La misma hija de Lamec,
Naama, significa "placer".

En cambio, desde Adán a través de Set hasta Noé se nos da a conocer
el número diez generaciones. A él se añaden los tres hijos de Noé, de los
cuales cayó uno, siendo bendecidos por el padre los otros dos; de modo
que, apartado el réprobo y añadidos los dos hijos buenos, se nos notifica
el número doce, que es celebrado en el número de los patriarcas y de los
apóstoles, digno de tenerse en consideración por estar formado por las
partes del número siete, multiplicadas una por otra, ya que tres veces
cuatro o cuatro veces tres dan lo mismo.

Siendo esto así, creo que hemos de considerar y recordar cómo estas
dos descendencias, que por distintas generaciones nos sugieren dos ciudades, una de los de la tierra y otra de los regenerados, se mezclaron más
tarde y se confundieron hasta el punto de que todo el género humano,
excepto ocho personas, mereciera perecer en el diluvio.

---

27. Agustín juega con el sentido de las palabras en latín, *vela cilicina* para las cortinas de
pelo de cabra, y cilicio, vestidura hecha de una tela muy áspera, usada en la antigüedad
para hacer penitencia. Precisamente esta tela se hacía primitivamente de pelo de cabra
procedente de Cilicia, país de los grandes rebaños; de ahí su nombre.

21. Recapitulación de las generaciones

En primer lugar se ha de notar cómo en la enumeración de las generaciones desde Caín se menciona antes que los restantes a Enoc, en cuyo nombre fue fundada la ciudad. Luego se van enumerando los otros para llegar al fin de que ya hablé, hasta la destrucción de la raza y de toda su descendencia por el diluvio. En cambio, hecha mención de solo Enós, el hijo de Set, antes de consignar los restantes hasta el diluvio, se intercala una frase que dice: "Este es el libro de las generaciones de Adán. El día en que creó Dios al hombre, a la semejanza de Dios lo hizo; varón y hembra los creó; y los bendijo, y llamó el nombre de ellos Adán, el día en que fueron creados" (Gn. 5:1-2). A mi parecer, la frase intercalada tiene la finalidad de que comience de nuevo desde Adán el cómputo de los tiempos, que no quiso hacer el escritor en la ciudad terrena, como si Dios la mencionara pero no tuviera en cuenta su duración .

¿Por qué, entonces, se torna desde aquí a esa recapitulación, después de mencionar al hijo de Set, el hombre que puso su esperanza en invocar el nombre del Señor?; ¿no será para poner de relieve estas dos ciudades: una, por el homicida hasta el homicida (Lamec, de hecho, confesó a sus dos mujeres que él había cometido un homicidio), y otra, por quien puso su esperanza en invocar el nombre del Señor Dios? Porque el deber terrestre supremo y más completo de la ciudad de Dios, extranjera en este mundo, fue prefigurado en el individuo que fue engendrado por quien tipificaba la resurrección del asesinado Abel. Ese único hombre es la unidad de toda la ciudad celeste; todavía no completa, pero a ser completada, como esta figura profética anticipa.

Sea, pues, el hijo de Caín, esto es, el hijo de la posesión (¿qué posesión sino la terrena?) quien lleve el nombre en esta ciudad terrena, que fue fundada en su nombre. De éstos es de quienes canta el Salmo: "Llamarán sus tierras de sus nombres" (Sal. 49:11). Por eso les alcanza a ellos lo que sigue en otro Salmo: "Señor, en tu ciudad aniquilarás su imagen" (Sal. 73:20 LXX).

En cambio, el hijo de Set, esto es, el hijo de la resurrección, que ponga su esperanza en invocar el nombre del Señor Dios, ya que prefigura la sociedad de los hombres que claman: "Pero yo seré como una oliva fructífera en la casa de Dios, pues que esperé en su misericordia" (Sal. 52:8). Pero que no espere las glorias vanas de un nombre famoso en la tierra, porque "bienaventurado aquel que pone su esperanza en el Señor y no torna su vista a las vanidades y falaces desatinos del mundo" (Sal. 40:5).

Así, puestas ante nosotros estas dos ciudades, una fundada en los bienes materiales de este mundo, otra en la esperanza de Dios, pero ambas salidas de la puerta común de la mortalidad abierta en Adán, para lanzarse a recorrer los fines propios asignados a cada una, entonces es cuando comienza el cómputo de los tiempos. En esta enumeración se añaden otras generaciones, recapitulándolas desde Adán, desde cuya descendencia condenada, como de masa única entregada a merecida condenación, Dios hizo algunos vasos de ira para deshonra y otros vasos de misericordia para su gloria[28].

Y dio a aquéllos lo que se merecen en el castigo, y a éstos en la gracia lo que no se les debe, a fin de que por la misma comparación de los vasos de ira aprenda la ciudad celeste, peregrina en la tierra, a no confiar en la libertad de su propia voluntad, sino a tener esperanza en invocar el nombre del Señor Dios. Pues la voluntad, que ha sido creada naturalmente buena, pero también mudable, por ser hecha de la nada, pero mutable por el Dios el inmutable, puede apartarse del bien para hacer el mal, que tiene lugar cuando lo escoge libremente, y puede también apartarse del mal y hacer el bien, solamente cuando tiene lugar el auxilio divino[29].

22. El pecado de los hijos de Dios con las hijas de los hombres

Cuando la raza humana, creció y aumentó en el ejercicio de este libre albedrío, tuvo lugar una mezcla y como cierta confusión de ambas ciudades en la participación de la iniquidad. Esta calamidad tuvo de nuevo su causa en el sexo femenino, aunque no del mismo modo que al principio, pues no persuadieron las mujeres a los hombres a pecar, seducidas ellas por el engaño de alguien, sino que, imbuidas desde el principio en las malas costumbres de la ciudad terrena, esto es, en la sociedad de los terrenos, fueron amadas a causa de su hermosura por los hijos de Dios[30], ciudadanos de la otra ciudad que peregrina en este mundo.

La belleza es ciertamente un don de Dios; pero precisamente se les concede también a los malos, a fin de que no les parezca un gran bien a los buenos. Y así, dejado el gran bien propio de los buenos, resbaló el hombre al bien mínimo, no propio de los buenos, sino común a buenos y malos. De este modo, los hijos de Dios, seducidos por el amor de las hijas de los hombres, por tenerlas como esposas, se dejaron llevar a las costumbres de la ciudad terrena, abandonando la religión que cultivaban en la ciudad santa.

---

28. Cf. Ro. 9:22-23.

29. Véase el libro de Agustín, *De natura et gratia,* que es un comentario y desarrollo de este pensamiento, tan presente en la polémica antipelagiana.

30. Cf. Gn. 6:1-2.

Así, la belleza, que es sin duda un bien creado por Dios, pero solamente temporal, carnal, y una clase inferior de bien, es amado de modo indebido cuando se deja en segundo término a Dios, el bien eterno y espiritual que no cambia. Cuando el avaro prefiere su oro a la justicia, no es por culpa del oro, sino del hombre. Lo mismo ocurre con toda criatura: siendo buena, puede ser amada con buen o mal amor: con el bueno si se ama debidamente; con el malo si desordenadamente. Esto es lo que alguno ha expresado brevemente en alabanza del Creador: "Estas cosas son tuyas, y son buenas, porque bueno eres tú que las creaste. Nada nuestro hay en ellas, sino nuestro pecado, cuando olvidamos el orden de las cosas, y en lugar de ti amamos lo creado por ti."

Pero si el Creador es verdaderamente amado, es decir, si es amado él mismo, no otra cosa en su lugar que no sea él, no puede ser mal amado. El mismo amor que nos hace amar bien lo que debe ser amado, debe ser amado también ordenadamente, a fin de que podamos tener la virtud por la que se vive bien. Por eso me parece una definición breve y verdadera de la virtud decir: el orden del amor[31]. Según esto, canta en el Cantar de los Cantares la esposa de Cristo, la ciudad de Dios: "Ordenad en mí el amor" (Cnt. 2:4)[32].

Trastornado, pues, el orden del amor, esto es, de la estimación y del amor, los hijos de Dios le dejaron a él, y amaron a las hijas de los hombres[33]. Con esos dos nombres quedan bien distinguidas las dos ciudades. Pues aquéllos seguían siendo hijos de los hombres por naturaleza, pero habían comenzado a tener otro nombre por gracia. Aun en la misma Escritura, donde se dice que los hijos de Dios amaron a las hijas de los hombres, reciben ellos también el nombre de "ángeles de Dios". Por eso muchos piensan que no se trata de hombres, sino de ángeles.

23. ¿Fueron hombres o ángeles los atraídos por la belleza femenina?

1. Esta cuestión, que recordamos de paso, la dejamos sin resolver en el libro tercero[34] de esta obra: ¿Pueden los ángeles, siendo espíritus, unirse corporalmente con las mujeres? Está escrito: "A los espíritus les hace ángeles suyos" (Sal. 104:4); es decir, a los que son espíritus por na-

---

31. El orden es para Agustín una idea muy importante y cultivada en sus escritos. Véase *De ordine* y *De doctr. christ.* I,27,28. El orden da como resultado el equilibrio de las virtudes; sin orden ni el amor puede mantener su recto equilibrio.
32. "Su bandera sobre mí fue amor" (RV).
33. Véase Agustín, *De doct. christ.* I,28.
34. Cap. 5.

turaleza, él los hace sus enviados, encargándoles el oficio de anunciar. Pues la palabra griega aggelov (angelos), nombre que en latín se da como angelus, significa "mensajero". Pero es dudoso si se refiere a sus cuerpos cuando dice a continuación: "Y a sus ministros, fuego abrasador" (Sal. 104:5), o se refiere a la caridad, que, como fuego, debe animar a sus ministros.

Ahora bien, que los ángeles se hayan aparecido a los hombres en cuerpos semejantes, pudiendo no sólo ser vistos, sino también tocados, nos lo testifica la Escritura, siempre verdadera. Hay también un rumor general, que muchos dicen haberlo experimentado, o lo han oído de quienes lo experimentaron, y no se puede dudar de su fe, han oído que los silvanos[35] y los faunos[36], vulgarmente apodados íncubos[37], se han presentado desvergonzadamente a las mujeres, solicitando y realizando la unión carnal con ellas. También afirman muchos, y de tal categoría que denotaría petulancia negarles la fe, que ciertos demonios, llamados dusios por los galos, intentan asiduamente y cometen esta inmundicia. Yo no osaría, pues, pronunciarme si algunos espíritus, tomando un cuerpo aéreo (de hecho este elemento se hace sensible, palpable corporalmente al ser agitado por un abanico), pueden experimentar esta pasión de manera que se unan a su manera a las mujeres sintiendo ellas estos efectos.

Lo que no puedo admitir es que los ángeles santos hayan podido caer así en aquel tiempo, ni que de ellos dijo el apóstol Pedro: "Dios no perdonó a los ángeles que habían pecado, sino que habiéndolos despeñado en el infierno con cadenas de oscuridad, los entregó para ser reservados al juicio" (2ª Pd. 2:4). Esto se dijo de los que apostatando primeramente de Dios, cayeron con su príncipe, el diablo, que por envidia engañó al primer hombre bajo la forma de una serpiente. De que los hombres han sido llamados también ángeles de Dios, tenemos testimonios bien abundantes en la misma Escritura santa. De Juan se dijo: "Mira, te envío mi mensajero por delante para que te prepare el camino" (Mc. 1:2). Y el profeta Malaquías se llama a sí mismo ángel por cierta gracia especialmente comunicada a él (Mal. 2:7).

2. Pero algunos son movidos por el hecho de leer que el fruto de la unión de los llamados ángeles de Dios y de las mujeres que amaron no fueron hombres de nuestro linaje, sino gigantes; como si en nuestros

---

35. "Silvanos", dioses tutelares de los bosques y de los campesinos.

36. "Faunos", divinidades menores campestres que vivían en los bosques y protegían a los rebaños. Recibieron su nombre de Fauno, que reinaba en el Lacio antes de la llegada de Eneas y civilizó a sus súbditos que eran vivían como fieras. Después de muerto fue considerado como dios y, como a tal, se le concedieron honores divinos.

37. "Incubo", demonio que bajo la apariencia de hombre tenía trato carnal con una mujer.

mismos tiempos no hubieran nacido —ya antes lo insinué— cuerpos de hombres que superan en mucho nuestra estatura. ¿No hubo en Roma, poco antes de las destrucción de la ciudad por los godos, una mujer viviendo con su padre y con su madre, de estatura en cierto modo gigantesca, que sobrepasaba en mucho a los demás? Para verla acudía de todas partes inmensa concurrencia. Y lo que más admiración causaba era que sus padres no llegaban a las tallas extraordinarias que solemos ver .

No hay inconveniente, pues, en admitir que nacieran gigantes incluso antes que los hijos de Dios, llamados también ángeles de Dios, se unieran con las hijas de los hombres, es decir, de los que viven según la carne; en otras palabras, los hijos de Set con las hijas de Caín. Así habla la Escritura, donde leemos estas palabras: "Cuando cuando comenzaron los hombres a multiplicarse sobre la faz de la tierra, y les nacieron hijas, viendo los hijos de Dios que las hijas de los hombres eran hermosas, tomáronse mujeres, escogiendo entre todas. Y dijo el Señor: No contenderá mi espíritu con el hombre para siempre, porque ciertamente él es carne: mas serán sus días ciento y veinte años. Había gigantes en la tierra en aquellos días, y también después que se unieron los hijos de Dios a las hijas de los hombres, y les engendraron hijos: éstos fueron los valientes que desde la antigüedad fueron varones de nombre" (Gn. 6:1-4).

Estas palabras del libro divino indican claramente que hubo gigantes ya en aquellos días en que los hijos de Dios tomaron como mujeres a las hijas de los hombres, amándolas por buenas, es decir, por su hermosura; pues acostumbra esta Escritura llamar buenos aun a los de hermoso cuerpo. Pero nacieron gigantes también después de esto; dice la Escritura: "Había gigantes sobre la tierra en aquellos días y también después que se unieron los hijos de Dios a las hijas de los hombres". Había, pues, gigantes antes "en aquellos días", y también "después". Y las palabras, "les engendraron hijos", dejan suficientemente claro que antes de caer así, los hijos de Dios engendraban para Dios, no para sí, esto es, no dominados por el placer de la carne, sino sirviendo al deber de la procreación: engendraban no una familia para su propio orgullo, sino ciudadanos de la ciudad de Dios, enseñándoles como ángeles de Dios a poner en él su esperanza; como el que nació de Set, hijo de la resurrección, que puso su esperanza en invocar el nombre del Señor Dios; en cuya esperanza habían de ser, junto con sus descendientes, herederos de los bienes eternos y hermanos de los hijos bajo la paternidad de Dios.

3. Pero que esos ángeles no fueron ángeles en el sentido de no ser hombres, como algunos suponen[38], sino que fueron realmente hombres, lo declara sin ambigüedad alguna la misma Escritura. Porque habiendo dicho primero que, "viendo los hijos de Dios que las hijas de los hombres eran hermosas, tomáronse mujeres, escogiendo entre todas", añade en seguida: "No contenderá mi espíritu con el hombre para siempre, porque ciertamente él es carne". Porque por el Espíritu de Dios habían sido hechos ángeles de Dios, e hijos de Dios; pero rebajándose a los bienes inferiores, son llamados hombres por la naturaleza, no por la gracia; son llamados también carne, desertando del Espíritu y siendo abandonados por haberlo abandonado ellos.

La Septuaginta llama a ambos ángeles de Dios e hijos de Dios; lo cual, ciertamente, no lo tienen todas las versiones, pues algunos sólo tienen "hijos de Dios". Aquila[39], el traductor preferido de los judíos, no ha traducido "ángeles de Dios" ni "hijos de Dios", sino "hijos de los dioses". Pero las dos versiones son correctas: eran hijos de Dios, bajo el cual, como padre, estaban también los hermanos de sus padres; y eran hijos de los dioses, porque habían sido engendrados por los dioses, con los cuales ellos mismos eran dioses, según las palabras del Salmo: "Yo dije: Sois dioses e hijos todos del Altísimo" (Sal. 82:6). Con razón, pues, se admite que los Setenta traductores recibieron el Espíritu de la profecía, de manera que, si cambiaban alguna cosa por su autoridad y dijeran algo distinto de lo que traducían, no quedara duda de que estaba hecho por dictado divino. De todos modos, en hebreo la palabra es ambigua y se puedan admitir ambas traducciones, "hijos de Dios" e "hijos de los dioses".

Los libros apócrifos y el canon de la Escritura
4. Pasemos en silencio las fábulas de los escritos llamados apócrifos, puesto que su origen oscuro fue desconocido para los padres, a través de los cuales nos ha llegado a nosotros, por una sucesión bien segura y conocida, la autoridad de las Escrituras verdaderas. Aunque en estos apócrifos se encuentra alguna parte de verdad, dadas las muchas falsedades que contienen, carecen de toda autoridad canónica.

---

38. En los tiempo modernos, G. von Rad, dice que "se puede considerar definitivamente zanjada la cuestión, planteada desde los primitivos tiempo de la Iglesia hasta la actualidad, de si tales seres debían ser considerados entes angélicos u hombres, es decir, *miembros de la comunidad de Set*: son seres del mundo celestial superior" (*op. cit.*, p. 137).
39. Aquila, prosélito judío, nacido en Sinope, contemporáneo del emperador Adriano, quien le encargó reedificar el Templo de Jerusalén. Se dice que fue excomulgado de la Iglesia por sus prácticas astrológicas. Hizo a principios del siglo II una traducción griega muy literal del texto hebreo del A.T., que sustituyó entre los judíos a la de los Setenta, que para entonces se había convertido en la versión de los cristianos por excelencia.

Cierto que no se puede negar que escribió algunas cosas por inspiración divina Enoc, el séptimo desde Adán, ya que nos lo dice en la epístola canónica el apóstol Judas[40]. Pero con razón no están contenidas en el canon de las Escrituras, conservado en el templo del pueblo hebreo con la diligencia de los sacerdotes que se iban sucediendo; porque su antigüedad fue puesta bajo sospecha y era imposible demostrar que él las había escrito, no siendo consideradas genuinas por quienes conservaban legítimamente los libros canónicos mediante sucesivas transmisiones.

De modo que los escritos que se publican bajo su nombre y contienen estas fábulas de gigantes, diciendo que no tuvieron por padres a hombres, con razón piensan los prudentes que no deben ser tenidas por suyas. Como se publican por los heréticos muchas otras cosas también bajo el nombre de otros profetas, y últimamente bajo el nombre de los apóstoles, y todas ellas, tras diligente examen, han sido rechazadas como apócrifas por la autoridad canónica.

Por consiguiente, según las Escrituras canónicas hebreas y cristianas, no hay duda de que existieron muchos gigantes antes del diluvio, y que fueron ciudadanos de la ciudad terrena de los hombres; y que los hijos de Dios, que se propagaron por Set según la carne, fueron a engrosar esta sociedad abandonando la justicia. No es de maravillar que pudieron nacer también de ellos gigantes; ya que, aunque no todos fueron gigantes, sí hubo más gigantes entonces que en los tiempos después del diluvio. Y tuvo a bien Dios el crearlos, para demostrar también con ello que el sabio no debe estimar en mucho ni la hermosura, ni el tamaño, ni la fortaleza de los cuerpos. Debe sentirse feliz por los bienes espirituales e inmortales y muy superiores, más estables y propios de los buenos, no comunes a buenos y malos. Recomendando esto, otro profeta dice: "Allí nacieron los gigantes, famosos en la antigüedad, corpulentos y belicosos; pero no los eligió Dios ni les mostró el camino de la inteligencia; murieron por su falta de prudencia, perecieron por falta de reflexión" (Baruc 3:26-28).

24. Los que perecieron en el Diluvio

Las palabras de Dios: "No vivirán más que ciento veinte años", no deben entenderse como si fueran una profecía de que después de eso no había de prolongarse la vida de los hombres más de ciento veinte años, ya que vemos que, aun después del diluvio, sobrepasaron los

---

40. Jd. 14. En el mencionado libro de Enoc se relatan viajes de ultratumba de Enoc y lo que allí se le había revelado sobre el porvenir de Israel. Las partes más antiguas de este escrito datan de la guerra de los Macabeos (167-164 a.C.) o los años que la preceden.

quinientos. Tengamos en cuenta que Dios lo dijo cuando Noé andaba alrededor de los quinientos años, concretamente, cuando cumplía los cuatrocientos ochenta años de su vida; la Escritura suele contar como quinientos, designando muchas veces la parte principal con el nombre del total. Efectivamente, en el año seiscientos de la vida de Noé, en el mes segundo, tuvo lugar el diluvio; y así se anunciaron ciento veinte años de la vida de los hombres que habían de perecer; pasados ésos, serían destruidos por el diluvio.

Y no es vano creer que el diluvio tuvo lugar cuando en la tierra se encontraban sólo los que eran dignos de la muerte con que se tomó venganza de los impíos; no porque tal género de muerte pueda causar a los buenos —un día también han de morir— algún mal que pueda perjudicarles después de la muerte. No obstante, no murió en el diluvio ninguno de los que menciona la Escritura como descendientes del linaje de Set. Así se narra por inspiración divina la causa del diluvio: "Al ver el Señor que en la tierra crecía la maldad del hombre y que toda su actitud era siempre perversa, se arrepintió de haber creado al hombre en la tierra, y le pesó de corazón. Y dijo: Borraré de la superficie de la tierra al hombre que he creado, al hombre con los cuadrúpedos, reptiles y aves, pues me arrepiento de haberlos creado" (Gn. 6:5-7).

25. La ira de Dios

La ira de Dios no lleva consigo turbación de su ánimo, sino el juicio por el cual se inflige la pena al pecado. Su pensamiento y su reflexión es la razón inmutable de las cosas mudables. A diferencia del hombre, Dios nunca se arrepiente de un acto suyo, teniendo de todas las cosas una determinación tan firme como cierta es su presciencia. Pero si la Escritura no usara tales términos, no se haría en cierto modo tan familiar a todos los hombres, a quienes pretende ser útil, aterrando a los soberbios, moviendo a los negligentes, estimulando a los que buscan y dando luces a los sabios. No lo conseguiría, si primero no descendiera y se bajara hasta donde ellos están. Al anunciar la muerte de todos los animales terrenos y volátiles, no hace sino declarar la magnitud de la futura catástrofe; no amenaza con la destrucción a los animales privados de razón, como si ellos también hubieran incurrido en pecado .

26. El arca de Noé, símbolo de Cristo y su Iglesia

1. Noé era un hombre justo y, como nos dice de él la Escritura fidedigna, perfecto en su generación (no, por cierto, con la perfección que

han de conseguir los ciudadanos de la ciudad de Dios en la inmortalidad, que los igualará a los ángeles de Dios, sino con la que pueden ser perfectos los que peregrinan en este tierra); Dios le mandó construir un arca, en la cual se libraría de la devastación del diluvio con los suyos, su esposa, hijos y nueras, y con los animales que por mandato de Dios entraron con él en el arca. Ello es, sin duda, una figura de la ciudad de Dios peregrinante en este mundo, esto es, de la Iglesia, que llega a la salvación por medio del madero en que estuvo pendiente el mediador entre Dios y los hombres, el hombre Cristo Jesús (1ª Tm. 2:5).

Sus mismas dimensiones de longitud, anchura y altura, significan el cuerpo humano, en cuya realidad anunció que vendría a los hombres, como realmente vino. Porque la longitud del cuerpo humano, desde la cabeza a los pies, es seis veces la de su anchura de un costado al otro, y diez veces el espesor desde el dorso al vientre; y así, si se mide un hombre tendido boca arriba o boca abajo, su longitud de la cabeza a los pies es seis veces la anchura del costado de derecha a izquierda, o viceversa, y diez veces su espesor desde el suelo.

Por eso el arca fue hecha de trescientos codos de longitud, cincuenta de anchura y treinta de altura. Y la puerta que quedó abierta en el costado es, ciertamente, el costado del Crucificado traspasado por la lanza (Jn. 19:34); por ella verdaderamente entran los que acuden a él, ya que de allí nacieron los sacramentos, en que son iniciados los creyentes.

Los maderos cuadrados de que se mandó construir, significan la vida de los santos firme en todos los aspectos, pues a cualquier parte que se vuelva lo que es cuadrado, siempre estará firme. Y los demás detalles que se ordenan en la construcción de la misma arca son signos todos de las propiedades de la Iglesia.

2. Sería muy largo detallarlo todo; además, ya lo escribí en la obra Contra Fausto el maniqueo[41], que niega se haya profetizado algo de Cristo en los libros de los hebreos. También, puede ocurrir que alguien exponga estas cosas con mayor acierto que yo, y uno con más acierto que otro; siempre con la condición de que quien expone esto, si no quiere estar lejos del sentido de quien escribió estas cosas, procure que todo lo que dice vaya referido a esta ciudad de Dios de que hablamos, peregrina en este mundo como en medio de un diluvio.

Por ejemplo, las palabras: "Las partes inferiores las harás de dos y de tres pisos" (Gn. 6:16), si alguno las interpreta en otro sentido distinto del que yo expresé en aquel libro, es decir, que los dos pisos se refieren a la Iglesia reunida de todas las gentes, a causa de las dos clases de hombres,

---

41. *Contra Fautum Manichaeum*, I,12,14.

los de la circuncisión y los de la incircuncisión, a los que llama el apóstol por otro nombre judíos y gentiles; y en cambio, los tres pisos significan la reparación de todos los pueblos después del diluvio gracias a los tres hijos de Noé. Cada uno puede dar su interpretación, pero que armonice con la regla de la fe.

No quiso que el arca tuviera mansiones sólo en la parte inferior, sino también en la superior, y por eso la llamó de dos pisos, y aun en otra superior a la última, llamándola tercer piso; de manera que, desde el fondo hasta arriba, había tres pisos. Los cuales pueden significar las tres virtudes que encarece el apóstol: la fe, la esperanza y la caridad (1ª Cor. 13:13), o también, con mucha más propiedad, los tres grados de fecundidad del Evangelio: treinta, sesenta y cien por uno (Mt. 13:8), de modo que, en el primer grado, se encuentre la castidad conyugal; en el segundo, la de la viudedad, y en el tercero, la virginal. Y todavía se puede entender y afirmar de cualquier otra cosa mejor ajustada siempre a la fe de esta ciudad. Lo mismo diría de todo lo que aquí se va a exponer; pues, aunque haya variedad de explicaciones, siempre han de ajustarse a la unidad concorde de la fe católica.

27. Entre la alegoría y la historia

1. Nadie puede pensar que todas estas cosas se han escrito inútilmente, o que se debe buscar solamente la verdad histórica sin sentido alguno alegórico, o, por el contrario, negando la historicidad se diga que son puras alegorías; o que, finalmente, tengan el sentido que tengan, no se relacionan de ninguna manera con la profecía sobre la Iglesia. ¿Quién, estando en sus cabales, defenderá libros tan religiosamente conservados durante miles de años y transmitidos por una ordenada sucesión, fueron escritos sin objeto, o que en ellos sólo se consignan hechos históricos? Pasando por alto otras cosas, si el número de los animales obligaba a construir un arca de tales proporciones, ¿qué obligaba a introducir allí una pareja de animales impuros y siete de animales puros, si podían conservarse las dos especies con un numero igual? ¿O acaso Dios, que ordenó su conservación para rehacer las especies, no podía restablecerlas del mismo modo que las había creado?

Imposibilidad de que el agua cubriera todas las montañas
2. Los que defienden que no se trata de hechos, sino de solas figuras que significarían otras realidades, piensan en primer lugar que el diluvio no pudo ser tan grande que con la crecida de sus aguas sobrepasase en quince codos a los montes más altos. Dicen esto refiriéndose a la cima del

monte Olimpo[42], sobre el cual se cuenta que no pueden formarse nubes, porque, como es tan alto como el cielo, no existe allí este aire denso que se necesita para la formación de vientos, nubes y lluvias. No advierten que, siendo la tierra el más denso de los elementos, ha podido permanecer allí; ¿o van a negar que la cima del monte es tierra? ¿Cómo, pues, sostienen que pudieron las tierras escalar esos espacios del cielo y no pudieron las aguas, afirmando tales medidores y pesadores de los elementos que las aguas son más elevadas y ligeras que la tierra? ¿Qué argumentos aducen para demostrar que, habiendo ocupado la tierra más pesada y más baja durante tal cantidad de años el lugar del cielo más tranquilo, no pueda el agua, más ligera y más elevada, hacer eso mismo siquiera por un breve espacio de tiempo?

Incapacidad del arca para albergar todas las especies animales.

3. Dicen también que no pudo contener la capacidad del arca tantas especies de uno y otro sexo, una pareja de animales impuros y siete de los puros. No cuenta al parecer más que trescientos codos de longitud y cincuenta de anchura, sin pensar que tiene otro tanto en el piso superior y lo mismo en el superior a éste, y así triplicados esos codos nos dan novecientos y ciento cincuenta. Si, además, pensamos en la ingeniosa observación de Orígenes[43], de que Moisés, hombre de Dios, instruido, como está escrito, "en toda la ciencia de los egipcios" (Hch. 7:22), que tanto cultivaron la geometría, pudo muy bien hablar de codos geométricos, que equivalen, dicen, cada uno a seis de los nuestros, ¿quién no ve la cantidad de cosas que pudo encerrar volumen tan grande?

Sobre la imposibilidad que aducen de construir un arca de tales proporciones, bien clara es la insensatez de la calumnia, puesto que conocen la construcción de ciudades inmensas y no prestan atención a los cien años que se emplearon en la construcción del arca. A no ser que pueda una piedra unirse sólo mediante la cal, hasta formar una muralla que encierre muchas millas, y no pueda unirse un madero a otro por medio de espigas[44], tirantes, clavos, alquitrán, hasta fabricar un arca de grandes dimensiones a lo largo y a lo ancho, y de líneas rectas y no curvas; tanto más cuanto que no era el esfuerzo humano el que tenía que lanzarla al mar, sino que la levantarían las ondas al llegar por la ley natural de la

---

42. La altura del monte Olimpo, en Tesalia, fue exagerada grandemente por los poetas y los historiadores. En realidad debe ser de 2.373 metros sobre el nivel del mar.

43. Orígenes, *Hom. 2 es Genesim*. Esta cuestión ha sido modernamente enfrentada por Henry H. Morris y John C. Whitcomb, en *El Diluvio del Génesis* (CLIE, Terrassa 1982), entre otras obras de esta clase.

44. Latín *epigrus*, clavos de madera o clavijas.

gravedad, y, para no ser víctima de cualquier naufragio, tendría por piloto más a la divina providencia que a la prudencia humana.

La cuestión de los insectos

4. Otro problema suelen presentar: el de los animalitos minúsculos, no sólo tales como los ratones y lagartos, sino también las langostas y escarabajos, moscas y, en fin, pulgas: ¿no entrarían en el arca mayor número que el indicado en el mandato de Dios? A los que están intrigados por esta cuestión hay que avisarlos ante todo del sentido de las palabras: "Que se arrastran sobre la tierra". Es de notar que no había necesidad de conservar en el arca los animales que pueden vivir en el agua: no sólo los que viven dentro de ella, como los peces, pero ni tampoco muchos que nadan sobre las mismas, como muchos alados.

En cuanto a las palabras: "Serán macho y hembra", quieren significar la conservación de la especie. Y por eso no fue preciso estuvieran allí los animales que pueden reproducirse sin la unión de los sexos, por surgir de ciertas sustancias o de la corrupción de otros; y si estuvieron, como suelen estar en las casas, pudieron estar sin número determinado.

Finalmente, si era un gran misterio lo que se realizaba, y la figura de obra tan grande no podía llevarse a cabo en su realización sin que estuvieran allí con su número determinado todos los animales que no podían vivir en las aguas según su naturaleza, esto no estaba ya a cargo de aquel hombre o de aquellos hombres, sino a cargo de la providencia divina; pues no era Noé el que los metía en el arca, sino que les permitía la entrada según iban llegando. A esto se refieren las palabras: "Entrarán a ti" (Gn. 6:20), no por un acto del hombre, sino por voluntad de Dios; de tal manera, sin embargo, que no se ha de de creer que estuvieron allí los que no tienen sexo, pues se había ordenado concretamente: "Serán macho y hembra".

Hay también otros animales que nacen de algunas cosas sin apareamiento, y luego se aparean y engendran, como las moscas; y otros, en cambio, en que no hay macho ni hembra, como las abejas. En cuanto a los que tienen sexo sin capacidad de reproducción, como los mulos y las mulas, sería extraño que hubieran estado allí; más lógico parece que los sustituyeran sus padres, el caballo y el asno. Y dígase lo mismo de cualesquiera otros, que por la unión con una rama diversa engendran otras especies. No obstante, si esto lo exigía el simbolismo, allí estarían también, ya que estas razas tienen también su sexo masculino y femenino.

Simbolismo del arca respecto a la Iglesia

5. Suelen también inquietarse algunos por la comida de los animales carnívoros, ¿habría allí, sin traspasar el mandato del número, otros ani-

males que la necesidad de alimentar a los demás hubiera obligado a encerrar en el arca, o más bien, lo, que parece más probable, prescindiendo de las carnes, habría allí algunos alimentos que pudieran convenir a todos? Conocemos ciertamente cuántos animales que se alimentan de carne, lo hacen también de legumbres y frutas, sobre todo de higos y de castañas. ¿Y qué tiene de particular, si aquel hombre sabio y justo, avisado además por Dios de lo que convenía a cada uno, preparó y conservó sin carnes un alimento apropiado a cada especie?[45]

Además, ¿qué no forzaría el hambre a comer? ¿O qué no podría hacer sabroso y saludable Dios, que es capaz de conceder con una facilidad divina hasta el vivir sin alimento si no fuera conveniente que se alimentasen, para dar cumplimiento al significado de un misterio tan grande? Pero nadie sino una persona contenciosa puede opinar que tantas figuras simbólicas no están destinadas a significar la Iglesia. Ya los pueblos la llenaron de una manera parecida. Puros e impuros, hasta que llegue el fin irrevocable, se encuentran íntimamente mezclados dentro de su estructura, y basándonos en un hecho tan evidente, no cabe duda alguna sobre lo restante que alguna vez está expresado con mayor oscuridad y es más difícil de entender.

Siendo esto así, no se atreverá ni el más testarudo a pensar que se han escrito inútilmente estos detalles; que nada significan aunque hayan tenido lugar; que solo las palabras son significativas, no los hechos, y que su significado puede ser ajeno probablemente a la Iglesia. No. Debe más bien creerse que con toda sabiduría se han consignado en los escritos para la posteridad, y que han tenido lugar, y tienen algún simbolismo, y este simbolismo prefigura a la Iglesia.

Llegados a estas alturas, es hora ya de concluir este libro, para tratar de investigar, después del diluvio y sucesos posteriores, el curso de ambas ciudades; es decir, de la terrena, que vive según el hombre, y de la celeste, que vive según Dios.

---

45. Lo mismo escribe Agustín en *Quaestiones es Heptateuchum*, I,6.

Libro XVI

1. La vida según Dios desde el Diluvio hasta Abraham

Es difícil esclarecer por las Escrituras si, después del diluvio, se continuaron las huellas de la ciudad santa en marcha o se eclipsaron en la sucesión de los tiempos de impiedad, hasta el punto de que no hubiera ningún hombre adorador del único verdadero Dios. Y es difícil, porque en los libros canónicos después de Noé, que, junto con su esposa, los tres hijos y nueras, mereció librarse en el arca de la devastación del diluvio, no encontramos hasta Abraham a nadie cuya piedad proclame el testimonio divino. Sólo en el caso de Noé, que bendice con una bendición profética a sus dos hijos Sem y Jafet, mientras veía y preveía lo que no muchos después iba a ocurrir. Fue también por este espíritu profético que lanza una maldición contra su hijo mediano, es decir, el menor que el primogénito y mayor que el último, porque había pecado contra él. No le maldijo a él en persona, sino en su hijo, nieto del propio Noé: "Maldito sea Canaán; siervo de siervos será a sus hermanos". Canaán era hijo de Cam, que no había cubierto, sino descubierto la desnudez de su padre cuando dormía. Por eso añadió en seguida la bendición de los otros dos hijos, del mayor y del menor, diciendo: "Bendito el Señor el Dios de Sem, y le sea Canaán siervo. Engrandezca Dios a Jafet, y habite en las tiendas de Sem, y le sea Canaán siervo" (Gn.9:25-27).

Todo esto, como la misma plantación de la viña de Noé, y la embriaguez que le produjo su fruto, y la desnudez durante el sueño, y los demás hechos que tuvieron lugar y se consignaron allí, todo está lleno de sentidos proféticos y velado en misterios[1].

2. Figuración profética en los hijos de Noé

1. Las cosas que estaban entonces ocultas están ahora reveladas suficientemente por los hechos que siguieron. Atendiendo a estas figuras con un poco de cuidado e inteligencia, ¿quién no las reconocerá realizadas en Cristo? Sem, de cuya descendencia carnal nació Cristo, significa el "nom-

---

1. Agustín desarrolla esta idea en *Contra Faustum*, XII, 22 y ss.

618 La ciudad de Dios

brado". Y ¿qué nombre hay más grande que el de Cristo, cuya fragancia es percibida ahora por doquier, de modo que incluso la profecía canta de antemano en el Cantar de los Cantares, comparándolo al ungüento derramado[2]?; ¿y no habitan también en su casa, es decir, en las iglesias, multitud de naciones? Y eso es lo que significa Jafet, "extensión".

Pero Cam, que significa "cálido", el hijo intermedio de Noé, como separándose de uno y otro y permaneciendo entre los dos, sin pertenecer ni a las primicias de los israelitas ni a la plenitud de los gentiles, ¿qué significa sino la raza de los herejes, caldeada, no por el espíritu de la sabiduría, sino de la impaciencia, que suele poner en ebullición las entrañas de los herejes y perturbar la paz de los santos? Aunque todo esto redunda en provecho de los adelantados, según el dicho del apóstol: "Es necesario que haya herejías para que se descubran entre vosotros los que tienen una virtud probada" (1ª Cor. 11:19). Por eso se dijo también: "El hijo ejercitado será sabio y usará útilmente del necio" (Prov. 10:5 LXX)[3].

En efecto, cuando la agitación frenética de los herejes ataca muchas cuestiones relativas a la fe católica, la necesidad de defenderlas nos obliga a considerarlas con más cuidado, a comprenderlas con más claridad y a predicarlas con mayor insistencia; y la cuestión suscitada por el adversario proporciona una oportunidad de aprender[4]. Bien que no son solos los que están abiertamente separados de la Iglesia, sino también los que se glorían del nombre de cristianos y viven mal pueden verse con razón figurados en el hijo intermedio de Noé, porque proclaman con su profesión la pasión de Cristo, significada en la desnudez de aquel hombre, y la deshonran con sus depravadas costumbres. De esta raza ya se dijo: "Por sus frutos los conoceréis" (Mt. 7:20). Así fue maldecido Cam en su hijo, como en su fruto, esto es, en su obra. Y por eso su mismo hijo Canaán significa muy bien sus movimientos; ¿qué es esto sino sus obras?

Pero Sem y Jafet, es decir, la circuncisión y el incircuncisión, o como los llama el apóstol, los judíos y los gentiles, pero llamados y justificados, habiendo descubierto de algún modo la desnudez del padre, símbolo

---

2. Cant. 1:3.

3. "El que recoge en el estío es hombre entendido: El que duerme en el tiempo de la siega es hombre afrentoso" (RV).

4. Hay aquí una apreciación positiva del hereje como estímulo de la ortodoxia y "oportunidad de aprender", aunque se condene la herejía y la división a que da lugar no se somete al dictamen de la Iglesia. Dice Agustín en otro lugar que "las herejías no fueron suscitadas por hombres mediocres" (*Enarratio in Psalmum* 124,5). Las herejías dan a conocer en cada siglo la marcha de teología al proponer a la Iglesia cuestiones a las que hasta entonces no se había dado una respuesta autorizada. La culpa de los herejes consiste en rehusar aceptar la respuesta una vez que ha sido dada autorizadamente por la generalidad de la Iglesia.

de la pasión del Salvador, tomaron un manto y lo pusieron sobre sus hombros y, entrando de espaldas, cubrieron la desnudez del padre sin ver lo que por pudor cubrieron. De este modo honramos en la pasión de Cristo lo que se hizo por nosotros, y detestamos el crimen de los judíos. El vestido significa el sacramento; las espaldas, la memoria del pasado; porque la Iglesia celebra la pasión de Cristo como ya pasada y nunca más esperada como algo futuro en el tiempo mismo en que Jafet habita en las tiendas de Sem, y su mal hermano en medio de ellos.

2. Pero el mal hermano es, en la persona de su hijo, en el muchacho que es su obra, esclavo de sus hermanos buenos, cuando los buenos usan conscientemente de los malos, ya para el ejercicio de la paciencia, ya para el fruto de la sabiduría. Son los que dice el apóstol que anuncian a Cristo con intención torcida: "Con tal que sea Cristo anunciado, sea por algún pretexto, sea por un verdadero celo, en esto me gozo y me gozaré" (Flp. 1:18).

Es el mismo Cristo quien plantó la viña, de la cual dice el profeta: "La viña del Señor de los ejércitos es la casa de Israel" (Is. 5:7), y bebió de su vino, ya se trate aquí del cáliz de que dice: "¿Podéis beber del cáliz que yo tengo que beber?" (Mt. 20:27), y también: "Padre, si es posible, pase de mí este cáliz" (Mt. 26:39), en el cual significa sin duda su pasión; ya —dado que el vino es el fruto de la viña— esté más bien significado por esto lo que tomó de la misma viña, esto es, del linaje de los israelitas, la carne y la sangre por amor nuestro para poder padecer. Y se embriagó, o sea, padeció y se quedó desnudo, pues allí quedó al desnudo, es decir, apareció su flaqueza, de la que dice el apóstol: "Aunque fue crucificado por su debilidad" (2ª Cor. 13:4). Por eso dice él mismo: "La debilidad de Dios es más potente que los hombres, y la locura de Dios, más sabia que los hombres" (1ª Cor. 1:25).

Añade la Escritura "en su tienda", después de haber dicho: "Y se quedó desnudo" (Gn. 9:21), demostrando con elegancia que Jesús había de soportar la cruz y la muerte de parte de los de su raza y de su propia casa y sangre, los judíos. Esta pasión de Cristo la anuncian externamente sólo con el sonido de la voz, los réprobos, sin entender lo que anuncian. Los justos, en cambio, llevan tan gran misterio en el hombre interior, y honran en lo íntimo de su corazón la debilidad y locura de Dios, que es más fuerte y sabia que los hombres. Tenemos figura de ello en Cam, que sale para anunciar esto afuera, mientras Sem y Jafet, para ocultarlo, es decir, para honrarlo, entraron y practicaron aquello dentro.

3. Tratamos de penetrar estos secretos de la divina Escritura cada uno como mejor pueda. No todos aceptarán nuestra interpretación con igual confianza, pero todos tendrán por cierto que todas estas cosas no fueron registradas sin alguna figura del futuro, y que no pueden referir-

se sino a Cristo y su Iglesia, que es la ciudad de Dios, proclamada desde el principio del género humano mediante figuras que ahora vemos cumplidos en todas partes.

Desde la bendición de los dos hijos de Noé y de la maldición del hijo segundo, no se vuelve a hablar hasta Abraham de justo alguno que adorara a Dios por más de mil años. No precisamente, pienso yo, porque no los haya habido; y sería tarea muy larga mencionarlos a todos, y aparecería esto más bien diligencia histórica que profética providencia. El objetivo del autor de estos libros sagrados, o mejor, el Espíritu Dios en él, consigna hechos que tuvieron lugar, desde luego, pero que a la vez anuncian cosas futuras, referentes ciertamente a la ciudad de Dios. Aun lo que se dice de los hombres que no son sus moradores, se escribe con la intención de que resalte ella o se ponga de relieve con el contraste.

Con todo, no se vaya a pensar que cuanto se registra tiene alguna significación; algunas cosas que no tienen significación determinada se han escrito por las que la tienen. Vemos que sólo la reja remueve la tierra; pero para realizar esto son necesarias las otras partes del arado; y sólo las cuerdas son aptas para el sonido musical en las cítaras y demás instrumentos; pero para que puedan adaptarse se encuentran las otras piezas en la estructura de los órganos, que ciertamente no son pulsadas por los artistas, pero se conectan con las que son pulsadas y hacen resonancia. Lo mismo sucede en la profecía histórica: se expresan algunas cosas que no tienen significación especial, pero se unen a ellas y se acoplan en cierto modo las que significan algo

3. Generaciones de los tres hijos de Noé

1.A continuación hay que examinar las generaciones de los hijos de Noé y consignar cuanto parece interesante en esta obra, en que, a través de los tiempos, se va mostrando el desarrollo de ambas ciudades, la terrena y la celeste. La Escritura menciona primero al hijo menor llamado Jafet: de él se citan ocho[5] hijos y siete nietos de sus dos hijos, tres del uno y cuatro del otro; en total, quince. Los hijos de Cam, el mediano, son cuatro, y los nietos, nacidos de un solo hijo, cinco, así como dos biznietos, de un solo nieto; en resumen, son once. Enumerados todos ellos, se torna como a la cabeza, y se dice: "Cus engendró a Nimrod, el cual comenzó a ser gigante sobre la tierra. Este era un gigante cazador contra el Señor. De

---

5. Agustín sigue aquí la versión griega, que introduce el nombre de Elisá en los hijos de Jafet, aunque no se encuentra en el texto hebreo, ni en la versión griega complutense, ni en los manuscritos usados por Jerónimo.

aquí el proverbio: Gigante cazador contra el Señor como Nimrod. El principio de su reino fue Babilonia, Prec, Arcad y Catame, en tierra de Senaar. De su país salió Asur, y fundó a Nínive, y la ciudad de Roboot, y Halac, y Dase, entre Nínive y Halac. Esta es la ciudad grande" (Gn. 10:6-12).

Cus, pues, el padre del gigante Nimrod, fue nombrado el primero entre los hijos de Cam, de quien ya se habían contado cinco hijos y dos nietos. Pero engendró a este gigante o después de haberle nacido dos nietos o, lo que es más probable, habló de él la Escritura aparte por su eminencia, ya que se citó su reino, cuyo comienzo fue la famosísima ciudad de Babilonia y las ciudades o regiones que se mencionan junto a ella. Se dice que de esa tierra, es decir, de Senaar, que pertenecía al reino de Nimrod, salió Asur, y fundó Nínive y otras ciudades que se citan; pero esto sucedió mucho después. Lo toca de paso por la celebridad del reino asirio, que ensanchó grandemente Nino, hijo de Belo, fundador de la gran ciudad de de Nínive; ya se ve que el nombre de esta ciudad se deriva del nombre de aquél, y por Nino se llamó Nínive.

En cambio, Asur, de donde proceden los asirios, no se encuentra entre los hijos de Cam, el hijo mediano de Noé, sino entre los hijos de Sem, el mayor. Ahí aparece que salieron de la descendencia de Sem los que más tarde dominaron el reino de aquel gigante y de allí procedieron, fundando otras ciudades, la primera de las cuales fue llamada Nínive por Nino.

De ahí regresa la Escritura a otro hijo de Cam, llamado Mizraim, y se cita a los que engendró, pero no cada uno en particular, sino siete pueblos. Del sexto, como de un sexto hijo, se dice que salió el pueblo llamado filisteo; por lo cual serían ocho. Se vuelve de nuevo a Canaán, en quien fue maldecido Cam, y se menciona a los once que engendró. Luego se habla de las fronteras a que llegaron, mencionando ciertas ciudades. Contando, pues, hijos y nietos, son treinta y uno los que se dice nacieron de Cam.

2. Resta por mencionar los hijos de Sem, el hijo mayor de Noé; pues a él llega por sus pasos el recuento de las generaciones, comenzando desde el más joven. Pero el comienzo de la enumeración de los hijos de Sem ofrece cierta dificultad, que ha de ser aclarada en la exposición; porque está muy relacionada con la cuestión que examinamos. Se lee, en efecto: "También engendró hijos Sem, hermano mayor de Jalet y padre de Héber" (Gn. 10:21). El orden de las palabras es: "Sem tuvo por hijo a Héber, o sea, también al mismo Sem le nació Héber, y este Sem es padre de todos sus hijos .

Quiso dar a entender que Sem es el patriarca de todos los que nacieron de su estirpe, ya nombrados, sean hijos, nietos, biznietos y demás descendientes. Personalmente Sem no engendró al tal Héber, que se encuentra el quinto en la línea de sus descendientes. Sem, entre otros hijos, engendró a Arfaxat; Arfaxat a Cainán; Cainán a Sala, y Sala a Héber. No se cita en vano éste el primero en la descendencia de Sem, y se antepuso aun a los hijos, a pesar de pertenecer a la quinta generación. Quizá el motivo sea justificar la tradición de que de ese nombre procede el de hebreos; aunque exista también la opinión de que pueden ser de Abraham, como si dijéramos abraheos. Pero la verdad es que se llamaron hebreos, y luego, cayendo una letra, hebreos. Esta lengua hebrea sólo pudo conservarla el pueblo de Israel, en el cual estuvo como peregrina la ciudad de Dios en los santos y fue simbolizada misteriosamente en todo el pueblo.

Por consiguiente, se nombran primero seis hijos de Sem, y luego de uno de ellos le nacen cuatro nietos. Otro hijo de Sem le engendró también un nieto, así como de éste nace un biznieto, que, a su vez, le da un tataranieto, que es Héber. Héber engendró dos hijos, a uno de los cuales llamó Peleg, que quiere decir "el que divide". Añade a continuación la Escritura dando razón de este nombre: "Porque en su tiempo se dividió la tierra" (Gn. 10:25). Qué pueda significar esto, lo veremos después. El otro que nació de Héber engendró doce hijos. Y así todos los que proceden de Sem suman veintisiete. En resumen, los descendientes de los tres hijos de Noé son setenta y tres, a saber: quince de Jafet, treinta y uno de Cam, veintisiete de Sem.

Continúa la Escritura diciendo: "Hasta aquí los descendientes de Sem, por familias, lenguas, territorios y naciones" (Gn. 10:31). Y de todos en general dice: "Hasta aquí las familias descendientes de Noé, por naciones; de ellas se ramificaron las naciones del mundo después del diluvio" (v. 32). De donde se sigue que hubo entonces setenta y tres, o mejor (como se demostrará más adelante) setenta y dos familias, no individuos; pues al mencionar los hijos de Jafet, se termina así: "Por éstos fueron repartidas las islas de las gentes en sus tierras, cada cual según su lengua, conforme a sus familias en sus naciones." (Gn. 10:5).

3. Sobre los hijos de Cam se mencionan más claramente los pueblos, como mostré antes: Mizraim engendró a los llamados Ludín; y así va citando hasta siete pueblos. Y una vez nombrados todos, concluye: "Hasta aquí los hijos de Cam, por familias y lenguas, territorios y naciones". En conclusión: no se mencionan los hijos de muchos, porque al nacer se fueron agregando a otros pueblos y no llegaron a ser un pueblo. ¿Qué otro motivo puede haber para que, citando ocho hijos de Jafet, de sólo dos de ellos se mencionan los hijos, y nombrando cuatro hijos de Cam, se añaden sólo los hijos de tres; y al nombrar seis de Sem, se habla sólo de la posteridad de dos de ellos? ¿Acaso los restantes se quedaron sin hijos?

No se puede creer esto, sino que no formaron ellos pueblo alguno que les hiciera acreedores a ser mencionados: según iban naciendo se agregaban a otros pueblos

4. La diversidad de lenguas y la fundación de Babilonia

Habiendo contado el autor que estos pueblos tenían cada uno su lengua, torna de nuevo al tiempo en que tenían todos una sola lengua, y expone a continuación cómo tuvo lugar la diversidad de las mismas: "Era entonces toda la tierra de una lengua y unas mismas palabras. Y aconteció que, como se partieron de oriente, hallaron una vega en la tierra de Shinar, y asentaron allí. Y dijeron los unos a los otros: Vaya, hagamos ladrillo y cozámoslo con fuego. Y les fue el ladrillo en lugar de piedra, y el betún en lugar de mezcla. Y dijeron: Vamos, edifiquémonos una ciudad y una torre, cuya cúspide llegue al cielo; y hagámonos un nombre, por si fuéremos esparcidos sobre la faz de toda la tierra. Y descendió el Señor para ver la ciudad y la torre que edificaban los hijos de los hombres. Y dijo el Señor: He aquí el pueblo es uno, y todos éstos tienen un lenguaje: y han comenzado a obrar, y nada les retraerá ahora de lo que han pensando hacer. Ahora pues, descendamos, y confundamos allí sus lenguas, para que ninguno entienda el habla de su compañero. Así los esparció el Señor desde allí sobre la faz de toda la tierra, y dejaron de edificar la ciudad. Por esto fue llamado el nombre de ella Babel, porque allí confundió el Señor el lenguaje de toda la tierra, y desde allí los esparció sobre la faz de toda la tierra" (Gn. 11:1-9).

Esta ciudad, llamada "confusión," es la misma Babilonia, cuya admirable construcción celebra también la historia profana. Babilonia significa confusión. De donde se sigue que su fundador fue el gigante Nimrod, como ya lo apuntó la Escritura un poco antes, cuando dice que el principio de su reino fue Babilonia, esto es, que tenía ella la primacía de las demás ciudades, entre las cuales era corno la sede del reino en la metrópoli. Claro que no había llegado a la grandeza a que aspiraba la soberbia impiedad. Porque se proyectaba una altura que alcanzara al cielo: ya se refiriera sólo a una torre, destinada a sobresalir entre las demás, ya a todas las torres, que quedaban significadas por el número singular, como se habla de un soldado, y se entiende el ejército; y lo mismo de la rana y de la langosta, así se designó a la multitud de ranas y langostas en las plagas que asolaron a los egipcios por medio de Moisés. Pero ¿qué podría hacer la ilusa presunción de los hombres aunque elevara esa inmensa mole tanto hacia el cielo contra Dios, que llegara a superar todos los montes y trascendiera los espacios de las nubes? ¿Qué daño podría hacerle a

Dios la más grande elevación tanto espiritual como corporal? El camino verdadero y seguro hacia el cielo lo prepara la humildad, elevando el corazón hacia el Señor, no contra el Señor, como lo hizo aquel gigante "cazador contra el Señor" (Gn. 10:9).

No entendieron esto algunos, engañados por l ambigüedad de la palabra griega, y así no lo interpretaron "contra el Señor", sino "ante el Señor", pues la palabra enantion (énantíon) significa "ante" y "contra". Así se encuentra esta palabra en el Salmo: "Lloremos ante el Señor, que nos ha creado" (Sal. 95:6), y en el libro de Job, donde se dice: "Vuelves contra Dios tu furor" (Jb. 15:13). Y así debe interpretarse este gigante cazador "contra el Señor". ¿Qué se quiere significar por el nombre de cazador, sino engañador, opresor, exterminador de los animales terrestres? Trataba de levantar con sus pueblos contra el Señor una torre, símbolo de la impía soberbia. Y es justo el castigo del mal afecto, aun de aquel que no consigue su efecto.

¿En qué consistió el castigo? Como el poder del que manda se realiza por la palabra, en ella fue condenada la soberbia: no se entendía quien mandaba al hombre, como tampoco él quiso entender y obedecer el mandato de Dios. Así quedó disuelta aquella conspiración, separándose cada uno de quien no comprendía y juntándose con quien podía hablar. Por las lenguas se dividieron los pueblos, dispersándose por las tierras como le agradó al Señor, que se sirvió para esto de modos ocultos fuera de nuestro alcance.

5. El "descenso" del Señor en la confusión de lenguas

Leemos: "El Señor descendió a ver la ciudad y la torre que estaban construyendo los hijos de los hombres" (Gn. 11:5); es decir, no los hijos de Dios, sino la sociedad que vivía según el hombre, a la cual llamamos ciudad terrena. Cierto que no se mueve de lugar Dios, que está siempre todo en todas partes. Pero se dice que baja cuando realiza en la tierra algo que, por salirse maravillosamente del curso ordinario de la naturaleza, revela en cierto modo su presencia. Del mismo modo, Dios, que nunca y nada puede ignorar nada, no aprende nada con ver, sino que se dice ve y conoce en ese momento lo que hace que sea visto y conocido. Y así, no se veía aquella ciudad como Dios quiso que se viera al manifestar cuánto le desagradaba .

Aunque también puede interpretarse el descenso de Dios a aquella ciudad en el sentido de que bajaron sus ángeles en quienes él habita; la frase añadida: "Dijo el Señor: He aquí el pueblo es uno, y todos éstos tienen un lenguaje", y en lo que sigue: "descendamos, y confundamos allí sus lenguas", sea como una recapitulación, explicando cómo se había realizado lo que se había dicho: "Descendió el Señor". Porque, si ya había descendido, ¿qué quiere decir "vamos a bajar y a confundir su lengua" (palabras que parecen dichas a los ángeles), sino que descendía por medio de los ángeles él, que estaba en los ángeles que descendían? Y no dijo precisamente: "Venid, bajemos a confundir", sino: "Confundamos allí su lengua", mostrando que así obraba él por medio de sus ministros, como cooperadores suyos que son; a este propósito dice el apóstol: "Pues somos colaboradores de Dios" (1ª Cor. 3:9).

6. La conversación de Dios con los ángeles

1. Podía también entenderse de los ángeles lo que se dijo en la creación del hombre:. "Hagamos al hombre", ya que no dijo: "Haré". Pero como sigue: "a nuestra imagen", con toda razón está entendida allí la pluralidad de la Trinidad, ya que no se puede admitir que el hombre haya sido hecho a imagen de los ángeles[6], o que es lo mismo decir imagen de los ángeles que imagen de Dios. Y esta Trinidad, como es un solo Dios, aunque había dicho: "Hagamos", dice: "Y creó Dios al hombre a imagen de Dios" (Gn. 1:26). No dijo: "Crearon los dioses a imagen de los dioses".

También podía entenderse aquí a la misma Trinidad, como si el Padre hubiera dicho al Hijo y al Espíritu Santo: "Vamos a bajar y a confundir su lengua", si hubiera motivo que impidiera aplicar esto a los ángeles, a quienes tan bien cuadra dirigirse a Dios con movimientos santos, esto es, con piadosos pensamientos, en que consultan la Verdad inmutable como ley suprema en su corte celestial. Porque no son ellos para sí la verdad, sino que son partícipes de la verdad creadora, hacia ella se mueven como a la fuente de vida, para recibir de ella lo que no tienen en sí mismos. Y es estable este su movimiento, que hace que caminen sin alejarse.

No habla Dios a los ángeles como hablamos nosotros entre nosotros, o hablamos a Dios, o a los ángeles, o nos hablan los mismos ángeles a nosotros, o Dios por su medio: Dios les habla de un modo inefable, y a nosotros nos muestra esto a nuestro modo. El lenguaje de Dios es más sublime antes de la obra, y es la razón inmutable de esa misma obra; y sin sonido que resuena y pasa, tiene una fuerza que permanece eternamente y y actúa en el tiempo. Con este lenguaje habla a los ángeles y de distinta manera a nosotros que estamos lejos. Pero, cuando con nuestro oído in-

---

6. "Yo no puedo tener por verdadero el dogma de esa herejía vuestra, ni los maestros de ella son capaces de demostrar que habla Dios con los ángeles o que el cuerpo humano es obra de ángeles" (Justino, *Diálogo con Trifón*, 61, publicado en esta misma colección).

terior percibimos algo de este lenguaje, nos acercamos a los ángeles. Así que no voy a estar dando explicación sobre el lenguaje de Dios en esta obra. De dos maneras puede hablar la Verdad inmutable: ya habla por sí misma de manera inefable a la mente de la criatura racional, ya por medio de imágenes espirituales a nuestro espíritu, o con voces corporales al sentido del cuerpo.

2. Se dice ciertamente: "Nada de lo que decidan hacer les resultará imposible (Gn. 11:6). Estas palabras no tienen un sentido afirmativo, sino como interrogativo, a la manera que suelen hacer los que amenazan, y así dice un autor: "¿No empuñarán las armas, no saldrán de todas partes a perseguirlos?"[7] Así deben tomarse aquellas palabras, como si dijera: "¿Acaso no les faltará todo lo que han intentado hacer?" Pero, claro, dicho así, no expresa una amenaza. De hecho con miras a los que son un poco tardos, hemos añadido la partícula ne (acaso) para decir nonne (acaso no), ya que no se puede describir la entonación del que habla.

De aquellos tres hombres, pues, hijos de Noé, comenzaron a existir a través de las tierras setenta y tres, o mejor, como debe calcularse, setenta y dos pueblos con otras tantas lenguas, que al ir creciendo han llenado incluso las islas. Sin embargo, se aumentó mucho más el número de pueblos que el de las lenguas. Hemos visto, por ejemplo, en Africa muchos pueblos bárbaros con una sola lengua; y además, ¿quién puede dudar que, al multiplicarse el género humano, pudieron pasar los hombres con navíos a habitar las islas?

7. Origen de los animales después del Diluvio

Hay cuestión que surge sobre los animales de toda especie que no están bajo la tutela del hombre, ni nacen, como las ranas, de la tierra, sino que se propagan por sola la unión del macho y la hembra, como los lobos y los demás de esta clase: ¿cómo después del diluvio, en que fueron destruidos cuantos no estuvieron en el arca, pudieron estar incluso en las islas, si no fueron renovados sino por aquellos que en ambos sexos conservó el arca?

Se puede creer ciertamente que pasaron a las islas nadando; pero esto sólo se pudo hacer respecto a las islas próximas, mientras que las más alejadas del continente, parece imposible pudieran ir nadando hasta ellas algunos animales. También es posible que los hombres, por el afán de la caza, las hayan cogido y llevado consigo, y de este modo establecieran esas especies en la tierra en que habitaban. Aunque tampoco se

---

7. Virgilio, *En.*, 4,592.

puede negar que pudieron ser trasladadas por obra de los ángeles con un mandato o permiso especial de Dios.

Y si nacieron de la tierra, como en su primera creación cuando dijo Dios: "Produzca la tierra vivientes según sus especies" (Gn. 1:24), aparece mucho más claro que hubo en el arca animales de todos las clases, no tanto para restaurar su especie animal cuanto para ser figura de los distintos pueblos a causa del misterio de la Iglesia, si las islas, donde no podrían pasar, produjo la tierra muchos animales.

8. Los monstruos humanos y su procedencia

1. Se plantea también otra cuestión: ¿Puede admitirse que de los hijos de Noé, o más bien del primer hombre, del que ellos nacieron, se hayan propagado algunas clases de hombres monstruosos que nos refiere la historia de los pueblos?[8] Tales son, por ejemplo, los que tienen un solo ojo en medio de la frente; o los tienen los pies vueltas hacia atrás; otros con la naturaleza de ambos sexos: el pecho derecho del varón y la mama izquierda de la mujer, y que uniéndose alternativamente engendran y dan a luz; otros no tienen boca, y viven respirando sólo por la nariz; otros hay de estatura de un codo, a quienes los griegos, por ser tan pequeños, han llamado pigmeos; en otras partes, las mujeres conciben a los cinco años, y no viven más de ocho.

También se dice que hay un pueblo donde tienen una sola pierna en los dos pies, que no doblan la corva, y son de admirable rapidez; los llaman esciópodos, porque en el verano echados boca arriba se protegen con la sombra de los pies. Hay otros sin cabeza, que tienen los ojos en los hombros. Y, finalmente, todo esa clase de hombres o especies de hombres pintados en los mosaicos del puerto de Cartago, tomados de libros de curiosa historia. ¿Qué diré de los cinocéfalos, cuyas cabezas y ladrido de perro delatan más bien animales que hombres?

De todos modos, no es preciso creer en la existencia de todas esas clases que se dice de hombres. Sin embargo y cualquiera que nazca como hombre, esto es, un animal racional mortal, por extraña que pueda aparecer a nuestros sentidos la forma de su cuerpo, su color movimiento, voz, o dotado de cualquier fuerza, parte o cualidad de la naturaleza, ningún fiel podrá dudar que trae su origen del único primer hombre. Aunque bien claro está qué es lo que ha hecho la naturaleza en la mayoría, y qué es lo que engendra admiración por su rareza.

---

8. Plinio, *Hist. Nat.*VII, 2; Aulo Gelo, *Noct. Att.* IX, 4.

2. La explicación que entre nosotros se da de los partos monstruosos de los hombres puede valer igualmente para explicar la monstruosidad de algunos pueblos. Dios que es el creador de todas las cosas conoce dónde y cuándo conviene o ha convenido crear algo, sabiendo de qué semejanza o de semejanza de partes ha de formar la hermosura del universo. En cambio, quien no alcanza a verlo todo en conjunto, se siente contrariado por lo que cree deformidad de alguna parte, ya que ignora su adaptación o referencia. Sabemos que nacen hombres con más de cinco dedos en las manos y en los pies; pero esto es una diferencia de menor importancia que las otras. Sin embargo, que nadie, por más que ignore la causa, llegue a la insensatez de pensar que el Creador se equivocó en el número, de los dedos de los hombres.

En Hipona-Diarrito hay un hombre que tiene las plantas de los pies en forma de luna, con sólo dos dedos en cada pie, y lo mismo en las manos. Si hubiera un pueblo con estas particularidades, pasaría a la historia de lo curioso y chocante ¿Negaríamos acaso por ello que procede del primer hombre creado? Los andróginos, llamados también hermafroditas, aunque raros, existen de tiempo en tiempo; en ellos se presenta uno y otro sexo con tal claridad, que no se sabe qué nombre darles atendiendo al sexo. Prevaleció la costumbre de designarlos con el masculino, considerado superior, y así nadie ha hablado de una andrógino o una hermafrodita.

Hace algunos años, lo recuerda nuestra memoria, nació un hombre en Oriente con sus miembros superiores dobles, y los inferiores, simples; tenía, en efecto, dos cabezas, dos pechos, cuatro manos y, en cambio, un solo vientre, dos pies, como otro cualquiera, y vivió tantos años que su fama atrajo a muchos a visitarle. Y ¿quién será capaz de mencionar los innumerables partos de seres humanos tan desemejantes a sus mismos padres?

Así, pues, como no se puede negar que todos éso proceden de un solo hombre, así es preciso confesar que tienen su origen en aquel único padre de todos cuantos pueblos se dice haberse desviado, por sus diferencias corporales, del curso ordinario de la naturaleza, conservado en la inmensa mayoría; siempre, claro es, que estén incluidos en aquella definición de animales racionales v mortales. Suponiendo también que es verdad cuanto se dice de la variedad de pueblos y la diversidad tan grande con respecto a nosotros. En efecto, si no supiésemos que los monos, los micos, las esfinges[9], no son hombres, sino bestias, podrían los

---

9. "Esfinges", especie de mona de cuerpo peludo, menos en el pecho, donde tiene dos mamas, y con cara redonda muy parecida a la de la mujer.

historiadores, gloriándose de su curiosidad, presentárnoslos con impune insensatez como razas humanas.

Pero, si son hombres aquellos de quienes se han escrito esas extrañas propiedades, ¿por qué Dios no pudo crear algunos pueblos así? Evitaría de ese modo nuestra posible creencia de que en tales monstruos, nacidos entre nosotros evidentemente del hombre, se había equivocado su sabiduría, autora la naturaleza humana, como le ocurre a un artista de poca pericia. Por consiguiente, no debe parecernos absurdo que, así como hay en algunas razas hombres-monstruos, así pueda haber en todo el género humano pueblos-monstruos. Para concluir con prudencia y cautela: o los monstruos tan raros que se citan de algunos pueblos no existen en absoluto; o, si existen, no son hombres, y si son hombres, proceden de Adán.

9. Existencia de los antípodas

En cuanto a la existencia de los antípodas, es decir, de hombres que marcan sus huellas contrarías a nuestros pies por la parte opuesta de la tierra, donde sale el sol cuando se se nos oculta a nosotros, no hay razón alguna que nos fuerce a creerlo. Nadie dice que haya conocido esto por noticia histórica alguna, sino que se conjetura por el razonamiento, ya que la tierra está suspendida en la bóveda celeste, y para el mundo es lo mismo el lugar ínfimo que el lugar medio. Por ello piensan algunos que la otra parte de la tierra, que está debajo, no puede estar sin habitantes. No prestan atención a que, aunque el mundo tenga una forma esférica y redonda, y aun demostrado esto con algún argumento, no se sigue de ahí que la tierra por esa parte esté libre de la avalancha de las aguas; y aunque estuviera seca, no por ello se ve la necesidad de que está habitada. Porque la Escritura no puede mentir en modo algunos y con la narración de las cosas pasadas garantiza el cumplimiento de las predicciones. Sería demasiado inverosímil la afirmación de que algunos hombres, a través de la inmensidad del océano, hayan podido navegar y llegar a la otra parte, de manera que también allí se estableciera el género humano procedente del primero y único hombre.

Por lo tanto, veamos si entre aquellos pueblos de entonces, que se dividieron en setenta y dos naciones y otras tantas lenguas, podemos encontrar aquella ciudad de Dios peregrina en la tierra, que había llegado hasta el diluvio y el arca, y que perseveró claramente entre los hijos de Noé debido a sus bendiciones, Y sobre todo en el mayor, que se llamó Sem. Jafet fue bendecido también, pero para habitar en las tierras de su hermano.

10. Sem y su descendencia hasta los días de Abraham

1. Es necesario, pues, inicar la serie de generaciones desde Sem para mostrar la ciudad de Dios después del diluvio, como antes la mostraba la genealogía procedente de Set. Por eso la divina Escritura, habiéndonos señalado la ciudad terrena en Babilonia, esto es, en la confusión, retorna en su recapitulación al patriarca Sem, y comienza en él las generaciones hasta Abraham, indicando el año en que cada uno engendró al hijo que pertenecía a esta serie y cuántos años vivió.

Aquí hemos de reconocer lo que ya había prometido, para que quede en claro por qué se dijo de los hijos de Héber: "Uno se llamó Peleg porque en su tiempo se dividió la tierra" (Gn. 10:25). ¿Qué otra cosa se puede entender por la tierra dividida, sino que lo fue por la diversidad de las lenguas? Pasados, pues, por alto los otros hijos de Sem —ellos no entraban en esta cuenta—, en el orden de las generaciones se entrelazan aquellos por los cuales se puede llegar hasta Abraham; como se entrelazaban antes del diluvio aquellos por los cuales se llegaba hasta Noé en las generaciones que se propagaron desde el hijo de Adán, Set.

En efecto, de este modo comienza la lista de las generaciones: "Tenía Sem cien años cuando engendró a Arphaxad, dos años después del diluvio; después vivió quinientos años, y engendró hijos e hijas, y murió" (Gn 11:10,11). Así va enumerando a los demás, diciendo en qué año de su vida engendró a su hijo perteneciente a este orden de generaciones que se extiende hasta Abraham, y cuántos años vivió después, añadiendo que engendró hijos e hijas. Así comprenderemos cómo pudieron crecer los pueblos, no sea que ocupados en los pocos hombres que se necesitan, fuéramos a dudar puerilmente cómo se pudieron llenar todo con la raza de Sem tan espaciosas tierras y reinos. Sobre todo si tenemos en cuenta el reino de los asirios, en que el famoso Nino, vencedor de todos los pueblos orientales, reinó con prodigiosa prosperidad y dejó a sus sucesores un reino extensísimo y sólidamente fundado, que se prolongaría durante siglos.

2. Pero, para no detenernos más de la necesario, no vamos a mencionar cuántos años vivió cada cual, sino en que año de su vida engendró al hijo que debe figurar en esta lista, para así colegir el número de años desde el suceso del diluvio hasta Abraham, tocando brevemente y de paso algunas cuestiones en beneficio de las otras cuando la necesidad nos obliga a detenernos. En el segundo año después del diluvio, Sem años, engendró a Arphaxad a la edad de cien años; Arphaxad, a los ciento treinta y cinco años engendró a Cainán; y éste, a los ciento treinta, a Sala. También Sala tenía los ciento treinta años cuando engendró a Héber. Y

cumplía Héber ciento treinta y cuatro años cuando engendró a Peleg, en cuyos días se dividió la tierra. Vivió Peleg ciento treinta, y engendró a Ragán; y Ragán, ciento treinta y dos, y engendró a Séruc; y Séruc, ciento treinta, y engendró a Nacor; Nacor, setenta y nueve, y engendró a Taré; y Taré, a los setenta años, a Abram, a quien después Dios cambió el nombre y le llamó Abraham. Así pasan desde el diluvio a Abraham mil setenta y dos años, según la versión Vulgata[10] o Septuaginta. Los textos hebreos nos dan un número muy inferior de años; sobre lo cual no dan razón alguna o muy poco convincente.

3. Al buscar, pues, en aquellos setenta y dos pueblos la ciudad de Dios, no podemos afirmar que en el tiempo en que tenían una sola lengua ya se hubiera alejado el género humano del culto del verdadero Dios, de tal modo que la auténtica religión permaneciera sólo en las generaciones descendientes de Sem por Arphaxad y orientados hacia Abraham. En cambio, sí apareció la sociedad, es decir, la ciudad de los impíos desde la soberbia de la edificación de la torre que pretendía llegar hasta el cielo, en la cual queda simbolizada la impía arrogancia. No es fácil, por el contrario, decidir si no existió antes, o si estuvo oculta, o si más bien subsistieron las dos: la sociedad religiosa en los dos hijos de Noé que fueron bendecidos. y en sus sucesores y la sociedad impía, en el maldecido y su descendencia, donde tuvo también su nacimiento el gigante cazador contra el Señor.

Lo más probable es que ya entonces entre los hijos de aquellos dos, antes de comenzar a edificarse Babilonia, hubo menospreciadores de Dios, y entre los hijos de Cam hubo adoradores del mismo. Deberemos admitir que nunca faltaron en la tierra uno y otro género de hombres. Si se dijo: "Se corrompieron cometiendo execraciones, no hay quien obre bien, ni siquiera uno", también se lee en los dos Salmos que contienen esas palabras: "¿No tendrán conocimiento todos los que obran iniquidad... y no invocan al Señor" (Sal. 14:3,4; 53:3-4). Por ende, lo que se dice: "No hay quien obre el bien, no hay siquiera uno", se dijo de los hijos de los hombres, no de los hijos de Dios, ya que se había dicho antes: "El Señor observa desde los cielos a los hijos de los hombres para ver si hay alguno sensato que busque a Dios". Y a continuación vienen las palabras que demuestran que todos los hijos de los hombres, o sea, los que pertenecen a la ciudad que vive según el hombre, no según Dios, son réprobos.

---

10. No la de Jerónimo, cuya traducción la realizó directamente del hebreo. Esta Vulgata es una de las varias versiones latinas hechas directamente del griego de la Septuaginta, que circularon antes de la versión de Jerónimo.

11. La lengua primitiva común

1. Cuando la lengua era única y universal, no por ello faltaron hijos de la corrupción. Antes del diluvio no había más que una lengua, y sin embargo, merecieron ser exterminados por el diluvio todos con excepción de la casa de Noé.

Así también, cuando por la impiedad arrogante fueron castigadas y divididas las gentes con la diversidad de las lenguas, recibió la ciudad de los impíos el nombre de confusión, es decir, Babilonia. Se mantuvo, no obstante, la casa de Héber en la que permaneció la que antaño había sido única lengua de todos. Por ello, como recordé antes, al contarse los hijos de Sem, cada uno de los cuales dio origen a un pueblo, fue nombrado en primer lugar Héber, aunque era tataranieto del mismo, es decir, el que nació en la quinta generación después.

Y como quedó en su familia, divididos los otros pueblos según sus lenguas, la lengua que justamente se cree fue primero común al género humano, recibió por ese motivo el nombre de hebrea. Era necesario distinguirla entonces con su nombre propio de las demás, también con sus propios nombres. Sin embargo, cuando era única, se llamaba lengua humana o lenguaje humano, y en ella hablaban todos los hombres .

2. Quizá replique alguno: si la tierra, es decir, los hombres que había entonces en ella, se dividieron atendiendo a las lenguas en los días de Peleg, hijo de Héber, más bien debió recibir nombre de éste la lengua que había sido común antes a todos. Pero hay que prestar atención en que el mismo Héber impuso a su hijo el nombre de Peleg, que quiere decir "división", porque le nació cuando se dividió la tierra por las lenguas, es decir, cuando precisamente sucedió aquello de: "En su tiempo se dividió la tierra" (Gn. 10:25). Porque, si cuando tuvo lugar la multitud de las lenguas, no hubiera recibido de él su nombre la lengua que pudo permanecer en su familia. Por ello se debe creer que aquélla fue la primera lengua común, porque tal multiplicación y cambio de lenguas tuvo lugar como castigo y el pueblo de Dios debió de quedar fuera de este castigo.

Y no sin razón ésta es la lengua que tuvo Abraham, y no pudo transmitiese a todos sus descendientes, sino sólo a los por Jacob, y que, formando de modo que fueron propagadores, pudieron conservar más notorio y destacado el pueblo de Dios, y recibieron sus pastor, y fueron los progenitores de Cristo según la carne. Del mismo modo, Héber mismo no transmitió esa lengua a toda su descendencia, sino sólo a aquella línea cuyas generaciones llegan hasta Abraham.

Y así, aunque no se afirma expresamente, cuando los impíos fundaban Babilonia, había en la tierra hombres piadosos, esta falta de distinción tiene el propósito de estimular la búsqueda antes que eludirla. Porque cuando vemos que originalmente hubo una sola lengua común, y que Héber es mencionado antes de los hijos de Sem, aunque pertenece a la quinta generación, y que la lengua que usaron los patriarcas y los profetas, no sólo en su conversación, sino en el lenguaje autoritativo de la Escritura, es llamada hebrea, y teniendo en cuenta que donde se conservó no pudo tener lugar el castigo de la confusión de lenguas, ¿cuál es la conclusión, sino que permaneció en aquel pueblo de quien recibió el nombre? Y esta no es una prueba pequeña de la justicia de esa familia, que siendo castigados las demás con el cambio de lenguas, sólo ella escapó a tal sanción.

3. Todavía queda otra dificultad: ¿Cómo Héber y su hijo Peleg pudieron dar origen a dos pueblos si los dos tuvieron una sola lengua? En verdad, uno solo es el pueblo hebreo propagado desde Héber hasta Abraham, y desde éste luego hasta llegar a convertirse en el gran pueblo de Israel. ¿Cómo, pues, todos los hijos que se mencionan de los tres hijos de Noé fundaron sendos pueblos, si no los fundaron Héber y Peleg? Lo más probable es que el famoso gigante Nimrod se haya fundado un pueblo suyo, pero fue mencionado aparte de modo más señalado por su poder y su fuerza corporal, manteniéndose el número setenta y dos de pueblos y de lenguas. Peleg, en cambio, fue mencionado no atendiendo al pueblo que fundó (pues su pueblo es el hebreo y ésa es también su lengua), sino por lo señalado de la época, ya que en sus días se dividió la tierra.

Tampoco debe sorprendernos cómo alcanzó el gigante Nimrod el tiempo de la fundación de Babilonia y de la confusión de lenguas, que originó la división de los pueblos. Aunque Héber es el sexto después de Noé, y aquél el cuarto, pudieron llegar durante su vida a coincidir en el tiempo. Sucedió esto porque vivían más cuando las generaciones eran menos, y menos cuando las generaciones eran más; o también, porque nacían más tarde cuando había pocos, y más pronto cuando había muchos.

Por otra parte, hay que tener en cuenta que, cuando se dividió la tierra, no sólo ya habían nacido los otros hijos de los descendientes de Noé, que se recuerdan como fundadores de pueblos, sino que eran de tal edad, que tenían familias numerosas capaces de dar nombre a pueblos. Por ello no se puede pensar que hayan sido engendrados en el mismo orden en que se mencionan. De otra manera, ¿cómo pudieron los doce hijos de Joctán, hijo de Héber, hermano de Peleg, formar pueblos, si Joctán nació después de su hermano Peleg, como después de él se le menciona, ya que, cuando nació Peleg, se dividió la tierra? Hemos de pensar que se nombra primero a Peleg, sí, pero que nació mucho después de su hermano Joctán, ya que los hijos de éste tuvieron familias tan numerosas que podían dividirse según sus propias lenguas. Pudo, pues, ser nombrado primero el que era posterior en edad; al igual que de los tres hijos de Noé fueron nombrados primero los hijos de Jafet, el menor de ellos, a continuación los hijos de Cam, que era el mediano, y, finalmente, los hijos de Sem, que era el primero y el mayor.

Permanecieron en parte los nombres de aquellos pueblos, ya que todavía hoy se ve de dónde se derivaron, como, de Asur, los asirios, y de Héber, los hebreos. En parte, con la antigüedad de los tiempos se han cambiado, de tal manera que apenas los hombres más sabios, registrando las historias antiguas, puedan hoy encontrar los orígenes, no de todos los pueblos, pero sí de algunos de ellos. Así se dice que los egipcios nacieron del hijo de Cam llamado Mizraim, pero se ve que no tiene resonancia alguna el origen de la palabra; como tampoco la tiene el nombre de los etíopes, que se dice pertenecen al hijo de Cam llamado Cus. Si se los examina a todos, son más numerosos los vocablos cambiados que los que han subsistido.

12. Abraham y el nuevo período en la Ciudad Santa

Veamos ahora el desarrollo de la ciudad de Dios a partir de la era del patriarca Abraham, en cuyo tiempo comienzan a ser más conocidas y se ponen más de manifiesto las promesas divinas, que vemos ahora cumplidas en Cristo. Como sabemos por las declaraciones de la Santa Escritura, Abraham nació en la región de los caldeos, tierra que pertenecía al reino asirio. Ya entre los caldeos prevalecían también las impías supersticiones, como entre los restantes pueblos. Había una familia, la de Taré, de la cual nació Abraham, en la cual había permanecido el culto de un solo Dios verdadero, y probablemente en ella sola se había conservado la lengua hebrea. Aunque Josué, el hijo de Nun, nos dice que también esta familia dio culto a los dioses en Mesopotamia (Jos. 24:2). El resto de los descendientes de Héber fueron gradualmente absorbidos por otros pueblos y otras lenguas.

Y así como en el diluvio de las aguas se había conservado únicamente la casa de Noé para renovar el género humano, así en el diluvio de tantas superstición que anegó todo el mundo, no permaneció sino sólo la casa de Taré en la que la semilla de la ciudad de Dios fue preservada. Y así, cuando la Escritura enumera las generaciones anteriores a Noé, con sus edades, y explica la causa del diluvio antes de que Dios diga a Noé que construya el arca, se dice: "Estas son las generaciones de Noé"; así también ahora, tras enumerar las generaciones desde Sem, hijo de Noé, hasta Abraham, se inserta a continuación un párrafo notable diciendo: "Estas son las generaciones de Taré: Taré engendró a Abram, y a Nacor, y a Harán; y Harán engendró a Lot. Y murió Harán antes que su padre Taré en la tierra de su naturaleza, en Ur de los Caldeos. Y tomaron Abram y Nacor para sí mujeres: el nombre de la mujer de Abram fue Sarai, y el nombre de la mujer de Nacor, Milca, hija de Harán, padre de Milca y de Isca" (Gn. 11:27-29). Se supone que esta Isca es la misma que Sara, esposa de Abraham[11].

13. Silencio sobre la emigración de Nacor

Luego se cuenta cómo Taré con los suyos dejó la región de Caldea y se fue a Mesopotamia, y habitó en Harán. No se habla de su hijo Nacor, como si no lo hubiera llevado consigo. Dice el texto: "Taré tomó a Abram, su hijo; a Lot, su nieto, hijo de Arán; a Sara, su nuera, mujer de su hijo Abram, y con ellos salió de Ur de Caldea en dirección a Canaán; llegado a Harán, se estableció allí" (Gn. 11:31). No se cita aquí para nada a Nacor y a su esposa Milca. Pero después, al enviar Abraham a su siervo a buscar esposa para su hijo Isaac, se dice: "Entonces el criado cogió diez camellos de su amo, y llevando toda clase de regalos de su amo, se encaminó a Mesopotamia, a la ciudad de Nacor" (Gn. 24:10). Por este y otros testimonios de esta historia sagrada se demuestra que también Nacor, hermano de Abraham, salió de la tierra de los caldeos y fijó su residencia en Mesopotamia, donde Abraham habitó con su padre.

¿Por qué no lo citó la Escritura cuando partió Taré con los suyos de Caldea y moró en Harán, ya que menciona que tomó consigo no sólo a su hijo Abraham, sino también a Sara, su nuera, y a Lot, su nieto? ¿No será porque se había alejado de la religión de su padre y de su hermano, y adherido a la superstición de los caldeos, y luego emigró de allí, arrepentido o sufriendo persecución por hacerse sospechoso? En el libro de Judit, al preguntar Holofernes, enemigo de los israelitas, qué clase de pueblo era aquél, y si habría que hacer la guerra con él, le respondió Aquior, jefe de los amonitas: "Escucha, alteza, lo que dice tu siervo. Te diré la verdad acerca de este pueblo que habita esta montaña, y ten por seguro que no saldrá mentira de esta boca. Estos descienden de los caldeos, y antes habitaron en Mesopotamia, y como no quisieron adorar los dioses de sus padres, que fueron gloriosos entre los caldeos,

---

11. Esta es la opinión de Flavio Josefo en *Antigüedades judías* I,7; y de Jerónimo en sus *Tradiciones hebraicas*, cp. 2.

sino que, apartándose de la religión de sus padres, adoraron al Dios del cielo, a quien conocieron, los arrojaron de la presencia de sus dioses y huyeron a Mesopotamia, y moraron allí muchos años. Su Dios les mandó salir de su morada e ir a la tierra de Canaán, y allí se establecieron" (Jud. 5:5-9), etc. De donde se sigue claramente que la familia de Taré sufrió persecución por los caldeos a causa de la verdadera religión, en que adoraban al único Dios verdadero.

14. Edad de Taré y su muerte en Harán

Muerto Taré en Mesopotamia, donde se dice vivió doscientos cinco años, las promesas de Dios hechas a Abraham comienzan a declararse. Como está escrito: "Taré vivió en Harán doscientos cinco años, y en Harán murió" (Gn. 11:32). No se debe tomar, sin embargo, como si todo este tiempo lo hubiera pasado allí; sino que acabó allí todos los días de su vida, que fueron doscientos cinco años. Si no fuera así, nos serían desconocidos los años que vivió Taré, porque no se dice en qué año de su vida vino a Harán; y es absurdo pensar que en esta serie de generaciones, en que se recuerda con diligencia cuántos años vivió cada uno de este solo precisamente hubieran de pasarse los años en silencio.

Porque si es verdad que se callan los años de algunos que la misma Escritura menciona, no están en esta serie, en que se va computando el tiempo por la muerte de los progenitores y la sucesión de los nacidos. Y este orden, que va desde Adán a Noé, y desde Noé a Abraham, no cita a nadie sin indicar el número de los años de su vida.

15. El año de la salida de Abraham de Harán

Después de recordar la muerte de de Taré, padre de Abraham, se lee: "Vete de tu tierra y de tu parentela, y de la casa de tu padre, a la tierra que te mostraré" (Gn. 12:1), etc. No debe hacernos pensar esto que el orden de la narración responde a la sucesión cronológica de los hechos. Se nos plantearía, de ser así, una dificultad insoluble. Porque después de estas palabras de Dios dirigidas a Abraham, dice así la Escritura: "Se fue Abram, como el Señor le dijo; y fue con él Lot: y era Abram de edad de setenta y cinco años cuando salió de Harán" (v. 4).

¿Cómo puede ser verdad esto si salió de Harán después de la muerte de su padre? Pues Taré, como se dijo arriba, engendró a Abraham a los setenta años. Si a este número añadimos setenta y cinco que tenía Abraham cuando salió de Harán, tenemos ciento cuarenta y cinco años. Tal era, pues, la edad de Taré cuando salió Abraham de Mesopotamia; y como tenía éste setenta y cinco años, su padre, que le había engendrado a los setenta años, contaba, como se ha dicho, ciento cuarenta y cinco años. Por consiguiente, no salió después de la muerte de su padre, esto es, después de doscientos cinco años, que son los que vivió su padre; sino que el año de salida de este lugar, el setenta y cinco de su vida, era, sin duda alguna, el ciento cuarenta y cinco de la vida de su padre, que le había engendrado a los setenta.

Por ello se debe entender que la Escritura, según su costumbre, tornó al tiempo ya pasado por la narración; como más arriba, cuando habiendo mencionado a los hijos de Noé, dijo que estaban divididos en sus pueblos y lenguas, y después añade como siguiendo en el orden del tiempo: "Era entonces toda la tierra de una lengua y unas mismas palabras" (Gn. 11:1). ¿Cómo, estaban divididos en sus pueblos y en sus lenguas si tenían una sola lengua para todos, sino porque la narración había vuelto por una recapitulación a lo que ya había pasado?

Lo mismo se dijo aquí: Taré vivió doscientos cinco años y murió en Harán. Y luego la Escritura, volviendo a lo que había pasado por alto precisamente para completar lo que había comenzado sobre Taré, dice: "El Señor dijo a Abraham: Sal de tu tierra, etc." Y después de estas palabras añade: "Abram marchó como le había dicho el Señor, y con él Lot. Abram tenía setenta y cinco años cuando salió de Harán" (Gn. 12:4). Y esto tuvo lugar cuando su padre tenía ciento cuarenta y cinco años, pues fue entonces el setenta y cinco de Abraham.

Esta cuestión también se puede solucionar de otra manera; los setenta y cinco años que tenía Abraham cuando salió de Harán, se computarían no desde el año en que nació, sino desde el año en que se vio libre del fuego[12] de los caldeos, como si entonces propiamente hubiera nacido.

2. Mas el bienaventurado Esteban, al narrar esto en los Hechos de los apóstoles, dice: "El Dios de la gloria apareció a nuestro padre Abraham, estando en Mesopotamia, antes que morase en Harán, y le dijo: Sal de tu tierra y de tu parentela, y ven a la tierra que te mostraré" (Hch. 7:2-3). Según estas palabras de Esteban, Dios no habló a Abraham después de la muerte de su padre, que ciertamente murió en Harán, donde habitó con él y su hijo, sino antes de habitar en esta ciudad, aunque ya estaba en Mesopotamia. Por tanto, ya había salido de los caldeos. "Entonces salió de la tierra de los Caldeos, y habitó en Harán" (Hch. 7:4), no demuestra que esto tuvo lugar después que le habló Dios (de hecho no salió de la tierra de los caldeos después de aquellas palabras de Dios, puesto que

---

12. Según una tradición judía, Abraham fue condenado al fuego por los caldeos por negarse a adorar al dios de ellos, siendo liberado por Dios.

dice que le habló Dios estando en Mesopotamia), sino que la palabra "entonces" que usa, se refiere a todo aquel tiempo desde que salió de Caldea y fijó su residencia en Harán. Igualmente lo que sigue: "Muerto su padre, le traspasó a esta tierra, en la cual vosotros habitáis ahora" (Hch. 7:4), no dice "Después que murió su padre, salió de Harán", sino "Dios lo trasladó de allí después que murió su padre". Debe entenderse, pues, que Dios habló a Abraham cuando estaba en Mesopotamia, antes de habitar en Harán; pero que vino a Harán con su padre, conservando en su corazón el mandato de Dios, y de allí salió el año setenta y cinco de su edad, y el ciento cuarenta y cinco de la de su padre. Lo que dice tuvo lugar después de la muerte del padre fue su instalación en la tierra de Canaán, no su partida de Harán; porque ya había muerto su padre cuando compró la tierra y comenzó a poseerla como suya.

En cambio, establecido ya en Mesopotamia, esto es, salido ya de la tierra de los caldeos, al decir el Señor: "Vete de tu tierra y de tu parentela, y de la casa de tu padre", no intenta arrancar de allí su cuerpo, lo cual había hecho ya, sino que arranque el ánimo, pues no había salido de allí con el ánimo si le dominaba la esperanza y el deseo de la vuelta; esperanza y deseo que había de ser cortado mediante el mandato y auxilio de Dios y su propia obediencia. Cierto, no es improbable que, después de haber seguido Nacor a su padre fuera cuando Abraham cumplió el mandato del Señor, saliendo de Harán con Sara, su esposa, y Lot, el hijo de su hermano.

16. Orden y naturaleza de las promesas hechas a Abraham

Vengamos ahora a considerar las promesas hechas por Dios a Abraham. En ellas comienzan a hacerse más claros los oráculos de nuestro Dios[13], esto es, del Dios verdadero sobre el pueblo de los santos, anunciado por la autoridad de los profetas. He aquí la primera: El Señor dijo a Abraham: Vete de tu tierra y de tu parentela, y de la casa de tu padre, a la tierra que te mostraré; y haré de ti una nación grande, he de bendecirte, y engrandeceré tu nombre, y serás bendición: Y bendeciré a los que te bendijeren, y a los que te maldijeren maldeciré: y serán benditas en ti todas las familias de la tierra" (Gn. 12:1-3).

Notemos las dos cosas que se le prometen a Abraham, una, que su descendencia poseerá la tierra de Canaán, lo que se significa por aquellas palabras: "A la tierra que te mostraré. Haré de ti un gran pueblo"; la otra, mucho más importante, que se refiere, no a la descendencia carnal,

---

13. Algunas versiones dicen, "nuestro Señor Jesucristo".

sino a la espiritual, por la cual se convierte en padre, no de solo el pueblo de Israel, sino de todos los pueblos que siguen las huellas de su fe, y comenzó a prometerse con estas palabras: "serán benditas en ti todas las familias de la tierra".

Esta promesa piensa Eusebio[14] tuvo lugar en el año setenta y cinco de la edad de Abraham, como si hubiera salido de Harán tan pronto como fue hecha; porque no puede ir contra la Escritura, donde se dice: "Abraham tenía setenta y cinco años cuando salió de Harán". Pero, si la promesa fue hecha ese año, es evidente que Abraham moraba ya en Harán con su padre; no podría, en efecto, salir de allí si no hubiera habitado allí antes. ¿Va esto en contra de lo que dice Esteban: "El Dios de la gloria se apareció a nuestro padre Abraham en Mesopotamia, antes que fuera a establecerse en Harán" (Hch. 7:2)? Lo que debe entenderse en que tuvo lugar en el mismo año todo esto: la promesa de Dios antes de habitar Abraham en Harán, su estancia y su salida de allí. Y esto no sólo porque Eusebio comienza a contar en sus crónicas desde el año de esta promesa y muestra que salió de Egipto después de cuatrocientos años, época en que se dio la ley, sino también porque el apóstol Pablo recuerda esto mismo

17. Los tres imperios más famosos de los gentiles

Por este mismo tiempo sobresalían los reinos de los gentiles, en los cuales la ciudad terrena, esto es, la sociedad de los hombres que viven según el hombre bajo el dominio de los ángeles caídos. Tres eran estos reinos: el de los sicionios, el de los egipcios y el de los asirios. El de los asirios era más poderoso e ilustre. Su famoso rey Nino, hijo de Belo, había subyugado los pueblos de toda el Asia, excepto la India. Al hablar de Asia no me refiero a aquella parte que es una provincia de esta Asia mayor, sino a la llamada Asia universal, que algunos han colocado entre las dos, y la mayor parte entre las tres partes de todo el orbe, que serían Asia, Europa y Africa. Aunque no hicieron esta división con igualdad; pues ésta que se llama Asia se extiende desde mediodía por oriente hasta el septentrión; Europa, desde el septentrión hasta occidente; y Africa, desde occidente hasta el mediodía. De aquí se ve cómo dos partes, Europa y Africa, ocupan la mitad del orbe, y Asia la otra mitad. Esa división en dos partes se ha hecho así porque entre una y otra penetran desde el océano todas las aguas que batían las tierras, dándonos así un mar grande. Por

---

14. Eusebio de Cesarea, *Cronicón*.

lo cual, si se divide el orbe en dos partes, oriente y occidente, Asía estará en una parte, y Europa y Africa en la otra,

Así, de los tres imperios que florecían entonces, el de los sicionios, por estar en Europa, no estaba bajo los asirios; en cambio, el de los egipcios, ¿cómo no iba a estarles sujeto sí dominaban todo el Asia, según parece, excepto la India? En Asiria, por consiguiente, había prevalecido el dominio de la ciudad impía. Su capital era la famosa Babilonia, a la que tan bien le viene el nombre de ciudad terrena, que significa confusión. Allí reinaba ya Nino después de la muerte de su padre Belo, que había reinado el primero durante sesenta y cinco años. Su hijo Nino, que sucedió en el reino a su difunto padre, reinó cincuenta y dos años, y llevaba en el reino cuarenta y tres años cuando nació Abraham, alrededor del año mil doscientos antes de la fundación de Roma, que es como la Babilonia de occidente.

18. Segunda promesa de Dios a Abraham

Habiendo salido Abraham de Harán el año setenta y cinco de su edad, el ciento cuarenta y cinco de la de su padre; se dirigió con Lot, hijo de su hermano, y con su esposa Sara a la tierra de Canaán, llegó hasta Siquén, donde nuevamente recibió un oráculo divino, como está escrito: "El Señor se apareció a Abraham y le dijo: A tu descendencia le daré esta tierra" (Gn. 12:7). No se habla aquí de la promesa de la descendencia en la que se convirtió en padre de todos los pueblos, sino de aquella por la que es padre de solo el pueblo de Israel; esta descendencia poseyó aquella tierra.

19. Protección divina de la castidad de Sara

Después de edificar allí un altar y de invocar a Dios, partió de aquel lugar y habitó en el desierto, de donde se vio forzado por el hambre a ir a Egipto. No mintió[15] al decir que su esposa era su hermana. Lo era en realidad, porque ser allegada por consanguinidad, como Lot, por el mismo parentesco, se llamó hermano, por ser hijo de su hermano. Así, calló lo referente

---

15. "Es indiscutible que la conducta de Abrahán, a pesar de la defensa que hagan todos los Santos Padres en general, fue reprochable en el sentido de que mintió, como buen beduino que era. Hoy no nos es dado a nosotros ver la mentalidad primitiva respecto a la moralidad de ciertas acciones. Quizá subjetivamente no mintió, es decir, pudo tener una conciencia errónea sobre la moralidad de esa falta; pero en realidad, objetivamente, esa fue una mentira y bien pensada y prudente por lo que hace al caso. Así la aprecia en general la crítica bíblica moderna" (*José Morán*, nota).

a la esposa, no lo negó, encomendando a Dios la guarda de la honestidad de su esposa, y temiendo como hombre las asechanzas humanas; si no hubiera prevenido en lo posible el peligro, sería más tentar a Dios que esperar en él. De esto ya dijimos bastante contra las calumnias de Fausto maniqueo[16].

Al final sucedió lo que Abraham había esperado del Señor. Porque Faraón, rey de Egipto, que la había tomado por esposa, se vio gravemente castigado y la devolvió a su esposo. Lejos de nosotros pensar que se vio mancillada por unión ajena; es mucho más probable que las grandes pruebas o castigos se lo impidieron al Faraón.

20. Separación entre Lot y Abraham

Vuelto Abraham de Egipto al lugar de donde había partido, Lot, el hijo de su hermano, se separó de él a la tierra de Sodoma, sin que sufriera menoscabo su amistad. En efecto, se habían enriquecido mucho, comenzaban a tener muchos pastores para sus rebaños, y como éstos riñeran entre sí, evitaron con esa separación la dura discordia de sus familias. Y aún podía surgir con ese motivo entre ellos, según corren las cosas humanas, alguna disensión. Por eso, para precaver este mal, le dijo Abraham a Lot: "No haya ahora altercado entre mí y ti, entre mis pastores y los tuyos, porque somos hermanos. ¿No está toda la tierra delante de ti? Yo te ruego que te apartes de mí. Si fueres a la mano izquierda, yo iré a la derecha: y si tú a la derecha, yo iré a la izquierda" (Gn. 13:8-9). Quizá haya tenido origen esa costumbre pacifica entre los hombres de que, al repartir los terrenos, el mayor divida y el menor elija.

21. Tercera promesa de Dios a Abraham

Cuando se hubieron apartado y vivían separadamente Abraham y Lot por la necesidad de sustentar la familia, no por afrentosa discordia, y Abraham estaba en tierra de Canaán, y Lot en Sodoma, un tercer oráculo de Dios le dijo a Abraham: "Alza ahora tus ojos, y mira desde el lugar donde estás hacia el Aquilón, y al Mediodía, y al Oriente y al Occidente; porque toda la tierra que ves, la daré a ti y á tu simiente para siempre. Y haré tu simiente como el polvo de la tierra: que si alguno podrá contar el polvo de la tierra, también tu simiente será contada. Levántate, ve por la tierra a lo largo de ella y a su ancho; porque a ti la tengo de dar" (Gn. 13:14-17). No está claro si en esta promesa se contiene la otra que le constituyó padre de todos los pueblos. Puede parecer que se refieren a esto las

---

16. Agustín, *Cont. Faust.*, XXII, 26.

palabras: "Haré a tus descendientes como la arena del mar". Donde se ve la expresión llamada por los griegos hipérbole, que es una metáfora, pero no propia. De ella, al igual que de los demás tropos, suele usar la Escritura, como nadie que la conozca puede ponerlo en duda. Pero esta figura, es decir, esta manera de hablar, se usa cuando lo que se dice tiene un alcance inmensamente superior a lo que se significa con la expresión. ¿Quién no ve, en efecto, cuán incomparablemente mayor es el número de las arenas de la tierra que puede ser el de todos los hombres desde Adán hasta el fin de los siglos? ¿Cuánto, pues, será mayor que la descendencia de Abraham no sólo la que pertenece al pueblo israelita, sino también la que hay y habrá por la imitación de la fe entre todos los pueblos del mundo entero?

Esta descendencia, en comparación con la multitud de los impíos, se encuentra en franca minoría; aunque esa minoría alcance una multitud innumerable, que fue significada hiperbólicamente por la arena de la tierra. Cierto que esta multitud que se le promete a Abraham no es innumerable para Dios, sino para los hombres; para Dios no lo es ni la arena de la tierra.

Por consiguiente, como no es sólo el pueblo israelita el que se compara a la multitud de las arenas, sino toda la descendencia de Abraham, en que está la promesa de muchos hijos, no según la carne, sino según el espíritu, se puede entender perfectamente que en esas palabras está hecha la promesa de una y otra. Pero dijimos que no aparece claramente, porque la multitud de sola aquella gente que nació de Abraham según la carne por su nieto Jacob, llegó a crecer tanto que llenó casi todas las partes del orbe. De ahí que pudo ella sola compararse hiperbólicamente con la multitud de las arenas, porque ella sola es innumerable para el hombre.

En cambio, nadie duda que la tierra significada es sólo la que se llamó Canaán. Pero las palabras: "Te la daré a ti y a tu descendencia para siempre" pueden perturbar a algunos si para siempre lo entienden en el sentido de eternamente. Sin embargo, si para siempre lo toman aquí, como nos lo enseña la fe, por el principio del siglo futuro, que nace del presente, no hay duda que no puede perturbarles; porque aunque los israelitas hayan sido expulsados de Jerusalén, permanecen, sin embargo, en las otras ciudades de la tierra de Canaán y permanecerán hasta el fin. Y aun esa misma tierra habitada por los cristianos sigue siendo la misma descendencia de Abraham

22. Victoria de Abraham sobre los enemigos de Sodoma

Recibida esta promesa, emigró Abraham y se estableció en otro lugar de la misma tierra, esto es, junto a la encina de Mambré, en Hebrón.

Después, en la contienda de cinco reyes contra cuatro, invadidos los sodomitas por los enemigos y vencidos, el mismo Lot cayó prisionero, y fue liberado por Abraham, que llevaba consigo a la batalla trescientos dieciocho esclavos suyos. Obtuvo la victoria para los reyes de Sodoma, y no quiso tomar despojo alguno, aunque se los ofreció al rey a quien dio la victoria.

Pero entonces fue bendecido por Melquisedec, sacerdote del Dios altísimo, del cual se escribieron tantas y tan grandes cosas en la epístola titulada a los Hebreos, atribuida por muchos al apóstol Pablo, aunque algunos lo niegan. Allí aparece por primera vez el sacrificio que se ofrece hoy a Dios por los cristianos en todo el orbe, y se cumple lo que mucho después de este hecho dijo el profeta dirigiéndose a Cristo, que había de venir en la carne: "Tú eres sacerdote eterno según el orden de Melquisedec" (Sal. 110:4). Es decir, no según el de Aarón, ya que este orden había de ser abolido al alborear las realidades anunciadas por aquellas sombras.

23. Nueva promesa y la justificación por la fe

La palabra del Señor también vino a Abraham en una visión. Cuando Dios le prometió su protección y una gran recompensa, Abraham estaba preocupado por su posteridad y dijo que un tal Eliecer de Damasco, nacido en su casa, había de ser su heredero. Pero entonces se le prometió un heredero, no el siervo nacido en su casa, sino el que había de nacer del mismo Abraham, y que su descendencia sería innumerable, no como la arena de la tierra, sino como las estrellas del cielo. Aquí, a mi parecer, se le prometió la posteridad sublime con la felicidad celestial. Porque, en lo que respecta al número, ¿qué son las estrellas del cielo en relación con la arena de la tierra, a no ser que alguien diga que esta comparación se asemeja en que las estrellas tampoco se pueden contar? Porque no debe creerse que sea posible verlas todas, ya que con cuanto más fijeza mira uno, tantas más ve. De donde se deduce que es razonable pensar que, aun a los más perspicaces, se escapan algunas, sin hablar de los astros que, según cuentan, salen y se ponen en una parte del mundo muy alejada de nosotros. En fin, a cuantos se jactan de haber reunido y descrito todo el número de estrellas, como Arato[17], Eudoxo[18], u otros que pueda haber, los confunde la autoridad de este libro.

---

17. Poeta y astrólogo de Cilicia, vivió en tiempo de Ptolomeo Filadelfo y de Antígono Jonatás.

18. Astrónomo de Gnido, que presumía de haber dado con todo el número de estrellas.

Aquí, por cierto, se expresa la sentencia que recuerda el apóstol para encarecer la gracia de Dios: "Abraham se creyó de Dios y se contó como justicia" (Gn. 15:6); y esto como aviso de que no tiene que gloriarse la circuncisión y negarse a admitir a la fe de Cristo a los pueblos incircuncisos. Porque cuando le fue imputada al creyente Abraham la fe para la justificación aún no había sido circuncidado.

24. Simbolismo del sacrificio ofrecido por Abraham

1. Hablándole Dios en esa misma visión, le dijo también: "Yo soy el Señor que te saqué de Ur de los Caldeos, para darte a heredar esta tierra" (Gn. 15:7). Y preguntándole Abraham cómo sabría que iba a ser heredero de ella, le dijo Dios: "Apártame una becerra de tres años, y una cabra de tres años, y un carnero de tres años, una tórtola también, y un palomino. Y tomó él todas estas cosas, y las partió por la mitad, y puso cada mitad una enfrente de otra; mas no partió las aves. Y descendían aves sobre los cuerpos muertos, y las ojeaba Abram. Mas a la caída del sol sobrecogió el sueño a Abram, y he aquí que el pavor de una grande obscuridad cayó sobre él. Entonces dijo a Abram: Ten por cierto que tu simiente será peregrina en tierra no suya, y servirá á los de allí, y serán por ellos afligidos cuatrocientos años. Mas también a la gente a quien servirán, juzgaré yo; y después de esto saldrán con grande riqueza. Y tú vendrás a tus padres en paz, y serás sepultado en buena vejez. Y en la cuarta generación volverán acá: porque aun no está cumplida la maldad del amorreo hasta aquí. Y sucedió que puesto el sol, y ya obscurecido, se dejó ver un horno humeando, y una antorcha de fuego que pasó por entre los animales divididos. En aquel día hizo el Señor un pacto con Abram diciendo: A tu simiente daré esta tierra desde el río de Egipto hasta el río grande, el río Eufrates; los cineos, y los ceneceos, y los cedmoneos, y los hetheos, y los ferezeos, y los rafaitas, y los amorreos, y los cananeos, y los gergeseos, y los jebuseos" (Gn. 9:21).

2. Todas estas cosas tuvieron lugar y fueron dichas en una visión divina. Sería muy largo hablar de ellas detalladamente y desbordaría la intención de esta obra. Nos basta con que sepamos lo que nos interesa. Después de decir que creyó Abraham y que se le contó por justicia, no debe creerse que le faltó la fe al decir: "Señor, ¿cómo sabré que voy a poseerla?" Se le había prometido realmente la heredad de aquella tierra. No dice: "¿De dónde lo sabré?", como sí aún no creyera, sino que dice: "¿Cómo lo sabré?" Como para obtener algún signo de lo que había creído, por donde poder conocer el modo. Como no fue falta de fe de la Virgen María el preguntar: "¿Cómo será esto si no vivo con un hombre?"

(Lc. 1:34). Estaba cierta de lo que había de suceder, pero buscaba el modo cómo sucedería. Y buscando esto, oyó: "El Espíritu Santo vendrá sobre ti, y la virtud del Altísimo te hará sombra" (v. 35). En fin, se dio aquí un signo en los animales: la novilla, la cabra y el carnero, y dos aves: la tórtola y la paloma; que por ellos conocería que había de suceder lo que no dudaba tendría lugar.

La novilla podría significar al pueblo sometido al yugo de la ley; la cabra, al mismo pueblo que ha de prevaricar; el carnero, al pueblo que llegará a dominar (estos animales eran de tres años, porque eran tres los espacios de tiempo desde Adán hasta Noé, y de ahí hasta Abraham, y luego hasta David, quien tras la reprobación de Saúl fue asentado el primero en el reino del pueblo israelita por la voluntad del Señor; y en este tercer espacio, que va desde Abraham hasta David, creció aquel pueblo como llegando a su tercera edad). Y aunque tuvieran otro significado más conveniente, no puedo dudar en modo alguno que con la adición de la tórtola y la paloma están significados los hombres espirituales.

Y por eso se dijo: "No descuartizó las aves"; porque los carnales se dividen entre sí, y no los espirituales: ya se aparten de las conversaciones penosas de los hombres, como la tórtola, ya vivan en medio de ellas, como la paloma, pero siendo una y otra sencillas e inofensivas, simbolizando, en el mismo pueblo israelita, a quien se había de dar aquella tierra, los futuros hijos invisibles de la promesa y herederos del reino que perseverarían en la felicidad eterna.

En cambio, las aves que descendían sobre los cuerpos descuartizados no representan nada bueno, son los espíritus del aire, que buscan como su propio alimento, la división de los hombres carnales. Pero que Abraham las ojeaba, significa que, aun en medio de esa división de las carnes, perseverarán los verdaderos fieles hasta el fin. Y el sueño profundo y el terror intenso y oscuro que invadió a Abraham hacia el ocaso no significan otra cosa que la gran perturbación y tribulación que hacia el final de este siglo ha de sobrevenir a los fieles. De ella dice el Señor en el Evangelio: "Habrá entonces una angustia tan grande como no la ha habido desde que el mundo es mundo" (Mt. 24:21).

3. Las palabras dichas a Abraham: "Has de saber que tu descendencia vivirá como forastera en tierra ajena, tendrá que servir y sufrir opresión durante cuatrocientos años", se refieren clarísimamente al pueblo de Israel, que había de estar como esclavo de Egipto. No porque aquel pueblo había de pasar cuatrocientos años en esa servidumbre bajo la opresión de los egipcios, sino que se anunciaba que eso había de suceder en los cuatrocientos años. Lo mismo que se escribió de Taré, el padre de Abraham: "Taré vivió doscientos cinco años en Harán" (Gn. 11:32); no

porque vivió allí todos esos años, sino porque allí se acabaron. Así se dice también: "Tendrá que servir y sufrir opresión durante cuatrocientos años", porque este número se completó en esa opresión, no porque fuera pasado allí todo él. Se habla de cuatrocientos años por la perfección del número, aunque hayan sido algunos más, ya se computen desde el tiempo en que se hacían estas promesas a Abraham, ya desde que nació Isaac, a causa de la descendencia de Abraham, que es el objeto de estas promesas. Puesto que se cuentan, como ya dijimos arriba, cuatrocientos años desde el año setenta y cinco de Abraham, cuando se le hizo la primera promesa, hasta la salida de los israelitas de Egipto. Los recuerda el apóstol con estas palabras: "Esto pues digo: Que el contrato confirmado de Dios para con Cristo, la ley que fue hecha cuatrocientos treinta años después" (Gál. 3:17). Estos cuatrocientos treinta años, pues, podían muy bien expresarse por cuatrocientos, porque no son mucho más; y, sobre todo, habiendo ya pasado muchos de éstos cuando se mostraron y dijeron en la visión de estas cosas a Abraham, o cuando le nació Isaac a su padre centenario, desde la primera promesa después de veinticinco años, quedando ya de esos cuatrocientos treinta años cuatrocientos cinco, que el Señor quiso llamar cuatrocientos. Todo esto y lo que sigue en las palabras de la predicción divina nadie puede poner en duda que se refiere al pueblo de Israel.

4. Se añade también: "El sol se puso y vino la oscuridad; una humareda de horno y una antorcha ardiendo pasaban entre los miembros descuartizados". Estas palabras significan que en el fin del tiempo serán juzgados los hombres carnales a través del fuego. A la manera que la desolación de la ciudad de Dios, cual no hubo jamás antes, que se espera tendrá lugar bajo el anticristo, se significaba en el terror tenebroso de Abraham a la caída del sol, esto es, acercándose ya al fin del mundo; así, a la caída del sol, es decir, hacia ese mismo fin, se significa por este fuego el día del juicio, separando a los hombres carnales, que se salvarán por el fuego, de los que serán condenados al fuego.

Además, el pacto hecho con Abraham designa propiamente la tierra de Canaán, y nombra en ella once pueblos desde el río de Egipto hasta el gran río Eufrates. No desde el gran río de Egipto, es decir, del Nilo, sino desde el río pequeño que separa Egipto de Palestina, donde se encuentra la ciudad Rinocorura[19].

---

19. En la frontera entre Egipto y Arabia, hoy llamada El-Arisch.

25. Agar, esclava de Sara

Vienen ya a continuación los tiempos de los hijos de Abraham, el uno de la esclava Agar, el otro de la libre Sara; sobre los cuales ya hemos hablado en el libro anterior[20]. Por lo que se refiere al hecho en sí, en modo alguno se le debe achacar a Abraham el crimen de concubinato. En efecto, no usó de ella para la satisfacción de su lujuria, sino para la consecución de la prole, y no agraviando precisamente, sino más bien obedeciendo a su esposa, que tuvo como consuelo de su esterilidad hacer fecundo por su voluntad el seno de su esclava, ya que no lo era el suyo por naturaleza; y así, según las palabras del apóstol: "Tampoco el hombre es dueño de su cuerpo, lo es la mujer" (1ª Cor. 7:4), usaría la mujer de ese derecho para dar a luz en otra, ya que no podía en sí misma.

No hay aquí deseo lascivo alguno ni perversa torpeza. La esposa entrega al marido la esclava por la procreación, por la misma procreación la recibe el marido; una y otro buscan no la lujuria pecaminosa, sino el fruto de la naturaleza. Y así, al ensoberbecerse la esclava encinta, siguiendo estéril la señora, atribuyó Sara a su marido esto más bien con celos de mujer. Abraham demostró de nuevo que no había sido un amante esclavizado, sino un padre libre, y que en Agar había conservado la fidelidad debida a su esposa Sara, satisfaciendo no su placer, sino la voluntad de su esposa; recibió lo que se le ofrecía sin buscarlo; se acercó a su esclava sin quedar unido; la fecundó sin haberla amado. De hecho le dice: "He ahí tu sierva en tu mano, haz con ella lo que bien te pareciere" (Gn. 16:6). ¡Oh varón, que usa de las mujeres como un auténtico hombre: de la esposa, con templanza; de la esclava, por obediencia; de ninguna, con intemperancia!

26. Nacimiento de Isaac y su simbolismo

l. Después de todo esto Ismael nació de Agar, y Abraham podía pensar que en él se cumplía la promesa, y le dijo el Señor cuando quiso adoptar al siervo nacido en su casa: "No te heredará éste, sino el que saldrá de tus entrañas" (Gn. 15:4). Para que no pensase que se cumplía la promesa en el hijo de la esclava, cuando Abraham tenía ya noventa y nueve años, se le apareció el Señor y le dijo: "Yo soy el Dios todopoderoso; anda delante de mí, y sé perfecto. Y pondré mi pacto entre mí y ti, y te multiplicaré mucho en gran manera" (Gn. 17:1-2)[21].

---

20. Cap. 3.
21. Agustín ofrece el texto completo desde el vs. 1 al 21.

2. En este pasaje se manifiesta las promesa sobre el llamamiento de los gentiles en Isaac, esto es, el hijo de la promesa, figura de la gracia, no de la naturaleza, porque se prometió a un anciano centenario y a una anciana estéril. Porque aunque Dios realiza el curso natural de la procreación, estando viciada e imposibilitada la naturaleza, se manifiesta el poder de Dios y la gracia se ve con mas claridad. Y como esto no había de tener lugar por la generación, sino por la regeneración, fue entonces cuando se impuso la circuncisión, cuando se le prometió un hijo de Sara. Y el mandar que sean circuncidados no sólo los hijos, sino también los esclavos de casa y los comprados, es un testimonio de que esta gracia se extiende a todos. ¿Qué otra cosa significa la circuncisión (vv. 10-11), sino la naturaleza renovada despojada de lo viejo?, ¿y qué otra cosa significa el octavo día (v. 12), sino a Cristo, que resucitó al fin de la semana, esto es, después del sábado?

Se cambian también los nombres de los padres (v. 15), todo respira novedad, y en el Testamento Antiguo se presenta veladamente el Nuevo. ¿Qué quiere decir, en efecto, Antiguo Testamento sino ocultamiento del Nuevo?, ¿y qué otra cosa el Nuevo, sino revelación del Antiguo?

La sonrisa de Abraham es el gozo del que se alegra, no la burla del que desconfía. Aquellas palabras que se dijo a sí mismo: "¿A hombre de cien años ha de nacer hijo? ¿y Sara, ya de noventa años, ha de parir?" (v. 17), no son de duda, sino de la admiración.

Y si alguno se siente confuso con las otras palabras: "Te daré a ti, y a tu simiente después de ti, la tierra de tus peregrinaciones, toda la tierra de Canaán en heredad perpetua" (v. 8), y se pregunta si se ha cumplido ya, o hay que esperar a su cumplimiento, ya que ningún tipo de posesión terrenal es puede ser perpetua para ninguna nación, tenga en cuenta que la palabra traducida por nuestros traductores, "perpetua", los griegos llaman aiwnion, que se deriva aiwn (aión), que en griego significa siglo o edad. Y no se atrevieron los latinos a traducir por secular por no cambiar totalmente el sentido. Pues se llaman seculares muchas cosas que suceden en este siglo aunque pasen en breve tiempo; en cambio, lo que se llama aiwnion denota una duración sin fin, o algo que permanece hasta el fin de este mundo

27. La circuncisión y el pecado original

Puede también ofrecer dificultad el sentido del pasaje: "Todo varón incircunciso, que no ha circuncidado su prepucio, será apartado de su pueblo por haber quebrantado mi pacto" (Gn. 17:14), porque el niño no tiene culpa alguna, cuya alma se dijo que perecería, ni tampoco quebrantó él la alianza de Dios, sino los padres que descuidaron su circuncisión. Pero incluso los niños, no personalmente en su propia vida, sino por el origen común de toda la raza humana, han quebrantado el pacto de Dios en aquel en quien todos pecaron (cf. Ro. 5:12, 19). Porque hay muchos llamados pactos, aparte de los dos importantes, el antiguo y el nuevo, que cualquiera puede leer y conocer.

El primer testamento, que se hizo con el primer hombre dice así: "El día que de él comieres, morirás" (Gn. 2:17). Por ello se escribe en el Eclesiástico: "Toda carne ha de deteriorarse como un vestido. Por el pacto desde el principio del siglo: Morirás de muerte" (Eclo. 14:18, LXX). Pues si la ley se dio con más claridad después, y dice el apóstol: "Donde no hay ley, no hay violación posible" (Ro. 4:15), ¿cómo puede ser verdad lo que dice el salmo: "He tenido por prevaricadores a todos los pecadores de la tierra" (Sal. 119:119, LXX), sino porque están sujetos a algún pecado todos los que son reos de prevaricación de alguna ley?

Por lo cual, si también los niños, como confiesa la verdadera fe, nacen en pecado, no propio sino original, por lo cual confesamos que tienen necesidad de la gracia de la remisión de los pecados, ciertamente deben reconocerse que igual que son pecadores, son también prevaricadores de aquella ley que se dio en el Paraíso. Y así es verdad una y otra afirmación: "He tenido por prevaricadores a todos los pecadores de la tierra", y "donde no hay ley no hay violación posible".

Por esto, como la circuncisión fue un signo de la regeneración, y los niños, debido al pecado original por el cual se quebrantó el primer pacto de Dios, se perderán en justicia por la generación si no los libra la regeneración. Así han de entenderse estas palabras divinas, como sí se dijera: "Si alguno no fuera regenerado, será arrancada su alma de su pueblo", porque quebrantó el pacto de Dios cuando pecó con todos los demás en Adán.

Si hubiera dicho: "Porque quebrantó mi pacto", obligaría a pensar que se trataba de esta circuncisión; pero como no expresó qué pacto había quebrantado el niño, hay libertad para pensar que se trataba de aquel pacto a cuya ruptura podía referirse al niño. Pero puede alguno sostener que tal afirmación no se refiere sino a esta circuncisión, porque al no estar circuncidado ha quebrantado el pacto de Dios. Quien tal sostiene, busque alguna expresión en que razonablemente se pueda entender la ruptura del pacto no realizada por él, pero sí en él. Y aun así es preciso advertir que el alma del niño no circuncidado no perece injustamente por una negligencia suya, sino por estar sujeto al pecado original.

28. Cambio de los nombres de Abraham y Sara

Se le hizo, pues, a Abraham una promesa clara y extraordinaria cuando se le dijo abiertamente: "Te he puesto por padre de muchedumbre de gentes. Y te multiplicaré mucho en gran manera, y te pondré en gentes, y reyes saldrán de ti. Y bendeciré a Sara, y también te daré de ella hijo; sí, la bendeciré, y vendrá a ser madre de naciones; reyes de pueblos serán de ella" (Gn.17:5-6,16). Promesa que vemos cumplida ahora en Cristo. Desde entonces esos cónyuges no se llaman en la Escritura, como antes, Abram y Sarai, sino como los hemos llamado nosotros desde el principio, porque así los llaman todos, Abraham y Sara.

La razón del cambio de nombre de Abraham, nos la dice la Escritura: "Te he puesto por padre de muchedumbre de gentes". Tal es el significado del nombre de Abraham. En cambio, el nombre anterior, Abram, tiene el sentido de "padre sublime". Sobre el cambio del nombre de Sarai no se ha dado explicación; pero al decir de los intérpretes de nombres hebreos que se contienen en las Sagradas Letras, Sara quiere decir "mi princesa", y Sarai, "fuerza". Y por eso se dice en la carta a los Hebreos: "Por la fe también la misma Sara, siendo estéril, recibió fuerza para concebir simiente" (Hb. 11:11).

Ambos eran de edad avanzada, como atestigua la Escritura; pero ella, además, era estéril y privada ya de la menstruación, por lo cual no podía tener hijos aunque no hubiera sido estéril. Si una mujer es de edad muy avanzada, pero aún tiene la menstruación, puede tener hijos con un joven, no con un anciano; aunque pueda ese anciano engendrar con una mujer joven, como pudo Abraham, después de muerta Sara, hacerlo con Cetura, que estaba en la flor de su vida.

Esto es lo que menciona el apóstol como maravilloso, y a esto se refiere al decir que su cuerpo estaba ya "muerto" (Hb. 11:12); porque no podía engendrar en aquella edad de cualquier mujer que se encontrara en las últimas de su capacidad de engendrar. Hemos de entender, en efecto, que el cuerpo estaba muerto para alguna función, no para todas en absoluto; si lo estuviera para todas sería, más que la vejez de un viviente, el cadáver de un muerto.

Aunque también suele resolverse la cuestión de haber Abraham engendrado de Cetura después, diciendo que el beneficio de engendrar que recibió de Dios se continuó aun después de la muerte de su esposa. A mí, en cambio, me parece preferible la solución que hemos seguido, porque realmente un viejo centenario de nuestros días no puede engendrar de mujer alguna, pero lo podía entonces, cuando vivían tanto los hombres, que los cien años no hacían a un hombre viejo decrépito.

29. Identidad de los tres varones de Mambré

Se apareció también Dios a Abraham junto a la encina de Mambré en figura de tres hombres, que no se puede dudar fueran ángeles; aunque algunos piensan que uno de ellos era Cristo el Señor[22], afirmando que él era visible aun antes de haberse revestido de nuestra carne. Cierto que es propio del poder divino y de la naturaleza invisible, incorpórea e inmutable, aparecer visiblemente sin cambio alguno suyo, no mediante lo que es, sino por lo que está sujeto a Él. Y ¿qué es lo que no le esté sujeto? Mas si tratan de establecer que alguno de estos tres fue Cristo, porque habiendo visto a tres, habló sólo con el Señor, como está escrito: "Alzó sus ojos y miró, y he aquí tres varones que estaban junto a él: y cuando los vio, salió corriendo de la puerta de su tienda a recibirlos, y se inclinó hacia la tierra, y dijo: Señor, si ahora he hallado gracia en tus ojos, te ruego que no pases de tu siervo" (Gn. 18:2-3), etc. Pero ¿por qué entonces no advierten que dos de ellos habían venido para destruir a Sodoma, mientras hablaba Abraham con uno llamándole Señor e intercediendo para que no destruyera en Sodoma al justo con el impío?

Y Lot recibió a aquellos dos y, hablando con ellos, los llama también Señor en singular. Así, habiéndoles dicho en plural: "Señores míos, pasad a hospedamos en casa de vuestro siervo" (Gn. 19:2), y todo lo demás que aquí se dice; continúa después: "Y deteniéndose él, los varones asieron de su mano, y de la mano de su mujer, y de las manos de sus dos hijas según la misericordia del Señor para con él; y le sacaron, y le pusieron fuera de la ciudad. Y fue que cuando los hubo sacado fuera, dijo: Escapa por tu vida; no mires tras ti, ni pares en toda esta llanura; escapa al monte, no sea que perezcas. Y Lot les dijo: No, yo os ruego, señores míos; he aquí ahora ha hallado tu siervo gracia en tus ojos" (Gn. 19:16-19), etc. Después de estas palabras también el Señor le respondió en singular, aunque estaba representado en dos ángeles, diciéndole: "Accedo a lo que pides" (v. 21), etc.

Por lo cual es mucho más digno de crédito que Abraham en los tres y Lot en los dos reconocían al Señor, a quien hablaban en singular, aunque los tuvieron por hombres; pues no había otro motivo para recibirlos de esa manera y servirles como mortales y necesitados de alimentación hu-

---

22. Opinión de Tertuliano, *La carne de Cristo*, 6; *Respuesta a los judíos* 9; *Contra Marción* II,27; III,9; Ireneo, *Contra las herejías* III,6; IV,26; Justino, *Diálogo con Trifón*, 56, publicados en esta misma colección.

mana. Pero había ciertamente algo tan excelente que, aunque al parecer fueran hombres, los que prestaban esa hospitalidad no podían dudar que en ellos estaba el Señor, como suele estar en los profetas; y por ello unas veces les hablaban en plural, y otras les llamaban Señor en singular.

Que eran ángeles nos lo testifica la Escritura, no sólo en este libro del Génesis, donde se narran tales hechos, sino también en la carta a los Hebreos, cuando, alabando la hospitalidad, dice: "Por ella algunos, sin saberlo, hospedaron ángeles" (Heb. 13:2). Por estos tres varones, por consiguiente, en la promesa que de nuevo se hizo a Abraham sobre su hijo Isaac, que nacería de Sara, se otorgó también aquella divina respuesta: Abraham se convertirá en un pueblo grande y numeroso; en él se bendecirán todos los pueblos de la tierra" (Gn. 18:18). Donde con la mayor brevedad y plenitud se contienen las dos promesas: el pueblo de Israel según la carne y todos los pueblos según la fe.

30. Liberación de Lot y concupiscencia de Abimelec

Después de esta promesa Lot fue liberado de Sodoma, bajó del cielo una nube de fuego y quedó reducida a polvo toda la región de la impía ciudad, donde las deshonestidades entre los varones habían llegado a ser tan corrientes como el libertinaje de otras acciones autorizadas por las leyes. Mas este castigo fue además, una imagen del futuro juicio divino. ¿Qué otra cosa quiere significar la prohibición de mirar atrás de los que eran liberados por los ángeles, sino que no debe el ánimo volver a la vieja vida, de la que el regenerado ha sido libertado por la gracia, si pretendemos escapar al último juicio? En fin, la mujer de Lot quedó en el sitio en que miró atrás y, convertida en sal, suministró cierto condimento a los hombres fieles, con el cual puedan aprender a precaverse de tal ejemplo.

Entonces Abraham repitió en Guerar ante el rey de aquella ciudad, Abimelec, lo que había hecho con su esposa en Egipto, y de la misma manera se la devolvió intacta. Reprendiendo, en efecto, el rey a Abraham por qué había callado que era su esposa, diciendo que era su hermana, al descubrirle el temor que había tenido, añadió: "Es realmente hermana mía; de padre, aunque no de madre" (Gn. 20:12). Pues, por parte del padre, era hermana de Abraham, de quien era muy allegada. Y era tan hermosa, que podía inspirar amor aun en aquella edad.

31. Isaac y motivo de su nombre

Después de estas cosas le nació a Abraham, según la promesa de Dios, un hijo de Sara, y le llamó Isaac, que quiere decir "risa", pues se había reído su padre con admiración llena de gozo cuando le fue prometido. También su madre se había reído cuando, dudando en su gozo, se le hizo de nuevo la promesa por medio de los tres varones; bien, que el ángel la había reprendido porque aquella risa, si bien procedía del gozo, no manifestaba una fe perfecta; aunque luego la confirmó el ángel en la misma. Por este motivo recibió el niño tal nombre.

Sara mostró que aquella risa no era una burla ante un insulto, sino la expresión de una alegría cuando al nacer Isaac le puso tal nombre diciendo: "Dios me ha hecho reír, y cualquiera que lo oyere, se reirá conmigo" (Gn. 21:6). Sin embargo, poco tiempo después la sierva fue arrojada de casa con su hijo. Esto significa, según el apóstol, los dos Testamentos, el Antiguo y el Nuevo (Gál. 4:26), donde Sara es la figura de la Jerusalén celestial, es decir, de la ciudad de Dios.

32. Prueba y fe de Abraham

1. Entre otros acontecimientos, cuya enumeración sería demasiado larga, se encuentra la tentación que sufrió Abraham sobre la inmolación de su queridísimo hijo Isaac, para ser probada su religiosa obediencia, destinada a llegar al conocimiento de los siglos, no al de Dios. Porque no debe ser reprobada toda tentación; antes hay que felicitarse por la que sirve de prueba.

Aparte de que las más de las veces no puede el espíritu humano conocerse a sí mismo de otra manera más que empeñando sus fuerzas, no de palabra, sino de obra en la tentación, que en cierto modo es un interrogante. En cuya prueba, si reconoce el don de Dios, se muestra religioso y se afianza con la firmeza de la gracia, nunca se engríe con la vanidad de la jactancia.

Ciertamente no podía creer Abraham que Dios se deleitara con víctimas humanas; pero al dejarse oír el precepto divino es preciso obedecer, no disputar. Sin embargo, merece Abraham la alabanza de haber creído que su hijo, una vez sacrificado resucitaría inmediatamente. Porque al no querer cumplir la voluntad de su esposa de arrojar afuera a la esclava y a su hijo, Dios le había dicho: "Es Isaac quien continuará tu descendencia". Aunque también le dice allí a continuación: "Aunque también del hijo de la sierva sacaré un gran pueblo, por ser descendiente tuyo" (Gn. 21:12,13). ¿Cómo se dijo: "Es Isaac quien continuará tu descendencia", si también a Ismael lo llama Dios descendencia suya?

Exponiendo el apóstol el significado dice: "En Isaac te será llamada simiente. Quiere decir: No los que son hijos de la carne, éstos son los hijos de Dios; mas los que son hijos de la promesa, son contados en la generación" (Ro. 9:7-8). Y por esto, para constituir la descendencia de Abraham, los hijos de la promesa son llamados en Isaac, esto es, son congregados en Cristo por el llamamiento de la gracia.

Por eso el padre, manteniendo fielmente la promesa que se había de cumplir precisamente en aquel que mandaba Dios inmolar, no abrigó duda de que se le podía devolver después de inmolado quien había sido dado contra toda esperanza. Así se interpreta y expone en la carta a los Hebreos cuando dice: "Por la fe, Abraham, puesto a prueba, ofreció a Isaac, y era su único hijo lo que ofrecía el depositario de la promesa, después que le habían dicho: Isaac continuará tu descendencia, estimando que Dios tiene poder incluso para levantar de la muerte". Y por ello añadió: "De donde también le volvió a recibir por figura" (Hb. 11:17-19). ¿A qué figura se refiere sino a la de quien dice el mismo apóstol: "Aquel que no escatimó a su propio Hijo, sino que lo entregó por nosotros" (Ro. 8:32)? De hecho, Isaac, lo mismo que el Señor, llevó su propia cruz, llevó al lugar del sacrificio la leña sobre la que había de ser colocado. Finalmente, como era preciso que Isaac no muriera, cuando el padre recibió la orden de no sacrificarlo, ¿qué carnero era aquel con cuya inmolación se consumó el sacrificio con sangre simbólica? Cuando lo vio Abraham, estaba retenido por los cuernos en un arbusto. ¿A quién representaba sino a Jesús, coronado de espinas por los judíos antes de ser inmolado?

2. Pero será mejor escuchar las palabras de Dios a través del ángel. Dice la Escritura: "Abraham, Abraham. Y él respondió: Heme aquí. Y dijo: No extiendas tu mano sobre el muchacho, ni le hagas nada; que ya conozco que temes a Dios, pues que no me rehusaste tu hijo, tu único" (Gn. 22:11-12). Se dice "ya conozco", esto es, "ahora he dado a conocer", puesto que Dios no ignoraba esto[23].

Después de inmolar aquel carnero en lugar de su hijo Isaac, se dice: "Y llamó Abraham el nombre de aquel lugar, el Señor proveerá, por eso se dice hoy: En el monte donde el Señor provee" (v. 14). Como se dijo "ya conozco" en lugar de "ahora he dado a conocer", así se dice aquí el Señor provee en lugar de "el Señor se apareció", es decir, "se hizo ver".

"Y llamó el ángel del Señor a Abraham segunda vez desde el cielo, y dijo: Por mí mismo he jurado, dice el Señor, que por cuanto has hecho esto, y no me has rehusado tu hijo, tu único; bendiciendo te bendeciré, y multiplicando multiplicaré tu simiente como las estrellas del cielo, y

---

23. Dios no necesita aprender nada, porque lo sabe todo, pero el hombre necesita la tentación para conocer sus límites. Esta idea la desarrolla Agustín en *Enn. in Ps.* 55,2; *Serm.* 2,3, *Solil.* II,1,1; *De Gen ad litt.* III,15,24; *Quaest. in Hept.* V,19; *De Gen. contra Manich.* I,22,34; *In Io. Evang.* 43,6; etc.

como la arena que está á la orilla del mar; y tu simiente poseerá las puertas de sus enemigos: En tu simiente serán benditas todas las gentes de la tierra, por cuanto obedeciste a mi voz" (vv. 15-18). Tal es la promesa, confirmada hasta con el juramento de Dios, sobre la vocación de los pueblos en la descendencia de Abraham, después del holocausto que tipificaba a Cristo. Siempre había prometido, pero nunca había jurado. Y ¿qué es el juramento de un Dios verdadero y veraz, sino la confirmación de la promesa y como un reproche a los incrédulos?

Muerte de Sara

3. Después, a los ciento veintisiete años de edad y a los ciento treinta y siete de la de su esposo, murió Sara. Abraham tenía, en efecto, diez años más que Sara, como lo dice él mismo cuando se le hace la promesa del hijo que de ella le nacería: "¿Un centenario va a tener un hijo, y Sara va a dar a luz a los noventa?" (Gn. 17:17). Entonces compró Abraham un campo y en él sepultó a su esposa. Y fue entonces cuando, según la narración de Esteban, se estableció en aquella tierra, porque comenzó a tomar posesión de ella, esto es, después de la muerte de su padre, que se calcula había muerto dos años antes.

33. Tipología del matrimonio de Isaac

Después Isaac tomó por esposa a Rebeca, nieta de su tío Nacor, a los cuarenta años de edad, es decir, el año ciento cuarenta de la vida de su padre, a los tres años de morir su madre. Para buscársela, su padre envió un criado a Mesopotamia, y le dijo: "Pon tu mano bajo mi muslo y júrame por el Señor Dios del cielo y de la tierra que cuando busques mujer a mi hijo no la escogerás entre los cananeos" (Gn. 24:2-3).

¿Qué se quiere dar a entender con ello, sino que el Señor del cielo y de la tierra había de venir en la carne procedente de aquel muslo? ¿Son acaso pequeños estos indicios de la verdad cuyo cumplimiento vemos en Cristo?

34. Segundas nupcias de Abraham con Cetura

¿Qué significa el haber tomado Abraham por esposa a Cetura tras la muerte de Sara? Lejos de nosotros pensar que fue debido a incontinencia, sobre todo en edad tan avanzada y con tal santidad de fe. ¿Buscaba acaso tener todavía hijos si, por la promesa de Dios, estaba tan seguro de que sus hijos por medio de Isaac se multiplicarían como las estrellas del cielo y como las arenas de la tierra? En efecto, si Agar e Ismael, como enseña el apóstol, significaron al pueblo carnal del viejo pacto, ¿por qué Cetura y sus hijos no habían de significar a los carnales que piensan que pertenecer al nuevo? Pues ambas son llamadas esposas y concubinas de Abraham. En cambio, Sara nunca fue llamada concubina. Cuando se le dio Agar a Abraham, se dice: "Sarai, mujer de Abram, tomó á Agar su sierva egipcia, al cabo de diez años que había habitado Abram en la tierra de Canaán, y la dio a Abram su marido por mujer" (Gn. 16:3). Y de Cetura, que tomó después de la muerte de Sara, se lee: "Abraham tomó otra mujer, llamada Cetura" (Gn. 25:1). He ahí por qué ambas son llamadas esposas. "Abraham dio todo cuanto tenía á Isaac. Y a los hijos de sus concubinas dio Abraham dones, y los envió de junto Isaac su hijo, mientras él vivía, hacia el oriente, a la tierra oriental" (Gn. 25:5-6).

Tienen algunos derechos los hijos de las concubinas, pero no llegan al reino prometido; ni los herejes, ni los judíos carnales, porque fuera de Isaac no hay herederos: no es la generación natural la que hace hijos de Dios, es lo engendrado en virtud de la promesa lo que cuenta como descendencia, de la cual se dijo: "Es Isaac quien continúa tu descendencia" (cf. Ro. 9:7-8). En realidad no comprendo por qué Cetura, tomada después de la muerte de la esposa, ha sido llamada concubina sino a causa de este misterio.

De todos modos, quien no quiera admitir estas interpretaciones no debe calumniar a Abraham. Pues ¿no podría ser una providencia contra los futuros herejes[24] adversarios de las segundas nupcias, tratar de demostrar en el mismo padre de muchos pueblos que no es pecado casarse de nuevo después de la muerte del cónyuge? Abraham murió a la edad de ciento setenta y cinco años. Dejó, pues, a su lujo Isaac de setenta y cinco años, ya que le había engendrado a sus cien años.

35. Tipología de los mellizos

Veamos hora cómo avanzan los tiempos de la ciudad de Dios a través de los descendientes de Abraham. Desde el primer año de la vida de Isaac hasta el sexagésimo, en que le nacieron los hijos, lo único memorable es cuando oró a Dios que tuviera hijos su esposa, que era estéril, y

---

24. Los catafrigos rechazaban las segundas nupcias como cosa del demonio y eran equiparadas por ellos a la fornicación. (Agustín, *De haeresibus* 26). También los novacianos y los montanistas condenaban las segundas nupcias, entre ellos Tertuliano, autor del célebre tratado *De Monogamia*. Los ortodoxos, por contra, advertían contra la condenación: "Los que se casan una sola vez no juzguen ni reprueben a los que contraen segundas nupcias". Cirilo de Jerusalén, *Catequesis* IV,26, publicado en esta misma colección.

habiéndole concedido el Señor lo que pedía, concibió ella y se agitaban en su vientre los mellizos.

Atormentada ella por esta molestia, preguntó al Señor, y éste le respondió: "Dos gentes hay en tu seno, y dos pueblos serán divididos desde tus entrañas: y un pueblo será más fuerte que el otro, y el mayor servirá al menor" (Gn. 25:23). En esto quiere ver el apóstol Pablo un notable testimonio de la gracia: "Porque no siendo aún nacidos, ni habiendo hecho aún ni bien ni mal, para que el propósito de Dios conforme a la elección, no por las obras sino por el que llama, permaneciese; le fue dicho que el mayor serviría al menor" (Ro. 9:11-13). Sin duda alguna que, en cuanto al pecado original, los dos eran iguales, y en cuanto a los pecados personales, ninguno de ellos los tenía. Pero el plan de esta obra no me permite extenderme más en este tema. Ya he hablado bastante en otros escritos[25].

"El mayor servirá al menor" es entendido por nuestros escritores, casi sin excepción, en el sentido de que el pueblo mayor judío servirá al pueblo menor cristiano. Pudiera, ciertamente, verse cumplido en el pueblo de los idumeos, que nació del mayor, y tenía dos nombres (se llamaba efectivamente Esaú y Edom; de ahí el llamarse idumeos); pueblo que fue vencido por el otro pueblo nacido del menor, esto es, el israelita, y le había de estar sometido. Sin embargo, se cree más oportuno que está encaminada a más altos fines la profecía "un pueblo vencerá al otro, el mayor servirá al menor". ¿Qué quiere decir esto sino lo que se ve evidentemente cumplido en los judíos y los cristianos?

36. Oráculo y bendición recibida por Isaac

Recibió también Isaac el mismo oráculo que había recibido su padre algunas veces: He aquí el oráculo: "Hubo hambre en la tierra, además de la primera hambre que fue en los días de Abraham: y se fue Isaac a Abimelec rey de los Filisteos, en Gerar. Y se apareció el Señor, y le dijo: No desciendas a Egipto: habita en la tierra que yo te diré; habita en esta tierra, y seré contigo, y te bendeciré; porque a ti y a tu simiente daré todas estas tierras, y confirmaré el juramento que juré a Abraham tu padre: Y multiplicaré tu simiente como las estrellas del cielo, y daré a tu simiente todas estas tierras; y todas las gentes de la tierra serán benditas en tu simiente. Por cuanto oyó Abraham mi voz, y guardó mi precepto, mis mandamientos, mis estatutos y mis leyes" (Gn. 26:1-5).

---

25. Principalmente en *De grat. Christi et de peccat. orgi.*; *De grat. et de lib. arb.*; *De corrept. et grat.*; *De praedest. sant.*

Este patriarca no tuvo otra esposa ni concubina alguna, sino que se dio por satisfecho con la posteridad de los dos mellizos nacidos de un solo acto. Temió también por la hermosura de su esposa habitando entre los extranjeros, y como su padre, la llamó hermana, callando que era esposa; en realidad era pariente suya por línea paterna y materna. También ella fue respetada por los extranjeros, aun conociendo que era su esposa. No debemos, sin embargo, anteponerlo a su padre por el hecho de no haber tenido otra mujer que su esposa. Eran, sin duda, más excelentes los méritos de la fe y obediencia paternas, y por éste dice el Señor que le otorga los bienes que le otorga. "Serán bendecidos en tu nombre todos los pueblos de la tierra, porque Abraham me obedeció y guardó mis preceptos, mandatos, normas y leyes".

Y también en otro oráculo dice: "Yo soy el Dios de Abraham, tu padre; no temas, que estoy contigo; te bendeciré y haré crecer tu descendencia por amor a Abraham, mi siervo" (Gn. 26:24). Por este pasaje podemos entender con qué castidad procedió Abraham en aquello precisamente que los impúdicos, buscando una excusa para su maldad en las Escrituras Santas, le achacan como fruto de su pasión. Así como también hemos de aprender a no comparar a los hombres entre sí por sus acciones en particular, sino que hemos de considerar en cada uno el conjunto.

Puede ocurrir, en efecto, que uno aventaje a otro en alguna cualidad de su conducta, y esa cualidad sea mucho más excelente que otra en la que le supera este segundo. Y así, aunque bien consideradas las cosas, la continencia se prefiere al matrimonio, es mejor un cristiano casado que un infiel continente. Y no sólo no merece alabanza el hombre infiel, sino que es sumamente reprobable. Supongamos dos igualmente buenos; por supuesto que, aun así, es más digno el casado fidelísimo y obedientísimo a Dios que el continente, pero con menos fe y menos obediencia. Ahora bien, si en lo demás son iguales, ¿quién dudará en anteponer el continente al casado?

37. Tipología de Esaú y Jacob

Los dos hijos de Isaac, Esaú y Jacob, crecieron juntos. La primacía del mayor fue transferida al menor por el convenio pactado entre ellos a consecuencia del plato de lentejas que fue preparado por el menor y solicitado inmoderadamente por el mayor. A cambio le vendió a su hermano, con la garantía del juramento, el derecho de primogenitura. Este episodio nos enseña que no es censurable en la comida la calidad del alimento, sino el ansia destemplada.

Envejeció Isaac, y la vez privó a sus ojos de la vista. Quiso bendecir a su hijo mayor, y sin darse cuenta, en lugar del mayor, que era velloso, con la imposición de las manos paternas bendijo al menor, que se había acomodado unas pieles de cabrito, como portador de los pecados ajenos. Para alejar de Jacob la intención de una simulación fraudulenta y tratar de buscar más bien un misterio en su conducta, había dicho ya antes la Escritura: "Esaú fue diestro en la caza, hombre del campo: Jacob por contra era varón quieto, que habitaba en tiendas" (Gn. 25:27). Algunos de los nuestros han interpretado esto "sin engaño". Pero ya se entienda como "sin engaño", o "sencillo", o más bien "sin ficción", que es el griego aplastov, ¿qué es, en la consecución de esta bendición, el dolo de un hombre sin dolo?; ¿qué es el engaño de un hombre sencillo, qué la ficción de uno que no miente, sino un profundo misterio de la verdad?

¿En qué consiste esa misma bendición? Dice: "Mira, el olor de mi hijo como el olor del campo que el Señor ha bendecido: Dios, pues, te de del rocío del cielo, y de las grosuras de la tierra, y abundancia de trigo y de mosto" (Gn. 27:27-28). Por lo tanto, la bendición de Jacob es la predicación de Cristo en todas las naciones. Esto se está realizando, esto se lleva a cabo. Isaac es la Ley y los Profetas: incluso por boca de los judíos esa ley bendice a Cristo como sin conocerle, pues ella misma es desconocida.

El mundo, como un campo, se llena del aroma del nombre de Cristo: suya es la bendición que procede del rocío del cielo, esto es, de la lluvia de la palabra divina, y la que procede de la fertilidad de la tierra, es decir, de la reunión de los pueblos; suya es la abundancia de trigo y de vino, o sea, la multitud que reúne el trigo y el vino en el sacramento de su cuerpo y de su sangre. A él le sirven los pueblos, a él le adoran los príncipes.

Él es señor de su hermano porque su pueblo señorea sobre los judíos. A Cristo adoran los hijos de su padre, esto es, los hijos de Abraham según la fe, ya que es hijo de Abraham según la carne. Quien a Él maldiga será maldito, y quien le bendiga será bendito. Este nuestro Cristo, digo, es bendecido también, es decir predicado en realidad por boca de los judíos, que, aunque equivocados, lo proclaman en la Ley y los Profetas: piensan que proclaman a otro, objeto de su errada esperanza.

Pero he aquí que, al reclamar el mayor la bendición prometida, se estremece Isaac y queda sorprendido al conocer que ha bendecido a uno por otro, preguntando quién es el otro. Y, sin embargo, no se queja de haber sido engañado; antes bien, conocido súbitamente por revelación en su interior el gran misterio, evita la indignación y confirma la bendición. Dice así: "Entonces, ¿quién es el que ha venido y me ha traído la caza? Yo la he comido antes de que tú llegaras, lo he bendecido y quedará bendito" (Gn. 27:33). ¿Quién no esperaría aquí la maldición del hombre airado si esto no hubiera tenido lugar por inspiración divina y no a estilo humano? ¡Oh maravillas cumplidas, pero cumplidas proféticamente; realizadas en la tierra, pero por inspiración divina; llevadas a cabo por los hombres, pero de un modo divino! Si se fueran a escudriñar cada una de estas maravillas repletas de misterios ocuparían muchos volúmenes. Pero la necesidad de poner los límites que reclama esta obra nos fuerza a pasar con prisa a examinar otros puntos.

38. Tipología del viaje de Jacob a Mesopotamia

1. Jacob fue enviado a Mesopotamia por sus padres para que tome allí esposa. Al enviarle le dijo su padre: "No tomes mujer de las hijas de Canaán. Levántate, ve a Padan-aram, a casa de Betuel, padre de tu madre, y toma allí mujer de las hijas de Labán, hermano de tu madre. Y el Dios omnipotente te bendiga y te haga fructificar, y te multiplique, hasta venir a ser congregación de pueblos; y te de la bendición de Abraham, y a tu simiente contigo, para que heredes la tierra de tus peregrinaciones, que Dios dio á Abraham" (Gn. 28:1-4). Vemos aquí la descendencia de Jacob separada de la otra de Isaac, cuyo tronco es Esaú. Porque cuando se dijo: "En Isaac será llamada tu descendencia", descendencia que pertenece indudablemente a la ciudad de Dios, quedó ya separada la otra descendencia de Abraham, constituida primero en el hijo de la sierva y luego en los hijos de Cetura. Pero quedaba todavía aún la duda acerca de los dos mellizos de Isaac, si la bendición aquella recaería sobre uno y otro o sobre uno de ellos; y si sólo había de recaer sobre uno, cuál de ellos sería. Esto quedó declarado al presente al bendecir proféticamente el padre a Jacob y decirle: "Llegarás a ser grupo de tribus. Él te conceda la bendición de tu padre Abraham".

2. Caminando Jacob hacia Mesopotamia recibió en sueños un oráculo en estos términos: "Salió Jacob de Beer-seba, y fue a Harán; y encontró con un lugar, y durmió allí porque ya el sol se había puesto: y tomó de las piedras de aquel paraje y puso a su cabecera, y se acostó en aquel lugar. Y soñó, y he aquí una escala que estaba apoyada en tierra, y su cabeza tocaba en el cielo: y he aquí ángeles de Dios que subían y descendían por ella. Y he aquí, el Señor estaba en lo alto de ella, el cual dijo: Yo soy el Señor, el Dios de Abraham tu padre, y el Dios de Isaac: la tierra en que estás acostado te la daré a ti y a tu simiente. Y será tu simiente como el polvo de la tierra, y te extenderás al occidente, y al oriente, y al aquilón, y al mediodía; y todas las familias de la tierra serán benditas en ti y en tu simiente. Y he aquí, yo soy contigo, y te guardaré por donde quiera que fueres, y te volveré a esta tierra; porque no te dejaré hasta tanto que haya

hecho lo que te he dicho. Y despertó Jacob de su sueño dijo: Ciertamente el Señor está en este lugar, y yo no lo sabía. Y tuvo miedo, y dijo: ¡Cuán terrible es este lugar! No es otra cosa que casa de Dios, y puerta del cielo. Y se levantó Jacob de mañana, y tomó la piedra que había puesto de cabecera, y la alzó por título, y derramó aceite encima de ella. Y llamó el nombre de aquel lugar Beth-el, bien que Luz era el nombre de la ciudad primero" (Gn. 28:10-19).

Este es un pasaje profético. Porque Jacob no derramó aceite sobre la piedra a modo de idolatría, como haciéndola un dios; ni tampoco adoró la misma piedra, o le ofreció sacrificio, sino como el nombre de Cristo procede de crisma, que significa unción, sin duda estuvo aquí figurado algo que dice relación a un gran misterio. El Salvador mismo nos trae a la memoria esa escala en el Evangelio, cuando dice de Natanael: "He aquí un verdadero israelita, en el cual no hay engaño" (Jn. 1:47), porque Israel que había visto esa visión, no es otro que Jacob. Y en el mismo lugar dice: "De aquí adelante veréis el cielo abierto, y los ángeles de Dios que suben y descienden sobre el Hijo del hombre" (v. 51).

3. Marchó Jacob a Mesopotamia para tomar esposa de allí. La misma Escritura nos declara cómo llegó a tener cuatro mujeres, de las cuales engendró doce hijos y una hija, sin caer en la concupiscencia ilícita de ninguna de ellas. Había venido, en verdad, para tomar una; pero como le sustituyeron una por otra, y, sin saberlo él, tuvo contacto con ella por la noche, no la despidió para no dar la impresión de haberla escarnecido. Entonces, cuando no había ley que prohibiera tener muchas esposas con vistas a la multiplicación de la posteridad, tomó por esposa también a la única a quien había dado palabra de matrimonió. Pero como ésta era estéril, le dio al marido una sierva para que tuviera descendencia de ella. Esto mismo, imitándola, hizo su hermana mayor, aunque no era estéril, deseando multiplicar su prole.

De una sólo se dice que solicitó Jacob por esposa, y que no usó de más sino para engendrar hijos, conservando el derecho conyugal de no hacer esto si no lo hubieran solicitado sus esposas, que tenían el legítimo poder del cuerpo de su varón. Engendró, pues, doce hijos y una hija de las cuatro mujeres. Después entró en Egipto por medio de su hijo José, que, vendido por sus hermanos, fue llevado allí y alcanzó los más altos honores.

39. Razón por la que Jacob también es llamado Israel

Jacob, como dije hace poco, recibió también el nombre de Israel; nombre que se reservó más bien para el pueblo que de él se originó. Este nombre se lo impuso el ángel que había luchado con él en el camino volviendo de Mesopotamia, figura bien clara de Cristo[26] . La victoria de Jacob sobre el ángel, que la aceptó de buen grado para representar el misterio, significa la pasión de Cristo, en que parece prevalecieron sobre él los hombres. Consiguió, sin embargo, la bendición del ángel por él vencido; bendición que consistió en la imposición de ese nombre. El significado de Israel es "el que ve a Dios", que será al final de los siglos la recompensa de todos los santos.

También el ángel le tocó como a vencedor la parte ancha del muslo, dejándolo cojo. Quedaba así el mismo y único Jacob bendecido y cojo: bendecido en los que del mismo pueblo creyeron en Cristo, y cojo en los que no creyeron. Pues la anchura del muslo indica la multitud de la familia. Porque hay muchos entre ellos de quienes se profetizó: "Anduvieron cojeando fuera de sus sendas" (Sal. 18:45, LXX)[27].

40. Entrada de Jacob en Egipto y concordancia de textos

Se dice que los que entraron en Egipto con Jacob fueron setenta y cinco personas, contándose el mismo Jacob con sus hijos. En cuyo número sólo se citan dos mujeres, una hija y una nieta. Pero bien considerado esto, no quiere decir que hubiera en la descendencia de Jacob un número tan grande el día o el año que entró en Egipto, ya que se recuerdan también entre ellos los biznietos de José, que en modo alguno pudieron existir ya entonces. Jacob tenía, a la sazón, ciento treinta años, y su hijo José treinta y nueve; y constando que se casó a los treinta años o más, ¿cómo pudo tener biznietos de los hijos que había tenido de esa misma esposa? No teniendo hijos Efraín y Manasés, hijos de José, a quienes conoció Jacob de nueve años cuando entró en Egipto, ¿cómo no sólo sus hijos sino también sus nietos, se cuentan entre aquellos setenta y cinco que entraron entonces en Egipto con Jacob? Allí se citan, en efecto, Maquir, hijo de Manasés, y el mismo hijo de Maquir, esto es, Galaad, nieto de Manasés, biznieto de José. Se cuenta también un hijo de Efraín, nieto de José, esto es, Utalaán; lo mismo que Edem, hijo de Utalaán, nieto de Efraín, biznieto de José. Evidentemente no podían existir éstos cuando Jacob fue a Egipto y encontró a los hijos de José, nietos suyos y abuelos de éstos, todavía menores de nueve años[28].

---

26. Véase Justino Mártir, *Diálogo con Trifón*, 59-60, publicado en esta misma colección.

27. "Los extraños flaquearon" (RV).

28. Agustín sigue aquí la Septuaginta, que en Gn. 46:20 añade estos dos hombres al de Manasés y Efraín, y el versículo 27 contabiliza setenta y cinco años, como en Hch. 7:14, mientras que el texto hebreo habla de setenta años.

Sin duda que la entrada de Jacob en Egipto, cuando lo cita la Escritura entre las setenta y cinco personas, no se refiere a un día ni a un año, sino a todo el tiempo que vivió José, quien fue la causa de que entrasen allí. "Estuvo José en Egipto, él y la casa de su padre: y vivió José ciento diez años. Y vio José los hijos de Efraín hasta la tercera generación" (Gn. 50:22-23). Llama tercera generación, tercero desde Efraín, contando el hijo, el nieto y el biznieto. Luego sigue: "También a los hijos de Maquir, hijo de Manasés, y se los puso en las rodillas" (v. 23). Este es aquel nieto de Manasés, biznieto de José. Y se habla en plural, según la costumbre de la Escritura; que también llamó hijas a la hija única de Jacob. Como es uso de la lengua latina hablar de hijos en plural, aunque no haya más que uno.

Cuando se proclama, pues, la felicidad de José porque pudo ver a sus biznietos, no se puede pensar en modo alguno que existieron ya en el año treinta y nueve de su bisabuelo José cuando vino a él en Egipto su padre Jacob. Lo que induce a error al considerar esto con poca diligencia, es lo que está escrito: "Estos son los nombres de los hijos de Israel, que entraron en Egipto, Jacob y sus hijos" (Gn. 46:8). Se dijo esto en el sentido de que, contándolo él, suman setenta y cinco, no porque existían ya todos cuando él entró en Egipto, sino, como he dicho, porque se nos da todo el tiempo de su entrada, que es el de la vida de José, según parece, a quien se debe tal entrada.

41. Tipología de la bendición de Judá

Si atendemos al pueblo cristiano, en el que vive como forastera en la tierra la ciudad de Dios, y buscamos el nacimiento de Cristo según la carne en la descendencia de Abraham (dejando a un lado a los hijos de las concubinas), nos encontramos con Isaac; si lo buscamos en Isaac, dejando a Esaú llamado también Edom, tenemos a Jacob, por otro nombré Israel; y si lo buscamos en la descendencia del mismo Israel pasando por alto a los demás, nos encontramos con Judá, puesto que de la tribu de Judá nació Cristo. Por esta razón escuchemos cómo Israel, a punto ya de morir en Egipto, dijo proféticamente a Judá, al bendecir a sus hijos: "A ti, Judá, te alabarán tus hermanos, pondrás la mano en la cerviz de tus enemigos: Los hijos de tu padre se inclinarán a ti. Cachorro de leór. Judá; de la presa subiste, hijo mío; se encorvó, se echó como león, así como león viejo; ¿quién lo despertará? No será quitado el cetro de Judá, y el legislador de entre sus pies, hasta que venga Shiloh; Y a él se congregarán los pueblos. Atando a la vid su pollino, y a la cepa el hijo de su asna, lavó en el vino su vestido, y en la sangre de uvas su manto: Sus ojos bermejos del vino, y los dientes blancos de la leche" (Gn. 49:8-12).

He expuesto este pasaje en mi tratado Contra Fausto el maniqueo; y creo haber dicho lo bastante sobre la verdad tan patente de esta profecía[29]. En ella se anuncia la muerte de Cristo al decir "se echó", y por el nombre de "león" se expresa el poder sobre la muerte, no la sujeción a la misma. Tal poder nos lo proclama Cristo mismo en el Evangelio: "Nadie me la quita, mas yo la pongo de mí mismo. Tengo poder para ponerla, y tengo poder para volverla á tomar. Este mandamiento recibí de mi Padre" (Jn. 10:18). Así rugió el león, así cumplió lo que dijo. Pues a ese poder pertenece lo que se añadió sobre la resurrección: "¿Quién lo despertará?" Es decir, que no habrá hombre alguno, si no es él, quien dijo también de su cuerpo: "Destruid este templo y en tres días lo levantaré" (Jn. 2:19).

También la naturaleza de muerte, es decir, la sublimidad de la cruz se simboliza en la sola palabra "de la presa subiste". El evangelista explica lo que se añade, "se echó como león viejo": "Y reclinando la cabeza, entregó el espíritu" (Jn 19:30). Aunque también puede referirse a su sepultura, en la cual se recostó muerto, y de donde ningún hombre pudo hacerlo resucitar, como lo hicieron los profetas con algunos, e incluso él mismo con otros, sino que fue él quien se levantó como de un sueño.

También "lavó en el vino su vestido", esto es, que limpia de los pecados en su sangre, ¿qué significa sino la Iglesia? Los bautizados conocen el misterio de esa sangre; y por eso añade: "y en la sangre de uvas su manto". "Sus ojos son más oscuros que vino"; esto se refiere a los espirituales, embriagados de su bebida, de la cual canta el salmo: "Mi copa está rebosando" (Sal. 23:5). Las palabras "sus dientes más blancos que la leche" significan, según el apóstol, las palabras nutritivas que beben los párvulos, no aptos aún para el alimento sólido[30].

En él, pues, estaban puestas las promesas de Judá, hasta cuyo cumplimiento nunca faltaron príncipes, esto es, reyes de Israel, en esa estirpe. Y él es la "esperanza de las naciones"[31]; sobre todo esto, es más claro lo que estamos viendo que lo que se puede exponer.

---

29. *Contra Faustum manichaeum*, 1,12.

30. 1ª Pd. 2:2; 1ª Cor. 3:2.

31. "Y a él se congregarán los pueblos" (v. 10), que Agustín lee en relación con Hag. 2:7: "Y haré temblar a todas las gentes, y vendrá el deseado de todas las gentes; y henchiré esta casa de gloria, ha dicho Jehová de los ejércitos".

42. Tipología de los dos hijos de José

Los hijos de Isaac, Esaú y Jacob, fueron tipos o figuras de dos pueblos, los judíos y los cristianos (aunque por lo que se refiere a la propagación carnal, los judíos no proceden de Esaú, sino los idumeos, ni los pueblos cristianos proceden de Jacob, sino más bien los judíos; porque el tipo aquí contenido hace referencia a "el mayor servirá al menor"). Así también sucedió en los dos hijos de José: el mayor representó a los judíos y el menor a los cristianos.

Al bendecirlos a ellos Jacob, puso la mano derecha sobre el menor, que tenía a la izquierda, y la izquierda sobre el mayor, que tenía a su derecha. Le pareció esto molesto a su padre y trató de corregir el error, avisando a Jacob y mostrándole cuál de ellos era el primogénito. No quiso él cambiar las manos, y dijo: "Lo sé, hijo mío, lo sé; también él se hará un pueblo y crecerá, pero su hermano será más grande que él, y su descendencia será una multitud de naciones" (Gn. 48:19). Estas dos promesas muestran la misma cosa. El uno será padre de "un pueblo", el otro de "una multitud de naciones". ¿Y qué puede ser más evidente que esas dos promesan comprenden al pueblo de Israel y a todo el mundo descendiente de la semilla de Abraham; el uno según la carne y el otro según la fe?

43. De Moisés a David

1. Muerto Jacob, y luego también José, creció de modo increíble aquel pueblo durante los ciento cuarenta y cuatro años restantes hasta salir de la tierra de Egipto, aunque fue tan maltratado con persecuciones, que en una cierta época eran exterminados sus hijos varones al comprobar aterrados los egipcios el excesivo crecimiento de aquel pueblo. Entonces Moisés, sustraído furtivamente a los asesinos de los niños, llegó hasta el palacio real. Allí, alimentado y adoptado por la hija del faraón (nombre común a todos los reyes de Egipto), alcanzó tal categoría que arrancó al pueblo, tan maravillosamente multiplicado, del más duro y pesado yugo de la esclavitud que allí arrastraba; mejor sería decir que por su medio lo hizo Dios, ya que lo había prometido a Abraham.

En efecto, comenzó por huir de allí porque, al defender a un israelita, había dado muerte a un egipcio y se sintió presa del terror. Luego, enviado por orden divina, superó por el poder del Espíritu de Dios a los obstinados magos del faraón. Después, por su medio, fueron castigados los egipcios al negarse a dejar salir al pueblo de Dios con las diez famosas plagas: el agua convertida en sangre, las ranas y mosquitos, las moscas, la muerte de los ganados, las llagas, el granizo, la langosta, las tinieblas, la muerte de los primogénitos. Ya, por último, habiendo dejado salir a los israelitas, después de afligirlos con tantas y tan grandes calamidades, los persiguieron los egipcios en el mar Rojo, y fueron sepultados en él. Efectivamente, cuando aquéllos marchaban se abrió el mar y les dejó paso; y al perseguirlos los egipcios, tornaron las aguas a juntarse y los sumergieron.

Después, durante cuarenta años, bajo la guía de Moisés, el pueblo de Dios fue conducido a través del desierto, y entonces se instituyó el tabernáculo del testimonio, en que se daba culto a Dios con los sacrificios que eran figura de los venideros. Ya se había dado la ley en el monte con aparatoso terror, manifestándose con toda claridad la divinidad mediante signos y voces admirables. Tuvo lugar esto luego de la salida de Egipto y de comenzar la estancia del pueblo en el desierto a los cincuenta días de celebrar la Pascua con la inmolación del cordero. Es éste figura de Cristo, de quien anuncia que ha de pasar mediante su pasión de este mundo al Padre (ya que pascua, en hebreo significa tránsito); y en tal manera lo anuncia que cuando se revela el Nuevo Testamento, después de ser inmolado Cristo, nuestra pascua, a los cincuenta días vino el Espíritu Santo del cielo, y es llamado en el Evangelio "dedo de Dios", porque el trae a nuestra memoria las cosas hechas antes mediante tipos, y porque se dice que las tablas de la ley fueron escritas por el dedo de Dios.

2. Muerto Moisés, gobernó al pueblo Jesús Nave (Josué hijo de Nun), lo introdujo en la tierra de la promesa, y se la distribuyó al pueblo. Guerras llenas de éxitos asombrosos llevaron a cabo estos dos admirables jefes, dando Dios testimonio de que esas victorias, más que a los méritos del pueblo hebreo, eran debidas a los pecados de las naciones vencidas. A estos caudillos les sucedieron los jueces, asentado ya el pueblo en la tierra de promisión. Con ello comenzaba a cumplírsele a Abraham la primera promesa de un solo pueblo, es decir, el hebreo, y de la tierra de Canaán. No, por cierto, la promesa de todos los pueblos y de toda la tierra; esto sólo lo cumpliría la venida de Cristo en la carne, y no por la observancia de la ley antigua, sino por la fe del Evangelio. Y es una prefiguración de esto que Moisés, que había recibido la ley para el pueblo en el monte Sinaí, no introdujo al pueblo en la tierra de promisión, sino Jesús (Josué), cuyo nombre había sido cambiado por mandato de Dios. Ya en tiempo de los jueces, según prevalecían los pecados del pueblo o la misericordia de Dios, así alternaban las victorias y las derrotas en las guerras.

3. Llegamos así a los tiempos de los reyes, el primero de los cuales fue Saúl. Reprobado éste y muerto en desastrosa batalla, y rechazada su descendencia para que de ella no hubiera más reyes, le sucedió en el reino David. De él fue, sobre todo, de quien Cristo se llamó hijo. En David

tuvo lugar una transición y, como si dijéramos, el comienzo de la juventud del pueblo de Dios, cuya adolescencia, en cierto modo, se extendía desde el mismo Abraham hasta este David. No en vano el evangelista Mateo mencionó las generaciones poniendo de relieve este intervalo en catorce generaciones, desde Abraham hasta David. En efecto, desde la adolescencia comienza la capacidad generativa del hombre; por eso comienzan las generaciones desde Abraham, que precisamente fue constituido padre de los pueblos cuando se le cambió el nombre.

Antes de él podríamos decir tuvo lugar la niñez de este pueblo de Dios, desde Noé hasta el mismo Abraham. Y por eso se halla en posesión de la primera lengua, la hebrea; pues a partir de la niñez comienza a hablar el hombre, pasada la infancia, así llamada porque en ella no es capaz de la palabra. Esta primera edad queda sepultada en el olvido, como la primera época del linaje humano fue barrida por el diluvio. ¿Quién hay, en efecto, que se acuerde de su infancia?

Así, en este desarrollo de la ciudad de Dios, como el libro anterior contiene sólo la primera edad, así este abarca la segunda y la tercera. En esta tercera, en la novilla, la cabra y el carnero, todos de tres años, se impuso el yugo de la ley, y apareció la abundancia de los pecados y tuvo principio el reino terreno, en el cual no faltaron, por cierto, hombres espirituales, figurados místicamente en la tórtola y la paloma.

Libro XVII

1. El tiempo de los profetas

Por la gracia de Dios hemos tratado detenidamente de las promesas hechas por Dios a Abraham, que tanto la nación de Israel según la carne y todas las naciones según la fe, procederían de su simiente. Ahora mostraremos cómo se han cumplido las promesas respecto a la ciudad de Dios, manifestada a través de los tiempos.

Y ya que el libro anterior llegó hasta el reinado de David, en el presente vamos a tratar los acontecimientos que siguen a partir de este reinado con la extensión conveniente a la obra que hemos emprendido. Desde el tiempo cuando el santo Samuel comenzó a profetizar hasta que el pueblo de Israel fue llevado cautivo a Babilonia, y hasta el regreso del pueblo de Israel y la reconstrucción de la casa del Señor después de setenta años, según la profecía del santo Jeremías, se extiende el período profético.

Pues aunque también podríamos llamar profetas al mismo patriarca Noé, en cuyos días destruyó el diluvio toda la tierra, y a otros anteriores y posteriores hasta el comienzo de los reyes en el pueblo de Dios; y eso en virtud de haberse significado o anunciado por su medio de alguna manera ciertos acontecimientos relativos a la ciudad de Dios y al reino de los cielos; sobre todo teniendo en cuenta que algunos, como Abraham (Gn. 20:7) y Moisés (Dt. 34:10), fueron así llamados expresamente. No obstante, se llaman clara y principalmente "días de los profetas" los que transcurren desde que comenzó a profetizar Samuel. Este, por mandato de Dios, ungió como rey primero a Saúl Y. tras la reprobación de éste, a David, de cuya estirpe nacerían los demás hasta cuando fuera oportuno.

Por consiguiente, aunque tratara solamente de mencionar cuanto anunciaron de Cristo los profetas, mientras durante esos tiempos seguía su curso la ciudad de Dios, con sus miembros naciendo y muriendo en constante sucesión, esta obra se extendería más allá de los límites permitidos. En primer lugar, porque la misma Escritura, exponiendo ordenadamente la historia de los reyes, sus gestas y sus hechos, aparenta estar ocupada en narrar con histórica diligencia las empresas realizadas; en cambio, si con la ayuda del Espíritu de Dios se la considera atentamente, se descubrirá que está más atenta, o ciertamente no menos, al anuncio de las cosas futuras que a la exposición de las pasadas. Y ¿quién, por poco que reflexione, ignorará el esfuerzo, espacio y volúmenes necesarios para indagar esto con un estudio a fondo y tratar de llevar a cabo su exposición? Además, entre las mismas cosas que no dicen relación con la profecía hay tantas sobre Cristo y el reino de los cielos, o sea, la ciudad de Dios, que para descubrirlo se precisaría una investigación más amplia de la que exige el plan de esta obra. Y así, en cuanto me sea posible, procuraré poner freno a mi pluma, a fin de que en la realización de esta obra según el plan de Dios no exprese nada superfluo ni omita lo necesario

2. Época del cumplimiento de la promesa sobre la posesión de Canaán

Hemos dicho en el libro precedente que desde el principio le fueron prometidas por Dios a Abraham dos cosas; una, que su descendencia había de poseer la tierra de Canaán, tal como expresan estas palabras: "Vete a la tierra que te mostraré, y haré de ti un gran pueblo" (Gn. 12:1-2). La otra, mucho más excelente, no se refiere a la descendencia carnal, sino a la espiritual. En virtud de ella es padre no de sólo el pueblo de Israel, sino de todos los pueblos que siguen la huella de su fe; promesa que se comenzó por estas palabras: "En ti serán benditas todas las familias de la tierra" (v. 3). Y después hemos demostrado en muchísimos testimonios que se renovaron estas promesas . Por lo tanto, estaba ya en la tierra de la promesa la descendencia de Abraham, esto es, el pueblo de Israel según la carne; y había ya empezado a dominar allí no sólo con el dominio y posesión de las ciudades de los adversarios, sino también con la institución de los reyes. Y se habían cumplido ya en gran parte las promesas de Dios sobre el mismo pueblo, no sólo las que habían sido hechas a los tres primeros patriarcas: Abraham, Isaac y Jacob, y las que tuvieron lugar en sus épocas, sino también las que se hicieron por el mismo Moisés mediante el cual fue librado el pueblo de la servidumbre de Egipto y reveladas en su tiempo todas las cosas pasadas mientras conducía al pueblo por el desierto.

Pero la promesa de Dios sobre la tierra de Canaán, desde cierto río de Egipto hasta el gran río Eufrates, no se llevó a término por medio del gran caudillo Jesús Nave (Josué hijo de Nun). Por su medio fue introducido aquel pueblo en la tierra de promisión, y después de someter a los pueblos la dividió antes de morir entre las doce tribus, según lo había mandado Dios; pero tampoco se llevó a término después de él, en tiempo de los jueces. Sin embargo, ya no se profetizaba la cuestión como futura, sino que se esperaba su cumplimiento. Este tuvo lugar por medio de David y de su hijo Salomón, cuyo reino alcanzó toda la extensión prometida. En efecto, sometieron a todos aquellos pueblos y los hicieron tributarios.

Por consiguiente, bajo el mando de estos reyes se había establecido la descendencia de Abraham según la carne en la tierra de promisión, que es la tierra de Canaán; y de tal modo que sólo quedaba una cosa en el cumplimiento de la promesa de Dios: que el pueblo hebreo, obedeciendo las leyes del Señor, su Dios, permaneciera en la misma tierra, en lo referente a su prosperidad temporal, en situación estable a través de su posteridad hasta el término de este siglo mortal.

Pero como sabía el Señor que ese pueblo no había de cumplir las leyes, se sirvió también de penas temporales para probar a los pocos fieles que en él tenía, y amonestar a los que lo serían luego en todos los pueblos. Era conveniente fueran amonestados aquellos en quienes, mediante la encarnación de Cristo, había de cumplir la otra promesa, revelada en el Nuevo Testamento.

3. Triple sentido de las profecías

1. Así, pues, como los oráculos divinos dirigidos a Abraham, Isaac y Jacob, lo mismo que los otros signos o expresiones proféticos que se registran en los primeros escritos sagrados, así también las restantes profecías, desde este tiempo de los reyes pertenecen, en parte, a la descendencia carnal de Abraham, y en parte a aquella otra descendencia en la que son bendecidos todos los coherederos de Cristo por el Nuevo Testamento con vistas a la posesión de la vida eterna y del reino de los cielos. Una parte, pues, pertenece a la sierva que engendra en la servidumbre: la Jerusalén terrena, que sirve con sus hijos; otra parte, a la ciudad libre de Dios: la Jerusalén verdadera y eterna de los cielos, cuyos hijos, los hombres, vivirán según Dios y que está como forastera en la tierra. Pero hay también en esas profecías algunas cosas que se refieren a ambas: a la sierva literalmente, y a la libre figurativamente[1].

2. Hay, pues, tres clases de profecías: unas relativas a la Jerusalén terrena; otras, a la celestial, y algunas, a una y otra. Creo que habrá que probar esto con ejemplos. El profeta Natán fue enviado para corregir al rey David de su grave pecado y anunciarle los males que le seguirían. ¿Quién duda que pertenecen a la ciudad terrena éstas y semejantes profecías, ya sean públicas, es decir, para la salud o utilidad del pueblo, ya privadas, por ejemplo, si alguno en beneficio propio se hace acreedor a

---

1. Cf. Gál. 4:22-31.

las palabras divinas que le den a conocer algo futuro en el ejercicio de la vida temporal?

Pero donde leemos: "He aquí vienen días, dice el Señor, y consumaré para con la casa de Israel y para con la casa de Judá un nuevo pacto; no como el pacto que hice con sus padres el día que los tomé por la mano para sacarlos de la tierra de Egipto: Porque ellos no permanecieron en mi pacto, y yo los menosprecié, dice el Señor. Por lo cual, este es el pacto que ordenaré a la casa de Israel Después de aquellos días, dice el Señor: Daré mis leyes en el alma de ellos, y sobre el corazón de ellos las escribiré; y seré a ellos por Dios, y ellos me serán a mí por pueblo" (Jer. 31:31-33; Hb. 8:8-10), sin duda es una profecía que se refiere a la Jerusalén celeste, cuya recompensa es Dios mismo, y cuyo supremo y completo bien es tenerle y ser suyo.

Sin embargo, esta profecía se refiere a ambas, porque llama Jerusalén a la ciudad de Dios y en ella profetiza la futura casa de Dios, cuya profecía parece tener su cumplimiento en la edificación de aquel templo tan célebre por parte de Salomón. Porque estas cosas tuvieron lugar, según la historia, en la Jerusalén terrena, y fueron figuras de la Jerusalén celestial.

Este género de profecía está como formado y mezclado con los otros dos; se halla en los antiguos libros canónicos que contienen narraciones históricas, y han tenido y aún tienen una gran importancia y han intrigado mucho a los ingenios de los investigadores de la sagrada escritura para descubrir cómo los hechos históricos anunciados y completados en la descendencia de Abraham según la carne pueden tener un significado alegórico que se ha de realizar en la descendencia del mismo Abraham según la fe. Y esto hasta tal punto que, en opinión de muchos, no existe nada en esos libros anunciado y luego realizado, o simplemente realizado sin anuncio, que no insinúe algo más que ha de ser referido, mediante significado figurativo, a la ciudad celeste de Dios y a sus hijos peregrinos en esta vida las clases de oráculos Si esto es así, los dichos de los profetas, o mejor, de todas las Escrituras que vienen bajo el nombre de Antiguo Testamento, tendrían ya sólo dos sentidos, no tres. No habría en él nada que pertenezca únicamente a la ciudad terrenal si cuanto de ella, o por su causa, se dice o realiza en tales libros significa algo referente también, de forma alegórica, a la Jerusalén celestial; habrá solamente dos clases de oráculos o palabras: una que se refiere a la Jerusalén libre, y la otra, a las dos conjuntamente.

Pero así como pienso que se equivocan en gran manera quienes piensan que ninguno de los hechos referidos en estos escritos significan otra cosa que lo que cuentan, pienso también que son muy atrevidos quienes pretenden que todo lo contenido allí está envuelto en figuras alegóricas.

Por eso dije que tenían tres sentidos, no dos. Así pienso yo, sin culpar, por supuesto, a los que pueden encontrar allí en cualquier acontecimiento un sentido espiritual con tal de salvar, ante todo, la verdad histórica. Por lo demás, si se hacen afirmaciones que no pueden acomodarse a los hechos realizados o realizables divina o humanamente, ¿qué fiel puede dudar de que no han sido dichas en vano?, ¿quién no les atribuirá un sentido espiritual, si puede, o admitirá que se lo busque quien sea capaz?

4. Tipología del cambio del reino y del sacerdocio de Israel

1. Por lo tanto, el desarrollo de la ciudad de Dios durante los reyes cuando David, por la reprobación de Saúl, fue el primero en reinar, y de tal manera que sus sucesores reinaran después en prolongada sucesión sobre la Jerusalén terrena, nos presenta un símbolo al significar y anunciar con sus hechos, cosa que no se debe pasar en silencio, un cambio del futuro que pertenece a los dos Testamentos, el Antiguo y el Nuevo —la transformación del sacerdocio y el reino por el que es, a la vez, sacerdote y rey nuevo y eterno, Cristo Jesús. Pues, rechazado el sacerdocio de Helí, le sustituyó en el ministerio de Dios Samuel, sacerdote a la vez y juez, como también fue establecido en el reino David tras la reprobación de Saúl. Y esos dos fueron figuras de lo que estoy diciendo.

Profecía de Ana

1. La misma Ana, madre de Samuel, que primero había sido estéril, y luego se alegró con la fecundidad, no parece profetizar otra cosa al dar gracias a Dios llena de gozo al Señor cuando le consagró el niño, terminada la lactancia, con la misma religiosidad con que se lo había pedido. He aquí sus palabras: "Mi corazón se regocija en el Señor, mi cuerno es ensalzado en el Señor; mi boca se ensanchó sobre mis enemigos, por cuanto me alegré en tu salud. No hay santo como el Señor: Porque no hay ninguno fuera de ti; y no hay refugio como el Dios nuestro. No multipliquéis hablando grandezas, altanerías; cesen las palabras arrogantes de vuestra boca; porque el Dios de todo saber es el Señor, y a él toca el pesar las acciones. Los arcos de los fuertes fueron quebrados, y los flacos se ciñeron de fortaleza. Los hartos se alquilaron por pan, y cesaron los hambrientos, hasta parir siete la estéril, y la que tenía muchos hijos enfermó. El Señor mata, y él da vida: Él hace descender al sepulcro, y hace subir. El Señor empobrece, y él enriquece: Abate, y ensalza. Él levanta del polvo al pobre, Y al menesteroso ensalza del estiércol, para asentarlo con los príncipes; y hace que tengan por heredad asiento de honra: Porque del Señor son las columnas de la tierra, y él asentó sobre ellas el mundo. Él guarda

los pies de sus santos, mas los impíos perecen en tinieblas; porque nadie será fuerte por su fuerza. Delante del Señor serán quebrantados sus adversarios, y sobre ellos tronará desde los cielos: el Señor juzgará los términos de la tierra, y dará fortaleza a su rey, y ensalzará el cuerno de su Mesías" (1° Sm. 2:1-10)[2].

2. ¿Se pensará, acaso, que éstas son palabras de una mujer débil que se felicita por el nacimiento de un hijo? ¿Tan apartada está de la luz la mente de los hombres que no comprende que esas expresiones superan la capacidad de una mujer? Y quien se siente justamente conmovido por los mismos sucesos cuyo cumplimiento ha comenzado ya también en esta peregrinación terrena, ¿no comprende, no ve, no reconoce que por esta mujer —cuyo nombre, Ana, significa gracia— ha hablado de esta manera, con Espíritu profético, la misma religión cristiana, la ciudad misma de Dios, cuyo rey y fundador es Cristo; finalmente, la misma gracia de Dios, de la que se alejan los soberbios para caer y se llenan los humildes para levantarse, sentimientos que, sobre todo, pone de relieve este himno? A no ser que alguno quiera decir que no fue profecía alguna lo que dijo esta mujer, sino que lo único que hizo fue alabar a Dios con un canto de regocijo por el niño que con sus oraciones había logrado. Entonces, ¿qué significan aquellas palabras: "Se rompen los arcos de los valientes, mientras los cobardes se ciñen de valor; los hartos se contratan por el pan, mientras los hambrientos engordan; la mujer estéril da a luz siete hijos, mientras la madre de muchos queda baldía?" (vv. 4-5); ¿acaso había ella tenido siete, a pesar de su esterilidad? Cuando decía esto tenía uno sólo; y ni aun después tuvo siete, o seis, siendo Samuel el séptimo, sino solamente tres varones y dos hembras. Además, si aún no existía el reino de aquel pueblo, ¿por qué, si no era profetizando, dice al final: "El da fuerza a su rey, exalta el poder de su Ungido"?

3. Diga, pues, la Iglesia de Cristo, "la ciudad del gran Rey"[3], llena de gracia y madre fecunda, diga lo que fue profetizado de sí tanto tiempo antes por boca de la religiosa mujer: "Mi corazón se regocija en el Señor, mi poder se exalta en mi Dios". En verdad su corazón está regocijado y su poder exaltado; porque no lo ha puesto en sí, sino en el Señor, su Dios. "Mi boca se ríe de mis enemigos", porque "la palabra de Dios no está atada"[4] en las angustias de las persecuciones ni en los predicadores apresados; porque celebro tu salvación. Cristo es este Jesús a quien el anciano Simeón, como nos cuenta el Evangelio, abrazándolo

---

2. Según la versión Reina-Valera, Agustín cita la Septuaginta.
3. Cf. Sal. 48:2.
4. Cf. 2ª Tim. 2:9; Ef. 6:20

niño y reconociéndolo grande, exclama: "Ahora, Señor, según tu promesa, puedes despedir a tu siervo en paz, porque mis ojos han visto a tu Salvador" (Lc. 2:25-30).

Diga, pues, la Iglesia: "Me alegré en tu salvación. No hay santo como el Señor y nadie justo como nuestro Dios", como santo que santifica, como justo que justifica. "No hay santo fuera de ti" porque nadie puede llegar a serlo sino por ti. Continúa finalmente: "No multipliquéis discursos altivos, no echéis por la boca arrogancias, porque el Señor es un Dios que sabe". El os conoce hasta donde nadie conoce; porque, "si alguno se figura ser algo cuando no es nada, él mismo se engaña" (Gál. 6:3). Estas cosas se dicen de los enemigos de la ciudad de Dios, que pertenecen a Babilonia, que presumen de sus fuerzas, que se glorían en sí y no en el Señor, de quienes son también los israelitas carnales, ciudadanos terrenos de la terrena Jerusalén, que, como dice el apóstol, "ignoran la justicia de Dios" (Ro. 10:3), esto es, la que recibe el hombre de Dios, que es el único "justo y que justifica" (Ro. 3:26), y quieren establecer la suya como si fuera producto suyo y no dada por él. Y así no se sometieron a la justicia de Dios precisamente porque son soberbios y piensan poder agradar a Dios confiados en sí mismos, no en Él, que es el Dios del conocimiento y, por tanto, árbitro de las conciencias, donde ve "los pensamientos de los hombres que son vanos" (1ª Cor. 3:20), si son de los hombres y no proceden de Él.

Dice también: "Él prepara sus propios designios" (v. 3 LXX). ¿A qué designios pensamos se refiere sino al derrocamiento de los soberbios y a la exaltación de los humildes? Y vemos cómo va realizando estos designios: "Se rompen los arcos de los valientes, mientras los cobardes se ciñen de valor". Se rompen los arcos, es decir, la intención de los que se juzgan tan poderosos que pueden cumplir los divinos mandatos con solas las fuerzas humanas sin la gracia de Dios y su ayuda. Y, en cambio, son revestidos de poder los que claman en su interior: "Ten misericordia de mí, oh Señor, porque yo estoy debilitado" (Sal. 6:2).

4. Dice luego: "Los hartos se contratan por el pan, mientras los hambrientos engordan". ¿Quiénes deben entenderse por hartos sino esos mismos que se creen poderosos, a saber, los israelitas, a quienes se confiaron los oráculos de Dios[5]? Pero en ese mismo pueblo los hijos de la esclava se contrataron por el pan. Expresión quizá poco latina, pero que expresa bien que de mayores se hicieron menores, precisamente porque en esos mismos panes, es decir, los oráculos divinos, que de entre todos los pueblos recibieron únicamente los israelitas, han saboreado sólo las

5. Cf. Ro. 3:2.

cosas terrenas. Sin embargo, los gentiles, que no habían recibido esa ley, llevados por el Nuevo Testamento a esos oráculos acuciados por el hambre, trascendieron la tierra, porque no se pararon en el sabor terreno de aquéllos, sino que buscaron el celestial.

Y, como si se buscara el motivo de esto, dice: "La mujer estéril da a luz siete hijos, mientras la madre de muchos queda baldía", aquí brilló con todo esplendor la profecía para los que reconocen el número septenario en que queda figurada la perfección de la Iglesia universal. De ahí que el apóstol Juan dirige sus cartas a las siete Iglesias (Ap. 1:4), pensando que de este modo escribía a la plenitud de la única Iglesia. Y ya en los Proverbios de Salomón simbolizaba esto la sabiduría al decir: "Se ha edificado una casa, ha labrado siete columnas" (Prov. 9:1). Pues la ciudad de Dios era estéril en todos los pueblos antes del nacimiento de este germen que vemos[6]. Vemos también cómo se ha debilitado ahora la ciudad terrena que tantos hijos tenía. En efecto su poder consistía en los hijos de la libre que estaban en ella; pero como al presente sólo hay en ella letra y no espíritu, perdido ese poder, se ha debilitado.

5. "El Señor da la muerte y la vida", dio la muerte a la que tenía muchos hijos, y la vida a la estéril, que dio a luz a siete. Aunque quizá tenga mejor sentido decir que da vida a los que ha dado muerte, puesto que añade como repitiendo lo mismo: "Hunde en el abismo y levanta". Pues al decir el apóstol: "Si habéis resucitado con Cristo, buscad lo de arriba, donde Cristo está sentado a la derecha de Dios" (Col. 3:1-3), se dirige a los que han recibido del Señor una muerte saludable, y para ellos añade también: "Gustad las cosas del cielo, no las de la tierra"; de manera que son ellos mismos los que por su hambre han trascendido la tierra. Pues, añade, "habéis muerto", he aquí cómo da el Señor una muerte saludable. Y continúa: "Y vuestra vida está escondida con Cristo en Dios". He aquí, a su vez, cómo da Dios vida a los mismos.

Pero ¿son los mismos que llevó a los infiernos y que trajo de allí? Es sin controversia entre los creyentes que vemos claramente ambas partes de esta obra cumplidas en Él, en nuestra Cabeza, con quien dice el apóstol que "está escondida nuestra vida en Dios". "Pues como no escatimó a su propio Hijo, sino que lo entregó por nosotros" (Ro. 8:32), ésta fue la manera ciertamente de darle la muerte. Y al resucitarlo de entre los muertos le dio de nuevo la vida. Y como es reconocida su voz en la profecía: "No abandonarás mi alma en el infierno" (Sal. 16:10; Hch. 2:27,31), es el mismo a quien llevó a los infiernos y de allí lo sacó.

---

6. o, "por quien vemos que ella ha sido hecha fértil".

"Con su pobreza hemos sido enriquecidos" (2ª Cor. 8:9), pues que el Señor da la pobreza y la riqueza. Para conocer bien esto escuchemos lo que sigue: "El humilla y enaltece: humilla a los soberbios y enaltece a los humildes". Y lo que se lee en otra parte: "Dios resiste a los arrogantes, y concede gracia a los humildes" (St. 4:6; 1ª Pd. 5:5), compendia el cántico de esta mujer, cuyo nombre significa "gracia de Dios".

6. Lo que se dice a continuación: "El levanta del polvo al desvalido", a nadie puede referirlo mejor que a aquel que, siendo rico, se hizo pobre por nosotros para, como dije poco antes, "enriquecernos con su pobreza". Y lo levantó de la tierra tan pronto que su carne no pudiera ver la corrupción. Como hay que aplicarle lo que se añadió: "Alza de la basura al pobre"; ya que pobre es lo mismo que indigente; y por el estiércol de donde fue levantado se pueden entender perfectamente los perseguidores judíos, entre cuyo número dice el apóstol que persiguió a la Iglesia, añadiendo luego: "Todo eso que para mí era ganancia lo tuve por pérdida comparado con Cristo; más aún, lo consideré no sólo como pérdida, sino también como basura por ganar a Cristo" (Fil. 3:7-8).

Por consiguiente, el pobre fue levantado de la tierra sobre todos los ricos, y el indigente fue sacado de aquel estiércol por encima de todos los opulentos para hacer que se siente entre los príncipes, a los cuales dice: "Os sentaréis en doce tronos", y les da en herencia un trono de gloria. Habían dicho los potentados y poderosos: "Nosotros lo hemos dejado y te seguimos" (Mt. 19:27,28). Habían hecho con verdadero poder este voto.

7. Pero, ¿de dónde les vino el poder sino de aquel de quien se dice a continuación "Él otorga el objeto del voto al que lo hace"? Sí no fuera así, serían éstos del número de aquellos cuyo arco fue debilitado. "El otorga el objeto del voto al que lo hace". No podría ofrecer algo conveniente al Señor sino quien recibiera de él lo que ofrece. Y así continúa: "El bendijo los años del justo"; para que viva sin término con aquel a quien se dijo: "Tus años no se acabarán" (Sal. 102:27). Los años suyos, en efecto, están firmes allí, y aquí pasan, mejor aún, perecen; pues no existen antes de venir, y cuando han venido, ya no son, porque vienen con su término.

De las dos cosas: "Él otorga el objeto del voto al que lo hace" y "bendice los años del justo"; la primera es lo que hacemos nosotros; la segunda, lo que recibimos. Pero esto último no se recibe de la liberalidad de Dios si no se ha practicado lo primero con su ayuda: Porque el hombre no triunfa con su fuerza. "El Señor desbarata a su adversario", es decir, al envidioso de quien hace un voto y trata de impedirle cumplir lo que prometió. De la ambigüedad del texto griego también se puede entender al "adversario suyo"; porque desde el momento en que Dios empieza a poseemos, quien había sido adversario nuestro se hace también adversario suyo, y es vencido por nosotros, aunque no con nuestras propias fuerzas: porque el hombre no es poderoso por su propia fuerza. Por consiguiente, el Señor desbaratará a su adversario, el Señor santo, para que lo puedan vencer los santos, a los que ha hecho tales el Señor, el Santo de los santos.

8. Por esta razón: "No se alabe el sabio en su sabiduría, ni en su valentía se alabe el valiente, ni el rico se alabe en sus riquezas. Mas alábese en esto el que se hubiere de alabar: en entenderme y conocerme, que yo soy el Señor, que hago misericordia, juicio, y justicia en la tierra" (Jer. 9:23-24). No es poco lo que conoce y entiende del Señor quien conoce y entiende que hasta esto le viene del Señor: el conocerlo y comprenderlo. Ya lo dice el apóstol: "¿Qué tienes que no hayas recibido? Y si lo recibiste, ¿de qué te glorías como si no hubieras recibido?" (1ª Cor. 4:7). Como si hubiera en ti algo de que gloriarte.

Practica el derecho y la justicia el que vive rectamente. Y vive rectamente el que obedece a Dios cuando Él manda. El fin de la ley, esto es, a lo que se encamina el mandamiento, es el amor que brota del corazón limpio, de la conciencia honrada y de la fe sentida. Este amor, como testifica el apóstol Juan, viene de Dios (1ª Jn. 4:7). Por lo tanto, practicar el derecho y la justicia viene de Dios.

Y ¿qué quiere decir "en medio de la tierra"? ¿Acaso no deben practicar el derecho y la justicia los que moran en los lugares más lejanos de la tierra? ¿Quién se atrevería a decir esto? ¿Por qué, pues, se añadió "en medio de la tierra"? Si no se hubiera añadido esto, y se dijera solamente practicar el derecho y la justicia, este precepto parecería referirse más bien a las dos clases de hombres: los del interior y los de las costas. Pero para que nadie pensara que, después de la vida que se pasa en este cuerpo, quedaba todavía tiempo de practicar el derecho y la justicia, que no practicó mientras estuvo en la carne, y así podría eludir el juicio divino, en medio de la tierra me parece se refiere al tiempo que uno vive en el cuerpo.

En esta vida, en efecto, cada uno está envuelto por su propia tierra, tierra que, al morir, es recibida por la tierra común para devolvérsela cuando resucite. Así, en medio de la tierra, es decir, mientras nuestra alma está encerrada en este cuerpo terreno, es cuando se debe practicar el derecho y la justicia; lo que no será de provecho en el futuro, cuando "cada uno recibirá lo suyo, bueno o malo, según se haya portado mientras tenía este cuerpo" (2ª Cor. 5:10).

Con las palabras "por medio del cuerpo" señala el apóstol el tiempo que vivió en el cuerpo. Pues si alguien con corazón perverso y mente impía blasfema, aunque no realice esto con algún miembro corporal, no deja de ser reo porque no lo haya hecho con movimientos del cuerpo; lo que cuenta es haberlo realizado durante el tiempo que vivió en el cuerpo. De este modo puede entenderse convenientemente también lo que se dice en el salmo: "Pero tú, Dios mío, eres rey desde siempre, tú ganaste la victoria en medio de la tierra" (Sal. 74:112); de modo que el Señor Jesús puede ser tenido como nuestro Dios que es antes de los siglos, ya que por él han sido creados los siglos; el es el autor de la victoria en medio de la tierra cuando el Verbo se hizo carne y vivió en cuerpo terreno.

9. Luego, tras las palabras de Ana en que se profetizó cómo debe gloriarse el que se gloria, no en sí, por supuesto, sino en el Señor, expone como motivo la recompensa que tendrá lugar en el día del juicio: "El Altísimo truena desde el cielo. El Señor juzga hasta el confín de la tierra, porque es justo". Siguió exactamente el orden de la profesión de fe de los fieles. Pues "Cristo el Señor subió al cielo, y de allí ha de venir para juzgar a vivos y muertos" (Hch. 10:42). Porque, como dice el Apóstol, "¿quién ascendió sino el que descendió a los lugares más ínfimos de la tierra? El que descendió, ese mismo es el que ascendió sobre todos los cielos para llenarlo todo" (Ef. 4:9-10). Así es que tronó en medio de sus nubes, las cuales llenó el Espíritu Santo cuando subió. A estas nubes se refiere cuando amenaza por el profeta Isaías a la sierva de Jerusalén, esto es, a la viña ingrata, que no mandará sobre ella la lluvia (Is. 5:6).

Dice también: "El Señor juzga hasta el confín de la tierra", como si dijera "incluso los extremos de la tierra". Pues no dejará de juzgar las otras partes quien ha de juzgar a todos los hombres. Pero mejor que los extremos de la tierra debe entenderse los extremos del hombre; ya que no se juzgarán las acciones que cambian a mejor o a peor en el estado actual, sino las circunstancias en que se encuentre al final el que ha de ser juzgado. Por eso se ha dicho: "Quien persevere hasta el final será salvo" (Mt. 24:13). Luego que quien practica con perseverancia el derecho y la justicia en medio de la tierra, no será condenado cuando se juzguen los extremos de la tierra.

Dice también: "El da fuerza a nuestros reyes", para no tener que condenarlos en el juicio. Les da fuerza para que con ella gobiernen su carne como reyes y venzan al mundo en aquel que derramó su sangre por ellos. "Exalta el poder de su Ungido". ¿Cómo puede Cristo exaltar el poder de su Cristo? Porque aquel de quien se dijo: "El Señor subió a los cielos", es decir, Cristo el Señor, es el mismo de quien se dice aquí: "Exalta el poder de su Ungido". ¿Quién es, pues, el Cristo de su Cristo? ¿Exaltará quizá el poder de cada uno de sus fieles, como dice ésta misma en el comienzo de su himno: "Mi poder ha sido exaltado por mi Dios"? Podemos llamar, en efecto, justamente "cristos" a todos los ungidos con su crisma, porque este cuerpo entero con su cabeza es el Cristo único[7].

Esta es la profecía de Ana, la madre de Samuel, el varón santo tan alabado. En él se figuró entonces el cambio del antiguo sacerdocio, y se cumple al presente, al quedar debilitada la que tenía muchos hijos, a fin de que tuviera la estéril, que dio a luz a siete, un nuevo sacerdocio en Cristo.

5. El nuevo sacerdocio

1. Este nuevo sacerdocio se manifiesta claramente por un hombre de Dios enviado a Elí sacerdote, cuyo nombre no es mencionado, pero cuyo oficio y ministerio le identifican sin duda alguna como profeta. Así está escrito: "Vino un varón de Dios a Elí, y le dijo: Así ha dicho el Señor: ¿No me manifesté yo claramente a la casa de tu padre, cuando estaban en Egipto en casa de Faraón? Y yo le escogí por mi sacerdote entre todas las tribus de Israel, para que ofreciese sobre mi altar, y quemase perfume, y trajese ephod delante de mí; y dí a la casa de tu padre todas las ofrendas de los hijos de Israel. ¿Por qué habéis hollado mis sacrificios y mis presentes, que yo mandé ofrecer en el tabernáculo; y has honrado a tus hijos más que a mí, engordándoos de lo principal de todas las ofrendas de mi pueblo Israel? Por tanto, el Señor Dios de Israel dice: Yo había dicho que tu casa y la casa de tu padre andarían delante de mí perpetuamente; mas ahora ha dicho Jehová: Nunca yo tal haga, porque yo honraré a los que me honran, y los que me tuvieren en poco, serán viles. He aquí vienen días, en que cortaré tu brazo, y el brazo de la casa de tu padre, que no haya viejo en tu casa. Y verás competidor en el tabernáculo, en todas las cosas en que hiciere bien a Israel; y en ningún tiempo habrá viejo en tu casa. Y no te cortaré del todo varón de mi altar, para hacerte marchitar tus ojos, y henchir tu ánimo de dolor; mas toda la cría de tu casa morirá en la edad varonil. Y te será por señal esto que acontecerá á tus dos hijos, Ofni y Finees: ambos morirán en un día. Y yo me suscitaré un sacerdote fiel, que haga conforme á mi corazón y á mi alma; y yo le edificaré casa firme, y andará delante de mi ungido todos los días. Y será que el que hubiere quedado en tu casa, vendrá á postrársele por un dinero de plata y un bocado de pan, diciéndole: Te ruego que me constituyas en algún ministerio, para que coma un bocado de pan" (1 Sam. 2:27-36).

---

7. Cf. 1ª Cor. 12:12: "Porque de la manera que el cuerpo es uno, y tiene muchos miembros, empero todos los miembros del cuerpo, siendo muchos, son un cuerpo, así también Cristo".

2. No se puede decir que esta profecía, en que tan claramente se anuncia el cambio del antiguo sacerdocio, se cumplió en Samuel. Aunque Samuel no era de otra tribu que la destinada por Dios para servicio del altar, sin embargo, no era de los hijos de Aarón, cuya descendencia había sido designada para perpetuar el sacerdocio, y por ello en este acontecimiento está representado este mismo cambio que había de tener lugar por medio de Jesucristo; y la misma profecía de la realidad, no de la palabra, pertenecía propiamente al Antiguo Testamento, figuradamente al Nuevo; significando ciertamente en un hecho lo que se había dicho de palabra al sacerdote Elí por el profeta.

Hubo después sacerdotes de la descendencia de Aarón, como Sadoc y Abiatar en el reinado de David, y más tarde otros antes de llegar el tiempo en que fue preciso se realizaran por Cristo las cosas que habían sido anunciadas tanto tiempo antes sobre el cambio del sacerdocio. Y ¿quién, mirando ahora estas cosas con los ojos de la fe, no ve que han tenido su cumplimiento? Ciertamente no les quedó ni tabernáculo, ni templo, ni altar, ni sacrificio, y, por ende, tampoco sacerdote alguno a los judíos, a quienes se había mandado en la ley de Dios que fueran elegidos de la posteridad de Aarón. Lo que se ha mencionado aquí al decir aquel profeta: "Oráculo del Señor Dios de Israel: aunque yo te prometí que tu familia y la familia de tu padre estarían siempre en mi presencia, ahora, oráculo del Señor, no será así. Porque yo honro a los que me honran y serán humillados los que me desprecian". Al mencionar la casa de su padre no habla de su padre inmediato, sino de aquel Aarón, primer sacerdote instituido, de cuya descendencia habían de seguir los demás, como lo demuestran los detalles precedentes: "Yo me revelé a la familia de tu padre cuando eran todavía esclavos del faraón de Egipto. Entre todas las tribus de Israel me lo elegí para que fuera sacerdote". ¿De qué padre se trata aquí sino de Aarón en aquella esclavitud de Egipto, después de la cual fue elegido para sacerdote pasada la liberación? De la estirpe, pues, de éste se dijo en dicho lugar que no habría en adelante sacerdotes. Esto ya lo vemos cumplido.

Si la fe presta atención, las cosas están delante de nosotros: se ven, se tocan y entran por los ojos de los que no quieren ver. Dice: "Mira, llegará un día en que arranque tus brotes y los de la familia de tu padre, y nadie llegará a viejo en tu familia, y exterminaré para ti de mi altar a todo hombre, de suerte que se consuman sus ojos y se vaya acabando" (vv. 31-33 LXX). Ya han llegado los días que fueron anunciados. No hay sacerdote según el orden de Aarón, y cualquiera de los de su linaje, al ver brillar el sacrificio de los cristianos en todo el mundo y que se les ha arrebatado a ellos semejante honor, se consumen sus ojos y desfallece su alma consumida por la tristeza.

3. Mas a la casa de este Elí, a quien se decían estas cosas, le pertenece propiamente lo que sigue: "Cuantos quedaren de tu casa morirán a espada de hombre. Será una señal para ti lo que les va a pasar a tus dos hijos Ofní y Fineés: los dos morirán el mismo día". La misma señal que marcó el cambio del sacerdocio de la casa de éste señaló también el cambio del mismo de la casa de Aarón. La muerte, efectivamente, de los dos hijos de aquél significó no la muerte de los hombres, sino la del sacerdocio de los hijos de Aarón.

Lo que sigue ya pertenece a aquel sacerdote cuya figura tipificó Samuel sucediendo a Elí; por lo tanto, se refiere a Cristo Jesús, verdadero sacerdote del Nuevo Testamento: "Yo me nombraré un sacerdote fiel, que hará lo que yo quiero y deseo; le daré una casa estable" (v. 35); ésa es la eterna y celestial Jerusalén. Sigue: "Y vivirá siempre en presencia de mi ungido". Vivirá siempre, dijo, esto es, "estará ante él"; como había dicho antes de la casa de Aarón: "Yo te prometí que tu familia y la familia de tu padre estarían siempre en mi presencia". Al decir vivirá en presencia de mi ungido debe entenderse de la misma casa, no aquel sacerdote, que es Cristo, Mediador y Salvador. Su casa, pues, vivirá en su presencia. También puede entenderse "vivirá" que pasará de la muerte a la vida todos los días en que se realiza esta mortalidad hasta el fin de este siglo.

Cuando dice Dios: "El hará todo lo que yo quiero y deseo", es decir, lo hará todo según mi corazón y mi alma, no vamos a pensar que Dios tiene alma cuando es creador del alma; sino que esto se dice de Dios metafórica, no propiamente, como se habla de las manos, los pies y los demás miembros del cuerpo. No se vaya a creer que el hombre ha sido hecho en la forma de esta carne a imagen de Dios; para ello le añaden las alas, que ciertamente no tiene el hombre, y así se dice de Dios: "Protégeme bajo la sombra de tus alas" (Sal. 17:8). Así entenderán los hombres que tal afirmación se hace de su naturaleza inefable con términos figurados, no propios.

4. Se añade luego: "Y los que vivan de tu familia vendrán a postrarse ante él" (v. 36). No se habla aquí de la casa de este Elí, sino de la de aquel Aarón, de la cual han sobrevivido hombres hasta la venida de Jesucristo, y no faltan todavía hoy. De la casa de este Elí ya se dijo arriba: "Cuantos quedaren de tu casa morirán a espada de hombres". No pudo realmente decir aquí: "Y los que vivan de tu familia vendrán a postrarse ante él", si es verdad que nadie escaparía a la espada vengadora; sino que quiso se interpretara por aquellos que pertenecen a la descendencia del sacerdocio total según el orden de Aarón.

Por consiguiente, si éste pertenece a los restantes predestinados de quienes dijo otro profeta: "Las reliquias se salvarán" (Is. 10:21), y así el apóstol dice: "Así también, aun en este tiempo han quedado reliquias por la elección de gracia" (Ro. 11:5), como se ve claramente que se trata de tales remanentes al decir: "Cuantos quedaren de tu casa", ciertamente éste cree en Cristo, como creyeron muchísimos de esa estirpe en tiempos de los apóstoles. Y como no faltan ahora, aunque sean muy pocos, quienes creen se cumple así en ellos lo que este hombre de Dios añade a continuación: "Vendrá a adorarle con un óbolo de plata" (v. 36 LXX). ¿A quién vendrá a adorar sino a aquel supremo sacerdote, que es Dios? Pues ni en aquel sacerdocio según el orden de Aarón acudían los hombres al templo o al altar de Dios a adorar al sacerdote. Y ¿a qué se refiere con un óbolo de plata sino a la brevedad de la palabra de la fe, sobre la cual palabra menciona el apóstol el pasaje: "Palabra abreviada, hará el Señor sobre la tierra" (Ro. 9:28; IS.38:22)? El uso de esta plata por la palabra nos lo atestigua el salmo cuando canta: "Las palabras del Señor son palabras limpias; plata refinada en horno de tierra" (Sal. 12:6).

5. ¿Qué dice, pues, este que viene a adorar al sacerdote de Dios y al sacerdote Dios? "Dame un empleo cualquiera como sacerdote para poder comer un pedazo de pan", no pretendo ser colocado en el honor de mis padres, que no existe ya. Dame una parte de tu sacerdocio, ya que he escogido ser el ínfimo en la casa de Dios[8]; deseo ser un miembro cualquiera de tu sacerdocio. Por sacerdocio designa aquí al mismo pueblo, cuyo sacerdote es "el Mediador de Dios y los hombres, el hombre Cristo Jesús" (1ª Tim. 2:5). A este pueblo llama el apóstol Pedro "pueblo santo, sacerdocio real" (1ª Pd. 2:9).

Algunos han traducido: "De tu sacrificio", no "de tu sacerdocio"; que no significa menos al pueblo cristiano, ya que dice el apóstol Pablo: "Porque un pan, es que muchos somos un cuerpo" (1ª Cor. 10:17). Y lo que añade: "todos participamos de aquel un pan", expresa también con elegancia el mismo género de sacrificio de que dice el mismo sacerdote: "El pan que os daré es mi carne, para que el mundo viva" (Jn. 6:31). He aquí el sacrificio, no según el orden de Aarón, sino según el orden de Melquisedec (Hb. 7:11,27); el que lo lee entienda.

Por tanto, esta breve, pero saludablemente humilde confesión en la que se dice: "Dame un empleo cualquiera como sacerdote para poder comer un pedazo de pan", es el óbolo de plata, porque es breve y es la Palabra de Dios que habita en el corazón del creyente. Porque arriba ha-

---

8. Cf. Sal. 84:10: "Escogería antes estar a la puerta de la casa de mi Dios, que habitar en las moradas de maldad".

bía dicho que él había dado a la casa de Aarón alimentos de las víctimas del Antiguo Testamento en aquellas palabras: "Concedí a la familia de tu padre participar en las oblaciones de los israelitas"; y éstos habían sido los sacrificios de los judíos. Por eso dice aquí "comer un pedazo de pan", que en el Nuevo Testamento es el sacrificio de los cristianos.

6. Temporalidad del sacerdocio judío

1. A pesar de haberse anunciado estas realidades con tal profundidad entonces y de brillar ahora con tal claridad, puede alguno con razón extrañarse y preguntar: ¿Cómo podemos confiar nosotros en la realización futura de las predicciones de estos libros si no ha podido llevarse a efecto lo que fue divinamente anunciado, "tu familia y la familia de tu padre estarán siempre en mi presencia"? Hemos visto, efectivamente, el cambio de aquel sacerdocio, y que no hay esperanza de que llegue alguna vez a cumplimiento lo que se prometió a aquella casa, puesto que se proclama más bien eterno el que le sucedió a éste cuando fue reprobado y cambiado.

Quien dice esto no entiende todavía, o no recuerda, que este mismo sacerdocio según el orden de Aarón fue establecido como figura del futuro sacerdocio eterno; y así, cuando se le prometió la eternidad, no se lo prometió a la mera sombra y figura, sino a quien estaba representado y figurado por ella. Y para que no se pensara que esa sombra había de permanecer, debió también anunciarse su cambio.

2. De este modo también, el reino de Saúl, que ciertamente fue reprobado y rechazado, era sombra del reino futuro destinado a durar eternamente. Porque el óleo con que fue ungido, y de cuya unción recibió el título de Cristo, debe ser entendido místicamente y considerado como un profundo misterio. Por eso lo honró tanto David en él, que sintió presa de pavor su corazón cuando, oculto en la oscura cueva a donde Saúl había también entrado urgido por una necesidad de la naturaleza, le cortó ocultamente por detrás un poco de su vestido para poder demostrar cómo le había perdonado pudiendo matarle, y quitar así de su ánimo la sospecha en que tenía al santo David por enemigo y le perseguía con saña.

Tuvo gran miedo de hacerse reo de la profanación de tan profundo misterio en Saúl por haberse atrevido a tocar solamente su vestido. Se dice, en efecto: Le remordió la por haberle cortado a Saúl el borde del manto. respondió a los que estaban con él y trataban de a que diera muerte a Saúl, caído en sus manos: "Después de lo cual el corazón de David le golpeaba, porque había cortado la orilla del manto de Saúl" (1ª Sam. 24:5). Sus compañeros le aconsejaban que diera muerte y destruyera a

Saúl entregado a sus manos. Pero David dijo: "El Señor me guarde de hacer tal cosa contra mi señor, el ungido de Jehová, que yo extienda mi mano contra él; porque es el ungido de del Señor" (v. 6). Tal veneración se tributaba a esta sombra del futuro, no por ella misma sino por lo que prefiguraba. Tenemos también lo que dijo Samuel a Saúl: "Locamente has hecho; no guardaste el mandamiento del Señor tu Dios, que él te había intimado; porque ahora el Señor hubiera confirmado tu reino sobre Israel para siempre. Mas ahora tu reino no será durable, el Señor se ha buscado varón según su corazón, al cual Jehová ha mandado que sea capitán sobre su pueblo, por cuanto tú no has guardado lo que el Señor te mandó" (1ª Sam. 13:13-14). No han de tomarse estas palabras como si Dios hubiera preparado un reino eterno al mismo Saúl, y, por su pecado, hubiera rehusado conservárselo, pues no ignoraba que pecaría; había preparado su reino como figura del reino eterno. Y por eso añadió:"Mas ahora tu reino no será durable". Duró, sí, y durará lo que se significó en él; pero no dudará para él, porque ni él había de reinar para siempre, ni su descendencia, para que ni siquiera sucediéndose unos a otros sus descendientes, pareciera cumplirse el oráculo para siempre.

Dice también: "El Señor se ha buscado varón", ya designe a David, ya al mismo "mediador del Nuevo Testamento" (Hb. 9:15), figurado en el óleo con que fue ungido David y sus descendientes. Y no busca el Señor un hombre como si no supiera dónde está, sino que hablando por medio de un hombre habla como los hombres, y en este sentido busca por nosotros.

No sólo el Dios Padre, sino también su Unigénito, que "vino a buscar lo que se había perdido" (Lc. 19:10), nos conocía tan cabalmente, que en él mismo habíamos sido elegidos antes de la creación del mundo (Ef. 1:4). Al decir, pues, "se ha buscado", quiere decir que lo tendrá. Por ello en la lengua latina este verbo lleva preposición, y se dice *adquirit* (adquiere), cuyo significado es bien conocido. Aunque también, sin preposición, *quaerere* (buscar) puede significar "adquirir"; de ahí que los lucros se llaman también *quaestus* (ganancias).

7. División del reino de Israel y su significado espiritual

1. De nuevo pecó Saúl por desobediencia, y de nuevo Samuel le dijo en nombre del Señor: "Por cuanto tú desechaste la palabra del Señor, él también te ha desechado para que no seas rey" (1ª Sam. 15:23) Y una vez más le dijo por el mismo pecado, al reconocerlo Saúl y pedir perdón, rogando a Samuel que volviera con él para aplacar al Señor: "No volveré contigo; porque desechaste la palabra del Señor, y el Señor te ha

desechado para que no seas rey sobre Israel. Y volviéndose Samuel para irse, él echó mano de la orla de su capa, y se desgarró. Entonces Samuel le dijo: el Señor ha desgarrado hoy de ti el reino de Israel, y lo ha dado a tu prójimo mejor que tú. Y también el Vencedor de Israel no mentirá, ni se arrepentirá: porque no es hombre para que se arrepienta" (vv. 26-29). Este a quien se dice: "El Señor te rechaza como rey de Israel", y "El Señor te arranca hoy el reino de Israel de tu mano", reinó durante cuarenta años sobre Israel, tanto tiempo como el mismo David, y oyó esto al principio de su reinado. Con ello se nos quiere manifestar que nadie de su estirpe había de reinar; y que volvamos la mirada a la estirpe de David, de la cual nació según la carne el Mediador entre Dios y los hombres, el hombre Cristo Jesús (Ro. 1:3; 1ª Tim. 2:5).

2. No se lee en la Escritura lo que está en la mayor parte de los códices latinos: "Arrancará el Señor el reino de Israel de tu mano", sino lo que hemos puesto nosotros tomado de los griegos: "El Señor arrancará de Israel y de tu mano el reino", queriendo significar que de tu mano es igual que de Israel.

Representaba, pues, este hombre figuradamente al pueblo de Israel, pueblo que había de ser el reino cuando entrara en posesión del reino, no carnal, sino espiritualmente, Cristo Jesús, Señor nuestro, por el Nuevo Testamento. Cuando dice de él: "Y lo daré a un allegado tuyo", se refiere al parentesco carnal, pues Cristo procede de Israel según la carne, lo mismo que Saúl. Pero al añadir: "más digno que tú", se puede entender mejor que tú, ya que así lo han interpretado algunos; aunque el sentido de más digno que tú es más aceptable, equivaliendo a "como él es bueno, por eso está sobre ti", según aquella otra profecía: "Mientras yo pongo a tus enemigos bajo tus pies" (Sal. 110:1). Entre los cuales está Israel, a quien, como a perseguidor suyo, arrebató el reino Cristo. Aunque también estaba allí el otro Israel, en quien no había engaño, especie de trigo entre paja. Porque de él procedían también los apóstoles, de él tantos mártires, el primero de los cuales fue Esteban; de él tantas iglesias que menciona el apóstol Pablo dando gloria a Dios por su conversión.

3. Estoy bien seguro que a esto hay que aplicar las palabras que siguen: "Israel quedará dividido en dos partes", es decir, el Israel enemigo de Cristo y el Israel que se une a Cristo; el Israel que pertenece a la sierva, y el Israel que pertenece a la libre. Pues estos dos linajes coexistían al principio, como si Abraham estuviera unido aún a la sierva, hasta que la libre fecundada por la gracia de Cristo clamó: "Expulsa a esa criada y a su hijo" (Gn. 21:10).

Sabemos que a causa del pecado de Salomón, en el reinado de su hijo Roboán, Israel fue dividido en dos y que perseveró así, teniendo cada parte sus reyes, hasta que el pueblo entero, en un gran desastre, fue destruido y llevado por los caldeos. Pero ¿qué tiene que ver esto con Saúl, ya que tal amenaza debía hacerse más bien al mismo David, cuyo hijo era Salomón? En fin, ahora el pueblo hebreo no está dividido entre sí, sino dispersado indistintamente por todo el mundo y de acuerdo en un mismo error. Y aquella división con que Dios amenazó al mismo reino y al pueblo en la persona de Saúl, que los representaba, se consideró como eterna e inmutable a tenor de las palabras que siguen: "Él no se arrepentirá ni volverá atrás, porque no es un hombre para arrepentirse". Es decir, el hombre amenaza y no persevera, pero no Dios, que no se arrepiente como el hombre. Aun cuando dice que se arrepiente, se quiere significar el cambio de las cosas, permaneciendo inmutable la presciencia divina. Cuando se dice que no se arrepiente, se debe entender que no cambia.

4. Por estas palabras vemos que Dios ha pronunciado una sentencia irrevocable y perpetua sobre esta división del pueblo de Israel. Cuantos han pasado, pasan o pasarán de ese pueblo a Cristo, no eran de allí según la presciencia divina, aunque sí según la unidad e identidad de la naturaleza del género humano. Los israelitas que, uniéndose a Cristo, perseveran en Él jamás estarán con los israelitas que perseveran siendo enemigos suyos hasta el fin de esta vida, sino que permanecerán en la división que se ha anunciado aquí. El Antiguo Testamento, que procede del monte Sinaí y que engendra hijos para la esclavitud[9], no tiene utilidad alguna sino la de dar testimonio del Nuevo Testamento. Por lo demás, mientras se lee a Moisés, se echa un velo sobre el corazón; y al pasar a Cristo, se quita ese velo (2ª Cor. 3:15,16). Lo que cambia es la intención de los que pasan del viejo al nuevo, no buscando ya la felicidad de la carne, sino la del espíritu.

Es así que el gran profeta Samuel antes de ungir rey a Saúl, clamó al Señor por Israel y fue escuchado; y estando ofreciendo los holocaustos, al acercarse los enemigos en plan de batalla contra el pueblo de Dios, tronó el Señor sobre ellos, fueron confundidos, chocaron contra Israel y fueron vencidos. Entonces tomó Samuel una piedra, la colocó entre la nueva y la antigua Masefat y la llamó Eben-ézer, que quiere decir piedra de la ayuda, diciendo: "Hasta aquí nos ayudó el Señor" (1ª Sam. 7:9-12). Masefat significa "deseo". La piedra del auxiliador es la mediación del Salvador, por quien hay que pasar de la Masefat antigua a la nueva, esto es, del deseo con que se esperaba en el reino de la carne la falsa felicidad carnal, al deseo con que se esperaba por el Nuevo Testamento, en el reino

---

9. Cf. Gál. 4:25.

de los cielos, la auténtica felicidad espiritual. Y como no hay nada mejor, hasta Dios nos ayuda a alcanzarla.

8. Promesa hechas a David cumplidas en Cristo

1. Me parece ya tiempo de poner en claro qué le prometió Dios a David, sucesor de Saúl en el reino, en cuyo cambio fue figura de aquel otro cambio final con el que se relaciona todo lo dicho y escrito por Dios y que pertenece al tema que nos ocupa. Habiéndole sucedido prósperamente muchas empresas al rey David, pensó levantar un templo a Dios, el templo tan excelente y famoso que fue construido más tarde por su hijo Salomón. Estando él en este pensamiento, dirigió el Señor la palabra al profeta Natán para que la transmitiera al rey. Le dijo que no sería David el que edificaría la casa, y que no había él mandado en tan largo tiempo a nadie de su pueblo que le edificara una casa de cedro. Después le dijo: "dirás así á mi siervo David: Así ha dicho el Señor de los ejércitos: Yo te tomé de la majada, de detrás de las ovejas, para que fueses príncipe sobre mi pueblo, sobre Israel; y he sido contigo en todo cuanto has andado, y delante de ti he talado todos tus enemigos, y te he hecho nombre grande, como el nombre de los grandes que son en la tierra. Además yo fijaré lugar á mi pueblo Israel; yo lo plantaré, para que habite en su lugar, y nunca más sea removido, ni los inicuos le aflijan más, como antes, desde el día que puse jueces sobre mi pueblo Israel; y yo te daré descanso de todos tus enemigos. Asimismo el Señor te hace saber, que él te quiere hacer casa. Y cuando tus días fueren cumplidos, y durmieres con tus padres, yo estableceré tu simiente después de ti, la cual procederá de tus entrañas, y aseguraré su reino. El edificará casa a mi nombre, y yo afirmaré para siempre el trono de su reino. Yo le seré a él padre, y él me será a mí hijo. Y si él hiciere mal, yo le castigaré con vara de hombres, y con azotes de hijos de hombres; pero mi misericordia no se apartaré de él, como la aparté de Saúl, al cual quité de delante de ti. Y será afirmada tu casa y tu reino para siempre delante de tu rostro; y tu trono será estable eternalmente" (2ª Sam. 7:8-16).

2. Quien piense que esta gran promesa tuvo su cumplimiento en Salomón se encuentra en un grave error; se fija en las palabras "él edificará un templo en mi honor", porque Salomón construyó aquel noble templo; pero no se fija en las otras: "Yo afirmaré para siempre el trono de su reino". Atienda, pues, y mire la casa de Salomón llena de mujeres extranjeras adorando falsos dioses, y al mismo rey, sabio en otro tiempo, seducido y arrastrado a la misma idolatría. Que nadie se atreva a pensar que Dios ha prometido esto con mentira, o que no pudo conocer cómo se

había de portar Salomón y su casa. Ni aun así deberíamos dudar nosotros, aunque no viéramos el cumplimiento de estas profecías en Cristo nuestro Señor, "que procede de la descendencia de David según la carne" (Ro. 1:3), para no vernos forzados a buscar vana e inútilmente a otro mesías, como lo hacen los judíos carnales. Pues ellos mismos reconocen claramente que no es Salomón el hijo que leen se prometió a David en este lugar; y, sin embargo, a pesar de estar revelado con tal claridad el prometido, afirman con notable ceguera que todavía esperan a otro.

Es verdad que se verificó en Salomón, en cierto modo, una imagen de lo que vendría, precisamente en la construcción del templo, en el mantenimiento de la paz a tono con su nombre (Salomón quiere decir "pacífico") y en la admirable alabanza que mereció al comienzo de su reinado. Pero en su misma persona, como sombra del futuro, anunciaba, no mostraba, a Cristo Señor nuestro. Por ello se escribieron de él algunas cosas, como si fueran predicciones sobre él mismo, cuando la Escritura santa, que mezcla la profecía con los hechos realizados, nos dibuja en él, en cierto modo, la figura de cosas futuras. Pues, aparte de los libros históricos, donde se cuenta su reinado, tenemos inscrito a nombre suyo el salmo setenta y uno[10]. En él se dicen muchas cosas que de ningún modo pueden convenirle, y, en cambio, le convienen a Cristo el Señor con clara transparencia: aparece evidentemente que en aquél se dibujó cierta figura y en éste se presentó la misma realidad[11]. Son bien conocidas, de hecho, las fronteras del reino de Israel; y, no obstante, en este salmo se lee, entre otras cosas: "Dominará de mar a mar, Y desde el río hasta los cabos de la tierra" (Sal. 72:8). Esto lo vemos cumplido en Cristo. Comenzó su dominio desde el río, donde, bautizado por Juan y mostrado por él, comenzó a ser conocido por sus discípulos, que lo llamaron no sólo Maestro, sino también Señor.

3. Salomón comenzó a reinar todavía en vida de su padre, lo que no sucedió con ninguno de aquellos reyes; para manifestar claramente con esto que no es él a quien figura esta profecía, que se dirige a su padre diciendo: "Y cuando hayas llegado al término de tu vida y descanses con tus antepasados, estableceré después de ti a una descendencia tuya,

---

10. Según los LXX.

11. "El título del salmo 71 es A Salomón, mas como lo que en él se dice no puede hallarse en aquel rey temporal, caído más tarde en graves desórdenes, se concluye con evidencia plena, en contra de los mismos judíos, que todo ello fue anunciado de Cristo. Y no hay cristiano que niegue esto; pues son tales las cosas que se dicen, que no cabe dudar ser propias de Cristo. También se encuentran allí pasajes que atestiguan la difusión de la Iglesia por todo el orbe después del sometimiento de todos los reyes a Cristo" (Agustín, *De unitate Ecclesiae*, 8,22).

nacida de tus entrañas, y consolidaré tu reino" (2ª Sam. 7:12). ¿Cómo en lo que sigue: "El edificará un templo en mi honor", se ha de juzgar que está profetizado Salomón, y, en cambio, en lo que antecede: "Cuando hayas llegado al término de tu vida y descanses con tus antepasados, estableceré después de ti a una descendencia tuya", no se ha de entender que ha sido prometido el otro pacífico, que ha de levantarse, según el anuncio, no antes, como aquél, sino después de la muerte de David? Pues por mucho tiempo después que viniera Cristo, sin duda era después de la muerte del rey David, a quien se prometió que era preciso viniera él a edificar la casa del Señor, no de madera y piedra, sino de hombres, como nos regocijamos de que la está edificando. A esta casa, esto es, a los fieles de Cristo, dice el apóstol: "El templo de Dios, el cual sois vosotros, santo es" (1ª Cor. 3:17).

9. Semejanza entre la profecía del salmo 88 y la del profeta Natán

Por esto también, en el salmo 88[12], titulado "Instrucción a Etán israelita", se hace mención de las promesas hechas por Dios al rey David, y se dicen algunas cosas semejantes a las que se encuentran en el libro de Samuel; tales son: "Juré á David mi siervo, diciendo: Para siempre confirmaré tu simiente" (Sal. 89:3-4). Y también aquello: "Entonces hablaste en visión a tu santo, y dijiste: Yo he puesto el socorro sobre valiente; he ensalzado un escogido de mi pueblo. Hallé a David mi siervo; Lo ungí con el aceite de mi santidad. Mi mano será firme con él, mi brazo también lo fortificará. No lo avasallará enemigo, ni hijo de iniquidad lo quebrantará. Mas yo quebrantaré delante de él a sus enemigos, y heriré a sus aborrecedores. Y mi verdad y mi misericordia serán con él; y en mi nombre será ensalzado su cuerno. Asimismo pondré su mano en la mar, y en los ríos su diestra. El me llamará: Mi padre eres tú, mi Dios, y la roca de mi salud. Yo también le pondré por primogénito, alto sobre los reyes de la tierra. Para siempre le conservaré mi misericordia; y mi alianza será firme con él. Y pondré su simiente para siempre, y su trono como los días de los cielos" (vv. 19-29). Todas estas palabras, si se las entiende bien, se refieren al Señor Jesús bajo el nombre de David, a causa de la forma de siervo[13] que el mismo Mediador tomó del linaje de David en el seno de una virgen[14].

---

12. Según los LXX.
13. Cf. Fil. 2:7.
14. Cf. Mt. 1:1, 18; Lc. 1:27.

A continuación se dice también de los pecados de sus hijos algo semejante a lo que se dice en el libro de Samuel, y que con facilidad se le aplicaría a Salomón. Pues dice allí, en el libro de Samuel: "Si él hiciere mal, yo le castigaré con vara de hombres, y con azotes de hijos de hombres; pero mi misericordia no se apartaré de él" (2ª Sam. 7:14-15). Por "azotes" se significan las heridas de la corrección, de donde el aviso: "No toquéis a mis ungidos" (Sal. 105:15). ¿Qué quiere decir sino que no los "lastiméis"?

Y en el salmo se dice, como tratando de David, algo semejante: "Si dejaren sus hijos mi ley, y no anduvieren en mis juicios; si profanaren mis estatutos, y no guardaren mis mandamientos; entonces visitaré con vara su rebelión, y con azotes sus iniquidades. Mas no quitaré de él mi misericordia, Ni falsearé mi verdad" (Sal. 89:30-33). No dijo "de ellos", hablando de sus hijos, sino que dijo "de él"; que si bien entendido tiene el mismo sentido. Porque no se pueden encontrar en el mismo Cristo, cabeza de la Iglesia, los pecados que necesitan del castigo divino con correctivos humanos, salvada siempre la misericordia, pero si se encuentran en su cuerpo y sus miembros, que forman su pueblo. Por eso en el libro de Samuel se habla de la iniquidad de él, y en el salmo, en cambio, de la de sus hijos; para darnos a entender que en cierto modo se dice de él mismo lo que se dice de su pueblo. Razón por la cual él mismo le dice desde el cielo a Saulo cuando perseguía a su cuerpo, que son su pueblo: "Saulo, Saulo, ¿por qué me persigues?" (Hch. 9:4). Y en el salmo a continuación dice: "No olvidaré mi pacto, ni mudaré lo que ha salido de mis labios. Una vez he jurado por mi santidad, que no mentiré a David" (vv. 34-35). Es decir, que jamás mentiré a David; locución habitual en la Escritura. Y qué es que no miente, lo dice a continuación: "Su simiente será para siempre, y su trono como el sol delante de mí. Como la luna será firme para siempre, y como un testigo fiel en el cielo" (vv. 36-37).

10. Diferencias entre los sucesos de Jerusalén y el cumplimiento de las promesas

Para que no se pudiera pensar que una promesa tan fuertemente expresada y confirmada se cumplió en Salomón, como si esperara y no se cumpliera, dice: "Mas tú desechaste y menospreciaste a tu ungido" (Sal. 89:38). Esto sucedió con el reino de Salomón en sus descendientes, hasta la ruina de la misma Jerusalén terrena, que fue la sede de su imperio, y, sobre todo, hasta la destrucción del mismo templo que había sido edificado por Salomón. Pero para que no se pensase por esto que el Señor había obrado contra sus promesas, añadió en seguida: "y te has airado con él". Por tanto no es con Salomón ni con mismo David, sino con

Cristo con quien se ha airado el Señor. Todos los reyes consagrados con aquel crisma místico eran llamados cristos del Señor, no sólo desde el rey David en adelante, sino también desde Saúl, que fue ungido primer rey de este pueblo; el mismo David, en efecto, lo llama Cristo del Señor. Pero había un solo Cristo verdadero, cuya figura representaban aquéllos por la unción profética; y éste, según el sentir de los hombres, que pensaban había de ser visto en David o en Salomón, era diferido para muy largo tiempo; pero, según la disposición de Dios, era preparado para venir en su tiempo.

Y mientras éste llegaba, ¿qué sucedió con el reino de la Jerusalén terrena, donde se esperaba que reinaría él? Lo añade el salmo a la seguida: "Rompiste el pacto de tu siervo; has profanado su corona hasta la tierra. Aportillaste todos sus vallados; has quebrantado sus fortalezas. Le menoscabaron todos los que pasaron por el camino: Es oprobio a sus vecinos. Has ensalzado la diestra de sus enemigos; has alegrado a todos sus adversarios. Embotaste asimismo el filo de su espada, y no lo levantaste en la batalla. Hiciste cesar su brillo, y echaste su trono por tierra. Has acortado los días de su juventud; le has cubierto de afrenta" (vv. 39-45). Todas estas desgracias cayeron sobre la sierva Jerusalén en que reinaron también algunos hijos de la libre, poseyendo aquel reino en administración temporal, pero teniendo en la verdadera fe el reino de la Jerusalén celestial, de quien eran hijos, y esperando en el verdadero Cristo. Cómo tuvo lugar esto en ese reino, nos lo demuestra la lectura de la historia que narra los acontecimientos.

11. Naturaleza del pueblo de Dios

Después de haber profetizado estas cosas, el profeta se vuelve para rogar a Dios; aunque esa misma oración es ya una profecía: "¿Hasta cuándo, Señor, apartas para siempre?" (Sal. 89:46). Se sobreentiende su "rostro", como se dice en otra parte: "¿Hasta cuándo apartarás de mí tu rostro?" (Sal. 13:1). Ciertos códices no dicen apartas, sino "apartarás"; bien que se puede entender: "'Apartas tu misericordia, que prometiste a David". Pero cuando dice "para siempre", ¿qué significa sino "hasta el fin"? Y este fin debe interpretarse como el último tiempo, en que creerá en Cristo Jesús incluso esa nación[15] ; pero antes de tal fin se habrán de realizar las calamidades lloradas más arriba por el profeta.

---

15. Cf. Ro. 11:26: "Y luego todo Israel será salvo; como está escrito: Vendrá de Sión el Libertador, que quitará de Jacob la impiedad".

Por ello continúa aquí: "¿Hasta cuándo, oh Señor?, ¿te esconderás para siempre? ¿Arderá tu ira como el fuego? Acuérdate de cuán corto sea mi tiempo" (Sal. 89:46-47). Nada se entiende mejor aquí que el mismo Jesús como parte de ese pueblo, del cual procede su naturaleza carnal. Pues, dice, "no en vano has creado todos los hijos de los hombres". Si no fuera el único Hijo del hombre parte de Israel, por quien se libraran muchos hijos de los hombres, en vano habrían sido creados todos los hijos de los hombres.

Ahora bien, toda la naturaleza humana cayó por el pecado del primer hombre de la verdad a la miseria, y así dice otro salmo: "Sus días son como la sombra que pasa" (Sal. 144:4). Aunque no en vano creó Dios a todos los hijos de los hombres, ya que libra a muchos de la vanidad por el Mediador Jesús; y respecto a los que supo que no se habían de librar, no los creó en vano en el magnífico y ordenado concierto de la creación racional entera; los creó para utilidad de los que se habían de librar y para comparación por contraste de las dos ciudades entre sí.

Luego sigue: "¿Qué hombre vivirá y no verá muerte? ¿Librarás su vida del poder del sepulcro?" (Sal. 89:48). ¿Quién puede ser éste sino la parte de Israel procedente de la estirpe de David, Cristo Jesús? De él dice el apóstol que, resucitado de la muerte, no muere ya más, que "la muerte no tiene dominio sobre él" (Ro. 6:9). Así vivirá, en efecto, y no verá la muerte, aunque en realidad haya muerto; pero arrancó su alma del poder del abismo, a donde había bajado para librar a algunos de las cadenas del infierno. Y arrancó su alma en virtud de aquel poder de que habla el Evangelio: "Tengo poder para ponerla, y tengo poder para volverla a tomar" (Jn. 10:18).

12. Objeto de las promesas del Salmo 88

El resto de este salmo dice: "Señor, ¿dónde están tus antiguas misericordias, que juraste a David por tu verdad? Señor, acuérdate del oprobio de tus siervos; oprobio que llevo yo en mi seno de muchos pueblos. Porque tus enemigos, oh Señor, han deshonrado, porque tus enemigos han deshonrado los pasos de tu ungido" (Sal. 89:49-51). Con razón puede cuestionarse si esto se dice de los israelitas que deseaban se les devolviera a ellos la promesa hecha a David, o más bien de los cristianos, que son israelitas, "no según la carne, sino según el Espíritu" (Ro. 3:28,29). Porque estas cosas fueron dichas o escritas en el tiempo de Etán, de quien recibió el título este salmo; tiempo también del reino de David. Y así, no se diría: "¿Dónde está, Señor, tu antigua misericordia que por fidelidad juraste a David?", a no ser que el profeta transfigurara en sí la persona de aquellos que habían de vivir en un futuro lejano, para quienes sería antiguo este tiempo, en que se formularon al rey David estas promesas.

Aunque puede entenderse que muchas naciones, cuando perseguían a los cristianos, les echaban en cara la pasión Cristo llamada mutación por la Escritura, ya que muriendo se hizo inmortal. Puede también entenderse la mutación de Cristo como echada en cara a los israelitas, pues esperando que vendría para ellos, se pasó a los gentiles[16]. Esto mismo les reprochan ahora muchas naciones que han creído en Él por el Nuevo Testamento, mientras ellos permanecen en sus cosas antiguas. Y entonces las palabras: "Acuérdate, Señor, del oprobio de tus siervos", no vienen a que el Señor se olvide de ellos, sino a que tiene compasión, y después de este reproche también ellos han de creer.

Pero me parece más apropiado el sentido que propuse primero, ya que esta expresión: "Acuérdate, Señor, del oprobio de tus siervos" no se adapta bien a los enemigos de Cristo, a quienes se reprocha que Cristo les haya dejado a ellos pasándose a las naciones gentiles; en efecto, no deben llamarse siervos de Dios tales judíos. En cambio, corresponden estas palabras a quienes, soportando graves humillaciones de persecuciones por el nombre de Cristo, pudieron recordar que había sido prometido a la descendencia de David un reino excelso, y, llevados del deseo del mismo, es decir, no desesperando, sino pidiendo, buscando, llamando[17]: "¿Dónde está, Señor, tu antigua misericordia, que por tu fidelidad juraste a David? Acuérdate, Señor, de la afrenta de tu siervo: lo que tengo que aguantar de las naciones; esto es, lo que soporté con paciencia en mi interior; de cómo afrentan, Señor, tus enemigos, de cómo afrentan las huellas de tu Ungido"; no juzgándolas, en cambio, sino como anonadamiento. Y ¿qué quiere decir "Acuérdate, Señor", sino compadécete, y por mi humillación soportada con tal paciencia devuélveme la altura que prometiste a David con juramento en tu fidelidad?

Si atribuimos estas palabras a los judíos, sólo pudieron decir tales cosas aquellos siervos de Dios que, después de tomada la Jerusalén terrena, antes de venir Jesucristo en su humanidad, fueron conducidos a la cautividad, comprendiendo el cambio de Cristo, es decir, que no se había de esperar por él la felicidad terrena y carnal, como se manifestó en los breves años del rey Salomón, sino que se había de esperar con fidelidad la celestial y espiritual. E ignorando esta felicidad la infidelidad de las

---

16. Cf. Hch. 13:46: "Entonces Pablo y Bernabé, usando de libertad, dijeron: A vosotros a la verdad era necesario que se os hablase la palabra de Dios; mas pues que la desecháis, y os juzgáis indignos de la vida eterna, he aquí, nos volvemos a los gentiles"

17. Cf. Mt. 7:8. "Pedid, y se os dará; buscad, y hallaréis; llamad, y se os abrirá. Porque cualquiera que pide, recibe; y el que busca, halla; y al que llama, se abrirá".

naciones, cuando se regocijaba e insultaba al pueblo de Dios por su cautividad, ¿qué otra cosa sino el cambio de Cristo les reprochaba, aunque sin darse cuenta, a los que lo sabían?

Por esto lo que sigue, la conclusión del salmo: "Bendito el Señor por siempre. ¡Amén! ¡Amén!", se apropia convenientemente a todo el pueblo de Dios que pertenece a la Jerusalén celestial, ya en los que estaban ocultos en el Antiguo Testamento, antes de revelarse el Nuevo, ya en los que, después de revelarse el Nuevo, se ve claramente que pertenecen a Cristo. Porque la bendición del Señor en la descendencia de David no apareció para sólo algún tiempo, como en los días de Salomón, sino que debe esperarse para siempre; y en esa esperanza certísima se dice: ¡Amén! ¡Amén! La repetición de esta palabra señala la confirmación de la esperanza.

Así, David, dándose cuenta de esto, dice en el segundo libro de los Reyes, del cual hemos pasado[18] a este salmo: "Y aun te ha parecido poco esto, Señor, pues que también has hablado de la casa de tu siervo en lo por venir" (2º Sam. 7:19), añadiendo por eso poco después: "Dígnate, pues, bendecir a la casa de tu siervo para que esté siempre en tu presencia"; y lo que sigue. Porque entonces había de engendrar un hijo cuya descendencia se prolongaría hasta Cristo, mediante el cual su casa había de ser eterna y a la vez casa de Dios. Casa de David por el linaje de David; y la casa misma, casa de Dios, por el templo de Dios: templo hecho de hombres, no de piedras, donde habite para siempre el pueblo con su Dios y en su Dios, y Dios con su pueblo y en medio de su pueblo; de tal manera que Dios llene a su pueblo, y el pueblo esté lleno de Dios, cuando Dios sea todo en todos (1ª Cor. 15:28), el premio en la paz, el mismo que es la fuerza en la guerra.

Después las palabras de Natán: "Te anunciará el que le edificarás una casa", se añaden luego las palabras de David: " Porque tú, Señor de los ejércitos, Dios de Israel, revelaste al oído de tu siervo, diciendo: Yo te edificaré casa" (2º Sam. 7:27). Casa que también nosotros edificamos viviendo bien, y ayudándonos Dios para vivir bien; porque "si el Señor no construye la casa, en vano trabajan los que la edifican" (Sal. 127:1). Cuando tenga lugar la última edificación de esta casa, entonces se cumplirá lo que dijo Dios aquí por el profeta Natán: "Yo fijaré lugar á mi pueblo Israel; yo lo plantaré, para que habite en su lugar, y nunca más sea removido, ni los inicuos le aflijan más, como antes, desde el día que puse jueces sobre mi pueblo Israel" (2º Sam. 7:10.11).

---

18. Véase cap. 8.

13. La paz prometida a David y el tiempo de Salomón

Quien espera bien tan grande en este siglo y en esta tierra, está calificado de insensato. ¿Puede pensar alguno que fue cumplido en la paz del reino de Salomón? Cierto, la Escritura encomia con excelente elogio aquella paz como sombra del futuro. Pero ella misma se apresura a salir al paso de esa opinión cuando, después de decir: "Ni los inicuos le aflijan más", añadió: "como antes, desde el día que puse jueces sobre mi pueblo Israel; y yo te daré descanso de todos tus enemigos" (2º Sam. 7:10.11). Pues antes que comenzasen a existir allí los reyes, ya los jueces habían sido establecidos sobre aquel pueblo, desde que recibió la tierra de promisión. Y ciertamente le humilló el hijo de la iniquidad, esto es, el enemigo extranjero, durante los períodos en que leemos alternaban la paz y las guerras. Se encuentran, no obstante, períodos de paz más prolongados que los que hubo en tiempos de Salomón, que reinó durante cuarenta años. Pues bajo el juez llamado Aod hubo un período de paz de ochenta años (Juec. 3:30).

Desechamos, pues, la idea de que son los tiempos de Salomón los anunciados en esta promesa, y mucho menos los de cualquier otro rey. Ninguno de ellos reinó en una paz tan grande como la suya; ni jamás aquel pueblo tuvo tal dominio del reino que no estuviera preocupado por la sumisión a los enemigos ya que, en la volubilidad de las cosas humanas, ningún pueblo tuvo nunca tal seguridad que se viera libre de ataques funestos a su vida. Por consiguiente, el lugar prometido de mansión tan pacífica y segura es eterno y se debe a los moradores eternos de la madre libre Jerusalén, donde estará el verdadero pueblo de Israel; porque este nombre significa "el que ve a Dios". Por el deseo de este pueblo es preciso llevar una vida santa por la fe en este peregrinar lleno de miserias.

14. Autoría de los Salmos

Desarrollándose así a través de los tiempos la ciudad de Dios, reinó David primeramente en la Jerusalén terrena, figura de lo venidero. Era David hombre erudito en el arte del canto y amaba la armonía musical, no por un deleite vulgar, sino por sentimiento religioso, sirviendo en ella a su Dios, el verdadero Dios, en figuración mística de una gran realidad. Porque el concierto apropiado y moderado de los diversos sonidos manifiesta con su armoniosa variedad la unidad compacta de una ciudad bien ordenada. Casi todas sus profecías se encuentran en los salmos, que en número de ciento cincuenta tenemos en el llamado *Libro de los Salmos*.

Piensan algunos que de esos salmos sólo son de David los que llevan su nombre. Otros creen que no han sido compuestos por él sino los que llevan la inscripción "de David", y, en cambio, los que tienen en el título "para David", compuestos por otros, habrían sido colocados bajo su nombre. Esta opinión queda refutada por boca del mismo Salvador cuando dice que el mismo David anuncia en el Espíritu que Cristo es su Dios, y esto es precisamente el comienzo del salmo ciento nueve: "Dijo el Señor a mi Señor: Siéntate a mi derecha y haré de tus enemigos estrado de tus pies" (Sal. 110:1, Mt. 22:44). Y este salmo no tiene precisamente el título "de David", sino, como muchísimos, "para David".

A mí me parece más aceptable la opinión de los que atribuyen a su obra todos esos ciento cincuenta salmos[19], y que intituló algunos con el nombre de otros personajes que representaban alguna figura que hacía al caso, y los demás tuvo a bien dejarlos sin nombre alguno, y que todo ello fue una inspiración del Señor, oscura, desde luego, pero no sin motivo. No es objeción válida contra esto el que se encuentren inscritos en algunos de estos salmos los nombres de ciertos profetas que vivieron mucho después del tiempo del rey David, y que lo que se dice allí parece dicho por ellos. Bien pudo el espíritu profético revelar al rey profeta David estos nombres de los futuros profetas para que cantara proféticamente algo acomodado a la persona de éstos. Como el rey Josías, que había de nacer y reinar más de trescientos años después, le fue revelado con su nombre a cierto profeta que predijo también sus hechos futuros.

15. Texto y contexto de las profecías sálmicas sobre Cristo y la Iglesia

Me parece que ya se espera de mí explique en este lugar qué es lo que profetizó David en los salmos sobre Cristo nuestro Señor y su Iglesia. Para llevar a cabo esta empresa, como parece exigirlo esa espera (aunque ya lo he hecho con un salmo), me es más bien un obstáculo la abundancia que la escasez. En efecto, no puedo citarlo todo en gracia de la brevedad; temo, por otra parte, que al elegir algunos textos pase por alto otros que a muchos, conocedores de los mismos, parezcan más necesarios. Además, como el testimonio que se aduce del contexto de todo el salmo debe tener la garantía de que nada existe que se le oponga, si no apoya todo el contenido, temo también pueda parecer que, a usanza de los centones[20], anda-

---

19. Hoy está fuera de cuestión que todos los Salmos no fueron escritos por David. De los 150 salmos, 50 son anónimos, 50 son anónimos y el resto atribuidos a Moisés, Salomón, Asaph y Etan.

20. El *centón* era una composición poética formada con versos de otro autor, pero cuyo fondo es del que la hace con versos de otro.

mos desgajando versículos para nuestro intento, como de un gran poema que no trata de ese asunto, sino de otro muy diverso. Pero para demostrar esto en cada uno de los salmos se hace preciso exponerlo todo entero; y cuál sea la envergadura de obra semejante lo declaran suficientemente mis tratados y los que han llevado a cabo otros. Léalos, pues, quien lo desee y tenga tiempo; allí encontrará las muchas y grandes profecías que David, rey y profeta, hizo sobre Cristo y su Iglesia, es decir, sobre el Rey y la ciudad que fundó

16. Salmo 45 y sus profecías

1. Aunque sobre cualquier cuestión hay palabras proféticas propias y manifiestas, necesariamente van entremezcladas con otras metafóricas. Y éstas, sobre todo por los de inteligencia más corta, exigen de los entendidos un duro esfuerzo de exposición y comentario. Cierto que algunos pasajes, con sólo su lectura, nos muestran a Cristo y a la Iglesia; bien que, teniendo espacio, siempre hay que explicar ciertas cosas que no se entienden tan claramente; tal es el siguiente pasaje del libro de los Salmos: "Rebosa mi corazón palabra buena: Refiero yo al Rey mis obras: Mi lengua es pluma de escribiente muy ligero. Te has hermoseado más que los hijos de los hombres; la gracia se derramó en tus labios, por tanto Dios te ha bendecido para siempre. Cíñete tu espada sobre el muslo, oh valiente, con tu gloria y con tu majestad. Y en tu gloria se prosperado: Cabalga sobre palabra de verdad, y de humildad, y de justicia; y tu diestra te enseñará cosas terribles. Tus saetas agudas Con que caerán pueblos debajo de ti, Penetrarán en el corazón de los enemigos del Rey. Tu trono, oh Dios, eterno y para siempre: Vara de justicia la vara de tu reino. Amaste la justicia y aborreciste la maldad: Por tanto te ungió Dios, el Dios tuyo, Con óleo de gozo sobre tus compañeros. Mirra, áloe, y casia exhalan todos tus vestidos: En estancias de marfil te han recreado. Hijas de reyes entre tus ilustres" (Sal. 45:1-9).

¿Quién, por tardo que sea de entendimiento, oyendo hablar a Dios, cuyo trono es eterno, no reconoce aquí a Cristo, a quien predicamos y en quien creemos, y este mismo Cristo ungido por Dios a la manera que él unge, no con crisma visible, sino con espiritual e inteligible? ¿Quién hay tan ignorante en que esta religión, o tan sordo frente a su fama tan difundida, desconozca que ha sido llamado Cristo por el crisma, esto es, por la unción? Pero una vez reconocido Cristo como rey, el que se ha sometido al que es rey de verdad, de mansedumbre y de justicia, que investigue según sus disponibilidades todo lo que aquí se dice metafóricamente: cómo es el más bello de los hombres, con una hermosura tanto más amable y admirable, cuanto menos corporal; cuál es su espada, cuáles son sus flechas, y todo lo demás que se ha expuesto no propia, sino metafóricamente.

A continuación mire a su Iglesia, unida a esposo tan ilustre en matrimonio espiritual y amor divino. De ella se habla a continuación: "Está la reina a tu diestra con oro de Ofir. Oye, hija, y mira, e inclina tu oído; Y olvida tu pueblo, y la casa de tu padre; y deseará el rey tu hermosura: E inclínate a él, porque él es tu Señor. Y las hijas de Tiro vendrán con presente; implorarán tu favor los ricos del pueblo. Toda ilustre es de dentro la hija del rey: De brocado de oro es su vestido. Con vestidos bordados será llevada al rey; vírgenes en pos de ella: Sus compañeras serán traídas a ti. Serán traídas con alegría y gozo: Entrarán en el palacio del rey. En lugar de tus padres serán tus hijos, a quienes harás príncipes en toda la tierra. Haré perpetua la memoria de tu nombre en todas las generaciones: Por lo cual te alabarán los pueblos eternamente y para siempre" (vv. 9-17).

No creo haya nadie tan insipiente que pueda pensar se celebra y se describe aquí a cualquier mujerzuela, sino que es la esposa de aquel a quien se dice: "Tu trono, oh Dios, permanece para siempre; cetro de rectitud es tu cetro real; has amado la justicia y odiado la impiedad: por eso el Señor, tu Dios te ha ungido con aceite de júbilo entre todos tus compañeros" (V. 7). Se trata aquí de Cristo, a los ojos de los cristianos. Estos son sus compañeros, de cuya unidad y concordia en todos los pueblos surge esta reina, de la que se dice en otro salmo: "Ciudad del gran rey" (Sal. 48:2). Ella es la Sión espiritual, cuyo nombre significa "contemplación" (latín *speculatio*); porque ella contempla el gran bien del siglo futuro, ya que allí se dirige su intención. Ella es también de igual modo la Jerusalén espiritual, de la que ya hemos hablado mucho.

Su enemiga es la ciudad del diablo, Babilonia, que significa "confusión". De esta Babilonia, sin embargo, se libra esta reina por la regeneración en todos los pueblos, y pasa así del peor al mejor de los reyes, esto es, del diablo pasa a Cristo. Por eso se le dice: "Olvida tu pueblo y la casa paterna". De esa ciudad impía son un a parcela los israelitas por sola la carne, no por la fe; enemigos también ellos de este gran rey y de esta reina. Pues habiendo venido a ellos Cristo y siendo muerto por ellos, se pasó a otros que no había visto en la carne. De ahí que en la profecía de cierto salmo dice ese rey nuestro: "Me libraste de las contiendas de pueblo; me pusiste por cabecera de gentes; pueblo que yo no conocía, me sirvió" (Sal. 18:43). Este es el pueblo de los gentiles, a quien no conoció Cristo con presencia corporal, y que creyó en Cristo cuando le fue anunciado, de modo que justamente se dice de él: Me escuchaban y me obedecían; porque la fe viene del oído (Ro. 10:17). Este pueblo, digo, agregado a los verdaderos israelitas, según la carne y la fe, es el que forma la ciudad de Dios, que dio a luz también a Cristo cuando existía sólo en aquellos israelitas. De los cuales procedía la Virgen María, en cuyo seno tomó carne Cristo para hacerse hombre.

De esta ciudad canta otro salmo: "De Sión se dirá: Este y aquél han nacido en ella; y la fortificará el mismo Altísimo" (Sal. 87:5). Y por eso Cristo Dios, antes de hacerse hombre por medio de María en aquella ciudad, la fundó él mismo en los patriarcas y profetas. A esta reina, pues, la ciudad de Dios, se dijo tanto tiempo antes por la profecía lo que ya vemos cumplido: "En lugar de tus padres serán tus hijos, a quienes harás príncipes en toda la tierra" (Sal. 45:16). De sus hijos, en efecto, hay jefes y padres a través de toda la tierra, ya que la aclaman los pueblos acudiendo a ella con una confesión de eterna alabanza por los siglos de los siglos. Por consiguiente, cuanto se diga aquí veladamente en expresiones figuradas, de cualquier modo que se entienda, debe estar de acuerdo con estas cosas tan manifiestas.

17. Salmo 110 y sacerdocio de Cristo

Lo mismo ocurre en el salmo en que se habla clarísimamente del sacerdocio de Cristo, como en el otro de su reinado: "El Señor dijo a mi Señor: Siéntate a mi diestra, en tanto que pongo tus enemigos por estrado de tus pies" (Sal. 110:1). Que Cristo está sentado a la diestra de Dios Padre es una verdad que creemos, no lo vemos; que sus enemigos estén puestos bajo sus pies, aún no aparece; se está llevando a cabo, aparecerá al fin; también esto se cree ahora, se verá después. Pero lo que sigue: "Desde Sión extenderá el Señor el poder de tu cetro; somete en la batalla a tus enemigos" (v. 2), es tan manifiesto, que el negarlo sería no sólo infidelidad e infelicidad, sino también desvergüenza.

Los mismos enemigos confiesan que desde Sión fue promulgada la ley de Cristo, que nosotros llamamos Evangelio, y reconocemos como cetro de su poder. Que él reina en medio de sus enemigos, lo atestiguan los mismos entre quienes reina, rechinando los dientes y deshaciéndose, pero sin poder nada contra él.

A continuación dice: "Juró el Señor, y no se arrepentirá" (v. 4). Con estas palabras significa que será eterno lo que añade: "Tú eres sacerdote para siempre según el orden de Melquisedec". Porque no existirá ya el sacerdocio y el sacrificio según el rito de Aarón, y se ofrecerá por doquier por el sacerdote Cristo el que ofreció Melquisedec cuando bendijo a Abraham. ¿Quién se atreverá a dudar de quién se dijo esto? Y a estas cosas claras hay que referir otras, expresadas algo más oscuramente en el mismo salmo, si se han de entender rectamente. Lo cual ya hemos hecho nosotros en nuestros sermones al pueblo

Así, en aquel salmo donde Cristo expresa por la profecía la humillación de su pasión diciendo: "Horadaron mis manos y mis pies. Contar puedo todos mis huesos; ellos miran, me consideran" (Sal. 22:16-17). Con estas palabras se significó el cuerpo extendido en la cruz, con pies y manos sujetas y traspasadas con los clavos, y ofreciéndose de este modo en espectáculo a los que lo con-templaban y observaban. Y añade también: "Partieron entre sí mis vestidos, Y sobre mi ropa echaron suertes" (v. 18). La historia evangélica nos cuenta cómo se cumplió esta profecía.

Así se entienden rectamente otros detalles que se citan allí con menor claridad si están de acuerdo con las cosas que brillan con tal claridad; sobre todo, porque los hechos que no creemos como pasados, sino que vemos presentes, al igual que se leen anunciados tanto tiempo antes, se ven ya manifiestos ahora en el mundo entero. En efecto, se dice un poco después: "Del Señor es el reino; y él se enseñoreará de las gentes. Comerán y adorarán todos los poderosos de la tierra; se postrarán delante de él todos los que descienden al polvo" (vv. 28-29).

18. Salmos 3, 40, 15 y 67 sobre la muerte y resurrección de Cristo

1. Su resurrección tampoco fue pasada en silencio por los oráculos de los salmos. ¿Qué significa si no lo que en nombre suyo se canta en el salmo tercero: "Yo me dormí y me entregué a un profundo sueño, y me levanté porque el Señor me tomó bajo su amparo?" (Sal. 3:5) ¿Puede alguien errar tanto hasta pensar que el profeta quiso indicarnos algo grande por lo de dormir y levantarse, si este sueño no fuese la muerte, y el despertar la resurrección, que fue preciso profetizar en tales términos de Cristo? Esto se pone mucho más de manifiesto en el salmo 41, donde, según la costumbre se narran en la persona del mismo Mediador como pasadas las cosas que se profetizan como futuras, porque las que habían de venir se tomaban ya en la predestinación y presciencia de Dios como realizadas, por ser seguras. Dice: "Mis enemigos dicen mal de mí preguntando: ¿Cuándo morirá, y perecerá su nombre? Y si alguno venía a verme, hablaba mentira: Su corazón se amontonaba iniquidad; y salido fuera, hablaba. Reunidos murmuraban contra mí todos los que me aborrecían: Contra mí pensaban mal, diciendo de mí: Cosa pestilencial de él se ha apoderado; y el que cayó en cama, no volverá a levantarse" (Sal. 41:5-8).

Cierto, estas palabras no tienen otro sentido que: "¿Acaso el que muere ha de resucitar?" Pues lo que antecede demuestra que sus enemigos habían pensado y preparado su muerte, y que esto había sido llevado a cabo por el que entraba a ver y salía a traicionar. ¿A quién no se le ocurre pensar que éste es Judas, hecho, de discípulo, traidor? Y como habían de hacer lo que maquillaban, es decir, le habían de dar muerte, demostrándoles la ineficacia de su malicia al tratar de dar muerte en vano al que había de resucitar, añadió ese verso como diciendo: "¿Qué hacéis, necios? Vuestro crimen será mi sueño. ¿Acaso el que duerme ha de volver a levantarse?"

Sin embargo, el gran crimen que iban a cometer no había de quedar impune, como lo indican los versos siguientes: "Aun el hombre de mi paz, en quien yo confiaba, el que de mi pan comía, Alzó contra mí el calcañar" (v. 9); es decir, me ha pisoteado. "Pero tú, Señor, apiádate de mí, haz que pueda levantarme para que yo les dé su merecido" (v. 10). ¿Quién puede negar esto viendo a los judíos tras la muerte y la resurrección de Cristo arrancados de raíz de sus moradas con los estragos y destrucción de la guerra? Pues el que había sido muerto por ellos resucitó infligiéndoles un correctivo corporal, a más del que reserva para los incorregibles, cuando venga a juzgar a los vivos y a los muertos. El mismo Señor Jesús, descubriendo a los apóstoles el traidor al alargarle el pan, mencionó el verso de este salmo diciendo que se cumplía en sí mismo: "El que compartía mi pan es el primero en traicionarme". Aquello otro de "en quien yo confiaba" no conviene a la cabeza, sino al cuerpo, pues el Salvador conocía a aquel de quien ya había dicho antes: "Uno de vosotros es un diablo" (Jn. 6:70). Pero acostumbra a referir a sí la persona de sus miembros y atribuirse lo que es de ellos, porque la cabeza y el cuerpo son un solo Cristo (1ª Cor. 12:12). Y por eso aquello del Evangelio: "Tuve hambre y me disteis de comer", que explica diciendo: "Cada vez que lo hicisteis con un hermano mío de esos más humildes, lo hicisteis conmigo" (Mt. 25:5). Así dijo que había esperado lo que habían esperado de Judas sus discípulos cuando fue contado entre los apóstoles (Hch. 1:17).

2. Pero los judíos piensan que el Cristo que esperan no ha de morir. Por eso no creen que el nuestro es el anunciado por la Ley y los Profetas, sino no sé qué otro suyo, que se figuran ajeno a la prueba de la muerte. Y así sostienen con sorprendente ingenuidad y ceguera que las palabras citadas no significan la muerte y la resurrección, sino el sueño y el despertar. Pero bien claro les grita el salmo decimosexto: "Por eso se me alegra mi corazón, y se goza mi gloria: También mi carne reposará segura. Porque no dejarás mi alma en el sepulcro; ni permitirás que tu santo vea corrupción" (Sal. 16:9-10). ¿Quién si no el que resucitó al tercer día podía

decir que su carne había descansado con la esperanza de no ser abandonada por su alma en el infierno, sino de ser vivificada al tornar ésta a fin de que no se corrompiese como se corrompen los cadáveres? Ciertamente no pueden aplicar esto al profeta y rey David.

También les grita el salmo 68: "Dios, nuestro Dios ha de salvarnos; y el Señor saldrá por la muerte" (v. 20, LXX)[21]. ¿Se puede decir cosa más clara? El Dios que salva es el Señor Jesús, que quiere decir Salvador, salud o salvación. La explicación de este nombre se dio cuando se dijo antes de nacer de una virgen: "Dará a luz un hijo y le pondrás de nombre Jesús, porque él salvará a su pueblo de los pecados" (Mt. 1:21). Para remisión de esos pecados fue derramada su sangre y fue preciso que no tuviera otra salida de esta vida que la muerte. Por eso cuando se dijo: "Nuestro Dios es un Dios que salva", se añadió a continuación: "Y el Señor saldrá por la muerte" (Sal. 68:20); para dar a entender que nos había de salvar con la muerte. Y se pronunció con admiración "Y el Señor", como si dijera: "Es tal esta vida de los mortales, que ni el mismo Señor puede salir de ella sino por la muerte".

19. Salmo 69 e incredulidad judía

Pero cuando los judíos resisten tenazmente los testimonios tan claros de esta profecía, aun después de su cumplimiento tan evidente y cierto, se cumple en ellos lo que está escrito en el salmo que sigue a éste. Refiriéndose allí proféticamente a la persona de Cristo, las cosas que pertenecen a su pasión, se menciona lo que está claro en el Evangelio: "Me pusieron hiel por comida, y en mi sed me dieron a beber vinagre" (Sal. 69:21; Mt. 27:34,48). Y como tras el ofrecimiento de tal banquete y de semejantes viandas añade a continuación: "Sea su mesa delante de ellos por lazo, y lo que es para bien por tropiezo. Sean oscurecidos sus ojos para ver, y haz siempre titubear sus lomos." (vv. 22-23), etc. Palabras que no expresan un deseo, sino una profecía bajo la apariencia de un deseo. ¿Qué es, pues, de maravillar no vean cosas tan patentes quienes tienen los ojos oscurecidos para no ver? ¿Qué es de maravillar no miren las cosas de arriba quienes tienen la espalda siempre encorvado, forzados a inclinarse a las cosas terrenas? Por estas comparaciones con el cuerpo se significan los vicios del alma.

Para no excederme basta con lo dicho acerca de los salmos, es decir, sobre la profecía del rey David. Y tengan la bondad de disculparme al

---

21. "Dios, nuestro Dios ha de salvarnos; y del Señor es el librar de la muerte" (RV).

leer estas cosas los entendidos, y no se lamenten si comprenden o piensan que he pasado por alto otros quizá más decisivos.

20. Profecías de los libros sapienciales

1. Reinó David, hijo de la Jerusalén celestial, en la Jerusalén terrena, grandemente encomiado por el testimonio divino; sus delitos, en efecto, fueron compensados por saludable y humilde penitencia, con piedad tan grande que se encuentra, sin duda, entre los que él celebró al decir: "Dichoso aquel cuyas iniquidades son perdonadas, y borrados sus pecados" (Sal. 32:1).

Después de él gobernó a todo su pueblo su hijo Salomón, que, como se dijo antes, comenzó a reinar aún en vida de su padre. Este tuvo buenos principios, pero mala terminación. Pues "la prosperidad, que agobia el ánimo de los sabios"[22], le produjo más perjuicios que los beneficios de la misma sabiduría, tan memorable ahora y siempre, y ya entonces celebrada por doquier. También él profetizó en sus libros, tres de los cuales han sido reconocidos como canónicos: *Proverbios*, *Eclesiastés* y *Cantar de los Cantares*. Otros dos, *Sabiduría* y *Eclesiástico*, se los ha atribuido la costumbre a Salomón por cierta semejanza de estilo, aunque los más entendidos no dudan en descartarlo. Sin embargo, la Iglesia, sobre todo la occidental, los reconoció desde antiguo como canónicos.

En uno de ellos, en el de la *Sabiduría*, de Salomón, está profetizada con toda claridad la pasión de Cristo. Se menciona allí a sus impíos asesinos, que dicen: "Acechemos al justo, que nos resulta incómodo, se opone a nuestras acciones, nos echa en cara las faltas contra la ley, nos reprende las faltas contra la educación que nos dieron; declara que conoce a Dios que él es hijo del Señor; se ha vuelto acusador de nuestras convicciones; sólo verlo da grima; lleva una vida distinta de los demás y va por un camino aparte; nos considera de mala ley y se aparta de nuestras sendas como si contaminasen; proclama dichoso el destino del justo y se gloria de tener por padre a Dios. Vamos a ver si es verdad lo que dice, comprobando cómo es su muerte; si el justo ese es hijo de Dios, él lo auxiliará y lo arrancará de las manos de sus enemigos. Lo someteremos a tormentos despiadados para apreciar su paciencia y comprobar su temple; lo condenaremos a muerte ignominiosa, pues dice que hay quien mira por él" (Sab. 2:12-21). Así discurren y se engañan, porque los ciega su maldad.

En el libro del *Eclesiástico* se anuncia con estas palabras la fe futura de los gentiles: "Sálvanos, Dios del universo, infunde tu terror a todas las

---

22. Salustio, *Catil.*, 11.

naciones; amenaza con tu mano al pueblo extranjero para que sienta tu poder. Como les mostraste tu santidad al castigarnos, muéstranos así tu gloria castigándolos a ellos, para que sepan, como nosotros lo sabemos, que no hay Dios fuera de ti" (Eclo. 36:1-5). En Cristo vemos cumplida esta profecía bajo forma de deseo y de plegaria. Cierto, no tiene tanta fuerza frente a los contradictores por no estar en el canon de los judíos[23].

2. En cambio, en los otros tres —que consta son de Salomón y que tienen por canónicos también los judíos—, se hace preciso un debate laborioso para demostrar que pertenecen a Cristo y a la Iglesia las cosas que sobre esto se dicen allí; y esto nos haría extendernos más de lo conveniente si nos entretenemos en ello. Sin embargo, lo que dicen los impíos, que nos trae el libro de los Proverbios, no es tan oscuro que no se entienda fácilmente, sin una trabajosa exposición de Cristo y de la Iglesia, que es posesión suya; dice así: "Escondamos injustamente en la tierra al varón justo; nos lo tragaremos vivo, como el abismo. Borremos su memoria de la tierra; obtendremos magníficas riquezas" (Prov. 1:11-13). Algo semejante nos muestra el mismo Señor Jesús en la parábola evangélica que dijeron los malos colonos: "Este es el heredero: venga, lo matamos y nos quedamos con su herencia" (Mt. 21:38).

También en el mismo libro, aquel pasaje que hemos resumido antes al tratar de la estéril que dio a luz a siete, fue entendido, tan pronto como se pronunció, de Cristo y de la Iglesia por los que conocen a Cristo como Sabiduría de Dios: "La sabiduría se ha edificado una casa, ha labrado siete columnas, ha preparado un banquete, mezclado el vino y puesta la mesa; ha despachado a sus criados para que lo anuncien en los puntos que dominan la ciudad. Los inexpertos, que vengan aquí; quiero hablar a los faltos de juicio: Venid a comer de mi pan y a beber el vino que he mezclado" (Prov. 9:1-5). Reconocemos aquí ciertamente a la Sabiduría de Dios, esto es, el Verbo coeterno con el Padre, que se preparó un cuerpo humano en el seno virginal, y que unió a éste a su Iglesia como los miembros a su cabeza, que preparó la mesa con el vino y el pan, donde aparece también el sacerdocio según el rito de Melquisedec, y que convocó a los ignorantes y pobres de espíritu. Ya dijo el Apóstol que "eligió a los débiles de este mundo para confundir a los fuertes" (1ª Cor. 1:27). No obstante, a estos débiles les dice lo que sigue: "Dejad las simplezas, y vivid; y andad por el camino de la inteligencia" (Prov. 9:6).

Hacerse partícipes de esta mesa es comenzar a tener vida. Pues en lo que dice en otro libro, el del Eclesiastés: "El único bien del hombre es comer y beber" (Ecl. 2:24), ¿se puede creer algo más digno de crédito que

---

23. Ni en el de las Iglesias de la Reforma.

lo que pertenece a la participación de esta mesa, que el mismo Mediador del Nuevo Testamento nos presenta, según el rito de Melquisedec, abastecida de su cuerpo y de su sangre? Porque este sacrificio sucedió a todos aquellos sacrificios del Antiguo Testamento, que se inmolaban como sombra del futuro. Por lo cual reconocemos también en el salmo 39 la voz del mismo Mediador que habla por boca del profeta: "Tú no quieres sacrificios ni ofrendas, pero me has dado un cuerpo perfecto" (Sal. 40:6, LXX)[24]. En efecto, en lugar de todos aquellos sacrificios y ofrendas, se ofrece su cuerpo y se administra a los que participan de él.

Que este Eclesiastés, en su sentencia sobre el comer y beber, que repite frecuentemente y recomienda mucho (Ecl. 2:24; 3:13; 5:18; 8:15), no se refiere al placer de los banquetes carnales lo muestra bien claramente según aquello: "Más vale visitar la casa en duelo que la casa en fiestas" (Ecl. 7:2); y aún poco después: "El sabio piensa en la casa en duelo, el necio piensa en la casa en fiesta" (v. 4). Pero en este libro tengo por más digno de mención lo que se refiere a las dos ciudades, la del diablo y la de Cristo, y a los reyes de las mismas, el diablo y Cristo: "¡Ay del país donde reina un muchacho y sus príncipes madrugan para sus comilonas! Dichoso el país donde reina un noble y los príncipes comen a su tiempo en fortaleza y no en confusión" (Ecl. 10:16-17). Llama muchacho al diablo por su necedad, soberbia, temeridad, petulancia y demás vicios que suelen abundar en esa edad; en cambio, a Cristo le llama hijo de nobles, es decir, de los santos patriarcas, que pertenecen a la ciudad libre, de los cuales: fue engendrado según la carne.

Los príncipes de aquella ciudad comen muy de mañana, es decir, antes de la hora conveniente, porque no esperan la verdadera felicidad oportuna, que está en el siglo futuro, y desean ser felices a toda prisa con los placeres de este mundo; en cambio, los príncipes de la ciudad de Cristo esperan pacientemente el tiempo de la felicidad no engañosa. Por eso dice "en fortaleza y no en confusión"; porque no les falla la esperanza de que dice el Apóstol: "La esperanza no defrauda" (Ro. 5:5). Y también el salmo: "Pues los que esperan en ti no quedan defraudados" (Sal. 25:3).

Por lo que se refiere al *Cantar de los Cantares*, es una especie de placer de almas santas en las bodas de aquel rey y aquella reina de la ciudad, es decir, Cristo y la Iglesia. Pero este placer está envuelto en velos alegóricos con el fin de que sea deseado con más ardor y manifestado con mayor satisfacción, y aparezca el esposo, a quien se dice en el mismo cántico:

---

24. "Sacrificio y presente no te agrada; has abierto mis oídos; holocausto y expiación no has demandado" (RV).

"Los justos te aman" (Cant. 1:4), y la esposa que oye: "La caridad en tus delicias" (Cant. 7:6).

Pasamos muchas cosas en silencio en nuestro deseo de terminar esta obra.

21. Reyes posteriores a Salomón en Judá e Israel

En los demás reyes de los hebreos después de Salomón, apenas encontramos hayan pronunciado alguna palabra o realizado alguna acción simbólica que proféticamente pueda referirse a Cristo y a la Iglesia. Judá e Israel son los nombres de las partes en que, como castigo de Dios, fue dividido aquel pueblo, por el pecado de Salomón, en tiempo de su hijo Roboán, que sucedió a su padre en el reino. En efecto, las diez tribus que recibió Jeroboán, servidor de Salomón, constituido rey de ellas en Samaria, fueron llamadas propiamente Israel, aunque éste era el nombre de todo aquel pueblo. En cambio, las otras dos tribus es decir, de Judá y Benjamín, por miramiento a David, para que no quedase totalmente arrancado el reino de su estirpe, recibieron el nombre de Judá, por ser ésta la tribu de que procedía David. Y la tribu de Benjamín, perteneciente, como dije, al mismo reino, era de donde procedía Saúl, rey anterior a David. Estas dos tribus, como se ha dicho, se llamaban Judá, y con ese nombre se distinguían de Israel, nombre propiamente de las otras diez tribus con su rey.

La tribu de Leví, como fue sacerdotal, dedicada al servicio de Dios, no al de los reyes, hacía el número trece. Porque José, uno de los doce hijos de Israel, no formó una sola tribu, como los demás, sino dos, Efraín y Manasés. Sin embargo, la tribu de Leví pertenecía más bien al reino de Jerusalén, donde estaba el templo de Dios, al cual ella servía.

Tras la división del pueblo, el primero que reinó en Jerusalén fue Roboán, rey de Judá, hijo de Salomón; y en Samaria, Jeroboán, rey de Israel, servidor de Salomón. Habiendo querido Roboán debelar esa especie de tiranía de la parte dividida, se prohibió al pueblo luchar con sus hermanos, diciendo Dios por el profeta que era Él quien había hecho esto (1º Rey. 12:24). Por donde apareció que no había pecado alguno en esto ni por parte del rey de Israel ni de su pueblo, sino que se cumplía el castigo impuesto por la voluntad de Dios. Y así, conocida ésta, ambas partes quedaron tranquilas entre sí; no se había hecho la división de la religión, sino del reino.

22. Profetas durante el reinado de Jeroboán

El rey de Israel, Jeroboán, no confió, por su perversidad, en Dios, cuya veracidad había probado al prometerle y darle a él el reino. Temió, en efecto, que yendo al templo de Dios, que estaba en Jerusalén, adonde tenía que acudir todo aquel pueblo, según la ley, para sacrificar, fuera seducido éste y sometido a la estirpe de David como descendencia real. Estableció la idolatría en su reino y, con nefasta impiedad, arrastró consigo al pueblo de Dios ligándolo con el culto de los ídolos. No cesó Dios sin embargo, de argüir por medio de los profetas no sólo a aquel rey, sino también a sus sucesores e imitadores de su impiedad, lo mismo que al pueblo. Allí surgieron aquellos grandes e insignes profetas Elías y su discípulo Eliseo, que realizaron también muchas maravillas. Allí también, al decir Elías: "Señor, han asesinado a tus profetas, han derruido tus altares; sólo quedo yo, y me buscan para matarme", se le respondió que había allí siete mil varones que no habían doblado la rodilla ante Baal (1° Rey. 19:10, 14, 15).

23. Vicisitudes de los judíos hasta el tiempo de Cristo

Tampoco faltaron profetas en Judá, que pertenecía a Jerusalén, en la sucesión de sus reyes, según le agradó al Señor enviarlos, ya para anunciar lo que fuese necesario, ya para corregir los pecados y recomendar la justicia. También allí, aunque mucho menos que en Israel, hubo reyes que ofendieron gravemente a Dios con sus pecados, y fueron castigados más benignamente con el pueblo que los imitaba. Cierto que también hubo reyes piadosos, cuyos grandes méritos son alabados. En cambio, entre los reyes de Israel, unos más, otros menos, los encontramos a todos reprobables.

Una parte y la otra, según ordenaba o permitía la divina providencia, ya se veían levantadas con la prosperidad, ya abatidas por la desgracia. Y a tal punto llegaba la angustia, no sólo con guerras exteriores, sino también civiles, que se ponía de manifiesto la misericordia o la cólera de Dios a tenor de las causas que provocaban una u otra; hasta que creciendo su indignación, todo aquel pueblo no sólo fue derrocado en sus tierras por los caldeos, sino también trasladado en su mayor parte a las tierras de los asirios, donde durante setenta años vivió en la cautividad: fue primero llevada la parte llamada Israel, integrada por diez tribus, y luego también Judá, tras la destrucción de Jerusalén y su nobilísimo templo.

Liberada después de esos años, reconstruyó el templo que había sido destruido. Y aunque muchísimos vivían en tierra extranjera, no tuvo luego dos reinos ni dos reyes diversos en cada una de las partes. Antes había uno principal en Jerusalén, y en determinados tiempos acudían todos desde donde estuviesen y pudiesen al templo de Dios que allí se alzaba.

No les faltaron, sin embargo, enemigos y conquistadores de otras naciones. Al venir Cristo, los encontró tributarios de Roma.

24. Los últimos profetas judíos

En todo aquel tiempo desde la vuelta de Babilonia, después de Malaquías, Hageo y Zacarías, que profetizaron entonces, y de Esdras, no tuvieron profetas hasta la llegada del Salvador, si no es el otro Zacarías, padre de Juan, e Isabel, su esposa, inminente ya el nacimiento de Cristo. Y después del nacimiento encontramos al anciano Simeón y a la viuda Ana, de edad ya muy avanzada, y como último al mismo Juan. Este, siendo joven, no anunció como futuro a Cristo, también joven, sino que, con un conocimiento profético, lo mostró cuando aún no era conocido. Por eso dijo el mismo Señor: "La Ley y los Profetas fueron hasta Juan" (Mt.11:13). El Evangelio nos da a conocer las profecías de estos cinco; y en él también la misma Virgen, madre del Señor, se encuentra profetizando antes de Juan. Pero los judíos réprobos no reciben la profecía de éstos; aunque sí la recibieron los innumerables que de entre ellos creyeron en el Evangelio. Porque entonces de verdad Israel se dividió en dos bandos, según la división anunciada como irrevocable al rey Saúl por el profeta Samuel.

En cambio, incluso los judíos réprobos han recibido en su canon como últimos a Malaquías, Hageo, Zacarías y Esdras. Pues hay escritos suyos que, como los de otros que en tan reducido número de tan gran multitud de profetas escribieron sus profecías, merecieron la autoridad del canon. De sus predicciones, en relación con Cristo y con la Iglesia, considero necesario exponer algunas en esta obra. Pero será más cómodo hacerlo en el libro siguiente para no recargar éste demasiado, que ya es demasiado largo.

Libro XVIII

1. Cuestiones que hemos tratado hasta la venida del Salvador

He prometido que iba a escribir sobre el origen, desarrollo y destinos de las dos ciudades, la de Dios y la de este mundo; en el cual la primera se encuentra al presente como extranjera en lo que se refiere a la humanidad Antes, es cierto, tenía que refutar, con la ayuda de la gracia, a los enemigos de la ciudad de Dios, que anteponen sus dioses al fundador de aquélla, Cristo, y llenos de odio feroz miran con terrible envidia a los cristianos; esto lo he llevado a cabo en los diez primeros libros.

Sobre las tres cuestiones de esa mi promesa que acabo de mencionar, se ha expuesto el origen de las dos ciudades en los cuatro libros que siguen al décimo; luego, en otro, el décimo quinto de esta obra, se trató de su desarrollo desde el primer hombre hasta el diluvio; y desde entonces hasta Abraham ambas ciudades, como en el tiempo, marcharon de nuevo juntas también en mis escritos. Pero a partir de Abraham hasta el tiempo de los reyes israelitas, donde concluimos el libro décimo sexto, y desde entonces hasta la venida del mismo Salvador en la carne, hasta donde se extiende el libro décimo séptimo, ya parece que en mi obra sigue sola la ciudad de Dios. Aunque en realidad no ha seguido sola, sino que ambas, como fueron idénticas al principio, así han ido variando juntas su desarrollo en el tiempo

He procedido de esta manera a fin de que, desde que comenzaron a ser más claras las promesas de Dios hasta su nacimiento de la Virgen, en que habían de tener su cumplimiento las primeras promesas, apareciera con trazos más claros la de Dios, sin que pudiera deslucirla por contraste algún obstáculo de la otra ciudad. Aunque ciertamente hasta la revelación del Nuevo Testamento ha caminado en la sombra, no en claridad.

Ahora, pues, tengo que terminar lo que había interrumpido, para examinar, cuanto sea suficiente, cómo se ha desarrollado desde los tiempos de Abraham, a fin de que pueda el buen criterio del lector compararlas entre sí.

2. Reyes de la ciudad terrena y época de su reinado

1. La sociedad de los mortales se extiende por toda la tierra y en a mayor diversidad de lugares, pero está unida por la comunión de la misma naturaleza. Al buscar cada uno la satisfacción de sus deseos no tiene posibilidad de satisfacer el interés de nadie, o al menos no el de todos, ya que no es de tal naturaleza que pueda satisfacerlos. Esa sociedad, decimos, se divide con bastante frecuencia contra sí misma y la parte prepotente subyuga a la otra parte. Y así sucumbe la vencida ante la vencedora, prefiriendo al dominio y aún a la libertad cualquier clase de paz y de salvación; han causado profunda admiración los que se sometieron a la muerte antes que a la esclavitud. Ha prevalecido, en efecto, casi entre todos los pueblos, como un grito de la naturaleza, la elección de someterse al vencedor que le haya tocado en suerte a cada uno, antes de ser destruidos por devastación bélica universal. Por ello, no sin especial providencia de Dios, en cuyo poder reside la victoria o la derrota en la guerra, unos han llegado a la posesión de los reinos y otros les han quedado sometidos. Entre tantos imperios terrenos, en que se encuentra dividida la sociedad del interés de este mundo y de la pasión (que denominamos con el nombre general de ciudad de este mundo), vemos destacarse muy por encima de los demás a dos pueblos, el asirio, primero, y luego el romano, tan diversamente organizados entre sí en la geografía y en el tiempo. En efecto, aquél floreció antes que el otro; también aquél estuvo situado en Oriente y éste en Occidente; además, al final del primero siguió inmediatamente el segundo. De los otros imperios y de los otros reyes, yo diría que son como un apéndice de éstos

2. Era ya Nino el segundo rey de los asirios al suceder a su padre Belo, primer rey de aquel reino, cuando nació Abraham en tierra de los caldeos. Existía también entonces el reino de los sicionios, aunque diminuto; por él empezó, como para darle antigüedad, el doctísimo Marco Varrón su *Historia del pueblo romano*. Partiendo de estos reyes sicionios llegó a los atenienses, de los cuales pasó a los latinos, y de éstos a los romanos; aunque en verdad son insignificantes estos detalles antes de la fundación de Roma si se comparan con el imperio de los asirios. Si bien es verdad que el historiador romano Salustio confiesa que se destacaron muchísimo los atenienses en Grecia, hay que reconocer que tuvo más parte la fama que la realidad[1]. Dice así: "Las gestas de los atenienses, en

---

1. "Los griegos no consiguieron hacer de toda la Hélade una organización política unitaria, que en el fondo es muy posible que ni siquiera lo desearan, ni cuando se les dio la única posibilidad de hacerlo, sin que antes bien, se desgarraron en luchas sin sentido hasta

mi opinión, fueron grandes y magníficas; pero no tan excelentes como las difunde su fama. Con todo, como florecieron allí escritores de gran talento, por toda la tierra pasan los hechos de los atenienses como los más célebres. Y así se pondera tanto la calidad de los que los realizaron, cuanto la pudieron ensalzar con sus palabras sus ilustres ingenios"[2]. Se le añade, ademas, a esta nación la excelsa gloria derivada de la literatura y la filosofía, que tan alto nivel alcanzaron.

Por lo que se refiere al imperio, no hubo en los primeros tiempos ninguno que alcanzara la extensión y el poderío de los asirios. Se dice, de hecho, que el rey Nino sometió hasta los límites de Libia toda el Asia, que se cita como la tercera parte del mundo y como la mitad de todo él por su extensión. Sólo le quedaron por dominar en Oriente los indos, a los cuales, después de su muerte, hizo la guerra su esposa Semíramis. Así que cuantos pueblos y reyes había en aquellas tierras hubieron de someterse al regio dominio de los asirlos y estar sujetos a sus mandatos.

Nació, pues, Abraham en este reino en medio de caldeos en tiempo de Nino. Pero la historia griega nos es mucho más conocida que la de los asirios, y quienes trataron de investigar la raza del pueblo romano en sus primitivos orígenes, fueron siguiendo la serie de los tiempos a través de los griegos hasta los latinos y luego hasta los romanos, que son también latinos. Por ello tendremos que citar, cuando sea preciso, a los reyes asirios, a fin de que aparezca cómo Babilonia, como un anticipo de Roma, va caminando con la ciudad de Dios peregrina en este mundo. Ahora bien, los hechos o alusiones que sea preciso insertar en esta obra para comparar las dos ciudades, la terrena y la celestial, será bueno tomarlos de los griegos y latinos, en los cuales aparece Roma como una segunda Babilonia.

3. Así, cuando nació Abraham, era ya Nino segundo rey entre los asirios, y Europs el segundo entre los sicionios; pues los primeros habían sido Belo, de aquéllos, y Egialeo, de éstos. En cambio, a la salida de Abraham de Babilonia, cuando le prometió Dios que le había de nacer un gran pueblo y que en su descendencia serían bendecidas todas las naciones, los asirlos tenían ya su cuarto rey y los sicionios el quinto. Entre aquéllos reinaba el hijo de Nino después de su madre, Semíramis, que se dice fue muerta por el mismo hijo por haber pretendido una unión incestuoso con él. Piensan algunos que ella fue la que fundó Babilonia,

que los semibárbaros macedonios impusieron una especie de unidad, lo que constituye una objeción con la forma de existencia griega, que la admiración que tenemos por ella nos impide tomar suficientemente en serio" (Romano Guardini, *El fin de los tiempos modernos*, p. 15. Editorial Sur, Buenos Aires 1958).

2. Salustio, *Catilina*, 8.

que pudo más bien haber instaurado. Sobre el tiempo y el modo de la fundación hablamos ya en el libro XVI. Al hijo de Nino y de Semíramis, que sucedió a su madre en el reino, algunos lo denominan con el mismo nombre de Nino; otros lo han designado con el de Ninias, vocablo derivado del padre. Entre los sicionios reinaba entonces Telxión, en cuyo reinado hubo días tan bonancibles y felices que al morir le honraron como dios, ofreciéndole sacrificios y celebrando juegos en su honor, que se dice fueron instituidos precisamente entonces por vez primera.

3. Reyes de Asiria y de Siconia

En tiempo del rey Nínias y de Telxión, según la promesa de Dios, le nació Isaac a su padre Abraham, ya centenario, de Sara, su esposa, que por su esterilidad y ancianidad había perdido la esperanza de tener descendencia. Los asirios tenían entonces como quinto rey a Arrio. Isaac, ya sexagenario, tuvo a los dos hijos gemelos, Esaú y Jacob, a quienes dio a luz Rebeca, su esposa, viviendo aún el abuelo Abraham con ciento sesenta años de edad. Este murió cumplidos los ciento setenta y cinco, bajo el reinado de Jerjes, el antiguo entre los asirios, que era designado también con el nombre de Baleo. Entre los sicionios reinaba Turíaco, a quien también designan con el nombre de Turímaco, ocupando ambos el séptimo lugar en sus respectivos reinos. El reino de los argivos tuvo su origen en tiempo de los nietos de Abraham, siendo su primer rey Inaco.

No se puede pasar en silencio lo que nos refiere Varrón, que los sicionios solían celebrar sacrificios en el sepulcro de su séptimo rey, Turiaco. A su vez, reinando los reyes octavos Armamitres de los asirios y Leucipo de los sicionios, y el primero de los argivos, Inaco, fue cuando habló Dios a Isaac, ratificándole las dos promesas que había hecho a su padre; dar la tierra de Canaán a su descendencia y bendecir en ella a todas las naciones. Promesas que se hicieron también a su hijo, nieto de Abraham, que primero se llamó Jacob y después Israel, reinando ya Beloco, noveno rey de Asiria, y Foroneo, segundo rey de Argos, hijo de Inaco, y continuando todavía en el reino de los sicionios Leucipo.

Por esta época, bajo el reinado de Foroneo de Argos, Grecia se dio a conocer por sus instituciones jurídicas y legales A la muerte de Fegoo, hermano menor de Foroneo, se levantó un templo en su sepulcro, donde se le honró como dios y se inmolaron toros en su honor. Pienso que le juzgaron digno de tal honor porque, en la parte que le cayó en suerte del reino de su padre (que había distribuido sus tierras entre los dos, reinando cada cual en las suyas en vida aún del padre), había establecido templos para honrar a los dioses y había enseñado a llevar cuenta de los tiempos a través de los meses y los años para su correspondiente numeración, Por la admiración que suscitaron estas novedades entre aquellos hombres aún rudos, a su muerte juzgaron o quisieron que fuera convertido en dios. Lo mismo se dice de Ío, hija de Ínaco, que luego fue llamada Isis, a quien se dio culto como la gran diosa en Egipto, bien que otros dicen que vino, siendo reina de Etiopía, a Egipto; y a quien por su dilatado y justo imperio, y por la cultura y bienestar que proporcionó a sus súbditos, le tributaron este culto divino después de su muerte y la tuvieron en tan gran honor que juzgaron reo de crimen capital a quien dijera de ella que había sido una simple mortal

4. Época de Jacob y de su hijo José

En el reinado del décimo rey de Asiria, Baleo, y del noveno de los sicionios, Mesapo, llamado por algunos Cefiso (si es que se trata de un solo hombre el designado con los dos vocablos, y pudo, en efecto, ser tomado por otro distinto a juicio de los que esto escribieron al designarlo con distinto nombre), y siendo tercer rey de los argivos Apis, murió Isaac a la edad de ciento ochenta años, dejando dos gemelos de ciento veinte años.

El menor de ellos, Jacob, perteneciente a la ciudad del Dios, de la que estamos escribiendo, tras haber sido reprobado el mayor, tenía doce hijos. Uno de ellos, llamado José, fue vendido por sus hermanos a unos mercaderes que pasaban a Egipto, en vida todavía de su abuelo Isaac. Cuando se presentó José ante el Faraón —ensalzado de la humillación soportada— tenía treinta años de edad. Interpretando por el Espíritu divino los sueños del Faraón, anunció que vendrían siete años de fertilidad, cuya enorme abundancia habían de devorar otros siete años de esterilidad que les habían de seguir. Por esto le había puesto el Faraón al frente de Egipto, después de liberarlo de la cárcel en que le había aherrojado la integridad de su castidad. Había conservado ésta luchando fuertemente contra su señora, perdida de amor por él, y que luego había de calumniarse ante su crédulo esposo, llegando a dejar en la huida su vestido en manos de la seductora antes de consentir en el adulterio.

En el segundo año de la escasez vino Jacob a Egipto con todos los suyos, a la edad de ciento treinta años, según la respuesta que dio él mismo a la pregunta del rey. Tenía entonces José treinta y nueve, según el cálculo de los treinta que tenía cuando fue honrado por el rey y los siete de abundancia y los dos de escasez que habían pasado

5. Apis, rey de Argos, venerado como Serapis

En esta época, Apis, rey de Argos, marchó por mar a Egipto, murió allí y fue convertido en Serapis, el dios más grande de todos los de Egipto. Sobre el cambio de nombre, es decir, por qué no fue llamado Apis después de su muerte, sino Serapis, nos dio Varrón una explicación bien sencilla. El arca en que se coloca al difunto, y que ya todos llaman sarcófago, se llama en griego sorov (*soros*). Habían comenzado a venerarlo allí antes de construir su templo. De *soros* y Apis se llamó primero Sorapis, y luego cambiando una letra, como suele hacerse, le llamaron Serapis. Se estableció también la pena capital para quien osara llamarlo hombre. Como en casi todos los templos donde se daba culto a Isis y Serapis había una estatua que con el dedo sobre los labios parecía amonestar a guardar silencio, piensa Varrón que esto quería indicar que no se hablase de ellos como de hombres.

En cambio, al buey que los egipcios, engañados en su extraña ilusión, alimentaban con abundantes y exquisitos manjares en honor del dios, a ese buey, como lo veneraban sin sepulcro, lo llamaron Apis, no Serapis. Muerto este buey, al buscar y encontrar un novillo del mismo color, es decir, salpicado de un modo semejante con manchas blancas, lo tenían por un don maravilloso y divino. No era difícil a los demonios, para engañarlos a ellos, mostrar a la vaca ya preñada y en gestación, la imagen de toro semejante, sin ver otra cosa alguna, y con la cual el ansia maternal hiciera aparecer en su feto esa imagen corporal; lo mismo, ni más ni menos, que Jacob con las varas multicolores hizo nacer ovejas y cabras variopintas. En efecto, lo que los hombres pueden conseguir con verdaderos colores y cuerpos, con toda facilidad pueden los demonios presentarlo con imágenes fingidas al concebir los animales

6. Reyes de Argos a la muerte de Jacob

Apis, que murió en Egipto, era rey de los argivos, no de los egipcios. Le sucedió en el reino su hijo Argos, de cuyo nombre viene Argos, y de aquí el de los argivos, pues con los reyes anteriores ni el lugar ni el pueblo tenían ese nombre. Reinando éste entre los argivos, y entre los sicionios Erato, mientras continuaba todavía Baleo entre los asirios, murió Jacob en Egipto a los ciento cuarenta y siete años de edad. Había bendecido, antes de morir, a sus hijos y a sus nietos de parte de José, y había profetizado clarísimamente a Cristo al decir en la bendición a Judá: "No será quitado el cetro de Judá, y el legislador de entre sus píes, hasta que venga Shiloh; y a él se congregarán los pueblos" (Gn. 49:10).

En el reinado de Argos comenzó Grecia a disfrutar de los frutos del campo y a producir mieses en el cultivo del mismo con las semillas importadas de otros lugares. Después de su muerte también Argos fue tenido por dios y honrado con templo y sacrificios. Este honor antes que a él se le tributó ya durante su reinado a un hombre particular, muerto por un rayo, de nombre Homogiro, por haber sido el primer que unció los bueyes al arado.

7. Reyes egipcios a la muerte de José

Murió José en Egipto a la edad de ciento diez años. Era duodécimo rey de los asirios Mamito, undécimo de los sicionios Plemneo, y permanecía todavía Argos en Argos. Después de su muerte, el pueblo de Dios creció de modo maravilloso y permaneció en Egipto ciento cuarenta y cinco años. Al principio vivió tranquilo, hasta la muerte de los que habían conocido a José; luego, siendo mal visto y haciéndose sospechoso por su crecimiento, se vio sometido, hasta su liberación, a persecuciones (en las cuales, sin embargo, seguía creciendo con fecundidad divinamente multiplicada) y trabajos de intolerable esclavitud. Mientras, en Asiria y Grecia continuaban los mismos soberanos.

8. Reyes y religión en tiempos del nacimiento de Moisés

Reinando en Asiria su decimocuarto rey, Safro, y en Sicionia el duodécimo, Ortópolis, y en Argos el quinto, Criaso, nació en Egipto Moisés, por el cual se vio liberado el pueblo de Dios de la esclavitud de los egipcios. En ella sufrió tal opresión a fin de aprender a desear el auxilio de su Creador.

Algunos creen que durante el reinado de estos reyes existió Prometeo[3], de quien se dice que formó los hombres de barro; se le tiene por el más sabio; sin embargo, no se demuestra quiénes fueron los sabios de ese tiempo. De su hermano Atlas[4] se dice que fue un gran astrólogo, de donde tomó ocasión la fábula para imaginarlo como portador del cielo; aunque existe un monte con su nombre, por cuya altura ha podido pensar el vulgo que llevaba sobre sí el cielo

Desde entonces comenzaron también a surgir muchas fábulas en Grecia. Pero hasta Cécrope, rey de los atenienses, en cuyo reinado recibió

---

3. Una de las grandes divinidades paganas que, según la mitología, robó el fuego del cielo y lo puso en los hombres que había creado.

4. Titán condenado por Júpiter a sostener el cielo con sus hombros por haber pretendido escalar el cielo.

ese nombre la misma ciudad y durante el cual también sacó Dios, por medio de Moisés, a su pueblo de Egipto, fueron contados en el número de los dioses algunos difuntos por la vana y obcecada costumbre y superstición de los griegos. Entre ellos se encuentra Melantomice, la esposa del rey Criaso, y su hijo Forbas, sexto rey de los argivos después de su padre, y Jaso, hijo del séptimo rey Tríopa, y el noveno rey Estenelas, o Esteneleo, o Estenelo, pues con todos estos nombres se le designa en diversos autores. También se cita en este tiempo a Mercurio, nieto de Atlas por su hija Maya, según lo recuerdan las noticias más extendidas. Floreció como perito de muchas artes, que también enseñó a los hombres; por lo cual, quisieron, y aun quizá lo creyeron, que fuera dios después de su muerte.

A Hércules se le tiene como posterior, aunque perteneciendo también a la época de los argivos, bien que algunos lo consideran anterior a Mercurio en el tiempo; sin embargo, pienso que éstos se engañan. De todos modos, en cualquier tiempo que haya nacido, entre los historiadores griegos, que consignaron estas antigüedades por escrito, consta que ambos fueron hombres, y que merecieron los honores divinos por haber otorgado muchos beneficios a los mortales para sobrellevar esta vida con más comodidad.

Minerva es mucho más antigua que éstos. Se cuenta que apareció en tiempo de Ogiges en edad ya de doncella junto al lago Tritón, y por eso recibió el nombre de Tritonia. Se la considera como autora de muchos inventos, y se la ha tenido con tanta mayor facilidad por diosa, cuanto más desconocido ha sido su origen. Si es cierto que se la celebra como nacida de la cabeza de Júpiter, esto debe aplicarse a los poetas y a las fábulas, no a la realidad histórica.

No están de acuerdo los historiadores sobre la época del mismo Ogíges. En su tiempo tuvo lugar también un diluvio, no precisamente aquel supremo en que sólo se salvaron los, que pudieron estar en el arca y que no conoce la historia ni griega ni latina de los pueblos gentiles, pero mayor que el que tuvo lugar después en tiempo de Deucalión. El mismo Varrón comenzó por ahí el libro de que hice mención más arriba, y no encuentra punto de partida más antiguo para llegar a la historia romana que el diluvio de Ogiges, es decir, el que tuvo lugar en tiempo de Ogiges. En cambio, nuestros cronistas, primero Eusebio y después Jerónimo, que siguieron la opinión de algunos historiadores precedentes, mencionan el diluvio de Ogiges como sucedido más de trescientos años después, en el reinado del segundo rey de los argivos, Foroneo. Pero sea el tiempo en que sea, ya se daba culto como diosa a Minerva, reinando entre los atenienses Cécrope, en cuyo reinado se cuenta que fue restaurada o fundada la misma ciudad.

9. Fundación de Atenas y origen de su nombre

El motivo del nombre de Atenas, nombre que procede de Minerva, que en griego se llama Ayhna, nos lo explica Varrón así: "Apareció allí de repente un olivo, y saltó en otro lugar agua; estos prodigios conmovieron al rey, que envió a Apolo de Delfos a preguntar cuál era su significado y qué había de hacer. Respondió aquél que el olivo significaba a Minerva y el agua a Neptuno, y que en manos de los ciudadanos estaba de cuál de los dos dioses, cuyas eran aquellas señales, había de tomar el nombre la ciudad. Recibido este oráculo, Cécrope convocó a votación a todos los ciudadanos de uno y otro sexo (entonces había la costumbre en aquel pueblo de que también las mujeres tomaran parte en las consultas públicas). Y así, convocada la multitud, los hombres dieron el voto a Neptuno, y las mujeres a Minerva, y como había una mujer más, triunfó Minerva". Irritado entonces Neptuno, asoló las tierras de los atenienses con las alborotadas olas del mar; no es, en efecto, difícil a los demonios desencadenar las aguas por doquier. Para aplacar su cólera dice el mismo Varrón que castigaron los atenienses a las mujeres con tres sanciones: que en adelante no tuvieran voto alguno, que ningún hijo llevara el nombre de la madre y que nadie pudiera llamarlas ateneas. Así, aquella ciudad, madre y nutricia de las artes liberales y de tantos y tan ilustres filósofos, la más esclarecida y noble de toda la Grecia, recibió el nombre femenino de Atenas por la victoria de las mujeres en esa farsa de los demonios sobre la discordia de sus dioses, hombre y mujer. Y maltratada la ciudad por el ofendido, se vio forzada a castigar la misma victoria de la vencedora, temiendo más las aguas de Neptuno que las armas de Minerva. Pues la vencedora Minerva fue vencida en aquel castigo de las mujeres; y no fue capaz de ayudar a las que la votaron, de manera que, perdida para siempre la facultad del sufragio y privados los hijos del nombre materno al menos se les consintiese ser llamadas ateneas y merecer el nombre de la diosa a la que con su voto habían hecho triunfar del dios varón. ¡Cuántas y qué cosas podrían decirse aquí si nuestra pluma no llevara tanta prisa!

10. El Areópago y el diluvio de Deucalión

De todos modos, Marco Varrón no quiere dar fe a esas ficciones fabulosas que tan poco honran a los dioses por temor de contagiarse con alguna indignidad sobre la dignidad de la majestad de los mismos. Por eso, al tratar del Areópago, donde discutió San Pablo con los atenienses y del cual toman su nombre de areopagitas los jueces de la misma ciudad, no quiere que haya recibido ese nombre porque Marte, que en griego se llama ᾽Arhv (*Arhj*) siendo reo del crimen de homicidio, fue absuelto en ese lugar por seis votos, siendo doce los dioses (de hecho, si los votos eran iguales, solía preferirse la absolución a la condenación). Y así, frente a esta opinión, que es mucho más admitida, apoyado en oscuros documentos, se afana por buscar otra base para este nombre, a fin de que no se crea que los atenienses lo han llamado Areópago por los nombres de Marte y de "pago"[5], como si dijéramos "el lugar de Marte", redundando todo ello en desmerecimiento de las divinidades, de las cuales procura alejar toda clase de litigios y altercados. Y afirma que no es menos falso esto que se dice de Marte que lo que se cuenta de las tres diosas Juno, Minerva y Venus cuando contendieron ante Paris como juez por la excelencia de su hermosura en vistas a la manzana de oro; así como lo son también todos esos cánticos y danzas que entre los aplausos de los espectadores se celebran en las representaciones para aplacar a los dioses, que se complacen en estos sus crímenes, verdaderos o falsos.

No admite esto Varrón, temeroso de creer algo inconveniente a la naturaleza y costumbres de los dioses. Y, no obstante, nos suministra una explicación no fabulosa, sino histórica, sobre el nombre de Atenas, y nos consigna en sus escritos un litigio tan grande entre Neptuno y Minerva, cuyo nombre recibió aquella ciudad, que, al contender en la ostentación de prodigios, ni Apolo siquiera al ser consultado se atrevió a juzgar entre ellos; antes, como Júpiter había remitido la contienda de las tres citadas diosas a Paris, aquél se la remitía a los hombres. Venció por los votos Minerva, y fue vencida en el castigo de las que la votaron: la que pudo dar nombre a la ciudad de Atenas frente a sus adversarios los hombres no pudo conseguir que sus amigas las mujeres se llamaran Atenea.

En esta época, según escribe Varrón, reinando en Atenas Cranao, sucesor de Cécrope, o permaneciendo aún el mismo Cécrope, según dicen nuestros Eusebio y Jerónimo, tuvo lugar el diluvio llamado de Deucalión por ser éste quien reinaba en aquellas regiones donde alcanzó su apogeo. Pero este diluvio no llegó a Egipto ni a sus regiones vecinas

11. Salida de Egipto y reyes a la muerte de Josué

Moisés sacó de Egipto al pueblo de Dios en los últimos días del reinado de Cécrope en Atenas, reinando Ascatades en Asiria, Marato en Sicionia y Tríopas en Argos. Después de salir el pueblo le entregó la ley que había recibido de Dios en el monte Sinaí; ley que se llamó Antiguo Testamento

---

5. Gr. *Arhj* y *pagoj*.

por contener promesas terrenas, y que por medio de Jesucristo había de transformarse en el Testamento Nuevo, en el que se prometía el reino de los cielos. Era preciso observar este orden, como en cada uno de los hombres que camina progresando hacia Dios no tiene lugar primero lo espiritual, como dice el apóstol, sino lo que es animal, y luego, lo espiritual; dice así, y es verdad: "El primer hombre es el terreno, formado de la tierra, y el segundo es el celestial, venido del cielo" (1ª Cor. 15:46,47).

Moisés gobernó al pueblo en el desierto durante cuarenta años, y murió de ciento veinte, habiendo profetizado a Cristo mediante las figuras de las observancias carnales en el tabernáculo en el sacerdocio, en los sacrificios y en muchísimas otras ordenanzas místicas. Sucedió a Moisés Jesús Nave [Josué, hijo de Non], quien introdujo al pueblo y le asentó en la tierra de promisión, después de someter con el poder divino las gentes dueñas de aquellos lugares. Murió éste también habiendo gobernado al pueblo después de la muerte de Moisés durante veintisiete años[6]. Reinaba entre los asirios su decimoctavo rey, Aminta; entre los sicionios el decimosexto, Corax; Dánao, el décimo entre los argivos, y entre los atenienses su cuarto rey, Erictonio

12. Rituales y dioses falsos

Durante el tiempo que transcurre desde la salida de Israel de Egipto hasta la muerte de Jesús Nave, en el cual recibió ese pueblo la tierra de promisión, los reyes de Grecia establecieron en honor de los falsos dioses sagradas ceremonias, que recordaron con solemne pompa la memoria del diluvio, el recuerdo de la liberación de los hombres y la azarosa vida de los que unas veces escalaban las alturas y otras descendían a las tierras llanas. Así interpretan también el ascenso y descenso de los lupercos[7] por la Vía Sacra: representan ellos a los hombres que, a causa de la inundación de las aguas, se dirigieron a las cumbres de los montes. Volvieron las aguas a su cauce y tornaron ellos a las llanuras. En esta época se dice que Dionisio, llamado también Líbero y tenido por dios después de su muerte, enseñó en el Atica el cultivo de la vid a alguien que le había hospedado.

Por esta época se crearon los juegos Músicos en honor de Apolo de Delfos, que tenían por objeto aplacar su cólera, causa, según pensaban, del castigo que las regiones de Grecia padecían por esterilidad, al no ha-

---

6. En la Escritura no consta el número de años que Josué presidió al pueblo de Israel, de ahí que los autores se hayan dividido al respecto. Josefo le asigna veinticinco años y Eusebio, juntamente con Sulpicio Severo y otros autores hebreos, veintisiete o veintiocho.

7. Sacerdotes del dios Pan, dios delos pastores y protector de los ganados contra los lobos.

ber defendido su templo, incendiado por el rey Dánao después de invadir aquellas tierras en son de guerra. Instituyeron estos juegos por el aviso de su oráculo. En el Atica fue el rey Erictonio el primero que los estableció, no sólo en honor suyo, sino también en el de Minerva. En los de ésta se le daba al vencedor como premio aceite, y se dice que Minerva fue la introductora, como del vino lo fue Líbero

Por entonces se dice también que fue raptada Europa por el rey cretense Xanto, de quien encontramos distinto nombre en otros autores; de ellos dos nacieron Radamanto, Sarpedón y Minos, de quienes se propaló más bien que habían sido hijos de Júpiter tenidos de esa misma mujer. Pero para los adoradores de tales dioses responde a la verdad lo que hemos dicho del rey de Creta; en cambio, lo que cantan los poetas de Júpiter, y aplauden los teatros y celebra el pueblo, se tiene como simple fábula, materia de juegos escénicos para aplacar a las divinidades incluso con sus crímenes falsos.

También por estos tiempos era famoso Hércules de Tiria, otro distinto, no aquel de quien hablamos arriba; puesto que una historia más exacta nos informa de que hubo más padres Líberos y más Hércules. De este Hércules, cuyos doce colosales trabajos citan, entre los cuales no menciona la muerte de Anteo el africano, hazaña que pertenece al otro Hércules; de este Hércules cuentan sus escritos que se pegó fuego a sí mismo en el monte Oeta, al no poder soportar la enfermedad que padecía, a pesar de aquel valor con que había sometido a los monstruos.

En aquellos días sacrificaba a sus propios huéspedes en honor de sus dioses el rey, o más bien el tirano Busiris, a quien tienen por hijo de Neptuno, engendrado de su madre Libia, hija de Epafo. Pero para no cargar sobre los dioses este crimen, no se debe creer haya realizado este oprobio Neptuno; más bien debe achacarse esto a los poetas y al teatro como recurso para aplacar a los dioses.

De Erictonio, rey de los atenienses, en cuyos últimos años se cree que murió Jesús Nave, se dice que tuvo por padres a Vulcano y a Minerva. Pero como tienen a Minerva por virgen, sostienen que en la disputa habida entre ambos, Vulcano, excitado derramó el semen en la tierra, y por eso se puso tal nombre a quien nació de ahí. En lengua griega, en efecto, eriv significa "contienda" y cqwn "tierra"; así el vocablo Erictonio estaría formado por esos dos. Sin embargo, hemos de confesar que los más entendidos desmienten y excluyen de sus dioses tales extremos, y dicen que esta opinión fabulosa tuvo el siguiente origen: En el templo de Vulcano y de Minerva, que era único para ambos dioses en Atenas, se encontró un niño expósito rodeado de un dragón, que indicaba había de ser grande, y por ser el templo común, y desconocidos sus padres, se dijo que era hijo de Vulcano y de Minerva; bien que la razón de su nombre nos la explica mejor aquella fábula que esta historia.

Pero ¿qué importa todo esto? Sea esto enseñanza en los libros veraces para los hombres religiosos, y deleite aquello en los juegos falaces para impuros demonios, a los cuales, sin embargo, honran como dioses los hombres religiosos. Y aunque quieran declararlos inocentes de todo esto, no pueden presentarlos libres de todo crimen, ya que acceden a su petición ofreciéndoles juegos, en que se celebran con torpeza las ceremonias que se niegan razonablemente, y se aplacan los dioses con estas falsedades y torpezas, donde si es verdad que canta la fábula el falso crimen de los dioses, se comete un verdadero crimen al deleitarse con el crimen falso.

13. Ficciones fabulosas en tiempo de los jueces

Después de la muerte de Jesús Nave comenzó en el pueblo de Dios el gobierno de los jueces, en cuyo tiempo se sucedieron alternativamente entre ellos la humillación de los trabajos por sus pecados y la prosperidad de los consuelos debida a la misericordia de Dios. En este tiempo se forjaron una serie de fábulas acerca Triptolemo, que, transportado por orden de Ceres por dos serpientes aladas, llevó en su vuelo el trigo a las tierras necesitadas; la del Minotauro, bestia encerrada en el laberinto, a donde el hombre que entraba por sus intrincados recovecos, no podía dar con la salida; la de los Centauros, naturaleza conjunta de caballos y de hombres; la de Cerbero, can de los infiernos con tres cabezas; la de Frixo y Hele, su hermana, volando montados sobre un carnero; la de Gorgona, con serpientes por cabellera, que convertía en piedras a cuantos la miraban; la de Belerofonte, llevado en alado caballo, que recibió el nombre de caballo Pegaso; la de Anfión, que ablandaba y atraía las piedras con la suavidad de su cítara; la del ingenioso Dédalo y su hijo Icaro, que se ajustaron alas y volaron; la de Edipo, que hizo precipitarse y perecer al monstruo llamado Esfinge, cuadrúpedo con rostro humano, habiendo resuelto la cuestión que solía aquélla proponer como insoluble; la de Anteo, a quien mató Hércules; era Anteo hijo de la tierra, y cuando caía en ella se levantaba más fuerte. En fin, quedarán todavía otras que quizá haya pasado por alto.

Hasta la guerra de Troya, con la que termina Varrón su segundo libro sobre el origen del pueblo romano, con ocasión de las historias que contienen hechos reales, compuso el ingenio estas fábulas con tal maestría que no han significado ningún desmerecimiento para las divinidades. En cambio, existen otras ficciones, como aquella en que se representa a

Júpiter arrebatando al hermoso joven Ganímedes para cometer un estupro —crimen del rey Tántalo que la fábula atribuye a Júpiter—, o la otra en que solicitó el coito con Dánae mediante la lluvia de oro, en que se entiende la corrupción del pudor femenino por este metal. Estas fábulas o tuvieron lugar o fueron compuestas en aquellos tiempos, o fueron realizadas por ciertas personas y luego atribuidas a Júpiter. Uno no es capaz de pensar qué maldad suponen en el corazón de los hombres, al juzgarlo capaz de tolerar semejantes mentiras, que, sin embargo, aceptaron con agrado; no obstante, cuanta mayor devoción profesaron a Júpiter, con tanta mayor severidad debieron castigar a quienes osaron atribuirle tales dislates. Ahora bien, no sólo no se irritaron contra los que hicieron esto, antes bien temieron irritar a los mismos dioses si no se llevaran a las tablas tales representaciones.

También en estos tiempos Latona dio a luz a Apolo; no aquel Apolo cuyos oráculos decíamos antes solían ser consultados, sino al otro que junto con Hércules estuvo al servicio de Admeto. Este, no obstante, fue tenido por dios hasta el punto de que muchísimos, incluso la mayoría, piensan haber sido uno sólo y único Apolo. Por esos tiempos guerreó en la ludia el padre Líbero, que tuvo en su ejército muchas mujeres, llamadas las Bacantes, no tan célebres por su valor cuanto por su frenesí. Algunos dicen que este Líbero fue vencido y aprisionado, e incluso que fue muerto en lucha por Perseo, sin omitir en lugar donde fue sepultado. No obstante, bajo su nombre, como de un dios, fueron instituidas por los inmundos demonios las solemnidades bacanales o más bien sacrílegos, de cuya frenética torpeza de tal modo se avergonzó el Senado después de muchos años, que las prohibió en la ciudad de Roma[8]. A la muerte de Perseo y su esposa Andrómeda, con tal convencimiento pensaron entonces que fueron recibidos en el cielo, que ni se avergonzaron ni temieron asociar sus imágenes a las estrellas y llamarlos con el nombre de las mismas.

14. Los poetas teólogos

Existieron también durante este tiempo los poetas que también se llamaron teólogos por haber compuesto poemas sobre los dioses; unos dioses tales que, aunque grandes, al fin sólo eran hombres, o elementos de este mundo creado por el Dios verdadero, o constituidos principados y poderes por voluntad de Dios y sus propios méritos. Y si entre lo mu-

---

8. Según Tito Livio no sólo se prohibieron en la ciudad de Roma, sino también en casi toda Italia.

cho que es falso y vano cantaron algo del único Dios verdadero, honrando junto con Él a otros que no son dioses, prestándoles la servidumbre solamente debida a Dios, no le sirvieron debidamente ni lograron abstenerse de la fabulosa indignidad de sus dioses hasta incluso los mismos Orfeo[9], Museo[10], Lino[11].

Cierto que estos teólogos dieron culto a los dioses, pero no fueron honrados como dioses; aunque a Orfeo no sé por qué título le suele poner la ciudad de los impíos al frente de los infiernos sagrados, o mejor, sacrílegos. Por lo que se refiere a la esposa del rey Atamante, llamada Ino, y a su hijo Melicertes, murieron en el mar precipitándose voluntariamente, y fueron elevados a la categoría de dioses por la opinión pública; como también lo fueron otros hombres, Cástor y Pólux, de aquellos tiempos. A esa madre de Melicertes la llaman los griegos Leucotea y los latinos Matuta, pero ambos la tienen por diosa.

15. Reino de los Laurentes

En este período tuvo fin el reino de Argos, trasladado a Micenas, la patria de Agamenón, y nació el reino de los Laurentes, donde Pico, el hijo de Saturno, lo recibió de su padre. Era juez entre los hebreos la mujer Débora. Pero por ella obraba el Espíritu de Dios, ya que era también profetisa, bien que su profecía no sea tan clara, que sin una larga exposición se pueda demostrar referirse a Cristo.

Ya entonces reinaban los laurentes en Italia, de los cuales, después de los griegos, se descubre claramente procede Roma. Sin embargo, seguía aún en pie el reino de los asirios, cuyo vigésimo rey era Lampares, cuando llegó a ser Pico el primer rey de los Laurentes. Sobre Saturno, padre de este Pico, vean lo que piensan los adoradores de estos dioses, ya que niegan haya sido hombre. De él dicen otros que reinó en Italia antes de su hijo Pico; el mismo Virgilio dice en los conocidos versos: ´El empezó a civilizar aquella raza indómita que vivía errante por los altos montes, y les dio leyes, y "Puso el nombre de Lacio a estas playas en memoria de haber hallado en ellas un asilo seguro donde ocultarse. Es fama que en los años que reinó Saturno fue la edad de oro"[12].

---

9. Poeta y cantor tracio, hijo de Eagro o Apolo y esposo de Eurídice, a la cual sacó de los infiernos. Pero volvió a perderla por no haber cumplido la palabra que empeñó de no volverse durante el camino a mirar a su esposa.
10. Poeta griego contemporáneo de Orfeo.
11. Poeta hijo de Apolo y Terpsícore, según unos, y de Mercurio y Urania, según otros.
12. Virgilio, *En.*, 8, 321.

Puede tenerse todo esto como ficción poética, y pueden asegurar que el padre de Pico fue más bien Esterces, agricultor muy experto que dicen descubrió la fecundación del campo por el estiércol de los animales, que se llamó así derivado de su nombre; algunos, de hecho, lo llaman Estercucio. Sea cual fuere el motivo de llamarle Saturno, lo cierto es que a este tal Esterces o Estercucio lo hicieron merecidamente dios de la agricultura. También incluyeron en el número de tales dioses a Pico, su hijo, de quien aseguran fue ilustre augur y guerrero. Pico engendró a Fauno, segundo rey de los Laurentes; también a éste le tienen o tuvieron por dios. Estos honores divinos tributaron a hombres difuntos antes de la guerra de Troya.

16. Diómedes, dios, y sus compañeros pájaros

Después de la caída de Troya, cuya famosa destrucción es cantada por todas partes y conocida incluso por los niños, desastre tan brillantemente divulgado y publicado por la magnitud de la empresa y excelencia de los escritores, llevado a cabo cuando ya reinaba Latino, hijo de Fauno, del cual comenzó el nombre de los latinos, cesando el de los Laurentes; tras esa destrucción, los griegos vencedores, abandonando a Troya destruida y regresando a su patria, se vieron destrozados y triturados con varios y horrendos desastres. Y, no obstante, hasta por esas calamidades aumentaron el número de sus dioses. Así, hicieron dios a Diómedes, de quien dicen no regresó a los suyos a causa de un castigo de origen divino; y, asimismo, afirman que sus compañeros fueron convertidos en pájaros, y esto lo tienen no como leyenda mítica, sino como historia comprobada.

Dicen de éstos que ni Diómedes —hecho, según ellos, dios— pudo devolverles a su naturaleza humana, ni como novel habitante del cielo lo consiguió de su rey Júpiter. Dicen más: que tiene su templo en la isla Diomedea, no lejos del monte Gárgano, en la Apulia, y que en torno a este templo vuelan y habitan esas aves con un encanto tan admirable, que llenan sus picos de agua, rociándolo luego con ella. Más aún: si se llegan a él griegos o descendientes de griegos, esas aves no sólo se quedan quietas, sino que hasta los acarician. En cambio, sí ven a extranjeros, vuelan sobre sus cabezas y les hieren con tan duros golpes que llegan hasta matarlos. Se dice, en efecto, que están armadas de picos duros y grandes como para estos ataques.

17. Opinión de Varrón sobre las metamorfosis humanas

Para confirmar estos relatos, recuerda Varrón otros hechos no menos increíbles sobre la famosísima maga Circe[13], que transformó a los compañeros de Ulises en bestias. Habla también de los árcades, que, según les tocaba la suerte, pasaban a nado al otro lado de cierto estanque y se convertían allí en lobos, viviendo después con semejantes fieras por los desiertos de aquella región. Si no se alimentaban con carne humana, después de nueve años volvían a atravesar nadando el estanque y recobraban su forma de hombres. Cita también, por fin, nominalmente a cierto Demeneto, quien habiendo gustado del sacrificio que los árcades con la inmolación de un niño solían hacer a su dios Liceo, fue convertido en lobo, y que, restituido a su propia forma, se ejercitó en el pugilato y triunfó en los juegos Olímpicos. Piensa el mismo historiador que no fue otro el motivo de dar en la Arcadia tal nombre a Pan Liceo y Júpiter Liceo, sino por esa transformación de los hombres en lobos, que creían no tenía lugar sino por el poder divino. Lobo, en efecto, se dice en griego lucov de donde aparece derivado el nombre de Liceo. Así como dice que los romanos lupercos han nacido como de la semilla de aquellos misterios

18. Metamorfosis y arte de los demonios

1. Quizá nuestros lectores esperan que algo acerca de tan gran engaño de los demonios. Pero ¿qué hemos de decir, sino que es preciso huir de en medio de Babilonia?[14] Esta amonestación profética ha de ser entendida tan espiritualmente, que tenemos que alejarnos de la ciudad de este mundo, sociedad de ángeles y hombres impíos, avanzando hacia el Dios vivo por los peldaños de "la fe que obra por la caridad" (Gál. 5:6). Y así, cuanto vemos ser mayor el poder de los demonios sobre estas cosas bajas, con tanta mayor tenacidad tenemos que adherirnos al Mediador, por el cual ascendemos desde los abismos a las cumbres.

Si, en efecto, dijéramos que no hay que creer estas cosas, no faltan al presente quienes afirman con toda seguridad que han visto algunas de ellas o las han oído de quienes las pasaron. A mí incluso me ocurrió estando en Italia haber oído semejantes cosas de cierta región de allí, en

---

13. Hija del Sol y de Perseis, que con sus brebajes convertía los hombres en bestias.
14. Cf. Is. 48:20: "Salid de Babilonia, huid de entre los caldeos; dad nuevas de esto con voz de alegría, publicadlo, llevadlo hasta lo postrero de la tierra: decid: Redimió el Señor a Jacob su siervo".

que mujeres de los mesones, imbuidas en estas malas artes, se decía solían dar a los viandantes, que querían o podían, dentro del queso cierto ingrediente que los convertía al instante en bestias de carga para transportarles lo que necesitaran, y después de realizado esto, volvían de nuevo a su ser. Sin embargo, no se hacía su mente bestial, sino que conservaban la razón humana, como escribió Apuleyo en su libro *El asno de oro*, que le ocurrió a él mismo, que habiendo tomado una vez un veneno, cuenta o finge que se convirtió en asno sin perder su mente humana.

2. Cierto que estas cosas son o falsas o tan extraordinarias que con razón no son aceptadas. Sin embargo, hemos de creer con toda firmeza que el Dios omnipotente puede hacer cuanto quiera, sea para premiar, sea para ayudar, y que los demonios no obran nada según el poder de su naturaleza (ya que ellos son también criaturas angélicas, aunque malignas por su propio pecado), sino lo que les permita Aquel cuyos designios ocultos son muchos, aunque ninguno injusto. Ciertamente tampoco los demonios producen naturaleza alguna si al parecer realizan prodigios semejantes a los que estamos examinando; sí, en cambio, transforman aparentemente las cosas realizadas por el Dios verdadero, y hasta tal punto que quedan desconocidas.

Así, no puedo creer en modo alguno que por arte o poder demoníaco sean capaces de transformar el alma o el cuerpo de una persona en un cuerpo de animal o de darle rasgos animales; pero sí admito que una imagen fantástica del hombre, que aun en el pensamiento o el sueño se cambia a través de innumerables representaciones de cosas, e incluso sin ser cuerpo adopta con asombrosa rapidez formas semejantes a los cuerpos, estando adormecidos o aletargados los sentidos corporales. Y aunque no se trate de un verdadero cuerpo, adquiere de un modo inexplicable formas semejantes a las de un cuerpo y actúa como imagen engaño sobre el sentido de los otros. Y esto de tal manera que, yaciendo los cuerpos humanos en alguna parte, vivos ciertamente, pero con sus sentidos mucho más pesada y gravemente embotados que durante el sueño, aparece aquella imagen fantástica a los sentidos ajenos como hecha cuerpo en la figura de algún animal, y el hombre se juzga entonces como podría verse en sueños, Y piensa que puede llevar ciertas cargas; cargas que, si son realmente materiales, son llevadas por los demonios para burlarse de los hombres viendo en parte verdaderos cuerpos de pesos, y en parte falsos cuerpos de bestias[15].

---

15. "En esta teoría, con la que más tarde se asociaría también la explicación del vuelo de las brujas, vemos que la magia, el demonio y la superstición se hallan aún mucho más

Contaba un tal Prestancio lo que le había sucedido a su padre; había tomado en su casa aquel veneno introducido en el queso y se quedó en el lecho como dormido; sin embargo, no podía ser despertado de ninguna manera. Pasados algunos días decía que había despertado como de un sueño, y que había referido como si fueran sueños lo que había pasado, a saber: había sido convertido en caballo, que había llevado con otros animales la provisión para ciertos soldados, provisión que llaman *rética* por ser llevada a la Retia. Según su descripción, se comprobó que había sucedido así, aunque a él mismo le parecían sueños suyos.

Contó también otro que había visto en su casa por la noche, antes del descanso, cómo venía a él un filósofo muy conocido suyo y que le había explicado ciertas doctrinas platónicas, que había rehusado ante sus ruegos explicarle antes. Preguntando al mismo filósofo por qué había hecho en casa del primero lo que se había negado a hacer en la suya, recibió esta respuesta: "No lo hice; soñé que lo había hecho". De esta manera, mediante una imagen fantástica, se le mostró al que estaba en vela lo que el otro vio en sueños.

3. Todas estas cosas nos han llegado a nosotros no por referencia de quienes podríamos tener por indignos de crédito, sino por la de aquellos que no podríamos juzgar mentirosos. Por consiguiente, lo que se dice y ha sido consignado por escrito de que los hombres suelen ser convertidos en lobos por los dioses, o mejor por los demonios árcades, y aquello de que "con sus ensalmos cambió Circe a los compañeros de Ulises"[16], me parece pudo realizarse de la manera expuesta; claro, suponiendo que en realidad tuvo lugar alguna vez.

Por lo que se refiere a las aves de Diómedes, ya que —según cuentan— se perpetúa su linaje por la propagación, pienso que no provienen de hombres metamorfoseados, sino de hombres sustituidos por ellas; como apareció la cierva en lugar de Ifigenia, hija del rey Agamenón. No pudieron ser estos artificios difíciles a los demonios, autorizados, de hecho, por designio de Dios; pero como la tal doncella se encontró después viva, se deduce que era fácil la sustitución de la cierva por ella. En cambio, como los compañeros de Diómedes no comparecieron de pronto, ni tampoco aparecieron después en parte alguna, quedando aniquilados por la venganza de los ángeles malos, se cree fueron convertidos en aquellos pájaros llevados ocultamente

---

íntimamente relacionados entre sí que en el neoplatonismo, con el fin de superar intelectualmente la cultura de la que uno procede. La demonología medieval y la comprensión de las supersticiones se orientará casi exclusivamente en los enunciados formulados por Agustín" (Christoph Daxelmüller, *Historia social de la magia*, p. 93. Herder, Barcelona 1997).
16. Virgilio, *Eclog.*, 8,70.

de otros lugares, donde existe esta misma especie de aves, y puestos repentinamente en lugar de ellos.

No es de admirar, en cambio, que por instigación de los demonios lleven agua en sus picos al templo de Diómedes v lo rocíen, el que acaricien a los griegos y persigan a los extraños; les interesa a ellos persuadir que Diómedes fue convertido en dios para engañar a los hombres y llevarlos a honrar a muchos dioses falsos con injuria del Dios verdadero, y a servir a hombres muertos, que ni siquiera mientras vivieron tenían una vida verdadera, con templos, altares y sacerdotes; todo lo cual, estando bien ordenado, sólo se debe al único y verdadero Dios vivo.

19. De Eneas en Italia a Abdón y Elí

Después de la conquista y destrucción de Troya, vino Eneas a Italia con veinticinco naves, portadoras de las reliquias de los troyanos. Reinaba allí Latino, entre los atenienses Menesteo, Polifides en Sicionia, Tautanes en Asiria, y era juez entre los hebreos Abdón (Juec. 12:13). Tras la muerte de Latino reinó Eneas durante tres años, mientras seguían los mismos reyes en los citados pueblos, si se exceptúa a los sicionios, cuyo rey era ya Pelasgo, y a los hebreos, cuyo juez era Sansón. Este, por su asombrosa fuerza, fue tenido por Hércules. En cambio, a Eneas, por desaparecer al morir, le contaron los latinos entre los dioses.

También los sabinos elevaron a la categoría de dios a su primer rey Sanco, o Sancto, según lo llaman algunos. Por estas calendas, Codro, rey de los atenienses, se presentó disfrazado para ser muerto por los peloponesios, enemigos de su pueblo; murió, en efecto, y de este modo publican que liberó a su patria. Los peloponesios habían recibido la respuesta de que vencerían si no mataban al rey de aquéllos. Él los engañó disfrazándose con el vestido de un pobre y provocándolos con un altercado a que le mataran. De ahí la expresión de Virgilio: "Los altercados de Codro"[17]. También a éste le rindieron honores divinos los atenienses haciéndole sacrificios.

Durante el reinado entre los latinos de Silvio, hijo de Eneas, no el de Creusa, Ascanio, que reinó en tercer lugar, sino el de Lavinia, hija de Latino, que se dice fue póstumo de Eneas, en el vigesimonoveno rey de los asirios, Onco; en el decimosexto de los atenienses, Melanto, y siendo juez de los hebreos el sacerdote Elí, tuvo su término el reino de los sicionios, que dicen se prolongó por espacio de novecientos cincuenta y nueve años.

---

17. Virgilio, *Eclog.*, 5,11.

20. Sucesión de los reyes de Israel después de los jueces

A continuación, reinando los mismos en los pueblos citados, terminado el tiempo de los jueces, comenzó por Saúl el reino de Israel, cuando vivía el profeta Samuel. Y comenzó también la serie de reyes latinos que llamaron Silvios, pues a partir del primero —Silvio, hijo de Eneas— se les designaba a los siguientes con sus propios nombres, pero sin faltar nunca del sobrenombre; como mucho después se denominaron Césares los que sucedieron a César Augusto.

Reprobado luego Saúl, eliminada del trono toda su estirpe le sucedió David, después de cuarenta años del gobierno de Saúl. Entonces, tras la muerte de Codro, dejaron de tener reyes los atenienses, instituyéndose las magistraturas para la administración pública. Después de haber reinado también David cuarenta años, le sucedió como rey de Israel su hijo Salomón, que construyó el famosísimo templo de Jerusalén. En este tiempo fue fundada entre los latinos Alba, desde donde comenzó la denominación de reyes albanos, no latinos, aunque siempre en el mismo Lacio. A Salomón sucedió su hijo Roboán, bajo el cual tuvo lugar la división del pueblo en dos reinos, teniendo cada uno de ellos su rey propio.

21. Reyes del Lacio. Deificación de Eneas y Aventino

El Lacio, después de Eneas, a quien había hecho dios, tuvo once reyes, ninguno de los cuales alcanzó este honor. En cambio, Aventino, que sigue a Eneas en el duodécimo lugar, fue derrotado en la guerra y sepultado en el monte todavía hoy designado con ese nombre; luego se le añadió al número de esos dioses que ellos se hacían. Cierto que otros no permitieron la versión escrita de que había sido muerto en el combate, sino dijeron simplemente que había desaparecido; y que el tal monte no fue llamado Aventino por el nombre de él sino por la llegada (*adventu*) de las aves[18]. Después de éste a ningún otro se le hizo dios en el Lacio, a excepción de Rómulo, fundador de Roma. Entre el uno y el otro se encuentran dos reyes, el primero de los cuales, para servirnos del verso virgiliano, es "Procas, gloria de la nación troyana"[19].

En su tiempo, mientras se iba gestando ya el alumbramiento de Roma, el soberano de todos los reinos, el de los asirios, llegó al término de duración tan prolongada. Fue traspasado, en efecto, al reino de los

---

18. Varrón, *De Lingua Latina*, 5,43.
19. Virgilio, *En.*, 6,767.

medos casi a los mil trescientos cinco años, contando el tiempo de Belo, padre de Nino, que fue el primer rey allí, contento con aquel primer insignificante imperio.

Procas reinó antes de Amulio. Y Amulio había hecho virgen vestal a la hija de su hermano Numitor, Rea de nombre, que también se llamó Ilía, y fue madre de Rómulo. Dicen que ésta concibió dos gemelos del dios Marte, tratando así de cohonestar o excusar el pecado, y empleando el argumento de que una loba alimentó a los niños abandonados. Piensan que esta raza de animales pertenece a Marte, y por eso la loba dio de mamar a los gemelos, porque reconoció en ellos a los hijos de Marte, su Señor. Aunque no falta quien afirma que, gimoteando en el suelo los abandonados, fueron recogidos por no sé qué meretriz, cuyas mamas fueron las primeras que chuparon (a las meretrices las llamaban lobas —*lupae*—, de donde los lugares de sus torpezas reciben aún hoy el nombre de *lupanar*). Luego llegaron a poder del pastor Fáustulo, y fueron alimentados por su esposa Aca. Aunque nada tiene de particular que para confundir a un hombre rey, que había mandado con toda crueldad arrojarlos al agua, Dios tuviera a bien socorrer mediante una fiera lactante a estos infantes divinamente liberados de las aguas, por los cuales había de ser fundada tan gran ciudad. Sucedió a Amulio en el reino del Lacio su hermano Numitor, abuelo de Rómulo. En el primer año de Numitor fue fundada Roma; y así en adelante reinó con su nieto Rómulo.

22. Fundación de Roma y muerte del imperio asirio

Para abreviar lo más posible diré que la ciudad de Roma fue fundada como otra Babilonia, y como hija de la primera Babilonia, por medio de la cual le agradó a Dios someter el orbe de la tierra y apaciguarlo en sus inmensas dimensiones, reduciéndolo a una sola sociedad de la misma administración y de las mismas leyes. Había ya, efectivamente, pueblos pujantes y poderosos, y gentes ejercitadas en las armas, que no cederían fácilmente y que era preciso superar a costa de grandes peligros, de ingente devastación por ambas partes y de formidables esfuerzos. Porque cuando el imperio de los asirios subyugaba casi toda Asia, aunque lo realizó mediante la guerra, no fueron precisas para llevarlo a cabo ásperas y difíciles campañas, por ser las gentes inexpertas para la resistencia, poco numerosas y de escaso poder. Realmente después del colosal y universal diluvio, cuando sólo ocho personas se salvaron en el arca de Noé, no habían pasado mucho más de mil años hasta que Nino subyugó a toda el Asia, con excepción de la India.

Roma, en cambio, no pudo dominar con mucha rapidez y facilidad a tantas gentes de Oriente y Occidente que vemos sometidas al imperio romano, ya que a dondequiera que se extendía las iba encontrando, acreciéndose en robustez y belicosidad. Así que cuando se fundó Roma, el pueblo de Israel llevaba va en la tierra de promisión setecientos dieciocho años.

Veintisiete de ellos pertenecen a Jesús Nave, y los trescientos veintinueve siguientes al período de los jueces. Desde el comienzo de los reyes habían pasado trescientos sesenta y dos. Entonces reinaba en Judá el rey Acaz, o, según el cómputo de otros, Ezequías, que le sucedió, rey excelente v piadosísimo, que consta reinó en la época de Rómulo. Y en la parte del pueblo hebreo que se llamó Israel había comenzado a reinar Oseas.

23. La sibila eritrea y sus profecías sobre Cristo

1. Por estos tiempos dicen algunos que profetizó la Sibila de Eritrea[20]. Varrón nos dice que existieron muchas, no una sola sibila. Esta Sibila de Eritrea escribió algunas profecías bien claras sobre Cristo; lo que yo mismo he leído unos versos en mal latín peor rima debidos a un traductor desconocido, según he podido comprobar después. El ilustre procónsul Flaciano, hombre de gran facilidad de palabra y de vasta erudición, hablando un día conmigo de Cristo me presentó un códice griego que decía contener las profecías de la Sibila de Eritrea, donde mostró cómo en determinado lugar el orden de las letras en el comienzo de los versos expresaban en acróstico claramente estas palabras: Ihsuv creistuv yeou giov Swthr, que en latín significan: *Iesus Christus Dei Filius Salvator* (Jesucristo, Hijo de Dios Salvador). Estos versos latinos, cuyas primeras letras nos dan el sentido que hemos transcrito, tienen el siguiente contenido, según los tradujo un autor a la lengua latina y en verso:

Juicio humedecerá la tierra con un sudor frío.
Inmortal futuro, vendrá del cielo el Rey que reinará
Enviado aquí en carne para juzgar al orbe,
Por donde el incrédulo y el fiel verán al Dios excelso

---

20. Colección de profecías compuesta en versos en hexámetros griegos La *sibila* era una mujer inspirada que profetizaba e impartía enseñanzas religiosas. Los *Oráculos sibilinos* registraban estas comunicaciones inspiradas, pero debido a la falta de control de los mismos se cree que tanto los judíos como los cristianos hicieron interpolaciones favorables a sus creencias. Fueron muy utilizados por los apologistas cristianos, dando por buenas sus profecías. Cf. Justino Mártir, *I Apología*,20; Teófilo de Antioquía, *Los tres libros a Autólico*, II, 36 y ss.; Lactancio, *Instituciones divinas*, I, 6. Véase Apéndice 2. "Los oráculos sibilinos".

Con sus santos al final ya de los tiempos
Con su carne estarán presentes las almas, que juzga él mismo,
Mientras yace el orbe en enmarañados zarzales.
Los hombres rechazarán sus ídolos, y también toda riqueza.
Buscando el mar y el cielo, quemará el fuego, las tierras;
Desbaratará las puertas del sombrío Averno.
En cambio, se otorgará una luz brillante al cuerpo de los santos,
Los culpables arderán eterna llama.
Descubriendo los actos ocultos, cantará entonces cada uno sus secretos
Abrirá Dios los corazones a la luz.
Habrá entonces también lamentos, rechinarán todos con sus dientes.
Eclipsado es el sol, y silenciado el coro de los astros.
Se transformará el cielo, morirá el esplendor de la luna;
Derribará las colinas, levantará desde el hondo los valles.
Nada sublime o elevado quedará en las cosas humanas.
Ya se igualan las montes con los campos,
Acabará por completo el azul del mar;
Desaparecerá la tierra resquebrajada;
Así también el fuego abrasará fuentes y ríos.
Pero entonces la trompeta lanzará triste sonido desde el alto orbe,
Lamentando el miserable espectáculo y los múltiples agobios,
Abriéndose la tierra de del Tártaro.
Aquí se presentarán los reyes para juntos ante el Señor.
Bajará fuego del cielo y un torrente de azufre.

En estos versos latinos, vertidos mal que bien del griego, no puede
corresponderse el latín con el griego en los versos que empiezan en griego con la letra g, ya que no se pudieron encontrar las correspondientes
palabras latinas que comenzaran por esa letra y se adaptaran al sentido.
Sólo ocurre esto en tres versos: el quinto, el decimoctavo y el decimonoveno. En resumidas cuentas, si resumimos las letras iniciales de cada
verso, sin contar las de estos tres versos, y recordamos que en esos lugares está puesta la g, vemos escrito en esas cinco palabras: Jesucristo Hijo
de Dios Salvador; claro que en griego, no en latín, son en total veintisiete
versos, que es el cubo del número tres, ya que tres multiplicado por tres
nos da nueve, y multiplicando nueve por tres tenemos veintisiete, como
si tratáramos de elevar la figura superficial a lo alto. Si se unen las cinco
primeras letras de las palabras griegas Ihsuv creistuv yeou giov Swthr
que en latín nos dan Jesucristo Hijo de Dios Salvador, tenemos la palabra

Icyuv, esto es, "pez"[21], con la que místicamente se significa a Cristo, porque sólo Él ha podido mantenerse vivo, es decir, sin pecado, en el abismo de nuestra mortalidad, tan semejante a la profundidad del mar.

2. Además, esta Sibila de Eritrea o, como piensan otros, de Cumas, en toda la profecía —de la que es una mínima parte lo citado— no tiene parte alguna que pueda referirse al culto de los dioses falsos o fabricados. Antes bien, habla tan abiertamente contra ellos y contra sus adoradores que parece debe ser catalogada entre los que pertenecen a la ciudad de Dios. También Lactancio[22] incluye en una obra suya algunos vaticinios de la Sibila sobre Cristo, aunque sin decir de quién son.

He creído oportuno reunir, como si fuera uno solo, los testimonios dispersos en su obra y darlos en citas breves. Cuando dice: "Vendrá a las manos inicuas de los infieles, y darán a Dios bofetadas con sus manos impuras, y con su inmunda boca le escupirán envenenados salivazos; y él ofrecerá sencillamente su santa espalda a los azotes. Y callará al ser abofeteado, a fin de que nadie conozca que es el Verbo y de dónde viene para hablar a los muertos y ser coronado de espinas. Como alimento le dieron hiel y como bebida vinagre; tal es la mesa hospitalaria que le ofrecerán. Y, necia de ti, no conociste a tu Dios, que se presenta disfrazado a las mentes de los mortales, antes le coronaste de espinas y le preparaste una mezcla de horrible hiel. Se rasgará el velo del templo, y en la mitad del día dominará una tenebrosísima noche durante tres horas. Dormirá con un sueño de tres días, y tornará entonces el primero desde los infiernos a la luz, siendo una demostración del principio de la resurrección para los elegidos". Lactancio hizo uso de estos testimonios dela sibila, introduciéndolos poco a pocos, según lo exigía la cuestión que trataba de probar, y nosotros, sin interponer nada, sino reuniéndolos en una serie ordenada, hemos procurado distinguirlos por sólo las primeras palabras, si los escritores posteriores no descuidan su conservación. Algunos autores, es cierto, dicen que la Sibila de Eritrea no existió en tiempo de Rómulo, sino en el de la guerra de Troya.

---

21. Esto explica popularidad del pez entre los cristianos, debido principalmente a acróstico apuntado por Agustín; *Ichthys* = Iesous Christos Theou Yios Soter (Jesús, Cristo, Hijo de Dios, Salvador). Es probable que esta fórmula, según Maurice M. Hassett, haya tenido su origen en Alejandría, y que haya sido propuesta como una protesta contra la apoteosis de los emperadores. En una moneda de Alejandría del reino de Dionisio (años 81-96), este emperador es llamado *Theou Yios* (Hijo de Dios). Entonces, la palabra *Ichthys*, así como la representación de un pez, tenía para los cristianos un significado de máxima importancia. Era una breve profesión de fe en la divinidad de Cristo, el Redentor de la humanidad.
22. Lactancio, *Instituciones divinas*, I, 6, publicado en esta misma colección.

24. Los siete sabios de Grecia y la cautividad de las diez tribus de Israel

Reinando Rómulo se dice que existió Tales de Mileto, uno de los siete sabios[23] que sucedieron a los poetas teólogos, entre los cuales se destacó Orfeo, el más renombrado. Fueron llamados Sojoi, (*sofoi*) en latín "sabios". Por ese mismo tiempo, las diez tribus que, en la división del pueblo se llamaron de Israel fueron sojuzgadas por los caldeos y llevadas cautivas a su tierra, quedando sólo en la tierra de Judea las otras dos tribus llamadas de Judá, que tenían a Jerusalén como sede de su reino

Muerto Rómulo, al no ser encontrado, los romanos lo elevaron a la categoría de los dioses, como es bien conocido vulgarmente. Esto ya no solía hacerse, ni se hizo después sino por adulación, no por error, en tiempo de los Césares. Cicerón llega a enumerar entre las grandes alabanzas de Rómulo el haberse hecho acreedor a estos honores, no en una época ruda e indocta, cuando los hombres se equivocaban con facilidad, sino cuando corrían tiempos cultos y eruditos; bien que no se había desatado todavía, ni había cundido la locuacidad aguda y sutil de los filósofos

Pero aunque en los tiempos posteriores no hicieron dioses a los hombres muertos, continuaron honrando y teniendo como dioses a los consagrados por los antiguos; más aún, aumentaron con estatuas desconocidas de los antiguos el incentivo de la estúpida e impía superstición. Así, con el engaño de falaces oráculos conseguían los inmundos demonios en sus corazones que mediante los juegos de honor de esas mismas falsas divinidades se celebrasen torpemente aun los crímenes fabulosos de los mismos dioses, que en un siglo ya más civilizado no se inventaban.

A continuación de Rómulo reinó Numa, que creyó oportuno defender la ciudad con una pandilla de falsos dioses, y no fue juzgado digno a su muerte de engrosar sus filas; como si hubiera reunido en el cielo tal multitud de dioses que no quedó ya lugar para él. Durante su reinado en Roma, y al comienzo del reinado de Manasés entre los hebreos, por quien se dice que fue muerto impíamente el profeta Isaías[24], cuentan que existió la Sibila de Samos.

---

23. Agustín ya se ha referido a ellos en el libro VIII, 2.

24. Según una tradición judía recogida por Jerónimo, Isaías fue cortado por la mitad con una sierra de madera en el reinado de Manasés. A esta tradición también parece aludir Hb. 11:37.

25. Filósofos famosos y caída de Jerusalén

Durante el reinado de Sedecías entre los hebreos y de Tarquinio Prisco, sucesor de Anco Marcio, entre los romanos fue llevado cautivo a Babilonia el pueblo judío, después de la conquista de Jerusalén y la destrucción del famoso templo construido por Salomón. Tales eran las calamidades que les habían anunciado venideras al recriminarles sus iniquidades e impiedades los profetas, sobre todo Jeremías, que llegó hasta fijarles el número de los años (Jer. 25:11).

En este tiempo se dice que existió Pitaco de Mitilene, otro de los siete sabios. Y también los otros cinco, que con Tales, ya citado, y este Pitaco completan el número de siete, escribe Eusebio que existieron cuando el pueblo de Dios era retenido como cautivo en Babilonia. Esos cinco son: Solón, de Atenas; Quilón, de Lacedemonia; Periandro, de Corinto; Cleóbulo, de Líndos, y Bías, de Priene. Todos estos siete llamados sabios florecieron después de los poetas teólogos, porque se adelantaban en cierto género laudable de vida a los demás hombres y reunieron en breves adagios algunos preceptos de moral. Ciertamente que no dejaron, en cuanto se refiere a la escritura, monumento alguno a la posteridad. Solamente se dice que Solón dio algunas leyes a Atenas, y que Tales fue físico v dejó escritos libros con sus enseñanzas[25].

También en ese tiempo de la cautividad de los judíos florecieron los físicos Anaximandro, Anaxímenes y Jenófanes. Así como brilló igualmente Pitágoras, a partir de quien comenzaron los sabios a llamarse filósofos.

26. Contemporaneidad de la libertad judía y romana

Por este tiempo, Ciro, rey de los persas, que dominaba también a los caldeos y a los asirios, suavizando un poco la cautividad de los judíos, hizo volver a cincuenta mil de ellos para reconstruir el templo. Estos sólo comenzaron los fundamentos y construyeron el altar, ya que por las incursiones de los enemigos no pudieron proseguir la edificación, retrasándose la obra hasta Darío. También por esta época tuvieron lugar los acontecimientos consignados en el libro de Judit, libro que los judíos, por cierto, no han recibido en el canon de las Escrituras.

Bajo Darío, rey de los persas, cumplidos los setenta años anunciados por el profeta Jeremías, terminada la cautividad, les fue devuelta la libertad a los judíos, siendo séptimo rey en Roma Tarquinio. Con la expulsión

---

25. Véase Carlos García Gual, *Los siete sabios (y tres más)*. Alianza Editorial, Madrid 1989.

de éste comenzaron también los romanos a ser libres de la dominación de sus reyes. Hasta entonces tuvo profetas el pueblo de Israel; y aunque fueron muchos, de sólo unos pocos se conservan escritos canónicos tanto entre los judíos como entre nosotros. De ellos prometí al final del libro anterior escribir algo en éste, lo que voy a hacer ahora.

27. Los profetas y sus profecías

Para precisar el tiempo de su existencia tenemos que remontarnos un poco a los años anteriores. En el comienzo del libro de Oseas, el primero de los doce profetas, está escrito: "Palabra del Señor que recibió Oseas, hijo de Bcerí, durante los reinados de Ozías, Yotán, Acaz y Ezequías en Judá" (Os. 1:1). También Amós escribe que profetizó en los días del rey Ozías, y añade también a Jeroboán, rey de Israel, que vivió por entonces (Am. 1:1). Igualmente Isaías, hijo de Amós[26], ya sea del citado profeta, ya, como parece más probable, de otro no profeta con el mismo nombre, menciona en el comienzo de su libro a los mismos reyes que Oseas, en cuyos días adelanta que profetizó (Is. 1:1). También Miqueas recuerda los mismos tiempos de su profecía después de Ozías, ya que menciona los tres reyes que siguieron citados por Oseas, es decir, Yotán, Acaz y Ezequías (Miq. 1:1). Estos son los que consta por sus escritos que profetizaron en el mismo tiempo. A ellos hay que añadir a Jonás durante el reinado del mismo Ozías, y a Joel, reinando ya Yotán, que sucedió a Ozías.

El tiempo de estos dos profetas lo hemos podido encontrar en los libros de las *Crónicas*[27], no en sus propios libros, puesto que no hablan de cuándo vivieron. Esta época se extiende desde Proca, rey de los latinos, o quizá desde Aventino, que le precedió, hasta Rómulo, rey ya de los romanos, o incluso hasta los comienzos del reinado de su sucesor, Numa Pompilio. En efecto, Ezequías, rey de Judá, reinó hasta entonces; por ello aparecieron a la vez como fuentes de profecía la caída del imperio asirio y el. comienzo del romano: es decir, así como en el primer tiempo del reino de los asirios existió Abraham, a quien se le hacían con toda claridad las promesas de la bendición de todos los pueblos en su descendencia, de la misma manera se cumplieron en el comienzo de la Babilonia occidental, en cuyo imperio había de venir Cristo, y en cuya persona se cumplieron las promesas de los oráculos de los profetas, que no sólo hablaban, sino que escribían también para testimonio de tal acontecimiento futuro. No faltaron casi nunca profetas al pueblo de Israel desde que comenzaron

---

26. El padre de Isaías fue Amoz, no Amós.
27. No el *Crónicas* bíblico, sino las *Crónicas* de Eusebio y Jerónimo.

allí los reyes, y sólo atendían a su interés, no al de los otros pueblos. Pero cuando se hizo más pública la escritura profética, que pudiera aprovechar finalmente a los pueblos, era preciso comenzar en la época de fundarse este estado que había de gobernar a las naciones.

28. Profecías de Oseas y de Amós sobre el Evangelio

El profeta Oseas es tanto más difícil de comprender cuanto con más profundidad se expresa. Pero se hace preciso tomar algo de él y exponerlo aquí según lo hemos prometido. Dice: "Y será, que donde se les ha dicho: Vosotros no sois mi pueblo, les será dicho: Sois hijos del Dios viviente" (Os. 1:10). Los mismos apóstoles interpretaron este testimonio profético como la vocación del pueblo gentil, que antes no pertenecía a Dios. Y como incluso el pueblo gentil está espiritualmente entre los hijos e Abraham, y por ello es llamado justamente Israel, continua el profeta diciendo: " Y los hijos de Judá y de Israel serán congregados en uno, y levantarán para sí una cabeza, y subirán de la tierra" (v. 11). Recuérdese, sin embargo, aquella piedra angular y aquellos dos muros formados uno por los judíos y otro por los gentiles[28], y reconozcamos cómo suben ambos de la tierra apoyándose aquél en el nombre de los hijos de Judá y éste en el de los hijos de Israel, tendiendo a una misma meta bajo un único príncipe. Y aun de estos mismos israelitas carnales[29], que no creen ahora en Cristo, pero que creerán después, esto es, de sus hijos (pues éstos pasarán a ocupar el lugar de ellos tras su muerte), da testimonio el mismo profeta diciendo: "Porque muchos años vivirán los israelitas sin rey y sin príncipe, sin sacrificios y sin altar, sin sacerdocio ni revelaciones" (Os. 3:4, LXX)[30] . ¿Quién no ve que esto es un retrato de los judíos al presente? Pero escuchemos lo que dice a continuación: "Después volverán a buscar los israelitas al Señor, su Dios, y a David, su rey; temblando acudirán al Señor y su riqueza, al final de los tiempos" (v. 5, LXX). Nada hay más claro que esta profecía si entendemos en el nombre del rey David significado a Cristo, que —según dice el apóstol— por línea carnal nació de la estirpe de David (Ro. 1:3).

Anunció también este profeta que Cristo resucitaría al tercer día, y lo anunció con la profundidad profética digna de tal hecho al decir: "Al tercer día nos restablecerá y resucitaremos al tercer día" (Os. 6:2). Y según

---

28. Cf. Ef. 2:14,15,20-22.

29. Cf. Gál. 2:15.

30. "Porque tu pueblo es como los que resisten al sacerdote. Caerás por tanto en el día, y caerá también contigo el profeta de noche; y a tu madre talaré" (RV).

esto nos dice el apóstol: "Si habéis resucitado con Cristo, buscad las cosas de arriba" (Col. 3:1).

Sobre estas mismas cosas profetiza Amós: "Prepárate para venir al encuentro a tu Dios, oh Israel. Porque he aquí, el que forma los montes, y crea el viento, y anuncia a los hombre su Cristo" (Am. 4:12-13, LXX)[31]. Y en otro pasaje: "En aquel día yo levantaré el tabernáculo de David, caído, y cerraré sus portillos, y levantaré sus ruinas, y lo edificaré como en el tiempo pasado. Para que me busque el resto de los hombres u todas las naciones en que se invocó mi nombre, dice el Señor, hacedor de maravillas" (Am. 9:11).

29. Predicciones de Isaías sobre Cristo y la Iglesia

1. El profeta Isaías no se encuentra en el libro de los doce profetas —llamados menores por la brevedad de sus escritos en comparación con los llamados mayores—, porque escribió volúmenes más extensos. A los segundos pertenece Isaías, a quien relacionó a los dos citados porque sus profecías son de la misma época.

Isaías, entre las represiones de la iniquidad, las instrucciones sobre la justicia y las predicciones de los males que caerán sobre el pueblo pecador, tiene muchas más profecías que los demás sobre Cristo y la Iglesia, es decir, sobre el rey y la ciudad por él fundada. Hasta el punto de que muchos le llaman más bien evangelista que profeta. Pero en atención a los límites de la obra citaré ahora uno sólo de los muchos pasajes. Dice hablando en la persona de Dios Padre: "Mirad, mi siervo tendrá éxito, subirá y crecerá mucho. Como muchos se espantaron de él, porque desfigurado no parecía hombre ni tenía aspecto humano; así asombrará a muchos pueblos; ante él los reyes cerrarán la boca al ver algo inenarrable y contemplar algo inaudito..."[32] Esto por lo que toca a Cristo.

2. Escuchemos también lo que dice sobre la Iglesia: "Alégrate, la estéril, que no dabas a luz, rompe a cantar de júbilo la que no tenías dolores, porque la abandonada tendrá más hijos que la casada, dice el Señor. Ensancha el espacio de tu tienda, despliega sin miedo tus lonas, alarga tus cuerdas, hinca bien tus estacas; porque te extenderás a derecha e izquierda. Tu estirpe heredará las naciones y poblará ciudades desiertas. No temas, no tendrás que avergonzarte, no te sonrojes, que no te afrentarán. Olvidarás el bochorno de tu soltería, ya no recordarás la afrenta de

---

31. "Prepárate para venir al encuentro a tu Dios, oh Israel. Porque he aquí, el que forma los montes, y crea el viento, y denuncia al hombre su pensamiento" (RV).
32. Is. 52:13-15-53:1-12. Agustín ofrece el texto en su totalidad.

tu viudez. El que te hizo te tomará por esposa: su nombre es Señor de los ejércitos. Tu redentor es el Santo de Israel, se llama Dios de toda la tierra" (Is. 54:1-5 LXX). Y aún continúa, pero nos basta esto. Algunas cosas deberían ser explicadas; pero creo me parecen suficientes las que están tan claras, que hasta los adversarios se ven forzados a comprenderlas contra su voluntad.

30. Profecías de Miqueas, Jonás y Joel

1. El profeta Miqueas, presentando a Cristo en la figura de un gran monte, dice: "Al final de los tiempos estará firme el monte de la casa del Señor en la cima de los montes, encumbrado sobre las montañas. Hacia él confluirán las naciones, caminarán pueblos numerosos; dirán: Venid, subamos al monte del Señor, a la casa del Dios de Jacob; él nos instruirá en sus caminos y marcharemos por sus sendas; porque de Sión saldrá quien será el árbitro de muchas naciones, el juez de numerosos pueblos, la ley de Jerusalén, la palabra del Señor" (Miq. 4:1-3).

Prediciendo incluso el lugar en que nació Cristo, dice este profeta: "Pero tú, Belén de Efrata, pequeña entre las aldeas de Judá, de ti sacaré el que ha de ser jefe de Israel: su origen es antiguo, de tiempo inmemorial. Pues los entrega sólo hasta que la madre dé a luz y el resto de los hermanos vuelva a los israelitas. En pie pastoreará con el poder del Señor, en nombre de la majestad del Señor, su Dios; y habitarán tranquilos cuando su grandeza se extienda hasta los confines de la tierra" (Miq. 5:2-4, LXX).

2. En cambio, el profeta Jonás profetizó sobre Cristo no tanto con sus escritos cuanto con la especie de pasión que soportó, y en verdad con más claridad que si proclamara con su voz la muerte y la resurrección de aquél. En efecto, ¿cuál fue el fin de ser engullido en el vientre del cetáceo y ser devuelto a los tres días, sino significar a Cristo que había de volver al tercer día de lo profundo del infierno?

3. La profecía de Joel obliga a una explicación prolongada para poner en claro lo que se refiere a Cristo y a la Iglesia. Sin embargo, no puedo pasar por alto un pasaje que también citaron los apóstoles cuando, reunidos los creyentes, descendió el Espíritu Santo, como había prometido Cristo. Dice así: "Después derramaré mi Espíritu sobre todos: vuestros hijos e hijas profetizarán, vuestros ancianos soñarán sueños, vuestros jóvenes verán visiones. También sobre siervos y siervas derramaré mi Espíritu aquel día" (Joel 2:28-29).

31. Predicciones sobre la salvación del mundo de Abdías, Nahum y Habacuc

1. Nos encontramos con tres profetas menores, Abdías, Nahum y Habacuc, que ni ellos nos dicen cuándo profetizaron, ni se encuentra referencia en Eusebio y Jerónimo. Citan a Abdías con Miqueas, pero no precisamente cuándo se conmemora el tiempo en que, según sus escritos, profetizó Miqueas; pienso que ello tuvo lugar por la equivocación y negligencia de los que describen los trabajos ajenos. De los otros dos, en cambio, aunque no hemos podido dar con ellos en los códices de las *Crónicas* que hemos tenido a nuestro alcance, como se encuentran en el canon, no debemos pasarlos en silencio.

Respecto a Abdías, es el más breve de los profetas en los escritos que nos dejó, y habla en ellos contra Idumea, linaje de Esaú, el mayor de los dos gemelos hijos de Isaac (nietos de Abraham), que fue reprobado. Si por el modo de hablar de Idumea, en el cual se toma el todo por la parte, vemos que está puesta en lugar de los gentiles, podemos conocer que se refieren a Cristo muchos pasajes que se intercalan: "En el monte Sión quedará un resto que será santo" (Abd. 17). Y poco después, al final de la misma profecía: "Y los redimidos del monte de Sión surgirán para defender el monte de Esaú, y reinará el Señor" (v. 21).

Es claro que vendrá el cumplimiento cuando los redimidos, en quienes se reconoce, sobre todo, a los apóstoles, creyendo en Cristo, subieron del monte Sión, esto es, de Judea, para defender el monte de Esaú. ¿Cómo podrían defenderlo sino haciendo salvos, por la predicación del Evangelio, a los que creyeron, para "ser liberados del poder de las tinieblas y ser trasladados al reino de Dios" (Col. 1:13)? Eso expresó a continuación con el colofón "y reinará el Señor". En efecto, el monte de Sión significa a Judea, donde se predijo había de estar la salvación y la santidad, que es Cristo; en cambio, el monte de Esaú es Idumea, en la que se significa la iglesia de los gentiles, que defendieron, como dije, los redimidos procedentes del monte de Sión, para que reinara el Señor. Esto era oscuro antes de suceder; pero una vez sucedido, ¿qué creyente no lo reconocerá?

2. El profeta Nahum, o mejor, Dios por su medio, dice: "Quebraré los ídolos tallados y de fundición, y los pondré en sepultura, porque he aquí sobre los montes los pies ligeros del que viene a evangelizar y a anunciar la paz. Solemniza tus festividades y cumple tus votos, que ya no se acercarán más a ti; para que envejezcas. Todo está consumado, cumplido y derrocado. Ya sale a campaña el que alienta en tu rostro y te libra de la

tribulación" (Nah. 1:14-2:1, LXX)[33]. Quién es el que subió de los infiernos y sopló el Espíritu Santo en el rostro de Judá, es decir, de los discípulos judíos, reconózcalo quien recuerde el Evangelio. Porque pertenecen al Nuevo Testamento aquellos cuyas festividades se renuevan espiritualmente en tal manera que no pueden tornar ya al pasado. De igual modo vemos quebrados ya los ídolos tallados y de fundición, esto es, los ídolos de dioses falsos, y como sepultados en el olvido. También en esto vemos cumplida la profecía

3. Con relación a Habacuc, ¿de qué otra llegada habla, sino de la de Cristo, que iba a venir? Estas son sus palabras: "El Señor me respondió: Escribe la visión, y declárala en tablas, para que corra el que leyere en ella. Aunque la visión tardará aún por tiempo, mas al fin hablará, y no mentirá: aunque se tardare, espéralo, que sin duda vendrá; no tardará" (Hab. 2:2-3).

32. Profecía de la oración y del cántico de Habacuc

En la oración con su cántico, ¿a quién sino a Cristo el Señor dice Habacuc: "Oí, Señor, tu palabra, y temí. He contemplado tus obras y me que quedado asombrado" (Hab. 3:2)[34]? ¿Qué es esto sino la admiración inefable de la salvación de los hombres conocida de antemano, nueva y repentina? "En medio de dos vivientes serás conocido" (v. 2, LXX); ¿qué quiere significar sino en medio de los dos Testamentos, o en medio de los dos ladrones, o en medio de Moisés y Elías conversando con él en el monte? "Cuando venga tu hora serás conocido, y en llegando el tiempo te manifestarás". Palabras que no necesitan explicación.

"Cuando se haya turbado mi alma en él, en medio de tu cólera, te acordarás de tu misericordia" (v. 2, LXX), ¿qué quiere significar sino a los judíos representados en Él, que era de su nación, por quienes, al crucificar llenos de ira a Cristo, oró acordándose de su misericordia: "Padre, perdónalos, que no saben lo que se hacen" (Lc. 23:34)?

"Dios vendrá de Temán, y el Santo del monte de Parán. Su gloria cubrió los cielos, y la tierra se llenó de su alabanza" (Hab. 3:3). En las palabras "vendrá de Temán" han interpretado "del Austro" o "del Abrego",

---

33. "De la casa de tu Dios talaré escultura y estatua de fundición, la haré tu sepulcro; porque fuiste vil. He aquí sobre los montes los pies del que trae buenas nuevas, del que pregona la paz. Celebra, oh Judá, tus fiestas, cumple tus votos, porque nunca más pasará por ti el malvado; pereció del todo. Subió destruidor contra ti, guarda la fortaleza, mira el camino, fortifica los lomos, fortalece mucho la fuerza" (RV).

34. Oí, Señor, tu palabra, y temí: Oh Señor, aviva tu obra en medio de los tiempos, en medio de los tiempos hazla conocer, en la ira acuérdate de la misericordia." (RV).

por el cual se significa el otros mediodía, esto es, el fervor de la caridad y el esplendor de la verdad. En cambio, con relación al monte Parán —umbroso y espeso—, aunque pueda interpretarse de muchos modos, yo lo tomaría más bien por la profundidad de las Escrituras, en que está profetizado Cristo; puesto que allí se contienen muchos misterios llenos de sombra y preñados de sentido para ejercitar la mente del investigador. Y de ellas procede también el hallazgo del que llega a entenderlos. "Su gloria cubrió los cielos, y la tierra se llenó de su alabanza"; ¿no es lo mismo que se dice en el salmo: "Ensálzate sobre los cielos, oh Dios; sobre toda la tierra tu gloria" (Sal. 57:5,11)?

"Y el resplandor fue como la luz; rayos brillantes salían de su mano; y allí estaba escondida su fortaleza" (Hab. 3:4). "Su resplandor será como la luz", ¿qué quiere decir sino que su fama iluminará a los creyentes? "rayos brillantes salían de su mano", ¿qué otra cosa es sino el trofeo de la cruz? "Ha puesto la caridad como fundamento de su fuerza" [según los LXX]; palabras que no necesitan explicación. "Ante él vendrá la palabra, y ella saldrá en el despoblado tras sus pisadas" (v. 5, LXX)[35] ; ¿quiere decir otra cosa sino que fue anunciado antes de venir aquí y proclamado después de tornar de aquí?

"Se paró, y midió la tierra: miró, e hizo temblar las gentes" (v. 6), bien claro es que se detuvo para socorrer, y que la tierra se conmovió para creer.

"Hizo temblar las gentes", esto es, se compadeció y llevó a los pueblos a la penitencia. "Los montes antiguos fueron desmenuzados", con la fuerza de los milagros aplastó la soberbia de los orgullosos. "Los collados antiguos se humillaron a él", es decir, fueron humillados temporalmente a fin de levantarse para siempre. "Sus caminos son eternos", precio de sus trabajos, o sea, vi los trabajos de la caridad premiados con la eternidad. "Los tabernáculos de Etiopía y las tiendas de la tierra de Madián se cubrirán de espanto" (v. 7); esto es, atemorizados de pronto los pueblos por el anuncio de tus maravillas, aun los que no están bajo el yugo romano se encontrarán en el pueblo cristiano.

"¿Te enojaste, Señor, contra los ríos y montaste en cólera contra el mar?" (v. 8). Dijo esto porque "no viene ahora para juzgar al mundo, sino para que el mundo se salve por Él" (Jn. 3:17). "Porque monas sobre tus caballos, y tu viaje es la salvación", esto es, te llevarán tus evangelistas, que son gobernados por ti, y tu Evangelio será la salvación de los que creen en ti. "Flecharás tu arco contra los cetros, dice el Señor" (v. 9); es decir, amenazarás con tu juicio aun a los reyes de la tierra. "Los ríos rasgarán

---

35. "Delante de su rostro iba mortandad, y a sus pies salían carbones encendidos".

la tierra", o sea, bajo el poder de la oratoria de los que te predican para confesarte se abrirán los corazones de los hombres, a quienes se dijo: "Rasgad los corazones y no los vestidos" (Joel 2:13).

¿Qué significa: "Te verán y se dolerán los pueblos" (v. 10), sino que serán felices en su llanto? ¿Y qué "al andar dispersarás las aguas", sino que andando entre los que te anuncian por doquier, esparcirás a diestra y siniestra los raudales de tus enseñanzas? ¿Qué significa "el abismo alzó su voz"? ¿No quiere decir que la profundidad del corazón humano expresó lo que le parece? La profundidad de su fantasía es como una exposición del verso anterior, ya que la profundidad es igual que el abismo. Las palabras de su fantasía envuelven alzó su voz; esto es, lo que dijimos expresó lo que le parece. La fantasía, en efecto, es una visión que Él no retuvo ni encubrió, sino proclamó en su alabanza.

"Se elevó el sol v la luna permaneció en su orden" (v. 11); quiere decir: Cristo subió a lo alto, y la Iglesia quedó constituida bajo su rey. "Tus flechas irán a la luz", es decir, tus palabras no serán lanzadas a las tinieblas, sino a plena luz. Al decir "Al resplandor del relampaguear de tus armas", se sobreentiende tus flechas irán, pues que Él había dicho a los suyos: "Lo que os digo en la noche, decidlo a la luz del día" (Mt. 10:27). "Tus amenazas achicaron la tierra" (v. 12), esto es, con tus amenazas humillarás a los hombres. "Y derribarás las naciones con tu furor", porque con tu venganza quebrantarás a los que se ensoberbecen.

"Saliste para salvar a tu pueblo, para salvar a tus ungidos enviaste la muerte sobre la cabeza de los pecadores" (v. 13). No necesita esto explicación alguna. "Les cargaste de cadenas hasta el cuello". Se pueden entender aquí los óptimos vínculos de la sabiduría, de suerte que queden aprisionados los pies en sus grillos y los cuellos en sus argollas. "Las rompiste hasta poner espanto en la mente"; se refiere a las cadenas, pues les sometió a las buenas y les rompió las malas, de las cuales se dice: "Has roto mis cadenas" (Sal. 116:16); y esto, "con espanto en la mente", esto es, de un modo admirable. "Las cabezas de los poderosos se moverán en ella" (v. 14), es decir, en esa admiración. "Y abrirán sus bocas como el pobre que come a escondidas". Algunos poderosos de los judíos acudían al Señor admirando sus hechos y sus palabras, y comían hambrientos el pan de su doctrina, pero a escondidas por miedo a los judíos, como lo muestra el Evangelio (Jn. 19:38).

"Metiste en el mar tus caballos y se agitaron muchas aguas" (v. 15); no son otra cosa que la multitud de pueblos Pues ni unos se convertirán por el temor, ni otros proseguirán arrebatados por el terror, si no se sintieran todos perturbados. "Reparé en esto, y se pasmó mi corazón al considerar mis propias palabras, un temblor penetró hasta mis huesos, y todo mi interior se turbó" (v. 16). Para la atención en lo que iba diciendo, y se siente atemorizado por su misma oración, que emitía proféticamente viendo en ella lo que había de suceder; pues con perturbación de la multitud de pueblos vio las tribulaciones que se cernían sobre la Iglesia, y se sintió en seguida miembro de ella, y exclamó: "Reposaré en el día de la tribulación"; al. fin, como perteneciendo a los que "se gozan en la esperanza y sufren en la tribulación" (Ro. 12:12). "A fin de irme a encontrar con el pueblo de mí peregrinación"; apartándome del pueblo maligno de parentesco carnal, que ni es peregrino en esta tierra, ni busca la patria celestial[36].

"Porque la higuera no dará frutos y las viñas no brotarán" (v. 17). Faltará el fruto a la oliva y los campos no darán qué comer. "No habrá ovejas en las majadas ni bueyes en los establos". Veía que esta nación, que había de dar muerte a Cristo, iba a perder la abundancia de sus riquezas espirituales, que simbolizó a usanza profético en la fecundidad terrena. Y como aquella nación tuvo que soportar tal cólera de Dios por desconocer la justicia del mismo Dios y tratar de establecer la suya propia[37], dice el profeta a continuación: "Yo me alegraré ante el Señor y me regocijaré en Dios, mi Salvador. El Señor, mi Dios y mi poder, asentará perfectamente mis pies y me pondrá en lo alto para que salga victorioso por su cántico" (v. 18-19); es decir, el cántico aquel del que tales cosas se dicen en el salmo: "Afianzó mis pies sobre roca y aseguró mis pasos; me puso en la boca un canto nuevo de alabanza a nuestro Dios" (Sal. 40:2-3). Así, pues, triunfa en el cántico del Señor quien se complace en la alabanza del mismo, no en la suya propia, de suerte que "el que se gloria, se gloríe en el Señor" (Jer. 9:23-24; 1ª Cor. 1:31). Por lo demás, algunos códices traen: "Me regocijaré en Dios, mi Jesús", y me parece mejor que la traducción latina, en la que no se emplea esa nombre tan amable y tan dulce para nosotros.

33. Profecías de Jeremías y de Sofonías sobre Cristo y los gentiles

1. Jeremías, como Isaías, es uno de los profetas mayores no de los menores, como los otros de quienes ya cité algunos pasajes. Profetizó reinando en Jerusalén Josías, y Anco Marcio en Roma, estando ya próxima la cautividad de los judíos. Su profecía se prolongó hasta el quinto mes de la cautividad, según nos cuentan sus escritos. Se le agrega Sofonías, uno

---

36. Cf. Hb. 11:13,16.
37. Cf. Ro. 10:3.

de los profetas menores; también éste nos dice que profetizó en los días de Josías, aunque no dice hasta cuándo.

Profetizó, pues, Jeremías no sólo en los días de Anco Marcio, sino también en los de Tarquinio Prisco, quinto rey de los romanos, ya que había comenzado a reinar cuando tuvo lugar la cautividad de Babilonia.

Hablando Jeremías de Cristo, nos hace esta profecía: "El resuello de nuestras narices, el Cristo del Señor, ha sido preso por nuestros pecados" (Lam. 4:20)[38], mostrando así, en pocas palabras, que Cristo es nuestro Señor y que padeció por nosotros. También dice en otro lugar: "Él es nuestro Dios y no hay otro frente a Él: halló el camino de la inteligencia y se lo enseñó a su hijo Jacob, a su amado Israel. Después apareció en el mundo y vivió entre los hombres" (Baruc 3:36-38). Testimonio que algunos no atribuyen a Jeremías, sino a un amanuense suyo llamado Baruc, aunque más corrientemente se le tiene como de Jeremías. De nuevo el mismo profeta dice de Cristo: "Mirad que llegan días, oráculo del Señor, en que daré a David un vástago legítimo. Reinará como rey prudente, y administrará la justicia y el derecho en el país; en sus días se salvará Judá, Israel vivirá en paz y le llamarán; Señor, justicia nuestra" (Jr. 23:5-6)

También habló así de la vocación de los gentiles, que era entonces futura y que nosotros vemos ya cumplida: " Oh Señor, fortaleza mía, y fuerza mía, y refugio mío en el tiempo de la aflicción; a ti vendrán gentes desde los extremos de la tierra, y dirán: Ciertamente mentira poseyeron nuestros padres, vanidad, y no hay en ellos provecho" (Jer. 16:19). Sobre el desconocimiento que sobre Él tendrían los judíos, que llegarían a darle muerte, dice el profeta: "Engañoso es el corazón más que todas las cosas, y perverso; ¿quién lo conocerá?" (Jer. 17:9). Del mismo profeta es el pasaje citado en el libro decimoséptimo sobre el Nuevo Testamento, cuyo mediador es Cristo. Dice así Jeremías: "He aquí que vienen días, dice el Señor, en los cuales haré nuevo pacto con la casa de Jacob y la casa de Judá" (Jer. 31:31)[39].

2. Con relación al profeta Sofonías, que profetizó con Jeremías, citaré de momento estos pasajes: "Esperadme, dice el Señor, al día que me levantaré al despojo: porque mi determinación es reunir las gentes, juntar los reinos" (Sof. 3:8). Y dice también; "Terrible será el Señor contra ellos, porque enervará a todos los dioses de la tierra; y cada uno desde su lugar se inclinará á él, todas las islas de las gentes" (Sof. 2:11). Y un poco después: "Por entonces volveré yo a los pueblos el labio limpio, para que

---

38. "El resuello de nuestras narices, el ungido de Jehová, de quien habíamos dicho: A su sombra tendremos vida entre las gentes: fue preso en sus hoyos" (RV).

39. Cf. Agustín, libro XVII,3.

todos invoquen el nombre del Señor, para que de un consentimiento le sirvan. De esa parte de los ríos de Etiopía, mis suplicantes, la hija de mis esparcidos, me traerán ofrenda. En aquel día no serás avergonzada por ninguna de tus obras con que te rebelaste contra mí; porque entonces quitaré de en medio de ti los que se alegran en tu soberbia, y nunca más te ensoberbecerás del monte de mi santidad. Y dejaré en medio de ti un pueblo humilde y pobre, los cuales esperarán en el nombre del Señor" (Sof. 3:9-12). Estos son el remanente de que se profetiza en otra parte, y que también recuerda el apóstol: "Porque si tu pueblo, oh Israel, fuere como las arenas de la mar, las reliquias de él se convertirán" (Is. 10:22; Ro. 9:27). Este remanente de aquel pueblo es el que creyó en Cristo

34. Profecías de Daniel y Ezequiel cumplidas en Cristo y la Iglesia

1. Daniel y Ezequiel, dos de los profetas mayores, profetizaron primero en la misma cautividad de Babilonia. Daniel llegó a determinar las fechas en que había de vivir y padecer Cristo, lo cual sería demasiado extenso demostrar por medio del cálculo, y ya lo han realizado otros antes de nosotros. Sobre el poder y la gloria de Cristo habló así: "Miraba yo en la visión de la noche, y he aquí en las nubes del cielo como un hijo de hombre que venía, y llegó hasta el Anciano de grande edad, y le hicieron llegar delante de él. Y le fue dado señorío, y gloria, y reino; y todos los pueblos, naciones y lenguas le sirvieron; su señorío, señorío eterno, que no será transitorio, y su reino que no se corromperá" (Dan. 7:13-14).

2. También Ezequiel, hablando proféticamente, expresa a Cristo en David por haber tomado carne de la estirpe de David, y por su forma de siervo, que le hizo hombre, se llama también siervo de Dios el mismo Hijo de Dios; anuncia a Cristo en la profecía haciendo hablar a Dios Padre: "Y despertaré sobre ellas un pastor, y él las apacentará; a mi siervo David: él las apacentará, y él les será por pastor. Yo el Señor les seré por Dios, y mi siervo David príncipe en medio de ellos. Yo el Señor he hablado" (Ez. 34:23-24). Y en otro lugar dice: "Los haré una nación en la tierra, en los montes de Israel; y un rey será á todos ellos por rey: y nunca más serán dos naciones, ni nunca más serán divididos en dos reinos; ni más se contaminarán con sus ídolos, y con sus abominaciones, y con todas sus rebeliones: y los salvaré de todas sus habitaciones en las cuales pecaron, y los limpiaré; y me serán por pueblo, y yo a ellos por Dios. Y mi siervo David será rey sobre ellos, y a todos ellos será un pastor: y andarán en mis derechos, y mis ordenanzas guardarán, y las pondrán por obra" (Ez. 37:22-24).

35. Profecías de Hageo, Zacarías y Malaquías

1. Quedan tres profetas menores que profetizaron al final de la cautividad: Hageo, Zacarías y Malaquías. Hageo tiene una profecía breve, pero bien clara, sobre Cristo y la Iglesia: "Y así dice el Señor de los ejércitos: Dentro de muy poco yo agitaré cielo y tierra, mares y continentes; haré temblar a todas las naciones, y vendrá el Deseado de todas las gentes" (Hag. 2:7-8). Parte de esta profecía se ve ya cumplida, y parte espera su cumplimiento al final. Agitó, en efecto, el cielo con el testimonio de los ángeles y de los astros en la encarnación de Cristo. Agitó la tierra con el gran milagro de su nacimiento de una virgen. Agita el mar y la tierra cuando es anunciado Cristo en las islas y en el orbe entero. Así vemos cómo se enlazan todos los pueblos hacia la fe. Lo último que sigue: "Y vendrá el Deseado de todas las gentes", esperamos su cumplimiento en su última venida. Porque para ser deseado por los que le esperan debió primero ser amado por los creyentes.

2. Zacarías dice de Cristo y de la Iglesia: "Alégrate, ciudad de Sión; aclama, Jerusalén; mira a tu rey que está llegando: justo, victorioso, humilde, cabalgando un asno, una cría de burra. Dominará de mar a mar, del gran río al confín de la tierra" (Zac. 9:9-10). Cómo se verificó esto, es decir, que Cristo el Señor se sirviera en el camino de un asno de este tipo, lo leemos en el Evangelio, donde en parte se recuerda esta profecía, cuanto pareció suficiente en aquel lugar (Mt. 21).

Dice en otro lugar hablando con Cristo en espíritu de profecía sobre la remisión de los pecados por la virtud de su sangre: "Y tú también por la sangre de tu pacto serás salva; yo he sacado tus presos del aljibe en que no hay agua" (Zac. 9:11). ¿Qué quiere dar a entender por medio del "aljibe o cisternas en que no hay agua"? Se admiten diversas interpretaciones dentro de la ortodoxia de la fe. Para mí la más apropiada es la profundidad de la miseria humana, seca y estéril en cierto modo, donde no corren las aguas de la justicia, sino el lodo de la iniquidad. Pues así se dice también sobre esto en el salmo: "Me levantó de un lago de miseria, del lodo cenagoso" (Sal. 40:2).

3. El profeta Malaquías, anunciando a la Iglesia, que vemos propagada por medio de Cristo, dice con toda claridad a los judíos en la persona de Dios: "Yo no recibo contentamiento en vosotros, dice el Señor de los ejércitos, ni de vuestra mano me será agradable el presente. Porque desde donde el sol nace hasta donde se pone, es grande mi nombre entre las gentes; y en todo lugar se ofrece a mi nombre perfume, y presente limpio: porque grande es mi nombre entre las gentes, dice el Señor de los ejércitos" (Mal. 1:10-11). Ya que podemos ver este sacrificio ofrecido a

Dios en todo lugar, "desde donde el sol nace hasta donde se pone", mediante el sacerdocio de Cristo según el orden de Melquisedec; mientras que los judíos, a quienes se dijo: "no recibo contentamiento en vosotros", no pueden negar que su sacrificio ha cesado, ¿por qué esperan todavía otro Cristo, cuando todo esto que leen profetizado y ven cumplido no puede ser cumplido sino por medio de Él?

Dice aún poco después del mismo en la persona de Dios: "Mi pacto fue con él de vida y de paz, las cuales cosas yo le dí por el temor; porque me temió, y delante de mi nombre estuvo humillado. La Ley de verdad estuvo en su boca, e iniquidad no fue hallada en sus labios: en paz y en justicia anduvo conmigo, y a muchos hizo apartar de la iniquidad. Porque los labios de los sacerdotes han de guardar la sabiduría, y de su boca buscarán la ley; porque es el ángel[40] del Señor todopoderoso" (Mal. 2:5-7). No debe causar admiración que Cristo Jesús sea llamado "ángel del Señor todopoderoso". Así como se llamó siervo por forma de siervo en que vino a los hombres, así es llamado ángel por el evangelio que anunció a los hombres. Porque si interpretamos estas palabras según el griego, evangelio significa "buenas noticias", y ángel, "mensajero". Sigue diciendo del mismo: "He aquí, yo envío mi mensajero, el cual preparará el camino delante de mí: y luego vendrá a su templo el Señor á quien vosotros buscáis, y el ángel del pacto, a quien deseáis vosotros. He aquí viene, ha dicho el Señor de los ejércitos. ¿Y quién podrá resistir el tiempo de su venida?, o ¿quién quedará en pie cuando él aparezca?" (Mal. 3:1-2). En este lugar anunció la primera y la segunda venida de Cristo; es a saber, la primera, de la cual dice: "Vendrá a su templo", esto es, en su carne, sobre la cual dijo en el Evangelio: "Destruid este templo y en tres días lo levantaré" (Jn. 2:19); la segunda, en cambio, está anunciada en las palabras: "He aquí viene, ha dicho el Señor de los ejércitos. ¿Quién resistirá cuando llegue? ¿Quién quedará en pie cuando aparezca?"

Por lo que se refiere a las palabras: "El Señor que buscáis;" "el ángel del pacto que deseáis", significan que Cristo busca y solícita todavía a los judíos según las Escrituras que ellos mismos leen. Pero muchos de ellos, ciegos en sus corazones, obstinados en sus propios méritos, no han reconocido la venida de aquel que buscaron y quisieron. La alianza o pacto de que habla aquí, donde habló del "mensajero del pacto", o arriba, cuando dice: "Mi pacto fue con él" (Mal 2:5), debemos tomarlo sin lugar a duda como el nuevo testamento o alianza en que se hallan las promesas eternas, no las viejas, que sólo son temporales. Muchos débiles en la fe, teniendo en gran estima estos últimos bienes y sirviendo al Dios verda-

---

40. O "mensajero" (RV).

dero por tales cosas, se sienten turbados cuando ven que abundan en ellas los impíos[41]. Por eso el mismo profeta, para distinguir la felicidad eterna propia de la nueva alianza, que no se dará sino a los buenos, de la felicidad terrena propia de la antigua, que muchas veces se da también a los malos, dice: "Vuestras palabras han prevalecido contra mí, dice le Señor. Y dijisteis: ¿Qué hemos hablado contra ti? Habéis dicho: Por demás es servir á Dios; ¿y qué aprovecha que guardemos su ley, y que andemos tristes delante del Señor de los ejércitos? Decimos pues ahora, que bienaventurados los soberbios, y también que los que hacen impiedad son los prosperados: bien que tentaron a Dios, escaparon. Entonces los que temen al Señor hablaron cada uno a su compañero; y el Señor escuchó y oyó, y fue escrito libro de memoria delante de él para los que temen al Señor, y para los que piensan en su nombre" (Mal. 3:13-16). Por este libro se significa el Nuevo Testamento.

Escuchemos, finalmente, lo que sigue: "Y serán para mí especial tesoro, ha dicho el Señor omnipotente, en el día que yo tengo de hacer; y los perdonaré como el hombre que perdona a su hijo que le sirve. Entonces os tornaréis, y echaréis de ver la diferencia entre el justo y el malo, entre el que sirve á Dios y el que no le sirve. Porque he aquí, viene el día ardiente como un horno; y todos los soberbios, y todos los que hacen maldad, serán estopa; y aquel día que vendrá, los abrasará, ha dicho el Señor omnipotente, el cual no les dejará ni raíz ni rama. Mas á vosotros los que teméis mi nombre, nacerá el Sol de justicia, y en sus alas traerá salud, y saldréis, y saltaréis como becerros de la manada. Y hollaréis a los malos, los cuales serán ceniza bajo las plantas de vuestros pies, en el día que yo hago, ha dicho el Señor omnipotente" (Mal. 3:17-4:3). Este es el que se llama día del juicio, del cual, si Dios quiere, hablaremos más despacio en su debido lugar.

36. Esdras y los libros delos Macabeos

Después de los tres profetas, Hageo, Zacarías y Malaquías, durante el mismo tiempo de la liberación del pueblo de la esclavitud de Babilonia, escribió también Esdras, que es considerado más bien como un escritor histórico que como un profeta; algo así como el libro de Ester, cuya historia en alabanza de Dios no dista mucho de estos tiempos. Con la diferencia de que Esdras profetizó de Cristo en aquella discusión suscitada entre ciertos jóvenes sobre qué era lo más importante en la vida: uno

---

41. Cf. Sal. 73:3: "Porque tuve envidia de los insensatos, viendo la prosperidad de los impíos..."

dijo que los reyes; otro, que el vino, y otro, que las mujeres, que muchas veces mandan sobre los reyes; al fin, este último demostró que sobre toda ellas prevalecía la verdad[42]. Y consultando el Evangelio, conocemos que Cristo es la Verdad (Jn. 14:6).

Desde el tiempo de la restauración del templo entre los judíos no hubo ya reyes, sino príncipes, hasta Aristóbulo. El cálculo del tiempo de éstos no se encuentra en las santas Escrituras llamadas canónicas, sino en otros escritos, entre los cuales están los libros de los Macabeos, que no tienen por canónicos los judíos, sino la Iglesia, a causa de los sufrimientos terribles y admirables de algunos mártires que, antes de la encarnación de Cristo, contendieron por la ley de Dios hasta su muerte, y soportaron los más graves y horribles tormentos.

37. Antigüedad de los profetas respecto a los filósofos

En tiempos, pues, de nuestros profetas, cuyos escritos llegaron ya a noticia de casi todos los pueblos, aún no existían, los filósofos gentiles que tuvieran este nombre. Empezaron a llamarse así con Pitágoras de Samos, que comenzó a sobresalir y ser conocido precisamente en el tiempo en que tuvo lugar la liberación de la cautividad de los judíos. Y así concluimos con más razón que los demás filósofos vivieron después de los profetas. El mismo Sócrates de Atenas, maestro de todos los que más se distinguieron por entonces, y el más importante en la materia llamada moral o práctica, vive después de Esdras según el libro de las *Crónicas*[43]. No mucho después nació también Platón, que tanto aventajó a los restantes discípulos de Sócrates.

A ellos, es verdad, se pueden añadir los anteriores, que no tenían todavía el nombre de filósofos, como los siete Sabios, y luego los físicos que sucedieron a Tales, limitando su dedicación a la investigación de la naturaleza, como fueron Anaximandro, Anaxímenes, Anaxágoras, y algunos otros antes de Pitágoras, tenido como el primer filósofo. Pues bien, ninguno de éstos precedió en el tiempo a alguno de nuestros profetas. El mismo Tales, a quien sucedieron los demás, se dice que descolló en el reinado de Rómulo, cuando el torrente de la profecía saltó de las fuentes de Israel en aquellos libros que se esparcieron por todo el orbe.

Por consiguiente, sólo los llamados poetas teólogos, a saber, Orfeo, Lino, Museo y algún otro que existiera entre los griegos, son anteriores

---

42. En apócrifo III Esdras 3:9s., según la traducción de los Setenta, llamado también Esdras griego
43. De Eusebio y Jerónimo, cuya cronología hoy carece de valor.

en el tiempo a los profetas hebreos, cuyos escritos se encuentran en el canon de nuestras Escrituras. Pero ni aun éstos existieron antes de nuestro verdadero teólogo Moisés, que con toda veracidad predicó al único Dios verdadero, y cuyos escritos tienen actualmente una primacía en el canon de la autoridad. Por ello, en lo referente a los griegos, en cuya lengua floreció lo mejor de la literatura de este mundo, no tienen motivo alguno para hacer la apología de su sabiduría, como si pareciera, si no superior, al menos más antigua que nuestra religión, en que brilla la verdadera sabiduría

Cierto hay que confesar que, si no en Grecia, sí entre los bárbaros, como en Egipto, existía ya antes de Moisés alguna doctrina, considerada como sabiduría suya. De lo contrario no se hubiera escrito en los libros santos que Moisés fue instruido en toda la sabiduría de los egipcios (Hch. 7:22) cuando nació allí y fue adoptado y criado por la hija del Faraón. Pero ni aún así la sabiduría de los egipcios pudo anteceder en el, tiempo a la de nuestros profetas, ya que el mismo Abraham fue profeta. ¿Qué sabiduría pudo existir en Egipto antes que les enseñara las letras Isis, a quien tuvieron a bien honrar como a gran diosa después de su muerte? Se tiene a Isis como hija de Inaco, que fue el primer rey de Argos, cuando los nietos de Abraham ya habían nacido y eran conocidos.

38. El canon bíblico

Si todavía intentamos remontarnos a tiempos más antiguos, antes del famoso diluvio universal, existía ya nuestro patriarca Noé, que no sin razón podríamos llamar profeta. En efecto, el arca que construyó, y en la que se salvó con los suyos, fue una profecía de nuestros tiempos[44]. Y ¿qué decir de Enoc, el séptimo a partir de Adán? ¿No se dice en la epístola canónica del apóstol Judas que también él profetizó (Jd. 14)? Sí sus escritos no han sido recibidos en el canon ni entre los judíos, ni entre nosotros, es debido a su excesiva antigüedad, que podría hacerlos sospechosos de poner cosas falsas por verdaderas. Así, se han publicado en su nombre[45] algunas cosas por aquellos que a su arbitrio creen sin distinción lo que quieren. No pudo la pureza del canon admitir esas cosas, no como reprobación de la autoridad de esos hombres que agradaron a Dios, sino porque no se creía que pertenecieran a ellos.

---

44. Cf. Hb. 11:7; 1ª Pd. 3:20-21.
45. Por ejemplo, *El Libro de los secretos de Enoc*, escrito originariamente en griego y conocido hoy solamente por una versión eslava.

Y no debe sorprendernos se tengan como sospechosas cosas que se publican en nombre de antigüedad tan grande; aun en la misma historia de los reyes de Judá y de los reyes de Israel, que contienen muchos hechos sobre los que creemos a la misma Escritura canónica, se relatan numerosos sucesos que no explican allí y se dice que están en otros libros escritos por los profetas, e incluso en alguna parte se citan los nombres de esos profetas[46]; y, sin embargo, no se encuentran en el canon que admitió el pueblo de Dios. Confieso que desconozco el motivo; aunque pienso que aquellos mismos a quienes ciertamente revelaba el Espíritu Santo lo que debía figurar con autoridad de la religión, pudieron muy bien escribir unas cosas como hombres con esmero histórico y otras como profetas por inspiración divina; y que estas cosas fueron tan distintas, que aquéllas se les atribuyeran a ellos mismos y las otras, como inspiradas por el mismo Dios que hablaba por ellos. De esta manera, aquéllas pertenecerían a la abundancia de conocimientos; éstas, en cambio, a la autoridad de la religión, en cuya autoridad se conserva el canon, fuera del cual hasta los escritos que se presentan bajo el nombre de los antiguos profetas no pueden tener valor ni para la misma ciencia, ya que es incierto sean de quienes se dice que son. Por eso no se puede tener fe en ellos, sobre todo si se trata de aquellos en que se leen algunos extremos contra la fe de los libros canónicos, argumento suficiente de que en modo alguno les pertenecen.

39. Antigüedad de la lengua hebrea

No se debe creer, por tanto, lo que piensan algunos, es decir, que la lengua hebrea se conservó sólo a través de Héber, de quien procede el nombre de los hebreos, y que después llegó hasta Abraham, y que, en cambio, las letras hebreas comenzaron por la ley dada por Moisés. Más bien hay que pensar que dicha lengua fue conservada con sus letras o caracteres a través de la sucesión de los padres[47]. Moisés luego estableció en el pueblo de Dios maestros que estuvieran al frente de la enseñanza de las letras, aun antes que conocieran ningunas letras de la ley divina.

---

46. Cf. 1º Cro. 29:29: "Y los hechos del rey David, primeros y postreros, están escritos en el libro de las crónicas de Samuel vidente, y en las crónicas del profeta Natán, y en las crónicas de Gad vidente"; 2º Cro. 9:29: "Lo demás de los hechos de Salomón, primeros y postreros, ¿no está todo escrito en los libros de Natán profeta, y en la profecía de Ahías Silonita, y en las profecías del vidente Iddo contra Jeroboam hijo de Nabat?"

47. La lengua hebrea no tiene la antigüedad que aquí se le supone, que es relativamente moderna. Forma parte del grupo cananeo, nacida de la mezcla de la lengua de los israelitas y de la de los indígenas.

La Escritura llama a éstos grammatoeisagwgeiv, que pueden ponerse en latín como inductores o introductores de las letras, porque las llevan o introducen en cierto modo en las inteligencias de los alumnos, o mejor quizá introducen a los mismos en ellas.

Que ningún pueblo, pues, se jacte sobre la antigüedad de su sabiduría por encima de nuestros patriarcas y profetas, en quienes estaba la sabiduría divina. Ni siquiera Egipto, que suele gloriarse falsa e inútilmente de la antigüedad de sus doctrinas, se ha anticipado en clase alguna de sabiduría a la sabiduría de nuestros patriarcas. No habrá quien se atreva a afirmar que fueron ellos muy expertos en las doctrinas admirables antes de conocer las letras, es decir, antes de llegar allí Isis y de habérselas enseñado. La misma doctrina memorable, que recibió el nombre de sabiduría, ¿qué era sino sobre todo la astronomía, u otra disciplina semejante más a propósito de ordinario para ejercitar los ingenios que para iluminar las mentes con la verdadera sabiduría?

Por lo que se refiere a la filosofía, que asegura enseñar algo con que los hombres lleguen a la felicidad, esta clase de estudios floreció en aquellas tierras hacia los días de Mercurio, a quien llamaron Trismegisto. Cierto, mucho tiempo antes que los sabios o filósofos de Grecia, pero también después de Abraham, de Isaac, de Jacob y de José; y también después de Moisés. Porque cuando nació Moisés se dice que vivía el gran astrólogo Atlas, hermano de Prometeo, abuelo materno de Mercurio el mayor, cuyo nieto fue este Mercurio Trismegisto

40. Vanidad de los egipcios respecto a la antigüedad de su ciencia

Con presunción a todas luces exagerada se jactan algunos diciendo que han pasado más de cien mil años desde que Egipto conoce la astrología. ¿En qué libros pudieron recoger estas afirmaciones quienes aprendieron las letras de su maestra Isis no hace mucho más de dos mil años? No es de vulgar categoría como historiador Varrón, que fue el que nos dijo esto, que no está en desacuerdo con la verdad de las divinas letras. Si desde el primer hombre, llamado Adán, no se han cumplido todavía seis mil años, ¿no serán más dignos de risa que de refutación quienes intentan persuadirnos cosas tan peregrinas y contrarias a verdad tan conocida? ¿A qué narración del pasado hemos de dar fe con más garantía que a la de quien nos anunció as cosas futuras que ya vemos presentes? El mismo desacuerdo de los historiadores entre sí nos fuerza a creer mas a quien no esté en desacuerdo con la historia divina que tenemos. Aun los miembros de la ciudad impía, desparramados por todas las tierras, cuando leen a hombres doctísimos, cuya autoridad en nada parece despreciable, discrepando entre sí sobre los hechos que recuerda nuestra edad, no saben cómo arreglárselas para creer a alguno de ellos. Nosotros, sin embargo, apoyados en la autoridad divina con relación a la historia de nuestra religión, no tenemos la menor duda de la falsedad de cuanto se opone a esa autoridad, sea cual fuere su postura en las demás cosas que se refieren a la historia profana, que, sean verdaderas o sean falsas, no nos aportan ventaja alguna para una vida justa y feliz

41. Desacuerdo de la filosofía y concordia de las Escrituras

1. Pero dejemos ya de examinar la historia y vengamos a los mismos filósofos, por los que hemos digresado estas cosas. Ellos dan la impresión de que en todos sus afanes sólo se han preocupado de encontrar la manera de vivir adecuadamente para alcanzar la felicidad: ¿por qué están en desacuerdo los discípulos con los maestros y con los condiscípulos entre sí, sino porque han buscado esto como puros hombres con sentidos y razonamientos humanos? Aunque pudiera haber en eso afán de gloria, en la que cada uno ansía parecer más sabio y profundo que el otro, y no precisamente como seguidor en cierto modo de una doctrina ajena, sino como creador de su propia opinión doctrinal; sin embargo, concedamos que hubo algunos y hasta muchos de ellos a quienes apartó de sus maestros o condiscípulos el amor a la verdad, esforzándose por conseguir lo que como tal veían, fuera realmente así o no lo fuera, ¿qué pretende para llegar a la felicidad, qué meta, qué camino emprende la infelicidad humana si no la guía la autoridad divina?

En cambio, nuestros autores en quienes con toda razón está impreso el canon de los libros sagrados, no tienen motivo alguno para estar en desacuerdo entre sí. De ahí que con justa razón, al escribir esas cosas, no fueron unos cuantos charlatanes los que en escuelas y gimnasios, a base de discusiones litigiosas, creyeron que Dios había hablado por medio de ellos, sino que fueron muchos y muy importantes pueblos los que con sus sabios y no sabios creyeron por campos y por ciudades. Ciertamente debieron ser pocos esos escritores a fin de no perder categoría por la multitud, lo que era preciso estimar tanto por la religión, pero no tan pocos que no suscitara admiración su concordia. Pues incluso en la multitud de filósofos, que por su actividad literaria nos legaron el monumento de sus doctrinas, sería difícil encontrar algunos que estén de acuerdo en todo. Demostrar esto aquí sería muy largo.

2. Por otra parte, ¿qué fundador hay de secta alguna, en esta ciudad adoradora de los demonios, tan de fiar que haya que rechazar a todos los

que han tenido ideas diversas o contrarias? ¿No florecían en Atenas los epicúreos, sosteniendo que las cosas humanas no eran de incumbencia de los dioses, y los estoicos, que, al contrario, sostenían que ellas eran gobernadas y protegidas por los dioses, sus autores y defensores? Me maravillo de que Anaxágoras fuera tenido como reo al decir que el sol era una piedra ardiente, negando a Dios; y mientras, florecía con toda tranquilidad en la misma ciudad Epicuro, que no creía en la divinidad del sol ni de astro alguno, y negaba a la vez que morase en el mundo Júpiter o algún otro dios a quien puedan llegar las oraciones suplicantes de los hombres. ¿No destacó allí Aristipo, que cifraba el bien supremo en el placer del cuerpo; y Antístenes, afirmando que el hombre llegaba a la felicidad precisamente por la virtud del espíritu, filósofos ambos bien conocidos y ambos discípulos de Sócrates, haciendo consistir el ideal de la vida en fines tan diversos y contrarios entre sí? ¿No se procuraba cada uno discípulos que continuasen su escuela, diciendo el uno que se había de huir de la administración del Estado, y exigiendo el otro que era de incumbencia del sabio la política?

Allí públicamente, en el ilustre y famoso pórtico, en los gimnasios, en los jardines, en los lugares públicos y privados, defendía cada uno coreado por sus secuaces sus propias opiniones: unos afirmaban que existía un solo mundo; otros, que innumerables; unos, que ese mismo mundo único tuvo un principio; otros, que no lo había tenido; éstos, que había de desaparecer; aquéllos, que existiría siempre; unos, que era gobernado por una mente divina; otros, que por la suerte y el azar; los unos, que las almas eran inmortales; los otros, que eran mortales; y los que las tenían por inmortales, decían unos que se convertían en bestias; otros, que de ningún modo; en cambio, los que las tenían por mortales, éstos decían que morían después del cuerpo, y aquéllos que vivían incluso después del cuerpo, poco o mucho, aunque no para siempre; unos, que establecían el bien supremo en el cuerpo; otros, en el alma; otros, en uno y otro, añadiendo otros al alma y al cuerpo también bienes del exterior; juzgando unos se había de dar siempre fe a los sentidos del cuerpo, diciendo otros que no siempre, y afirmando otros que nunca.

¿Qué pueblo jamás, qué senado, qué poder o dignidad pública de la ciudad impía se preocupó de seleccionar estas casi innumerables disensiones de los filósofos, de probar y admitir unas y rechazar y reprobar las otras? ¿No admitió más bien en su seno indistintamente sin discernimiento alguno y en tropel tantas controversias de hombres que disentían, no sobre campos y casas o sobre cualquier otro motivo pecuniario, sino sobre las cosas necesarias ara una vida desgraciada o feliz? Y además, sí en esas discusiones se decían algunas cosas verdaderas, con la misma libertad se expresaban las falsas. No en vano ha recibido tal ciudad la denominación mística de Babilonia. Babilonia, efectivamente, significa "confusión", como recuerdo que ya lo dijimos. Y no le importa al diablo su gobernador, en qué errores tan contrarios se debatan quienes por la múltiple y variada impiedad se hallan igualmente bajo su posesión.

3. En cambio, aquella nación, aquel pueblo, aquella ciudad, aquella república, aquellos israelitas a quienes fueron confiadas las palabras de Dios, jamás admitieron con igual tolerancia a los profetas falsos y a los profetas verdaderos; antes eran reconocidos y mantenidos como autores veraces de los libros sagrados, los que estaban concordes entre sí y sin disentir en nada. Para ellos eran sus filósofos, esto es, amantes de la sabiduría, sus sabios, sus teólogos, sus profetas, sus doctores en la honradez y en la piedad. Cuantos vivieron y se sintieron a tono con sus enseñanzas sintieron y vivieron no según los hombres, sino según Dios, que habló por boca de ellos. Si en esas enseñanzas se prohibía el sacrilegio, era Dios el que lo prohibía. Si se decía: "Honra a tu padre y a tu madre" (Ex. 20:12), era Dios el que lo mandaba. Si se dijo: "No matarás, no cometerás adulterio, no robarás" (Ex. 20:13-15; Mc. 10:19), y cosas por el estilo, no fueron los labios humanos, sino los oráculos divinos, los que pronunciaron estas palabras.

Hubo verdades que entre sus falsedades pudieron descubrir algunos filósofos y trataron de persuadirlas con laboriosos debates, por ejemplo, que Dios hizo este mundo, y lo gobierna con su providencia; se dijeron aciertos sobre la honradez de las virtudes, sobre el amor a la patria, la fidelidad en la amistad, las obras buenas y otras cosas referentes a la honradez de costumbres. Ignoraban a qué fin y cómo se habían de encaminar estas cosas. Pues bien, todos estos extremos habían sido encomendados al pueblo en aquella ciudad por palabras proféticas, divinas, bien que por medio de hombres; y no habían sido reiteradas con debatidas argumentaciones. Quien llegaba a conocer todo esto temía menospreciar no el ingenio de los hombres, sino la Palabra de Dios

42. Providencia divina en la traducción de la Septuaginta

Uno de los Ptolomeos, rey de Egipto, tuvo interés en conocer y poseer estos libros sagradas. Tras la muerte de Alejandro de Macedonia, por sobrenombre el Grande, que había sometido bajo su magnífico y poco duradero poderío a toda el Asia, y a casi todo el orbe, en parte con la fuerza de las armas, en parte por el terror, habiendo invadido y obtenido también entre los demás pueblos de Oriente la Judea; a su muerte, sus generales habían disipado más bien que dividido aquel inmenso reino que no podían poseer pacíficamente entre sí, y dispuestos a devastarlo todo con sus guerras, empezaron los reyes Ptolomeos a reinar en Egipto. El primero de ellos, hijo de Lago, llevó de Judea muchos cautivos a Egipto.

Sucediendo a éste otro Ptolomeo, llamado Filadelfo, permitió que volvieran libres todos los que aquél había llevado cautivos; más aún, envió obsequios regios al templo de Dios y solicitó del sacerdote Eleazar le diera las Escrituras, que seguramente por la fama que tenían había oído eran divinas, por lo cual había deseado tenerlas en la celebérrima biblioteca que había creado. Se las envió dicho pontífice en hebreo, y luego pidió que le enviase traductores. Se le dieron setenta y dos, seis de cada una de las doce tribus, muy expertos en ambas lenguas, hebrea y griega. Prevaleció la costumbre de llamar a esta traducción versión de los Setenta[48].

Se cuenta que hubo en las palabras de ellos un acuerdo tan admirable, tan asombroso y plenamente divino, habiéndose dedicado por separado a esta obra (así le agradó a Ptolomeo probar su fidelidad), que ninguno discrepó del otro en palabra alguna que no tuvieran el mismo significado y el mismo valor, o en el orden de las mismas palabras; antes bien, como si fuera un solo traductor, era una sola cosa lo que habían interpretado todos; porque, en realidad, era uno sólo el Espíritu en todos. Y habían recibido de Dios un don admirable, a fin de que incluso con esto quedara reforzada la autoridad de aquellas Escrituras, no como humanas, sino, como eran en verdad, divinas, y así fuera útil esa autoridad a los gentiles que andando el tiempo habían de creer en ellas, como lo vemos ya comprobado.

43. Autoridad y superioridad de los Setenta

Hubo también otros que tradujeron las palabras divinas del hebreo al griego, tales fueron Aquila, Símaco y Teodoción. Existe, además, otra versión, de autor desconocido, y por no tener nombre de traductor, se la llama "Quinta edición"[49]. Sin embargo, la Iglesia recibió ésta de los Setenta como si fuera la única, y de ella se sirven los griegos cristianos, la mayor parte de los cuales ignoran si existe otra.

De esta versión de los Setenta se trasladó al latín el texto que usan las Iglesias latinas[50]. Aunque en nuestros días el presbítero Jerónimo, hombre tan sabio y experto en las tres lenguas, tradujo las mismas Escrituras

---

48. Véase el Apéndice 3. "La Septuaginta".

49. Además de esta Quinta edición, se conocía una Sexta, incluidas ambas en las famosas *Héxaplas* de Orígenes.

50. Véase Apéndice 4. "La Vetus Latina".

al latín, no del griego, sino del hebreo[51]. Los judíos, si bien confiesan que su esfuerzo literario es veraz, pretenden que los Setenta. intérpretes se equivocaron en muchas cosas. Sin embargo, las Iglesias de Cristo piensan no debe anteponerse nadie a la autoridad de estos hombres santos, elegidos entonces por el sumo sacerdote Eleazar para obra de tal calibre. En realidad, aunque no hubiera aparecido entre ellos un solo Espíritu, divino sin duda, sino que los Setenta sabios hubieran confrontado entre sí como hombres las palabras de su versión, quedando lo que hubieran acordado todos, no debía anteponérselas a ellos la obra de uno en particular. Ahora bien, habiendo aparecido entre ellos un signo tan manifiesto de la divinidad, ciertamente cualquier otro traductor veraz de aquellas Escrituras del hebreo a otra lengua, o está de acuerdo con aquellos Setenta intérpretes, o si no parece estar de acuerdo, debe pensarse que en ella hay un profundo misterio profético.

En efecto, el Espíritu que había en los profetas cuando escribieron aquellas cosas era el mismo que existía también en los Setenta varones al traducirlas. Bien pudo ese Espíritu con autoridad divina decir otra cosa, como si aquel profeta hubiera dicho ambos extremos, porque los dos los decía el mismo Espíritu; y pudo decir esto mismo de otra manera, de manera que, si no las mismas palabras, sí al menos apareciera el mismo sentido a los que lo entendían bien; como pudo también pasar algo por alto y añadir algo; así se demostraría también por esto que no había en aquella obra una esclavitud humana que sujetaba al intérprete a las palabras, sino más bien un poder divino que llenaba y regía la mente del intérprete.

Algunos, sin embargo, han pensado que el texto griego de la traducción de los Setenta debe ser corregido según el hebreo; pero no se han atrevido a quitar lo que no tiene el hebreo y pusieron los Setenta, sino que se contentaron con añadir lo que se encontraba en el hebreo y no tienen los Setenta, y lo pusieron al principio de los mismos versículos con ciertos signos a modo de estrellas, que se llaman asteriscos. En cambio, lo que no tiene el texto hebreo, y sí los Setenta, lo anotaron igualmente al principio de los versículos con unos trazos horizontales a semejanza de la escritura uncial. Muchos textos en latín se han difundido por todas partes con estos signos. Lo que no se haya omitido o añadido, sino que se ha dicho de otra manera, ya tengan otro sentido no contrario al primero, ya expliquen claramente de otro modo el mismo sentido, no puede ser descubierto sino cotejando los dos textos.

---

51. Véase Apéndice 5. "La Vulgata".

Por consiguiente, si, como es debido, no vemos en aquellas Escrituras sino lo que ha dicho el Espíritu de Dios por medio de los hombres, cuanto se encuentra en el texto hebreo y no en los Setenta, se ve que el Espíritu de Dios no quiso decirlo por medio de éstos, sino por medio de aquellos profetas. En cambio, cuanto se encuentre en los Setenta, y falta en hebreo, quiso el mismo Espíritu decirlo por medio de aquéllos mejor que por éstos, manifestando así que unos y otros fueron profetas. De la misma manera dijo, como le pareció, unas cosas por Isaías, otras por Jeremías, otras por un profeta, otras por otro, o también las mismas cosas de distinta manera por éste o por el otro. Así, cuanto se encuentra en unos y otros el único y mismo Espíritu quiso decirlo por unos y otros; pero de tal manera que aquéllos precedieron en la profecía y éstos interpretaron después proféticamente. A la manera que hubo un sólo Espíritu de la paz en aquéllos al decir cosas verdaderas y concordes, así apareció el único mismo Espíritu en éstos, cuando sin consultarse unos con otros lo tradujeron todo como con una sola boca.

44. Discrepancia entre los Setenta y el texto hebreo

Alguno puede preguntar: "¿Cómo sabré lo que dijo Jonás a los ninivitas, si `tres días y Nínive será destruida´, o `dentro de cuarenta días´ (Jon.3:4)? ¿Quién no ve, en efecto, que no pudo decir ambas cosas el profeta que había sido enviado para atemorizar a la ciudad con la amenaza de la destrucción inminente. Si la ruina le había de venir a la ciudad en el tercer día, no le vendría en el cuadragésimo, y si en el cuadragésimo, no en el tercero".

Si, pues, se me pregunta a mí qué es lo que dijo Jonás, tengo como más acertado lo que se lee en el hebreo: "Cuarenta días y Nínive será destruida." Bien pudieron los Setenta en su versión muy posterior decir otra cosa, que, sin embargo, viniera al caso y concordase en el mismo sentido, aunque bajo distinta manera de significarlo, lo cual sería un aviso para el lector, a fin de que, sin desdeñar ninguna de las dos autoridades, se elevase de la narración de la historia a la búsqueda de la realidad pretendida al escribir la historia. Cierto que esos acontecimientos tuvieron lugar en la ciudad de Nínive, pero a la vez significaron algo que superaba la dimensión de la ciudad; como tuvo lugar la estancia del mismo profeta por tres días en el vientre del cetáceo, y, sin embargo, fue una figura de la presencia del Señor de los profetas durante tres días en lo profundo del infierno.

Así que si aquella ciudad significa la Iglesia de los gentiles figurada proféticamente, es decir, destruida por la penitencia, de modo que no fuera ya lo que había sido, como esto fue hecho por Cristo en la Iglesia de los gentiles, figurada por Nínive, es el mismo Cristo el significado por los cuarenta o por los tres días; es a saber: por los cuarenta, porque paso cuarenta días con sus discípulos después de la resurrección, y luego subió al cielo; y por los tres días, porque fue al tercer día cuando resucitó. Como si al lector, preocupado casi únicamente por la verdad histórica de los acontecimientos, le despertaran del sueño los Setenta intérpretes y los mismos profetas para penetrar la profundidad de la profecía y, en cierto modo, le dijeran: Busca en los cuarenta días al mismo que puedes encontrar en los tres días, y verás que unos se cumplen en la ascensión y otros en la resurrección. Por ello muy bien pudo estar significado Cristo en uno y otro número, el uno expresado por el profeta Jonás, el otro por la profecía de los Setenta intérpretes, y ambos inspirados por el mismo Espíritu.

No quiero alargarme en demostrar con muchos comentarios en los que se creería que los Setenta se alejan de la verdad del hebreo y, bien entendidos, están perfectamente acordes. De aquí que yo, a mi modo, haya creído acertado servirme del hebreo y de los Setenta, siguiendo el ejemplo de los apóstoles que, al citar, así lo hicieron, porque, después de todo, son una misma autoridad divina. Más prosigamos según nuestras posibilidades lo que queda.

45. Decadencia de los judíos y fin de los profetas

1. Cuando el pueblo judío comenzó a carecer de profetas, la nación empeoró evidentemente y precisamente cuando esperaba que había de mejorar tras la restauración del templo después de la cautividad de Babilonia. Así, en efecto, entendía aquel pueblo carnal lo anunciado Por el profeta Hageo al decir: "La gloria de esta segunda casa será mayor que la de la primera" (Hag. 2:9). Ahora bien, que esto se dice del Nuevo Testamento, lo muestra un poco antes cuando dice, prometiendo claramente a Cristo: "Haré temblar a todas las gentes, y vendrá el Deseado de todas las gentes" (v. 7). A este pasaje le dieron los Setenta con autoridad profética un sentido más acomodado al cuerpo que a la cabeza, es decir, más apropiado a la Iglesia que a Cristo: "Vendrán las naciones que el Señor ha elegido entre todas", esto es, los hombres, de quienes dijo el mismo Jesús en el Evangelio: "Muchos son los llamados y pocos los escogidos" (Mt. 22:14). Con estos elegidos de las naciones se construye con piedras vivas en el Nuevo Testamento la casa de Dios, mucho más gloriosa que pudo ser el famoso templo construido por Salomón y restaurado después de la cautividad. Y por eso, aquel pueblo no tuvo ya profetas

desde entonces, y sufrió muchas calamidades por parte de los reyes extranjeros y de los mismos romanos, a fin de que no tuviera por cumplida esta profecía de Hageo en la restauración del templo.

2. Efectivamente, no mucho después se vio subyugado el pueblo con la venida de Alejandro. Y aunque no hubo devastación alguna, porque no se atrevieron a oponérsele y con su fácil sumisión aplacaron al vencedor, no fue, sin embargo, tan grande la gloria de esta casa como lo había sido en la libre potestad de sus reyes. Cierto que Alejandro inmoló víctimas en el templo de Dios; pero no para darle culto convertido con verdadera piedad, sino pensando en su impía fatuidad, que debía ser adorado junto con los dioses falsos.

Después Ptolomeo, el hijo de Lago, como recordé arriba, a la muerte de Alejandro llevó cautivos los judíos a Egipto, devolviéndolos su sucesor Ptolomeo Filadelfo con toda generosidad. A éste se debió lo que acabo de contar, la versión de las Escrituras por los Setenta. Luego se vieron quebrantados por las guerras que nos cuentan los libros de los Macabeos. Después de éstas fueron llevados cautivos por el rey de Alejandría Ptolomeo, llamado Epifanes; inmediatamente se vieron constreñidos por muchas e inauditas crueldades por Antíoco, rey de Siria, a dar culto a los ídolos, y hasta el mismo templo se vio mancillado con las sacrílegos supersticiones de los gentiles. Fue Judas Macabeo, el esforzado paladín de los judíos, quien lo purificó de esa contaminación idolátrica después de expulsar a los generales de Antíoco.

3. No mucho después, un cierto Alcimo, sin pertenecer a la casta sacerdotal, fue nombrado pontífice por ambición; acto considerado como impío.Después de casi cincuenta años sin que gozaran de paz, aunque llevaron a feliz éxito algunas empresas, asumió Aristóbulo el primero la diadema y se hizo rey y pontífice a la vez. Desde que volvieron de la cautividad de Babilonia y fue restaurado el templo, no habían tenido reyes, sino sólo caudillos o príncipes; bien que el llamado rey puede también recibir el nombre de príncipe por la potestad de mandar y el de caudillo por ser conductor del ejército. En cambio, los príncipes o caudillos no pueden llamarse por esto reyes, como lo fue Aristóbulo.

Le sucedió a éste Alejandro, rey y Pontífice también, de quien se dice reinó con crueldad sobre los suyos. Después de él fue reina de los judíos su esposa Alejandra, y desde entonces se vieron agobiados en adelante por males más graves. Porque los hijos de esta Alejandra, Aristóbulo e Hircano, lucharon entre sí por el mando, y provocaron la intervención del poderío romano contra el pueblo de Israel, ya que Hircano les pidió auxilio contra su hermano.

Para entonces, Roma había sometido ya el Africa y Grecia, y ejerciendo un amplio imperio sobre otras partes del orbe, como si no pudiera soportarse a sí misma, se había, en cierto modo, resquebrajado con el peso de su poder. Había llegado a profundas sediciones internas, pasando luego a las guerras sociales y más tarde a las civiles; y a tal grado de quebrantamiento y debilidad llegó, que se vio inminente la transformación del régimen en monarquía. Pompeyo, el príncipe más ilustre entonces entre los romanos, entrando en son de guerra en Judea, tomó la ciudad, abrió el templo, no por religiosa piedad, sino por el derecho del vencedor, y se llegó al Santo de los Santos, a donde sólo se permitía la entrada al sumo sacerdote, no en plan de veneración, sino más bien de profanación. Confirmó a Hircano en el pontificado, e impuso como guardián de la nación sometida a Antípatro, con el nombre de procurador, como entonces los llamaban; a Aristóbulo lo llevó consigo encadenado. Desde entonces comenzaron los judíos a pagar tributo a los romanos. Después, Casio[52] llegó hasta saquear el templo. Y a continuación, al cabo de pocos años, merecieron tener como rey al extranjero Herodes, en cuyo tiempo nació Cristo.

Era ya llegada la plenitud de los tiempos, anunciada por el espíritu profético en la boca del patriarca Jacob cuando dice: "No faltará príncipe de Judá ni caudillo de su posteridad hasta que venga aquel a quien se aguardó, que es la esperanza de las naciones" (Gn. 49:10). No faltó, de hecho, príncipe de los judíos de origen judío hasta el tal Herodes, a quien tuvieron por primer rey extranjero. Ya se cumplía, pues, el tiempo de la venida de aquel en quien estaba la promesa de la nueva alianza, de manera que Él fuera la expectación de los pueblos. No podían esperarle venidero las gentes, como le vemos esperado para llevar a cabo el juicio en la manifestación de su poder, si no hubieran creído en Él antes, cuando vino a ser sometido a juicio en la humildad de su paciencia.

46. Nacimiento del Salvador y dispersión de los judíos

Reinando Herodes en Judea, transformada ya la administración de la República entre los romanos, durante el imperio de César Augusto y apaciguado por su mano el orbe, nació Cristo, según la profecía precedente, en Belén de Judá, manifestado como hombre nacido de una virgen humana, Dios oculto de Dios el Padre. Así lo había anunciado el profeta: "He aquí la virgen concebirá y parirá un hijo, y llamarás su nombre Emmanuel, que declarado, es, con nosotros Dios" (Is. 7:14; Mt. 1:23).

---

52. Tal vez debe leerse Craso, que fue el verdadero autor del saqueo.

Y Él, para manifestar su divinidad, realizó muchos milagros, algunos de los cuales ha recogido la Escritura evangélica, según le pareció oportuno darlo a conocer. El primero de ellos fue el haber nacido de modo tan maravilloso, y el último el haber subido al cielo con su cuerpo resucitado de entre los muertos. Pero los judíos que le dieron muerte y no quisieron creer que había de morir y resucitar, fueron terriblemente destruidos por los romanos, arrancados de raíz de su reino, donde ya los dominaban los extranjeros, y dispersados por todas las tierras (realmente están por todas partes); y sus Escrituras nos sirven de testimonio de que no hemos inventado nosotros las profecías sobre Cristo.

Y muchos de ellos, considerando esas profecías, ya antes de su pasión, pero sobre todo después de su resurrección, creyeron en Él. De ellos se anunció: "Si fuere el número de los hijos de Israel como la arena de la mar, las reliquias serán salvas" (Is. 10:22; Ro, 9:27-28). Los otros han sido cegados, según se predijo de ellos: ""Sea vuelta su mesa en lazo, y en red, y en tropezadero, y en paga. Sus ojos sean obscurecidos para que no vean, y les agobia siempre el espinazo" (Sal. 69:22-23; Ro. 11:9-10. Por consiguiente, cuando no creen en nuestras Escrituras se cumplen en ellos las suyas, que leen como ciegos. A no ser que quieran decir que los cristianos fingieron acerca de Cristo las profecías que se publican bajo el nombre de las sibilas o de otros, si hay algunos que no pertenecen al pueblo judío.

A nosotros, ciertamente, nos bastan las que proceden de los libros de nuestros enemigos, que sabemos, por el testimonio que sin quererlo nos ofrecen teniendo y conservando estos libros, han sido dispersados por todos los pueblos por dondequiera se ha extendido la Iglesia de Cristo. De ello, ya en el salmo, que leen ellos también, tenemos la profecía que dice: "El Dios de mi misericordia me prevendrá: Dios me hará ver en mis enemigos mi deseo. No los matarás, porque mi pueblo no se olvide: Hazlos vagar con tu fortaleza, y abátelos, oh Señor, escudo nuestro" (Sal. 59:10-11). Demostró Dios así a la Iglesia la gracia de su misericordia en sus enemigos los judíos, porque, como dijo el apóstol, "su tropiezo es la salvación de los gentiles" (Ro. 11:11).

Por eso no los destruyó, es decir, no les quitó lo que tienen de judíos, aunque hayan sido sometidos y oprimidos por los romanos: para que no pudieran, olvidados de la ley de Dios, dejar de dar testimonio de lo que tratamos. Según eso, poco era el decir: "No los matarás, porque mi pueblo no se olvide", si no añadiese: "Hazlos vagar", dispérsalos. Porque si con este testimonio de la Escritura estuvieran sólo en su tierra, no en todas partes, no podría la Iglesia, que está en todas partes, tenerlos como testigos, entre todas las gentes, de las profecías que se anunciaron de Cristo.

47. Miembros de la ciudad celestial fuera de la nación judía

Por eso, si algún extranjero, esto es, no nacido de Israel; ni recibido por aquel pueblo en el canon de los libros sagradas, de quien se diga que ha profetizado de Cristo, ha llegado o llega a nuestro conocimiento, podemos citarlo nosotros para mayor abundancia. No porque nos sea necesario, ya que podría faltar, sino porque no hay inconveniente en creer que ha habido entre otros pueblos hombres a quienes se ha revelado este misterio y que se han visto impulsados a anunciarlo, ya hayan sido participantes de la misma gracia, ya la hayan conocido adoctrinados por los ángeles malos, de quienes sabemos han confesado a Cristo presente, a quien no reconocían los judíos.

Ni creo que los mismos judíos pretendan osadamente que nadie ha pertenecido al pueblo de Dios fuera de los israelitas, de donde comenzó la descendencia de Israel, con la reprobación del hermano mayor. En efecto, no hubo otro pueblo que propiamente fuera llamado pueblo de Dios; pero no podemos negar que hubo también en los otros pueblos algunos hombres que pertenecieron, por comunicación no terrena, sino celeste, a los verdaderos israelitas ciudadanos de la patria celeste. Si se atrevieran a negar esto se les convencería fácilmente con el santo y admirable Job, que no era nativo ni prosélito, esto es, un extranjero unido al pueblo de Israel, sino que procedía de la nación idumea, donde había nacido y donde también murió. Y, sin embargo, es tal la alabanza que le tributan las divinas letras que ningún coetáneo suyo se le puede igualar en santidad y piedad. Sobre el tiempo de su existencia nada encontramos en las *Crónicas*; sin embargo, atendiendo a su libro, que por su valor admitieron los israelitas en el canon, podemos deducir que vivió tres generaciones después de Israel.

No puedo dudar que la divina Providencia intentó por medio de éste hacernos sabedores de que pudieron existir también entre otros pueblos quienes vivieron según Dios y lo agradaron, perteneciendo, por tanto, a la Jerusalén espiritual. Cierto que no se debe creer haya sido concedido esto a nadie, sino a quien Dios ha revelado al único mediador entre Dios y los hombres, el hombre Cristo Jesús (1ª Tim. 2:5). Su venida en la carne fue anunciada a los santos antiguos como se nos anunció a nosotros ya su presencia. Así será una única fe en el mismo la que lleve a Dios a todos los predestinados a la ciudad de Dios, a la casa de Dios, al templo de Dios. Cierto que las profecías de otros acerca de la gracia de Dios por Cristo Jesús pueden tomarse como preparadas por los cristianos Por eso, si hay quien suscite controversias sobre esto, el argumento más fuerte para convencer a los extraños y hacerlos nuestros si obran con rectitud, es que citen las profecías divinas sobre Cristo que están escritas en los libros de los judíos, que arrancados de su tierra nativa y dispersados por el orbe entero, han contribuido con su testimonio a la extensión de la Iglesia de Cristo por todas partes.

48. Profecía de Hageo sobre la mayor gloria del segundo templo

Esta casa de Dios tiene una gloria más excelente que la que tuvo aquella primera construida con madera, piedra y demás materiales y metales preciosos. Así, pues, no se cumplió la profecía de Hageo en la restauración de aquel templo (Hag. 2:9). En efecto, desde que se restauró no tuvo jamás gloria tan grande como la que tuvo en tiempo de Salomón; antes bien, está demostrado, como lo testifica lo dicho anteriormente, que la gloria de aquella casa quedó disminuida, primero por la cesación de la profecía, y luego por los tremendos desastres que sufrió el mismo pueblo hasta la ruina definitiva causada por los romanos.

En cambio, esta casa perteneciente al Nuevo Testamento se halla adornada de gloria tanto mayor cuanto son más nobles las piedras vivas, los creyentes y los renovados que la construyen. Pero la razón de ser significada por la instauración de aquel templo se debe a que la renovación de tal edificio significa en la palabra divina el Testamento llamado Nuevo. De manera que lo que Dios dijo por el profeta citado: "Daré paz en este lugar" (Hag. 2:9), debe entenderse lo que es tipificado por ese lugar típico; ya por aquel lugar restaurado se tipificó la Iglesia, que había de ser edificada por Cristo, y no tienen otro sentido aquellas palabras: "Daré paz en este lugar", excepto que "daré la paz en el lugar que significa ese sitio". Porque todas las cosas que encierran un sentido típico parecen personificar, en cierta manera, las cosas en ella tipificadas; como dijo el apóstol: "La piedra era Cristo" (1ª Cor. 10:44; Ex. 17:6), porque aquella piedra de que se decía esto tipificaba ciertamente a Cristo.

Por tanto, la gloria de la casa de este Nuevo Testamento supera a la gloria del Viejo Testamento, y aparecerá tal en el día de la dedicación; porque entonces "vendrá el Deseado de las naciones" (Hag. 2:7), como se lee en el hebreo. Su primera venida aún no era deseada por todas las gentes, ya que no conocían al que debían desear, pues todavía no habían creído en Él.

Entonces, también según los Setenta (porque también su sentido es profético), "vendrán los que ha escogido el Señor en todas las naciones", ya que no vendrán sino los elegidos, de los cuales dijo el apóstol: "Nos eligió en Él antes de la creación del mundo" (Ef. 1:4). En realidad, el mismo arquitecto que dijo: "Muchos son los llamados y pocos los escogidos" (Mt. 22:14), había de mostrar la casa edificada con estos elegidos, sin temor a ruina alguna venidera, no con aquellos que acudieron a la llamada, pero para ser arrojados del convite. Al presente, cuando llenan las iglesias los que serán separados en la era por el bieldo, no aparece tan grande la gloria de esta casa, como aparecerá entonces cuando uno esté donde ha de estar para siempre.

49. La era evangélica

En este siglo perverso, en estos días calamitosos, en que la Iglesia conquista su exaltación futura por medio de la humildad presente, y es adoctrinada con el aguijón del temor, el tormento del dolor, las molestias de los trabajos y los peligros de las tentaciones, teniendo en la esperanza su único consuelo, si acierta a dar con el consuelo auténtico, se encuentran muchos réprobos mezclados con los buenos, y ambos se encuentran reunidos por la red evangélica[53]; y en este mundo, como en el mar, nadan encerrados sin discriminación en las redes hasta llegar a la orilla, donde los malos serán separados de los buenos, y en los buenos como en su templo sea Dios todo en todos (1ª Cor. 15:28). Entonces conocemos que se cumple la palabra del salmo que dice: "Has aumentado tú, oh Señor Dios mío, tus maravillas; y tus pensamientos para con nosotros, no te los podremos contar" (Sal. 40:5). Esto se cumple ahora, desde que comenzó por la boca de su precursor, Juan, y continuó anunciando por su propia boca: "Arrepentíos, que el reino de los cielos se ha acercado" (Mt. 3:2).

Escogió discípulos a quienes llamó apóstoles (Lc. 6:13); de humilde nacimiento, desconocidos, sin letras, a fin de que, cuando llegaran a ser grandes o hicieran algo grande, lo fuera y lo hiciera Él en ellos. Tuvo uno entre ellos, de quien siendo malo se sirvió para el bien, a fin de poder cumplir el propósito de su pasión y proporcionar a su Iglesia un ejemplo de cómo había de tolerar a los malos. Después de sembrar, en cuanto era preciso con su presencia corporal, la semilla del santo Evangelio, padeció, murió y resucitó, demostrando con su pasión lo que debemos soportar por la verdad, y con su resurrección lo que hemos de esperar en la eternidad, aparte del profundo misterio de su sangre, que fue derramada para remisión de los pecados.

---

53. Cf. Mt. 13:47-50.

Pasó con sus discípulos cuarenta días en la tierra, y ante su vista subió al cielo, enviando a los diez días el Espíritu Santo que había prometido. Su venida sobre los que habían creído en Él tuvo un signo extraordinario y muy necesario entonces: que cada uno de ellos hablara en las lenguas de todos los gentiles; significando de esta manera la unidad de la Iglesia católica que había de extenderse por todas las gentes y hablar en todas las lenguas.

50. Predicación del Evangelio y sufrimiento de sus predicadores

Luego se cumplió aquella profecía: "De Sión saldrá la ley, y de Jerusalén la palabra del Señor" (Is. 2:3), y según los anuncios de Cristo el Señor, cuando, después de la resurrección, ante la admiración de sus discípulos les abrió el entendimiento para que comprendieran las Escrituras, añadió: "Así estaba escrito: El Mesías padecerá, resucitará al tercer día, y en su nombre se predicará el arrepentimiento y el perdón de los pecados a todos los pueblos, comenzando por Jerusalén" (Lc. 24:45-47); y también cuando de nuevo les respondió al preguntarle sobre su última venida: "No os toca a vosotros conocer los tiempos v las fechas que el Padre ha reservado a su autoridad. Pero recibiréis poder, el Espíritu Santo, que descenderá sobre vosotros, para ser testigos míos en Jerusalén, en toda Judea, en Samaria y hasta los confines de la tierra" (Hch. 1:7-8). Según todos estos anuncios, la Iglesia comenzó a difundirse por Jerusalén, y habiendo recibido la fe muchos en Judea y Samaria, se propagó a otros pueblos, anunciándoles el Evangelio aquellos que, como antorchas encendidas, había Él preparado con su palabra y había encendido con el Espíritu Santo. Les había dicho: "No tengáis miedo a los que matan el cuerpo, pero no pueden matar el alma" (Mt. 10:28). Y para que no se paralizaran por el miedo, fueron abrasados en el fuego de la caridad.

Finalmente, no sólo por medio de los que habían visto v oído antes de su pasión y después de su resurrección, sino también después de la muerte de éstos, por medio de los que les sucedieron, entre las horrendas persecuciones y género de muerte de los mártires, fue predicado en todo el orbe de la tierra el Evangelio, confirmándolo Dios con maravillas y portentos, con toda clase de virtudes y dones del Espíritu Santo[54]. De esta manera, creyendo los pueblos gentiles en el que había sido crucificado para su redención, venerarían con amor cristiano la sangre de los

---

54. Cf. Heb. 2:4.

mártires, que ellos habían derramado con diabólico furor; y los mismos reyes, que con sus leyes asolaban a la Iglesia, se someterían para su bien a este nombre, que habían intentado suprimir cruelmente de la tierra, y comenzarían a perseguir los dioses falsos, por cuya instigación habían perseguido antes a los adoradores del verdadero Dios.

51. La diversidad de las herejías fortalece la verdad de la Iglesia

1. Pero el diablo, viendo cómo eran abandonados los templos de los dioses y cómo el género humano acudía al nombre del Mediador liberador, puso en movimiento a los herejes para que bajo el nombre de cristianos se opusieran a la enseñanza cristiana; como si pudieran albergarse tranquilamente y sin recriminación en la ciudad de Dios, a la manera que la ciudad de la confusión albergó en su seno pasivamente a filósofos de opiniones diversas y opuestas. Dentro de la Iglesia de Cristo, cuantos mantienen doctrinas malsanas y perversas, si son corregidos para que enderecen sus doctrinas y se resisten contumazmente y se niegan a enmendar sus mortíferos dogmas, persistiendo en la defensa de los mismos, llegan a ser herejes; se salen del redil y son considerados como enemigos que sirven a su disciplina.

Pero incluso así son útiles con su mal a los miembros de Cristo verdaderamente católicos, ya que Dios usa bien hasta de los males, y "todo coopera al bien de los que le aman" (Ro. 8:28). Pues todos los enemigos de la Iglesia, cegados por cualquier error y depravados por cualquier clase de malicia, si tienen el poder de molestar corporalmente, ponen a prueba la paciencia de la misma; si solamente le son contrarios con su depravada doctrina, ponen a prueba su sabiduría; y como han de ser amados como enemigos, ejercitan su caridad o también su beneficencia, ya se les trate con la persuasión de la doctrina, ya con el temor de la disciplina.

De esta manera, ni el diablo, príncipe de la ciudad impía, tiene licencia para perjudicar a la ciudad de Dios por mucho que trate de suscitar sus ejércitos contra ella mientras vive peregrina en este mundo. Ella, sin duda, está protegida por la divina Providencia con el consuelo en la prosperidad, a fin de que no se deje vencer de la adversidad, y con el ejercicio en la adversidad, para que la prosperidad no la corrompa. De esta manera, uno y otro extremo se contrapesan mutuamente. Es preciso reconocer que a esto se encaminan las palabras del salmo: "A proporción de los muchos males que atormentaron mi corazón, tus consuelos han llenado de alegría mi alma" (Sal. 94:19)[55]. A esto mismo se refiere aquello del apóstol: "Alegres en la esperanza y sufridos en la tribulación" (Ro. 12:12).

2. Asimismo lo que dice el mismo maestro de los gentiles: "Todos los que quieren vivir píamente en Cristo Jesús, padecerán persecución" (2ª Tim. 3:12)., no se puede pensar deje de cumplirse en tiempo alguno. En efecto, puede parecer, y en realidad ocurre, que exista tranquilidad por parte de los perseguidores de fuera, y esto produce mucho consuelo, sobre todo a los débiles; pero no faltan, más bien hay muchos dentro, que atormentan con sus desastrosas costumbres los corazones de los que viven religiosamente; porque a causa de ellos es blasfemado el nombre de cristiano y de católico, que cuanto más estiman los que quieren vivir piadosamente en Cristo, tanto más se lamentan de que por la presencia de los malos en la Iglesia se ame a Cristo menos de lo que desea el corazón de los hombres religiosos.

Esos mismos herejes, aun teniendo el nombre y los sacramentos cristianos, sus Escrituras y su profesión, causan también un gran dolor en los corazones de los hombres religiosos, ya que muchos que quieren hacerse cristianos se ven perplejos ante las disensiones que ellos provocan, y muchos maldicientes encuentran en ellos materia para blasfemar del nombre cristiano, puesto que con este nombre se presentan aquéllos. De esta manera, los que quieren vivir piadosamente en Cristo, sin que haya nadie que los ataque o maltrate en su cuerpo, tienen que sufrir la persecución de los hombres a causa de esos herejes y de sus costumbres y errores detestables. Soportan ciertamente esta persecución, no en sus cuerpos, sino en sus corazones. A esto aluden aquellas palabras: "A proporción de los muchos males que atormentaron mi corazón" (Sal. 94:19), no dice: "mi cuerpo". Por otra parte, como las promesas divinas son inmutables, y como dice el apóstol: "El Señor conoce a los suyos" (2ª Tim. 2:19), "porque a los que antes conoció, también predestinó para que fuesen hechos conformes a la imagen de su Hijo" (Ro. 8:29), no puede perecer ninguno de ellos. "De ahí que continúa el salmo: Tus consuelos han llenado de alegría mi alma". Cierto que ese mismo dolor causado en el corazón de los piadosos, perseguidos por las costumbres de los cristianos malos o falsos, les es provechoso a los que lo sufren, ya que procede de la caridad, que no quiere se pierdan ellos ni impidan la salvación de los otros.

Por otra parte, existen grandes consuelos por las conversiones de ellos; derraman ellas la alegría en las almas de los piadosos, cual fuera el dolor con que por su perdición los atormentaron. De esta manera, peregrinando

---

55. "En la multitud de mis pensamientos dentro de mí, tus consolaciones alegraban mi alma" (RV).

entre las persecuciones del mundo y los consuelos de Dios, avanza la Iglesia por este mundo en estos días malos, no sólo desde el tiempo de la presencia corporal de Cristo y sus apóstoles, sino desde el mismo Abel, primer justo a quien mató su impío hermano[56], y hasta el fin de este mundo.

52. Número de persecuciones habidas

1. Todo esto me hace pensar y afirmar sin temeridad que no debe admitirse lo que les ha parecido y les parece a algunos: que la Iglesia no ha de sufrir ya más persecuciones hasta el tiempo del anticristo; que las que ha padecido, esto es, diez, y que la undécima y última será la que procede del anticristo. Se cuenta como primera la llevada a cabo por Nerón, la segunda la de Domiciano, la tercera la de Trajano, la cuarta la de Antonino, la quinta la de Severo, la sexta la de Maximino, la séptima la de Decio, la octava la de Valeriano, la novena la de Aureliano, la décima la de Diocleciano y Maximiano. Porque así como hubo diez plagas en Egipto antes de comenzar el éxodo del pueblo, piensan que deben entenderse como mostrando que la última persecución del anticristo será como la undécima plaga, cuando los egipcios que perseguían obstinadamente a los hebreos perecieron en el mar Rojo, mientras que el pueblo de Dios pasaba por tierra seca. Yo no pienso que estas persecuciones estén significadas proféticamente en lo que sucedió en Egipto, por más que quienes defienden esto parece que descubren con habilidad e ingenio cada una de las persecuciones representadas en cada una de las plagas, pero no lo han hecho alumbrados por el Espíritu, sino apoyados en conjeturas de la mente humana, que a veces ha llegado al verdadero sentido y otras se ha equivocado.

2. Pero, ¿qué pueden decir quienes piensan esto de la persecución en que fue crucificado el mismo Señor? ¿Qué número le asignarán? Si quieren exceptuar a ésta y que se cuenten sólo las que se refieren al cuerpo [de la Iglesia], no aquella en que fue atacada y muerta la misma cabeza, ¿qué dirán de la que tuvo lugar en Jerusalén después de la ascensión de Cristo a los cielos, en que fue apedreado Esteban y muerto al filo de la espada Santiago, el hermano de Juan, en que encarcelaron a Pedro para matarle y fue liberado por un ángel, en que fueron puestos en fuga y dispersados los hermanos, en que Saulo, llamado después el apóstol Pablo., devastaba la Iglesia; aquella en que él mismo, evangelizando ya la fe que perseguía, tuvo que soportar lo mismo que perseguía, cuando predicaba con tal vehemencia a Cristo por Judea, por las otras gentes, por todas

---

56. Cf. 1ª John 3:12.

partes? Según esto, ¿por qué les parece debe comenzarse por Nerón, si la Iglesia había llegado creciendo hasta los tiempos de Nerón en medio de las persecuciones más atroces, que sería muy largo de contar en toda su extensión? Y si piensan que deben contarse en el número de las persecuciones las hechas por los reyes, el rey Herodes fue quien desencadenó una durísima después de la ascensión del Señor.

Por otra parte, ¿qué responden sobre la persecución de Juliano, a quien no cuentan entre los diez? ¿No persiguió él también a la Iglesia, con la prohibición intimada a los cristianos de no enseñar ni aprender las artes liberales? Bajo su imperio, Valentiniano el Mayor, que fue tercer emperador después de él, fue un confesor de la fe cristiana, y privado por ello del reino. Y paso por alto lo que había comenzado a realizar en Antioquía si no le hubiera causado terror y admiración la libertad y alegría con que en medio de los tormentos de los garfios cantaba un joven de gran piedad y constancia, uno de entre muchos apresados para someterlos al tormento y que fue el primero en sufrirlo durante un día entero. Ante ese espectáculo se sintió presa del temor de verse más avergonzado aún ante los demás.

Finalmente, todavía en nuestro tiempo, el arriano Valente, hermano del citado Valentiniano, ¿no devastó la Iglesia católica con una gran persecución en el Oriente? Y ¿qué significa no considerar que la Iglesia, extendida y floreciente por todo el mundo, puede ser perseguida por los reyes en una nación sin que lo sea en otras? Quizá alguien diga que no debe contarse como persecución la del rey de los godos, dirigida en la misma Gotia[57], contra los cristianos con sorprendente crueldad, muchos de los cuales fueron coronados con el martirio, según hemos oído a algunos hermanos que recuerdan haberlo visto, pues eran niños entonces. ¿Qué pasa ahora en Pesia? ¿No es verdad que hirvió (si es que ya amainó) una persecución tal contra los cristianos que algunos, huyendo de allí, han venido a parar a las ciudades romanas? Cuando pienso en estas y otras cosas por el estilo, me parece que no debe determinarse el número de persecuciones que han de ejercitar a la Iglesia. Pero, por otro lado, no sería menor temeridad asegurar algunas otras, a excepción de la última, de la que no duda ningún cristiano. Dejamos, pues, la cuestión en suspenso, sin apoyar ni rebatir ninguna de estas opiniones, sino simplemente retrayéndonos de la audaz presunción de afirmar una de ellas.

---

57. Norte de Europa, que comprendía Suecia, Noruega, el Báltico, el Cattegat y el Sund, región hoy conocida por Ghotlaand.

53. El tiempo oculto de la última persecución

1. Ciertamente la última persecución promovida por el anticristo cesará con la presencia de Cristo, como está escrito: "Con el espíritu de sus labios matará al impío... Por la presencia del Señor, y por la gloria de su potencia" (Is. 11:4; 2ª Ts. 1:9). Es costumbre preguntar cuando sucederá esto. Pero es bastante inoportuno, porque si hubiera sido útil saberlo, ¿quién mejor que el Maestro divino pudo dar respuesta a sus discípulos? Ellos, en vez de callar, le presentaron la cuestión en estos términos: "Señor, ¿restituirás el reino á Israel en este tiempo? Y les dijo: No toca a vosotros saber los tiempos o las sazones que el Padre puso en su sola potestad" (Hch. 1:6.7). Verdad es que no le preguntaron el día, la hora o el año, sino el tiempo, y él les dio esa respuesta. Es vano nos afanamos, pues, en determinar los años que restan hasta el fin del mundo, pues que oímos de su boca de la Verdad que no nos toca a nosotros saberlo. Sin embargo, unos cuentas cuatrocientos, otros quinientos, otros mil años desde la ascensión del Señor hasta la última venida. Decir en qué funda cada uno su opinión sería largo e innecesario. Baste saber que se basan en conjeturas humanas, sin aportar nada cierto de la autoridad de las Escrituras canónicas, sino que en este tema el Señor descompone los dedos de los calculadores y les ordena guardar silencio y dice: "No os toca a vosotros conocer los tiempos que el Padre ha reservado a su poder".

2. Pero como esto es una sentencia evangélica, nada tiene de particular que quienes rinden culto a muchos y falsos dioses, no se sientan impedidos por ella para, ateniéndose a la respuesta de los demonios, que honran como dioses, asegurar el tiempo que había de permanecer la religión cristiana. Pues viendo que no habían podido destruirla persecuciones tan grandes, antes había cobrado con ellas admirable incremento, se imaginaron no sé qué versos griegos, como inspirados por un oráculo divino a alguien que le consultaba, en que ciertamente consideraban a Cristo inocente de esta especie de crimen sacrílego, añadiendo, en cambio, que Pedro consiguió con maleficios que fuera honrado el nombre de Cristo durante trescientos sesenta y cinco años, y completado este número, tendría su fin sin dilación[58].

¡Oh mentes de hombres sabios! ¡Oh ingenios eruditos capaces de creer semejantes patrañas de Cristo! Vosotros, que no queréis creer en Cristo, puesto que su discípulo Pedro, según vosotros, no aprendió de Él

---

58. Baronio refiere esta leyenda al año 313, precisamente el año del edicto constantiniano de tolerancia del cristianismo. La magia estaba condenada por las leyes del imperio, los culpables de hechicería eran severamente castigados como perturbadores del pueblo.

las artes mágicas, sino que, siendo inocente, fue como su hechicero, y con sus artes mágicas, con sus trabajos y sus peligros, finalmente hasta con el derramamiento de su sangre, prefirió fuera amado el nombre de aquél más que el suyo. Si Pedro consiguió con sus artes mágicas que el mundo amara de esta manera a Cristo, ¿qué hizo el inocente Cristo para que así llegara a amarle Pedro? Contéstense a sí mismos, pues, si pueden; comprendan que aquella gracia suprema fue la que consiguió que el mundo amara a Cristo por la vida eterna, y que esa gracia hizo que Pedro lo amara por la vida eterna, que había de recibir de Él hasta soportar por Él la muerte temporal.

Por otra parte, ¿qué clase de dioses son estos que pueden predecir tales cosas y no pueden alejarlas, sucumbiendo a un solo encantador y a un solo crimen mágico, por el cual, como dicen, un niño de un año fue muerto[59], descuartizado y sepultado con rito nefasto, y sucumbiendo de suerte que permitiesen que una secta contraria así se haya fortalecido durante tanto tiempo, haya superado, no resistiendo, sino soportando las horrendas crueldades de tantas y tan importantes persecuciones, y haya llegado a la destrucción de sus ídolos, de sus templos, de sus lugares sagrados, de sus oráculos? ¿Qué dios finalmente es, no nuestro, sino suyo, el que ha sido atraído o impulsado por crimen tan grande a realizar estas cosas? Porque no es a un demonio, sino a un dios, a quien atribuyen esos versos en que se acusa a Pedro de haber impuesto esa fe con su arte mágica. ¡Buen dios tienen los que no tienen a Cristo!

54. Absurdo de la ficción pagana sobre la duración del cristianismo

1. Recogería estas y otras historias semejantes si no hubiera pasado aún el año prometido por la fingida adivinación y creído por la burlada vanidad. Pero habiéndose completado hace algunos años ya los trescientos sesenta y cinco desde que fue instituido el culto del nombre de Cristo por su presencia en la carne y por medio de sus apóstoles, ¿qué otro argumento hemos de buscar para refutar tamaña falsedad? Aún sin poner el comienzo de este culto en el nacimiento de Cristo, ya que de infante y de niño no tenía discípulos; sin embargo, cuando comenzó a tenerlos, se

---

59. La acusación del asesinato ritual de niños es una constante en los motivos del perseguidor. Se esgrimió contra los cristianos, como éstos, a su vez, contra herejes y judíos. Por ejemplo, el mismo Agustín, en su libro *De haeresibus* 26,27, dice que los herejes conocidos con el nombre de catafrigios y pepucianos acostumbraban matar un niño pequeño y lo prensaban bien, formando de este modo el cuerpo y la sangre para la Eucaristía, que tiene todos los tintes de una burda calumnia.

dio a conocer, sin duda, la doctrina y religión cristiana por su presencia corporal, lo cual tuvo lugar después de su bautismo en el río Jordán por el ministerio de Juan. Y por ello se había anticipado a propósito de él aquella profecía: "Dominará de mar á mar, y desde el río hasta los cabos de la tierra" (Sal. 72:8).

Pero antes de su pasión y resurrección de entre los muertos no había sido anunciada la fe aún a todos, ya que lo fue en la resurrección de Cristo —así lo dice el apóstol Pablo dirigiéndose a los atenienses: "Manda ahora a todos los hombres en todas partes que se arrepientan, porque tienen señalado un día en que juzgará el universo con justicia por medio del hombre que ha designado, y ha dado a todos garantía de esto resucitándolo de la muerte" (Hch. 17:30-31)—. Por eso, para resolver esta cuestión tomamos como punto de partida la resurrección, principalmente porque entonces se dio también el Espíritu Santo, como convenía fuera dado después de la resurrección de Cristo en aquella ciudad, desde la que debió comenzar la segunda ley, es decir, el Nuevo Testamento. La primera tuvo lugar en el monte Sinaí por medio de Moisés, y se llama Antiguo Testamento. De ésta, que había de ser dada por medio de Cristo, se anunció: "De Sión saldrá la ley; de Jerusalén, la palabra del Señor" (Is. 2:3). De ahí que él mismo dijo que era preciso predicar el arrepentimiento en su nombre a través de todas las gentes, pero comenzando por Jerusalén (Lc. 24:47).

Allí, pues, tuvo su origen el culto de este nombre, es decir, la fe en Cristo Jesús, que había sido crucificado y había resucitado. Allí comenzó a brillar ésta con tan vivos fulgores que varios miles de hombres convertidos con prontitud admirable al nombre de Cristo, vendido lo que tenían para distribuirlo entre los pobres, llegaron en su propósito santo y caridad ardiente a la pobreza voluntaria, y ante el bramido y sed de sangre de los judíos se preparaban para luchar por la verdad hasta la muerte, no con el poder de las armas, sino con la paciencia, que es más poderosa. Si esto no se realizó con mágico artificio, ¿por qué dudan en creer que esto puede realizarse por todo el mundo con el mismo divino poder con que se realizó aquí?

Pero si se supone que fue el maleficio de Pedro el que consiguió que se enardeciera de tal manera tan gran multitud de hombres que había de dar culto al nombre de Cristo en Jerusalén, donde le habían clavado en la cruz y se habían mofado de él viéndole allí fijado, habrá que investigar cuándo se cumplieron los trescientos sesenta y cinco años, contando desde esa fecha

Ahora bien, Cristo murió bajo el consulado de los dos Géminos, el 25 de marzo[60]. Resucitó al tercer día, como lo experimentaron los apóstoles con sus propios sentidos. Luego, a los cuarenta días subió al cielo, y después de diez, es decir, al quincuagésimo de su resurrección, envió al Espíritu Santo. Entonces, ante la predicación de los apóstoles creyeron en él tres mil hombres. De manera que el culto de aquel hombre que entonces comenzó, como nosotros confesamos y es la verdad, bajo el impulso eficaz del Espíritu Santo, o como lo fingió o pensó la necia impiedad, atribuyéndolo a los maleficios mágicos de Pedro.

También poco después tuvo lugar aquel milagro de saltar sano y salvo con la palabra del mismo Pedro cierto mendigo cojo desde el seno de su madre, que era llevado por otros y colocado a la puerta del templo para pedir limosna. Ante este hecho fueron cinco mil los que creyeron; y luego, con sucesivas adhesiones, se fue incrementando la comunidad de los creyentes. Y por eso se viene a conocimiento del día en que comenzó este primer año, es decir, cuando fue enviado el Espíritu Santo, o sea, el 15 de mayo. Por consiguiente, según el cálculo de los cónsules, los trescientos sesenta y cinco años se ven cumplidos por el mismo 15 de mayo en el consulado de Honorio y Eutiquiano. Pero en el año siguiente, siendo cónsul Malio Teodoro, cuando, según aquel oráculo de los demonios o invento de los hombres, ya no debió existir la religión cristiana, no fue necesario investigar lo que quizá tuvo lugar por otras regiones de la tierra. Sí sabemos que en nuestra famosísima y tan sobresaliente Cartago de Africa, Gaudencio y Jovio, lugartenientes del emperador Honorio, el día 19 de marzo destruyeron los templos de los dioses falsos e hicieron pedazos sus imágenes. Y desde entonces hasta el presente, en un espacio de casi treinta años, ¿quién no echa de ver cómo se ha aumentado el culto del nombre de Cristo, sobre todo desde que se hicieron cristianos muchos de aquellos que eran apartados de la fe por la que parecía verdadera profecía, que luego vieron vacía y ridícula al cumplirse aquel número de años?

Nosotros, pues, que somos y nos llamamos cristianos, no creemos en Pedro, sino en el mismo que creyó Pedro: edificados por los sermones de Pedro sobre Cristo, no envenenados por sus encantamientos; no engañados por sus maleficios, sino ayudados por sus beneficios. El mismo Cristo, maestro de Pedro, es también nuestro maestro en la doctrina que lleva a la vida eterna.

---

60. Esta es la fecha dada por Tertuliano y Lactancio, sobre la que discrepan los historiadores modernos.

2. Pero terminemos ya este libro, después de haber explicado y tratado de demostrar, cuanto nos ha parecido suficiente, cuál es el desarrollo, en esta vida mortal, de las dos ciudades, la celeste y la terrena, mezcladas desde el principio hasta el fin. La terrena se fabricó dioses falsos a su gusto, tomándolos de donde sea, y aun de entre los hombres, para honrarlos con sus sacrificios; en cambio, la celeste, que peregrina en la tierra, no se fabrica dioses falsos, sino que ha sido hecha por Dios para ser ella misma un verdadero sacrificio. Las dos, sin embargo, disfrutan igualmente de los bienes temporales, o igualmente son afligidas por los males, ciertamente con fe diversa, con diversa esperanza, con caridad diversa, hasta que sean separadas en el último juicio y consiga cada una su propio fin, que no tendrá fin. De los fines de ambas ciudades vamos a tratar a continuación.

Libro XIX

1. Diversas teorías sobre el bien supremo

1. Ya que me veo en la precisión de tratar el destino de las dos ciudades, la terrena y la celestial, primero debo exponer, dentro de los límites de la presente obra, qué argumentos han elaborado los hombres que han intentado hacer feliz esta vida infeliz, para que sea evidente, no sólo por la autoridad divina, sino también por argumentos racionales, con vistas a los infieles, la gran diferencia que hay entra las vanidades de los filósofos y la esperanza, que nos ha dado Dios, y la realidad, es decir, la felicidad auténtica que nos dará.

Los filósofos han entrado en discusión entre sí muy ampliamente, y de diversas maneras, acerca de los bienes y males supremos bienes y males. Problema éste sobre el que han centrado la máxima atención, empeñándose en encontrar la fuente de la felicidad humana. Porque nuestro último bien es aquello por lo que deben desearse todos los demás bienes, y él por sí mismo. Y el último mal es aquello por lo que deben evitarse todos les demás males, y él por sí mismo. Llamamos ahora bien final o supremo no a algo que se va consumiendo hasta desaparecer, sino algo que se va perfeccionando hasta su plenitud. Asimismo, por mal final o supremo entendemos no algo por lo que el mal desaparece, sino aquello por lo que consuma su daño. He aquí, pues, el sumo bien y el sumo mal.

Mucho se han esforzado, como he dicho arriba, por dar con ellos los que hacen profesión de estudiosos de la vana sabiduría de este mundo, con el fin de lograr el uno y evitar el otro. Pero aunque los límites de su naturaleza han dado lugar a numerosos errores, nos lo han apartado tanto del camino de la verdad como para no poner la cumbre de los bienes y males en el espíritu unos, en el cuerpo otros, y algunos en ambos. De esta especie de triple división general de opiniones, Marco Varrón, en su libro sobre *La filosofía* llega a descubrir, tras un análisis minucioso y sutil, tal variedad de sentencias, que con suma facilidad enumera hasta doscientas ochenta y ocho sectas, no como ya existentes, sino como posibles, con sólo añadirles algunas diferencias

2. Quisiera resumir brevemente todo esto. Para ello es preciso partir del principio que él señala en su libro: hay cuatro cosas a las que el

hombre tiende como impulsado por una natural apetencia, sin necesidad de maestro, sin ayuda de doctrinas, sin habilidad especial o arte de vivir, llamada virtud, y que, por supuesto, se llega a adquirir. Estas cosas son: o bien el placer, que hace agradable el ejercicio de los sentidos corporales, o bien la tranquilidad, por la que se logra la ausencia de toda molestia corporal; o bien ambos a la vez, designados por Epicuro con el único nombre de placer; o bien, de una forma general, los principios básicos de la naturaleza, que comprenden estas y otras cosas, tanto en el cuerpo (por ejemplo, la integridad de los miembros, su salud y su perfección), como en el espíritu (por ejemplo, las dotes, grandes o pequeñas, de ingenio humano) .

Estas cuatro cosas, el placer, la tranquilidad, ambas a la vez, y los principios básicos de nuestra naturaleza, se hallan en nosotros de tal forma que la virtud, inculcada más tarde por diversas doctrinas, se ha de buscar por ellas, o bien ellas por la virtud, o bien una y otras por sí mismas. Así es como ya tenemos doce sectas, multiplicando cada una de las cuatro por este razonamiento. Demostrándolo en una de ellas no será difícil hacerlo en las demás.

Puesto que el placer corporal está o sometido a la virtud del espíritu, o dominándola, o asociado a ella, se triplica la variedad de sectas. El placer se somete a la virtud cuando se pone a su disposición. Por ejemplo, es propio de la virtud el vivir para la patria, y por ella engendrar hijos: cosas ambas que llevan inherentes el placer corporal. En efecto, el alimento y la bebida, necesarios para la vida, no se toman sin placer. Dígase lo mismo del coito, con vistas a la generación.

En cambio, cuando el placer ejerce dominio sobre la virtud, se busca por sí mismo, y ésta se ejercita por él, de forma que la virtud nada realiza si no es para el logro o la conservación del placer corporal. Horrible vida ésta, por cierto, donde la virtud se esclaviza a su tirano, el placer. En rigor ya no hay razón alguna para llamarla virtud. Con todo, hay algunos filósofos que se erigen en portavoces y defensores de tan horrenda monstruosidad

El placer se alía con la virtud cuando se va en busca no de uno por la otra, o viceversa, sino de ambos por si mismos. De ahí que pudiendo estar sometido, mandar o aliarse con la virtud, constituye tres tendencias filosóficas distintas. Y así la tranquilidad, ésta y el placer juntamente, y los principios básicos de la naturaleza, vuelven a triplicarse. De hecho hay opiniones humanas para todos los gustos: unas veces quedan sometidas a la virtud; otras se los erige en sus dueños, y otras se los coloca en paridad con ella. Tenemos, pues, otro grupo de doce teorías.

A su vez este número queda duplicado si le añadimos una diferencia: el aspecto social de la vida. Uno puede adherirse a alguno de estos doce sistemas de una forma personal y espontánea, o movido también por otra persona ligada a él, y con quien debe compartir sus deseos. Habrá pues, doce clases por su propio interés, y otros doce que razonan así en interés de filósofos que defienden una teoría de tal o cual tendencia del grupo, cuyas aspiraciones hacia el bien comparten como propias.

De igual modo estas veinticuatro tendencias se pueden duplicar si les añadimos la diferencia propia de los nuevos académicos: uno puede defenderla como cierta, al estilo de los estoicos, que sostenían como único bien —causa de la humana felicidad— la virtud del espíritu. O bien puede admitirla como incierta y sólo probable, al estilo de los neoacadémicos, para quienes no existe la certeza, sino únicamente la probabilidad. Y con esto tenemos ya cuarenta y ocho sistemas: veinticuatro integrados por los partidarios de la certeza de su doctrina como camino hacia la verdad, y otros veinticuatro por quienes sostienen la incertidumbre, con vistas, no obstante, a una probabilidad.

Pero hay más posibilidades: se pueden abrazar cada uno de estos sistemas siguiendo el estilo de vida de los cínicos, y el del resto de los filósofos, con lo cual tendríamos el doble de posibles sectas filosóficas: noventa y seis. Añadamos un nuevo aspecto: ser partidario de cada secta desde un triple punto de vista: o bien con marcada preferencia por el ocio intelectual, al estilo de aquellos que pudieron realizar sus deseos de total dedicación al estudio de la filosofía; o bien en el marco de una vida activa, al estilo de quienes han simultaneado la filosofía con los muchos quehaceres de la administración del Estado y la dirección de empresas; o, finalmente, sabiendo conjugar ambos aspectos, como aquellos que alternaban el estudio con los inevitables negocios. Estas tres diferencias triplicarían el número de sectas filosóficas, llegando así a doscientas ochenta y ocho.

3. Este es en mis propias palabras el pensamiento de Varrón en su obra citada, lo más clara y brevemente que he podido. Sigue un largo proceso para elegir una sentencia, después de refutar las restantes. La sentencia elegida, según él, es la de la Vieja Academia, a partir de su fundación por Platón, hasta Polemón, el cuarto maestro de esa escuela de filosofía, que mantuvieron su sistema como cierto. He aquí el lo que los distingue de la Nueva Academia[1] que tuvo su origen en Arcesilao, sucesor de Polemón, para quienes todo es incierto. Sería muy largo de exponer cómo Varrón cree que este sistema, es decir, la Vieja Academia,

---

1. Llamada frecuentemente Academia Media, la Nueva comenzó con Carneade.

está libre lo mismo de toda duda, que de todo error. No obstante, creo que debo exponer algún aspecto.

Comienza Varrón por eliminar todas las diferencias que multiplican el número de sectas. Y la razón, según él, estriba en que no hay diferencias sobre el bien supremo. No podemos decir —opina— que exista un sistema filosófico distinto de los demás cuando no tiene una concepción diversa de los bienes supremos y de los supremos males. No existe, en realidad, razón alguna para filosofar más que para ser feliz; y ño que le hace feliz, eso es el bien último. En otras palabras, el bien supremo es la razón de filosofar y, por tanto, no se puede llamar secta filosófica lo que no persigue un camino propio hacia el bien supremo.

Así, cuando se pregunta si el sabio debe adoptar la vida social, de modo que el bien supremo, que hace feliz al hombre, lo desee y lo investigue para el amigo como si se tratara del suyo, o simplemente se limita a obrar buscando su propia felicidad, esto no entra en el campo del supremo bien. Se trata únicamente de buscar o no buscar compañero en la participación de este bien, no por el bien en sí mismo, sino por el amigo, con vistas a que se gocen ambos juntos, como si se tratara de uno sólo.

Igualmente, al llegar a los nuevos académicos, que tienen como base la incertidumbre radical, y preguntarnos si las tesis que hay que dilucidar han de sostenerse como ciertas, al estilo de las anteriores, no se trata tampoco de qué hay que buscar para dar con la perfección del bien, sino de la verdad intrínseca del bien mismo que se ofrece como asequible: si hay que dudar de él o no. En otras palabras: si hay que adoptar esa doctrina como verdadera, o más bien afirmar que parece verdadera, aunque sea falsa. Pues bien, a pesar de esto, ambos sistemas persiguen el mismo y único bien.

Incluso en la diferencia propuesta por las maneras y costumbres de los cínicos no se busca cuál es el bien perfecto. Se trata de si el filósofo que investiga dónde se encuentra, a su juicio, el verdadero bien, para conseguirlo, debe, en su hábito y en sus costumbres, imitar o no a los cínicos. Lo cierto es que se han dado casos de buscar un bien último diverso: unos la virtud, otros el placer. Pero como mantenían unas mismas apariencias y costumbres, se los llamaba cínicos a todos. Así, el distintivo de los cínicos, con respecto a los restantes filósofos en rigor para nada servía a la hora de elegir y mantener el bien que nos da la felicidad. Si todo eso tuviera algún valor, un mismo estilo de vida obligaría a tender hacia una misma perfección, así como diversos estilos de vivir no permitirían la tendencia hacia un mismo bien supremo.

2. Reducción de todas las sectas a tres, según Varrón

Lo mismo puede decirse sobre la elección de uno de estos tres géneros de vida: uno de ocio, no transcurrido en la indolencia, sino en la contemplación o investigación de la verdad; el otro, agitado por los quehaceres humanos, y un tercero, integrado por la combinación de ambos, el bien supremo queda fuera de discusión. En tal caso se trata únicamente de la dificultad o facilidad que estos tres géneros de vida encierran en orden al logro y conservación del bien. De hecho, en cuanto uno consigue llegar al sumo bien, éste al punto le hace feliz. En cambio, tanto en el ocio de las letras, como en el ajetreo de la vida pública, o en la mezcla de ambos, no se encuentra inmediatamente la felicidad. Muchos pueden vivir en cualquiera de estos géneros de vida y equivocarse con relación a la tendencia hacia el bien definitivo, fuente de nuestra felicidad.

Una cosa es la cuestión sobre los bienes y males definitivos, que caracteriza cada secta filosófica, y otra muy distinta la vida en sociedad, la duda de los académicos, el vestido y alimento de los cínicos, el triple género de vida: ocioso, activo o mixto. En ninguna de estas últimas está implicada la búsqueda de los bienes y males supremos. En vista de ello, Marco Varrón, una vez llegado al número de doscientas ochenta y ocho sectas —y más que podríamos añadir—, basándose en la cuádruple distinción, es decir, la vida social, los nuevos académicos, los cínicos y el triple género de vida, comienza por descartar todas aquellas que no sistematizan la búsqueda del bien supremo, y que, por tanto, ni son ni pueden llamarse sistemas. Fija luego su atención en los doce restantes sistemas que se preguntan cuál puede ser el bien del hombre para lograrlo y ser felices. De ahí, una vez demostrada la falsedad de los demás, se queda con un solo sistema. Descartando el triple género de vida, quedan eliminadas las dos terceras partes de las sectas, quedando únicamente noventa y seis. Haciendo lo mismo con la distinción nacida de los cínicos, se reducen a cuarenta y ocho. Eliminemos la distinción de los neoacadémicos, y nos quedan la mitad, veinticuatro. Descártese también la originada por la vida social y nos quedamos con doce, diferencia que había duplicado las sectas.

Nada podemos aducir en relación con estas doce para no considerarlos como sistemas filosóficos. Realmente en ellos no se investiga otra cosa que el bien y mal supremos. El descubrimiento de los bienes supremos implica por exclusión el de los males. Estas doce sectas se originan de triplicar estos cuatro conceptos, el placer, la quietud[2], la suma de ambos

_____
2. Tranquilidad o reposo.

y los principios naturales, llamados por Varrón primordiales. En efecto, cada uno de los cuatro se puede subordinar unas veces a la virtud, de forma que no se apetezcan por sí mismos, sino como al servicio de la virtud; y otras veces son preferidos a ella, dando a entender que la virtud no es necesaria por sí misma, sino por el logro o conservación de esos objetos, y a veces están unidos a ella, siendo en este caso la virtud y ellos apetecibles por sí mismos. Todas estas posibilidades triplican los cuatro conceptos anteriores, originando doce sectas.

Varrón, sin embargo, empieza por eliminar tres de los cuatro conceptos: el placer, la quietud y la unión de ambos. Y no porque los rechace, sino porque los principios primordiales de la naturaleza contienen en sí tanto el placer como la quietud. ¿Qué falta hace desdoblar estas dos realidades en tres, una cuando se busca el placer, otra cuando se busca la quietud, y una tercera cuando se buscan ambas juntas, siendo así que los principios de la naturaleza contienen en sí estos y otros muchos bienes? Así que entre estas tres sectas que quedan le parece debe averiguarse con profundidad cuál se debe elegir. La razón no nos permite tener por verdadera más que una, esté ella entre las tres o en cualquier otra parte, como luego veremos. Mientras tanto, digamos lo más breve v claramente posible cómo Varrón se decide por una de las tres sectas. Tienen lugar estas tres cuando se buscan los principios de la naturaleza por la virtud; la virtud por estos principios, y ambos, virtud y principios, por sí mismos.

3. El hombre total es un compuesto de cuerpo y alma

1. Cuál de esos tres es verdadero y debe adoptarse en lo que Varrón propone dela siguiente manera. En primer lugar, como el bien supremo no es de las plantas, ni de los animales, ni de algún dios, sino del hombre, es necesario saber qué es el hombre mismo. En su opinión, la naturaleza humana está integrada por dos elementos, el cuerpo y el alma. El mejor de los dos, con mucha diferencia, es el alma, afirma sin la menor vacilación. Pero ¿el alma sola es ya el hombre? ¿Habrá que considerara con relación al cuerpo como el jinete con relación al caballo? De hecho, el jinete no es hombre y caballo, sino sólo el hombre, aunque se le llama jinete porque dice relación con el caballo. ¿O es acaso el hombre sólo el cuerpo, con una relación parecida al alma como el recipiente con relación a la bebida? Porque recipiente no se le llama indistintamente a la copa y a la bebida en ella contenida, sino sólo a la copa, precisamente porque es apta para contenerla. ¿No será que al hombre lo constituyen no el alma sola, ni el cuerpo solo, sino ambos simultáneamente, como llamamos pareja a dos caballos uncidos? Cada uno, sea el derecho o el izquierdo, forman

parte de la pareja, sea cualquiera la relación que guardan entre sí, pero no le llamamos pareja más que a los dos conjuntamente.

De estas tres alternativas, Varrón elige la tercera, es decir, el hombre no formado por alma solamente o por cuerpo, sino por los dos componentes a la vez. Por lo tanto, el bien supremo del hombre, el que le hace feliz, debe constar de los bienes respectivos del cuerpo y del alma. Según esto, él cree que los objetos primarios de la naturaleza deben buscarse por sí mismos, y que la virtud, que es el arte de vivir, y puede ser comunicada por instrucción, es el más excelente de los bienes espirituales.

Vida, virtud y felicidad

2. Esta virtud, pues, o arte de gobernar la vida, al recibir los objetos primarios de la naturaleza, que existían independientemente de ella, y antes que cualquier instrucción o enseñanza, tiende hacia todos ellos por sí misma con este fin: deleitarse y gozar de todos ellos, de unos más, de otros menos, según sean mayores o menores, y dejando a un lado algunos menos importantes, si fuera necesario, por conseguir o mantener los de mayor importancia. Con todo, no hay bien alguno ni del alma ni del cuerpo que la virtud anteponga a sí misma. Hace un recto uso de sí y de los demás bienes que dan la felicidad al hombre. En cambio, cuando falta la virtud, los bienes, por muchos que ellos sean, no sirven para el bien de quien los posee, y, por tanto, no merecen el nombre de bienes para quien, al usarlos desordenadamente, no pueden serle útiles.

La vida del hombre, por tanto, es llamada feliz cuando participa de la virtud y de los bienes restantes del cuerpo y del alma, sin los cuales la virtud no puede subsistir. Y es llamada todavía más feliz cuando puede disfrutar de aquellos bienes, escasos o abundantes, que no son esenciales a la virtud. Pero cuando disfruta de todos los bienes, sin que le falte ninguno, ni del cuerpo ni del alma, la llamamos felicísima.

Pero no es lo mismo vida que virtud, ya que no toda vida es virtud, sino solamente la vida sabiamente regulada. Cualquier vida, es cierto, puede existir sin virtud alguna. En cambio, la virtud no puede darse sin vida alguna. Lo mismo podemos decir de la memoria y de la razón o de cualquier otra facultad humana. Existen antes de toda enseñanza. Sin embargo, no hay enseñanza posible sin ellas, y, por tanto, tampoco es posible la virtud, que, de hecho, es fruto de aprendizaje. En cambio, el saber correr bien, la belleza corporal, el disfrutar de una excelente fuerza física y otras cualidades del mismo orden pueden darse sin la virtud, y la virtud sin ellas. Pero son bienes, y como tales la virtud los estima por ella misma, según estos filósofos, sirviéndose de ellos y disfrutándolos según le es conveniente a ella.

Vida social y felicidad

3. Mirada desde ellos, la presente vida feliz es también vida en sociedad cuando se busca el bien de los amigos por el bien mismo, como si fuera propio, queriendo para los amigos lo mismo que se quiere para sí. Esta vida puede ser bajo el mismo techo, como los esposos, los hijos y quienes con ellos conviven; o también en un lugar determinado donde esté su casa, como, por ejemplo, la ciudad y los que se llaman ciudadanos; o puede ser en todo el orbe, como ocurre con las naciones, a quienes liga la sociabilidad entre sí; y también puede ser en el universo entero, lo que entendemos por cielo y tierra, como son —dicen ellos— los dioses, a quienes se complacen en hacerlos amigos del hombre sabio, y a quienes nosotros más familiarmente llamamos ángeles.

En lo que se refiere a los supremos bienes y males, dicen que no hay lugar para la duda, y es precisamente esto lo que los diferencia de la Nueva Academia. Por lo demás, el que al filosofar sobre estas supremacías del bien o del mal, que ellos mantienen como verdaderas, uno lo haga con vestido y alimentación al estilo cínico o cualquier otro, les es indiferente. En relación con el triple género de vida, el contemplativo, el activo y el mixto, muestran sus preferencias por el tercero.

Estas son las opiniones y las doctrinas de los Vieja Academia, afirma Varrón según la autoridad de Antíoco, maestro de Cicerón y suyo, aunque de Cicerón se opina haber sido estoico en más ocasiones que viejo académico. Pero ¿qué más nos da a nosotros? Lo que debemos es juzgar las cosas mismas, en lugar de tener en gran estima saber lo que ha pensado cada hombre.

4. Sentir de los cristianos sobre el bien supremo

1. Si se nos pregunta qué tiene que decir la ciudad de Dios sobre estos puntos, y, en primer lugar, cuál es su opinión sobre los supremos bienes y males, responderá que la vida eterna es el sumo bien y la muerte eterna, el sumo mal. Debemos, pues, vivir ordenadamente, de forma que consigamos aquélla y evitemos ésta. Está escrito: "El justo vivirá por fe" (Hab. 2:4; Gál. 3:11). Nosotros, de hecho, no vemos todavía nuestro bien, y por ello es necesario que lo busquemos mediante la fe. Ni tampoco la rectitud de vida nos viene de nosotros mismos, sino que a los que creen y a los que piden presta su ayuda el dador de nuestra misma fe, la cual, a su vez, nos hace creer en su ayuda.

En cuanto a quienes han pensado que los bienes y males últimos se hallan en esta vida, situando el sumo bien en el cuerpo o en el alma, o en ambos a la vez, o por decirlo más claramente, en el placer, en la virtud o en ambos juntamente; en la tranquilidad, en la virtud o en ambos a la vez; en el placer juntamente con la tranquilidad, en la virtud o en todos a la vez; en los bienes primordiales de la naturaleza, en la virtud o en ambos, todos estos, con maravillosa superficialidad, han querido ser felices en esta tierra, y alcanzar por sí mismos la felicidad. Se burla de ellos la Verdad por las palabras del profeta: "Conoce el Señor los pensamientos del hombre, que son vanidad" (Sal. 94:11); o como evidencia el testimonio del apóstol Pablo: "El Señor conoce los pensamientos de los sabios, que son vanos" (1ª Cor. 3:20).

El dolor y la infelicidad de la vida

2. ¿Y quién sería capaz de describir todas las miserias de esta vida ni siquiera con ríos de elocuencia? Ya Cicerón, en su libro *Sobre el consuelo*, con ocasión de la muerte de su hija, se explayó, como pudo, en lamentaciones de esta vida. Pero ¡qué corto se queda! Los llamados bienes primordiales de la naturaleza, ¿cuándo, dónde y cómo pueden de hecho encontrarse aquí abajo sin que estén sujetos a la incertidumbre fluctuante de la casualidad? ¿Qué dolor al acecho del placer, o preocupación al del descanso, no son una continua amenaza para el cuerpo del sabio? La amputación de algún miembro o la parálisis corporal quebrantan la integridad humana; la deformidad, la belleza; los achaques, la salud; la fatiga, la fortaleza; la pesadez o la torpeza, la agilidad. ¿Y cuál de estos males no puede abatirse sobre la carne del sabio? El equilibrio corporal v sus movimientos, cuando son elegantes y armoniosos, se cuentan también entre los bienes primordiales de la naturaleza. Pero ¿qué sucederá si una maligna enfermedad ataca con temblores los miembros? ¿Y si la espina dorsal llegara a curvarse hasta obligar al hombre a poner las manos en el suelo, como si fuera un cuadrúpedo? Toda la elegancia de movimientos y de equilibrio, toda la belleza corporal, ¿no queda echada a perder?

¿Y qué diremos de las bendiciones fundamentales del alma, el sentido y el intelecto, el primero dado para la percepción y el segundo para la comprensión de la verdad? Pero, ¿qué clase de sentido quedará en el hombre se queda sordo y ciego? ¿Y adónde irán a parar la razón y la inteligencia, dónde estarían aletargados si el hombre tiene la desgracia de volverse loco por una enfermedad? ¡Cuántas extravagancias no hacen y dicen los frenéticos, ajenas y hasta contrarias muchas veces a sus intenciones y forma de vida! Bien pensado, sea que lo imaginemos, sea que lo presenciemos, apenas somos capaces de contener las lágrimas; incluso a veces ni lo somos siquiera. ¿Y qué decir de quienes padecen los asaltos de los demonios? ¿Dónde tienen oculta o sepultada su inteligencia cuando el espíritu maligno utiliza a su gusto el cuerpo y el alma del poseso? ¿Y quién asegura que una tal desgracia no se puede cernir sobre el sabio en esta vida?

Por otra parte, ¿hasta qué punto es auténtica y total la percepción de la verdad en esta existencia carnal? Porque así leemos en ese verdadero libro de Sabiduría: "El cuerpo mortal es lastre del alma y la tienda terrestre abruma la mente pensativa" (Sab. 9:15). El impulso o deseo de acción, si es que la expresión traduce fielmente lo que los griegos entienden por ormhn y que ellos tienen entre los bienes básicos de la naturaleza, ¿no es él mismo el origen de los movimientos y actos dignos de lástima que nos horrorizan cuando llega a trastornarse el sentido y embrutecerse la razón?

Templanza y lucha de la carne contra el espíritu

3. Miremos ahora la virtud, que no cae dentro de los objetos primarios de la naturaleza, sino que se les añade más tarde a través de la educación. Ella reclama para sí el primer puesto entre los bienes del hombre, ¿y qué hace en este mundo sino una guerra sin tregua a los vicios, no los externos, sino los interiores; no los ajenos, sino más bien los propios de cada persona? Sobre todo, esa virtud que en griego se llama swfrsunh y en latín *temperantia* (templanza)[3], ¿no lucha contra las pasiones de la carne para ponerles freno, no sea que arrastren hacia alguna desgracia al espíritu que en ellas consiente? Porque no debemos imaginar que no hay vicio en nosotros, cuando el apóstol dice: "la carne codicia contra el Espíritu" (Gál. 5:17); a este vicio se opone la virtud, puesto que, como dice él mismo, "el Espíritu contra la carne, y estas cosas se oponen la una a la otra, para que no hagáis lo que quisieres". ¿Y qué queremos nosotros cuando deseamos la consumación del bien supremo sino que los deseos de la carne no sean contrarias a las del espíritu, y que desaparezca en nosotros el vicio este, contra el cual luchan los deseos del espíritu? Y como en esta vida no somos capaces de ello, por más que lo intentamos, procuremos, al menos con la ayuda de Dios, no rendir el espíritu, cediendo a los deseos carnales que están en pugna con él, ni dejarnos arrastrar conscientemente hacía la consumación del pecado. ¿Cómo vamos a creer, mientras dure esta guerra interior, que ya hemos alcanzado la felicidad, esa felicidad a la cual anhelamos llegar mediante la victoria? Imposible. ¿Quién es sabio en tan alto grado que ya no tenga absolutamente ninguna lucha con las pasiones?

---

3. Cicerón, *Tusc.* 3,8.

Prudencia, justicia, fortaleza y sus límites

4. ¿Qué diremos de la virtud llamada prudencia? ¿No consiste toda su vigilancia en discernir los bienes de los males para procurar unos y evitar los otros, de forma que no se deslice ningún error? ¿Y no está con ello evidenciando que nosotros nos hallamos en medio del mal, o que el mal se halla entre nosotros? Ella nos enseña que el mal está en caer en el pecado, consintiendo en las bajas pasiones, y el bien en no consentirlas y evitarlo. Con todo, ese mal, al que la prudencia nos enseña a resistir y cuya victoria logramos mediante la templanza, ni una ni otra virtud consigue eliminar de esta vida.

Y la justicia, cuyo cometido es dar a cada uno lo suyo —de aquí que en el mismo hombre haya un orden natural justo: el alma se somete a Dios y la carne al alma, y consecuentemente, tanto el alma como la carne a Dios—, ¿no está demostrando que esta virtud aún se encuentra penando en este trabajo más bien que descansando por haberlo terminado? El alma tanto menos está sometida a Dios, cuanto menos Dios está presente en su pensamiento. Y tanto menos la carne está sometida al alma, cuanto más lucha con sus deseos contra el espíritu. Y mientras estemos arrastrando esta debilidad, este achaque, esta peste, ¿cómo nos atreveremos a llamarnos liberados si no lo estamos todavía? ¿Cómo nos vamos a llamar bienaventurados con aquella bienaventuranza final?

Esa virtud que lleva el nombre de fortaleza es la prueba irrefutable de los males humanos al sentirse obligada a tolerarlos con la paciencia. Y esto es así por más que que participe de toda la sabiduría que se quiera. No comprendo cómo los estoicos tienen el valor de decir que éstos no son verdaderos males, aunque al mismo tiempo reconocen que si se agrandasen hasta el punto de no poder o no deber soportarlos el sabio, está obligado a suicidarse y emigrar de esta vida. En hombres como éstos, que pretenden encontrar aquí abajo el sumo bien y conseguir por sí mismos la felicidad, el orgullo ha llegado a un tal grado de aturdimiento, que el sabio según sus cánones, ese sabio que ellos describen con pinceladas de pasmosa vanidad, aunque llegue a quedarse ciego, sordo, mudo, paralítico, atormentado de dolores, cubierto, en fin, de todas las desgracias de este tipo que se puedan decir o imaginar, hasta el punto de sentirse obligado a suicidarse, todavía tienen la desfachatez de llamar feliz a una vida así. ¡Oh qué vida tan feliz que recurre a la muerte para ponerle fin!

Si es una vida feliz, continúese viviendo en ella, pero si por unos males como éstos se pretende escapar de ella, ¿cómo va a ser feliz? ¿Conque son males estos que triunfan sobre un bien que es fortaleza, y no sólo la obligan a rendirse ante ella, sino que hacen disparatar diciendo que una vida así es feliz, pero que hay que huir de ella? ¿Cómo se puede estar tan

ciegos para no ver que sí es feliz no hay por qué escapar de ella? Pero si se
ven obligados a confesar que hay que abandonarla por el peso de sus calamidades, ¿qué razón hay para no reconocer desgraciada esta vida, hu-
millando su orgullosa cerviz? Me gustaría preguntar si el célebre Catón
se suicidó por paciencia o más bien por su impaciencia. Nunca habría
hecho lo que hizo si hubiera sabido soportar pacientemente la victoria de
César. ¿Dónde está su fortaleza? Se rindió, sucumbió, fue derrotada hasta
abandonar esta vida, hasta desertar, hasta huir de ella. ¿O es que ya no
era feliz? Luego entonces era desgraciada. ¿Y cómo es que no eran males
los que convertían la vida en desgraciada y repudiable?

Esperanza de la vida futura para el cumplimiento de la felicidad.

5. Hasta los mismos que confiesan ser males estos que hemos citado,
como son los peripatéticos, como son los de la Vieja Academia, de cuya
secta Varrón se muestra defensor, hablan en términos más tolerables.
Con todo, caen en un chocante error: el creer que la vida feliz se da en
medio de todos esos males, aunque sean tan horrendos que se los debe
huir con el suicidio de quien los padece. "Males son —nos dice Varrón—
los tormentos y suplicios corporales, y tanto peores cuanto mayores puedan ser. Para liberarse de ellos se hace necesario huir de esta vida". De
qué vida, pregunto. "De esta vida —responde—, tiranizada por tantos
males". Entonces, ¿de verdad es feliz esta vida en medio de esos mismos
males que la hacen, como tú dices, repulsiva? ¿O la llamas feliz porque
tienes la posibilidad de escapar de esos males con la muerte? ¿Y qué te
parece si por una decisión divina te vieras coaccionado a permanecer
viviendo, sin posibilidad de morir ni de verte libre de tales sufrimientos?
Me imagino que al menos así tú llamarías desdichada a una tal vida.
No es precisamente feliz una vida por la posibilidad de abandonarla en
seguida. Tú mismo la llamas desgraciada si fuera interminable. Ninguna
desgracia, en realidad, nos debe parecer nula por ser breve, ni tampoco
—lo que sería aún más absurdo— precisamente por ser breve una desgracia la vamos a llamar felicidad.

¡Qué fuerza tendrán estos males que, según estos filósofos, obligan al
hombre, incluso al sabio, a privarse de aquello que le hace hombre! Dicen,
y dicen bien, que éste es, por así decirlo, el primer y más agudo grito de
la naturaleza humana: mirar por sí mismo y huir instintivamente de la
muerte; estimarse a sí mismo hasta el punto de desear con fuerte impulso
continuar siendo un viviente y apetecer la unión de su alma con su cuerpo.

¡Qué fuerza tendrán estos males que arrancan el instinto natural que
nos lleva a evitar la muerte por todos los medios, con todas nuestras fuerzas, con todos nuestros impulsos! Y lo vence de tal manera que, lo que

antes se trataba de evitar, ahora se busca y se apetece, y sí una mano ajena no se lo proporciona, el propio hombre se lo infiere a sí mismo.

¡Cuál será la fuerza de estos males, que convierten en homicida a la virtud de la fortaleza!, si es que aún podemos seguir llamando fortaleza a la que está tan rendida ya por estas desgracias, que no solamente se vuelve incapaz de custodiar por la paciencia al hombre, que tiene encomendado, para servirle de guía y protección, como virtud que es, sino que ella misma se siente constreñida a matarlo. Cierto, el sabio debe tolerar pacientemente incluso la muerte, pero venida de otra parte. Ahora bien, según estos filósofos, cuando el mismo sabio se siente en la obligación de procurarse la muerte a si mismo, es preciso confesar sin rodeos que no se trata únicamente de males: son males insoportables los que le llevan a perpetrarlo.

La vida, pues, que transcurre oprimida bajo el peso de males tan fuertes, tan agudos, o bajo la amenaza de su eventualidad, jamás la llamaríamos feliz si los hombres que así hablan, lo mismo que se rinden ante la desgracia cuando se causa la muerte, vencidos bajo el duro golpe de las calamidades, se dignasen rendirse ante la verdad, vencidos también por razones de peso, en su búsqueda de la vida feliz, y si se quitaran de la cabeza la posibilidad de disfrutar del sumo bien en esta vida mortal: aquí las mismas virtudes, que son -no lo dudamos- el tesoro más preciado y más útil del hombre en este mundo, cuanto mas eficaz protección son contra los peligros, las calamidades, los dolores, tanto son más evidentes testimonios de sus desventuras.

Si hablamos de las virtudes verdaderas —y éstas nunca las podrán tener más que aquellos que vivan una vida auténticamente religiosa— no se las dan de poderosas como para librar de toda miseria a los hombres que las poseen (no son mentirosas estas virtudes para proclamar esto); más bien procuran la felicidad de la vida humana —igual que su salvación— mediante la esperanza del siglo futuro, ella que en medio de tantas y tamañas calamidades se ve obligada a ser infeliz en este siglo. Porque, ¿cómo va a ser bienaventurada si aún no está a salvo? Por eso, Pablo, el apóstol, al referirse no ya a los hombres sin prudencia, ni paciencia, ni templanza, ni a los malvados, sino a los que llevan una vida verdaderamente religiosa, y con unas, virtudes también auténticas, dice: "En esperanza somos salvos; mas la esperanza que se ve, no es esperanza; porque lo que alguno ve, ¿a qué esperarlo? Pero si lo que no vemos esperamos, por paciencia esperamos." (Ro. 8:24-25). Somos salvos, pues, en esperanza, así como somos bienaventurados en esperanza. Lo mismo la salvación que la bienaventuranza no las poseemos como presentes, sino que las esperamos como futuras, y esto gracias a la paciencia.

Estamos en medio de males que debemos tolerar pacientemente hasta que lleguemos a los bienes aquellos donde todo será un gozo inefable, donde nada existirá que debamos ya soportar. Una tal salvación que tendrá lugar en el siglo futuro será precisamente la suprema felicidad. Y como estos filósofos no la ven, se niegan a creer en esta felicidad. Así es como intentan fabricar para sí mismos una felicidad absolutamente quimérica en esta vida sirviéndose de una virtud tanto más falseada cuanto más llena de orgullo.

5. La vida social y sus dificultades

Damos nuestra más amplia acogida a la opinión que sostiene que la vida de los sabios debe ser social. Porque ¿de dónde tomaría su origen, cómo iría desarrollándose y de qué manera conseguiría el fin que se merece esta ciudad de Dios —sobre la que trata esta obra y cuyo libro decimonoveno estamos escribiendo ahora— si la vida de los santos no fuese una vida en sociedad? Con todo, ¿quién será capaz de enumerar cuántos y cuán graves son los males de la sociedad humana, sumida en la desdicha de esta vida mortal? ¿Quién podrá calibrarlos suficientemente? Presten oídos a uno de sus cómicos que, con aprobación de todos, expresa el sentir de los hombres: "Me he casado con una mujer: ¡No hay calamidad más grande! Me han nacido los hijos: ¡Nuevas preocupaciones!"[4] ¿Y qué decir de los trapos sucios que el mismo Terencio nos saca a relucir del amor?: "Injurias, celos, enemistades, guerra hoy, paz mañana"[5]. ¿No está la vida humana llena de todo esto? ¿No sucede así con demasiada frecuencia incluso entre las amistades más firmes? ¿No es verdad que por todas partes la vida humana está llena de todas estas miserias, de injurias, celos, enemistades, de guerra, de una manera infalible? En cambio, el bien de la paz es problemático, puesto que ignoramos el corazón de aquellos con quienes la quisiéramos tener, y si hoy podemos conocerlo, mañana nos serán desconocidas sus intimidades.

¿Quiénes suelen o, al menos, deberían ser más amigos entre sí que los que conviven en una misma casa y familia? Y, sin embargo, ¿quién está allí seguro cuando con frecuencia se dan allí muchas contrariedades debidas a ocultos manejos, contrariedades tanto más amargas cuanto más dulce había sido la paz que se creía verdadera, pero que se simulaba con refinada astucia? Hasta el corazón del hombre penetra esta herida, haciéndole lanzar un gemido de dolor como el de Cicerón: "No hay insidias

---

4. Terencio, *Adelphorum*, 5,4.
5. Terencio, *Eunuch*, 1,1.

más peligrosas que las que se cubren bajo la apariencia del deber o con el título de alguna obligación amistosa. El adversario que lo es a plena luz, con un poco de cuidado lo puedes esquivar. Pero esta plaga oculta, intestina, doméstica, no solamente está ahí, sino que te echa el lazo antes de que puedas descubrirla o investigarla"[6]. Esta es la razón por la que aquella consigna, incluso divina, "los enemigos del hombre son los de su casa" (Mt. 10:36), la oímos con gran dolor de nuestro corazón.

Un hombre, aunque tuviere tal fortaleza que pudiera soportar con serenidad los ocultos manejos que contra él trama una simulada amistad, o aunque estuviera tan alerta que fuera capaz de esquivarlos con acertadas decisiones, es imposible, si él personalmente es bueno, que no sufra cruelmente por la maldad de estos hombres pérfidos cuando comprueba que eran unos perversos, tanto si lo han sido siempre y se han estado fingiendo honrados, como si se han hecho unos malvados después de haber sido buenos. Si el propio hogar, refugio universal en medio de todos estos males del humano linaje, no ofrece seguridad, ¿qué será la sociedad estatal, que cuanto más ensancha sus dominios, tanto más rebosan sus tribunales de pleitos civiles o criminales, y que aunque a veces cesen las insurrecciones y las guerras civiles, con sus turbulencias y, más frecuentemente aún, con su sangre, de cuyas eventualidades pueden verse libres de vez en cuando las ciudades, pero de su peligro jamás?

6. Error de los juicios humanos e ignorancia de los jueces

¿Qué diremos de los juicios emitidos por los hombres sobre los hombres que no pueden faltar en la vida ciudadana, por muy en paz que transcurra? ¿Qué idea nos hacemos de ellas? ¡Qué tristes, qué deplorables son!, ya que los jueces son hombres incapaces de ver la conciencia de los sometidos a juicio. Y, como consecuencia, para averiguar la verdad más de una vez se ven en la necesidad de someter a tortura a testigos inocentes en una causa que nada les concierne. ¿Y qué diré del tormento que se hace sufrir al acusado en su propia causa? Es torturado para averiguar si es culpable, de modo que si es inocente sufre unas certísimas penas por un delito incierto, no por descubrirse que lo ha cometido, sino por ignorarse que no lo ha cometido. He aquí que con frecuencia la ignorancia del juez es la desgracia del inocente. Pero lo que es aún más intolerable, más de llorar y más digno de regarse, si fuera posible, con ríos de lágrimas, es que el juez torture a un acusado para no matar por ignorancia a un inocente, sucede, por la miseria de esa ignorancia, que mata al torturado

---

6. Cicerón, *In Verrem*, 2,15.

e inocente, a quien había torturado para no matarle inocente. Si el reo, siguiendo la sabiduría de estos filósofos, hubiera escogido marcharse de esta vida antes que seguir soportando por más tiempo los tormentos, confiesa haber cometido el crimen que de hecho no ha cometido. Una vez condenado y ajusticiado, todavía el juez ignora si acaba de matar a un inocente o a un culpable al someterlo a tortura para evitar la muerte de un inocente por ignorancia. Lo ha torturado para saber si era inocente, y lo ha matado porque no sabía si lo era.

En tales tinieblas de la vida social, un juez con sabiduría ¿se sentará en el tribunal o no se sentará? Se sentará, naturalmente. Se lo impone y le arrastra al desempeño de este cargo la sociedad humana a la que él tiene como un crimen abandonar. ¡Y, en cambio, no tiene como un crimen el torturar a testigos inocentes en causas ajenas! ¡Ni es un crimen para él castigar a aquellos que en el curso del interrogatorio, vencidos por la violencia de las torturas, y confesando falsamente su culpabilidad, ya eran inocentes cuando fueron torturados! ¡Ni tampoco el que algunos, aunque no sean condenados a muerte, mueren la mayoría de las veces en las torturas o a consecuencia de ellas! ¡Ni tiene como un crimen el que a veces los mismos acusadores, deseando quizá ser útiles a la sociedad humana, por no permitir la impunidad de los delitos, y a pesar de que dicen la verdad, no les es posible probar sus acusaciones por haber testigos falsos que se obstinan en la mentira, y por endurecerse el mismo reo en no confesar a pesar de los tormentos, son condenados estos acusadores por un juez que desconoce la verdad!

Males como éstos, tan numerosos y tan graves, no son tenidos como pecados por él. Un juez sabio no comete estos atropellos por el afán de hacer daño; es efecto de su ignorancia invencible, es efecto de su obligación de dar sentencia, a pesar de su ignorancia, y porque la sociedad humana le exige ser juez. ¡He aquí, realmente, la miseria del hombre, bien que no la malicia del sabio! Y a él, que por una inevitable ignorancia, y por una sentencia obligatoria, tortura a inocentes, castiga a quienes no tienen culpa, ¿le parecerá poco el no sentirse reo, si no es además feliz? ¡Cuánto más sensato y digno de un hombre puesto en tal necesidad sería reconocer la propia miseria y, aborreciéndola en sí mismo, clamar a Dios si le queda algún sentimiento de piedad: "Las angustias de mi corazón se han aumentado: Sácame de mis congojas" (Sal. 25:17).

7. Diversidad de lenguas y miseria de las guerras

Después de la ciudad, de la urbe, viene el orbe de la tierra, el tercer círculo de la sociedad humana, siendo el primero el hogar, el segun-

do la urbe y el tercero el orbe en una progresión ascendente. El orbe
o mundo es como el océano de las aguas, cuanto mayor es tanto más
abunda en peligros.

Tenemos en primer lugar la diversidad de lengua, causa de distan-
ciamiento de un hombre con otro hombre. Imaginemos, por ejemplo, a
dos hombres, ignorantes cada uno de la lengua del otro, que se encuentran y no pasan de largo, sino que deben permanecer juntos por alguna
razón, con más facilidad convivirían dos animales, mudos como son,
de especies diferentes, que estos dos hombres. Al no poderse comunicar sus sentimientos, debido a la sola diversidad de idioma, de nada
les sirve a estos hombres ser tan semejantes por naturaleza. Hasta tal
punto esto es así, que más a gusto está un hombre con su perro que con
otro hombre extranjero.

Pero la ciudad imperial ha procurado imponer no sólo su yugo, sino
también su lengua a las naciones sometidas, mediante tratados de paz,
de manera que no falten, es más, haya abundancia de intérpretes. Es cierto, pero, todo esto ¡a qué precio de tantas y enormes guerras, con des-
comunales destrozos y derramamiento de sangre! Y cuando todo estos
males ha pasado, todavía no ha terminado la desdicha de esas mismas
calamidades. Porque, aunque no han faltado ni faltan naciones enemigas
extranjeras contra las que siempre se ha estado en guerra —y se está—,
no obstante, la extensión misma del imperio ha engendrado guerras de
peor clase: guerras de partidos, es decir, guerras civiles, que destrozan
la humanidad de la manera más triste, tanto cuando rompen las hostilidades, para terminar de una vez, como cuando viven en el temor de una
nueva insurrección. Si yo pretendiera hacer una descripción del número
y variedad de las catástrofes que tienen su origen en estas calamidades,
de lo penoso y horrendo de sus inevitables secuelas, aunque sería incapaz de lograrlo como se merece, ¿hasta dónde nos llevaría ese interminable discurso?

Pero el hombre instruido en la sabiduría —nos replicarán— sólo de-
clarará guerras justas. ¡Como si no debiera lamentar, si recuerda que es
hombre, mucho más el hecho de tener que reconocer la existencia misma
de guerras justas! Porque de no ser justas nunca debería emprenderlas, y,
por tanto, para el hombre sabio no existiría guerra alguna. Es la injusticia
del enemigo la que obliga al hombre formado en la sabiduría a declarar
las guerras justas. Esta injusticia es la que el hombre debe deplorar por
ser injusticia del hombre, aunque no diera origen necesariamente a una
guerra. Males como éstos, tan enormes, tan horrendos, tan salvajes, cualquiera que los considere con dolor debe reconocer que son una desgracia.
Pero el que llegue a sufrirlos o pensarlos sin sentir dolor en su alma, y

sigue creyéndose feliz, está en una desgracia mucho mayor: ha perdido hasta el sentimiento humano.

8. Angustias de la amistad en esta vida

En nuestra miserable situación presente, confundimos con frecuencia al amigo por el enemigo y al enemigo por amigo. Y si escapamos de esta lastimosa ceguera, ¿qué mejor consuelo que una amistad no fingida, y el mutuo afecto de los buenos y auténticos amigos? Pero cuantos más amigos tengamos y lo más repartidos por doquier, tanto más se agranda nuestro temor de que les suceda alguno de tantos males como se amontonan por este mundo. No nos causa preocupación solamente el que puedan ser víctimas del hambre, la guerra, la enfermedad o la cautividad, o los horrores inconcebibles de la esclavitud, sino que también nos afecta con una amargura infinitamente mayor el que puedan caer en la infidelidad, la malicia o la perversión. Y cuando algo así nos sobreviene (y ocurre tanto más frecuentemente cuanto más numerosos y dispersos están los amigos) y la noticia llega hasta nosotros, ¿quién se dará cuenta del fuego que abrasa nuestro corazón, sino quien lo siente en su propio ser? Preferiríamos enterarnos de su muerte, aunque también esta noticia nos causaría dolor. Si la vida de tales amigos era para nosotros un verdadero placer, por el consuelo de su amistad, ¿cómo va a ser posible que su muerte no nos cause tristeza alguna? Y si alguien llega a prohibir esta tristeza, prohíba también, si le es posible, las amistosas charlas, ponga su veto, destruya el afecto entre amigos, rompa con especial estupor los lazos espirituales de todo afecto humano, o bien dé normas para usar de todo ello de manera que el corazón no quede inundado por ninguna de sus dulzuras. Y si esto resulta de todo punto imposible, ¿cómo no nos va a ser amarga la muerte de quien nos es dulce la vida? De aquí arranca esa especie de lamento de todo corazón que aun se conserve humano, esa llaga, esa úlcera que para cerrarse necesita atenciones consoladoras. Decir que se restañan estas heridas tanto más pronto y sin dificultad cuanto mejor dispuesto esté el ánimo, no equivale a decir que la herida no existe.

Es verdad que la muerte de los seres más queridos, especialmente de aquellos cuyos servicios son más indispensables a la sociedad, nos causa aflicción, unas veces más mitigada y otras más cruel. Pero en lo que se refiere a los que amamos con afecto, preferiríamos verlos o saberlos muertos antes que caídos en la infidelidad o en la corrupción de sus costumbres; en otras palabras, antes que espiritualmente muertos.

Llena está la tierra de este enorme cúmulo de desgracias. "¿No es, acaso, una tentación la vida del hombre sobre la tierra?" (Job 7:1, LXX). Esta misma razón hace exclamar al Señor: "¡Ay del mundo por los escándalos!" (Mt. 18:7). Y de nuevo: "Por haberse multiplicado la maldad, la caridad de muchos se enfriará" (Mt. 24:12). De aquí que debemos felicitar a nuestros amigos ya muertos, y si bien su muerte nos causa tristeza, ella misma nos da un consuelo más seguro, pues para ellos se han terminado los males que destrozan o corrompen, o al menos exponen a ambos peligros incluso a los hombres de bien[7].

9. La amistad con los santos ángeles y la astucia de los demonios

Los filósofos que pretenden hacer de los dioses amigos nuestros colocan la amistad de los santos ángeles en el cuarto círculo de la sociedad, avanzando desde los tres círculos de la sociedad en la tierra al universo, englobando también el mismo cielo. Ningún temor nos deben infundir estos amigos de que nos pueda contristar su muerte o su depravación. Pero como no podemos convivir con ellos con la misma familiaridad que con los demás hombres (otra miseria más de esta vida), y como Satanás a veces se disfraza, según leemos, "de ángel de luz" (2ª Cor. 11:14) con el fin de tentar a aquellos a quienes es necesario disciplinar, o ser engañados, tenemos mucha necesidad de la misericordia de Dios para que nos guarde de hacer amigos entre los demonios disfrazados, creyendo tener que tenemos buenos ángeles por amigos. Pues la astucia y engaño de esos espíritus malvados es igual a su perjuicio y daño. ¿Y quién necesita más de esta inmensa misericordia de Dios, sino la inmensa miseria humana, sumida en una tal ignorancia que con facilidad cae en las trampas de las astucias demoníacas?

Y es muy cierto que en la ciudad infiel aquellos filósofos que proclamaron a los dioses como amigos suyos han caído, sin la menor duda, en las redes de estos malignos demonios, a quienes esta ciudad entera está sometida y compartirá con ellos el eterno suplicio. De sus ritos sagrados, mejor de sus sacrilegios, con los que se creen obligados a darles culto, así como de sus juegos escénicos, los más inmundos, en los que se celebran sus crímenes, y por los que se han sentido en el compromiso de aplacarlos, siendo los mismos dioses los autores y reclamadores de tantas y tan enormes indecencias, queda suficientemente claro quiénes son esos dioses por ellos propiciados

---

7. "Señor llévame a casa antes de que anochezca"

10. Recompensa para los santos que superan las pruebas

Ni siquiera los santos, fieles adoradores del único, verdadero y supremo Dios, están inmunes de las falacias diabólicas y sus tentaciones de todas clases. Porque esta morada de miserias, en estos días llenos de maldad, no está de más vivir en esta alarma: nos sirve para mantenernos en una búsqueda anhelante y cada vez más ardiente de aquella seguridad, donde la paz llega a su plenitud y se mantiene lejos de todo riesgo. Allí se darán cita los dones naturales, es decir, aquellas prendas con que el autor de toda naturaleza ha obsequiado a la nuestra. Se trata no sólo de dones excelentes, sino perdurables; no sólo de dones propios del espíritu, llevados a la perfección por la sabiduría, sino también del cuerpo, que se transformará con la resurrección. Allí brillarán las virtudes, pero no en lucha con vicio o mal alguno; disfrutarán, como recompensa de su victoria, de una paz eterna, que ningún adversario será capaz de turbar.

Esta es la bienaventuranza final, la consumación última, el fin que no se extinguirá jamás. Aquí abajo nos llamamos, en realidad, felices cuando disfrutamos de paz, esa paz que es posible encontrar en una vida honrada. Pero si comparamos tal felicidad con la bienaventuranza que llamamos final, se queda en una mera desventura. Cuando nosotros, hombres mortales, disfrutamos de esa paz que es posible encontrar aquí, si nuestra vida es ordenada, la virtud se sirve rectamente de sus bienes. Y cuando esta paz nos falta, también la virtud sabe usar para bien incluso los males que el hombre arrastra. Pero solamente existe verdadera virtud cuando, junto con todos los bienes de que ella hace recto uso y los actos realizados en el recto uso de bienes y males, sabe referirse a sí misma hacia aquel fin donde disfrutaremos de una tal paz, que mejor y más profunda no será posible.

11. Felicidad de la paz eterna

Así podemos decir de la paz lo que hemos dicho de la vida eterna, que es el fin de nuestros bienes, ya que un salmo, hablando de la ciudad objeto de esta laboriosa obra, se expresa así: Alaba al Señor, Jerusalén; alaba, Sión, a tu Dios. Porque el que afianzó con fuertes barras tus puertas y ha bendecido a tus hijos y moradores. Él pone en tu término la paz" (Sal. 147:12-14). Una vez que los cerrojos de sus puertas fueren afianzados, ya no entrará ni saldrá nadie de ella. Por esos fines de que habla el salmo debemos entender aquí la paz, que queremos probar como final.

El nombre místico de esa ciudad, es decir, Jerusalén, significa "visión de paz", como ya hemos hecho notar. Mas, como el nombre de paz es también corriente en las cosas mortales, donde no se da la vida eterna, he preferido reservar este nombre de "vida eterna", en vez del de "paz", para el fin en que la ciudad de Dios encontrará su bien supremo y soberano. De este fin dice el apóstol: "Ahora, librados del pecado, y hechos siervos de Dios, tenéis por vuestro fruto la santificación, y por fin la vida eterna" (Ro. 6:22).

Mas, como también los no familiarizados con las Escrituras pueden entender por vida eterna la vida de los pecadores, bien por la inmortalidad del alma, según algunos filósofos reconocen, bien por las penas interminables de los impíos, según nuestra fe, que no serán eternamente atormentados si no viven eternamente, debe llamarse fin de esta ciudad en que gozará del sumo bien, o la paz en la vida eterna, o la vida eterna en la paz. Así, todos pueden entenderlo con facilidad. Y la paz es un bien tan noble, que aun entre las cosas mortales y terrenas no hay nada más grato al oído, ni más dulce al deseo, ni superior en excelencia. Abrigo la convicción de que, si me detuviera un poco a hablar de él, no sería oneroso a los lectores, tanto por el fin de esta ciudad de que tratamos como por la dulzura de la paz, querida por todos.

12. Deseo universal de paz

1. Quienquiera que repare en las cosas humanas y en la naturaleza de las mismas, reconocerá conmigo que, así como no hay nadie que no quiera gozar, así no hay nadie que no quiera tener paz. En efecto, los mismos amantes de la guerra no desean más que vencer, y, por consiguiente, ansían llegar guerreando a una paz gloriosa. Pues ¿qué es la victoria más que la sujeción de los rebeldes? Logrado este efecto, llega la paz. La paz es, pues, también el fin perseguido por quienes se afanan en poner a prueba su valor guerrero presentando guerra para imperar y luchar. De donde se sigue que el verdadero fin de la guerra es la paz. El hombre, con la guerra, busca la paz; pero nadie busca la guerra con la paz. Aun los que perturban la paz de intento, no odian la paz, sino que ansían cambiarla a su capricho.

No es que no quieran que haya paz, sino que la paz sea según su voluntad. Y si llegan a separarse de otros por alguna sedición, no ejecutan su intento si no tienen con sus cómplices una especie de paz. Por eso los bandoleros procuran estar en paz entre sí, para alterar con más violencia y seguridad la paz de los demás. Y si hay algún salteador tan forzudo y enemigo de compañías que no se confíe y saltee y mate y se dé al pillaje él solo, al menos tiene una especie de paz, sea cual fuere, con aquellos a quienes no pueda matar y a quienes quiere ocultar lo que hace. En su casa procura vivir en paz con su esposa, con los hijos, con los siervos, si los tiene, y se deleita en que sin responder obedezcan a su voluntad. Y si no se le obedece, se indigna, riñe y castiga, y si la necesidad lo exige, compone la paz familiar con crueldad. Él ve que la paz no puede existir en la familia si los miembros no se someten a la cabeza, que es él en su casa. Y si una ciudad o pueblo quisiera sometérsele como deseaba que le estuvieran sujetos los de su casa, no se escondiera ya como ladrón en una caverna, sino que levantaría su cabeza a la vista de todos como un rey, pero con la misma codicia y malicia. Todos desean, pues, tener paz con aquellos a quienes quieren gobernar a su antojo. Y cuando hacen la guerra a otros hombres, quieren hacerlos suyos, si pueden, e imponerles luego las condiciones de su paz.

2. Supongamos a un hombre como nos lo describe la fábula y la mitología, un hombre tan insociable y salvaje como para llamarle más bien semihombre a hombre. Su reino sería la espantosa soledad de un antro desierto, y su malicia tan enorme, que recibió el nombre griego kakov (*malo*). Sin esposa con quien tener charlas amorosas, ni hijos pequeñitos que alegraran sus días, ni mayores a quienes mandar. No gozaba de la conversación de algún amigo, ni siquiera de Vulcano, su padre, más feliz al menos que este dios, porque él no engendró otro monstruo semejante. Lejos de dar nada a nadie, robaba a los demás cuando y cuanto podía y quería.

Y, sin embargo, en su antro solitario, cuyo suelo, según Virgilio[8], siempre estaba regado de sangre, sólo anhelaba la paz, un reposo sin molestias ni turbación de violencia o miedo. Deseaba también tener paz con su cuerpo, y cuanto más tenía, tanto mejor le iba. Mandaba a sus miembros, y éstos obedecían. Y con el fin de pacificar cuanto antes su mortalidad, que se revelaba contra él por la indigencia y el hambre, que se coligaban para disociar y desterrar el alma del cuerpo, robaba, mataba y devoraba. Y aunque inhumano y fiero, miraba, con todo, inhumana y ferozmente por la paz de su vida y salud. Si quisiera tener con los demás esa paz que buscaba tanto para sí en su caverna y en sí mismo, ni se llamara malo, ni monstruo, ni semihombre. Y si las extrañas formas de su cuerpo y el torbellino de llamas vomitado por su boca apartó a los hombres de su compañía, era cruel no por deseo de hacer mal, sino por necesidad de vivir.

---

8. Virgilio, *En.*, 8, 195.

Mas éste no ha existido o, lo que es más creíble, no fue tal cual lo pinta el poeta, porque, si no alargara tanto la mano en acusar a Caco, serían pocas las alabanzas de Hércules. Este hombre, o por mejor decir, este semihombre, no existió, como tantas otras ficciones de los poetas. Porque aun las fieras más crueles —y éste participó también de esa fiereza, se llamó semifiera— custodian la especie con cierta paz, cohabitando, engendrando, pariendo y alimentando a sus hijos, a pesar de que con frecuencia son insociables y no gregarias, son no como las ovejas, los ciervos, las palomas, los estorninos y las abejas, sino como los leones, las raposas, las águilas y las lechuzas. ¿Qué tigre hay que no ame blandamente a sus cachorros y, depuesta su fiereza, no los acaricie? ¿Qué milano, por más solitario que vuele sobre la presa, no busca hembra, hace su nido, empolla los huevos, alimenta sus polluelos y mantiene como puede la paz en su casa con su compañera, como una especie de madre de familia? ¡Cuánto más es arrastrado el hombre por las leyes de su naturaleza a formar sociedad con todos los hombres y a lograr la paz en cuanto esté de su parte!

Los malos combaten por la paz de los suyos, y quieren someter, si es posible, a todos, para que todos sirvan a uno solo. ¿Por qué? Porque desean estar en paz con él, sea por miedo, sea por amor. Así, la soberbia imita perversamente a Dios. Odia bajo él la igualdad con sus compañeros, pero desea imponer su señorío en lugar de él. Odia la paz justa de Dios y ama su injusta paz propia. Es imposible que no ame la paz, sea cual fuere. Y es que no hay vicio tan contrario a la naturaleza que borre los vestigios últimos de la misma.

3. El que sabe anteponer lo recto a lo torcido, y lo ordenado a lo perverso, reconoce que la paz de los pecadores, en comparación con la paz de los justos, no merece ni el nombre de paz. Lo que es perverso o contra el orden, necesariamente ha de estar en paz en alguna, de alguna y con alguna parte de las cosas en que es o de que consta. De lo contrario, dejaría de ser.

Supongamos un hombre suspendido por los pies, cabeza abajo. La situación del cuerpo y el orden de los miembros está pervertido, porque está invertido el orden exigido por la naturaleza, estando arriba lo que debe estar naturalmente abajo. Este desorden turba la paz del cuerpo, y por eso es molesto. Pero el alma está en paz con su cuerpo y se afana por su salud, y por eso hay quien siente el dolor. Y si, acosada por las dolencias, se separa, mientras subsista la trabazón de los miembros, hay alguna paz entre ellos, y por eso aún hay alguien suspendido. El cuerpo terreno tiende a la tierra, y al oponerse a eso su atadura, busca el orden de su paz y pide en cierto modo, con la voz de su peso, el lugar de su reposo. Y, una vez exánime y sin sentido, no se aparta de su paz natural, sea conservándola, sea tendiendo a ella. Si se le embalsama, de modo que se impida la disolución del cadáver, todavía une sus partes entre sí cierta paz, y hace que todo el cuerpo busque el lugar terreno y conveniente y, por consiguiente, pacífico. Empero, si no es embalsamado y se le deja a su curso natural, se establece un combate de vapores contrarios que ofenden nuestro sentido. Es el efecto de la putrefacción, hasta que se acople a los elementos del mundo y retorne a su paz pieza a pieza y poco a poco. De estas transformaciones no se sustrae nada a las leyes del supremo Creador y Ordenador, que gobierna la paz del universo. Porque, aunque los animales pequeños nazcan del cadáver de animales mayores, cada corpúsculo de ellos, por ley del Creador, sirve a sus pequeñas almas para su paz y conservación. Y aunque unos animales devoren los cuerpos muertos de otros, siempre encuentran las mismas leyes difundidas por todos los seres para la conservación de las especies, pacificando cada parte con su parte conveniente, sea cualquiera el lugar, la unión o las transformaciones que hayan sufrido.

13. El orden y la bondad de la naturaleza

1. Así, pues, la paz del cuerpo consiste en la ordenada proporción de sus partes; y la del alma irracional, la ordenada calma de sus apetencias. La paz del alma racional es la ordenada armonía entre el conocimiento y la acción, y la paz del cuerpo y del alma, la vida bien ordenada y la salud del animal. La paz entre el hombre mortal y Dios es la obediencia ordenada de la fe a la ley eterna. Y la paz de los hombres entre sí, su ordenada concordia. La paz de la casa es la ordenada concordia entre los que mandan y los que obedecen en ella, y la paz de la ciudad es la ordenada concordia entre los ciudadanos que gobiernan y los gobernados. La paz de la ciudad celestial es la unión ordenadísima y concordísima para gozar de Dios y mutuamente en Dios. La paz de todas las cosas es la tranquilidad del orden. El orden es la disposición que asigna a las cosas diferentes y a las iguales el lugar que les corresponde.

Por tanto, como los miserables, en cuanto tales, no están en paz, no gozan de la tranquilidad del orden, exenta de turbaciones; pero como son merecida y justamente miserables, no pueden estar en su miseria fuera del orden. No están unidos a los bienaventurados, sino separados de ellos por la ley del orden. Éstos, cuando no están turbados, se acoplan cuanto pueden a las cosas en que están. Hay, pues, en ellos cierta tranquilidad en su orden, y, por tanto, tienen cierta paz. Pero son miserables, porque, aunque están donde deben estar, no están donde no se verían precisados a sufrir. Y son más miserables si no están en paz con la ley que rige el orden natural. Cuando sufren, la paz se ve turbada por ese flanco; pero subsiste por este otro en que ni el dolor consume ni la unión se destruye. Del mismo modo que hay vida sin dolor y no puede haber dolor sin vida, así hay cierta paz sin guerra, pero no puede haber guerra sin paz. Y esto no por la guerra en sí, sino por los agitadores de las guerras, que son naturalezas, y no lo fueran si la paz no les diera subsistencia.

2. Existe una naturaleza en la que no hay ningún mal, en la que no puede haber mal alguno. Mas no puede existir naturaleza alguna en la que no se halle algún bien. Por tanto, ni la misma naturaleza del diablo, en cuanto naturaleza, es un mal, sino que si hizo mala por su perversidad. "No se mantuvo en la verdad" (Jn. 8:44), pero no escapó al juicio de la misma. No se mantuvo en la tranquilidad del orden, pero no escapó a la potestad del Ordenador. La bondad de Dios, que aparece en su naturaleza, no le sustrae a la justicia de Dios, que le ordena a la pena. Dios no castiga en él el bien por Él creado, sino el mal que él cometió. No priva a la naturaleza de todo lo que le dio, sino que sustrae algo y deja algo, a fin de que haya quien sufra la sustracción. El dolor es el mejor testigo del bien sustraído y del bien dejado, porque, si no existiera el bien dejado, no podría dolerse el bien quitado. El que peca es todavía peor si se alegra en la perdida de su justicia, y el que sufre dolor, si de él no saca bien alguno, se queja al menos de la pérdida de su salud. Y es que la justicia y la salud son dos bienes, y de la pérdida del bien es preciso dolerse, no alegrarse, si al fin no hay compensación en lo mejor, la justicia espiritual puede compensar la pérdida de la salud del cuerpo.

Ciertamente es más apropiado para el malvado dolerse en su castigo que alegrarse en sus crímenes. Así, pues, la alegría de un pecador que ha abandonado lo que es bueno, evidencia una voluntad mala, así su dolor, cuando es castigado, por el bien perdido es testigo de la naturaleza buena. Quien siente haber perdido la paz de su naturaleza, lo siente por ciertos restos de paz que hacen que ame su naturaleza. Y es muy justo que en el último castigo los inicuos e impíos lamenten angustiosamente la pérdida de los bienes naturales que gozaban y perciban que se les han quitado justamente por ese Dios cuya benigna liberalidad ellos han despreciado.

Dios, pues, el Creador más sabio y el Orden más justo de todas las naturalezas, que puso como remate y adorno de su obra creadora en la tierra al hombre, nos dio ciertos bienes convenientes a esta vida, a saber: la paz temporal según la capacidad de la vida mortal para su conservación, incolumidad y sociabilidad. Nos dio además todo lo necesario para conservar o recobrar esta paz; así como lo propio y conveniente al sentido, la luz, la noche, las auras respirables, las aguas potables y cuanto sirve para alimentar, cubrir, curar y adornar el cuerpo. Todo esto nos lo dio bajo una condición, muy justa por cierto: que el mortal que usara rectamente de tales bienes los recibirá mayores y mejores. Recibirá una paz inmortal acompañada de gloria y el honor propio de la vida eterna, para gozar de Dios y del prójimo en Dios. En cambio, el que abuse de los bienes temporales no recibirá los eternos, y estos los perderá.

14. El orden y la ley celestial y terrena

Toda utilización de las realidades temporales es con vistas al logro de la paz terrena en la ciudad terrena. En la celeste, en cambio, mira al logro de la paz eterna. Por eso, si fuéramos animales irracionales no apeteceríamos más que la ordenada armonía de las partes del cuerpo y la quietud de las apetencias. No apeteceríamos, por consiguiente, nada fuera de eso. De manera que la paz del cuerpo redundaría en provecho de la paz del alma. Porque la paz del alma irracional es imposible sin la paz del cuerpo, pues sin ella no puede lograr la la calma de los apetitos. Pero ambos, principio vital y cuerpo, se favorecen mutuamente la paz que tienen entre sí, es decir, la del orden de la vida y de la buena salud. Así como los animales muestran que aman la paz del cuerpo cuando esquivan el dolor, y la paz del alma cuando, para saciar sus necesidades, siguen la voz de sus apetencias, así, huyendo de la muerte, evidencian claramente cuánto aman la paz que que mantiene unidos alma y cuerpo. Pero el hombre, dotado de alma racional, somete a la paz de esta alma cuanto tiene de común con las bestias, y de esta forma primero percibe algo con su inteligencia, y luego obra en consecuencia, de modo que haya en él un orden armónico entre pensamiento y acción, que es lo que hemos llamado paz del alma racional.

Para lograrlo debe aspirar a sentirse libre del impedimento del dolor, de la turbación del deseo y de la corrupción de la muerte. Así, cuando haya conocido algo conveniente, sabrá adaptar su vida y su conducta a este conocimiento. Pero dada la limitación de la inteligencia humana, para evitar que en su misma investigación de la verdad caiga en algún error detestable, el hombre necesita que Dios le enseñe. De esta forma, al acatar su enseñanza estará en lo cierto, y con su ayuda conservará su libertad. Pero como todavía está en lejana peregrinación hacia el Señor todo el tiempo que dure su ser corporal y perecedero, le guía la fe, no la visión. Por eso, toda paz corporal o espiritual, o la mutua paz entre alma y cuerpo es con vistas a aquella paz que el hombre durante su mortalidad tiene con el Dios inmortal para tener así la obediencia bien ordenada según la fe a la ley eterna.

Y puesto que el divino Maestro enseña dos preceptos principales, a saber: el amor de Dios y el amor del prójimo, en los cuales el hombre descubre tres seres como objeto de su amor: Dios, él mismo y el prójimo. Quien a Dios ama no se equivoca en el amor a sí mismo. Por consiguiente, debe procurar que también su prójimo ame a Dios, ese prójimo a quien se le manda amar como a sí mismo; por ejemplo, la esposa, los hijos, los de su casa, todos los hombres que le sea posible. Pero también él debe ser ayudado a esto mismo por el prójimo sí alguna vez lo necesita. Así es como logrará la paz —en cuanto le sea posible— con todos los hombres[9], esa paz que consiste en la concordia bien ordenada de los hombres. Y el orden de esta paz consiste primero en no hacer mal a nadie y luego en ayudar a todo el que sea posible.

El orden que se ha de seguir es éste: primero, no hacer mal a nadie, y segundo, hacer bien a quien pueda. En primer lugar debe comenzar el cuidado por los suyos, porque la naturaleza y la sociedad humana le dan acceso más fácil y medios más oportunos. Por eso dice el apóstol: "Quien no provee a los suyos, mayormente si son familiares, niega la fe y es peor que un infiel" (1ª Tim. 5:8). De aquí nace también la paz doméstica, es decir, la ordenada concordia entre el que manda y los que obedecen en casa. Mandan los que cuidan, como el varón a la mujer, los padres a los hijos, los amos a los criados. Y obedecen quienes son objeto de cuidado, como las mujeres a los maridos, los hijos a los padres, los criados a los amos. Pero en casa del justo, que vive la fe y peregrina aún lejos de la ciudad celestial, sirven también los que mandan a aquellos que parecen dominar. La razón es que no mandan por deseo de dominio, sino por deber de caridad; no por orgullo de reinar, sino por bondad de ayudar.

15. Pecado y esclavitud

Este es el orden prescrito por la naturaleza; así ha creado Dios al hombre: "Que tenga dominio —le dice— sobre los peces del mar, sobre las aves del cielo y sobre todos los reptiles de la tierra" (Gn. 1:26). Al ser racional, creado a su imagen, no lo ha querido hacer dueño más que de los seres irracionales. No ha querido que el hombre dominara al hombre, sino el hombre a la bestia. Este es el motivo de que los primeros justos hayan sido pastores y no reyes. Trataba Dios de enseñarnos, incluso por este medio, qué pide el orden de las criaturas y qué exige el castigo de los pecados. Es con justicia, según creemos,

---

9. Cf. Ro. 12:18: "Si es posible, cuanto está en vosotros, tened paz con todos los hombres".

que la situación de esclavitud es resultado del pecado. Por eso no encontramos en pasaje alguno de la Escritura el término "esclavo" antes de que Noé, varón justo, lo empleara para castigar con ese nombre el pecado de su hijo (Gn. 9:25). Es, pues, un nombre introducido por el pecado no por la naturaleza.

La palabra esclavo, en la etimología latina de *servus*, designa a los prisioneros, a quienes los vencedores conservaban la vida, aunque podían matarlos por derecho de guerra, haciéndoles siervos (*servi*), llamados así de *servare* (conservar). Todo lo cual no sucede tampoco sin la culpa del pecado. Pues, aunque se luche en una guerra justa, el adversario lucha cometiendo pecado. Y toda victoria, conseguida incluso por los malos, humilla a los vencidos, según un divino designio, corrigiendo o castigando los pecados. Testigo de ello es aquel hombre de Dios, Daniel, que, en su estado de cautiverio confesaba a Dios sus pecados y los de su pueblo, declarando con piadoso dolor que ésta era la causa de su cautividad (Dan. 9).

La primera causa de la servidumbre es, pues, el pecado, que somete un hombre a otro con el vínculo de la posición social. Y todo ello no sucede sin un designio de Dios, en quien no existe la injusticia, y que sabe distribuir castigos diferentes, según la culpa de cada reo. Así afirma el soberano Señor: "Todo aquel que comete pecado es esclavo del pecado" (Jn. 8:34). Y por eso, muchos hombres piadosos sirven a amos inicuos, pero no libres, porque "quien es vencido por otro, queda esclavo de quien lo venció" (2ª Pd. 2:19).

A la verdad que es preferible ser esclavo de un hombre que de una pasión, pues vemos lo tiránicamente que ejerce su dominio sobre el corazón de los mortales la pasión de dominar, por ejemplo. Mas en ese orden de paz que somete unos hombres a otros, la humildad favorece tanto esclavo como la soberbia perjudica al dominador. Pero por naturaleza, tal como Dios creó en un principio al hombre, nadie es esclavo de otro hombre o del pecado.

A pesar de todo, esta misma esclavitud, fruto del pecado, está regulada por una ley que le hace conservar el orden natural y prohibe perturbarlo. Si no se obrara nada contra esta ley, no habría que castigar nada con esa esclavitud. Por eso, el apóstol aconseja a los siervos el estar sometidos a sus amos y servirles de corazón y de buena gana (Ef. 6:5). De este modo, si no pueden emanciparse de sus dueños, convertirán su esclavitud en, por así decir, una libertad, sirviendo con afectuosa fidelidad, en lugar de servir bajo un temor hipócrita, hasta que pase la injusticia y se aniquile toda soberanía y todo humano poder, y Dios sea todo en todos (1ª Cor. 15:28).

16. El justo derecho de dominio en el hogar

Nuestros santos patriarcas, aunque tuvieron esclavos, administraban la paz doméstica distinguiendo la condición de los hijos de la de los esclavos en lo referente a los bienes temporales. Pero en lo relativo al culto a Dios, de quien se deben esperar los bienes eternos, miraban con con igual amor por todos los miembros de su casa. Todo ello es tan de acuerdo con el orden natural que el nombre de *paterfamilias* (padre de familia) surgió de esta realidad, y se ha extendido tanto que incluso los tiranos se precian de tal nombre. Los auténticos padres de familia miran a todos los miembros de su familia como a hijos en lo tocante al culto y honra de Dios. Y desean y anhelan llegar a la casa celestial, donde no habrá necesidad de mandar a los hombres, porque en la inmortalidad no será necesario cuidar de ellos. Y en la espera de llegar allá, deben tolerar más los señores, que mandan, que los siervos, que sirven. Si alguno en casa turba la paz doméstica por desobediencia, es corregido para su utilidad con la palabra, con azotes o con cualquier otra clase de pena justa y lícita admitida por la sociedad humana para la utilidad del corregido, a fin de integrarlo de nuevo en la paz de la que se había separado.

Porque igual que no se presta ningún beneficio a quien se ayuda a perder un bien mayor que el que ya tenía, así tampoco está exento de culpa quien por omisión deja caer a otro en un mal más grave. La inocencia lleva consigo la obligación no sólo de no causar daño a alguien, sino de impedir el pecado y de corregir el ya cometido. De esta manera el castigado se corregirá en cabeza propia, o los demás escarmentarán en la ajena. La familia debe ser el principio y el fundamento de la ciudad.

Y como todo principio hace referencia a un fin en su género, y toda parte se refiere a la integridad del todo por ella participado, se desprende evidentemente que la paz doméstica se ordena a la paz ciudadana, es decir, que la bien ordenada armonía de quienes conviven juntos en el mandar y en el obedecer mira a la bien ordenada armonía de los ciudadanos en el mandar y obedecer. Según esto, el padre de familia debe tomar de las leyes de la ciudad aquellos preceptos que gobiernen su casa en armonía con la paz ciudadana.

17. Origen de la paz y de la discordia en la ciudad celestial y en la terrena

La familia humana que no vive de la fe busca la paz terrena en los bienes y ventajas de esta vida temporal. En cambio, aquella cuya vida está regulada por la fe está a la espera de los bienes eternos prometidos para el futuro. Utiliza las realidades temporales de esta tierra como quien está en patria ajena. Pone cuidado en no ser atrapada por ellas ni desviada de su meta, Dios, y procura apoyarse en ellas para tolerar con más facilidad y no aumentar las cargas del cuerpo corruptible, que es lastre del alma. He aquí que el uso de las cosas indispensables para esta vida mortal es común a estas dos clases de hombres y de familias. Lo que es totalmente diverso es el fin que cada uno se propone en tal uso. Así, la ciudad terrena, que no vive según la fe, aspira a la paz terrena, y la armonía bien ordenada del mando y la obediencia de sus ciudadanos la hace estribar en un equilibrio de las voluntades humanas con respecto a los asuntos propios de la vida mortal.

La ciudad celeste, por el contrario, o mejor la parte de ella que todavía está como desterrada en esta vida mortal, y que vive según la fe, tiene también necesidad de esta paz hasta que pasen las realidades caducas que precisan de tal paz. Y por eso, en medio de la ciudad terrena va pasando su vida de exilio en una especie de cautiverio, habiendo recibido la promesa de la redención y, como prenda, el don del Espíritu. No duda en obedecer a las leyes de la ciudad terrena, promulgadas para la buena administración y mantenimiento de esta vida transitoria. Y dado que ella es patrimonio común a ambas ciudades, se mantendrá así la armonía mutua en lo que a esta vida mortal se refiere.

Pero la ciudad terrena ha tenido sus propios sabios, rechazados por la enseñanza divina, que, según sus teorías, o tal vez engañados por los demonios, han creído como obligación el tener propicios, respecto de los asuntos humanos, a multitud de dioses. Cada realidad humana, según ellos, caería, en cierto modo, bajo la responsabilidad de un dios: a uno le correspondería el cuerpo, a otro el alma; y dentro del mismo cuerpo a uno la cabeza, a otro la nuca, y así cada miembro a otros tantos dioses. Y en el alma algo semejante: a uno el ingenio, a otro la ciencia, a otro la ira, a otro la concupiscencia. Y en el campo de las realidades concernientes a la vida, a uno el ganado, a otro el trigo, a otro el vino, a otro el aceite, a otro los bosques, a otro el dinero, a otro la navegación, a otro las guerras y las victorias, a otros los matrimonios, a otro los partos y la fecundidad, y así sucesivamente.

La ciudad celestial, en cambio, reconoce a un solo Dios, único, al que debe el culto y esa servidumbre, que en griego se dice *latreia*, y que piensa con piedad fiel que no se debe más que a Dios. Estas diferencias han motivado el que esta ciudad no pueda tener comunes con la ciudad terrena las leyes religiosas. Y por éstas se ve en la precisión de disentir de ella y ser una carga para los que sentían en contra y soportar sus iras, sus odios y sus violentas persecuciones, a menos de refrenar alguna vez los ánimos de sus enemigos con el terror de su multitud y siempre con la ayuda de Dios. La ciudad celestial, durante su peregrinación, va llamando ciudadanos por todas las naciones y formando de todas las lenguas una sociedad en el exilio. No se preocupa de la diversidad de las leyes, las costumbres o institutos, con que se busca o mantiene la paz terrena. Ella no suprime ni destruye nada, antes bien lo conserva y acepta, y ese conjunto, aunque diverso en las diferentes naciones, se dirige, con todo, a un único y mismo fin, la paz terrena, si no impide la religión que enseña que debe ser adorado el Dios único, sumo y verdadero. La ciudad celestial usa también en su viaje de la paz terrena y de las cosas necesariamente relacionadas con la condición actual de los hombres. Protege y desea el acuerdo de quereres entre los hombres cuanto es posible, dejando a salvo la piedad y la religión, y supedita la paz terrena a la paz celestial. Esta última es la paz verdadera, la única digna de ser y de decirse paz de la criatura racional, a saber, la unión ordenadísima y concordísima para gozar de Dios y mutuamente en Dios. Cuando haya llegado a este su destino ya no vivirá una vida mortal, sino absoluta y ciertamente vital. Su cuerpo no será ya un cuerpo animal, que por sufrir corrupción es lastre del alma, sino un cuerpo espiritual, libre de toda necesidad, sumiso por completo a la voluntad. En su caminar según la fe por país extranjero tiene ya esta paz, y guiada por la fe vive la justicia cuando todas sus acciones para con Dios y el prójimo las ordena al logro de aquella paz, ya que la vida ciudadana es, por supuesto, una vida social.

18. Duda y certeza

Tocante a la famosa falta de certeza sobre cualquier cosa que es característica diferencial de la Nueva Academia, según Varrón, la ciudad de Dios repudia una tal duda como una falta de sentido. Asegura la más firme certeza del conocimiento de las realidades captadas por la inteligencia y la razón, cuyos límites, no obstante, reconoce a causa del cuerpo corruptible, que es lastre del alma, según aquel dicho del apóstol: "Conocemos en parte" (1ª Cor. 13:9). Da crédito a los sentidos de los que se sirve el alma a través del cuerpo cuando éstos perciben algo con evidencia, porque más lastimosamente se engaña quien tiene por principio no darles fe jamás.

Cree también en las santas Escrituras, tanto las antiguas como las nuevas, que llamamos canónicas. Ellas son la fuente de la fe por la que vive el justo (Hab. 2:4); y gracias a la cual caminamos sin titubeos estamos ausentes del Señor (2ª Cor. 5:6). Quedando a salvo y sin vacilaciones esta fe podemos mantener la duda, sin sentirnos culpables, en una serie de realidades que no han llegado a nuestro conocimiento y no las hemos conocido ni por los sentidos de la razón, ni nos las han revelado la Escritura canónica, ni testigos a quienes fuera absurdo no creer.

19. Vida activa y vida contemplativa

No tiene importancia en esta ciudad, al abrazar la fe que nos lleva a Dios, se adopte un vestido y un modo de vida u otros, con tal que no sean contrarios a los preceptos divinos. Incluso a los mismos filósofos, cuando se hacen cristianos, no les impone unas maneras de vestir o de vivir que ningún impedimento suponen para la religión; les obliga únicamente a cambiar sus falsas creencias. Aquel distintivo que Varrón señaló característico de los cínicos, si no lleva consigo alguna indecencia o algún desarreglo, no le preocupa en absoluto.

En relación con aquellos tres modos de vida, el contemplativo, el activo y el mixto, cada uno puede, quedando a salvo la fe, elegir para su vida cualquiera de ellos, y alcanzar en ellos la eterna recompensa. Pero es importante no perder de vista qué nos exige el amor a la verdad mantener, y qué sacrificar la urgencia de la caridad. No debe uno, por ejemplo, estar tan libre de ocupaciones que no piense en medio de su mismo ocio en la utilidad del prójimo, ni tan ocupado que ya no busque la contemplación de Dios. En la vida contemplativa no es la vacía inacción lo que uno debe amar, sino más bien la investigación o el hallazgo de la verdad, de modo que todos —activos y contemplativos— progresen en ella, asimilando el que la ha descubierto y no poniendo reparos en comunicarla con los demás.

En la vida activa no hay que apegarse al cargo honorífico o al poder de esta vida, puesto que bajo el sol todo es vanidad. Hay que estimar más bien la actividad misma, realizada en el ejercicio de ese cargo y de esa potestad, siempre dentro del marco de la rectitud y utilidad, es decir, que sirva al bienestar de los que están a nuestro cargo tal como Dios lo quiere. Ya lo hemos tratado más arriba[10], Dice el apóstol a este propósito: "Quien aspira al episcopado, desea una buena actividad" (1ª Tim. 3:1). Quiso mostrar lo que es el episcopado, que designa una actividad, no un honor. En efecto, se trata de una palabra griega que significa a quien está al frente o lleva la supervisión de los que gobierna, preocupándose de ellos; porque Spi (*epi*) significa "sobre", y skopein (*skopein*), "atención"; por tanto, episkopein (*episkopein*) equivaldría en latín a *superintendere* (supervisar, cuidar). Según esto, quien sea aficionado a presidir y no a ayudar a los demás no es un "obispo".

---

10. Cap. 6.

A nadie se le impide la búsqueda del conocimiento de la verdad, propia de un laudable ocio. En cambio, la apetencia por un puesto elevado, sin el cual es imposible gobernar un pueblo, no es conveniente, aunque se posea y se desempeñe como conviene. Por eso el amor a la verdad busca el ocio santo, y la urgencia de la caridad acepta la debida ocupación. Si nadie nos impone esta carga debemos aplicarnos al estudio y al conocimiento de la verdad. Y si se nos impone debemos aceptarla por la urgencia de la caridad. Pero incluso entonces no debe abandonarse del todo la dulce contemplación de la verdad, no sea que, privados de aquella suavidad, nos aplaste esta urgencia.

20. Felices en la esperanza

Siendo, pues, el bien supremo de la ciudad de Dios esta paz eterna y perfecta, no como la otra por la que atraviesan los mortales naciendo y muriendo, sino aquella en la que permanecerán inmortales, lejos de todo padecimiento, de toda adversidad, ¿quién se atreverá a negar que una tal vida es perfectamente bienaventurada, y que la otra que transcurre en esta tierra, por muy colmada que esté de todos los bienes espirituales, corporales y materiales, es totalmente desgraciada? Con todo, si uno vive esta vida ordenándola a aquella otra que ama ardientemente y espera con plena fidelidad, no sin razón se le puede llamar ahora ya feliz, más bien por la esperanza aquélla que por ésta realidad. De hecho, esta realidad sin aquella esperanza es una engañosa felicidad y una gran desventura: no ofrece al alma los verdaderos bienes, puesto que ella no es la sabiduría auténtica, que sabe elegir con prudencia, realizar con fortaleza, regular con templanza y distribuir con justicia. Le falta estar ordenada hacía aquel fin donde Dios lo será todo para todos en una eternidad segura y en una paz perfecta.

21. Justicia y dominio

1. Este es el lugar donde debo cumplir lo prometido en el libro segundo[11] con la mayor concisión y claridad posibles, que si vamos a aceptar la definición dada por Cicerón en *La república* nunca hubo una república romana. En pocas palabras define la república, diciendo que es la empresa del pueblo. Si esta definición es verdadera, nunca ha existido una república romana, porque nunca ha sido empresa del pueblo. Porque el pueblo, según esta definición, como una multitud reunida en sociedad

---

11. Cap. 21.

por la adopción en común acuerdo de un derecho y por la comunión de intereses. Qué entienda él por adopción de un derecho, lo va explicando a través de la discusión, y demuestra así cómo no puede gobernarse un Estado sin justicia. Porque donde no hay justicia no puede haber tampoco un derecho. Lo que se hace según derecho se hace con justicia. Pero lo que se hace injustamente es imposible que sea según derecho. Y no podemos llamar derecho ni tenerlo como tal a las injustas determinaciones de los hombres, siendo así que estos mismos hombres sostienen que el derecho dimana de la fuente de la justicia, y desmienten como espuria la afirmación que suelen repetir algunos espíritus torcidos, que es derecho lo que reporta utilidad al más fuerte. Así que donde no hay verdadera justicia no puede haber una multitud reunida en sociedad por el acuerdo sobre un derecho, es decir, no puede haber un pueblo, según la citada definición de Escipión, o, si preferimos, de Cicerón. Y si no hay pueblo, tampoco habrá empresa del pueblo, sino una multitud cualquiera que no merece el nombre de pueblo. Ahora bien, si el Estado (*res publica*) es la empresa del pueblo, y no hay pueblo que no esté asociado en aceptación de un derecho, y tampoco hay derecho donde no existe justicia alguna, la conclusión inevitable es que donde no hay justicia no hay república.

La justicia, por otra parte, es la virtud que da a cada uno lo suyo. Ahora bien, ¿qué justicia humana es aquella que arranca al hombre del Dios verdadero para hacerlo esclavo de los impuros demonios? ¿Es esto darle a cada uno lo suyo? ¿O es que robarle la hacienda a quien la había comprado, dándosela a otro que no tenía ningún derecho sobre ella, lo llamaremos injusto, y si uno se sustrae a sí mismo de la autoridad de Dios, que lo ha creado, y se hace esclavo de los espíritus malignos, a esto lo llamaremos justo?

Mucho se discute, es cierto, con gran agudeza y acaloramiento, en contra de la injusticia y a favor de la justicia, en la misma obra *La república*. En un principio trataron los defensores de la injusticia contra de la justicia, argumentando que si no es a base de injusticias no es posible mantener ni llevar adelante la república. Pusieron como argumento irrebatible que es injusto que unos hombres sirvan y otros gobiernen. Y añadían que si una ciudad dominadora, capital de un vasto imperio, no adopta esta injusticia, no puede ejercer sus dominios sobre las provincias.

A estos argumentos respondieron los partidarios de la justicia diciendo que el gobierno e las provincias es justo, porque servidumbre puede reportar ventajas a los provinciales, y es para su mayor bien cuando se hace como es debido, es decir, cuando a los indeseables se les arrebata la posibilidad de causar daño. Se logra con ello que estén mejor bajo el dominio de otro, que antes con su independencia. Se añade a continuación, para reforzar el argumento, un ejemplo ilustre tomado como de la naturaleza, y se dice: "¿Por qué Dios domina al hombre, el alma al cuerpo, la razón a la pasión y demás pasiones del alma?" Este ejemplo muestra bien a las claras que la sumisión es útil para algunos y, naturalmente, el sometimiento a Dios es útil para todos. El alma sometida a Dios es con pleno derecho dueña del cuerpo, y en el alma misma la razón sometida a Dios, el Señor, con pleno derecho es dueña de la pasión y demás vicios. Por lo tanto, cuando el hombre no se somete a Dios, ¿qué justicia queda en él?, pues en este caso su alma no puede ejercer un control justo sobre su cuerpo ni sobre su razón ni sobre sus vicios. Y si no hay justicia en tal individuo, entonces no habrá tampoco en una comunidad compuesta por tales personas. Luego en este caso no existe aceptación de un derecho que constituye como pueblo a una multitud de hombres, cuya empresa común llamamos república.

¿Y qué decir de los intereses, por cuya comunión se asocia este grupo de hombres para llamarse pueblo, según la definición formulada? Aunque bien considerado, ni siquiera interés alguno se puede seguir a quienes viven en la impiedad, como sucede a todo el que no se hace servidor de Dios y, en cambio, sirve a los demonios, seres tanto más impíos cuanto más empeño ponen en reclamar sacrificios para sí mismos como a dioses, siendo como son los espíritus más inmundos. No obstante, me parece suficiente lo que acabamos de decir sobre la aceptación de un derecho, de donde se desprende, según esta definición, que no hay pueblo cuya empresa pueda llamarse pública si no hay justicia.

Podrán replicar que la república romana no se entregó a los espíritus impuros, sino a los dioses buenos y santos. ¿Habrá que repetir de nuevo una y otra vez los mismos argumentos que ya hemos expuesto suficientemente, incluso hasta la saciedad? Si alguien ha llegado en su lectura hasta aquí, pasando por libros anteriores, ¿podrá quedar todavía con la menor sombra de duda de que los romanos han adorado a dioses perversos e inmundos, a menos que se trate de un estúpido en grado superlativo, o de un intrigante sinvergüenza? Pero, por no hablar del carácter de a quienes ofrecían sacrificios, está escrito en la ley del Dios verdadero: "El que sacrificare a dioses, excepto a sólo al Señor, será muerto" (Ex. 22:20). No ha permitido el sacrificio, pues, ni a los dioses buenos ni a los malos quien da este precepto con una amenaza de tal gravedad.

22. ¿Es el Dios verdadero el de los cristianos?

Se podrá replicar: "¿Qué Dios es éste? ¿Cómo se prueba que es a éste a quien los romanos le deben acatamiento y que a ningún otro dios deben honrar con sacrificios?" Uno debe estar ciego para estar todavía preguntando quién es este Dios. Él es el Dios cuyos profetas han anunciado todo lo que ahora nosotros estamos viendo. Es el Dios de quien Abraham recibió esta respuesta: "En tu simiente serán benditas todas las gentes de la tierra" (Gn. 22:18). Lo cual se cumple en Cristo, que nació, según la carne, de tal descendencia, como bien saben, quiéranlo o no, los mismos que han permanecido enemigos de este nombre.

Este es el Dios cuyo divino Espíritu ha hablado por los profetas, y de cuyas predicciones ya cumplidas en la Iglesia extendida por todo el orbe, he hablado en los libros anteriores. Este es el Dios a quien Varrón, el más sabio de los romanos, confunde con Júpiter, aunque sin saber lo que dice. Y me ha parecido oportuno citar aquí su opinión, puesto que un hombre de tan vasta erudición no ha sido capaz de dudar de la existencia de este Dios ni de su dignidad. Ha creído que tal Dios existe y lo ha tenido por el dios supremo. Este es, en fin, el mismo Dios a quien Porfirio, el más sabio de los filósofos —y también el más acérrimo enemigo de los cristianos—, declara ser el gran Dios, según los oráculos de quienes él tiene por dioses.

23. Filosofía de los oráculos de Porfirio respecto a Cristo

1. En la obra que Porfirio tituló ek logiwn jilosojiav o *Filosofía de los oráculos*, en la que él recoge y transcribe las así llamadas "respuestas divinas" a cuestiones filosóficas, tiene unas palabras que voy a citar usando las palabras de la traducción latina del texto griego. Dice que a uno que preguntaba a Apolo a qué dios había que volver propicio para poder retirar del cristianismo a su esposa, Apolo le contestó en verso: "Más fácil te va a resultar, yo creo, dejar letras moldeadas en el agua, o desplegar como pájaro tus leves alas y volar por los aires, que hacer entrar en razón a una esposa culpada de impiedad. Déjala que se obstine a su gusto en esas engañosas tonterías, cantando mentirosas lamentaciones a un Dios muerto, condenado por unos jueces llenos de rectitud, y a quien la más ignominiosa de las muertes, entre férreos clavos, segó su vida en la flor de la edad".

Después de estos versos de Apolo, traducidos al latín sin conservar la medida rítmica, añadió: "En estos versos ha dejado bien claro que se trata de una creencia incurable, diciendo que los judíos aceptan a Dios mejor que estos otros". He aquí cómo al rebajar a Cristo pone a los judíos por encima de los cristianos, declarando que aquéllos aceptan a Dios. Esta es la interpretación que hace de los versos de Apolo, donde él manifiesta que Cristo fue sentenciado a muerte por jueces intachables, lo que equivale a que el juicio fue justo y el castigo merecido. ¡Quién sabe lo que dijo el mentiroso adivino de Apolo, o lo que este Porfirio entendió, o quizá lo que se inventó él mismo como dicho por el vate. Luego veremos hasta qué punto está él seguro y hasta qué punto concuerdan los oráculos entre sí. Bástenos ahora con lo que dice: que los judíos, como abiertos al culto de Dios, juzgaron legítimamente a Cristo al creerlo digno de la más ignominiosa de las muertes. Esta era la ocasión, puesto que Él da testimonio, de prestar oídos al Dios de los judíos, que dice: "El que sacrificare a dioses, excepto al Señor, será muerto" (Ex. 22:20).

Pero pasemos a testimonios más claros, y oigámosle hablar de la grandeza del Dios de los judíos. Interrogado Apolo de nuevo sobre qué era mejor, la palabra, la razón o la ley, afirma Porfirio que respondió en verso, y transcribe a renglón seguido los versos de Apolo, entre los que voy a escoger aquellos que son suficientes: "A un Dios, generador, y a un rey, prior a todas las cosas, ante quien tiembla el cielo y la tierra, el mar y los arcanos infernales, y hasta las mismas deidades se estremecen de espanto. Para ellos la ley es el Padre, a quien los hebreos honran con mucha devoción". Con este oráculo de su dios Apolo, reconoce Porfirio una tal grandeza en el Dios de los hebreos, que ante él sus mismas divinidades tiemblan de terror. Ahora bien, cuando este Dios había dicho: "El que sacrificare a dioses, excepto al Señor, será muerto", yo no salgo de mi asombro cómo Porfirio en persona no se había echado a temblar, y cómo no tuvo miedo de ser exterminado al sacrificar a los dioses.

2. Pero también este filósofo habla bien de Cristo, como si hubiera olvidado las anteriores injurias por él proferidas, que acabamos de mencionar, o como si las maldiciones de sus dioses contra Cristo hubieran sido proferidas en sueños, y al despertar hubieran caído en la cuenta de que era bueno, comenzando a alabarlo como se merecía. Lo cierto es que, poniéndose en trance como para decir algo maravilloso e increíble, dice así: "Va a ser algo sorprendente para algunos, sin duda, lo que vamos a decir. Los dioses han proclamado que Cristo fue un varón lleno de piedad que ha sido elevado al rango de inmortal, v sus palabras acerca de Él son de un gran elogio". En cambió, añade, "de los cristianos hablan como de seres impuros, corrompidos, implicados en el error, y les acusan de otras mil blasfemias, así dicen los dioses contra los cristianos". Añade a continuación algunos ejemplos de las acusaciones hechas por los dioses, como él dice, contra los cristianos: "A algunos que preguntaron a Hécate[12] si Cristo era un Dios, Hécate respondió: Ya conoces los

---

12. Hécate, divinidad arcaica, descendiente de los titanes, según Hesíodo. Diosa del reino de los infiernos, estaba vinculada a un mundo nocturno; diosa de la Luna y de la magia.

andares del alma inmortal tras su vida en el cuerpo; pero, privada de la sabiduría, está siempre fuera de camino. Pero el alma de que hablamos es la de un hombre eminente por su peligrosidad. A esta alma dan culto ellos, lejos de la verdad". Porfirio añade a este pretendido oráculo un comentario: "Dijo, por tanto, que se trata de un varón profundamente piadoso, y que su alma, como la del resto de los hombres piadosos, tras la muerte ha sido galardonada con la inmortalidad. A esta alma dan culto los cristianos por error. Y a quienes preguntaban: `Entonces, ¿por qué ha sido condenado?'", la diosa respondió con un oráculo: "El cuerpo está siempre expuesto a los agotadores tormentos; el alma, en cambio, ocupa el celeste trono de los piadosos. Pero esta alma, por una fatalidad, ha sido ocasión de caída en el error para otras almas, no elegidas por el destino a participar los divinos favores, ni a llegar al conocimiento del inmortal Júpiter. Por eso resultan odiosos a los dioses, porque a los no llamados por el destino a conocer a Dios, ni participar de los favores de los dioses, Cristo ha sido para ellos la fatal ocasión de caer en el error. El, no obstante, varón piadoso, descansa en el cielo como los piadosos. Tú, por tanto, guárdate de blasfemar contra él, y ten piedad de la locura de los hombres, que precisamente por ella están siempre al borde del precipicio".

Engaño del elogio a Cristo y condena de los cristianos

3. ¿Quién hay tan necio que no llegue a darse cuenta de que todos estos oráculos habían sido inventados por un hombre astuto, enemigo irreconciliable de los cristianos; o bien que los impuros demonios dieron estas respuestas con una intención semejante, es decir, puesto que alaban a Cristo, asegurarse la credibilidad de sus vituperios contra los cristianos con el fin de obstruir, si fuera posible, el camino de la salvación eterna, por el que uno se hace cristiano? Saben bien que no constituye obstáculo a sus nocivas e infinitas artimañas el que se acepten sus elogios a Cristo, con tal que se crea también en sus calumnias contra los cristianos. Así, a quien de fe a lo uno y a lo otro lo convertirán en un admirador de Cristo para que no se le ocurra hacerse cristiano, asegurando que continúe bajo la tiranía de estos demonios y no le llegue la liberación de Cristo, incluso aunque él lo cubra de alabanzas. Sobre todo porque si alguien llegase a creer en un Cristo como ellos presentan en sus elogios y en sus predicaciones, no sería cristiano auténtico, sino un hereje como los fotinianos, que solamente creen en un Cristo hombre, pero no Dios. Con esto lo que hacen es impedirle que se salven por su mediación, y que esquiven o se quiten de encima a estos demonios mentirosos.

Pero nosotros no podemos aceptar ni los insultos de Apolo a Cristo ni las adulaciones de Hécate. Aquél pretende crear una imagen de un Cristo delincuente, alegando que fue condenado a muerte por jueces honrados; ésta hace de Cristo un hombre de profunda piedad, pero un puro hombre. Y una sola es la intención de ambos: impedir que los hombres se decidan a hacerse cristianos. Porque sólo podrán escapar de su tiranía haciéndose cristianos. ¡Que ante todo este filósofo, o mejor quienes dan crédito a tales pseudooráculos contra los cristianos, hagan ponerse de acuerdo, si son capaces, a Apolo y a Hécate sobre Cristo, y luego que ambos lo calumnien o ambos lo exalten! Aunque llegaran a conseguirlo, seguiríamos repudiando a estos farsantes demonios tanto si calumnian como si alaban a Cristo. De hecho, puesto que su dios por un lado y su diosa por otro están en desacuerdo con relación a Cristo, el uno desprestigiando y la otra ensalzando, los hombres, como es lógico, si tienen sentido común, no prestarán el menor crédito a quienes así calumnian a los cristianos.

4. Cuando dirige Porfirio o Hécate sus alabanzas a Cristo, al decir que su persona ha sido para los cristianos una fatal ocasión de verse envueltos en el error, está exponiendo su opinión sobre las causas de tal error. Pero antes de analizar sus propias palabras, yo pregunto: Suponiendo que Cristo fue el tropiezo fatal de la caída en el error de los cristianos, ¿ha sido voluntaria o involuntariamente por parte de Cristo? Sí lo fue voluntariamente, ¿cómo le llama justo? Y sí fue involuntariamente, ¿cómo llamarle bienaventurado? Pero escuchemos cuáles han sido las causas mismas del error.

Dice así Porfirio: "Hay en algún lugar unos espíritus terrestres insignificantes sometidos al poder de los demonios malos. Los sabios del pueblo hebreo —uno de los cuales fue también este Jesús, como ya conoces por los oráculos de Apolo, citados más arriba—, apartaban a los hombres religiosos de tales perversos demonios y de los espíritus inferiores, prohibiéndoles dedicarse a ellos. En cambio, les inculcaban la veneración de los dioses celestiales, y, sobre todo, la de Dios Padre. Pero esto —prosigue— también los dioses lo ordenan, y ya hemos dicho arriba cómo nos aconsejan volver nuestra alma a Dios, y nos mandan adorarlo por todas partes. Pero los ignorantes e impíos, a quienes el destino no otorgó los favores divinos, ni el conocimiento del inmortal Júpiter, lejos de prestar oídos a los dioses y a los adivinos, rechazaron a todos los dioses. En cambio, a estos demonios, cuyo trato tenían prohibido, no solamente no los detestaron, sino que les empezaron a honrar. A Dios fingen adorarlo, pero no ponen en práctica aquello precisamente por lo que Dios recibe adoración. Porque Dios, como Padre de todos, no tiene necesidad de nada; pero a nosotros sí que nos viene bien el adorarlo por medio de la justicia, de la castidad y demás virtudes, haciendo de nuestra propia vida una plegaria hacia Él a través de su búsqueda e imitación. La búsqueda, efectivamente —dice él—, purifica, y la imitación, al crear con su ejercicio una simpatía hacia Él, nos deifica".

Porfirio está en lo correcto cuando habla de Dios Padre y la conducta mediante la que debemos adorarle. Los libros proféticos de los hebreos están llenos de parecidos preceptos cuando en la vida de los santos se condena o se alaba algo. Pero con relación a los cristianos se equivoca y los calumnia todo cuanto quieren los demonios, tenidos por él como dioses. ¡Como si fuera tan difícil recordar qué torpezas, qué indecencias se realizaban en teatros y templos como obsequio a los dioses, y al mismo tiempo ver lo que se lee, se dice y se oye en las iglesias, y cuál es la oblación que se hace a Dios para deducir de aquí dónde se están construyendo y dónde arruinando las costumbres! ¿Quién le ha dicho a semejante filósofo, o quién le ha inspirado, sino un espíritu diabólico, esta estúpida y evidente mentira: que los demonios, a quienes los hebreos prohibieron dar culto, lejos de odiarlos les tributan reverencia los cristianos? Pero lo cierto es que ese mismo Dios, adorado por los sabios hebreos, prohíbe sacrificar incluso a los santos ángeles del cielo y a las potestades divinas, a quienes nosotros veneramos y amamos como a conciudadanos colmados ya de felicidad, en medio de nuestro destierro mortal. Y tal prohibición resuena con voz potente y graves amenazas en su ley, dada a su pueblo hebreo cuando dijo: "El que ofrezca sacrificios a los dioses, muera".

Y para que nadie piense que el precepto de no sacrificar a los dioses queda reducido a los malignos demonios y a los espíritus terrenos, citados por Porfirio como "insignificantes" o "inferiores" —porque incluso ellos son llamados dioses en las santas Escrituras—, no de los hebreos, sino de los gentiles, por ejemplo en aquel salmo que tradujeron los Setenta: "Porque todos los dioses de los gentiles son demonios" (Sal. 96:5). Pues bien, para que nadie se creyera que la prohibición de sacrificar se reducía a estos demonios, y que a los espíritus celestiales, todos o parte de ellos, sí les estaba permitido, añadió en seguida: "excepto sólo al Señor". es decir, únicamente el Señor, no sea que al leer alguien: *nisi Domino soli* (sino sólo al Señor) entienda que Dios es el sol, a quien se deben sacrificios. Claro, que en la versión griega de la Escritura queda descartado este sentido con suma facilidad.

5. Por consiguiente, el Dios de los hebreos, de quien este eminente filósofo da un testimonio tan significativo, promulgó una ley a su pueblo hebreo, escrita en lengua hebrea una ley que no permanece en la clandestinidad y en la ignorancia, sino que está divulgada ya por todos los países. En esta ley se encuentra escrito: "El que sacrificare a dioses, excepto al Señor, será muerto" (Ex. 22:20). ¿Qué necesidad hay de buscar más testimonios sobre este punto en la ley de Dios y sus profetas?

En realidad no sería necesario buscarlos siquiera, puesto que no son ni pocos ni enigmáticos. Con suma facilidad los encontraría abundantes y explícitos para avalar esta mi exposición hasta que apareciera más clara que la luz del día la voluntad de Dios de no sacrificar a nadie en absoluto, más que a Él, como al verdadero y supremo Dios. Veamos solamente este texto. Es breve, sí, pero pronunciado con una solemnidad amenazante y verdadera por ese mismo Dios a quien ensalzan sus más eminentes sabios entre tantas excelencias. Escúchenlo, témanlo, cúmplanlo, no sea que por hacerse sordos a él les sobrevenga la muerte: "El que sacrificare", y no porque Él necesite algo, sino que a otros nos conviene ser de su pertenencia. A este respecto se canta en las sagradas Escrituras de los hebreos: "Dijiste, oh alma mía, al Señor: Tú eres el Señor, mi bien a ti no aprovecha" (Sal. 16:2). El más espléndido, el mejor sacrificio en su honor lo constituimos nosotros mismos, que somos su ciudad, y este es el misterio que celebramos en nuestros sacrificios, bien conocidos por los fieles, como ya hemos expuesto en los libros precedentes. Así resonaron los oráculos divinos a través de los profetas hebreos, que habían de cesar las víctimas ofrecidas por los judíos como imagen del futuro, y que los gentiles de Oriente a Occidente ofrecerían un único sacrificio, como vemos que ya se realiza ahora. De tales oráculos proféticos hemos ido citando unos cuantos, suficientes, a nuestro parecer para esta obra.

Por tanto, cuando falta la justicia de que hemos hablado, en virtud de la cual el único y supremo Dios, según la ley de su gracia, da órdenes a la ciudad que le obedece de no ofrecer sacrificios más que a Él sólo, y como consecuencia que en todos los hombres, miembros de esta ciudad y obedientes a Dios, el alma sea fiel dueña del cuerpo, y la razón de los vicios, según un orden legítimo; y que lo mismo que un solo justo, así también una comunidad y un pueblo de justos vivan de la fe, "fe que obra por el amor" (Gál. 5:6), un amor por el que el hombre ama a Dios, como debe ser amado, y al prójimo como a sí mismo; cuando, pues, falta esta justicia no hay una comunidad de hombres asociados por la adopción en común acuerdo de un derecho y una comunión de intereses.

Si esto falta, no hay pueblo, y si nuestra definición es cierta, ciertamente no hay república; pues donde no hay pueblo tampoco hay república.

24. Los pueblos y el objeto de su amor

Pero si descartamos esta definición de pueblo y damos otra, es decir, que un pueblo es la asamblea de seres racionales unidos por un común acuerdo sobre los objetos de su amor, entonces, para saber el carácter de este pueblo debemos observar qué es lo que aman. No obstante, sean cualesquiera sus amores, si se trata de un conjunto no de bestias, sino de seres racionales, y está asociado en virtud de la participación armoniosa de los objetos que aman, se puede llamar pueblo con todo derecho y se tratará de un pueblo tanto mejor cuanto su concordia sea sobre intereses más nobles, y tanto peor cuanto más bajos sean éstos. De acuerdo con esta definición, que es nuestra, el pueblo romano es verdadero pueblo, y su empresa, una república o Estado, sin lugar a dudas. La historia da fe de lo que amó este pueblo en sus primeros y en etapas posteriores; cómo declinó en sediciones sanguinarias y luego en guerras sociales y civiles, rompiendo y corrompiendo esta concordia, que es la salud de un pueblo. De todo esto ya hemos hablado abundantemente en los libros precedentes. No por eso voy a negar que Roma sea un pueblo, o que su empresa sea una república, con tal que se mantenga de algún modo el conjunto de seres racionales unidos por la comunión concorde de objetos amados.

Lo que digo de este pueblo y de esta república debe entenderse también de Atenas y demás Estados griegos, de Egipto, de aquel antiguo imperio asirio, Babilonia, cuando en sus repúblicas eran dueños de grandes o pequeños imperios y, en general, de cualquier otro Estado de la tierra. La ciudad de los impíos, en general rebelde a la autoridad de Dios, que le manda no ofrecer sacrificios más que a Él, y por eso incapaz de hacer prevalecer el alma sobre el cuerpo y la razón de los vicios, carece de la auténtica justicia.

25. Sin religión no hay virtudes auténticas

Por más admirable que parezca el dominio del alma sobre el cuerpo y de la razón sobre las pasiones, si el alma y la razón no están sometidas a Dios, tal como el mismo Dios lo mandó, no es recto en modo alguno el dominio que tienen sobre el cuerpo y las pasiones. ¿De qué cuerpo, en efecto, puede ser dueña un alma, o de qué pasiones, si desconoce al verdadero Dios y no se somete a su dominio, sino que se prostituye a los más viciosos y corruptores demonios? Por eso, hasta las virtudes que estos hombres tienen la impresión de haber adquirido, mediante las cuales mantienen mandan al cuerpo y las pasiones, para el logro o conservación de algo, pero sin referirlas a Dios, son vicios más bien que virtudes. Y aunque algunos las tengan por verdaderas y nobles virtudes, consideradas en sí mismas y no ejercitadas con alguna otra finalidad, incluso entonces están hinchadas, son soberbias, y, por tanto, no se las puede considerar como virtudes sino como vicios. Pues así como lo que hace vivir a la carne no procede de ella, sino que es algo superior, así también lo que hace al hombre vivir feliz no procede del hombre, sino que está por encima del hombre. Y dígase lo mismo no sólo del hombre, sino también de cualquier otra potestad o virtud celeste

26. La paz de la ciudad terrena

Así como el alma es el principio vital de la carne, así también Dios es la vida bienaventurada del hombre. De ello dicen las sagradas Escrituras de los hebreos: "Bienaventurado el pueblo cuyo Dios es el Señor" (Sal. 144:15). Desgraciado, por tanto, el pueblo alejado de este Dios. Con todo, también este pueblo ama la paz, una cierta paz que le es propia y que no hay por qué despreciar. Cierto que no disfrutará de esta paz al final, porque no la ha utilizado debidamente antes de ese final. Y a nosotros nos interesa también que durante el tiempo de esta vida disfrute de esta paz, puesto que mientras están mezcladas ambas ciudades, también nos favorece la paz de Babilonia. De esta ciudad está libre el pueblo de Dios por la fe para que camine con ella mientras peregrina en la tierra. De aquí que el mismo apóstol encomendase a la Iglesia orar por los reyes y autoridades, añadiendo estas palabras: "Para que tengamos una vida tranquila y sosegada, con la mayor piedad y amor posibles" (1ª Tim. 2:2).

Ya el profeta Jeremías, junto con el anuncio al antiguo pueblo de Dios de su futura cautividad, y con el mandato divino de que fuesen dócilmente a Babilonia, ofreciendo sus mismos padecimientos como un servicio a Dios, les aconsejó también que orasen por la ciudad, y les dijo: "Porque su paz será la vuestra" (Jer. 29:7). Una paz temporal que disfrutan buenos y malos

27. La paz de los adoradores de Dios

Pero la paz que es peculiar a nosotros la disfrutamos ahora con Dios por la fe, y en la eternidad la disfrutaremos a su lado por visión. La paz que tenemos en esta vida, sea común a todos o propia de nosotros, podemos considerarla más bien como un alivio de nuestra desgracia que como un disfrute de la felicidad. Nuestra misma justicia también, aunque sea verdadera porque la referimos al último y verdadero bien, sin embargo, es tan limitada en esta vida que más bien consiste en la remisión de los pecados que en la perfección de las virtudes. Testigo de ello es la oración de toda la ciudad de Dios, peregrina en estas tierras. Así clama por boca de todos sus miembros: "Perdónanos nuestras deudas, así como nosotros perdonamos a nuestros deudores" (Mt. 6:12). Y esta oración es eficaz no a aquellos cuya fe "sin obras es muerta" (St. 2:17), sino a aquellos cuya "fe obra por el amor" (Gál. 5:6). La razón, por más que esté sometida a Dios, al hallarse bajo esta condición mortal y en este cuerpo corruptible, que es lastre del alma (Sab. 9:15), no puede dominar perfectamente las malas inclinaciones. De ahí la necesidad para los justos de tal oración. En efecto, aunque llegue a dominar estas malas inclinaciones, no es capaz de hacerlo sin una lucha contra ellas. Y, naturalmente, en esta mansión de miseria, incluso al más valiente luchador, y al que ya tiene dominio de sus enemigos, después de vencerlos y someterlos, algún pecado se les desliza, si no ya fácilmente en sus obras, sí al menos en las palabras, tan resbaladizas, o en los pensamientos, tan difíciles de controlar. Y, por tanto, mientras se está tratando de dominar nuestros viciosos instintos, no se disfruta de plena paz, puesto que los que ofrecen resistencia necesitan peligrosos combates hasta su rendición; por otra parte, el triunfo sobre los ya rendidos no ofrece una tranquilidad segura, sino que es necesario mantenerlos a raya con estrecha vigilancia. En medio de todas estas tentaciones, a las que alude brevemente la divina Palabra en estos términos: "¿No es cierto que la vida del hombre sobre la tierra es una tentación?" (Job 7:1, LXX), ¿quién tendrá la presunción de vivir sin necesidad de decirle a Dios: "Perdónanos nuestras deudas", más que un hombre infatuado? No se trata aquí de un gran hombre; es más bien un vanidoso, un jactancioso, al cual, con plena equidad, rechaza quien ofrece gracia a los humildes. A este respecto está escrito: "Dios resiste a los arrogantes, pero concede gracia a los humildes" (St. 4:6; 1ª Pd. 5:5).

En esto, por tanto, consiste la justicia del hombre: que someta a Dios con humildad; el cuerpo al alma y las inclinaciones viciosas, incluso cuando se rebelan, a la razón, sea derrotándolas o, al menos, oponiéndoles resistencia; consiste, además, en pedirle al mismo Dios la gracia del mérito y el perdón de los pecados, así como en darle gracias por las bendiciones recibidas.

Pero en aquella paz final, hacia donde debe tender y por la que hay que conseguir esta justicia, nuestra naturaleza, recuperada su integridad por la inmortalidad y la incorrupción, no tendrá inclinaciones viciosas; nada se enfrentará contra nadie, ni por parte de sí mismo ni de algún otro; y no será necesario que la razón tenga sometida bajo su control a las inclinaciones viciosas, que habrán ya desaparecido. Dios mandará al hombre, el alma al cuerpo, y al obedecer será tanta la suavidad y la facilidad, cuanta será la felicidad en el gozo de vivir y de reinar. Y todo esto será eterno en todos y cada uno, y habrá certeza de su eternidad. La paz de esta felicidad, o la felicidad de esta paz, constituirá el supremo bien.

28. Destino final de los impíos

Por el contrario, a los que no pertenecen a esta ciudad de Dios heredarán una eterna desgracia, también llamada "muerte segunda", porque allí ni se puede decir que el alma esté viva —separada, como está, de la vida de Dios—, ni se puede decir que lo esté el cuerpo, atenazado por eternos tormentos. He ahí por qué esta segunda muerte será más atroz que la primera, puesto que no podrá terminar con la muerte.

Ahora bien, lo mismo que la desgracia se opone a la felicidad y la muerte a la vida, así parece oponerse la guerra a la paz. Por eso, lo mismo que hemos hablado y ensalzado la paz como el bien supremo, podemos preguntarnos cuál será, cómo habremos de entender que será la guerra como el mal supremo. Quien se haga esta pregunta que ponga atención a lo que la guerra tiene de dañino y pernicioso. Descubrirá que no es más que el hallarse las cosas en oposición, en pugna las unas contra las otras. ¿Qué guerra más encarnizada y amarga se puede uno imaginar que la voluntad luchando contra las pasiones, y las pasiones contra la voluntad, de tal forma que ninguno ponga fin con su victoria a tales hostilidades, y al mismo tiempo la violencia del dolor luchando contra la naturaleza corporal, sin que jamás se rinda ninguno de los contendientes? En este mundo, cuando tal conflicto tiene lugar, o vence el dolor poniendo fin la muerte al sentido, o vence la naturaleza, eliminando la salud al dolor. En cambio, en el otro mundo el dolor persiste causando sufrimiento, y la naturaleza continúa percibiéndolo. Ambos persistirán para que no falte el castigo. Pero como para llegar a este supremo bien y supremo mal, aquél codiciable, éste rechazable, aquél para los buenos, éste para los malos, tanto unos como otros han de pasar por el juicio, es de él de lo que vamos a tratar, con la ayuda de Dios, en el siguiente libro.

Libro XX

1. El juicio final

1. Vamos a hablar del día del juicio definitivo de Dios, en dependencia de su gracia, y a afirmar su existencia frente a los impíos y descreídos, y ante todo hemos de fundamos, a modo de sólido cimiento, sobre los testimonios divinos. Quienes rehúsan darle crédito se afanan por oponer sus pobres argumentos humanos, llenos de errores y falsedades; pretenden dar un significado diverso a los testimonios aducidos por la Escritura, o niegan, en fin, rotundamente que Dios lo haya afirmado. Porque yo estoy convencido de que no hay mortal alguno que, comprendiendo correctamente estos testimonios y creyendo que han sido pronunciados por el mismo soberano y verdadero Dios, a través de algunas almas santas, no se rinda ante ellos y les dé su asentimiento, ya lo confiese de palabra, ya se avergüence o tenga miedo de confesarlo, por efecto de algún vicio, o ya, incluso, se empeñe, con una terquedad rayana en la demencia, en defender obstinadamente lo que él conoce y cree como falso en contra de sus propias convicciones sobre la verdad auténtica.

2. La Iglesia entera del verdadero Dios afirma en su confesión y profesión pública de fe que Cristo ha de venir desde el cielo a juzgar a vivos y muertos; a esto le llamamos el día último del juicio divino, es decir, el tiempo final. Desconocemos cuántos días durará ese juicio. Suelen tener por costumbre las Santas Escrituras usar el término "día" en lugar de "tiempo", como sabe cualquiera que las haya leído con atención. Nosotros, al citar el día del juicio, añadimos "último" o "final", puesto que también ahora juzga Dios, y ha juzgado desde el comienzo del género humano, excluyendo del paraíso y separando del árbol de la vida a los primeros hombres, reos de un gran pecado.

Es más, cuando no perdonó a los ángeles prevaricadores, cuyo cabecilla, tras haberse perdido a sí mismo, pervirtió por envidia a los hombres, entonces, sin duda, actuó como juez. Y no ha sucedido sin este profundo y justo juicio que la vida de hombres y demonios, unos en el aire, otros en la tierra, esté llena de miseria, de errores y calamidades. Y aunque nadie hubiese pecado, no sucedería sin el juicio divino, lleno de bondad y justicia, el mantener unidas a sí, su Señor, con la mayor perseverancia, a todas las criaturas racionales en la felicidad eterna.

Juzga Dios también, y no de una manera únicamente universal, cuando decide sobre la culpa de los primeros pecados de la raza de demonios y hombres para su desgracia; lo hace también de las propias obras de cada uno, fruto del albedrío voluntario. Porque incluso los demonios suplican que cesen sus tormentos (Jn. 5:29), y no sería injusto el perdonarlos ni tampoco el que continúen en sus tormentos, según su propia perversidad. Los hombres, a su vez, son castigados por Dios según sus hechos, abiertamente con frecuencia, y ocultamente siempre, sea en esta vida o después de la muerte. Aunque en realidad no hay hombre que obre con rectitud si no es con la ayuda divina, ni demonio u hombre que obren mal sí no se lo permite un divino y justísimo juicio. De hecho, dice el apóstol: "En Dios no hay injusticia" (Ro. 9:14); y de él son también estas palabras: "¡Qué insondables son los juicios de Dios y qué inescrutables sus caminos!" (Ro. 11:33).

No voy a tratar en este libro de aquellos primeros juicios ni tampoco de estos segundos, sino más bien, según su ayuda, del último, aquel en que Cristo ha de venir del cielo para juzgar a los vivos y a los muertos. Este es el propiamente llamado "día del juicio", porque allí no habrá lugar a quejas de incautos, a ver por qué éste es feliz siendo malo, o por qué el otro, que es justo, es desgraciado. Se verá claramente cómo la auténtica y colmada felicidad será la de todos y solamente los buenos, y, en cambio, la desgracia suma y merecida será para todos y solos los malos.

2. Los juicios inescrutables de Dios

En las presentes circunstancias aprendemos a sobrellevar con serenidad de espíritu los males, sufridos también por los buenos, y a no sobrevalorar los bienes, que poseen incluso los malos. Así, hasta en aquellas coyunturas en que no aparece clara la divina justicia, encontramos una saludable lección. No sabemos en virtud de qué dictamen divino ese hombre justo sea pobre, y aquel otro malvado sea rico; por qué éste disfruta de alegría cuando su depravada conducta le hace acreedor —nos parece— de tormentos y calamidades, mientras que este otro, cuya vida ejemplar nos convence de que debería rebosar de gozo, vive entristecido; por qué un inocente sale del tribunal no solamente sin ser vengado, sino incluso condenado, víctima de la injusticia del juez, o abrumado de falsos testimonios; y, en cambio, el criminal, su adversario, no sólo queda impune, sino que, incluso tras de ser vengado, se levanta insolente en su triunfo; por qué el impío goza de excelente salud, mientras que el hombre religioso se ve consumir en la enfermedad; por qué hay mozos entregados al pillaje rebosando salud, y niños que ni de palabra siquiera han podido ofender a nadie, atormentados por las más diversas y atroces dolencias; por qué a este hombre, de tanto provecho para la humanidad, lo arrebata una muerte apresurada, y otro que no debería ni haber nacido —así lo pensamos—, la vida se le prolonga generosamente; por qué a tal hombre lleno de crímenes se le encumbra, colmándole de honores, mientras que el otro, de intachable proceder, queda escondido en las tinieblas de la vulgaridad. Y así otros casos parecidos; ¿quién sería capaz de enumerarlos, de revisarlos todos?

Pero supongamos que estos hechos, en sí paradójicos, se mantuvieran constantes, y en esta vida, en la que, según el sagrado cántico, el "hombre es igual que un soplo, sus días, una sombra que pasa" (Sal. 144:4), únicamente los malvados lograsen los bienes fugaces de la tierra y, por el contrario, solamente los buenos sufriesen males semejantes: podía atribuirse este acontecer a un designio justo de Dios, o al menos un designio misericordioso. Así, quienes no habían de conseguir los bienes eternos, causa de su felicidad, con los bienes temporales recibirían un desengaño por su malicia, o un consuelo por la misericordia de Dios; en cambio, quienes no habían de sufrir los eternos tormentos, con estos otros tormentos temporales recibirían castigo de sus pecados, cualesquiera que ellos sean y por insignificantes que sean, o bien serían probados hasta lograr la perfección de sus virtudes.

Pero como en realidad no sólo en el malvado hay bienes y en el bueno males —lo que se ofrece a primera vista como injusto—, sino que también con frecuencia a los malos les suceden desgracias y a los buenos dichas, más "insondables se tornan los juicios de Dios y más inescrutables sus caminos". Por eso quizá ignoremos con qué designio realiza Dios tales obras o permite tales acontecimientos, Él, en quien se halla la virtud consumada, y la más encumbrada sabiduría y la perfecta justicia; Él, en quien no hay rastro de debilidad alguna, ni de precipitación, ni de injusticia; con todo, aprendemos un saludable lección: el no darle excesiva importancia ni a lo bienes ni a los males, puesto que los vemos tanto en los buenos como en los malos, y sí, en cambio, el buscar los verdaderos valores, propios de los buenos, y evitar con todas nuestra fuerzas aquellos males exclusivos de los malvados. Pero cuando nos encontremos ante aquel juicio de Dios (cuyo tiempo propiamente se llama "día del juicio", y a veces "día de Señor"), entonces quedará patente que son perfectamente justos no sólo los juicios dictaminados entonces, sino también todos aquellos que han tenido lugar desde el principio y los que han de tener lugar hasta ese momento. Allí quedará de manifiesto incluso con qué justo designio de Dios sucede que tantos, casi todos los justos juicios de Dios quedan ocultos a los sentidos y a la inteligencia de los mortales, siendo así que en este campo no se oculta a la fe de los creyentes que es justo el hecho mismo de quedar oculto.

3. Enseñanza de Salomón en Eclesiastés

Ya Salomón, el rey más sabio de Israel, que reinó en Jerusalén, comienza así el libro llamado Eclesiastés, y que incluso los judíos tienen en el canon de sus Escrituras: "Vanidad de vanidad, dice el Eclesiastés; todo es vanidad. ¿Qué provecho saca el hombre de todas las fatigas que lo fatigan bajo el sol?" (Ecl. 1:2-3). Y partiendo de esta exclamación va conectando con todo lo demás: recuerda las calamidades y las falsedades de esta vida, al par que el tiempo se nos desvanece de entre las manos; nada hay sólido, nada se mantiene estable. En medio de toda esta fatuidad bajo el sol deplora también de alguna manera que, a pesar de sobreabundar la sabiduría sobre la insipiencia, como la luz sobre las tinieblas, y de llevar el sabio los ojos en la cara y el necio caminar en tinieblas, a todos, por supuesto, les aguarda la misma suerte en esta vida que llevamos bajo el sol. En tal afirmación pone de manifiesto las desventuras que vemos aguardar lo mismo a buenos que a malos.

Dice más aún: que los buenos padecen desgracias como si fueran malos, y los malvados, como si fueran buenos, consiguen venturas. Estas son sus palabras: "Sucede otra vanidad todavía sobre la tierra: hay honrados a quienes toca la suerte de los malvados, mientras que a los malvados les toca la suerte de los honrados. Esto es también vanidad" (Ecl. 8:14). En esta vanidad, a la que el sabio varón dedica todo este libro con objeto de convencernos de ella (no con otra finalidad, evidentemente, sino la de inculcarnos el deseo de la vida que no tiene vanidad bajo este sol, sino la verdad bajo el autor de este sol), en esta vanidad, digo, ¿se desvanecerá, acaso, el hombre, hecho semejante a esta nada, sin un justo y recto designio de Dios?

Sin embargo, lo que ante todo importa al hombre durante los días engañosos que le toca vivir es si opone resistencia o si acata la verdad; si está ajeno o si cumple la verdadera religión. Y no precisamente con miras a conseguir los bienes o librarse de los males de esta vida, tan fútiles y huidizos, sino con la intención puesta en el juicio que ha de venir, puerta que dará acceso a los bienes para los buenos y a los males para los malos con una duración sin término. Este hombre, en fin, lleno de sabiduría, concluye su libro con estas palabras: "Teme a Dios y guarda sus mandamientos, porque esto es ser hombre perfecto; porque Dios juzgará todas las acciones, incluso las del más insignificante, buenas y malas" (Ecl. 12:13-14). ¿Qué cosa más breve, verídica y saludable se puede decir? "Teme a Dios", dice, "y guarda sus mandamientos, porque esto es ser hombre perfecto". Efectivamente, todo el que tiene existencia real no es otra cosa que esto: un cumplidor de los mandatos de Dios; y el que no es esto, no es nada. Porque en tanto permanece en semejanza de la vanidad, no es renovado en la imagen de la verdad. "Porque Dios juzgará todas las acciones", es decir, lo que el hombre realiza en esta vida, tanto las buenas como las malas, incluso las del más insignificante, a saber, las de todo aquel que nos parece aquí despreciable, y, por lo tanto, ni aparece siquiera, pero Dios sí lo ve, y no lo desprecia ni lo deja a un lado en el juicio.

4. Prioridad doctrinal del Nuevo Testamento respecto al Antiguo

Los testimonios sobre el juicio final de Dios, que tengo intención de tomar de las Santas Escrituras, los voy a elegir primero entre los del Nuevo Testamento, y después entre los del Antiguo. Cierto que el Antiguo tienen prioridad en el tiempo; sin embargo, el Nuevo merece un primer puesto en dignidad, dado que el Antiguo es un heraldo del Nuevo. Serán, pues, aducidos en primer lugar los pasajes del Nuevo Testamento, y para dejarlos probados con más solidez, aduciremos también a los textos del Antiguo.

En el Antiguo tenemos la Ley y los Profetas, en el Nuevo, el Evangelio y las cartas apostólicas. Dice el apóstol: "La función de la ley es dar conciencia de pecado. Ahora, en cambio, independientemente de toda ley, está proclamada una justicia que Dios concede, avalada por la Ley y los profetas, justicia que Dios otorga por la fe en Jesucristo a todos los que tienen esa fe" (Ro. 3:20-22). Esta justicia de Dios pertenece al Nuevo Testamento, y tiene a su favor el testimonio de los libros del Antiguo, es decir, la Ley y los Profetas. Vayamos, pues, por partes: primero hagamos exposición de la causa; luego traeremos los testigos. Este es el orden que el mismo Cristo Jesús nos insinuó seguir: "Todo escriba instruido en el reino de Dios se parece a un padre de familia que saca de su arcón cosas nuevas y antiguas" (Mt. 13:52). No dijo "antiguas y nuevas". Lo hubiera dicho, por supuesto, si no hubiera preferido guardar el orden de los valores más que el de los tiempos.

5. Enseñanza de Cristo sobre el juicio final

1. El mismo Salvador, reprendiendo a las ciudades que continuaban incrédulas a pesar de los grandes prodigios en ellas realizados, las pos-

pone a las ciudades extranjeras, y dice: "Pero yo os digo que el día del juicio les será más llevadero a Tiro y Sidón que a vosotras" (Mt. 11:22). Y poco después le dice a otra ciudad: "Pero yo os digo que el día del juicio le será más llevadero a Sodoma que a ti" (Mt. 11:24). Declara en este pasaje con toda evidencia que tendrá lugar el día del juicio. Y se expresa así en otro lugar: "Los hombres de Nínive se levantarán en el juicio contra esta generación y la condenarán, porque ellos se arrepintieron ante la proclamación de Jonás. ¡Y he aquí uno mayor que Jonás está en este lugar! La reina del Sur se levantará en el juicio contra esta generación y la condenará, porque vino de los confines de la tierra para oír la sabiduría de Salomón. ¡Y he aquí uno mayor que Salomón está en este lugar!" (Mt. 12:41-42). Dos cosas nos revela este pasaje: que llegará el juicio y que tendrá lugar al tiempo de la resurrección de los muertos. En la alusión que hacía a los ninivitas cuando pronunciaba estas palabras se refería, por supuesto, a los muertos, anunciando, sin embargo, de antemano que habían de resucitar. Y no dijo "condenará", como si fuesen ellos los jueces, sino que en comparación con ellos, estas ciudades saldrían condenadas.

2. Hay otro pasaje, cuando habla de la mezcla actual de buenos y malos y la posterior separación, que tendrá lugar, sin duda, el día del juicio; en dicho pasaje aduce la comparación del trigo sembrado al que se le ha echado encima cizaña. Dice al explicarles esta comparación a sus discípulos: "El que siembra la buena semilla es el Hijo del Hombre; el campo es el mundo; la buena semilla son los ciudadanos del reino; la cizaña son los secuaces del Malo; el enemigo que la siembra es el diablo; la cosecha es el fin del mundo; los segadores son los ángeles. Lo mismo que la cizaña se recoge y se quema, sucederá al fin del mundo; el Hijo del hombre enviará a sus ángeles, recogerán de su reino a todos los corruptores y malvados, y los arrojarán al horno encendido; allí será el llanto y el crujir de dientes. Entonces los justos brillarán como el sol en el reino de su Padre. Quien tenga oídos, que oiga" (Mt.. 13:37-43). Cierto que aquí no nombra las palabras "juicio" o "día del juicio", pero con los hechos lo expresa con mucha más claridad y predice qué sucederá al fin de los siglos.

3. Les dice Jesús también a sus discípulos: "De cierto os digo que en el tiempo de la regeneración, cuando el Hijo del Hombre se siente en el trono de su gloria, vosotros que me habéis seguido os sentaréis también sobre doce tronos para juzgar a las doce tribus de Israel" (Mt. 19:28). De aquí aprendemos que Jesús juzgará acompañado de sus discípulos. En otro lugar dice a los judíos: "Si yo echo los demonios por arte de Belcebú, vuestros adeptos ¿por arte de quién los echan? Por eso ellos mismos serán vuestros jueces" (Mt. 12:27). Pero como habla de sentarse sobre doce tronos, no vamos a pensar que solamente compartirán el juicio con él

doce personas. En realidad, el número doce indica de alguna manera la totalidad de los jueces, y esto por las dos partes de que consta el número siete, el cual, la mayoría de las veces, significa la totalidad. Es decir, que cuatro y tres, multiplicados uno por otro, dan doce. Hay otros sentidos también en el número doce. De no ser así, puesto que está escrito que Matías fue consagrado apóstol en sustitución del traidor judas, Pablo el apóstol, que trabajó más que todos ellos, no tendrá cátedra donde juzgar, él que declara pertenecer, junto con otros santos, al número de los jueces cuando dice: "¿No sabéis que hemos de juzgar a ángeles?" (1ª Cor. 15:10).

Con relación a los que han de ser juzgados, también en el número doce se encuentra una explicación parecida. Por supuesto, no por haberse dicho para juzgar a las doce tribus de Israel dejarán de juzgar a la tribu de Leví, que es la trece, o que solamente harán juicio al pueblo judío, dejando al resto de las naciones.

Con el término "tiempo de la regeneración" quiso aludir Jesús, sin lugar a dudas, a la resurrección de los muertos. De hecho, nuestra carne recibirá una nueva creación por la incorruptibilidad, lo mismo que nuestra alma la recibe por la fe

4. Dejo a un lado muchos testimonios referentes al juicio final, pero que, examinados atentamente, parecen ambiguos o tienen por tema principal otra cosa, como puede ser la venida del Salvador que está realizando continuamente a su Iglesia, esto es, a sus miembros individual y paulatinamente, puesto que toda ella se identifica con su cuerpo. O también aquellos textos que se refieren a la destrucción de la Jerusalén terrena, porque cuando habla de esto, ha menudo emplea un lenguaje que es aplicable al fin del mundo y a aquel gran último día del juicio. Pero resulta imposible de todo punto precisar el valor del testimonio, a menos que se haga una confrontación textual entre los tres evangelistas, Mateo, Marcos y Lucas, en sus pasajes paralelos sobre el tema. De esta forma, con la oscuridad de uno y la claridad de otro sobre un mismo punto, se descubre mejor la razón de algunas afirmaciones. Esto es lo que ya he intentado de alguna manera en una carta que dirigí a Hesiquio, de feliz memoria, obispo de Salona. El título de la carta es *El fin del mundo*[1].

5. Voy, pues, a tratar el pasaje evangélico de Mateo sobre la separación de buenos y malos en el juicio inapelable y final de Cristo. Dice así: "Cuando el Hijo del Hombre venga en su gloria y todos los ángeles con él, entonces se sentará sobre el trono de su gloria; y todas las naciones serán reunidas delante de él. El separará los unos de los otros, como cuando el pastor separa las ovejas de los cabritos; y pondrá las ovejas a su derecha,

---

1. Agustín, *Ep.* 199.

y los cabritos a su izquierda. Entonces el Rey dirá a los de su derecha:
¡Venid, benditos de mi Padre! Heredad el reino que ha sido preparado
para vosotros desde la fundación del mundo. Porque tuve hambre, y me
disteis de comer; tuve sed, y me disteis de beber; fui forastero, y me recibisteis; estuve desnudo, y me vestisteis; enfermo, y me visitasteis; estuve
en la cárcel, y vinisteis a mí. Entonces los justos le responderán diciendo:
Señor, ¿cuándo te vimos hambriento y te sustentamos, o sediento y te dimos de beber? ¿Cuándo te vimos forastero y te recibimos, o desnudo y te
vestimos? ¿Cuándo te vimos enfermo, o en la cárcel, y fuimos a ti? Y respondiendo el Rey les dirá: De cierto os digo que en cuanto lo hicisteis a
uno de estos mis hermanos más pequeños, a mí me lo hicisteis. Entonces
dirá también a los de su izquierda: Apartaos de mí, malditos, al fuego
eterno preparado para el diablo y sus ángeles" (Mt. 25:31-41). También
a los condenados les va enumerando luego de manera parecida lo que
dejaron de hacer y que les recuerda a los de la derecha haberlo cumplido.
De igual modo le preguntan cuándo lo vieron en circunstancias como
ésas: la respuesta es que cuando no lo hicieron con los suyos más humildes, lo dejaron de hacer con él. Y termina así su alocución: "Estos irán al
castigo eterno, y los justos a la vida eterna" (v. 46).

Juan el evangelista declara explícitamente que Jesús ha predicho que
tendrá lugar el juicio cuando llegue la resurrección de los muertos. He
aquí sus palabras: "Porque el Padre no juzga a nadie, sino que todo el
juicio lo dio al Hijo, para que todos honren al Hijo como honran al Padre.
El que no honra al Hijo, no honra al Padre que le envió. De cierto, de
cierto os digo que el que oye mi palabra y cree al que me envió tiene vida
eterna. El tal no viene a condenación, sino que ha pasado de muerte a
vida" (Jn. 5:22-24). Cosa curiosa: Juan afirma aquí que los fieles de Cristo
no serán llamados a juicio. ¿Cómo, entonces, serán separados de los malos por un juicio y estarán en pie a su derecha? Es evidente que Juan en
este pasaje emplea el término "juicio" en el sentido de "condenación". De
hecho, no serán llamados a un juicio de este tipo quienes oyen el mensaje
de Cristo y dan fe a quien le envió.

6. Naturaleza de la primera y de la segunda resurrección

1. Después de estas palabras, Jesús continúa diciendo: "De cierto, de cierto os digo que viene la hora y ahora es, cuando los muertos oirán la voz del
Hijo de Dios, y los que oyen vivirán. Porque así como el Padre tiene vida
en sí mismo, así también dio al Hijo el tener vida en sí mismo" (Jn. 5:25-26).
Todavía no habla de la segunda resurrección, la de los cuerpos, que tendrá
lugar al final. Habla de la primera, que tiene lugar ahora. Para distinguirla

dice: "Viene la hora y ahora es". No se trata aquí de la resurrección de los cuerpos, sino de la de las almas. Porque también las almas tienen su muerte, originada por la impiedad y los pecados. Con esta muerte están muertos aquellos de quienes el mismo Señor dijo: "Deja que los muertos entierren a sus muertos" (Mt. 8:22). En otras palabras: que los muertos, en el alma entierren a los muertos de cuerpo. A éstos, precisamente, muertos de alma por la impiedad y la injusticia se refiere cuando dice: "Viene la hora y ahora es, cuando los muertos oirán la voz del Hijo de Dios, y los que oyen vivirán". Cuando dice "oirán" hemos de entender los que la obedecen, creen y perseveran hasta el final. Y aquí no establece ninguna diferencia entre buenos y malos. Porque es bueno para todos los hombres oír su voz y vivir, pasando a la vida piadosa desde la muerte de la impiedad.

De esta muerte dice apóstol Pablo: "Por consiguiente, todos han muerto; es decir, murió por todos para que los que viven ya no vivan más para sí mismos, sino para el que murió y resucitó por ellos" (2ª Cor. 5:14-15). Todos, pues, han recibido la muerte por sus pecados, sin excepción alguna en absoluto, sea por el pecado original, sea por los que voluntariamente han ido acumulando, ya sin saber, ya sabiendo qué es lo debido y no cumpliéndolo. Por todos estos muertos ha ido a la muerte el único viviente, es decir, el que no tenía absolutamente ningún pecado, para que los murientes tengan vida por la remisión de sus pecados, no vivan ya para sí, sino para aquel que a causa de nuestros pecados murió por todos y resucitó con vistas a nuestra justificación. De esta forma, creyendo en Él, que justifica al culpable, justificados de nuestra impiedad, o despertados de la muerte, podamos tener parte en la primera resurrección, la que tiene lugar actualmente. En esta primera resurrección no tendrán parte más que aquellos que lleguen a la beatitud eterna. En la segunda, en cambio —de la que bien pronto nos va a hablar el Señor—, veremos cómo tendrán parte tanto los bienaventurados como los desgraciados. Aquélla es una resurrección de misericordia; ésta, de justicia. Por eso está escrito en el salmo: "Voy a cantar para ti, Señor, la bondad y la justicia" (Sal. 101:1).

2. Sobre este juicio añadió en seguida Cristo: "Y también le dio autoridad para hacer juicio, porque él es el Hijo del Hombre" (Jn. 5:27). Aquí manifiesta que ha de venir a pronunciar sentencia en la misma carne en que había venido a ser sentenciado. Por eso dice: "Porque Él es el Hijo del hombre". Y prosigue sobre lo mismo: "No os asombréis de esto, porque vendrá la hora cuando todos los que están en los sepulcros oirán su voz y saldrán, los que hicieron el bien para la resurrección de vida, pero los que practicaron el mal para la resurrección de condenación" (Jn. 5:28-29). Este "juicio" es el mismo que poco antes ha tomado con la acepción de "condenación", en aquellas palabras: "De cierto, de cierto os digo que el que

oye mi palabra y cree al que me envió tiene vida eterna. El tal no viene a condenación, sino que ha pasado de muerte a vida" (Jn. 5:24). Teniendo, pues, parte en la primera resurrección, por la que ya ahora se pasa de la muerte a la vida, no se incurre en condenación, significada bajo el nombre de juicio. Igualmente ocurre en este otro pasaje: "Los que practicaron el mal resucitarán para el juicio", es decir, para la condenación.

Por lo tanto, quien quiera verse libre de condena en la segunda resurrección, que resucite en la primera. Porque se acerca la hora, o mejor dicho, ha llegado ya, en que los muertos escucharán la voz del Hijo de Dios, y al escucharla tendrán vida, esto es, no incurrirán en condenación, llamada "muerte segunda". A esta muerte que sucederá después de la segunda resurrección —la de los cuerpos— serán precipitados quienes no resuciten en la primera —la de las almas—, porque viene la hora (y aquí ya no dice: ha llegado ya, porque sucederá al final del mundo, en el último y más solemne juicio de Dios) en que todos cuantos están en los sepulcros escucharán su voz y saldrán. Ya no dice como antes: "Y al escucharla tendrán vida". Porque no todos tendrán vida, la vida que, por ser bienaventurada, es la única que realmente merece tal nombre. Evidentemente no es posible, sin alguna clase de vida, oír la voz y, resucitando la carne salir del sepulcro. Pero la razón por la que no todos tendrán vida nos la da Cristo en la frase siguiente: "Y saldrán, los que hicieron el bien para la resurrección de vida, pero los que practicaron el mal para la resurrección de condenación" (Jn. 5:29): he aquí los que no tendrán vida, porque morirán con la segunda muerte. Practicaron el mal porque han vivido mal; y han vivido mal porque no han resucitado en la primera resurrección, la que tiene lugar ahora, o quizás no se mantuvieron hasta el final en su vida renovada.

Así como son dos las nuevas creaciones, de las que acabo de hablar más arriba, una según la fe, que tiene lugar por el bautismo; la otra según la carne, que sucederá cuando llegue su incorruptibilidad y su inmortalidad como consecuencia del último y solemne juicio, así también son dos las resurrecciones: una, la primera, tiene lugar ahora, y es la espiritual o de las almas; ésta inmuniza contra la muerte segunda. En cuanto a la segunda resurrección, no sucede ahora; tendrá lugar al final de los siglos. No afecta a las almas, sino a los cuerpos, y, en virtud del juicio final, a unos los precipitará a la muerte segunda; a otros, en cambio, los conducirá hasta aquella vida que no conoce la muerte.

7. Las dos resurrecciones y el milenio

A propósito de estas dos resurrecciones, el mismo evangelista Juan, en su libro llamado Apocalipsis, habló en tales términos que algunos de nuestros intérpretes cristianos no han llegado a comprender la primera de ellas; es más, la han deformado convirtiéndola en ridículas fábulas. Estas son, de hecho, las palabras del apóstol Juan en el citado libro:

"Vi a un ángel que descendía del cielo y que tenía en su mano la llave del abismo y una gran cadena y prendió al dragón, aquella serpiente antigua quien es el diablo y Satanás, y le ató por mil años. Lo arrojó al abismo y lo cerró, y lo selló sobre él para que no engañase más a las naciones, hasta que se cumpliesen los mil años. Después de esto, es necesario que sea desatado por un poco de tiempo. Y vi tronos; y se sentaron sobre ellos, y se les concedió hacer juicio. Y vi las almas de los degollados por causa del testimonio de Jesús y por la palabra de Dios. Ellos no habían adorado a la bestia ni a su imagen, ni tampoco recibieron su marca en sus frentes ni en sus manos. Ellos volvieron a vivir y reinaron con Cristo por mil años. Pero los demás muertos no volvieron a vivir, sino hasta que se cumplieran los mil años. Esta es la primera resurrección. Bienaventurado y santo el que tiene parte en la primera resurrección. Sobre éstos la segunda muerte no tiene ningún poder; sino que serán sacerdotes de Dios y de Cristo, y reinarán con él por los mil años" (Ap. 20:1-6).

Ante estas palabras ha habido quienes han sospechado que la primera resurrección será corporal. Pero, sobre todo, han quedado impresionados por el número de los mil años, como si los santos debieran tener, según eso, una especie de descanso sabático de tamaña duración, o sea, un santo reposo después de trabajar durante seis mil años, desde la creación del hombre, su expulsión de la felicidad del paraíso y la caída en las calamidades de esta vida mortal en castigo de aquel gran pecado. De manera que, según aquel pasaje: "Para el Señor un día es como mil años, y mil años como un día" (2ª Pd.. 3:8), pasados seis mil años como si fueran seis días, seguirá como día séptimo el sábado, significado en los últimos mil años: y para celebrar, en fin, este sábado resucitarán los santos.

Esta opinión sería de algún modo tolerable si admitiera que los santos durante ese tal sábado disfrutan, por la presencia del Señor, de unas ciertas delicias espirituales. Incluso hubo un tiempo en que nosotros fuimos de la misma opinión[2]. Pero desde el momento en que afirman que los santos resucitados en ese período se entregarán a los más inmoderados festines de la carne, con tal abundancia de manjares y bebidas, que, lejos de toda moderación, sobrepasarán la medida de lo increíble, una tal hipótesis sólo puede ser sostenida por hombres totalmente dominados por los bajos instintos. Sin embargo, hay algunos, guiados por el espíritu, que sostienen esta misma creencia y se les denomina con el término

---

2. Agustín, *Serm.* 259.

griego *quiliastas*, nombre que podríamos traducirlo por "milenaristas". Refutarlos punto por punto sería demasiado largo. Pero creo que debemos ir mostrando el verdadero sentido de este pasaje de la Escritura.

2. El mismo Señor Jesucristo dice: "Nadie puede entrar en la casa de un hombre fuerte y saquear sus bienes a menos que primero ate al hombre fuerte" (Mc. 3:27). Con este "hombre fuerte" quiere aludir al diablo que fue capaz de tener cautivo al género humano. Por "sus bienes" que había de saquear entiende los seguidores que le habían de ser fieles, y que él tenía detenidos en toda clase de pecados y de impiedades. Para amarrar a este forzudo vio Juan en su Apocalipsis un ángel que bajaba del cielo llevando la llave del abismo y una cadena grande en la mano. "Y agarró al dragón, la serpiente primordial, el diablo o Satanás, y lo encadenó para mil años". Es decir, puso un freno y un impedimento al poder que tenía de seducir y cautivar a los que habían de ser liberados.

Los mil años pueden ser interpretados, según mi modo de ver, de dos maneras: o bien que todo esto ha de pasar en los últimos mil años, es decir, en el milenio sexto, como si fuera el día sexto, cuyos últimos años están transcurriendo ahora; para ser seguidos de un sábado sin atardecer, el descanso de los santos, que no tendrá fin. Y en este sentido llamaría aquí mil años a la última pate de este tiempo, como un día que dura hasta el fin del mundo, tomando la parte por el todo.

Otra manera de interpretar los mil años sería el tomar esta cifra para designar la totalidad de la duración de este mundo, empleando el número perfecto para indicar la plenitud del tiempo. Porque el número mil es el cubo de diez. Diez por diez dan cien, es una figura cuadrada, pero simplemente plana. Para darle altura y hacerla cúbica, hay que volverlo a multiplicar por diez y resultan los mil. Si hay veces que se utiliza el número cien por la totalidad; por ejemplo, aquel pasaje en que el Señor a quien lo deja todo y le sigue, le dice: "Recibirá en este mundo el céntuplo" (Mt. 19:29), y que en cierto modo comenta el apóstol con estas palabras: "Como no teniendo nada, pero dueños de todo" (2ª Cor. 6:10), y que ya anteriormente había sido dicho: "Todas las riquezas del mundo pertenecen al hombre fiel", ¿cuánto más el número mil puede significar la totalidad, siendo así que es la tercera dimensión del cuadrado de diez? Nunca se entenderán mejor que en tal sentido las palabras del salmo: "Se acordó para siempre de su pacto, de la palabra que mandó para mil generaciones" (Sal. 105:8), es decir, por todas.

3. "Lo arrojó al abismo". Sí, es al diablo a quien arrojó al abismo, dando a entender por "abismo" la multitud innumerable de impíos, cuyos corazones son un enorme abismo de maldad contra la Iglesia de Dios. Si se habla de ser arrojado el diablo allá es porque, al ser rechazado

por los creyentes, comenzó con mayor saña a adueñarse de los impíos. Efectivamente, uno se convertirá más y más en posesión del diablo cuando no solamente se encuentra alejado de Dios, sino que, además, tiene odio injustificado a los servidores de Dios.

Y prosigue: "lo cerró, y lo selló sobre él para que no engañase más a las naciones antes que se cumplan los mil años". Las palabras "lo cerró" significan "le prohibió salir", para no realizar lo ilícito. Al añadir "lo selló", significa, a mi entender, que Dios ha querido que queden ocultos quiénes pertenecen al diablo y quiénes no le pertenecen. De hecho en este mundo es un absoluto secreto, puesto que no se sabe si el que parece mantenerse firme tal vez caerá, y el que parece caído quizá se levante. Con la cadena y el cerrojo de esta prohibición queda el diablo obstaculizado e impedido para continuar seduciendo o apresando como antaño a las naciones que pertenecen a Cristo. Ya Dios había determinado antes de la creación del mundo sacarlas del dominio de las tinieblas y trasladarlas al reino de su Hijo querido, como dice el apóstol (Col. 1:13). Efectivamente, ¿a qué fiel se le oculta que el diablo seduce, incluso hoy, a las naciones y las arrastra consigo al castigo eterno, tratándose de las no predestinadas a la vida eterna? Y en cuanto a los ya regenerados en Cristo, que caminan por las sendas de Dios, no nos debe extrañar que seduzca a veces también a éstos: "Conoce el Señor a los que son suyos" (2ª Tim. 2:19), de los cuales el diablo no seduce ninguna para la condenación eterna. El Señor los conoce como Dios que es, a quien nada se le oculta, incluso del futuro; no como el hombre, que conoce al hombre sólo en el presente (si es que lo conoce, puesto que no ve su corazón), pero de su conducta futura ni la suya propia conoce.

Es precisamente para esto para lo que el diablo ha sido atado y encerrado en el abismo: para que no pueda extraviar a los pueblos que constituyen la Iglesia. Antes, cuando todavía no existía la Iglesia, él los engañaba y los capturaba. No se dijo "para que no extravíe a alguien", sino para que no pueda extraviar a las naciones —y en ellas, sin duda alguna, quiso significar la Iglesia— antes de que se cumplan los mil años, es decir, o bien lo que queda del sexto día, que consta de mil años, o bien la totalidad de los años que desde ahora debe cumplir este mundo.

4. Las palabras "para que no pueda extraviar a las naciones antes de que se cumplan los mil años" no debemos entenderlas como si después haya de ponerse a extraviar únicamente a las naciones predestinadas de que consta la Iglesia, cuya seducción es limitada por la cadena y prisión. En conformidad con la manera de hablar frecuente de la Escritura y ejemplificada en el salmo: "Así nuestros ojos miran al Señor, nuestro Dios, hasta que tenga compasión de nosotros" (Sal. 123:2), no como si

los ojos de sus siervos no esperaran más en el Señor su Dios una vez que haya tenido misericordia. El orden incuestionable de estas palabras es: "Lo arrojó al abismo y lo cerró, y lo selló sobre él para que no engañase más a las naciones, hasta que se cumpliesen los mil años", y la cláusula "para que no engañase más a las naciones", no se debe entender en conexión con el texto donde se encuentra, sino con todo el párrafo, y leerse: "Lo arrojó al abismo y lo cerró, y lo selló sobre él para que no engañase más a las naciones, hasta que se cumpliesen los mil años, para que no seduzca más a las naciones", es decir, es encerrado hasta que se cumplan los mil años con el fin de que no engañe más a las naciones.

8. Encadenamiento y liberación del diablo

"Después de esto, es necesario que sea desatado por un poco de tiempo", dice Juan. Si la atadura y la prisión del diablo significan que es incapaz de seducir a la Iglesia, su liberación ¿significa que recuperará esta capacidad? De ninguna manera. Porque la Iglesia predestinada y elegida antes de la fundación del mundo, de la que se dice: "Conoce el Señor a los que son suyos" (2ª Tim. 2:19), nunca será engañada por el diablo. A pesar de esto, habrá una Iglesia en este mundo cuando el diablo sea desatado, así ha habido desde el principio y habrá siempre, siendo el lugar de los muertos ocupado por los nuevos creyentes. Un poco después, Juan dice que el diablo, siendo desatado, saldrá para engañar a las naciones y hacer la guerra contra la Iglesia, cuyos enemigos son como la arena del mar. "Y subieron sobre lo ancho de la tierra y rodearon el campamento de los santos y la ciudad amada, y descendió fuego del cielo y los devoró. Y el diablo que los engañaba fue lanzado al lago de fuego y azufre, donde también están la bestia y el falso profeta, y serán atormentados día y noche por los siglos de los siglos" (Ap. 20:9-10). Este pasaje ya pertenece al juicio final, pero he creído oportuno citarlo ahora no sea que alguien vaya a pensar que en ese breve lapso de tiempo en que estará suelto el diablo no habrá Iglesia en esta tierra, sea porque no la va a encontrar, sea porque la va a aniquilar con toda clase de persecuciones. El diablo, pues, no está atado durante todo el tiempo que abarca este libro, a saber, desde la primera venida de Cristo hasta el fin del mundo, que es su segunda venida; está atado en el sentido que durante este intervalo, que recibe el nombre de mil años, no pueda extraviar a la Iglesia, puesto que ni cuando quede suelto la logrará extraviar. Porque, efectivamente, si el estar encadenado equivale a no poder o no permitírsele extraviarla, ¿qué será andar suelto sino poder o permitírsele extraviarla? Y esto ni pensar siquiera que suceda. No; el encadenamiento del diablo equivale a no permitirle desarrollar todas las capacidades tentadoras que tiene a su alcance, como son la violencia y el fraude con vistas a seducir a los humanos hacia su partido, violentándolos o engañándolos astutamente. Si esto le estuviera permitido durante todo ese tiempo, y teniendo en cuenta la profunda debilidad de muchos, haría sucumbir a los ya creyentes, o impediría que otros llegasen a la fe en número tal que Dios no está dispuesto a tolerar. Para que esto no le sea posible está atado el diablo.

2. Pero cuando llegue aquel breve plazo será soltado. Durante tres años y seis meses, leemos, se ensañará con todas sus fuerzas y las de sus secuaces. Mas aquellos con quienes él deberá batallar serán de una valentía tal que no le será posible vencerlos ni con sus ataques ni con sus engaños. Si no anduviese nunca suelto, apenas conoceríamos su maléfico poder; no se pondría a prueba la firme paciencia de la ciudad santa; no llegaríamos, en fin, a conocer lo bien que se ha servido el Omnipotente de un mal tan grave, no retirándolo totalmente de la tentación de los santos. Cierto que lo mantuvo fuera de lo íntimo del hombre, allí donde se cree en Dios; y lo hizo a fin de que sus ataques desde fuera les sirviesen de progreso. Por otra parte, lo encadenó en el interior de aquellos que son de su partido para que no le fuera posible difundir ni desarrollar toda la malicia de que es capaz sobre las personas débiles que deben engrosar las filas de la Iglesia y llevarla a su plenitud, impidiéndole que a unos, los que habían de creer, los apartase de la fe religiosa, y a los otros, los ya creyentes, los hiciera rendirse. Además, soltará al diablo al final: verá así la ciudad de Dios qué poderoso adversario ha sido capaz de vencer, y todo redundará en una inmensa gloria de su redentor, de su defensor, de su liberador. ¿Qué somos nosotros, realmente, en comparación de los santos y seguidores leales que habrá en esa época entonces, puesto que para ponerlos a prueba se dejará en libertad a un tan poderoso enemigo, siendo así que nosotros nos debatimos en medio de tan graves peligros permaneciendo él atado?

De todos modos, también en este período actual ha habido algunos soldados de Cristo tan vigilantes, tan aguerridos, e incluso —lo podemos afirmar sin dudarlo— existen de hecho, que aunque viviesen en esta vida mortal durante el período de la libertad diabólica, todas sus asechanzas sabrían esquivarlas con suma sagacidad y a todos sus ataques hacerles frente con paciencia ejemplar.

3. El encadenamiento del diablo de que venimos hablando no ha tenido lugar únicamente en aquel período inicial en que comenzó la Iglesia a difundirse más y más fuera de Judea entre unos y otros países; tiene lugar ahora y lo tendrá hasta la consumación del mundo, período en el que deberá ser soltado; porque también ahora los hombres se convierten

a la fe de la incredulidad en que los retenía él mismo, y seguirán convirtiéndose, no hay duda, hasta ese período final. En realidad está atado para cada uno este hombre fuerte cuando es arrancado de sus garras como si fuera su posesión. El abismo donde ha sido encerrado no termina con la muerte de quienes vivían en el momento de su encierro. Han ido naciendo otros que les han sucedido y les siguen sucediendo, hasta el fin del mundo, llenos de odio a los cristianos. A diario es encerrado, como en un abismo, en lo profundo de sus ciegos corazones.

Pero incluso en aquellos tres últimos años y seis meses, cuando, suelto, emplee toda su saña violenta, ¿abrazará alguien la fe que no había profesado antes? He aquí una delicada cuestión. ¿Cómo se justificarían aquellas palabras?: "¿Podrá uno meterse en casa de un hombre fuerte y arrebatar sus posesiones sí primero no lo ata"? Según esto, la presente cita nos obliga a admitir que en aquel período —por más corto que él sea— nadie se alistará en las filas del cristianismo; más bien la lucha diabólica se dirigirá contra aquellos que ya estén reconocidos como cristianos. Puede ocurrir que algunos se rindan y se pasen a las filas del diablo. En este caso se trata de individuos no predestinados a formar parte del número de los hijos de Dios. No en vano el mismo apóstol Juan, autor del Apocalipsis, dice de algunos individuos en su carta: "Han salido de nosotros, pero no eran de los nuestros; sí hubieran sido de los nuestros, se habrían quedado con nosotros" (1ª Jn 2:19).

¿Y qué ocurrirá con los niños recién nacidos? Es demasiado improbable que aquel período no sorprenda a ningún niño, nacido de padres cristianos, pero todavía no bautizado; o que en aquellos días precisos no nazcan niños; y si los ha de haber que sus padres no los lleven, sea como sea, al baño de la regeneración. En tal caso, ¿cómo será posible arrancarle al diablo, suelto ya, estas piezas de su botín, si previamente no lo ata? Es más, lo más probable será que en aquella época se den casos de apostasía de la Iglesia y casos de conversión para formar parte de ella. Y, por supuesto, habrá una valentía tan grande en los padres para hacer bautizar a sus hijos, y en aquellos que abracen la fe por primera vez, que serán capaces de vencer a ese hombre fuerte incluso sin ataduras. En otras palabras, que aunque emplee contra ellos, como jamás lo había hecho, todas sus astutas artimañas y toda la fuerza de sus ataques, ellos sabrán combatirlo con una inteligente vigilancia y una entereza a toda prueba. De esta forma, por más suelto que esté, saldrán de sus garras.

Y no por esto va a ser falsa la afirmación evangélica: "¿Quién podrá entrar en casa de un hombre fuerte y arrebatar sus posesiones sí primero no lo ata?" De hecho, he aquí el orden seguido en esta frase, según la verdad de su contenido: primeramente había que sujetar al fuerte; luego robarle sus cosas; después empezaría a multiplicarse la Iglesia por todas partes, entre todas las naciones, con elementos fuertes y débiles de tal manera que la misma fe, robustecida fuertemente en virtud de los hechos pronosticados y cumplidos, sería capaz de arrebatar sus posesiones incluso suelto el demonio.

Cierto, hemos de reconocer que "la caridad de un gran número se enfría cuando abunda la iniquidad" (Mt. 24:12), y que, dado lo inaudito e implacable de las persecuciones y astucias diabólicas, cuando ya ande suelto, muchos de los no inscritos en el libro de la vida se rendirán. Así también es preciso reconocer que tanto los fieles intachables que haya en aquel entonces, como aun algunos de los que estén fuera de la fe, apoyados en el auxilio de Dios, a través de las Escrituras, portadoras de la predicción de muchos acontecimientos y, en concreto, del fin del mundo, el cual verán venirse encima, se sentirán más firmes para creer lo que antes no creían y con más arrojo para vencer al diablo aun sin encontrarse atado.

Si esto ha de ser así, hay que decir que primero se le encadenó para que, tanto encadenado como suelto, pudiera decirse: "¿Quién podrá entrar en casa de un hombre fuerte y arrebatar sus posesiones sí primero no lo ata?".

9. La Iglesia y el reino de Dios

1. Durante todo este período de mil años en que el diablo está encadenado, los santos están reinando con Cristo esos mil años, exactamente los mismos, y entendidos en los mismos términos, es decir, este período que comprende su primera venida. Si además del reino del que se dirá al final: "Venid, benditos de mi Padre; heredad el reino preparado para vosotros" (Mt. 25:34); los santos a quienes dice: "He aquí, yo estoy con vosotros todos los días, hasta el fin del mundo" (Mt. 28:20), no tienen otro, aunque de una manera bien distinta y en un grado muy inferior, en el que reinen con Él, sin duda que no llamaría ahora a la Iglesia su reino o reino de los cielos. Porque este es el tiempo en que el escriba docto en el reino de Dios, a quien me referí anteriormente, "saca de su tesoro cosas nuevas y viejas" (Mt. 13:52). Y es de la Iglesia de donde los segadores recogerán la cizaña que el Señor permitió crecer junto con el trigo hasta el tiempo de la cosecha. Así lo explica Él: "La cosecha es el fin del mundo: los segadores, los ángeles. Lo mismo que la cizaña se recoge y se quema, sucederá al fin del mundo: El Hijo del hombre enviará a sus ángeles y recogerá de su reino a todos los que causan tropiezos y a los que hacen maldad" (Mt. 13:39-41). ¿Los recogerá de aquel reino donde no hay escándalos? No, será de este su reino presente, que es la Iglesia.

Dice, además: "El que pase por alto uno sólo de estos preceptos mínimos y lo enseñe así a la gente será declarado el último en el reino de los cielos. En cambio, el que los cumpla y enseñe a cumplirlos será declarado grande en el reino de los cielos" (Mt. 5:19). A ambos los sitúa en el reino de los cielos: tanto al que no pone en práctica los mandamientos que enseña (esto es realmente lo que significa pasar por alto: no guardar, no cumplir), como al que los cumple y así lo enseña. Aunque a uno se le llama el último y al otro grande. Y añade a renglón seguido: "Porque os digo que si vuestra fidelidad no sobrepasa la de los escribas y fariseos", es decir, la de aquellos que pasan por alto lo que enseñan, porque de los escribas y fariseos, dice otro pasaje: "Dicen y no cumplen" (Mt. 23:3), si, pues, vuestra fidelidad a los preceptos no sobrepasa la de éstos, no entraréis continúa Jesús, "en el reino de los cielos" (Mt. 5:20). En otras palabras, que vosotros no los paséis por alto, sino que más bien cumpláis lo que enseñáis. Es preciso, por ello, comprender el reino de los cielos de dos modos distintos: el primero donde se encuentran estas dos clases de personas, el que no cumple lo que enseña y el que lo pone en práctica, siendo uno el menor y el otro mayor; y el segundo lo llamamos a aquel donde no entra más que el que cumple los preceptos.

Según esto, allí donde existen las dos clases de personas se trata de la Iglesia en la actualidad, pero donde sólo existe una clase de personas, es la Iglesia tal cual será cuando en ella ya no haya nadie malo. La Iglesia es, pues, ahora el reino de Cristo y reino de los cielos. Y los santos reinan con él incluso ahora, claro que de manera distinta a como reinarán entonces. Sin embargo, la cizaña no reina con Él por más que crezca juntamente con el trigo en la Iglesia. Sólo reinan con Él quienes ponen en práctica lo que dice el apóstol: "Si habéis resucitado con Cristo, gustad lo de arriba, donde está Cristo sentado a la derecha de Dios; buscad las cosas de arriba, no las de la tierra" (Col. 3:1-2). De esta clase de hombres dice también que todo su vivir está en el cielo (Flp. 3:20). Finalmente, reinan con él quienes de tal manera viven en su reino, que ellos mismos constituyen su reino. Ahora bien, ¿cómo son reino de Cristo quienes, aunque se encuentren en él hasta que sean recogidos todos los corruptores de su reino al final del mundo, con todo —por no decir otras cosas— buscan "su propio interés y no el de Jesucristo" (Flp. 2:21)?

2. De este reino en estado de guerra, en el cual hay todavía que enfrentarse con el enemigo, y a veces oponer resistencia a los vicios atacantes y otras se les domina cuando se rinden, hasta llegar a aquel reino donde todo es paz, donde uno podrá reinar sin enemigos; de esta primera resurrección, la que tiene lugar ahora ya, habla el libro del Apocalipsis según las palabras que hemos citado. Porque una vez que ha expuesto cómo el

diablo estará encadenado durante mil años, y luego andará suelto durante un corto espacio de tiempo, resume entonces la actividad de la Iglesia
durante estos mil años, o lo que va a ocurrir en ella. Y dice: "Vi tronos;
y se sentaron sobre ellos, y se les concedió hacer juicio" (Ap. 20:4). No se
trata aquí de la sentencia del último juicio, sino más bien de asientos de
las autoridades: hemos de entender aquí las autoridades mismas por las
que ahora se gobierna la Iglesia. Y en cuanto a la sentencia que se les encomienda, nada mejor podemos entender que aquello que se dijo: "Todo
lo que atéis en la tierra quedará atado en el cielo, y todo lo que desatéis
en la tierra quedará desatado en el cielo" (Mt. 18:18). De ahí que afirme
el apóstol: "¿Es asunto mío juzgar a los de fuera? ¿No es a los de dentro a
quienes juzgáis vosotros?" (1ª Cor. 5:12).

Y prosigue Juan: "Y vi las almas de los degollados por causa del testimonio de Jesús y por la palabra de Dios. Ellos no habían adorado a la
bestia ni a su imagen, ni tampoco recibieron su marca en sus frentes ni
en sus manos. Ellos volvieron a vivir y reinaron con Cristo por mil años"
(Ap. 20:4). Se trata, por supuesto, de las almas de los mártires, no restau-
radas todavía en sus cuerpos. Porque las almas de los justos difuntos no
quedan separadas de la Iglesia, que incluso ahora es ya el reino de Cristo.
De otro modo no se les recordaría ante el altar del Señor a la hora de
recibir el cuerpo de Cristo; y de nada les serviría en el peligro correr en
busca de su bautismo, no sea que la vida les sea truncada antes de recibirlo; ni a la reconciliación, si tal vez por una penitencia impuesta, o por
mala conciencia, puede uno encontrarse separado de su cuerpo. ¿Qué
razón de ser tienen todas estas cosas si no fuera que los fieles, incluso
los difuntos, son miembros de la Iglesia? Por eso, aunque no sea con sus
propios cuerpos, reinan ya con Cristo sus almas mientras van transcurriendo estos mil años.

Se lee, de hecho, en este mismo libro: "Dichosos los muertos que
mueren en el Señor. Cierto, dice el Espíritu, desde ahora pueden descansar de sus trabajos, porque sus obras les acompañan" (Ap. 14:13).
Efectivamente, la Iglesia reina en compañía de Cristo ahora, en primer
lugar, en las personas de los vivos y los muertos. Por eso murió Cristo,
nos dice el apóstol, "para ser Señor sobre vivos y muertos" (Ro. 14:9).
Pero él sólo hizo mención de las almas de los mártires, porque quienes
principalmente reinan son los muertos que han luchado hasta perder
la vida por defender la verdad. No obstante, si sabemos ir de la parte al
todo, podemos entender por muertos al resto de los que pertenecen a la
Iglesia, que es el reino de Cristo.

3. La frase que sigue: "Ellos no habían adorado a la bestia ni a su
imagen, ni tampoco recibieron su marca en sus frentes ni en sus manos",

la debemos tomar como dicha de los vivos y muertos juntamente. ¿Cuál puede ser esta "bestia"? Por más que se deba reflexionar atentamente no se contradice con la recta fe el ver en ella la ciudad impía y el pueblo de los descreídos, contrario al pueblo fiel y a la ciudad de Dios. Su imagen me parece ser un disfraz, es decir, el que hay en esos hombres que parecen profesar la fe y viven como infieles. Fingen ser lo que no son; se llaman cristianos, pero no por su parecido auténtico, sino por una fingida imagen. Pertenecen a esta misma bestia no sólo los declarados enemigos del nombre de Cristo y de su gloriosísima ciudad, sino también la cizaña, que al final del mundo ha de ser arrancada de su reino, la Iglesia.

Y ¿quiénes son los que no rinden homenaje a la bestia ni a su imagen, sino aquellos que ponen en práctica lo que dice el apóstol: "No os unáis en desigual yugo con los infieles" (2ª Cor. 6:14)? "Ellos no habían adorado" equivale a no prestarle su consentimiento, no someterse a ella. "No llevan su marca", o sea la señal del crimen: ni en la frente, a causa de su profesión de fe, ni en la mano, por sus obras. Ajenos, en efecto, a todos estos males viviendo en esta carne mortal, o ya difuntos, están reinando con Cristo ya ahora, de una manera adecuada al tiempo actual, durante todo el período indicado en la cifra de mil años.

4. "Los demás muertos no volvieron a vivir", prosigue diciendo. Porque ahora es la hora en que los muertos escucharán la voz del Hijo de Dios, y al escucharla tendrán vida (Jn. 5:25); y el resto de ellos no vivirá. Luego añade: "Hasta que se cumplieran los mil años" (Ap. 20:5). Hemos de entenderlo así: durante ese período no vivieron la vida que debían haber vivido, es decir, pasando de la muerte a la vida. En consecuencia, cuando llegue el día en que tenga lugar la resurrección de los cuerpos no se levantarán de sus sepulcros a la vida, sino al juicio; en otras palabras, a la condenación, llamada también la segunda muerte. Todo aquel, pues, que no tenga vida antes de terminar los mil años, o sea, el que durante todo este período en que tiene lugar la primera resurrección no haya escuchado la voz del Hijo de Dios y pasado de la muerte a la vida, en la segunda resurrección pasará indudablemente con su misma carne a la muerte segunda.

Sigue diciendo Juan: "Esta es la primera resurrección. Dichoso y santo aquel que tiene parte en la primera resurrección" (Ap. 20:6), es decir, el que participa de ella. Y ¿quién participa de ella? No solamente quien se levante de la muerte que constituye el pecado, sino el que persevera en su estado de resurrección. "Sobre ellos —dice— la segunda muerte no tiene poder". Luego lo tiene en los demás, de quienes dice más arriba: "El resto de los muertos no volvió a la vida hasta pasados los mil años". Porque durante todo este lapso de tiempo, al que designa como mil años, por más que hayan vivido corporalmente no se han levantado de la muerte en la que les tenía presos la impiedad. Habrían vuelto a la vida haciéndose partícipes de la primera resurrección,y de esta forma no tendría poder sobre ellos la segunda muerte.

10. Sentido de la resurrección de las almas

Hay quienes piensan que no es posible hablar de resurrección más que de los cuerpos. De ahí pretenden que esta primera resurrección sería también corporal. Efectivamente -dicen, levantarse (*resurgere*) es exclusivo de lo que ha caído. Es así que son los cuerpos los que al morir han caído: de hecho, "cadáver" (*cadavera*) se deriva de *cadere* (caer); luego levantarse o resucitar es cosa de los cuerpos, no de las almas. Pero ¿qué respuesta darán al apóstol, que habla de la otra resurrección? Porque habían resucitado en el hombre interior, no en el exterior, aquellos a quienes él se dirige: "Si habéis resucitado con Cristo, gustad las cosas de arriba" (Col. 3:1). Este mismo sentido lo expresa en otro pasaje y con otras palabras: "Para que así como Cristo fue resucitado de la muerte por el poder del Padre, también nosotros andemos en novedad de vida" (Ro. 6:4). Y también esta otra frase: "Despierta tú que duermes, levántate de la muerte y te iluminará Cristo" (Ef. 5:14).

Los que afirman que sólo pueden levantarse los caídos, y, por lo tanto, piensan que la resurrección es propia de los cuerpos, no de las almas, ya que sólo los cuerpos caen, ¿por qué no prestan atención a aquellas palabras: "No os apartéis de él, no sea que vayáis a caer" (Eclo. 2:7); y aquellas otras: "Para su propio señor está en pie o cae" (Ro. 14:4); y también: "El que se cree seguro tenga cuidado, no sea que caiga" (1ª Cor. 10:12)?

Creo que estas caídas se trata de evitarlas en el alma, no en el cuerpo. Luego si puede levantarse quien cae, y también las almas pueden caer, hemos de confesar que inevitablemente las almas también resucitan.

Después de haber dicho: "Sobre ellos la segunda muerte no tiene poder", añade lo siguiente: "Serán sacerdotes de Dios y de Cristo, y reinarán con él por mil años" (Ap. 20:6). Esto último no se refiere únicamente a los obispos y presbíteros, que son ahora especialmente llamados sacerdotes en la Iglesia, sino que de igual modo que llamamos cristianos a todos los ungidos por el místico crisma, así a todos les podemos llamar sacerdotes por ser miembros del único sacerdote. De ellos dice el apóstol Pedro: "Linaje elegido, sacerdocio real" (1ª Pd. 2:9). El Apocalipsis, aunque brevemente, y como de paso, implica que Cristo es Dios, diciendo sacerdotes de Dios y de Cristo, es decir, del Padre y del Hijo. No obstante su apariencia de esclavo, como un hombre más, Cristo ha sido constituido sacerdote según el rito de Melquisedec. Pero esto ya lo hemos explicado más de una vez a través de la presente obra.

11. Gog y Magog y la persecución contra la Iglesia

"Cuando se cumplan los mil años, Satanás será soltado de su prisión", prosigue Juan, "y saldrá para engañar a las naciones que están sobre los cuatro puntos cardinales de la tierra, a Gog y a Magog, a fin de congregarlos para la batalla. El número de ellos es como la arena del mar" (Ap. 20:7-8). Esta sería la finalidad de su engaño: reclutarlos para esta guerra. De hecho, ya antes los engañaba con todos los ardides a su alcance, incitándoles a los más múltiples y variados males. Se dice él que saldrá de los escondrijos del odio y se lanzará en descarada persecución. Esta será la última persecución, a las puertas del juicio definitivo, que la santa Iglesia tendrá que soportar en toda la redondez de la tierra: la ciudad entera de Cristo, perseguida por la entera ciudad del diablo, sin que haya un rincón de paz en ambas sobre toda su extensión.

Estas naciones, aquí designadas por Gog y Magog, no deben interpretarse como unos pueblos bárbaros determinados, establecidos en alguna parte de la geografía, ni aplicarse, como algunos han sospechado, a los Getas[3] y Masagetas[4], guiados por la letra inicial de sus nombre, ni siquiera a unos extranjeros cualesquiera, independientes de la jurisdicción de Roma. Todo el orbe de la tierra está significado en estas palabras: "las naciones que están sobre los cuatro puntos cardinales de la tierra", que identifica con Gog y Magog. La interpretación que hemos averiguado de estos dos nombres es ésta: Gog significa "techo" y Magog "del techo", algo así como "casa" y "el que sale de casa". Se trataría, pues, de pueblos en los que el diablo, como más arriba lo hemos apuntado, estaba encarcelado en una especie de precipicio, y que luego surgiría de él y se marcharía. Ellas serían el techo, y el diablo el que sale de debajo del techo. Pero si en lugar de referir estos dos nombres, uno al diablo y otro a las naciones, los referimos ambos a estas últimas, ellas serían "el techo", puesto que en ellas se encierra ahora y de algún modo se esconde el antiguo enemigo; y ellas serían también "del techo" cuando desde lo escondido emerjan en un odio no disimulado.

Prosigue el texto sagrado: "Subieron sobre lo ancho de la tierra y rodearon el campamento de los santos y la ciudad amada" (v. 9). No se ha querido decir aquí que se hubieran concentrado en un lugar o que habrán

---

3. Habitantes de Tracia, ciudad situada a la orilla del Danubio.
4. Pueblo escita que habitó cerca del mar Caspio.

de concentrarse, como si el campamento de los consagrados y la ciudad predilecta hubieran de estar localizadas en algún punto; en realidad no se refiere sino a la Iglesia de Cristo, difundida por toda la redondez de la tierra. Por eso estará entonces por todas partes, es decir, en todos los pueblos, significados por las palabras "lo ancho de la tierra". Allí estará el campamento de los santos; allí, preferida por Dios, estará su ciudad; allí, con la ferocidad de aquella persecución, será cercada por todos sus enemigos, ya que con ella cohabitarán en todas las naciones: será cercada, será oprimida, será atenazada por la angustia de la tribulación. Pero no abandonará el campo de batalla, ella que es indicada con el nombre de "campamento".

12. El fuego del cielo y el castigo final

En relación con las palabras: "Descendió fuego del cielo y los devoró" (v. 9), no hay por qué pensar que se trata del último suplicio, el que se abatirá sobre ellos cuando se les diga: "Apartaos de mí, malditos, id al fuego eterno" (Mt. 25:41). Entonces sí serán arrojados al fuego, pero no vendrá fuego sobre ellos. Bien puede aquí entenderse por fuego del cielo la firmeza misma de los santos, que les hará posible no ceder ante quienes se ensañan contra ellos, intentando someterlos a su voluntad.

El firmamento es el cielo, y su firmeza les hará sentirse devorados por una ardiente rabia al sentirse incapaces de atraer el partido del anticristo a los consagrados de Cristo. Y ése será el fuego que los rodeará, y procederá de Dios, pues que por don de Dios los santos se hacen invencibles. De aquí el sentirse recomidos por dentro sus enemigos. Lo mismo que para bien se ha dicho: "El celo de tu casa me devora" (Sal.59:9), de igual modo se ha dicho en sentido negativo: "Que vean el celo por tu pueblo y se avergüencen; que también los consuma el fuego para tus enemigos" (Is. 26:11).

Dice "descendió", y claro está, no el fuego de aquel último juicio. O si por este fuego que desciende del cielo y los devora, Juan indica ese soplo con el que Cristo destruirá en su venida a los perseguidores de la Iglesia, a quienes encontrará vivos sobre la tierra, cuando Él dé muerte al anticristo "con el aliento de su boca" (2ª Tes. 2:8), que tampoco éste ha de ser el castigo definitivo de los impíos; sino que el juicio final consistirá en que deben sufrir después de la resurrección de los cuerpos.

13. La gran persecución y el milenio

Esta última persecución, originada por el anticristo (de la que ya hemos dicho se encuentra más arriba en el citado libro del Apocalipsis y en el profeta Daniel), tendrá una duración de tres años y seis meses. Este tiempo, aunque exiguo, ¿pertenece a los mil años en los que el diablo está atado y los santos reinan con Cristo, o hay que sobreañadirlo y dejarlo como fuera de ellos?

Existen razones para ambas hipótesis. Porque si afirmamos que está incluido en los mil años, resulta que el tiempo del reinado de los santos en compañía de Cristo es más prolongado que el del encarcelamiento del diablo. Es indudable, efectivamente, que los santos continuarán reinando principalmente durante la persecución misma, triunfando de ella cuando ya el diablo ande suelto para que pueda perseguirlos con todos sus recursos. ¿Cómo es que la Escritura asigna en este pasaje la misma cifra de mil años a las dos, es decir, a la prisión del diablo y al reinado de los santos, siendo así que tres años y medio antes de que concluya el reinado de los' santos durante los mil años, cesará la detención del diablo?

Supongamos, por otra parte, que el reducido espacio de la persecución no ha de ser comprendido en los mil años, y que hay que añadirlo, más bien, como un apéndice, de forma que pueda entenderse con propiedad este pasaje: "Serán sacerdotes de Dios y de Cristo, y reinarán con él los mil años", junto con lo que añade: "Pasados los mil años, soltarán a Satanás de la prisión". En este caso, tanto el reinado de los santos como las cadenas del diablo cesarían simultáneamente. El tiempo de la persecución subsiguiente no pertenecería ni al reinado de los santos ni a la prisión de Satanás. Ambos son exclusivos de los mil años. Este último sería sobreañadido y habría que contarlo aparte.

Pues bien, en esta segunda hipótesis nos vemos obligados a reconocer que los santos no estarían reinando con Cristo durante la célebre persecución. Pero ¿quién tendrá la osadía de excluir del reinado de Cristo a sus miembros, cuando le estarán más estrecha y fuertemente adheridos, en ese tiempo precisamente en que, cuanto más encarnizados sean los ataques, tanto mayor será la gloria de resistir y más notoria la corona del martirio? ¿Diremos que no han de reinar debido a las tribulaciones que pasarán? En ese caso deberemos afirmar igualmente que todos aquellos santos que eran afligidos por calamidades durante el tiempo de los mil años no estaban reinando con Cristo en los días precisos de su aflicción. Y, por ello, aquellos decapitados por dar testimonio de Jesús y de la palabra de Dios, cuyas almas dice haber visto el autor de este libro, tampoco estarían reinando con Cristo cuando sufrían persecución, ni eran ellos mismos el reino de Cristo, posesión preferida suya. Nada más absurdo e insostenible que esto.

Al contrario, las almas victoriosas de los gloriosos mártires, una vez superados y llegados al término de sus dolores y calamidades, tras haber depuesto sus miembros mortales, reinaron, ciertamente, y reinan con Cristo hasta que se cumplan los mil años. Después reinarán igualmente, una vez recuperados sus cuerpos en estado de inmortalidad. Así, pues, durante los tres años y medio las almas de los que murieron como mártires, las que habían salido ya antes de sus cuerpos y las que habrán de salir en esta persecución última, reinarán con Cristo hasta la consumación del mundo, cuando pasen a aquel reino donde no existe la muerte. Consiguientemente, la duración del reinado de los santos con Cristo será mayor que la de las cadenas y la cárcel del diablo. Aquéllos, en efecto, continuarán reinando con el Hijo de Dios incluso los tres años y medio que el diablo estará suelto.

En definitiva, cuando oímos: "Serán sacerdotes Dios y de Cristo, y reinarán con él los mil años; y pasados los mil años soltarán a Satanás de la prisión", podemos entender que no son los mil años del reinado de los santos los que se terminan, sino los de las cadenas y la cárcel del diablo. En este caso, los mil años, es decir, la totalidad de los años, cada parte los debe terminar con una flexibilidad propia: más prolongados para el reinado de los santos, y algo más breve para la prisión del diablo. También podríamos entender en estas palabras que, dado el corto espacio que suponen los tres años y seis meses, no intentó determinarlo, sea porque la prisión del diablo parece algo más breve, sea porque el reino de los santos parece más prolongado, algo así como ya expuse en el libro XVI de esta misma obra al hablar de los cuatrocientos años[5]. De hecho eran algo más, y con todo se les designó por cuatrocientos años. En las Sagradas Escrituras un atento observador se encuentra frecuentemente con casos análogos.

14. Condenación del diablo y sus seguidores

Después de la mención de la última persecución, resume el Apocalipsis brevemente todo lo que el diablo y la ciudad enemiga con su caudillo ha de padecer cuando llegue el último juicio. Dice así: "El diablo que los engañaba fue lanzado al lago de fuego y azufre, donde también están la bestia y el falso profeta, y serán atormentados día y noche por los siglos de los siglos" (Ap. 20:10). Ya hemos dejado en claro más arriba que la bestia puede muy bien interpretarle como la misma ciudad impía. El falso profeta es, o bien el anticristo, o bien la imagen aquella, es decir,

5. Cap. 24.

las apariencias de que hablábamos en el mismo pasaje. Después de esto, volviendo sobre el último juicio, que tendrá lugar en la segunda resurrección de los muertos, la de los cuerpos, nos cuenta cómo le fue revelado, y dice:

"Vi un gran trono blanco y al que estaba sentado sobre él, de cuya presencia huyeron la tierra y el cielo, y ningún lugar fue hallado para ellos" (v. 11). No dice "Vi un trono magnífico y brillante y al que estaba sentado en él, y a su presencia huyeron el cielo y la tierra", puesto que el hecho no sucedió entonces, es decir, antes de haber juzgado a vivos y muertos. Dice haber visto al que estaba sentado en el trono, y que de su presencia el cielo y la tierra huyeron, pero después. Concluido el juicio, tendrá lugar la desaparición de este cielo y de esta tierra; será entonces cuando comenzará a existir un cielo nuevo y una tierra nueva. Este cambio del mundo tendrá lugar por transformación de los seres, no por su total y absoluta aniquilación. De ahí que diga el apóstol: "Puesto que la apariencia de este mundo pasa, quisiera que estuvieseis libres de ansiedad (1ª Cor. 7:31-32). Pasa, pues, la apariencia, no la naturaleza.

Después de decir Juan que vio al que se sentaba en el trono, de cuya presencia —lo que sucedió después— huyeron el cielo y la tierra, añade: "Vi también a los muertos, grandes y pequeños, que estaban de pie delante del trono, y los libros fueron abiertos. Y otro libro fue abierto, que es el libro de la vida. Y los muertos fueron juzgados a base de las cosas escritas en los libros, de acuerdo a sus obras" (v. 12). Por estos libros citados en primer lugar hemos de entender los libros santos, tanto los viejos como los nuevos. En ellos se ha pretendido mostrar los mandamientos que Dios había ordenado poner en práctica. En el otro, en cambio, que es el de la vida de cada uno, aparecerá qué ha cumplido o qué no ha cumplido cada cual. Si este libro lo miramos con ojos carnales, ¿quién será capaz de calcular su volumen o su tamaño? ¿O cuánto tiempo será preciso para leer un libro en el que está descrita íntegra la vida de cada uno? ¿Asistirán quizá tantos ángeles como hombres haya, y escuchará cada uno su vida recitada por boca de un ángel a él asignado? Porque no va a haber un solo libro para todos, sino uno para cada hombre. Este pasaje, no obstante, quiere dar a entender que se trata de un solo libro. "Y otro libro fue abierto", dice. Hay que suponer necesariamente una fuerza divina que haga recordar a cada uno todas sus obras buenas y malas y con una sola mirada del espíritu se perciban instantáneamente. Así serán juzgados cada uno y todos a la vez. Es. evidentemente, este evocador poder divino el que ha recibido el nombre de libro. En él, de algún modo, es donde se lee lo que por su acción viene a la memoria.

Para mostrar qué muertos, pequeños y grandes, deben ser juzgados, como si volviera de nuevo al tema, omitido anteriormente, o quizá diferido, dice: "El mar entregó los muertos que estaban en él, y la Muerte y el Hades entregaron los muertos que estaban en ellos" (v. 13). Esto, por supuesto, tuvo lugar antes de ser juzgados los muertos; sin embargo, él ha citado primero el juicio. Lo hace así porque, como antes he dicho, recapitula volviendo de nuevo a lo que había dejado pendiente. Pero ahora guarda el orden de los hechos y, para desarrollarlo más ampliamente, vuelve a repetir lo que ya había dicho a propósito del juicio de los muertos. De hecho, después de haber dicho: "El mar entregó sus muertos, la Muerte y el Hades entregaron sus muertos", añade a continuación lo que poco antes había dicho: "Y fueron juzgados, cada uno según sus obras". Esto es justamente lo que más arriba había dicho: "juzgaron a los muertos por sus obras" (v. 12).

15. Los muertos entregados por el Mar, la Muerte y el Hades

Y ¿quiénes son esos muertos que desde su seno el mar entregó? No son precisamente los muertos en la mar quienes están fuera del infierno, cuyos cuerpos se conserven en la mar, o —mas absurdo todavía— que la mar guarde a los difuntos buenos y el infierno a los malos. ¿Quién lo va a creer así?

Algunos, con bastante acierto, han entendido aquí el término "mar" por este mundo. El apóstol Pablo llama muertos a los que Cristo, cuando venga a juzgar, encontrará aquí en su condición corporal igualmente que a los que han de resucitar, tanto a los buenos como a los malos. De los buenos dice: "Habéis muerto, y vuestra vida está escondida con Cristo en Dios" (Col. 3:3); y de los malos se dice: "Deja a los muertos que entierren a sus muertos" (Mt. 8:22). Pueden también llamarse muertos por ser portadores de cuerpos mortales. Lo confirma el apóstol: "Aunque el cuerpo —dice— está muerto a causa del pecado, el espíritu es vida a causa de la justicia" (Ro. 8:10), probando que en un hombre vivo en el cuerpo hay tanto un cuerpo que muerto y un espíritu que es vida. Aun con todo, no dijo que el cuerpo era mortal, sino que está muerto, aunque inmediatamente después les llama también, según la fórmula más usual, cuerpos mortales.

Son estos muertos los que el mar presentó, es decir, este mundo entregó los hombres que tenía, puesto que todavía no habían muerto. La Muerte y el Hades —son sus palabras— entregaron sus muertos. El mar los entregó porque, según fueron sorprendidos, así comparecieron.

En cambio, la Muerte y el Hades les devolvieron la vida, de la cual ya habían emigrado.

Probablemente no carece de sentido el que no baste decir la muerte o el infierno, sino que se ha dicho lo uno y lo otro: la muerte por razón de los buenos, que únicamente han podido sufrir la muerte, pero no el infierno; y éste se ha citado por los malos, que, además, pagan su castigo en los infiernos. Sí, pues, no parece absurdo creer que los antiguos santos que mantuvieron la fe en la futura venida de Cristo, aun cuando estaban en lugares ciertamente muy distantes de los tormentos de los impíos, no obstante se encontraban en los infiernos [Hades] hasta tanto que la sangre de Cristo y su descenso a esos lugares no los sacó de allí, es indudable que a partir de entonces los buenos creyentes, redimidos ya con el precio de aquella sangre, ignoran totalmente los infiernos durante el período transcurrido hasta que, recuperados sus cuerpos, reciban los bienes que se merecen.

Después de la citada frase: "Y cada uno de ellos fue juzgado por sus obras", añadió brevemente la manera de ser juzgados: "la Muerte y el Hades fueron lanzados al lago de fuego" (v. 14), designando con todos estos nombres al diablo, autor de la muerte y de las penas infernales, y a toda la compañía de los demonios. Esto mismo es lo que, adelantándose un poco más arriba, había dicho ya con más claridad: "El diablo que los engañaba fue lanzado al lago de fuego y azufre" (v. 10). Allí añadió, dejándolo todavía en la penumbra: "donde también están la bestia y el falso profeta", pero aquí lo aclara: "Y el que no fue hallado inscrito en el libro de la vida fue lanzado al lago de fuego" (v. 15). No tiene este libro por misión el despertarle a Dios la memoria, no sea que se equivoque en algo por olvido. Quiere significar la predestinación de aquellos a quienes se les otorgará la vida eterna. No es que Dios desconozca a algunos y lea en este libro para enterarse. Más bien este libro de la vida es la misma presciencia de Dios sobre los predestinados, que no puede equivocarse. En él están ellos registrados, es decir, conocidos con anterioridad

16. El cielo nuevo y la tierra nueva

Una vez terminado el juicio por el que Juan anunció que serían juzgados los malos, le queda todavía tratar de los buenos. Ya ha explicado lo que en breves palabras pronunció el Señor: "Irán éstos al castigo eterno", queda por explicar lo que también allí sigue: "Y los justos a la vida eterna" (Mt. 25:46). Dice así: "Vi entonces un cielo nuevo y una tierra nueva. Porque el primer cielo y la primera tierra pasaron, y el mar ya no existe más" (Ap. 21:1). Los hechos tendrán lugar en el orden que había dicho antes, a la inversa: que había visto al que estaba sentado sobre un trono, y que el cielo y la tierra huyeron de su presencia. En efecto juzgados que sean los no registrados en el libro de los vivos, y arrojados al fuego eterno (fuego cuya naturaleza, pienso, ningún hombre conoce, ni en qué parte del mundo o de la creación estará localizado, a no ser quizá que el Espíritu de Dios se lo revele), entonces la apariencia de este mundo pasará, por efecto de una conflagración a escala mundial, como sucedió en el diluvio con aquella inundación mundial de las aguas. En esa conflagración mundial que serán totalmente aniquiladas por el fuego, como ya he dicho, las cualidades de los elementos corruptibles, propias de nuestros corruptibles cuerpos, mientras que la sustancia misma estará dotada, por maravillosa transformación, de las cualidades propias de cuerpos inmortales. Es decir, el mundo, ya nuevo y más excelente, se acomodará a los hombres, renovados incluso en su carne de una manera más excelente también.

Dice luego: "Y el mar ya no existía". No me atrevo a opinar si es que aquel gigantesco incendio secará el mar o más bien será transformado a un estado más excelente. De un cielo nuevo y una tierra nueva sí leemos que tendrán lugar; en cambio, de un mar nuevo nada recuerdo haber leído en ninguna parte, de no ser la mención que hace este mismo libro: Una especie de mar transparente como el cristal (Ap. 15:2). Pero en este pasaje no se habla del final del mundo, ni parece citar propiamente el mar, sino una especie de mar. Aquí, no obstante, dado que los oráculos proféticos son tan aficionados a mezclar los términos propios con las locuciones figuradas, dejando así sus expresiones como envueltas en el misterio, bien pudo decir: "Y el mar ya no existía", del mismo modo que antes había dicho: "Y el mar entregó los muertos que tenía en su seno". A partir de entonces la vida de los mortales no será ya este mundo, agitado y tempestuoso, que es simbolizado por el mar.

17. La gloria sin fin de la Iglesia

"Y vi bajar", continúa el texto sagrado, "la nueva Jerusalén que descendía del cielo de parte de Dios, preparada como una novia adornada para su esposo. Oí una gran voz que procedía del trono diciendo: He aquí el tabernáculo de Dios está con los hombres, y él habitará con ellos; y ellos serán su pueblo, y Dios mismo estará con ellos como su Dios. Y Dios enjugará toda lágrima de los ojos de ellos. No habrá más muerte, ni habrá más llanto, ni clamor, ni dolor; porque las primeras cosas ya pasaron" (Ap. 21:2-5). Se dice de esta ciudad que desciende del cielo, porque la gracia con la cual Dios la formó es del cielo. Por tanto dice en Isaías: "Yo soy el Señor que te formó" (Is. 45:8).

Ciertamente descendió del cielo desde sus comienzos, ya que sus ciudadanos a lo largo del curso de este mundo crecieron por la gracia de Dios, que viene desciende de lo alto por medio del lavamiento de la regeneración en el Espíritu Santo enviado desde el cielo. Pero, por el juicio final de Dios, seremos administrados por su Hijo Jesucristo, allí se manifestará por la gracia de Dios una gloria tan intensa y tan nueva, que no quedará ningún vestigio de lo viejo; hasta los mismos cuerpos pasarán de su vieja corrupción y mortalidad a la incorrupción e inmortalidad nuevas. Porque referir esta promesa al tiempo presente, en el que los santos están reinando con su Rey por mil años, me parece de un atrevimiento incalificable, puesto que declara abiertamente: "Dios enjugará las lágrimas de sus ojos, y ya no habrá muerte, ni luto, ni llanto, ni dolor alguno" (Ap. 21:4).

¿Quién será tan incoherente, tan obstinado y ciego por opiniones contenciosas que tenga la osadía de afirmar que en las calamidades de esta vida mortal pasa sin lágrimas ni dolores, no digo ya el pueblo santo en su conjunto, sino cada uno de los santos individualmente que vive, haya de vivir o vivirá esta vida terrena? El hecho es, que cuanto más santo es uno, más dominado por la sed de santidad, tanto más abundante es la fuente de sus lágrimas en la oración. ¿Acaso no es ésta la voz de un ciudadano de la celestial Jerusalén: "Las lágrimas son mi pan día y noche" (Sal. 42:3), y también: "De noche lloro sobre el lecho, riego mi cama con mis lágrimas" (Sal. 6:6), y esta otra: "No se te oculten mis gemidos" (Sal. 38:9), y "mi herida empeoró" (Sal. 39:2)? ¿O no son hijos suyos los que suspiran abrumados, porque no quieren despojarse de lo que llevan puesto, sino ser revestidos de arriba, de modo que esta mortalidad quede absorbida por la vida (2ª Cor. 5:4)? ¿No son ellos precisamente quienes, poseyendo el Espíritu como primicia, gimen en lo intimo, a la espera de la condición de hijos, la redención de su cuerpo (Ro. 8:23)? ¿No era el apóstol Pablo en persona uno de los habitantes de la soberana Jerusalén, incluso no lo era mucho más cuando sentía una profunda tristeza y un dolor incesante en su corazón por sus hermanos según la carne, los israelitas (Ro. 9:2)? ¿Cuándo estará ausente la muerte de esta ciudad terrena, más que cuando se diga: `Dónde está, muerte, tu victoria; dónde está, muerte, tu aguijón. El aguijón de la muerte es el pecado´ (1ª Cor. 15:55)? Y todo esto ya no existirá más cuando se diga: "¿Dónde está?" Pero en la actualidad no se trata ya del último habitante de aquella ciudad, sino del mismo Juan, que en su carta clama así: "Si decimos que no tenemos pecado, nos engañamos a nosotros mismos, y la verdad no está en noso-tros" (1ª Jn. 1:8).

Cierto que en este libro, titulado Apocalipsis, se contienen multitud de cosas oscuras a fin de ejercitar la inteligencia del lector, y también hay algunas en él que dan como la pista para aclarar las restantes, aunque con esfuerzo. Sobre todo porque repite las mismas cosas de tan diversas maneras que parece afirmar cosas distintas, siendo así que uno llega a la conclusión de que son idénticas, expuestas ahora de una forma, ahora de otra. En cambio, en estas palabras que siguen: "El enjugará toda lágrima de sus ojos, y ya no habrá muerte, ni luto, ni llanto, ni siquiera dolor al-guno", se habla con tal evidencia del siglo futuro, de la inmortalidad y eternidad de los santos (de hecho sólo entonces y sólo allí estarán ausen-tes tales miserias), que si éstas las tenemos como oscuras, ningunas otras debemos buscar claras en las divinas Escrituras.

18. Predicciones de Pedro sobre el juicio final

Veamos ahora qué dejó escrito el apóstol Pedro sobre este juicio: "En los últimos días", dice, "vendrán burladores con sus burlas, quienes pro-cederán según sus bajas pasiones, y dirán: ¿Dónde está la promesa de su venida? Porque desde el día en que nuestros padres durmieron todas las cosas siguen igual, así como desde el principio de la creación. Pues bien, por su propia voluntad pasan por alto esto: que por la palabra de Dios existían desde tiempos antiguos los cielos, y la tierra que surgió del agua y fue asentada en medio del agua. Por esto el mundo de entonces fue des-truido, inundado en agua. Pero por la misma palabra, los cielos y la tierra que ahora existen están reservados para el fuego, guardados hasta el día del juicio y de la destrucción de los hombres impíos. Pero, amados, una cosa no paséis por alto: que delante del Señor un día es como mil años y mil años como un día. El Señor no tarda su promesa, como algunos la tienen por tardanza; más bien, es paciente para con vosotros, porque no quiere que nadie se pierda, sino que todos procedan al arrepentimiento. Pero el día del Señor vendrá como ladrón. Entonces los cielos pasarán con grande estruendo; los elementos, ardiendo, serán deshechos, y la tie-rra y las obras que están en ella serán consumidas. Ya que todas estas cosas han de ser deshechas, qué clase de personas debéis ser vosotros en conducta santa y piadosa, aguardando y apresurándoos para la venida del día de Dios. Por causa de ese día los cielos, siendo encendidos, serán deshechos; y los elementos, al ser abrasados, serán fundidos. Según las promesas de Dios esperamos cielos nuevos y tierra nueva en los cuales mora la justicia" (2ª Pd. 3:3-13).

Nada dice aquí Pedro de la resurrección de los muertos, y sí se extiende bastante acerca de la destrucción de este mundo. Al recordarnos el suceso del antiguo diluvio parece querer invitarnos de algún modo a que creamos en la destrucción de este mundo al final de nuestro tiempo. Él dice cómo en aquel tiempo pereció el mundo existente entonces, no solamente el orbe terrestre, sino hasta los cielos, entendiendo por cielos los espacios aéreos sobrepasados por la crecida de las aguas. Así que todo, o casi todo, este aire ventoso (él lo llama cielo, o más bien cielos, pero se refiere a estos cielos más inferiores, no a los más altos, donde tienen su asiento el sol, la luna y los astros) se había transformado en un elemento líquido, pereciendo así junto con la tierra, cuya faz más superficial había sido arrasada ciertamente por el diluvio[6]. "Y la misma palabra", dice, "tiene reservados para el fuego el cielo y la tierra de ahora, guardándolos para el día del juicio y de la ruina de los impíos. Por lo tanto, estos cielos y esta tierra, o sea este mundo puesto en lugar de aquel otro, destruido por el diluvio, y hecho resurgir de la misma agua, está reservado para ser presa de aquel fuego novísimo en el día del juicio y de la ruina de los impíos". No duda en utilizar el término ruina futura debido a una profunda transformación del hombre, permaneciendo, no obstante, su naturaleza aun en medio de las penas eternas

Alguien podría preguntar: Y sí una vez realizado el juicio este mundo se ha de abrasar antes de que en su lugar se haga surgir un cielo nuevo y una tierra nueva, ¿dónde estarán los santos en el momento mismo de la conflagración, puesto que, dotados de cuerpo, han de hallarse en algún lugar corporal?

Podemos responder que se encontrarán en las partes superiores, a donde no podrán llegar las llamas de aquel incendio, como tampoco llegó la inundación del diluvio. Estarán dotados de un cuerpo con tales cualidades que podrán situarse donde deseen. Ni siquiera temerán las llamas de aquella conflagración, convertidos ya en inmortales e incorruptibles; menos aún cuando pudieron permanecer sanos y salvos los

---

6. "Aunque no pudo llegar el agua hasta los astros, la cual creció de tal modo que traspasó, con quince codos, las cumbres de los montes más altos, sin embargo, porque se había llenado todo o casi todo el espacio de este aire húmedo, en el que vuelan las aves, se escribe en aquella epístola haber perecido los cielos. Lo cual no sé cómo puede entenderse a no ser que se transformara la cualidad de este aire denso en la naturaleza del agua, pues de otro modo no perecieron entonces los cielos, sino que se colocaron más altos al ocupar las aguas su sitio. Por lo tanto, más fácilmente creemos, según la autoridad de la epístola, haber perecido los cielos y como allí se escribe, una vez que se concluyeron los vapores de las aguas fueron sustituidos por otros, que juzgar de tal modo fueron elevados, que la naturaleza del cielo les cedió su sitio en las partes superiores" (Agustín, *Del Génesis a la letra* III, 2,2).

cuerpos de los tres jóvenes, mortales y corruptibles como eran, en medio del horno ardiente.

19. Pablo y el anticristo

1. Me veo en la necesidad de omitir muchos testimonios del Evangelio y de los escritos apostólicos acerca del último juicio de Dios para no alargar demasiado esta obra. Pero no puedo menos de citar al apóstol Pablo en su carta a los de Tesalónica. Dice así: "Ahora, con respecto a la venida de nuestro Señor Jesucristo y nuestra reunión con él, os rogamos, hermanos, que no seáis movidos fácilmente de vuestro modo de pensar ni seáis alarmados, ni por espíritu, ni por palabra, ni por carta como si fuera nuestra, como que ya hubiera llegado el día del Señor. Nadie os engañe de ninguna manera; porque esto no sucederá sin que venga primero la apostasía y se manifieste el hombre de iniquidad, el hijo de perdición. Este se opondrá y se alzará contra todo lo que se llama Dios o que se adora, tanto que se sentará en el templo de Dios haciéndose pasar por Dios. ¿No os acordáis que mientras yo estaba todavía con vosotros, os decía esto? Ahora sabéis qué lo detiene, a fin de que a su debido tiempo él sea revelado. Porque ya está obrando el misterio de la iniquidad; solamente espera hasta que sea quitado de en medio el que ahora lo detiene. Y entonces será manifestado aquel inicuo, a quien el Señor Jesús matará con el soplo de su boca y destruirá con el resplandor de su venida. El advenimiento del inicuo es por operación de Satanás, con todo poder, señales y prodigios falsos, y con todo engaño de injusticia entre los que perecen, por cuanto no recibieron el amor de la verdad para ser salvos. Por esto, Dios les enviará una fuerza de engaño para que crean la mentira" (2ª Tes. 2:1-11).

2. No cabe la menor duda de que estas palabras se refieren al anticristo, y manifiestan que el día del juicio (él lo llama día del Señor) no tendrá lugar más que después de su venida, aludida con el nombre de apostasía, una apostasía, por supuesto, del Señor Dios. Si esto, con razón, se puede decir de todo impío, ¡cuánto más de éste! No sabe, sin embargo, en qué templo de Dios se va a sentar: si sobre las ruinas del famoso templo que Salomón hizo construir, o quizá sobre la Iglesia. Porque el apóstol no llamaría templo de Dios al de cualquier ídolo o demonio. Por eso no faltan quienes en este pasaje entienden por anticristo no solamente a su jefe, sino a toda la masa que se adhiere a él, junto con él mismo como caudillo. Y al expresarle en latín pretenden matizarlo mejor, y, siguiendo al griego, no dicen *in templo Dei*, sino más bien *in templum Dei sedeat* (sienta plaza como templo de Dios), como sí él en

persona fuera el templo de Dios, que es la Iglesia; algo así como cuando decimos *sedet in amicum* (se sienta a lo amigo), es decir, como un amigo, o cuando empleamos otras locuciones parecidas.

En cuanto a las palabras: "Sabéis qué lo detiene", equivale a "sabéis qué es lo que lo retrasa, cuál es la causa de su demora", para que su aparición llegue a su debido tiempo. Y como dice que ellos lo saben, no lo quiso expresar claramente. Y nosotros, que ignoramos lo que ellos sabían, intentamos llegar, incluso con esfuerzo, al pensamiento del apóstol, y no somos capaces. Máxime cuando lo que añadió oscurece todavía más el significado de todo esto. Porque, ¿qué quiere decir: "Porque ya está obrando el misterio de la iniquidad; solamente espera hasta que sea quitado de en medio el que ahora lo detiene"? Yo reconozco ignorar totalmente lo que quiso decir. Con todo expresaré las conjeturas de aquellos a quienes he oído o leído.

3. Algunos piensan que tales palabras hacían referencia al Imperio romano, y que el apóstol Pablo no quiso expresarle abiertamente para no incurrir en una acusación de calumnia, al desearle un mal al romano imperio, dado que se esperaba fuese eterno.

Las palabras: "Ya está obrando el misterio de la iniquidad" se referirían a Nerón, por cuya conducta daba la impresión de ser el anticristo. De ahí que no faltan quienes sospechan que él mismo resucitará y será el anticristo[7]. Otros llegan a pensar que ni siquiera fue muerto, sino más bien secuestrado para dar la impresión de que fue asesinado, pero que vive escondido en la plenitud de la edad que tenía cuando se lo creyó muerto, hasta que a su tiempo aparezca y sea restablecido en su trono[8]. Pero me parece sobremanera extraña la pretensión de los que así opinan. Sin embargo, las otras palabras: Apenas se quite de en medio el que por el momento lo frena, podrían aplicarse al Imperio romano, como si dijeran: "Solamente espera hasta que sea quitado de en medio el que ahora lo detiene", es decir, que desaparezca de en medio. Entonces aparecerá el impío, nadie duda que se refiere al anticristo.

Otros opinan que las palabras: "Sabéis lo que ahora lo frena", y las otras: "Ya está obrando el misterio de la iniquidad", no se refieren más que a los malvados e hipócritas que hay en la Iglesia, hasta llegar a un número tal que formen el gran pueblo del anticristo. Sería el "misterio de la iniquidad", porque da la impresión de estar oculta. El apóstol, por su parte, exhortaría a los creyentes a mantenerse fieles con tenacidad en la fe que profesan con estas palabras: "Apenas se quite de en medio el

---

7. Jerónimo, por ejemplo, en *Daniel* 11 y Sulpicio Severo en su *Historia* I, 2,29.
8. Suetonio, *Nerón*, 57.

que por el momento lo frena, es decir, hasta que salga de en medio de la Iglesia ese misterio de maldad que ahora está escondido". Les parece que forma parte de esa impiedad oculta lo que dice Juan el evangelista en su carta: "Hijos, ha llegado el momento final. ¿No oísteis que iba a venir el anticristo? Pues mirad cuántos anticristos se han presentado: de ahí deducimos que es el momento final. Aunque han salido de nosotros, no eran de los nuestros; sí hubieran sido de los nuestros se habrían quedado con nosotros" (1ª Jn. 2:18-19). Del mismo modo dicen éstos que antes del final, de esa hora que llama Juan la última hora, han salido multitud de herejes del seno de la Iglesia, y que él los llama anticristos, así también surgirán de ella entonces todos los partidarios, no de Cristo, sino del último anticristo: ése será el momento de su aparición.

4. Estas palabras oscuras del apóstol tratan de explicarlas cada uno a su manera. Una cosa es cierto, él dijo: "Cristo no vendrá a juzgar a los vivos y muertos sin que antes su adversario, el anticristo, haya venido a seducir a los muertos de alma, aunque pertenezca a un secreto designio de Dios el hecho mismo de ser seducidos por él". Así, pues, la venida del impío tendrá lugar, por obra de Satanás, con ostentación de poder, con portentos y prodigios falsos, y con toda la seducción que la injusticia ejerce sobre los que se pierden. Será entonces cuando soltarán a Satanás, y por medio del anticristo realizará sus actividades con toda su potencia, entre maravillas, sí, pero engañosas.

Suele preguntarse cuál es la causa de que las llame el apóstol "señales y prodigios" de mentira, si porque los sentidos de los mortales han de ser engañados a base de alucinaciones fantásticas, de manera que parezca realizar lo que no realiza, o se trata de auténticos hechos prodigiosos que arrastrarán al engaño a quienes crean que tales portentos no son posibles sin la intervención divina, ignorantes del poder diabólico, sobre todo cuando reciba un poder tal como nunca había tenido. De hecho, cuando cayó fuego del cielo y de un solo golpe consumió una tan numerosa familia como la de Job, con sus enormes rebaños de ganado, y cuando un torbellino se abatió, derrumbando la casa matando a sus hijos, no se trataba de meras alucinaciones. Y, con todo, fueron operaciones de Satanás, a quien Dios había dado este poder. Luego veremos por cuál de estas dos razones han llamado prodigios y señales engañosas a estas obras.

Sea cual fuere la causa de tal denominación, lo cierto es que con semejantes señales prodigiosas serán seducidos los que se lo tenían merecido, en pago de no haberse abierto al amor de la verdad que los habría salvado. Y no dudó el apóstol en continuar diciendo: "Por eso Dios les mandará un extravio que los incitará a creer en la mentira" (2ª Tes. 2:11). Dios, en efecto, lo mandará, puesto que permitirá al diablo realizar todo esto por un justo designio; a Él le mueve un justo designio, aunque al diablo le impulse una injusta y perversa intención.

"A fin de que sean condenados todos los que no creyeron a la verdad —prosigue—, sino que se complacieron en la injusticia" (v. 12). Por lo tanto, los juzgados serán seducidos, y los seducidos serán llamados a juicio. Pero los juzgados serán seducidos en virtud de aquellos juicios de Dios misteriosamente justos y justamente misteriosos por los que, ya desde los comienzos del pecado de la criatura racional, jamás ha dejado de juzgar. En cambio, los seducidos serán llamados al juicio definitivo y público por medio de Cristo Jesús, quien juzgará con absoluta justicia, después de haber sido juzgado con absoluta injusticia.

20. Enseñanza de Pablo sobre la resurrección de los muertos

1. Pero en este pasaje el apóstol no dice nada de la resurrección de los muertos. Sin embargo en su primera carta a los mismos destinatarios dice: "Hermanos, si creemos que Jesús murió y resucitó, de la misma manera Dios traerá por medio de Jesús, y con él, a los que han dormido. Pues os decimos esto por palabra del Señor: Nosotros que vivimos, que habremos quedado hasta la venida del Señor, de ninguna manera precederemos a los que ya durmieron. Porque el Señor mismo descenderá del cielo con aclamación, con voz de arcángel y con trompeta de Dios; y los muertos en Cristo resucitarán primero" (1ª Tes. 4:13-16). Estas palabras del apóstol muestran evidentemente que la resurrección de los muertos tendrá lugar cuando venga el Señor a juzgar a vivos y muertos.

2. Pero aquí surge normalmente una pregunta: aquellos que Cristo encontrará viviendo aquí, y el apóstol personificaba en sí mismo y en sus contemporáneos, ¿se verán libres por completo de la muerte, o tal vez en el mismo instante en que sean arrebatados en nubes al encuentro de Cristo en el aire, juntamente con los que resuciten, pasarán a la inmortalidad, a través de la muerte, con asombrosa rapidez? No vamos a decir que no es posible mientras son llevados por los aires a las alturas, morir y resucitar en ese espacio de tiempo. Porque las palabras: "Y así estaremos siempre con el Señor", no hemos de interpretarlas como si hubieran dicho que permaneceremos en el aire siempre con el Señor. El mismo no permanecerá allí, puesto que vendrá de paso. Se le saldrá, pues, al encuentro porque viene, no porque se vaya a quedar. Es decir, que y así estaremos siempre con el Señor hemos de entenderlo como que tendremos cuerpos que no morirán, en cualquier parte que con Él estemos. El mismo Apóstol parece imponernos esta interpretación, según la cual aquellos

incluso que el Señor encuentre todavía viviendo sobre la tierra sufrirán la muerte y recibirán la eternidad en ese pequeño intervalo de tiempo, cuando dice: "En Cristo todos serán vivificados" (1ª Cor. 15:22), siendo así que en otro lugar, tocando el tema de la resurrección misma de los cuerpos, se expresa así: "Lo que tú siembras no llega a tener vida a menos que muera" (1ª Cor. 15:36). ¿Cómo van a recobrar la vida en Cristo por la inmortalidad, aún sin morir, aquellos que él encuentre vivos aquí abajo, cuando vemos que acerca de esto mismo se dijo: "Lo que tú siembras no llega a tener vida a menos que muera"?

Si propiamente no podemos hablar de sembrar cuerpos humanos, a menos que mediante la muerte de alguna manera regresan a la tierra, como aquella sentencia pronunciada por Dios contra el padre pecador de la raza humana, que dice: "Polvo eres y al polvo volverás" (Gn. 3:19). Pues bien, hemos de reconocer que todos aquellos que Cristo, a su venida, encuentre todavía sin haber salido de sus cuerpos no estarán comprendidos ni en las palabras del apóstol ni en las del Génesis. En efecto, los arrebatados a lo alto en las nubes no son, por supuesto, *sembrados*, porque ni van a la tierra ni de ella vuelven, sea que no experimenten muerte alguna, sea que poco a poco irán muriendo en el aire.

3. Pero hay algo más todavía. El mismo apóstol, hablando a los corintios de la resurrección de los muertos, dijo: "Todos resucitaremos", o según la versión de otros códices: "todos nos dormiremos" (1ª Cor. 15:51). Ahora bien, no es posible la resurrección si no está precedida por la muerte; por otra parte, no podemos en este pasaje entender el "sueño" sino como la muerte; ¿como entonces van a dormirse todos o a resucitar, si el gran número de los que Cristo encuentre viviendo en el cuerpo no mueren ni resucitan? Queda una solución: que los santos que se encuentren con vida a la venida de Cristo, y que sean llevados para ir a su encuentro, pasen en ese mismo ascenso de sus cuerpos mortales a los inmortales. Esta hipótesis arroja luz a las oscuras palabras del apóstol. Igualmente cuando dice: "Lo que tú siembras no cobra vida si antes no muere;" o esta otra frase: "Todos resucitaremos", o bien: "Todos nos dormiremos".

La razón es que ni siquiera ellos recibirán la vida inmortal sin que antes, aunque sea por un brevísimo instante, pasen por la muerte. Así no serán ajenos a la resurrección, precedida por la muerte, tal vez brevísima, pero muerte. ¿Y por qué nos ha de parecer imposible que una tal multitud de cuerpos se *siembren*, por así decirlo, en el aire, y que allí al instante recobren la vida de forma inmortal e incorruptible, siendo así que creemos lo que abiertamente dice el apóstol, es decir, que la resurrección tendrá lugar en un abrir y cerrar de ojos, y que el polvo hasta de los más antiguos cadáveres se reintegrará a los miembros, destinados a vivir sin fin, con enorme facilidad y con incalculable rapidez?

No creamos que en el caso de esos santos es nula la sentencia que dice: "eres polvo y al polvo volverás", aunque sus cuerpos no caigan en tierra al morir, puesto que en el mismo rapto morirán y resucitarán al ser llevados por los aires. "Al polvo volverás" es lo mismo que "al terminar la vida volverás al mismo estado que tenías antes de cobrar vida"; en otras palabras: cuando quedes exánime, serás de nuevo lo mismo que antes de estar animado.

De hecho, Dios a un poco de tierra le sopló en la cara un soplo de vida cuando el hombre se convirtió en ser viviente. Como si le dijera: "Ya eres tierra animada, cosa que antes no eras; serás tierra inanimada como antes". Esto son todos los cuerpos de los difuntos antes de su corrupción; esto serán también aquéllos si llegan a morir, dondequiera que mueran, al carecer de vida, para recuperarla en seguida. Irán, pues, a la tierra, porque de hombres vivos se harán tierra, lo mismo que va a la ceniza lo que se convierte en ceniza, va a la vejez lo que se hace viejo, va a ser vasija lo que de arcilla se convierte en una vasija, y mil otras expresiones por el estilo. ¿Cómo sucederá todo esto? Ahora no podemos más que hacer conjeturas con nuestra pobre razón. Entonces habrá más posibilidades de conocerlo. Lo que sí es preciso creer —si queremos ser cristianos— es que habrá resurrección de los muertos en la carne cuando Cristo venga a juzgar a vivos y muertos. Pero no porque no lleguemos a comprender perfectamente cómo se ha de realizar, ya por eso nuestra fe es inútil en este punto.

Y ahora, como ya lo hemos prometido más arriba, vamos a exponer, con suficiente detenimiento, lo que han anunciado los libros del Antiguo Testamento sobre este supremo juicio de Dios. Creo que no va a ser necesario detenernos mucho en exponer sus citas si el lector ha procurado servirse de lo precedente.

21. Enseñanza de Isaías sobre la resurrección y el juicio

1. Así dice el profeta Isaías: "Tus muertos volverán a vivir; los cadáveres se levantarán. ¡Despertad y cantad, oh moradores del polvo! Porque tu rocío es como rocío luminoso, y la tierra dará a luz a sus fallecidos" (Is. 26:19). Toda la primera parte de la cita se refiere a la resurrección de los bienaventurados. Las otras palabras: "La tierra de los impíos caerá" (LXX), tienen esta explicación: "De los cuerpos de los impíos se apoderará la catástrofe de la condenación".

Ahora bien, si queremos examinar con más cuidada precisión lo dicho sobre la resurrección de los buenos, hay que aplicar a la primera resurrección estas palabras: "Tus muertos volverán a vivir", y a la segunda lo que sigue: "Los cadáveres se levantarán"

Pero si queremos precisar los santos que Cristo encontrará vivos aquí abajo, les viene a propósito la cláusula siguiente: "¡Despertad y cantad, oh moradores del polvo! Porque tu rocío es como rocío luminoso". "Salud"[9] en este lugar significa perfectamente la inmortalidad. Ella es, en efecto, la más plena salud, que no necesita reponerse con los alimentos como si fuera con medicinas cotidianas.

Por otra parte, respecto al día del juicio, primero da esperanza a los buenos y luego el mismo profeta aterra a los malos. He aquí sus palabras: "Porque así ha dicho el Señor: He aquí que yo extiendo sobre ella la paz como un río, y la gloria de las naciones como un arroyo que se desborda. Mamaréis y seréis traídos sobre la cadera, y sobre las rodillas seréis acariciados. Como aquel a quien su madre consuela, así os consolaré yo a vosotros. En Jerusalén seréis consolados. Vosotros lo veréis, y se alegrará vuestro corazón; vuestros huesos florecerán como la hierba. Se dará a conocer que la mano del Señor está con sus siervos, pero su indignación está con sus enemigos. Porque he aquí que el Señor vendrá con fuego, y sus carros como torbellino, para descargar su ira con ardor y su reprensión con llamas de fuego. Porque el Señor juzgará con fuego; y con espada, a todo mortal. Muchos serán los que morirán a causa del Señor" (Is. 66:12-16). En la promesa a los buenos, la "paz como un río" debemos tomarla como la abundancia de aquella paz que no pueda darse mayor. De ella seremos inundados, como ya hemos hablado extensamente en el libro anterior. Dice que este río lo hará derivar hacia aquellos a quienes se promete una tal bienaventuranza, que entendamos que en la región de aquella felicidad que está en los cielos, todo queda saciado en este río. Y como de esa fuente manará la paz de la incorrupción y de la inmortalidad a los cuerpos terrenos, por eso dijo que haría derivar este río, para que desde las regiones más elevadas, por así decir, fluya también hacia las inferiores, y a los hombres los haga iguales a los ángeles.

Por Jerusalén no hemos de entender la sometida a esclavitud con sus hijos, sino la libre, nuestra madre, en palabras del apóstol, la Jerusalén eterna de los cielos (Gál. 4:26). Allí, después de trabajosas calamidades y preocupaciones de seres mortales, seremos consolados, como sus niños llevados en brazos o puestos sobre sus rodillas. Aquella felicidad insólita nos envolverá con caricias infinitamente tiernas a nosotros, hombres

---

9. *Salud*, según la versión de los Setenta, *de luz* o *luminoso* en el texto hebreo.

desacostumbrados. Al contemplar aquello, nuestro corazón se llenará de gozo. No manifestó qué es lo que contemplaremos. Pero ¿qué ha de ser sino a Dios? Es así cómo se cumplirá en nosotros la promesa evangélica: "¡Dichosos los limpios de corazón, porque verán a Dios!" (Mt. 5:8), y también todas las cosas que ahora no vemos, y que al creerlas las concebimos, según la medida de la humana capacidad, muy por debajo y completamente diferente de lo que realmente son. "Y al verlo —dice— se alegrará vuestro corazón". Aquí creéis, allí veréis.

2. Y puesto que dijo: "Se alegrará vuestro corazón", para evitar que pensáramos se refieren aquellos bienes de Jerusalén únicamente a nuestro espíritu: "Y vuestros huesos" —añadió— florecerán como la hierba". Estas palabras aluden a la resurrección de los muertos, como explicitando algo que hubiera omitido. Porque no sucederá después que la hayamos visto, sino que la veremos cuando haya sucedido.

Ya antes había hablado acerca del nuevo cielo y de la tierra nueva al hablar repetidas veces y de múltiples formas de las promesas finales hechas a los santos. "Porque he aquí que yo creo cielos nuevos y tierra nueva —prosigue—. No habrá más memoria de las cosas primeras, ni vendrán más al pensamiento. Más bien, gozaos y alegraos para siempre en las cosas que yo he creado. Porque he aquí que yo he creado a Jerusalén para alegría, y a su pueblo para gozo. Yo me gozaré por Jerusalén y me regocijaré por mi pueblo. Nunca más se oirá en ella la voz del llanto ni la voz del clamor" (Is. 65:17-19), y el resto del pasaje, que algunos se empeñan en referir a los famosos mil años según la carne.

Se mezclan las expresiones propias con las figuradas, al estilo profético, con el fin de que una investigación sobria pueda descubrir el sentido espiritual tras un cierto esfuerzo útil y saludable. En cambió, la pereza carnal o la desidia de una inteligencia inculta y descuidada, satisfecha con el sentido superficial de la letra, piensa que ya no hay nada más profundo que buscar. Creo haberme expresado ya suficientemente en torno a las palabras del profeta, escritas con anterioridad a este pasaje.

En la cita que nos ocupa y que ha provocado la digresión hacia los otros puntos, cuando dijo: "Y vuestros huesos florecerán como la hierba", para dar a entender que iba a evocar la resurrección de la carne, sí, pero la de los buenos, añadió: "Se dará a conocer que la mano del Señor está con sus siervos". ¿Qué significa esto, sino una mano que distingue entre sus adoradores y sus menospreciadores? De ellos continúa diciendo: "Su indignación está con sus enemigos", o bien a los incrédulos, como lee otra versión. Y no será entonces cuando se profieran amenazas; lo que ahora se dice en tono amenazador, entonces se cumplirá con eficacia. "Porque he aquí —prosigue— que el Señor vendrá con fuego, y sus carros como torbellino, para descargar su ira con ardor y su reprensión con llamas de fuego. Porque el Señor juzgará con fuego; y con espada, a todo mortal. Muchos serán los que morirán a causa del Señor" (Is. 66:16). Tanto en el fuego como en el torbellino, como en la espada, quiere significar la pena del juicio. Al decir que el Señor en persona vendrá como fuego se refiere, naturalmente, a aquellos para quienes su venida constituirá un suplicio. Sus carros (está dicho en plural) podemos interpretarlos sin mayor inconveniente como los ministerios angélicos. Y en lo referente a las palabras de que toda la tierra y toda carne serán juzgados por el fuego y la espada del Señor, no vamos a comprender aquí incluso a los hombres de espíritu, es decir, los santos, sino únicamente a los carnales y terrenos, de los cuales se dijo: "Piensan solamente en lo terrenal" (Flp. 3:19), y también: "La intención de la carne es muerte" (Ro. 8:6), y a aquellos designados por el Señor con el simple nombre de "carne", cuando dice: "Mi espíritu no permanecerá en estos hombres, puesto que son carne" (Gn. 6:3). Lo que aquí se afirma: "Serán muchos los heridos por el Señor", sucederá con la herida de la muerte segunda.

Podrían tomarse en buen sentido el fuego, la espada y la herida. De hecho, el Señor dijo que quería poner fuego al mundo (Lc. 12:49); y distribuidas sobre los apóstoles aparecieron unas como lenguas de fuego en la venida del Espíritu Santo (Hch. 2:3). Además: "No he venido —dice el mismo Señor— a traer paz a la tierra, sino espada" (Mt. 10:34); la Escritura llama a la palabra de Dios una espada de doble filo (Hb. 4:12), por la doble arista de los dos Testamentos. En el Cantar de los Cantares la Iglesia dice de sí misma estar herida por el amor (Cnt. 2:5), como asaeteada por la fuerza del amor. Pero en este pasaje de Isaías, cuando leemos u oímos que el Señor vendrá en son de venganza, está bien claro en qué sentido debemos entender sus palabras.

3. Luego, tras una breve mención de los que serán consumidos por este juicio, bajo la imagen de los alimentos prohibidos en la ley antigua, de los que ellos no se abstuvieron, queriendo significar a los impíos y pecadores, hace un resumen desde el principio de la gracia del Nuevo Testamento, desde la primera venida hasta el juicio final del que estamos tratando; así continúa y termina su discurso. Nos cuenta cómo dice el Señor que vendrá a reunir a todas las naciones, y cómo todas ellas vendrán y verán su gloria (Is. 65:18). Porque todos pecaron, dice el apóstol, y están privados de la gloria de Dios (Ro. 3:23). Y dice que dejará en medio de ellos señales para que al admirarlas crean en Él; y que de entre ellos enviará algunos de los que se hayan salvado a las diversas naciones, y a las islas remotas que no han oído su nombre ni visto su gloria. Y la predicarán en medio de las naciones, y llevarán a los hermanos de aquellos

a quienes el Señor hablaba, es decir, a los que en la misma fe y bajo el mismo Dios Padre son hermanos de los israelitas elegidos.

Los conducirán de entre todas las naciones, como ofrenda al Señor, en mulos de carga y vehículos (estos mulos de carga y estos vehículos pueden significar muy bien los medios de que Dios se sirve a través de las diversas clases de ministerios divinos, sean angélicos o humanos) hasta la ciudad santa de Jerusalén, que hoy día se encuentra ya difundida por toda la tierra en los santos fieles. Porque donde es dada ayuda divina, los hombres creen, y donde creen, vienen.

El Señor los ha querido comparar alegóricamente a los hijos de Israel ofreciéndole sus sacrificios juntamente con salmos en medio de su casa, práctica que la Iglesia ya realiza por todas partes. Les prometió, además, que tendría a bien aceptar sacerdotes y levitas elegidos de entre ellos, cosa que todavía vemos se está cumpliendo. No iba a ser, efectivamente, según la descendencia de carne y sangre, como ocurría al principio, siguiendo el rito de Aarón; debía ser como convenía a un testamento nuevo, en el cual, siguiendo el rito de Melquisedec, el sumo sacerdote es Cristo, y, según los méritos que a cada uno la gracia divina le haya conferido, se eligen de entre ellos sacerdotes y levitas como podemos comprobar hoy. A éstos no los valoramos por su mero título, que a menudo es llevado por hombres indignos, sino por la santidad que no es común a buenos y malos.

4. Después de haber hablado de esta bondad de Dios que ahora es experimentada por la Iglesia, y nos es evidente y familiar, prometió también el desenlace, al que se llegará por medio del juicio final, una vez realizada la separación entre buenos y malos, diciendo por el profeta, o hablando el mismo profeta de Dios así: "Como permanecerán delante de mí los cielos nuevos y la tierra nueva que yo haré, así permanecerá vuestra descendencia y vuestro nombre, dice el Señor. Sucederá que de mes en mes y de sábado en sábado vendrá todo mortal para postrarse delante de mí, ha dicho el Señor. Entonces saldrán y verán los cadáveres de los hombres que se rebelaron contra mí; porque su gusano nunca morirá, ni su fuego se apagará. Y serán un horror para todo mortal (Is. 66:22-24). En este momento el profeta cierra su libro, ya que en este punto el mundo habrá llegado a su fin.

Algunos traductores traducen "cadáveres"[10] de varones en lugar de "miembros de los hombres"[11], queriendo significar por los "cadáveres" la pena visible corporal. En realidad no se llama cadáver más que a un

---

10. Como en nuestra versión Reina-Valera y en la misma Vulgata: *cadavera virorum*.
11. En la versión utilizada por Agustín.

cuerpo exánime; no obstante, los cuerpos de que aquí se habla serán animados; de otra manera no podrían sentir tormento alguno. A no ser que se trate de cuerpos de muertos, es decir, de aquellos que caerán en la segunda muerte; por esta razón se les puede llamar realmente "cadáveres". De ahí el dicho del mismo profeta, ya citado algo más arriba: "La tierra de los impíos caerá". ¿Quién no ve que "cadáveres" (*carcases*) viene de *cadere* (caer)?

Es evidente que esos traductores que usan una palabra diferente para "hombres", no quieren decir que se refiere sólo al género masculino, porque ninguno dirá que las mujeres que han pecado se verán libres de ese juicio. Aquí se engloba a los dos sexos, citando el principal, máxime cuando de él salió. Pero lo que mayormente importa en este punto es lo que se dice dirigiéndose a los justos: "Vendrá todo mortal", porque aquel pueblo constará de todo género de hombres, claro que no todos los hombres estarán allí presentes, muchos estarán en el castigo; con todo, como decía ya al principio, para los buenos emplea el término "carne" o "mortal", y para los malos, "miembros" o "cadáveres". Por consiguiente, se declara aquí que tras la resurrección de la carne, cosa que queda en este pasaje totalmente confirmada por estos términos concretos, tendrá lugar el juicio, el cual separará a buenos y malos, dándole a cada uno su respectivo destino final.

22. Naturaleza del castigo de los pecadores

Pero, ¿de qué modo saldrán los buenos para ver los suplicios de los malos? ¿Es que acaso con un movimiento corporal abandonarán sus moradas de felicidad para acercarse a los lugares de castigo y ver físicamente presentes los tormentos de los malvados? De ninguna manera; su salida será a través del conocimiento.

Lo que quiere decir la expresión "saldrán y verán" (Is. 66:24), es esto, que los atormentados estarán fuera.De ahí que el Señor a estos lugares les llame "tinieblas exteriores" (Mt. 25:30). A ellas se opone aquella entrada cuando se le dijo al buen criado: "Entra en el gozo de tu Señor". No pensemos que los malos entrarán allí para ser conocidos; más bien los buenos saldrán hacia ellos, por así decir, mediante el conocimiento que de ellos tendrán, puesto que su ciencia alcanzará lo que sucede fuera. Los que estén penando nada sabrán de lo que sucede dentro, en el gozo del Señor; en cambio, los que se encuentren en este gozo sí conocerán lo que sucede fuera, en las tinieblas exteriores. Por eso se dijo: "saldrán", puesto que no se les ocultarán ni siquiera los que estén fuera, lejos de ellos. Si de hecho los profetas han podido tener noticia de todo esto antes de suceder, por la presencia de Dios —aunque fuese muy ligera— en sus inteligencias de hombres mortales, ¿cómo los santos, inmortales ya, y una vez cumplidos los hechos, van a desconocerlo cuando "Dios sea todo en todos" (1ª Cor. 15:28)?

En aquella beatitud se mantendrá la semilla y el nombre de los santos, aquella semilla de la que dice Juan: "La simiente de Dios permanece en él" (1ª Jn 3:9), y aquel nombre del que dice el mismo Isaías: "Les daré un nombre eterno que nunca será borrado" (Is. 56:5). Y lo será "de mes a mes y de sábado a sábado", como si dijera: de luna a luna y de un descanso a otro. Ellos personalmente serán ambas cosas cuando pasen de estas viejas sombras temporales a las luces nuevas de la eternidad.

Con respecto a los tormentos de los malvados, tanto lo del fuego inextinguible como lo del gusano que no muere, diversos autores han hablado de ellos cada uno a su manera. Unos lo refieren todo al cuerpo, otros exclusivamente al alma. Otros, en cambio, relacionan el fuego propiamente con el cuerpo, y el gusano, de una forma figurada, al alma, lo que parece más probable. Pero no es éste el momento de dilucidar tales distinciones. Nuestra intención en todo este libro es tratar del juicio final, en el que se lleva a cabo la separación de buenos y malos. Ya trataremos con más detenimiento en otro lugar sobre los premios y castigos.

23. Profecías de Daniel sobre el anticristo, el juicio y el reino

1. Daniel profetiza sobre el último juicio de tal modo que indica que primeramente vendrá el anticristo; luego continua su exposición hasta el reinado de los santos. El ha visto en una visión profético cuatro fieras, que significaban cuatro tiempos. El cuarto fue sometido por un cierto rey, en el que se adivina el anticristo. Después de todo esto surge un reino eterno de un hijo de hombre, en el que vemos a Cristo. He aquí sus palabras:

"Yo, Daniel, me sentía agitado en lo íntimo de mi ser, y las visiones de mi cabeza me alarmaron. Me acerqué a uno de los que estaban de pie y le pregunté la verdad acerca de todo esto. El me habló y me dio a conocer la interpretación de las cosas: Estas cuatro grandes bestias son cuatro reyes que se levantarán en la tierra. Pero los santos del Altísimo tomarán el reino y lo poseerán por los siglos y por los siglos de los siglos. Entonces quise saber la verdad acerca de la cuarta bestia, que era tan diferente de todas las otras: terrible en gran manera con sus dientes de hierro y sus garras de bronce. Devoraba, desmenuzaba y pisoteaba las sobras con sus pies. También quise saber de los diez cuernos que tenía en su cabeza, y del otro que había crecido y delante del cual habían caído tres. Este cuerno tenía ojos y una boca que hablaba arrogancias, y parecía ser más grande que sus compañeros. Yo veía que este cuerno hacía guerra contra los santos y los vencía, hasta que vino el Anciano de Días e hizo justicia a los santos del Altísimo. Y llegado el tiempo, los santos tomaron posesión del reino. Dijo así: La cuarta bestia será un cuarto reino en la tierra, el cual será diferente de todos los otros reinos. A toda la tierra devorará; la trillará y despedazará. En cuanto a los diez cuernos, de aquel reino se levantarán diez reyes. Tras ellos se levantará otro, el cual será mayor que los primeros y derribará a tres reyes. El hablará palabras contra el Altísimo y oprimirá a los santos del Altísimo. Intentará cambiar las festividades y la ley; en su mano serán entregadas durante un tiempo, tiempos y la mitad de un tiempo. Pero el tribunal se sentará, y le será quitado su dominio para ser exterminado y destruido por completo. Y la realeza, el dominio y la grandeza de los reinos debajo de todo el cielo serán dados al pueblo de los santos del Altísimo. Su reino será un reino eterno, y todos los dominios le servirán y le obedecerán. Aquí termina el asunto. Yo, Daniel, estaba muy turbado con mis pensamientos, y me puse pálido. Pero guardé el asunto en mi corazón" (Dn. 7:15:28).

Interpretando este pasaje, algunos ven en esos cuatro reinos: el de Asiria, Persia, Macedonia y Roma. Si alguien desea saber con cuánto acierto, lo puede ver en la obra del presbítero sobre Daniel, escrita con bastante erudición y profundidad. Que la Iglesia tenga que soportar la cruel tiranía del anticristo durante un espacio de tiempo, por más corto que sea, hasta que los santos, en el último juicio de Dios, reciban el reino eterno, es cosa que, aunque uno leyera el pasaje medio dormido, no se puede poner en duda.

Porque es evidente por el contexto que el tiempo, los tiempos y la mitad de un tiempo equivalen a un año, dos años y medio año, es decir, tres años y medio; esto se deduce del número de días que menciona más abajo y del número de meses que a veces se citan en la Escritura. En latín aparecen los "varios períodos de tiempo" de una forma indeterminada, pero en el original están expresados en número dual, del que carece el latín. Parece ser que el hebreo tiene, al igual que el griego, este número dual. Así, pues, al decir "tiempos" equivale aquí a "dos tiempos".

Confieso con franqueza mi temor de que al tomar los diez reyes como otras tantas personas que al parecer encontrará el anticristo, nos engañemos quizá, y que este último llegue de manera imprevista, sin que haya ese número de reyes en el mundo romano. ¿Quién sabe si en este número diez no está significada la totalidad de los reyes, tras de los cuales vendrá el anticristo, del mismo modo que en el número mil, cien, o siete, se indica con frecuencia la totalidad, lo mismo que en otros muchos números que ahora no es necesario citar?

2. El propio Daniel se expresa así en otro pasaje: "Será tiempo de angustia, como nunca fue desde que existen las naciones hasta entonces. Pero en aquel tiempo tu pueblo será librado, todos aquellos que se encuentren inscritos en el libro. Y muchos de los que duermen en el polvo de la tierra serán despertados, unos para vida eterna y otros para vergüenza y eterno horror. Los entendidos resplandecerán con el resplandor del firmamento; y los que enseñan justicia a la multitud, como las estrellas, por toda la eternidad" (Dan. 12:1-3). Este pasaje es muy parecido al que hemos citado del Evangelio (Jn . 5:28), al menos en lo concerniente a la resurrección de los cuerpos muertos. Cuando en él se alude a los que están en los sepulcros, aquí se dice de los mismos que están durmiendo en el polvo de la tierra; allí dice que saldrán, y aquí se levantarán; en el Evangelio dice: "los que hicieron el bien, a una resurrección de vida; los que practicaron el mal, a una resurrección de juicio"; lo mismo en este pasaje de Daniel: "unos para vida eterna, otros para ignominia y confusión perpetuas". Y no creamos que hay divergencia entre ambos textos porque allí se diga: "todos los que están en los sepulcros", y aquí el profeta omita la palabra "todos" al decir: "muchos de los que duermen en el polvo de la tierra". De vez en cuando la Escritura utiliza el término "muchos" en lugar de "todos". Así, por ejemplo, a Abrahán se le dijo: "Te hago padre de muchos pueblos", siendo así que también se le dijo: "En tu descendencia serán benditas todas las naciones" (Gn. 17:5; 22:18). Y sobre la resurrección de que venimos hablando se le dice al mismo profeta Daniel un poco más adelante: "Tú, continúa hasta el fin, y descansarás y te levantarás para recibir tu heredad al fin de los días" (Dn. 12:13).

24. Textos de los salmos sobre el fin del mundo y el juicio final

1. Son muchas las alusiones de los salmos al juicio final, pero la mayoría de paso y someramente. Con todo, no pasaré por alto las más explícitas que allí se encuentran acerca del fin de nuestro mundo: "Tú fundaste la tierra en la antigüedad; los cielos son obra de tus manos. Ellos perecerán, pero tú permanecerás. Todos ellos se envejecerán como un vestido; como a ropa los cambiarás, y pasarán. Pero tú eres el mismo, y tus años no se acabarán" (Sal. 102:25-27).

¿Cómo es que Porfirio, alabando como hace la piedad de los hebreos, que dan culto al grande y verdadero Dios, temible incluso para las divinidades paganas, acusa a los cristianos, fiado en los oráculos de sus dioses, de la más grande locura, porque sostienen que este mundo está llamado a perecer? He aquí que en los escritos piadosos de los hebreos se dice a Dios (ante quien tiemblan de espanto las mismas divinidades, según declaración de tan ilustre filósofo): "Los cielos son obras de tus manos, ellos perecerán". Y si los cielos perecerán, que son la parte superior y más segura del mundo, ¿no va a perecer el mundo mismo? Parece que esta creencia no le hace mucha gracia a Júpiter, cuyo oráculo, como si fuera el de más respetable autoridad, según nos dice este filósofo, se les reprocha a los cristianos su credulidad. Entonces, ¿por qué no les reprocha igualmente a los hebreos su sabiduría como si fuera una locura, puesto que se encuentra en sus libros más sagrados? Si forma parte de aquella sabiduría (que tanta admiración le merece a Porfirio, hasta el punto de encomiarla por boca de sus mismos dioses), lo que está escrito referente a que los cielos están llamados a la ruina, ¿cómo cae en tal simpleza esta impostura que llega a detestar en la fe de los cristianos entre otras cosas, o sobre todas las demás, su creencia en la destrucción del mundo, ya que, por supuesto, sólo si el mundo se destruye podrán perecer los cielos? Cierto que en las Sagradas Escrituras propiamente nuestras, no comunes a nosotros y a los hebreos, o sea en los Evangelios y escritos apostólicos, leemos: "La apariencia de este mundo pasa" (1ª Cor. 7:31); y también: "El mundo pasa" (1ª Jn. 2:17); y también: "El cielo y la tierra pasarán" (Mt. 24:35). Pero pienso que las palabras "pasa" o "pasarán" tienen menos fuerza que "perecerán". En la carta del apóstol Pedro, en la que leemos que el mundo de entonces existente pereció sumergido por las aguas, se ve con claridad a qué parte —tomada por el todo— se refiere del mundo, y hasta qué punto se dice que pereció; asimismo qué cielos quedan reservados para el fuego en el día del juicio y de la perdición de los impíos (2ª Pd. 3:6). Luego añade un poco después: "Pero el día del Señor vendrá como ladrón. Entonces los cielos pasarán con grande estruendo; los elementos, ardiendo, serán deshechos, y la tierra y las obras que están en ella serán consumidas. Ya que todas estas cosas han de ser deshechas, qué clase de personas debéis ser vosotros en conducta santa y piadosa aguardando y apresurándoos para la venida del día de Dios. Por causa de ese día los cielos, siendo encendidos, serán deshechos; y los elementos, al ser abrasados, serán fundidos" (2ª Pd. 3:10-12).

En estas palabras podríamos entender como "cielos" destinados a la perdición los que él dijo que iban a quedar reservados para el fuego, y como elementos destinados a quemarse los de la parte inferior del mundo, escenario de vientos y tormentas, donde dijo que iban a quedar reservados esos mismos cielos, quedando a salvo en toda su integridad las partes superiores, en cuya bóveda están asentados los astros. Porque el pasaje de la Escritura en el que se dice que "las estrellas caerán del cielo" (Mt. 24:29), aparte de poderse entender en otro sentido, preferentemente nos indica que permanecerán aquellos cielos si las estrellas han de desplomarse de allí. Pero puede tratarse de una locución metafórica —lo cual es más verosímil—, o quizá que todo suceda en este cielo inferior, y entonces causará, ciertamente, más admiración que ahora. A este propósito se refiere la alusión de Virgilio a aquella "estrella, portadora de una antorcha, que corrió dejando un reguero de luz" y que fue a esconderse en las selvas del monte Ida[12].

Con relación al pasaje del salmo antes citado, no parece exceptuar ninguna parte del destinado a la ruina. De hecho, dice: "Los cielos son obra de tus manos; ellos perecerán". No hay ningún cielo que no sea obra de Dios, y tampoco ninguno queda excluido de la destrucción. No van a dignarse nuestros adversarios citar una frase del apóstol Pedro, a quien detestan de corazón, para defender la piedad de los hebreos, elogiada por los oráculos de sus dioses. De esta forma, para desmentir que el mundo está abocado a la ruina en su totalidad, podrían tomar el todo por la parte en aquel pasaje donde habla que todo el mundo pereció en el diluvio, aunque sólo lo hizo la parte inferior de los cielos. Sería una interpretación como la de la carta apostólica, en la que se toma el todo por la parte, diciendo que el mundo fue víctima del diluvio, cuando en realidad sólo pereció la región más inferior del mundo con sus respectivas partes celestes. Pero no van a dignarse —ya lo he dicho— hacer tal interpretación para no dar su visto bueno al sentir del apóstol Pedro ni concederle una tal magnitud a la última conflagración, como la que nosotros decimos tuvo el diluvio, ellos que rechazan toda posibilidad de que la raza humana entera perezca víctima del agua ni del fuego. Sólo le queda una salida: la de confesar que sus dioses han magnificado la sabiduría hebrea porque no habían leído este salmo.

2. En el salmo 50 hay también unas palabras que se refieren al juicio último de Dios: "Nuestro Dios viene y no callará. Fuego consumidor le precede, y alrededor de él hay gran tormenta. Convoca a los cielos en lo alto; y a la tierra, para juzgar a su pueblo. Reunidme a mis fieles, los que han hecho conmigo pacto mediante sacrificio" (Sal. 50:3-5). Nosotros aplicamos esto a Jesucristo el Señor; esperamos que Él venga del cielo a juzgar a vivos y muertos. Vendrá públicamente para juzgar entre justos e injustos con justicia, Él que primero vino ocultamente para ser juzgado por los injustos sin justicia. Él en persona, repito, vendrá ostensiblemente

---

12. Virgilio, *Eneida* 2, 694.

"y no callará"; o sea, aparecerá ante todos tomando la palabra de juez, quien en su anterior venido oculta enmudeció ante el juez, cuando fue conducido como oveja para ser inmolado, y como cordero ante su esquilador se quedó sin voz, como predijo de él Isaías el profeta y lo vemos cumplido en el Evangelio (Is. 53:7; Mt. 26:63).

En cuanto al "fuego" y a la "tormenta", ya dejamos explicado, al tratar un pasaje paralelo de al profeta Isaías, cómo se han de interpretar[13]. Las siguientes palabras: "Convoca a los cielos en lo alto", puesto que los santos y los hombres intachables reciben con todo derecho el nombre de cielo, coinciden, naturalmente, con aquellas otras del apóstol: "Seremos arrebatados juntamente con ellos en las nubes, para el encuentro con el Señor en el aire" (1ª Tes. 4:17). Efectivamente, dejándonos llevar por el sentido superficial de la letra, ¿cómo es posible convocar al cielo en lo alto? ¿Es que podrá estar el cielo en alguna otra parte más que arriba?

La frase que sigue: "Y a la tierra, para juzgar a su pueblo", si únicamente sobreentendemos convoca, o sea, "convoca la tierra", prescindiendo de "desde lo alto", la frase podría tener un sentido conforme a la recta fe, de forma que "el cielo" designaría a los que están juntamente con él para juzgar, y "la tierra", a los que han de ser juzgados. De esta manera, la frase "convoca al cielo desde lo alto" no la entenderíamos así: "los arrebatará por los aires", sino: "los encumbrará sobre las sedes del tribunal".

"Convoca el cielo desde lo alto", podría también interpretarse así: "llama a los ángeles a los más elevados y excelsos lugares para descender con ellos a realizar el juicio". También convoca la tierra, es decir, a los hombres que están en la tierra para ser juzgados. Si cuando decimos también la tierra sobreentendemos ambos términos, esto es, convoca y desde lo alto, lo que equivaldría a decir: "Desde lo alto convoca el cielo, y convoca desde lo alto también la tierra", en este caso ninguna interpretación me parece mejor que ésta: los hombres serán arrebatados para ir al encuentro de Cristo en el aire; pero el cielo está expresado aludiendo a las almas, y la tierra a los cuerpos. En cuanto a las palabras: "para juzgar a su pueblo", ¿qué otra cosa puede ser sino separar, mediante el juicio, a los buenos de los malos, como se separan las ovejas de los cabritos?

Ahora da un giro el discurso y se dirige a los ángeles: "Reunidme a mis fieles". Es indudable que un acto de tal importancia debe ser realizado por medio de los ángeles. ¿Nos interesa saber a qué fieles reunirán ante él los ángeles? A los que sellaron, dice, su pacto con un sacrificio. En esto consiste toda la vida de los santos: sellar un pacto con Dios sobre los sacrificios. Porque o las obras de misericordia están sobre los sacrificios, es

---

13. Cap. 21.

decir, deben ser antepuestas a ellos, según la expresión de Dios: "Prefiero la misericordia al sacrificio" (Os. 6:6); o bien, si "mediante los sacrificios" significa "en los sacrificios", o lo mismo que decimos acontecer "sobre la tierra" a lo que acontece "en la tierra", en este caso las mismas obras de misericordia son sacrificios; con ellos agradamos a Dios. Recuerdo haber tratado esto mismo en el libro X[14]. Es con estas obras como los justos sellan el pacto con Dios, porque las hacen con miras a las promesas que se contienen en el nuevo pacto o Testamento. Por eso Cristo, una vez congregados sus fíeles en su presencia y puestos a su derecha, les dirá en el juicio final: "Venid, benditos de mi Padre, heredad el reino preparado para vosotros desde la creación del mundo. Porque tuve hambre y me disteis de comer" (Mt. 25:34), etc., lo que allí se dice de las buenas obras de los justos y de sus eternas recompensas dictadas por la suprema sentencia del juez.

25. La profecía de Malaquías sobre el juicio y los castigos

El profeta Malaquías o Malaquí, llamado también Mensajero (lat. *Angelus*), y que incluso algunos lo confunden con el sacerdote Esdras, de quien se han aceptado en el canon de la Escritura otros escritos (Jerónimo[15] afirma ser ésta la opinión de los hebreos), profetiza el último juicio con estas palabras: "He aquí yo envío mi mensajero, el cual preparará el camino delante de mí. Y luego, repentinamente, vendrá a su templo el Señor a quien buscáis, el ángel del pacto a quien vosotros deseáis. He aquí que viene, ha dicho el Señor de los ejércitos. ¿Quién podrá resistir el día de su venida? o ¿quién podrá mantenerse en pie cuando él se manifieste? Porque él es como fuego purificador y como lejía de lavanderos. El se sentará para afinar y purificar la plata, porque purificará a los hijos de Leví. Los afinará como a oro y como a plata, y ofrecerán al Señor ofrenda en justicia. Así será grata al Señor la ofrenda de Judá y de Jerusalén, como en los días de antaño y como en los tiempos antiguos. Entonces me acercaré a vosotros para juicio y seré veloz testigo contra los hechiceros y adúlteros, contra los que juran para engañar, contra los que oprimen al jornalero, a la viuda y al huérfano, y contra los que hacen agravio al forastero, sin ningún temor de mí, ha dicho el Señor de los ejércitos. ¡Porque yo, el Señor, no cambio; por eso vosotros, oh hijos de Jacob, no habéis sido consumidos" (Mal. 3:1-6).

De estas palabras se deduce la existencia evidente en aquel juicio de ciertas penas expiatorias para algunos, porque ¿qué otra cosa se puede

---

14. Cap. 6.
15. Jerónimo, *Proemio a Malaquías*.

entender de las palabras: "quién resistirá el día de su venida"? O "¿Quién podrá mantenerse en pie cuando él se manifieste? Porque él es como fuego purificador, como lejía de lavandero: se sentará como fundidor a refinar la plata, refinará y purificará como plata y oro a los hijos de Leví".

Algo parecido dice también Isaías: "Así será cuando el Señor lave la inmundicia de las hijas de Sion, y elimine la sangre de en medio de Jerusalén, con espíritu de juicio y con espíritu consumidor" (Is. 4:4). A no ser que digamos que quedan limpios de sus inmundicias, y, por así decir, acrisolados, cuando los malos sean separados de ellos por condenación judicial, de forma que la separación y condenación de unos sea la purificación de los otros, ya que en adelante vivirán sin estar mezclados con ellos. Pero al decir: "refinará y purificará como plata y oro a los hijos de Leví; y ellos ofrecerán al Señor ofrenda en justicia; entonces agradará al Señor la ofrenda de Judá y de Jerusalén", muestra claramente que los mismos que han de ser purificados agradarán a partir de entonces al Señor con ofrendas en justicia; ellos mismos son quienes quedarán limpios de su propia injusticia, por la que desagradaban al Señor. Las ofrendas ofrecidas en plena y perfecta justicia serán ellos mismos cuando se hallen purificados. ¿Qué ofrenda más aceptable a Dios podrá ser presentada por hombres así que sus propias personas? Pero esta cuestión de las penas expiatorias la dejaremos para otra ocasión con el fin de tratarla más a fondo.

Por los hijos de Leví, por Judá y Jerusalén, debemos entender la Iglesia misma de Dios, integrada no solamente por hebreos, sino por todas las demás naciones. Pero no la concibamos tal como es ahora, pues que en ella, "si afirmamos no tener pecado, nosotros mismos nos engañamos y, además, la verdad no está en nosotros" (1ª Jn. 1:8); sino una Iglesia como será entonces, purificada por el juicio definitivo, como se aventa una era por el bieldo; incluso más: una vez que se hayan purificado por el fuego quienes lo necesiten, hasta que no haya nadie que ofrezca un sacrificio por sus pecados. Porque todos los que hacen alguna de estas ofrendas, indudablemente es que están en pecado, por la remisión del cual ofrecen este sacrificio, para que habiendo hecho una ofrenda agradable a Dios, puedan entonces ser absueltos.

26. Los sacrificios agradables a Dios en todo tiempo

1. Queriendo Dios manifestar que su ciudad ya no tendrá la condición presente, es por lo que dijo que los hijos de Leví harán sacrificios en justicia; ya no serán hechos en pecado, y, por lo tanto, no serán por el pecado. De lo que sigue a continuación: "Así será grata al Señor la

ofrenda de Judá y de Jerusalén, como en los días de antaño y como en los tiempos antiguos", podemos deducir que inútilmente se prometen los judíos la restauración de sus sacrificios antiguos, según la ley del Antiguo Testamento. En efecto, sus sacrificios no fueron hechos en justicia, sino en pecado, cuando ofrecían víctimas primera y principalmente por sus pecados. Y esto hasta tal punto que el mismo sacerdote, a quien, sin dudarlo, debemos tener como más justo que los demás, tenía por costumbre, siguiendo el mandato de Dios, hacer oblación primeramente por sus pecados y luego por los del pueblo.

Entremos ya en la exposición de aquellas palabras: "Como en los días de antaño y como en los tiempos antiguos". Pudiera ser que evocase aquellos tiempos de los primeros hombres en el paraíso. Entonces, efectivamente, ofrecían sus personas a Dios como ofrendas purísimas, limpios e íntegros como estaban de toda inmundicia. Pero desde que fueron arrojados de allá por causa de su infracción, y en ellos fue condenada la naturaleza humana, si hacemos excepción del único Mediador y de algunos todavía muy niños, una vez realizado el baño del segundo nacimiento, "nadie está limpio de mancha —como está escrito— ni siquiera el niño que no tiene más que un día sobre la tierra" (Job 14:4, LXX). Y si se me replica que pueden con toda razón ofrecer víctimas en justicia los que las ofrecen con fe, puesto que "el justo vive por la fe" (Ro. 1:17), aunque se engañe a sí mismo diciendo que no tiene pecado, pero no lo dirá, puesto que vive por la fe, ¿quién sostendrá que el actual tiempo de la fe es comparable con aquel período final, cuando sean purificados por el fuego del juicio final los que ofrezcan víctimas en justicia? Hemos de creer que, después de una tal purificación, los justos no tendrán pecado alguno. Por ello, aquel tiempo, en lo que se refiere a la carencia de pecado, no se puede comparar con ningún otro, a no ser cuando los primeros hombres, antes de su caída, vivían en una felicidad absolutamente inocente. Me parece, pues, correcta una tal interpretación de estas palabras: "Como en los días de antaño y como en los tiempos antiguos".

También Isaías, después de la promesa de un cielo nuevo y una tierra nueva, entre otras alegorías e imágenes enigmáticas que allí propone sobre la felicidad de los santos, que no hemos expuesto para no alargarnos, se expresa así: "Como la edad de los árboles será la edad de mi pueblo" (Is. 65:22). Cualquiera que haya ojeado las Sagradas Escrituras sabe perfectamente dónde plantó Dios el árbol de la vida, de cuyo fruto fueron apartados aquellos hombres cuando su delito los arrojó del paraíso, quedando cercado el árbol de una terrible y flamante guardia.

2. Quizá alguien pretenda interpretar los días del árbol de la vida, evocados por el profeta Isaías, como los que actualmente vive la Iglesia;

más aún, que Cristo es llamado proféticamente árbol de la vida, ya que él es la sabiduría de Dios de la que dice Salomón: "Es árbol de vida para los que la acogen" (Prov. 3:18). Igualmente podría concluir que los hombres primeros no vivieron algunos años en el paraíso; del que fueron expulsados tan pronto que no tuvieron en él ningún hijo, y, por esta razón, no se puede entender como el tiempo a que aluden las palabras: "Como en los días de antaño y como en los tiempos antiguos". Es ésta una cuestión que quiero dejar a un lado para no alargarme excesivamente, ante la precisión de aclararlo todo, entrando en la explicación de la verdad para confirmar alguno de estos pareceres.

Se me ocurre otra interpretación para no creer que se nos prometió proféticamente, como si fuera una inestimable gracia, la vuelta a los tiempos antiguos y a los años remotos de sacrificios carnales. De hecho, las víctimas de la vieja ley, consistentes en toda clase de animales, eran ofrecidas, por exigencias legales, sin tacha alguna y sin el menor defecto. Significaban a los hombres santos, de los cuales solamente Cristo estuvo exento de todo pecado. Después del juicio, cuando ya estén purificados, incluso por el fuego, los que sean dignos de una tal purificación, no existirá en absoluto pecado alguno entre los santos. Se ofrecerán, pues, a sí mismos en justicia, y serán como las víctimas sin mácula y sin defecto alguno; con toda certeza será como en tiempos antiguos v como en los años remotos, cuando se hacían ofrendas purísimas como significación de esta futura realidad. Tendrá lugar entonces en los cuerpos inmortales y en las almas aquella pureza de los santos, prefigurada en la de los cuerpos de las víctimas de antaño.

3. Continúa luego hablando, pero no ya a los que son dignos de purificación, sino de condenación: "me acercaré a vosotros para juicio y seré veloz testigo contra los hechiceros y adúlteros, contra los que juran para engañar" (Mal. 3:5), etc. Y una vez enumerados sus delitos culpables de condenación, añade: "Yo soy el Señor Dios vuestro, que no cambio"; como si dijera: Aunque os haya cambiado a peor vuestra culpa, y a mejor mi gracia, yo no cambio. Afirma que Él ha de hacer de testigo, porque cuando juzgue no habrá necesidad de testigos; y se llama veloz, bien porque vendrá repentinamente, y el juicio será de extremada rapidez, precisamente por lo imprevisto de su venida, cuando parecía que tardaba demasiado; bien porque pondrá en evidencia las propias conciencias sin necesidad de largos discursos. Como está escrito: "El examen del impío versará sobre sus pensamientos" (Sab. 1:9); y el apóstol dice: "Sus razonamientos se acusan o se excusan unos a otros, en el día en que, conforme a mi evangelio, Dios juzgue los secretos de los hombres, por medio de Cristo Jesús" (Ro 2:15-16). En este sentido también es como hay que

878   La ciudad de Dios

entender que será un testigo veloz: hará recordar al instante las pruebas
para convencer y castigar la conciencia.

27. El gran juicio diferenciador

El pasaje que cité con otro propósito en el libro XVIII de este mismo
profeta, se refiere también al último juicio. Dice así: "En el día que yo preparo, ha dicho el Señor de los Ejércitos, ellos serán para mí un especial tesoro. Seré compasivo con ellos, como es compasivo el hombre con su hijo
que le sirve. Entonces os volveréis y podréis apreciar la diferencia entre
el justo y el pecador, entre el que sirve a Dios y el que no le sirve. Porque
he aquí viene el día ardiente como un horno, y todos los arrogantes y
todos los que hacen maldad serán como paja. Aquel día que vendrá los
quemará y no les dejará ni raíz ni rama, ha dicho el Señor de los Ejércitos.
Pero para vosotros, los que teméis mi nombre, nacerá el Sol de justicia, y
en sus alas traerá sanidad. Vosotros saldréis y saltaréis como terneros de
engorde. Pisotearéis a los impíos, los cuales, el día que yo preparo, serán
como ceniza bajo las plantas de vuestros pies, ha dicho el Señor de los
Ejércitos" (Mal. 3:17-4:3).

Cuando esta diferencia entre premios y castigos que separa a los buenos de los malvados, y que no vemos se dé bajo el sol en la vanidad de
la vida presente, brillará bajo aquel Sol de la justicia en la revelación de
la futura vida, y entonces será cuando tenga lugar un juicio como jamás
hubo otro semejante.

28. Interpretación espiritual de la ley de Moisés

Este mismo profeta, Malaquías, añade: "Acordaos de la ley de mi siervo Moisés, a quien encargué en Horeb leyes y decretos para todo Israel"
(Mal. 4:4), después de haber declarado que tendrá lugar una importante
distinción entre los observadores y los despreciadores de la ley. Su intención, al mismo tiempo, era que aprendieran a interpretar la ley espiritualmente, de forma que encontrasen en ella a Cristo, el juez que establecerá esta distinción entre buenos y malos. No en vano dice el mismo
Señor a los judíos: "Si creyerais a Moisés me creeríais también a mí, pues
él escribió de mí" (Jn 5:46). Entendiendo la ley con ojos carnales, sin caer
en la cuenta de que sus promesas terrenas significan realidades celestiales, cayeron en aquellas murmuraciones, hasta atreverse a decir: "No
vale la pena servir a Dios. ¿Qué sacamos con guardar sus mandamientos
y con andar humillados en presencia del Señor todopoderoso? Ahora,
nosotros consideramos que son felices los arrogantes y que los que ha-

cen impiedad son prosperados" (Mal. 3:14-15). Estas murmuraciones han forzado, en cierto modo, al profeta a anunciar el juicio final, donde los malvados ni siquiera aparentemente serán dichosos; su extrema desgracia aparecerá a la luz del día. En cambio, los buenos no sufrirán desgracia alguna, ni siquiera temporal: su felicidad será evidente y sin fin. Ya antes había referido parecidas palabras de estos murmuradores: "Cualquiera que hace lo malo es bueno ante los ojos del Señor, y de los tales se agrada" (Mal. 2:17). Hasta este extremo, repito, llegaron en sus murmuraciones por interpretar la ley de Moisés con ojos de hombre carnal.

Apariencia y realidad

A este mismo propósito se dice en el salmo 73 que casi sufrió el salmista un traspiés y se resbalaron sus pisadas para caer, naturalmente, porque le entró envidia de los perversos al ver la paz de los pecadores; hasta llegar a decir, entre otras cosas: "¿Cómo sabrá Dios?" o ¿habrá conocimiento en el Altísimo?" (Sal. 73:11). Y a decir incluso: "¡Ciertamente en vano he mantenido puro mi corazón y he lavado mis manos en inocencia!" (v. 13). Pero para dar solución a este dificilísimo problema, que surge cuando vemos a los buenos que parecen ser desgraciados, y a los malvados felices, añade: "Ha sido duro trabajo ante mis ojos, hasta que, venido al santuario de Dios, comprendí el destino final de ellos" (vv. 16-17). De hecho, en el juicio último no ocurrirá esto. Será la desgracia evidente de los perversos y la manifiesta felicidad de los justos la que pondrá a la vista una realidad muy distinta de la que vemos ahora.

29. Regreso de Elías e interpretación espiritual de la Ley

Después de haberles advertido que tuvieran presente la ley de Moisés, previendo que iban a estar todavía mucho tiempo sin entenderla espiritualmente, como es debido, añade a continuación: "He aquí yo envío al profeta Elías antes de que venga el día del Señor, grande y temible. Él hará volver el corazón del padre al hijo, y el corazón del hijo al padre; no sea que venga yo y golpee la tierra con destrucción" (Mal. 4:5-6). Es un tema familiar en la conversación y en el corazón de los fieles que en los últimos tiempos antes del juicio los judíos creerán en el verdadero Mesías, esto es, en nuestro Cristo, por medio de Elías, profeta grande y admirable, que les explicará la ley. No sin fundamento se espera que vuelva Elías antes de la venida de nuestro Juez-Salvador, puesto que con razón se cree que ahora está vivo. Es la Sagrada Escritura la que nos dice con toda evidencia que fue tomado entre los hombres en un carro de fuego (2ª Rey. 2:11). Por eso cuando venga, dando una explicación espiritual de la ley, interpretada ahora de manera puramente humana por los judíos, hará volverse al corazón del padre hacia su hijo, esto es, al corazón de los padres hacia sus hijos. Aquí los Setenta han tomado el número singular por el plural. Este es el sentido de tales palabras: que los hijos —los judíos— interpreten la ley como la interpretaron sus padres, los profetas, entre los cuales estaba el mismo Moisés. Y así, el corazón de los padres se volverá a sus hijos cuando la interpretación de los padres se encuentre con la de los hijos. Y el corazón de los hijos hacia sus padres, cuando estén de acuerdo los hijos con el pensamiento de sus padres. Esto dan a indicar los Setenta en su expresión: "y volveré el corazón del hombre hacia su prójimo"; efectivamente, entre padres e hijos hay una gran proximidad.

No obstante, en las palabras de los Setenta traductores, que han traducido de un modo profético, podemos encontrar otro sentido incluso más selecto: que Elías haría volver el corazón de Dios Padre hacia su Hijo; no siendo Él, claro está, el impulsor del amor del Padre hacia el Hijo, sino enseñándonos que el Padre ama al Hijo. De esta manera los judíos amarían a quien antes odiaban, a nuestro Mesías. De hecho, según los judíos, Dios en su corazón tiene ahora una gran aversión a nuestro Cristo; así lo creen. Por esta razón, para ellos volverá el corazón hacia su Hijo cuando ellos, convertidos de corazón, lleguen a saber el amor que el Padre tiene al Hijo.

En la frase que sigue: "Y el corazón del hombre hacia su prójimo", es decir, que Elías convertirá el corazón del hombre hacia su prójimo, ¿qué mejor interpretación podemos hacer que: el corazón del hombre hacia Cristo-hombre? Porque, en la forma de Dios Cristo es nuestro Dios, tomando la forma de siervo condescendió a ser también nuestro prójimo. Esto es lo que hará Elías, por temor a que, en viniendo, destruya toda la tierra. Porque todos los que gustan las cosas de la tierra con tierra, como los judíos carnales hasta el presente. Por eso murmuraron contra Dios: "Cualquiera que hace lo malo es bueno ante los ojos del Señor" (Mal. 2:17); y también: "Es inútil servir a Dios" (Mal. 3:14).

30. Cristo como juez en el Antiguo Testamento

1. Hay muchos testimonios de la divina Escritura sobre el juicio último de Dios, tantos que citarlos todos alargaría este libro hasta una dimensión imperdonable. Bástenos, pues, haber demostrado que fue predicho por las Sagradas Escrituras, tanto del Antiguo como del Nuevo Testamento. Cierto que no está expresado con tanta evidencia por los testimonios antiguos como por los nuevos el hecho de que el juicio se

llevará a cabo por medio de Cristo; en otras palabras, que Cristo ha de venir del cielo como juez. La razón es que, como allí dice el Señor Dios que será Él quien venga, o se nos anuncia que Dios vendrá, no se sigue que sea Cristo mismo. El Señor Dios es Padre, es Hijo y es Espíritu Santo. Pero no está bien que dejemos pasar este punto sin pruebas.

Preciso es mostrar en primer término hasta qué punto Jesucristo habla en los libros de los profetas como Señor Dios, y, sin embargo, aparece claramente como Jesucristo, de modo que cuando no aparece con tanta claridad y, con todo, se anuncia que el Señor vendrá al juicio final, se puede entender que se trata de Jesucristo. Hay un pasaje en el profeta Isaías que prueba con toda evidencia lo que estoy diciendo. Dice Dios por el profeta: "Escúchame, oh Jacob; y tú, oh Israel, a quien he llamado. Yo Soy. Yo soy el primero, y también soy el último. Ciertamente mi mano puso los fundamentos de la tierra; mi mano derecha extendió los cielos. Cuando yo los convoco, ellos comparecen juntos. Reuníos todos vosotros y escuchad: ¿Quién hay entre vosotros que revele estas cosas? Aquel a quien el Señor ama, él hará su voluntad sobre Babilonia, y su brazo estará sobre los caldeos. Yo, yo mismo he hablado; en verdad le he llamado. Yo le he traído, y haré prosperar su camino. Acercaos a mí y oíd esto: Desde el principio no he hablado en secreto; desde que las cosas sucedieron, allí he estado yo. Y ahora me ha enviado el Señor Dios y su Espíritu" (Is. 48:12-16). Es Él mismo quien hablaba como Dios y Señor; pero no descubriríamos a Jesucristo si no añadiese: "Y ahora me ha enviado el Señor Dios y su Espíritu". Dijo esto con referencia a su forma de siervo, utilizando para un acontecimiento futuro la forma temporal del pretérito, como cuando en el mismo profeta leemos: "Fue conducido como oveja al matadero" (Is. 53:7). No dice: "será conducido", sino que para designar un hecho futuro pone el verbo en tiempo pasado. Es muy frecuente este modo de expresarse en el lenguaje profético.

2. Hay en Zacarías otro pasaje que deja ver con claridad el envío del Omnipotente hecho por el Omnipotente. ¿Quién envía a quién, sino el Dios Padre al Dios Hijo? Está escrito: "Así ha dicho el Omnipotente, después que la gloria me enviara a las naciones que os despojaron, porque el que os toca, toca la niña de su ojo: Porque he aquí, alzo mi mano sobre ellos, y serán botín para los que fueron sus esclavos. Así sabréis que el Omnipotente me ha enviado" (Zac. 2:8-9). He aquí que el Señor Omnipotente dice haber sido enviado por el Señor Omnipotente. ¿Quién se atrevería a poner estas palabras en boca de otro que no fuera Cristo, dirigidas, no hay duda, a las ovejas extraviadas de la casa de Israel? Dice, efectivamente, en el Evangelio: "No he sido enviado más que a las ovejas descarriadas de la casa de Israel" (Mt. 15:24). Aquí las compara a "las

pupilas de los ojos de Dios", llevado de su intenso sentimiento de amor; los mismos apóstoles estaban entre esta clase de ovejas. Y después de la gloria de su resurrección, antes de la cual dice el evangelista: "Jesús todavía no había sido glorificado" (Jn. 7:39), fue enviado también a las naciones en la persona de sus apóstoles, cumpliendo así la palabra del salmo: "Tú me libraste de las contiendas del pueblo, y me pusiste como jefe de las naciones" (Sal. 18:43). De esta manera, los que habían despojado a los israelitas y a quienes los israelitas habían servido en sus períodos de sumisión a las naciones, no serían a su vez despojados, sino más bien sus personas se habían de convertir en el botín de los israelitas. Esto es lo que les había prometido a los apóstoles: "Os convertiré en pescadores de hombres" (Mt. 4:19); y a uno de ellos: "Desde ahora serás pescador de hombres" (Lc. 5:10). Serían, por lo tanto, su botín, pero en buen sentido, como el tesoro arrebatado a aquel fuerte, atado por uno más fuerte (cf. Mt. 12:29).

3. Dice también el Señor por boca del mismo profeta: "En aquel día sucederá que buscaré destruir a todos los pueblos que vengan contra Jerusalén. Y derramaré sobre la casa de David y sobre los habitantes de Jerusalén un espíritu de gracia y de súplica. Mirarán al que traspasaron y harán duelo por él con duelo como por hijo único, afligiéndose por él como quien se aflige por un primogénito" (Zac. 12:9-10). ¿De quién es propio, más que de Dios, eliminar de Jerusalén a todas las naciones que vienen contra ella, esto es, que le son contrarias o, como han traducido otros, que vienen sobre ella, es decir, a someterla? ¿A quién pertenece derramar sobre la dinastía de David y sobre los vecinos de Jerusalén un espíritu de compunción y de petición de perdón? A sólo Dios, naturalmente, y en nombre de Dios habla el profeta. Sin embargo, Cristo se da a conocer como este Dios que realiza tan grandes y divinas obras, añadiendo: "Mirarán al que traspasaron y harán duelo por él con duelo como por hijo único, afligiéndose por él como quien se aflige por un primogénito". Porque en aquel día los judíos, incluso los que hayan de recibir el espíritu de gracia y de arrepentimiento, se arrepentirán de haber insultado a Cristo en su pasión, al verlo venir con toda majestad, y reconocerán que es el mismo de quien se burlaron por sus antepasados antaño, cuando se presentó con humilde apariencia. También sus predecesores, autores de tamaño sacrilegio, lo verán cuando resuciten, pero será para su castigo, no ya para su corrección.

No es a ellos a quienes se aplican estas palabras: "Y derramaré sobre la casa de David y sobre los habitantes de Jerusalén un espíritu de gracia y de súplica. Mirarán al que traspasaron"; estas palabras aluden a los descendientes de su raza, quienes llegarán a la fe en ese tiempo final por obra de Elías. Pero lo mismo que decimos a los judíos: "Vosotros matasteis a Cristo", aunque han sido sus antepasados quienes lo hicieron, así también éstos lamentarán haber cometido de algún modo lo que cometieron los padres de su propia raza. Y aunque, una vez recibido el espíritu de misericordia y de perdón, creyentes ya, no han de ser condenados con sus impíos padres, no obstante, lamentarán, como cometido por ellos, el crimen cometido por sus padres. Su dolor no será de remordimiento por un crimen; lo será por un sentimiento de piedad.

La frase que la versión de los Setenta transmite así: "Y me mirarán por haberme insultado"; la da el texto hebreo con esta otra versión: "Mirarán al que traspasaron". En este verbo se descubre con mayor evidencia la alusión a Cristo crucificado. En cambio, los insultos que los Setenta prefirieron expresar no faltaron en toda la pasión. Le insultaron al apresarlo, cuando le ataron, cuando le arrastraron por los tribunales, cuando lo vistieron con un manto ultrajante e ignominioso, y lo coronaron de espinas, y le golpearon la cabeza con la caña, y le adoraron de rodillas entre carcajadas, y cuando llevaba su propia cruz y cuando colgaba del madero. Y si nos quedamos con ambas traducciones y las unimos, leyendo así: "por haberme insultado y por haberme traspasado", estamos reconociendo más plenamente la verdad de la pasión del Señor.

4. Por esta razón, cuando en los libros proféticos se nos descubre que Dios ha de venir a realizar el juicio final, aunque no se precise más, debemos aplicárselo a Cristo en razón únicamente del juicio, puesto que, aunque el Padre haya de juzgar, juzgará sirviéndose de la venida del Hijo del hombre. El Padre, por la manifestación de su presencia, "no juzga a nadie, ha delegado toda potestad de juzgar en el Hijo" (Jn. 5:22), que se manifestará como hombre para juzgar, del mismo modo que como hombre fue juzgado.

¿Quién es el otro de quien Dios, por boca de Isaías, habla nuevamente bajo el nombre de Jacob y de Israel, de cuya estirpe ha tomado Cristo su cuerpo? He aquí el texto: "Mirad a Jacob, mi siervo; yo lo acojo; a Israel, mi elegido; mi alma lo ha encumbrado. Sobre él he puesto mi espíritu para que traiga el derecho a las naciones. No gritará ni se callará, ni voceará por las calles. La caña cascada no la quebrará, el pabilo vacilante no lo apagará. Promoverá fielmente el derecho. Resplandecerá y no se dará por vencido hasta implantar en la tierra el derecho. En su nombre pondrán su esperanza las naciones" (Is. 42:1-4, LXX). En el texto hebreo no viene Jacob ni Israel. Pero como en él se lee mi siervo, la versión de los Setenta, seguramente, queriéndonos inculcar esta interpretación, o sea que todo esto está dicho por razón de la forma de siervo en la que el

Altísimo se manifestó con las apariencias más humildes, expresaron el nombre de esa persona para significar al que proporcionó, por la raza, esa misma forma externa de siervo.

Sobre él descendió el Espíritu Santo, hecho que se manifestó en la aparición de una paloma, según nos atestigua el Evangelio (Jn. 1:32). Proclamó el juicio a los gentiles al anunciar con antelación que había de tener lugar, cosa que ellos ignoraban. Tal era su mansedumbre que no gritó, pero tampoco dejó de predicar la verdad. Su voz no se oyó, ni se oye, porque no es obedecido por quienes están fuera de su cuerpo. Y los judíos mismos, sus perseguidores, comparados a una caña cascada, por haber perdido ya su fuerza, y a una mecha humeante, porque habían perdido la luz, no los quebró, no los apagó: los perdonó quien aún no había venido a juzgarlos, sino a ser juzgado por ellos.

Él proclamó el juicio con fidelidad, anunciándoles con antelación el juicio en el que serán castigados si se mantenían en su perversidad. Resplandeció su rostro en la montaña (cf. Mt. 17:1-2), y su fama por toda la tierra. No fue quebrantado ni aniquilado, porque ni en su persona ni en su Iglesia se ha rendido a sus perseguidores hasta desaparecer. Por lo tanto, ni ha ocurrido ni ocurrirá lo que sus enemigos han dicho o dicen: "¿Cuándo se morirá, y perecerá su nombre?" (Sal. 41:5).

"Hasta que implante el derecho en la tierra". Ya está al descubierto lo que buscábamos oculto: este derecho es el juicio definitivo, que él implantará en la tierra cuando venga del cielo. Vemos cumplido en él la última parte de la cita: "En su nombre pondrán su esperanza las naciones". ¡Que al menos las pruebas evidentes que no se pueden negar obliguen a creer en lo que se niega con la más desvergonzada ligereza! ¿Quién iba a esperar que hasta aquellos que todavía rehúsan creer en Cristo están viendo lo que nosotros vemos, y, al no poder negarlo, rechinan los dientes y se consumen de rabia? ¿Quién, repito, iba a esperar que las naciones pusieran su esperanza en el nombre de Cristo cuando era detenido, atado, golpeado, burlado, crucificado, cuando incluso sus mismos discípulos perdieron la esperanza que habían ya comenzado a tener en Él? Lo que entonces apenas un ladrón esperó sobre la cruz, ahora lo esperan los pueblos extendidos por toda la tierra, y para evitar la muerte eterna se signan con aquella misma cruz en la que él recibió muerte.

5. No hay ya quien niegue ni quien ponga en duda que tendrá lugar un juicio final por medio de Cristo Jesús, tal y como se predice en las Sagradas Escrituras, a no ser que no se crea en ellas por no sé qué inexplicable animosidad o ceguera, pese a que ya han dejado constancia de su veracidad en toda la redondez de la tierra. Sabemos que en aquel juicio, o por entonces, sucederán los siguientes hechos: la vuelta de Elías el

Tesbita, la conversión a la fe de los judíos, la persecución del anticristo, la actuación de Cristo como juez, la resurrección de los muertos, la separación de buenos y malos, la conflagración del mundo y su renovación. Es preciso creer que todo esto tendrá lugar. Pero el modo de su realización y el orden de su acontecer lo irán manifestando la experiencia de los hechos, más bien que ahora la inteligencia humana y su capacidad de descubrirlo con exactitud. Mi opinión, no obstante, es que todo sucederá en el orden que acabo de enumerar.

6. Dos libros nos restan de esta obra para cumplir lo prometido con la ayuda de Dios. Uno sobre el castigo de los malos, y el otro sobre la felicidad de los justos. En ellos, sobre todo, refutaremos, según el don de Dios, los argumentos humanos de quienes, en su pobreza, se creen sabios al denigrar las predicciones y las promesas de Dios, y desprecian las fuentes de nuestra fe como algo inventado y ridículo. En cambio, los que tienen una sabiduría a la medida de Dios, de todo lo que parece increíble a los humanos, pero contenido en las Santas Escrituras, cuya verdad está confirmada de tantas maneras, hacen la máxima garantía de la Omnipotente veracidad de Dios. Su convicción es plena de que en ellas "es imposible que Dios mienta" (Hb. 6:18) y de que pueden lograr lo que a los ojos de un infiel no es posible.

Libro XXI

1. Orden a seguir sobre el castigo eterno de los condenados

Una vez que la sentencia de Jesucristo nuestro Señor, juez de vivos y muertos, haya enviado a sus merecidos destinos a ambas ciudades, la de Dios y la del diablo, cumple en el presente libro tratar más detenidamente, con las fuerzas que nos preste la ayuda de Dios, el tema del futuro castigo del diablo y todos sus seguidores. La razón de haber elegido este orden, tratando en segundo lugar sobre la felicidad de los santos, estriba en que ambos estados comportan la presencia del cuerpo. Ahora bien, se hace más difícil de concebir la permanencia de los cuerpos en medio de tormentos eternos que a través de una beatitud sin fin, con ausencia de todo dolor. De ahí que, una vez demostrado que no hay nada de increíble en la eternidad de tal pena, facilitará grandemente la creencia en la inmortalidad corporal de los santos, lejos de toda molestia.

Por otra parte, no es totalmente ajeno este orden al seguido por los escritos divinos. Ciertamente hay veces que aparece en ellos primeramente la dicha de los santos, por ejemplo: "Los que hicieron el bien resucitarán para la vida; los que practicaron el mal resucitarán para el juicio" (Jn. 5:29). En cambio, otras veces aparece en segundo lugar, como aquí: "El Hijo del hombre enviará sus ángeles, que recogerán de su reino a todos los corruptores y malvados, y los arrojarán al horno encendido; allí será el llanto y el crujir de dientes. Entonces los justos brillarán como el sol en el renio de su Padre" (Mt. 13:41-43). Y también en esta otra cita: "Estos irán al castigo eterno, y los justos a la vida eterna" (Mt. 25:46). Entre los profetas —sería demasiado largo citarlos— se encuentra unas veces este orden, y otras el inverso, si alguien tiene interés en comprobarlo. Yo seguiré este orden por la razón que acabo de expresar.

2. ¿Pueden los cuerpos vivir perpetuamente en el fuego?

¿Qué puedo aducir para convencer a los incrédulos de que los cuerpos humanos, animados y vivos, no solamente no los desintegrará muerte alguna, sino que perdurarán en medio de los tormentos del fuego eterno?

Se niegan a admitir una referencia al poder del Omnipotente y exigen una demostración a base de ejemplos.

Podríamos responderles que existen animales, corruptibles, por supuesto, ya que son mortales que, no obstante, viven en medio del fuego; que hay una especie de gusanos que se encuentran en manantiales de agua hirviendo, la cual no es posible tocar sin escaldarse: permanecen allí sin la menor lesión; es más, no pueden vivir fuera de ese medio. Nuestros interlocutores se niegan a creer estos hechos si no podemos mostrárselos, o, si no nos es posible poner ante sus ojos los hechos, o documentarlos con testigos autorizados. Siguen empeñados con la misma incredulidad en que estos ejemplos no son suficientes para la presente cuestión, puesto que estos animales no permanecen vivos por siempre y en medio de tales temperaturas no sienten dolor; en el seno de dichos elementos, adaptados a su naturaleza, lejos de sufrir, encuentran allí su desarrollo. ¡Como si no fuera más creíble desarrollarse en un tal medio antes que sufrir en él! Asombroso es, por cierto, sufrir en medio de fuego y seguir viviendo; pero más asombroso todavía es vivir en el fuego y no sufrir. Si a esto le damos crédito, ¿por qué no a lo otro?

3. El dolor y la muerte

1. Dicen que no hay cuerpo alguno capaz de sentir dolor sin que termine en muerte. ¿Cómo sabemos esto? En realidad, ¿quién nos asegura que los demonios no sufren en sus cuerpos cuando declaran que pasan agudos tormentos? Se me puede replicar: "no existe cuerpo alguno terreno, sólido y visible; no existe en una palabra, carne alguna capaz de sentir el dolor sin la posibilidad de morir". Pues bien, ¿qué se está expresando aquí sino un dato recogido por los sentidos y la experiencia corporal? No conocen, efectivamente, otra carne más que la mortal; y como todo su raciocinio estriba en la experiencia personal, lo que ellos no has experimentado lo tienen por absolutamente imposible.

Pero ¿en qué cabeza cabe hacer del dolor una prueba de la muerte, siendo así que es un indicio de vida? Porque, si nos preguntamos incluso si podrá prolongarse la vida indefinidamente, la única respuesta cierta es: quien padece un dolor es que está vivo; es más, el dolor sólo puede darse en un ser viviente. Es necesario, por lo tanto, que esté vivo el que padece un dolor, pero no lo es que el dolor cause la muerte.

De hecho, no todo dolor causa la muerte a estos cuerpos mortales y que, por supuesto, han de morir un día. La causa de que un dolor pueda ocasionar la muerte se debe a que, dada la íntima compenetración entre el presente cuerpo y el alma, ésta, ante dolores extremadamente agudos, se rinde y se aleja. En efecto, la trabazón entre miembros y principios vitales es tan delicada que no resiste a la violencia que le cause un dolor grande, o quizá supremo. Pero entonces el alma estará vinculada a aquel cuerpo de tal modo que ni la prolongación temporal podrá separar, ni dolor alguno podrá romper ese vínculo. Por ello, aunque al presente no hay carne alguna capaz de sufrir sin morir jamás, entonces sí habrá una carne como ahora no existe, como también habrá entonces una muerte de la que ahora carecemos. No estará anulada la muerte: será una muerte eterna cuando el alma no pueda tener vida por la privación de Dios, ni pueda carecer de dolores corporales por la muerte. La muerte primera expulsa del cuerpo al alma a pesar suyo; la segunda muerte mantiene sujeta al cuerpo el alma a pesar suyo. Ambas muertes tienen en común que el alma padece en el cuerpo algo que le repugna.

2. Se fijan nuestros contradictores que por ahora no existe carne alguna que, pudiendo sufrir, su muerte no sea posible. Pero no reparan que hay aquí algo que supera el cuerpo: el alma, cuya presencia vivifica el cuerpo y lo rige. Ella puede sentir el dolor y, sin embargo, no puede morir. He aquí que hemos dado con un ser que, teniendo la sensación de dolor, es inmortal. Sucederá entonces en el cuerpo de los condenados exactamente lo mismo que ahora sucede en el alma de todos.

Más aún, si nos fijamos con detenimiento, el dolor llamado corporal pertenece más bien al alma. Sentir dolor es privativo de ella, no del cuerpo, incluso cuando la causa de su dolor se origina en el cuerpo, por ejemplo, cuando el dolor está localizado en una parte corporal dañada. En efecto, así como hablamos de cuerpos sensibles y cuerpos vivos, siendo así que su sensibilidad y su vida la reciben del alma, del mismo modo hablamos de cuerpos doloridos, siendo así que el dolor no le puede llegar al cuerpo más que venido del alma. Siente dolor el alma juntamente con el cuerpo en la parte corporal donde se ha producido una causa de sufrimiento. Sufre también el alma sola, aunque esté sin el cuerpo, cuando, debido a una causa, quizá invisible, ella sufre, aunque el cuerpo esté perfectamente bien. Puede sufrir incluso cuando no esté asentada en el cuerpo: de hecho, padecía el rico aquel en los infiernos cuando clamaba: "¡Estoy atormentado en esta llama!" (Lc. 16:24). Pero el cuerpo ni puede sentir dolor inanimado, ni, aunque animado, tampoco lo puede sin el alma. Sí, pues, el dolor fuera un argumento válido en favor de la muerte, de manera que donde es posible el dolor es posible también la muerte, el morir sería más bien propio del alma, puesto que el dolor le pertenece sobre todo a ella. Ahora bien, dado que el alma, que es quien más propiamente puede sufrir, no tiene posibilidad de morir, ¿qué sacamos con creer que los cuerpos morirán porque han de soportar sufrimientos?

Cierto que los platónicos han afirmado que el alma puede temer, desear, sufrir y gozar debido al cuerpo terreno y a los miembros destinados a morir. Dice a este propósito Virgilio: "De aquí (es decir, de los miembros moribundos del cuerpo terreno) sus temores y sus deseos, sus dolores y sus gozos"[1] Pero ya les hemos demostrado en el libro XIV[2] de esta obra que, según ellos mismos, las almas, ya purgadas incluso de toda mancha, tienen una siniestra ansiedad que les hace concebir el deseo de tornar a los cuerpos. Así que desde el momento en que puede haber deseo, puede, sin duda alguna, existir el dolor. Evidentemente, cuando un deseo queda frustrado, sea porque no consigue su objetivo, sea porque pierde el ya conseguido, se convierte en dolor. En consecuencia, si el alma, único sujeto de dolor, o al menos el principal, conserva su propia inmortalidad adaptada a su medida, no tienen por qué morir necesariamente aquellos cuerpos porque padezcan dolores. Finalmente, si los cuerpos ocasionan sufrimiento al alma, ¿cuál será la razón de que se les pueda causar dolor y no muerte, sino porque no se sigue necesariamente que la causa del dolor sea causa de muerte? ¿Por qué ha de ser increíble que el fuego sea causa de dolor y no de muerte en sus cuerpos, del mismo modo que los cuerpos ocasionan dolor a las almas sin provocarles la muerte? El hecho, pues, del dolor no es prueba decisiva de la muerte en el mundo futuro.

4. Ejemplos tomados de la naturaleza

1. Si es cierto, como han escrito los más afamados naturalistas, que la salamandra vive en medio de las llamas[3], y que ciertos montes sicilianos, de todos conocidos, se mantienen en su integridad a pesar de llevar siglos y siglos ardiendo en llamas, y así seguirán en el futuro, aquí tenemos unos testigos de bastante peso de que no todo lo que arde se consume. El alma, por su parte, nos prueba que no todo lo que puede sufrir puede, asimismo, morir. ¿A que se nos piden aún más ejemplos de hechos concretos para demostrar la credibilidad de que los cuerpos de los condenados en el eterno castigo no perderán el alma por el fuego, arderán sin descomponerse y sentirán dolor sin morir? Estará entonces la sustancia de la carne dotada de una especial propiedad recibida de aquel que tan maravillosas y variadas cualidades ha infundido en multitud de criaturas, según podemos contemplar, que por ser tantas ya no

---

1. Virgilio, *En.* 6,733.
2. Cap. 3,5-6.
3. Aristóteles no lo afirma como un hecho observado por él mismo, sino como una tradición popular (*Hist. Anim.* 5,19). Plinio manifiesta la misma precaución (*Hist. nat.* 29,23). Dioscorides declaró que esto era imposible (II. 68).

nos causan admiración. ¿Quién si no Dios, el Creador de todos los seres, dotó a la carne del pavo real con la propiedad de la incorruptibilidad? Al oír este hecho nos pareció increíble, pero un día en Cartago se nos sirvió carne asada de esta ave; ordenamos guardar un trozo bastante grande de su pechuga; al cabo de unos cuantos días, suficientes como para que cualquier otra carne asada se pudriera, se nos trajo y se nos ofreció, sin que molestara en absoluto nuestro olfato. Vuelta a guardar por más de treinta días, se conservaba en el mismo estado, y lo mismo al cabo de un año, con excepción de que estaba más seca y contraída. ¿Quién dotó a la paja de tal potencia refrigeradora, que conserva la nieve cubriéndola, y de una potencia calorífica que hace madurar los frutos verdes?[4]

2. ¿Y quién será capaz de dar una explicación de todas las maravillas del fuego? Todo lo que quema lo ennegrece. siendo él brillante; y casi todo lo que rodea o llega a lamer el fuego —que es de tan hermoso color— lo decolora, y de unas brasas refulgentes lo vuelve un negro carbón. Pero esto no ocurre de una manera fija y siempre. Por el contrario, las piedras, puestas al fuego candente, se vuelven blancas, y, a pesar de que cuanto más enrojece el fuego, más blanquean ellas; sin embargo, la luz se relaciona con lo blanco, como con lo negro la oscuridad. De hecho, al arder el fuego en la leña para calcinar las piedras. produce efectos contrarios en elementos que no son contrarios. Porque, aunque la leña y las piedras son diferentes, no son opuestos, como lo son lo blanco y lo negro. Con todo, en las piedras produce un efecto, y el contrario en la leña; él, que es brillante, da brillo a las primeras y oscurece la segunda, siendo así que en aquéllas se extinguiría si no fuera avivado por ésta.

Y ¿qué decir de la leña hecha carbón? ¿No resulta extraña su extrema fragilidad: se rompe con el mínimo golpe, se pulveriza a la menor presión, al par que comprobamos una tal resistencia que no hay humedad que la pudra, ni años que la desintegren? Hasta tal punto subsiste el carbón que al fijar los límites suelen enterrarlo como testimonio en un posible litigio de quien dudase que el mojón no indicaba el verdadero límite de una finca. ¿Y quién les da a los carbones, enterrados en medio de tierra húmeda, donde se pudre la madera, resistir tan largo tiempo sin corromperse, más que, curiosamente, ese corruptor de las cosas, el fuego?

---

4. Los ejemplos aportados por Agustín en este libro nos hacen sonreír, pero como hace notar, si esos ejemplos hoy carecen de valor y no tienen sentido ninguno, porque en realidad, las cosas se han de entender de muy distinta manera, pero todo ello nos descubre un fondo de psicólogo y observador del gran obispo de Hipona. Estaba a la altura de su tiempo, y en el conocimiento de la ciencia natural manifiesta las ideas comunes de sus contemporáneos (José Morán, O.S.A.).

3. Fijémonos ahora en las maravillas de la cal viva. Dejemos a un lado lo que acabamos de tratar suficientemente, esto es, que por el fuego se vuelve blanca, cuando el mismo fuego vuelve negras otras cosas. Pero es que, además, la cal saca fuego del mismo fuego de la forma más misteriosa, y aunque sus terrones al tacto son fríos, lo conserva tan oculto que nuestros sentidos no llegan a descubrirlo en absoluto. Solamente la experiencia nos confirma que, aunque no aparezca, está ahí como aletargado. Por eso la llamamos cal viva, algo así como si el fuego latente fuera el alma invisible de su cuerpo visible. Pero hay aún otra cosa extraña: precisamente cuando se la apaga es cuando ella se enciende, y para privarla de su fuego oculto se le echa agua o se la sumerge en agua; y de fría que era antes, empieza a hervir allí donde se enfrían los cuerpos incandescentes. Estos terrones de cal, como si expiraran, dejan irse el fuego escondido que ahora sale a la superficie, la cal entonces se enfría con una frigidez como de muerte, de manera que se le echa agua y ya no arderá más; antes la llamábamos viva, y ahora la llamamos cal muerta. ¿Se podrá todavía añadir más a todos estos prodigios? Todavía se puede. Si en lugar de agua le aplicas aceite —que más bien es alimento del fuego—, no logras hacerla hervir ni echándole ni sumergiéndola en aceite.

Todas estas maravillas, si las oyéramos o leyéramos de alguna piedra de la India, sin lograr comprobarlo con nuestra experiencia, seguramente lo tendríamos como un embuste o nos causaría una enorme admiración. Sin embargo, a lo que todos los días se desarrolla ante nuestros propios ojos no le damos la menor importancia, no por ser menos digno de admiración, sino por su misma frecuencia. Tanto es así, que algunas rarezas de la India, región tan remota de la nuestra, las hemos dejado ya de admirar una vez que nos las han podido poner al alcance de nuestra admiración

4. Muchos de nosotros poseen la piedra de diamante, sobre todo los orfebres y los joyeros. Esta piedra parece ser que no puede ser atacada ni con hierro, ni con fuego, ni con otra fuerza, más que con sangre de macho cabrío. Pues bien, los que la tienen y la conocen, ¿se quedan tan admirados como aquellos que descubren sus propiedades por primera vez? Y quienes no la han conocido, tal vez ni lo creen; o si lo creen, se quedan admirados ante lo desconocido; y si llegara el caso de comprobarlo, todavía por lo insólito les causa admiración en cuanto empieza a ser corriente la experiencia, desaparece poco a poco el incentivo de la admiración.

Conocemos cómo la piedra de magnesia [el imán] se apodera extrañamente del hierro. La primera vez que lo vi me quedé completamente estupefacto. Veía, en efecto, cómo un aro de hierro era atraído y quedaba suspendido de la piedra. Luego, como si le comunicase al hierro su fuerza de atracción, haciéndola común con él, este anillo acercado a otro lo dejó también suspendido de él, como el primero de la piedra; y así con un tercero y con un cuarto anillo. De esta manera formaron los anillos una cadena mutuamente entrelazados, pero no interiormente, sino por fuera.

¿Quién no iba a quedarse admirado de la fuerza de tal piedra? Porque no solamente quedaba en ella, sino que pasaba a través de tantos anillos suspendidos y adheridos a ella por vínculos invisibles. Pero algo mucho más extraño sobre esta piedra me ha hecho saber descubrir mi hermano y colega en el episcopado Severo de Milevi. Me contó él haberlo visto con sus propios ojos. Estaba invitado un día en casa de un tal Batanario, antaño conde de Africa, quien, tomando la piedra, la puso bajo una bandeja de plata; encima puso un trozo de hierro, y empezó a mover la mano por debajo con la piedra: se movía también el hierro; la bandeja no experimentaba ningún efecto; movió luego la piedra de un lado para otro con extremada rapidez, y el hierro era arrastrado por la piedra.

He aducido lo presenciado por mí mismo; he aducido lo que oí a quien he dado fe como si yo mismo lo hubiera visto. Ahora voy a decir lo que he leído sobre esta piedra-imán. Cuando se coloca a su lado un diamante, no atrae al hierro. Si ya lo había atraído, en cuanto se le acerca el diamante suelta el hierro. De la India nos vienen estas piedras de imán. Y si nosotros, una vez conocidas, dejamos de admirarnos de ellas, ¡cuánto más los que están en el país de origen, si las obtienen con facilidad! Quizá las tengan con tanta facilidad como nosotros la cal, de la que ya no nos impresiona su insólito modo de hervir con el agua, que suele apagar el fuego y no hervir con aceite, y que suele aumentar el fuego.

5. Límites de la razón y veracidad

1. Cuando les anunciamos a los escépticos los milagros realizados en el pasado o posibles en el futuro y se los presentamos no como objeto de experiencia inmediata para ellos, nos exigen una explicación racional; al no poder dársela (sobrepasan la capacidad de la humana inteligencia) tienen por falsas nuestras afirmaciones. Pues bien, ellos nos deberían dar explicación de tantas maravillas como vemos o podemos ver. Si comprueban que esto sobrepasa la capacidad humana, reconozcan que no porque la razón sea incapaz de dar una explicación vamos a negar que algo ha existido o existirá. De hecho existen tales hechos, de los cuales igualmente la razón no es capaz de dar explicación.

No voy a recorrer exhaustivamente todo lo que está en los libros. Dejo a un lado los hechos ya pasados para quedarme con los testimonios que permanecen en algunos lugares. Así, quien desee y pueda ir allí, podrá comprobar si son verdaderos o no. De todas maneras me ceñiré a unos cuantos.

Se habla de una sal de Agrigento, en Sicilia, que se diluye en presencia del fuego como si éste fuera agua. En cambio, con el agua empieza a crepitar como si fuera fuego. Hay en la región de las garamantes[5] una fuente que de día está tan fría que no se puede beber, y de noche tan caliente que no se la puede tocar. En el Epiro hay otra fuente en la que las antorchas encendidas —como ocurre con las demás fuentes— se apagan; pero las apagadas —esto ya no ocurre con las demás fuentes— las enciende. En Arcadia hay una piedra que, una vez encendida, no se puede apagar, llamada precisamente por ello asbesto[6]. En Egipto se da una higuera cuyo tronco, en lugar de flotar como los demás troncos, se sumerge, pero aún hay más: después de llevar algún tiempo en el fondo del agua, sube a la superficie, cuando debería haber aumentado de peso al empaparse de humedad. Se producen unos frutos en la región de Sodoma que llegan a tener el aspecto de maduros, pero al morderlos o apretarlos con la mano se rompe su corteza y se desvanecen en humo y ceniza. La pirita de Persia quema la mano de quien la aprieta fuertemente; por este "fuego" se la llama pirita. También en Persia se da la piedra llamada selenita, cuya blancura interior crece y mengua con la luna. Se da el caso de que en Capadocia las yeguas quedan fecundadas por el viento, y sus crías no viven más de tres años. La isla de Tilos, en la India, aventaja a todas las demás en que todos sus árboles no cambian nunca el ropaje de sus hojas.

2. De estas y otras innumerables maravillas que la historia conserva, no sobre hechos ya pasados, sino de realidades permanentes y localizadas —sería demasiado prolijo para mí, que pretendo otro objetivo distinto, el enumerarlas todas—, de todo esto, digo, que den una explicación los incrédulos éstos, que se niegan a dar fe a las divinas Escrituras. No tienen otra razón para negar su origen divino más que el contener realidades increíbles, lo mismo que estos hechos de los que venimos hablando.

La razón, dicen, no puede admitir que la carne arda sin consumirse, sufra el dolor sin morir. ¡Oh poderosos razonadores, que de todas las maravillas, constatadas como tales en el mundo, nos pueden dar cumplida explicación ¡Que la den a esta muestra reducida que acabo de ofrecer! Estoy seguro de que si ignorasen su existencia y les anunciásemos que iban a suceder, lo creerían todavía peor que lo que ahora se niegan a ad-

---

5. Pueblo del África interior.
6. Sustancia mineral que no se extingue con la acción del fuego. Como todos los silicatos resiste bien la acción de un fuego muy intenso, aunque llegue a quemarse al final.

mitir cuando les decimos que un día ocurrirá. ¿Quién de ellos nos iba a creer si en lugar de decirles que los cuerpos humanos seguirán vivos sin dejar de quemarse, y que padecerán dolores sin morir jamás, les anunciásemos que en un siglo futuro habría una sal que en el fuego se diluye como en agua, y que en el agua crepita como en el fuego; que brotará una fuente cuyas aguas son tan ardientes en pleno frío de la noche que no se las puede tocar, y, en cambio, durante la canícula del día están tan gélidas que no hay quien las beba; o que habrá una piedra que quema la mano de quien la aprieta, u otra que, una vez encendida de la forma que sea, no hay manera posible de apagarla, y los demás hechos extraños que de momento he querido citar dejando a un lado otros innumerables? Si les dijéramos que todo esto sucederá en el siglo futuro, quizá ellos nos contestasen: "Si queréis que lo creamos, dadnos explicación detenida de cada fenómeno"; nosotros les replicaríamos que no somos capaces, dado que estos hechos admirables y otras obras parecidas sobrepasan la reducida capacidad mental de los humanos ".

Sin embargo, nosotros tenemos un raciocinio seguro: que el Todopoderoso no hace sin razón aquello que el espíritu humano, en su limitación, no puede explicarse. Y si es verdad que en multitud de cosas ignoramos qué ha pretendido Dios, nos es completamente cierto que nada de lo que Él quiere le resulta imposible, y nosotros creemos sus predicciones, ya que no podemos creer que Él sea impotente ni mentiroso.

En cambio, estos detractores de la fe y exactores de la razón, ¿qué respuesta dan a los fenómenos que la razón humana no es capaz de explicar, y, con todo, ahí están, aunque según la razón misma parecen contrarios a la naturaleza? Si les anunciásemos que iban a tener lugar, estos descreídos nos pedirían una explicación razonada, lo mismo que acontece con los hechos que afirmamos para el futuro. Por eso, lo mismo que ante semejantes obras de Dios se siente impotente el pensamiento racional y la palabra del hombre, y no por eso dejan de ser ciertas estas realidades, así tampoco dejarán de serlo las otras, aunque el hombre no pueda dar de todas ellas una explicación racional.

6. Milagrosos demoníacos

1. Tal vez nuestros adversarios nos respondan: "Esas cosas no tienen existencia, no creemos ni una de ellas; son cuentos de viajeros y hechos de ficción". Y pueden añadir algo semejante a un razonamiento que diga: "Si hemos de creer semejantes cosas, creed vosotros también cuanto en esas obras se refiere. Por ejemplo, que ha existido o existe un templo dedicado a Venus con un candelabro que tiene una lámpara que arde al aire

libre y no la apagan ni los vientos ni las lluvias. Por eso, lo mismo que la famosa piedra asbesto, ésta se llama lámpara inextinguible.

Podrán replicar esto para meternos en un aprieto al responder. Porque si les decimos que no hay por qué creerlo, le quitamos valor al relato anterior de hechos extraordinarios; y si asentimos en que hay que creerlo, estamos dando valor a las divinidades paganas. Pero nosotros, como ya he dejado constancia en el libro XVIII de esta obra, no tenemos por qué creer todo el contenido de la historia de los gentiles, puesto que los mismos historiadores —lo dice Varrón— disienten entre sí sobre muchos puntos, como por principio y deliberadamente. Nosotros, si queremos, podemos creer lo que no está en desacuerdo con los libros que no dudamos en hacer objeto de nuestra fe. Y respecto de los lugares donde se hallan estos portentos, con los que queremos persuadir a los incrédulos de los acontecimientos futuros, bástenos con los que podamos también nosotros experimentar y que no es difícil encontrar testigos autorizados de tales hechos.

Sobre el tal templo de Venus y su lámpara inextinguible no solamente no nos vemos en aprieto alguno; al contrario, se nos despeja con ello un amplio panorama. A esta lámpara inextinguible nosotros añadimos los múltiples prodigios de los hombres y de la magia, esto es, las artimañas diabólicas, las hechas por medio de hombres y las realizadas directamente por los mismos demonios. Si pretendiéramos negarlo nos pondríamos en contradicción con la verdad misma de las Sagradas Escrituras a las que prestamos nuestra fe. Por consiguiente, en aquella lámpara, o la habilidad humana montó algún artificio con la piedra de asbesto, o es el resultado de un arte mágica, con el fin de atraer la admiración de los hombres en aquel templo, o algún demonio, con el nombre de Venus, se presentó en aquel lugar con un tal poder, que hiciera aparecer ante los hombres este prodigio y se mantuviera por largo tiempo.

En efecto, los demonios son atraídos a morar entre las criaturas, hechas no por ellos, sino por Dios, con señuelos peculiares, no como los animales, que se les atrae con cebo, sino con signos apropiados a un espíritu como son ellos, y que logra suscitar el halago de cada uno a base de variadas clases de piedras, plantas, árboles, animales, encantamientos y ceremonias. Pero para ser atraídos por los hombres, primero ellos, con una astuta habilidad, los seducen, bien inoculando en sus corazones un virus secreto, o bien trabando con ellos una falsa amistad, convirtiendo a unos cuantos discípulos suyos en doctores que enseñan a otras muchas personas. Porque, de lo contrario, nadie sabría qué es lo que cada uno de ellos desea y qué es lo que aborrece, bajo qué nombre se le puede conjurar o de qué manera se le puede someter. Este ha sido el origen de las artes mágicas y de sus maestros. Su principal presa es el corazón del hombre, de cuya posesión hacen su principal gloria cuando se transforman en ángeles de luz. Hay, pues, innumerables obras realizadas de los demonios. Y cuanto más las consideremos como prodigios, tanto más prudentes debemos ser en guardarnos de ellas. Porque si los demonios impuros son capaces de hacer estas cosas, ¡cuánto mayor será el poder de los santos ángeles, cuánto mayor a todos ellos el de Dios, creador de los mismos ángeles, autores de tales maravillas!

2. Hay muchas y grandes maravillas, a las que los griegos llamaban mhchanhmata (*mechanétamata*) y que surgen por el arte humano al servirse éste de la creación divina. En consecuencia, los hombres que no ven lo que hay detrás de ellas, las consideran como divinas. Por eso pudo ocurrir, por ejemplo, que en un templo, mediante grandes imanes colocados bajo el suelo y encima del techo, un ídolo de bronce se haya mantenido suspendido en el aire. Como nadie sabía de la existencia de los imanes, creían que estaba suspensa por obra de la deidad representada.

Algo parecido podría haber hecho un hombre entendido en esas cosas, como ya se ha dicho, con esa lámpara de Venus, usando piedra de asbesto. Tales obras de hechiceros, a los que nuestras Escrituras denominan hechiceros y encantadores, supieron los demonios desarrollarlas de tal manera, que un famoso poeta no hace más que reflejar la opinión general, cundo dice de una mujer que era experta en semejantes artes:

"Esta promete, con sus cantos mágicos, aligerar los corazones
que quiera e infundir en otros los sufrimientos más duros,
frenar el agua de los ríos y hacer girar los astros al revés;
y convoca a las nocturnas almas de los muertos; verás la tierra
mugir bajo sus pies y descender los fresnos de los montes"[7].

Pues bien, ¡cuánto más poderoso no será Dios para realizar lo que los infieles tienen como increíble, pero que es sumamente fácil par su poder cuando de hecho ha sido Él quien ha formado las piedras y demás seres con sus virtualidades; Él quien modeló al hombre con su ingenio, ese ingenio que hace uso de estas fuerzas de modos realmente admirables; Él quien creó la naturaleza angélica, superior en poder a cualesquiera seres animados; Él quien sobrepasa por su extraordinario poder a todas las maravillas, y Él quien, por su sabiduría, obra, ordena y permite, siendo tan admirable cuando asigna a las cosas una utilidad como cuando las crea!

---

7. Virgilio, *En.* 4,487-491.

7. Los milagros se deben a la omnipotencia de Dios

1. ¿Por qué no ha de poder Dios hacer que los cuerpos muertos vuelvan a la vida, y que los cuerpos de los condenados sean atormentados con fuego eterno, Él, que ha hecho el mundo, con un cielo, una tierra, un aire, unas aguas, cuajados todos de innumerables maravillas, siendo como es, sin género de duda, el mismo mundo el mayor, el más excelente de todos los milagros de que él está lleno? Pero estos con quienes, o mejor, contra quienes estamos discutiendo admiten, es verdad, la existencia de un Dios que ha hecho el mundo, y de unos dioses hechos por Él, por los que el mundo se gobierna; además, no niegan; es más, proclaman la existencia de unas potencias mundanas autoras de prodigios, bien sea espontáneos, bien conseguidos por medio de un culto o de algún rito, e incluso de acciones mágicas. Y cuando les indicamos las extraordinarias propiedades de otros seres que no son ni animales racionales ni espíritus, dotados de razón, como sucede con las cosas, algunas de las cuales hemos recordado, nos suelen responder: "Se trata de fuerzas de la naturaleza", su naturaleza es así, son efectos de sus propias naturalezas. Luego toda la explicación de que la sal de Agrigento se diluya con la llama y crepite con el agua reside en que así es su naturaleza. Y, sin embargo, esto parece más bien contra la naturaleza, que le dio al agua, no al fuego, la propiedad de disolver la sal, y de tostarla al fuego, y no al agua. Pero, replican ellos, precisamente la propiedad de esta sal es el experimentar efectos contrarios a las otras.

Esta es también la explicación que se da de la fuente de los garamantes, cuyo único manantial es gélido durante el día e hirviendo de noche, propiedad la suya siempre molesta a quien la toca. Esta razón igualmente para aquella otra fuente que, fría al tacto, apaga como las demás una tea encendida, pero se diferencia extrañamente de las demás en que enciende una tea apagada. Esto mismo cabe decir de la piedra de asbesto, que sin tener fuego alguno por sí misma, una vez encendida con fuego ajeno arde sin que se la pueda apagar. Esto mismo también de los demás fenómenos que sería enojoso volver a repetir, con unas extrañas propiedades a primera vista contra naturaleza sin que de ellos se dé otra explicación que la de afirmar que así es su naturaleza. ¡Breve explicación ésta, lo reconozco, y una respuesta suficiente!

Pero dado que Dios es el autor de toda naturaleza, ¿por qué rehúsan que les demos una razón más poderosa cuando se niegan a creer en algo por imposible, y al pedirnos una explicación les respondemos que tal es la voluntad de Dios todopoderoso? De hecho, no por otra razón se llama todopoderoso sino porque puede hacer todo lo que quiere, Él, que pudo crear tan innumerables criaturas, que de no estar a la vista o ser narradas todavía hoy por testigos dignos de fe, las creeríamos del todo imposibles. Y me refiero no tanto a las que desconocemos por completo, cuanto a las que he citado como perfectamente conocidas por nuestra experiencia. Porque entre nosotros, con relación a los hechos que no tienen otros testigos que los propios autores de los libros leídos, y han sido escritos por quienes no poseen una enseñanza divina, pudiendo, por lo tanto, engañarse, entre nosotros se le permite a cada uno no prestarles fe, sin incurrir por ello en motivos justos de represión.

2. A mí mismo, en efecto, no quiero que se me crea a la ligera en todo lo que he citado, porque yo no los creo hasta el punto de no quedarme un resto de duda sobre ellos en mi pensamiento, excepto los que yo mismo he podido comprobar y a cualquiera le es fácil hacerlo. Por ejemplo, el fenómeno de la cal, que con el agua hierve y con el aceite se queda fría; la piedra imán, que por no sé qué clase de absorción secreta no mueve la paja y arrastra al hierro; la carne de pavo real, incorruptible, cuando hasta la de Platón se corrompió; la paja, tan refrigerante que no permite derretirse la nieve, y tan calorífica que hace madurar la fruta; el fuego resplandeciente, que, de acuerdo con su fulgor, a las piedras las calcina haciéndolas blancas, y, en cambio, en contra de su mismo fulgor, vuelve negras muchas cosas. Hechos parecidos ocurren, verbigracia, con el aceite, que deja manchas oscuras aunque él sea brillante; la blanca plata traza líneas negras; con el carbón, lo mismo: por efecto del fuego las cosas se vuelven al revés: de hermosas maderas se convierten en negras; de duras se vuelven frágiles; de corruptibles, incorruptibles. Estos hechos los conozco personalmente —unos igual que muchos, otros igual que todos— y otros innumerables que hubiera sido prolijo constatar en esta obra.

En cuanto a los fenómenos de que he hecho mención como no comprobados por mí, sino leídos, tampoco he podido encontrar testigos fidedignos que me confirmaran si se trata de algo auténtico, excepto en el caso de la fuente aquella que apaga las antorchas encendidas y enciende las apagadas; y de los frutos de la región de Sodoma, que por fuera dan aspecto de madurez y por dentro son ceniza. Cierto que no he hallado quien asegure haber visto la fuente del Epiro, pero sí una semejante en la Galia, no lejos de Grenoble. Y con respecto al fruto de los árboles de Sodoma, no solamente lo consignan escritos fidedignos, sino que son tantos quienes hablan de haberlo comprobado, que no me es posible aquí ponerlo en duda.

De los demás hechos no he determinado tomar una postura ante ellos ni de afirmación ni de negación. Los he traído a colación porque los he leído en las obras que entre los paganos gozan del rango de históricas; y esto para hacerles ver la cantidad de hechos parecidos, escritos en sus libros, que muchos de ellos creen sin dar ninguna explicación racional, siendo así que se niegan a creernos a nosotros, incluso dándoles una explicación, cuando en el tema que tratamos, y que sobrepasa su experiencia y sus sentidos, les intentamos aclarar que eso sucederá por decisión del Todopoderoso. Porque ¿qué explicación mejor y más válida de hechos semejantes se puede ofrecer que cuando mostramos al Omnipotente como capaz de realizar tales cosas? Afirmamos que realizará lo que en la Escritura se lee como anunciado puesto que otras muchas predijo allí y está demostrado que las cumplió. Sí, Él lo cumplirá porque predijo que lo cumpliría. Él prometió y realizó cosas que se tienen por imposibles con el fin de que las naciones incrédulas dieran fe a cosas increíbles

8. Naturaleza y contranaturaleza

1. Pero si nuestros adversarios replican que la razón de no creer lo que decimos acerca de los cuerpos humanos, es decir, que estarán siempre abrasándose y nunca mueren, estriba en que, como sabemos, la naturaleza de los cuerpos humanos tiene una constitución muy diferente, y que para este milagro no podemos dar la razón que es valida en aquellas otras maravillas naturales. No podemos decir: "Se trata de una fuerza natural; es así la naturaleza de este objeto". Aquí sabemos que la naturaleza de la carne no es así. Pues bien, a pesar de todo tenemos una respuesta que darles, sacada de las Sagradas Escrituras: esta misma carne del hombre tenía una constitución peculiar antes del pecado, a saber, la posibilidad de no padecer jamás la muerte; y otra distinta después de pecar, la conocida de todos en las calamidades de esta vida mortal, de forma que ya no es capaz de conservar la vida para siempre. Así, de una manera también distinta a como la conocemos, tendrá otra constitución en la resurrección de los muertos.

Pero como nuestros adversarios no dan crédito a la Escritura, donde se lee cómo vivía el hombre en el paraíso y cuán ajeno estaba a la necesidad de morir —si creyeran en la Escritura no merecía la pena molestarse tanto en tratar con ellos sobre el futuro castigo de los condenados—, será preciso utilizar algunas citas de sus más sabios autores. Ellas nos demostrarán cómo es posible a un ser cualquiera manifestarse de una forma distinta a como se había dado a conocer según las leyes de su naturaleza.

2. Entre las obras de Varrón hay una cuyo título es *Del pueblo romano*. De ella cito aquí textualmente: "Apareció en el cielo un extraño portento: en la brillante estrella de Venus, llamada Vesperugo por Plauto,

y Hésperos por Homero, calificándola como la más hermosa, escribe Cástor que tuvo lugar una tal maravilla, que cambiaba de color, de tamaño, de forma, de trayectoria. Un hecho como éste jamás había ocurrido antes ni ocurrió después. Adrasto de Cícico y Dion de Nápoles, célebres astrónomos, afirmaban que el hecho tuvo lugar durante el reinado del rey Ogiges".

Nunca llamaría portento a este fenómeno un autor de la categoría de Varrón si no le pareciera que se trataba de algo contra las leyes de la naturaleza. De hecho, decimos que todos los portentos son contra las leyes naturales. Pero realmente no lo son. ¿Cómo va a ser contra la naturaleza lo que sucede por voluntad de Dios, cuando la voluntad de su Creador, tan excelso por cierto, es la naturaleza misma de cada uno de los seres creados? Un prodigio, pues, no sucede en contra de las leyes naturales, sino contra lo conocido de esa naturaleza[8] . ¿Quién sería capaz de enumerar la multitud de prodigios contenidos en la historia de cada país?

Pero ahora fijemos nuestra atención en lo único que interesa al tema que nos ocupa. ¿Hay algo tan bien regulado por el autor del orden natural del cielo y tierra como la ordenadísima trayectoria de los astros? ¿Hay algo tan determinado por leyes definidas e inmutables? Y, sin embargo, cuando ha querido Él, que con su soberano ordenamiento y su poder gobierna su propia creación, la estrella más conocida de todas por sus dimensiones y su brillantez cambió su color, su tamaño, su forma y —lo que todavía es más portentoso— la dirección y la ley de su trayectoria. A buen seguro que perturbó entonces las tablas —si es que existía ya alguna— donde los astrónomos consignan por escrito los movimientos pasados y futuros de los astros con un cálculo diríamos infalible. Precisamente siguiendo estas tablas se han atrevido a afirmar que lo sucedido con el lucero, ni antes ni después se ha vuelto a repetir.

Nosotros, en cambio, leemos en los libros divinos que incluso el mismo sol llegó a pararse cuando se lo pidió al Señor Dios el santo varón Josué hijo de Nun, hasta terminar con el combate emprendido y alzarse con la victoria (Jos. 10:13). Ese mismo volvió atrás para asegurar al rey Ezequías quince años a su vida, añadiendo Dios este prodigio a su promesa (Is. 38:8). Pero estos milagros, concedidos a los méritos de los santos, si es que los creen de hecho los paganos, los atribuyen a artes mágicas. A esto alude lo que más arriba cité de Virgilio: "Detener el curso de los ríos y volver atrás la carrera de los astros"[9]. Leemos, en efecto, en la Sagrada Escritura que un río detuvo su curso superior, mientras las

---

8. Véase apéndice "Milagros y naturaleza".
9. Virgilio, *En.* 4,489.

aguas inferiores siguieron fluyendo, cuando el pueblo de Dios avanzaba bajo el caudillaje del citado Josué y que ocurrió otro tanto al pasar el profeta Elías, y después su discípulo Eliseo (2 Rey. 2,8,14); igualmente, que el máximo de los astros se volvió atrás durante el reinado de Ezequías, hecho que acabamos de recordar. En cuanto a lo del lucero matutino de que habla Varrón, no se hace mención allí de que fuese realizado en respuesta a ninguna oración.

3. Cesen, pues, los escépticos de ofuscarse con su conocimiento de las leyes naturales, como si Dios no pudiera efectuar en los seres algo distinto de las propiedades naturales que, por su experiencia de hombres ellos conocen. Por otra parte, no es menos maravilloso el comportamiento natural de las cosas conocidas vulgarmente; a todos los que las consideran les debería resultar milagroso si no tuvieran por costumbre los hombres admirarse únicamente de lo raro[10]. Reflexionando un poco, ¿quién no descubre que en la cantidad innumerable de hombres, dentro de su admirable semejanza por naturaleza, tienen cada uno su propio aspecto, pero de tal modo que, de no ser semejantes entre sí, su raza no se distinguiría de las especies animales; y, al mismo tiempo, si no fueran diferentes, no se distinguirían del resto de los hombres? A quienes declaramos parecidos, a esos mismos los hallamos diferentes. Pero nos asombra más la consideración de sus diferencias, puesto que la semejanza viene exigida justamente por la participación de la misma naturaleza. Y, sin embargo, dado que lo raro es lo admirable, nos extrañamos mucho más al encontrar a dos tan parecidos, que siempre o casi siempre los confundimos.

4. Pero lo que he referido de Varrón, aunque sea uno de sus historiadores, e incluso el más erudito, tal vez no lo crean como realmente sucedido: quizá porque la duración de su desviación fue demasiado corta y volvió a su curso de siempre, les impacta poco este caso. Tienen otro hecho extraordinario que todavía hoy se puede comprobar. Supongo que será suficiente para hacerles caer en la cuenta de que el haber observado la constitución de una naturaleza y tenerla perfectamente conocida, no les da pie para que puedan dar normas a Dios, como si Él no pudiera cambiarlas o convertirlas en algo totalmente distinto de lo conocido por ellos, La región de Sodoma no ha sido siempre lo que es ahora; toda su extensión tenía el mismo aspecto que las demás, con una fertilidad igual o más abundante: de hecho, en la Biblia se la comparó al paraíso de Dios. Una vez tocada por el cielo como nos atestigua su propia historia y se puede contemplar por los que llegan a esos lugares su aspecto causa horror: un extraño hollín, frutos que, bajo un engañoso aspecto de madu-

---

10. Véase nota al libro X,12 sobre los milagros.

rez, ocultan dentro ceniza. Esta es la realidad: antes no era así, y ahora lo es. Mirad cómo su naturaleza, por un extraño cambio, fue convertida por el Creador de todas las naturalezas en este horror tan diferente, y a pesar de que hace tanto tiempo, todavía permanece así.

5. Ni fue imposible para Dios crear las naturalezas que quiso, ni tampoco lo será el cambiar lo que Él quiera de las creadas. De aquí proviene toda esa selva de hechos extraordinarios que llamamos monstruos, ostentos, portentos, prodigios. ¿Cuándo acabaría yo esta obra si me propusiera recopilarlos y mencionarlos todos? Los monstruos están bien llamados así y se derivan de *monstrare* (mostrar), porque muestran algo con un significado; ostento viene de *ostentara* (presentar); portento de *portendere*, o, lo que es lo mismo, de *praeostendere* (pronosticar), y prodigio de *porro dicere*, o sea, anunciar el futuro.

Caigan en la cuenta, no obstante, quienes pretenden interpretar tales fenómenos, con qué facilidad se equivocan en este campo, o también cómo pueden caer en las redes de una malsana curiosidad, impulsados por ciertos espíritus que tienen la específica misión de atraerse a los hombres que se merecen un tal castigo; llegan incluso a decir verdades, quizá porque entre su mucha garrulería alguna de sus afirmaciones da en el blanco de la verdad.

Y ¿qué pensamos nosotros de todo esto que parece, o dicen que parece, en contra de la naturaleza? (el apóstol, hablando al estilo humano, dice que el acebuche, injertado contra su naturaleza en el olivo, participa de su fecundidad[11]). ¿Qué decimos de estos fenómenos llamados monstruos, ostentos, portentos y prodigios? Que deben mostrar, significar, pronosticar y predecir que Dios realizará lo que predijo realizaría acerca de los cuerpos humanos, sin que se le interponga obstáculo alguno, ni que ley alguna se lo impida. Creo haber demostrado suficientemente en el libro anterior cómo de hecho lo ha anunciado, sacando de las Santas Escrituras, tanto del Nuevo como del Viejo Testamento, no todos los textos referentes a la cuestión, pero sí los que he juzgado suficientes según el objetivo de la presente obra.

9. El infierno. Naturaleza de las penas eternas

1. Lo que Dios afirmó por boca de su profeta sobre el castigo eterno de los condenados se cumplirá; sin duda que será así: "su gusano no morirá, su fuego no se apagará" (Is. 66:24). Para dar más fuerza a esta afirmación, el mismo Señor Jesús quiso significar a los propios hombres por los

---

11. Cf. Ro. 11:17,24.

miembros que hacen caer al hombre, queridos como se quiere la mano derecha, y que él mandó cortar: "Más te vale entrar manco en la vida que ir con las dos manos al horno de fuego que no se apaga, donde su gusano no muere y el fuego no se apaga". Dijo lo mismo del pie: "Más te vale entrar cojo en la vida que con los dos pies ser echado al horno de fuego inextinguible, donde su gusano no muere y su fuego no se apaga". Y no dice menos del ojo: "Más te vale entrar tuerto en el reino de Dios que ser echado con los ojos al horno, donde su gusano no muere y su fuego no se apaga" (Mc. 9:43-48). No tuvo reparo en repetir tres veces las mismas palabras. ¿A quién no hará temblar una tal insistencia, una intimación tan vigorosa de aquella pena pronunciada por la boca del mismo Señor?

2. Los que sostienen que la doble tortura del fuego y del gusano se refieren al alma, no al cuerpo, mantienen que los que hayan sido excluidos del reino de Dios sentirán abrasarse de dolor su alma por un arrepentimiento ya tardío e infructuoso. De ahí que pretendan, no sin razón, haberse utilizado el término luego para significar este dolor abrasador. En tal sentido dice el apóstol: "¿Quién se escandaliza, y yo no me quemo?" (2ª Cor. 11:29). "Este mismo dolor", dicen, "debe entenderse del gusano". En efecto, está escrito: "Como la polilla roe los vestidos y el gusano la madera, así la tristeza roe el corazón del hombre" (Is. 51:8).

Pero quienes no ponen en duda que los sufrimientos serán lo mismo para el cuerpo que para el alma en aquel castigo, sostienen que el cuerpo arderá por el fuego y el alma será roída, por así decir, del gusano de la pesadumbre.

Esta opinión se tiene corrientemente como la más probable: sería absurdo sostener que allí no habrá dolores ni de cuerpo ni de alma. Yo, no obstante, me inclino más bien por atribuir ambos tormentos al cuerpo antes que ninguno de los dos. La divina Escritura ha silenciado el dolor del alma en las citadas palabras, porque se sobreentiende, aunque no se mencione, que en medio de tales dolores corporales el alma se torturará con una estéril penitencia.

Leemos, de hecho, en las antiguas Escrituras: "Castigo del cuerpo del malvado será el fuego y el gusano" (Eclo. 7:19). Podría haber dicho más brevemente: "Castigo del malvado". ¿Por qué, pues, dice: "del cuerpo del malvado", sino porque ambos, el fuego y el gusano, serán sufrimiento del cuerpo? Pudo también referirse al castigo corporal, porque en el hombre recibirá castigo aquello que haya vivido según la carne; ésta es la razón por la que incurrirá en la muerte segunda, aludida por el apóstol en estas palabras: "Porque, si vivís según la carne, moriréis (Ro. 8:13)". Pues bien, en este caso elija cada uno parecer a su gusto: o bien referir el fuego al cuerpo y el gusano al espíritu, con una interpretación propia el primero y metafórico el segundo, o bien referir los dos literalmente al cuerpo. Ya expuse más arriba detenidamente cómo es posible a algunos animales vivir en el fuego, arder sin consumirse, sufrir sin morir, por un milagro del Creador todopoderoso. Quien se atreva a negarle esta posibilidad está ignorante del origen de cuanto admira en los seres naturales.

Este es el mismo Dios que ha realizado todas las maravillas de este mundo, grandes y pequeñas, mencionadas más arriba, y un número incomparablemente mayor que no hemos mencionado. A todas ellas las situó en el mismo y único mundo, que es por sí mismo el mayor de todos los milagros. Elija, pues, cada uno la sentencia que más le guste de las dos: que el gusano se refiera propiamente al cuerpo y figurativamente al alma, usando de un paso metafórico de lo corporal a lo incorpóreo. Cuál de estas dos sentencias es la verdadera, nos lo pondrá en claro la realidad misma, cuando el conocimiento de los santos sea tan perfecto que para conocer tales tormentos no les será preciso experimentarlos. Les bastará con su sola sabiduría, entonces colmada y perfecta, para conocer incluso estas realidades. Ahora "conocemos sólo en parte, pero cuando venga lo que es perfecto, entonces lo que es en parte será abolido" (1 Cor. 13:9-10), pero creemos que los cuerpos futuros serán de tal naturaleza que ciertamente serán afectados por el dolor del fuego.

10. El fuego corporal y los demonios incorpóreos

1. Aquí se nos presenta un interrogante: si el fuego no ha de ser de naturaleza incorpórea, como es el dolor del alma, sino corporal, que abrasa por contacto, para que con él puedan ser atormentados los cuerpos, ¿cómo podrá ser también de fuego el castigo de los espíritus malignos? Porque, según as palabras de Cristo, les aguarda el mismo suplicio a los hombres y a los demonios: "Apartaos de mí, malditos, id al fuego eterno preparado para el diablo y sus ángeles" (Mt. 25:41). A no ser que los demonios estén dotados de una clase propia de cuerpo, según el parecer de algunos entendidos, formado de este aire denso y húmedo que se deja sentir cuando sopla el viento. Este elemento de la naturaleza, si fuera impasible al fuego, no quemaría puesto en ebullición en los baños. Y para que queme debe antes ser quemado, actuando al tiempo que es afectado.

Pero si mantenemos que los demonios no tienen cuerpo alguno, no hay por qué molestarse más en este punto buscando afanosamente una solución, ni calentarse la cabeza en ásperas discusiones. ¿Por qué vamos a negar que también los espíritus incorpóreos pueden ser atormentados por el castigo del fuego corporal, de modo misterioso, sin duda, pero real, cuando de hecho los espíritus humanos, ciertamente incorpóreos ellos, han podido ser en la actualidad encerrados en miembros corporales y después podrán quedar unidos a sus propios cuerpos con vínculos insolubles? Por tanto, aunque los demonios no tienen sus espíritus, esto es, los demonios mismos, serán puestos en contacto, aunque incorpóreos, al fuego corporal para ser atormentados. Pero esto no será de forma que las llamas a con las que sean puestos en contacto quedarán animadas con su conexión con estos espíritus, convirtiéndose en seres animados, compuestos de cuerpo y espíritu; no. Su unión será, ya lo dije, de un modo misterioso e inexplicable, recibiendo ellos la tortura del fuego, no transmitiéndole ellos vida. Por cierto, que también este otro modo de unirse las almas a los cuerpos, cuyo resultado son los seres vivientes, es de todo punto admirable, incomprensible para el hombre. Y este milagro es el propio hombre.

2. De buena gana diría yo que los espíritus arderán sin cuerpo alguno, como ardía en los infiernos el rico aquel cuando exclamaba: "Estoy atormentado en esta llama" (Lc. 16:24), si no cayera en la cuenta de que se me puede responder con razón que las llamas aquellas eran de la misma naturaleza que los ojos que levantó y con los que vio a Lázaro, y que la lengua que suspiraba le fuese humedecida un poquito, y como el dedo de Lázaro con el que suplicó le fuese concedido este favor. Pero allí estaban las almas sin sus cuerpos. El fuego que le abrasaba, la gota que él suplicaba eran, por consiguiente, incorpóreas, como lo son también las imágenes de los sueños o las visiones en éxtasis. Ellas representan seres incorpóreos semejantes a los corporales. Porque el hombre, cuando en tales visiones, está presente en espíritu y no en cuerpo, se ve tan semejante a su ser corporal que no es capaz de distinguirlo.

Pero en lo que concierne al infierno de que hablamos, llamado también "lago de fuego y de azufre" (Ap. 20:10), será fuego material y abrasará los cuerpos de los condenados; quizá tanto los de los hombres como los de los demonios: cuerpos sólidos los primeros y aéreos los segundos; o también únicamente los cuerpos de los hombres con sus espíritus, y a los demonios sus espíritus sin los cuerpos, adhiriéndose al fuego corporal para sufrir su tortura, no para comunicarle vida. Ciertamente, un mismo fuego será la porción de ambos; así lo ha declarado la Verdad.

11. Duración del castigo y justicia

Algunos de nuestros adversarios, contra los cuales estamos haciendo una defensa de la ciudad de Dios, estiman como una injusticia el que por unos pecados, todo lo grandes que se quieran, perpetrados en un espacio breve de tiempo, se aplique un castigo eterno. ¡Como si la justicia legal regulara la duración del castigo en proporción a la del tiempo transcurrido en la comisión de la falta!

Cicerón dice que las leyes reconocen ocho clases de penas: multa, prisión, azotes, talión, infamia, destierro, muerte y esclavitud. ¿Cuál de éstas reduce su duración a la brevedad de la comisión del delito, de manera que se aplique con la escrupulosa duración que consta del crimen perpetrado, si no es la del talión? Porque el talión consiste en que el culpable pague lo mismo que hizo. De ahí el dicho jurídico: "Ojo por ojo y diente por diente" (Ex. 21:24). Puede, en efecto, darse el caso de que uno pierda un ojo como efecto de un castigo en tan breve tiempo como el que empleó en arrancárselo a otro por efecto de su perversidad delictiva. En cambio, si se ve razonable castigar con azotes el beso dado a la mujer ajena, ¿no es cierto que quien cometió esta acción en un instante es vapuleado durante horas, sin proporción alguna de tiempo, y la dulzura de un fugaz placer recibe el castigo de un prolongado sufrimiento?

¿Qué diremos de la cárcel? ¿Sentenciará alguien a un criminal a ser confinado por tanto tiempo como empleó en cometer la falta? ¿No expía, de hecho, con toda justicia durante largos años un esclavo, aherrojado entre grillos por haber herido o pegado a su señor, de palabra o con un golpe en un fugaz instante? ¿Y no es cierto que la multa, la infamia, el destierro, la esclavitud, aplicadas la mayoría de las veces sin ninguna indulgencia, tienen un parecido en esta vida, a su modo, con las penas eternas? Claro está, no pueden ser eternas puesto que ni la misma vida que castigan estas penas se prolonga por una eternidad. Con todo, los pecados que se expían durante largo tiempo en tales castigos se cometen en un tiempo brevísimo. A nadie se le ocurre pensar que deben suspenderse los tormentos del malvado en cuanto se cumple un plazo de tiempo igual al que duró el homicidio, el adulterio, el sacrilegio o cualquier otro crimen. No hay que medir el delito por el tiempo empleado en su comisión, sino por la magnitud de su injusticia o de su perversidad. Quien, por el contrario, es condenado a muerte, culpable de un grave delito, ¿acaso las leyes tienen en cuenta al medir el suplicio la duración del tiempo empleado en ejecutarlo, que es brevísimo, y no más bien el que lo arrancan para siempre de la compañía de los vivos? Digamos que el excluir a los hombres de esta sociedad mortal por el suplicio de la primera muerte equivale a excluir a los hombres de aquella ciudad inmortal por la muerte segunda.

Porque así como las leyes de esta ciudad no proveen que sea de nuevo integrado en ella el que es ejecutado, así tampoco las de la eterna ciudad hacer volver a la vida eterna al que ha sido condenado a la muerte segunda. Pero nos replican: ¿cómo se cumplirá entonces lo que dice vuestro

Cristo: "Con la misma medida con que midáis seréis medidos" (Lc. 6:38), si un pecado temporal es castigado con un suplicio eterno? No reparan éstos que la igualdad aquí aludida no estriba en el espacio temporal, sino en la correspondencia del mal, en el sentido de que quien obró el mal pagara con mal. Aunque propiamente puede ser interpretado teniendo en cuenta el contexto en el que hablaba el Señor cuando esto dijo, es decir, refiriéndose a emitir juicios y condenas. En este caso, quien juzga y condena injustamente, si es juzgado y condenado justamente recibe en la misma medida, aunque no sea en lo mismo que él dio. Lo que él ha cometido es por un juicio, y por un juicio tiene que sufrir ahora. Y aunque cometió una injusticia en su condenación, ahora, por condenación, padece un justo castigo.

12. Magnitud y efectos del primer pecado

Un castigo eterno parece duro e injusto a la percepción humana, porque en la debilidad de nuestra condición mortal falta aquel sentido de altísima e inmaculada sabiduría que nos capacita para percibir la enormidad del crimen cometido en la primera transgresión. En efecto, cuanto más disfrutaba el hombre de la presencia de Dios, tanto más enorme fue su impiedad al abandonarlo; se hizo acreedor a un mal eterno él, que en sí destruyó un bien llamado a ser eterno. De aquí parte el que todo el género humano se haya convertido en una *massa damnata* o *massa perditionis*. El primer culpable fue castigado juntamente con toda su raza, que se hallaba en él como en su raíz, y nadie se ve libre de este castigo, merecido y justo, más que por la misericordia y la gracia inmerecida. De esta forma, el género humano queda distribuido de modo que en unos brillará el poder de la gracia misericordiosa, y en los restantes el de la justicia vindicativa.

No sería posible mostrar ambas cosas en todos; si todos permaneciesen en el castigo de una justa condenación, en nadie aparecería la misericordiosa y gratuita redención; a su vez, si todos fueran rescatados de las tinieblas a la luz, en nadie aparecería la severidad del castigo. En este último apartado se encuentran más que en el primero, para darnos a entender que era debido a todos. Y aunque a todos fuera aplicado nadie podría reprochar justamente la justicia del vengador. Con todo, los rescatados son un gran número, y por ello se deben dar gracias al Libertador por don tan gratuito.

13. Castigo y purificación

Los platónicos, ciertamente, a la vez que mantienen que ningún pecado queda impune, opinan que todas las penas se aplican con vistas a la enmienda[12], sea en virtud de leyes divinas o humanas, sea en esta vida o después de la muerte, por no haberlo hecho aquí, o aunque castigado, quede no haberse enmendado todavía. A esto alude aquella sentencia de Virgilio Marón, donde primero habla de los cuerpos terrenos y los miembros que han de morir, y luego dice de las almas:

"De aquí les vienen sus temores, sus deseos,
sus dolores, sus gozos;
no perciben la claridad de los cielos,
encerradas como están entre tinieblas,
en lóbrega mazmorra".
Y sigue diciendo:
"Más aún, cuando al final la vida las abandona
no todo mal se ausentará de estas desdichas,
ni toda peste corporal desaparecerá de raíz.
Sus muchos vicios, largamente arraigados,
hayan echado raíces de profundidad asombrosa.
Son, por ello, atormentadas con castigos
y expían los suplicios de inveteradas culpas.
Cuelgan las unas inertes, suspendidas al viento;
lavan las otras, sumergidas en piélago inmenso,
su infecto crimen; y otras lo purifican al fuego"[13].

Quienes así opinan no admiten más penas que las purgatorias después de la muerte. Y como el agua, el aire y el fuego son elementos superiores a la tierra, sirven de medios de expiación para purificar las almas de las manchas contraídas al contacto de la tierra. El aire está indicado en aquellas palabras: "Suspendidas al viento"; el agua en aquellas otras: "Sumergidas en piélago inmenso"; y el fuego está expresamente citado: "Otras lo purifican al fuego".

Nosotros, ciertamente, reconocemos la existencia de algunas penas purificadoras en esta vida mortal. Y tienen ese carácter no para aquellos cuya vida no mejora con ellos, o más bien empeora, sino para aquellos otros que se corrigen así castigados. Todas las demás penas, temporales o eternas, infligidas a cada uno por la divina Providencia, son enviadas por los pecados pasados o por aquellos en los que actualmente vive el

---

12. Para Platón el castigo cumple dos propósitos: disuadir y reformar. "Nadie castiga a un transgresor en base a su ofensa pasada y simplemente porque ha hecho mal, sino por causa del futuro, para que la ofensa no se vuelva a repetir, ya por la misma persona o por cualquier otra que ha visto la aplicación del castigo" (*Protágoras*, 324).
13. Virgilio, *En.* 6,733-742,

castigado, o también para ejercitar o hacer brillar las virtudes del hombre. Son aplicadas por medio de los hombres o de los ángeles, sean buenos o malos.

Cuando uno padece algún mal, sea por la perversidad o el error de un tercero, peca, ciertamente, el hombre que por ignorancia o injusticia causa un mal a cualquiera; pero no peca Dios, quien por un justo, aunque oculto designio, permite que esto suceda. Pero hay penas temporales que unos las padecen solamente en esta vida, otros después de la muerte y otros ahora y después. De todas maneras, estas penas se sufren antes de aquel riguroso y definitivo juicio. Mas no todos los que han de sufrir tras la muerte penas temporales caerán en las eternas, que tendrán lugar después del juicio. Habrá algunos, en efecto, a quienes se perdonará en el siglo futuro lo que no se les había perdonado en el presente; o sea, que no serán castigados con el suplicio eterno del siglo futuro, como hemos hablado más arriba.

14. Penas temporales de esta vida

Son una excepción los que no padecen algún mal en esta vida, sino solamente en la otra. Ha habido, con todo, algunas personas que no han sentido ni la más mínima calentura hasta entrada ya la vejez decrépita, y su vida ha transcurrido tranquila. Yo personalmente he conocido algunos casos y otros los he oído contar. Dicho sea esto a pesar de que la vida misma de los mortales es toda ella un suplicio, puesto que toda ella es tentación, como la proclama la Sagrada Escritura: "¿No es cierto que la vida del hombre sobre la tierra es una tentación?" (Job 7:1, LXX). No es pequeño castigo la ignorancia o inexperiencia, que los hombres procuran evitar hasta el punto de obligar a los niños con castigos bien dolorosos[14] a aprender algunas artes o las letras. Incluso el hecho en sí de aprender, razón por la que son castigados, resulta tan penoso que a veces prefieren sufrir los castigos antes que el aprender mismo. ¿Quién no va a horrorizarse y ante la disyuntiva de volver de nuevo a la infancia o sufrir la muerte, no preferirá morir?

El hecho de estrenar la luz de esta vida no riendo, sino entre llantos, es ya una especie de profecía inconsciente de las calamidades en que acaba de entrar. El único que al nacer se rió, según dicen, fue Zoroastro, pero su portentosa risa no le auguró ningún bien. Efectivamente, cuentan que fue el inventor de las artes mágicas; artes, por cierto, que no le llegaron a

---

14. Agustín, como podemos leer en su *Confesiones* (V,9-17), siempre se manifestó contra los crueles métodos educativos de su época.

servir ni siquiera para proteger su felicidad contra los enemigos; de hecho, siendo él rey de los bactrianos, fue derrotado por Nino, rey de Asiria

Está escrito: "Un yugo pesado se cierne sobre los hijos de Adán desde el día que salen del vientre materno hasta el día de su sepultura en el seno de la madre común" (Eclo. 40:1). Esta sentencia es absolutamente necesario que se cumpla, y hasta tal punto que los recién nacidos, libres ya del único vínculo que los tenía esclavizados, el pecado original, por el baño de la regeneración padecen innumerables calamidades, incluso algunos de ellos los asaltos de los espíritus malignos. ¡Y ojalá que tales sufrimientos no les perjudiquen si llega el caso de terminar su vida en estos primeros años, precisamente por haberse agravado más su sufrimiento hasta separarse el alma del cuerpo!

15. La gracia de Dios y los bienes futuros

Sin embargo, el asombroso mal que encontramos en el pesado yugo puesto sobre la cerviz de los hijos de Adán, desde la salida del vientre materno hasta el día de su vuelta al seno de la madre común por la sepultura, es para que vivamos con sobriedad y comprendamos que esta vida se nos ha vuelto penosa desde aquel pecado horrendo en extremo que se cometió en el paraíso, y que todo lo que se lleva a cabo en nosotros a través del Nuevo Testamento pertenece exclusivamente a la nueva herencia del mundo nuevo. Así, una vez recibida aquí la prenda, entraremos en posesión, a su tiempo, de la realidad que ella garantizaba. Mientras tanto, debemos caminar en la esperanza y ser más perfectos de día en día, dando muerte por el Espíritu a las bajas acciones. Porque "el Señor conoce a los suyos" (2ª Tim. 2:19). y: "Todos los que son guiados por el Espíritu de Dios, son hijos de Dios" (Ro. 8:14). Pero esto por la gracia, no por la naturaleza. Porque sólo hay un único Hijo de Dios por naturaleza, quien en su compasión se ha hecho Hijo de hombre por amor a los hombres, a fin de que nosotros, hijos de hombre por naturaleza, lleguemos a ser en él, por gracia, hijos de Dios. Él permaneció inmutable y asumió nuestra naturaleza, y en ella a nosotros. Sin perder nada de su divinidad, se hizo partícipe de nuestra debilidad con el fin de que, cambiados en mejores, perdamos lo que tenemos de pecadores y de mortales, por la participación de su inmortalidad y justicia; y conservemos toda buena cualidad que Él haya implantado en nuestra naturaleza perfeccionada ahora por la participación en la bondad de su propia naturaleza[15].

---

15. Cf. 2ª Pd. 1:4: "Nos han sido dadas preciosas y grandísimas promesas, para que por ellas seáis hechos participantes de la naturaleza divina, después de haber huido de la corrupción que hay en el mundo debido a las bajas pasiones".

Así como por el pecado de un solo hombre hemos caídos en tan deplorable calamidad, así por la justicia de un Hombre, que también es Dios, llegaremos a aquel bien tan inconcebiblemente sublime. Pero nadie debe confiar que pasó del primer hombre al otro hasta que arribe al puerto donde no existirá ya tentación alguna, cuando posea aquella paz que busca a través de tantos y tan diversos combates en esta guerra, en la que "la carne codicia contra el Espíritu, y el Espíritu contra la carne" (Gál. 5:17). No tendría lugar una semejante guerra si la naturaleza humana, utilizando su libre albedrío, se mantuviese firme en la rectitud en que fue creada. Pero como no quiso tener una paz feliz con Dios, se ve envuelta en una lucha infeliz consigo misma, y siendo la desgracia de una tal calamidad, es mejor que el estado anterior a esta vida rehabilitada. Mejor es, efectivamente, luchar contra las inclinaciones viciosas que ser dominado por ellas sin resistencia alguna. Mejor es, repito, una guerra con esperanza de eterna paz, que una cautividad sin sospecha siquiera de liberación.

Verdad es que ansiamos vernos libres incluso de esta guerra, y estamos inflamados por el fuego del amor divino para disfrutar de aquella paz donde todo está en perfecto orden, donde lo inferior está sometido a lo superior con una estabilidad inquebrantable. Pero si (lo que Dios no permita) llegásemos a encontrarnos sin esperanza alguna de un bien tan precioso, deberíamos preferir siempre la dureza de este combate antes que entregarnos en manos de los vicios sin oponer resistencia.

16. Leyes de la gracia y edades de los regenerados

Es tan grande la misericordia de Dios con los "vasos de su misericordia" (Ro. 9:23), destinados a la gloria; que tanto en la primera edad del hombre, o sea, la infancia, sometida sin resistencia a la carne; y en la segunda edad, llamada niñez, en la que la razón todavía no es consciente de esta lucha, está casi por completo sometida a casi todas las inclinaciones viciosas; y aunque esta edad tiene el poder de hablar, e induzca a creer que pasó la infancia, la mente todavía no es capaz todavía de comprender los mandamientos. Aun con todo, si estas edades han recibido los sacramentos del Mediador, aunque le llegue el final de su vida en estos tiernos años, trasladado como está del poder de las tinieblas al reino de Cristo, lejos de tener que sufrir los eternos suplicios, no padecerá siquiera tormento alguno expiatorio después de su muerte. Basta la sola regeneración espiritual para invalidar después de la muerte el débito que la generación carnal había contraído con la muerte[16].

---

16. Agustín desarrolla estas ideas en su Epístola 98, *ad Bonifacium*.

Pero cuando llega la edad capaz de mandamientos y de someterse al dominio de la ley, debemos declarar la guerra contra los vicios y luchar con bravura para no caer en pecados dignos de condenación. Quizá no estén todavía arraigados por continuas victorias estos vicios; en este caso se rinden y desaparecen con más facilidad. Pero si están acostumbrados a vencer y a imponer su dominio, conseguir la victoria sobre ellos es un trabajo difícil. Y esto no se logra de una manera auténtica y profunda más que con un sincero amor a la santidad, y ésta se halla en la fe en Cristo. En efecto, si hay una ley que ordena, pero falta la ayuda del Espíritu, la misma prohibición hace crecer el deseo de pecado, que termina por triunfar. Todo ello añade culpabilidad a la caída.

Se dan casos a veces en que unos vicios manifiestos quedan dominados por otros ocultos, tenidos como virtudes, en los que reina la soberbia y un cierto encumbramiento para agradarse a sí mismo, causa de su propia ruina. Solamente hay que considerar vencido un vicio cuando la victoria sea del amor divino, amor que no concede más que Dios personalmente, y por nadie más que por "el Mediador entre Dios y los hombres, Jesucristo hombre" Cristo Jesús (1ª Tim. 2:5), que ha participado de nuestra condición mortal para hacernos partícipes de su divinidad.

Son muy pocos los hombres tan dichosos que hayan pasado su adolescencia sin cometer algún pecado alguno digno de condenación, ya por algún exceso o conducta violenta, o por seguir alguna opinión impía y errónea, y que hayan sometido por la grandeza de su espíritu cualquier brote de complacencia en los instintos de la carne en los.que podrían ser ellos los dominados. La mayor parte, una vez conocida la obligación de la ley, se ven vencidos primeramente por los vicios que les llegan a dominar; así se hacen transgresores de la ley. Luego buscan refugio y ayuda en la gracia, con la cual recuperarán la victoria, mediante una amarga penitencia y una lucha más enérgica, sometiendo primero el espíritu a Dios y logrando después el dominio sobre la carne. Quien quiera, pues, evitar el castigo eterno no debe solamente ser bautizado, sino también justificado en Cristo, pasando así del diablo a Cristo.

Y que nadie imagine que hay penas purificadoras, excepto antes del último y temible juicio. No debemos negar, sin embargo, que el fuego eterno será proporcional a los hechos de los impíos, más doloroso para unos y más ligero para otros, sea este resultado realizado mediante variación en la temperatura del mismo fuego, graduado según el mérito de cada cual, o que el ardor permanezca el mismo, pero que no todos lo sientan con la misma intensidad de tormento.

17. Negación de las penas eternas

Me doy cuenta de que debo ahora ocuparme en controversia pacífica de aquellos que participan de nuestra fe y se dejan llevar de la compasión, que se niegan a creer en la eternidad de las penas, bien sea para todos aquellos hombres a quienes el justísimo juez dicte sentencia de condenación al suplicio del infierno, bien sea solamente para algunos de ellos; y suponen que tras determinados períodos de tiempo —más largos para unos, más breves para otros, según la magnitud del pecado— serán libertados.

Respecto a este tema, más indulgente todavía fue Orígenes, porque creyó que hasta el mismo diablo y sus ángeles, tras haber sufrido tormentos más o menos graves y prolongados según la culpabilidad, habían de ser arrancados de sus torturas y asociados a los santos ángeles. Pero la Iglesia lo ha rechazado con toda razón, no sólo por esta creencia, sino por otras, sobre todo por aquella teoría de los períodos alternos de felicidad y desgracia sin término, y por aquel ir y volver sin fin de una hacia la otra cíclicamente en períodos fijos[17]. Además, el aspecto de compasión de su teoría se cae por tierra al haber inventado para los santos auténticas penalidades en las que deben ser torturados, y unas felicidades falsas en las que está ausente la verdad y la seguridad, es decir, la certeza del gozo del bien eterno, sin temor alguno.

Es muy diferente, de todos modos, el error al que nos referimos, el cual está dictado por el sentimiento compasivo de esos cristianos que suponen que el sufrimiento de los condenados en el juicio será temporal, mientras que la felicidad de todos, que serán liberados tarde o temprano, es eterna.

Si esta opinión es tenida por buena y verdadera por ser misericordiosa, será tanto más verdadera y mejor cuando más compasiva sea. Extiéndase, por lo tanto, y fluya la fuente de esta misericordia hasta los ángeles condenados, y que sean liberados de sus penas al menos después de muchos y larguísimos siglos, todo lo prolongados que se quiera. ¿Por

---

17. Epifanio condenó la doctrina origenista (*Epistola ad Joannem Hierosol.*), así como Jerónimo (*Epistola 61, ad Pammachium*), y el mismo Agustín (*De haeresibus*, 45). Anastasio también la condenó, como refiere Jerónimo en su *Apologia adversus Rufinum* y en su *Epistola 78, ad Pammachium*, así como el papa Vigilio y el emperador Justiniano, que aprobaron el V Concilio Ecuménico de Constantinopla (año 543). "Si alguno dice o siente que el castigo de los demonios o de los hombres impíos es temporal y que en algún momento tendrá fin, o que se dará la reintegración de los demonios o de los hombres impíos, sea anatema" (*Liber adversus Origenes*, Dz. 211). Véase nuestra introducción a Orígenes, *Tratado de los principios*, publicado en esta misma colección.

qué ha de estar manando para toda la naturaleza humana, y al llegar a los ángeles se va a agotar de pronto? La verdad es que no se atreven a extender más su compasión y llegar incluso hasta el mismo diablo. Porque si alguien se atreviera, llevaría ventaja, sin duda, sobre los anteriores. Sin embargo, caería en un error tanto más exagerado y opuesto al recto sentido de la Palabra de Dios cuanto mayor sentimiento de clemencia cree tener.

18. La intercesión de los santos y la condenación

1. Hay otra clase de cristianos, cuyas opiniones conozco por medio de conversaciones, que, bajo apariencia de respeto a las Santas Escrituras, se hacen censurables por su conducta, ya que en su propio interés atribuyen a Dios mucha más indulgencia que los anteriores. Reconocen que Dios ha anunciado realmente que los hombres perversos y descreídos son dignos de castigo; pero al llegar el juicio triunfará la misericordia. Dios les indultará la pena —afirman— por las oraciones y la intercesión de los santos. Porque si los santos oraban por ellos cuando los tenían que soportar como enemigos, ¿cuánto más ahora que los verán postrados humildes y suplicantes? No podemos creer, dicen, que los santos van a perder entonces sus entrañas de misericordia cuando su santidad haya llegado al colmo de la plenitud y de la perfección. Así que quienes, todavía pecadores, oraban por sus enemigos, ¿cómo no van a orar ahora por quienes les suplican, cuando ya están libres del pecado? ¿O es que Dios se va a negar a escuchar en esta ocasión a tantos y tan santos hijos suyos, precisamente cuando en su santidad no encontrará ningún impedimento a la eficacia de su oración?

Hay un texto de los Salmos que invocan a su favor quienes conceden a los infieles e impíos la liberación de todos sus males, al menos después de un largo período de tormentos. El verso dice: "¿Se ha olvidado de ser clemente? ¿En su ira ha cerrado su compasión?" (Sal. 77:9). Su ira, dicen, consiste en que todos los indignos de la beatitud eterna serán sentenciados por Él como juez a los suplicios eternos. Ahora bien, si tales suplicios Él los permite, sean largos o cortos, necesariamente es que la ira ha cerrado sus entrañas, cosa que el salmo niega. Porque no dice: "En su ira ha cerrado su compasión", sino que expresa claramente que no las cerrará en absoluto.

2. Niegan que la amenaza divina del juicio sea ficticia, aunque nadie resulte condenado, de igual modo que no podemos llamar ficticia la amenaza por la que afirmó que iba a destruir a Nínive, cosa que no ocurrió, a pesar, aseguran, de que lo predijo sin poner condición alguna. No dijo:

"Será arrasada Nínive si no hacen penitencia y se convierten", simplemente anunció de antemano la destrucción de la ciudad sin añadir más. Tienen éstos por veraz tal amenaza, porque Dios predijo que realmente se lo tenían merecido, aunque Él no llegase a ponerlo por obra. Si es cierto que perdonó a quienes hicieron penitencia, prosiguen, no es menos cierto que ya lo sabía de antemano, y con todo predijo la destrucción de una manera absoluta y definitiva. Por eso, desde el punto de vista del rigor, tal amenaza es una verdad, porque se lo tenían merecido; pero no lo era desde el lado de las entrañas de misericordia, las cuales no mantuvo cerradas su ira, perdonando a quienes la suplicaron clemencia por el castigo que había amenazado contra los obstinados en su maldad. Si entonces los perdonó, agregan, cuando su santo profeta con tal perdón había de quedar contrariado, ¡cuánto más lo hará en esta ocasión con quienes elevarán súplicas más dignas de lástima, apoyados por las oraciones de todos su santos, que implorarán este perdón!

Ellos suponen que la divina Escritura oculta la opinión que ellos mantienen a fin de que muchos, ante el temor de unas torturas eternas o muy prolongadas, vuelvan al buen camino, y haya quienes puedan orar por los que sigan sin corregirse. Mas no creen que la Palabra divina haya pasado totalmente esto en silencio. Pues, continúan, ¿a qué se aplican las palabras de este pasaje: "¡Cuán grande es la bondad que has guardado para los que te temen!" (Sal. 31:19), si no es para darnos a entender que toda la inmensa y secreta bondad de la divina misericordia ha sido escondida para hacer brotar en nosotros el temor? Añaden, además, que el apóstol dijo con este mismo motivo: "Porque Dios encerró a todos bajo desobediencia, para tener misericordia de todos" (Ro. 11:32), queriendo significar con ello que nadie será condenado por Dios.

Pero los partidarios de esta opinión no la extienden hasta la liberación o la ausencia de condenación del diablo y sus ángeles. Se sienten conmovidos solamente por una compasión humana, dirigida a los hombres únicamente, pero, sobre todo, saliendo en defensa de su propia causa con una pretendida misericordia general de Dios a todo el género humano, prometiendo a sus costumbres depravadas una engañosa impunidad. Lógicamente, quienes prometan esta impunidad también al príncipe de los demonios y sus satélites, harán una exhibición todavía mayor de la misericordia de Dios.

19. Inmunidad para el pecado y el error

Hay otros que prometen la liberación de los suplicios eternos no a todos los hombres, sino sólo a aquellos que hayan sido purificados con el bautismo de Cristo y hechos partícipes del cuerpo de Cristo, no importa cómo hayan vivido, o las herejías o impiedades en que hayan caído. Respaldan su opinión con aquel texto de Jesús: "Este es el pan que ha bajado del cielo, para que quien coma de él, no muera. Yo soy el pan vivo bajado del cielo. El que coma pan de éste vivirá para siempre" (Jn. 6:50-51). Estos, por consiguiente, concluyen, han de ser liberados necesariamente de la muerte eterna, y conducidos un día a la vida eterna.

20. Inmunidad sólo para los católicos

Hay todavía otros que prometen esto mismo no a todos los que hayan recibido el bautismo de Cristo, e incluso el sacramento de su cuerpo, sino únicamente a los católicos, por mas que su vida sea indeseable. La razón es el haberse alimentado con el cuerpo de Cristo, no sólo sacramentalmente, sino realmente, quedando incorporados en su mismo cuerpo, del que dice el apóstol: "Siendo muchos, somos un solo cuerpo; pues todos participamos de un solo pan" (1ª Cor. 10:17). De esta manera, aunque después caigan en alguna herejía, o incluso en la idolatría pagana, por el solo hecho de que en el cuerpo de Cristo, o sea, en la Iglesia católica, recibieron el bautismo de Cristo y se alimentaron con su cuerpo, no morirán para siempre, sino que han de conseguir un día la vida eterna. Y su impiedad, por grande que haya sido, no hará su castigo eterno, sino sólo proporcionalmente extenso y severo.

21. Inmunidad para los que estén fundados en Cristo

Todavía existen algunos que prometen la liberación de las penas del infierno, pero solamente a quienes perseveren en la Iglesia católica, aunque vivan mal dentro de ella. Su argumento se basa en esta frase: "El que persevere hasta el fin será salvo" (Mt. 24:13). Dicen que éstos se salvarán, bien que así como por fuego, gracias al fundamento en que se apoyan, del cual dice el apóstol: "Nadie puede poner otro fundamento que el que está puesto, el cual es Jesucristo. Si alguien edifica sobre este fundamento con oro, plata, piedras preciosas, madera, heno u hojarasca, la obra de cada uno será evidente, pues el día la dejará manifiesta. Porque por el fuego será revelada; y a la obra de cada uno, sea la que sea, el fuego la probará. Si permanece la obra que alguien ha edificado sobre el fundamento, él recibirá recompensa. Si la obra de alguien es quemada, él sufrirá pérdida; aunque él mismo será salvo, pero así como por fuego" (1ª Cor. 3:11-15). Dicen, por tanto, que un cristiano católico, no importa cómo sea su vida, tiene a Cristo como fundamento; siempre que este fundamento no está dominado por ninguna herejía que le separe de la unidad del cuerpo. Por consiguiente, gracias a este fundamento, aun cuando un cristiano católico, por la inconsistencia de su vida haya edificado encima con madera, heno o paja, creen que se salvará por fuego, es decir, que será liberado después de sufrir los tormentos de aquel fuego con el que serán castigados en el juicio final los malvados.

22. Limosnas y purgación

Me he encontrado también con quienes piensan que únicamente serán castigados eternamente en el fuego los que descuiden hacer limosnas proporcionadas a sus pecados, según aquello del apóstol Santiago: "Habrá juicio sin misericordia contra aquel que no hace misericordia" (Stg. 2:13). Luego quien haya tenido misericordia, afirman, por más que su conducta no haya mejorado, sino que su vida, entre limosna[18] y limosna, haya transcurrido de una forma escandalosa y depravada, tendrá un juicio con misericordia. Es decir, que o no recaerá sobre él condenación alguna, o bien, tras un lapso de tiempo más breve o más largo, será indultado de su condenación[19]. He aquí la razón, piensan ellos, por la que no ha querido evocar ninguna otra cosa más que las limosnas hechas o las omitidas, cuando se siente como juez de vivos y muertos, en las palabras que dirigirá a los de su derecha para otorgarles la vida eterna, y a los de su izquierda para condenarlos al suplicio eterno (Mt. 25:33).

Esta misma finalidad aseguran llevar las palabras diarias de petición de la oración dominical: "Perdónanos nuestras deudas así como nosotros perdonamos a nuestros deudores" (Mt. 6:12). Pues todo el que perdona y olvida un pecado a otro que le ha ofendido, sin duda alguna está haciendo una limosna. El mismo Señor nos inculcó esta práctica con insistencia en aquellas palabras: "Pues si perdonáis sus culpas a los demás, también vuestro Padre os perdonará las vuestras. Pero si no perdonáis a los demás, tampoco vuestro Padre celestial os perdonará a vosotros" (Mt. 6:14-15). A esta clase de limosna pertenece, por lo tanto, lo que dice Santiago de que tendrá un juicio sin misericordia quien no practicó la misericordia. Y no habló el Señor, prosiguen, de pecados grandes o pe-

---

18. En griego, la palabra limosna es *eleemosyne*, que significa compasión, misericordia, y con ese sentido pasó al cristianismo.

19. Ya en la temprana carta de Clemente se dice que " limosna es una cosa buena, como el arrepentirse del pecado [...]. Bienaventurado el hombre que tenga abundancia de ellas. Porque el dar limosna quita la carga del pecado" (2 Cl. 16. *Padres Apostólicos*, publicados en esta misma colección).

queños, sino simplemente: "Vuestro Padre os perdonará los pecados si también vosotros perdonáis a los demás".

Es ésta la razón por la que, según este sentir, incluso aquellos que hayan llevado una vida escandalosa hasta el último momento irán recibiendo, día tras día, en virtud de esta oración, el perdón de todos sus pecados, igual que día tras día se recita esta oración, cualquiera que sea su naturaleza y su gravedad. Sólo hace falta tener presente una condición: que cuando piden perdón de sus pecados perdonen ellos de corazón a quienes les hayan hecho alguna ofensa.

Iré respondiendo a todas estas dificultades y cuando termine daré por concluido el presente libro.

23. Réplica a los que niegan la eternidad del castigo

Ante todo es preciso investigar y conocer por qué la Iglesia no ha podido admitir la idea de una promesa de expiación o indulto al diablo después de sufrir incluso los más duros y prolongados castigos. Y no se trata de que la multitud de santos y de hombres instruidos en las Sagradas Escrituras, tanto del Antiguo como del Nuevo Testamento, hayan visto con malos ojos la purificación y la consecución de la felicidad del reino de los cielos por los ángeles, de la clase y rango que ellos sean, tras haber pasado los suplicios de la clase o intensidad que ellos fueran. Lo que sucede es que han visto que las afirmaciones divinas no pueden ser anuladas o debilitadas. Y el Señor ha dicho con antelación que pronunciará en el juicio sentencia en estos términos: "Apartaos de mí, malditos, id al luego eterno, preparado para el diablo y sus ángeles" (Mt. 25:41). En estas palabras, de hecho, manifiesta que el diablo y sus ángeles arderán en un fuego eterno. Además, está escrito en el Apocalipsis: "Al diablo, que los había engañado, lo arrojó al lago de fuego y azufre, con la bestia y el falso profeta. Allí serán atormentados día y noche por los siglos de los siglos" (Ap. 20:10).

En el primer texto el vocablo "eterno" es usado para significar lo mismo que en el segundo "por los siglos de los siglos". Estas son las palabras con las que la Escritura divina expresa habitualmente lo que no tiene fin en el tiempo. Por consiguiente, la auténtica fe debe mantener como firme e inmutable que no habrá regreso alguno del diablo y sus ángeles al estado de justificación y a la vida de los santos; no es en absoluto posible encontrar otro motivo ni más justo ni más claro de tal postura que esta: la Escritura, que no engaña a nadie, asegura que Dios no los ha perdonado, estando, por ello, bajo una primera condenación, recluidos, de momento, en las oscuras mazmorras infernales, reservadas para el castigo del juicio definitivo cuando sean arrojados al fuego eterno; allí serán atormentados por los siglos de los siglos (cf. 2ª Pd. 2:4).

Si esto es así, ¿cómo van a ser arrancados de la eternidad de este castigo todos o algunos de los hombres tras un espacio de tiempo, todo lo prolongado que se quiera, sin que al punto quede desvirtuada la fe por la que creemos que habrá un eterno suplicio para los demonios? Si a los mismos a quienes se dice: "Apartaos de mí, malditos, id al fuego eterno, preparado para el diablo y sus ángeles" (Mt. 25:41), sean todos o sean parte, no van a estar allí siempre, ¿qué razón hay para seguir creyendo que el diablo y sus ángeles sí permanecerán eternamente? ¿Es que acaso la sentencia de Dios, dictada contra los malos, ángeles y hombres, ha de ser verdadera para los primeros y falsa para los segundos? Así seria, ni más ni menos, si a lo que damos valor no es a la palabra de Dios, sino a las conjeturas de los hombres. Pero, dado que esto no puede ser así, procuren quienes desean escapar del eterno suplicio, más que esgrimir argumentos contra Dios, acatar sus mandamientos mientras todavía es tiempo.

Por otra parte, ¿cómo se entiende que el suplicio eterno se tome como un fuego de larga duración, mientras la vida eterna se acepta como sin término, siendo así que Cristo, en un mismo pasaje, en idéntica sentencia y comprendiendo a ambos, dijo: "Estos irán al suplicio eterno, y los justos a la vida eterna" (Mt. 25:46). Si ambos destinos son eternos, entendamos necesariamente ambos con una duración limitada, o ambos interminables, sin fin. Los dos están expresados en una identidad correlativa: Por un lado, el castigo eterno; por otro, la vida eterna. Decir en la misma frase y con idéntico sentido: "La vida eterna será sin término, el castigo eterno tendrá término", es el colmo del absurdo. Concluyendo, pues: como la vida eterna de los santos no tendrá fin, tampoco el suplicio eterno de los condenados lo tendrá, sin la menor duda.

24. Refutación contra los que enseñan la salvación final de todos

1. Este mismo argumento vale también contra aquellos que, en su propio beneficio, tratan de invalidar, bajo la apariencia un espíritu más misericordioso, las palabras de Dios. Para éstos la sentencia de Dios es verdadera no porque los hombres hayan de sufrir de hecho las penas que se les conminan, sino porque merecen sufrirlas. Dios, dicen, les perdonará por la intercesión de sus santos que, orando entonces por sus enemigos, tanto más cuanto son más santos, su oración será más eficaz y más digna de ser escuchada por Dios, pues ya no tienen pecado alguno.

¿Por qué, entonces, si en esa santidad perfeccionada sus oraciones serán tan puras y eficaces, no las usarán a favor de los ángeles para quienes está preparado el fuego eterno, a fin de que Dios mitigue su sentencia y la revoque, y los rescate de aquel fuego? ¿Habrá alguien que tenga la pretensión de pronosticar como cierto lo siguiente: los ángeles santos se unirán con los hombres santos —muy semejantes, entonces a los ángeles— para rogar por los dignos de condenación, tanto ángeles como hombres, de manera que por misericordia no lleguen a padecer lo que por justicia se tenían merecido? Nadie con auténtica fe ha afirmado esto ni lo afirmará jamás. De lo contrario, no existe razón alguna para que la Iglesia hoy no ruegue también por el diablo y sus ángeles, cuando su Maestro, Dios, le mandó rogar por sus enemigos. Pues bien, la causa por la que ahora la Iglesia no ruega por los ángeles malos —y ella bien sabe que son enemigos suyos— es la misma por la que entonces, en el juicio final, no rogará por los hombres condenados al fuego eterno, a pesar de que su santidad será ya perfecta.

Si en la actualidad ora por aquellos que tiene como enemigos entre los hombres, lo hace porque es tiempo de arrepentimiento fructuoso. ¿Y qué es lo que pide para ellos principalmente sino que Dios les conceda convertirse —como dice el apóstol— y recapacitar para "librarse de los lazos del diablo, que los tiene ahora presos y sumisos a su voluntad" (2ª Tim. 2:25-26)?

Finalmente, si la Iglesia estuviera de tal forma segura con relación a algunas personas, que supiera nominalmente incluso cuáles están predestinadas a ir al fuego eterno junto con el diablo, no rogaría por ellas, como no ruega por el diablo, a pesar de que se encontrarán todavía viviendo esta vida. Pero como de nadie está segura, ruega por todos sus enemigos —tratándose de hombres, por supuesto— durante el período de su vida corporal. Sin embargo, no en favor de todos es oída. Solamente lo es en favor de aquellos que, a pesar de su oposición a la Iglesia, están predestinados, de forma que la Iglesia es oída en su favor y llegan a hacerse hijos de ella. Pero si algunos conservan hasta la muerte un corazón impenitente, sin convertirse de enemigos en hijos suyos, ¿sigue la Iglesia rogando por éstos, es decir, por las almas de tales difuntos? ¿Y por qué deja de hacerlo, si no porque ya se puede contar como miembro del partido diabólico a quien durante su vida en el cuerpo no se ha pasado al reino de Cristo?

El perdón corresponde al tiempo presente

2. La misma razón hay, por consiguiente, para no rogar entonces por los hombres condenados al fuego eterno que para no rogar ni ahora ni después por los ángeles malos. Y la misma razón también para no orar ahora por

los infieles e impíos difuntos, aunque sean hombres. Cierto que la oración de la misma Iglesia o de otras personas piadosas es escuchada en favor de algunos difuntos; pero lo es en favor de aquellos regenerados en Cristo, cuya vida, durante el período corporal, no ha sido tan desordenada que se les considere indignos de una tal misericordia; ni tan ordenada que no tengan necesidad de esa misericordia. Así, una vez resucitados los muertos, tampoco faltarán algunos a quienes, después de las penas que sufren las almas de los difuntos, se hará misericordia para que no sean enviados al fuego eterno. En efecto, no se diría con verdad de algunos que "no se les perdonará ni en este mundo ni en el venidero" (Mt. 12:32), si no hubiera otros a quienes se les perdonará en el futuro, aunque no se les perdone en el presente.

Ahora bien, una vez que el juez de vivos y muertos haya pronunciado la sentencia: "Venid, benditos de mi Padre; heredad el reino preparado para vosotros desde la creación del mundo"; y, en cambio, a los otros: "Apartaos de mí, malditos, id al fuego eterno, preparado para el diablo y sus ángeles"; y luego: "Irán éstos al castigo eterno, y los justos a la vida eterna" (Mt. 25:34,41,46); es de una incalificable presunción afirmar que se librará de un castigo eterno alguno de los que Dios aseguró que irían al suplicio eterno, y así traer desesperación o dudas sobre la promesa correspondiente de vida eterna.

3. Cuidado, pues, con entender mal este canto sálmico: "¿Se ha olvidado de ser clemente? ¿En su ira ha cerrado su compasión?" (Sal. 77:9), no vaya alguien a opinar que esta sentencia es verdadera con los buenos y falsa con los malos, o verdadera con relación a los hombres buenos y a los ángeles malos, pero falsa con relación a los hombres malos. Porque las palabras del salmista se refieren a los vasos de misericordia y a los hijos de la promesa, de quien el mismo profeta era uno de ellos, porque cuando dijo: "¿Se ha olvidado de ser clemente? ¿En su ira ha cerrado su compasión?", añadió en seguida: "Y pienso: Mi tristeza es que haya cambio en la diestra del Altísimo" (v. 10). Con lo que dejó explicado lo anterior: "¿En su ira ha cerrado su compasión?" Porque la ira de Dios es también esta vida mortal, en la que "el hombre es igual que un soplo, sus días una sombra que pasa" (Sal. 144:4). No obstante, en medio de esta ira, Dios no se olvida de su bondad, haciendo salir el sol sobre buenos y malos, enviando la lluvia a justos e injustos (Mt. 5:45): es así como su ira no cierra sus entrañas; especialmente en la expresión de este salmo: "Mi tristeza es que haya cambio en la diestra del Altísimo", porque durante esta misma vida tan penosa, que es la ira de Dios, a los que son objeto de su misericordia los va mejorando, aunque todavía en la miseria de esta corrupción permanezca la ira de Dios, puesto que ni en su misma ira Él cierra sus entrañas. Cumpliéndose, pues, de este

modo la verdad de aquel canto divino, no hay por qué entenderla necesariamente también realizada entre los que no pertenecen a la ciudad de Dios y que, por lo tanto, serán castigados a un eterno suplicio.

Pero si alguno persiste en ampliar su aplicación a los tormentos de los malvados, entiéndanla al menos de manera que, aún permaneciendo en ellos la ira de Dios, que les ha amenazado con el castigo eterno, no cierre las entrañas divinas y haga que no sean torturados con penas tan atroces como se tienen merecidas; pero no hasta el punto de no llegar a padecerlas jamás, o que tengan fin algún día, sino más bien para alcanzar que sean más suaves, más leves de lo que sus culpas merecen. De esta forma, la ira de Dios permanecerá, y en su misma ira no cerrará sus entrañas. Pero incluso esta hipótesis no se suponga que la afirmo, porque directamente me opongo a ella.

4. En cuanto a aquellos que opinan que es amenaza vacía más bien que una verdad, los pasajes que dicen: "Apartaos de mí, malditos, id al fuego eterno", y también: "Estos irán al castigo eterno, y su gusano no morirá, y el fuego no se apagará" (Mt. 25:41,46), así como otros textos parecidos; no soy yo, es la misma divina Escritura quien refuta a esas personas y las confunde de la manera más evidente y más completa.

Los ninivitas, de hecho, hicieron penitencia en esta vida; una penitencia fructuosa, por ende, como quien siembra en un campo en el que Dios ha querido que se "siembre entre lágrimas lo que luego se cosechará entre cantares" (Sal. 126:5). Y, con todo, ¿quién, a poco que se fije, se atreverá a negar que se cumplió en ellos lo que el Señor había predicho, a saber, cómo abate Dios a los pecadores no sólo cuando está airado, sino también cuando se compadece? Dos son las formas de abatir a los pecadores: una como a los sodomitas, en que las personas mismas sufren el castigo de sus propios pecados, y otra la de los ninivitas, en la que quedan destruidos los pecados de las mismas personas por el arrepentimiento. La predicción de Dios se cumplió realmente: quedó arrasada la Nínive perversa y en su lugar se edificó la buena que no existía. Quedando erguidas las murallas y las casas, quedó arrasada la ciudad en sus perdidas costumbres. De este modo, a pesar de que el profeta quedó contrariado porque no sucedió lo que aquellos hombres llegaron a temer fiados en su profecía, se cumplió, sin embargo, lo que en la presciencia de Dios estaba pronosticado: bien sabía el que lo predijo cómo había de cumplirse en un sentido menos calamitoso.

Misericordia y predestinación

5. Conviene que estos perversamente misericordiosos vean cuál es el propósito de estas palabras: "¡Cuán grande es la bondad que has guardado para los que te temen!" (Sal. 31:19). Y para ello sigan leyendo a conti-

nuación: "Que has obrado para los que en ti se refugian". ¿Qué significa "has guardado para los que te temen", y "has obrado para los que en ti se refugian", sino que la justicia de Dios no es bondad para aquellos que, por temor a su castigo, quieren edificar su propia justificación fundada en la ley, puesto que la de Dios la desconocen? No la han saboreado: la prueba es que esperan en sí mismos, no en Dios, y por ello les está escondida esa bondad tan grande. Temen a Dios, cierto, pero con aquel temor servil que no es fruto del amor, "porque el amor perfecto expulsa el temor" (1ª Jn. 4:18). En cambio, con los que esperan en Él colma su bondad inspirándoles su amor. Así, con religioso temor, no con el que expulsa el amor, sino con el que permanece para siempre, cuando hayan de estar orgullosos lo estarán del Señor. En realidad, la justicia de Dios es Cristo, que se hizo para nosotros, como dice el apóstol, "sabiduría de Dios, justicia, santidad y redención, para que, como dice la Escritura, el que se gloría, gloríese en el Señor" (1ª Cor. 1:30-31).

Esta justicia de Dios, que es don de la gracia sin méritos, la desconocen quienes pretenden establecer su propia justificación sin someterse a la justicia de Dios, que es Cristo (Ro. 10:3). Y es en esta justicia donde se encuentra esa bondad tan grande de Dios, a la que alude el salmo: "Gustad y ved qué bueno es el Señor" (Sal. 34:8). Y nosotros, gustando esta bondad durante nuestro peregrinaje sin llegar a la saciedad, estamos más bien hambrientos y sedientos de ella para que, por fin, cuando le contemplemos como es, nos saturemos de ella. Así se cumplirá lo que está escrito: "Quedaré satisfecho cuando despierte a tu semejanza" (Sal. 17:15). Así es como Cristo perfecciona la gran abundancia de su dulzura a los que esperan en Él.

Pero si Dios esconde su dulzura de los que le temen en el sentido que imaginan nuestros objetores, es decir, con el fin de que los impíos, desconociéndola y por temor a ser condenados vivan rectamente, pudiendo así haber fieles que oren por los que no viven como deberían, ¿cómo perfeccionará su dulzura en los que esperan en Él, si es esta misma dulzura la que le impide —así lo sueñan ellos— castigar a los que no esperan en Él? Busquemos, pues, aquella dulzura que perfecciona en quienes esperan en Él, no la que se pretende la tenga en quienes desprecian y blasfeman de Dios. Inútilmente busca el hombre, después de esta vida, lo que descuidó adquirir cuando en ella vivía.

6. Entonces, en cuanto a las palabras del apóstol: "Dios encerró a todos bajo desobediencia, para tener misericordia de todos" (Ro. 11:32), no significan que nadie será condenado. Su sentido queda aclarado con lo expuesto arriba. El apóstol hablaba a los gentiles acerca de los judíos que habían de venir a la fe en el futuro, y sus

cartas se las dirigía a los que ya creían: "Vosotros", dice, "en otro tiempo erais desobedientes a Dios, pero ahora habéis alcanzado misericordia por la desobediencia de ellos. Asimismo, ellos han sido desobedientes en este tiempo, para que por la misericordia concedida a vosotros, también a ellos les sea ahora concedida misericordia" (Ro. 11:30-31). Y añade a continuación las palabras en las que ellos equivocadamente se complacen: "Dios encerró a todos bajo desobediencia, para tener misericordia de todos". ¿A quién se refiere este "todos" sino a los dos grupos de quienes venía hablando, como si dijera: "vosotros y ellos"? Dios, que tenía conocidos y predestinados tanto a los gentiles como a los judíos para hacerlos semejantes a su Hijo, los encerró a todos en la incredulidad para que, confusos y arrepentidos de la amargura de su infidelidad, se volviesen por la fe hacia la bondad de la misericordia divina y pudiesen cantar con el salmo: "¡Cuán grande es la bondad que has guardado para los que te temen, que has obrado para los que en ti se refugian, no en sí mismos, sino en ti!" (Sal. 31:19). El se compadece de todos los que son "vasos de misericordia" (Ro. 9:23). ¿A quién se refiere este "todos"? No precisamente a todos los hombres, sino aquellos, tanto gentiles como judíos, que Él ha predestinado, llamado, justificado y glorificado (cf. Ro. 8:30), entre los cuales no habrá ningún condenado.

25. Explicación respecto a los bautizados caídos en pecado y herejías

1. Demos igualmente una réplica, no ya a los que prometen la liberación del fuego eterno al diablo y sus ángeles (como ninguno de los que estamos hablando prometen), pero ni siquiera a todos los hombres, sino solamente a los que han sido lavados con el bautismo de Cristo, que han participado en el banquete de su cuerpo y sangre, aunque hayan vivido de cualquier manera y hayan incurrido en cualquier herejía o impiedad. Es el apóstol quien les contradice: "Las obras de la carne son evidentes. Estas son: fornicación, impureza, desenfreno, idolatría, hechicería, enemistades, pleitos, celos, ira, contiendas, disensiones, partidismos, envidia, borracheras, orgías y cosas semejantes a éstas, de las cuales os advierto, como ya lo hice antes, que los que hacen tales cosas no heredarán el reino de Dios" (Gál. 5:19-21). No hay duda que esta sentencia del apóstol sería falsa si esa clase de hombres, liberados después de un tiempo, todo lo prolongado que se quiera, llegan a poseer el reino de Dios. Pero como no es falsa, no hay duda de que no llegarán a poseerlo. Ahora bien, si jamás heredarán el reino de Dios, es que estarán detenidos en el eterno

suplicio; no existe un lugar intermedio donde puedan vivir sin castigo los que no han sido admitidos en el reino.

2. Con razón nos preguntamos cómo hay que entender las palabras de Jesús: "Este es el pan que desciende del cielo, para que el que coma de él no muera. Yo soy el pan vivo que descendió del cielo; si alguno come de este pan, vivirá para siempre. El pan que yo daré por la vida del mundo es mi carne" (Jn. 6:50-51). Aquellos a quienes ahora estamos respondiendo quedan refutados por los mismos a quienes luego responderemos. Estos últimos aseguran la liberación de las penas del infierno no a todos los bautizados, ni a todos los que han recibido el cuerpo de Cristo, sino únicamente a los católicos, aunque vivan mal. La razón es el haber recibido el cuerpo de Cristo no sólo sacramentalmente, sino realmente, siendo constituidos miembros de su cuerpo, del cual dice el apóstol: "somos un solo cuerpo; pues todos participamos de un solo pan" (1ª Cor. 10:17). Luego el que forma parte de la unidad de ese cuerpo, es decir, el que es miembro de ese organismo integrado por los cristianos, que comulgan habitualmente del altar en el sacramento de su cuerpo, ése es de quien puede decirse que come el cuerpo de Cristo y bebe su sangre. Consecuentemente, los herejes y cismáticos, estando separados de la unidad de este cuerpo, pueden recibir el mismo sacramento, pero de nada les sirve; es más, se les vuelve perjudicial, porque su sentencia será mucho más rigurosa que la de una, siquiera tardía, liberación. Porque no están, de hecho, integrados con el vínculo de paz expresado en aquel sacramento.

3. Pero, por otra parte, los que están en lo cierto al decir que no puede comer el cuerpo de Cristo quien no está en el cuerpo de Cristo, prometen equivocadamente a los que se han desgajado de la unidad de ese cuerpo y han caído en la herejía e incluso las supersticiones de la gentilidad, que su liberación del eterno tormento del fuego tendrá lugar alguna vez. Deben considerar en primer lugar cuán insostenible y opuesto a la sana doctrina es que muchos —más bien casi todos— los fundadores de impías herejías que se salieron de la Iglesia católica convirtiéndose en heresiarcas, queden mejor parados que aquellos otros que no fueron nunca católicos y cayeron en sus redes. Esto en el supuesto de que a tales heresiarcas los libre del eterno suplicio el hecho de haber recibido en principio el bautismo en la Iglesia católica y el sacramento del cuerpo de Cristo en el seno del verdadero Cuerpo de Cristo. ¿No es peor el que deserta de la fe y se convierte de desertor en perseguidor, que el otro que nunca desertó de una fe que jamás tuvo? Pero, por si fuera poco, el apóstol les sale al paso con las mismas palabras; después de enumerar las obras de la carne, con esa misma verdad asegura: "Porque quienes hacen tales cosas no heredarán el reino de Dios" (Gál. 5:21).

4. Por tanto tampoco deben estar seguros de su salvación aquellos que se abandonan una conducta corrompida y rechazable aunque perseveren hasta el final en comunión con la Iglesia católica, consolándose con aquellas palabras: "El que persevere hasta el final será salvo" (Mt. 10:22). Por la iniquidad de su vida abandonan la misma justicia de vida que es Cristo en ellos, sea dándose a la fornicación o cometiendo en su cuerpo otras acciones impuras que ni el apóstol quiso nombrar, sea dejándose arrastrar de desenfrenadas torpezas, o cometiendo cualesquiera otros pecados de los que dice: "Porque quienes hacen tales cosas no heredarán el reino de Dios" (Gál. 5:21). Quienes cometen, pues, tales torpezas tendrán no existirán en otro lugar que el suplicio eterno, ya que no podrán estar en el reino de Dios.

No podemos decir que quienes continúan en tales desórdenes hasta el fin de su vida han permanecido en Cristo, porque permanecer en Cristo es permanecer en su fe, y esta fe, como la define el apóstol, "obra por el amor" ((Gál. 5:6), y el amor, como dice en otro lugar, "nunca hace el mal" (1ª Cor. 13:4; Ro. 13:10). Tampoco podemos decir que estas personas se alimentan con el cuerpo de Cristo, puesto que no se les debe contar entre sus miembros, ya que —por no aducir más razones— no se puede ser al mismo tiempo miembros de Cristo y miembros de una prostituta (cf. 1ª Cor. 6:16). Finalmente, dice el mismo Cristo: "El que come mi cuerpo y bebe mi sangre, permanece en mí y yo en él" (Jn. 6:56). Aquí manifiesta lo que es comer no sólo sacramentalmente, sino realmente, el cuerpo de Cristo y beber su sangre. Esto es, en efecto, permanecer en Cristo para que Cristo permanezca en él. La frase equivale a esta otra: "El que no permanece en mí ni yo en él, que no diga ni crea que come mi cuerpo o bebe mi sangre". No permanecen, por lo tanto, en Cristo quienes no son sus miembros. Y no son miembros de Cristo los que se hacen miembros de meretriz, a no ser que arrepentidos abandonen ese mal y vuelvan a este bien por la reconciliación.

26. Sentido de tener a Cristo por fundamento

1. Pero ellos dicen que los cristianos católicos tienen a Cristo por fundamento, de cuya unidad no se han separado, por más que con una vida depravada hayan edificado encima leña, heno, paja; y por tanto la fe recta que tiene a Cristo por fundamento será suficiente para librarlos algún día de la perpetuidad del fuego, aunque con pérdida, ya que lo que ellos construyeron será quemado. Dejemos que que les responda brevemente el apóstol Santiago: "Hermanos míos, si alguno dice que tiene fe y no tiene obras, ¿de qué sirve? ¿Puede acaso su fe salvarle?" (Stg. 2:14). ¿Y

a quién se refiere el apóstol cuando dice: "Él sufrirá pérdida; aunque él mismo será salvo, pero así como por fuego"? (1ª Cor. 3:15). Busquemos juntamente quién es ése. Queda fuera de toda duda, por supuesto, que no se trata de la misma persona, porque de otra manera pondríamos en conflicto las dos sentencias de los apóstoles si el uno dice: "Aunque uno tenga malas obras, la fe le salvará como escapando así como por fuego", y el otro, en cambio: "Si uno no tiene obras, ¿le podrá salvar su fe?"

El fuego de las pruebas

2. Sabremos quién se puede salvar así como por fuego, si descubrimos primero qué es tener a Cristo por fundamento. Y esto lo haremos en seguida considerando la misma imagen. En un edificio nada se pone antes que el fundamento. Por consiguiente, quien tiene a Cristo en su corazón de tal manera que antes que Él no pone nada terreno ni pasajero, ni siquiera lo que es lícito y nos está permitido, ése tiene a Cristo como fundamento. Pero sí alguna cosa la pone con preferencia, a pesar de que parezca tener fe en Cristo, en esa persona el fundamento no es Cristo, ya que está pospuesto a esas realidades. ¡Cuánto más ha dejado de poner en primer lugar a Cristo, más aún, evidentemente lo ha pospuesto quien, despreciando los saludables mandamientos, realiza obras ilícitas —dejando a un lado a Cristo que manda—, y prefiere entregarse a sus pasiones cometiendo toda clase de desórdenes en contra de lo mandado o permitido por Cristo! Si un cristiano ama a una prostituta y se une a ella, se hace un solo cuerpo con ella: éste ya no tiene a Cristo como fundamento. Pero si alguien ama a su esposa, y lo hace según Cristo, ¿quién pondrá en duda que tiene a Cristo por fundamento? Pero si la ama según este mundo, por puro instinto, siguiendo los impulsos desordenados de la pasión, al estilo de los paganos que desconocen a Dios, incluso esto lo tolera el apóstol —o más bien Cristo por el apóstol—, como una falta leve. Aun en este caso puede tener a Cristo como fundamento. Porque si no antepone a Cristo este afecto pasional, aunque esté edificando encima madera, heno o paja, Cristo es el fundamento, y por él se salvará como pasando por fuego. De hecho, el fuego de la tribulación consumirá esta clase de placeres y los amores terrenos, aunque no condenables en razón de la unión conyugal. El combustible de este fuego son las tribulaciones y calamidades que privan de esos placeres. Por eso la superestructura será perjudicial al que la ha edificado, no podrá retenerla, sino que agonizará por la pérdida de las cosas cuyo goce le encantaba. Pero será salvo por el fuego en virtud de la fundamento, puesto que si un supuesto perseguidor le propusiese elegir entre Cristo y esos placeres, el preferiría a Cristo.

Ved en las palabras del Apóstol a la persona que edifica sobre el fundamento oro, plata, piedras preciosas: "El no casado se preocupa de las cosas del Señor, de cómo agradar al Señor" (1ª Cor. 7:32). Ved el otro edificando madera, heno, paja: "Pero el casado se preocupa de las cosas de la vida, de cómo ha de agradar a su esposa" (v. 33). "La obra de cada uno será evidente, pues el día la dejará manifiesta. Porque por el fuego será revelada; y a la obra de cada uno, sea la que sea, el fuego la probará" (1ª Cor. 3:13). Llama "fuego" a esta tribulación, según otro pasaje de la Escritura: "El horno prueba la vasija del alfarero, y el hombre justo se prueba en la tribulación" (Eclo. 27:5). Y el fuego pondrá a prueba la calidad de cada obra. "Si permanece (porque permanece lo que cada uno se preocupa de los asuntos de Dios, de cómo agradar a Dios) la obra que alguien ha edificado sobre el fundamento, él recibirá recompensa (es decir, recibirá según el objeto de su preocupación). Si la obra de alguien es quemada, él sufrirá pérdida (puesto que lo que amaba ha perecido); aunque él mismo será salvo, pero así como por fuego" (vv. 14-15); porque ninguna tribulación le ha podido apartar de aquel fundamento firme; pero será como quien pasa por un incendio (puesto que lo que poseyó con la seducción del amor carnal lo tuvo que perder con el dolor abrasador del fuego). He aquí que hemos dado —así me parece— con un fuego que no perjudicará a ninguno de los dos, sino que a uno le favorece, al otro le hace sufrir y a ambos los pone a prueba.

3. Pero si en este pasaje queremos interpretar aquel fuego del que dirá el Señor a los de su izquierda: "Apartaos de mí, malditos, id al fuego eterno" (Mt. 25:41); y que entre ellos estén también los que edifican sobre el fundamento leña, heno, paja, y que de este fuego, tras un tiempo proporcionado a sus merecimientos, se vean libres gracias al mérito de este buen fundamento, ¿quiénes son entonces los de la derecha, a quienes se dirá: "Venid, benditos de mi Padre, heredad el reino preparado para vosotros" (Mt. 25:34), sino los que han edificado sobre el fundamento oro, plata y piedras preciosas?

Si, pues, el fuego del que habla el apóstol al decir: "así como por fuego", lo entendemos de este modo, deben ser arrojados a él tanto a los de la izquierda como a los de la derecha. Y unos y otros deben ser probados por aquel fuego, a fin de que si la obra de alguno permanece, es decir, la superestructura no es consumida, reciba recompensa; y, en cambio, la que se queme quedará perdida; quiere esto decir, sin lugar a dudas, que ese fuego no es eterno. Porque al eterno serán arrojados por la definitiva y eterna condenación únicamente los de la izquierda, y este otro pone a prueba a los de la derecha.

Pero los prueba de tal manera que a unos no les quema ni les consume el edificio levantado sobre Cristo como fundamento; y a otros, lo contrario:

el edificio sobre él levantado arderá y les causará perjuicio, salvándose, no obstante, ellos, porque mantuvieron a Cristo con firmeza en el fundamento con un amor preferente. Y si se salvan, con toda seguridad han de estar a la derecha y escuchar con los demás: "Venid, benditos de mi Padre, heredad el reino preparado para vosotros no a la izquierda, donde se situarán los que no sean salvos, quienes tendrán que escuchar: Apartaos de mí, malditos, id al fuego eterno". Nadie de este grupo se librará de aquel fuego, porque irán al suplicio eterno, donde el gusano no morirá y el fuego no se extinguirá. En él serán atormentados día y noche por los siglos de los siglos[20].

4. Si se dice que en el intervalo después de la muerte de este cuerpo, hasta la venida de aquel día final de juicio y de retribución, que tendrá lugar después de la resurrección, los cuerpos de los difuntos estarán expuestos a esta clase de fuego que no afectará a los que en esta vida no fueron complacientes de tales placeres y afectos carnales dignos de ser consumidos como leña, heno o su paja; pero que sí afectará a los otros que llevaron consigo estructuras de esta materia mundana, aunque sean veniales, no dignas de condenación; sufrirán tal vez allí solamente, o quizá allí y aquí, o aquí sin tener que hacerlo allí; será un fuego abrasador, de sufrimiento pasajero. Pues bien, esta opinión no la quiero rechazar, porque quizá es verdadera.

A esta tribulación puede pertenecer incluso la misma muerte corporal, fruto de la caída en el primer pecado, y cada uno sentirá en sí mismo, durante el tiempo que sigue a la muerte, las consecuencias de su propia edificación. Las persecuciones, que tejen una gloriosa corona sobre los mártires, y que ha de sufrir cualquier cristiano, ponen a prueba las dos clases de edificaciones como si se tratase del fuego; a unas las consumirá junto con sus constructores, cuando en ellos no encuentren a Cristo como fundamento; a otras, sin ellos, cuando lo encuentran, puesto que se salvarán aunque sea con sufrimientos; pero habrá otros edificios que no consumirá porque sus materiales son dignos de permanecer eternamente.

Al fin de los tiempos, en el tiempo del anticristo, tendrá lugar también una tribulación sin precedentes en la historia. ¡Cuántos edificios habrá entonces, unos de oro, otros de heno, levantados sobre el más sólido fundamento, Cristo Jesús, a los que pondrá a prueba el fuego aquel, causando a unos gozo y a otros perjuicio, pero sin que nadie, con una tal edificación, se pierda, gracias a su estable fundamento!

Sin embargo, cualquiera que por delante de Cristo pone, no digo ya a su esposa, con quien vive para su deleite carnal, sino los mismos seres

---

20. Mt. 25:46; Is. 66:24; Ap. 20:10.

objeto de afecto natural familiar, ajenos a esta clase de placeres, y los ama carnalmente, a un nivel puramente humano, ese no tiene a Cristo por fundamento, y por consiguiente, no se salvará como quien escapa de un fuego; sencillamente, ése no se salvará, puesto que no podrá estar al lado de su Salvador, quien sobre este punto dijo tajantemente: "Quien ama a su padre o a su madre más que a mí, no es digno de mí; quien ama a su hijo o a su hija más que a mí, no es digno de mí" (Mt. 10:37). En cambio, quien ama a sus allegados carnalmente, pero procura no anteponerlos a Cristo, prefiriendo antes perderlos a ellos —dado caso que la prueba le llevase al extremo de este dilema—, se salvará a través del fuego, puesto que por su pérdida solamente es necesario que el dolor abrase tanto cuanto el amor se había inflamado con apego.

Y los que aman al padre, a la madre, a sus hijos e hijas según Cristo, inculcándoles la consecución de su reino y el estarle a él unidos, amándolos por ser miembros de Cristo, ¡lejos de nosotros pensar que un tal afecto se encuentre entre la leña, el heno y la paja, llamados a consumirse, y no ser contado entre el oro, plata y piedras preciosas! ¿Cómo podrá amar más que a Cristo a quienes ama por amor de Cristo?

27. Respuesta a los que confían en las solas limosnas

Sólo nos queda dar respuesta a quienes afirman que el fuego eterno abrasará exclusivamente a quienes descuidan hacer en favor de sus pecados limosnas a ellos proporcionadas, según aquellas palabras del apóstol Santiago: "Habrá juicio sin misericordia contra aquel que no hace misericordia." (Stg. 2:13). Argumentan que quien mostró misericordia[21], aunque no haya corregido sus escandalosas costumbres y haya continuado viviendo de una manera perdida y disoluta, aunque abundante en limosnas, ése tendrá un juicio con misericordia, de tal manera que o no sea condenado en absoluto, o después de algún tiempo se vea indultado de la condenación definitiva. "Cristo —añaden— hará la separación entre los de la derecha y los de la izquierda tomando como única referencia el cuidado o el descuido de la limosna. De ellos, a unos los enviará a su reino, y a otros al suplicio eterno". Y para convencerse de que sus pecados diarios, por muchos y graves que ellos sean, aunque no cesen jamás de cometerlos, se les pueden perdonar por medio de la limosna, se empeñan en presentar como intercesora y testigo a la oración que el mismo Señor nos enseñó. "No pasa un solo día —dicen— sin que el cristiano recite esta oración; pues bien: tampoco existe pecado alguno cotidiano que no se perdone por ella cuando

---

21. Entendida como sinónimo de limosna, en gr. *eleemosyne* = misericordia.

decimos: Perdónanos nuestras deudas, con tal que estemos dispuestos a hacer lo que sigue, `como también nosotros perdonamos a nuestros deudores´ (Mt. 6:12)". "Porque el Señor —prosiguen— no dice: `Si perdonáis a los hombres sus pecados, el Padre os perdonará vuestros pequeños pecados de cada día´, sino que dice: Os perdonará vuestros pecados´". Así que, por grandes y muchos que ellos sean, aunque se cometan a diario, y la vida, sin cambio alguno, esté plagada constantemente de ellos, tienen a pretensión de que se les pueden perdonar gracias a la limosna de ser ellos indulgentes con los demás.

2. Me parece bien que recomiendan hacer limosnas proporcionales por sus pecados pasados. Pero si dijeran que cualquier clase de limosna puede obtener el perdón divino de grandes pecados cometidos diariamente y con reiterada costumbre, y que tales pecados son remitidos a diario, caerían en la cuenta de estar afirmando algo absurdo y ridículo. Se verían obligados a confesar que un hombre rico, por ejemplo, gastando unos cuartos diarios en limosnas, podría comprar la absolución por sus homicidios, adulterios y otros crímenes cualesquiera. Si una tal afirmación es de lo más inconcebible v desvariada, podríamos preguntarnos qué limosnas guardan proporción con los pecados, a las que aludía el ilustre precursor de Cristo: "Producid, pues, frutos dignos de arrepentimiento" (Mt. 3:8). Sin género de duda que esos "frutos" no son los que producen los hombres que minan su vida con diarias enormidades hasta el mismo día de su muerte. Suponen que dando a los pobres una pequeña fracción de su riqueza adquirida por extorsión y expoliación pueden apropiarse de Cristo, de modo que puedan cometer impunemente los pecados más condenables, convencidos que han recibido de Él licencia para transgredir, o mejor, que han comprado una indulgencia diaria.

Y si por un crimen repartieran todos sus bienes entre los miembros necesitados de Cristo, de nada les serviría si no cesaran de cometer tales hechos, y obtener el amor que nunca obra mal. El que hace limosnas apropiadas a sus pecados comience por hacérselas a sí mismo. Es irracional que no haga nada por sí mismo quien lo hace por el prójimo, cuando en sus oídos resuena la voz del Señor: "Amarás a tu prójimo como a ti mismo" (Mt. 22:39); y aquellas otras palabras: "Compadécete de tu alma agradando a Dios" (Eclo. 30:24). ¿Cómo vamos a decir que hace limosnas en proporción a sus pecados el que no hace a su alma la misericordia de agradar a Dios? Sobre esto mismo está bien escrito: "El que es malo consigo, ¿con quién será bueno?" (Eclo. 21:1). Debemos, por tanto, dar limosnas para que podamos ser escuchados cuando pedimos perdón por nuestros pecados pasados; no pensemos que mientras continuamos en ellos las limosnas nos otorgan una licencia para el mal.

3. La razón por la que el Señor predijo que tendría en cuenta a los de la derecha las limosnas que hicieron y a los de la izquierda las que omitieron, fue para dar a entender cuánto valor tiene la limosna en orden a borrar los pecados pasados, nunca para cometerlos impunemente y sin medida en adelante. Hemos de decir que no practican esta clase de limosna quienes no quieren mejorar su vida dejando sus viciadas costumbres. En aquellas palabras: "Cada vez que dejasteis de hacerlo con uno de estos más humildes, conmigo dejasteis de hacerlo" (Mt. 25:45), manifiesta que ésos no lo hacen incluso cuando creen que lo están haciendo. En efecto, si a un cristiano le dan un trozo de pan por ser cristiano, no se negarían a sí mismos el pan de la justicia, que es Cristo. Porque Dios no mira a quién se da, sino con qué espíritu se da. Aquel, pues, que ama a Cristo en el cristiano le da una limosna con la intención de acercarse a Cristo, no con la de alejarse impune de Cristo. Y tanto más uno abandona a Cristo cuanto más uno ama lo que Cristo reprueba.

¿De qué le sirve a uno estar bautizado si no está justificado? ¿No es cierto que quien dijo. "A menos que uno nazca de agua y del Espíritu, no puede entrar en el reino de Dios" (Jn. 3:5), ese mismo afirmó también: "A menos que vuestra justicia sea mayor que la de los escribas y de los fariseos, jamás entraréis en el reino de los cielos" (Mt. 5:20)? ¿Por qué muchos, por miedo de lo primero, corren a bautizarse, y no hay muchos que, por miedo a lo segundo, procuren la justificación?

Así como nadie llama "imbécil" a su hermano, si cuando lo hace está indignado no con su hermano, sino con su pecado —de otra manera se haría reo del horno de fuego—, así quien extiende la caridad a un cristiano no la extiende a un cristiano si no lo hace por amor a Cristo en él. Ahora bien, no ama a Cristo quien rehúsa justificarse en Cristo. Y, de nuevo, a uno que se viera sorprendido por la culpa de haber llamado "imbécil" a su hermano, insultándolo indebidamente, sin ánimo de corregir su pecado, no le es suficiente dar limosna para redimir su culpa mientras no añada lo que en el pasaje de la Escritura va a continuación, que es el remedio de la reconciliación: "Por tanto, si has traído tu ofrenda al altar y allí te acuerdas de que tu hermano tiene algo contra ti, deja tu ofrenda allí delante del altar, y ve, reconcíliate primero con tu hermano, y entonces vuelve y ofrece tu ofrenda" (Mt. 5:23-24). Así, tampoco es suficiente hacer limosnas, por generosas que sean, en favor de un pecado cualquiera, el tanto el pecado continúe en la práctica de pecar.

La oración del Señor y el perdón del pecado

4. La oración diaria que nos enseñó el mismo Jesús, y que por eso es llamada "oración del Señor", borra los pecados cotidianos cuando dia-

riamente se dice: "Perdónanos nuestras deudas", y, además, cuando lo que sigue no solamente se dice, sino que también se lleva a la práctica: "Así como nosotros perdonamos a nuestros deudores" (Mt. 6:12), pero esto lo pedimos porque cometemos pecados, no para cometerlos. Por esta plegaria el Salvador nos ha querido dar a entender que por muy santamente que vivamos en las tinieblas y debilidades de esta vida, nunca nos veremos exentos de pecados, y que debemos orar para que se nos perdonen; para ello hemos de perdonar a quienes pecan contra nosotros. Las palabras del Señor: "Si perdonáis a los hombres sus ofensas, vuestro Padre celestial también os perdonará a vosotros" (Mt. 6:14), no están dichas para que confiados en esta petición pequemos a diario, sea poniéndonos por encima del temor a las leyes humanas, sea a base de astucia por la que engañemos a los hombres respecto a nuestra conducta, sino para que podamos aprender a no creernos libres de pecados aunque estemos inmunes de crímenes. De modo parecido amonestó también a los sacerdotes de la antigua ley con relación a los sacrificios, que les ordenó ofrecerlos primeramente por sus pecados, y luego por los del pueblo[22].

Debemos considerar atentamente estas palabras pronunciadas por un Señor y Maestro tan grande. No dice: "Si les perdonáis a los demás sus pecados, también vuestro Padre os perdonará a vosotros cualesquiera pecados", sino: "vuestros pecados", porque estaba enseñándoles una oración de todos los días, y se dirigía a unos discípulos ciertamente ya justificados. ¿Qué significado tiene "vuestros pecados", sino "los pecados de los que no os veréis libres ni vosotros, que estáis ya justificados y santificados"? Los que en esta oración encuentran ocasión de perpetrar crímenes a diario afirman que el Señor en este pasaje se refirió también a los grandes pecados, puesto que no dijo: "Os perdonará los pequeños", sino: "vuestros pecados". Pero nosotros, en esas palabras, teniendo en cuenta a quienes hablaba, al oírle decir "vuestros pecados", no debemos pensar en otros que en los pequeños, puesto que tales personas ya no eran culpables de grandes pecados. De todas maneras, tampoco los pecados graves, de los que necesariamente hay que apartarse mejorando la conducta, serán perdonados a quienes oran si no ponen en práctica lo que allí se dice a continuación: "Como nosotros perdonamos a nuestros deudores". Porque los más pequeños pecados, de los que no está exenta ni siquiera la vida de los justos, no se perdonan más que con esta condición, ¡cuánto más aquellos que se ven envueltos en crímenes enormes no alcanzarán perdón alguno, aun cuando hayan dejado de cometerlos, si se muestran inexorables en no perdonar a los demás lo que les hayan ofendido! Dice

---

22. Cf. Lv. 16:6; Hb. 7:27.

el Señor: "Porque si no perdonáis a los demás, tampoco vuestro Padre os perdonará a vosotros" (Mt. 6:15).

Corrobora también esta afirmación lo del apóstol Santiago: "Habrá juicio sin misericordia contra aquel que no hace misericordia" (Stg. 2:13). Traigamos a la memoria el caso de aquel criado a quien su Señor le perdonó la deuda que con él tenía de diez mil talentos, deuda que luego le ordenó pagar por no haber él perdonado a un compañero suyo de servicio que le debía cien denarios (Mt. 18:23). Para los que son hijos de la promesa y objeto de misericordia, viene al caso lo que el mismo apóstol añade a continuación: "La misericordia se gloría triunfante sobre el juicio" (Stg. 2:13); porque los justos que han vívido con una tal santidad, que incluso acogerán a otros en las moradas eternas, hechos amigos suyos con las "riquezas injustas" (Lc. 16:9), para llegar a ser santos, se han visto liberados por la misericordia de aquel que justifica al impío, asginándole una recompensa según la gracia, no según el mérito. El apóstol se cuenta en el número de éstos cuando dice: "Yo he alcanzado misericordia para serle fiel" (1ª Cor. 7:25).

5. Hay que admitir que los que son recibidos en las moradas eternas no están dotados de una tal pureza de conducta que, para ser salvos, les sea suficiente su propia vida sin la ayuda de los santos. Por eso en ellos la misericordia se regocija sobre el juicio. A pesar de todo, no se piense que un hombre cargado de crímenes, cuya vida no se ha hecho en absoluto ni más buena ni siquiera más tolerable, sea recibido en las eternas moradas por haberse mostrado generoso con los santos a base de sus "riquezas injustas", es decir, con dinero y riquezas mal adquiridas, con riquezas falsas, las así llamadas por la injusticia, puesto que ignora cuáles son las auténticas riquezas, en las que abundan quienes reciben a otros en las moradas eternas. Hay una clase de vida no tan rechazable como para que le sea superflua la generosidad en la limosna con vistas a conseguir el reino de los cielos: ella puede dar sustento a los santos en su pobreza y convertirlos en amigos que les abran las puertas de las moradas eternas; pero no llega a ser esta vida tan buena que les baste para conseguir una felicidad tan elevada si no alcanzan misericordia de los amigos que se han ganado.

Siempre me ha impresionado el encontrar en la obra de Virgilio esta expresión del Señor: "Ganaos amigos con las riquezas injustas; así os recibirán también ellos en las moradas eternas" (Lc. 16:9); y esta otra, muy parecida: "El que recibe a un profeta por ser profeta, tendrá recompensa de profeta; y el que recibe a un justo porque es justo, tendrá recompensa de justo" (Mt. 10:41). Al hacer el poeta una descripción de los campos Elíseos, morada, según los paganos, de las almas bienaventuradas, no se contenta con colocar allí a los que por méritos propios han alcanzado aquellas moradas, sino que añade lo siguiente:

"Y los que con sus servicios habían sembrado en otros el recuerdo de sí mismos"[23].

Es decir, los que han prestado favores a otros y, en consecuencia, les han hecho acordarse de ellos. Como si les dijeran lo que es corriente en la boca del cristiano cuando un hombre humilde se encomienda a uno de los santos: "Acuérdate de mí", realizando, además, alguna obra buena para dar más eficacia a la petición. Pero qué clase de vida y qué tipo de pecados son los que cierran la entrada en el reino de Dios, pero que por los méritos de los santos alcanzan el perdón, he de afirmar que es en extremo difícil encontrarlo y muy arriesgado determinarlo. Yo reconozco que, a pesar de mis esfuerzos para descubrirlo, todavía no he dado con la respuesta. Quizá permanece oculto para evitar que el celo por avanzar se vuelva perezoso con relación a evitar todos los pecados. Si supiéramos de qué pecados o de cuántos había que buscarse y esperar la intercesión de los santos, aunque los pecados continuaran sin ser suprimidos por una mayor perfección de vida, la desidia humana se rodearía de seguridad, sin preocuparse de romper tales redes con la práctica de alguna virtud; buscaría únicamente su salvación en méritos de otros, hechos amigos suyos un día con las injustas riquezas repartidas generosamente en limosnas. Pero la realidad es que ignoramos cuál sea la medida del pecado que, aun con reincidencia mantenida, es digno de perdón. Esto nos lleva a poner un esfuerzo más vigilante hacia una mayor perfección, con oración incesante, y no a descuidar el ganar amigos santos con las riquezas injustas.

6. Pero esta liberación que es efectuada por las propias oraciones o por la intercesión de hombres santos, evita el ser arrojado al fuego eterno, pero no el que uno, si ha sido ya enviado a él, sea salvado después de un tiempo. Aquellos que sobre el pasaje de la buena tierra que da fruto abundante, una el treinta, otra el sesenta, otra el ciento por uno (Mt. 13:8), interpretan que los santos, según la diversidad de sus méritos, unos librarán a treinta, otros a sesenta y otros a cien hombres, suelen aceptar que esto sucederá el día del juicio, no después de él.

Bajo esta impresión, una persona que observó la aparente locura con que los hombres se prometen a sí mismo impunidad fundados en la creencia que todos serán incluidos en este método de liberación, se cuenta que respondió con mucho acierto: "Yo creo que es mejor vivir

---

23. Virgilio, *En.* 6,664.

bien, para encontrarnos en el número de los intercesores que tratarán de salvar a los demás, no sea que haya tan pocos que en seguida se complete el número que le corresponde a cada uno, sean treinta, sesenta o cien, y aún queden muchos sin poder ser librados de sus penas por falta de intercesores; y quizá entre este último número se encuentre alguno de los que se prometían a sí mismos la esperanza de un fruto ajeno, fundados en la más engañosa temeridad".

Pero ya se ha dicho suficiente en respuesta a quienes reconocen la autoridad de las Sagradas Escrituras, tal como hacemos nosotros, pero que por un interpretación errónea conciben un futuro a su gusto más que como las Escrituras enseñan[24].

Habiendo dado esta respuesta, según mi promesa antes expresada, queda concluido este libro.

---

24. "Todos los herejes que han admitido la autoridad de las divinas Escrituras creen haberse atenido a ella, cuando se atuvieron más bien a sus propios errores; pero son herejes no por haberlas menospreciado, sino por no haberlas entendido" (Agustín, *Epist.* 120,3,13),

Libro XXII

1. El libre albedrío y la composición de la ciudad eterna

1. Como prometimos en el libro anterior, este, último de toda la obra, tendrá por objeto la felicidad eterna de la ciudad de Dios. Que no ha recibido el nombre de eterna precisamente por la prolongación de la edad a través de muchos siglos, teniendo que terminar alguna vez, sino según el sentido de lo que se dice en el Evangelio: "Su reinado no tendrá fin" (Lc. 1:33). Tampoco se llama eterna porque, al desaparecer unos por la muerte y suceder los otros por el nacimiento, tiene lugar en ella una apariencia de perpetuidad, como en el árbol de hoja perenne que parece conservar siempre el mismo verdor cuando, al caer unas hojas y brotar otras, conserva siempre la misma apariencia. Pero en aquélla todos sus ciudadanos serán inmortales, y los hombres llegarán a alcanzar lo que no perdieron nunca los ángeles santos. Esto será obra de su Creador omnipotente; lo prometió y no puede mentir. Y para dar fe de esto desde ahora, ha realizado ya muchas maravillas, prometidas unas, no prometidas otras.

2. Él es quien al principio creó el mundo, lleno de toda clase de seres buenos visibles e inteligibles, entre los cuales destacan los espíritus, a quienes otorgó la inteligencia y capacidad para contemplarlo, uniéndolos en una sociedad que llamamos ciudad celeste y santa, en la cual es el mismo Dios, como vida y alimento común, el que los sustenta y hace felices. Dotó a la criatura racional de un libre albedrío con tales características que, si quería, podía abandonar a su Dios, es decir, su felicidad, cayendo entonces en la desgracia. Y sabiendo que algunos ángeles habían de desertar de bien tan grande por la soberbia de querer bastarse a sí mismos para conseguir la vida feliz, no les quitó esa facultad; juzgó que era indicio de mayor poder y más perfección sacar bien de los mismos males que el no permitir la existencia de estos males[1]. No existirían,

---

[1]. "Si Dios quisiera, sin duda que hubieran sido buenos, pero prefirió que fuesen lo que ellos quisiesen, mas no estando los buenos sin premio y los malos sin castigo. En esto mismo, estos últimos son útiles para los otros. Dirán, Dios preveía que había de ser mala voluntad de ellos. Ciertamente lo sabía y, porque no puede equivocarse su presciencia, por lo mismo la voluntad de Dios no es mala, sino la de ellos. ¿Por qué entonces creó a los que preveía que habían de ser malos? Porque así como previó lo malo que habían de hacer

ciertamente, éstos si no se los hubiera ganado con el pecado la criatura mudable, aunque buena y creada por el bien supremo e inmutable, Dios, que creó todas las cosas buenas

Su mismo pecado es un testimonio de que la naturaleza fue creada buena. Si, en efecto, ella misma no fuera un bien grande, bien que no igual a Dios, no se podría considerar como un mal el abandono de su Dios como su verdadera luz. La ceguera es un vicio del ojo, y esto mismo indica que el ojo ha sido creado para ver la luz; ello precisamente demuestra que el miembro capaz de la vista es más excelente que los otros miembros (no habría otra causa para que fuera vicio el carecer de la luz). De la misma manera, la naturaleza, que gozaba de Dios, con el mismo vicio que la hace miserable no gozando de Dios, demuestra que fue creada en un estado excelente.

Dios castigó la caída voluntaria de los ángeles con la merecida pena de la infelicidad eterna, y concedió como premio de su perseverancia a los que permanecieron en el bien supremo la certeza de su perseverancia sin término.

Dotado de ese mismo albedrío, creó también recto al hombre, ser viviente ciertamente terreno, pero digno del cielo si permanecía unido a su Creador, pero destinado a la miseria conveniente a su naturaleza si le abandonaba. Y aunque sabía de antemano que, por la prevaricación de la ley de Dios, había de pecar abandonando al mismo Dios, no le quitó el libre albedrío, previendo a la vez qué bien podía sacar de este mal, Él precisamente, que del linaje mortal, justa y merecidamente condenado, reúne con su gracia un pueblo tan numeroso que suple y restaura la parte caída de los ángeles. Así, esta ciudad amada y celestial no se ve frustrada en el número de sus hijos, sino que se regocija con un número más crecido.

2. La voluntad eterna e inmutable de Dios

1. Es cierto que los malos hacen muchas cosas contra la voluntad de Dios, pero es tal el poder y la sabiduría de este Dios, que todo lo que parece adverso a su voluntad tiende a las metas justas y buenas que Él conoce de antemano. Por ello, cuando se dice que Dios cambia de volun-

ellos, así también previó el bien que sacaría de los malos actos de estos hombres. De tal manera, pues, los hizo, que los dejó en libertad de hacer lo que quisieran, y por más que ellos elijan lo culpable, siempre se hallarán digno de alabanza lo que Dios ejecutó. De ellos procede la mala voluntad; de Dios la naturaleza buena y el castigo justo, que para ellos es debido, y para los buenos es un ejemplo de temor y una ayuda para ejercicio de las buenas obras" (Agustín, *Del Génesis a la letra* XI,9,12).

tad, por ejemplo, que se vuelve favorable para con los que estaba airado, son ellos más bien los que cambian y por las circunstancias propias le encuentran a Él en cierto modo cambiado. Así cambia el sol para los ojos enfermos y se vuelve áspero el que antes era suave, y molesto el que antes era deleitable, cuando en realidad permanece el mismo.

Se llama también voluntad de Dios la que Él suscita en los corazones de los que cumplen sus mandatos. De ella dice el apóstol: "Dios es el que obra en vosotros el querer" (Flp. 2:13). Como se llama justicia de Dios no sólo a aquella por la cual es Él justo, sino también la que hace que el hombre sea justificado; así como también se habla de la ley de Dios, que es más bien de los hombres, aunque dada por Él. Eran ciertamente hombres aquellos a quienes dijo Jesús: "En vuestra ley está escrito" (Jn. 8:17); cuando en otro lugar se lee: "La ley de Dios está grabada en su corazón" (Sal. 37:31).

Según esa voluntad que causa Dios en los hombres, se dice que Él quiere lo que en realidad no quiere, sino que hace que lo quieran los suyos; como se dice que conoce lo que hace conocer a los que lo ignoraban. Pues cuando dice el apóstol: "Ahora que habéis conocido a Dios, o mejor dicho, ya que habéis sido conocidos por Dios" (Gál. 4:9), no podemos creer que Dios conoció entonces a los que tenía conocidos antes de la creación del mundo; más bien se dice que entonces los conoció, porque entonces hizo que fuera conocido. Sobre expresiones de este tipo recuerdo haber tratado en los libros anteriores.

Según esta voluntad, pues, con la cual decimos que Dios quiere lo que hace que quieran otros, para quienes el futuro está oculto, Él quiere muchas cosas que Él no hace.

2. También sus santos quieren con una voluntad santa que se hagan muchas cosas inspiradas por Él mismo, y, sin embargo, no llegan a realizarse; como ruegan piadosa y santamente por algunos, y no hace lo que piden, siendo Él quien por medio de su Espíritu causa en ellos esa voluntad de orar. Y así, cuando los santos quieren y ruegan por que todos se salven, podemos indicar con esa locución "Dios quiere y no obra" que Él quiere porque hace que ellos quieran.

Pero si hablamos de esa voluntad que es eterna como su presciencia, entonces ha hecho en el cielo y en la tierra cuanto ha querido, no sólo las cosas pasadas o presentes, sino también las futuras. Pero mientras llega el tiempo de que suceda lo que quiso, y que supo de antemano y dispuso antes de todos los tiempos, decimos: "Se hará cuando Dios quiera". Si, en cambio, ignoramos no sólo el tiempo en que ha de tener lugar, sino también si ha de suceder, decimos: "Sucederá si Dios quiere". No porque entonces tenga Dios una nueva voluntad que no había tenido, sino porque entonces tendrá lugar lo que está preparado desde la eternidad en su inmutable voluntad.

3. Cumplimiento de todas las promesas y profecías

Por lo tanto, sin detenernos en otras muchas cuestiones, como al presente vemos cumplido en Cristo lo que prometió a Abraham diciendo: "En tu descendencia serán bendecidas todas las naciones" (Gn. 2:18), así se cumplirá también lo que prometió a su descendencia al decir por el profeta: "Tus muertos volverán a vivir; los cadáveres se levantarán" (Is. 26:19).; y aquello otro: "He aquí que yo creo cielos nuevos y tierra nueva. No habrá más memoria de las cosas primeras, ni vendrán más al pensamiento. Más bien, gozaos y alegraos para siempre en las cosas que yo he creado. Porque he aquí que yo he creado a Jerusalén para alegría, y a su pueblo para gozo. Yo me gozaré por Jerusalén y me regocijaré por mi pueblo. Nunca más se oirá en ella la voz del llanto ni la voz del clamor" (Is. 65:17-19). Y el anuncio por medio de otro profeta, a quien dijo: "En aquel tiempo tu pueblo será librado, todos aquellos que se encuentren inscritos en el libro. Y muchos de los que duermen en el polvo de la tierra serán despertados, unos para vida eterna y otros para vergüenza y eterno horror" (Dan. 12:1-2). Y en otro pasaje del mismo profeta: "Los santos del Altísimo tomarán el reino y lo poseerán por los siglos y por los siglos de los siglos" (Dn. 7:18). Y un poco después: "Su reino será un reino eterno" (v. 23). Y tantos otros pasajes sobre el mismo asunto, que cité o no cité en el libro XX, y que se encuentran en las mismas Escrituras

Todas estas profecías tendrán lugar como lo tuvieron tantas otras que los incrédulos no pensaban iban a venir. Porque es el mismo Dios quien prometió unas y otras, el que anunció el cumplimiento de todas, el mismo ante quien se estremecen las divinidades de los gentiles, según el testimonio de Porfirio, el más noble de los filósofos paganos.

4. Réplica a los que niegan la resurrección de los cuerpos

Pero estos hombres que usan su conocimiento y capacidad intelectual para resistir la fuerza de la gran autoridad que, en cumplimiento de lo predicho mucho antes, ha convertido a todos los pueblos a la fe y esperanza de estas realidades, argumentan con toda sutileza, a su entender, contra la resurrección de los cuerpos, y repiten el argumento ya citado por Cicerón en el libro tercero de *La República*. Porque cuando asegura que Hércules y Rómulo habían sido convertidos de hombres en dioses, dice: "Sus cuerpos no fueron llevados al cielo, pues no permite la naturaleza que lo que procede de la tierra subsista más que en la tierra". Este es el gran argumento de los sabios, cuyos pensamientos conoce el Señor como insustanciales. Si en verdad fuéramos sólo almas, espíritus sin cuerpo alguno, y habitando en el cielo desconociéramos los vivientes terrenos, y nos dijeran que habríamos de llegar a unirnos con algún vínculo admirable a cuerpos terrenos para darles vida, ¿no tendríamos un argumento mucho más fuerte para negarnos a aceptar esto y decir que la naturaleza no puede admitir un ser incorpóreo sujeto con un vínculo corpóreo? Y, sin embargo, ahí tenemos la tierra llena de almas que animan estos miembros terrenos, unidos a ellas y como entrelazados de un modo maravilloso. ¿Por qué, pues, si el mismo Dios, que hizo este ser animado, se lo propone no podrá levantar el cuerpo terreno a la categoría de cuerpo celeste, si el espíritu, más excelente que cualquier cuerpo, incluido el celestial, pudo quedar ligado al cuerpo terreno?, ¿acaso a una partícula terrena tan pequeña le fue posible contener en sí algo más excelente que un cuerpo celeste, hasta recibir sentido y vida, y se va a desdeñar el cielo de recibirla a ella con sentidos y vida? ¿O si la recibe no podrá mantenerla, teniendo esa sensibilidad y esa vida de un principio más excelente que cualquier cuerpo celeste?

Cierto que no tiene lugar esto ahora, porque aún no ha llegado el tiempo en que quiso se realizara quien hizo esta obra que con el trato se ha depreciado, pero que es mucho más admirable que lo que no creen éstos. ¿Por qué al ver cómo las almas incorpóreas superiores al cuerpo celeste, se ven unidas a los cuerpos terrenos, no nos maravillamos más que si los cuerpos, aunque terrenos, son levantados a mansiones, bien que celestes, al fin corpóreas? ¿No será porque nos hemos acostumbrado a ver esto que es lo que somos, sin ser aquello aún ni haberlo visto nunca todavía? Ciertamente, si miramos las cosas atentamente encontramos que es una obra divina más admirable unir de alguna manera los seres corpóreos a los incorpóreos, que unir entre sí diversos cuerpos, aunque sean celestes y terrestres.

5. Aceptación universal de la fe en la resurrección

Admitiendo que esto pudo ser increíble en algún tiempo, ahora el mundo ha venido a creer que el cuerpo terreno de Cristo ha sido llevado al cielo; doctos e indoctos, con la excepción de muy pocos, sabios o ignorantes, presas de gran estupor, han creído ya la resurrección de la carne y la subida a las celestes esferas. Si creyeron algo que era creíble, reconozcan cuán estúpidos son los que no creen; y si lo que se ha creído es increíble, también es increíble que se haya creído así lo increíble.

Aquí tenemos, pues, dos increíbles, a saber, la resurrección de nuestro cuerpo para la eternidad y que el mundo creería una cosa tan increíble, y estas dos cosas increíbles predijo el mismo Dios que iban a suceder mucho antes ocurrir. Vemos realizado uno de estos extremos increíbles, es decir, que el mundo creyera lo que es increíble, ¿por qué vamos a desesperar que tendrá lugar lo que el mundo creyó increíble, como se ha realizado ya lo que de modo semejante fue increíble, a saber, que el mundo creyera cosa tan increíble? ¿No se han anunciado en las mismas Escrituras, por las cuales creyó el mundo, esos dos extremos increíbles de los cuales ya hemos visto el uno y creemos en el otro?

Si bien se considera, aparece todavía más increíble el mismo modo en que creyó el mundo. Cristo envió al mar de este mundo con las redes de la fe a unos pocos pescadores, faltos, para colmo, de toda erudición liberal, incultos en esas artes, inexpertos en las letras, sin armas dialécticas, sin recursos retóricos; y así pescar una cantidad inmensa de peces de todas clases, algunos filósofos, tan notables como extraños.

A esos dos extremos increíbles anteriores, si se admite —y debe admitirse—, tenemos que añadir este tercero. Y he aquí que tenemos ya tres cosas increíbles que, sin embargo, fueron realizadas:

a) Es increíble que Cristo resucitase en su cuerpo y que subiera con ese cuerpo al cielo.

b) Es increíble que el mundo haya creído una cosa tan increíble

c) Es increíble también que hombres desconocidos, de humilde nacimiento, en número tan reducido, hayan podido persuadir tan eficazmente de cosa tan increíble al mundo, incluso a sus sabios.

De las tres cosas increíbles, estos filósofos con quienes discutimos no quieren admitir la primera; la segunda se ven forzados a verla; y no descubrirán cómo se ha realizado, si no creen la tercera. Ciertamente la resurrección de Cristo y su ascensión al cielo con el cuerpo que resucitó se predica ya en todo el mundo, y en todo el mundo es ya creída; si no es creíble, ¿cómo se ha creído en toda la redondez de la tierra?

Si un gran número de nobles, ilustres y sabios, hubieran dicho que la vieron y hubieran difundido lo que presenciaron, no sería maravilla que el mundo hubiera creído; y el obstinarse en no creer a éstos, sería caso de extrema dureza. Pero si, como es verdad, a pesar de ser tan pocos, de origen oscuro, los más insignificantes, nada instruidas, los que dicen y escriben que la vieron, el mundo ha creído, ¿por qué esos pocos tan obstinados que quedan no creen aún al mundo mismo que ya cree? Sin duda que este mundo ha creído a número tan insignificante de oscuros, bajos, ignorantes, porque con testigos de tan escasas cualidades convence con mayor maravilla la divinidad.

No fueron palabras, sino hechos maravillosos, los discursos de los predicadores. En efecto, los que no habían visto resucitar a Cristo en la carne y subir con ella al cielo, daban fe a los que predicaban, con palabras y portentos, que la habían visto. Habían conocido a unos hombres que hablaban en una sola, o a lo más en dos lenguas, y de pronto los oían hablar las de todos los pueblos. Veían que uno, cojo desde el seno de su madre, al sonido de su palabra en nombre de Cristo, se había puesto en pie, sano, después de cuarenta años; que los paños usados por ellos habían curado los enfermos; que muchas personas aquejadas de diversas enfermedades recuperaban repentinamente la salud al ponerse en el camino por donde habían de pasar para que les tocara su sombra; que habían hecho otra serie de asombrosos prodigios en el nombre de Cristo, y, finalmente, que habían llegado hasta resucitar a los muertos.

Si admiten que todas estas maravillas han sido realizadas como se han relato, tenemos aquí otra serie de cosas increíbles para añadir a aquellas otras tres. Con ello hemos acumulado testimonios tan notables de tantas cosas increíbles con el fin de persuadir una sola increíble: la resurrección de la carne y la ascensión de Cristo al cielo. Y con todo ello no logramos doblegar la extrema pertinacia de estos incrédulos. Pero si no admiten que los apóstoles de Cristo realizaron estos milagros para garantizar la fe al predicar la resurrección y ascensión de Cristo, nos basta este único estupendo milagro: que el mundo entero ha creído sin milagro alguno.

6. Divinidad de Cristo y martirio

1. Recitemos aquí el pasaje en que Marco Tulio se maravilla de que haya sido aceptada la divinidad de Rómulo. Citaré textualmente sus palabras: "Lo más digno de admiración en Rómulo es que los otros hombres que fueron elevados a la categoría de dioses, lo fueron en épocas de inferior cultura de la humanidad, cuando la razón era más propensa a la ficción y la ignorancia era fácilmente arrastrada a la creencia. En cambio, sabemos que Rómulo vivió no hace aún seiscientos años, cuando las letras y las ciencias tenían un arraigo profundo y habían sido desterrados ya los errores de la incultura antigua". Y un poco más adelante, refiriéndose a esto dice sobre el mismo Rómulo: "De donde se puede entender que Homero existió muchos años antes que Rómulo; así que en época de éste apenas quedaba lugar para la ficción, dados los hombres tan doctos que había y la generación tan erudita. Pues la antigüedad admitía fábulas, a veces burdamente concebidas; por el contrario, esta edad ya cultivada rechaza con burla cuanto no cabe en los moldes de lo factible"[2].

2. Cicerón, *De Republica* 1,1,10.

Tenemos aquí a uno de los hombres más sabios y elocuentes, Marco Tulio Cicerón, sorprendiéndose de que haya sido aceptada la divinidad de Rómulo por la sencilla razón de que eran ya tiempos de tan elevado nivel cultural que no admitía la falsedad de las fábulas. Y ¿quién tuvo por dios a Rómulo sino Roma, en los albores de su existencia y de su extensión? Después le fue preciso a la posteridad conservar lo que había recibido de sus antepasados; y así, como amamantada con esa leche materna, creció la ciudad y llegó a imperio tan grande que desde su cima, como desde lugar más encumbrado, impregnó con esta superstición a los pueblos en que estableció sus dominios; y así, aunque no lo creyeran, tenían por dios a Rómulo para no contrariar a la ciudad dominadora en relación con su fundador, no teniéndolo en el concepto en que ella lo tenía, aunque ella no lo creyera dios por amor de tal error, sino por el error del amor.

En cambio, Cristo, aunque fundador de la ciudad celeste y eterna, no fue aceptado como Dios por ella en razón de haberla fundado, sino más bien que es fundada por Él en virtud de su creencia. Roma no honró a su fundador como dios en el templo sino después de haber sido fundada y consagrada; en cambio, esta Jerusalén puso como fundamento, para ser construida y edificada, su fe en la divinidad de Cristo, su fundador. Aquélla, por amor a su fundador, lo tuvo por dios; ésta, por su fe en la divinidad del suyo, lo amó. Como hubo algún precedente para que aquélla amase y admitiese de buen grado en lo que amaba un bien engañoso, también lo hubo en ésta para creer y así amar sin temeridad con una fe recta no la falsedad, sino la verdad.

Hay que tener en cuenta, pasando por alto milagros tan portentosos que probaron la divinidad de Cristo, que precedieron también profecías de origen divino dignas de toda fe, cuyo cumplimiento esperaban los patriarcas, pero que nosotros vemos convincentemente ya palpable. Por el contrario, de Rómulo se dice que fundó Roma y que reinó allí, o también se lee lo que tuvo lugar, no lo que había sido profetizado antes. Pero que haya sido recibido entre los dioses es una creencia de la historia, no un hecho admitido, pues no se aduce en su favor ningún hecho maravilloso. Incluso la existencia de la loba nodriza, que aparece como un gran portento, ¿qué fundamento ni qué autoridad tiene para demostrar su divinidad? En realidad, aunque la tal loba no fuera una meretriz, sino una fiera, siendo común para los dos, sin embargo, su otro hermano no ha sido tenido por dios. Además, ¿hubo alguno a quien se le prohibiera proclamar por dioses a Rómulo, o a Hércules, o a hombres semejantes, y que prefiriera morir a dejar de proclamarlo? ¿O habría pueblo alguno que honrase a Rómulo entre sus dioses si no le obligara el miedo al pueblo romano? Por el contrario, ¿quién puede contar cuántos y con qué refinamiento tan cruel prefirieron ser muertos a negar la divinidad de Cristo?

Por consiguiente, el miedo de incurrir en cualquier indignación de parte de los romanos si no se practicaba, forzaba a algunos pueblos sometidos a su yugo a honrar a Rómulo como dios. En cambio, no hubo miedo alguno, no digo de una insignificante ofensa, pero ni de duras y múltiples penas, ni siquiera el de la muerte, terrible sobre todos los demás, que haya apartado, por toda la redondez de la tierra, a tal multitud de mártires del culto y confesión de Cristo como Dios. Y no luchó entonces la ciudad de Dios contra sus impíos perseguidores por la conservación de la vida temporal, bien que peregrina aún en la tierra, aunque ya con gran afluencia de pueblos; por el contrario, no opuso resistencia con vistas a la consecución de la vida eterna. Se veían atados, encarcelados, azotados, torturados, quemados, descuartizados, asesinados, y con ello se multiplicaban. No era su objetivo la lucha por la vida, sino el desprecio de la vida por el Salvador.

2. No ignoro que Cicerón, en el libro tercero de *La República*, si no me equivoco, sostiene que cualquier Estado rectamente ordenado no debe emprender guerra alguna si no es en defensa de sus pactos o de su supervivencia. Qué entiende él por supervivencia o qué supervivencia quiere él dar a entender, lo manifiesta en otro lugar cuando dice: "Los particulares se sustraen mediante una muerte pronta a estas penas que sienten aun los necios, es decir, a la pobreza, destierro, cadenas, azotes. En cambio, el castigo propio de las ciudades es esa muerte que parece libera a los particulares del castigo. Porque la constitución de la ciudad exige que ésta sea eterna. De manera que no hay muerte natural para el Estado como la hay para el hombre, en quien la muerte no sólo es necesaria, sino muchas veces hasta deseable. Por contra, la ciudad, cuando se suprime, se destruye, desaparece; algo así (si comparamos las cosas pequeñas con las grandes) como si toda esta máquina del mundo se abatiera y se derrumbara".

Esto dijo Cicerón porque piensa con los platónicos que este mundo no ha de desaparecer. Es claro, pues que él sostenía que la ciudad sólo debe emprender una guerra por la supervivencia que la hace eterna, aun a costa de la muerte y sucesión de los individuos; como es perenne la sombra del olivo o del laurel u otros árboles semejantes con la caída de unas hojas y el brote de otras. La muerte, por consiguiente, como dice, no es un castigo para los individuos en particular, sino para el conjunto de la ciudad, puesto que la mayor parte de las veces libra a los individuos de otras penas.

Y aquí se plantea una cuestión: ¿obraron bien los saguntinos cuando prefirieron la caída total de la ciudad que quebrantar la fidelidad que les unía con la misma república romana? En esa gesta, los ciudadanos de la ciudad terrena los alaban. Pero no veo cómo pueden solventar la cuestión de no emprender guerra alguna si no es por la fidelidad o la conservación; pues no se dice qué se ha de elegir si en una misma situación se arriesgan los dos extremos, de manera que no pueda mantenerse el uno sin la pérdida del otro. Es evidente que si los saguntinos elegían su conservación, era a costa de la fidelidad; y si se mantenían en su fidelidad, tenían que renunciar a su conservación, como así sucedió.

Por el contrario, la conservación de la ciudad de Dios es de tal condición que puede mantenerse, o mejor adquiriese, con la fidelidad y por medio de ella; y si se renuncia a la fidelidad, no puede nadie llegar a ella. Este pensamiento de un corazón firme y sufrido ha hecho tantos mártires y de tal categoría, cual no ha conseguido ni pudo conseguir uno siquiera la fe en la divinidad de Rómulo.

7. La victoria de la fe de Cristo en el mundo

Ciertamente es ridículo en extremo hacer mención de la falsa divinidad de Rómulo cuando hablamos de Cristo. Con todo, habiendo existido Rómulo casi seiscientos años antes de Cicerón, y estando ya en nivel cultural bien alto aquella época para rechazar cualquier pretensión imposible, ¡con cuánta mayor razón, después de seiscientos años, en tiempo de Cicerón, y sobre todo después, bajo Augusto y Tiberio, en tiempos ciertamente más cultos, podría la mente humana no admitir, por imposible, la resurrección de la carne de Cristo ni su ascensión al cielo! Sin duda se hubiera mofado de ella sin prestarle oídos ni admitirla en su corazón si no la hubiera mostrado como posible y real la divinidad de la misma verdad o la verdad de la divinidad y las pruebas constantes de los milagros.

A pesar del terror y contradicción de tantas y tales persecuciones, se creyó con la fe más cabal, se predicó con intrepidez y, fecundada por la sangre de los mártires, se diseminó por toda la tierra la resurrección e inmortalidad de la carne, primero en Cristo, y luego en los demás al final de los siglos.

Se leían los anuncios de los profetas que habían precedido los eventos, eran corroborados por señales poderosas, y la verdad no se veía en contradicción con la razón, sino sólo diferente a las ideas tradicionales, hasta que al final el mundo abrazó la fe que había perseguido furiosamente.

8. Los milagros de entonces y los de ahora

1. "¿Por qué —nos preguntan— no se realizan ahora los milagros que decís fueron hechos antes? Podría responder que fueron necesarios

antes de creer el mundo, precisamente para que creyera. Ahora bien, si alguno exige todavía prodigios para creer, en sí mismo tiene el prodigio de no creer cuando todo el mundo cree. Plantean esas objeciones con el solo propósito de insinuar que nunca tuvieron lugar aquellos milagros. ¿Cómo, entonces, se celebra por todas partes con fe tan grande que Cristo resucitó y ascendió? ¿Cómo en siglos tan civilizados, que rechazan cuanto carece de visos de posibilidad, creyó el mundo con fe admirable misterios increíbles sin milagro alguno? ¿Dirán acaso que eran creíbles y por eso fueron creídos? ¿Por qué entonces no creen ellos?

Nuestra conclusión es breve: o han dado testimonio de increíbles algo increíble y no presenciado otros testimonios —que no obstante se realizaban a la vista de todos—, o una cosa tan creíble que no necesitaba milagro alguno para ser creída refuta la extremada infidelidad de éstos. Con esto basta para rebatir a pensadores tan inconsistentes. No podemos negar, en efecto, que tuvieron lugar tantos milagros que dan fe del grande y saludable milagro de la ascensión de Cristo al cielo con la carne en que resucitó. En los mismos libros tan veraces están escritos todos los prodigios que se realizaron previamente para que se creyera esto. Estos milagros se proclamaron para que dieran fe, y con la fe que produjeron se dieron a conocer con mayor prominencia. Pues se leen entre los pueblos para que sean oídos, y no se leerían si no se les creyera.

Todavía hoy se realizan milagros en el nombre de Cristo, tanto por los sacramentos como por las oraciones o reliquias de sus santos. Lo que sucede es que no se los proclama tan abiertamente que lleguen a igualar la fama de aquéllos. De hecho, el canon de las Sagradas Escrituras, que era preciso tener fijado, obliga a recordar aquellos milagros en todas partes, y quedan así grabados en la memoria de todos los pueblos; los milagros actuales, en cambio, apenas son conocidos por la ciudad donde se realizan o por los que habitan en el lugar. Incluso en dichos lugares apenas llegan al conocimiento de unos pocos, sobre todo si la ciudad es grande. Y cuando se cuentan en otras partes, no es tal la garantía que se admitan sin dificultad o duda, aunque se los refieran unos fieles cristianos a otros.

2. Tuvo lugar en Milán, estando yo allí, el milagro de la curación de un ciego, que pudo llegar al conocimiento de muchos por ser la ciudad tan grande, corte del emperador, y por haber tenido como testigo un inmenso gentío que se agolpaba ante los cuerpos de los mártires Gervasio y Protasio. Estaban ocultos estos cuerpos y casi ignorados; fueron descubiertos al serle revelado en sueños al obispo Ambrosio. Allí vio la luz aquel ciego, disipadas las anteriores tinieblas[3].

---

3. Agustín ofrece mayor información sobre este milagro sus *Confesiones*, IX,16; *Sermones* 318,1

3. Lo mismo ocurrió en Cartago, en mi presencia, pero ¿quién, sino un reducido número, llegó a enterarse de la curación de Inocencio, abogado entonces de la prefectura? Cuando mi hermano Alipio[4] y yo, aún no clérigos, pero sí siervos ya de Dios, llegamos de fuera este Inocencio nos recibió en su casa y vivíamos con él, porque toda su casa era muy religiosa. Estaba sometido a tratamiento médico; ya le habían sajado unas cuantas fístulas complicadas que tuvo en la parte ínfima posterior del cuerpo, y continuaba el tratamiento de lo demás con sus medicamentos. En esas sajaduras había soportado prolongados y terribles dolores. Una de las fístulas se había escapado al reconocimiento médico, de modo que no llegaron a tocarla con el bisturí. Curadas todas las otras que habían descubierto y seguían cuidando, sólo aquélla hacía inútiles todos los cuidados.

Tuvo por sospechosa esa tardanza, y temiendo una nueva operación que le había indicado un médico familiar suyo, a quien no habían admitido los otros ni como testigo de la operación, y a quien él con enojo había echado de casa y apenas ahora le había admitido, exclamó con un ex abrupto a los médicos: "¿De nuevo me queréis sajar? ¿Van a cumplirse las palabras de quien no admitisteis su presencia?" Los cirujanos se burlaban del médico ignorante, y procuraban mitigar con bellas palabras y promesas el miedo del paciente.

Pasaron otros muchos días, y de nada servía cuanto le aplicaban. Insistían los médicos en que le cerrarían la fístula con medicinas, no con el bisturí. Llamaron también a otro médico de edad ya avanzada y muy celebrado por su pericia en el arte, por nombre Ammonio. Examinándole éste, confirmó lo mismo que había pronosticado la diligencia y pericia de los otros. Garantizado el paciente con esta autoridad, como si se encontrara ya seguro, se burlaba con festivo humor de su médico doméstico, que había creído necesaria otra operación. Para abreviar esta larga historia diré que pasaron luego tantos días sin mejora alguna que, cansados y confusos, tuvieron que confesar que no había posibilidad de sanar sino con el uso del bisturí. Se asustó, palideció sobrecogido de horrible temor, y cuando se recobró y pudo hablar, los mandó largarse y no volver a su presencia. Cansado ya de llorar y forzado por la necesidad, no se le ocurrió otra cosa que llamar a cierto Alejandrino, tenido entonces por renombrado cirujano, para que hiciera él la operación que en su despecho no quería hicieran los otros. Cuando vino aquél y observó, como enten-

---

y *Retractaciones* I,13,7. El mismo Ambrosio lo refiere en su *Epístola* 85 y en el sermón 91.
4. Su paisano y mejor amigo. Véase las *Confesiones* de Agustín para conocer mejor esta relación, publicadas en esta misma colección.

dido, en las cicatrices la habilidad de los otros, como honrado profesional trató de persuadirle de que fueran los otros quienes cosecharan el éxito de la operación, ya que habían procedido con la pericia que él reconocía, y añadía que no habría posibilidad de sanar sino con la operación; pero que era opuesto a su conducta arrebatar por una insignificancia que restaba la coronación de trabajo tan prolongado a unos hombres cuyo esfuerzo habilísimo y diligente pericia contemplaba admirado en sus cicatrices. Se reconcilió con ellos el enfermo, y se convino en que, con la presencia de Alejandrino, fueran ellos los que le abrieran la fístula, que de otra manera se tenía unánimemente por incurable. La operación se dejó para el día siguiente.

Cuando marcharon los médicos, fue tal el dolor que se produjo en la casa por la inmensa tristeza del señor que con dificultad podíamos reprimir un llanto como por un difunto. Le visitaban a diario santos varones, como Saturnino, obispo entonces de Uzala y de feliz memoria; el presbítero Geloso y los diáconos de la Iglesia de Cartago; entre los cuales se encontraba, y es el único que sobrevive, el actual obispo Antelio, a quien debo nombrar con el honor debido y con quien, considerando las obras maravillosas de Dios, hablé muchas veces de este caso, comprobando que lo recordaba perfectamente.

Visitándole como de costumbre por la tarde, les rogó con lágrimas dignas de compasión que tuvieran a bien asistir al día siguiente más bien a su funeral que a su dolor, pues era tal el pánico que por los dolores anteriores se había apoderado de él, que no dudaba moriría en manos de los médicos. Trataron ellos de consolarlo, exhortándole a que confiara en el Señor y que se abrazara virilmente con su voluntad. A continuación nos pusimos a orar, y poniéndonos nosotros, como de costumbre, de rodillas y postrados en tierra, se arrojó él tan impetuosamente como si hubiera sido postrado a impulso de fuerte empujón, y comenzó a orar. ¿Qué palabras podrían explicar de qué modo, con qué afecto, con qué emoción, con qué torrentes de lágrimas, con qué sollozos y gemidos que sacudían todos sus miembros y casi le paralizaban el espíritu? No sé sí los demás oraban ni si atendían a esto. Yo al menos no podía orar en modo alguno; sólo dije brevemente en mi corazón: "Señor, ¿qué peticiones de tus siervos vas a escuchar si no escuchas éstas?" Pues me daba la impresión de que no quedaba ya más que expirase orando.

Nos levantamos y, recibida la bendición del obispo, nos despedimos; suplicaba él que estuviesen presentes al día siguiente, y le exhortaban ellos a que estuviera tranquilo. Amaneció el día temido, estaban presentes los siervos de Dios como habían prometido. Entraron los médicos, se hicieron los preparativos del caso, sacando los temibles instrumentos ante el estupor de todos los presentes. Exhortándole los que tenían mayor autoridad y tratando de consolar la falta de ánimo, acomodan en el lecho los miembros para facilitar la operación, se desataron los nudos de las vendas descubriendo el lugar que examinó el médico y, atento y equipado, busca la fístula a sajar. Mira con afán, palpa con los dedos, emplea todos los recursos; sólo encuentra la cicatriz bien cerrada. No serán mis palabras las que expresen la alegría, la alabanza y acción de gracias al Dios omnipotente y misericordioso que fluyeron de la boca de todos con lágrimas de gozo; es mejor dejarlo a la imaginación que tratar de expresarle con palabras.

En la misma Cartago hubo una mujer muy piadosa, Inocencia, mujer muy piadosa y de las primeras damas de la ciudad, con un cáncer en un pecho, enfermedad incurable según los médicos. Se debe cortar, pues, y amputar del cuerpo el miembro donde nace, o, según dicen que piensa Hipócrates, no se debe emplear tratamiento alguno para prolongar un poco la vida, cuya muerte es inevitable. Así se lo había dicho a ella un médico entendido y muy familiar de su casa, y entonces se volvió a solo el Señor en oración. Al acercarse la Pascua[5] recibe en sueños el aviso de que, poniéndose en el baptisterio en la parte destinada a las mujeres, le hiciera la señal de la cruz en el pecho la primera mujer bautizada que le saliera al paso. Así lo hizo, e inmediatamente recuperó la salud.

El médico que la había aconsejado no usara remedio alguno si quería vivir un poco más, habiéndole visto luego y hallando curada a la que sabía con tal análisis afectada de ese mal, le preguntó intrigado de qué remedio se había servido; deseaba, según se conjetura, conocer el medicamento con el fin de refutar el sentir de Hipócrates. Oyendo lo que había sucedido, le preguntó con religiosa cortesía, aunque en tono de desprecio, y con una expresión que le hizo temer ella que el médico pronunciara alguna palabra afrentosa contra Cristo: "Pensaba que me ibas a hacer un gran descubrimiento". Ella, estremecida ante su indiferencia, prontamente le respondió: "¿Es algo grande para Cristo sanar un cáncer, que resucitó un muerto de cuatro días?"

Cuando oí esto tuve un gran pesar de que, en tal ciudad y persona tan distinguida, pasara oculto un milagro tan grande; pensé, pues, amonestarla y casi reñirla. Me respondió que no lo había ocultado; y entonces pregunté a las matronas más amigas que tenía si habían sabido esto. Me respondieron que no lo sabían: "Mira —le dije—, cómo lo publicas, que

---

5. Pascua y Pentecostés eran las épocas elegidas por la Iglesia antigua para administrar el bautismo, aunque no se impuso como regla hasta finales del siglo VI. Tertuliano consideraba que Pascua y Pentecostés son el mejor tiempo, aunque todo tiempo es igualmente apropiado (*De Baptismo*, 19).

ni las que gozan de tal familiaridad contigo lo han oído". Y como yo lo había oído en resumen, le mandé que contara por su orden todo lo sucedido en presencia de aquéllas, que se maravillaron mucho y glorificaron a Dios.

4. Un médico gotoso en la misma ciudad había dado su nombre para el bautismo. El día antes de ser bautizado se le prohibió en sueños hacerlo aquel año por medio de unos niños de rizos negros que él tuvo por demonios. No les hizo caso, aunque le machacaron los pies hasta producirle un dolor atroz, cual nunca lo había sentido, y se marchó al bautismo. No quiso dilatar el ser purificado, como había prometido, venciéndolos por completo con el lavado de la regeneración. Y en el mismo bautismo no sólo quedó libre del dolor que le atormentaba más de lo acostumbrado, sino también de la gota; no tornaron a dolerle más los pies, aunque vivió mucho tiempo después. Esto lo hemos conocido nosotros y muy pocos hermanos, a cuya noticia pudo llegar el suceso.

5. En Corube[6] había un comediante. Al recibir el bautismo fue curado de una parálisis e incluso de una vergonzosa inflamación de sus partes genitales. Subió de la fuente de regeneración libre de ambas molestias, como sí no hubiera tenido mal alguno en el cuerpo. ¿Quién conoció esto, si se exceptúa Corube y muy pocos más que pudieron oírlo en alguna parte? Nosotros, al tener noticia de ello, por mandato del santo obispo Aurelio hicimos que viniera a Cartago, aunque lo habíamos oído de tantas personas que nos ofrecían plena garantía.

6. Hay entre nosotros un varón de familia tribunicia llamado Hesperio. Tiene una posesión llamada Zubedi en el territorio de Fusala. Descubrió que en ella los espíritus malignos atormentaban a los animales y a los esclavos; rogó a nuestros presbíteros, en ausencia mía, que fuera alguno de ellos allá para ahuyentarlos con sus oraciones. Fue uno, ofreció allí el sacrificio del cuerpo de Cristo, pidiendo con todo ardor que cesara aquella vejación; y al instante cesó por la misericordia de Dios.

Había recibido el tal Hesperio de un amigo un poco de tierra santa traída de Jerusalén, del lugar precisamente donde fue sepultado Cristo y resucitado al tercer día. La tenía colgada en su habitación para verse él libre de cualquier mal. Purificada su casa de aquella peste, andaba pensando qué haría con ella, pues por reverencia no quería tenerla más tiempo en su habitación. Por casualidad me encontraba yo cerca con mi colega Maximino, obispo entonces de la Iglesia de Siniti; nos suplicó que nos acercáramos, y así lo hicimos. Después de darnos noticia de todo, nos pidió que se enterrara esa porción de tierra en algún lugar donde se

---

6. Ciudad famosa cerca de Cartago, hoy llamada Kurbah.

reunieran los cristianos para celebrar los misterios de Dios. Aceptamos, y así se hizo. Había allí un joven campesino paralítico. Enterado de esto, pidió a sus padres que lo llevaran inmediatamente a aquel lugar santo. Lo llevaron, oró, e inmediatamente retornó sano por su propio pie.

7. Existe una quinta llamada Victoria a menos de treinta millas de Hipona. Hay allí un monumento de los mártires de Milán, Protasio y Gervasio. Fue llevado allá un joven que, estando a mediodía en verano lavando el caballo en un paraje profundo del río, quedó poseído por un demonio. Tendido en el monumento, próximo ya a la muerte, o pareciendo más bien muerto; la señora de la finca, con sus criadas y algunas piadosas asistentes, entraron en el lugar para las oraciones y alabanzas vespertinas, según su costumbre. Comenzó a cantar los himnos y el demonio se sintió herido y sacudido por la voz de esa joven mujer; y se mantenía agarrado al altar con clamor terrible, como si no se atreviera o no tuviera fuerza para moverlo, suplicando con grandes lamentos que lo perdonaran y manifestando a la vez dónde, cuándo y cómo se había apoderado del joven. Al final manifestó que saldría, y comenzó a designar cada uno de los miembros que amenazaba cortaría al salir. Diciendo estas cosas, se apartó del hombre. Pero uno de los ojos de éste, caído por la mejilla, pendía por una fina vena del interior como de su raíz, y todo su centro, que era negro, se había tornado blanco. Ante tal espectáculo, los presentes (habían acudido varios atraídos por las voces, y todos se habían postrado en oración por él), aunque se regocijaban de verlo en sus cabales, se dolían por lo del ojo y decían que era preciso buscar a un médico. Entonces su cuñado, que le había traído allí, exclamó: "Bien puede Dios, que ahuyenta el demonio, devolverle el ojo por las oraciones de los santos". Y como pudo volvió el ojo caído y pendiente a su órbita y lo sujetó con un pañuelo; ordenó que no se le desatara hasta siete días después. Al descubrirle entonces, lo encontró completamente sano. Allí recibieron también la salud otros más, que sería prolijo enumerar.

8. Sé de una doncella de Hipona que, habiéndose ungido con el aceite en que había dejado caer sus lágrimas un sacerdote que oraba por ella, de repente se vio libre del demonio. También sé de un adolescente que por sola una vez que un obispo, sin conocerlo, oró por él, de pronto quedó libre del demonio.

9. Había un anciano, Florencio, hijo nuestro de Hipona, hombre piadoso y pobre. Vivía de su oficio de sastre; había perdido su vestido y no tenía con qué comprar otro. Oró en alta voz por el vestido en el sepulcro de los Veinte Mártires, tan célebre entre nosotros. Le oyeron unos jóvenes burlones que casualmente estaban allí, y al marchar se fueron tras él, acosándole como si hubiera pedido a los mártires cincuenta monedas.

Pero él, caminando en silencio, vio arrojado en el litoral un gran pez agitándose. Con la ayuda de aquéllos lo cogió y lo vendió por trescientas monedas a un cocinero llamado Catoso, muy cristiano, para los guisos de su cocina, contándole los pormenores del caso. Con ese dinero pensó comprar lana para que su esposa le hiciera como pudiese un vestido. Pero el cocinero, al descuartizar el pez, encontró un anillo de oro en su interior, e inmediatamente, movido a compasión y poseído de religioso temor, se lo entregó al anciano diciendo: "Mira cómo te han vestido los Veinte Mártires".

10. Cuando el obispo Preyecto trajo las reliquias del glorioso mártir Esteban a los baños de Tibilis, acudió un gran gentío a venerarlas. Una mujer ciega rogó que la condujeran al obispo cuando llevaba las reliquias. Dio unas flores que llevaba, las tomó de nuevo, las acercó a los ojos y de inmediato recobró la vista. Admirados los presentes, iba delante llena de gozo, caminando sin buscar ya quien la condujese.

11. Lucilo, obispo de Siniti, villa cercana a la colonia de Hipona, llevaba las reliquias del citado mártir, que habían sido depositadas en el castillo de Siniti. Tenía una fístula que hacía ya tiempo le aquejaba, y esperaba la llegada de un médico íntimo suyo para que se la sajase. Mientras llevaba tan preciosa carga fue curado repentinamente y no la sintió más en su cuerpo.

12. Eucario, presbítero español residente en Cálama, padecía de antiguo el mal de piedra. Fue curado por la reliquia de dicho mártir que le llevó el obispo Posidio. El mismo presbítero, presa más adelante de una grave enfermedad, tenía tal apariencia de muerto que le ataban ya los pulgares. Fue resucitado por intermedio del mártir al traer la túnica del presbítero que había sido puesta en contacto con la reliquia y ponerla sobre su cuerpo.

13. Hubo en el mismo lugar un hombre llamado Marcial, notable entre los de su rango, ya de edad, totalmente apartado de la religión cristiana. Tenía una hija creyente, y el yerno bautizado aquel año. Enfermó, y le rogaban ellos con abundantes lágrimas que se hiciera cristiano; se negó totalmente y los rechazó con indignación. Determinó el yerno acudir al memorial de San Esteban y rogar por él con todas sus fuerzas para que Dios le cambiara el pensamiento y no dilatase el creer en Cristo. Oró con grandes gemidos y llanto, y con un sincero y ardiente afecto de piedad. Al marchar tomó algunas flores del altar que topó a su paso; se las puso ya de noche a la cabecera. Durmió el enfermo. Y he aquí que antes de amanecer empieza a gritar que se acuda al obispo, que casualmente estaba conmigo en Hipona. Oyendo que estaba ausente, pidió que fueran los presbíteros. Llegaron, confesó que creía, y entre la admiración y el gozo

de todos recibió el bautismo. El tiempo que vivió tenía a flor de labios estas palabras: "Cristo, recibe mi espíritu", sin saber que fueron las últimas del bienaventurado Esteban cuando fue apedreado por los judíos (Hch. 7:58). Ellas fueron también las últimas suyas; murió no mucho después.

14. Sanaron allí también por el mismo mártir dos gotosos, ciudadano uno y forastero el otro: el ciudadano, completamente; el peregrino, en cambio, supo por revelación qué remedio debía usar al sentir el dolor; lo usaba, y al instante el dolor se calmaba.

15. Auduro es el nombre de un predio donde hay una iglesia, y en ella una memoria al mártir Esteban. Estando un niño jugando en la plaza, se desmandaron unos bueyes que tiraban de un carro y le aplastaron con una de las ruedas, dejándolo a punto de expirar. Lo cogió su madre precipitadamente, lo colocó junto a la memoria y no sólo revivió, sino que quedó totalmente ileso.

16. Estaba enferma cierta religiosa en una heredad vecina llamada Caspaliana, y desesperándose de su salud, llevaron su túnica a la misma memoria. Cuando la trajeron, ella había muerto. Sus padres cubrieron su cadáver con la túnica y recobró el aliento, quedando curada.

17. En Hipona, un sirio llamado Baso rogaba en la memoria del mismo mártir por su hija enferma de peligro, y había traído allí su túnica. Y he aquí que salieron de casa corriendo los criados para comunicarle la muerte de la hija. Como él estaba orando, los detuvieron unos amigos y les prohibieron comunicárselo para evitar el llanto por las calles. Al volver a casa y encontrarla llena de lamentaciones, echó la túnica que llevaba sobre su hija y fue devuelta a la vida.

18. Aquí, también, murió el hijo de un cobrador de impuestos llamado Irinco. Mientras el cuerpo yacía sin vida y se preparaban los funerales, en medio de lágrimas y lamentos, uno de los amigos que estaba consolando al padre sugirió la idea de ungir el cuerpo del niño con el aceite del mismo mártir. Se hizo y el niño revivió.

19. El antiguo tribuno Eleusino colocó un hijo suyo, muerto de enfermedad, sobre el memorial del mártir ubicado en el barrio en que él vivía. Después de haber orado y vertido muchas lágrimas, levantó vivo al niño.

20. ¿Qué he de hacer? Me urge la promesa de terminar la obra y no puedo consignar aquí cuanto sé. Y, sin duda, muchos de los nuestros, al leer esto, se lamentarán haya pasado en silencio tantos milagros que conocen como yo. es ruego tengan a bien disculparme y piensen qué tarea tan larga exige lo que al presente me fuerza a silenciar la necesidad de la obra emprendida. Si quisiera reseñar, pasando por alto otros, los milagros solamente que por intercesión del glorioso mártir Esteban han tenido lugar en esta colonia de Calama, y lo mismo en la nuestra, habría

que escribir varios libros. Y aun así no podrían recogerse todos, sino sólo los que se encuentran en los escritos que se recitan al pueblo. He querido recordar los anteriores al ver que se repetían también en nuestro tiempo maravillas del poder divino semejantes a las de los tiempos antiguos, y que no debían ellas desaparecer sin llegar a conocimiento de muchos. No hace dos años aún que están en Hipona Regia las reliquias de este mártir, y sin contar las relaciones de las muchas maravillas que se han realizado y que tengo por bien ciertas, de sólo las que han sido dadas a conocer al escribir esto llegan casi a setenta. Y en Calama, donde las reliquias estuvieron más tiempo, tienen lugar con más frecuencia, y se cuentan en cantidad inmensamente superior.

21. También en Uzala, colonia vecina de Utica, sabemos se han realizado muchos milagros por medio del mismo mártir, cuyas reliquias estuvieron en ese lugar, llevadas por el obispo Evodio, mucho antes que la tuviéramos aquí. Pero allí no existe, o mejor no existió, la costumbre de publicar esas informaciones; quizá ahora hayan empezado. Estando yo allí hace poco rogué, con la licencia de dicho obispo, a la señora Petronia que diera una información para leerla al pueblo, porque ella había sido curada milagrosamente de una enfermedad grave y duradera, en cuya curación habían fracasado todos los recursos médicos. Obedeció con toda diligencia, y contó allí lo que no puedo aquí callar, aunque la urgencia de esta obra me fuerza a darme prisa.

Dijo que un médico judío la persuadió a que introdujese un anillo en una cinta del pelo que por debajo de todo vestido había de ceñir directamente a la carne; que ese anillo tenía bajo el engaste una piedra preciosa hallada en los riñones de un buey. Ceñida así, venía en busca de remedio al templo del santo mártir. Pero, partiendo de Cartago, se detuvo en su hacienda en los límites del río Bagrada; y al levantarse para continuar el viaje vio el anillo caído a sus pies, y llena de admiración palpó la cinta de pelo en la que estaba el anillo. Hallándolo atado con sus nudos bien fuertes, pensó que el anillo se había roto y había saltado. Al encontrarlo perfectamente entero, se imaginó haber recibido con tal prodigio como una garantía de su futura curación. Soltó el cinturón y lo arrojó al río con el anillo.

Evidentemente no creen en esto quienes se obstinan en no admitir que el Señor Jesús fue dado a luz sin detrimento de la virginidad de su madre y que entró con las puertas cerradas a donde estaban los discípulos. Que investiguen este caso, y si ven que es verdad, crean también esos misterios. Es una mujer muy ilustre, noble de nacimiento, casada con un noble, y habita en Cartago. Noble es la ciudad y noble la persona: circunstancias ambas que asegurarán el éxito a los investigadores. El mismo mártir, por cuya intercesión fue curada, creyó en el Hijo de la que permaneció virgen; en el que entró, cerradas las puertas, a la estancia de sus discípulos; creyó, finalmente, que es el argumento principal que aquí se ventila, en el que subió al cielo con la carne en que había resucitado. Por eso se han realizado por su intercesión tales maravillas, porque dio su vida por esta fe.

Se realizan todavía hoy muchos prodigios; los realiza el mismo Dios a través de quienes quiere y como quiere, lo mismo que realizó los que tenemos escritos. Pero los actuales no son muy conocidos ni se practica su lectura como un repiqueteo de la memoria, a fin de que no caigan en el olvido. Porque, a pesar del cuidado que se empieza a poner entre nosotros para narrar al pueblo esas relaciones hechas por los interesados, las escuchan una vez los presentes, pero la mayoría no lo están; y los mismos que las oyeron, pasados unos días, se olvidan de lo que oyeron; y apenas se encuentra quien comunique lo que oyó a quien sabe no estuvo presente.

22. Entre nosotros tuvo lugar un milagro, no digo más grande que los referidos, pero tan manifiesto y célebre que no pienso exista en Hipona quien no lo viera o conociera, nadie que pueda llegar a olvidarlo. Hubo diez hermanos, siete varones y tres hembras, oriundos de Cesarea de Capadocia y nobles entre sus conciudadanos; fueron maldecidos recientemente por su madre: desvalida por la muerte del padre, se resintió durísimamente afectada por una injuria que le habían hecho. Consecuencia de la maldición fue un tremendo castigo del cielo: se sintieron presa de convulsiones horribles en todos los miembros. Ante espectáculo tan repugnante, no pudiendo soportar la vista de sus conciudadanos, andaban errantes casi por todo el Imperio romano, marchando cada cual a donde bien le pareció. Dos de ellos, hermano y hermana, Paulo y Paladia, conocidos ya en otros lugares por la publicidad de su desgracia, llegaron a nuestra ciudad. Vinieron precisamente casi quince días antes de Pascua, y acudían a diario a la iglesia y visitaban en ella las reliquias del gloriosísimo Esteban, suplicando a Dios se apiadase ya de ellos y les devolviera la salud. En la iglesia y en cualquier parte eran centro de las miradas del pueblo. Algunos de los que les habían visto en otra parte y conocían el motivo de sus convulsiones, se lo comunicaban a otros como podían.

Llegó la Pascua, y de mañana, estando ya presente gran número de fieles, el muchacho estaba en oración asido a la verja del lugar santo donde estaban las reliquias del mártir. De pronto cayó postrado y quedó tendido como muerto, pero sin temblor alguno, incluso el que solía tener durante el sueño. Se quedaron atónitos los presentes, temiendo unos y lamentándose otros. Algunos querían levantarlo, pero otros se lo impidieron, diciendo que era mejor esperar el resultado. De pronto se levanta y ya no tiembla: había sido curado, se mantiene firme, mirando a los que le miraban. ¿Quién no alabó al Señor en aquellos momentos? La Iglesia resonaba por doquier con las voces de los que gritaban y se congratulaban. Se dirigen luego a donde yo estaba sentado y dispuesto a salir al encuentro: se atropellan unos a otros anunciando cada uno como novedad lo que había contado el anterior; y en medio de mi regocijo y de mi acción de gracias interior a Dios, se me acerca él mismo con otros muchos, se postra a mis pies y se levanta para el ósculo. Me dirijo hacia el pueblo; la iglesia estaba repleta, resonaba con voces de júbilo, cantando todos de una y otra parte: "¡Gracias a Dios, alabado sea Dios!" Saludé al pueblo, y se redoblaron las aclamaciones con el mismo fervor.

Hecho por fin el silencio, se procedió a la lectura solemne de las divinas Escrituras. Cuando llegó el turno de mi exposición, hablé brevemente a tono con la grata circunstancia de tal alegría; más que oír lo que les dijera, me pareció mejor que considerasen la elocuencia de Dios en esa obra divina. Comió el hombre con nosotros y nos contó detalladamente toda la historia de su calamidad, de la de su madre y hermanos.

Al día siguiente, tras la explicación ordinaria, prometí que al otro día se recitaría al pueblo el memorial de los hechos[7]. Al tercer día del domingo de Pascua, mientras se hacía esa lectura, hice que los dos hermanos estuvieran en pie en las gradas del presbiterio, en cuya parte superior solía yo hablar[8]. Miraba todo el pueblo de ambos sexos, a uno firme, sin el deforme movimiento, y a la otra estremeciéndose en todos sus miembros. Los que no lo habían visto a él antes contemplaban en la hermana los efectos de la divina misericordia con él; y veían qué felicitaciones había que darle a él y qué gracias había que pedir para su hermana.

Terminada la lectura de la relación, los mandé retirarse de la presencia del pueblo; y habiendo comenzado a comentar más detenidamente todo el asunto en medio de este comentario, resuenan nuevas voces de júbilo procedentes de la capilla del mártir. Mis oyentes se volvieron hacia allí y comenzaron a correr en tropel. La enferma, al bajar de las gradas en que había estado, se había dirigido a orar a la tumba

---

7. Agustín, *Sermones*, 321.
8. Agustín, *Sermones*, 322.

del santo. Y tan pronto como tocó la verja, cayó igualmente como en un sueño, y se levantó curada.

Mientras preguntábamos cuál era la causa de estrépito tan alegre, entraron con ella en la basílica donde estábamos, trayéndola sana de la tumba del mártir. Tal clamor se levantó entonces por parte de ambos sexos, que parecía no iba a terminar nunca el griterío mezclado con las lágrimas. Se la llevó al mismo lugar en que había estado antes con aquellas convulsiones. Se sentían transportados al ver ya como al hermano a la que poco antes tan desemejante de él habían compadecido; y veían cómo no acabada aún la oración por ella, se había visto escuchada su súplica. Se desbordaban sin palabras en alabanza de Dios con clamor tan fuerte que apenas podían soportarlo nuestros oídos. ¿Qué era lo que hacía saltar de gozo los corazones sino la fe de Cristo, por la cual Esteban derramó su sangre?

9. Los milagros de los mártires dan testimonio de su fe

¿De qué nos dan testimonio estos milagros sino de la fe que predica la resurrección de Cristo en su carne y de su ascensión al cielo? Los mismos mártires fueron mártires, es decir, testigos[9] de la fe, y por dar testimonio de esta fe tuvieron que soportar el odio del mundo en extremo enemigo y cruel, al que vencieron no con la resistencia, sino con la muerte. Por esta fe murieron, y ahora pueden conseguir esos beneficios del Señor, por cuyo nombre murieron. Por esta fe fue ejercitada su admirable constancia, de modo que en esos milagros se manifiesta un gran poder como resultado. Porque si la resurrección de la carne para vida eterna no hubiera tenido lugar en Cristo y no fuera a realizarse en su pueblo, según la predicción de Cristo, o según lo anunciaron los profetas por quienes fue anunciado Cristo, ¿cómo tienen tal poder los mártires que murieron por esa fe que proclama la resurrección?

Pues tanto si es Dios quien realiza por sí mismo y del modo maravilloso esos milagros, por los que Él, siendo eterno, produce efectos en el tiempo; o si que las realiza por medio de sus ministros; y, en este caso, ya lleve a cabo alguno por medio de los espíritus de los mártires o de los hombres, viviendo todavía en este cuerpo, o las lleve todas a cabo por medio de los ángeles, sobre quienes invisible, inmutable o incorporalmente tiene dominio, de modo que estas mismas que se dicen realizadas por los mártires no lo son por obra suya, sino por sus oraciones e intercesión; puede también que esas mismas maravillas se

---

9. Mártir deriva del gr. *mártus*, que significa "testigo".

realicen unas de una manera y otras de otra, maneras que no pueden entender en modo alguno los mortales; en todos estos casos, tales obras dan testimonio de esta fe en que se predica la resurrección de la carne para la vida eterna.

10. Culto a los dioses y memoria de los mártires

Quizá nuestros adversarios puedan replicarnos que también sus dioses han hecho algunas maravillas. Pase, si comienzan a comparar a sus dioses con nuestros hombres muertos. ¿Dirán también que tienen dioses procedentes de los hombres, como Hércules, Rómulo y otros muchos, que piensan han sido admitidos en el número de los dioses? Pero para nosotros los mártires no son dioses, puesto que confesamos que es uno v el mismo Dios el de los mártires y el nuestro. Sin embargo, no pueden en modo alguno compararse los milagros que pretenden haberse realizado en sus templos con los milagros que se realizan en las tumbas de nuestros mártires. Y si tuvieran alguna semejanza, esos sus dioses quedarían superados por nuestros mártires, como lo fueron los magos del faraón por Moisés. Realizaron aquellas maravillas los demonios con la misma ostentación de inmunda soberbia con que pretendieron ser dioses de ellos; realizan, en cambio, éstas los mártires, o, mejor, las realiza Dios por su oración y cooperación con el fin de propagar la fe, por la cual creemos no que ellos sean nuestros dioses, sino que tienen con nosotros un mismo Dios.

Finalmente, ellos construyeron a tales dioses templos, dispusieron aras, instituyeron sacerdotes, ofrecieron sacrificios, y nosotros ni construimos templos a nuestros mártires como si fueran dioses, sino monumentos como a hombres muertos, cuyo espíritu vive con Dios; ni les erigimos allí altares en que sacrifiquemos a los mártires, sino al único Dios de los mártires y nuestro. Y en ese sacrificio se les nombra según el orden y lugar que les corresponde, como hombres de Dios que vencieron al mundo confesando su fe; pero no son invocados por el sacerdote que ofrece el sacrificio. Ofrece el sacrificio, en efecto, al mismo Dios, no a ellos, aunque lo haga en sus monumentos, ya que es sacerdote de Dios, no de ellos.

El sacrificio mismo, también, es el cuerpo de Cristo, que no se ofrece a ellos, porque ellos mismos forman parte de ese cuerpo. ¿A quiénes, pues, de los que hacen estas maravillas se ha de dar fe con más razón: a los que pretenden ser tenidos como dioses por los favorecidos de ellos o a aquellos que en cuantas maravillas realizan buscan que se crea en Dios y en Cristo? ¿A los que pretendieran se les consagrasen como cosa sagrada sus mismas torpezas, o a los que no quieren se consideren sus propias alabanzas como cosas sagradas suyas, sino que toda verdadera alabanza suya ceda en honor de aquel en quien son alabados? Sus almas, efectivamente, son alabadas en el Señor.

Creamos, por tanto, a quienes dicen la verdad y obran portentos, pues sufrieron por decir la verdad, y así adquirieron el poder de a realizar maravillas. Entre estas verdades resalta como principal que Cristo resucitó de los muertos y mostró el primero en su carne la inmortalidad de la resurrección, que nos prometió a nosotros también, ya en el principio del nuevo siglo, ya al final del presente.

11. Los elementos y la gravedad de los seres

1. Contra este gran don de Dios arguyen estos racionalistas, cuyos pensamientos conoce Dios "que son vanidad" (Sal. 93:11), apoyados en la gravedad de los elementos. En el magisterio de Platón han aprendido que los dos elementos principales y extremos del mundo están unidos y enlazados por otros dos intermedios, a saber: el aire y el agua. Y consecuentemente, dice, ya que la tierra es el primero de los elementos, comenzando por la base de serie, y el segundo el agua sobre la tierra; el tercero el aire sobre el agua, y el cuarto el cielo sobre el aire, se sigue que un cuerpo terreno no puede vivir en el cielo. Cada elemento se mantiene en equilibrio según su propio peso, conservando así su propio orden. ¡Con tan espaciosos argumentos pretende oponerse a la omnipotencia divina la debilidad humana, poseída de vanidad!

¿Qué hacen entonces en el aire tantos cuerpos terrenos si es el aire el tercer elemento a partir de la tierra? A menos, quizá, que quien otorgó al cuerpo terreno de alas aves volar por los aires mediante leves alas y plumas, no pueda conceder a los cuerpos humanos hechos inmortales tal poder que los capacite para habitar en el cielo. Según esto, los animales terrenos, que no pueden volar, entre los cuales están los hombres, deberían vivir bajo la tierra, como viven los peces bajo el agua por ser animales acuáticos. ¿Por qué, pues, el animal terreno no puede vivir en el segundo elemento, esto es, en las aguas, ya que puede hacerlo en el tercero? ¿Por qué motivo perteneciendo a la tierra, si se le fuerza a vivir en el segundo elemento, que está sobre la tierra, se ahoga inmediatamente, mientras que vive en el tercero y no puede vivir fuera de él? ¿Falla acaso el orden de los elementos, o más bien no es en la naturaleza de las cosas, sino en los argumentos de éstos donde flaquea? Omito lo que ya dije en el libro XIII[10] sobre la multitud de cuerpos terrenos pesados, como el plomo, que, trabajados por el arte, pueden nadar sobre el agua. ¿Y se le niega al Artífice omnipotente la facultad de otorgar al cuerpo humano una cualidad con la cual pueda ser llevado al cielo y estar en él?

2. Ahora bien, al considerar y tratar sobre el orden de estos elementos no encuentran en absoluto qué replicar a lo que dije más arriba. Tal es la disposición de los elementos hacia arriba, que se comienza por el primero, la tierra; se continúa por el segundo, el agua; luego viene el tercero, el aire; el cuarto, que es el cielo, y por encima de todos la naturaleza del alma. Aristóteles, en efecto, la llamó el quinto cuerpo, mientras que Platón negó que fuera cuerpo. Cierto que si fuera quinto cuerpo estaría por encima de los demás; y si no es cuerpo, con mayor motivo los supera a todos. ¿Qué hace, pues, en un cuerpo terreno? ¿Qué hace el alma en esta masa siendo más sutil que todos los cuerpos? ¿Qué hace en esta materia inerte siendo ella la más ligera? ¿No podrá una naturaleza de tal categoría elevar su cuerpo al cielo? Si al presente la naturaleza de los cuerpos terrenos puede arrastrar las almas hacia abajo, ¿no podrán las almas algún día levantar sus cuerpos terrenos hacia arriba?

3. Si ahora pasamos a los milagros de sus dioses, que oponen a los de nuestros mártires, ¿no descubriremos que también ellos están por nosotros y favorecen nuestro argumento?

Entre los grandes milagros de su dioses es ciertamente grande el que cita Varrón de una virgen vestal, que estando en peligro por una sospecha de falta de castidad, llenó un cedazo de agua del Tíber y se la presentó a sus jueces sin habérsele derramado una gota. ¿Quién mantuvo el agua en el cedazo? ¿Quién hizo que no cayera nada a tierra con tantos agujeros? Seguramente responderán que algún dios o algún demonio. Si un dios, ¿será más grande que el Dios que hizo este mundo? Si un demonio, ¿será acaso más poderoso que el ángel que sirve a Dios, por quien fue hecho el mundo? Por tanto, si un dios menor, o ángel, o un demonio pudo contener el peso del líquido elemento, de modo que parezca haber cambiado la naturaleza del agua, ¿no pudo el Dios omnipotente, que creó todos los elementos, eliminar su pesantez al cuerpo terreno, de modo que el cuerpo vivificado habite en cualquier elemento que el espíritu vivificante quiera?

4. Además, colocando el aire intermedio entre el fuego de arriba y la tierra de abajo, ¿cómo lo encontramos tan a menudo entre agua y agua, o entre el agua y la tierra? ¿Qué son, según ellos, las nubes acuosas, entre las cuales y los mares se encuentra el aire? ¿Qué gravedad u orden de los

10. Cap. 18.

elementos hace que torrentes tan impetuosos y cargados de agua estén suspensos en las nubes sobre el aire antes de correr bajo el aire por la tierra? ¿Por qué, finalmente, el aire se encuentra por toda la redondez de la tierra entre lo más alto del cielo y lo desnudo de la tierra, si su lugar está entre el cielo y las aguas, como el de las aguas está establecido entre el mismo y las tierras?

5. Finalmente, si el orden de los elementos es tal que, según Platón, los dos extremos, el fuego y la tierra, están unidos por los dos medios, es decir, el aire y el agua, y el fuego ocupa el lugar más alto del cielo, y la tierra el más profundo del mundo, como fundamento suyo, y por ello no puede haber tierra en el cielo, ¿por qué ha de estar el fuego en la tierra? Según este sistema, estos dos elementos, la tierra y el fuego, de tal modo debieran estar en sus propios lugares, el profundo y el supremo, que como no admiten que exista en el supremo lo que es del profundo, tampoco podría estar en el profundo lo que es del supremo. Así, como piensan que no habría partícula alguna de tierra en el cielo, tampoco debíamos ver partícula alguna de fuego en la tierra. Ahora bien, no sólo en la tierra, sino también bajo la tierra, está tan presente el fuego, que lo vomitan las cimas de los montes. Y, además, vemos que, para uso del hombre, hay fuego en la tierra y que nace de la misma tierra, ya que tantas veces procede de las maderas y de las piedras, cuerpos a todas luces terrenos.

Pero aquel fuego, replican, es tranquilo, puro, inofensivo, eterno; en cambio, el de aquí es agitado, humeante, corruptible y corruptor. No obstante, no corrompe los montes, en cuyo interior arde de continuo; ni las cavernas de la tierra. Concedamos, sin embargo, que este sea desemejante de aquél a fin de acomodarse a las necesidades de la tierra; ¿por qué no quieren que creamos que la naturaleza de los cuerpos terrenos, hecha algún día incorruptible, se acomodará al cielo como el fuego corruptible se acomoda ahora a las tierras? Por consiguiente, de la gravedad ordenada de los elementos no aportan dato alguno que pueda impedir al Dios omnipotente crear a nuestros cuerpos con tales propiedades que puedan habitar en el cielo.

12. Objeciones sarcásticas de los escépticos

1. Suelen aparentar una investigación meticulosa para burlarse de nuestra fe en la resurrección de la carne con la pregunta siguiente: "¿Resucitarán los fetos abortivos?" Y como el Señor dijo: "ni un solo cabello de vuestra cabeza perecerá" (Lc.21:18), añaden: "¿Tendrán todos la misma estatura y el mismo vigor, o serán los cuerpos de diferente tamaño? Pues si se diera la igualdad de los cuerpos, ¿de dónde sacarán la

masa corporal que no tuvieron aquí lo abortivos, si también ellos han de resucitar?" Y si no resucitan por no haber nacido, sino haber sido expulsados, nos presentan la misma cuestión sobre los niños pequeños, es decir, de dónde les ha de venir el tamaño del cuerpo, que no tienen al morir en esa edad, porque nosotros no diremos que no resucitarán los que no sólo nacieron, sino que nacieron de nuevo.

Preguntan a continuación cuál será la medida de esa igualdad. Pues si han de ser todos tan altos y tan gruesos como lo fueron los de mayor corpulencia, siguen preguntando de dónde les vendrá, no sólo a los niños, sino a la inmensa mayoría, lo que no tenían aquí si cada uno ha de recibir lo que aquí tuvo. Si, por el contrario, las palabras del apóstol de que todos hemos de alcanzar el desarrollo pleno de Cristo[11], o las otras, predestinados a ser "hechos conformes a la imagen de su Hijo" (Ro. 8:29), se han de entender en el sentido de que la talla y medida del cuerpo de Cristo sea la de todos los cuerpos humanos que estarán en su reino; si esto fuera así, replican ellos, a muchos habría que quitarles alguna parte de su estatura y volumen; y ¿dónde quedará aquello de "no perecerá ni un solo cabello de vuestra cabeza", si tanto ha de desaparecer del tamaño del cuerpo?

Claro que también se puede investigar sobre los mismos cabellos si han de recuperar los que les quitó el peluquero. Si lo han de recuperar, ¿quién no se estremecerá ante fealdad tan horrenda? Y lo mismo necesariamente ocurriría con respecto a las uñas, recuperando todo lo que el cuidadoso esmero cortó. ¿Dónde quedará entonces la belleza, que ciertamente debe aparecer más notable en aquella inmortalidad que la que pudo haber en esta corrupción? Y si no torna lo que se había cortado, se sigue que desaparecerá, ¿cómo entonces, dicen, no perecerá un cabello de la cabeza?

De la misma manera razonan sobre la delgadez y la gordura, ya que, si todos han de ser iguales, no habrá allí delgados y gruesos; y entonces tendrán unos que recibir algo, y a otros habrá que disminuírselo. Y así no se recibirá lo que se tenía, sino que algunos alcanzarán lo que no tenían, y otros perderán lo que tenían.

2. Las mismas objeciones suscitan sobre la corrupción y descomposición de los cuerpos muertos, ya que una parte vuelve al polvo y otra se evapora en el aire; y también a unos los devoran las bestias y a otros el fuego; así como algunos mueren de tal manera en un naufragio o en las

---

11. "Que todos alcancemos la unidad de la fe y del conocimiento del Hijo de Dios, hasta ser un hombre de plena madurez, hasta la medida de la estatura de la plenitud de Cristo" (Ef. 4:13).

aguas que la podredumbre descompone sus carnes en la humedad. Todos estos cuerpos, dicen, no pueden recogerse y reintegrarse a la carne.

También hacen un uso pronto de algunas deformidades o defectos, ya sean por nacimiento, ya por accidente; citan entre ellos con horror burlesco los partos monstruosos, y preguntan cómo tendrá lugar la resurrección de las deformidades. Si decimos que ninguna de tales deformidades ha de tornar al cuerpo del hombre, piensan que echan por tierra nuestra respuesta recordando los lugares de las heridas con que predicamos que resucitó Cristo el Señor.

Entre todas las cuestiones que proponen la más difícil es ésta: ¿A qué carne volverá la carne de que se alimenta el cuerpo de otro, a quien el hambre forzó a comer carne humana? Pues ésta, ciertamente, se convirtió en la de quien se alimentó de ella, y con ella suplió los daños que la penuria había causado. Para ridiculizar la fe en la resurrección preguntan si esa carne tornará al primer hombre de quien era, o más bien al otro que la asimiló después; y así, también, prometen, con Platón, una alternativa de verdaderas infelicidades y felicidades falsas, o confiesan con Porfirio que el alma humana, tras muchos ciclos a través de diversos cuerpos, terminará alguna vez las miserias y no volverá jamás a ellas; pero no por tener un cuerpo inmortal, sino por haber huido de todo cuerpo.

13. Los abortos y la resurrección

A las objeciones que he detallado de nuestros adversarios, voy a responder confiando que Dios misericordiosamente ayude mis esfuerzos. No me atrevo a pronunciarme por la negativa ni por la afirmativa de la resurrección de los fetos abortivos que murieron en el útero después de haber vivido en él; aunque no veo razón por qué se los ha de excluir de la resurrección de los muertos si no están excluidos del número de los mismos. Porque o no han de resucitar todos los muertos, quedando sin cuerpos para siempre algunas almas que animaron cuerpos humanos, aunque sólo fuera en el útero materno, o, si todas las almas humanas han de recibir, al resucitar, los cuerpos que tuvieron mientras vivían en alguna parte y dejaron al morir, no encuentro razón para decir que no pertenecen a la resurrección de los muertos cualesquiera de ellos, aun los del seno materno. Pero tenga cada cual la opinión que tenga sobre éstos, lo que digamos sobre los niños nacidos ha de aplicarse también a los fetos si resucitaren[12].

---

12. Agustín ofrece una respuesta más detallada en el *Enquiridión* o *Manual de fe*, 85-89, publicado en esta mismo colección.

14. Naturaleza de los cuerpos resucitados

¿Qué diremos de los bebés sino que han de resucitar, pero no en la pequeñez del cuerpo que tenían al morir, sino con el desarrollo que adquirirían con el tiempo y que les dará en un instante de modo maravilloso Dios? En efecto, en las palabras del Señor: "No perecerá ni un solo cabello de vuestra cabeza" (Lc. 21:18), se afirmó que no faltaría nada de lo que había, pero no se negó que había de poseerse lo que faltaba. Y al que murió siendo un bebé le faltó el desarrollo cabal de su cuerpo; pues al infante muerto le falta ciertamente la perfección de la dimensión corporal; al llegar a ella dejará de crecer su estatura. Esta clase de perfección de tal manera la tienen todos, que con ella son concebidos y nacen. Pero la tienen potencialmente, no actual todavía; como los mismos miembros están todos latentes en el semen, aunque cuando nacen les falten algunos detalles, como los dientes y algún otro semejante. En esta exigencia de cada uno, impresa en la materia corporal, ya parece en cierto modo comenzado lo que todavía no existe, aún más, lo que está oculto, pero que con el tiempo existirá, o más bien aparecerá. En esta exigencia, pues, el bebé, que será un día grande o pequeño, lo es ya al presente.

Según esta exigencia, no tememos ciertamente en la resurrección perjuicio alguno para nuestro cuerpo, porque aunque hubiera de existir una igualdad para todos, llegando todos a proporciones gigantescas, ni aun los gigantes más grandes habían de perder en su estatura algo que pereciera en ellos contra la sentencia de Cristo de que no podía caer un cabello de su cabeza. Entonces, ¿cómo iba a faltarle al Creador, que lo hizo todo de la nada, facultad para añadir lo que un gran artífice conocería que debía añadirse?

15. La medida de la estatura de Cristo

Es cierto que Cristo resucitó con la misma talla que tenía al morir; y no se puede decir que cuando llegue el tiempo de la resurrección de todos, ha de adquirir su cuerpo la magnitud que no tuvo cuando se apareció a sus discípulos y en la que les era conocido, de manera que sea igual a los más altos. Si afirmáramos, por el contrario, que los cuerpos más desarrollados habían de reducirse a la medida del cuerpo del Señor, perderían muchísimo algunos cuerpos, habiendo prometido él que no se perdería ni un cabello. No queda sino que cada uno reciba su talla propia, bien la que tuvo en su juventud, aunque haya muerto de viejo, bien la que había de tener si murió antes de ella. Y lo que nos citó el apóstol sobre el desarrollo pleno de Cristo (Ef. 4:13), se ha de entender en otro sentido, esto es, que el pleno

desarrollo se cumpla en aquella cabeza cuando llegue la perfección de todos los miembros, o si se refiere a la resurrección de los cuerpos, se tome
en el sentido de que los cuerpos de los muertos resuciten ni por encima ni
por debajo de la forma juvenil, sino en el vigor de la edad a que sabemos
llegó aquí Cristo.

Los sabios de este siglo han señalado que la juventud llega hasta
los treinta años; y cuando ella haya terminado su espacio apropiado, el
hombre camina ya al declive de la edad grave y senil. Por eso no dijo el
apóstol: "Al desarrollo del cuerpo", o "a la talla de la estatura", sino al
desarrollo "de la plenitud de Cristo".

16. Conformación de la imagen del Hijo de Dios en los santos

Las palabras predestinados "para que fuesen hechos conformes a la
imagen de su Hijo" (Ro. 8:29), pueden entenderse también según el hombre interior. Por eso se nos dice en otro lugar: "No os conforméis a este
mundo; más bien, transformaos por la renovación de vuestro entendimiento" (Ro.8:29). Así, en cuanto nos transformamos para no amoldarnos a este mundo, ya estamos reproduciendo los rasgos del Hijo de Dios.
También pueden entenderse aquellas palabras en el sentido de que, como
él se conformó a nosotros en la mortalidad, nos conformemos nosotros
a él en la inmortalidad. Lo que también tiene relación con la resurrección
de los cuerpos.

Pero si en estas palabras se nos recuerda en qué forma han de resucitar los cuerpos, tanto la talla como el parecido, no deben entenderse
del tamaño, sino de la edad. Han de resucitar, por consiguiente, con un
cuerpo tal cual lo tenían o habían de tener en su edad juvenil. Aunque
no habría inconveniente en que la forma fuera de niño o de anciano, ya
que no quedará allí debilidad alguna de mente o de cuerpo. De donde
se sigue que si alguno trata de defender que cada cual resucitará en la
misma talla que tenía al morir, no hay por qué gastar mucho trabajo en
discutir con él.

17. ¿Resucitarán las mujeres en su sexo propio?

Algunos, basados en las palabras: "Hasta ser un hombre de plena
madurez, hasta la medida de la estatura de la plenitud de Cristo" (Ef.
4:13) y en las otras: "hechos conformes a la imagen de su Hijo" (Ro. 8:29),
piensan que las mujeres no resucitarán en el sexo femenino, sino que
todas lo harán en el de varón, porque Dios sólo hizo al varón del polvo

de la tierra, y a la mujer del varón. Pero me parecen más en lo cierto los que no dudan que resucitarán ambos sexos, ya que allí no ha de haber libido, que es la causa de la confusión. Antes de pecar estaban desnudos y no se avergonzaban el hombre y la mujer. Se les quitarán los vicios a los cuerpos, pero se les conservará la naturaleza. Y el sexo femenino no es vicio, sino naturaleza. Entonces será superior a la relación carnal y al parto. Sin embargo permanecerán los miembros femeninos adaptados no al uso antiguo, sino a una nueva belleza, que no excite en quien mira su concupiscencia, que al no existir ya, dará gloria a la sabiduría y bondad de Dios, que hizo lo que no existía y guardó de la corrupción lo que hizo.

En el principio del género humano se le quitó una costilla al costado del varón para hacer a la mujer, porque era conveniente que en tal hecho se simbolizase proféticamente a Cristo y a la Iglesia. El sueño aquel del varón significaba la muerte de Cristo, cuyo costado fue atravesado pendiente aún en la cruz después de muerto, de donde salió sangre y agua (Jn. 19:34), que es la figura de los sacramentos con que se edifica la Iglesia. La Escritura usa esa misma palabra, no diciendo "formó" o "modeló", sino: "hizo una mujer" (Gn. 2:22). Y por ello el apóstol habla de la "edificación del cuerpo de Cristo" Ef. 4:12), que es la Iglesia.

La mujer es, pues, criatura de Dios como el varón; pero en el hecho de salir del varón se pone de relieve la unidad, y en cuanto al modo de ser formada, se significa a Cristo y a la Iglesia. De manera que quien estableció uno y otro sexo restablecerá a ambos. Así, el mismo Jesús, interrogado por los saduceos, que niegan la resurrección, de cuál de los siete sería la mujer que habían tenido sucesivamente todos, tratando cada uno, como había mandado la Escritura, de conservar la familia del difunto, respondió: "Estáis muy equivocados por no comprender las Escrituras ni el poder de Dios" (Mt. 22:29). El lugar era muy oportuno para decir: "Sobre lo que me preguntáis, ella misma será varón, no mujer", y, sin embargo, no contestó así, sino que dijo: "En la resurrección no se casan ni se dan en casamiento, sino que son como los ángeles que están en el cielo" (Mt. 22:30).

Ellas serán iguales a los ángeles por la inmortalidad y la felicidad, no por la carne; como tampoco lo serán en la resurrección, puesto que los ángeles no la necesitaron, ya que no pudieron morir. El Señor negó, pues, que en la resurrección hubiera matrimonios, no que hubiera mujeres; y lo negó precisamente donde se trataba de tal cuestión; habría quedado resuelta con pronta facilidad negando el sexo femenino si sabía que no había de existir. Pero confirmó su existencia al decir "no se casan" (no se casarán las mujeres), "ni se dan en casamiento" (ni se casarán los hombres). Existirán las unas y los otros, pero ni unas ni otros se casarán.

18. Cristo, el hombre perfecto, y la Iglesia, su plenitud

Para entender lo que quiere decir el apóstol cuando dice que todos debemos llegar a la madurez del hombre perfecto, hemos de considerar su conexión con todo el pasaje, que dice: "El que descendió es el mismo que también ascendió por encima de todos los cielos, para llenarlo todo. Y él mismo constituyó a unos apóstoles, a otros profetas, a otros evangelistas, y a otros pastores y maestros, a fin de capacitar a los santos para la obra del ministerio, para la edificación del cuerpo de Cristo, hasta que todos alcancemos la unidad de la fe y del conocimiento del Hijo de Dios, hasta ser un hombre de plena madurez, hasta la medida de la estatura de la plenitud de Cristo. Esto, para que ya no seamos niños, sacudidos a la deriva y llevados a dondequiera por todo viento de doctrina, por estratagema de hombres que para engañar, emplean con astucia las artimañas del error; sino que, siguiendo la verdad con amor, crezcamos en todo hacia aquel que es la cabeza: Cristo. De parte de él todo el cuerpo, bien concertado y entrelazado por la cohesión que aportan todas las coyunturas, recibe su crecimiento de acuerdo con la actividad proporcionada a cada uno de los miembros, para ir edificándose en amor" (Ef. 4:10-16).

Aquí tenemos al hombre perfecto, cabeza y cuerpo, que consta de todos los miembros, que se complementarán a su tiempo, y que continuamente se van añadiendo al cuerpo, mientras se edifica la Iglesia, a la que se dice: "Vosotros sois el cuerpo de Cristo, y miembros suyos individualmente" (1ª Cor. 12:27). Y en otro lugar: "A favor de su cuerpo, que es la iglesia" (Col. 1:24). Y también en otro: "El pan es uno solo, nosotros, siendo muchos, somos un solo cuerpo" (1ª Cor. 10:17). De la edificación de ese cuerpo se dice aquí: Con el fin de equipar a los consagrados para Za tarea del servicio, para construir el cuerpo de Cristo; -añadiéndose luego el punto que nos ocupa: "A fin de capacitar a los santos para la obra del ministerio, para la edificación del cuerpo de Cristo, hasta que todos alcancemos la unidad de la fe y del conocimiento del Hijo de Dios, hasta ser un hombre de plena madurez, hasta la medida de la estatura de la plenitud de Cristo", etc.

Hasta dónde había de llegar esa medida en el cuerpo, lo manifiesta al decir: "Crezcamos en todo hacia aquel que es la cabeza: Cristo. De parte de él todo el cuerpo, bien concertado y entrelazado por la cohesión que aportan todas las coyunturas, recibe su crecimiento de acuerdo con la actividad proporcionada a cada uno de los miembros".

Por consiguiente, como cada parte del cuerpo tiene su medida, así tiene la suya el pleno desarrollo del cuerpo, que consta de las demás; de ella se dice: "La medida de la estatura de la plenitud de Cristo". También habló de esta plenitud en el pasaje que dice de Cristo: "Le puso a él por cabeza sobre todas las cosas para la iglesia, la cual es su cuerpo, la plenitud de aquel que todo lo llena en todo" (Ef. 1:22-23).

Ahora bien, si hemos de relacionar esto con la forma de la resurrección en que ha de estar cada uno, ¿qué nos impediría, cuando se nombra al hombre, entender también a la mujer, entendiendo que ambos sexos se incluyen en el término general "hombre"? Como cuando se dice: "Dichoso el hombre que teme al Señor" (Sal. 112:1), se entienden también incluidas las mujeres que temen al Señor.

19. Los defectos del cuerpo presente y la belleza futura

1. ¿Qué puedo responder respecto a los cabellos y a las uñas? Entendido que nada del cuerpo ha de perderse hasta el punto de quedar en él algo deforme; se comprende también que lo que había de añadirse a su volumen, ocasionando una enorme deformidad, no se añadirá en aquellos lugares en que con ellos se afeara la belleza de los miembros.

Como si se hiciera un vaso de barro y, reducido de nuevo al mismo barro, se hiciera de nuevo otro igual; no sería necesario que la parte del barro que había estado en el asa tornara al asa, y la que había formado el fondo tornara a formar el fondo, con tal de que todo volviera al todo, es decir, que todo aquel barro, sin pérdida de parte alguna, tornara a todo el vaso. Por esto los cabellos, tantas veces rasurados, y las uñas cortadas tantas veces, no volverán a sus lugares respectivos si hubieran de volver produciendo alguna deformidad; aunque no se perderán para nadie en la resurrección, porque serán cambiados con la mutabilidad de la materia en la misma carne; tendrán en ella el lugar del cuerpo, conservando siempre la conveniencia de las partes. Y esto contando con lo que dice el Señor: "Ni un solo cabello de vuestra cabeza perecerá" (Lc. 21:18), puede entenderse con más propiedad de la longitud que del número de los cabellos. Así dice en otra parte: "Pero aun los cabellos de vuestra cabeza están todos contados" (Lc. 12:7).

No digo esto como si pensara que algún cuerpo ha de perder algo que tenía por naturaleza; quiero poner de relieve que si algo había nacido deforme (no ciertamente por otro motivo que para demostrar también la condición penosa de los mortales), ha de tornar en tal manera que, salvada la integridad de la sustancia, desaparezca la deformidad. Si puede el artista humano fundir de nuevo una estatua que por cualquier causa haya salido deforme y hacerla hermosa, sin desaparecer nada de la sustancia, sino sólo la fealdad; y si había algo deforme en la primera figura, no conveniente con la proporción de las partes, y puede el artista quitarlo o separarlo de donde lo había puesto, no totalmente, pero sí distribuyéndolo y mezclándolo con el conjunto, evitando la deformidad y conservando la cantidad, ¿qué hemos de pensar del Artífice omnipotente? ¿No podrá suprimir y destruir cualesquiera deformidades de los cuerpos humanos, no sólo las ordinarias, sino también las raras y monstruosas, que ciertamente son muy propias de esta mísera vida, pero que no se compaginan con la futura felicidad de los santos? ¿Y no podrá hacer esto de tal manera que sean cuales fueren esas deformidades, aun los apéndices naturales, pero indecorosos, de la sustancia corporal, queden suprimidos sin disminución de la misma?

2. Por consiguiente, no deben temer los flacos y los obesos que van a ser allí tales cuales ni aquí hubieran querido ser. Porque toda la belleza del cuerpo consiste en la armonía de sus partes con cierta suavidad de color[13] . Donde no hay armonía de las partes hay algo que ofende, ya por ser malo, o por ser poco, o por ser excesivo. Por consiguiente, no habrá deformidad alguna, efecto de la desproporción de las partes, donde se corrige lo que es defectuoso, o se suple, como sabe el Creador, lo que falta a la conveniencia, o se suprime el exceso, manteniendo su conveniente integridad la materia.

En cuanto a la suavidad del color, ¿cuál será cuando "los justos resplandecerán como el sol en el reino de su Padre" (Mt. 13:43"? Resplandor que hay que pensar se escondió a los ojos de los discípulos cuando Cristo resucitó, más bien que no existía. Porque no podría soportarla la débil vista humana cuando tuviera que fijarse en Él para reconocerle. A esto se debió también que mostrara las cicatrices de sus heridas para que las tocaran, así como el que tomara alimento y bebida, no por necesidad de los alimentos, sino por la facultad que tenía de hacer esto. Hay cosas que, aun estando presentes, no las ven los ojos, aunque sí vean otras cosas. Por ejemplo, decimos que no veían los discípulos aquella claridad presente de Cristo, mientras veían otras cosas. A esto lo designan los griegos con la palabra aorasia (*aorasía*) palabra que, no pudiendo expresar los nuestros en latín, la tradujeron por *caecitas* (ceguera). Que fue la que padecieron los de Sodoma al buscar la puerta de aquel varón justo sin poderla encontrar (Gn. 19:11). Si aquello hubiera sido ceguera, que impide toda visión, no buscarían la puerta de entrada, sino guías del camino para alejarse de allí.

3. No sé qué afecto hacia los santos mártires nos lleva a querer ver en aquel reino las cicatrices de las heridas que en sus cuerpos sufrieron por

---

13. Cf. Agustín, *La verdadera religión*, 22,42; 30,56; 32;59; 39;72; *Confesiones*, IV,13,20; *Ciudad de Dios*, XI,22.

el nombre de Cristo. Y seguramente las veremos. Porque no han de parecer como una deformidad, sino más bien como un honor; así como brillará en ellas la hermosura en su cuerpo, aunque no sea del cuerpo, sino de la virtud. Y, por supuesto, si a los mártires les hubiera sido amputado o quitado algún miembro, no estarán sin ese miembro en la resurrección de los muertos, según la promesa: "No perecerá un cabello de vuestra cabeza". Si es conveniente en aquel nuevo mundo que se vean las muestras de las gloriosas heridas en aquella carne inmortal, aparecerán las cicatrices donde fueron heridos o cortados los miembros, pero habiéndoles sido devueltos, no perdidos, esos miembros. Así, aunque no aparezcan allí todos los defectos que afectaron al cuerpo, tampoco se tomarán como defectos las señales de la virtud.

20. Restauración de la sustancia corporal en la resurrección

1. Lejos de nosotros pensar que la omnipotencia del Creador no pueda, que para resucitar los cuerpos y tornarlos a la vida, restablecer todas las partes que hayan devorado las bestias o consumido el fuego, o hayan sido reducidas a polvo y ceniza, o disueltas en el agua, o evaporadas en el aire. Tampoco se puede admitir que haya escondrijo o lugar secreto alguno en la naturaleza que mantenga algún resto tan alejado de nuestros sentidos que escape al conocimiento o poder del Creador de todas las cosas.

Queriendo Cicerón, máxima autoridad para los adversarios, definir, según su alcance, a Dios, dice: "Es un espíritu independiente y libre, ajeno a todo cuerpo mortal, que conoce y mueve todas las cosas, y dotado de un movimiento eterno"[14]. Encontró estas ideas en la doctrina de los grandes filósofos. Así, por usar su mismo lenguaje, ¿cómo puede haber cosa alguna que se oculte al que lo conoce todo, o escape irrevocablemente al que todo lo mueve?

2. Esto me lleva a contestar la cuestión que parece más difícil que las demás, a saber, cuando la carne de un hombre muerto se hace carne de otro vivo, ¿a cuál de los dos le corresponderá en la resurrección? Puede presentarse el caso de alguien que por el hambre se alimente de cadáveres humanos. Así nos lo atestigua la historia antigua y nos lo han demostrado desgraciadas experiencias de nuestros tiempos. ¿Pretenderá alguno demostrar con razones verídicas que pasó todo a través de los intestinos sin haber asimilado nada en su carne, cuando la debilidad que

---

14. Cicerón, *Tusc. Quaest.* 1,27.

existió y dejó de existir demuestra claramente las pérdidas suplidas por aquellos alimentos?

Ya he adelantado un poco antes algún detalle que debe servir para resolver esta dificultad. Todas las carnes que consume el hambre son evaporadas en el aire, de donde dijimos puede el Dios omnipotente recoger todo lo que desaparece. Por lo tanto, aquella carne le será devuelta al hombre en que primero comenzó a ser carne humana, puesto que el otro la tenía como prestada, y, como un dinero ajeno, debe retornar a aquel de quien se tomó. En cambio, a éste, que había sido víctima del hambre, le será devuelta la suya por quien puede reunir incluso las cosas que se han evaporado. Y aún en el supuesto de que hubiera desaparecido totalmente, y no quedara resto alguno de ella en los escondrijos de la tierra, la repararía el Omnipotente sacándola de donde sea. Que teniendo en cuenta la sentencia de la Verdad de que no perecerá un cabello de vuestra cabeza, es absurdo pensar que pueden desaparecer tales carnes devoradas y consumidas por el hambre cuando no puede desaparecer ni un cabello de la cabeza.

3. Consideradas y tratadas a tono con nuestra capacidad todas estas cuestiones, nos queda como resumen que, en la resurrección de la carne, el tamaño de los cuerpos tendrá para siempre las proporciones que tenía la exigencia corporal de una juventud perfecta o perfeccionable, conservada la debida belleza en las proporciones de todos los miembros. Para conservar esas bellas proporciones, si se hubiera quitado algo a alguna monstruosidad indecoroso nacida en cualquier parte, a fin de que se distribuya por todo el cuerpo, de suerte que no perezca y a la vez se mantenga en todo la debida proporción de las partes, no es absurdo admitir que se puede añadir algo de aquello a la talla del cuerpo; así, conservando la belleza, se distribuye entre todas las partes lo que, sí sobresaliese mucho en una, ciertamente sería un defecto.

Si alguno quiere defender que cada uno resucitará con la misma estatura del cuerpo en que murió, no se le ha de contradecir con tenacidad, siempre que se excluya toda deformidad, flaqueza, pesadez, corrupción y todo lo que puede desdecir de aquel reino, en que los hijos de la resurrección y de la promesa han de ser iguales a los ángeles de Dios, si no en el cuerpo y en la edad, sí ciertamente en la felicidad.

21. Novedad del cuerpo espiritual resucitado

Por tanto, todo cuanto perdieron los cuerpos en vida o en el sepulcro después de la muerte les será restituido, y junto con todo ello lo que quedó en el sepulcro resucitará transformado de la vejez del cuerpo animal en la novedad del cuerpo espiritual, revestido de incorrupción e inmortalidad. Y aunque por algún grave accidente o crueldad de los enemigos el cuerpo hubiera sido reducido totalmente a polvo y lanzado al aire, o al agua y, si fuera posible, no quedara de él parte alguna, no podrá sustraerse en modo alguno a la omnipotencia del Creador, sino que no se perderá en él un cabello de su cabeza. Así, pues, estará sometida al espíritu la carne espiritual, pero al fin carne, no espíritu; como estuvo en la carne el mismo espíritu carnal, pero al fin espíritu, no carne. De lo cual tenemos experiencia en la deformidad de nuestro castigo. Pues no eran carnales según la carne, sino según el espíritu, a los que dijo el apóstol: "No he podido hablaros como a hombres espirituales, sino como a carnales" (1ª Cor. 3:1). En esta vida se le llama al hombre espiritual, pero de forma que es todavía carnal según el cuerpo, y ve en sus miembros otra ley que resiste a la ley de su espíritu; pero entonces será espiritual incluso por su cuerpo, cuando la misma carne haya resucitado de tal forma que tenga lugar lo que está escrito: "Se siembra un cuerpo animal, resucita un cuerpo espiritual" (1ª Cor. 15:44).

Pero qué clase del cuerpo espiritual y cuán grande sea gracia, me temo que sería un atrevimiento hablar de él, sabiendo que todavía no tenemos experiencia de él. Sin embargo, ya que la gloria a Dios exige que no se oculte el gozo de nuestra esperanza, y como de lo íntimo del corazón ardiente de amor santo se escribió: "Señor, he amado la habitación de tu casa, el lugar de la morada de tu gloria" (Sal. 26:8), con la ayuda de Dios podemos hablar de los dones que en esta mísera vida concede a los hombres, a los buenos y a los malos, podemos conjeturar según nuestra capacidad cuán grande sea la gloria de aquel estado que no podemos expresar dignamente por no haberla experimentado todavía.

Paso por alto el tiempo cuando Dios creó al hombre recto; paso por alto la vida feliz de aquellos dos cónyuges en la fecundidad del paraíso, puesto que fue tan breve que no llegaron a gustarla ni sus hijos; ¿quién podrá explicar las pruebas de la bondad de Dios para con el género humano en esta vida que conocemos, en la que aún vivimos, cuyas tentaciones, mejor, cuya tentación continuada, mientras estamos en ella y por mucho que progresemos, no dejamos de soportar?

22. Males y miserias de la vida presente

1. Que todo el linaje humano fue condenado en su primer origen, esta misma vida, si se puede llamar vida, lo atestigua a juzgar por la hueste males tan crueles de que está repleta. ¿Qué otra cosa nos indica la espantosa profundidad de la ignorancia, de donde proceden todos los

errores que abarcan en su tenebroso seno a todos los hijos de Adán, de los que no puede librarse el hombre sin esfuerzo, dolor y temor? ¿Qué otra cosa indica el amor de tantas cosas inútiles y nocivas, del cual proceden las punzantes preocupaciones, las inquietudes, tristezas, temores, gozos insensatos, discordias, altercados, guerras, asechanzas, enojos, enemistades, engaños, la adulación, el fraude, el hurto, rapiña, perfidia, soberbia, ambición, envidia, homicidios, parricidios, crueldad, maldad, lujuria, petulancia, desvergüenza, fornicaciones, adulterios, incestos y toda serie de estupros de ambos sexos contra la naturaleza, que daría vergüenza mencionar; los sacrilegios, las herejías, blasfemias, perjurios opresiones de inocentes, calumnias, asechanzas, prevaricaciones, falsos testimonios, juicios injustos, violencias, latrocinios, y todo el cúmulo de males semejantes que no vienen ahora a la mente, pero que no se alejan de los hombres a través de esta vida?

Cierto que todas estas obras son propias de los malvados, pero procedentes de aquella raíz de ignorancia y amor errado con que nace todo hijo de Adán. ¿Quién desconoce, en efecto, con qué ignorancia de la verdad, ya patente en la infancia, y con qué abundancia de concupiscencia vana, que comienza ya a manifestarse en los niños, viene el hombre a esta vida, de suerte que, si se le deja vivir a sus anchas y hacer cuanto se le antoja, llega a perpetrar todos o muchos de los crímenes y torpezas que he citado y otros que no he podido citar?

2. Pero Dios no abandona totalmente a aquellos que condena "ni cierra su misericordia en su ira" (Sal. 77:9). Por eso la ley y la enseñanza velan en la misma conciencia del género humano contra las tinieblas en que nacemos, y se oponen a esos malos impulsos, que en sí mismos están llenos de trabajo y dolor. ¿Qué es, si no, lo que pretenden tantos miedos como se emplean para reprimir los caprichos de los niños? ¿Qué intentan los pedagogos, los maestros, las férulas, las correas, las varas, la disciplina con que según la Santa Escritura "hay que doblegar la cerviz del hijo cuando es niño, no sea que volviéndose indócil, te desobedezca" (Eclo. 30:12) y se haga difícil, o sea imposible de corregir si se le deja endurecer? ¿Qué se persigue con todos estos castigos sino instruir la ignorancia y refrenar las malas inclinaciones, males con los que venimos a este mundo? Y ¿qué significa que con dificultad recordamos y sin dificultad olvidamos; con dificultad aprendemos y sin dificultad olvidamos; con dificultad somos diligentes y sin dificultad indolentes? ¿No demuestra esto claramente a dónde tiende como por su peso y a qué es propensa la naturaleza viciosa, y qué auxilio tan grande necesita para librarse? La indolencia, la lentitud, la pereza, la negligencia, son vicios que a todas

luces tratan de huir el trabajo, cuando el mismo trabajo, en sí tan útil, es un castigo.

3. Pero, aparte de los castigos de la infancia, sin los cuales no es posible aprender lo que quieren los padres, que raramente desean que se enseñe algo útil[15], ¿quién podrá expresar de palabra y quién comprender con el pensamiento el número y gravedad de las penas que agitan al género humano, que no se refieren precisamente a la maldad y perversidad de los impíos, sino a la condición y miseria común? ¿Cuál no es el miedo y las calamidades que tienen su origen en las orfandades y en los duelos, en los daños y condenas, en las decepciones y trampas de los hombres, en las falsas sospechas, en todos los crímenes violentos y maldades de los demás? En realidad, de ellos proceden con frecuencia el pillaje y el cautiverio, las prisiones y las cárceles, los destierros y las torturas, las mutilaciones y la privación de la vista, la violación del cuerpo para saciar la lujuria del opresor y otra serie de males terribles.

¿Qué males no se sufren por los innumerables accidentes externos, tan terribles para el cuerpo; por los calores y los fríos; por las tempestades, lluvias, inundaciones, relámpagos y truenos, rayos y granizo, movimientos y resquebrajamientos de tierras, derrumbamientos opresores, tropiezos, temor y aun malicia de los animales, tantos envenenamientos de las frutas, las aguas, los aires y las bestias, las molestas y aun mortíferas mordeduras de las fieras, la rabia procedente de un perro rabioso, que de animal apacible y tan amigo de su dueño se convierte a veces en más terrible y salvaje que los leones y dragones, y con su pestífero contagio, a quien ha mordido lo vuelve rabioso, más temible para su consorte e hijos que cualquier bestia?

¿Que contrariedades no sufren los navegantes y los caminantes? ¿Quién camina por cualquier parte sin estar expuesto a impensados accidentes? Hubo un hombre que, volviendo sano del foro por su pie, sufrió una caída, se rompió una pierna, y a consecuencia de esa herida terminó su vida. ¿Quién parece más seguro que el que está sentado? Cayó el sacerdote Elí de la silla en que estaba sentado y murió[16].

---

15. "En el período de mi niñez, que era menos de temer que mi adolescencia, no me gustaba estudiar, ni soportaba que me obligaran a ello. Pero me urgían, y eso era bueno para mí; y yo me portaba mal, pues no aprendía nada como no fuera obligado. Y digo que me conducía mal porque nadie obra bien cuando sólo forzado hace las cosas, aun cuando lo que hace sea bueno en sí. Tampoco hacían bien los que en tal forma me obligaban; pero de ti, Dios mío, me venía todo bien. *Los que me forzaban a estudiar no veían otra finalidad que la de ponerme en condiciones de saciar insaciables apetitos en una miserable abundancia e ignominiosa gloria*" (Agustín, *Confesiones*, I,12).

16. "Y aconteció que cuando él mencionó el arca de Dios, Elí cayó de espaldas del banco,

Los campesinos, y todos los hombres, ¿no temen muchos y grandes accidentes para los frutos de los campos de parte del cielo, de la tierra y de los animales nocivos? Y aun teniendo ya recogidos y encerrados los frutos, viene de pronto, como hemos conocido casos, una riada y saca de los graneros v arrebata la excelente cosecha de grano mientras huyen despavoridos los hombres.

Y ¿quién puede fiarse de su inocencia contra las mil maneras de ataques de los demonios? Pues para que no nos confiemos, ya ha ocurrido que hasta los niños bautizados, cuya inocencia cabal es bien notoria, se ven tan atormentados a veces que, por permisión especial de Dios, quede bien clara la lamentable calamidad de esta vida y la felicidad deseable de la otra.

Por lo que se refiere al cuerpo, son tantas las enfermedades que lo aquejan que ni en los libros de los médicos se encuentran reseñadas. En muchas de ellas, mejor en casi todas, los mismos remedios y medicamentos son otros tantos tormentos, viéndose los hombres libres de sus penas precisamente con la ayuda de remedios penosos. ¿No ha llevado a los hombres sedientos la sed ardiente a beber la orina humana, incluso la propia? Y ¿no ha obligado el hambre a no poder ni abstenerse de la carne humana, y a comer no sólo a hombres hallados muertos, sino asesinados precisamente para esto, y no únicamente a los extraños?; hasta las madres comieron a sus propios hijos con una crueldad increíble, azuzada por un hambre rabiosa.

El mismo sueño, que ha recibido con toda propiedad el nombre de descanso, ¿quién puede explicar con palabras las imágenes nocturnas con que se ve atormentado tantas veces, y con qué tremendos terrores, aunque imaginarios, perturba el alma miserable y sus sentidos, presentándolos en cierto moda con tal viveza que no pueden distinguirse de los verdaderos? Aun los que están en vela se sienten agitados más lamentablemente por semejante falsedad de visiones en determinadas enfermedades o casos de envenenamiento; hasta los hombres sanos se ven engañados a veces por los malignos espíritus con tales ilusiones que, aunque no logren atraerlos así a su partido, se burlan de sus sentidos con el solo deseo de arrastrarlos de cualquier modo a sus falsedades.

La gracia de Cristo y la verdadera filosofía
4. De este infierno sobre la tierra sólo puede librarnos la gracia de Cristo Salvador, Dios y Señor nuestro. Esto es precisamente lo que significa el nombre de Jesús, ya que se traduce como Salvador; sobre todo, con vistas a que, después de ésta, sea una vida, y no una muerte más misera-

---

junto a la puerta. Se quebró la nuca, y murió, porque era hombre anciano y obeso. El había juzgado a Israel durante cuarenta años" (1ª Sam. 4:18).

ble y eterna la que nos reciba en su seno. Pues aunque en esta vida haya grandes consuelos de los males, mediante los hombres santos y las obras santas, sin embargo, no siempre se otorgan estas bendiciones a quienes las solicitan, no vaya a suceder que se practique la religión por causa de las ventajas temporales, que debe cultivarse más por la otra vida, donde no habrá mal alguno, y para esto se concede a todos los mejores la ayuda de la gracia en estas calamidades para que se toleren con un corazón tanto más esforzado cuanto más fiel.

La misma filosofía, dicen los sabios de este mundo, es útil para esto, afirmando, como Cicerón, que se la conceden los dioses en toda su pureza sólo a unos pocos; don, dice él, el más precioso que pudieron dar los dioses a los humanos. Y esto hasta tal punto que los mismos a quienes tratamos de responder se han visto forzados a confesar como una gracia divina la posesión no de una cualquiera, sino de la verdadera filosofía

Ahora bien, si el único auxilio de la verdadera filosofía contra las miserias de esta vida lo ha concedido Dios a unos pocos, bien claramente aparece que el género humano está condenado a sufrir los castigos de esas miserias. Y como, según confiesan ellos, no hay don de más valor que éste, es preciso admitir que no puede Dios alguno dárselo, sino el que, entre los muchos que ellos honran, reconocen como el mayor de todos.

23. Las miserias propias de los justos

Amén de los males de esta vida, comunes a buenos y a malos, tienen en ella los justos sus propios trabajos, en cuanto luchan contra los vicios, y se encuentran expuestos a las tentaciones y peligros de tales combates. Unas veces con más violencia, otras con más calma, no deja la carne de ser opuesta en sus deseos al espíritu y el espíritu en los suyos a la carne, para que no hagamos lo que queremos (Gál. 5:17), aplastando totalmente la mala concupiscencia, sino que, ayudados por la divina gracia, procuremos someterla no consintiendo en sus atractivos. Vigilemos de continuo para que no nos engañe una falsa apariencia de verdad, ni nos embauque el discurso elegante, ni se desplieguen ante nosotros las tinieblas del error, ni se tome lo bueno por malo ni lo malo por bueno, ni el miedo nos aparte de nuestras obligaciones, ni se ponga el sol durante nuestro enojo, ni la enemistad nos provoque a devolver mal por mal, ni nos consuma una tristeza indigna y sin medida, ni la mente ingrata se muestre tarda en corresponder a los beneficios, ni la buena conciencia se deje abatir por maldicientes rumores, ni nos fascine la sospecha temeraria, ni quebrante nuestro espíritu la ajena sospecha falsa, ni reine el pecado en nuestro cuerpo mortal para someternos a sus deseos, ni se sujeten nuestros miembros como arma de iniquidad al pecado, ni vaya nuestro ojo tras los malos deseos, ni se sobreponga el ansia de la venganza, ni se entretenga la vista o el pensamiento en el deleite que arrastra al mal, ni se escuche de buen grado la palabra desvergonzada o indecente, ni se haga lo que no es lícito, aunque agrade; finalmente, que en esta contienda rebosante de trabajos y peligros no esperemos conseguir la victoria por nuestras propias fuerzas, ni la atribuyamos a ellas si la hemos conseguido, sino a la gracia de aquel de quien nos dice el apóstol: "Demos gracias a Dios, que nos da la victoria por medio de nuestro Señor Jesucristo" (1ª Cor. 15:57). Así como dice también en otro lugar: "En todo somos más que vencedores por medio del que nos amó" (Ro. 8:37).

Tengamos presente con todo, por mucho valor que despleguemos en la lucha contra los vicios, y aunque los hayamos superado ya y sometido, que mientras estamos en este cuerpo no nos faltará nunca motivo para decir a Dios: "Perdónanos nuestras deudas" (Mt. 6:12). En cambio, en el reino donde estaremos para siempre con cuerpos inmortales ni habrá lucha alguna ni deudas; ni las habría habido nunca en parte alguna si nuestra naturaleza hubiera permanecido recta como fue creada. Y por ello también esta situación conflictiva en que nos debatimos y de la que deseamos vernos libres con la última victoria, es propia de los males de esta vida, que con el testimonio de tantas y tan graves miserias comprobamos es una vida bajo condenación.

24. Procreación y conformación a Dios

1. Ahora debemos contemplar la calidad y cantidad de bienes con que la bondad de Dios, que cuida todo cuanto ha creado, colmó esa misma miseria del género humano, que refleja su justicia retributiva. La primera bendición que Dios pronunció antes de la caída, fue cuando dijo: "Creced, multiplicaos, llenad la tierra" (Gn. 1:28); que no retiró después del pecado del hombre, sino que la fecundidad original otorgada permaneció en el linaje condenado; y el vicio del pecado, que nos ha envuelto en la necesidad de morir, no nos ha privado de esa admirable virtud de las semillas, ni la más admirable aún por la que la semilla produce, virtud depositada y como inoculada en los cuerpos humanos. Por el contrario, corren juntos en este río, en ese torrente del género humano los dos elementos: el mal que se arrastra desde el primero padre y el bien que otorga el Creador. En el mal original hay dos cosas: pecado y castigo; en el bien original, otras dos: propagación y conformación.

Por lo que se refiere a nuestro plan presente, ya hemos hablado bastante sobre esos dos males: el uno, procedente de nuestra audacia, esto es, el pecado; el otro, el castigo, del juicio de Dios. Ahora me propongo tratar de los bienes de Dios, que comunicó a la misma naturaleza, viciada como estaba y condenada, y continúa concediendo hasta ahora. Al condenarla no le arrebató todo lo que le había dado, de otra manera ni existiría siquiera, ni la emancipó de su potestad, incluso cuando la sujetó al diablo, para su castigo, ya que ni al mismo diablo ha excluido de su dominio. La subsistencia misma de la naturaleza diabólica es obra de su mano soberana, como lo es cualquier cosa que de algún modo existe

2. De esos dos bienes que dijimos manan de su bondad como una fuente y caen sobe la naturaleza viciada por el pecado y condenada al castigo, el primero, la propagación, lo otorgó junto con su bendición a las obras del mundo, de las cuales descansó el día séptimo; la conformación o perfeccionamiento la está llevando a cabo hasta el presente (Jn. 5:17). Si efectivamente sustrajera su potencia eficaz, ni podrían continuar su curso y cumplir el tiempo con la regularidad de sus movimientos, ni permanecerían en el mínimo que tienen de criaturas. Dios, pues, creó al hombre en tales condiciones que le añadió la fecundidad generadora de otros hombres, asociándoles la misma posibilidad de la propagación, aunque no la necesidad; bien que se la quitó a quienes quiso y se quedaron estériles. Sin embargo, no le quitó al género humano esa bendición de engendrar otorgada a la primera pareja. Pero esta propagación, aunque no fue suprimida por el pecado, no es, sin embargo, como hubiera sido si nadie hubiera pecado. Desde que el hombre, colocado en tal honor, por su pecado es "semejante a los animales que perecen" (Sal. 49:12), engendra como ellos, aunque no se ha apagado en él el destello de la razón, que le hace ser a imagen de Dios.

Mas, si la conformación no se añadiera a la propagación, no tendría lugar reproducción de ninguna clase. Pues incluso aunque no hubiera tal cosa como la copulación, si Dios hubiera querido llenar la tierra de habitantes humanos, hubiera podido crearlos a todos tal como creó a uno sin necesidad de ayuda de la generación humana. Y, ciertamente, como es el caso, los que copulan no podrían generar nada si no fuera por la energía creativa de Dios. Como dice el apóstol sobre la formación espiritual, por la cual se forma el hombre en la piedad y la justicia: "Ni el que planta es nada, ni el que riega, sino Dios que da el crecimiento" (1ª Cor. 3:7). Así también debemos decir que quien genera no es nada, sino Dios que da la forma esencial; que la madre que lleva lo concebido y lo alimenta ya dado a luz no es nada, sino Dios que da el desarrollo. Sólo Él, con esa energía con que "hasta ahora trabaja" (Jn. 5:17), hace que las semillas cumplan sus tiempos y, despojadas de ciertas envolturas latentes e invisibles, adopten la hermosura de estas formas que contemplamos.

Él solo, uniendo y asociando por modos maravillosos las naturalezas incorpórea y corpórea, aquélla para dar órdenes y ésta para obedecer, produce el ser animado. Obra esta tan grande y admirable que no sólo en el hombre, animal racional, y por ello más excelente que todos los demás animales terrenos, sino hasta en el más insignificante insecto deja atónita la mente de quien con atención lo medita y le hace prorrumpir en alabanzas del Creador.

La maravilla de la mente humana

3. Es Él quien ha dado la mente al alma humana, aunque en el infante la razón y la inteligencia se encuentren como adormecidas, como si no existieran, y han de ser excitadas y ejercitadas con el desarrollo de la edad para llegar a hacerse capaces de la ciencia y de la doctrina, y hábiles para percibir la verdad y el amor del bien. Con esa capacidad ya puede el hombre gustar la sabiduría y adornarse con las virtudes. Con ellas, con la prudencia, la fortaleza, la justicia y la templanza luchará contra los errores y restantes vicios innatos, y los superará, no llevado del deseo de cosa alguna, sino del sumo e inmutable bien. Y aunque no llegue a conseguirlo, ¿quién puede explicar cabalmente, ni siquiera pensarlo, qué bien tan grande, qué obra admirable del Omnipotente en esa misma capacidad de tales bienes otorgada por obra divina a la naturaleza racional?

Además del arte de la virtud que nos enseña cómo vivir bien y llegar a la felicidad inmortal, arte que es dado a los hijos de la promesa y del reino, por la gracia de Dios, que está en Cristo ¿no es obra del ingenio humano el descubrimiento y ejercicio de tantas y tan excelentes artes, en parte necesarias y en parte resultado de la abundancia de invención, que es tan activa en el descubrimiento no sólo de cosas superfluas, sino hasta peligrosas y destructivas, testimonio del inexhaustible tesoro que encierra su naturaleza, que puede inventar, aprender o practicar tales artes? Ahí tenemos las obras maravillosas y estupendas a que ha llegado la industria humana en el arte de los vestidos y de la construcción; en la agricultura y en la navegación. ¡Qué variedad infinita en el diseño de la cerámica, la pintura y escultura, y con qué habilidad se realizan! ¡Qué espectáculos tan admirables se exhiben en los teatros, a los que no se daría crédito de verlos! ¡Qué pericia y formidables recursos para cazar, matar y domar las bestias salvajes!

Y para dañar a los hombres, cuántas clases de venenos, de armas y máquinas de destrucción, y cuántos medicamentos y recursos ha inventado también para la defensa y restauración de la vida corporal; cuántos condimentos y excitantes del placer y la gula; qué multitud y variedad de signos para manifestar e inculcar las ideas, en las que juega un papel tan principal la palabra y la escritura; qué recursos del lenguaje, qué abundancia de ritmos diversos para deleitar los espíritus, qué cantidad de instrumentos musicales, qué variedad en el canto para recreo del oído; con qué sagacidad ha adquirido una inmensa pericia de las dimensiones y de los números, del giro y orden de las estrellas. ¿Quién podría, finalmente, expresar el vasto conocimiento con que se ha enriquecido sobre las cosas mundanas, en especial sí queremos recorrer cada sector en particular, no considerando todo en montón? Y ya, para terminar, ¿quién será capaz de apreciar con qué grandeza brilló el ingenio de herejes y filósofos en la defensa de sus errores y falsedades?

Hablamos sólo de la naturaleza de la mente humana, que caracteriza a esta vida mortal, no de la fe y del camino de la verdad, con que se consigue la vida inmortal. Siendo el Dios verdadero y supremo el creador de naturaleza tan excelente, gobernando Él cuanto hizo y teniendo el supremo poder y la suprema justicia, no hubiera caído aquélla en las miserias actuales ni después de ellas caminaría a las eternas —con la sola excepción de los que se han de librar—, si no hubiera precedido un pecado enorme en el primer hombre, del que nacieron los demás.

Belleza y utilidad del cuerpo

4. Si consideramos el mismo cuerpo, aunque muere como el de las bestias y es más débil que muchas de ellas, ¡qué bondad de Dios, qué providencia de tan alto Creador no brilla en él! ¿No están en él ordenados los sentidos y dispuestos los restantes miembros, no está toda su configuración y su estatura adaptada, manifestando que fueron hechos para el servicio del alma racional?

No fue, de hecho, creado el hombre como los animales irracionales que vemos inclinados hacia la tierra; la forma del cuerpo levantada hacía el cielo le exhorta a centrarse en las cosas de arriba[17]. Y esa maravillosa agilidad de su lengua y de sus manos, tan idónea y apropiada para hablar y para escribir, lo mismo que para realizar obras de las más variadas artes y oficios, ¿no muestra con suficiente claridad la excelente cualidad de un alma a quien se ha dado un cuerpo tal para su servicio? Aunque, dejando a un lado las necesidades de esas obras, la conveniencia de todas las partes es tan armoniosa y se corresponde con simetría tan hermosa que no se podría afirmar si en la creación del cuerpo se tuvo más en cuenta la utilidad que la belleza. Realmente, no vemos en el hombre nada creado que tenga un fin utilitario y a la vez no sea una expresión de belleza.

Esto nos aparecería más claro si conociéramos las proporciones que unen entre sí todas estas partes. Quizá pudiera llegar a investigarlas la

---

17. Precisamente esta es la tesis defendida en nuestros días por el escritor y humanista Salvador de Madariaga, en su ensayo *Retrato de un hombre de pie* (Espasa-Calpe, Madrid 1979).

habilidad humana con una atención especial en los detalles que aparecen al exterior. En cambio, no es fácil que nadie llegue a descubrir las partes que están ocultas y alejadas de nuestras miradas, como las sinuosidades de las venas, nervios y vísceras, lugares secretos de las partes esenciales de la vida. Porque, aunque con un celo cruel por la ciencia, los médicos que llaman anatómicos han diseccionado los cuerpos de los muertos y a veces los enfermos que mueren entre sus manos mientras cortan y examinan, y aunque han escudriñado inhumanamente hasta lo más recóndito en las carnes humanas para llegar a conocer qué es lo que había que curar y cómo hacerlo y en qué lugares había que aplicar el remedio; sin embargo, ¿hemos de decir que no pudo nadie encontrar —porque no osó buscar— esas proporciones que forman la concordia que los griegos llaman armonía (*armonía*), interna o externa de todo el cuerpo a la manera de un instrumento de música? Si se hubieran podido conocer esas medidas o proporciones, incluso en las vísceras interiores, que no muestran ningún atractivo, sería tal la belleza que proporcionaría a la razón, que la tendría por muy superior a la belleza aparente que le entra por los ojos.

Hay, por otra parte, algunos elementos en el cuerpo que sólo muestran cierta belleza, no utilidad alguna; como ocurre con las tetillas en el pecho del varón, o la barba de su rostro, que no es ciertamente una defensa, sino un adorno del varón, como lo indica el rostro lampiño de la mujer, que, como más débil, sería preciso proteger con más seguridad. Por consiguiente, si no hay miembro alguno, al menos en los más destacados (de lo cual no duda nadie), que esté acomodado a su función sin que a la vez tenga belleza, y, por otra parte, existen algunos en que se encuentra sólo belleza sin utilidad, claramente se deduce, según mi opinión, que en la creación del cuerpo se antepuso la dignidad a la necesidad. Sabemos que la necesidad es pasajera, y ha de venir un tiempo en que nos gozaremos mutuamente de sola la belleza sin mezcla de pasión. Lo cual ha de redundar, sobre todo, en alabanza del Creador, a quien se dice en el salmo: "Te has vestido de gloria y de esplendor" (Sal. 104:1).

La hermosura de la creación

5. ¿Qué puedo decir del resto de la creación, con toda su belleza y utilidad, que la bondad divina ha dado al hombre para su provecho y recreo, aunque arrojado y condenado a estos trabajos y miserias? Hablaría de la variada hermosura del cielo, de la tierra y del mar; de la abundancia y majestuosidad de la luz, del sol, de la luna y de las estrellas; de las frondosidades de los bosques, los colores y aromas de las flores; de la multitud de las aves, diversas en canto y plumaje; de la multiforme hermosura de tantos y tan grandes animales, de los cuales suscitan mayor

admiración los que son más pequeños, pues nos sorprendemos más ante las obra de las hormigas y las abejas que ante los desmesurados cuerpos de las ballenas. Hablaría del espectáculo grandioso del mismo mar cuando se nos presenta engalanado de diversos colores como otros tantos vestidos, y ya aparece verde con mil matices, ya purpúreo, ya azulado. ¿Con qué placer no se contempla también cuando se embravece, y se origina mayor deleite por recrear al que lo contempla sin azotar ni sacudir al navegante? Y ¿qué diremos de la abundancia de alimentos esparcidos por todas partes contra el hambre? ¿Qué de la diversidad de exquisitos sabores contra el hastío, derramados en las riquezas de la naturaleza, no inventados por el trabajo y la habilidad de los cocineros? ¿Qué recursos para defender y recuperar la salud no se encuentran en tantas cosas?

¡Qué grata sucesión en la alternación del día y de la noche, qué acariciadora la temperatura del ambiente! ¡Y cuánta materia para confeccionar los vestidos tanto en los frutos como en los animales! ¿Quién sería capaz de enumerar todo esto? Sólo estos ejemplos, que he querido citar como en resumen, si quisiera soltarlos como envoltorios bien cerrados y desarrollarlos, ¿cuánto tendría que detenerme en cada uno de ellos, que santísimos misterios encierra en sí? Y hay que tener presente que todo esto no es sino consuelo de los miserables y condenados, no recompensa de los bienaventurados. ¿Cuáles serán, pues, aquellas recompensas si estos consuelos son tantos, tan grandes y de tal calidad? ¿Qué no dará a los que predestinó a la vida quien ha dado todo esto, incluso a los que predestinó a la muerte? ¿De qué bienes no hará partícipes en la vida bienaventurada a aquellos por quienes ha querido que su Hijo unigénito soportara hasta morir males tan grandes en esta vida calamitosa? Por eso, el apóstol, hablando de esos predestinados al reino, dice: "Quien no escatimó a su propio Hijo, sino que lo entregó por todos nosotros, ¿cómo no nos dará con Él todas las cosas?" (Ro. 8:23).

Cuando se cumpla esa promesa, ¿qué seremos, cómo nos encontraremos, qué bienes recibiremos en aquel reino si con la muerte de Cristo por nosotros hemos recibido ya tal prenda? ¿Cómo estará entonces el espíritu del hombre sin vicio alguno a que estar sujeto ni al cual ceder, ni contra el cual combatir, inmerso en la paz de una virtud perfecta? Y ¿cuán inmenso, cuán hermoso y seguro no será allí el conocimiento de todas las cosas, sin lugar a error y sin esfuerzo para adquirirlo, bebiendo en la mismísima fuente de la sabiduría de Dios, con felicidad suprema, sin dificultad alguna? ¿Cómo estará entonces el cuerpo, sometido en todo al espíritu, totalmente vivificado por él, sin necesidad de alimento alguno? Porque ya no será entonces animal, sino espiritual, conservando ciertamente la sustancia de la carne, pero sin resto de corrupción carnal.

25. Obstinación de los que impugnan la resurrección del cuerpo

Los filósofos más famosos están de acuerdo con nosotros sobre la felicidad espiritual que has de gozar los bienaventurados en la vida futura; pero nos enfrentan en relación con la resurrección de la carne, que niegan rotundamente. Pero el número de los que la creen, cultos e incultos, los sabios del mundo y los ignorantes, ha reducido enormemente el número de los que la niegan. Se han convertido a Cristo, que en con su misma resurrección demostró lo que a aquéllos les parece un absurdo. El mundo ha creído lo que Dios anunció; y los anunció mucho antes que el mundo creyese. Predicción no debida a los maleficios de Pedro[18], ya que fue pronunciada mucho antes. Quien predijo estas cosas, como ya he dicho y no tengo reparo en recordar, es el Dios ante quien todas las divinidades tiemblan, como Porfirio mismo reconoce y trata de demostrarlo por los oráculos de esos dioses, y llega tan lejos como para llamarle Dios el Padre y Rey.

Lejos de nosotros interpretar esas predicciones como hacen los que no han creído —juntamente con el resto del mundo— en el anuncio de que el mundo había de creer. ¿No será mejor entenderlas como las entiende el mundo, cuya fe fue predicha tanto tiempo antes, y dejar ese puñado de incrédulos en su palabrería ociosa y obstinada y en su solitaria infidelidad?

Porque si afirman que ellos las interpretan de otro modo, lo hacen solamente para evitar cargar la Escritura de insensateces, injuriando así al Dios de quien ofrecen un testimonio tan notable; y no es menos injuria decir que sus predicciones pueden ser interpretadas en sentido diferente a como ha creído el mundo, ya que Dios mismo alabó, prometió y llevó a efecto esta creencia por parte del mundo.

¿Por qué no puede Dios hacer que resucite la carne y viva para siempre? ¿O es que es indigno dar fe a las obras anunciadas porque son malas e indignas de Dios? Hemos dicho ya muchas cosas sobre su omnipotencia realizadora de tantas y tan grandes maravillas. Si pretenden saber algo que el Omnipotente no pude hacer, yo les diré que no puede mentir (Hb. 6:18), creamos, pues, que hará lo que ha prometido y creamos en Él como el mundo ha creído, cuya fe alabó, prometió y ahora muestra. ¿Cómo prueban que la resurrección es indeseable? No habrá allí corrupción alguna, que es el mal del cuerpo.

---

18. Véase el libro XVIII,53, de esta misma obra.

Sobre el orden de los elementos ya hemos tratado; sobre las conjeturas de otros hemos dicho también bastante. Sobre cuál ha de ser la facilidad de movimientos en un cuerpo incorruptible, creo lo hemos demostrado suficientemente en el libro XIII[19], tomando ocasión del estado actual de una salud excelente, aunque en modo alguno pueda compararse con aquella inmortalidad. Lean, pues, esos pasajes de esta obra los que no los han leído o quieren recordar lo que leyeron.

26. Corrección de Platón a Porfirio

Pero Porfirio, replican, afirma que el alma para ser feliz debe huir de todo cuerpo. Y así, nada interesa que el cuerpo haya de ser incorruptible, como dijimos, si el alma no será feliz más que huyendo precisamente de todo cuerpo. Sobre esta cuestión ya hablé en su momento oportuno en el citado libro; no obstante, voy a recordar ahora un solo punto.

Es Platón, el maestro de todos estos, quien ha de corregir sus libros y afirmar que sus dioses, para ser felices, han de huir de los cuerpos, o en otras palabras, han de morir; dioses que él afirmó se encontraban encerrados en cuerpos celestes. Y, sin embargo, a fin de que pudieran estar seguros, Dios, que los había creado, les prometió la inmortalidad, una permanencia eterna en los mismos cuerpos, no porque lo exigiera la naturaleza de los mismos, sino porque prevaleció el plan de Dios. Con esta afirmación echa por tierra también lo que dicen ellos, o sea, que no debe creerse la resurrección de la carne por ser imposible. Con toda claridad, en efecto, según el mismo filósofo, cuando el Dios no creado prometió a los dioses hechos por Él la inmortalidad, dijo que había de hacer lo que era imposible. Así nos dice Platón que les habló: "Puesto que habéis nacido, no podéis ser inmortales e indisolubles; sin embargo, no seréis destruidos, ni los hados de la muerte os quitarán la vida, ni serán más poderosos que mis designios, que son un vínculo más fuerte para vuestra perpetuidad que aquellos que os mantienen unidos".

De no ser, no sólo absurdos, sino incluso sordos, los que oyen estas cosas, no pueden dudar que el Dios que los creó prometió lo imposible a esos dioses creados. Pues quien dice: "Cierto que vosotros no podéis ser inmortales, pero lo seréis por mi voluntad", ¿qué otra cosa afirma sino "habéis de ser por obra mía lo que es imposible que seáis"? Por consiguiente, quien, según Platón, prometió que había de hacer lo que es imposible, resucitará la carne haciéndola incorruptible, inmortal, espiritual ¿Por qué gritan todavía que es imposible lo que prometió Dios, lo que

---

19. Caps. 16,17.

creyó el mundo a Dios que lo prometía, y que incluso prometió que había de creer ese mundo? En realidad, nosotros no hacemos sino afirmar que ese Dios, quien, hasta según Platón, hace cosas imposibles, será el que ha de realizar esto.

Por consiguiente, para ser felices no es preciso que las almas huyan de todo cuerpo, sino que reciban un cuerpo incorruptible. Y ¿en qué cuerpo incorruptible se alegrarán con más propiedad que en el corruptible en que gimieron? Así no las dominará aquel cruel deseo que, influido por Platón, expuso Virgilio en estas palabras: "Y renazca en ellas el deseo de volver nuevamente a habitar en cuerpos humanos"[20]. En este caso no tendrán deseo de volver a los cuerpos, ya que tendrán consigo esos mismos cuerpos a los que desean volver; y los tendrán de tal manera que jamás dejarán de tenerlos, jamás se separarán de ellos por muerte alguna ni siquiera por el más breve espacio de tiempo.

27. Unidad en la verdad superior

Platón y Porfirio han expresado cada uno de por sí ciertas verdades que, si se hubieran comunicado mutuamente, posiblemente les hubieran llevado a hacerse cristianos. Platón afirmó que las almas no podían vivir para siempre sin sus cuerpos. De ahí su doctrina de que incluso las almas de los sabios habían de tornar a los cuerpos después de un espacio de tiempo, por largo que fuera. En cambio, Porfirio sostuvo que el alma purificada, una vez vuelta al Padre, no retornaría más a los males de este mundo. Consiguientemente, si Platón hubiera comunicado a Porfirio lo que él vio, que hasta las almas de los justos y de los sabios perfectamente purificadas habían de regresar a los cuerpos humanos; y si, a su vez, Porfirio hubiera comunicado a Platón la verdad que él conoció: que las almas santas no habían de volver jamás a las miserias del cuerpo corruptible; si hubieran hecho esto y no hubieran dicho cada uno una sola de estas cosas, sino los dos, una y otra, pienso verían la consecuencia lógica de que regresaran las almas a los cuerpos y recibieran tales cuerpos que pudieran vivir felices e inmortales en ellos.

Según Platón, las almas, incluso santas, regresarán a los cuerpos humanos, y según Porfirio, no volverán las almas santas a los males de este mundo. Diga, pues, Porfirio con Platón: regresarán a los cuerpos. Diga Platón con Porfirio: no regresarán a los males. Y así estarán de acuerdo en que regresarán a tales cuerpos en que no sufrirán mal alguno. Y esto es, ni más ni menos, lo que promete Dios, que ha de hacer a las almas eter-

---

20. Virgilio, *En.* 6,751.

namente felices con su carne eterna. A buen seguro que así llegarían con nosotros a esta conclusión; confesando que las almas de los santos han de reunirse con cuerpos inmortales, precisamente aquellos en los que soportaron los males de este mundo y en los que honraron con religiosa fidelidad a Dios para verse libres de esos males.

28. Contribución de algunos filósofos a la fe en la resurrección

Algunos cristianos, que aprecian a Platón por la excelencia de su estilo y por algunas verdades esparcidas en sus escritos, afirman que llegó a sentir algo semejante a nosotros incluso sobre la resurrección de los muertos. Cicerón alude a esto en sus libros sobre *La República*, aunque afirma que más bien pretende gastar una broma que sentar una verdad, ya que habla de un hombre que ha vuelto a la vida y que expone ciertas ideas de acuerdo con las enseñanzas de Platón.

También cuenta Labeón que murieron dos individuos en un mismo día y se encontraron en una encrucijada; y luego, habiendo recibido orden de retornar a sus cuerpos, determinaron vivir como amigos, lo cual cumplieron hasta la muerte. Pero la resurrección del cuerpo que nos cuentan estos autores es como la de aquellos que sabemos resucitaron, vueltos a esta vida, pero no para no morir después.

Más admirable es lo que escribe Marco Varrón en sus libros sobre *El origen del pueblo romano*; creo preferible aducir sus mismas palabras: "Algunos astrólogos escribieron que se da en el renacimiento de los hombres lo que los griegos llaman paliggenesia (*palingenesia*) ; ésta tiene lugar a los cuatrocientos cuarenta años, de manera que el cuerpo y el alma que estuvieron juntos alguna vez en el hombre vuelven a juntarse de nuevo". Lo que dice Varrón, o esos llamados astrólogos —cuyos nombres no menciona—, ciertamente es falso, pues cuando las almas regresen a los mismos cuerpos que llevaron no los dejarán ya más. No obstante, destruye y desbarata muchos argumentos de la imposibilidad que presentan aquéllos contra nosotros. Efectivamente, los que piensan o han pensado así no tuvieron por imposible que los cadáveres disipados a través del aire, del polvo, de la ceniza, del agua, de los cuerpos de los animales que los han devorado, o hasta de los mismos hombres, tornen de nuevo a lo mismo que fueron.

Por todo lo cual, si Platón y Porfirio, o más bien sus actuales partidarios, admiten con nosotros que hasta las almas de los santos han de volver a sus cuerpos, como dice Platón, y que no han de volver a mal alguno, como afirma Porfirio, síguese de ahí la verdad de la doctrina cristiana:

que han de recibir esas almas tales cuerpos en que vivan felizmente para siempre sin mal alguno. Si esto es así, acepten también lo de Varrón: que vuelven a los mismos cuerpos en que estuvieron antes. Y así queda resuelta para ellos toda la cuestión sobre la resurrección de la carne para la vida eterna.

29. La visión de Dios en la otra vida

1. Consideramos ahora, con el auxilio que se digne darnos el Señor, qué harán los santos revestidos de los cuerpos inmortales y espirituales, cuando su carne no viva ya carnal, sino espiritualmente. Cierto que, si he de decir la verdad, ignoro cómo será esa actividad, o mejor ese descanso, ese reposo, ya que no lo he experimentado nunca en los sentidos del cuerpo. Y si dijera que lo he visto con la mente, esto es, con el entendimiento, ¿qué puede ni qué es nuestra inteligencia ante semejante excelencia? Allí está la paz de Dios, que supera todo razonar, como dice el apóstol. ¿A qué razonar se refiere sino al nuestro, y quizá también al de los santos ángeles? Cierto, no al de Dios. Por consiguiente, si los santos han de vivir en la paz de Dios, sin duda que han de vivir en la "que sobrepasa todo entendimiento" (Flp. 4:7), que supera ciertamente al nuestro no hay duda alguna; si supera también el de los ángeles, de manera que, al decir "todo entendimiento", parece no quiere exceptuarlos ni a ellos mismos, hemos de entenderlo en el sentido de que ni nosotros ni ángel alguno podemos conocer, como la conoce Dios, la paz de que Él goza. Así, la expresión "que sobrepasa todo entendimiento" sin duda abarca el de todos menos el suyo.

Pero como nosotros algún día seremos hechos partícipes de su paz, según nuestra débil capacidad, conseguiremos en el mayor grado posible esa paz suprema en nosotros, entre nosotros y con Él mismo, de esta manera, según su capacidad, la conocen los santos ángeles; los hombres, en cambio, al presente, en una medida inmensamente inferior, por más avances espirituales que hayan hecho. Hemos de tener, efectivamente, muy en cuenta lo que decía aquel excelente varón: "Ahora conocemos en parte, y en parte profetizamos, hasta que llegue lo perfecto" (1ª Cor. 13:9-10); y también: "Ahora vemos confusamente en un espejo, mientras entonces veremos cara a cara" (v. 12).

Así, cara a cara, es como ven ya los santos ángeles, llamados también nuestros ángeles, porque, rescatados como estamos del poder de las tinieblas y trasladados al reino de Cristo, recibiendo la prenda del Espíritu, ya hemos comenzado a pertenecer a aquellos ángeles con quienes formaremos la ciudad santa y dulcísima de que hemos escrito ya tantos libros, la ciudad de Dios común a todos. Son, pues, ángeles nuestros los que son ángeles de Dios, lo mismo que el Cristo de Dios es nuestro Cristo; son de Dios porque no abandonaron a Dios, y son nuestros porque han comenzado a tenernos como conciudadanos suyos. Así dijo el Señor Jesús: "Mirad, no tengáis en poco a ninguno de estos pequeños, porque os digo que sus ángeles en los cielos siempre ven el rostro de mi Padre que está en los cielos" (Mt. 18:1). Como lo ven ellos ahora ya, así lo veremos nosotros un día también; pero no así al presente. Por eso dice el apóstol lo que cité poco antes: "Ahora vemos confusamente, como en un espejo, mientras entonces veremos cara a cara". Así, se nos guarda como premio de la fe esa visión, de la cual dice también el apóstol Juan: "Cuando se manifieste seremos semejantes a Él, pues lo veremos tal cual es" (1ª Jn. 3:2). Por "cara" de Dios debe entenderse su manifestación, y no parte alguna suya, como las que nosotros tenemos en el cuerpo y que designamos con este nombre.

2. Por esto, cuando se me pregunta qué harán los santos en aquel cuerpo espiritual, no digo lo que veo, sino lo que creo, según lo que leo en el salmo: "Creí, por eso hablé" (Sal. 116:10). Así, digo: "Verán a Dios con los ojos de su mismo cuerpo". Ahora bien, si lo han de ver directamente con su mismo cuerpo, como vemos nosotros con el nuestro ahora el sol, la luna, las estrellas, el mar, la tierra y cuanto hay en ella, no es fácil contestarlo, pues si resulta duro afirmar, por una parte, que los santos tendrán entonces unos cuerpos que no podrán cerrar los ojos y abrirlos cuando les plazca, más duro es aún no ver a Dios allí quien cerrase los ojos.

El profeta Eliseo, ausente corporalmente, vio a su criado Giezi recibiendo regalos del sirio Naamán, a quien el profeta había limpiado de la lepra; pensaba el criado que su maldad no sería observada por su señor (2ª Rey. 5:8-27), ¿cuánto más verán los santos en aquel cuerpo espiritual todas las cosas, no sólo si cierran los ojos, sino también estando corporalmente ausentes? Entonces tendrá lugar "lo que es perfecto" de que nos habla el apóstol: "Cuando venga lo que es perfecto, entonces lo que es en parte será abolido". Después, para manifestar como podía por algún ejemplo cuánto dista de aquella vida futura la presente, no la de cualesquiera hombres, sino incluso la de los enriquecidos con una santidad especial, añade: "Cuando yo era niño, hablaba como niño, pensaba como niño, razonaba como niño; pero cuando llegué a ser hombre, dejé lo que era de niño. Ahora vemos oscuramente por medio de un espejo, pero entonces veremos cara a cara. Ahora conozco en parte, pero entonces conoceré plenamente, así como fui conocido" (1ª Cor. 13:10-12).

Así, pues, si en esta vida, donde la visión profético de hombres excelentes se compara con la otra vida como un niño con un joven, vio Eliseo, ausente, a su criado recibir regalos, cuando venga lo perfecto y ya el cuerpo corruptible no agobie al alma, sino que por su incorruptibilidad no la obstaculizará en nada, ¿tendrán los santos para verlo todo necesidad de los ojos corporales, ojos que no necesitó Eliseo ausente para ver a su criado? Porque, según los Setenta, tales son las palabras del profeta a Giezi: "¿No iba mi espíritu contigo cuando salió aquel hombre a tu encuentro y bajando del carro te dio el dinero?", etc. o, según lo tradujo del hebreo el presbítero Jerónimo: "¿No estaba yo presente en espíritu cuando aquel hombre saltó de su coche para ir a tu encuentro?" (2ª Rey.5:25). El profeta dice que vio esto con su espíritu, ayudado milagrosamente por Dios, como nadie puede dudar. ¿Cuánto más abundarán entonces todos en esta gracia, "cuando Dios lo sea todo en todos" (1ª Cor. 13:28)?

Claro que tendrán también los ojos corporales su cometido y estarán en su lugar, y el espíritu usará de ellos por medio del cuerpo espiritual. Ni siquiera Eliseo, aunque no necesitó de ellos para ver al ausente, dejó de usarlos para ver lo presente; y lo podía, sin embargo, ver aunque los cerrase, como vio las cosas ausentes a distancia como estaba de ellas. De ninguna manera, pues, afirmamos que los santos no verán en aquella vida con los ojos cerrados a Dios, pues lo verán siempre con el espíritu.

3. Pero surge también la cuestión de si le verán mediante los ojos del cuerpo cuando los tengan abiertos. Pues si aquellos ojos espirituales en el cuerpo espiritual tienen sólo el mismo poder de los que tenemos ahora sin duda no podrán con ellos ver a Dios. De manera que tienen que ser de muy distinto poder si mediante ellos han de ver aquella naturaleza incorpórea, que no está contenida en un lugar, sino que está toda en todas partes. Porque al decir que Dios está en el cielo y en la tierra, como el mismo profeta dice: "Yo lleno el cielo y la tierra" (Jer. 23:24), no podemos decir que tiene una parte en el cielo y otra en la tierra, sino que está todo en el cielo y todo en la tierra; no alternativamente, sino lo uno y lo otro a la vez, cosa que no puede criatura alguna.

Así, la penetración de los ojos de los santos será muy poderosa, no precisamente para ver con mayor agudeza de la que se dice tienen las serpientes o las águilas (pues por mucha que tengan esos animales para ver, no pueden ver sino cuerpos); ellos la tendrán para ver incluso las cosas incorpóreas. Quizá esa penetración de la vista le fue dada pasajeramente a los ojos del santo Job cuando dice al Señor: "De oídas había oído de ti, pero ahora mis ojos te ven. Por tanto, me retracto, y me arrepiento en polvo y ceniza" (Job 42:5-6). Aunque también puede entenderse esto de los ojos del corazón de que habla el apóstol al decir: "Alumbrando los ojos de vuestro entendimiento" (Ef. 1:18). Y que a Dios se le verá con estos ojos cuando se le llegue a ver, no puede dudarlo cristiano alguno que acepte fielmente lo que dice el divino Maestro: "Bienaventurados los limpios de corazón, porque verán a Dios" (Mt. 5:8). Pero de lo que tratamos aquí es de si será visto también con los ojos corporales.

4. El texto bíblico: "Y verá toda carne la salvación de Dios" (Lc. 3:6), puede entenderse sin dificultad como si dijera: "Y verá todo hombre al Cristo de Dios", que ciertamente fue visto en su cuerpo, y en su cuerpo será visto cuando juzgue a los vivos y a los muertos. Que Él sea la salvación de Dios nos lo demuestran muchos otros testimonios de las Escrituras; pero lo declaran, sobre todo, las palabras del venerable anciano Simeón, que, al recibir a Cristo niño en sus brazos, exclamó: "Ahora, Señor, según tu promesa, despide a tu siervo en paz, porque mis ojos han contemplado tu salvación" (Lc. 2:29-30).

También en lo que dice el mencionado Job, según el texto hebreo: "Y en mi carne veré a Dios" (Job 19:26), anunció, sin duda, la resurrección de la carne; y no dijo, sin embargo, "por medio de mi carne". Sí hubiera dicho esto, podría tomarse a Cristo como Dios, que será visto por la carne en su carne; en cambio, "en mi carne veré a Dios" puede entenderse también como si hubiera dicho: "Estaré en mi carne cuando vea a Dios".

Tampoco lo que dice el apóstol: "Veremos cara a cara" (1ª Cor. 13:12), nos fuerza a creer que veremos a Dios por este rostro corporal en que se encuentran los ojos corporales, ya que veremos en espíritu sin interrupción. Ya que, si no existiera la faz del hombre interior, no diría el mismo apóstol: "Todos nosotros, mirando a cara descubierta como en un espejo la gloria del Señor, somos transformados de gloria en gloria en la misma imagen, como por el Espíritu del Señor" (2ª Cor. 3:18). Ni podemos entender de otra manera lo del salmo: "Los que a él miran son iluminados; sus rostros no serán avergonzados" (Sal. 34:5). Porque es por fe que nos acercamos a Dios, y la fe es un acto del espíritu, no en el cuerpo. Pero como no sabemos hasta dónde puede llegar el cuerpo espiritual (hablamos de una cosa que no hemos experimentado), cuando la Escritura en su autoridad no venga en nuestra ayuda es necesario que se realice en nosotros lo que se dice en el libro de la Sabiduría: "Los pensamientos de los mortales son tímidos y nuestros razonamientos inseguros" (Sab. 9:14).

5. Si pudiéramos tener por seguro el razonamiento de los filósofos, donde defienden que de tal modo se ven las cosas inteligibles por la mente y las sensibles —las corporales— por el sentido, que ni puede ver la mente las inteligibles por el cuerpo ni las corporales por sí mismas; si esto fuera tan seguro, ciertamente, no se podría ver a Dios en modo alguno por los ojos del cuerpo, incluso el espiritual. Mas este razonamiento queda ridiculizado por la verdadera razón y por la autoridad profética. ¿Quién, de hecho, está tan lejos de la verdad hasta llegar

a afirmar que Dios no conoce estas cosas corporales? ¿Acaso tiene Él cuerpo con cuyos ojos pueda conocerlas? Además, lo que dijimos poco antes del profeta Eliseo, ¿no prueba claramente que se pueden ver las cosas corporales también con el espíritu, no necesariamente a través del cuerpo? Cuando aquel su criado recibió los regalos, cierto, lo realizó corporalmente; y el profeta no lo vio por el cuerpo, sino por el espíritu. Por consiguiente, como consta que los cuerpos son vistos con el espíritu, ¿por qué no puede tener el cuerpo espiritual tal poder que se vea también el espíritu mediante el cuerpo? Y Dios, en efecto, es espíritu.

Por otra parte, cada uno percibe, mediante el sentido interior y no por los ojos corporales, la propia vida que vive ahora en el cuerpo y desarrolla y da vida a los miembros terrenos; en cambio, la vida de los otros, al ser ella en sí invisible, la percibe a través del cuerpo. ¿De dónde distinguimos los cuerpos vivientes de los no vivientes, sino porque vemos los cuerpos con vida, lo cual no podríamos ver sino por el cuerpo? En cambio, no podemos ver la vida sin cuerpo con los ojos corporales.

6. Por ello puede suceder, y es bien probable, que de tal modo hemos de ver entonces los cuerpos mundanos del cielo nuevo y de la tierra nueva, que veamos con evidencia clarísima a Dios presente en todas partes y gobernando todas las cosas corporales, y que le veamos, por los cuerpos que tendremos, a cualquier parte que volvamos nuestros ojos. Y veremos todo esto, no como se ven ahora intelectualmente las cosas invisibles de Dios, que "se deja ver desde la creación del mundo, siendo entendido en las cosas creadas" (Ro. 1:20), como a través de un espejo y sólo en parte, en cuyo conocimiento tiene más importancia la fe por la cual creemos que la apariencia de las cosas corporales que vemos por los ojos del cuerpo.

Pero así como, con relación a los hombres que viven con nosotros y manifiestan su vida a través de sus movimientos, tan pronto como los miramos no creemos, sino vemos que viven, no pudiendo ver su vida sin los cuerpos; de la misma manera, adonde quiera que volvamos los ojos de nuestros cuerpos espirituales, veremos, incluso con mirada corporal, a Dios incorpóreo rigiendo todas las cosas.

De manera que los ojos poseerán alguna cualidad similar a la de la mente, por la que somos capaces de discernir cosas espirituales, y entre ellas Dios; es una suposición difícil, más bien imposible, de demostrar con algún ejemplo o testimonio de las divinas Escrituras; o lo que es más fácil de comprender: conoceremos a Dios tan claramente, que lo veremos en espíritu cada uno de nosotros, lo veremos en los demás, lo veremos en sí mismo, lo veremos en el cielo nuevo y en la tierra nueva, y lo mismo en toda criatura entonces existente; lo veremos también presente en todo cuerpo con los ojos del cuerpo, adondequiera que se dirijan y alcancen esos ojos del cuerpo espiritual.

Asimismo, nuestros pensamientos estarán patentes para unos y otros mutuamente. Entonces, efectivamente, se cumplirá lo que el apóstol, habiendo dicho: "No juzguéis nada antes de tiempo", añadió a continuación: "Esperad hasta que venga el Señor, quien a la vez sacará a la luz las cosas ocultas de las tinieblas y hará evidentes las intenciones de los corazones. Entonces tendrá cada uno la alabanza de parte de Dios" (1ª Cor. 4:5).

30. La felicidad perpetua de la ciudad de Dios

1. ¡Qué grade será aquella felicidad, donde no habrá mal alguno, donde no faltará ningún bien, donde toda ocupación será alabar a Dios, que será el todo en todos! No sé qué otra cosa se puede hacer allí, donde ni por pereza cesará la actividad, ni se trabajará por necesidad. Esto nos recuerda también el salmo donde se lee o se oye: "¡Bienaventurados los que habitan en tu casa!" (Sal. 84:4).

Todos los miembros y partes internas del cuerpo incorruptible, que ahora vemos desempeñando tantas funciones, como entonces no habrá necesidad alguna, sino una felicidad plena, cierta, segura, eterna, se ocuparán entonces en la alabanza de Dios. En efecto, todo aquel ritmo latente de que hablé en la armonía corporal repartido exterior e interiormente por todas las partes del cuerpo, no estará ya oculto, y junto con las demás cosas grandes y admirables que allí se verán, encenderán las mentes racionales con el deleite de la hermosura racional en la alabanza de tan excelente artífice.

Cuáles han de ser los movimientos de tales cuerpos que allí tendrán lugar, no me atrevo a definirlo a la ligera, porque no soy capaz de concebirlo. Sin embargo, tanto el movimiento como la actitud, al igual que su porte exterior, cualquiera que sea, será digno allí donde no puede haber nada que no lo sea. Cierto también que el cuerpo estará inmediatamente donde quiera el espíritu; y que el espíritu no querrá nada que pueda desdecir de sí mismo o del cuerpo.

Habrá allí verdadero honor, porque no se negará a nadie que es digno, ni se concederá a nadie indigno, ni ningún indigno rondará por allí, porque nadie sino los dignos estarán allí. Habrá paz verdadera allí donde nadie sufrirá contrariedad alguna ni por su parte ni por parte de otro. Será premio de la virtud el mismo que dio la virtud y de la que se prometió como premio Él mismo, que es lo mejor y lo más grande que puede existir.

¿Qué otra cosa dijo por el profeta en aquellas palabras: "Seré vuestro Dios y vosotros seréis mi pueblo" (Lev. 26:12), sino: "Yo seré su saciedad, yo seré lo que puedan desear honestamente los hombres, la vida, la salud, el alimento, la abundancia, la gloria, el honor, la paz, todos los bienes"? Así, en efecto, se entiende rectamente lo que dice el apóstol: "Dios lo será todo en todos" (1ª Cor. 15:28). Él será el fin de nuestros deseos, a quien veremos sin fin, amaremos sin hastío, alabaremos sin cansancio. Este don, este afecto, esta ocupación será común a todos, como lo es la vida eterna.

2. Por lo demás, ¿quién es capaz de pensar, cuanto más de expresar, cuáles serán los grados del honor y la gloria en consonancia con los méritos? Lo que no se puede dudar es que existirán. Y también aquella bienaventurada ciudad verá en sí el inmenso bien de que ningún inferior envidiará a otro que esté más alto, como no envidian a los arcángeles el resto de los ángeles. Y tanto menos querrá cada uno ser lo que no ha recibido cuanto no quiere en el cuerpo el dedo ser ojo, por más estrecha trabazón corporal que une a ambos miembros. Uno tendrá un bien inferior a otro, y se contentará con su bien sin ambicionar otro mayor.

Libre albedrío y libertad de pecado

3. Ni dejarán tampoco los bienaventurados de tener libre albedrío, por el hecho de no sentir el atractivo del pecado. Al contrario, será más libre este albedrío cuanto más liberado se vea de deleitarse en el pecado hasta alcanzar el deleite indeclinable de no pecar. Pues el primer libre albedrío que se dio al hombre cuando fue creado en rectitud consistía en la capacidad de no pecar, pero también en la capacidad de hacerlo; mientras que este último libre albedrío será tanto más vigoroso cuanto que no será capaz de pecar.

Esto, ciertamente, también tiene lugar por un don de Dios, no según las posibilidades de la naturaleza. Una cosa es ser Dios y otra muy distinta ser partícipe de Dios. Dios, por su naturaleza, no puede pecar; el que participa de Dios recibe de Él el poder de no pecar. Había que conservar una cierta gradación en los dones de Dios; primero se otorgó el libre albedrío, mediante el cual pudiera el hombre no pecar, y después se le dio el último, con el que no tuviera esta posibilidad: aquél para conseguir el mérito; éste para disfrutar de la recompensa.

Pero como esta naturaleza así constituida pecó cuando tenía la capacidad de pecar, necesitó ser liberada con una gracia más amplia, para llegar a aquella libertad en la cual no pueda pecar[21]. Así como la primera inmortali-

---

21. Véase una ampliación de estas ideas en la obra de Agustín, *Enquiridión* o *Manual*, 104-108, publicado en esta misma colección.

dad, que perdió Adán por el pecado, consistía en poder no morir, la última consistirá en no poder morir; así el primer libre albedrío consistió en poder no pecar, y el segundo en no poder pecar. En efecto, tan difícil de perder será el deseo de practicar la piedad y la justicia, como lo es el de la felicidad. Pues, ciertamente, al pecar no mantuvimos ni la piedad ni la felicidad, pero no perdimos la aspiración a la felicidad ni siquiera con la pérdida de la misma felicidad. ¿Se puede acaso negar que Dios, por no poder pecar, carece de libre albedrío? Una será, pues, en todos e inseparable en cada uno la voluntad libre de aquella ciudad, liberada de todo mal, rebosante de todos los bienes, disfrutando indeficientemente de la alegría de los gozos eternos, olvidada de sus culpas y olvidada de las penas; sin olvidarse, no obstante, de su liberación de tal manera que no se muestre agradecida al liberador.

4. El alma, entonces, se acordará de sus males pasados en cuanto se refiere al conocimiento racional, pero se olvidará totalmente de su sensación real. Como le ocurre al médico muy experto, que conoce por su arte casi todas las enfermedades del cuerpo, y, sin embargo, experimentalmente ignora la mayoría, las que no ha padecido en su cuerpo. Hay, pues, dos modos de conocer el mal: uno, por el poder de la mente que los descubre; y otro, por la experiencia de los sentidos que los soportan (de una manera se conocen todos los vicios por la ciencia del sabio, y de otra, por la vida pésima del necio). Así hay también dos maneras de olvidarse de los males, de una manera los olvida el instruido y el sabio, y de otra, el que los ha experimentado y sufrido: el primero, descuidando su ciencia; el segundo, al verse libre de la miseria. Esta última manera de olvidar que he citado es la que tienen los santos no acordándose de sus males pasados: carecerán de todos, de tal manera que se borran totalmente de sus sentidos. En cambio, en cuanto al poder de su conocimiento, que será grande en ellos, no se le ocultará ni su miseria pasada, ni siquiera la miseria eterna de los condenados. Si así no fuera, si llegaran a ignorar que habían sido miserables, ¿cómo, al decir del salmo, "cantarán eternamente las misericordias del Señor" (Sal. 89:1)? Por cierto, aquella ciudad no tendrá otro cántico más agradable que éste para glorificación del don gracioso de Cristo, por cuya sangre hemos sido líberados.

El reposo del sábado

Allí se cumplirá aquel "estad quietos y reconoced que yo soy Dios" (Sal. 46:10). Ese será realmente el sábado supremo que no tiene ocaso, el que recomendó Dios en las primeras obras del mundo al decir: "Y descansó Dios el día séptimo de toda su obra. Y bendijo Dios el día séptimo y lo santificó, porque ese día descansó Dios de toda la obra que hizo" (Gn. 2:2-3).

Porque nosotros mismos seremos ese día séptimo, cuando hayamos llegado a la plenitud y hayamos sido restaurados por su bendición y su santificación. Allí, con tranquilidad, veremos que Él mismo es Dios, que es lo que nosotros quisimos llegar a ser cuando nos apartamos de Él dando oídos a la boca del seductor: "Seréis como dioses" (Gn. 3:5), y apartándonos del verdadero Dios, que nos había de hacer dioses participando de Él, no abandonándole. Pues ¿qué es lo que conseguimos sin Él, sino caer en su ira? En cambio, restaurados por Él y llevados a la perfección con una gracia más grande, descansaremos para siempre, viendo que Él es Dios, de quien nos llenaremos cuando Él lo sea todo en todos.

Incluso nuestras mismas buenas obras, cuando son reconocidas más como suyas que como nuestras, se nos imputan a nosotros para que podamos disfrutar del reposo de este sábado. Porque si nos las atribuimos a nosotros, serán serviles; y está escrito del sábado: "No haréis en él obra alguna servil" (Dt. 5:14). Por eso se dice por el profeta Ezequiel: "Les di mis sábados para que fueran una señal entre yo y ellos, para que supieran que yo soy el Señor, el que los santifico" (Ez. 20:12). Esto lo conoceremos perfectamente cuando consigamos el perfecto reposo y veamos cabalmente que Él mismo es Dios.

5. Este reposo sabático aparecerá con más claridad si contamos las edades como días, de acuerdo con los períodos de tiempo definidos en las Escrituras, puesto que resulta el séptimo. La primera edad, como el día primero, sería desde Adán hasta el diluvio; la segunda, desde el diluvio hasta Abrahán, no de la misma duración, sino contando por el número de generaciones, pues que encontramos diez. Desde aquí ya, según los cuenta el evangelista Mateo, siguen tres edades hasta la venida de Cristo, cada una de las cuales se desarrolla a través de catorce generaciones: la primera de esas edades se extiende desde Abrahán hasta David; la segunda, desde David a la cautividad de Babilonia; la tercera, desde entonces hasta el nacimiento de Cristo según la carne. Dan un total de cinco edades. La sexta se desarrolla al presente, sin poder determinar el número de generaciones, porque, como está escrito: "No os toca a vosotros conocer los tiempos que el Padre ha reservado a su autoridad" (Hch. 1:7). Después de ésta, el Señor descansará como en el día séptimo, cuando nos de a nosotros (que seremos el día séptimo) descanso en sí mismo.

Sería muy largo tratar de explicar ahora con detalle cada una de estas edades. A esta séptima, sin embargo, podemos considerarla nuestro sábado, cuyo término no será la tarde, sino el día del Señor, como día octavo eterno, que ha sido consagrado por la resurrección de Cristo, significando el eterno descanso no sólo del espíritu, sino también del cuerpo. Allí descansaremos y veremos, veremos y amaremos, amaremos y alabaremos. Este será el fin, mas sin final. Pues ¿qué otro fin nos proponemos alcanzar sino llegar al reino que no tiene fin?

Creo que ya he saldado, con la ayuda de Dios, la deuda contraída escribiendo esta extensa obra. Quienes piensen que he dicho poco, o demasiado, perdónenme; y quienes piensen que he dicho lo suficiente, únanse a mí para dar gracias a Dios. Amén.

APÉNDICES

Elaborados por el editor, Alfonso Ropero

Apéndice 1. Materia y tiempo

Desde sus días de maniqueo Agustín se debatió con el misterio de tiempo, y no deja pasar oportunidad sin hacer referencia a la claridad recibida sobre el mismo desde la idea de la Creación, el tiempo incluido. "Acostumbran los maniqueos —dice— censurar lo que está escrito en Génesis: *En el principio hizo Dios el cielo y la tierra*. Preguntan en qué principio y si en el mismo principio del tiempo hizo Dios el cielo y la tierra, ¿qué hacía Dios antes de crear el cielo y la tierra? ¿Qué fue lo que repentinamente le agradó para hacer lo que nunca antes había hecho en los tiempos eternos?

"A esto contestamos que Dios hizo el cielo y la tierra en el Principio, no en el principio del tiempo, sino en Cristo, ya que el Verbo por quien y en quién fueron hechas todas las cosas, estaba en el Padre [...] Mas si creemos que en el principio del tiempo hizo Dios el cielo y la tierra, también debemos entender que antes del principio el tiempo no existió el tiempo. Dios creó el tiempo y, por consiguiente, antes de crear el tiempo no existía el tiempo y no podemos decir que existía algún tiempo, cuando aún Dios nada había creado, pues ¿de qué modo existía el tiempo que Dios no había creado, siendo como es el Creador de todos los tiempos? Y si el tiempo comenzó a existir en el mismo momento que el cielo y la tierra, no podemos en modo alguno encontrar el tiempo antes de que hiciera el cielo y la tierra.

"Cuando se pregunta `qué fue lo que repentinamente agradó a Dios´, se habla como si hubiera transcurrido algún otro tiempo en el que Dios no hizo nada. No podía pasar tiempo alguno que antes no hubiera hecho Dios, porque no puede ser creador de los tiempos, sino que existe antes del tiempo" (*Del Génesis contra los maniqueos*, I,2,3).

Esto lo escribió Agustín, según propia confesión, al poco tiempo de su conversión, estando ya en África, el año 388 o 389. Es, pues, un primer intento de explicar el tema, que contiene en germen todo lo que irá escribiendo y explicitando después. "No ha habido tiempo en que no hayas hecho nada, puesto que tu hiciste al mismo tiempo. No hay tiempo que sea coeterno contigo, porque tú no cambias nunca y, si el tiempo no cambiase, ya no sería tiempo —escribe en las *Confesiones*—. ¿Qué es, en efecto, el tiempo? ¿Quién sabría explicarlo con facilidad y brevedad? ¿Quién puede formarse de él, aunque sea en pensamiento, una noción suficientemente clara? ¿Quién podría traducirla después en palabras? ¿Hay en nuestras conversaciones una idea que sea más familiar y mejor conocida que la idea del tiempo? Cuando hablamos de él, comprendemos, ni que decir tiene, lo que decimos, e igualmente cuando el que habla es otro. ¿Qué es, pues, el tiempo? Cuando nadie me lo pregunta, lo sé; cuando se trata de explicarlo, ya no lo sé. Sin embargo, y esto me atrevo a afirmarlo con certeza, sé que, si nada pasase, no habría tiempo pasado; que si nada ocurriese no habría tiempo futuro; que si nada fuese, no habría tiempo presente. ¿Pero esos dos tiempos, el pasado y el futuro, cómo son, puesto que el pasado ya no es y el futuro no existe todavía? El mismo presente, si siempre fuese presente, sin perderse en el pasado, ya no sería tiempo; sería eternidad. Entonces, si el presente, para ser tiempo, debe perderse en el pasado, ¿cómo podemos afirmar que él también es, puesto que la única razón de su ser es el no ser ya? De modo que, en realidad, si tenemos el derecho de decir que el tiempo es, es porque se encamina al no-ser" (*Confesiones* XI,14).

"En vano se indaga", insistirá en un obra posterior, "buscando dónde estaban los tiempo antes de existir la criatura, como si pudieran encontrarse los tiempo antes de los tiempos. Porque si no existiese movimiento alguno de criatura corporal o espiritual por el que al presente le antecediera el pasado y le sucediera el futuro, no habría en absoluto tiempo alguno, puesto que la criatura no puede moverse si no existe. Luego más bien el tiempo procede de la criatura que la no la criatura del tiempo, pero ambos comenzaron a existir por Dios, porque de Él y por Él y en Él son todas las cosas. Ni se tome de ta modo lo dicho, *el tiempo comenzó con la criatura*, como si el tiempo no fuese criatura, siendo como es el tiempo el movimiento de la criatura de un lugar a otro, efectuado por las sucesiones de las cosas conforme a la ordenación de Dios que administra todas las cosas que creó" (*Del Génesis a la letra*, V,5,12).

El tiempo no existía antes de la creación del universo, comenzó a ser con la materia de que está compuesta la creación, es una dimensión del mundo creado, no una realidad independiente por sí misma, como se ha encargado de mostrar la física moderna (Gerald L. Schroeder, *El Génesis y el Big Bang*. Ediciones B, Barcelona 1992; Stephen W. Hawking, *Historia del tiempo*. Editorial Crítica, Madrid 1988; James S. Trefil, *El momento de la creación*. Salvat, Barcelona 1994). "No fue creada primeramente en orden temporal, sino causal, la materia informe, pero formable, espiritual y corporal de la que se hiciera lo que debía ser hecho, puesto que antes de ser diseñada no hubiera sido formada. Ni fue proyectada por algún otro ser fuera de aquel sumo y verdadero Dios, por quien todas las cosas existen y fuera de aquel sumo y verdadero Dios, por quien todas las cosas existen, ya sea que por el nombre de cielo y tierra esté significada la materia que en el principio hizo Dios antes de aquel única día que creó, y a la que llamó así porque de ella fueron creados el cielo y la tierra, o ya sea que se designe bajo el nombre de tierra invisible e informe y abismo de tinieblas" (*Del Génesis a la letra*, V,5,13).

Semejante concepción del tiempo abre las puertas de la filosofía de la persona y de la historia. "El tiempo es *real*, existe, es una *criatura*. Dios lo ha creado desde el momento en que son el mundo y el hombre. Los textos sagrados lo atestiguas; la razón lo apoya. El tiempo real es *uno*: al ser criatura tiene un comienzo y un fin. Pertenece al orden mortal. Es necesariamente el tiempo de toda la humanidad. Pascal volverá a decirlo sencillamente: `La historia de la humanidad es como la historia de un solo hombre´. En una palabra, se introduce aquí una de las ideas decisivas de la filosofía de la historia, la de *totalidad*. El tiempo, que comienza y acaba, que es unidad y totalidad, y constituye el ámbito del discurso histórico, tiene en consecuencia un *sentido* en la doble dirección que ello implica, o sea, que posee a la vez una *dirección* y una *inteligibilidad*. Está claro que la dirección va del inicio al fin. El inicio es la creación, el fin la resurrección de los cuerpos. Los textos sagrados lo garantizan. La humanidad progresa, inmersa en este drama permanente. Avanza hacia un bienestar que finalmente debe realizar y anular el devenir, hasta la última floración en que los justos verán a Dios cara a cara" (François Châtelet, dir., "San Agustín y el tiempo", *Historia de la filosofía*, vol. IV, p. 192. Espasa-Calpe, Madrid 1982).

Apéndice 2. Los Oráculos sibilinos

Colección de profecías compuesta en versos hexámetros griegos. Estos oráculos ejercieron gran influencia en el mundo pagano antes de la era cristiana. En ellos la Sibila daba a conocer la voluntad de los dioses. Sibila era el nombre de una sacerdotisa de Delfos, encargada de dar a conocer los oráculos de Apolo. La denominación se hizo extensiva a todas las sacerdotisas que profetizaban. Todo lo que se refiere a las sibilas tiene un carácter enigmático. Ni Homero ni Hesíodo hablan de las sibilas y su nombre se menciona por primera vez a fines del siglo VI a.C. Es Heráclito el primero en informar de ellas.

No hay acuerdo sobre el número, nombres, patria y tiempo en que florecieron las sibilas. Cicerón, Plinio, Plutarco, y Diodoro Sículo no hablan sino de una sibila; Marciano Capela dice que hubo dos; Solino, tres, Eliano, cuatro, y Varrón hasta diez. Se creía que eran originarias de Asia donde Apolo tenía numerosos oráculos y sustituyeron a las antiguas *pitias*.

Una de las Sibilas más famosas fue la de Cumas, cerca de Nápoles e inmortalizada por Virgilio, que escribía sus sentencias en hojas de palmeras, se llamaba Amaltes y se cuenta que ofreció a Tarquino el Soberbio por trescientas monedas nueve libros de profecías sobre los destinos de Roma. Tarquino se burló de esta oferta, por parecerle excesivo el precio, entonces la sibila quemó tres libros, y por los seis restantes pidió la misma cantidad; despreciando Tarquino de nuevo tan extravagante demanda, quemó otros tres, insistiendo, en que por los tres que quedaban le diese las trescientas monedas, y amenazando de darlos al fuego, como los demás, en caso de ofrecerle menor precio. En fin, creyendo adivinar Tarquino en tan extraña resolución algún alto misterio, dio las trescientas monedas por los tres libros, y la sibila desapareció para siempre.

Como si se tratase de algo sagrado, Tarquino colocó los libros de la sibila en una urna de piedra en el templo de Júpiter Capitolino. No se mostraban a nadie y sólo se consultaban en circunstancias extraordinarias por un sacerdote preparado a tal efecto. Los libros desaparecieron en el incendio del Capitolio durante la guerra civil que terminó con la dictadura de Sila (83 a.C.). El Senado romano dispuso reparar en lo posible esta pérdida, y envió a que recogiesen los versos de las sibilas, que pudiesen hallar por Grecia, y por Asia. Señaladamente fueron deputados para este fin Octacilio Craso, y Lucio Valerio Flaco a Atalo, rey de Pérgamo, y juntaron hasta mil versos, atribuidos a las sibilas, que les dieron varios particulares. Esta compilación se puso en el mismo lugar que tuvieron los libros de sibila de Cumas, hasta que Augusto los trasladó al templo de Apolo.

Debido a la falta de control de los mismos se cree que tanto los judíos como los cristianos hicieron interpolaciones favorables a sus creencias. Por esta razón fueron muy utilizados de buena fe por los apologistas cristianos, incluyendo al mismo Agustín, *Civ. Dei*, XVIII, 23. Cf. Justino Mártir, *I Apología*,20; Teófilo de Antioquía, *Los tres libros a Autólico*, II, 36 y ss.; Lactancio, *Instituciones divinas*, I, 6.

Una de las características de estos oráculos es la "predicción" de acontecimientos ya sucedidos. El libro III constituye la parte más antigua y es de origen judío; fue redactado hacia el 140 a. C., es la primera tentativa de judaización de la sibila por parte de la comunidad judía helenizante de Alejandría, que pretende mostrar a sus vecinos la precedencia de Moisés sobre toda la filosofía y cultura paganas. Virgilio, en su *Égloga* IV, parece haber conocido Isaías 11 a través de los oráculos sibilinos. Describe el fin de la idolatría cuando reine un nuevo rey, del que concreta varias circunstancias; se trata de Ptolomeo VII. Se anuncia también la invasión de Egipto por un gran rey de Asia que es Antíoco IV Epifanes (171-168), y la ruina de Cartago que tuvo lugar en el 146 a. C.

Las sibilas fueron paganas; pero la Sibila Eritrea, al fin del libro III, se califica nuera de Noé. Todas las sibilas se suponen muy anteriores a Cristo; pero el autor del libro V dice que vio con sus propios ojos el incendio del templo de Vesta, el cual sucedió, como afirma Eusebio, imperando Cómodo, siglo y medio después de la muerte de Cristo. En el libro II se supone no sólo que Jerusalén será restaurada, sino que Cristo fijará en ella el trono de su reinado milenario, para gozar con las justos todo género de delicias, así corporales como espirituales.

Como los códices sibilinos fueron quemados por Estilicón en el siglo V d. C., lo que nos ha llegado carece de autenticidad.

Bibliografía: Benito Jerónimo Feijoo, *Teatro crítico universal.* Tomo segundo. "Discurso cuarto. Profecías supuestas"; J. Bonsirven y Daniel Rops, *La Biblia apócrifa.* Ediciones Eler, Barcelona 1964.

Apéndice 3. La Septuaginta

Se conoce por Septuaginta o versión de los Setenta, la más antigua e importante traducción del Antiguo Testamento hebreo en lengua griega. Se compuso bajo el reinado de Tolomeo II Filadelfo (285-246 a.C.) en Alejandría de Egipto y se concluyó por el 100 d.C. El nombre de Setenta (abreviado LXX) se debe a una leyenda narrada en la pseudoepigráfica *Carta de Aristeas a Filócrates*, del siglo II a.C., según la cual 72 hebreos eruditos (6 por cada tribu) fueron enviados desde Egipto a Jerusalén e hicieron la versión en 72 días. El número se redondeó en 70 y pasó a ser el título o designación común de esta versión.

Según esta leyenda, Demetrio de Falerón, filósofo y político ateniense refugiado en Alejandría y al que se debe la idea de la fundación de la famosa biblioteca de esta ciudad helénica enclavada en la delta del Nilo, indicó al mencionado rey Ptolomeo II Filadelfo la conveniencia de que, entre los volúmenes recogidos en la biblioteca figuraran los libros sagrados de los hebreos. Ptolomeo estuvo de acuerdo y escribió a Eleazar, sumo sacerdote de Jerusalén, para que le enviara personas instruidas en ambos idiomas para realizar este propósito, a lo que accedió el pontífice hebreo enviando a seis ancianos de cada una de las doce tribus, inexistentes en aquella época.

El autor de esta leyenda, Aristeas, se presenta como un oficial de la corte egipcia que desempeña un papel importante en los acontecimientos narrados. La carta gozó de gran difusión y autoridad. Reforzaba la validez de la LXX, como fiel testimonio del original hebreo, pronunciando anatemas contra los que corrigiesen o modificasen el texto.

La leyenda de los 70 traductores hebreos, respetados ancianos de Israel, no es otra cosa que una explicación alegórica de un hecho transcendental, la traducción griega de la Torá (la Ley o primeros cinco libros del Antiguo Testamento) realizada en el siglo III a. C. (250 a.C.), "fenómeno único y sin parangón en la antigüedad" (Trebolle). Traducción que se amplió al resto de la sagrada escritura hebrea y que concluyó al final del siglo II a.C. (105 a.C.), para atender a las necesidades espirituales de los judíos grecoparlantes que vivían fuera de Palestina y que habían perdido la posibilidad de leer sus Escrituras en el original hebreo.

Además de la traducción de libros de la Biblia hebrea, la LXX contiene también los complementos griegos a los libros hebreos (añadidos a Ester, a los Salmos, a Daniel y a Jeremías), así como los llamados libros deuterocanónicos y apócrifos escritos directamente en griego, por ejemplo, 1-2 Macabeos, Judit, Tobías, Sabiduría.

La Septuaginta no es una obra unitaria, sino una amalgama fortuita de traducciones desconocidas de los libros de la Biblia hebrea en griego, obra de autores desconocidos y de un considerable período de tiempo, sin un definido y unitario plan o teoría de traducción. La traducción del texto hebreo varía mucho de un libro a otro, tanto por su estilo como por su esmero de fidelidad al original. Según el erudito evangélico Alec Motyer, en conjunto la LXX es una traducción a menudo insegura, y una interpretación del Antiguo Testamento poco fiable.

Sin embargo, otros estudiosos creen que los antiguos manuscritos hebreos de la Biblia descubiertos en el siglo XX en Qumrán, algunas veces confirman la traducción de la LXX y no la del Targum. Esto es una señal de que los manuscritos hebreos en los que se basaron los Setenta diferían en muchos aspectos de los que fueron escogidos más tarde como prototipos para el texto masorético de la Biblia hebrea. Son numerosas las variantes de la LXX respecto al texto masorético hebreo. A veces es posible que los Setenta reflejen un texto hebreo más antiguo. Desde comienzos de la era cristiana, los escribas se pusieron a corregir la LXX según los ejemplares hebreos que ellos preferían y que prefiguraban el texto masorético. La primera revisión de la Biblia griega fue hecha, al parecer, por Teodoción en Palestina por los años 30-50 d.C.

La LXX fue la Biblia oficial del judaísmo helenista y constituye la base de la liturgia sinagogal. Su importancia hizo que constituyeran el ambiente cultural y el vehículo literario para la predicación de la primitiva comunidad cristiana a los gentiles, que la adoptó como su Biblia. Los escritores del Nuevo Testamento, a excepción de Mateo, cuando citan del Antiguo Testamento, normalmente lo hacen de la LXX. Esta es la práctica que observamos en casi todos los llamados Padres de la Iglesia.

Cuando los judíos vieron que era tan libremente citada y tan utilizada por los cristianos, alegaron que no era una traducción fidedigna; y por esta razón, Áquila, discípulo de rabí Akiba, por el 100 d.C., hizo una nueva traducción servilmente literal. Finalmente Símaco, quizás un samaritano convertido al judaísmo, propuso una traducción fiel y literal por el 170 d.C. En la primera mitad del siglo III, Orígenes dispuso en seis columnas -de ahí el nombre de Hexapla- el texto hebreo de la Biblia, su trascripción fonética en letras griegas, las traducciones de Áquila, Símaco, los Setenta y Teodoción. A partir de este trabajo, Orígenes hizo una edición de la LXX, en la que se señalaban con signos diacríticos las diferencias respecto al texto hebreo.

Bibliografía: Natalio Fernández Marcos, *Introducción a las versiones griegas de la Biblia*. CSIC, Madrid 1998, 2ª ed.; Id., ed., *La Septuaginta en la investigación contemporánea*. CSIC, Madrid 1985; Karen Jones y Moisés Silva, *Invitation to the Septuagint*. Paternoster Press, Londres 2001; Julio Trebolle, *La Biblia judía y la Biblia cristiana*, 315-340. Trotta. Madrid 1993.

Apéndice 4. La Vetus Latina

Con la denominación de *Vetus Latina* (Latina Antigua o Itala Antigua) se designa el conjunto de las versiones de la Biblia en latín, traducidas del texto griego de la Septuaginta, usuales en el mundo cristiano en los primeros siglos de nuestra antes, anterior a la versión de Jerónimo, la famosa *Vulgata*.

La primera referencia a lo que parece una versión latina de la Biblia es el año 180 d.C., y se encuentra en las actas de los mártires sicilianos, donde uno de los enjuiciados admite poseer escritos de Pablo que, dado su trasfondo, se supone que se trata de una versión latina antigua. No existía una única Biblia *Vetus Latina*; por el contrario existía toda una colección de traducciones al latín de textos. San Jerónimo da testimonio en el prefacio a los Evangelios de su *Vulgata* que "hay tantas versiones como manuscritos", y Agustín se queja de que cualquiera que tiene una ligera idea de griego y latín se atreve a escribir su propia versión. Después de comparar Lucas 24:4-5 en manuscritos de la *Vetus Latina*, Bruce M. Metzger contó "no menos de 27 lecturas distintas". Así, pues, debieron existir buen número de versiones latinas de la Biblia, completa o en parte, muy anteriores a la *Vulgata*. Estas se han clasificado en tres familias: la africana, la europea y la italiana. La más antigua es, sin duda, la africana, con un reducido núcleo de greco parlantes y, por tanto, con mayores dificultades para leer la Biblia en griego.

La existencia de esta pluralidad de versiones designada *Vetus Latina*, de diverso origen origen geográfico y distinta época, fue desconocida hasta hace pocos siglos. Cuando en la segunda mitad del siglo XVI la comisión de expertos designada por el Papa para proceder al establecimiento del texto latino de la Biblia que había de ser norma para todo el mundo católico, es decir, la *Vulgata*, se encontró con que los textos que iban a servir de base mostraban considerables variantes con determinados pasajes de la Biblia conocidos a través de citas de los Padres de la Iglesia. La causa de la aparente contradicción era la existencia de ciertas versiones latinas de la Biblia cuyo hecho era poco conocido entonces.

La *Vetus Latina* debió de circular en muchos ejemplares entre el año 200 y el 800 de nuestra era, pero no se conserva ningún texto completo. Una de las principales razones de su desaparición fue la escasez de materia prima para la escritura. Esta carestía obligó a los escribas a borrar, mediante lavados y raspaduras, los viejos pergaminos y a escribir sobre ellos la nueva versión de Jerónimo, que en el año 382 había recibido del papa de origen español, Dámaso, el encargo de establecer un nuevo texto latino de la Biblia que acabara con la confusión que creaban las múltiples versiones en uso, que a su vez, también dio lugar a numerosas variantes fruto del descuido de los copistas. A partir de entonces la *Vetus Latina* cayó en desuso y sus textos fueron perdiéndose poco a poco.

A principios del siglo XX, y partiendo de elementos dispersos y heterogéneos, el párroco bávaro Josef Denk se propuso reconstruir la multiforme *Vetus Latina*, partiendo de elementos muy dispersor y heterogéneos. Puntos de arranque para esta reconstrucción eran: 1) Los libros de la Biblia latina incorporados a la versión de Jerónimo en la redacción antigua. 2) Las citas de los escritores cristianos anteriores a Jerónimo. 3) Fragmentos y pasajes conservados en la forma más diversa. 4) Manuscritos de la versión de Jerónimo escritos sobre pergaminos que contenían antes pasajes de la Vetus Latina. En ellos unas veces es perceptible el texto antiguo a simple vista; otras es necesario acudir a la ayuda de modernos medios de investigación paleográfica, como los rayos infrarrojos o las lámparas fluorescentes.

La reconstrucción del texto antiguo contribuye a dar a conocer una de las épocas menos conocidas documentalmente. De la repetición o ausencia de determinados pasajes en los distintos países del Occidente cristiano se pueden deducir importantes consecuencias sobre la mentalidad de sus habitantes. Para ello se fundó el *Vetus Latina Institut*, instalado en la abadía benedictina de Beuron, en el valle del Danubio (Alemania).

Al ser una traducción de la *Septuaginta*, la *Vetus Latina* contiene, como aquella, los libros deuterocanónicos.

Bibliografía: Teófilo Ayuso Marazuela, *La Vetus Latina Hispana*. Vol. I Prolegómenos. CSIC, Madrid 1953; II *El Octateuco*. 1967; V. *El Salterio*. Madrid 1962. José Manuel Cañas Reíllo, *Glosas marginales de* Vetus Latina *en Biblias Vulgatas españolas*. CSIC, Madrid 2000; Antonio Moreno Hernández, *Las Glosas marginales de Vetus Latina en las Biblias Vulgatas españolas 1-2 Reyes*. CSIC, Madrid 1992; Ciriaca Morano Rodríguez, *Glosas marginales de Vetus Latina en las Biblias vulgatas españolas: 1-2 Samuel*. CSIC, Madrid 1989.

Apéndice 5. La Vulgata Latina

En el año 382, Jerónimo recibió del papa Dámaso el encargo de establecer un nuevo texto latino de la Biblia que acabara con la confusión que creaban las múltiples versiones en uso. Jerónimo empezó por los Evangelios, y utilizó para su versión del Nuevo Testamento diversos manuscritos griegos, pero teniendo en cuenta no sólo las redacciones posteriores a Constantino, sino otras versiones más antiguas, en especial las usadas en Roma.

El Antiguo Testamento, en cambio, lo sometió a una traducción totalmente nueva, con excepción de algunos libros. Para esta traducción sirvieron de base no sólo las versiones griegas, algunas anteriores al siglo I, sino textos hebreos primitivos que ofrecían variantes importantes y que él consideraba decisivas. A excepción de los libros de Baruc, Sabiduría, Eclesiástico y 1º y 2º de los Macabeos, que los transcribió, sin alteración alguna, de la *Itala antigua*, Jerónimo tradujo directamente del hebreo y del griego originales al latín.

La *Vulgata* tardó mucho en imponerse en todo el mundo cristiano, pues nunca tuvo tras sí la autoridad de un Concilio de Trento que la recomendara. Se impuso definitivamente en el siglo VII. A principios del siglo VII Beda habló de la obra de Jerónimo como "nuestra edición", y en rara ocasiones emplea otras, "ya que por el trabajo del bienaventurado traductor Jerónimo bebemos de la fuente pura de la verdad hebrea". Se denominó *Vulgata* porque la intención de la obra era "vulgarizarla", volverla popular.

Dio también lugar a numerosas variantes, provocadas a menudo por simples descuidos de los copistas, de manera que los sabios que fijaron el texto de la Vulgata como el único válido para el mundo católico tuvieron que hacer previamente una selección de las versiones que podrían servir de base para el texto definitivo. Sirvieron para ello, aparte de varias Biblias españolas, la famosa de Alcunio y el manuscrito conocido con el nombre de *Codex Amiatinus*, escrito en Inglaterra a principios del siglo VIII.

Si en la Edad Media tardía se pudo llegar a esta desintegración de una versión que, si bien no tenía autoridad absoluta, había sido aceptada unánimemente por la Iglesia de Occidente, puede imaginarse la multiplicidad de variantes que la falta de organización y uniformidad del cristianismo primitivo necesariamente tenía que permitir.

A la obra de Jerónimo se han incorporado modernamente los avances y descubrimientos más recientes, dando lugar así a la *Neovulgata*. El papa Juan Pablo II aprobó y promulgó la edición típica en 1979. Lo hizo así para que esta nueva versión sirva como base segura para hacer traducciones de la Biblia a las lenguas modernas y para realizar estudios bíblicos.

Bibliografía: Jean Gribomont, "Vulgata", en *Enciclopedia Bíblica*, vol. VI, 1253-1259. Ed. Garriga, Barcelona 1963.

Apéndice 6. Equivalencia de los dioses griegos y romanos

GRIEGOS	ROMANOS
AFRODITA	VENUS
APOLO	FEBO
ARES	MARTE
ARTEMIS	DIANA
ASCLEPIO	ESCULAPIO
ATENEA	MINERVA
CRONOS	SATURNO
DEMETER	CERES
DIONISOS	BACO
EROS	CUPIDO
GEA	TALLUS
HADES	PLUTÓN

HEFESTO	VULCANO
HERA	JUNO
HERAKLES	HÉRCULES
HERMES	MERCURIO
HESTIA	VESTA
LAS CHARITES	LAS GRACIAS
LAS ERINIES	LAS FURIAS
LAS MOIRAS	LAS PARCAS
PERSEFONE	PROSERPINA
POSEIDÓN	NEPTUNO
SELENE	FEBE
ZEUS	JÚPITER

Apéndice 7. Índice cronológico de las obras de Agustín de Hipona

AÑO	OBRA
386	*Contra los académicos*
386	*La vida feliz*
386	*El orden*
387	*Soliloquios*
387	*La inmortalidad del alma*
387-88	*La dimensión del alma*
387-91	*La música*
388	*Las costumbres de la Iglesia y la de los maniqueos*
388-90	*Comentario al Génesis contra los maniqueos*
388-95	*El libre albedrío*
389	*El maestro*
389-91	*La verdadera religión*
389-96	*Ochenta y tres cuestiones diversas*
391-92	*Utilidad de la fe*
391-92	*Las dos almas del hombre*
391-92	*Actas del debate contra el maniqueo Fortunato*
393	*La fe y el Símbolo de los apóstoles*
393	*Comentario literal al Génesis, incompleto*
393-96	*El sermón de la montaña*
393-96	*Salmo contra la secta de Donato*
393-96	*Réplica a Adimanto, discípulo de Manés*
393-96	*Exposición de algunos textos de la carta a los romanos*
393-96	*Exposición de la Carta a los Gálatas*

ÍNDICE ANALÍTICO